《"十三五"国家重点图书、音像、电子出版物出版规划》项目

《国家"十一五"时期文化发展规划纲要》项目
《国家"十二五"时期文化改革发展规划纲要》项目
《少数民族事业"十二五"规划》项目

中国
少数民族古籍总目提要

国家民族事务委员会全国少数民族古籍整理研究室

傣族卷
讲唱类（一）

民族出版社

《中国少数民族古籍总目提要》
领导小组

组　　长：	郭卫平	国家民委副主任
副 组 长：	李晓东	国家民委全国少数民族古籍整理研究室主任
成　　员：	李春林	国家民委办公厅主任
	宋　全	国家民委政策法规司司长
	张志刚	国家民委经济发展司司长
	武翠英	国家民委文化宣传司司长
	甘玉贵	国家民委财务司司长
	温　军	国家民委全国少数民族古籍整理研究室副主任
	周景晓	北京市民族宗教事务委员会副主任
	沈淑娟	天津市民族和宗教事务委员会副主任
	李红芳	河北省民族事务委员会专职委员
	刘国庆	山西省委统战部副部长、省民族事务委员会主任
	萨楚日勒图	内蒙古自治区民族事务委员会副主任
	赵　瑞	辽宁省民族和宗教事务委员会副主任
	孟庆东	吉林省民族事务委员会副主任
	陈　青	黑龙江省民族宗教事务委员会副主任
	何昌林	江苏省民族宗教事务委员会副主任
	钟新章	浙江省民族宗教事务委员会副主任
	时先政	安徽省民族事务委员会副主任（正厅级）
	宋　哩	福建省民族与宗教事务厅副厅长
	王希贤	江西省民族宗教事务局副局长
	马　辉	山东省民族宗教事务委员会副主任
	黄旭东	河南省民族宗教事务委员会副主任
	吴红娅	湖北省民族宗教事务委员会副主任

何其雄	湖南省民族宗教事务委员会副主任
黄心怡	广东省民族宗教事务委员会党组成员、省民族宗教研究院院长
沈永明	广西壮族自治区民族宗教事务委员会副主任
彭家典	海南省民族宗教事务委员会副主任
向远道	重庆市民族宗教事务委员会副主任
刘文芝	四川省民族宗教事务委员会副主任
张和平	贵州省民族宗教事务委员会副主任
李正洪	云南省民族宗教事务委员会副主任
黄云素	西藏自治区民族事务委员会副主任
雷西明	陕西省民族宗教事务委员会副主任
海占德	甘肃省民族事务委员会副主任
马志敏	青海省民族宗教事务委员会副主任
张　廉	宁夏社会科学院院长
陆　健	新疆维吾尔自治区民族事务委员会（宗教事务局）副主任（副局长）

《中国少数民族古籍总目提要》
编纂委员会

主　　任：	李晓东	国家民委全国少数民族古籍整理研究室主任
主　　编：	张公瑾	全国高等院校古籍整理研究工作委员会委员、中央民族大学教授
副 主 编：	李晓东	国家民委全国少数民族古籍整理研究室主任
	温　军	国家民委全国少数民族古籍整理研究室副主任
	聂鸿音	中国社会科学院民族学与人类学研究所研究员
	黄建明	中央民族大学教授
	苍　铭	中央民族大学教授
成　　员：	马　兰	北京市民族古籍整理出版规划小组办公室主任
	农笔耕	天津市民族和宗教事务委员会民族二处处长
	耿栋良	河北省民族事务委员会文教科技处处长
	薛俊仙	山西省民族事务委员会民族处调研员
	苏雅拉图	内蒙古自治区民族事务委员会少数民族古籍与《格斯尔》征集研究室主任
	谭东广	吉林省少数民族古籍整理研究室主任
	谷文双	黑龙江省社会科学院民族研究所所长、研究员
	鲍蜀生	江苏省民族宗教事务委员会民族处处长
	吴梦宝	浙江省民族宗教事务委员会民族一处处长
	张旭东	安徽省民族事务委员会民族二处处长
	杨文法	福建省民族与宗教研究所副所长
	杨庆华	江西省民族宗教事务局民族社会事业处主任科员
	段　利	山东省民族宗教事务委员会民族一处处长
	陈正论	河南省民族宗教事务委员会民族一处处长
	王政道	湖北省民族宗教事务委员会民族二处副处长
	丁卿林	湖南省少数民族古籍整理研究中心主任

张菽晖	广东省民族宗教研究院古籍室主任
韦如柱	广西壮族自治区少数民族古籍工作办公室主任
黄友贤	海南省民族研究所所长
何松涛	重庆市民族宗教事务委员会文宣处副处长
刘劲松	四川省少数民族古籍整理办公室主任
包　翔	贵州省民族古籍整理办公室主任
起国庆	云南省少数民族古籍整理出版规划办公室副主任
李祖春	西藏自治区民族事务委员会社会事业处处长
徐立群	陕西省民族宗教事务委员会民族一处处长
牧　仁	甘肃省民族事务委员会少语古籍处处长
马小琴	青海省民族宗教事务委员会少数民族古籍保护中心主任
雷晓静	宁夏回族自治区少数民族古籍整理出版规划工作领导小组办公室主任
伊斯拉木·伊萨合	新疆维吾尔自治区民族事务委员会（宗教事务局）新疆少数民族古籍搜集整理出版规划领导小组办公室主任
惠　峰	国家民委全国少数民族古籍整理研究室综合处处长
孙继为	国家民委全国少数民族古籍整理研究室业务处处长
王　君	国家民委全国少数民族古籍整理研究室综合处副处长
努尔加玛力·买买提	国家民委全国少数民族古籍整理研究室综合处调研员
杨　硕	国家民委全国少数民族古籍整理研究室业务处调研员
孙瑞阳	国家民委全国少数民族古籍整理研究室业务处干部
邓永攀	国家民委全国少数民族古籍整理研究室综合处干部

《中国少数民族古籍总目提要》
云南编纂委员会

主　任： 李四明
副主任： 李正洪

专家委员会：（排名不分先后）

普学旺　谢沫华　沙云生　资　铁　赵雄峰　郭子孟　高力青
和丽峰　何杨波　左玉堂　史军超　郭大烈　杨福泉　李国文
黄建明　苍　铭　杨海涛　杨利先　刘　怡　孙　敏　何少林
丰庆忠　刘劲荣　赵秀兰　祁德川　玉罕娇　胡文明　曹先强
亚　娜　沙晓桑　赖永良　李金明　肖惠华　李德静　刀金平
和树军　快永胜　师有福　王明富

主　编： 起国庆
副主编： 李克忠　龙江莉　依旺的　和六花　艾　芳　杨筱奕
编　务： 保俊萍　刘　琳　王向松　陶开祥　李国琼

《中国少数民族古籍总目提要·傣族卷（讲唱类）》编纂委员会

主　编：起国庆　依旺的　普学旺

副主编：郭玉萍　龙江莉　刀金平　快永胜

编　委：（排名不分先后）

　　　　岩　香　左玉堂　何少林　岳小保　线永明　冯　宵　金小所
　　　　喊　凤　俊　孟　杨荣芳　朱光灿　梁　红　谭玉婷　李传宁
　　　　朱继英　依艳坎　岩罕丙　张元波　南桂香　刀庆喜　白　云
　　　　马淑吉　华盛刚　朱卫华　刀明春　李克忠　艾　芳　和六花
　　　　杨筱奕　刘　琳　保俊萍　王向松　陶开祥　李国琼　岩　贯
　　　　陆云东　玉丹罕

总 序

《中国少数民族古籍总目提要》（以下简称《总目提要》）是我国第一部少数民族古籍解题书目套书。全书约60卷，110册。《总目提要》作为少数民族古籍整理工作的一项重要科研项目，于1997年正式立项，1998年付诸实施。2006年，这一项目正式列入《国家"十一五"时期文化发展规划纲要》（中办发〔2006〕24号）；2012年，列入《国家"十二五"时期文化改革发展规划纲要》（中办发〔2011〕40号）和《少数民族事业"十二五"规划》（国办发〔2012〕38号）；2016年，列入《"十三五"促进民族地区和人口较少民族发展规划》（国发〔2016〕79号）。该项目完成后，少数民族落之于笔墨、传之于口头的各种古籍文献将被一一清点入册。这是承前启后的一项巨大文化建设工程，是"盛世修典"的壮举。这一跨世纪工程的实施，充分体现了党中央、国务院对保护和传承少数民族优秀传统文化的高度重视，顺应了中国特色社会主义文化事业发展的需求，对于铸牢中华民族共同体意识、促进各民族交往交流交融、构建各民族共有精神家园、推进民族团结进步事业、实现"中华民族一家亲，同心共筑中国梦"，具有重大的现实意义和深远的历史意义。

一

中国少数民族在长期的历史发展过程中，创造和积累了丰富多彩的历史文化，留下了涵载历史、卷帙浩繁的文献典籍和口传古籍。这些少数民族古籍弥足珍贵，从不同角度记录了中华各民族的社会进程、历史走向和文化内涵，从不同侧面反映了各民族的文化传承、文明成果和气质风貌，是中华文化总结与传承的历史记忆，是中华民族智慧与创造力的结晶，是我国多元一体历史格局的真实映射。经世致用是中华民族历史血脉延绵不息的优良传统，全面保护、整理、研究、传承少数民族古籍，让书写在古籍里的文字都活起来，既是建设新时代文化、创造幸福美好新生活、全面建设社会主义现代化强国可资借鉴的宝贵历史遗产，也是增进各民族文化认同、坚定文化自信、推进民族团结进步事业、提升中华文化软实力的基础性工程。

中国少数民族古籍，是指我国少数民族在历史上形成的文献典籍和碑刻铭文及口头传承资料等，其内容涉及政治、经济、哲学、法律、历史、宗教、军事、文学、艺术、语言、文字、地理、天文、历算、医学等诸多领域。少数民族古籍主要分为两大类：一是有文字类；二是无文字类。有文字类的少数民族古籍，主要包括三类：一是各少数民族文字及少数民族古文字记载的历史文书和文献典籍；二是用汉文记载的有关少数民族内容的古代文献典籍；三是用少数民族文字和汉文记载的有关少数民族内容的碑刻铭文。无文字类的少数民族古籍，主要是指各少数民族在历史上口头传承下来的具有历史和文化价值的各种资料。

中国少数民族古籍，尤以少数民族文字古籍最具特色。我国古代少数民族创制使用的文字有30种左右，以这些文字形成的典籍文献汗牛充栋，形式千姿百态，内容博大精深，蕴含着丰富的历史内容和对实践经验的深刻体察。有许多闪烁着不朽光芒的著作，曾经照耀着各民族先民披荆斩棘、艰苦创业、生息繁衍的历程，为后人留下了关于自然、社会和人生的特殊认知与深邃思考。由于各民族先民所处的自然、人文和社会环境不尽相同，他们对事物的认知体验也存在着差异。正是由于这种差异的存在，构成了中华民族文化的多样性和兼容性。但基于少数民族文字流传空间狭窄等因素的制约，少数民族文字古籍一直鲜为世人所了解。

中国有关汉文记载的少数民族古籍，历来是研究我国古代少数民族历史和文化的主要依据。这些汉文古籍包括二十四史和《清实录》，各个朝代史家的记述，各地的地方志书，旅行家的笔录，赴边官员向朝廷的述职报告，当地政要、文人的著作等。倘若没有这些记载，后人既无从知道古代的三皇五帝、夷蛮戎狄，也无法了解春秋战国时期北方的匈奴、南方的百越，以及后来数千年中各少数民族的演变历程。这些典籍文献记载一代又一代地延传下来，勾勒出了我国多民族历史的主要脉络，蕴涵着十分丰富的文化资源，对其进行系统的整理、编纂，既可丰富《总目提要》的信息储备，也可拓展少数民族古籍的研究空间。

中国少数民族在历史上口耳相传的各种史料，以其独特而浓厚的民族性、群众性、文学性，充实和完善了各民族优秀传统文化。这部分口传古籍形成的时间较为久远，大都可以追溯到相关民族的起源、早期历史和最初的宗教信仰、原始的文学形式等。原始宗教的颂词最初都是以口头形式传承的，无文字的少数民族一代代地口耳相传，有文字的少数民族则以文字的形式固定下来，成为宗教经典,形成了这些民族最早的古籍文献。在传播过程中,少数民族口传古籍具有很强的变异性。无文字的少数民族口传原始宗教资料,有的演绎为神话故事,有的变化为创世史诗,有的成为这些民族迁徙流变的历史记述。随着时间的推移,少数民族口传古籍日益丰富,还囊括了诸如战争的传说、反抗压迫奴役的故事、发明创造的掌故、生产活动经验的积累和生活习俗的叙述等方面内容。在表达形式上,少数民族口传古籍纷繁多样,既有神话、史诗、故事,还有歌谣、谚语和谜语等诸多文体。因此,在一定程度上,少数民族口传古籍所包含的历史文化信息并不逊色于文字古籍,同样是我们不应该忽视的重要文化遗产。

二

中国少数民族古籍这笔价值难以估量的宝贵遗产,自古以来就发挥着积极的文化传承价值和经世致用的社会功能,是中华民族文化遗产的重要组成部分。尤其是各民族代表性的古籍作品,承载着一个民族的知识系统和历史记忆,其价值已超越了地域和时代的限制,成为中华文化和人类文明的宝贵财富。

首先,少数民族古籍蕴藏着我国各民族丰富的史实知识,充实了中国历史和中国文化的内容。毋庸置疑,中国历史和中华文化如果仅依靠汉文古籍,而没有各少数民族古籍作为必要补充,必定是不全面、不完整和不客观的。少数民族古籍不仅是对少数民族个体历史的客观记录,而且也是真实反映整个中国历史和中华文化发展进程的重要依据,具有汉文古籍无法替代的重要价值。这些具有代表性的少数民族古籍,光彩夺目,不胜枚举。居住在我国北部辽阔草原上的"马背上的民族"——蒙古族,在探寻本民族历史方面成绩卓著,《蒙古秘史》《蒙古黄金史》《蒙古源流》被誉为蒙古族古代三大历史著作,为后人研究该民族的历史源流、文化风貌和社会形态提供了第一手资料;历经漫长岁月而孕育于青藏高原的藏文古籍,其数量之多,居我国少数民族古籍之冠,其中成书于13世纪的大藏经《甘珠尔》《丹珠尔》堪称藏译佛典的集大成者;地处欧亚大陆交接处的新疆维吾尔自治区曾是中西文化的荟萃之地,11世纪前后,是维吾尔族文化发展史上的辉煌时期,涌现了大量传世之作,其中《突厥语大词典》《福乐智慧》《金光明经》三部作品被后人誉为维吾尔族古典著作三大瑰宝;纳西族先民在古代创造的东巴文化,就是依靠东巴文文献记录下来的,其中的东巴文是现今世界上最完整、沿用时间最长的图画——象形文字,已成为东西方学术探讨的热点;少数民族的三大史诗——藏族的《格萨尔王传》、蒙古族的《江格尔》和柯尔克孜族的《玛纳斯》，完全可以与古希腊《荷马史诗》和印度史诗《摩诃婆罗多》相媲美，它们以宏大的篇幅、精湛的语言、丰富的内容，表现了草原民族和高原民族雄健的气魄、炽热的情感和灿烂的文化。这些优秀少数民族古籍所蕴含的文化象征内涵，已成为国内外历史文化研究的重要领域。特别值得一提的是，元、明、清及民国中央政府赐封西藏地方政府最高权力的金印、金册等档案，有力地证明了西藏自古以来就是我国领土不可分割的一部分，成为铁的历史事实。因此，少数民族古籍还被赋予了重要的政治意涵。

其次，少数民族古籍是我国各民族对特定环境的适应能力及适应成果的映射，为人们认识世界提供了新视角和新方法。少数民族古籍是我国各民族创造的文化成果，可为学术研究提供真实可信的资料，有利于中华各民族优秀传统文化的继承和弘扬。中华文化源远流长、博大精深，把包括汉族和少数民族在内的文化遗产妥善保存下来，传承下去，这是历史赋予古籍工作者的重要使命。少数民族古籍内容广博，涉及领域众多，带有浓郁的地方特色和民族特色，大多是汉文文献鲜有记录的内容。随着少数民族古籍挖掘、整理和研究工作的深入开展，历史真相将更完整地再现，中华文化宝库也将更全面地展现。由于各民族所处的自然环境不同，与之相适应的观察世界的视角、处理问题的方式也会不同，不同时代、不同民族的古籍文献，就是对那个时代、那个民族生存方式的真实反映。在认知方式上，游牧民族可能比农耕民族认识更多的动物种类，渔业民族可能比山地民族认识更多的水生动物；在思维方式上，有的民族更注重整体思维，有的民族更注重形象思维，即使是同一民族，因其所处的社会历史阶段不同，思维方式也会有所差异。在社会进程上，原始氏族社会里神本主义明显占据主导地位，随着生产力发展和社会的进步，人们认知能力不断提高，人本主义逐渐兴起，人们对自然界、社会及人类自身的认识也更趋于客观、准确。因此，若从人类进化史的角度考量，可以借助少数民族古籍研究，发现少数民族思维方式的变迁模式，把握少数民族文化的特点和规律，深刻理解中华文化的丰富性和多样性，全面提高人类认识世界的能力，准确把握客观世界的发展规律。

最后，挖掘、整理少数民族古籍，有助于增强文化自信和爱国主义意识。现实是历史的延续和发展，文化是民族的灵魂和根源。一个民族要屹立于世界民族之林，必须对本民族优秀传统文化有充分的了解、理解和尊重，才能从文化自觉走向文化自信。一部中国史，就是一部各民族交融汇聚成多元一体中华民族的历史，就是各民族共同缔造、发展、巩固统一的伟大祖国的历史。我国是一个统一的多民族国家，各民族的祖先几千年来就在这块辽阔富饶的土地上劳作、繁衍、生息。各民族相互交往、交流、交融，既留下了异彩纷呈的民族文化，又共同缔造了灿烂无比的中华文明。中华民族精神是各族人民共同培育、继承、发展起来的，已深深地融进了各族人民的血液和灵魂，各民族人民共同熔铸了以爱国主义为核心的伟大民族精神，成为推动中国发展进步的强大精神动力。各少数民族古籍文献记录了这一历史进程，记录了少数民族文化的丰富内涵，阐释了少数民族文化对中华文化的特殊贡献。通过有效开展少数民族古籍挖掘、整理和研究工作，深入挖掘蕴含在少数民族古籍中的民族团结进步思想内涵，阐释中华民族不断成长和发展壮大的光辉历程，证明各民族源远流长、血肉相连的中华一家亲关系，可为实现建成社会主义现代化强国和中华民族伟大复兴中国梦提供不竭的源泉动力。因此，保护、挖掘、整理、阐释少数民族古籍，对于弘扬中华民族精神、推动中华文化大发展大繁荣、促进各民族思想文化交流、维护民族团结和国家安全统一、铸牢中华民族共同体意识、培育爱国主义情怀、坚定文化自信和建设社会主义文化强国具有十分重大的意义。

三

19世纪末至20世纪中叶，一些外国传教士、探险家和研究者曾经到中国民族地区搜集资料，做过一些有关少数民族历史、文化和古文献研究工作。随着现代人文社会科学和自然科学体系逐步在我国确立，从20世纪三四十年代起，国内一些专家学者开始关注少数民族研究领域，陆续深入到民族地区进行田野调查和研究工作，抢救和发掘了一批珍贵的少数民族古籍。相对于浩瀚的少数民族古籍资源而言，这只是沧海一粟。由于历史的原因，大量的少数民族古籍资源长期陷于被埋没的境地，甚至遭到不同程度的破坏，损毁和散失情况十分严重。

中华人民共和国成立后，党中央、国务院坚持大力发展少数民族文化事业的方针，高度重视少数民族古籍的保护、整理和研究工作。在百废待兴的20世纪50年代初期，国家就开展了全国范围的少数民族社会历史和语言调查，在调查过程中发现和搜集到了大量的少数民族古籍文献，为进一步开展少数民族古籍整理研究工作奠定了良好的基础。

改革开放以来，我国少数民族古籍工作迎来了发展的黄金时期，党和政府对少数民族古籍工作的重视程度不断提升，相关政策措施不断完善。1981年，中共中央在《关于整理我国古籍的指示》（中发〔1981〕37号）中指出："整理古籍，把祖国宝贵的文化遗产继承下来，是一项十分重要的、关系到子孙后代的工作。"1984年，《国务院办公厅转发国家民委关于抢救、整理少数民族古籍的请示的通知》（国办发〔1984〕30号）中强调："少数民族古籍是祖国宝贵文化遗产的一部分，抢救、整理少数民族古籍，是一项十分重要的工作。"同年，全国少数民族古籍整理出版规划领导小组成立，下设办公室。1989年，该办公室更名为全国少数民族古籍整理研究室，隶属国家民族事务委员会，负责"组织、协调、联络、指导"全国少数民族古籍工作。同时，相关省、自治区、直辖市逐步建立、健全了少数民族古籍工作的领导机构，有13个民族建立了协作组织，确保了少数民族古籍工作得到宏观指导和具体落实。与此同时，大力加强少数民族古籍专业人才队伍建设，不断加大工作经费投入，推动少数民族古籍工作全面走上科学化、规范化、制度化的轨道。

党的十八大以来，以习近平新时代中国特色社会主义思想为指导，认真贯彻习近平总书记关于"让书写在古籍里的文字都活起来""弘扬和保护各民族传统文化，要去粗取精、推陈出新，努力实现创造性转化和创新性发展""开展少数民族特色文化保护工作，加强少数民族语言文字和经典文献的保护和传播，做好少数民族经典文献和汉族经典文献互译出版工作"等一系列重要论述，积极推动少数民族古籍事业发展，加大指导协调工作力度，取得了显著的工作成就。经过30多年的发展建设，国家民族事务委员会、各地政府和各级古籍领导机构，密切合作，统筹安排，少数民族古籍的抢救、保护、整理、出版和研究工作成绩斐然。从"七五"一直到"十三五"，国家民族事务委员会陆续制定并组织实施了少数民族古籍工作7个重点项目五年出版规划，抢救、发掘、保护了一大批濒临消失的少数民族古籍，整理出版了一大批优秀的少数民族古籍精品。与此同时，吸引和带动了一批社会和学术界的精英投身少数民族古籍研究，民族院校还设立了少数民族古籍文献本科班和研究生班，通过培养高层次专业人才，为少数民族古籍队伍不断输送新鲜血液，不断加强少数民族古籍专业人才的培养，从而提升了少数民族古籍工作的研究能力和水平。这一切都表明，我国少数民族古籍整理和研究体系已经基本形成，为新时代少数民族古籍事业创新发展打下了坚实基础。

四

中国自古以来就有整理古籍、编纂目录的传统。西汉时期，我国历史上出现了第一部大型汉文图书目录《七略》。此后，各个朝代都有目录版本存世，其中尤其以清代乾隆年间编纂的《四库全书总目提要》最具代表性。可以说，它是中国历史上汉文古籍解题书目最重要的成果。与之形成巨大反差的是，在我国数千年文明发展的漫长岁月中，历朝历代的中央王朝从未对少数民族典籍文献进行过系统整理和研究，更没有编纂过一部全面反映少数民族历史文化精髓的古籍目录或提要，这是中国文化史上的一大缺憾。

虽然少数民族古籍浩如烟海，但是抢救、保护、整理、研究并非易事。具体来讲，有哪些少数民族有自己的文献古籍，这些古籍以何种形式存在，保存在哪里，是什么内容，谱系关系如何？这些问题的解答，绝非轻而易举之事，也绝非依靠少数专家学者个人或者某些团体的努力就能实现。幸运的是，随着我国改革开放的不断深化、国家综合实力的不断增强以及社会主义物质文明建设和精神文明建设的全面发展，作为社会主义文化建设重要组成部分的少数民族古籍工作，越来越受到各方面的关注和重视。

1996年，国家民族事务委员会在北京召开全国少数民族古籍工作会议，提出集中力量编纂《总目提要》的设想。会后，经过充分酝酿、论证，于次年正式立项编纂《总目提要》。为了全面推进这项工作，国家民族事务委员会下发了《关于印发〈中国少数民族古籍总目提要〉编写纲要的通知》（民办文宣字〔1997〕114号），对编纂工作进行全面部署。文件下发后，各地迅速行动，有20余个省、自治区、直辖市先后制定了《总目提要》分卷实施方案及编写计划，就编纂工作的重要意义、完成项目的可行性、项目实施步骤及经费来源等进行立项论证，并在加强普查、强化领导机制、培训人才队伍、实施计划、筹措经费等方面予以积极落实。在具体运作过程中，各省、自治区、直辖市还广泛进行合作，不同省、自治区、直辖市对同一民族的古籍总目编写分工协作，相互支持、相互补充。为保证这项工作的顺利实施，2002年，经国家民族事务委员会批准成立《总目提要》领导小组和编纂委员会，进一步健全了对这一重点文化工程项目的组织领导和工作机构。

通过编纂《总目提要》，一方面全面梳理我国各少数民族古籍的整体情况，为后续古籍研究工作打下良好基础，突出重点，目标明确，保质保量；另一方面，能够增强我国各民族之间的相互了解、相互学习、相互尊重，做到文献资源共享、文化遗产共有，为进一步巩固和发展各民族平等团结互助和谐的社会主义民族关系、铸牢中华民族共同体意识、促进各民族交往交流交融、构筑各民族共有精神家园提供有力支撑。同时，也进一步使我国少数民族古籍资源为世界所了解、分享，增强国外研究者对我国少数民族文化的关注和兴趣，增进世界对中华文化多样性和丰富性的认识，推动国际社会对我国各民族"像石榴籽一样紧紧拥抱在一起"的认识，为继承和弘扬少数民族优秀传统文化、实现"中华民族一家亲，同心共筑中国梦"奠定坚实基础。

五

编纂《总目提要》，是中国历史上对少数民族古籍资源进行的首次全面普查，是一次全新、有益的尝试和探索。由于少数民族古籍历史久远，内容广泛，形式多样，情况复杂，在编排体例方面很难完全套用以往传统的形式一以贯之，除了遵循古籍文献学和目录学等学科的理论规范外，还必须从实际出发，因势利导，体现自身的风格和特色。

顾名思义，古籍必然要体现"古"的性质。《总目提要》收录的古籍下限，原则上与汉文古籍一样止于1911年。考虑到各少数民族的历史发展阶段和古籍存世情况的差异，对收录的部分古籍时间下限适当放宽。这部分少数民族古籍主要包括：一些没有确切时间记载而又只见到后期写本的书册；一些20世纪前期用本民族文字追记历史事件和历史掌故的旧文体著述；一些从古代延续到现代的编年体著作或族谱、家谱；一些曾在本民族中长期口头流传，到了近现代才有文字记录的口传资料等。总之，只要这些古籍有价值，则其下限可延伸至1949年。

《总目提要》全书以民族为单元分卷，如《鄂温克族卷》《白族卷》《纳西族卷》等等。对于古籍体量特别多的民族，一个民族卷又可包括若干分册；对于古籍体量比较少的民族，也可以几个民族卷合为一册；古代民族文献一般按文种分卷，如《西夏卷》。鉴于少数民族古籍文献载体形式不同，《总目提要》每卷一般包括四编：甲编书籍类，乙编铭刻类，丙编文书类，丁编讲唱类。各编再按具体内容分类排列，排列方法尽量与《中国图书馆分类法》保持一致，但有的也可以根据少数民族古籍的具体情况适当调整。这里需要特别说明的是，有的民族对本民族古籍原来就有传统的分类编排方法，因此仍按该分类编排方法排列。

经过各方面的积极努力，各民族《总目提要》陆续与读者见面了。在此，由衷感谢社会有关方面的关注和支持。正是因为有这些关注和支持，编纂《总目提要》这一宏伟构想才得以变为现实。同时，我们要特别感谢各分卷编委会成员和编写人员的辛勤付出，正是大家的通力合作、奋力耕耘、默默坚守，才使昔日沉寂的少数民族古籍得以再现辉煌。

只有民族的，才是世界的。中国少数民族古籍，不仅属于创造它的民族，也属于整个中华民族，更属于全人类。随着《总目提要》诸卷的相继推出，少数民族先辈经世致用的智慧，必将越来越显现出其对人类无可估量的价值贡献。古可喻今，古可鉴今，古为今用，少数民族古籍必将对中华文化乃至世界文化造福无穷。

《中国少数民族古籍总目提要》编纂委员会

2019 年 11 月 28 日

总目录

序　言	（1）
凡　例	（1）
条目分类目录	（1）
正　文	（1）
条目汉语音序索引	（625）
后　记	（661）
彩色插页	（1～56）

序　言

一

据 2016 年云南省民族人口数据显示，傣族人口为 126.9 万人。主要分布在云南省西双版纳、德宏、普洱、临沧、红河、玉溪、文山、楚雄、保山等州市。傣族多数居住于中国云南省边境沿线，与缅甸、老挝、越南接壤，与泰国临近。

傣族是一个历史悠久的民族。远在公元前 1 世纪的汉文史籍中，就有关于傣族的记载。《史记》中称傣族先民为"滇越"。《后汉书》中称傣族先民为"掸"。中国境内的傣族与分布在泰、缅、老诸国的泰、掸、老等族有着共同的历史渊源，在古代汉文史籍中常常被统称为"掸"，又与华南壮侗语族合称为"越"，故掸傣各族与古代"百越"有着共同的历史渊源。

秦汉以来，傣族先民居住于中国云南省西南部，曾建立本民族地方政权。唐、宋时期，属南诏、大理国。唐代史籍称傣族为"黑齿""金齿""银齿"或"绣脚"，又称为"茫蛮"或"白衣"。宋代仍称傣族为"金齿""白衣"。元、明时期，"金齿"名称继续使用，并作为地名，"白衣"则写作"百夷""佰夷"。明代李元阳修万历《云南通志》，将"百夷"改为"僰夷"，与史称白族先民的"僰人"混淆。清代以来，则多称为"摆夷"。中华人民共和国成立以后，人民政府尊重傣族人民的意愿，定名为傣族。

傣族有自己的文字，分别为傣泐文、傣那文、傣绷文和傣端文四种文字。傣族的这四种文字都源于印度的婆罗米文字。随着佛教的传入，由于佛经翻译的需要，傣文在傣族地区普遍流行。傣泐文主要是西双版纳州和普洱市孟连县傣族使用，部分布朗族也使用。傣那文主要是德宏州的傣族和德昂族部分群众使用，保山、孟连、景谷、景东等市县的傣族也使用这种文字。傣绷文主要用于孟连县、沧源县的部分傣族。金平傣文主要在金平县的傣族地区使用。上述四种文字中，以傣泐文、傣那文使用范围较广。傣族大量的历史文献、神话、传说、诗歌、故事，多是靠这两种傣文流传下来。

二

说到傣族古籍文献，就不能不说到贝叶经。贝叶经是用铁笔在贝多罗（梵文 Pattra）树叶上刻写的经文，它最早起源于印度，后随南传佛教的传入而进入我国傣族地区。我国傣族地区发现的贝叶经，有巴利文本和傣文本。傣族人民很早就懂得将贝叶制作成书写材料，用它来抄写佛经、记录历史。由于贝叶经过水煮、漂洗等特殊工艺处理，可以防虫、防水、防变形，经久耐用，所以用贝叶抄写的经书、记录的历史，能够千百年流传下来。后来纸张传入，也有用绵纸、构皮纸抄写的古籍文献，但贝叶经的制作、贝叶经的抄写，被傣族人民当做一种神圣的传统继承下来，至今仍然存活于民间。傣族人民将贝叶经称作"运载傣族历史走向光明的一叶神舟"，视为全民族的宝贵财富而加以保护收藏，傣族佛寺专门设有"藏经阁"保存贝叶经。

由此看来，傣族古籍主要由两部分组成，一是用贝叶刻写的经书，二是用绵纸、构皮纸抄写的经书。虽名为经书，但并不全都是宗教经典，而是包罗万象，但凡社会生活的方方面面，历史上有价值的东西，都会记录在里面。可以说，这些经书是傣族生活的百科全书。当然，除形成文字的经书外，还有流传于民间的大量讲唱文学、民间故事、神话传说等，这是保存在民间的活态的古籍。本书收录了近一千八百条这种活态的古籍（"讲唱类古籍"），其中一部分虽已收录于各个历史时期形成的文献古籍，但它的基本形态、生命力还主要存活于民间。

傣族古籍数量究竟有多少，这是目前很难得出结论的。傣族民间传说贝叶经有84000部，这当然不可能是一个准确的数字（佛经上也有84000部之说）。据调查，历史上保留在西双版纳各大佛寺及民间的贝叶、绵纸文献典籍，从书目上看多达千余部，经过多年的努力，目前已经搜集到3000余部。在德宏，经普查搜集到的老傣文古籍达2000余种。云南民族出版社2002年出版的《中国云南德宏傣文古籍编目》所载文献典籍就达900多部。在傣族聚居的临沧耿马县，到2004年共搜集到傣文古籍431种，其中166种收录于《中国云南耿马傣文古籍编目》一书（2005年云南民族出版社出版）。另外，在傣族聚居的景谷、孟连、金平等地，也搜集到不少傣文古籍。除了已经搜集到的古籍之外，还有许多是散落于民间的。由此可见傣族古籍数量之大。

据初步的分类研究，这些古籍的内容，可分为下列十七大类：

（一）佛教经典

西双版纳发现一部傣文贝叶经《三藏经》，傣语称"三彼达嘎"。

"三藏"是佛教经典的总称，共分为三个部分："经藏""律藏""论藏"。"经藏"，傣语称"书典打彼达嘎"；"律藏"，傣语称"维乃牙彼达嘎"；"论藏"傣语称"阿皮堂玛彼达嘎"。傣族民间传说佛经有84000部，其中"经藏"21000千部，"论藏"42000千部。但是，目前还不知道傣族地区的什么地方藏过这么多的经书，也未见记载说谁读过或者见过这么多的书。傣文"三藏经"目前尚未译成汉文，翻译难度较大，对它的内容、特点和认识尚待继续进行。

除了纯粹的佛教经典之外，还有一部分是当地的大德高僧根据佛教的基本理论和教义，结合当地傣族信众的实际情况而编写的本土著述，用来传播教义，教化群众。如《佛祖巡游记》《佛陀语录》《佛说吉祥》等。

西双版纳近年来就发现一部名为《尼滩龙》的贝叶经，是用傣语诠释的巴利文经书。这对研究早期佛教和傣族佛教有重要的参考价值。因为在东南亚各国和中国的傣族地区，还有部分用老挝文、缅甸文、泰文书写的贝叶经，它们都和巴利语有着密切的关系。

此外，傣族的许多佛教仪式活动，如祭佛、赕坦、赕塔、开门节（解夏雨安居）、关门节（守夏雨安居）、赕比迈、赕玛哈班、赕沙腊甩、赕沙拉、祭佛山、升和尚佛爷、毫干等，这些活动的目的、内容、程序、注意事项等，傣族人民用文字将它们一一记入经典，成为人们举行这些活动时必须遵守的规范。

（二）哲学

傣族古籍中有关哲学方面的，目前已经发现7部。它们是《论傣族诗歌》（傣文名《咋雷麻约甘哈傣》）、《谈寨神勐神的由来》（傣文名《咋雷蛇曼蛇勐》）《萨沙纳三坛》《萨沙纳哈版洼沙》《加都沙罗》《该牙桑嘎雅》《康塔档戏塔》。前两部已经译成汉文出版。《论傣族诗歌》虽然谈的是文学，却充满极为丰富的傣族古代哲学思想。内容涉及天地起源、人类起源、语言和思维的产生、艺术起源、人类发展阶段、社会关系及其对艺术的影响等方面，实质上是一部哲学著作。《谈寨神勐神的由来》实际上也是讲神如何产生，信仰如何产生，思维如何发展的历史过程，哲学意味很浓。这两部古籍出版后，引起了学术界的关注。

傣族古籍的另一部著名作品《巴塔麻嘎捧尚罗》（创世史诗）也具有浓厚的哲学色彩。在解释天地形成、人类起源、万物萌生、社会发展等方面的问题时，体现出朴素的唯物辩证思想，它是古代傣族人民智慧的结晶，可以说，

《巴塔麻嘎捧尚罗》是一部傣族形象的文化史、思想史、哲学史。

此外，傣族古籍中鲜明地体现出傣族人民在历史上形成的宇宙观、生态观、道德观、历史观、礼仪观等，都具有丰富的哲学内涵，值得我们去认真研究。

（三）法律法规

傣族古籍中的法律法规典籍主要有：《芒莱法典》《领主法律大典》《地方公约法》《司法文薄》《地方习俗法规》《勐与勐之间的军事协议》等，至今有几百年历史。《领主法律大典》傣文名《阿雅兴安龙召片领》，也可译为《召片领法律大典》，共160条法律条文，1万多字，内容全面系统，涉及社会生活的方方面面。它既是傣族封建领主制政治和经济的反映，代表着封建领主的利益，同时也凝聚着傣族历史上维护法律秩序和社会稳定的经验。从其内容看，这部法典的产生与傣族封建领主制的建立大体相同，它形成于古代并一直沿用到封建领主制的结束。

傣族古籍中除了系统的、专门的法律法规典籍外，还有一些进行道德教化的训条、格言、谚语等。汇集这些训条、格言、谚语的典籍主要有《布栓兰》《嘎里婉栓罗》《松帕雪》《西林龙》等，它着重于对整个傣族社会提供一种伦理道德和行为规范的教育。例如广泛流传于民间的《布栓兰》，意为"爷爷教育儿孙"，有贝叶刻本，也有绵纸抄本，它的主要内容为如何处理家庭内部人与人、人与社会、官员与百姓之间的伦理关系。

在傣族古籍中，还有一种是将生活中常常遇到的有关刑事、民事案例，通过讲故事的形式记录于文献中，既方便说者的讲述，又有利于听者的理解，很受听众欢迎。《阿瓦夯》就是这类古籍的代表。

（四）神话传说

傣族历史悠久，神话传说丰富，这在傣族古籍中有大量记载，在民间也有广泛流传。伴随着开天辟地、人类诞生以及后来人类社会发展的每一个重要阶段，傣族人民都创造了相应的神，并把他们一一载入自己的典籍当中。最早开辟地的是英叭神，《巴塔麻嘎英叭》记述了在没有天地、没有万物的远古时代，由气体、狂风、烟雾混合产生了英叭神，英叭神搓下了自己的汗泥污垢创造了天地。《布桑改和雅桑改》记述了有天地后没有人烟，英叭神又用汗泥污垢创造了男神布桑改和女神雅桑改，并送给他们一个仙葫芦，由他们创造了人类和万物。最初的人类以采集野果为生，后来过渡到狩猎时代，这时出了个英雄叫沙罗，他死后被尊为猎神，他的事迹被记载在古籍《谈寨神勐神的由来》一书中。从狩猎时代到农耕时代,傣族人民又塑造了一个英雄神——帕雅桑木底。古籍《帕雅桑木底传说》《竹楼的由来》《寨心的由来》《向鼠王讨谷种》《帕雅桑木底分田地》等详细记载了他如何率领众人开创农耕时代生产和建立村寨,如何教会大家养殖和盖房,使人类避免了无数次大灾难。他死后被立为寨心神,成为人们崇拜和祭祀的对象。

在农耕社会时期,为了战胜干旱,傣族人民创造了一个射日神——惟鲁塔,他的事迹记录在古籍《太阳七兄弟》中。随着农耕社会的发展,傣族人民又创造了一个至高无上的女神——《谷魂奶奶》,她的事迹不仅载入古籍,而且在民间广为流传,有的佛寺壁画上还绘有她的形象和故事。

(五)史诗

傣文古籍《巴塔麻嘎捧尚罗》,是傣族最重要的一部创世史诗。共40章,13000行,被称为傣族的"五大诗王"之一。其内容包括开天辟天、天地形成,众人神诞生、绿蛇与人的传说、神火毁灭地球、神创世、万物诞生、人类形成、葫芦人的传说,谷子产生、神制定年月日,人身象头的天神,人类大兴旺、迁徙,共十四个部分。这部古籍对研究傣族社会、历史、文化的发展具有重要的价值。从中可以看到傣族如何从原始蒙昧社会进入到文明社会,可以看到傣族文化的渊源、发展和流变。这部史诗在傣族地区影响深广,是歌手(傣语称"章哈")必读的典籍。歌手比赛难决胜负时,往往以演唱《巴塔麻嘎捧尚罗》来决出最后的胜负。这部史诗有贝叶刻本,也有绵纸抄本。傣族民间对这部史诗十分珍爱,有的将它挂在竹楼客厅里以示荣耀,有的则当作传家宝一代又一代往下传。

傣族古籍有一部分史诗属于英雄史诗,如《相勐》,以及搜集于景谷傣族地区的《厘俸》等。这些英雄史诗都是描写古代傣族各部落之间的战争,歌颂战争中涌现出来的英雄人物。这些史诗通过爱情冲突来反映深刻的社会内容,揭示出那个时代的本质特征。史诗在概括时代生活的能力、典型人物的塑造、结构的安排和语言的运用等方面,都达到了较高的水平。过去学界一般认为,英雄史诗主要产生于中国北方民族中,创世史诗主要产生于南方民族中,傣族古籍的发掘,说明在我们祖国灿烂的文化宝库里,不仅北方民族有英雄史诗,南方民族也有英雄史诗。

(六)叙事长诗

叙事长诗是傣族古籍中最引人注目的、最辉煌的,也是译成汉文出版数量最多的部分。文献记载的叙事长诗据说有五百五十部之多。有的叙事长诗篇幅都很长，如《乌沙巴罗》，共49章，12万行；《粘巴西顿》共37章，68000行。这两部作品都被列入傣族"五大诗王"之一。另两部被列为"五大诗王"的作品《章相》和《兰嘎西贺》，也是大型的叙事长诗，篇幅都上万行。据傣文文献记载，《章相》这部叙事长诗，是一位佛爷祜巴勐写的，距今已经三百多年。作者很巧妙地将傣族古代传说、故事、诗歌组织到自己作品中来，通过自己的严谨构思，完整地，有条不紊地叙述人物和故事。这部作品在民间口头创作的基础上大大提高了一步。《兰嘎西贺》这部作品，有人认为是来自印度的大史诗《罗摩衍那》，因为两部作品中的许多地名发音相似，人物之间的关系也比较相近，故事情节和结构安排上也有许多共同的地方。《兰嘎西贺》从《罗摩衍那》中吸取题材和主要情节，经过了傣族人民的再创造，变成了具有傣族风格和特点的作品，这是中外文化交流的一个成果，从版本学的角度看，《兰嘎西贺》还有"大兰嘎"（全本），"小兰嘎"（缩写本）之分。

傣族古籍中叙事长诗还有《召树屯》《松帕敏与嘎西娜》《三牙象》《一百零一朵花》《葫芦信》《千瓣莲花》《香发公主》《金孔雀》《红宝石》《九颗珍珠》《缅桂花》等。这些作品大都以动人的爱情故事揭示深刻的社会问题，展示了古代傣族社会生活的方方面面，记录了傣族人民的喜怒哀乐，是研究傣族社会历史和文学艺术的重要资料。

（七）民间故事

从广义上说，神话传说也属于民间故事。这里指的是除神话传说外的其他民间故事，如幻想故事、生活故事、佛教故事、动植物故事、药物故事、寓言故事、机智人物故事等等，它在傣族古籍讲唱类中占有很大的比重。傣族的故事和诗歌，往往很难截然分开，同一作品，演唱时是韵文、是诗歌，讲述时又是散文、是故事；有时又边演唱边讲述，形成一种讲唱文学。

傣族的民间故事，内容十分广泛，它艺术地再现了古代傣族社会生活，揭示了他们的情感世界。有对劳动的赞美，对懒惰的指责；有对劳动人民高尚品质的歌颂，对不合理社会现象的抗争；有对家乡对生活的热爱，也有对美好理想的追求。

要特别提到的是，傣族民间有一种系列性的故事，即"阿銮故事"。德宏地区的傣族民间习惯将傣族的数百部叙事长诗中的大部分做阿銮故事。所谓"阿銮"，不是具体指某一个人物，而是泛指一个类型的人物。被称为"阿銮"的人，都是勇敢、善良、智慧、有福气、英俊美貌的男子，他们一生要经历很多磨难，最后都在天神、佛祖的帮助下战胜困难，获得美满的结局。

阿銮故事的来源，有一部分是来自《佛本生经》，是叙述佛祖修行转世，最后成佛的故事；另一部分则跟《佛本生经》没有多少联系，是傣族人民创造的叙述自己英雄人物的故事。

（八）歌谣

傣族歌谣大体上可以分为仪式歌、习俗歌、生活歌、劳动歌、情歌、儿歌等几大类别。傣族歌谣在历史上因受佛教思想的排斥，很少载入贝叶典籍，大都记录在棉纸抄本上，但它深受群众欢迎，广泛地流传于民间。

20世纪80年代初，西双版纳和德宏搜集到记录傣族古歌谣的三个傣文棉纸抄本，其中一本叫《甘哈墨贯》，是从勐海一位歌手那里搜集到的，一共有67首古歌谣，后来又在景洪勐哈寨一位老歌手那里发现一本载有49首古歌谣的棉纸抄本。还有在德宏州盈江、潞西、瑞丽等县搜集的傣族老人演唱的反映生产、习俗、祭祀的古代歌谣。这些歌谣经过编选，已经陆续结集出版，引起了研究者的注意。傣族古籍《尚嘎雅纳坦》在谈到原始文学和文字的关系时说："就傣族的歌谣与文字的关系而言，两者之间的先和后，好比种子、树苗与花和果的关系。"也就是说，远在文字产生之前，原始的歌谣就已经产生了。这些古歌谣反映了原始时代人民所经历的采集、狩猎和初期农耕生活，有重要的研究价值。随着社会的发展，歌谣也就随之丰富。如反映定居农耕生活的《四季歌》《十二月歌》《撒秧歌》《栽甘蔗歌》；各种节庆活动时唱的《祝福歌》《婚礼歌》《贺新房歌》《升和尚歌》；在不同祭祀仪式上唱的《祭鬼词》《招魂词》《滴水词》《祭猎神歌》《祭寨神歌》，以及反映青年男女爱情生活的情歌。特别值得提到的是情歌中的《凤凰情诗》，这是一种傣族特有的表达爱情的诗歌。它以凤凰为图案，将31个傣文字母写在不同部位，每一个字母代表一个意思，或代表一行诗，如同电报密码一般，让人去揣测，去理解，具有扣人心弦的魅力。

（九）语言文字

据傣族古籍《波腊纳坦》记载，远古时候的傣族，在象形文字产生以前，曾经历过以物计数并传递信息的历史。那时用篾片折、叠的方法记事，用相思豆和酸角籽计算物资，分配物资。该书还记下了这些符号的拼写方法。另据古籍《木腊沙刹革》《巴塔麻嘎波罕》《尚嘎哈奔罗》等记载，傣族历史上还有过象形文字的创制和使用，即从摆篾片、连折篾片到用多节篾片组成象形文。这些典籍还说到最初的傣文字母是产生于荷花叶上的，是因为人看见虫在荷叶上蛀食留下斑斑点点的痕迹，由此受到启发而创造了文字。后来，佛教传入傣族地区，记录佛经的巴利文随之被引进，41个巴利文辅音字母充实了傣族文字，傣族借入了许多巴利语词以适应翻译转写佛经的需要。后来，到傣历639年（1277年）有一位高僧又增创了15个傣文辅音字母和1个元音符号，傣文才得以完整充实起来，形成定型和规范化的傣文。关于傣文和巴利文的关系，在傣族古籍《及打撒达》《惟乃洛勒》《沙打惟玛腊》(可译为《语言学典律注释》)中均有详细记载。

傣文的书写载体，据古籍记载及民间传说，最初是写在树叶上，记录的是一些古歌谣和青年男女交往的情诗，那时叫做"绿叶信"时代，即一青年远行在外，用绿叶写信托鹦鹉带回给未婚妻的时代。后来是如何把文字刻写在贝叶上的呢？据傣族古籍《木腊沙刹纳革》《巴塔麻嘎波罕》《波腊纳坦》《尚噶哈奔罗》记载，是一个名叫布塔果沙厅的高僧最初把文字刻写在贝叶上，他将自己著的《惟苏提麻嘎》刻写成第一部贝叶经文，距今已上千年。

（十）农业

经考古证实，傣族是中国最早种植水稻的民族之一。傣族古籍译文《谈寨神勐神的由来》中曾写道：在原始的狩猎经济逐渐解体以后，出现了一个傣族首领帕雅桑木底。他从"蜜蜂酿蜜，小雀生蛋"受到启发，感到不能再像原来那样生活下去了。于是，率领人们划地盘，分山水，开始了"男的打猎，女的种瓜和饲养"的生活。另一古籍《巴塔麻嘎捧尚罗》中写到天神给人们撒下谷种，这时的谷种很大，在飞往人间的途中被大风吹碎，又被雀鸟老鼠吃到肚子里，雀鸟老鼠拉屎排出谷粒，掉在水沟边，发芽长大，结出谷穗。人们通过对这一自然现象的反复观察，终于发现了谷种。当时的人们还不懂得耕作，不懂得季节，将谷种满地抛撒，结果还是长不出庄稼来。于是，帕雅桑木底又教给大家要根据神的花粉的季节，在雨季时播撒种子。为了适应耕作需要，帕雅桑木底还把大块湿地划分成无数块分给大家，田边栽桩垒埂，以免为争田地引起纠纷。民间流传并记入古籍的《一颗萝卜大的谷子》还说道：有一天，正在打猎的人们忽然闻到一股香风，他们沿着风吹来方向去找，发现水塘边野草上结着许多萝卜样大的果子，又香又甜，大家就摘来吃，并给它取了个名字叫"香稻米"。这时有一个聪明的人教大家将香稻米栽到田里，不仅长出来，而且比野生的还壮实。这一记载不仅反映了将野生稻驯化成人工作物的过程，而且还解释了历史上傣族擅种糯稻、喜食糯米的由来。

稻作农业必须有相应的水利设施、金属农具及一系列的土地管理制度、赋税制度。历代封建领主制定了许多这方面的制度，还有兴修水利的许多文告、通知等，都记入了文献典籍之中。

（十一）历法

傣族天文历法的起源与农业生产有关，傣族古籍中与天文历法有关的有：《吧嘎等》《呼啦》《功顶》《苏力牙》《西坦》等。傣族创世史诗《巴塔麻嘎捧尚罗》中就写到天神玛哈捧到大地上制定年月日；古籍《泼水节的故事》也与制定历法有关。

傣族历法虽然产生于古代农业实践中，但它的进步和完善则是在内地汉族和印度文化影响下完成的。据考证，傣族先民在秦汉时期就吸收了内地汉族的干支纪时法和十二生肖纪时法，即以十二天干配十二地支共六十个数为一个循环周期，只是将汉历十二生肖中的猪改为象。傣族古籍《泐史》中，凡是用傣历纪年的地方，都并用干支。傣族历法还受印度历法的影响，如一年分三季：冷季、热季、雨季，每月分上下两个半月，把黄道划分为十宫等。傣族在吸收汉文化和印度文化的基础上，不断完善自己的历法，使傣族历法发展到相当高的水平，运用也相当纯熟，如对日食、月食的推算、预见已经相当准确。傣族还有自己的占术，在有关天文历法的古籍如《希哈拉》《左底沙拉》中均有记载。

傣族著名历法典籍《巴嘎等》分两种，一种是民用的，称《马嘎等贡》；另一种是专职人员用的，称《巴嘎等滇》。其他为《苏顶》《苏力亚》《西坦》等是讲傣历计算方法的。除此之外，还有《苏沓洼》《蒙腊》是专讲日月食计算方法的。上述典籍主要保存于寺庙中，佛寺中的高级僧侣对此比较熟悉，他们通过讲经说法，把其中的天文历法知识传授给下级僧侣和俗众。

（十二）医药

傣文药典《档哈雅》、医经《宛纳巴维特》和医理《该牙桑嘎雅》《康塔档戏都档哈》等，以贝叶刻本和绵纸抄本的形式流传于民间，已有几百年历史，其中药典《档哈雅》汇集了近千个药方。医理《该牙桑嘎雅》《康塔档戏都档哈》论述了傣医诊治中的辩证思想。首先，它从四塔之间的关系来认识疾病。四塔，佛教借用语，即风、火、水、土，用这四种元素来解释人体的生长发育、生理构成及活动，并针对四种元素失衡引起病痛对症下药。认为："四塔有形，四种合成体形，从生到死，相互制约，互不离缘。如同四条毒蛇居一坑，时时都存在偏盛两个方面。世界万物既可因它而生，又可因它而灭。既是生命要素，又是致病因子。"这就是说，土、水、风、火四塔既相互依存共居于人体之中，同时又互相排斥、争斗，结果必然会有偏盛的情况出现。如果相互协调，人体就健康，反之就要生病。如果火盛即发烧，水盛即浮肿，风盛即颤抖，土盛即冰冷。诊断就要判断是何种偏盛，针对火症、水症、风症、土症，各有不同的验方。其次，傣医认为，人体中的四塔与整个自然界的四塔是相联系的，自然界中的四塔的相互关系对人体亦有影响。不同的季节里，四塔的相互关系各不相同，人体受其影响，不同季节易患不同的病。热季与雨季之交，易患疟疾；冷季与热季之交，易患腹泻与痢疾；雨季与冷季之交，易患感冒。不同的季节，对疾病的诊断治疗要有所区别，用药也各有偏重。

（十三）建筑

据傣族古籍记载，古代傣族竹楼的发明创造，经历过由最初的"绿叶棚"，过渡到"狗蹲房"再到"凤凰房"三个历史时期。傣族古籍《谈寨神勐神的由来》、《巴塔麻嘎捧尚罗》对此有详细说明：远古时的人不会盖房子，住在山洞里或大树上。他们的首领帕雅桑木底决定要给大家盖房子，不让大人小孩受风吹雨淋。他先用木桩和树枝搭成"绿叶棚"（傣语称"杜菲秋"）叫大伙睡在棚子里。绿叶棚虽比住山洞大树好多了，但只挡得风，顶不住雨。他决心要盖出一种新房子。这时他看见雨中的一条狗昂着头，撑着前脚，安然坐在草地上，雨水从狗的脊背上流下来，却淋不着狗的胸脯。他从中得到启示，模仿狗蹲的姿势，盖了一间前面高后面低的茅房，即狗蹲房（傣语称"杜妈耶"）。这房子比绿叶房好多了，但下雨时仍然遍地是水。帕雅桑木底苦苦思索，想盖出一种风吹不到雨淋不着的房子，但想了好长时间都想不出来。天神为他的精神所动，变成一只凤凰来到他跟前，将脚高高的站在地上，像房柱；将翅膀伸向两边，像房檐。帕雅桑木底看了十分高兴，按照凤凰展翅的样子盖了一间房子，傣语叫"恒烘"，即凤凰房。这就是傣族历史的第一间竹楼。

除了民居建筑之外，傣族村寨的佛寺、佛塔，可以说是集古代傣族建筑工艺技术之精华。傣族古籍中有许多佛寺，佛塔建筑的记载。如国家级重点文物保护单位景洪曼飞龙白塔，据记载是由缅甸高僧、当地高僧和头人主持建造的，距今已有八百年的历史。傣族很重视水井、井塔的修建，有的井塔上塑造有古籍中记载的大地女神南妥腊妮像。

（十四）音乐方面

关于音乐的起源，傣族古籍《论傣族诗歌》认为：劳动产生思想，思想产生语言。"从心底出来的语言最美。天长地久，这种悲哀和欢乐的事情，自然地成了人们的口头流传语，逐步演变成了歌。"古籍《巴塔麻嘎捧尚罗》中，还载入了"滴水成音"的传说，是说有一家母女在山坡上种瓜，口渴了，母亲就叫女儿到坡脚泉水边打水来喝。姑娘走到泉边，看到流水从弯曲坎坷的高处流下来，发出叮叮咚咚的清脆、柔和、婉转的声音。姑娘被这美妙的声音迷住了，以后每天来打水，都要静静地听，边听边学，模仿滴水的声音哼起来，从此，傣族就有了自己的歌。《论傣族诗歌》还引用了另外两种说法。一是一位姑娘从诺嘎兰托（鸟名）那委婉动听的叫声中得到启发，天天到森林里听它的叫声，模仿鸟的叫声唱出心中的歌。二是最早的音乐来源于蜜蜂"嗡嗡"的声音，是一位放牛的姑娘看到蜜蜂围着插在牛头上的鲜花嗡嗡飞舞鸣叫，她从这里受到启发，学着蜜蜂的叫声唱出了歌。这两个传说不仅在民间流传，在傣族古籍中也有记载。

傣族人民普遍爱唱歌，正如民间所说："如果生活中没有歌，就像汤里没有盐巴，淡而无味"。在新房落成、婚礼、升和尚仪式等各种节庆活动乃至生产劳动中，都免不了要唱歌，并形成相应的曲调。

傣族的乐器种类繁多。打击乐、管乐、弦乐、簧类乐器都有。傣族古籍记载，傣族古代还有嘎拉萨、叮摆、贴列、光丙、鸣桑、光不冬等乐器，至今已经很难找到。

（十五）舞蹈

舞蹈是与音乐联系在一起的。傣文古籍《尼赕墨贯》（可译为《古代人历史》）中有这样一段记录："那时没有什么毖（乐器名）、叮（乐器名）伴奏，人们只会用树叶吹着玩，有的人还会吹响竹筒，也有拿'别反'（一种昆虫）来吹的，此外就是敲木片了。"人们边吹边敲边跳，原始舞蹈就是这样产生的。古籍《傣族古歌谣》这样记载当时舞蹈的情况："跳啊跳，我们跳，好好扭，好好跳，跳像鼠跃墙，跳像雀喝水，弯着腰来跳，扭着身来舞，挥动手，踢起脚，姿态美，惹人爱，啊腊纳，啾一啾。"该书中的另一古歌谣给我们透露出有些舞蹈动作是继承了祖先打猎、斗兽的动作，如"举棒打过去"就是棒舞的动作，"活捉小鹿子"就是扭打的动作。

傣族舞蹈中历史悠久、影响最大，至今仍具有魅力的首推孔雀舞。孔雀是傣族古籍中经常出现的象征吉祥、幸福的形象，模仿孔雀动作而形成的舞蹈，在很早以前就已产生。后来佛教传入，傣族进入封建领主制社会，孔雀舞在单纯原始的基础上，逐渐变成了讲究歌词韵律，追求舞姿典雅庄重的宗教舞蹈和宫廷舞蹈。后来又经过不断的演变、加工、提炼，变成了表演性的传统舞蹈，显示了永久的魅力。傣族古籍中有孔雀舞的许多记载，并配有相应的舞谱。

傣族流传最广，最受欢迎又最具特色的舞蹈是象脚鼓舞。汉族古籍和傣族古籍都有所记载。

傣族还有自己的武术性舞蹈，具有健身防卫之功能，还有群众性舞蹈（如"嘎光""依腊诙"）等，这在傣族古籍中均有记载。

（十六）绘画

傣族著名古籍、贝叶刻本《佛祖巡游记》，普遍被绘成寺庙壁画，生动形象地展现了佛祖率领众弟子巡游世界宣讲佛法的生动情景。贝叶刻本中的佛本生故事，如《召西塔奥波》《叭惟先塔腊》，反映南传上座部佛教的一些教义，宣扬寂静苦修以求涅槃，赕佛求善以修来世，教化性很强，因此佛寺中必有这些故事的壁画，布施者赕给佛寺的布画中也常有这方面的内容。壁画中另一个重要题材来自傣族古籍《天堂地狱》说，画面分上中下三格，上格绘天堂，中格绘执法之诸神，下格绘地狱，借此宣传因果报应，告诫人们不要作恶。壁画内容还有一个来源是民间传说，最吸引人的首推《召树屯与喃木诺娜》，这个传说在傣族民间家喻户晓，傣族古籍也有多处记载，由于人们太熟悉这个传说了，所以壁画上往往只画故事中的一个场面，如孔雀公主在天上飞翔，人们便知道是召树屯与喃木诺娜的故事。此外，古籍中记载的民间故事《金那丽与金那銮》，也是绘画中常见的题材，一般画成人首、人身、鸟翅、鸟爪的形象，据说傣族人民喜爱的孔雀形象，就是由此而来的。

（十七）其他

除了上述十六个方面之外，至今流行并存活于民间的许多风俗习惯，节庆活动，山川、风物、地名的由来等，都在傣族古籍中有所记载。如"泼水节"的起源，最早可追溯到古籍《巴塔麻嘎捧尚罗》中的神划分年月日的神话；过泼水节时为什么要赛龙舟，这在古籍《赛龙舟的传说》中就有说明；节庆活动中要放高升，古籍《帕雅宛上天诉苦情》中说是为了纪念舍命救民的天神帕雅宛。傣历新年和重大佛教节日要举行"堆沙"活动，在江河边或者佛寺里，人们用沙堆成飞禽走兽和各种人物形象，并进行比赛。考证傣族古籍，这一活动最初起源于祖先崇拜，后来才加进了佛教内容，傣历新年的晚上，人们要放"贡非"（称孔明灯），据古籍《召帕和帕雅满斗智的传说》解释是为了赞扬佛祖"佛法无边"，为人们驱除邪恶和灾难。傣族民间广泛流传的"丢包"活动，是青年男女社交求爱的一种方式，它的思想核心是对自由恋爱的赞美和对包办婚姻的反对。这种思想内核，在傣族古籍《岩烘窝》《玉南妙》《南布罕》《喃波冠》《宛纳帕丽》中都有突出表现。还有傣族服饰的由来与演变，民间体育活动如打陀螺、荡秋千等，在傣族古籍中也有相应的记载。

三

　　傣族古籍是傣族古代文化的载体。透过这些古籍，我们可以看到傣族人民在长期的历史发展过程中，所创造的古代文化是多么的丰富多彩、博大精深。

　　对于这笔宝贵的文化遗产，中华人民共和国成立七十年来，根据中国共产党的民族政策，各级政府做了大量的抢救、整理、研究工作，主要表现在：

　　一、资料的抢救。二十世纪五十年代、六十年代和八十年代，云南省宣传文化部门曾组织大规模的专业队伍，对傣族和其他民族的文化、历史资料进行了广泛的搜集，其中就包括形成文字的古籍和流传在民间的口头传说，积累了大量的资料。后来又成立了专门从事这项工作的古籍办公室，发动更多当地的文史工作者、爱好者投身搜集抢救民族文化遗产工作。就西双版纳一地而言，搜集到的贝叶刻本、绵纸抄本就达三千多部，还记录了流传在民间的大量的口头资料，德宏州、临沧市耿马一带搜集到的古籍也达数千部之多。对这些已搜集到的资料，除了妥善保管，防止损害流失之外，还按内容分类，登记造册，写出书目和内容提要，以供查询，同时还不断注意发现搜集新的资料。

　　二、翻译出版傣族古籍中的主要作品，主要以文学方面的居多。如创世史诗《巴塔麻嘎捧尚罗》；英雄史诗《相勐》《章相》《兰嘎西贺》《厘俸》等；叙事长诗《召树屯》《松帕敏与嘎西娜》《葫芦信》《苏宛纳和她的儿子》《一百零一朵花》《三牙象》《三只鹦鹉》《千瓣莲花》《娥并与桑洛》《线秀》《红宝石》《缅桂花》等。以上均以单行本的形式用汉文出版。此外，古籍中记载的民间流传的神话、传说、故事、寓言、歌谣、谚语等，分别收入傣族故事集成、歌谣集成、谚语集成等公开出版。还有理论方面的著作、封建领主法规、文告等，也已经出版或刊发于有关书报中。

　　特别值得提到的是，从2001年开始，西双版纳州政府以建设民族文化大省的战略眼光，结合本地实际，组织人力、物力翻译出版了《中国贝叶经全集》100卷，经过10年的努力，这一宏伟的民族文化工程已经全部完成。《中国贝叶经全集》精选了傣族古籍中重要的有代表性的作品。它的出版，具有重要的历史意义和现实意义。

　　三、研究工作同时开展。特别是改革开放四十年来，这方面的成绩尤为突出。首先是综合性的研究专著的问世，如《傣族简史》《傣族史》《傣族文学简史》《傣族文学史》《傣族文化志》《傣族文化大观》《傣汉词典》《中国少数民族大辞典·傣族卷》等。其次是专题性的研究专著，如《傣族社会研究》《傣族文化研究》《傣族文学研究》《泐史研究》《傣族佛教与傣族文化》《傣族哲学思想史论集》《傣族哲学思想史》《勐卯弄傣族历史研究》《中国傣族》《傣医四塔五蕴的理论研究》《傣族诗歌发展初探》等。此外，还有大量的研究论文集发表于国内外报刊。1990年，云南人民出版社出版了首部《贝叶文化论文集》，后来随着全国一至三届贝叶文化研讨会和傣学会的召开，又出版了若干论文集。与此同时，云南省民族学会傣学研究委员会也陆续开展各种规模的傣学研讨会，并出版论文集。傣学研究质量逐年提高，一大批傣族学者在涌现和成长，他们在傣族历史文化的研究中发挥了积极而重要的作用。

四、根据傣族古籍提供的素材，创作新的艺术作品。如西双版纳傣族自治州文工团创作演出的大型舞剧《召树屯与喃木诺娜》《兰嘎西贺》，其题材、内容均来自傣族古籍贝叶刻本。电影《孔雀公主》是根据傣族古籍汉译本《召树屯》改编的，此外还有《松帕敏与嘎西娜》《葫芦信》也被改编拍摄为电影、电视剧。2000年9月，云南省歌舞团创作演出大型音乐诗剧《泼水节》，也是从傣族贝叶古籍中吸收了相关的题材和内容。该剧代表云南省参加2000年9月在南京举办的第六届中国艺术节，获优秀剧目奖。傣族古籍中的许多内容，还成为美术绘画、雕塑、工艺品创作的素材来源，许多作品因其独特的风格而在国内获奖。贝叶刻本典籍《佛祖巡游记》，还被上海文艺出版社绘成连环画出版，并参与了世界非物质文化遗产的申报。

综上所述，中华人民共和国建立后，特别是改革开放四十年以来，傣族古籍的搜集、整理、研究工作取得了显著的成绩。但是与精深浩瀚的傣族文化相比，与社会现实发展的需要相比，还有不少的差距，一是古籍的搜集、整理、翻译工作还要继续坚持，让人们尽可能全面地认识傣族古代文化的全貌，认识傣族古籍多方面的内容。要看到不少古籍仍流散于民间，如不及时抢救，随时都有散失的危险。二是就已经翻译整理出版的傣族古籍而言，其多方面的价值还没有被发掘出来，它与傣族地区现代化建设、精神文明建设、旅游业发展的关系，还没有被人们充分认识到。近几年来，不少学者著文指出，傣族古代文化本身就是一种绿色文化、和谐文化，它所倡导的天人和谐、社会和谐、人与人和谐的思想，与我们今天所进行的和谐社会的构建是一脉相承的。民族文化是一个民族智慧的结晶，民族文化中的精华，完全可以为我们今天的现代化建设服务。这方面，傣族古籍给我们提供了大量的、新鲜的第一手材料，有待专家学者去作进一步的深入研究，相信傣族古籍的研究会将不断取得新的、更加丰硕的成果。

四

傣族古籍文献所包含的内容、学科、载体虽然复杂多样，但是通过分类了解可以发现，宗教经典类的古籍主要存于佛寺或者出家还俗回来的康朗手中；叙事长诗、民间故事、唱词等方面的古籍主要藏存于章哈（傣族民间歌手）手中；医药典籍、天文历法等方面的古籍主要藏存于波么咪么（男女祭司）手中。这些分类虽然不是绝对的，但一般情况下，每个康朗的家中至少会藏几部甚至几十部傣文古籍文献。在搜集傣文古籍文献时，按照以上的思路，走捷径、抓时机，可使搜集工作更加系统、全面。其次，各级党委、政府的高度重视和健全的工作机构是开展傣族古籍文献保护工作的重要保障。20世纪80年代以来，在各级领导和部门的重视、支持下，在西双版纳、德宏、文山、临沧、玉溪、楚雄、保山等地逐步建立了相关的研究机构和学术团体，如西双版纳州少数民族研究所、德宏州傣学会、文山州傣学会、保山市傣学会、耿马县傣学研究会、双江县傣学研究会、孟连县傣学研究会、景谷县傣学研究会、新平县傣学研究会、元江县傣学会、金平县傣学研究会、潞西市傣学会、瑞丽市傣学会、陇川县傣学会、盈江县傣学会、梁河县傣学会、景洪市傣学会、勐海县傣学会、勐腊县傣学会、楚雄州傣学会、元阳傣族研究会、河口傣学会、马关县傣学会等，为傣文古籍文献保护工作提供了群众力量。云南大学贝叶文化中心利用其外向交流合作的平台，为傣文古籍文献保护工作提供了理论支持，扩大了宣传范围。各级机构争取各方面的资金，为傣文古籍文献保护工作提供了经费保障。再次，在傣族信众的心里，傣文古籍文献是神圣的，高尚的，不可以随意乱摆乱放或者扔弃撕毁。所以，不管是个人还是佛寺保存，人们会把古籍文献放在不易受潮、丢失、虫蛀的地方，这为以后相关机构在民间征集、抢救和保护傣族古籍文献提供了有利条件。

基于以上相关机构、民间群众和傣学专家们多年的搜集成果，使得《中国少数民族古籍总目提要·傣族卷》的编撰工作顺利展开。与此同时，据不完全统计，目前德宏州普查傣文古籍2000余册，筛选出881册并完成《中国云南德宏傣文古籍编目》（云南民族出版社，2002年出版）；孟连普查1000余册，筛选出190册并完成《中国云南孟连傣文古籍编目》（云南民族出版社，2010年出版）；耿马普查1000余册，筛选出431册并完成《中国云南耿马傣文古籍编目》（云南民族出版社出版，2005年出版）；西双版纳普查5700多卷（册），筛选并形成编目的有402册。《云南民族口传非物质文化遗产总目提要》（云南教育出版社，2008年出版），收录了1799条傣族口传古籍目录词条。《中国少数民族古籍总目提要·傣族卷》的编撰，就是在这些现有资料的基础上，增补了文山、楚雄、红河、玉溪、元江、景谷、保山等的口传和文献古籍词条。

《中国少数民族古籍总目提要·傣族卷》系统全面地介绍了傣族古籍的总体情况，基本上反映了傣族古籍的概貌。它不仅是一部了解傣族历史文化的读物，也是研究傣族宗教、政治、经济、历史、文化的工具书，具有较高的收藏价值和使用价值。

在书稿编撰过程中，得到了云南省有关领导部门的关心支持，得到了云南省各州市县傣学研究会和各专家学者、相关部门和领导的帮助，在此深表感谢。《中国少数民族古籍总目提要·傣族卷》是对中国傣族古籍的一次大盘点，不足之处，恳请各位专家学者给予指正。

《中国少数民族古籍总目提要·傣族卷（讲唱类）》编纂委员会
2018年9月1日

凡 例

一、本书收录傣族古籍讲唱类条目2522条。其中：神话传说513条，长诗歌谣846条，民间故事1163条。

二、本书按神话传说、长诗歌谣、民间故事顺序排列。神话传说分为"傣族神话"和"傣族传说"两大部分。"傣族神话"分为七个部分，分别是创世神话、谷物神话、动物神话、日月神话、新年神话、自然神话、其他神话；第二部分"傣族传说"分为十一个部分，分别是祖先传说、迁徙传说、风物传说、地名传说、佛塔传说、习俗传说、文化起源传说、节日传说、人物传说、史事传说和其他传说。长诗歌谣分为十个部分。分别是：创世史诗、叙事长诗、英雄史诗、仪式歌、习俗歌（分为上新房歌、婚嫁歌、丧葬歌、其他习俗歌）、生活歌、劳动歌、情歌、儿歌和其他歌谣。民间故事分为十五个部分。分别是：幻想故事、佛教故事、阿銮故事、生活故事、机智人物故事、谚语故事、爱情故事、亲情故事、动物故事、植物故事、药物故事、笑话故事、善恶有报故事、鬼怪故事和断案故事。按标题首字英文字母顺序排序，不分年代、流传地。

三、编撰人员姓名均在各条目末括号内注明。

四、本书严格按照国家民委《〈中国少数民族古籍总目提要〉编写纲要》编写，以确保丛书整体统一。

条目分类目录

神话传说

一、神话

（一）创世神话

条目	页码
巴阿伦的传说	3
布桑戛西与雅桑戛赛	3
布召法和布召岭	3
变扎贡帕	4
大力士犁地	4
大地的由来	4
地球的传说	4
贡纳堤娃降临人间	5
混散造天造地	5
金葫芦生万物	5
开天辟地	6
玛哈腊造天造地	6
人类果	6
射太阳的故事	6
太阳是公鸡叫出来的	7
太阳的传说	7
太阳、月亮、五星	7
天地的来历	7
天地本来是兄弟	8
天地打架	8
惟鲁塔射太阳	8
兄妹合婚	9
兄妹造人烟	9
雄鸡医治太阳的故事	9
月亮和太阳	9
英叭神创世	9
洪水泛滥	10

（二）谷物神话

条目	页码
谷魂	10
谷魂奶奶	10
谷神布岑塔	10
谷子的由来	11
会飞的谷子	11
麻雀救谷种	11
雀谷鼠谷	11
逃遁的"康豪"	12
向鼠王找谷种	12
一颗萝卜大的谷子	12

（三）动物神话

条目	页码
豪勇罕	13
鸟姑娘	13
雀姑娘	13
神牛姑娘	14
象的女儿	14

（四）日月神话

条目	页码
顾京宛	15
青蛙恋月亮	15
日食和月食的传说	15
太阳和月亮	15
月食的传说	16

（五）新年神话

桑刊比迈（一） …………… 16

桑刊比迈（二） …………… 17

（六）自然神话

天上为什么有彩虹 …………… 17

（七）其他神话

阿銮的由来 …………… 17

叭鲁 …………… 18

布康豪 …………… 18

大火烧天 …………… 18

汉、傣、景颇族是三弟兄 …………… 19

九隆王 …………… 19

没牙的鬼 …………… 19

尼姑和琴的来历 …………… 19

贺相过首领 …………… 20

哑乖 …………… 20

二、民间传说

（一）祖先传说

傣族的来历 …………… 21

姐等贺的混等王 …………… 21

勐两祖先的来历 …………… 21

南屯通 …………… 22

难夕河 …………… 22

思弄法 …………… 22

召法弄磨罕 …………… 23

（二）迁徙传说

叭阿拉武开辟西双版纳 …………… 23

白傣的来历 …………… 23

勐先傣族向南迁徙的传说 …………… 24

召伍定与孟定地名的传说 …………… 24

（三）风物传说

阿推卡葛挖 …………… 24

并蒂莲的传说 …………… 25

白头翁的故事 …………… 25

宝角牛修炼宝角的石洞 …………… 25

波洪沙树 …………… 25

扁米的传说 …………… 26

保山卧佛寺的传说 …………… 26

大河边瀑布与金象的传说 …………… 26

打洛"竜山"的传说 …………… 27

赤脚大仙的传说 …………… 27

传递过葫芦信的南木河 …………… 27

达掌 …………… 28

吊脚楼的来历 …………… 28

耿马三尖山的传说 …………… 28

夫石与妻石 …………… 28

夫妻温泉传说 …………… 28

勐遮曼阁公主石 …………… 29

勐乃仙人洞来历 …………… 29

广呼夕 …………… 29

红河的传说 …………… 29

海螺山（汇获发） …………… 30

旧城龙塘的传说 …………… 30

尖石头的来历 …………… 30

金沙江二十九个望娘滩的传说 …………… 31

金马鹿 …………… 31

景真湖——孔雀公主戏水的金湖 …………… 31

孔雀姑娘 …………… 32

嫉妒的南快河 …………… 32

龙洞的传说 …………… 32

龙池的来历 …………… 33

龙女石 …………… 33

龙走水干蜂搬家 …………… 33

老佟坡的来历 …………… 33

两匹白马 …………… 34

陇川江和南宛河的故事 …………… 34

崃冒腊山的故事 …………… 34

"木鱼"的传说 …………… 34

芒康渡口大叠水 …………… 35

芒市坝断头山的传说 …………… 35

条目	页码
莫陆同护佛寺的由来	35
曼燕巨石	35
漫漾湖的传说	36
漫洋湖和者戛湖的由来	36
牛头山和土林	36
那家坟的传说	36
南养江与怒江	37
南天湖的传说	37
南垒河的传说	37
婻三飘	37
怒江和瑞丽江的传说	38
平原和大海怎样变成的	38
菩萨脚印	38
七女石的来历	39
青龙的传说	39
热水塘	39
瑞丽江里为什么没有石头	40
除妖记	40
三七的传说	40
石虎山	41
水蛭坟	41
神鸟传音	41
锁娜	41
天桌的由来	42
天龙解救苍生	42
跳老虎头	42
腾冲云峰山舍身崖的传说	43
文宫山石狮的传说	43
小团坡的故事	43
仙人石	43
仙人脚印	44
星山	44
月琴的来历	44
银山脚溶洞	45
遮放"维善"榕树	45

（四）地名传说

条目	页码
丙野山名的由来	45
邦冷寨	45
棒亥哏的来历	45
"春欢"花园的由来	46
耿马地名的传说	46
大力士扁帕	46
东那、芒费寨名的由来	47
东永寨名的由来	47
达和坡的传说	47
打洛南兰河的由来	47
打洛传说	47
夫妻坟堆	48
佛祖做过饭的勐阿坝子	48
广兰喊的传说	48
广恩的传说	48
公鸡寨和母鸡寨	48
公主山	49
公主山	49
公朗村的芒洋和芒玉寨名的由来	49
公朗村芒朵寨名的由来	49
关累传说	50
鬼哭坪的由来	50
河水倒流的坝子	50
河东芒巴领寨名的由来	50
河东芒那迁（芒缅）的由来	50
虎形洼	51
贺信寨与户闷寨名的来历	51
湖泊变成的勐遮坝子	51
九亿湖	51
姐闷掌	52
金藤条的故事	52
金鹿塘的传说	52
景谷县城于南漳气河，傣语叫"南安"之说	52
江东新寨，傣语叫"芒杭"之说	53
江东大芒费寨脚，住户叫"芒别"的由来	53
景真典故	53
景真曼撩的传说	53
景洪曼听的故事	53
景糯曼浓恒	53

条目	页码
景糯曼该却	54
景糯曼纳扁	54
景真曼恩的传说	54
景洪——黎明之城	54
景谷民乐白象寨名的由来	54
龙哈传说	55
龙罕	55
龙塘地名寨名的由来	55
陆坤	55
拉扁寨的由来	56
崃门的传说	56
民利村"芒就"寨名的由来	56
民利村芒东那寨名的由来	56
马闷寨名的由来	57
马寨的传说	57
芒旺寨的由来	57
芒族寨名的由来	57
芒等恩与晒银石之说	57
芒罢德寨名的由来	58
芒拉寨名的由来	58
芒卡寨名之说	58
芒冷寨名的由来	58
芒连晒多坝朗的由来	59
芒冒寨名的由来	59
芒判养寨名之说（原址在景谷凤岗盐矿山脚，现已无人在此居住了）	59
芒孩寨名的由来	59
芒旭寨名之说"芒就"	60
芒回寨名的由来	60
埋龙山趣事得名	60
莫牙寨名的由来	60
勐牙迫	61
勐换的传说	61
勐龙曼燕的黑狗水坝	61
勐板千男沟	61
勐遮曼果	61
勐遮曼浆的由来	62
勐遮曼帕纳章恼的由来	62
勐伦曼卓的由来	62
勐罕的传说	62
勐两的传说	62
勐窝村寨名的由来	63
勐宽的由来	63
勐腊与佛祖泼茶的传说	63
勐龙——做事过分之地	63
勐阿坝的传说	63
勐仑传说	64
勐罕传说	64
勐海与岩海的掌故	64
勐宛	64
勐混	65
勐麻寨名的由来	65
勐通寨名起源	65
曼听传说	65
曼栋村的传说	65
曼埋奔村的传说	66
曼弄登的传说	66
曼边村的传说	66
曼贺廊村的传说	66
曼罗列的传说	66
曼里传说	66
曼暖叫传说	66
曼飞龙的传说	67
曼垒、曼真与真罕的传说	67
曼景兰传说	67
曼邦	67
曼领传说	67
曼鲁、曼垒和曼真	68
曼养	68
蟒蛇山的传说	68
南景村芒中、芒玉晃的由来	68
纳龙雅孩	69
纳勇水沟的传说	69
弄香额	69

条目	页码
弄相	69
弄龙	70
弄晃和弄反	70
"弄布徐"地名的由来	70
南凹河和南达洲	71
南兰章	71
南糯山的由来	71
怕拿村的由来	71
水味甘美的南览河	72
石板村，傣语叫"芒染"的由来	72
苏湖传说	72
铜街的来历	72
蜕皮人藏身的池塘——暖朗	73
偷婚的由来	73
王后城的来源	73
小猎人开辟易武	73
（香盐井村）"芒卧弄"寨名的由来	74
希拉寨的传说	74
席草寨的来历	74
栖霞热水塘的传说	74
瞎眼山沟	74
新民村"丙于"和"丙来"寨名的由来	75
允景洪的典故	75
允晃	75
元谋	75
玉相渡口的由来	76
易武传说	76
益智乡的芒托寨名之说	76
益智芒迁寨名的由来	76
益智芒昔峨寨名的由来	76
章壁	77
章凤	77

（五）佛塔传说

条目	页码
白象塔与白象的传说	77
洞苏洞列佛塔的来历	77
洞景佛塔的传说	78
滚转佛塔的来历	78
贺派白象塔的来历	78
金狮塔	79
金龟佛塔的传说	79
姐木塔的来历	79
景坎佛塔的传说（一）	79
景坎佛塔的传说（二）	80
景真八角亭传说	80
景戈白塔的来历	80
勐板塔的来由	81
勐海水中佛塔的传说	81
勐醒"庄董"塔的由来	81
勐混曼少塔的传说	81
勐罕景先塔的传说	81
勐户弄塔的来历	81
曼垒塔与芒果树的故事	82
南多佛塔来历	82
那棉鸭头白塔的来历	82
糯叫塔的来历	83
塔糯庄龙传说	83
塔龙布兰传说	83
塔冈南镇河妖的传说	83
允燕塔来历	83
镇妖塔传说	84

（六）习俗传说

条目	页码
艾杠嘎驱鬼	84
不听父母劝说的老四儿子	84
白马鬼	84
白象舞的传说	85
"摆汉勐"的由来	85
尝新米先给狗吃的传说	85
唱歌驱魔贺新房	85
穿尖勾绣花鞋避邪的来历	86
船形鞋的来历	86
打洛祭祀勐神的传说	86
打僚的由来	86

打青苗的由来	87
丢包	87
带饭包回娘家的来历	87
等桑海	87
登登	88
堆沙节	88
堆沙节和泼水节	88
傣族叫魂拴红线的由来	88
傣族吃新米不洗碗的由来	89
傣族斗笠	89
傣族不打红鸟不砍红椿树的来历	89
傣族尝新节的来历	89
傣历年的传说	90
傣族男子为什么要文身	90
傣家男人喜好文身的由来	90
傣族文身的由来	91
傣族姑娘镶金牙的来历	91
傣族为什么有倒背手的习惯	91
傣家人放高升	91
傣家滴水的由来	91
傣族叫魂的来历	92
滴水成歌	92
滴水习俗的由来	92
戴孝帕的来历	93
房形头帕的来历	93
放高升的故事	93
放鞭炮习俗的由来	94
夫妻树的故事	94
关门节不串姑娘的由来	94
过年泼水的传说	94
过年杀猪的来历	95
赶花街	95
哥哥龙	95
首领的诺言	95
盖房唱歌	95
划龙船的传说	96
花街节的由来	96

花棍舞的来历	96
花腰傣的"花街"	97
花腰傣斗笠的传说	97
喝酒、嚼槟榔规矩的由来	97
叫谷魂的来历	97
叫谷魂	98
系长围腰的来历	98
结婚拴线的来历	98
金鹿舞的传说	98
祭太阳神的来历	99
祭龙的由来	99
祭竜节	99
祭驴子	99
祭画神多兰嘎	100
景讷祭祀勐神的传说	100
景真祭勐神的故事	100
锦库节的传说	100
孔雀和梅来哈	101
孔雀舞的传说	101
扛柴的传说	101
力气大的小伙子	101
龙	102
猎人的花枝	102
蜡千油万供奉僧侣	102
绿宝石的传说	102
木罕智斗恶魔	103
沐浴日的由来	103
曼糯兰祭祀寨神传说	103
墨齿的传说	103
农历四月栽秧时节主人悄悄吃饭的由来	104
青蛙吃月亮与青蛙吃太阳	104
情人箐	104
人兴死的传说	105
日食和月食的由来	105
染红饭的来历	105
赛龙舟的传说	105
三弦的来历	106

条目	页码
三个孤儿	106
山神树	106
圣水的故事	106
桑勘节的由来	107
烧白柴的传说	107
烧白柴	107
天狗吃月亮	107
田鸡救难	108
无衣领的传说	108
文身的由来（一）	108
文身的传说（二）	109
文身的来历	109
文身绣脚的典故	109
为什么听见麂子的叫声就不出门串姑娘	109
巫师的故事	110
向家产恕罪	110
象脚鼓的传说	110
新米为什么要让狗先尝	111
献衣冠的来历	111
献灶君的来历	111
月食的传说	111
一句好话暖人心	112
秧箩的传说	112
秧箩饭的起源	112
坠落在龙宫中的木柱	112
召补纳拿夏	113
灶神的由来	113

（七）文化起源传说

条目	页码
贝叶信	113
毖朗岛吹给知音听	113
波陶雅勐	114
火的由来	114
葫芦小三弦的来历	114
金色的铓锣	115
金孔雀的故事	115
叫谷魂的由来	115

条目	页码
列秀的来历	116
马鹿舞的来历	116
勐养铓锣	117
为什么傣家"波陶"的包头特别大	117
象脚鼓的来历	117
蒙面情歌的来历	117
蜜蜂	118
语言口袋和曲子口袋	118
竹必的故事	118
竹笛的来历	119
章哈的始祖	119
章哈的祖先	119
"章哈"列诺嘎兰托	119

（八）节日传说

条目	页码
傣家堆沙泼水节的由来	120
泼水节的传说（一）	120
泼水节的传说（二）	120
泼水节的传说（三）	121
泼水节的传说（四）	121
泼水节	122
泼水节的由来	122
窝巴节的传说（一）	122
窝巴节的传说（二）	122
烧白柴节的由来	123

（九）人物传说

条目	页码
阿罕启发傣	123
刀代的宝剑	123
龚麻腊别学医	124
黄国顺晋见岑毓英	124
黄瑞玉单身探虎穴	124
黄国顺计败四圈官	124
就阿戛大医师	125
老竜郭大爷	125
莫菊些	125
梅光德的传说	126

岩罕竜	126
召五区的来历	126
张英	126
张世芳的故事	127
东那佛寺高僧周二长老	127

（十）史事传说
多走访了解民情	127
等贺城镇的混等王	127
旱傣的来历	128
建勐建寨传说	128
两个王子	128
两兄弟分家	128
腊人最早开辟耿马的传说	129
民族是怎样分开的	129
民乐划归景东的传说	129
明将邓子龙平三尖山之战	130
孟定傣族始祖的传说	130
勐班"椿木梁"的传说	130
媥细袜里	131
娜莫勒和"召法弄"	131
"帕罢"的传说	131
赔"二两"银误为赔两沟银的传说	132
射弄法	132
塔静王子与朗帕焕公主	132
吾必奎与九围大树	133
要找到贤妻需靠自己	133
召罕航法战胜闷西多	133
召勐卧与召勐景东	133
走马划界的传说	134
智败龙飞	134

（十一）其他传说
岩朗勒	134
傣族坝子的来历	135
高脚竹楼的由来	135
花筒裙的来历	135

黑老二变白老二	136
两兄弟分家	136
墨斗的故事	136
棉花的来历	136
男人生小孩	136
取火记	137
嗦（蚊帐）的来历	137
太阳和月亮	137
为什么水牛角有凹凸不平的痕迹	137
由蜈蚣的由来	138
有些病为什么不能治	138

长诗歌谣

一、创世史诗
巴塔麻嘎捧尚罗	141
布桑嘎西、雅桑嘎赛	141
洪水漫天	141
銮列銮短	141
帕雅桑木底	142
天神英叭	142
英叭开天辟地	142
造房歌	142

二、叙事长诗
阿銮莫协罕	143
阿暧和他的弓箭	143
阿雷汗罕	144
白虎阿銮	144
娥并与桑洛	144
贡麻与玛尼	145
红宝石	145
花蛇王	145
葫芦信	146
九颗珍珠	146

九颗宝石	147
尖达巴佐	147
金孔雀	147
金牙象	147
金纳丽	148
金螺姑娘	148
金乌龟	148
景亚丽与南达纳	149
兰嘎西贺	149
龙桑与南娥	150
朗伦与金野猫	150
朗腿罕	151
螺蛳姑娘	151
勐卯的来历	151
缅桂花	151
尼罕	152
南慕木苹	152
南乖凤	153
南窝妮	153
南娥洛桑	153
楠妙	154
楠波冠	154
帕罕	154
盘巴与雀女	155
七头七尾象	155
十二位王妃的眼珠	155
三牙象	156
三时香	156
三只鹦哥	156
三尾螺	157
沙里	157
松帕敏和嘎西娜	157
万相边勐	157
乌沙麻罗	158
乌莱	158
宛纳帕丽	159
千瓣莲花	159
仙芒果	159
秀披秀滚	160
线秀	160
香发公主	160
月罕佐与冒弄养	161
召树屯	161
召苏瓦	161
召西纳	162
召温邦	162
走勐乃	162
粘巴西顿	163
章相	163
章英与南葛花	164

三、英雄史诗

| 厘俸 | 165 |
| 相勐 | 165 |

四、仪式歌

哀悼词	166
出猎歌	166
除虫调（一）	166
除虫调（二）	166
斗楼梯歌	166
答谢歌	167
赕春节神祝词	167
赕佛延寿祝词	167
赕佛词	167
堆沙塔节贺词	167
滴水祝词（一）	168
滴水祝词（二）	168
滴水歌	168
滴水词	168
复山修坟祈祷词	169
给小孩拴魂歌	169

敢捧	169
姑娘成人礼祝福歌	169
火塘祷告词	169
喊人魂调	170
叫谷魂（一）	170
叫谷魂（二）	170
叫谷魂（三）	170
叫黑姑娘魂	170
叫鸡魂	171
叫牛马魂调	171
叫动物魂	171
叫魂词	171
叫谷魂词	171
祭鬼词	171
祭太阳歌	171
祭月亮神	172
祭谷魂调	172
祭猎神	172
祭祖调	172
祭献月亮歌	172
祭水歌	172
祭亡人滴水词	172
祭神调	173
祭寨神勐神	173
祭勐神祝词	173
祭谷神词	173
祭家神词	173
祭祖宗祷告词	174
祭幻化王神祭词	174
祭祀地方神辞	174
祭拜水田念辞	174
敬供歌	175
弄养祭寨神祷告词	175
撵鬼词（一）	175
撵鬼词（二）	175
七日祭祝词	175
驱鬼歌（一）	176

驱鬼歌（二）	176
祈求歌	176
请求词	176
送鬼词（一）	176
送鬼词（二）	177
送鬼词（三）	177
送魂调	177
送魂词	177
送祝米词	177
送戏神	178
诵洗寨子经	178
扫墓祝福词	178
沙拉甩	178
拴小魂歌	178
拴牛魂	179
土司即位贺词	179
土司问亲词	179
为亡人滴水祝词	179
引路经（一）	180
引路经（二）	180
迎神词	180
婴儿满月叫魂词	180
招魂词（一）	181
招魂词（二）	181
招魂词（三）	181
招女儿魂	181
招魂歌	181
制止小儿夜哭歌	182
栽树歌	182
送鬼归来的拴线词	182

五、习俗歌

（一）上新房歌

贺新房拴线词	183
贺新房词（一）	183
贺新房词（二）	183

贺新房调 …… 183	嫁女之歌 …… 190
贺新房短歌 …… 184	女儿成婚祝福词 …… 191
贺新房之歌 …… 184	要优待女儿（唱给婆家之歌） …… 191
吉祥日子幸福日子 …… 184	离娘调 …… 191
进新居祝贺词 …… 184	拦门歌 …… 191
梁河进新房词 …… 184	苦命的阿妹 …… 192
乔迁新房词 …… 185	哭嫁歌（一） …… 192
	哭嫁歌（二） …… 192
（二）婚嫁歌	求婚调 …… 192
阿妹已有心上人 …… 185	求亲歌（一） …… 192
阿妹要出嫁 …… 185	求亲歌（二） …… 193
阿妹出嫁不要怕羞 …… 185	求亲歌（三） …… 193
出嫁歌 …… 185	送亲调 …… 193
出嫁调（一） …… 186	送亲调 …… 193
出嫁调（二） …… 186	退车马调 …… 193
订婚拴线祝词 …… 186	迎亲调 …… 194
对新郎新娘祝词 …… 186	送聘礼歌 …… 194
回门调 …… 187	送姑娘歌 …… 194
婚礼祝词 …… 187	送女婿上门歌 …… 194
婚礼拴线祝词 …… 187	说亲歌 …… 194
婚礼祝福歌 …… 187	谢酒歌 …… 195
婚宴祝词 …… 187	许配歌 …… 195
婚宴赕佛祝词 …… 188	新娘哭嫁歌 …… 195
婚礼词 …… 188	新郎新娘祝福词 …… 195
婚礼祝酒词 …… 188	新婚祝福词 …… 195
婚礼歌（一） …… 188	盈江婚礼祝福调 …… 196
婚礼歌（二） …… 188	盈江旧时结婚祝词 …… 196
结婚拴线词 …… 188	筵席歌 …… 196
结婚酒歌 …… 189	祝福歌 …… 196
结婚祝词 …… 189	祝福儿女新婚 …… 197
旧时的求亲词 …… 189	致新郎新娘吉利词 …… 197
吉利词 …… 189	
酒宴调 …… 189	（三）丧葬歌
接新娘歌 …… 190	扶山调 …… 197
接儿媳歌 …… 190	卡星 …… 197
嫁别歌（一） …… 190	哭丧调（一） …… 198
嫁别歌（二） …… 190	哭丧调（二） …… 198

哭丧调（三）	198
哭娘调	198
送父母入天堂经	198
送别歌	198
送葬调	199
献花歌	199
葬后求安词	199

（四）其他习俗歌

阿姨们的祝词	199
拜新年	199
拜年祝词	200
出船经	200
春节致衙门贺词	200
对私人"摆"的祝词	200
放孔明灯歌	200
放高升调	201
放高升	201
过河求安词	201
划船经	201
贺新年	201
贺年歌	201
京比迈	202
家庭祝贺词	202
接子歌	202
六月新年来到了	202
老人祝词	202
满月拴线词	203
满月拴线祝词	203
闹火塘	203
忏悔词	203
请客歌	203
升和尚拴线词	204
拆旧屋建新房——建瓦房祝贺词	204
讨酒歌	204
跳歌词	204
跳威风	204
向已故长辈忏悔词	205
向父母忏悔	205
新春祈求词	205
春节贺新郎新娘祝词	205
新年宴席歌	205
献花词	205
友谊歌	206
依腊灰	206
婴儿满月拴线词	206
祝寿歌	206
赞高升	206
劝诫经（布算朗）	207

六、生活歌

不爱的男人	208
别人宴请回敬祝词	208
别离歌	208
拔刺词	208
拔刺歌	209
拜老庚	209
出远门对妻儿嘱咐词	209
充饥歌	209
吃菌歌	209
串寨调	210
穿衣调	210
大火烧天	210
斗殴歌	210
打水歌	210
父母恩情歌	210
父母思子歌	211
纺线歌	211
甘哈邦莫万	211
关门歌	211
过河歌	211
告别家乡歌	212
拐走姑娘之歉词	212

欢乐歌	212
虎咬人	212
洪水泛滥	212
叫人歌	213
叫儿歌	213
季节歌（一）	213
季节歌（二）	213
季节歌（三）	213
结拜朋友歌	214
酒醉歌	214
敬贵客	214
敬酒歌	214
敬酒歌	214
警世经书	215
麂子歌	215
开财门调	215
哭哀歌	215
老人祝词	215
落寨歌	215
麻风乞讨歌（一）	216
麻风乞讨歌（二）	216
麻风乞讨歌（三）	216
女人歌	216
男女规劝歌	216
闹分伙	216
盘巴歌	217
配偶歌	217
劝说夫妻和睦	217
劝说寡妇改嫁	217
迁徙歌	217
起火歌	218
请客调	218
雀屎谷	218
人生劝教词	218
日月歌	218
十二马	219
十二月的歌	219
十二月花歌	219
十二月风歌	219
十二月水歌	220
十二月盘歌	220
送水歌	220
送别歌	220
送祝米调	220
扇子调	220
睡觉歌	221
数属相歌（庚按嘤）	221
天干歌（庚发灵）	221
头杯敬家歌	222
勿吸食鸦片	222
问答歌	222
我俩的小日子	222
蜈蚣歌	222
下雨歌	223
下白雨	223
孝敬父母歌	223
戏剧开演仪式祝愿歌	223
洗房柱歌	223
新居歌	224
蟋蟀歌	224
谢酒歌	224
迎客调	224
止血词	224
祝儿女歌	225
祝客调	225
致青年男孙款待祝词	225

七、劳动歌

播种歌	226
穿牛鼻子歌	226
采茶歌	226
搓火草线调	226
打猎歌	226

打鱼歌	227	种田歌	233
打跳之歌	227	栽甘蔗歌（一）	233
丰水歌（庚南莱）	227	栽甘蔗歌（二）	233
纺棉花歌	227	栽秧歌	233
纺线调	227	栽秧之歌	233
纺线调	228	栽秧调	234
割谷歌	228	摘果歌	234
耕牛歌	228		
回家吧伙伴们	228		
含线调	228		
开秧门	228		

八、情歌

砍柴歌	229	阿哥抬脚难进门	235
砍柴调	229	阿哥阿妹要成婚	235
劳作歌	229	阿哥家中想要个缝衣人	235
拉木歌	229	阿哥深林中砍牛千筋	235
晾线调	229	阿妹不要嫌妈多说	235
垒石歌	229	阿妹要做个好媳妇	236
农具歌	230	阿妹不要哄阿哥	236
撵山歌	230	阿妹有爱就要说出来	236
破篾歌	230	阿哥生来就命苦	236
巧手下面水田绿	230	阿哥不像官家人	236
勤劳歌	230	阿妹好看又好瞧	236
山上找火草之歌	230	阿妹的心思好比母鸡要下蛋	237
收割调	231	阿妹的话说出来像甜蜜	237
撒秧歌	231	阿妹的心像鸭心思	237
土陶歌	231	阿妹像棵墙头草	237
抬木头歌（一）	231	阿哥讲真话	237
抬木头歌（二）	231	阿妹呢悄悄话哟装进烟盒中	238
挑花调	231	阿哥想要妹的花手帕	238
套线圈调	232	阿妹的歌声甜	238
挖井歌	232	阿哥等不得天黑	238
洗火草调	232	阿哥想妹如同上酒瘾	238
洗线调	232	阿哥送妹红丝线	238
竹编调	232	阿哥想要早成家	239
织布歌	232	阿哥阿妹不分离	239
织布调	232	阿哥身边的阿妹	239
织线调	233	阿妹找到好情人	239
		阿哥的心比太阳热着呢	239

条目	页码
阿妹的情人	239
阿妹像一只小花鸡一样睡得早	240
阿妹让哥猜不透	240
阿哥嫌妹生得丑	240
阿哥爱阿妹	240
阿妹送哥信情物	240
阿哥不小气	241
阿妹不要嫌妈多说话	241
阿妹来敬酒	241
阿哥的金芒果熟了	241
阿妹哟，为何不到我的身旁	242
阿哥没有落脚处	242
阿哥慢慢来教我	242
阿哥的心意	242
阿哥永远在你身边	242
阿哥来串寨子	242
阿哥等不到天黑哟想来串妹家	243
阿哥想逗妹来笑	243
阿哥的媳妇	243
阿哥心想阿妹	243
阿妹莫要走小路	243
阿妹在远处	243
阿哥不见情人来	244
阿哥走路心想妹	244
阿哥跟在妹后头	244
阿妹的心事	244
阿妹来做哥情人	244
阿哥会情人	245
阿哥想妹就来串	245
哀悼情人的歌	245
爱的诺言	245
爱慕的情话	245
爱情之树不要让风吹断	245
爱情歌	246
爱的碑文	246
不要管别人吹冷风	246
白莲之歌	246
布谷鸟在林中叫唤	246
别把妹丢在大雾里	247
斑鸠叫半坡	247
薄薄的纸张寄托浓浓的思念	247
从深箐里淌下的沟水	247
从小哥就爱上你	247
出洼之夜	247
处女调	248
吃酸角	248
串姑娘歌（一）	248
串姑娘歌（二）	248
串寨歌	248
初恋歌	249
采花调	249
采蜜	249
重新挑情人	249
唱给远嫁的姑娘	249
趁着鸟兽未醒的时候	249
插花	250
聪明的小阿哥	250
大树情	250
对山歌（一）	250
对山歌（二）	250
对远嫁姑娘的送别歌	251
丢包场上的情歌	251
担心调	251
担心脚步听不到	251
等待钟情的凤凰	251
掉进深水塘无人救	251
傣涨情歌八首	252
傣家儿女赶花街	252
女儿怨	252
儿女情	252
分手歌分离得相逢	253
风吹云散不见妹	253
风俗情诗	253
凤凰情诗（一）	253

凤凰情诗（二） …… 253	姑娘，你忘不了我 …… 260
凤凰情诗（三） …… 254	姑娘哟！祝你们幸福美满 …… 260
凤凰短歌 …… 254	赶摆的歌 …… 260
凤凰花还没开 …… 254	赶鸭要赶到池塘边 …… 261
凤凰花开赶花街 …… 254	火雀飞来歇高枝 …… 261
纺线歌 …… 254	好像路人不认识 …… 261
副歌（gem fan 男唱的问调） …… 254	好卜少人人夸 …… 261
富庶小调 …… 255	红河水倒流 …… 261
弓和弦永远不分离 …… 255	花公鸡叫 …… 262
告别歌 …… 255	阿妹的心思变得快 …… 262
告别诗 …… 255	花街节里对山歌 …… 262
哥妹今生难成对 …… 255	花儿情歌 …… 262
哥妹同饮一江水 …… 256	花卉情诗——萨你之歌 …… 262
哥有相好的人 …… 256	花手帕 …… 263
哥在家中想妹来 …… 256	何时才能相见 …… 263
哥想妹来望寨子 …… 256	葫芦丝古歌 …… 263
哥想与妹吃香蕉 …… 256	婚誓 …… 263
哥想上门当姑爷 …… 256	黄瓜花般的和尚哥哥 …… 263
哥不嫌弃 …… 257	黄雀落在树枝上 …… 264
哥妹撮合成一对 …… 257	喊宝贝 …… 264
哥妹不分开 …… 257	喊定喊别 …… 264
哥妹是一家人 …… 257	金花香 …… 264
哥妹一起过情人桥 …… 257	既然要分手 …… 264
哥妹分离如同隔张纸 …… 258	祭情 …… 265
哥妹分离人分心不分 …… 258	可惜迟了 …… 265
哥有定情物要给阿妹 …… 258	哭夫调 …… 265
哥妹要分手 …… 258	礼敬歌 …… 265
哥妹两家只隔一堵墙 …… 258	两朵云彩 …… 265
哥要走就慢慢走 …… 258	来生缘 …… 266
哥是短尾的鹌鹑 …… 259	来生变成一只燕子 …… 266
哥哥啊你一定要回来 …… 259	洛金花情诗 …… 266
哥哥啊你为何那样胆小 …… 259	洛双花，请听我唱歌 …… 266
哥哥盼着拴线的时辰 …… 259	离别歌 …… 266
哥哥心里没有一点分枝分岔 …… 259	离别歌 …… 266
哥哥心中只有苦与涩 …… 260	离别歌 …… 267
哏吧 …… 260	落山的太阳 …… 267
姑娘生来爱捡螺蛳 …… 260	绿叶诗 …… 267

潞江坝情歌 ……………………… 267	抛开烦恼径直往前不回头 ……… 274
芒果栽在水沟边 ………………… 268	跑烂鞋子来相亲 ………………… 275
买花线 …………………………… 268	求爱歌（一） …………………… 275
美丽的姑娘 ……………………… 268	求爱歌（二） …………………… 275
茉莉花开更好看 ………………… 268	求爱歌（三） …………………… 275
妹在竹林中睡去 ………………… 268	求婚 ……………………………… 275
妹是天上的月亮 ………………… 268	求婚歌 …………………………… 275
妹的歌声不清脆 ………………… 269	穷人家无炊米 …………………… 276
妹从这里路过 …………………… 269	请哥哥去找别的姑娘 …………… 276
妹啊别嫌哥丑 …………………… 269	清早起来想阿妹 ………………… 276
妹的心 …………………………… 269	清清的南目安江 ………………… 276
妹是一只花蝴蝶 ………………… 269	情歌寻情妹 ……………………… 276
妹想哥有四个时辰 ……………… 269	情歌对唱（一） ………………… 276
妹妹像只金鹭 …………………… 270	情歌对唱（二） ………………… 277
妹的眼泪 ………………………… 270	情歌 ……………………………… 277
妹想哥想得发烧 ………………… 270	情丝 ……………………………… 277
妹是湖里一朵花 ………………… 270	情调 ……………………………… 277
妹家寨子好大哟 ………………… 270	情歌对唱 ………………………… 277
妹想跟着阿哥走四方 …………… 270	情系心爱的姑娘 ………………… 278
妹的歌声真好听 ………………… 271	扔下阿哥做单身 ………………… 278
猫哭夜 …………………………… 271	如妹妹允许 ……………………… 278
蒙面情歌二首 …………………… 271	三弦情 …………………………… 278
内心像干黄卷曲的草片 ………… 271	三弦调 …………………………… 278
年老还能修得福来做媒 ………… 271	三月间的天气咋个兴那么冷 …… 279
那年那月 ………………………… 272	山歌对唱 ………………………… 279
你可愿献出喷香的蜜糖 ………… 272	少女的歌 ………………………… 279
你这朵粉黄色的花啊 …………… 272	水中月歌（庚文物南） ………… 279
南娥洛桑（召桑婻娥） ………… 272	水向沙告别 ……………………… 279
难忘歌 …………………………… 273	生怕人家嫌弃 …………………… 280
难道孔雀不愿落在哥身旁 ……… 273	石榴花开 ………………………… 280
糯拖雀吃花 ……………………… 273	失恋歌 …………………………… 280
卜少的心（一） ………………… 273	失落的玉石 ……………………… 280
卜少的心（二） ………………… 273	失落的玉石 ……………………… 280
卜冒歌 …………………………… 274	书信捎去思念之情 ……………… 281
盼日子歌（庚嗯嚜） …………… 274	送别情人 ………………………… 281
盼歌（庚贡） …………………… 274	送妹琴 …………………………… 281
盼 ………………………………… 274	送情郎 …………………………… 281

送情郎 …… 281	我的手帕你别丢 …… 288
舍得歌 …… 282	我配不上做他的新娘 …… 288
拆散了的爱情 …… 282	我那美丽的姑娘啊 …… 288
思念 …… 282	我在梦里笑 …… 288
思念调 …… 282	我只盼望赶摆这一天 …… 288
思念出门的情哥 …… 282	我俩尽情爱 …… 289
思念 …… 282	我在梦里笑 …… 289
爽少爽冒 …… 283	屋檐下的花雀 …… 289
谁都比不上妹妹漂亮 …… 283	弯根发芽竹笋长 …… 289
萨妮之歌 …… 283	弯根歇在田埂脚 …… 290
数 12 调情歌（庚吧按埂）…… 283	下凡滇池城调（庚档龙窝猛且）…… 290
酸多依摘来给阿妹尝 …… 284	小卜哨瞧上小卜冒 …… 290
酸角树 …… 284	小鸡躲在酸角树下 …… 290
赛场上看打陀螺不要动心思 …… 284	小雀调 …… 290
誓言歌 …… 284	小伙子的歌 …… 291
天边放牛想阿妹 …… 284	小淀花开 …… 291
天赐的良缘 …… 284	心想星星摘不着 …… 291
天下数阿哥最悲伤 …… 284	心爱的男人 …… 291
同打一把伞 …… 285	心上的花 …… 291
听着笑声就知道是谁来 …… 285	心中就像布满了蜘蛛网 …… 291
听说妹要来 …… 285	心爱姑娘嫁别人 …… 292
听见阿哥的牛铃声响 …… 285	心中的爱慕之情尽在歌声中 …… 292
挑花歌 …… 285	向哥要朵花 …… 292
挑前挑后不要挑错人 …… 286	相爱在心里 …… 292
挑人不要挑寨 …… 286	相约 …… 292
掏雀窝 …… 286	相爱在心中 …… 293
弹得好听妹欢心 …… 286	相会调 …… 293
偷情人 …… 286	相逢在野外 …… 293
痛苦的期盼 …… 286	阿妹既然有情人莫再引阿哥 …… 293
万年青树根连根 …… 287	羡慕歌 …… 293
万年青树上的月亮 …… 287	绣出花儿哥心间 …… 293
无限的思念 …… 287	想妹想得要发疯 …… 294
为何凤凰不飞出 …… 287	早盼太阳快落山 …… 294
为失去的爱情而悲伤 …… 287	想妹想得好辛苦 …… 294
为何不早来 …… 287	想跟妹相会 …… 294
乌云会散去，明丽灿烂的日子会出现 …… 287	想把艳丽芳香的花移到园中来 …… 294
忘情果 …… 288	一起嚼槟榔 …… 294

月亮明在别人的心中	294
月下恋情调	295
月亮升起才见面	295
永远不分开	295
永远不分离	295
约卜少	295
约会调	296
约会调	296
阳雀落在水塘边	296
有心不怕别人撺	296
有缘来相逢	296
有情人难相爱	296
依靠竹子会断	296
雨点落地成啥样	297
鱼塘里的水和鱼	297
怨歌	297
要说要笑趁年轻	297
要编竹箩并不难	297
要唱就唱爱情歌	297
宴席上的歌	298
疑情情歌	298
愿做扶花的绿叶	298
愿做扶花的绿叶	298
愿爱情像天柱山一样坚定永久	299
愿我们相爱不分离	299
鹦鹉传情	299
鹦鹉啊，请替我传书	299
召桑嫡娥	299
只因福分浅薄难够着	300
主（枝）题歌（庚埂）	300
早就等着你来跟	300
竹林恋歌	300
竹林情	300
抓鱼情	300
找情人	301
坐旱田调	301
织布机最懂妹的心	301

真诚相爱	301
真心相爱	301
捉鱼	301
做梦也想你	302
赞卜少歌	302
赞筒帕	302
赞美歌	302
赞筒帕	302
小卜哨的人材好	302
小卜少瞧上小卜冒女	303
赞小伙子	303
载哥的葫芦丝	303
寨子里的小阿妹	303
寨子里的姑娘等你来娶	303

九、儿歌

猜虫歌	305
猜调	305
荡秋千（一）	305
荡秋千（二）	305
荡秋千（三）	305
荡秋千（四）	306
放牧	306
公鸡歌	306
各类菜	306
各种水果	306
赶麻雀歌	306
该撒秧	306
鬼妈妈	307
火烧山	307
红翅膀的小鸟	307
黑翅膀的小鸟	307
讲卫生	307
捡芒果	307
老鹰叼小鸡	307
老虎抱蛋	308

鹭鸶啊鹭鸶	308	苦命调	314
哪个要小娃快来拿	308	苦命汉	314
坡地紫米不如田里紫米	308	埋怨歌	314
枇杷果	308	诉苦调	314
攀枝花调	308	太阳出没歌	315
十二月歌	309	太阳出没歌	315
十月歌	309	陶氏迁徙歌	315
杀猪歌	309		
守蔗园	309		

民间故事

一、幻想故事

吹雀蛋	309	艾亚扎和朗萨娅	319
谁和小娃来相亲	309	艾腊	319
谁比谁厉害	309	艾济和依也	319
谁来安慰我	310	艾怀挎	320
昙花开啦	310	岩杰贺和岩都玛	320
玩黄花牛	310	岩宰朵和鲤鱼姑娘	320
小鸟吃百花	310	岩香与雪郎	321
小绒鸡	310	岩阿妥与公主	321
小雀找饭	310	岩温的小鸟	321
小斑鸠	310	岩温朵成为"召勐"的故事	321
洗澡歌	310	岩敢达做驸马	322
星星伴月亮	311	岩都嘎达当上首领	322
勤学好儿童	311	岩宰栋开荒	322
月儿下	311	岩宰栋的奇遇	322
月亮和星星	311	岩宰多的福德	322
游天边	311	岩拉浪与娜伦罕	323
游戏儿歌	312	爱吃肉的将官	323
燕子歌	312	爱害龙	323
捉青蛙	312	阿雷汗罕	324
捉黄鳝	312	白兔姑娘	324
怎样才能说	312	白水牛	324
种瓜秧	312	比叶和依二	325
种瓜秧	312	波玛	325
粘知了	313	臭发姑娘	325

十、其他歌谣

逼嫁调	314	彩虹（一）	325

彩虹（二） ……… 326	虎应在牢里，人应在外面 ……… 336
残疾人两兄弟 ……… 326	狠心的首领 ……… 336
大象报恩 ……… 326	荷花姑娘 ……… 336
大老婆与小老婆 ……… 327	贺扎嘎 ……… 337
大冬瓜 ……… 327	皇帝与罕云 ……… 337
大巫师看卦 ……… 327	猴王的大鼓 ……… 337
大白牛女儿的故事 ……… 327	猴王国获宝 ……… 337
斗鸡 ……… 328	混社与混沃 ……… 338
丹秀 ……… 328	憨人有憨福 ……… 338
打柴的穷小伙子成为驸马爷 ……… 328	九弄斗蛟龙 ……… 338
达烘楠海 ……… 328	九颗珍珠 ……… 338
傣族青年纳格里的讲述 ……… 329	九尾狗 ……… 339
都嘎达与首领 ……… 329	九十万妖魔 ……… 339
戴红帽子 ……… 329	九肘长的扁箩 ……… 339
凤尾竹公主 ……… 330	九颗宝石 ……… 340
放鸭娃的故事 ……… 330	吉打 ……… 340
俸改的故事 ……… 330	金虎、银蛇、宝猴 ……… 340
干树桩姑娘 ……… 331	金银洞 ……… 341
古沙纳利树神帮朋友挽救家园 ……… 331	金石榴沙铁 ……… 341
功德重于山 ……… 331	金饰花姑娘 ……… 341
首领的儿子 ……… 331	金罐子 ……… 341
首领和喜鹊的故事 ……… 332	金象的儿子 ……… 342
首领的儿子学艺 ……… 332	金孔雀傣族 ……… 342
首领的两个儿子 ……… 332	金钉花公主 ……… 342
首领想得到"奇怪"这种东西 ……… 333	金熊王 ……… 343
鬼借酒罐 ……… 333	金桥 ……… 343
狗变首领，首领变狗（一） ……… 333	金葫芦 ……… 343
狗变首领，首领变狗（二） ……… 333	金野猫 ……… 343
敢塔古里 ……… 334	金笋银笋 ……… 343
寡妇的白水牛 ……… 334	金螺蛳的故事（一） ……… 344
孤儿的牛 ……… 334	金螺蛳的故事（二） ……… 344
鬼的由来 ……… 334	金乌龟 ……… 344
会说好话鬼也会来帮忙 ……… 335	金项链 ……… 345
会唱歌的猫和会吹"必"的人 ……… 335	金牛记 ……… 345
还魂草 ……… 335	姐姐和妹妹 ……… 345
含哈的故事 ……… 335	姐妹找水 ……… 345
红尾鲤鱼的故事 ……… 336	麂子上树 ……… 346

即即糯把甲　甲甲糯把即 …… 346	勐巴拉纳西 …… 357
口含玉的姑娘 …… 346	勐巴拉纳西首领的最小的儿子 …… 357
苦行僧救王子和三个动物的故事 …… 346	缅桂花姑娘 …… 357
兰嘎西贺 …… 347	莫罕板花姑娘 …… 357
兰嘎西货 …… 347	牧人 …… 358
老人与虎 …… 348	明萨帝绨死 …… 358
老鹰吹笛的故事 …… 348	缅西呼哈达 …… 358
两兄妹与长尾巴狗 …… 348	曼德勒肯轰 …… 359
两女嫁蛇 …… 349	南尼彩 …… 359
老渔夫 …… 349	南布罕 …… 359
两弟兄分水牛 …… 349	喃开发（一） …… 359
两个丈夫 …… 349	喃开发（二） …… 359
两个老庚抢生意 …… 349	婻金波 …… 360
两兄弟 …… 350	楠嘎罕 …… 360
两坛金子的来历 …… 350	娜秀罕的故事 …… 360
吝啬鬼 …… 350	鸟羽兽皮衣 …… 361
厘俸 …… 350	柠檬姑娘 …… 361
猎人变富翁 …… 351	能识鸟兽语言的首领 …… 361
懒小伙与金芒果 …… 351	帕压贡玛 …… 361
朗宝换仙女 …… 351	菩萨说话 …… 362
朗美暖 …… 351	千瓣莲花 …… 362
朗来恩和朗章嘎 …… 352	穷小伙子与富小伙子一起上山砍柴 …… 363
朗巴罕 …… 352	穷人与富家子弟 …… 363
绿翠鸟的歌 …… 352	娶两妻的猎人 …… 363
朗坎罕 …… 353	儿子与儿媳 …… 363
朗欢三养 …… 353	若温奇遇 …… 363
朗京布 …… 353	三个王子 …… 364
螺蛳公主 …… 354	十二个妻子的眼珠 …… 364
螺蛳姑娘（一） …… 354	十二个仙女 …… 364
螺蛳姑娘（二） …… 355	十二弦琴 …… 365
螺蛳姑娘（三） …… 355	三个王子选亲 …… 365
澜沧江上的龙桥 …… 355	三时香公主 …… 365
芒果姑娘 …… 355	三支丝线 …… 366
芒宗埠 …… 356	四头龙 …… 366
马利占杀龙 …… 356	少月姑娘 …… 366
莫菊些 …… 356	双头凤凰鸟 …… 366
咩达吧拉迷 …… 357	死人报恩 …… 367

谁能找到天堂牧场	367
象牙塔奇缘	367
蛇吞美女	368
惨遭恶报的首领	368
瞎子两兄弟	368
散蒙沙、散蒙细两兄弟	368
神鹿	369
神奇的牛角号	369
神奇的宝石	369
酸鱼罐	369
算卦先生信狗话	370
天神宝剑	370
太阳公主	370
贪心	371
贪心婆	371
贪婪的老夫妇	371
贪婪的老头死于白银堆	371
贪心的哥哥	372
贪婪的人	372
贪婪的酿酒人	372
蜕皮草	372
偷米反得金子	373
驼背老人	373
王子、公主与白马	373
五百只红猴	374
五友争妻	374
乌龟人	374
温帮与玛尾	374
挖到金子的小伙子	375
翁帕罕	375
小木匠	375
小鸡星	375
西里娥乍	376
西双朗	376
象牙公主	377
象牙姑娘（一）	377
象牙姑娘（二）	377

象王之子	377
询问命运的穷小伙子	378
绣花披巾	378
香荷花与三牙象	378
香荷花姑娘	378
香发姑娘	379
仙女米哈娜	379
欲害人却害己	379
稀奇古怪	380
一切靠自己	380
一根废针	380
一个穷汉和两个富翁	380
一只会唱歌的猫	381
叶相过姑娘	381
依所和俄罗鸟	381
依月和依玉	382
野鸡蛋姑娘	382
鸭仙	382
有头无身的贡玛拉	382
意想不到之事	383
雅拐	383
鹦鹉衔谷的故事	383
召口花	383
召相勐	384
召洪罕与南拜芳	384
召树屯和兰吾罗娜	384
召播拉	385
召波拉	385
召烘帕罕	385
召宋发列	386
召宇托纳	386
召三达	386
召贺洛	387
召迪固满去经商	387
召象勐	387
章相	388
诏三路与南亚斑	388

粘巴细顿 …… 388	苦行僧舍身救幼虎 …… 397
做人要忠诚 …… 389	吝啬的富人 …… 397
姊妹奇遇 …… 389	吝啬富翁 …… 397
赞散雅 …… 389	朗朋萨瓦迪 …… 397
种金子 …… 390	猎人的尴尬 …… 398
	美女翁玛旦娣 …… 398
	卖菜的大龄姑娘 …… 398

二、佛教故事

爱打猎的首领 …… 391	魔王学佛经 …… 398
布施和受戒哪个重要 …… 391	农夫的报应 …… 398
巴底嘎布达欲与佛祖打赌 …… 391	虐待父母的报应 …… 399
班利达的烂锄头 …… 391	奇怪 …… 399
聪明的猴王 …… 392	人模狗心的妇人的故事 …… 399
迭密芒建 …… 392	十波罗蜜的由来 …… 399
第一本俄刹经 …… 392	四王修佛经 …… 399
都嘎达姑娘赕佛 …… 392	沙塔达拉吾图尖 …… 400
恶鬼欲害心善人 …… 392	舍利弗巧计教化母亲 …… 400
风神雨神 …… 393	死亡不等时 …… 400
佛离开果占壁 …… 393	死于私欲 …… 400
佛为什么不说话 …… 393	素情花公主 …… 401
佛祖弟子误吃斋饭 …… 393	侍奉双目失明老母的阿銮 …… 401
佛陀点孽根 …… 393	僧人渡猎人 …… 401
富翁夫妇转世成蛇 …… 394	拾柴女 …… 401
富翁下地狱，猪牛上天堂 …… 394	扫佛寺也得"佛" …… 401
放生 …… 394	塔武相娥芒雅锡 …… 402
放生得福 …… 394	五个猎人 …… 402
改过的巴力奶 …… 394	"五戒"的故事 …… 402
首领口含杨梅 …… 395	无奈的兽王 …… 402
首领赕金盒 …… 395	西拉克达 …… 403
首领考本领 …… 395	香发姑娘 …… 403
狗王劝诫首领 …… 395	虚假的来历 …… 403
《嘎拉蚌》 …… 395	驯服醉象 …… 403
和尚与尼姑 …… 396	想让他人死则己死 …… 404
狠毒的首领 …… 396	一颗宝石有三个主人 …… 404
金莫宪姑娘 …… 396	亚写吃鳄鱼肉 …… 404
解脱（《洛戛皮结》） …… 396	缘分 …… 404
酒的来历 …… 397	雅吾娜出家为尼 …… 404
	召苏塔舍身为佛铺路 …… 405

佐底派的富翁 ……………………… 405

三、阿銮故事

艾冒雷阿銮 ……………………… 406
岩楠郎 …………………………… 406
阿尚哈利阿銮 …………………… 406
阿銮麦戛 ………………………… 407
阿銮吉达贡玛 …………………… 407
阿銮弓关 ………………………… 407
阿銮和楠凤唤 …………………… 408
阿銮南波 ………………………… 408
阿銮尚堂 ………………………… 408
卞宫达阿銮 ……………………… 408
白鹦鹉阿銮 ……………………… 409
并亚罕塔阿銮 …………………… 409
边达瓦滴阿銮 …………………… 409
朵哈苏玛纳阿銮 ………………… 409
朵哈阿銮 ………………………… 410
打柴阿銮 ………………………… 410
达那共佐阿銮 …………………… 410
多哈巴任那阿銮 ………………… 410
飞天阿銮的故事 ………………… 411
法占弟阿銮 ……………………… 411
伏魔阿銮 ………………………… 411
饭甑阿銮 ………………………… 412
贡彼拉阿銮 ……………………… 412
果那瓦阿銮 ……………………… 412
官栋相阿銮 ……………………… 412
过拉第阿銮 ……………………… 413
号伦麦阿銮 ……………………… 413
花蝉阿銮 ………………………… 413
厚道的阿銮 ……………………… 413
贺嘎相阿銮 ……………………… 414
好心姐姐 ………………………… 414
机智阿銮 ………………………… 414
金青蛙阿銮 ……………………… 415

金岩羊阿銮 ……………………… 415
金黄牛阿銮 ……………………… 415
金眼黄牛的故事 ………………… 415
金银花阿銮 ……………………… 416
金苦果阿銮 ……………………… 416
金鱼阿銮 ………………………… 416
金头发阿銮 ……………………… 416
金牙齿阿銮 ……………………… 417
金和尚阿銮 ……………………… 417
金发阿銮 ………………………… 417
金牙齿阿銮 ……………………… 418
金崖阿銮 ………………………… 418
令达玛阿銮 ……………………… 418
良马阿銮 ………………………… 418
劳克銮阿銮 ……………………… 419
蓝石阿銮 ………………………… 419
朗麻晃秀（绿桃子姑娘）……… 419
马送来宝石的阿銮 ……………… 420
母亲割颈自尽的阿銮 …………… 420
莫景罕阿銮 ……………………… 420
莫亮喜花阿銮 …………………… 420
卖东京叶的阿銮 ………………… 420
麻达杜利阿銮 …………………… 421
玛哈瓦阿銮 ……………………… 421
玛哈都阿銮 ……………………… 421
牧马阿銮 ………………………… 421
拇指神童 ………………………… 422
穆里佐达连阿銮 ………………… 422
麻喔羞 …………………………… 422
水牛屎阿銮 ……………………… 422
三颗金蛋 ………………………… 423
三锭银子阿銮 …………………… 423
山麻雀阿銮（一）……………… 423
山麻雀阿銮（二）……………… 423
沙达念阿銮 ……………………… 424
苏戒亚阿銮 ……………………… 424
萨帕亚阿銮 ……………………… 424

尚瓦细阿銮	424
瘦牛	425
桑吉沙阿銮	425
萨哈亚阿銮	425
笋叶阿銮	425
宋葩冕	426
田螺阿銮	426
塔路盏朵阿銮	426
檀香树	426
王子和猫姑娘	427
五叉果枝的阿銮	427
宛达那阿銮	428
五百只金孔雀	428
宛信阿銮	428
旺芒嘎那阿銮	428
心系娇妻的阿銮	428
向亚细阿銮	429
香米阿銮	429
项罕阿銮	429
相壮阿銮	430
相络阿銮	430
细哈瓦阿銮	430
细腿阿銮	430
细拉炳扎凹阿銮	431
细纳娃嘎公主与帝沙娃纳神仙	431
绣三满	431
椰子姑娘	431
鹦鹉阿銮	432
占达丽公主	432
占达利答阿銮	432
占达利阿銮	432
占帝嘎谢罕阿銮	433
召板应阿銮	433
召玛贺罕良阿銮	433
召维哈阿銮	433
扎纳苏阿銮	434
扎底然阿銮求发	434
扎黎洼阿銮	434
柱子里的姑娘	434
祖如巴东玛阿銮	435

四、生活故事

艾柁西哈	436
艾都嘎达	436
哎木混	436
岩叫铁	436
岩念达	437
骗人精岩跳	437
岩挑	437
岩寒	438
岩再盼和"召勐"的儿子	438
岩哇和老和尚	438
爱占卜的沙铁	439
爱挑唆的人自己倒霉	439
不正经的和尚	439
不会编箩的女婿	440
不会说话与会听话的人	440
布憨咪（一）	440
布憨咪（二）	440
布养夫妇和女儿	441
宝棍	441
波古	441
斑鸠的启示	442
毕娜欺哝傲	442
从来没有听说过的话	442
出门学本领的四个小伙伴	443
处理小偷	443
菜味能闻得走吗	443
聪明才智与聪慧计谋	443
聪明的放牛娃	443
聪明商人班利	444
聪明的喃妃姐撒丽	444
聪明的召勐	444

聪明的岩摩纳 …… 444	搅乱奘房的寡妇 …… 453
聪明人的故事 …… 445	经商不如种田 …… 453
"馋"姑爷和"小气"岳母 …… 445	继母 …… 453
多嘎达兄弟 …… 445	精明的商人 …… 454
儿媳的职责 …… 446	老书传奇 …… 454
二十五千朵花 …… 446	老猎人的女婿 …… 454
恶并不可怕只怕犟脾气 …… 446	老鼠会吃犁铧吗 …… 454
分钱不公的寡妇 …… 446	两个"奸诈"的商人 …… 455
凡事多思考 …… 446	两个老庚互相教种田 …… 455
夫妻俩 …… 447	两个商人 …… 455
富人长两双眼 …… 447	两对夫妻 …… 455
富贵不相忘 …… 447	两个朋友去看相 …… 455
富翁选媳当家 …… 447	两个人一念之差谁能得"佛" …… 456
富翁指财路 …… 447	"留头发的和尚"和老虎 …… 456
过桥 …… 448	离三次婚的女人成为王妃 …… 456
首领作表率 …… 448	灵验宝贝 …… 456
首领的光头 …… 448	吝啬夫妇 …… 457
首领与穷人 …… 448	朗珍与岩文达 …… 457
首领责备羚羊 …… 449	懒汉说懒话的后果 …… 457
首领的钱包 …… 449	莫喊爽姑娘 …… 458
国师考验守戒 …… 449	勐提纳洼驾国 …… 458
姑爷下神 …… 449	农妇救兄 …… 458
姑爷和老丈人 …… 449	你也是属于我的 …… 458
橄榄的故事 …… 450	年轻棒 …… 458
会忘记的药 …… 450	娜布里嫁给了亮光瞎子"冒再" …… 458
还是做凡人好 …… 450	披着塔扇和蓑衣的盗贼 …… 459
害人反而害己 …… 451	怕雨才戴笋叶帽 …… 459
和亲母一样亲的继母 …… 451	朋友与同胞弟兄 …… 460
海罕 …… 451	七个兄弟 …… 460
患难朋友 …… 451	七箱银子与七仓谷子 …… 460
换去换来老本都丢尽了 …… 451	欠缺思考的首领 …… 460
葫芦枕头 …… 452	穷小伙子成为大臣 …… 460
憨儿子 …… 452	穷人的故事 …… 461
糊涂父亲的报应 …… 452	穷人家的孩子和小财主 …… 461
见死不救非朋友 …… 452	起死回生"药" …… 462
金鸡的故事 …… 452	勤快人与懒汉 …… 462
金罐银罐在田地里 …… 453	人与庙神 …… 462

人毒没有伴	462
三个李子换大象	462
三个朋友	463
三个滑稽人	463
三个波戈	463
山钥匙	464
四个船商和四只猫脚的故事	464
四根金子和四颗玉石	464
"沙替"赔烂铁锅	464
双手粗糙的女婿	465
送瓜得马、送马得瓜	465
师父择婿	465
胜过猛兽的金钱	465
贪财老者	465
贪财的姑娘	466
挑选将领	466
徒弟更名	466
偷一千罚一万	466
无辜的狗	467
王后诬陷大臣	467
乌鸦和猪	467
洼低旦首领	467
我爹到我外婆家坐月子	467
选女婿	468
象牙做篱笆的故事	468
象粪换断剑	468
些纳麻西嘎	469
细维季的故事	469
一技之长	469
一个缺口的钵头	469
一伙强盗	469
岳父和女婿	470
愚蠢女人下毒记	470
愚蠢的王后	470
渔夫捕"大鱼"	470
渔网的村寨	470
依婻猫	471

隐身草	471
要会说好听的话	471
占卜师	472
自作自受（一）	472
自作自受（二）	472
召细塔选妻	472
忠实的西纳	473
忠实的兔子和狗	473
众僧劝导养毒蛇的僧人	473
栀子花公主	473
砍竹节巴碗	474

五、机智人物故事

艾鲁西	475
艾哇与"婻少"的父亲	475
艾哇和"婻少"	475
艾再盼当召勐	476
岩章片	476
岩哇与"卜嘎"	476
岩哇与"召勐"	477
岩杠冒巧娶媳妇	477
哀腊哀双卯	478
包头和木屐	478
宝马和宝衣的故事	478
宝珠不见了	479
被偷的黄牛	479
拜佛	479
长毛的刀	479
出七个太阳	480
苍蝇追逐不义之财	480
池塘里的宝石	480
吃螃蟹脚	480
称棉花	480
聪明的朱腊波提	481
馋的不是我而是你	481
触摸到什么拿什么	481

聪明的依月	482
聪明的女儿	482
大囡与二囡	482
大树作证	482
丢个石头试水深	482
打苍蝇	483
断案	483
都得鞠躬	483
分鹿头	483
父亲生孩子	484
父亲与儿子	484
腐木冲舟	484
公牛生儿的故事	484
公湖、母湖	485
公牛下崽	485
甘蔗和蜂蜜哪样好吃	485
首领的毒酒	485
首领请人吹牛	485
首领的梦	486
戛川的本领	486
花香在于根	486
荷花池搬家	487
毁灭森林，宫殿倒塌	487
九曲宝石	487
金不换	487
解谜	488
借眼珠	488
借谷种	488
鸡换鸭	488
哭死马	489
老虎和青蛙	489
老和尚打岩哇	489
礼物	489
离开宝座	490
拉鱼塘	490
懒岩三智娶富家女	490
马鹿是谁打死的	490

迷惑人的谜	491
磨刀	491
牛尿洗脸	491
牛肠该挂在谁的脖子上	492
哪一端是桥头	492
哪端是根	492
能射飞鸽的弓箭	492
帕雅召勐毒死自己	493
螃蟹夹指　冷水松钳	493
奇怪的芒果（一）	493
奇怪的芒果（二）	493
起死回生的圣法	493
骑马者被狗咬伤	494
人腰长出牛里肉	494
三条鱼两个人	494
三兄弟出世	494
山官卖自己	495
水着火	495
身揣米饭粑粑的富人	495
沙子当做金，官家迷了心	495
说谎的工具	496
死在家里	496
谁是生母	496
谁是偷牛人	496
谁该让谁	496
谁是金子的主人	497
谁的妻子	497
丝线穿曲玻管	497
酸鱼罐	497
数星星	498
施肥	498
赛经	498
同居一树荫，共享树下乐	499
挑盐和骑马	499
偷来之物，不会爱惜	499
王子杀人，杀之无罪	499
闻着肉香味，下光饭味道好	500

小鱼吃沙子 …… 500	聪明的首领比不上云游四海的生意人 …… 508
小贼偷大贼 …… 500	刀比斧快，孙子胜过儿子 …… 508
下河摸鱼的猫 …… 500	恩爱夫妻众人夸，歪心两口挨人骂 …… 508
向仙女乞讨乳汁 …… 500	富人鸿运至，富上加富名远扬 …… 509
行凶作恶，被杀活该 …… 501	富裕时想得到，贫穷时想抛弃 …… 509
洗脚 …… 501	首领偷瓜死，法律源于己 …… 509
香香屁 …… 501	钢小克硬铁，利斧破铁木；人小不可欺，
选拔大臣 …… 501	常常命搭上 …… 509
又哭又笑 …… 502	火将燃沙滩，公象将下崽 …… 510
月亮与星星打架 …… 502	互尊互敬受人夸，目空一切被人嗤 …… 510
用草灰搓绳 …… 502	哄鬼入罐 …… 510
用李子换大象 …… 502	虎王、牛王为什么被狐狸吃掉 …… 510
依月选婿 …… 503	黄鳝借蛇的银子，受苦受罪的是青蛙 …… 511
依月斗妖婆 …… 503	好老庚害老庚，负心的老庚没良心 …… 511
药在自己嘴里 …… 503	攉水要见底，真假明事理 …… 511
野蜂是谁的 …… 503	救动物有福，救人得祸 …… 511
游龙宫 …… 503	砍刺蓬来围菠萝蜜树 …… 512
正确办案 …… 504	砍芭蕉不要砍到心，骂人不能骂到宗族根 …… 512
长红冠子的牛 …… 504	绿豆雀和象 …… 512
召沙替和唉再盼 …… 504	麻坦果将掉鸟又去碰，月光将暗又被
召玛贺解谜 …… 504	乌云遮 …… 512
召玛贺用兵 …… 505	摸一切切不能摸虎须 …… 512
召勐想吃天女奶 …… 505	男人十八般武艺，敌不过巾帼 …… 513
召玛贺识别母马和小马 …… 505	年轻像棍，年长如桩 …… 513
只劳动一次就能永远享用的事 …… 505	朋友胜过亲儿 …… 513
摘月亮 …… 506	穷人没福运是命运安排，穷上加穷上苍相助
找宝石 …… 506	也无法 …… 513
珠子哪里去了 …… 506	穷时想寻死，富时想长寿 …… 513
智斗财主 …… 506	轻信谣言，好友同日亡 …… 514
智胜猛虎 …… 507	轻信人言必上当 …… 514
照经书钓鱼要饿肚皮 …… 507	惹是生非之言害人不成反害己 …… 514
糟蹋粮食，孔雀与小鸟同罪 …… 507	忍九次能坐金床 …… 515
做贼心虚 …… 507	十贝在对岸，五贝在手中 …… 515
	死也得死，不死也得死 …… 515
六、谚语故事	谁能忍则好，谁勤洗则白 …… 515
	兔子当大王，只用猫打三次呵欠的工夫 …… 515
不听大哥言，吃亏在眼前 …… 508	万物皆如此，得寸会进尺 …… 516

五个指头想遮二十个洞 ………………… 516
一忍则身安，九忍能为王 ……………… 516
羊和狐狸做朋友 ………………………… 516
鱼笼丢失找原处 ………………………… 516
沾骨的肉好吃，孙儿胜过子女 ………… 517

七、爱情故事

岩那郎 …………………………………… 518
凤凰姑娘 ………………………………… 518
古棕树的传说 …………………………… 518
贡玛与玛尼 ……………………………… 518
孤儿阿帕 ………………………………… 519
虎女 ……………………………………… 519
金鹿记 …………………………………… 519
龙卜冒 …………………………………… 520
龙女的传说 ……………………………… 520
朗娥与桑洛 ……………………………… 520
南松与曼妮 ……………………………… 520
南朵传奇 ………………………………… 521
南尼与金凤 ……………………………… 521
娜窝婚努 ………………………………… 521
三兄弟 …………………………………… 521
瞎眼王子 ………………………………… 521
乌龟求婚记 ……………………………… 522
兄妹奇缘 ………………………………… 522

八、亲情故事

变牛教子 ………………………………… 523
弟弟找哥哥 ……………………………… 523
首领教子 ………………………………… 523
虎爸爸 …………………………………… 523
救母记 …………………………………… 524
孝母记 …………………………………… 524
玉金哭父 ………………………………… 524
找妈妈 …………………………………… 524

九、动物故事

艾货罗康的故事 ………………………… 525
岩坎的故事 ……………………………… 525
鹌鹑胜秃头鹫 …………………………… 525
岩咚定依咚曼 …………………………… 525
白鹭和猎人 ……………………………… 526
白象 ……………………………………… 526
白麂子的故事 …………………………… 527
白头翁 …………………………………… 527
白头翁与百灵鸟 ………………………… 527
布谷鸟的讲述 …………………………… 527
背柴虫 …………………………………… 527
斑鸠和秧鸡的故事 ……………………… 528
蝙蝠为什么天黑才出来 ………………… 528
蝙蝠的故事（一） ……………………… 528
蝙蝠的故事（二） ……………………… 528
蝙蝠和夜鹰 ……………………………… 528
报恩的大黑牛 …………………………… 529
长臂猿为什么不下地 …………………… 529
长颈鹿的由来 …………………………… 529
长颈鹿和山羊 …………………………… 529
苍蝇和它的蛇朋友 ……………………… 529
苍蝇的叹息 ……………………………… 530
臭鸟 ……………………………………… 530
蝉为什么没有肠子 ……………………… 530
聪明的青蛙 ……………………………… 530
聪明的乌鸦 ……………………………… 531
聪明的小蛤蟆 …………………………… 531
聪明的兔子 ……………………………… 531
大象与老鼠 ……………………………… 531
大象 ……………………………………… 531
大象的故事 ……………………………… 532
大象与小猫 ……………………………… 532
大鹌鹑和老虎 …………………………… 532
点水雀的讲述 …………………………… 532

标题	页码
点水雀和水鸡	533
点水雀的胸前为什么有个黑点	533
旦巴大堤嘎	533
打捞雀的来历	533
多乐鸟的故事	533
毒心哥哥	534
断尾的狐狸	534
恩将仇报	534
鳄鱼的死	534
凤凰	535
个子大好还是个子小好	535
公鸡为什么天不亮就叫	535
光身鸟	535
狗为什么愿意跟人在一起	536
狗为何只有一条尾巴	536
狗为何见猫就咬	536
狗为人看家护院的由来	536
咕噜鸟	537
锅货鸟	537
锅武鸟	537
鸽子的脚为什么会红	537
给老虎送祝米	538
孤独的孔雀	538
花言巧语似利箭	538
灰鹤和青蛙	539
红蚂蚁和蜂蜜	539
好吃的食物为什么苍蝇先得吃	539
虎王牛王为什么被狐狸吃掉	539
虎皮斑纹的来历	539
虎蚌相争	540
猴子的屁股为什么是红的	540
猴子屁股为何有红的疤印	540
猴子的报应	540
猴子与蜥蜴的故事	541
猴子为什么是烂屁股	541
猴子与月亮	541
猴子、织袋鸟和萤火虫	541
猴子与山麻雀	541
猴子与织窝鸟	542
猴子和鳄鱼	542
猴子和猎人	542
狐狸学狮子	543
蛤蚧叫雨	543
蝴蝶与蜜蜂	543
九尾水獭	543
鸡的传说	544
鸡告状	544
鸡和鸭	544
鸡、鸭、鸽子学飞行	544
金鹦鹉与召贺罕	545
麂子的颜色为什么是血红的	545
紧要关头才说话	545
老虎脸	546
老虎与水牛打赌	546
老虎和小兔	546
老虎和猫	546
老虎为什么吃黄牛	546
老虎为什不吃水牛	547
老虎与老鼠斗象	547
老虎知牛恩	547
老虎做梦得吃牛肉	547
老虎和啄木鸟	548
老虎向猫学艺	548
老虎打水一场空	548
老黄牛和大老虎	549
老虎和兔弟	549
老虎和螺蛳、青蛙	549
老虎与召腊西	550
老虎、叭拉西和兔王	550
老雕为什么爱吃臭肉	550
鹿的本事	550
落水的蚂蚁	551
驴、蟋蟀和蝼蛄的故事	551
猎人和母猴的故事	551

条目	页码
癞蛤蟆和老虎	551
鹭讲鸟与小兔	551
鹭丝与小鱼	551
鹭鸶帮鱼搬家	552
鹭鸶的脖子为什么是弯的	552
露苦鸟为何没尾巴	552
懒惰的猫头鹰	552
马和鹿	553
马鹿的感叹	553
母鸡与大象	553
麻鸡斗大象	553
麻蛇和青蛙	554
蒙眼虫是什么变来的	554
猫为什么专捉老鼠	554
猫头鹰盖新房	554
猫头鹰为什么嘴弯	554
猫的嗓子内为什么会响	555
猫和老鼠（一）	555
猫和老鼠（二）	555
猫从何处来到人间	555
猫儿上当	555
猫和狗的故事	556
猫藏粪便	556
猫和鹰的故事	556
麻雀与老鹰	556
牛为何没有上牙	557
牛脖子下为何有一条白印	557
鸟叼茅草建房	557
诺帅战胜大象	557
帕雅召勐和猩猩	558
盼啰鸟	558
抛弃首领的狗	558
青蛙与公鸡	559
青蛙与狮子	559
欺骗别人反而害了自己	559
骑虎	559
人说话的起源	560

条目	页码
十二生肖共入人间	560
少女奇遇	560
水牛和黄牛	560
水牛误传佛祖真言	561
水牛对巴编鱼的报复	561
水牛犁田的故事	561
水牛为什么仇恨芭蕉树	561
水牛不能抬头望天、蚕怕打雷	561
水田与犁铧	562
水蚂蟥、蚂蟥和蚊子从哪里来	562
水獭和小兔	562
虱子和臭虫	562
双角犀鸟	562
双嘴鸟	563
守夜的狗	563
屎壳郎虫	563
屎壳郎的来历	563
蛇和小鼠	564
蛇和小臭鼠	564
蛇闹阎王殿	564
狮子与老鼠	565
狮子与夜莺	565
狮子、狐狸和黄牛	565
狮子和蚊子的故事	565
碎米鸟打败大野象	565
天猪娶妻	566
兔子三瓣嘴的由来	566
兔子的尾巴为什么是秃的	566
兔惊众兽逃	566
兔子和黄牛	567
土狗的故事	567
贪心狗	567
替母死	567
铁翎甲智胜大象	567
棠扇和棕蓑衣	568
螳螂与粪便	568
五彩雀	568

| 乌龟的讲述 568
| 乌龟壳上为什么会有裂纹 569
| 乌龟和金鹿的故事 569
| 乌鸦赖账 569
| 乌鸦告状 569
| 乌鸦与拖白链鸟 569
| 乌鸦与孔雀（一） 570
| 乌鸦与孔雀（二） 570
| 乌鸦、猫头鹰和啄木鸟 570
| 乌鸦和狐狸的故事 570
| 乌鸦和翠鸟 571
| 乌鸦和渔夫 571
| 乌鸦和人的故事 571
| 为何蝙蝠到了夜间才出来觅食 571
| 为什么蝙蝠只有夜晚才出来 571
| 为什么树蚂蚁生活在树上 572
| 为什么水牛的嘴巴是圆的 572
| 为什么老虎不住山沟深处 572
| 蜗牛和小蜜蜂 572
| 小老鼠与梅花鹿 572
| 小老鼠和马鹿 573
| 小山羊过河 573
| 小喜鹊的故事 573
| 象的眼泪 573
| 象和绿豆雀 573
| 虾巴虫的来历 574
| 些喉鸟的来历 574
| 犀鸟钟情的由来 574
| 熊与树神 574
| 一场同归于尽的搏斗 575
| 义象 575
| 羊、兔子和猴子做朋友 575
| 鱼、螃蟹和白鹤 575
| 萤火虫劝世 576
| 依秀么拿 576
| 依月鸟的来历 576
| 野猪为什么有用松香抹于身上的习性 576

野物身上的颜色 577
鸭与鸡孵蛋 577
鹦鹉的故事 577
秧鸡与鹧鸪 578
要知父母恩 578
竹鼠的眼睛为什么总是笑眯眯的 578
竹鼠为何都是眯眼睛 579
知了的由来 579
张子芳的讲述 579
张子芳鸟 579
蜘蛛的故事 580
鹧鸪和秧鸡 580
鹧鸪和大海 580

十、植物故事

茶花姑娘 581
草果的传说 581
大青树和芦苇 581
大青树 581
大糯米变小米的由来 582
谷子的粒为什么那么小 582
谷子和稗子 582
含羞草 582
鸡冠花的由来 583
蕨蕨和鱼 583
葵花的传说 583
龙舌兰 583
龙竹为什么低头 583
缅桃树为什么蜕皮脱壳 584
玛朗的来历 584
篾牌的由来 584
三色花 584
无叶藤 585
为何栽一样只得收一样 585
血莲 585
荨麻为什么不烫狗 585

| 烟草 | 586 |
| 找黄连 | 586 |

十一、药物故事

不要忘了橄榄果	587
鼻里的蚂蟥出来了	587
蝙蝠干巴治好了喘咳病	587
编成藤帽的药	587
霸王鞭治便秘的发现	588
从夜飞的蝙蝠得到的启发	588
大风吹下来的树叶	588
大毒药狗闹花的故事	589
二十头牛换一捆草	589
房顶上掉下来的药	589
甘蔗皮做药的发现	589
甘草和鱼相克的讲述	590
寡妇发现的杀虫药	590
寡妇发现的排石药	590
龚麻腊别学医的故事	591
赶马人献的药草	591
割草老人发现的治瘼子药	591
化食的槟榔	592
黄牛胆里的"石头"	592
哈努	592
哈努姑娘的遭遇	592
虎骨治风湿是怎样发现的	593
划破象皮，不见伤疤	593
饥不择食尝出的良药	593
箭毒木的发现	594
箭毒木的讲述	594
可以做凳子的胃病药	594
苦冬瓜和苦弟弟	594
两勐战争与止血药	595
鹿茸的故事	595
楼前屋后的良药	595
懒惰女人与痢疾药	596
南瓜子和槟榔	596

能治风湿的芋头	596
帕播良治痢疾的发现	596
骗人的药治好了内伤	597
七叶一枝花	597
乞丐与狗咬药	597
奇怪的烟叶	597
三家苦——三丫苦	598
三十二条根的药草	598
受伤黄麂找的止血药	598
蛇胆治风湿的发现	599
睡蒿子治好了摆子	599
烫鸡水治好了漆癞	599
藤子上结的"辣子"	599
小媳妇与含羞草	600
像水牛角一样的藤钩	600
贤惠媳妇是怎样害死了婆婆	600
洗衣果治好了怪病	600
熏蒸疗法是谁发明的	601
一个失传了的治疟处方	601
一个奇特的药名	601
一种治烧伤的药	602
一种止痢疾野菜的发现	602
一把木渣治好了胃病	602
一个治哮喘偏方的发现	603
亚呼噜的故事	603
越吃越饿的果子	603
鸭掌树	604
雅叫哈顿的讲述	604
雅兰草的来历	604
真葛根与假葛根	604
找我，做药	605
接骨药是怎么发现的	605
猪苦胆和熊胆	605

十二、笑话故事

| 岩三宰求亲 | 606 |
| 避蚊物 | 606 |

波玉苏射麂子	606
吃糯米粑粑	606
对瓶喝酒	607
独脚鬼和主人	607
耳聋与胆小鬼	607
富翁的心思	608
饭下地板	608
过桥	608
好贤妻	608
滑头狡辩	609
喝面瓜汤	609
裤子去哪儿了	609
刻船捞手镯	610
砍香蕉树	610
老人守护果园	610
两个吝啬鬼	610
两兄弟和老虎	610
买火柴	611
买马	611
买酒	611
卖药	611
模仿	611
请客	612
生娃	612
射麂子	612
傻姑爷	612
算卦	613
四个朋友	613
四个聋子	613
头巾换鞋	614
我放去吃草了	614
弯管枪救了自己的命	614
一根筋	615
用镰刀射鹿	615
伊安藏盐	615
掩耳盗铃	615
占便宜	616
治驼背	616
嘴大说大话	616
召法弄和他的奴仆	616

十三、善恶有报故事类

不孝女的报应	617
恶有恶报	617
金葫芦	617
两个老庚	618
两哥弟	618
男人讨奶吃石头开口笑	618
女孩杀魔	619
行善的伊门	619
伊郎与伊木	619
依月和依玉	619

十四、鬼怪故事

岩盼斩女妖	621
斗鬼记	621
两姊妹	621

十五、断案故事

到底是谁的金烟锅头	622
两个卜嘎	622
谁是房子的主人	622
先割下你的舌头	623
召玛贺断案（一）	623
召玛贺断案（二）	623
召玛贺断金锁链纠纷案	623

神话传说

一、神话

（一）创世神话

巴阿伦的传说

傣族创世神话。流传于云南省勐海县傣族地区。相传混沌初开时，宇宙间出现了五百个罗汉，一个叫巴阿伦的人专门侍候他们的饮食起居。罗汉们见巴阿伦十分辛苦，便把他变成一条又大又壮的鱼，让他沉睡在海底。自那以后，巴阿伦的喘息和翻身都会引起大地的震动和海水的涨落。康朗庄讲述，杨胜能搜集整理。收入《西双版纳傣族民间故事集成》，32开，2页，780字，云南人民出版社1993年版。

（龙江莉）

布桑戛西与雅桑戛赛

傣族创世神话。流传于云南省西双版纳傣族自治州傣族地区。相传天地开辟后，大地上还没有人类，也没有植物和动物。这时，开创天地的英叭神王很后悔没有开创人类。于是，他用他的身体污垢捏成一个男神和一个女神，男神叫布桑戛西，女神叫雅桑戛赛，并把他俩变活了，结为夫妻，对他俩说："你俩下到大地上，在那里创造人类。"并交给他俩一个金葫芦，吩咐道："一切活的生命都在金葫芦里面。"布桑戛西和雅桑戛赛下到大地上，研究葫芦，只见里面孕育着千千万万的生命在跳动，于是，他俩把葫芦籽撒遍大地，大地上就生长出亿万种花草和树木，变出无数的飞禽走兽、昆虫和鱼虾，分别生活在陆地和水里，高山和平地，它们有的会爬，有的会飞，有的会游。从此，大地上就有了各种树木花草和大小动物。仙葫芦籽用完了，可是没有变出人来。布桑戛西和雅桑戛赛就用泥巴捏人，一个捏男人，一个捏女人。捏好后平排放在一起，夫妻俩又不停地对泥巴人吹仙气，两个泥巴人就变成了活人，睁开眼睛。男的取名叫古里玛，女的取名叫古玛列，并叫他俩结为夫妻。人类的祖先就这样诞生了。这个时代，佛经上叫做"帕麻道毫勐，蝉滚罗松桑"，就是破仙葫芦入人间，开创世道人类，也就是人类形成的最早时期。佚名讲述，岩温扁翻译。收入《中国少数民族神话》（上），32开，1800字，中国民间文艺出版社1987年版。

（阿南）

布召法和布召岭

傣族创世神话。流传于元江县傣族聚居区。相传很早以前，天地初形成的时候，只有光秃秃的土地平坦无边，到处是一片沉寂与昏暗。为了使地球有完整的植物和动物存在，创造出人类的布召法（天神）和布召岭（地神），他俩夜以继日商量。经过不停地工作，首先决定亲手造人，他们用泥巴捏造人形，布召法捏造男人，布召岭捏造女人，泥人造成功后，再拿来两个仙葫芦，把葫芦从中间破开，然后把泥人装上，丢下地球，仙葫芦炸开变成了一男一女，就让他们结成一对夫妻。生儿育女繁衍子孙后代分家分居到地球的四面八方。接着，布召法和布召岭派出匹相龙（天神大力士）扛着天犁赶着海法（天牛）下地球，犁翻出土堡和犁沟。一个土堡就是一座山，一道犁沟就是一处深箐。匹相龙每犁过的犁沟上都撒上从天上装下来的绿色种子。从此犁沟上长满了各种树，地球顿时变得草木葱茏，鲜花盛开，瓜果飘香。整个地球呈现出一派欣欣向荣、绚丽多彩的景象。地球上有了山又有了森林，布召法和布召岭又看到没有海、没有江河。他们又叫匹相龙继续在地球上犁，每犁成一个大圆圈的犁沟，就变成了一个海子；每犁成一条长形犁沟，就变成一条河流。从此地球上有了大海和江水河流。千万条鱼生长在大海和江河里。于是，布召法和布召岭又动手用泥巴捏成大象、马、牛、羊、虎、豹、豺、狼、鹿、鸟、虫等。装入仙葫芦，丢下地球炸开变成了以上各种动物，有的跑进草地，有的跑进山箐，有的跑回农家厩栏里，有的飞去树枝上栖息，布召法和布召岭管天管地，把千种万物都造好了，从此，地球上变成了生机勃勃的欢乐世界。李玉腊讲述，李存仁搜集。收入《中国民间故事丛书·云南玉溪·元江卷》神话第6页，北京知识产权出版社2015年版。

（白云）

变扎贡帕

傣族创世神话。流传于云南省西双版纳傣族自治州傣族地区。相传远古时代没有天没有地，是一片茫茫的洪水。天神混散想法要造天地，便撒下许多荷花种籽。荷花种籽布满四方，到处生根开花。有一朵大荷花变成了完整的天，有四朵最美丽的荷花铺成了大地。造好天地后，天神混散又用了一万年的时间，造了三十三个宝石蛋。宝石蛋里孵化出八个天神。混散便叫他们到地上去开创人类。八个天神来到地上，过了不久，他们中的四个变成了四个女人。四个女人与四个男人结为夫妻，生下儿女。从此，大地上才有了人类。佚名讲述，岩峰、王松采录整理。收入《中国各民族宗教与神话大词典》，16开，1页，600字，学苑出版社1990年版。

（阿南）

大力士犁地

傣族创世神话。流传于云南省西双版纳傣族自治州。相传地球表面还是光滑平坦的时候，一个大力士和他的妻子，为了使地球有高有低、有山有水、有红有绿，用整整一千年的时间翻犁完了地球，才使地球高低不平，地上有了平地、山川、河谷、庄稼、花草、树木。波窝曼列讲述，岩温扁记录整理。收入《西双版纳傣族民间故事集成》，32开，2页，570余字，云南人民出版社1993年版。

（李传宁）

大地的由来

傣族创世神话。流传于云南省西双版纳傣族自治州勐海县傣族地区。相传地球生成以后，整个地球上到处是波涛汹涌的海水，没有土地。两个天神来到地球上，就用自己身上的污垢铺成大地，放在大海上。地球虽然有了大地，但在海水的颠簸下，大地始终动荡不稳。有一个女神从空中驾着云彩下来，见到大地在海上动荡，就拔下自己嘴里的四颗牙齿放在大地的四角，女神念诵咒语，四颗牙齿很快伸长、变粗，并直插水底。动荡不安的大地从此便稳固了。有了大地，才有了花草树木、飞禽走兽和人类。康朗温扁讲述，刀福祥整理。收入《西双版纳傣族民间故事集成》，32开，1页，400余字，云南人民出版社1993年版。

（普学旺）

地球的传说

傣族创世神话。流传于云南省景洪县傣族地区。相传很久以前，整个天地是无边无际的空间，只有气体、云雾和大风。后来，一些气体、云雾在大风中翻腾滚动后凝结变成了一个巨大的黑色气球，并从云雾中产生了蒸气人英叭神王。他看到空中飘动着一个大气球，担心被风吹散，便用身上的污垢糊在气球表面，气球就变成了一个污垢球。英叭神王念诵咒语，污垢球就慢慢长大，变

楚雄州武定县傣族村寨（朱卫明　摄影）

耿马第四代傣族竹楼（南桂香　供稿）

文山马关县马固傣族新寨（张元波 供稿）

西双版纳傣族村落田园风光（何少林 摄影）

西双版纳傣族村寨（房子和寨门）（龙斯 摄影）

西双版纳傣族生态村（何少林 摄影）

西双版纳傣族自然村落

新平傣族民居——土掌房（刀庆喜 摄影）

元江傣寨——者嘎村（陶立斌 摄影）

大姚县湾碧傣族傈僳族乡高坪子村、巴拉村窝巴节活动
（李兰 供稿）

金沙江边傣族传统节日窝巴节祭鱼
（马淑吉 摄影）

金沙江傣族窝巴节（马淑吉 摄影）

德宏傣族泼水节
（何少林 摄影）

德宏州傣族泼水节（何少林　摄影）

西双版纳傣族村寨泼水节（龙斯　摄影）

西双版纳傣族村寨泼水节（龙斯　摄影）

西双版纳傣族泼水节放高升（岩温香　供稿）

西双版纳傣族泼水节放高升（岩温香 供稿）

西双版纳泼水节划龙舟
（岩温香 供稿）

西双版纳泼水节划龙舟（岩温香　供稿）

西双版纳泼水节划龙舟（岩温香　供稿）

西双版纳泼水节狂欢(依旺的 供稿)

漠沙赶花街(刀庆喜 摄影)

元江傣族花街节（何少林　摄影）

元江傣族花街节（何少林　摄影）

元江傣族五月花街节方队游演（陶立斌　摄影）

千灯节（穆霁妍　摄影）

耿马傣族堆沙习俗（刘海栓　摄影）

西双版纳傣族滴水习俗（何少林　摄影）

西双版纳傣泐婚俗——拴线（龙斯 摄影）

西双版纳傣泐婚俗——拴线（龙斯 摄影）

西双版纳傣泐结婚拴线仪式（龙斯　摄影）

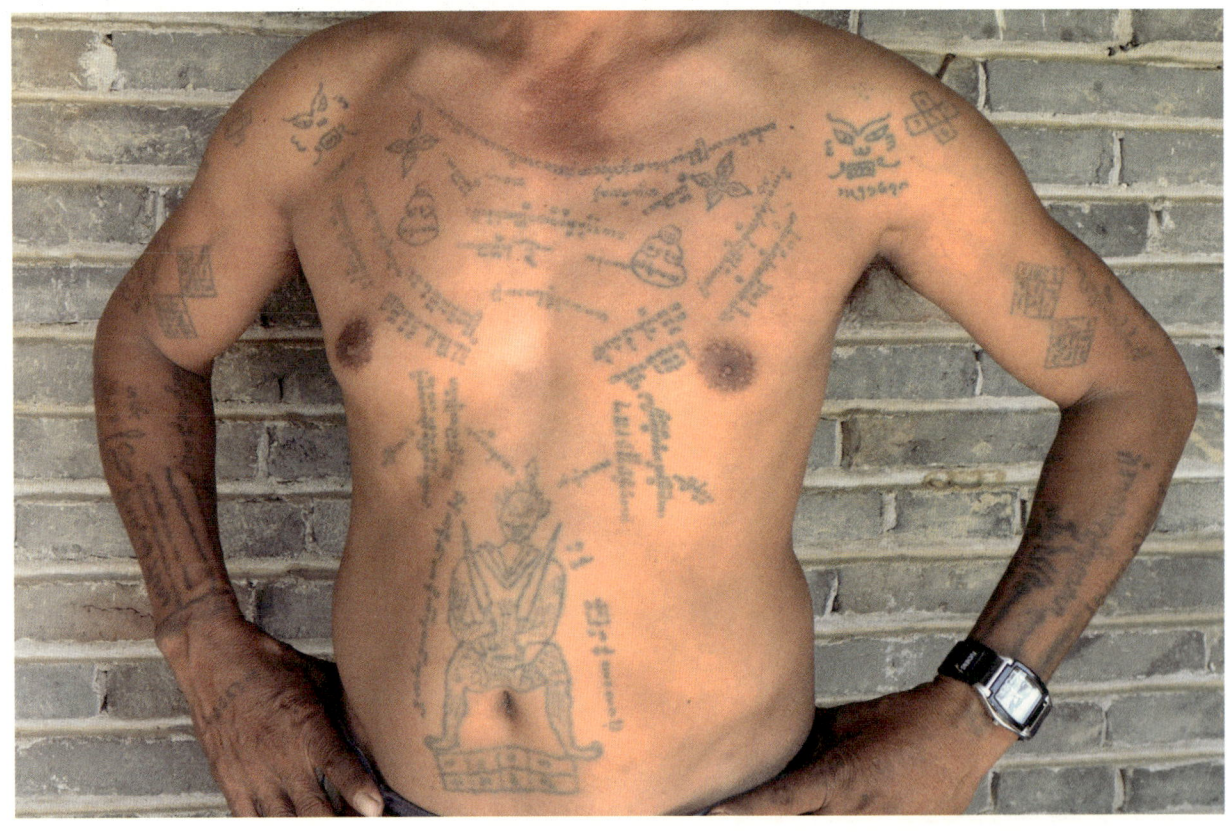

耿马傣族纹身（南桂香　供稿）

得有七万亿庹宽，七千亿庹厚，他给它取名叫罗宗神（地球）。英叭神王又把罗宗补上面的天划分为十六层，自己就住到最顶层上面去了。波糯叶讲述，岩温扁翻译。收入《西双版纳傣族民间故事集成》，32开，1页，500余字，云南人民出版社1993年版。

（李传宁）

贡纳堤娃降临人间

傣族创世神话。流传于云南省景谷傣族彝族自治县傣族地区。相传大地原是一团火球，经过几亿年后，一个叫玛哈阿树腊的圣者造天造地，并把大地分为八个勐。八个勐中有两个勐较大，为盟主。但八个勐中官吏贪婪不仁，百姓痛苦不堪。二位盟主请来六位盟邦首领商议，决定去请仙界天宫第五世佛祖贡纳堤娃来教化黎民。贡纳堤娃告诉八位首领要在人间准备好宫室房屋、蔬菜、薯、果、波蒂果等东西。这些物品前几样人间皆有，但波蒂果没有，八大首领回到人间又去找到社神请教。社神告之要到遥远的"十二属"走兽的疆域去寻找。二盟主指派罕信、贺拿去鼠国求赠波蒂果，经过千辛万苦，并在牛、虎、兔、蛇、马、羊、猴、鸡、狗王国的帮助下，将一个大如西瓜的波蒂果请到人间。人间不断栽种，波蒂果越来越多。八大首领请来十二属相一起"尝新"，并赠给他们子、丑、寅、卯、辰、巳、午、未、申、酉、戌、亥十二个称号。鼠王又教人间造田种地，教人们将个大的波蒂果春小，种在水田里，收成就更大，后来就称之为"稻谷"。几年之后，人们生活好了，但民风并没好转，八大首领又去请五世佛祖下凡，佛祖转世托生为人来到人间，制定了各种规矩。从此官吏清正，民风古朴，人民安居乐业。刘开顺翻译，李维群、刘开顺整理。收入《云南民间文学集成·景谷民间故事》（一），32开，19页，13000字，景谷傣族彝族自治县民间文学集成领导小组编辑室1989年编印。

（郭玉萍）

混散造天造地

傣族创世神话。流传于云南省德宏傣族景颇族自治州傣族地区。相传远古时候，没有天没有地，到处是茫茫大水，一片混沌。天神混散认为不能让宇宙这样长久下去，要想法造天造地。但他想了许久，想不出该如何造。后来，他发现自己的身边有许多荷花种籽，便把这些荷花种籽撒向四面八方。过了一些日子，在茫茫大水里，到处都长满了荷花。其中有一大朵荷花升上天空，变成了天；有四朵荷花铺成了地。这样，天地形成了。佚名讲述，岩峰、王松、刀保尧采录整理。收入《傣族文学史》，32开，1页，500字，云南民族出版社1995年版。

（阿南）

金葫芦生万物

傣族创世神话。流传于云南省西双版纳傣族自治州傣族地区。相传在洪荒年代，洪水泛滥时，从远方漂来一个大葫芦，葫芦里走出来八个男人，一个仙女将其中的四个变成了女人，让他们结为四对夫妇。这样，世上便有了人类。另一种说法：远古的时候，天神见大地一片荒芜，便派了一只鹞子和一头母牛到地上来。这头母牛在天上已活了十几万年，但到地上来后，却只活了三年，生下三个蛋后就死了。鹞子孵这三个蛋，孵出来一个葫芦，从葫芦里走出来很多人。从此，大地上就有人类了。再一种说法：神王英叭派布桑戛西和雅桑戛赛夫妇去补天补地时，交一个葫芦给他们说："我这仙葫芦，万物的生命都在里面。"布桑戛西和雅桑戛赛补好天地时，仙葫芦已变成金黄色。于是夫妇俩把葫芦破开，里面有各种各样的种籽。便把种籽撒在大地上。不久，大地上长出许多嫩芽。这些嫩芽有的长成亿万棵大树，有的跑出亿万种动物，有的跳出亿万种鱼虾，它们飞的飞，走的走，爬的爬，游的游。会飞的飞上了天空，会爬会跑的，爬进跑进了森林，会游的，游进了水里。从此，大地上有了万物。佚名讲述，岩峰、王松采录整理。收入《中国各民族宗教与神话大词典》，16开，1页，800字，学苑出版社1990年版。

（阿南）

开天辟地

傣族创世神话。流传于云南省西双版纳傣族自治州傣族地区。相传很古时候，没有天，没有地、月亮、太阳和星星，宇宙是一个真空。在无际的真空里，充满着翻腾滚动的气体、烟雾、狂风。一万亿年后，气体、烟雾和大风在翻腾滚动中凝结成一团，又经过千变万化，最终产生出天神。由于他是气体、烟雾和狂风变成的神，所以名字叫英叭。他是天地间一切神仙的始祖，后来被尊称为"英叭召"。他的体重有一千亿斤，身长达十万扎拿，两只神眼像两个太阳，胡须长达五千约，头发长七千约。他两只又粗又长的手，手臂长三万九千约，两腿长达四万扎拿。英叭说：我要开创人类，我要开创大地。他伸开巨大的双手，用力搓动他周身的污垢，污垢就像山塌地陷似的滚落下来。接着，英叭用巨大的双手，把搓落下来的污垢糊在那天然形成的圆球体上，使污垢与气体、烟雾和风糅合在一起。大地就这样形成了。英叭又继续搓动他的污垢，用它捏成镇挟天地的架子，又搓下耳上的污垢，捏成了四块西拉石，分别插在镇定天地的神像的四方，从此，定天柱形成。英叭身上的污垢也搓完了，他的指甲脱落下来无限延长，把西拉神像的四脚紧紧铆接在一起，远远地将天地隔开。从此，天地开辟出来了。因为英叭是天地的开创者，后人就称他为天地神王。佚名讲述，岩谒扁翻译。收入《中国少数民族神话》（上），32开，5页，4000字，中国民间文艺出版社1987年版。

（阿南）

玛哈腊造天造地

傣族创世神话。流传于云南省景谷傣族彝族自治县傣族地区。傣文经书也有记载。相传远古的时候，没有天，也没有地，到处是一片红红的火海。火海纵横奔流，形成一片火的汪洋。天神玛哈腊看见了，便想将火海扑灭。于是，他一连吹出几十口神气。瞬间，神气变成狂风暴雨，吹得火海红波翻滚，最后火海终于熄灭了，并渐渐退了下去，火海中烧过的泥沙也渐渐冒了出来，慢慢地就变成了大地。那被火海冲到上空的烟和气，也渐渐地在上空凝固了，后来就变成了天。于是，天地就这样形成了。佚名讲述，岩峰、王松、刀保尧采录整理。收入《傣族文学史》，32开，1页，600字，云南民族出版社1995年版。

（阿南）

人类果

傣族创世神话。流传于云南省西双版纳傣族自治州傣族地区。相传英叭神开天辟地后，接着，他又创造了成千上万的神，这些神轮流着侍候英叭神。英叭神闲着没事，往大地上一看，见大地上空飘着各种颜色的云。于是，他将这些有色彩的云变成一张巨大的有色彩的草席铺到大地上，瞬间，草席变成一座美丽的果园。英叭神担心天上的神下去偷吃，又用污垢捏了两个神，一个叫贡神，一个叫曼神，叫他俩去看守果园。贡神和曼神终年守护着果园。后来，天上有个神变成一条绿蛇，悄悄地来到果园里，偷吃了神果，脱了一层蛇皮，变得更加漂亮。于是，贡神和曼神也跟着蛇摘吃了一个神果。不料，他俩吃的是人类果，一吃下去就失去了神性，变成凡人。但他俩没有生殖器，不会生儿育女。蛇又教他俩吃生殖果，他们就有了生殖器，一个变为男人，一个变为女人，两人结为夫妻，生儿育女。从此，大地上有了人类。佚名讲述，岩峰、王松、刀保尧采录整理。收入《傣族文学史》，32开，1页，600字，云南民族出版社1995年版。

（阿南）

射太阳的故事

傣族创世神话。流传于云南省景谷傣族彝族自治县傣族地区。相传上古时候,天上有七个太阳,它们是七兄弟,每天闹得大地不分白昼黑夜。太阳把大地上的动物、植物都烧焦、烧死,大小湖水都沸腾了。天神无奈就给大地抛下一把避火伞。后这把伞变成一棵大缅树,幸存的人都逃到树下躲凉。大火烧了一万五千年,人们巴望有个能人来收拾太阳。终于有一猎人为射太阳制作了一张十万斤重的大弩,磨平了七架大山才磨出一捆锋利的石箭。他一口气射下六个太阳。剩下一个太阳,它吓得求饶,表示肯听猎人的话。猎人要求太阳一天出来半天,晚上别露脸。从此,太阳规矩了,大地恢复常态。刀二婼讲述,岩南隆记录、整理。收入《云南民间文学集成·景谷民间故事》(一),32开,2页,1350字,景谷傣族彝族自治县民间文学集成领导小组编辑室1989年编印。

(郭玉萍)

太阳是公鸡叫出来的

傣族创世神话。流传于文山壮族苗族自治州马关县傣族聚居区。相传很早以前,天上有四个太阳,世上只有白天,永远是烈日炎炎,暴烈的阳光下万物即将灭绝。勐卯的大小头人集中商量,准备把太阳射落。他们集中了三百六十名壮士,带上三百六十把弩箭齐射,在乱箭之下射落了三个,剩余的一个,被吓得掉了魂似的,躲进了厚厚的黑云中,不敢露脸。从而大地一片漆黑,人类无法生产劳动,其他物种也停止了生长。负责召集的老波陶说,太阳与人已经有仇,只有与其他鸟类商量了。通过协商,画眉、百灵鸟、金孔雀、大雁都没有能把太阳请出来,站在旁边沉默不语的公鸡说了声:我来试试,一翅飞到十万八千里的高山上,连叫三声哥哥喔!公鸡的叫声感动了太阳,羞答答的红着脸出来了。陶光翠口述,白家祥记录。收入《文山州傣族民间故事集》,16开,399字,云南人民出版社,2016年版。

(张元波)

太阳的传说

傣族创世神话。流传于云南省西双版纳傣族自治州。相传风雨云雾之王皮扎祸,为使天地永远黑暗,把太阳、月亮和星星吞下肚子。火神王的七个儿子战胜了皮扎祸神后,变成七个太阳挂在天空。七个太阳发出的热量,烧死了不少的人。英叭神便投下一把伞变成一棵菩提树,救助了部分人。其中一个青年,用六支石箭射落了六个太阳,只留下最小的一个太阳挂在天上,让它每天只准出来半天。射落的六个太阳流出的血和滚烫的脑汁,烫死了不少的人。英叭神就连降大雨冷却了六个太阳的血和脑汁,才使地球恢复了原状。波岩少讲述,岩温扁记录整理。收入《西双版纳傣族民间故事集成》,32开,6页,4000余字,云南人民出版社1993年版。

(李传宁)

太阳、月亮、五星

傣族创世神话。流传于云南省西双版纳傣族自治州。相传天神用六个召勐(君王)捏成太阳,用十五个召勐的女儿捏成了月亮;用八个军事大臣、十七个召勐的管家、十九个高僧、二十一个老侍女、十个船长分别捏成了火星、水星、木星、金星、土星等诸星;由于水星向太阳王揭穿了月亮神与火星的私情,从此,太阳与月亮不和,太阳王、水星与火星结下了仇怨。土星和金星向木星学艺时,因向师傅争宠,相互损伤了身体,土星与金星也结下了仇怨。太阳、月亮和诸星辰之间的宿怨波及人间,导致五星的运行影响到人类的生活与健康。佚名讲述,佚名记译。收入《西双版纳傣族民间故事集成》,32开,4页,1500余字,云南人民出版社1993年版。

(李传宁)

天地的来历

傣族创世神话。流传于文山壮族苗族自治州马关县傣族聚居区。相传很早以前,不分什么是白天,什么是黑夜。有一个名叫依岩的小伙就说，有一天我去放牛时，在一棵竹子下休息，怎么会有风时就长一节，刮大风时长得更高，他想，如果我能叫它长就长，多好啊！于是他抱着竹叫长高高高……随着他的喊声，真的越长越高，真的就把天地顶开，就成了现在的天和地。白世和口述，白家祥记录。收入《文山州傣族民间故事集》，16开，206字，云南人民出版社2016年版。

（张元波）

天地本来是兄弟

傣族创世神话。流传于云南省景谷傣族彝族自治县傣族地区。相传远古时天和地是一对亲兄弟。天是哥地是弟。后来他俩闹翻了，距离越来越大，隔阂也越来越深。太阳、月亮是姊妹俩，常在天地间串来串去。天看她俩长得好看就起了邪心，想霸占她俩，不许她俩下地。地想请太阳、月亮出来照照，天不准许。有一回天地两兄弟又打起来，一连打了几百年都难分胜负。后来天发狠心下大雨要淹死地，但雨停后森林更茂密了，山更苍翠。天又投下大火想把地烧成灰。地把火捧回家用土基把火围成火塘，供起火种，让人们使用。天气得直跺脚。星星老是火辣辣的，那是因为天恨地，对地瞪眼睛。刀二嫫讲述，岩南隆记录、整理。收入《云南民间文学集成·景谷民间故事》（一），32开，2页，1400字，景谷傣族彝族自治县民间文学集成领导小组编辑室1989年编印。

（郭玉萍）

天地打架

傣族创世神话。流传于云南省西双版纳傣族自治州。相传天和地两兄弟，因天哥哥经常欺负弟弟，两兄弟反目成仇。哥哥投下大火想烧死弟弟，弟弟却因此有了火光，人类也因此有了火种，再不吃生，也不怕冷。从此，天和地兄弟俩各居一方，永不往来。波岩扁讲述，岩温扁记录整理。收入《西双版纳傣族民间故事集成》，32开，1页，470余字，云南人民出版社1993年版。

（李传宁）

惟鲁塔射太阳

傣族创世神话。流传于云南省西双版纳傣族自治州傣族地区。相传火神七兄弟变成太阳后，烤得大地万物无法生长。英叭神为了拯救大地，请了惟鲁塔射神。惟鲁塔是个射箭能手，身子又高又大，胸宽可以遮天，手臂粗得像树干，力大无比。英叭神叫他去射日，他答应了，做了一把十万斤重的射弓，又从山里取来七块最坚硬的岩石，然后天天磨箭，海水被他舀干了一半，大山被他磨平了六座。惟鲁塔射神花了六年的时间，磨好了六支神箭。每支箭都有一万斤。当他磨第七支箭时，因用力过猛，箭断成两截。他把一截朝东扔，另一截朝西甩，两截都插入大地，变成两座大石山。惟鲁塔准备射太阳，他爬上一座山，山被他踩塌了。他另换一座山，因用力太猛，两只大脚板把石山踩碎了。他一气，跺脚骂道："这大地太不牢，我站不住脚，怎么射太阳呀！"他见前面东西两方对峙着两石山，走近一看，这两座石山原来就是他磨断的第七支箭。他心中大喜，说道："这是天意，该我射下太阳。"他跨上石山，拉开神弓，搭上一支石箭，瞄准第一个太阳，"嗖"的一声巨响，第一个太阳从天空滚落进大海。他又拉弓搭箭，一连射了五支箭，天空变成一片漆黑。惟鲁塔正要射最后一个太阳时，发现箭已用完，天空也不见了太阳。他很奇怪，大吼一声，吼开了云烟，见剩下的那个太阳惊慌地往黑山后面逃跑。惟鲁塔胜利而归，天地却变成一片漆黑。英叭神王叫太阳出来，并叫他绕着定天柱不停地走动。英叭神王又唤月亮出来，吩咐他们，一个白天出来，一个夜晚出来。从此，大地有了光明。佚名讲述，岩峰、王松采录整理。收入《中国各民族宗教与神话大词典》，16开，1页，1200字，学苑出版社1990年版。

（阿南）

兄妹合婚

傣族创世神话,流传于云南省玉溪市新平彝族傣族自治县傣族聚居区。相传很久以前,地球上已经有人居住,但人的食量很大,起初吃野果野菜,后来开始杀人吃,于是天神选定一对兄妹决定重选人种。直到天地昏暗,洪水滔天,作为人种的兄妹俩住在葫芦房里得以幸存。天神要求兄妹两人结为夫妻,两人说兄妹本不应成家并提出不可思议的要求要天神同意,最后诸项要求都达到了,天意不可违,兄妹只好成亲孕育人种,一代繁衍一代。收入《花腰傣民间故事集》,16开,3页,58行,云南民族出版社2016年版。

(刀庆喜)

兄妹造人烟

傣族创世神话。流传于文山壮族苗族自治州文山市马关县傣族聚居区。相传古时候,世间没有人烟,只有天神造就的兄妹两人。天神给哥哥取名依召,妹子叫依月。一天晚上,一个白胡子老头来给依召托了一个梦说,他们枕头边放着一包葫芦种,有七七四十九颗。兄妹两人把葫芦种栽下后,结了四十九个葫芦瓜,葫芦长大后,兄妹两人就住在最大的一个葫芦中。一年的一天,下了七七四十九天的大雨,大地全被洪水淹没。幸好兄妹俩住的是葫芦房,洪水把他们托起到处漂。世间仍然没有人烟,玉皇天神也着了急,想了一个办法,派了一只千年神龟来游说。在大青树枝丫相连、针线空中穿孔、石磨合拢等一系列考验后,兄妹成亲。从此以后,一代繁衍一代,天下的人就越来越多。柏朝志口述,董品尧记录。收入《文山州傣族民间故事集》,16开,1620字,云南人民出版社2016年版。

(张元波)

雄鸡医治太阳的故事

傣族创世神话。流传于云南省景谷傣族彝族自治县傣族地区。相传很久以前,天上有十个太阳,世界只有白昼,永远是烈日炎炎。勐巴纳西各部落的大小头人商量约定,集中所有的大弩,让强悍的小伙子把太阳打落。后太阳被打落了,但大地一片漆黑,人类也无法生活、劳动。大家又想办法让地上所有生物来唤醒太阳。结果人和野兽、百鸟的声音都无法将太阳叫出来。最后是公鸡叫出了一个太阳,地上才开始风调雨顺。从此,早晨雄鸡鸣叫,天就慢慢亮了,下午鸡入窝巢,星夜就来临了。周福生讲述,周德福采集,徐昱整理。收入《云南民间文学集成·景谷民间故事》(一),32开,3页,2000字,景谷傣族彝族自治县民间文学集成领导小组编辑室1989年编印。

(郭玉萍)

月亮和太阳

傣族创世神话。流传于云南省瑞丽市傣族地区。相传从前没有太阳和月亮,普天之下一片黑暗。佛祖告诉天神说天下面有一颗蜘蛛蛋,天神下凡来把它放在石头上,用回生药擦一遍,立即光芒四射。天神用刀把它破成两半,一半成了太阳,一半成了月亮。太阳照白天,月亮照夜间。从此白天黑夜都有光,干季和雨季分明。佚名讲述,刀干相搜集,岳小保译。16开,2页,345字,稿存德宏傣族景颇族自治州民语委。

(岳小保)

英叭神创世

傣族创世神话。流传于云南省西双版纳傣族自治州。相传远古时没有天地日月,宇宙中充满气体、烟雾和狂风。后来,烟雾、气体和泡沫搅拌在一起就演变出了创世神英叭。英叭去遨游太空,只见一片茫茫大海,大海上漂浮着许多泡沫和渣滓,便用巨大的手搓下身上的一大堆污垢捏成球状,又把泡沫和渣滓扫拢糊在球体上,通过祷告后,球体向四面八方增大,并漂浮在海里。数十万年后,英叭用污垢做成神桩稳固球体,但球体还在摇晃,又用污垢捏成四脚四梁的架子罩住球体,忽然架子变成一头巨大而闪光的大象,站在水中稳如大山。英叭拔出神桩插在大象背上，让它镇住球体，并将球体称为地，将神桩以上的部分称为天。又在球体上划出四道门，分别让用污垢捏成的一对狮子、一头大象、一条黄牛把守，从此有了四大洲。英叭又搓下最后的污垢，分成三团朝神象的脊背上投下去，三团污垢就变成了地球上最高的三座山峰。波陶康朗讲述，玉康龙翻译整理。收入《西双版纳傣族民间故事集成》，32开，7页，4800字，云南人民出版社1993年版。

（普学旺）

洪水泛滥

傣族创世神话。流传于云南省西双版纳傣族自治州傣族地区。相传英叭神见自造下的天地就要被大火烧毁，十分焦急，便叫来雨神，要他下神水泼熄大火。雨神立即吐出神水，神水变成倾盆大雨，于是天空中展开了一场水火之战。雨神见一时战胜不了火神，便把雨点加大，从豆粒大增大到鸡蛋大，足足浇了两万年。但还没有战胜火神，雨神又把雨点加大到南瓜大。火神更加愤怒。于是双方在天空中搏斗，火光闪耀，大雨滂沱，满天光亮。雨神使雨点变得巨石大，顿时山崩地裂，海倾洋翻，势不可当。火神见状退却了，雨神追击，足足下了十万年的大雨，终于把大火浇灭了。但大雨一停，大火又复燃，雨神又不停的下雨，又足足下了十万年。结果淹了天，灭了地，一片汪洋，分不清天和地，这就是洪水泛滥的时代。佚名讲述，岩峰、王松采录整理。收入《中国各民族宗教与神话大词典》，16开，1页，700字，学苑出版社1990年版。

（阿南）

（二）谷物神话

谷魂

傣族谷物神话。流传于云南省景谷傣族彝族自治县傣族地区。相传有一天佛祖在布道传经，神、龙、大小头人都跪地合掌聆听，唯有一穿青布统裙的老妇人没有下跪合掌，佛祖惊异地问她为何站着。妇人说她是勐巴纳西的谷魂不能跪，否则田地就无收成。佛祖恼怒，将谷魂逐放到阳光照射不到的地方。从此百姓无收成，一寨一寨地饿死。因人们拿不出祭祀的供品，也就无人赕佛。神、龙、人都求佛祖走出殿堂去找回谷魂。谷魂提出要求，要人们在农忙季节不要误农时去赕佛，保证有好收成，佛祖点头允准。从此谷魂又回到勐巴纳西把田地照应，谷魂进缅寺照样站着，佛祖也不怪她。陶老五讲述，米自民采集、整理。收入《云南民间文学集成·景谷民间故事》（一），32开，2页，1350字，景谷傣族彝族自治县民间文学集成领导小组编辑室1989年编印。

（郭玉萍）

谷魂奶奶

傣族谷物神话。流传于云南省西双版纳傣族自治州景洪市。相传谷魂奶奶雅欢毫，因不崇拜天神地祇，不向佛祖跪拜，被佛祖和帕雅英赶走。雅欢毫躲藏到黑暗的地下后，庄稼颗粒无收，人畜遭受饥饿，佛祖和天神帕雅英只好又亲自去请回了谷魂奶奶。此后，在佛祖面前，谁都要下跪，唯有谷魂奶奶昂首挺立。岩罕温讲述，亚南记录整理。收入《西双版纳傣族民间故事集成》，32开，3页，1200余字，云南人民出版社1993年版。

（李传宁）

谷神布岑塔

傣族谷物神话。流传于云南省德宏傣族景颇族自治州傣族地区。相传谷神布岑塔是一个粗实、高大、苍黑的神。他是山川大地的守卫者，耕耘者。傣家人供奉他，视他为最善良、最好心、最崇高、最值得敬仰的神。据说，谷神布岑塔时而隐蔽在村边田头的大青树上，时而又置身到夜蒿树、茭瓜丛里，护卫旱地，看守水田，成了粮食作物的精灵和保护神。有他护佑，粮食就丰收。所以，农人最喜欢在田头地角和村落四周栽植大青树、夜蒿树，在田里种荬瓜，好让谷神布岑塔乘凉歇息。并在每年播种栽插季节、作物打苞扬花的时候，备办供品供奉谷种。隔数年举办一次全勐性大摆，赕祭谷神布岑塔。多永相搜集整理。收入《云南少数民族神话选》，32开，6页，4000字，云南人民出版社1990年版。

（阿南）

谷子的由来

傣族谷物神话。流传于云南省勐海县傣族地区。相传古时人们没有粮食，仅靠野果树叶充饥，生活十分艰辛。为了找到可口的粮食，帕雅门腊和帕雅桑木底翻山越岭，走了很多地方都没找到。后来，他们只好去祭部落神求谷，部落神变成巨鸟告诉他们，在一个叫勐巴牙麦希戈的地方能找到谷物，巨鸟还将他们送到了勐巴牙麦希戈。这是一个鼠的王国，帕雅门腊和帕雅桑木底拜见了鼠王，向它求谷种，鼠王怜惜人间无粮之苦，便给了他们两颗硕大的谷种。他们拿着谷种用了十二年，经过了十二个勐才回到人间。从此人们就有了粮食，并用帕雅门腊和帕雅桑木底经过的十二个勐的名字作为生肖来记年。康朗庄讲述，杨胜能搜集整理。收入《西双版纳傣族民间故事集成》，32开，3页，1220字，云南人民出版社1993年版。

（龙江莉）

会飞的谷子

傣族谷物神话。流传于云南省西双版纳傣族自治州傣族地区。相传古时候，谷子有心有魂，会说话，也会走路。当成熟的时候，它会生出金色翅膀，谁勤劳就飞进谁的家。那时，人类个个都劳动，人人都能得到会飞的谷子。有一年，坝子里有个首领从别的地方讨来一个女人。这个女人很懒惰，因此谷子讨厌她，一颗谷子也不愿飞进她家。懒女人很生气，跑到寨边向谷子哀求：救人命的谷子呀，请飞到我家吧！谷子说她是个懒惰女人，不愿意飞到她家。懒女人听了大怒，便拿起一根棍子打谷子，把谷子的金色翅膀打断了。从此，谷子再也不会飞了。岩峰、王松采录整理。收入《中国各民族宗教与神话大词典》，16开，1页，600字，学苑出版社1990年版。

（阿南）

麻雀救谷种

傣族谷物神话。流传于云南省西双版纳傣族自治州傣族地区。相传天神造了人类后，把谷种撒在大地上，人类就学会了种植谷物。但洪荒时代，人和万物都被洪水冲走，只有会飞的麻雀飞在天上。一天，麻雀见几个人被洪水围困在山顶，哇哇地在哭啼，便上前问道："人呀，你们为啥哭得这样伤心？"人们回答说："洪水把我们的谷种冲走了，我们没法过日子啦！"麻雀说："我有本领将你们的谷种抢回来，但你们能给我什么报答呢？"人说："如果你真的能把谷种抢回来，我们就让你在我们的房檐下筑窝，种出的谷子也分给你享用。"麻雀听了非常高兴，立即飞到洪水上空，衔了一穗漂在水面上的谷种，带回来交给人。人有了谷种，洪水退去后，又可以种谷子了。因为麻雀帮助了人，人也没有忘记自己的诺言。从此，麻雀便在人的房檐下筑窝，人种出的谷子也分给麻雀享用，让它们飞到田里来吃谷子。佚名讲述，岩峰、王松采录整理。收入《中国各民族宗教与神话大词典》，16开，1页，500字，学苑出版社1990年版。

（阿南）

雀谷鼠谷

傣族谷物神话。流传于云南省西双版纳傣族自治州傣族地区。相传开天辟地时，天神就造好谷种，收藏在天上。后来，天神发现大地上有的人没有吃的，把树叶草根都吃光了，再没有新的好食物，人将饿死灭绝。天神就把收藏的谷种撒在地上，地上长出各种谷物。精灵的麻雀和老鼠先发现谷子，便把谷子全吃光了。但谷种在麻雀和老鼠的肚子里没有死，麻雀和老鼠把谷种屙在水沟和水塘边。人看见捡起来一尝，觉得很好吃，于是捡来种到田里。人种出谷子，麻雀飞来说是它的谷种，要分一半；老鼠跑来说是它的谷种，要分一半。人知道谷种是从麻雀和老鼠屎里捡来的，是它们先发现了谷种，于是，准许麻雀和老鼠在田里吃谷子。这样，每当谷子成熟季节，麻雀飞来，老鼠跑来，与人分享谷种结出的果实。佚名讲述，岩峰、王松采录整理。收入《中国各民族宗教与神话大词典》，16开，1页，500字，学苑出版社1990年版。

（阿南）

逃遁的"康豪"

傣族谷物神话。流传于云南省孟连傣族拉祜族佤族自治县傣族地区。相传很久以前，一粒稻谷有七"岗"（约三寸）那么长。人们不用舂米，只要把谷子蒸熟，再用手剥去壳就可以吃了。而且，稻谷成熟后不用人去收割，它自己会往主人家的粮仓飞去。后来，稻谷被一个懒婆娘打碎了。康豪（谷神）一气之下逃到了水底，被一条大鲤鱼藏了起来。没有康豪，粮食颗粒无收，人们只得吃野果、野草和兽肉，一直过去了十万年。有一年，有个人领着大家去捕鱼，他们捕到了收藏康豪的金鲤鱼和两条乌鱼，人们把谷神和谷种带回去播种，人间才重新有了稻谷，但已变得小粒了，而且要人们去收割才能得到。人们怕打谷时把康毫吓跑了，每次收割完都要去招谷魂。到时，还要烤两条乌鱼去田里叫谷魂。每次尝新米前，也要蒸些乌鱼去祭谷魂，念完招魂辞，才尝新米过新米节。佚名讲述，刀进民采集，召罕嫩记译。收入《孟连傣族拉祜族佤族自治县民间文学集成·傣族卷》（一）32开，2页，1500字，孟连傣族拉祜族佤族自治县文化局、民族事务委员会1987年编印。

（郭玉萍）

向鼠王找谷种

傣族谷物神话。流传于云南省西双版纳傣族自治州傣族地区。相传古时候，人们全靠采集野果野菜为生。桑木底长大后，见野果野菜越来越少，便下决心寻找到一种能长期养活人的食物。一天，有个住在山上的老人告诉他，勐神知道能养活人的食物在什么地方。桑木底就去问勐神，勐神对他说：能养活人的食物叫谷种，只有鼠王居住的地方才有，鼠国离人居住的地方很远。桑木底请求勐神帮助他找到谷种。勐神答应了桑木底的请求，立即变成一只大鹏鸟，把桑木底驮到了鼠国。群鼠见了桑木底，一下子把他围住，要咬死他。桑木底懂得法术，用定身法战胜了群鼠，并向鼠王说明了来意，要求鼠王给人类谷种。鼠王见桑木底法术高强，不想再战，便取出一颗谷种送给他。桑木底得到谷种后，不见了勐神，于是他只好走路回家。他走了十二年，经过鼠、麒麟、虎、兔、龙、蛇、马、羊、猴、鸡、狗、象等十二种动物居住的地方，才回到人类居住的地方，将谷种种在田里。从此，人类学会了种植谷物。因桑木底回来时经过十二种动物居住的地方，这十二种动物合成了傣族的十二属相。佚名讲述，岩峰、王松采录整理。收入《中国各民族宗教与神话大词典》，16开，1页，800字，学苑出版社1990年版。

（阿南）

一颗萝卜大的谷子

傣族谷物神话。流传于云南省西双版纳傣族自治州傣族地区。相传很久以前，人们靠打猎、捕鱼过日子。有一天，一群猎人在打猎时闻到一阵特别的香味。他们就向着那香风吹来的地方找去。到了一个山坳里，只见水塘里长着许多又高又密的草，草上结着无数萝卜那么大的果子。原来香味就是从这些果子散发出来的。一个猎人就摘了一颗果子，剥开一看，里面长着白生生的果肉，用舌头舔了舔，又香又甜，大家就忍不住就吃了起来。大家非常满意这新发现的果子，就给它取了个好听的名字："香稻米"。从此以后，人们肚子饿了，就来这里摘香稻米吃，也学会栽种香稻米。开过花以后，稻秆上便结了一串串的香稻穗，一颗谷粒有萝卜那么大，人们喜欢得心都开了花。人们正要收割的时候，那成熟的香稻米自己飞进了每家的仓房里。人们又喜欢，又惊奇。不料，那时有个懒婆娘，她想香稻米自己会飞进仓房里，不好好种田，成天躺在床上，什么活也不做了。这年，香稻米成熟的时候，又自己"嗡嗡"地飞进每家的仓房里。那懒婆娘嫌吵闹，竟拿起一根竹竿乱打，从这以后，香稻米就变得小了，成熟的时候，也不再自己飞到仓房里了，要人们去收割。马宏德等讲述，李乔、李岗采录整理。收入《傣族民间故事选》，32开，3页，2100字，上海文艺出版社1985年版。

（阿南）

（三）动物神话

豪勇罕

傣族动物神话。流传于云南省西双版纳傣族自治州和德宏傣族景颇族自治州傣族地区。相传在天与地之间（也有说是在天上），有个孔雀国，有七个公主，长得十分美丽。她们每隔七天，就要飞到森林中金湖里洗澡。西双版纳的勐海与打洛之间有个叫勐板的小坝子，据说就是古代的勐板加，金湖就在勐板加附近的森林里。流传于德宏傣族地区的神话讲：远古时候，辽阔的森林里居住着一群美丽的孔雀，她们是一群可爱可亲的能歌善舞的精灵，世世代代都跟森林里的禽兽和睦相处，这些森林居民们也都喜欢与孔雀交朋友，森林里一片欢腾景象。有一天，突然来了两个恶魔，宣布辽阔的森林是它们的属地，所有的居民都要由它们管治，并要孔雀王国的公主做它们的"王后"。整个森林陷入恐怖之中。后孔雀公主设下计谋，把恶魔引诱进森林边的沼泽地、烂泥塘，恶魔立刻陷入泥沼之中，被污泥吞没了。从此，森林里鸟兽们又和睦相处，一片欢乐。佚名讲述，岩峰、王松采录整理。收放《中国各民族宗教与神话大词典》，16开，1页，900字，学苑出版社1990年版。

（阿南）

鸟姑娘

傣族动物神话。流传于云南省西双版纳傣族自治州傣族地区。相传远古时候，森林里有一只神鸟姑娘。她的头像人头一样，有美丽的眼睛，有秀丽的头发，但她的身子跟鸟一模一样，有翅膀，有艳丽的羽毛。一天，一个小伙子到森林打猎，遇见这只神鸟姑娘。小伙子很惊奇，看了又看，当他要走开时，神鸟姑娘唱起歌来，很动听，小伙子被歌声迷住了，忘了回家，跟神鸟姑娘夜宿在森林里。这一夜，小伙子与神鸟姑娘唱歌，一直唱到天亮。小伙子爱上了神鸟姑娘，向她求婚。神鸟姑娘答应了。但提出不让小伙子离开森林，小伙子也答应了，并表示终生与神鸟姑娘生活在茫茫的大森林里。神鸟姑娘与小伙子结为夫妻后，他们生了许多儿女。后来，他们的这些儿女分别飞到森林的四面八方，建立了许多寨子。神鸟的这些儿女们，为了让他们的子孙后代永远记住他们的神鸟祖先，都用鸟名来称呼寨子，这就是凤凰寨、孔雀寨等鸟寨名的由来。佚名讲述，岩峰、王松、刀保尧采录整理。收入《傣族文学史》，32开，1页，600字，云南民族出版社1995年版。

（阿南）

雀姑娘

傣族动物神话。流传于云南省西双版纳傣族自治州傣族地区。相传远古的时候，茫茫森林里有一种人首鸟身的神鸟，称为雀姑娘。雀姑娘会讲人话，经常到人居住的坝子边洗澡。一天，一个青年猎人进山打猎，遇到一只巨鹰叼着一条小白蛇，小白蛇在天空大声呼救，声音很凄惨。青年猎人见小白蛇很可怜，便拉开弓往天上射了一箭。巨鹰中箭受伤，丢下白蛇飞走了。白蛇得救，十分感激猎人，便告诉他一个秘密：森林里有七个雀姑娘，个个都长得很漂亮，谁要是得到她们，日子就会很好过。猎人到了森林里，果然看见七个雀姑娘在一个湖里洗澡。他高兴极了。忙用绳索结成扣子，想扣住雀姑娘，但没有扣住，雀姑娘飞回森林里去了。第二天，雀姑娘又来湖里洗澡，遇到一个叫披允的妖精。雀姑娘脖子上的项链变成一条条蛇，将披允精咬伤。披允精拔下头发结成一个蜘蛛网，罩住了七个雀姑娘的翅膀。雀姑娘在网里挣扎，跟妖精搏斗。猎人赶到了，急忙上前帮助，射死了妖精，救出了七个雀姑娘。后来，最小的一个雀姑娘与猎人结为夫妻。举行婚礼那天，百鸟都来祝贺。从此，猎人跟雀姑娘生活在森林里，生育他们的后代。佚名讲述，岩峰、王松采录整理。收入《傣族文学史》，32开，1页，700字，云南民族族出版社1995年版。

（阿南）

神牛姑娘

傣族动物神话。流传于云南省景谷傣族彝族自治县傣族地区。相传远古时，一群神牛生活在一座叫广麻宛达的神山中。这些神牛想到平坝人间去游玩。但神山的四周居住着一群神猴，神牛们怕他们去平坝里神山被神猴占领。于是，他们就分批到人间去游玩，第一批去了四百头，走了七天七夜才到达人居住的坎子边缘。守护坝子的勐神看到神牛群，很惊慌。后来知道了神牛的来意，没有恶意，也就放心了。寨子里的人见来了这么多神牛，都来朝拜，有的献草，有的献花，对神牛十分崇敬。一天，神牛王走到一块菠萝地，闻到清香味，便将头伸进园子里咬了一个菠萝。可才咬了一口就掉进河里漂走了。有个妇女在下游河里洗头，见漂来菠萝，捡来就吃。那妇人的肚子一天天大起来，祈问天神，天神告诉她怀孕了。十个月后，妇人生下一个小姑娘，遵照天神的嘱咐，给小姑娘取名为"南娥弄"（意为神牛的女儿）。南娥弄长到十六岁时，想去跟小伙子谈情说爱时，小伙子们嘲笑她是牛的女儿。南娥弄很气愤，向母亲问明身世后，决定要到神山去找神牛父亲。走了七天七夜，她来到神山，只见许多牛脚印，找不到神牛父亲。正焦急时，走来一只马鹿，南娥弄请求马鹿帮忙寻找父亲，马鹿答应了，把她领到神牛居住的地方。神牛王见到自己的女儿，非常高兴。南娥弄跟神牛王父亲住了三年，学会了种植山谷山瓜的本事。三年后，她思念母亲，告别神牛父，回到人间平坝。她走时，神牛父送给她一把谷种，叫她带回平坝种植。佚名讲述，岩峰、王松、刀保尧采录整理。收入《傣族文学史》，32开，2页，1400字，云南民族出版社1995年版。

（阿南）

象的女儿

傣族动物神话。流传于云南省西双版纳傣族自治州傣族地区。相传古代有一妇女，因上山采集野果野菜时，误喝了神象之尿而怀了孕。十个月后，这个妇女生下一个女婴，人们称为象的女儿。象的女儿长大后，得知自己的父亲是神象，决心要到大森林去寻找父亲。经过艰险曲折的历程，象的女儿终于找到了她的神象父亲。这神象是森林里的象王，他管辖所有的大象。当他知道自己在人间有个女儿时，十分高兴，就要求每头大象都献出一支象牙，然后用这些象牙给女儿修了一座象牙亭子。象的女儿便跟神象父亲一同住在森林里。后来，神象教会了女儿开荒耕耘后，把她送回人居住的地方，让女儿和她母亲生活在一起。象的女儿回到人居住的坝子里后，与一青年猎人结为夫妻。他们生下许多儿女。佚名讲述，岩峰、王松采录整理。收入《中国各民族宗教与神话大词典》，16开，1页，450字，学苑出版社1990年版。

（阿南）

（四）日月神话

顾京宛

傣族日食神话。流传于云南省西双版纳傣族自治州傣族地区。相传顾神、日神、月神原是三兄弟。顾是老大，日是老二，月是老三（也有说日是老大、月是老二、顾是老三）。三兄弟原本相处得很好，但后来因比武产生了怨恨。比武那天，太阳很傲慢，看不起他大哥顾神，抢先说："在我们兄弟中，我的本领最大，能把整个地都照亮！"月亮小弟也不相让，抢着说："二哥呀，你的光只能照亮白天，我的光却能照亮夜晚，还是我的本领大！"大哥顾神认为两个兄弟太傲慢了，劝他们不能这样目中无人。但太阳老二的性情最暴躁，没听完大哥的话，他便动手打了大哥一巴掌。顾神又气又羞，对太阳说："你胆敢在众神面前这般无理，让我蒙受耻辱，没脸见人。"其实，太哥顾神的本领比太阳和月亮都强。从此，大哥顾神每年都要张开一次他的巨口，将太阳含在嘴里，让太阳蒙受一次羞辱，然后再把它吐出来。顾神将太阳含在嘴里的时候，即是"顾京宛"（顾神吃太阳），也就是日食。佚名讲述，岩峰、王松采录整理。收入《中国各民族宗教与神话大词典》，16开，1页，500字，学苑出版社1990年版。

（阿南）

青蛙恋月亮

傣族月食神话。流传于云南省德宏傣族景颇族自治州傣族地区。相传太阳和月亮是两兄妹，与金青蛙一起住在天宫里。太阳哥哥热情奔放，每天都驾着一辆金车，从东到西，将自己的金色阳光送给人间。月亮妹妹容貌俊美，但很腼腆，要到晚上才骑着银车出来，将她自己的银光送给人间。金青蛙早就爱上了月亮，但他一来感到自己的容貌太丑，怕众神讥笑，二来又怕月亮的哥哥太阳责骂，因而不敢去接近月亮，只是悄悄爱恋。后来，金青蛙终于想出了一个办法，即月亮全部露出她的容貌时，自己用手遮住月亮的银光，悄悄地躲在月亮身边，跟月亮谈情说爱。但怕哥哥太阳看见，谈了一会他就走开了。金青蛙用手遮住月亮的时候，就是月食。所以，傣族称月食为青蛙遮月亮或青蛙抱月亮。佚名讲述，岩峰、王松采录整理。收入《中国各民族宗教与神话大词典》，16开，1页，550字，学苑出版社1990年版。

（阿南）

日食和月食的传说

傣族日月食神话。流传于云南省西双版纳傣族自治州。相传聪明美丽的姐姐芭阿底和妹妹芭阿娟，修行得道后飞上天空，变成太阳和月亮。她们俩的男佣人帕拉呼，因向姐妹俩求婚不成，也修炼成一只天蛙戈发，想抓住太阳和月亮姐妹俩。每当戈发伸出手去抓太阳时，遮住了太阳的金光，就出现日食现象。去抓月亮时，则挡住了银光，就出现月食。为了不让太阳和月亮被戈发抓走，每当戈发抓太阳和月亮时，人们便会敲锣打芒、放枪吓唬戈发。由于人们的保护，戈发始终抓不到太阳和月亮，太阳和月亮轮流着向人们发射出亮光。康朗庄讲述，杨胜能记录整理。收入《西双版纳傣族民间故事集成》，32开，3页，1200余字，云南人民出版社1993年版。

（李传宁）

太阳和月亮

傣族日月神话。流传于云南省西双版纳傣族自治州傣族地区。相传远古时候，天王派下一个神来，做了三年官后，生得两个男孩。大儿子是个麻子，名叫岩底，二儿子长得好看，名叫岩尖。父亲死后，岩底做了首领，每逢关门节，他都要到天上去拜访天王。有时一去就是半年，不管人民的生活，人民对他很不满。有一年，发生了战争，他躲在天上不下来领导人民抵抗敌人。岩尖就率领人民与敌人奋勇斗争，打败敌人的进攻。这样，人民就选岩尖为首领。岩尖一再推辞,并说这样做,他哥哥会领天兵来攻打。百姓都说:"你做我们的首领,任何敌人我们都不怕。"岩尖被选为首领不久,岩底就从天上下来了,人民就把他赶回天上去了。岩底带领天兵来攻打。结果岩底被人们捉住烧死了。岩底死后变成太阳,每年七八月间,太阳特别热。这是因为岩底不甘心,还想危害人。岩尖做了首领后,人民的生活一天比一天好,敌人也不敢来侵犯了。可是不久,岩尖病死了。他死后变成月亮,人民送给他的花儿变成了星星。每当晚上月亮出来,星星也出来。月亮是好官变成的,所以它发出来的光也很凉快。佚名讲述,波鸿杰搜集。收入《中国少数民族神话》(上),32开,2页,1200字,中国民间文艺出版社1987年版。

(阿南)

月食的传说

傣族日月神话。流传于云南省西双版纳傣族自治州傣族地区。相传太阳和月亮是两兄妹,太阳哥哥热情,月亮妹妹害羞。太阳哥哥乘一辆金车,车前有一盏光亮无比的大灯,每天白天在天上从东到西走一趟,把光亮带给人间;月亮妹妹乘一辆银车,车前也有一盏光亮无比的大灯,每天晚上从东到西走一趟,把银光洒向大地。太阳哥哥热情大胆,所以他的光亮天天都一样。月亮妹妹美丽又害羞,总是躲躲闪闪的,每个月只有十四、十五、十六这三四天才肯露出脸来。天宫里有一只金青蛙,它爱上了月亮妹妹。可它自己相貌丑陋,怕人家讥笑,又怕太阳哥哥责骂,总不敢亲近月亮妹妹。后来,青蛙有了好主意,在月亮妹妹完全露面的那天,接近了她。所以,每当十四、十五、十六这几天,月亮妹妹露出脸来时,青蛙就来找她了。人们为了让月亮妹妹的银光普照大地,每逢到这种时候,就敲锣打鼓,弄出各种响声,直到把青蛙赶走,月亮重放光明为止。人们说,在青蛙和月亮妹妹相会的时刻,凡是发出过响声的地方,就会五谷丰登,六畜兴旺,人人安康。佚名讲述,艾宗升搜集整理。收入《云南少数民族神话选》,32开,2页,1000字,云南人民出版社1990年版。

(阿南)

(五)新年神话

桑刊比迈(一)

傣族新年神话。流传于云南省西双版纳傣族自治州傣族地区。相传在开天辟地的时候,神王英叭叫捧麻点达腊神掌管天地间晴雨和冷暖。捧麻点达腊神本领高强,他有七个年轻美貌的姑娘,不允许任何男神或男人接近她们,也不允许七个姑娘跟男神或男人相爱结婚,姑娘们都恨他。神王英叭叫捧麻点达腊神划分季节,掌握好冷暖,好让人类种植五谷。但他随心所欲,使得天地间风雨不调,冷暖不分,人类难种植五谷。神王英叭知道后很生气,把他掌管风雨冷暖的职务撤销了。捧麻点达腊神不服从。英叭派智勇双全的英达提拉神来惩治他。英达提拉神摇身变成一个英俊的小伙子,逗引捧麻点达腊神的七个女儿,七个女儿都很喜欢他。于是,他与七姐妹一起商量杀死凶神捧麻点达腊神的办法。一天晚上,七姐妹终于探听到了父亲生命的奥秘:原来捧麻点达腊的生命既顽强又脆弱,火烧不死,刀砍不死,箭射不死,雷劈不死,但只要用他自己的一根头发就可以勒死他。七姐妹就悄悄拔了父亲的一根头发,在他睡熟时把他勒死了。可是捧麻点达腊的头从床上掉下来,落到哪里,哪里便燃起熊熊大火。七姐妹就轮流把父亲的魔头抱在怀里,她们身上淋满污血,燃起烈火。人们感激七姐妹,大家都往她们身上泼水,冲洗污血,浇灭大火。据说,这便是傣历新年要泼水的起源。英达拉提神将一年分为雨、旱、冷三季,每季四个月,一年为十二个月。人间冷暖分明,风调雨顺,五谷丰登。从此,人们将杀死捧麻点达腊凶神这天称为

"宛恼"（意为凶神腐臭之日），将凶神死后的第二天称为"宛滴"（意为吉祥开端），并以此为"比迈"（新年）。为了怀念七姐妹为人类杀死凶神，人们都要互相泼水，以示消灾除邪，迎来吉祥、幸福。可供研究傣族历法及民俗参考。佚名讲述，岩峰、王松石采录整理。收入《中国各民族宗教与神话大词典》，16开，1页，1200字，学苑出版社1990年版。

（阿南）

桑刊比迈（二）

傣族新年神话。流传于云南省西双版纳傣族自治州傣族地区。相传远古时代，天地一片混沌，不分白天黑夜，也不分寒暖冷热，人类不知道什么时候该播种栽种，也不知道什么时候该收割庄稼，日子过得很艰难。神王英叭看到这种情况，决心要改变这种现象。于是，他派混桑神降临人间，帮助人间制定年月日和季节。混桑神到了人间后，将月圆和月亏的三十天作为一个月，又将四个月划为热季，四个月划为雨季，四个月划为冷季，三季作为一年。从此，人类的生活就有了条理，万物也就有按季节生长。可是，过了不久，季节又混乱了，该热的时候不热，该冷的时候不冷，该下雨的时候不下雨。这样，人类又无法种植谷物。神王英叭知道后，又派担迷提拉神，重新来制定季节。混桑神不服，与坦迷提拉神争吵起来。最后，两神以猜谜相斗，谁猜输就该谁死。结果，混桑神输了，他的头自动地落到地上，立即燃起大火。人们为了灭火消灾，便相互泼水。从此以后，人们称混桑神死这天为"混桑刊"，意为混桑神死亡之日，表示旧岁；从第二天起，称为"比迈"，表示新岁。这即是"桑刊比迈"的来历。佚名讲述，岩峰、王松采录整理。收入《中国各民族宗教与神话大词典》，16开，1页，500字，学苑出版社1990年版。

（阿南）

（六）自然神话

天上为什么有彩虹

傣族自然神话。流传于云南省西双版纳傣族自治州傣族地区。相传有个公主生得很漂亮，有个头人的儿子去串公主。龙王的儿子也变了个漂亮的小伙子去串公主。有一天，龙王的儿子正和公主睡觉，头人的儿子也来串公主，他见龙王的儿子和公主睡在一起，拔出长刀砍去，两人都受伤了。龙王的儿子抱起公主飞出竹楼，往河边飞去。他俩沿路淌着血洒在天上，这就成了两道彩虹。那道比较红的，是龙王儿子淌出的血，他受伤重，血淌的多；那道淡红的，是公主淌的血，她受伤轻些，血淌得少。傣家人见天上出彩虹，就说："洪景能。"意为彩虹吃水。岩英板等讲述，朱宜初整理。收入《云南少数民族神话选》，32开，1页，600字，云南人民出版社1990年版。

（阿南）

（七）其他神话

阿銮的由来

傣族神话。流传于云南省德宏傣族景颇族自治州傣族地区。相传勐果色果共山上有一棵高大且繁茂的大树，树根有一个洞，里面放着五颗像宝石一样放着异彩的神蛋。一个风雨交加、电闪雷鸣的夜晚，神蛋被风吹出树洞，前三颗分别吹落进野鸡、牛和龙的王国，都转世成为传说中的"瓜嘎栅""古拉贡"和"嘎撒把"三位佛祖；第四颗被吹落到人间，投胎成一位叫"古德玛"的英俊少年；最后一颗被吹落到勐巴拉西首领的花园里，五百年后，转世成为"召阿里米地亚"佛祖。古德玛要在人间修行五十五代才能成为佛祖。修行期间，天神坤西迦盼咐他要变成花草树木、飞禽走兽饱尝人间疾苦，不断地轮回转世，经受五百五十回磨炼，并捡满三箩筐细沙，且每年只能捡一粒，才算修行完满转世为佛祖。因此，古德玛修行全部过程的故事就称为"阿銮"，阿銮故事有五百五十个，均被写入长诗。这就是"阿銮"的由来。龚玉贤讲述，方峰群翻译。刊于《山茶》1981年第1期，后收入《德宏傣族民间故事》，32开，2页，980字，德宏民族出版社1993年版。

（杨荣芳）

叭鲁

傣族神话。流传于云南省西双版纳傣族自治州傣族地区。这是一则傣族神话中风格迥异的神话。相传大地经过十万年的大火焚烧，又遭到十万年的洪水淹没，眼看快毁灭了。英叭神很着急，便朝下吹了一口气。这口气立刻变成大风，席卷大地，把火焰都吹灭，把洪水全吹干。但这大风仍然不停止，又继续吹了十万年。十万年后，这大风的精灵凝结成一个人，这个人就是风神叭鲁。他一诞生，就是一个风流神，有时温和热情，有时狂暴不安，喜怒哀乐无常，并且很多情，到处寻找女人。他先去追求雨神灭巴灰（传说中的雨神灭巴灰是个美丽的女子），与她结为夫妻，生下了"冷天"，使大地冻得发抖；接着，他又去跟雾露寻欢作乐，生下了"春天"，使大地开满鲜花；接下来，他又去调戏太阳姑娘，生下了"夏天"，使大地热得喘不过气；到了更深夜静的时候，他又去跟月亮姑娘幽会，又生下了"秋天"，使大地万物结满果实。佚名讲述，岩峰、王松采录整理。收入《傣族文学史》，32开，2页，1400字，云南民族出版社1995年版。

（阿南）

布康豪

傣族神话。流传于云南省孟连傣族拉祜族佤族自治县傣族地区。相传有一天，佛祖正给众人讲经，布康毫（谷魂爷）来了。他高大的身躯挡住了众人的视线，后面的人叽叽咕咕抱怨着，佛祖叫他低低头，他说自己的福气比佛祖大，不肯低头，气愤地走了。佛祖后来才想起此老人是福气超过自己的布康毫，他曾救过自己。佛祖就去追赶布康毫。一路上众人拿饭来赊他，他也没心思吃，一心想追到布康毫。他飞过海洋，越过大火，又追到一片树林里，布康毫东躲西藏，最后躲到一片芦苇丛林里，变成金沙撒得遍地都是，佛祖只好把全部金沙都捧进他化缘的箩盆里，一起拿回来播下。后来，沾上黑土的长成紫米，沾上红土的长成红米。佛祖对布康毫顶礼膜拜，每次吃饭前，都要先拿起一点饭，合在掌心，举过头顶后才进餐。大家也学着他的样做，直到今天，傣族吃饭还这样做。刀进民采集，召罕嫩记译。收入《孟连傣族拉祜族佤族自治县民间文学集成·傣族卷》（一），32开，2页，1500字。孟连傣族拉祜族佤族自治县文化局、民委1987年编印。

（郭玉萍）

大火烧天

傣族神话。流传于云南省西双版纳傣族自治州傣族地区。相传创世主英叭神造了天地之后，因疲劳一睡就睡了十亿年。当他醒来时，只见大地一片肮脏，满地是蛇，臭气熏天。他大怒，便叫来火神。火神有七个兄弟。这七兄弟是七团火，也就是七个太阳。这七兄弟都是火爆性子，一个比一个烈，他们听了英叭神的话，个个都想显神力，显本领。大哥叫帕阿敌，二哥叫夫塔惟，他俩先跳出天，浑身喷出火焰。顿时，大地上的人全都被烧死烧焦；森林起了火，动物都全被烧死烧焦。三哥昂戛腊也跳出天门，变成一个太阳，射出亿万根火柱，大地腾起热浪，石头被烧裂，海水冒起了烟，水中鱼虾全都烧死。老四布塔也跃出天空，滚一滚身子，立即变成一团火，满天红光，大火已烧到天上。老五帕萨性情刚烈，他跃出天空后，又在火上加火，大海顷刻便干枯。老六苏哈和老七梭里，也变成熊熊的大火团，刹那间，宇宙变成火团。大火足足烧了十万年。天被烧通了，地被烧烂了，人类被烧绝了，万物都被烧毁了。这就是大火烧天的时代。佚名讲述，岩峰、王松采录整理。收入《中国各民族宗教与神话大词典》，16开，1页，700字，学苑出版社1990年版。

（阿南）

汉、傣、景颇族是三弟兄

傣族神话。流传于云南省德宏傣族景颇族自治州傣族地区。相传从前汉族、傣族、景颇族是三弟兄，各人成家后就分开居住。天神要分技术给他们三人时，汉族大哥用麻袋去接，傣族老二和景颇族老三都用花篮子去挑，结果，半路上漏掉不少。所以，从那时起，老二和老三的技术没有老大的多。第二次，天神要分鬼给他们三弟兄，大哥认为上次自己得到的已多了，这次可以少要一点，只用花篮子去接；而老二和老三因后悔上次得到太少，便用编得很密的竹箩去接，半路一点也没漏。所以，至今傣族和景颇族所信奉的鬼最多。佚名讲述，李明凤记录，冯霄译。16开，2页，800字，稿存德宏傣族景颇族自治州文联《勇罕》编辑部。

（冯霄）

九隆王

傣族神话。流传于云南省保山市傣族地区。相传古时有个猎人蒙伽独，他听说易罗湖有九条毒龙作怪，就决定去为民除害。临走前，他交给他的九个儿子一条白头巾，说如果头巾变红就说明自己已死，要儿子们为他报仇。父亲走后不久的一天，白头巾突然变红，兄弟九人知道父亲被毒龙所害，于是大哥首先去报仇。十天后，大哥被打败而归，其他七人便不敢再去，只有最小的弟弟九隆决心一试。路上，九隆碰到一位得道高僧，他请求高僧指点自己，以便杀死毒龙为父报仇。高僧拿出九块岩石让九隆烧，经过八十一天，石块变成了石汁，又过了八十一天，石汁烧成了九支亮晶晶的长箭和一把通红的宝刀。九隆带着箭和刀来到易罗湖战九条毒龙。毒龙见敌不过九隆，便连连求饶，发誓不再为祸人间。九隆骑上驯服的毒龙背上，随毒龙们飞到九龙山顶的龙宫。龙王送给九隆一粒珍贵的种子，九隆将种子撒向大地，立即变成了一片碧绿的稻田。后来，九隆和他的哥哥分别娶了九个龙女为妻，并定居在九龙山下，人们公推九隆为王，称"九隆王"。佚名讲述，曹格翻译。16开，2页，1750字。收入《中国民间故事集成·云南卷》上，中国ISBN中心2003年版。

（龙江莉）

没牙的鬼

傣族神话。流传于云南省西双版纳傣族自治州傣族地区。相传远古时，鬼神管辖大地。佛出生后，要鬼神让出地盘，鬼不怕佛，说道：这是我管辖之地，你来了，我肚子正饿，要拿你充饥。佛回答：可以，但要给鬼神讲几句话。鬼神也同意了。于是，佛对鬼神说三句话："布妥、坦摩、尚喊。"并解释道："布妥是做什么事都有道理；坦摩是人和鬼以及一切生物都要听从智者的教育、劝告；尚喊是要保护弱小的生命、关心爱护万物。"讲完，佛问鬼神："现在，你再想一想，你要以我为食，有道理吗？"话音刚落，鬼神的牙齿全都落光了，再也不能吃人了。从此，佛征服了鬼，鬼神很害怕佛，凡是有佛的地方，鬼神就没有立足之地。佚名讲述，岩峰、王松采录整理。收入《中国各民族宗教与神话大词典》，16开，1页，450字，学苑出版社1990年版。

（阿南）

尼姑和琴的来历

傣族神话。流传于云南省德宏傣族景颇族自治州。相传很久以前，玉皇大帝治理天上，害怕老和死，就派儿子下凡来向佛祖问是否有不死的药。儿子与太阳神之女已有婚约，持琴下至凡间却不进奘房，只在外面弹着琴，心里想着恋人。佛祖把他叫进奘房问清原由后，他五体投地信佛，并把琴丢入首领的花园,被公主捡到。公主弹起来,琴声传百里,无数个公子富人前来求婚、听琴。公主心中一烦,将琴丢掉,从此人间就有了琴。公主削发为尼在奘房里理事、做饭、念经拜佛。后来佛祖收玉帝之子和公主为徒,告诉玉帝儿子生老病死乃自然规律,即便是佛还会涅槃圆寂。后来,玉帝儿子拿着几本佛经回天上去敬供,虔诚信佛。佛祖涅槃后,玉帝儿子和首领的公主成了他的徒弟,死后升入天堂,永无生死轮回。许布相米讲述,岳小保记译。16开,4页,约750字,稿存德宏傣族景颇族自治州民语委。

(岳小保)

贺相过首领

傣族神话。流传于云南省德宏傣族景颇族自治州。相传从前天神将蜘蛛蛋破成太阳和月亮后,还剩一颗蜘蛛蛋,佛祖就派天神下凡来料理。天神将蛋放在顶天石柱下,有一天蛋破了,金光四射,出现一个人形,天神们立即跪拜。这个蛋人,就是后来贺相国(中国)的第一个首领,他是世界上第一王。佚名讲述,刀干相搜集,岳小保译。16开,1页,约250字,稿存德宏傣族景颇族自治州民语委。

(岳小保)

哑乖

傣族神话,流传于云南省金平县境内藤条江流域一带傣族村寨。相传哑乖是妖魔的化身,她有两件法宝:一是魔力拐杖,点击可让万物生或死去;另一件法宝是魔力扇子。扇之,可使万物变化异常,或大或小,或长或短。这两件法宝,魔力超常。她神出鬼没,专做坏事,会挖心术,会模仿各种动物的叫声和人的声音,引诱人们上当受骗。她还抓了一个凡人做她的小老公,所以,人们对哑乖产生了恐惧和憎恨。小老公为了解救民众,骗取她的信任后,向她学习扇子魔力法术,并亲自现场演示,结果小老公假戏真做,在哑乖过小河时,用魔法扇子把小河扇成大河,淹死了哑乖,为民除了大害。从此,傣族村寨平安无事。后来,大人常用"哑乖要来了"哄小孩子,哑乖被傣族人用来恐吓、教育不听话孩子,教育孩子要听话,不然就会引来哑乖施法受罪。也教育后人,正义终会战胜邪恶,要多行善。王明君讲,刀明春整理,尚未出版发行。

(刀明春)

二、民间传说

（一）祖先传说

傣族的来历

傣族祖先传说。流传于文山壮族苗族自治州麻栗坡县傣族聚居区。相传远古有个残暴的首领，叫召西，统治着勐巴拉纳的千百个寨子，横征暴敛，杀人如麻。有一年，召西六十岁，准备办大寿，他便勒令各村各寨，在他生日前必须上贡野物，违令者斩尽杀绝。勐巴拉纳有个村子，叫曼丁，因为找不到野物，村民在首领南温扁的带领下走到老君山脚。南温扁见老君山下有树木建盖房屋，有土地造田种稻谷，就领着众人在此落脚了。从此，老君山周围，才有了傣族。王永祥口述，刘德荣记录。收入《文山州傣族民间故事集》，16开，3页，1243字，云南人民出版社2016年版。

（张元波）

姐等贺的混等王

傣族祖先传说。流传于云南省德宏傣族景颇族自治州傣族地区。相传，勐卯原来的地名叫姐东，那时有一对以盘田种地为生的夫妇，他们晚年得子，取名为小艾。小艾16岁时龙潭边遇到一个美丽非凡的少女，结下了姻缘。原来这少女是龙潭里龙王最心爱的公主。龙王知道后，便立即兴建了一座宿宫，给女儿举行了婚礼。小艾因思念父母，便告别妻子返回人间。龙公主送丈夫出水面时，产下一个男孩，要丈夫带回人间抚养，并嘱咐丈夫，有事时拍地三下，呼唤她的名字，她可以前来帮助。小艾为儿子取名混等（意即龙潭边生的王子）。混等长到16岁那年，贺相皇帝为公主巴帕娃蒂发皇榜招为驸马。混等在母亲龙女的帮助下进入海心岛宫殿，获得了公主的爱情。皇帝招混等为东床驸马，后又封他为勐卯王。佚名讲述，岩峰、王松、刀保尧采录整理。收入《傣族文学史》，32开，2页，1500字，云南民族出版社1995年版。

（阿南）

勐两祖先的来历

傣族祖先传说。流传于云南省孟连傣族拉祜族佤族自治县傣族地区。相传勐卯王思康法有两个儿子：长子为女奴出身的妃子所生，名叫召慕尼罕；次子为王后所生，名叫召慕尼章。思康法死后，因召慕尼章年幼，让召慕尼罕继了王位。召慕尼罕当了王后，开初还好，受到百姓的拥护。可不久，他变坏了，胡作非为，污辱民女，弄得民怨沸腾，最终把他赶到了内地，另立召慕尼章为勐卯王。但不久，召慕尼罕召集人马打回来，杀死了召慕尼章，夺取王位。召慕尼章的妻子带着尚未成年的儿子思殿法逃到勐岗佤族地区。而根岛、根海、根冒、根中四个召慕尼章的大臣，带领着他们管辖的奴隶，分三路沿着怒江、澜沧江而下，先后来到勐阿坝子，决定修建一座城池。四个大臣都想当王，最后他们决定把召慕尼章的儿子思殿法接来当王。思殿法到了佤族地方，跟佤族头人布岗建立了深厚的友谊。头人布岗把他招为佤族姑爷，并为他和女儿举行隆重婚礼（思殿法的名改为罕罢法）。还立下盟约："只要象牙和牛角不枯烂，傣族和佤族永不分离。"从此，傣族和佤族便结成联盟，和睦相处，从来没有相互打过仗。佚名讲述，岩峰、王松、刀保尧采录整理。32开，2页，1100字，云南民族出版社1995年版。

（阿南）

南屯通

傣族祖先传说。流传于云南元江县傣族聚居区。相传从前水漫天山，没有天地之别，也没有人烟，只有满满的水天相连。不知什么时候水面漂来了一个葫芦，也不知过了多久，水干了、葫芦破了，出来一男一女两兄妹，此时天地出现了缝隙，天仍然很低，大地一片荒凉，只有兄妹两个人。后来，为了生存，他们采摘野果充饥，学会狩猎、种稻和其他劳动，最后终于生存下来。很久以后，天仍然很低，于是这对男女用堆春粑粑时，堆头抬起来撑起了天。一直以来，他俩天天为生存而劳动着，慢慢的他们长大了，整个大地只有他们两人孤独的生存着，没有其他人，他们感到孤独又寂寞，于是女子提议说："我们应该有孩子啊！"男子很赞成地说："对，我们应该有后代。"兄长对妹妹出了个主意："这样吧，你每天都站到高山风口处，让风吹你的阴部，你就会怀上娃娃了。"女子信以为真，每天如此这般地做了，但是过了很长时间她还是没怀孕，他们依然没有娃娃，女子很难过。于是他俩又商量："荒野的大地上只有我们兄妹俩，兄妹又不能结婚，怎么办呢？"说着说着，他俩想到了她们的生活工具石磨，用石磨占卜，"我们把这对石磨从山顶滚下如果能粘拢在一起，就表明能结婚，如果不合拢就说明我们不能结婚。"于是他俩把石磨抬到了高处，把两扇石磨同时滚下山，说也奇怪，石磨不离不弃紧紧粘在一起，"石磨都能粘在一起，我们也能粘在一起。"于是他们做了夫妻。从此以后她们生育了子女，人类就这样开始一代一代的繁衍生息。1999年元江傣族都朗村白福珍讲述，白云搜集整理。尚未公开发表。

（白云）

难夕河

傣族祖先传说。流传于云南省西双版纳傣族自治州。相传很久以前，傣族在与异族的战争中剩下的七位公主躲进了森林。一天，她们忽然发现河中漂来一只带箭的茶花鸡。于是，她们沿河追寻，先是听到了悦耳的歌声，然后见到了七个英俊的小伙子。他们是花狗族的王子，因为不愿和族中的姑娘结婚而跑来这里的。七个公主和七个王子一见相爱，住在大森林里。他们生下许多孩子，成了傣族的祖先。后来，七位王子外出打猎，被花狗族人杀害在河边，七位公主和孩子们沿着血迹找到了七位王子的尸体。据说，这条血路在当晚变成一条花路，长满无数花丛，最好看的是那白中带红的斑枝花。花路边找到王子们的尸体的小河，被叫做"难夕河"，意思是母亲河。佚名讲述，曹格整理。收入《云南民族民间故事选》，32开，5页，3500字，云南人民出版社1981年版。

（阿南）

思弄法

傣族祖先传说。流传于云南省西双版纳傣族自治州傣族地区。据说，首领思弄法带领他的氏族部落渡过了澜沧江，来到勐遮坝子，决定在这里定居，可后来知道这里已有人居住，首领叫俸麻桑。思弄法前来拜见俸麻桑。俸麻桑十分高兴，叫思弄法去开辟勐遮西坝子，在那里安家立业。勐遮西部，荒无人烟。思弄法率领他的部落成员，赶走了野兽，砍倒树木，开出一片又一片土地，建起了五个寨子。勐遮东部的土著部落，见他们很勤劳，男人又多，便成群地跑来跟他们同居、通婚，两个部落融合成了一个部落，人丁兴旺起来。可是，勐遮是个干坝子，没有水，难以种植。思弄法又率领人们开山引水，将南木河引进了勐遮坝子，使勐遮西部的干田变成了水田。人们日子越来越好过，思弄法的名声也越传越远，人们说他是开田的神，治水的神，四面八方的人群都来投奔他。谁知，这样一来，引起了勐遮首领俸麻桑的他仇视，将思弄法诱骗到勐遮的乌龟山脚把他杀害。人们十分悲痛、伤心，流着泪将他的尸体抬到南木河边，埋葬时，忽然刮起大风，下起大雨，满天飞沙走石，一个又一个大石头从四面八方飞来，堵住了南木河。从此，南木河也十分恨俸麻桑，转回头又流到勐满方向去了。佚名讲述，岩峰、王松、刀保尧采录整理。收入《傣族文学史》，32开，2页，1200字，云南民族出版社1995年版。

(阿南)

召法弄磨罕

傣族祖先传说。流传于云南省西双版纳傣族自治州傣族地区。相传召法弄磨罕是勐泐王族的始祖，勐泐国第一代首领。在他当政时期，百姓安居乐业。他觉得人间十分美好，想长生不老，永做首领。一天，宫里的女奴上山砍柴，七八天未归，第九天挑着柴回宫，变得更加年轻美丽如仙女。首领十分惊奇，传令女奴进宫查问。女奴把上山砍柴时吃了"雅补罗"（长生不死药）的经过说了。首领召法弄磨罕高兴极了，立即命女奴上山寻找。女奴在原来砍柴的地方寻找到另外一株"雅补罗"（长生不老药），采回来交给召法弄磨罕，并嘱咐说："据天神告诉我，只能在最安静的地方吃，不能听到吵闹声，服药后，七天七夜内不许任何人看见。"召法弄磨罕按天神之意，在宫殿外丛林里盖了一间木房，吩咐卫士在四周守护。还告诫七个妻子在七天之内不许见他。召法弄磨罕走进木房，服下"雅补罗"长生不老药。谁知，他的第七个妻子很年轻，冲破士兵的守卫，走进木房。这时召法弄磨罕刚脱了半身的皮，一见到女人，"雅补罗"失灵，变成了上半身是人下半身是蛇。召法弄磨罕很害羞，不愿再当首领，逃到森林里，

几年后死了。他死后，灵魂回到坝子里，闹得人们不得安宁。人们只好尊立他灵魂为勐神，每年祭祀两次。佚名讲述，岩峰、五松、刀保尧采录整理。收入《傣族文学史》，32开，1页，700字，云南民族出版社1995年版。

(阿南)

（二）迁徙传说

叭阿拉武开辟西双版纳

傣族迁徙传说。流传于云南省西双版纳傣族自治州傣族地区。据说，很早以前景洪一带叫做勐泐，无人居住。有一次，擅长狩猎的傣族头领叭阿拉武带领着大队臣民开往勐泐方向的大森林。头领叭阿拉武发现一只金鹿，便张弓射了一箭，金鹿受伤逃跑。他带领臣民紧追不舍，翻过许多大山，渡过了不少河流。他们一直追了一个多月，来到了澜沧江边的勐泐坝子，金鹿却不见了。于是，头领叭阿拉武就带领着臣民在这里砍倒森林，开辟了十二千田，称之为西双版纳。据说，头领叭阿拉武带领臣民来到这里是黎明时分，故称驻地为允景洪——黎明之城。佚名讲述、记录。收入《中国传说故事大辞典》，16开，1页，400字，中国文联出版社1992年版。

(阿南)

白傣的来历

傣族迁徙传说。流传于文山壮族苗族自治州马关县、麻栗坡县傣族聚居区。相传傣族都是居住在风光旖旎、气候宜人的河谷坝区。但马关、麻栗坡境内的白傣为什么都居住在山间或半山腰呢？相传，在很久以前，有个国家叫暹罗国，老首领死了，儿子艾温罕即位后，整天吃喝玩乐，花天酒地，收捐收款，不管百姓的疾苦。为了逃避首领的苛捐杂税，勐的百姓来到了很远的地方，看到一座座高山，一片片大箐，知道这里没有人烟，没有首领的统治，没有人再和他们发生争斗，就

决定在这个地方住下来。人们在这里开垦田地，建设家园，就这样一代一代地沿袭到现在。他们就是我们今天白傣的祖先。王义信口述，王明尧记录。收入《文山州傣族民间故事集》，16开，2页，1393字，云南人民出版社2016年版。

（张元波）

勐先傣族向南迁徙的传说

傣族迁徙传说。流传于云南省普洱市哈尼族彝族自治县。相传因犯事被革职流放滇南的清朝王爷后裔朱南鹰，在元江、墨江一带的深山里啸聚。一伙草寇占山为王，打家劫舍，作恶多端。勐先的首领召贺罕的女儿结婚时，他来抢新娘依兰娜，因没得手而几次三番来扰乱抢劫，但都被召贺罕组织的人打败。傣家人认为需趁他惨败时迫使他议和，否则大家不得安宁。朱南鹰提出要召贺罕让出一箭之地给他，才答应永息干戈。召贺罕为保护百姓就答应了。没料到朱南鹰一箭射到小勐养的一棵大青树干上。原来他先叫人躲在落箭之地，等箭射到时，就拾起箭飞马南下三百里，然后把箭插在大青树上，以此来蒙骗傣家人。召贺罕虽知上了贼子的当，但也只得带领全体傣族民众搬离勐先坝子，迁往勐养地方。从此，勐先坝子的傣族就居住到勐养了。杨淑坤讲述，潘其英、张学权搜集、整理。收入《云南民间文学集成普洱县资料卷·普洱民间文学集成》（二），32开，7页，5000字，普洱哈尼族彝族自治县文化广播电视局、民族事务委员会1989年编印。

（郭玉萍）

召伍定与孟定地名的传说

傣族迁徙传说。流传于云南耿马县傣族聚居区。相传很久以前，勐阿瓦地方宫廷内讧纷争，首领倚重的两个雅细（隐居高僧）伍叭乌、伍叭佼远遁孟定，隐居在茫茫的原始森林中，两人隐居在两座山上，以点燃篝火为信互报凶吉。有个地方叫勐卯果占璧，身怀有孕的勐卯王后婻玉被一只大雕叼到孟定坝上空，将其放到一棵大攀枝花树上的巢穴中，勐卯王后在巢中分娩，生下一个男孩。召雅细伍叭佼四处找寻野果充饥，来到一棵大攀枝花树下，忽然听到婴儿的哭声，发现树巢的母子，将母子二人搭救，召雅细伍叭佼与勐卯王后结为夫妻，共同抚养男孩。天神混西迦认为这个孩子是有福之人，赐予他一把三十二弦琴，男孩后取名召伍定。召伍定长大后，到勐卯弄果占璧，与勐卯首领骨肉相认。一年后，召伍定思念远在异乡的母亲，为报答养父的养育之恩和教诲，勐卯首领派勐卯芒怀信模考（千口锅的寨子）的傣族民众跟随召伍定回到孟定。召伍定率领傣族民众一路跋山涉水、历经艰辛，浩浩荡荡，到孟定坝子后，一部分人在总楞（今四方井、景信一带）住下，一部分在总德（今遮哈一带）安家。傣家人先在允冒建城，后迁至允德允楞（孟定上下城）。傣家人来到孟定后开荒垦殖，从此在这块美丽的坝子繁衍生息，定居下来。南桂香搜集整理，收入《耿马民族民间故事》（耿马民族文化丛书），16开，1页，云南民族出版社2016年版。

（南桂香）

（三）风物传说

阿推卡葛挖

傣族风物传说。流传于云南省金平县境内藤条江流域一带傣族村寨。相传阿推是狡猾之人，是说谎话、骗人的高手，他常常会利用人们的好奇心，用各种谎话和伎俩引诱别人上当受骗，骗天下可骗之人，不分男女老少，让人们感到气愤和憎恨。最后，上天看不下去，派神仙下凡治他：神仙与他打赌，让他去砍一棵葛万（万年青树），能砍倒算他赢，封他为"天下最聪明之人"，他想成名心切，满口答应，于是开始动手砍树。可是，那神树会自己愈合伤口，每砍一刀，砍口都会很快就愈合，这样，他砍了许久也没能把那棵树砍倒，无奈，他便去问神仙何故？神仙告知他，要想办法用东西去填塞刚砍下的砍口,砍口才不会愈合,当砍到砍口有手杆粗时,要用手去填塞它。当砍到砍口有脚杆粗时,要用脚去填塞它,那样砍口就不会愈合如初了,慢慢的,砍口会越来越大,最后树就会被砍倒了。阿推听后觉得有理,信以为真,果真用他的脚和手去填塞在刚砍的砍口上,不料,被卡住,出不来,最后被卡死在那棵神树上,得到了应有的惩罚。为教育后人,神仙把他放到月亮上作警示,所以到每月初十五,月亮明亮时,我们就会看见月亮里有一棵葛万(万年青树),有阿推卡在那里面。它时刻在警示着人们:这就是说谎话、骗人的下场。王明君讲述,刀明春整理。尚未公开发表。

(刀明春)

并蒂莲的传说

傣族风物传说。流传于云南元江县傣族聚居区。相传一对聪明美丽的傣族青年,从小青梅竹马,长大后又倾心相爱,真是幸福的一对!谁知后来狠心的父母硬把他们拆散了,分别为他们找了一个愚蠢透顶的配偶。配偶的至极愚蠢,闹出了不少笑话。原本相爱的两个情侣偷偷幽会,相互诉说分别后的不幸遭遇,抱头痛哭了一场。都觉得这种日子实在难熬,他们来到大水塘边,用绳子互相紧紧地拴在一起,投入水中。不久,塘里长出了两朵莲花,从此,世间有了并蒂莲。杨氏、白玉珍讲述,杨丽萍整理。收入《中国民间故事丛书·云南玉溪·元江卷》风俗传说,第103页,知识产权出版社2015年版。

(白云)

白头翁的故事

傣族风物传说。流传于云南省西双版纳傣族自治州。相传勐海的召真罕是个本领高强、能战胜一切妖魔鬼怪的首领,流沙河下游的石头们听了很不服气,就约了沿岸的黄斑竹,准备和召真罕较量一番。途中它们遇见了天神变成的白头翁,它们是天神帕雅英派去劝阻石头和黄斑竹的。石头和黄斑竹听说白头翁白了头发还没有到召真罕所在的地方,就留在了流沙河边,从此,流沙河边就多石头和黄斑竹。刀曙明讲述,陆云东翻译。16开,3页,637字,稿存西双版纳傣族自治州民族研究所。

(玉腊)

宝角牛修炼宝角的石洞

傣族山川风物传说。流传于云南省西双版纳傣族自治州勐腊县。相传勐远曾是牛的王国,牛王为占有王国中的一万多头母牛为配偶,残忍地要把所有公牛杀死,即使是初生的公牛犊也不放过。有头怀孕的母牛为了不让牛王杀死亲生之犊,便躲进了深山密林。几个月后,生下了一头小公牛。两年后,小公牛长成了一头强壮的公牛。当他得知自己的亲生父亲就是不惜杀害亲生之犊的牛首领后,便来到勐远的一个岩洞,苦练本领,练就宝角后决心打败牛王。当它的犄角被磨砺得熠熠生辉、尖锐无比时,它找到了牛首领并打败了它。宝角牛取代牛王后,比老牛王更凶残,并且还进入村寨危害人畜。一天,宝角牛进入岩洞休息时,人们便把洞口堵住,将它困在岩洞中,宝角牛便饿死在山洞中。佚名讲述,杨胜能搜集。收入《西双版纳风情传说趣话》,32开,4页,2000余字,云南大学出版社2001年版。

(朱继英)

波洪沙树

傣族风物传说。流传于云南元江县傣族聚居区。相传在美丽的经河岸畔,在幽静的曼戛村边,挺立着一棵参天大树,它就叫波洪沙树。出进村寨的傣族老人、青年猎手,每当他们走过村边的时候,总要虔诚的向它致意。传说波洪沙是一位勇敢的青年,在傣族建寨初期,面对凶恶的七十只虎豹对乡亲们的威胁,他勇敢挺身而出,在与猛虎的搏斗中英勇牺牲,化成一棵参天的大树。波洪沙离开了人间,但是,他用自己的生命给傣家人迎来了新的生活。傣家人就在这曾经是猛虎逞凶的地方,在这古竹参天的浩瀚的森林里,建起了星罗棋布的傣家新寨。因为这个缘故,世世代代,傣族老人、青年猎手,每次从这棵古树下走过,都要虔诚地致意。李存仁讲述,杨国超整理。收入《中国民间故事丛书·云南玉溪·元江卷》风俗传说,第35页,知识产权出版社2015年版。

（白云）

扁米的传说

傣族风物传说。流传于云南省新平彝族傣族自治县。相传以前有个傣家人叫岩宰,他租种着土司的一大片田地。有一年,旱灾、虫灾,谷子歉收,可土司仍逼着交八成的租子。岩宰又急忙播下种子。入秋,山茅野菜都吃光了,岩宰实在饿不住就到田里狠心把半成熟的糯谷采摘回来,用碗口刮下子粒,用水煮一道晒干,春去谷壳后充饥,想不到这种没成熟的绿色的扁米味道脆酥香醇,十分好吃。岩宰就把这种办法告诉乡亲们。土司尝到后觉得扁米清香滋美,就叫傣家人多交一成的扁米租。从此扁米就成了土司挥霍的上等食品。因扁米的米粒扁平,傣语叫"毫茅"。佚名讲述,聂鲁搜集、整理。收入《乡泉集》第二集,32开,2页,1500字,云南民族出版社1985年版。

（郭玉萍）

保山卧佛寺的传说

傣族风物传说。流传于云南保山傣族地区。相传云崖卧佛,是古永昌郡（今保山）外八景最为著名的胜境之一。相传,在很久以前,有个龙王到现今卧佛寺外的一个水洞里,兴风作浪,把本来一个好端端的永昌坝淹成汪洋大海。百姓们逃的逃、死的死,哭天喊地,惊动了天神。这时,从北山来了一位卖丝线的傣族老者。他来到西山脚的石花洞上,看到洪水从洞中涌出,千万永昌百姓在洪水中挣扎求生。当时,他隐隐约约听到上空传来声音:"卖丝线的老者,你是仁义之神,怎能见死不救?"老者听了,施展法力,一跃飞下山崖,用自己的身体堵住出水口。眨眼工夫,洪水被堵住了,而这位卖丝线的老者,也变成了一尊石人。从此,永昌坝子又恢复了往日的繁荣。人们为了纪念这位卖丝线的老者,将这石化的人像精雕细刻,塑成卧佛金身。卧佛腋下的泉水,淌进前面的池塘,池中又建了亭子。从此云崖卧佛成为保山一景,来自四面八方的香客络绎不绝。收入《民族古籍翻译丛书·保山傣族民间故事（第一辑）》,32开,2页,1300字,保山市傣学研究会编,云南民族出版社2012年版。

（依旺的）

大河边瀑布与金象的传说

傣族风物传说。流传于江城县整董镇一带。相传很久以前,在整董一户土司的家中,收养了一个叫岩峰的男孩。岩峰白天放鸭子,夜里学习贝叶经。当时,往江城县整董镇大河边村东北方向大约走五六里的深山密林处,有一个瀑布。据说,那个瀑布的水塘底下,藏着一个金光灿灿的宝物。那个宝物会幻化成为一头金象,四处去觅食,每当天高月圆,金象都要回到瀑布里磨它的金牙,一边磨牙一边还要发出呜呜的吼声,因此,那个瀑布就叫做嗒展哄（傣语,指"大象在叫的瀑布"）。当然,不是每个人都能看到这头金象,需要一定的机缘。要获得宝物也要懂得一定的行规门道,据说要用和尚或者童子的血来祭祀金象,宝物才能拿到手。有一天,土司家里来了两个骗子,为了拿到瀑布底下的宝物,他们把岩峰骗到了瀑布那里。在瀑布的石崖上,他们强行取到了岩峰的血,当他们把岩峰的血涂抹到早就准备好的神龛上时,突然听到一声惊天动地的长啸,接着电闪雷鸣天昏地暗,整个水潭都被岩峰的鲜血染红了,两个金光闪闪的大象腿露了出来。迷糊中的岩峰看到这一切,使劲把两个骗子推进水潭。

因为用力过猛，他自己也掉进水里。那两个骗子因为不会游泳，掉到水里就淹死了。善习水性的岩峰，挣扎着爬上岸。在岸上，岩峰看到了一头小金象在他头顶上盘旋。岩峰拖着虚弱的身体回到了土司的家中，还没来得及把事情说完，就停止了呼吸。据说当年，整董就爆发了一次洪水，几乎淹没了整个坝子。后来有人说金象已经被搬走，有人说没有。因为每当月圆时分，偶尔还能看见有一股金色的光芒从大河边瀑布的方向掠过。白应生搜集整理。收入《江城哈尼族彝族自治县民族民间故事集第二辑》，2页，1196字，2009年9月编印，中共江城县委宣传部、江城县文学艺术界联合会、江城县民族宗教事务局编。

（依旺的）

打洛"竜山"的传说
傣族山川风物传说。流传于云南省勐海县打洛傣族聚居区。相传打洛有一个贤明、德高望重的勐王，名叫召苏帕敏。不幸的是他患上了麻风病，召苏帕敏怕疾病传染他人，一人坐上竹排顺着喃兰河漂走了。可他坐的竹排漂到曼达贺村边时，在那里转了三圈后又逆流而上漂回到喃兰和喃郎两河并流的地方。召苏帕敏便在那里独自一人居住下来。他死后，百姓们为纪念他的功德，把他尊为勐神，他死的地方也被供奉为神山。都罕拉讲述，岩三扁记录。16开，3页，704字，稿存西双版纳傣族自治州民族研究所。

（刀金平）

赤脚大仙的传说
傣族山川风物传说。流传于云南省弥勒县傣族地区。相传古时候，位于竹园西边的峨山是一座连绵不断的高山峻岭，川流不息的甸溪河水被峨山阻拦，使峨山之西的虹溪坝变成一片汪洋。而东边的竹园干旱缺水，尽管虹溪的彝族和竹园的傣族勤劳耕作，仍是食不果腹。一天，一位大仙途经峨山，发现峨山东西两侧，东边旱，西边涝，一片凄凉景象，于是抽出金剑在峨山上劈出了现今的"峨山丫口"，甸溪水从丫口淌进了竹园坝子，两坝子百姓欣喜万分。仙人为避免日后丫口再度合拢造成后患，便把金剑插在丫口北端的顶峰；为避免石头滚入河床，堵塞河道，又在丫口南端安放了避石头珠。以至于形成了现今的丫口以上河床怪石林立、以下无石的奇景。大仙的善举，触怒了绿鸭老道，于是老道趁夜施法用旱烟杆担来两座小山，想填堵丫口。大仙击簸箕，学鸡叫，惊得绿鸭老道丢担逃走，他担来的两座山就这样被扔在了小海子村边。人们为感谢大仙，拜伏于甸溪河边，请求大仙留名，大仙笑而不答，瞬间没了踪影。后来人们在大仙伫足的地方发现了深深的光足印迹，悟出此大仙是赤足大仙。佚名讲述，阎国志搜集整理。收入《弥勒民族民间故事》，32开，2页，1300字，民族出版社2003年版。

（梁红）

传递过葫芦信的南木河
傣族山川风物传说。流传于云南省西双版纳傣族自治州。相传勐遮王是个贪得无厌的昏君，他让王子召拉罕与景真王的公主汹慕罕联姻后，无时不梦想吞并景真。他多次设计想用毒酒毒死景真王，但都没有得逞。后来，他便暗中调兵遣将，准备偷袭景真。召拉罕把这一消息告诉了汹慕罕，汹慕罕便写了一封密信装入葫芦中投入南木河。景真王收到了葫芦信后，做好了迎战的准备，勐遮王的偷袭遭到失败。勐遮王便严查泄密的人，召拉罕和汹慕罕勇敢地站出来，残忍的勐遮王便把他们杀害在勐遮与景真相连的地方。后来，一位傣族歌手根据上述史事创作了有名的叙事长诗《葫芦信》，传送过葫芦信的南木河就随着叙事长诗的传播而传遍了西双版纳。康朗庄讲述，杨胜能记录、整理。收入《西双版纳传说风情趣话》，32开，3页，1000余字，云南大学出版社2001年版。

（朱继英）

达掌

傣族风物传说。流传于云南省玉溪市新平彝族傣族自治县漠沙镇。"达掌"傣语为大象渡口的意思。相传在漠沙坝最先有人居住的寨子是大沐浴和江对岸西尼的河口村,两岸的傣家人都很勤劳智慧,把家园建设得美丽富饶。这引起了江里的龙王的嫉妒,它想阻止两岸傣族的友好往来,只要有人过江它就拖进江里吃了。人们请了雅摩祈福,杀猪宰牛敬献给龙王也没用,最后人们从深山请来大象,在象脚上绑上齿镰刀,撒上辟邪的童男童女尿后把大象赶过江,龙王的千只手脚都齿镰刀锯断了,死了。江面回复了平静,为铭记大象的功劳,人们就把此区域称为"达掌"。刀明贵 1983 年采录于漠沙大沐浴村。收入《中国民间故事丛书(云南玉溪·新平卷)》16 开,2 页,知识产权出版社 2015 年版。

(刀庆喜)

吊脚楼的来历

傣族风物传说。流传于文山壮族苗族自治州文山市傣族聚居区。据说,老古时代,没有房子,人们或住山洞,或住树脚。有个叫帕雅英的人,根据猎狗烤火取暖和孔雀护儿站立避雨的架势,建盖了一间竹楼。帕雅英居住的地方,雨天多,晴天少;热天多,冷天少。于是,将竹楼逐步改造,就造成楼下关牛关马、楼上住人的吊脚楼了。可供傣族建筑文化参考。刀文天讲述,刘德荣记录。收入《文山州傣族民间故事集》,16 开,2 页,727 字,云南人民出版社 2016 年版。

(张元波)

耿马三尖山的传说

傣族山川风物传说。流传于云南耿马县傣族聚居区。相传耿马三尖山上有一个仙人洞,洞内有着数不尽的宝藏。三尖山脚有许多村寨,人们常到仙人洞朝拜,每一位虔诚的膜拜者的祈愿都能如愿以偿。山下的人们建房结婚办喜事时,常常向仙人洞借用锅碗瓢盆,山洞会自然打开。人们在用完后须用青蒿子水洗干净后才能还回洞中。有一户人家为儿子结婚办喜宴向仙人洞借了许多精美的碗碟锅瓢,婚事喜宴上,吃的菜中有老黄面瓜。洗碗时人们没有用蒿子水清洗干净碗碟,洁白的碗碟上还残留着一些黄色的污物。粗心的主人家将借来的碗盘抬去归还时,叩开洞府,仙人洞中的神仙见碗碟洗不干净,还沾着像小孩子屎一样的污物,十分气愤,一怒之下重重关上了石洞门,从此,三尖山的仙人洞再也没有人能叩开。南桂香搜集整理。收入《耿马民族民间故事》(耿马民族文化丛书),16 开,1 页,800 余字,云南民族出版社 2016 年版。

(南桂香)

夫石与妻石

傣族山川风物传说。流传于云南省德宏傣族景颇族自治州盈江县傣族地区。相传盈江县姐木寨山上,有几个形象逼真的石头。据说它们原本是一家人,只因全家人在吃饭时,妻子不慎放了个屁,性情暴躁的丈夫便将她踢下山去,把饭桌及家具掀翻,子女们在一旁啼哭。后来,这家人全都变成了石头。至今,所有的家具及那家的每个人都清晰可辨。佚名讲述,线们保记录,冯霄译。傣文版,16 开,2 页,595 字。刊于傣文杂志《勇罕》2002 年 3—4 期。

(冯霄)

夫妻温泉传说

傣族山川风物传说。流传于云南省西双版纳傣族自治州。相传有一年,南尼遭遇大旱,一对年轻的哈尼族夫妻听说在遥远的地方有座帕良山,山顶上有个长满荷花的天湖,只要取来荷叶上滚动的水珠洒在地上,泉水便会涌出。夫妻俩找到了帕良山,用两只葫芦搜集了荷叶上的圣水,赶路八天八夜后回到了南尼。由于精疲力竭,还未进入寨子,两人便倒在地上。葫芦里的圣水带着他们的体温流到了地上。夫妻俩倒地的地方各涌出一股热泉，被人叫做"公"温泉、"母"温泉。佚名讲述，杨胜能搜集、整理。收入《西双版纳风情传说趣话》，32开，3页，1200余字，云南大学出版社2001年版。

（朱继英）

勐遮曼阁公主石
傣族山川风物传说。流传于云南省勐海县勐遮傣族聚居区。相传勐满首领召汗何的小老婆叫喃西双琶，做的饭菜特别好吃。一天，召汗何的父亲老首领发现了小儿媳在菜锅里撒尿的秘密，事情暴露后喃西双琶逃到了勐遮曼阁。当她坐在一块大石头上休息时，追上来的召汗何一刀向她砍去，刀没砍到喃西双琶，却把石头劈成两半，喃西双琶便在大石上消失了。从那以后那块大石头就称公主石，变成了神圣地方，每年七月八日（傣历），曼阁村寨的人都要拿着蜡条去祭拜。岩三扁讲述，玉腊翻译整理。16开，7页，1174字，稿存西双版纳傣族自治州民族研究所。

（刀金平）

勐乃仙人洞来历
傣族山川风物传说。流传于云南省景谷傣族彝族自治县。相传两千多年前，佛祖从贝叶经中得知勐卧是块宝地，当地百姓凿地为井，煮水成盐。于是，他便带领八个弟子从印度到勐卧考察。当他们到勐乃住宿时，得知有一凶恶的魔王横行乡里。为了拯救百姓，惩治魔鬼，佛祖与众弟子和魔鬼较量。制服了恶魔，已到了六月中旬，恰逢傣族的关门节。按规矩，关门节期间不允许和尚和俗人外出流动。佛祖模范地遵守了这个规矩，和弟子们在距勐卧近七十公里处的勐乃溶洞里闭门念经，住了九十天。自从佛祖制服了恶魔以后，当地就风调雨顺、五谷丰登。后来，百姓们就把佛祖住过的这个洞，称之为"仙人洞"，每逢农历三月十五就朝拜进香。佚名讲述，段明华记录整理，徐昱文字校正。收入《云南民间文学集成·景谷民间故事》（一），32开，1页，600字，景谷傣族彝族自治县民间文学集成领导小组编辑室1989年编印。

（郭玉萍）

广呼夕
傣族山川风物传说。流传于云南省孟连傣族拉祜族佤族自治县。相传古时孟连是个美丽富饶的地方，因此地有"广呼夕"（意为像女性生殖器的山峰）和南垒河的保佑，外人根本无法攻打进来。就是有高强法术的强人，一进入孟连坝子，一喝南垒河水，法术便会失灵。勐坑的召勐想侵占孟连，派兵攻打了三年也没攻下。最后他召集各地会法术、刀枪不入的强人八百名来攻打。但一进孟连坝，强人们连抽刀的力气都没有，反被孟连人挥刀赶出地界。从此，一百零一个勐都知道"广呼夕"和南垒河的威力，再也不敢来送死了。孟连江山稳稳地掌握在孟连土司手里。刀进民讲述，召罕嫩采集，召罕嫩记译。收入《孟连傣族拉祜族佤族自治县民间文学集成·傣族卷》（一），32开，2页，1500字，孟连傣族拉祜族佤族自治县文化局、民族事务委员会1987年编印。

（郭玉萍）

红河的传说
傣族山川风物传说。流传于云南省元江哈尼族彝族傣族自治县一带。相传古时有一年天大旱，"黑水"河只流着指头粗的水。专帮召那（田主）管田的小伙子将水堵满使其顺着小沟流到田里。七个仙女下凡来田里洗澡嫌水太满就抠破田埂让水流出去。小伙子看见仙女便拿了七妹的羽衣，请她做妻子。三年后，她生了三个儿子，因思念姐姐就飞回了天上。三个儿子在一老人的指点下上天见到母亲。母亲送给他们每人一个能变成虱子的金牛。三个金牛变的大虱子却被一铁匠无意用锤砸死，铁匠用打铁工具赔三兄弟。三兄弟来到

"黑水"边，做了一只船后在船上边打铁边顺水漂流，他们在船上用铁钩钩住一条龙，龙送了他们两件宝物，一件是放在船头万物都无法阻挡船的斧头，只是不能碰芭蕉和田螺。一件是尖部能指死、根部能指活的拐杖。三人利用拐杖娶到三个龙女做妻子，又指死江中黑龙。后来遇到一丛芭蕉树和大山般的田螺挡住去路，他们又用宝物斧头使船驶了过去，但从芭蕉树和田螺中喷出的鲜血染红了江水。此后，人们就叫"黑水"为红河。范杨氏、白玉珍讲述，绿草搜集、整理。收入《元江民族民间文学资料》第五辑，32开，5页，3500字，元江哈尼族彝族傣族自治县文化馆1985年编印。

（郭玉萍）

海螺山（汇获发）

傣族风物传说。流传于云南元江县傣族聚居区。汇获发是傣语，意为海螺告天宫。相传古时候元江地区是一片浩瀚的海洋，没有现在的元江坝子，没有现在高高的栖霞山，这些地方全是一片宽阔的汪洋大海。后来慢慢地在海中间露出了一个小山包，后来人们称其为"栖霞山"，经过了漫长的岁月，天气越来越热，海水被蒸发得越来越少了，栖霞山长得越来越高了。随着太阳暴晒的加剧，海水继续再退缩，栖霞山逐渐显露出一个个的山峰，最终耸立出了18座山峰，几个蓄着水的低洼地方形成了一个个坝子。"汇"（海螺）家族看在眼里，急在心上，"水是我们的家园啊！这样发展下去如何了得？我们海螺家族将无栖身之地，甚至灭种灭族"。于是全部海螺集中商量，最后大家一致赞同"我们要上天为我们做主，我们要警告太阳，不要这样热了，不要这么烫了！我们大家还是和睦相处，各自好好生存下去"。于是"汇获发"行动开始了，海螺派精兵强将把这个信息通报了天宫，"'召发呢'！你制造的太阳太热了，请您还是不要让他太热了"，可是，召发听后不理不睬，太阳还是我行我素，天天朝阳似火、日日霞光万丈，根本不把海螺的警告当回事。为此，太阳最终没被海螺捅下来，依然我行我素的升起，还是如此的灿烂绚丽，依然火辣辣地照在这里，这里的海水一天比一天少了，山峰一年比一年凸显，渐渐的元江河谷慢慢地形成了，直到现在形成了四周高山耸立、河流纵横交错的元江干热河谷盆地，在元江这块热土地上，土地肥沃、热量充沛、资源丰富、美丽富饶！杨汝兴讲述，白家林搜集。收入《中国民间故事丛书·云南玉溪·元江卷》风物传说，53页，知识产权出版社2015年版。

（白云）

旧城龙塘的传说

傣族山川风物传说。流传于云南省德宏傣族景颇族自治州盈江县。相传德宏州盈江县旧城镇城边有一个大水塘，人们称为大龙塘。过去水深无底，鱼儿成群，水塘有近百亩宽。传说龙王经常出来人间赶街。有一天是旧城街子天，龙王又来赶街，他到一茶馆里喝茶，在他的对面坐着一个大巫师名叫沙凹也，巫师心中想这个人不是平常人，而是龙变成的，于是悄悄地问他："尊敬的亲戚，你出来赶街，宫里有人看守吗？"龙王听后吓了一跳，一看，这个人是个大巫师。龙对巫师说从未有人识破他，叫沙凹也别声张。后来为了纪念他俩的友谊，龙王建议在龙塘中建亭子，水下部分龙王负责，水上部分由沙凹也负责。凉亭建成后赶了大摆，自此后龙王再也没有出现，据说是迁徙到缅甸的伊洛瓦底江去了。许布相米讲述，岳小保记译。16开，2页，约600字，稿存德宏傣族景颇族自治州民语委。

（岳小保）

尖石头的来历

傣族山川风物传说。流传于云南省文山壮族苗族自治州。相传古时，文山坝子大龙潭住着的龙王与南海龙王关系十分密切。后来，南海龙王的幺儿阿成与大龙潭龙王的小女阿梅成亲。南海龙王组成浩浩荡荡的迎亲队伍，沿着盘龙河而上，到大龙潭来娶阿梅。娶亲队伍来到大龙潭，空中电闪雷鸣，风雨交加，大水淹没了沿河两岸的庄稼、房屋，卷走人畜财产。恰巧这时一群天兵天将在南天门巡游，听见人间哭叫声匆忙下来搭救。两个龙王见到天兵天将就逃回南海。天兵天将为警告两个龙王不要再给人民降灾降难，就将手中的宝剑纷纷插在西华山上回天宫去了。据说，两个龙王见到仙人插的宝剑后再也不敢兴风作浪了。后来，插在西华山上的宝剑便形成一座座像宝剑一样的山。当初人们叫那些山为剑石头，后来才叫为尖石头。陶董氏讲述，陶恩灿整理。收入《文山壮族苗族自治州民间故事集》（第二集），32开，2页，1500字，文山壮族苗族自治州民族事务委员会、文化局、文联1984年编印。

（郭玉萍）

金沙江二十九个望娘滩的传说
傣族山川风物传说。流传于楚雄永仁傣族聚居区。相传金沙江边有一傣家娘俩，生活很困难，母亲双目失明，儿子给财主家割草喂马为生。儿子十二岁那年，一天割着一丛草，刚好够喂马一天，这丛草天天割，天天长。为了省事，他准备把这丛草挖到财主家门口栽起来，挖的时候，草丛里挖到一颗宝珠，他把宝珠连同草丛一起栽到财主家门口，同样，草丛天天割天天长。后来他把宝珠取出来装进自家米柜，第二天米多起来。从此他不再去财主家帮工，天天挑米卖。财主知道后来和他争夺宝珠，他急了，把宝珠吞到肚子里。回到家他很口渴，没有力气，母亲挑水给他喝，接连挑了四十九挑，还喝不够，母亲对他说："我挑不动了，我带你到江边喝。"这样，他到江边喝水，越喝肚子越大，最后变成了一条龙，他对母亲说："亲爱的妈妈，你生养我一场，可是我现在回不去了……"，母亲急了，紧紧抱住儿子的一条腿，这条腿没有变成龙腿。这时突然下起大雨，把儿子打入金沙江，儿子每转一道湾，就回头看一眼娘，江就变成一个滩。儿子连转了二十九个湾，回头看了二十九次娘，就变成了二十九个滩。刀世金讲述，罗加彩、起淑云记录。收入《永仁民间故事》，32开，109页，云南民族出版社2014年版。

（华胜刚）

金马鹿
傣族山川风物传说。流传于云南江城县傣族聚居区。相传很久以前，在曼贺景、曼贺宰和曼贺三这三个寨子中间，有一口非常神奇的水井。姑娘喝了这口井水，皮肤白又嫩；小伙子喝了这口井水，身体强又壮。不光人们都爱喝这口井水，就连山上的金马鹿，也会在初一或者十五，跑到寨子中间来喝一口这里的井水。那头金马鹿全身金光四射，漂亮至极，据说只有有福气的人才能见到它。当时，四面八方的人群，都拥到这里来，想要猎杀到这头神奇的金马鹿。有一天月圆之夜，金马鹿又来喝水了。猎手们蜂拥而至，朝着金马鹿追啊追。金马鹿受到惊吓，就急忙跑开了。人们一路追，金马鹿一路跑，最后，人们跟着金马鹿追到一个宽广的坝子里。那里土地肥沃，四野无边，就在人们被眼前的景象惊呆了的时候，金马鹿早就消失得无影无踪了。从此，便有一部分傣族先民迁到这里居住，还给这个坝子取名为曼滩。为了感恩金马鹿指引他们找到这个美丽富饶的坝子，人们把金马鹿消失的那个山坡取名为金马鹿坡。波迈温、白存福讲述，陶文忠搜集整理。收入《江城哈尼族彝族自治县民族民间故事集第二辑》，2页，667字，2009年9月出版，中共江城县委宣传部、江城县文学艺术界联合会、江城县民族宗教事务局编。

（依旺的）

景真湖——孔雀公主戏水的金湖
傣族山川风物传说。流传于云南省西双版纳傣族自治州勐海县。景真湖过去称为金湖。相传勐董板国的七个公主，每隔七天就穿上能使她们自由飞翔的孔雀衣飞到金湖嬉戏沐浴。一次，勐板加王国的王子召树屯，为追射一头金鹿来到金湖边，看到了湖中七位如花似玉的公主。王子从居住在湖中的神龙的口中打听到七位公主每隔七天就到金湖沐浴嬉戏，便住在湖边日夜守候。七天后，七位公主如期而至，王子趁她们在湖中嬉戏时，偷走了最美丽的七公主的孔雀衣，七公主泐诺娜从此留在了勐板加国。康朗庄讲述，杨胜能记录、整理。收入《西双版纳传说风情趣话》，32开，3页，1400余字，云南大学出版社2001年版。

（朱继英）

孔雀姑娘

傣族山川风物传说。流传于云南元江县傣族聚居区。据说，美丽富饶的元江坝原来是大湖。湖畔有一个小村子名字叫勐仲。村中住着一个姓刀的老汉，他有七个女儿，大姑娘名叫依腊，依腊与其他六个妹妹长得一模一样，一样美丽动人。阿雍和依腊相爱了，同时南暖湖北岸住着的凶恶残暴的魔鬼也看上了依腊。正月初七这天，依腊起得很早。收拾好东西，把姐妹们连夜赶着绣好的花包头装在腰箩里，辞别阿爹和妹妹，由二姑娘陪着过门去了。不料依腊被恶魔管家半路抢到家里做他的第十个老婆，这边阿雍听说依腊被抢后，想方设法营救，但被恶魔家的家丁乱棒打死，同时至死不屈、忠贞不渝的依腊也被折磨而死。尸体被抛到南暖湖中。祸不单行，依腊家着火，火光之中人们见到七只孔雀飞上了天空，这分明是依腊家七姊妹的化身啊。从此，在天堂里，过着孔雀仙女日子的依腊七姐妹，因为思念人间，每年正月初七，便飞回人间，在南暖湖中沐浴洗澡，唱歌跳舞，直到天快亮时，才依依难舍的飞回天宫去。从此，每年正月初七这天，便成为元江傣族人民传统的洗澡节日。男女青年还要在这天汇集到一块，尽情地歌唱、丢包、谈情说爱，自由地选择对象，直至现在成了情歌的盛会。天长日久，因为孔雀姑娘不经常到湖中游泳，宽阔的南暖湖，慢慢地干涸了。不知经过了多少岁月，露出了大片的湖底，变成了后来的元江坝子，中间仅留下一股水，向东南方向流去，这就是现在的元江水。封玉亭讲述，延珍、陈振中搜集整理。收入《中国民间故事丛书·云南玉溪·元江卷》风俗传说，30页，知识产权出版社，2015年版。

（白云）

嫉妒的南快河

傣族山川风物传说。流传于临沧市耿马傣族地区。相传很久以前，有一条白龙想从耿马坝子中开一条河，招致一条黑龙的嫉妒。为了阻挡白龙开凿河流，心胸狭隘的黑龙趁着夜晚漆黑也快马加鞭开出一条河，欲挡住白龙的去路。由于夜晚天黑，辨不清方向，芦苇刺瞎了黑龙的一只眼睛，黑龙开凿出来的河流是弯弯曲曲的。这条河叫"南快河"，意为嫉妒之河。南桂香搜集整理，收入《耿马民族民间故事》（耿马民族文化丛书），16开，1页，云南民族出版社2016年版。

（南桂香）

龙洞的传说

傣族山川风物传说。流传于云南省景谷傣族彝族自治县威远镇钟山乡。相传勐卧的一个小卜冒（小伙子）从缅宁娶回一如花似玉的姑娘。当他们一行来到云海龙潭时，新娘口渴难忍，就扑在龙潭边饮水，不料她穿的白衣和白头巾触犯了潭中蛟龙的忌讳，顿时乌云滚滚，电闪雷鸣，一阵狂风把新娘卷入潭中。新娘被蛟龙打入冰宫，无法脱逃。为了寻求出路，新娘用双手在宫墙上抠洞。经过九九八十一天的磨难，厚厚的宫墙终于被抠通了两个小洞，无奈龙宫与世隔绝，新娘只能天天对洞流泪，日久天长，两行热泪沿着两个洞口汩汩而出，造就了一副天然的自然奇观。周知云讲述，段明华记录整理。收入《云南民间文学集成·景谷民间故事》（一），32开，1页，700字，景谷傣族彝族自治县民间文学集成领导小组编辑室1989年编印。

（郭玉萍）

龙池的来历

傣族风物传说。流传于云南元江县傣族聚居区。相传古时候，它克被称之为龙池。传说它克龙潭原来是一片低洼地，中间有个岩洞，深不可测，里面还出了一股泉水，清澈见底；有个孤老头，不知他姓什么，家境十分贫寒，无儿无女，孤苦伶仃，从来就住在这个岩洞里。村中有人怜悯他，同情他，常常送一些米和油盐给他。有一年古历三月初三的这天，忽然洪水暴涨，波涛汹涌，水势奔腾。水声怒吼，浪头卷起一人高；岩洞和这片低洼地全被淹没，古老头也被洪水卷走了。村子里的乡亲们见不到孤老头很伤心，可有一天却有人见到这个孤老头变成了一条龙，遁进水里去了。乡亲们为了纪念他，就在龙潭边建盖了一座龙王庙。后来，元江知府那嵩把龙潭改为龙池，盖房起屋，命名"龙池山庄"，成为滇南有名的"龙池书屋"。温源焕、杨正保、普文明讲述，谢槐记录。收入《中国民间故事丛书·云南玉溪·元江卷》风物传说，89页，知识产权出版社2015年版。

（白云）

龙女石

傣族风物传说。流传于文山壮族苗族自治州马关县傣族聚居区。相传在很久以前，马关茨黑村就成了很有名气的傣族村，村里的卜少是唱歌的好手，经常把外村来的小伙子们逗得像着了迷。有一天晚上，不知从哪里来了两个小卜少，两人像双胞胎，长得一模一样，只见她俩笑眯眯地各人提了一个草墩，轻轻地坐了下来，与旁边的卜崽烧了一阵水烟以后，就对起歌来，没有哪个对得赢她们。原来那两个小卜少是龙王的娇女，她们看见人间好玩就自己跑出来玩，由于天亮了已经回不了龙宫，只好变成了大青石，人们称其为龙女石。至今两个龙女石一个在河中间躺着，另一个在路坎上坐着，她俩似乎在静静地倾听着傣家那美妙难忘的歌。陶刀氏讲述，董品尧记录。收入《文山州傣族民间故事集》，16开，81页，1072字，云南人民出版社2016年版。

（张元波）

龙走水干蜂搬家

傣族风物传说。流传于文山壮族苗族自治州马关县傣族聚居区。据说，马关新寨村自古以来就有三个龙潭，即大龙潭、二龙潭、小龙潭。还有两窝蜂子，住在大龙潭上方两边的白石岩上。原来，小龙潭是老波陶的二儿子变的，大儿子变成了现在的阳宗海，老部涛又再继续往前走，到了昆明，就变成了如今的滇池。新寨村的三个龙潭和村边东西两侧水沟，从那"三父子"走后，周围树木花草渐渐枯黄，两沟一年四季的潺潺流水也断尽，个个龙潭开裂崩口底朝天，白石岩上的两窝大岩蜂也不知去向，真是龙走水干蜂搬家。陶刀氏讲述，白家祥记录。收入《文山州傣族民间故事集》，16开，1页，773字，云南人民出版社2016年版。

（张元波）

老佟坡的来历

傣族山川风物传说。流传于文山壮族苗族自治州马关县傣族聚居区。相传清朝乾隆年间，傣族名将黄文同在出国助越战争中有功，被越南王封为护国将军。归国后，归仁里因兵丁减少，盗贼蜂起，打家劫舍，并攻破老街城子上，抢金夺银，烧毁土司府衙。他见魁窝、猴子岩、夹寒箐一带，深山老林成片，山高水长，易守难攻，就于营盘山侧的坡上，建城设府。城池竣工，府衙盖好，因土司姓黄名文同，城池又居坡上，府名文同府，简称同府；城名文同坡，继而改称老同坡。此后，因归仁里的奋武、平夷、聚隆、聚成、聚和六社边关，纷争未止，战事时起，开化府佟世佑知府，每次来巡查，均在文同府住居、理事，又因同与佟同音，被后人将同误认为佟，同府误称为佟府，老同坡也误称为老佟坡了。时至今日，同府之地，人称同府屋基，中有石墙，东、北、西三方营盘，石脚尚存。黄天德讲述，刘德荣记录。收入《文山州傣族民间故事集》，16开，1页，593字，云南人民出版社2016年版。

（张元波）

两匹白马

傣族山川风物传说。流传于云南省德宏傣族景颇族自治州潞西市轩岗乡傣族地区。相传从前江东山与轩岗乡的田地长势喜人，一天，人们正在庆贺的时候，不知是什么东西把禾苗全部吃掉，人们四处寻找却毫无结果，只好重新栽上秧苗。不久，有两匹白马来田里吃秧苗。正在劳动的傣族群众看见后便追赶，但是白马却消失在江东河头村的寺庙里，大家发现那里有两匹石刻的马，而且嘴里含着几根青苗。人们顿时明白了，就请来几个石匠雕刻了两个牧童，一个手执鞭子，一个手牵着缰绳，才制服了这两匹践踏庄稼的白马。从此，人们才共同发展生产，过上了美好的生活。佚名讲述，赵洪顺搜集、整理、翻译。收入《德宏傣族民间故事》，32开，2页，610字，德宏民族出版社1993年版。

（喊凤）

陇川江和南宛河的故事

傣族山川风物传说。流传于云南省德宏傣族景颇族自治州。相传从前，南宛河是一位勤劳的小伙子，陇川江是一位善良的姑娘，南宛河和陇川江是一对很要好的情人。有一天，他俩约定到伊洛瓦底江去串亲戚，但一出门就走错了路。南宛河走向陇川坝，陇川江走进深深的山谷。南宛河边去边开田，种了很多水稻。又走了无数个拐弯，南下找陇川江。陇川江看见深深的山谷里没有田，也边走边开旱地，东拐西拐找南宛河。他俩绕过陇川坝和瑞丽坝以后才相会。从此，南宛河两岸田很多，傣族种水稻收成很好。陇川江河谷旱地多，景颇族学会了种旱地。佚名讲述，依锁搜集、整理，佚名翻译。收入《德宏傣族民间故事》，32开，1页，约400字，德宏民族出版社1993年版。

（金小所）

崃冒腊山的故事

傣族山川风物传说。流传于云南省德宏傣族景颇族自治州盈江县莲花山傣族地区。相传崃冒腊山是座能让人隐身的山。一天，有个农民小伙上山砍柴，他上山之后见一伙仙人在下棋，小伙子便与仙人下棋。他这一下，下了三天三夜的棋。待他回到家后，家人便纷纷问他，这三年中他去了何处。小伙子感到奇怪，明明自己才外出三天，为何说成是三年呢？后来人们才知道崃冒腊山有隐身的功能。事情传开以后，人们不论要到哪里外出都首先到崃冒腊山，久而久之，崃冒腊山上的仙人收走了隐身功能。从此此山再也不能隐身了。佚名讲述，李福胜搜集、整理，线永明译。16开，2页，约400字，稿存德宏傣族景颇族自治州民语委。

（线永明）

"木鱼"的传说

傣族风物传说。流传于景谷傣族彝族自治县。相传远古时期，大地被洪水淹没，只剩下三兄弟。老大叫哈黑（汉族），老二叫哈傣（傣族），老三叫哈拉（拉祜族）。三兄弟重整家园。为方便生活，三兄弟去找佛祖求文字。老大求得写在纸上的方块字，老二求得写在贝叶上的像豆芽的文字，老三求得写在苦荞粑粑上的文字。三兄弟求得文字返回途中，老三因饥饿，忘了粑粑有字就吃了，故拉祜族没有本民族文字。三人过江时遇风浪落入水中，老二哈傣的写有文字的贝叶被大头鱼咬破，仅剩有写着数字的半片叶子，老二见状又气又恨，将大头鱼的头切下带回家，每当气上心头时，便狠打一下鱼头，骂一声"坏蛋"。后来人们又用木头仿大头鱼制成"木鱼"头，每当缅寺和尚拜佛诵经时，都要一边念经，一边敲"木鱼"，用以纪念哈傣为傣族人民求得文字和对大头鱼的惩处。"木鱼"就这样流传下来了。刀永光讲述，吴德庆搜集、整理。收入《云南民间文学集成·景谷民间故事》（一），32开，4页，2400字，景谷傣族彝族自治县民间文学集成领导小组编辑室1989年编印。

（郭玉萍）

芒康渡口大叠水

傣族山川风物传说。流传于云南省德宏州盈江县傣族地区。相传龙王要去远处做客，就变成白须老人来请一小伙子去看家，并反复交代不能穿他的那件黑长衫。龙王走后，好奇的小伙子便拿来穿上，结果变成了一头凶猛的水牛龙，它稍有举动，狂风暴雨就停不下来。等龙王回来，整个坝子已是一片汪洋。龙王无法接近它，只好把事情向他的家人作了说明后，搬起山上的无数个大石头将他死死压住。那些石头就一个个横拦在江中，并使今天盈江芒康渡口一带的江水形成了多处的大叠水。佚名讲述，沙忠钻记录，冯霄译。16开，5页，2520字，刊于傣文杂志《勇罕》1989年1—2期。

（冯霄）

芒市坝断头山的传说

傣族山川风物传说。流传于云南省潞西市、瑞丽市傣族地区。相传明朝正统年间，王尚书率兵征讨大勐卯（麓川）时，为分化、瓦解大勐卯并达到分而治之的目的，曾告示现今的德宏各酋长：讨伐勐卯有功者，将分封各自的领地独自管辖。当时芒市的酋长放更法（放真）功绩显著，明朝廷问放更法想得到什么，放言："明朝皇帝名正统，我欲得正长官。"得到正长官职的分封后，放更法渐显得意忘形。明朝廷怕分封后的放更法独霸一方，便令腾越州官带地理师勘察芒市，得知芒市地脉很硬，于是派人到芒市的城头山把地脉给挖断，"断头山"由此得名。佚名讲述，金星明搜集。16开，2页，约300字，稿存德宏傣族景颇族自治州民语委。

（快永胜）

莫陆同护佛寺的由来

傣族风物传说。流传于临沧市耿马傣族地区。相传很久以前，有一位召雅细，手捧着一尊金佛像按照佛经记载埋藏佛祖锁骨舍利所在地来到莫陆这片深山密林中，搭起一幢茅屋静心修行。这位雅细经常到附近的村寨化斋传经，几年后感到好奇不解的百姓尾随高僧探个究竟，发现了供奉佛像的茅舍佛堂。百姓们开始信奉佛教，莫陆地方人畜兴旺起来。苦于佛堂简陋狭小拥挤不堪，一天夜里金佛像化作一位高僧腾云驾雾奔走四方募化功德，建起佛寺，因相传佛寺埋葬有佛祖锁骨中央凹陷处的"洞琥"舍利，傣语称"洼洞琥"，与周边的班莫、勐甘、洞景等山林派佛寺齐名。康朗安明讲述，南桂香翻译整理。收入《耿马民族民间故事》（耿马民族文化丛书），16开，2页，600字，云南民族出版社2016年版。

（南桂香）

曼燕巨石

傣族山川风物传说。流传于云南省西双版纳傣族自治州。相传勐遮曼果有一位残疾老人，在山脚下发现一群小和尚在一块巨石旁突然消失，就回村告诉了老人和僧侣们。祜巴（佛教的高僧）及僧侣们备了鲜花和蜡条去朝拜敬献神石，那块巨石自动裂开，里面锅、碗和金银珍宝应有尽有。后来，有人去借巨石里的锅、碗来装狗肉，便激怒了神石，从此巨石再没有裂开过。以后，每年七月七、八日时（傣历），曼果和曼燕两村的人们都要到巨石那里去祭拜，流传至今。岩三扁讲述，玉腊翻译整理。16开，5页，728字，稿存西双版纳傣族自治州民族研究所。

（刀金平）

漫漾湖的传说

傣族风物传说。流传于云南元江傣族一带。相传在离元江县城西面七里地，有一个美丽的湖——漫漾湖。一年四季这个湖里的水都清如明镜。传说，从前这里并没有这个湖，是一个名叫岩相龙的傣家儿子为娶到美丽的召喇女儿用脚踩形成的。岩相龙和召拉的女儿央晚从此过上了幸福的生活。白玉珍讲述，李存仁搜集。收入《中国民间故事丛书·云南玉溪·元江卷》风物传说，71页，知识产权出版社2015年版。

（白云）

漫洋湖和者夏湖的由来

傣族山川风物传说。流传于云南省元江哈尼族彝族傣族自治县。相传很久以前，元江坝子是一个低凹的大坝子，坝子西南面的清水河边住着一对凶恶的蛟龙夫妻。它们想在元江坝子造一个大湖，就到东海龙王那里请大力士来帮忙。大力士造昆明湖误了时间，匆忙赶来元江坝，左脚踩在漫羊山头，右脚刚刚落在者夏山上，不料前脚一绊，扁担折断了。前头的担子落地，变成了那塘山，后头的担子落地，变成了纳章浪山。大力士太累坐下休息，不一会雄鸡报晓声传来，大力士急忙跑回东海。它踩在漫洋山上的脚印变成漫洋湖，踩在者夏山上的脚印变成了者夏湖。蛟龙夫妻见大力士造湖不成，便决定亲自动手。它俩商量造湖的办法被一傣族老人听到后告诉县太爷。县太爷就派人造了"文笔塔"以镇水患。蛟龙夫妻造湖不成，决定报复，常常兴风作浪，淹没田园房舍。后来，元江坝一个叫刀代的傣族少年杀死了公龙，母龙害怕就跑到九龙江，再也不露面了。只有大力士的两只大脚印留在元江坝西北边

和东南边，变成两泓湖水。佚名讲述，白尚林搜集，毛佑全整理。收入《玉溪地区民间文学资料选》第二集，32开，3页，2000字，玉溪地区群众艺术馆1984年编印。

（郭玉萍）

牛头山和土林

傣族山川风物传说。流传于云南省新平彝族傣族自治县漠沙镇。相传很久以前，花腰傣人为躲避官家的租税逃到漠沙镇。他们在这里开荒种地，过上丰衣足食的日子。有一年，一条黑龙从南海游到漠沙，想在这里做龙王，就从大海搬来兵将，堵塞江水，建盖龙宫。江水淹没了村寨良田，傣家人只得爬上哀牢山。一条大角水牛看到傣家人的灾难，就与黑龙拼命搏斗，赶跑了黑龙，用它的角掀掉龙宫，撬开堵住江口的石头和土块。傣家人又回到自己的家园。大水牛怕黑龙再回来，就死守在江水流出去的地方，后来水牛头变成了牛头山。每年收稻谷时，傣家人就会用新糯米做成粑粑，酿出新谷酒，对着牛头山敬献，代代相传，直到今天。刀明贵搜集记录，辛平整理。收入《乡泉集》第二集，32开，3页，2000字，云南民族出版社1985年版。

（郭玉萍）

那家坟的传说

傣族风物传说。流传于云南元江县傣族聚居区。相传召勐"那大老爷"生前叫一名道人选了一块风水宝地，并择定良辰吉日为：准确的下葬时辰必须是"鹰吹箫、蛇打鼓，马骑人，鱼上树，人戴铁帽"缺一不可。说也奇特，下葬当天，果有其验。但俗话说，天时不如地利，地利不如人和。故事讲述那（诺）家人没有经受"人和"的考验，最后破败的故事。杨宣堂讲述，熊中流记录。收入《中国民间故事丛书·云南玉溪·元江卷》风物传说，89页，知识产权出版社2015年版。

（白云）

南养江与怒江

傣族山川风物传说。流传于云南省德宏傣族景颇族自治州梁河县、盈江县傣族地区。相传南养江与怒江是好朋友。一次，南养江上漂来一只马鹿，南养江把马鹿分了一半给怒江。怒江上漂来了一头豪猪，怒江也分了一半给南养江。但南养江认为光是每根毛就那么粗大，其身体一定很大，而分给自己的却只有那么一小点，便大骂怒江。因此，现在的怒江静静地流淌，而南养江却哗哗大叫大嚷。当地人坐船过南养江时忌讳谈及怒江，说南养江会愤怒、咆哮并打翻船只。佚名讲述，焦承祥记录，冯宵译。傣文版，16开，1页，390字，刊于傣文杂志《勇罕》1987年1—2期。

（冯宵）

南天湖的传说

傣族风物传说。流传于云南省西双版纳傣族自治州勐海县傣族地区。相传南天湖是勐海王子召树屯从勐卯买回的一面铜镜变成的。傣家妇女到湖边去一照它就会给予一个恰如其分的答复。有一个头人的老婆，自以为很美丽，总是问见到她的人，希望人家夸赞她的美貌，可总觉得人们背后在议论她丑死了。于是，她决定去问南天湖，南天湖描绘了她的丑陋。她一气，便派人挑干了南天湖水。但倒在四处的水却形成了千百个水塘，有如千百面镜子照映出她全身的丑陋。她一见就生气，终于活活气死了。南天湖依然浸出了水，清澈如镜。佚名讲述、记录。收入《中国传说故事大辞典》，16开，1页，300字，中国文联出版公司1992年版。

（阿南）

南垒河的传说

傣族山川风物传说。流传于云南省孟连傣族拉祜族佤族自治县。相传很久以前，南垒河和南朗河是一对夫妻，它俩源出一山，同行同止，无论哪个捉到野牛野马都共同分享。一次，妻子捉到一只很小的刺猬，因太饿就独自享用了。丈夫知道后就生气出走了。妻子觉得委屈就急忙去追，可妻子怎么也追不上生气的丈夫。天黑了，丈夫打起松明火把赶路（所以，南朗河岸长满了松树），妻子扎起野竹火把（南垒河沿岸尽是野竹）去追。妻子终于赶上了丈夫，解释了误会，夫妻和好如初，并为一股，汇入滔滔的澜沧江，奔向大海。波叶嫩讲述，召罕嫩翻译、记录。收入《孟连傣族拉祜族佤族自治县民间文学集成·傣族卷》（一），32开，2页，1500字，孟连傣族拉祜族佤族自治县文化局、民族事务委员会1987年编印。

（郭玉萍）

婻三飘

傣族风物传说。流传于双江、耿马傣族地区。相传很久以前，勐景庄（今双江）召勐思汉梅生有一个女儿和一个儿子，女儿名叫罕聂甩，男孩叫罕金甩，乖巧可爱，是思汉梅的心肝宝贝。罕聂甩长大成人后出落得像天仙般美丽。最为奇特的是罕聂甩肤色一天三个时辰会不一样，早上的肌肤宛若凝脂白净，正午时候面若粉红的桃花娇艳无比，到了傍晚又像玉盘般光彩照人，人们称她为婻三飘。婻三飘的美貌名扬四方，邻近各勐土司云集景庄坝子，只为能目睹美人的芳容，派出使臣都带着金银珠宝和绫罗绸缎来到勐景庄，向景庄召勐思汉梅叩拜求亲，都争相要娶罕聂甩公主，大家互不相让。思汉梅犹豫不决，只好借口罕聂甩年纪尚小，还不到婚配年龄为由拒绝。各勐求亲使者并不死心，扬言若不答应将会攻打勐景庄。思汉梅十分为难，急召官员商议，为了防止各勐来抢亲，决定让罕聂甩躲藏起来。思汉梅请来工匠，日夜开挖土石，挖好了一个深深的土洞。景庄召勐将婻三飘公主罕聂甩亲自送入洞中躲藏，并派几位侍女日夜侍奉陪伴着公主，对外则宣称公主已失踪。各勐都乱作一团，纷纷派人四处寻找，请来布摩来占卜。布摩用紫糯谷的稻秆卜算，念念有词，祈求神灵指点婻三飘的藏身之处。孟连人卜卦到公主藏身之处，下令朝着景庄召勐的官邸凉台方向开挖。几天后，孟连人挖掘出一条深深的地道，一直延伸到城中，且不偏不倚正好挖到婻三飘公主的藏身之处。突然洞顶塌方，景庄公主罕聂甩和贴身奴婢婻补罕被深深埋藏在洞中遇难。人们将两位姑娘火葬，将其骨灰装入土罐，拿到贺允的广丙山上埋葬。过了一段时间，两位姑娘的坟堆上长出了两棵菩提树，多少年后，菩提树长成枝繁叶茂的大树，就像两位身穿绿色绸缎衣裙的美丽姑娘。从此，人们称这两棵树为迈细利双婻。南桂香搜集整理。收入《耿马民族民间故事》（耿马民族文化丛书），16开，1页，云南民族出版社2016年版。

（南桂香）

怒江和瑞丽江的传说

傣族山川风物传说。流传于云南保山傣族地区。相传很早以前，怒江龙王和瑞丽江龙王是一对好朋友。那时，在怒江和瑞丽江之间，有一条天然的地下河把它们连在一起，地上也有一条平坦的大道可以通行。由于两条河流的龙王关系要好，所以，瑞丽江的龙王把"大白仙米饭"的谷种送给怒江龙王，让怒江两岸常年稻谷飘香；怒江龙王把自己山上的麂子马鹿撵来瑞丽江一部分，让瑞丽江的山上有野兽奔跑。时隔不久，怒江龙母生得一位王子，瑞丽江的龙母生得一位公主。由于两家关系好，怒江王子和瑞丽江公主从小青梅竹马，长大后自然成为一对恋人。当时，高黎贡山上的一个妖怪看上了美丽的瑞丽江公主，就使出各种伎俩，挑拨离间，使得怒江龙王和瑞丽江龙王之间产生误会并绝交，愤怒中的瑞丽江龙王把底下河道堵死，并发誓不再跟怒江龙王往来。而可怜的怒江龙公子和瑞丽江龙公主，也因为父母的这一恩怨，无法再续前缘。于是，便有了现在大家看到的，在高黎贡山的东面，有一条奔腾的河流——怒江，它那滚滚的波涛，日夜冲击着山脚的岩石，那是痴情的龙王子在呼唤他的恋人；高黎贡山的西边是瑞丽江的源头——龙川江，龙川江几次东拐，似乎想朝怒江靠拢一些，最后却泛着情意绵绵的清波，无可奈何地往西南流去，这是情意深深的龙公主在期盼自己的心上人。怒江日夜不停地撞击，瑞丽江年年月月的顾盼，它们始终不得交汇。段老石等讲述，晓黎搜集整理。收入《民族古籍翻译丛书——保山傣族民间故事第一辑》，32开，9页，5616字，保山市傣学研究会编，云南民族出版社2012年版。

（依旺的）

平原和大海怎样变成的

傣族山川风物传说。流传于文山壮族苗族自治州马关县傣族聚居区。相传从前有一家人，老婆生娃娃不几天，对丈夫说："没有菜吃，你到山上找点野菜来吧。"丈夫不知道要找什么菜，老婆告诉他找点独脚菜、鸡土丛、猫头猫耳菜（蕨菜）。丈夫上山后，怎么也找不到妻子说的野菜，不敢回家。后来，娃娃背着干粮上山去找父亲，发现他父亲已经变成一只马鹿。娃娃领着父亲回到家中，孩子他妈特意杀鸡宰鸭欢迎丈夫。吃饭时不注意，把骨头丢到桌子下面，猫和狗为争骨头就打了起来，吓得父亲拔腿就要往大山里跑。惊慌中，头上的犄角磕在门楣上掉了一只。娃娃捡起那只犄角，在他爹身后边追边喊："波哎……你碰掉了一只犄角呀！"他爹说："不要了，你们把我的角当拐棍用，插到山坡会变成平原，插到凹地会变成大海。"娃娃按照父亲所说，把高山变成了平原，把凹地变成了大海。张世富讲述，白家祥记录。收入《文山州傣族民间故事集》，16开，2页，513字。云南人民出版社2016年版。

（张元波）

菩萨脚印

傣族风物传说。流传于云南省德宏傣族景颇族自治州傣族地区。相传从前有一个首领来到黎畔（地名），看见一个英俊的少年。首领高兴得不得了,他想让少年做他的女婿接替王位,就准备新衣裳,敲起铓锣,打着象脚鼓接少年回王府。少年对首领及其各位乡亲说:"我不愿意成家立业,如果你们还惦着我,就让我的脚印和你们永远在一起吧!"顷刻间,首领身边的岩石上就出现了脚印,少年突然消失,并从二尺长的脚印中渗出两池温泉。原来,那少年是菩萨所变。后来,因为猎人的妻子在池里洗筒裙,又把筒裙晒在岩石上,岩石"轰"的一声就歪斜了。今天菩萨的脚印还在黎畔的岩石上。佚名讲述,梅罕孟搜集、整理,朱光灿翻译。刊于《傣族民间故事》第六辑,傣文版,32开,2页,约400字,云南民族出版社1992年版。

(朱光灿)

七女石的来历

傣族风物传说。流传于文山壮族苗族自治州文山市傣族聚居区。相传灰土寨背后有架西山,西山背后有个干塘子,干塘子中有七个尖石头。这七个石头恍如七个傣家少女。传说,傣家有个族长,叫刀朗。因战争失败,刀朗领着整个家族,沿着长满芭蕉的河谷,向南迁徙,日夜兼程到了西山脚下,刀朗见坝子宽大,坝心又有条弯弯曲曲的河流,就伐木建房,破土造田,定居下来。刀朗未生男,只生女,分别是伊宗、伊善、伊细、伊哈、伊合、伊节。这七个姑娘在龙王氏的安排下,嫁给龙王氏的七个儿子,作了媳妇。又过几天,刀朗想念七个姑娘,就去绿荫塘看望。见塘水已干,像锅底样的塘中耸立着七个尖石头,同他的姑娘一模一样形状,便放声大哭。在刀朗的哭声中,天上飘落一张纸,曰:"爹呢,龙王氏一家是龙,已搬去东海居住。我姊妹嫁来后,吃的是山珍海味,穿的是绫罗绸缎,戴的是金银珠宝。以后你若想念,就来看我们变的七个石头。莫愁,每逢锦库节,我们会回家和你过节的。"这就是七女石的来历。苏友才讲述,刘德荣记录。收入《文山州傣族民间故事集》,16开,4页,1841字,

云南人民出版社2016年版。

(张元波)

青龙的传说

傣族风物传说。流传于云南元江县傣族聚居区。相传滇南哀牢山中有个村庄,村里有座庙,庙里有只妖怪。人们到庙南龙潭里请来本领很高的"青龙"帮助除妖。誓要为民除害的青龙得到了东面山泉婆婆的发簪,婆婆取下的发簪变成了金光闪闪的利剑并郑重地递给青龙,嘱咐道:"这把利剑只是借你(除妖),明天这个时候一定要送回,否则你的性命难保。"他记下了时间,双手接过宝剑,点头道谢后便转身下山与妖魔会战。夜深人静了,妖魔现形,青龙一跃而上,左劈右砍。妖魔左躲右闪,抽出宝剑同青龙大战。从庙里打到庙外,从地上打到天上,打得天昏地暗,仍不分胜负。突然,竹子姑娘在地上喊道。"青龙哥,快向宝剑吹口气。"青龙立即向宝剑吹了口气,宝剑脱手而飞,直插妖魔的小腹,妖魔嚎叫一声,由天空跌到地上摔死了。这时,太阳已经一竹竿高了,青龙沉浸在胜利的欢乐中,把山泉婆婆的嘱咐忘记了。当他从欢乐中清醒过来时,已经晚了。青龙想,死也要变成大雾,飘在这个村子的山上,飘在这个村子的上空,和村民永远生活在一起。从此人们看到了云雾缭绕的"青龙村"直到如今。刀妹讲述,刀美艳搜集整理。收入《中国民间故事丛书·云南玉溪·元江卷》风物传说,74页,知识产权出版社2015年版。

(白云)

热水塘

傣族山川风物传说。流传于云南省建水县南庄一带。相传很久以前,玉皇大帝赐南庄香林寺河一个宝塘,水很烫,可用以杀猪烫毛,人们很爱惜,便派人看守。另一个地方的人嫉妒,想来破坏。他们先去请一名法师来,法师看热水塘很好,不忍心破坏。那些人又去请巫婆来破坏。巫婆教那

些人在某日某时用狗血和羊血去泼热水塘，水就会变冷。结果，那些人带去的血少，没把热水塘完全泼冷，所以至今热水塘仍出热水，水温宜人。白永康讲述，易荣耀搜集。收入《云南民间文学集成·建水故事卷》，32 开，1 页，800 字，建水县文化局、民族事务委员会 1989 年编印。

（郭玉萍）

瑞丽江里为什么没有石头

傣族山川风物传说。流传于云南省德宏傣族景颇族自治州傣族地区。相传很早以前，勐果占壁是一个美丽富饶的地方，可是离勐果占壁很远的地方有一个妖魔居住的国家。一个凶残的魔王嫉妒勐果占壁，不允许其他国家比他的强。一天，他就去玉皇大帝那里说，勐果占壁属于他的领地，老百姓也该给他吃。玉皇大帝让他在一夜内垒好灶，架好锅，天亮之前如果没有做好的话，就要他滚回他的国家去，不准再来为非作歹。于是魔王就跳进瑞丽江里摸石头，边找边垒，把整条瑞丽江的石头都捡光了。玉皇大帝看见魔王快要垒好的时候，就派神仙变成一只金凤凰下凡来，在魔王挑最后一担石头时，让金凤凰大声啼叫。魔王听到叫声，以为是天亮了，便丢下那担石头逃回魔国去了。从那时起，瑞丽江里就没有石头了。佚名讲述，朱光灿搜集、整理、翻译。收入《德宏傣族民间故事》，32 开，2 页，约 700 字，德宏民族出版社 1993 年版。

（喊凤）

除妖记

傣族山川风物传说。流传于云南省文山壮族苗族自治州。相传文山城的正北方向约二十里处有座马鞍山。这里以前住着一个妖怪叫地板藤。离这里不远处有个大龙潭，里面也有个女妖怪叫蓑衣羊。这两个妖怪经常出来吃人害人。有一青年去参加文山的龙华会后喝多了酒，醉意中来到马鞍山那块平地。酒醒后听到地板藤说把这块地挖下四十九丈深，用狗血淋在它身上，再用铜钉钉满它就会死；还听到蓑衣羊说用黄、红、黑、白、花五种颜色的狗血，五只不同颜色的鸡、鸭、鹅血混合起来后倒进龙潭，再用十二口铁锅罩住冒水的地方它就会死。这个青年把这两个妖怪说的话告诉大家。乡亲们日夜苦干，挖通深槽，找来各种血，除掉了两个妖怪。陶董氏讲述，陶恩灿整理。收入《文山壮族苗族自治州民间故事集》第二集，32 开，4 页，3000 字，文山壮族苗族自治州民族事务委员会、文化局、文联 1984 年编印。

（郭玉萍）

三七的传说

傣族风物传说。流传于文山壮族苗族自治州马关县傣族聚居区。相传很久以前，老君山脚下居住着勤劳的各族人民，家家户户粮食堆满仓、牛马羊成群，过着平平安安的幸福生活。可是，天有不测之祸，一场瘟疫突然降临，给百姓带来了灾难，不知死了多少人，情景非常凄惨。土地神仙外出巡游经过老君山上空，看见了惨景，立即返回天庭，向玉皇大帝作了禀报。玉皇大帝立即向太上老君下了一道圣旨，限三天内把老君山脚下的百姓全部救活。太上老君接了圣旨，带上一位仙童一起下凡。来到老君山上空，太上老君递给仙童一个装满圣水的金葫芦、一个金碟子和一朵带有绿叶的红花，又把仙童变成一个傣族姑娘。姑娘下到村寨，把金葫芦的圣水倒在碟子里，再用那朵红花蘸了圣水向躺在地上的病人身上洒去，救活了当地的傣族群众。从那时起，凡是人们生了病，就拿着那朵红花上山寻找一模一样的花朵回来熬水喝，炖鸡吃，病很快就好了。但说来很奇怪，这种药很难找，这座山只能找到三棵，那座山也只能找到三棵，其他几座山也才有三棵，而且每棵都结有红彤彤的七颗籽。所以，人们为它起名为"七桻"（三七）。张世宽讲述，柏开祥记录。收入《文山州傣族民间故事集》，16 开，3 页，997 字，云南人民出版社 2016 年版。

（张元波）

石虎山

傣族风物传说。流传于楚雄永仁傣族聚居区。据说，在永仁县万马村有两座海拔一千八百米的高山，两山腰都有一块巨石，像两只俯卧的老虎，人们叫石虎山。相传山脚下有一个傣族小伙姓石，是个很能干的石匠。一天深夜，人们都已经进入梦乡，一阵山摇地动，只见山腰上的两只大石虎在拼命厮打。忽然来了一位白胡子老人对大家说："只要在石虎身上打个洞，拿狗血淋在身上它就不动了。"于是小石匠不顾个人安危，挺身背着石锤石凿、狗血来到石虎山上，趁石虎打架打累了酣睡的时候，在石虎身上凿了两个洞，把狗血泼在石虎身上，石虎被镇住了。刀立锋讲述，程自馨记录。收入《永仁民间故事》，32开，107页，云南民族出版社2014年版。

（华胜刚）

水蛭坟

傣族山川风物传说。流传于云南省德宏傣族景颇族自治州傣族地区。相传有个妇女，在丈夫出远门打工时，把买来的干巴留给自己吃，又用烧烤后的水蛭去骗双目失明的婆婆说是干巴。婆婆只以为自己牙不好嚼不动，但丢掉又怕儿媳不高兴，只好偷偷装入床头的竹筒内，每天用开水泡饭或用盐巴拌饭吃。婆婆病死后粘在床头，几个男人去抬也抬不动，只有她这做儿媳的轻轻就能抱起，当她准备把婆婆放入棺材时，她自己却先跌入棺内被婆婆尸体死死压住谁也无法拉开，并很快死去。人们发现了她生前的行为后，就把她的坟叫做"坝优宾"（水蛭坟），现位于芒市拉满寨附近。扎相讲述，所板记录，冯霄译。16开，3页，2002字，刊于傣文杂志《勇罕》1985年1—2期。

（冯霄）

神鸟传音

傣族风物传说。流传于云南省西双版纳傣族自治州傣族地区。相传古时有一只美丽的神鸟，名叫糯多朗冬。每天，它歇在寨边的树枝上唱歌，声音忽高忽低，忽快忽慢，嘹亮清脆，动听极了。寨里的人都喜欢这只神鸟，每天劳动回来，便一群群聚集在大树下，倾听它的歌声。后来，神鸟不幸中了猎人的箭，受了伤，再不飞来唱歌了。人们很埋怨猎人，责骂猎人伤害为人类歌唱的神鸟。一天，有个叫玉嫩的姑娘到河边采野菜，看见受伤的神鸟在地上翻滚挣扎，便将神鸟轻轻地托起抱在怀里，为神鸟擦干了血，治好了伤。神鸟感激玉嫩，将自己会唱的歌全部传给了她。由于神鸟传声，玉嫩成了傣家第一个会唱歌的女歌手。佚名讲述，岩峰、王松、刀保尧采录整理。收入《傣族文学史》，32开，1页，500字，云南民族出版社1995年版。

（阿南）

锁娜

傣族山川风物传说。流传于云南省弥勒县傣族地区。据说，很古的时候弥勒县的竹园一带是一片波涛汹涌的汪洋大海，海里的龙王荒淫无度，每年要娶一个媳妇，经常派老虾婆到岸上查访，发现美丽的姑娘便抢入龙宫。那时候，西山上的石洞里住着两母女，女儿锁娜不仅聪明美丽，能绣会缝，歌声迷人，而且练就了一身百发百中的好武艺。锁娜与东山的英俊小伙铁柱在歌声和笛子声中产生了爱情，经常划着小船去相会，在一起打猎放牛。有一天，老虾婆发现了美丽的锁娜，便带着虾兵蟹将想架走锁娜，却被雷电击垮的红石岩所掩埋。机敏的锁娜逃出魔爪，和铁柱结成伴侣。一天，锁娜夫妇在海边打猎，海面上又出现了龙王的身影，锁娜和铁柱拉弓搭箭，射死了龙王，瞬间，海水退去，露出一块平地，锁娜夫妇便带着乡亲们在这块平坝上开荒挖地，起房盖屋，在竹园建起了美丽的家园。佚名讲述，陈英搜集整理。收入《弥勒民族民间故事》，32开，2页，1400字，民族出版社2003年版。

（梁红）

天桌的由来

傣族山川风物传说。流传于云南省普洱市景谷县傣族地区。相传勐卧东那山脉的两面是落差两百多米的断崖，站在断崖面向东方，就能俯瞰整个勐卧坝子和县城，以及美丽的威远江。北边是传说中佛祖西去时经过的大小天门。在山脉由北向南处，有一块方圆约两百米的平地。这里古松林立，没有其他灌木和杂树。天桌就在这山峰顶的平台上。相传很久以前，勐卧（今景谷）到处都有金银财宝和各式各样的井。妖怪们在山上吃光了各种生物，就会转到勐卧坝村寨来吃人。它们喜欢模仿人类，会说人话，它们的窝子就设在天台，天桌就是当时妖怪模仿人用的桌子制作的。桌脚是四个方方正正的大石墩，上面安放的是一块长宽约两米、厚约四十厘米的整块大石头。旁边四周摆放有石凳。这个粗糙但很气派的石桌就是属于妖魔首领专用。它们训练了很多神象，骑着神象下山找食物、杀人。天桌下方斜坡有大片草地，通常把大象拴在那里。佛祖来到勐卧把它们降服后，这里留下许多大大小小的大象脚印，至今仍然可见。因为天桌的位子在山顶，天干时节，东那佛寺的长老和百姓敲起象脚鼓，在天桌摆放一些供品，祈求降雨。这天桌仿佛真有神力，每每人们在去的路上是晴空万里，求雨归来的路上就会遇上狂风暴雨。前去求雨的人虽然被大雨浇得挺狼狈的，但这年的田地就能及时耕种，丰收在望了。天桌求雨的活动，也从此延续下来。收入《景谷傣族民间故事》（汉傣双文），32开，1页，522字，景谷县傣族彝族自治县傣文化协会编，2014年3月发行。

（依旺的）

天龙解救苍生

傣族风物传说。流传于云南省德宏傣族景颇族自治州傣族地区。据说有一年，人间连续三年干旱无雨，大地一片荒芜，人们天天敲锣打鼓聚在一起祈求上天降雨。马、牛、羊、狗、猪、虎、猴请一条受戒的天龙降雨。天龙体恤人类的疾苦，不顾戒条，为人间送来了一场大雨，顿时万物复苏。但是雨水使得东海海水泛滥，此举惹怒了东海龙王，它派海龟和海螺率领八百水兵水将前去抓天龙。凡间的动物们听说后，用千年柳树根雕刻成龙头，再染上颜色，用柳树杆做成龙身，柳树枝条做成龙尾巴，放在天龙修行的洞穴。海龟和士兵们以为柳树做的龙是天龙，便用火烧了它，真天龙才得以逃脱。后来，人们在那里建盖了一座庙宇拜天龙，并为之取名为"天龙庙"。佚名讲述，坦劳相搜录。收入《百花园》第六册，傣文版，32开，13页，2540字，云南民族出版社1995年版。

（杨荣芳）

跳老虎头

傣族风物传说。流传于云南省玉溪市新平彝族傣族自治县傣族聚居区。相传戛洒坝南端有个寨子叫曼布沙，有一年寨子突降灾难，人、牲畜和家禽都相继死了很多。寨子里叫岩奢的小伙的父母和妹妹在一天之内都死了，他很悲愤却无能为力。夜晚他做梦梦见天神对他说，曼布沙之所以遭灾，是因为寨子里来了一对夫妻魔鬼，专吃人和畜禽。天神告诉岩奢只要撵走魔鬼夫妇，傣家人就会人丁兴旺，并且告知撵走魔鬼的方法。虽是做梦，但岩奢得到驱邪除魔的办法，随之告诉寨子里德高望重的长者，长者说是天神在保佑并着手安排人按照天神说的办法用竹篾扎虎头、变西竜头、变西罕头。扎好后长者吩咐两个强壮的小伙一个戴上变西竜头和变西罕头的面具，岩奢举虎头，中年男人敲锣打鼓，青年人握长刀、棍棒一起到每家每户、田间地头驱赶魔鬼夫妇。追撵了三天三夜后把竹篾扎的变西竜、变西罕和老虎的面具头烧了，从此躲进了深山。自此人和畜禽免遭灾祸了。曼布沙跳老虎头驱赶鬼怪的办法迅速传开，传遍红河两岸的傣家村寨，傣家人纷纷学跳老虎头。李正华讲述，白云峰、陈振中1987年采录于戛洒平寨。收入《中国民间故事丛书（云南玉溪·新平卷）》16开，4页，知识产权出版社2015年版。

（刀庆喜）

腾冲云峰山舍身崖的传说

傣族地方风物传说。流传于云南保山傣族地区。相传古时，有位猎人，在打猎的过程中，被一只白鹿指引，在一座山巅上看到一座仙境。这位猎人回到村子把此事传开，人们纷纷奔走相告，认为是神灵显现，于是，在那座山巅上建盖了一座云峰寺。据传，云峰寺建成以后，因为神灵灵验，有求必应，所以远近的善男信女都十分向往云峰仙山，争先到寺中朝拜神灵，以求得神仙的保佑，一生清洁平安，幸福美满。清光绪二十六年（公元1901年）九月的一天，一群梁河县萝卜坝的傣族妇女，结伴到云峰山朝拜。其中，有一个名叫罕珍的少妇，身怀六甲。在朝拜的路途中，突然流血，滴滴鲜血染到了石阶。罕珍认为自己玷污了神灵圣地，就用舌头把被血滴到的地方舔干净。当登到最高处的时候，罕珍身感罪孽深重，就带着腹中的胎儿纵身跳下山崖。这一跳，罕珍不仅没有死，还被神仙救起，并顺利产下一名健康的男婴。从此，罕珍舍身跳崖得贵子的故事传开了，远远近近的善男信女对云峰山神更加崇拜了，云峰山上的石崖也就被称为舍身崖。收入《民族古籍翻译丛书——保山傣族民间故事第一辑》，32开，4页，2100字，保山市傣学研究会编，云南民族出版社2012年版。

（依旺的）

文宫山石狮的传说

傣族山川风物传说。流传于云南省景谷傣族彝族自治县民乐一带。相传文宫庙前两侧的两只石狮因终年听庙内和尚诵经，加之日月精华的沐熏，终于得道有了灵性，每到夜晚即能复活。雄狮性烈顽皮，会游走坝子，偷吃农家的芒果、甘蔗。一天夜里，雄狮偷吃贺勐田里的秧苗，并在秧田里打滚嬉闹，把秧苗搅得一塌糊涂，一连几日如此。村民见状，心疼气愤，又不知是何怪物干的，一日半夜，正当雄狮又在田里"美餐"秧苗时，早已守候在田边的年轻人高举火把呐喊起来，边喊边敲响铓锣。雄狮夺路而逃，小伙子们紧追不舍，后追到文宫山脚下时，雄鸡啼鸣，怪物不见了。伙子们沿着泥迹斑斑的脚印爬上山头，只见浑身泥水的雄狮立在庙前的石座上，嘴上还衔着几根青苗。小伙子们知道恶作剧是这孽畜干的，年轻人怒不可遏，便挥动铁棒将其左前腿打断了，以防它日后再去害人。陶仕虞讲述，吴德庆搜集、整理。收入《云南民间文学集成·景谷民间故事》（一），32开，2页，1000字，景谷傣族彝族自治县民间文学集成领导小组编辑室1989年编印。

（郭玉萍）

小团坡的故事

傣族山川风物传说。流传于云南省德宏傣族景颇族自治州。相传小团坡山里有一条母龙，其对面山里住着一条公龙。不久，公龙闻得干崖坝的姑娘长得漂亮，心生邪念，在母龙熟睡的一个深夜，顺水而下至干崖坝串姑娘，串毕想在天亮前赶回南甸。因太疲劳，才走到盈江的弄焕寨附近，便倒在沙滩上睡至天明还不醒。恰巧此时有一产妇至江边洗筒裙和尿布，把衣物晒于公龙身上，从此不能动弹了，就变成了一座小团坡。后来，人们在小团坡上建了一座塔，镇住了公龙。而母龙则到梁河的南底河独度晚年去了。龚保浩讲述，王伯麟、杨源道记译。收入《梁河县志》，16开，1页，约1000字，德宏民族出版社1992年版。

（快永胜）

仙人石

傣族风物传说。流传于文山壮族苗族自治州马关县傣族聚居区。据说，为了乞求天神、地神和祖先保佑傣族支系拉基人兴旺发达，他们每年兴过一次"跳掌节"。地点在选好的"神树"附近,时间是每年七月属鸡和属狗两天。届时男女老少都光着脚掌在竹篾编成的掌巴上跳舞。相传,有一年七月,天神命令两个仙人把云南、贵州一带的山赶到大海里去。途中,遇到了拉基人的"跳掌节",喝醉了,忘记了赶山,把两个仙人都气死了。天神同意了拉基人的请求,按照自己的习俗,将两个仙人厚葬,还立了两块大碑。现在夹寒箐的牛龙山附近,有两块称为"仙人石"的大石头,就是那两个仙人的碑了。而马关县夹寒箐镇一带的石山,就是那两个仙人赶来停下而没有赶走的。马兴沛搜集整理。收入《文山州傣族民间故事集》,16开,2页,839字,云南人民出版社2016年版。

(张元波)

仙人脚印

傣族风物传说。流传于云南省景谷傣族彝族自治县永平、钟山等地。讲述景谷仙人脚缅寺的来历。相传一个富人见从缅树顶上落下来的一片叶子上有文字,有一木匠解读后才知叶上说的是西方有块大石上长着棵小树,深夜有星星落在枝头,小树下埋着"仙人脚",旁边有一眼泉,平时水不满,但干旱时千万人都喝不干。后来富人和四个小和尚在佛祖派来的向导——巨蟒的引领下去找"仙人脚",一路上钻刺窠密林,进深箐,并遇到一条大黑蟒,领路的巨蟒就变成老鹰把它的颈啄断,并引着僧人们找到了有星星降落的小树,而且找到了"仙人脚"及旁边的一眼泉水。芒翁寨的人们按佛祖的旨意就建成了"仙人脚"缅寺。佚名讲述,张学权记录整理。收入《云南民间文学集成·景谷民间故事》(一),32开,5页,3500字,景谷傣族彝族自治县民间文学集成领导小组编辑室1989年编印。

(郭玉萍)

星山

傣族山川风物传说。流传于云南省德宏傣族景颇族自治州傣族地区。相传相真有一子名"岩半",从小就喜欢弄刀舞棍,成人后学会了十二套拳术、棍法、刀法,还学会了唱戏。但他不满足,又出门到外地去寻师。一天,走到一村见一老年人滚动很大的石头,他赞扬老人力大无比;老人见他身背长刀,一眼看出他会武术,就提出要和他比武。事先岩半不想比,但转念一想,比武还是一种学习和实践的机会。次日,在村民们围观中,比试了刀、棍、拳术,不分高低。翌日又比试射箭,约定把对面山尖上的两株树先射倒一株,才可称优胜。岩半让老人先射,一株树立即倒下,大家齐声赞扬。岩半一箭射出,只听到轰轰响声后,连树影子也不见,山被射出了一个大缺口,大家高呼,赞不绝口。这大缺口到了晚上会出现一颗很明亮而洁白的星星。后人就称这山为"星山"。佚名讲述,曼相吞搜集、整理,俊孟译。收入《傣族民间故事》第三辑,傣文版,32开,2页,约900字,云南民族出版社1984年版。

(俊孟)

月琴的来历

傣族风物传说。流传于文山壮族苗族自治州马关县傣族聚居区。相传古时,杨柳湾有个小伙子,叫依勤,勤劳勇敢,十八岁了却未成亲。不是依勤眼光高,是他与梦中姑娘伊肯发誓:非她不娶。后来,他与伊肯在一个圆形水潭边相见,不知不觉跳起舞唱起歌来,此后几天,依勤在伊肯的协助下,照圆形水潭形状做了音箱,照绝壁流下的四股水形状,插上一根柱,拴上四股线,做成一种乐器。依勤抱着它弹着,叮叮咚咚,声音清脆,节奏分明,如瀑布流水声、滴水声一般,极为动听。这种乐器制成,因音箱如月,叫月琴。王永祥讲述,刘德荣记录。收入《文山州傣族民间故事集》,16开,2页,1150字,云南人民出版社2016年版。

(张元波)

银山脚溶洞

傣族山川风物传说。流传于云南省德宏傣族景颇族自治州遮放一带。相传在潞西市遮放镇坝尾的一座山上有一只金凤凰。有人听说这座山有银子，就组织全勐的百姓去挖山，挖了三天三夜。这时那只金凤凰站在山顶上说话，说是如果挖走山中的银子，整个勐（国家、地区、地方）要有大灾难。说完金凤凰把山推翻，把已挖得几十丈深的山洞填了大半，还剩下一小半未填。这一小半就是现在的银山脚溶洞。据说每年的一二月份和六七月份此洞里会发出五彩缤纷的光环。庄真讲述，刀干相记录，岳小保译。16开，2页，约500字，稿存德宏傣族景颇族自治州民语委。

（岳小保）

遮放"维善"榕树

傣族风物传说。流传于云南省德宏傣族景颇族自治州。据说，在德宏州潞西市遮放弄养村附近有一棵大榕树，人们称之为"维善"榕树（意为与佛有关的、圣洁的榕树）。相传，在很久以前，这里是一片荒地，是大盗、土匪出没的地方。有一天，从"崃列"山来了四位僧侣，他们请村里人建了一坐小塔，基座宽二丈，高三丈，那些僧人把群众捐来的钱于夜里三点钟放进塔的中心，并赶了三天三夜的大摆，四位僧人为摆场里的百姓讲经说法。赶摆结束后，僧人们便回到了"崃列"山。从此后，这一带的社会风气变好，人们互相尊敬，尊老爱幼，老百姓安居乐业，过着幸福的生活。大约过了五十年后，有一天夜里，突然来了一阵大风，把塔吹倒了，从塔的基座中心长出一棵榕树来，人们就叫它"维善"榕树。传说每年春节前都可看见在榕树那里出现五彩缤纷的彩带光环。这棵榕树枝繁叶茂，至今附近的群众把它当作神树。帅恩讲述，刀干相记录。16开，2页，约600字，稿存德宏傣族景颇族自治州民语委。

（岳小保）

（四）地名传说

丙野山名的由来

傣族地名传说。流传于云南普洱市景谷县傣族地区。相传在景谷县那山半山腰，有一处平坦的山地，傣语称平为"丙"。野，即是大女儿种旱谷的地方。很久以前，有兄弟两家，老大住在"丙野山"，老二住在山腰上看护那里的"巴达啊哈"（溶洞）。老大夫妻有一个宝贝女儿，四个儿子。女儿成家以后领着丈夫儿女在半山一处平坦的地方以种旱谷为生，每年收成都很好，老父亲给这里取名叫"来丙野"。傣族把山叫做"来"，称平地为"丙"，把大姑娘叫做"野"或"也"。"来丙野"的意思就是大女儿的山地，所以这山是因人和地而得名的。收入《景谷傣族民间故事》（汉傣双文），32开，1页，227字，景谷傣族彝族自治县傣文化协会编，2014年3月发行。

（依旺的）

邦冷寨

傣族地名传说。流传于云南省德宏傣族景颇族自治州陇川县。邦冷系傣语，意即风吹的寨子。相传佛历二二零四年（公元1660年）春，欲迁居陇川的景颇族求居者在得到傣族土司应允后，于农历二月建寨。求居者到此时，觉得地址不理想，风太大，于是再三向土司请求准予另择地立寨，土司不答应。景颇族求居者不得已只能建寨于原先土司答应的风吹之地。立村建寨后，村民在房前屋后栽树种果，不几年一片绿阴。但寨名还是谓之傣语："邦冷寨"。佚名讲述，钱保林搜集、翻译。16开，2页，约300字，稿存德宏傣族景颇族自治州民语委。

（快永胜）

棒亥哏的来历

傣族地名传说。流传于云南省盈江县傣族地区。

盈江县芒丈街附近有个地方，至今人们都叫"棒亥哏"（出银罐的地方）。相传有个心地善良、木活技术又好的小伙子，平时为孤寡老人做木活不计报酬。一天，一白须老人来请他第二天去修门，并说一定会给三两银子。老人指指江对岸，又把地点和房屋特征交代清楚后走了。尽管荒天雨季、江水猛涨，小伙子还是冒着生命危险渡江过去了，但见到的是一间荒废的房屋。门的确烂了，他精心修理后，回来途中便见到一土罐里有银子，拿回来称刚好三两。此后，总是有类似的老人来请他，每次回来，那地方总会有三两银子。"棒亥哏"因此得名。佚名讲述，雷宝权记录，冯霄译。傣文版，16开，1页，425字，刊于傣文杂志《勇罕》1986年1期。

（冯霄）

"春欢"花园的由来

傣族地名传说。流传于云南省西双版纳傣族自治州。相传傣历667年（公元1336年），召片领召诶在御花园里举行盛大的傣历新年泼水节活动，与民同乐的王后因为兴奋过度回宫后病倒了。召诶叫国师占卜算卦，国师认为王后的灵魂遗失在御花园里了，要给王后拴线招魂才能痊愈。召诶按照国师的吩咐做了，过了几天，王后恢复了健康。从此以后，召诶为了给王后讨吉利，就把御花园取名"春欢"花园，意为灵魂花园，延传至今。岩塔讲述，岩庄香翻译。16开，6页，1024字，稿存西双版纳傣族自治州民族研究所。

（依旺的）

耿马地名的传说

傣族地名传说。流传于云南耿马县傣族聚居区。相传很早以前，耿马最早居住着腊人，即今天佤族、布朗族的祖民。洪武十三年（1380年，傣历742年），明"三征麓川"后，强盛的麓川王国发生内讧，思氏贵族四处离散，另寻生息的地方。麓川思氏王室后裔罕刷、罕谢父子率领着头人百姓离开了勐卯弄（今德宏州瑞丽），一路风餐露宿、跋山涉水，首先到了木邦（今缅甸登尼），后渡过滚弄江来到定坝。看到定坝已有先前从麓川逃来的另一支罕氏贵族占据着，只好率众翻山越岭到达勐角，在勐角建寨安居下来，"角"在傣语中有垒建之意。傣家人在勐角生息繁衍，数年后，随着人口的发展，勐角地方也显得太狭小拥挤，为了拓展生存发展之地，罕刷罕谢另行找寻生息之地。不久，罕刷、罕谢父子找到一个平坦富饶的地方，他们让人把这个地方记住不要忘记，就叫它勐岛。几年后又找到了勐省，这个地方地势平坦，宽阔肥沃，是一块适宜生存发展的好地方，罕刷罕谢叫大家把发现的这片土地藏匿起来，取名"勐省"。在勐角、勐省建寨定居生产一段时间后，又离开勐省再寻觅新的生存之地。他们翻越"莱相"山到了安雅、嘎结，并在嘎结建寨，数年后，一天，罕刷站在高高的山冈上，放眼望去，只见山脚西南的方向，有一个青山环抱、一个个丘陵连绵起伏的绿色的坝子，罕刷罕谢父子俩带领头人百姓按照傣家人古老习俗，向上苍跪拜，祈祷神灵护佑找到理想的生息宝地。在一匹白色神马的引领下，他们来到了一块肥沃宽广、美丽富饶的坝子。傣家人在这里繁衍生息定居下来，后建立了耿马城，傣家人在耿马这块土地上定居下来，并把这个地方称为"勐相耿罕"，寓意为跟随白马寻觅到的黄金宝石之地。南桂香搜集整理。收入《耿马民族民间故事》（耿马民族文化丛书），16开，1页，1000余字，云南民族出版社2016年版。

（南桂香）

大力士扁帕

傣族地名传说。流传于云南省德宏傣族景颇族自治州瑞丽市一带。据说，古时候有一个大力士挑着两座大山准备堵住瑞丽江，以让人们到佛脚印处（在遮放坝尾，地名叫扎朵）去赕供朝拜更方便。他走到帮过山时扁担断成两节，大力士被他挑的山压死在那里。后来这两座山被人们称为

"大力士扁帕"（扁帕，系傣语，即小篾箩，此山形似扁帕），一直叫到现在。佚名讲述，刀干相记录，岳小保译。16开，3页，800字，稿存德宏傣族景颇族自治州民语委。

（岳小保）

东那、芒费寨名的由来

傣族地名传说。流传于云南省普洱市景谷县傣族地区。相传从前，人们不会修路，前人走过的路，后人跟着走，走多了也就成了路。勐卧的东那坡，森林茂密，古树参天，虎豹出没，鬼怪横行，人们去集市的路就从这片密林里经过。在这条路上有一道深沟，是过路的人们踩踏出的脚印被雨水冲刷后形成的。经过这里的牛马常常被深沟卡住，主人只能把它杀了，然后挑着肉回去。一天，一只大象被卡在了沟里，因为没人路过来救它，就死在那里。附近几个寨子的人都来看热闹，大家把大象的肉割了下来。面对小山一样的肉堆，如何分肉的问题使人们争论起来。于是，大家把见多识广的土司请来了帮忙评理。土司问明情况，看见大象的头是对面坡头寨子的人，那就分他们一半大象，后来人们管这个寨子叫芒费；分得象牙的寨子叫东那；得到大象鼻子的寨子称为东永；分得大象牙齿的寨子叫做芒旭；分得大象肠子的寨子叫做芒孩；最后赶来的那个寨子的人得到了大象的肋骨，所以这个寨子人们管它叫做芒抗掌。收入《景谷傣族民间故事》（汉傣双文），32开，1页，491字，景谷傣族彝族自治县傣文化协会编，2014年3月发行。

（依旺的）

东永寨名的由来

傣族地名传说。流传于云南省普洱市景谷县傣族地区。相传从前有两兄弟。哥哥的三儿子爱好打鱼，经常顺着东那河一直到威远江，在一个大弯塘戏水捕鱼。成家后，就在大塘附近盖房建寨，老父亲为这个地方取名叫"等们"，"等"就是大河的大塘，"们"，就是"团"的意思。后来因为分大象肉时，这个寨子分得了大象的鼻子（傣语叫"永"），人们就称为"芒东永"。收入《景谷傣族民间故事》（汉傣双文），32开，1页，144字，景谷傣族彝族自治县傣文化协会编，2014年3月发行。

（依旺的）

达和坡的传说

傣族地名传说。流传于云南省景洪市景洪傣族聚居区。相传大力士艾先龙见澜沧江上没有桥，决定在江两岸筑坝修桥。主意已定，他便去挑来两座山，谁知在半路跨过山沟时，肩上的扁担断了。挑来的两座山，一座掉在江北，即现在的章达坡。另一座山掉在景洪城的西边，叫做"达和坡"，"达和"即发光的眼珠，据说扁担断时，艾先龙火冒三丈，眼珠直冒火花，因此得名。刀新华讲述，依旺的翻译整理。16开，5页，683字，稿存西双版纳傣族自治州民族研究所。

（依艳坎）

打洛南兰河的由来

傣族地名传说。流传于云南省勐海县打洛傣族聚居区。相传有四个商人挑着酒到打洛卖，沿途吃了很多橄榄果。到了打洛，他们喝到的河水非常的甘甜、清香，就打水去街市卖。等橄榄果汁淡去，水也淡了，和普通的水没有什么两样。事后，人们调侃说"南兰""南兰"（好喝的水！好喝的水！）。从此，这条河水便因此而得名，流传至今。岩三扁讲述，刀金平翻译。16开，4页，632字，稿存西双版纳傣族自治州民族研究所。

（刀金平）

打洛传说

傣族地名传说。流传于云南省西双版纳傣族自治州勐海县。打洛即混合渡口之意。相传古时候打洛一带分布着一个傣族、一个布朗族部落，人们称为"邦洛",意为两个民族混合在一起的部落。部落的首领叫召邦洛,征服了打洛江两岸的几个小部落,建起了一个叫"景洛"的城池,并将他的辖区称为"勐景洛",境内居住着傣、布朗、哈尼三个民族。后来,召邦洛在景洛附近开了一个渡口,三个民族让识水性的人撑筏摆渡,这个渡口逐渐成为通向勐满(今缅甸)、勐泰(今泰国)的交通要道,名声逐渐扩大,景洛的名称就渐渐被打洛代替。岩轰讲述,杨胜能记录、整理。收入《西双版纳传说风情趣话》,32开,2页,1000余字,云南大学出版社2001年版。

(朱继英)

夫妻坟堆

傣族地名传说。流传于云南省勐海县景真傣族聚居区。相传勐遮首领召捧玛的儿子召罕乐娶了景真公主喃波罕为妻,虽然两勐亲善,但勐遮的首领召捧玛一心想霸占景镇的领土。一次,勐遮准备偷袭景真,喃波罕设法把信装在葫芦里告诉了父王,使得景真逃过厄运。勐遮首领查知是儿媳喃波罕通风报信,便把替妻子求情的召罕乐和喃波罕拉到两勐相交地界的地方活埋了。从此,勐遮和景真两勐交界处就有了两堆坟墓,人称夫妻坟堆。岩三扁讲述,玉腊翻译整理。16开,11页,1984字,稿存西双版纳傣族自治州民族研究所。

(刀金平)

佛祖做过饭的勐阿坝子

傣族地名传说。流传于云南省西双版纳傣族自治州勐海县。勐阿意为沸水滚落的坝子。据说,佛祖释迦牟尼率众弟子巡游讲经来到勐阿坝子时,又饥又渴,等了半天,也没有人来送水献茶献饭。佛祖的弟子只好端着钵盂前去化缘,一位老人送给他一筒白米,佛祖和弟子只得自己生火煮饭。不一会儿,米汤沸腾着喷溢出来。佛祖见状,急忙到附近的河里打来冷水倒进钵盂里,钵盂里的沸水温度骤然下降,停止沸腾。佛祖不知其中缘故,感叹道:"这河中清水原来是南阿。"(使沸水停止沸腾的水)从此,坝子里的河被称为南阿河,河流经的寨子被称作勐阿。康朗庄讲述,杨胜能搜集、整理。收入《西双版纳传说风情趣话》,32开,2页,1000余字,云南大学出版社2001年版。

(朱继英)

广兰喊的传说

傣族地名传说。流传于云南省西双版纳勐腊县勐仑傣族聚居区。相传很久以前,勐仑的地方首领兰喊因不满召片领(宣慰使)的统治,起兵谋反。几次镇压无法取胜的召片领,就把女儿嫁给首领兰喊为妻,并嘱咐女儿探听首领兰喊的弱点。得知首领兰喊最怕黄竹片,就把首领兰喊诱到议事厅,设计用黄竹片杀死了首领兰喊,并把首领兰喊运回勐仑埋葬。当地百姓为纪念首领兰喊,就把埋葬首领兰喊的山坡叫做"广兰喊",意即兰喊山,流传至今。康朗约讲述,刀金平翻译。16开,3页,630字,稿存西双版纳傣族自治州民族研究所。

(刀金平)

广恩的传说

傣族地名传说。流传于云南省景洪市勐罕傣族聚居区。相传首领典海的女儿喃金罕带着仆人去山里砍柴,砍好柴后却没有藤子来捆柴。找了很久,仆人才发现岩石上长着一根藤子,喃金罕命仆人把藤子割下来捆柴。喃金罕的父亲首领典海是炼银子的,他发现女儿带回来藤子,就放进了炼炉里,藤子就变成了银子。从此,这座山就被称为"广恩",即银山。康郎约讲述,依艳坎翻译整理。16开,5页,725字,稿存西双版纳傣族自治州民族研究所。

(刀金平)

公鸡寨和母鸡寨

傣族地名传说。流传于文山壮族苗族自治州马关县傣族聚居区。相传古时候，拉基人住在一个叫阿迷州的地方，生活很幸福。阿迷州分有山南、山北两个村寨。山南的村只养公鸡，称为公鸡寨；山北的村只养母鸡，称为母鸡寨。南北两寨道路相通，人们常来常往，互通有无，亲密无间。后来，遭到外族入侵，想霸占这个美丽的地方。拉基人奋起抵抗，可是由于力量薄弱，打不过侵略者，遭到野蛮的屠杀。为了生存，两个寨子的人不得不相约逃走。公鸡寨的人和母鸡寨的人从此离散，再也没有相会过。陶起仙讲述，马兴沛记录。收入《文山州傣族民间故事集》，16开，2页，554字，云南人民出版社2016年版。

（张元波）

公主山

傣族地名传说。流传于云南省勐腊县勐仑傣族聚居区。相传勐仑的首领听说勐还的公主非常漂亮，就派人把公主抢了来。为此，两地发生了战争。勐仑首领见无法抵挡勐还军队的进攻，派人将公主藏在一座深山岩洞里，出入全靠一根长绳吊进吊出。谁知长绳被老鼠咬断，公主和女仆被活活饿死在岩洞里。人们为了纪念公主，就把那座山称为公主山，也称公主洞。康朗约讲述，刀金平翻译。16开，3页，588字，稿存西双版纳傣族自治州民族研究所。

（刀金平）

公主山

傣族地名传说。流传于云南省耿马傣族佤族自治县。相传坎果首领统治勐弄果麻时期，那里有勐蚌、勐信、勐拱、勐岛四小国。勐蚌国首领娶妻妾九人，只有王后生有三个女儿。三女儿叫婻相秀莹，她长大后与在王宫中做仆人的岩宰相爱。首领把岩宰赶出宫门。公主在山洞中找到岩宰并以身相许。岩宰被打入水牢后喂了大蜥。岩宰死后，公主忍痛生下与岩宰结合所得的小王子。她把小王子交给贴身女仆艾毛抚养后剃度出家为

尼，她去到岩宰被害的大水塘，用了十二个春秋填平大水塘后死去。后来，首领在伍糯弄山上为公主和岩宰修筑了高大的双人墓，伍糯弄山就被人们改称为公主山。佚名讲述，竹下翁搜集、整理。收入《耿马文史资料》第三辑，32开，24页，17500字，政协耿马傣族佤族自治县委员会文史资料委员会1992年7月编印。

（郭玉萍）

公朗村的芒洋和芒玉寨名的由来

傣族地名传说。流传于云南省普洱市景谷县傣族地区。相传从前有两兄弟。弟弟老两口十分疼爱大女儿和小女儿，不愿让她俩远嫁，在她俩成家以后，老父母安排她们两家在一个大石岩下盖房建寨，因为大石岩上面平整，下面呈半圆形，傣族称这种形状为"染"，人们就叫做"芒染"，后来就被叫成了"芒洋"。二女儿有一门好手艺，她每天都要过公朗河到对岸（现在的"芒玉"寨址）割葛根藤（傣语叫"玉"）来织线或者编织小凳子。大姐告诉二妹说："你每天去挑藤条太累了，过河也让姐很担心，不如去那片'玉'地盖房建寨算了。"妹妹搬过去以后，人们就叫这里"芒玉"。收入《景谷傣族民间故事》（汉傣双文），32开，1页，242字，景谷傣族彝族自治县傣文化协会2014年编印。

（依旺的）

公朗村芒朵寨名的由来

傣族地名传说。流传于云南省普洱市景谷县傣族地区。相传从前，有两姐妹。大姐和二妹两家人丁很兴旺，都有了子孙重孙。他们两寨每逢过年都要组织斗牛、斗鸡比赛，赛场就在现在的"芒朵"寨址。这里有三个大石头在河边一个大弯塘中间，三个大石头的顶部倾斜，活像个三角。三角傣语叫"景"，三个石头对斜也叫"朵""多"。老祖祖们说："姐妹两家的子孙重孙在'景多''景朵''允朵'玩斗"，子孙们分家后就在这里盖房建寨，自然就叫"景多""景朵""允朵"，再后来

就叫"芒朵"了。收入《景谷傣族民间故事》（汉傣双文），32开，1页，205字，景谷县傣族彝族自治县傣文化协会2014年编印。

（依旺的）

关累传说

傣族地名传说。流传于云南省西双版纳傣族自治州勐腊县。关累意为追赶马鹿寨。相传很久以前，有一个猎人上山打猎时，发现了一头金鹿，他追到一个村边时，恰逢村民盖新房，猎人被热闹景象分了神，竟忘了追马鹿，当他回过神时，金马鹿已跑得无影无踪。他向村民讲述了此事，就把村子改名为关累。佚名讲述，佚名记录、整理。收入《勐腊县地名志》，16开，1页，1000余字，勐腊县人民政府1988年6月编印。

（朱继英）

鬼哭坪的由来

傣族地名传说。流传于云南省德宏傣族景颇族自治州潞西市。鬼哭坪位于潞西市的芒市坝与轩岗坝之间。相传古代的混俸王（统治势力）与混海罕（反叛势力）交战，混海罕战败，头颅被混俸王斩之并挂于现芒市坝雷门寨一棵屯东树上示众，不料混海罕的头颅会唱歌，继续号召人民大众反抗旧势力。消息很快传遍四方，轩岗坝的人类、鬼神也想先睹为快，人们日夜兼程，可鬼只能夜间走，当至一坪子时天已拂晓，众鬼便伤心哭泣，为不能目睹混海罕头颅后悔不已，于是这坪子被称为"鬼哭坪"至今。佚名讲述，李岩过哏搜集、整理，快永胜译。傣文版，16开，2页，约400字，稿存德宏傣族景颇族自治州民语委。

（快永胜）

河水倒流的坝子

傣族地名传说。流传于云南省西双版纳傣族自治州勐海县。相传勐混的南开河边，一对以打鱼为生的傣族夫妇，生下了一个力大无比的儿子，叫艾项龙。为了养活自己的父母，艾项龙移山筑坝，使南开河水倒流成一个大鱼塘。由于石头都被艾项龙拣去修坝，南开河里找不到像样的石头，勐混峡谷变成盛产鱼虾的地方。多年后，山洪带来的泥沙填平了大鱼塘，形成一个新平坝，人们就将此称为河水倒流的坝子——勐混坝。佚名讲述，杨胜能整理。收入《西双版纳傣族民间故事集成》，32开，4页，2000余字，云南人民出版社1993年版。

（李传宁）

河东芒巴领寨名的由来

傣族地名传说。流传于云南省普洱市景谷县傣族地区。相传在远古时候，有老两口生养了三个儿子、三个女儿。二儿子老依，自小喜好打猎，经常抓些小猴来玩，小猴多起来了还可以换些银两讨生活，老汉经常为此事恼火，说这个老依不务正业，不安心在家种田种地，天天就知道往山上跑，去抓小猴子。老汉左劝右劝，他都只当耳旁风，根本就不理会父母的苦心。后来，老汉干脆叫老依去住在猴子山林里，养些猴子养活一家人算了。傣家称猴子叫"领"，"腾"叫山林地，"巴"指山林地中的一个范围，连起来叫"腾巴领"。后来，搬来这里居住的人家多起来了人们就习惯地称这个寨子为芒巴领。收入《景谷傣族民间故事》（汉傣双文），32开，1页，231字，景谷傣族彝族自治县傣文化协会2014年编印。

（依旺的）

河东芒那迁（芒缅）的由来

傣族地名传说。流传于云南省普洱市景谷县傣族地区。相传在远古时候，有老两口生养了三个儿子、三个女儿。老三儿子从小就喜欢玩鸡，他每天什么事情都不愿意做，只用各种线结成活扣，到山上捕野鸡，其余时间里，就约小伙伴玩斗鸡。这个老三玩斗鸡玩出了名气，他驯养的斗鸡种都是纯野鸡种，谁家的斗鸡都斗不过他驯养的斗鸡。傣家称斗鸡叫"多迁","多"即是对打,"迁"是指拳术之类,连起来就叫"多拳",时间长了,就被称为"那拳""那迁"了。收入《景谷傣族民间故事》（汉傣双文）,32开,1页,171字,景谷傣族彝族自治县傣文化协会编,2014年3月发行。

（依旺的）

虎形洼

傣族地名传说。流传于云南省德宏傣族景颇族自治州瑞丽市傣族地区。相传从前,勐卯地方有一个叫岩杏的人,他日思夜想要当一个大力士,人们送他外号叫"双力士"。一天,他来到一村,喊遍各家各户都没一个人,数十户人的村子唯南面有一老人。双力士问老人："为何全村独您一位在家？"老人哀叹地说："我村山上出现了大群野牛,吃光了庄稼,人们只得外出谋生。"双力士听后很气愤,他邀约老人一同前往赶牛,突然,听到野牛的叫声,老人说它们又要下坝了。他俩一人手拿一根大棒堵在野牛必经的路口,最终不能胜过它们,只得逃走。后他俩去找岩显勐大力士帮助。岩显勐从金盒里拿出大力菜给岩杏,告别后,老人和他突然听到野牛声,岩杏马上把大力菜吞到肚里,全身顿时力大无比,好像一手可抱起一头野牛似的。岩杏走出去一段路,突然扑倒在地上,变成一只大猛虎,看守在野牛必经的山丫口处。听到虎的叫声,野牛止步,后来它们远离此山。之后虎也死在丫口旁,变成一座形如一只老虎的山包,故人称虎形洼。佚名讲述,俊孟记译。16开,4页,约900字,稿存德宏傣族景颇族自治州民语委。

（俊孟）

贺信寨与户闷寨名的来历

傣族地名传说。流传于云南省德宏傣族景颇族自治州。相传芒市土司与遮放土司为了争夺土地、人口,双方带领大批军队在一个开阔的地上拉开阵势,准备进行厮杀。芒市土司问遮放土司："人来齐了没有？"遮放土司见芒市土司人多势众,便机灵地回答说："上千（贺信）的已经来了,还差上万（户闷）的没到。"芒市土司听后大惊,遮放土司的军队只来了一部分就有如此之多,如上万的到了,自己如何抵挡？芒市土司便下令收兵回府。遮放土司利用自己的聪明才智吓退了比自己强大的军队。为了纪念这次战役的胜利,遮放土司把两个寨子称为贺信与户闷,这两个寨名一直沿用至今。佚名讲述,线永明搜集、整理、翻译。16开,2页,约400字,稿存德宏傣族景颇族自治州民语委。

（线永明）

湖泊变成的勐遮坝子

傣族地名传说。流传于云南省西双版纳傣族自治州勐海县。勐遮意为水浸泡过的平坝。据说,过去此地为湖泊,湖中栖息着一对龟魔,湖畔被一对巨大无比的雕魔占据。雕魔经常飞到有人居住的地方捕食牛马,搅得人们不得安宁。有一年,一个叫召底咪的傣族勇士为追赶一头金鹿来到湖边,雕魔叼走了金鹿。召底咪用箭射死了两只雕魔。雕魔的尸体在湖水中浸泡后,散发出冲天臭气,清澈的湖水也浑浊无光,巡游讲经的佛祖释迦牟尼闻到冲天臭气后,睁开慧眼看到水色浑浊的勐遮湖,便施法撬开湖坝,使发臭的湖水流走。湖水流尽,形成了今天的平坝。湖中的龟魔无法生存,变成了勐遮平坝的两个山丘。康朗庄讲述,杨胜能记录整理。收入《西双版纳传说风情趣话》,32开,2页,1000余字,云南大学出版社2001年版。

（朱继英）

九亿湖

傣族地名传说。流传于云南省德宏傣族景颇族自治州傣族地区。相传从前有一个首领,在他领地里有八座湖,其中有一座湖最大。首领对养子们说："各位养子,谁有办法能量出湖水有几挑水,我就让他继承我的家业。"养子们谁都没有办法,这事传到召贡玛嘎耳里，召贡玛嘎去到首领府里说："首领，这座湖水共有九亿担水，如果首领不信，可以用水桶量，是不是有九亿担。"后来，人们就把这个湖叫"弄告南"（九亿湖）。此湖现在瑞丽弄岛。佚名讲述，曼相吞搜集、整理，朱光灿翻译。刊于《傣族民间故事》第六辑，傣文版，32开，2页，约500字，云南民族出版社1992年版。

（朱光灿）

姐闷掌

傣族地名传说。流传于云南省盈江县傣族地区。"姐闷掌"即万象城之意。相传从前统治盈江的召贺迫王居住在这里。召贺迫有个女儿是天下最美丽的公主，皮肤白得像剥壳后的熟鸡蛋。他饲养的战象近万只；他有把神剑，打仗时，只要一指，对方的兵会成片倒下；他还有个弟弟长着三只眼睛，是个武艺超凡的人。有四个石狮子和一只金凤凰也会飞来做他的左右手，这都藉于他所在的地方是风水宝地。但因他狂妄自大，想霸占更多的地方，后被敌人派人来用铁鞭把地脉打断。此后，他弟弟眼瞎，他自己的宝剑失去了神性，四个石狮子飞走了两个。他一蹶不振，直至衰亡。而姐闷掌的地名却流传至今。佚名讲述，冯霄记译。16开，4页，1904字，刊于傣文杂志《勇罕》2003年3期。

（冯霄）

金藤条的故事

傣族地名传说。流传于云南省景洪市勐罕傣族聚居区。相传很久以前，有三姐妹去山上砍柴，待要用藤条来捆柴时，找到一根藤条砍也砍不断，拉也拉不动，最后在找牛的老汉帮助下才扯断藤条。三姐妹把藤条带回家放进火里一烧，原来是一条长长的金丝藤条。从那以后，三姐妹居住的村寨就叫做"曼法黑罕"，意为金藤曼法寨。岩塔讲述，陆云东翻译整理。16开，5页，631字，稿存西双版纳傣族自治州民族研究所。

（刀金平）

金鹿塘的传说

傣族地名传说。流传于云南省勐海县打洛傣族聚居区。相传召祖腊翁和随从们追赶金鹿来到勐景莱后，金鹿却不见了踪影。召祖腊翁的随从勐罕温不甘心，带了人去找，结果见金鹿在一个池塘里打滚。金鹿塘由此而得名。岩健讲述，岩三扁记录。16开，2页，503字，稿存西双版纳傣族自治州民族研究所。

（刀金平）

景谷县城于南漳气河，傣语叫"南安"之说

傣族地名传说。流传于云南普洱市景谷县傣族地区。相传在远古时候，有老两口生养了三个儿子、三个女儿。三个女儿懒出名了，整天打扮，天天下河洗澡，被住在三棵树大弯塘的龙王夫妇拖到了大弯塘淹死了。住在"南燕"河源头的五兄弟沿"南燕"河撒鱼。来到这个大弯塘，两条龙王和三条小龙（三姐妹变成了小龙）张着血盆大口扑向这五兄弟，这五兄弟十分老练地向那五条龙撒网。据说这五兄弟的网是用大黑狗血染制而成的，所以龙十分害怕黑狗血，见状吓得各自逃命，把网给撕破了，五兄弟拔刀与众龙厮杀起来，那三条小龙成了五兄弟的刀下鬼，清清的河水霎时变成了血河，龙王夫妇也因伤势过重死在坡头上。人们怕这些龙的鬼魂出来害人，便两年用猪血祭、三年用水牛的血去祭一次，龙的鬼魂就不会出来害人了。后来，老大、老二和老三相继成家，在"南燕"旁的一个小坡头建寨至今。从此，"南燕"河是因为上流小沙燕子住在河头沙壁上而得名。收入《景谷傣族民间故事》（汉傣双文），32开，1页，573字，景谷县傣族彝族自治县傣文化协会，2014年编印。

（依旺的）

江东新寨，傣语叫"芒杭"之说

傣族地名传说。流传于云南普洱市景谷县傣族地区。相传在远古时候，有老两口生养了三个儿子、三个女儿。有一天，老四、老五出去玩，老四先跑到威远江建村立寨，老五追赶到"丙杭"，就在"丙杭"成家建寨，以后到"丙杭"住的人多了起来，老人们取名叫"芒杭"。收入《景谷傣族民间故事》（汉傣双文），32开，1页，61字，景谷县傣族彝族自治县傣文化协会编，2014年3月发行。

（依旺的）

江东大芒费寨脚，住户叫"芒别"的由来

傣族地名传说。流传于云南普洱市景谷县傣族地区。相传在远古时候，有老两口生养了三个儿子、三个女儿。老五在芒杭成家建寨后，生儿育女，老五的大儿子继承父亲的事业，十分喜爱养水老哇，他沿河边训练水老鸦叼鱼，这水老哇也很奇怪，当放到"芒别"这个地方就不走了。原来这里有棵很大的、需要三四个人张开双臂才围得过来的古树，树干有个洞，水老鸦十分喜欢这古树洞，无论主人怎么追赶，它就是不出古树洞，主人干脆放任它住在古树洞里。隔些日子，它就在这古树洞下蛋繁殖出了许多水老鸦，它们经常成群地飞到大树不远的烂泥塘游玩叼鱼（烂泥，傣语叫吾别）。后来，主人也在这古树旁盖房建寨，老父亲老五取名叫"芒别"了。收入《景谷傣族民间故事》（汉傣双文），32开，1页，262字，景谷傣族彝族自治县傣文化协会编，2014年3月发行。

（依旺的）

景真典故

傣族地名传说。流传于云南省西双版纳傣族自治州勐海县。据说，真罕是傣族历史上一位有名战将，本领高强。一年，勐遮坝附近出现了一种体粗如手臂的土蜂，土蜂常到寨子里叼走猪崽、婴儿。真罕和伙伴找到蜂巢后，用火消灭了恶蜂，并在蜂王的巢室内发现了两颗晶莹透亮的蜂宝。真罕将蜂宝佩在身上，从此征战所向无敌。后真罕在发现蜂宝的蜂巢所在地建起了城池，人们称其为景真城。康朗庄讲述，杨胜能记录、整理。收入《西双版纳传说风情趣话》，32开，3页，1500余字，云南大学出版社2001年版。

（朱继英）

景真曼撩的传说

傣族地名传说。流传于云南省勐海县景真傣族聚居区。相传景真召勐派了两个兄弟为他放牧牛马，因牛马众多、往返不方便，他们请求召勐答应他们在牧场上搭棚宿营，每天不再赶牛马回来，召勐答应了他们的请求。每当召勐想看自己的牛马时，他就去站在高山上眺望牛马。因此，召勐称这里为曼撩，即了望村。曼撩因此得名。岩盼讲述，依艳坎翻译整理。16开，5页，768字，稿存西双版纳傣族自治州民族研究所。

（刀金平）

景洪曼听的故事

傣族地名传说。流传于云南省西双版纳傣族自治州。相传傣历650年（公元1289年），缅甸一公主嫁给勐阿拉武（今西双版纳）的召片领召诶为妻。因缅甸公主在宫廷宴会上举止出格，召诶和缅甸公主发生激烈争吵。公主一气之下跑回缅甸去了，把一男一女两个贴身侍从留在勐阿拉武。召诶对公主的两个侍从非常友善，让他俩结为夫妻后，还让他们去看守御花园。那对夫妻在御花园里繁衍后代，建立村寨。夫妇二人为了纪念召诶，就把村寨取名"曼听"，意为宫廷村寨。岩塔讲述，岩庄香翻译。16开，7页，1158字，稿存西双版纳傣族自治州民族研究所。

（依旺的）

景糯曼浓恒

傣族地名传说。流传于云南省景洪市景糯傣族聚居区。相传景糯曼伐村附近的山洞里，住着一位

老人和一匹白马。一天，白马偷吃了曼伐村一户人家的稻谷，主人找到老人要求赔偿损失时，老人只给了那人一包马粪。那人一气之下，把马粪倒进了寨子旁边的水塘里。回到家发现包里剩下的一团马粪变成了金子，就带着妻子去把那个水塘放干，用筛子去湖里筛找金子。从那以后那个湖被人们取名叫浓恒坎，即用筛子筛金的湖。后来，有人就到湖边建寨便取名为曼浓恒。岩帕讲述，玉腊翻译整理。16开，5页，862字，稿存西双版纳傣族自治州民族研究所。

（刀金平）

景糯曼该却

傣族地名传说。流传于云南省景洪市景糯傣族聚居区。相传有几户曼善头人的佃农，因头人的田在河的对岸，来回劳作很不方便，他们就在田边搭了草棚，并且养了不少鸡。时间长了，征得头人的同意，他们在田边建立了村寨。因养了不少鸡，田地里到处都是被群鸡扒的痕迹，就取名为曼该却，意为鸡扒乱的寨子。岩帕讲述，玉腊翻译整理。16开，5页，793字，稿存西双版纳傣族自治州民族研究所。

（刀金平）

景糯曼纳扁

傣族地名传说。流传于云南省景洪市景糯傣族聚居区。相传景糯的首领要建盖新房屋，便传令曼纳村的人给他锯木板盖房屋。曼纳村的人给他锯了很多木板，他们锯出来的木板建盖两栋房屋都还绰绰有余。首领非常高兴，就给他们村寨改名叫曼纳扁，即木板寨，流传至今。岩帕讲述，玉腊翻译整理。16开，5页，821字，稿存西双版纳傣族自治州民族研究所。

（刀金平）

景真曼恩的传说

傣族地名传说。流传于云南省勐海县景真傣族聚居区。相传柬埔寨三户贫民来到曼东村请求定居，曼东村民答应了他们的请求，就让他们住在田边，为村民管理田地。后来，他们发展为十二户人家，就去向曼东村人请求另立村寨。曼东村人同意了，但条件是他们每户人须出三两银子给曼东村。为此，他们每户给了曼东村三两银子。新立的寨子就叫曼恩，即银子村。岩盼讲述，依艳坎翻译整理。16开，5页，785字，稿存西双版纳傣族自治州民族研究所。

（刀金平）

景洪——黎明之城

傣族地名传说。流传于云南省西双版纳傣族自治州。相传勐粘芭纳的王子帕雅拉吾喜欢狩猎。一次，他带着一批人到深山密林中去围猎。当他们准备在深山中露宿时，一头金鹿突然从天而降般出现在草丛中，帕雅拉吾一箭射中了金鹿的腿，金鹿带着伤就往前奔跑，帕雅拉吾率领大家拼命追赶，追了几天几夜后，金鹿于黎明时进入一个空阔平坦、土肥水清的平坝后，突然消失了。帕雅拉吾见眼前是一个适合建城的地方，就和手下在此建城定居，并将城名叫做景洪——黎明之城。佚名讲述，赵洪宝整理。收入《西双版纳傣族民间故事集成》，32开，2页，1100余字，云南人民出版社1993年版。

（李传宁）

景谷民乐白象寨名的由来

傣族地名传说。流传于云南省普洱市景谷县傣族地区。相传远古的时候，匪患重重，瘟疫频发，百姓到处流亡。景谷民乐的白象村，原先是比较大的回民寨子。山贼们每月几乎都来抢劫回民，抢不到财物就烧房子，拖牛牵马，再加上瘟疫经常爆发，回民们只好拖儿带女携老扶幼离家出走逃荒流亡。十分兴旺的寨子，几年工夫就没落了，最后寨子旧址都看不出来。后来，从勐茂（今德宏某地）逃荒逃难的刀姓家族先来到这里安家，随之又有江西难民落脚在这里。由于刀姓家族先到，所以自然就成了寨主，江西来的人当中有男也有女，他们很快与刀姓家族婚配。在后来的几次瘟疫中，江西男性多死于瘟疫，只留下了女性。看到傣家信佛，也为了平安度日，江西来的人全部改为刀姓，以求当地神灵和佛的保佑。几年以后，刀姓家族越来越壮大，人丁十分兴旺，就自己取名为芒昌（新寨的意思）。现在都有人特别是傣家人还称作芒昌。芒昌寨子后山有一处天然形成的水塘，经常有一群白象来这塘子里喝水打滚游玩。有外地来的生意人把汉文化传了进来，才知道那些巨大的动物叫白象（汉语），傣族称之为"掌帕"（白象），为方便语言的交流和记事，人们就把"芒昌寨"叫做白象寨。一个寨子被叫出两个不同含义的寨名也就这么传了下来。收入《景谷傣族民间故事》（汉傣双文），32开，1页，517字，景谷傣族彝族自治县傣文化协会编，2014年3月发行。

（依旺的）

龙哈传说

傣族地名传说。流传于云南省西双版纳傣族自治州勐腊县。龙哈意为呕吐的小平坝。相传释迦牟尼巡游到磨歇村时，村民们做了傣家名菜剁生盛情招待佛祖，佛祖饭后不适，当走到狭长小平坝时便发生呕吐，故得名。佚名讲述，佚名记录、整理。收入《勐腊县地名志》，16开，1页，1000余字，勐腊县人民政府1988年6月编印。

（朱继英）

龙罕

傣族地名传说。流传于云南省西双版纳傣族自治州。相传远古以前，龙罕这个地方沟壑万丈、湖泊幽深，被三界众神认为是一个蕴藏宝藏的圣地。天王就让天神捧麻罗和大地女神喃妥拉尼守护在那里。一天，大地震动，沟壑之处耸起八座像石门一样的岩山，石门打开后里面有尊巨大的佛像。守护的两位天神报告了天王，天王下来就让人类在那里繁衍生息。由于岩洞里射出的金色光芒直射云霄，天王就把那里称为"龙罕"（金色光芒谷）。后来，由于龙罕盛产麝香，人们又称之为"龙古"（麝香之乡）。岩塔讲述，岩庄香翻译。16开，5页，732字，稿存西双版纳傣族自治州民族研究所。

（依旺的）

龙塘地名寨名的由来

傣族地名传说。流传于云南省普洱市景谷县傣族地区。相传在远古时候，有老两口生养了三个儿子、三个女儿。二儿子老依成家以后就分家出来单过，他带着妻儿来这里盖房子居住。后来，又有一些人也搬来这里，人多了就形成了寨子。这里是一条河的源头，水从烂泥塘中流出，傣语叫"竜汤"（"竜"是多的意思，"汤"就是指这些烂泥像汤一样），也有其他民族语言成分的交融，后来的名称就从"竜汤"慢慢演变成了"龙塘"。收入《景谷傣族民间故事》（汉傣双文），32开，1页，191字，景谷傣族彝族自治县傣文化协会2014年编印。

（依旺的）

陆坤

傣族地名传说。流传于云南省德宏傣族景颇族自治州傣族地区。陆坤系傣语，陆：儿子；坤：土司、官人。陆坤意为王子、太子。相传现今陇川县坝头的陆坤寨，最早建寨之人是德昂族，早期寨名为马银寨。德昂族迁居缅甸后，有傣族迁居到此。传说建村立寨时，每当黄昏太阳西沉，人们常见一高大白马现身于村头的大青树脚，还不时到南宛河边觅草。后来，因村人在此挖掘出一大罐银子而取名"马银寨"。佛历1991年（公元1448年），陇川多氏第十一代土司多双法统治勐宛时期，土司衙门被一伙强盗用火焚烧，城内的人被烧杀。危难之时，多双法土司最小的儿子多绍宁，被好心人救出并连夜送到马银寨藏起来。后来，多绍宁当上勐宛第十二代土司之后，把他藏身之处的马银寨改称"陆坤寨"至今。钱友昌讲述，钱保林记译。16开，5页，约1000字，稿存德宏傣族景颇族自治州民语委。

（快永胜）

拉扁寨的由来

傣族地名传说。流传于云南省德宏傣族景颇族自治州。此村寨位于潞西市轩岗乡。相传潞西市芒市实行土司制度初期，一般每个村寨都要分担税租，由于此村寨刚立村建寨，才有三户人家，田地还少，粮食紧缺，土司的收租人来了几次，三户人家都以各种理由推辞，从此取名"芒拉扁"，意为"马虎村寨"。佚名讲述，李岩过哏搜集、整理，快永胜译。16开，1页，约200字，稿存德宏傣族景颇族自治州民语委。

（快永胜）

崃门的传说

傣族地名传说。流传于云南省德宏傣族景颇族自治州傣族地区。"崃门"，傣语，意为热闹的山峦。相传准戈国的首领海罕能歌善舞，妻子婻玉蚌貌美善良。海罕出门学武时婻玉蚌已身怀有孕。戈朗国的首领垂涎婻玉蚌的美貌，知道海罕外出后，将婻玉蚌抢回王府，企图霸占为妾。婻玉蚌对着青天唱自己的不幸，痛斥强盗们的蛇蝎心肠。她希望微风能将歌声带给远方的丈夫，盼望夫君把自己救回故园。海罕闻讯后，孤身闯入王府，终因寡不敌众，被戈朗国首领斩首示众。海罕的头颅挂在一棵刺桐树上。百姓们为海罕的死愤愤不平，刺桐树周围站满了哀悼的人群。海罕的头颅不停地在歌唱，歌声日夜不停，催人泪下，燃起人们胸中的怒火！前来听歌的人群川流不息，渐渐地刺桐树周围被人们脚上带来的泥土垒成了一个圆形的山坡。为纪念海罕，这座山就取名崃门。不久又在崃门旁建了"崃门"村。傣家人把

海罕尊崇为歌圣，凡是吟诗对唱，都要向海罕顶礼膜拜，祈祷他保佑和给予歌威。佚名讲述，李丽搜集、整理，佚名翻译。32开，2页，约1400字，收入《德宏傣族民间故事》，德宏民族出版社1993年版。

（金小所）

民利村"芒就"寨名的由来

傣族地名传说。流传于云南普洱市景谷县傣族地区。相传从前，有两兄弟。哥哥的大儿子成家以后，就住在东那山脚一个山丫口，这里的山路丫口原来经常有老熊在此经过。傣语称"有熊的山丫口"为"就米"，大儿子就在这里盖房建寨。老父亲取名叫"芒就"，现在"芒就"已经没人居住了，只留下了历史变迁的痕迹。收入《景谷傣族民间故事》（汉傣双文），32开，1页，120字，景谷傣族彝族自治县傣文化协会编，2014年3月发行。

（依旺的）

民利村芒东那寨名的由来

傣族地名传说。流传于云南省普洱市景谷县傣族地区。相传从前，有两兄弟。哥哥的二儿子成家以后，带着儿女沿东那河往下走，到了现在的东那寨子建寨。以前，东那小河原来名字是叫"河酿"，意思是"这条小河源头虽然不长，但水好养人"，但这里是荒无人烟的树林。渐渐地，来这里居住的人多了，人们称在这条河段的寨子叫"悟酿"。后来，因为在分大象肉的事件中，这个寨子分得了象牙，加之人口越来越多，寨子越来越大，田地也开垦多了，就成了有名的田坝，傣语称田坝为"东"，有象牙的田坝就是"东牙"。汉字书写寨名的时候就成了"东那"。收入《景谷傣族民间故事》（汉傣双文），32开，1页，233字，景谷傣族彝族自治县傣文化协会编，2014年3月发行。

（依旺的）

马闷寨名的由来

傣族地名传说。流传于云南省景谷县傣族聚居区。相传在远古时候,有老两口生养了三个儿子、三个女儿。大儿子老岩成家后没有分家,一直在照顾父母。老岩住的地方不远处一个大山洞里,有一只野母狗下了三只小狗,这条老母狗天天来寨子偷鸡,因此而得名"骂闷"。傣家叫狗为"骂",后人们叫来叫去,也不知叫了几代人,就把原来的"骂闷"叫成了现在的"马闷"。收入《景谷傣族民间故事》(汉傣双文),32开,1页,146字,景谷傣族彝族自治县傣文化协会编,2014年3月发行。

(依旺的)

马寨的传说

傣族地名传说。流传于云南省文山壮族苗族自治州马关县傣族聚居区。相传从前,有一个竹林围绕的傣族寨子,经常遭到土匪的抢劫。有一年,粮食刚刚收完,土匪就来抢了。这时候,出现一位骑着大马的将军来杀土匪,土匪招架不住抱头逃跑了。那位将军骑马追到寨子边,被一个暗藏的土匪用狗血染过的子弹打断了一只马腿。马无法奔跑了,将军只好将马拉到竹林里暂时把它放在那里,一个人去追赶土匪。一位老波陶(老大爹)看见竹林里那匹战马在啃石头,以为它饿了,就去抱来新收割的苞谷叶喂它。战马跃出竹林两百米后,因伤势过重跌落在大崖子脚下。天亮以后,全寨子的大人小孩都去寻找战马。找到的时候,它已经变成石头马了。从此,这里的傣家人过上了安逸自在的生活。为了纪念这位将军,感谢这匹白马,人们就把寨子的名字改为"马寨",将那片竹林取名叫做"马箐"。直到今天,都没有改变过。苏友才讲述,李德佩记录。收入《文山州傣族民间故事集》,16开,1页,331字,云南人民出版社2016年版。

(张元波)

芒旺寨的由来

傣语德宏地名传说。流传于云南省德宏傣族景颇族自治州傣族地区。相传很久以前,有只老虎跳到江中的一块石头上向上天祈求:"法力无边的神啊,我祈求上天赐给我食物,如果该是我腹中的食物就漂到我的身旁吧。"不一会儿,有个乘着竹筏的瞎女顺江而下,漂到老虎身旁,老虎把她抱到石头上。瞎女说:"老虎,如果你想吃我就吃吧。如果不吃,请你把我的双眼治好,让我重见光明,我就陪伴你一生。"老虎听了,把瞎女的双眼治好,并带着这个女人到山坡上晒衣服,人们就把此地称之为芒旺(晒太阳寨)。佚名讲述,刀干相搜集、整理,线永明译。16开,3页,约600字,稿存德宏傣族景颇族自治州民语委。

(线永明)

芒族寨名的由来

傣族地名传说。流传于云南普洱市景谷县傣族地区。相传芒族寨子是一片天然的柳树林,傣族称柳树为"梅族"。一天,有三个妇女相伴来到柳树林种地,突然,这三个妇女得病死亡。后来有人来到柳树林里继续种地,为方便种地,就在地边盖起了房子,渐渐地,住户多起来了,大家就以"梅族"(柳树)取了寨名,时间一长,就被称为了"芒族"。收入《景谷傣族民间故事》(汉傣双文),32开,1页,141字,景谷傣族彝族自治县傣文化协会2014年编印。

(依旺的)

芒等恩与晒银石之说

傣族地名传说。流传于云南省普洱市景谷县傣族地区。相传从前,小景谷河芒等恩寨附近河里,有一个很大很深的龙塘,有一条老龙,他经常变成一匹白马到附近的甘蔗地吃甘蔗以及其他庄稼,勐麻老憨三就给这塘水取名叫"等索热"(龙嘴塘)。有一天,有两位老夫妻背着竹箩,挑着谷篮去看他家的田地,发现一匹白马正在他家地里偷吃庄稼，老汉十分恼火，他连谷篮都没有放下，拔腿就去追那匹白马，追着追着，白马跑到龙嘴塘一跃就钻进水里去了。老汉从未见过这般情景，被惊呆了，等他回过神时，这匹白马用脚把马粪扒进老汉的谷篮里，刚好是满满的一挑马粪。白马告诉老汉说："'波陶'哎，请你闭上眼睛，我走在前面，你老跟在后面，记住了，我俩穿过这个水洞去七瓣零七扎，我用脚蹬你一下，你就可以睁开眼睛了，但是请你千万不要往后面看。"老汉点头，照白马说的办了。当他睁开眼睛的时候，才发现自己挑的根本不是马粪，而是白花花的银子。老汉高兴得不得了，刚伸手去摸白银，不料脚下打滑，扁担撞在大石头上，整挑白银倒了一地。就在这时，突然下起大雨来，白银一下子变成红彤彤的泥巴银子了，老汉急忙把银子捡起来放在一块平整的大石头上，经过雨水冲洗，白银又恢复了原样。雨过天晴，老汉叫老伴儿快快来看银子，老妇人看见这么多银子，什么都顾不上了，高高兴兴地挑起银子回家了。后来，人们给这个地方取名叫"充大恩"，意思是晒银石，再后来，人们又称这里为"等恩"，意思是银子塘，一直就叫到了现在。收入《景谷傣族民间故事》（汉傣双文），32开，1页，630字，景谷傣族彝族自治县傣文化协会2014年编印。

（依旺的）

芒罢德寨名的由来

傣族地名传说。流传于云南省普洱市景谷县傣族地区。相传从前，勐通寨老人家的二儿子老依来芒罢德上门，这个寨子位于威远江岸边岩石溶洞旁边，这里又是小河汇进威远江的入口，对面正好是上尖下尖山样，直指岩石洞，老人给这里取名叫"罢给"，意思是很近的寨子，"罢"指大约方向的概称，如滇东、滇西、或滇南的一种概称，因为是下游方向，后来人们干脆叫"罢给"为"罢德"了，直到如今。收入《景谷傣族民间故事》（汉傣双文），32开，1页，177字，景谷傣族彝族自治县傣文化协会2014年编印。

（依旺的）

芒拉寨名的由来

傣族地名传说。流传于云南省普洱市景谷县傣族地区。相传勐通寨老人家的三儿子到一个小河口尖山脚下种茶为生计。成家以后干脆在茶地盖房子建寨。老波陶给取名叫"芒腊"，傣家叫茶为腊。后来人们叫习惯了，不叫芒腊而叫芒拉至今。收入《景谷傣族民间故事》（汉傣双文），32开，1页，84字，景谷傣族彝族自治县傣文化协会2014年编印。

（依旺的）

芒卡寨名之说

傣族地名传说。流传于云南省普洱市景谷县傣族地区。相传勐通寨老人家的大女儿阿也嫁到芒卡寨，这里原先是荒无人烟的毛草地，姑爷天天去地里干活，每天都抓得很多大独鼠（专吃茅草根的大老鼠）来杀吃。老波陶给这里取名叫"芒罢卡"（茅草寨子的意思），后来被人们叫做芒卡至今。收入《景谷傣族民间故事》（汉傣双文），32开，1页，113字，景谷傣族彝族自治县傣文化协会2014年编印。

（依旺的）

芒冷寨名的由来

傣族地名传说。流传于云南省普洱市景谷县傣族地区。相传勐通寨老人家的二女儿阿玉嫁到今芒冷。从前这里住户并不多，主要是以种榄菜为生，也叫懒菜，种一拨年年收。阿玉的男人天生爱拿鱼，有一天他去筑坝围鱼，水干了，他摸鱼的时候不小心一脚踏进深泥坑，被一只老乌龟咬住不放，他越挣扎就陷得越深，急得他哭天喊地忙叫阿玉说："孩他妈哎，快些叫人来帮忙，把我拉出来"，寨子里的人们听说后以为发生什么大事，大家跑来看到情况，有趣地逗他说："是什么东西拉住了你的脚，肯定是你天天抓鱼，被鱼的父母把你的脚抓住了。"有个长者忙招呼大家说："不要说了，来、来、来，我们大家一起把他拉出来再说"大家一起使劲帮他从泥坑里拉出来了。后来，人们觉得取名芒揽（懒）有些不好听也不好记，就改为芒冷至今。收入《景谷傣族民间故事》（汉傣双文），32开，1页，312字，景谷傣族彝族自治县傣文化协会2014年编印。

（依旺的）

芒连晒多坝朗的由来

傣族地名传说。流传于云南省普洱市景谷县傣族地区。相传从前有一家人，住在一个尖山脚威远江岸边，老两口有三个儿子，七个女儿，大儿子老岩成家以后就在一个树林旁的"骂朗"果树中建寨，后来人们把这里住的人家叫忙连晒多坝朗到如今，意思就是住在"骂朗"果树中的寨子。收入《景谷傣族民间故事》（汉傣双文），32开，1页，113字，景谷傣族彝族自治县傣文化协会2014年编印。

（依旺的）

芒冒寨名的由来

傣族地名传说。流传于云南省普洱市景谷县傣族地区。相传在远古时候，有老两口生养了三个儿子、三个女儿。三女儿自小娇气，也很懒，长成大姑娘了还常睡懒觉，不想做家务也不下地做农活，整天在家打扮，喜欢摘些花草插在头上。她口气还不小，嫁人要嫁"召"（指官人），如果不是"召"她就不嫁。眼看女儿年龄大了，老母亲都着急起来了，就骂三女儿说：你想嫁"召"那就去嫁（"召"有两个意思，一是指官人，二是指"主人"。）在沙坝地种花的"召"吧，怎么说人家种花的人也是主人，也是"召"。这块种花的沙坝地就是现在的芒冒寨子，而种花的人是一个外地来的老者，年龄几乎可以做三女儿的爹。三女儿听老母亲说这个种花的人也是"召"，自己又十分喜爱那些花花草草，那就管他老不老，只要是"召"就嫁。三女儿嫁给种花的老人以后，人们就称这里为种花的地，傣语叫"算冒"（"冒"也是傣家人叫的花）。后来，这里的人多了起来，人们就不叫"算冒"，改叫芒冒，芒冒便因种花而得美名。收入《景谷傣族民间故事》（汉傣双文），32开，1页，388字，景谷傣族彝族自治县傣文化协会2014年编印。

（依旺的）

芒判养寨名之说（原址在景谷凤岗盐矿山脚，现已无人在此居住了）

傣族地名传说。流传于云南省普洱市景谷县傣族地区。相传在远古时候，有老两口生养了三个儿子、三个女儿。老四和老五自小爱玩，有一天，老四和老五又在"南燕"河玩，顺河而下进入威远江，太阳落山了，兄弟俩忙赶回家。可是，天黑看不见，兄弟俩一直沿威远江上下到处寻找到天亮，第二天早上才在一山脚下的小河塘边找到了水老鸦。这地名原本人们就叫"判养"。两兄弟拖着水老鸦回到威严江边，水老鸦脱手而飞，一只飞回原来的"判养"，另一只飞到远处很平坦的草地，这里傣语叫"丙杭"，后来老四就在水老鸦落脚处成家建寨。以后这里的人发展到300多户，人们就叫芒判养了。收入《景谷傣族民间故事》（汉傣双文），32开，1页，250字，景谷傣族彝族自治县傣文化协会2014年编印。

（依旺的）

芒孩寨名的由来

傣族地名传说。流传于云南省普洱市景谷县傣族地区。相传从前，有两兄弟。哥哥的四儿子喜欢玩鸡，也爱养鸡，整天赶着鸡群到处觅食。鸡群喜欢到一片柳树旁的水塘里捉小虫子，傣族叫柳树为"梅孩"，老四成家后就在此地养鸡为生，老父亲给该地取名叫芒孩。收入《景谷傣族民间故事》（汉傣双文），32开，1页，89字，景谷县傣族彝族自治县傣文化协会 2014 年编印。

（依旺的）

芒旭寨名之说"芒就"
傣族地名传说。流传于云南省普洱市景谷县傣族地区。相传从前，有两兄弟。哥哥的小儿子老五由于年纪最小，家里的事情都轮不到他做，便整天跑到寨子对面山里采白花来做菜吃。傣族把白花叫做"摸旭"。他家之前就在山脚开有一片山地（现在芒旭寨子西南），这是一块斜角坡地，一边大一边小，形似三角形，傣族称斜角为"旭"，因此，老父亲就取名为"芒旭"，小儿子就在此建寨了。后来，分大象肉时，这个寨子的人分到了一根象牙（傣语叫"旭"）。白花叫"旭"、斜角地叫"旭"、象牙也叫"旭"，这诸多巧合听起来，把这个寨子称作"芒旭"是再好不过了。收入《景谷傣族民间故事》（汉傣双文），32 开，1 页，236 字，景谷傣族彝族自治县傣文化协会 2014 年编印。

（依旺的）

芒回寨名的由来
傣族地名传说。流传于云南省普洱市景谷县傣族地区。相传从前，有两兄弟。弟弟夫妻育有七个儿女，五男两女。他们家除了以种田种地为生，还有个主要任务，就是看守废弃的"巴达"。他家在小河源头，抬头可以看见"巴达"的大石门。后来这个寨子十分兴旺，人们就称这个寨子为"芒回"，傣族叫河为"回"，虽然后来这个寨子的人已经迁走，却留下了瓦片、铜钱、坛罐残片、屋基等，还有许多古老的菩提树和小芒果树，现在的人们仍然管这里叫"芒回"。收入《景谷傣族民间故事》（汉傣双文），32 开，1 页，214 字，景谷傣族彝族自治县傣文化协会 2014 年编印。

（依旺的）

埋龙山趣事得名
傣族地名传说。流传于云南省普洱市景谷县傣族地区。相传从前，大峡谷一带的谷底神灵聚集，有一处很深的湾塘底有一个很深很长的水洞，洞里有一对龙夫妻，经常出来吃人。勐麻寨有一个叫老憨三的大汉经常看见老龙抓人下水，在整条河上下到处都有人的骨头。老憨三故意把花皮树枝等其他树枝编织搭建成了简易桥，取名"贺专"（也就是现在的凸桥位子），后来他又弄来一只狗打死放血丢于桥下的大湾塘里泡着。这天，老龙从龙洞里出来，顺河而上去吃人，在回来的路上，这个老龙突然发现一条狗泡在水里，惊得它扬起头直冲云霄，然后又猛地头朝下俯冲向勐麻山死了。老憨三给这个地方取了一个名字叫"米放热"（汉语叫埋龙山），后来汉族朋友通常叫埋龙山。但是当地老人们，特别是傣族仍然习惯地叫"米放热"。收入《景谷傣族民间故事》（汉傣双文），32 开，1 页，332 字，景谷县傣族彝族自治县傣文化协会 2014 年编印。

（依旺的）

莫牙寨名的由来
傣族地名传说。流传于临沧市耿马傣族地区。相传莫牙、芒撒等寨的傣族先民从泰缅交界的边境迁徙而来，来到孟定坝后向当地头人讨要落脚生存之地，当地头人叫他们等一夜再议，因语言发音差异，莫牙寨先民误认为让他们出两沟金子，便举部族来到山上的芒撒，并沿途砍芭蕉为记。后来的人到时看到芭蕉已长出一大截，认为前面的人已走远，就不再继续往前走，所以这些迁徙的人分别在芒撒、芒弄、莫牙建寨定居。莫牙寨得名是相传土司衙内乱，土司大印负气消失，藏匿在山中的草丛里。土司下令全城四处寻找，找遍了每个角落都没有找到，土司十分着急。最后莫牙寨的人在山上草丛中找到大印送还土司衙门，土司称赞他们心像花儿一样美丽、善良。土司问要何赏赐，村寨头人请求土司赐予村寨名字，故名"莫牙"，意为像鲜花一样美丽纯洁村寨。南桂香搜集。收入《耿马民族民间故事》（耿马民族文化丛书），16开，1页，400余字，云南民族出版社2016年版。

（南桂香）

勐牙迫

傣族地名传说。流传于云南元江县傣族聚居区。相传古时候一个月光明媚的夏夜，一个异常英俊的小伙子，弹着动听的琴声到我们勐掌来恋南少——串姑娘。他说，他的家乡在一个遥远的勐里，那里土肥水清山色美丽，牛羊满坡，谷子堆成山。有一个美丽的姑娘和他一见钟情，愿做他的妻子，并请求他允许自己的父母和小妹一家都搬到那个美丽的勐里去。小伙子满口答应了姑娘的要求。姑娘家一搬到这个美丽的勐里，便感到不大对头。勐，倒真像小伙子说的那样美丽，就是人——这里的人除了这个小伙子和他的父亲以外，其余的面容丑恶可怕，长着鲜红的长牙，女人都用毛毛虫当耳环，他们看人时，眼里总闪着看见猎物似的那种光。原来姑娘和家人流落到了吃人肉的勐（坝子）。姑娘和家人经历了魂飞魄散的将要被吃而逃亡的惊险过程。范杨氏、白玉珍讲述，杨丽萍搜集。收入《中国民间故事丛书·云南玉溪·元江卷》风物传说，知识产权出版社2015年版。

（白云）

勐换的传说

傣族地名传说。流传于云南省勐海县打洛傣族聚居区。相传跟随召祖腊翁追赶金鹿到勐景莱的召罕温，遵照召祖腊翁的命令，也到了另一个地方建村立寨。因人多地广，百姓们就以召罕温的名字命名为勐罕温。召罕温担心招来召祖腊翁的不满，便以他们见到的蟒蛇残骸为名，取名勐换，意为残留蟒蛇尸骸的地方，延传至今。岩健讲述，岩三扁记录。16开，2页，498字，稿存西双版纳傣族自治州民族研究所。

（刀金平）

勐龙曼燕的黑狗水坝

傣族地名传说。流传于云南省景洪市勐龙傣族聚居区。相传勐龙有个叫曼燕的寨子，无法拦坝蓄水灌田。头人们认为是神灵作怪，决定用人祭坝，他们选中了一个寡妇的儿子。当人们打好木桩，寡妇儿子潜进水里扎篾子的时候，头人就命众人把所有篱笆扔进水里，寡妇儿子被活活闷死在河里。从此，水坝再也不会冲垮。从那以后，每到农耕季节，人们还要杀一只黑狗去拦河坝祭祀，延传至今。黑狗水坝也因此得名。岩香讲述，岩庄香翻译整理。16开，7页，1357字，稿存西双版纳傣族自治州民族研究所。

（玉腊）

勐板千男沟

傣族地名传说。流传于云南省勐海县勐板傣族聚居区。相传勐遮与勐混两勐交战，勐板所有的男人都参军助勐混去了，村里只剩下妇女和老人、小孩。勐遮王探知后，便派兵偷袭勐板。勐板的妇女们得知消息，拿着刀和木棍埋伏在勐遮兵必经的废水沟边，把偷袭的千百个勐遮兵都杀死在水沟里。从那以后，那个水沟就称为千男沟，一直流传到今。岩帕讲述，玉腊翻译整理。16开，5页，785字，稿存西双版纳傣族自治州民族研究所。

（刀金平）

勐遮曼果

傣族地名传说。流传于云南省西双版纳勐遮傣族聚居区。相传勐蓝章的两个猎人进山狩猎，不知走了多少天，来到了扁担山帕洼（意：佛迹）石。两个猎人见巨石上有很大的脚印，就在那里休息。他俩发现这里特别宽阔，便定居下来，后来人多了，人们就给寨子取名叫曼果，即两人建的寨子。岩三扁讲述，玉腊翻译整理。16开，5页，736字，稿存西双版纳傣族自治州民族研究所。

（刀金平）

勐遮曼浆的由来

傣族地名传说。流传于云南省勐海县勐遮傣族聚居区。相传勐遮傣族首领和西定（地名）哈尼族首领两人划分土地时发生争执，召片领（宣慰使）便来仲裁。他让他俩半夜鸡鸣时各赶着猪出寨，向对方出发，以两人相遇处为地界。狡猾的勐遮首领用箩筐扛着猪走，走了很远才碰到赶着猪的哈尼族首领，这时天已亮了。后来两人相遇的地方有人在那里建寨便取名叫曼浆，意为天亮寨。岩三扁讲述，玉腊翻译整理。16开，5页，726字，稿存西双版纳傣族自治州民族研究所。

（刀金平）

勐遮曼帕纳章恼的由来

傣族地名传说。流传于云南省勐海县勐遮傣族聚居区。相传召片领（宣慰使）的女儿嫁给勐遮首领时，带来一头大象。一个名叫岩帕的勐遮首领侍从，把大象牵到曼果和曼纳村寨旁边放牧，并在那里建盖几间茅草屋取名叫曼帕。没多久，那头大象因发情乱窜乱跑，谁也无法制住，人们就给那地方取名叫纳章恼，即大象恼怒的地方，与旧地名合称曼帕纳章恼，流传至今。岩三扁讲述，玉腊翻译整理。16开，6页，863字，稿存西双版纳傣族自治州民族研究所。

（刀金平）

勐伦曼卓的由来

傣族地名传说。流传于云南省西双版纳勐腊县勐伦傣族聚居区。相传从前勐老的勐乌首领到景洪参加头人集会时，路过一个盛产硝盐的寨子，被寨子里的人拉下了马，后来勐乌首领带兵把寨子给毁了。宣慰使久久不见那个寨子的人进贡火药，得知寨子被勐乌首领毁了，就传话让勐乌首领把那个寨子恢复起来。勐乌首领不敢违抗，派人把逃难的人找了回来，重新建立了村寨。从此，人们就称这个寨子为曼卓，即寻找回来的寨子。康郎药讲述，岩庄香翻译整理。16开，5页，689字，稿存西双版纳傣族自治州民族研究所。

（刀金平）

勐罕的传说

傣族地名传说。流传于云南省景洪市勐罕傣族聚居区。相传佛祖释迦牟尼带着众阿罗汉巡游布道时，来到了澜沧江边。四个卖菱叶的生意人从景洪坐着船而来，发现佛祖和阿罗汉在江边休息，就请佛祖和阿罗汉去勐沽巴塔尼（勐罕古称）讲经说法。佛祖上岸后，村民们纷纷用棉布铺路让佛祖走。佛祖预言道："以后我踩过的棉布就叫'发罕'（意为卷布），这个村叫做'勐罕'（意为卷布的村子）吧！"从此，人们沿用了佛祖所取的地名。岩塔讲述，陆云东翻译整理。16开，7页，1089字，稿存西双版纳傣族自治州民族研究所。

（刀金平）

勐两的传说

傣族地名传说。流传于云南省孟连傣族拉祜族佤族自治县。相传勐卯土司施康法去世后，由召慕尼罕当土司。由于他多行不义，怕遭报应就逃到勐些，并谎称百姓要造反，请汉兵去镇压。后汉兵来到，召慕尼罕杀了勐卯的土司召尼慕章。召尼慕章的妻子带领其子施殿法逃到了勐岗当了头人并改名为罕罢法。召慕尼罕夺回王位后，罢免了召慕尼章的手下，其中官员中的根岛、根海、根冒、根中四个怕土司找借口杀自己，就相约到远方开辟新的领地。四人带领人马来到怒江边后，分三路去寻找领地。后来，根岛这路人马走到一个宽阔的坝子，取名为勐两，意为寻找来的地方，并把已走到班产的根海、根中和已走到募乃的根冒两路人马叫来汇合。四位官员商议着划分了地盘。经过几年的开垦，勐两坝子一派兴旺景象。后他们又去接流亡在勐岗的老主人的妻子和儿子罕罢法。罕罢法到勐两当了土司。刀进民讲述，召罕嫩采集、记录。收入《孟连傣族拉祜族佤族自治县民间文学集成·傣族卷》（一），32开，4

页，3000字，孟连傣族拉祜族佤族自治县文化局、民族事务委员会1987年编印。

（郭玉萍）

勐窝村寨名的由来

傣族地名传说。流传于云南省景谷傣族彝族自治县。相传一千多年前佛祖周游世界来到暖里附近的贡帕竜。佛祖要在勐窝坝子查看，勐窝土司挑选上等大象赊给佛祖做坐骑。后佛祖要取道永平到外地周游，就把大象留给勐窝人做纪念。可是大象不见主人不吃不喝终于死了。勐窝土司就把大象的骨肉分给各个寨子并以分到大象各部位骨肉的名称来命各村寨名，于是威远两岸的傣家独特的村寨名称就流传至今。如："蛮哈"，因分到大象的尾巴得名；"蛮良"，因分到大象的红血得名。整个故事讲述勐窝坝各村寨名称的由来。周立训讲述，马绍兴采集整理。收入《云南民间文学集成·景谷民间故事》（一），32开，7页，5000字。景谷傣族彝族自治县民间文学集成领导小组编辑室1989年编印。

（郭玉萍）

勐宽的由来

傣族地名传说。流传于云南省西双版纳傣族自治州。相传有位召片领，他有个儿子名叫沃达宛三罕。由于沃达宛三罕危害百姓，召片领下令秘密处死他，还把沃达宛三罕的头颅埋在他危害严重的村寨中央。沃达宛三罕的妻子不见丈夫回来，独自出门寻找，伤心欲绝倒在一个箐沟里死了。召片领知道后，派出两家人去那里守护儿子儿媳的灵魂。那两家人在那里开荒种地繁衍后代，并发展成一个村寨，此寨就称为"勐宽"，即守护灵魂的村寨。岩塔讲述，岩庄香翻译。16开，4页，659字，稿存西双版纳傣族自治州民族研究所。

（依旺的）

勐腊与佛祖泼茶的传说

傣族地名传说。流传于云南省西双版纳傣族自治州勐腊县。勐腊意为产茶叶之地。相传释迦牟尼巡游到勐腊坝子打坐讲经时，前来听讲的人密密麻麻。到了中午，佛祖口干舌燥，但听得如痴如醉的人们谁也没有想起送杯茶，直到他讲得嗓子哑了，才有一位老人送来一杯浓茶。听讲经的人们这才想起找水解渴，一时人群大乱，佛祖见状，将杯中茶水泼在坝子中间，用手顺着坝子一划，地上的茶水顷刻间就变成了一条清泉顺着坝子奔流。人们便把那条河叫做南腊河——茶水河。茶水河流经的平地就叫勐腊。康朗庄、康朗叫讲述，杨胜能记录、整理。收入《西双版纳传说风情趣话》，32开，2页，1000余字，云南大学出版社2001年版。

（朱继英）

勐龙——做事过分之地

傣族地名传说。流传于云南省西双版纳傣族自治州景洪市。勐龙即做事过分的地方。相传释迦牟尼到此地讲经传教时，许多人都去听讲经。正当佛祖讲得津津有味时，突然一青年站起来说河中有大鱼、大虾，正在听讲经的人们纷纷奔到河里捞鱼摸虾，只有一老一少一动不动地继续聆听佛祖讲经。释迦牟尼感慨地说："这里的人做事太过分，不是过分聪明，就是过分愚昧。"故得名。可供研究傣族佛教参考。佚名讲述，杨胜能搜集、整理。收入《西双版纳传说风情趣话》，32开，2页，1000余字，云南大学出版社2001年版。

（朱继英）

勐阿坝的传说

傣族地名传说。流传于云南省西双版纳傣族自治州勐海县。相传佛祖释迦牟尼传教来到现在的勐阿坝时，等了半天都没人来求经拜佛。释迦牟尼遭到冷遇心里很生气，便对弟子们说："此地原来是勐昂"（傲慢之地）。这块平坝因此得名叫勐昂。

释迦牟尼弟子生火做饭时,锅内米汤沸腾着喷出锅来,后来他们生火做饭的寨子叫曼本(米汤沸腾出锅的寨子)。释迦牟尼弟子用筷子刮下锅口的泡沫,泡沫随风飞落到另一个寨子,此寨子因此得名叫曼播(米汤泡沫之寨)。释迦牟尼把米汤泡沫刮掉后,米汤仍然往外喷,他们忙去坝中间河里打来水倒进锅去,米汤停止了沸腾,释迦牟尼感叹说:"这河中之水原来是南阿"(使米汤停止沸腾的水)。从此那坝中间的河叫南阿河。由于百姓不去朝拜释迦牟尼,并非傲慢,是不知道的缘故,因此,人们不喜欢把坝子称为勐昂,只管把它叫勐阿。康朗庄讲述,艾扬搜集、整理。收入《西双版纳傣族民间故事集成》,32开,2页,800余字,云南人民出版社1993年版。

(李传宁)

勐仑传说

傣族地名传说。流传于云南省西双版纳傣族自治州勐腊县。勐仑意为柔软的坝子。相传佛祖释迦牟尼长途跋涉来到如今的勐仑坝子时,已是疲惫不堪,便盘腿坐在一块铺满落叶的巨石上静心休息。朦胧中他仿佛觉得自己坐在软绵绵的土地上。小憩后,佛祖精神倍增,情不自禁地说:"这个地方太柔软了。"从此,这个坝子被叫做勐仑。另传说:佛祖来到勐仑坝时,坐在一块绿草如茵的地上打坐讲经,从早讲到晚,都在原地打坐不动。他觉得臀下的土地软如棉毯。讲完经后,佛祖手摸草地赞道:"这地方软如地毯,就叫勐仑吧。"佚名讲述,杨胜能搜集、整理。收入《西双版纳传说风情趣话》,32开,2页,1000余字,云南大学出版社2001年版。

(朱继英)

勐罕传说

傣族地名传说。流传于云南省西双版纳傣族自治州景洪市。勐罕意为卷起来的地方。相传释迦牟尼到这里讲经传教时,当地傣族热情相迎,纷纷抱着自织的粗布来给佛祖铺路,由于路长布少,信徒们只好边卷边铺,一直让佛祖踏着白布进入曼孙满打坐讲经。佛祖感动言:"你们这个地方就叫勐罕吧。"故名。佚名讲述,佚名搜集、整理。收入《景洪县地名志》,16开,1页,1000余字,景洪县人民政府1985年3月编印。

(朱继英)

勐海与岩海的掌故

傣族地名传说。流传于云南省西双版纳傣族自治州勐海县。相传勐海原名叫勐亥。那时的勐亥有傣、哈尼两大部落。傣族部落的首领叫岩海,哈尼族部落的首领叫岛白。两个首领都英勇善战,彼此想征服对方,但交战多年,谁也无法将对手击败。后在一次交战中,岩海佯装战败,愿意向岛白称臣,并将部落中一位美若天仙的少女献给岛白为妻。在婚宴的那天,岩海用计把岛白和他的手下全部擒获。后来,岩海征服了勐亥一带的大小部落,将勐亥变成了自己的统辖地盘,就将勐亥改为勐海。康朗庄讲述,杨胜能搜集、整理。收入《西双版纳传说风情趣话》,32开,3页,1500字,云南大学出版社2001年版。

(朱继英)

勐宛

傣族地名传说。流传于云南省德宏傣族景颇族自治州。勐宛系傣语,勐:地方、国家、坝子;宛:太阳、阳光。今汉名:陇川。相传佛历九九六年(公元453年)秋,有一傣族部落首领召赛列(阳光之王),当他得知勐宛这一地方山水丰茂、有待开垦后,便立即组织并率领367户民众,从勐卡斯洼(今保山地区的昌宁)首批迁移到这地方开垦定居。队伍渡过南宏江(怒江),历时一个月风雨兼程,都是阴雨天,路途很少阳光照射。说来也怪,当队伍到达这个地方时,天空一片晴朗,阳光洒满大地,整个坝子呈现一片清晰绿色景象。部落首领召赛列据当时的情景,把此地取名为"勐宛",即太阳坝子,直至今天。汉语的陇川是明朝时期"三征麓川"后,分封陇川副安抚司而得名。钱友昌讲述,钱保林记译。16开,6页,约1200字,稿存德宏傣族景颇族自治州民语委。

(快永胜)

勐混

傣族地名传说。流传于云南省西双版纳傣族自治州。据说,勐混地方原本是深山峡谷,谷底有条河,叫南开河。住在河边的一对傣族夫妇生下一个儿子,是星星投胎的,取名叫艾项龙。艾项龙长大后,力大无比。为了养活父母,他决定筑一座大坝拦住南开河水,将家门前峡谷建成大鱼塘。于是,他使出全身力气,移山筑坝。第一次挑了八十一天,挑断九十九个山包,筑成大土坝。这样,南开河水倒流了。可是,一次暴风雨却把土坝冲进了流沙河里。艾项龙又第二次筑拦河坝,花了九百九十九天,才把坝筑成功,但一次暴发山洪,山洪水冲来的泥沙填平了大鱼塘,现出新的平坝,这就是勐混坝。当年艾项龙休息时吃橄榄喝泉水的地方,后来建成寨子,就以南金里(甘泉)命名。佚名讲述、记录。收入《中国传说故事大辞典》,16开,1页,350字,中国文联出版公司1992年版。

(阿南)

勐麻寨名的由来

傣族地名传说。流传于云南普洱市景谷县傣族地区。相传在远古时候,有老两口生养了三个儿子、三个女儿。老三儿子成家了,老两口对小儿子说:"三儿啊,你就去亚麻山居住吧"。老三儿子听从老人的安排,带上自己的儿女到亚麻山安家。在以后的日子里,他们学会了用果、皮、麻等手工制作成土布,然后将土布拿到街上换银两,所以得名勐麻。收入《景谷傣族民间故事》(汉傣双文),32开,1页,120字,景谷傣族彝族自治县傣文化协会编,2014年3月发行。

(依旺的)

勐通寨名起源

傣族地名传说。流传于云南省普洱市景谷县傣族地区。相传今景谷凤山乡勐通这个地方,是一个山清水秀的山凹槽,依傍在威远江源头岸边,花皮树成林,有很多野杂果树。有一种傣族叫"梅凤"的野果树,果实可以吃。在古时候,这里住着一家人,老两口有三个儿子、四个女儿。老大儿子为二老养老送终,便继承了家业,一直居住在这里,其他孩子分家后到别的地方居住去了。因为房前屋后栽种着"梅凤",老人就为这里取名叫"勐凤",被人们随口叫做"勐痛",后来碍于这个"痛"字不祥,人们就改叫勐通。正所谓,勐通勐通,万事皆通。收入《景谷傣族民间故事》(汉傣双文),32开,1页,217字,景谷傣族彝族自治县傣文化协会编,2014年3月发行。

(依旺的)

曼听传说

傣族地名传说。流传于云南省西双版纳傣族自治州。曼听,意为花奴居住的村寨。相传昔日西双版纳的最高统治者召片领宫廷内的一对花奴结成夫妻后,召片领不允许他们居住在宫廷内,便划了今曼听寨所在地的这块土地,让那对花奴在此栽花种果,修建一个专供召片领及其幕僚、亲属们游乐、消遣的公园,后来到这里来栽花种果的人越来越多,久而久之便形成了花奴寨。佚名讲述,杨胜能搜集、整理。收入《西双版纳传说风情趣话》,32开,2页,700余字,云南大学出版社2001年版。

(朱继英)

曼栋村的传说

傣族地名传说。流传于云南省勐海县打洛傣族聚居区。相传召祖腊翁追赶金鹿到勐景莱,成为勐景莱的首领后,为了建立更多的村寨,也让为自己扛"栋"(幡)的侍从去建立村寨。因为他们是为首领扛"栋"的人,所以建立的村寨也就叫曼栋,即扛"栋"的村寨。岩健讲述,岩三扁记录。

16开，2页，500字，稿存西双版纳傣族自治州民族研究所。

(刀金平)

曼埋奔村的传说

傣族地名传说。流传于云南省勐海县打洛傣族聚居区。相传召祖腊翁见自己的部属在勐的四周建立了村寨，自己的政权也得到巩固，于是，就让自己的随身武士也去建立村寨。他们建立村寨的地方因为是在"埋奔"（一种树）林里，故称曼埋奔，即埋奔寨。岩健讲述，岩三扁记录。16开，2页，507字，稿存西双版纳傣族自治州民族研究所。

(刀金平)

曼弄登的传说

傣族地名传说。流传于云南省景洪市勐罕傣族地区。相传一天一只神麂子跑进了曼弄诃村里，村里的人把麂子杀了，除了村里有一户寡妇因没有参加围追麂子没有分到肉外，其余每户分得一块肉。夜里，整个村庄突然沉陷下去了，只有寡妇家稳稳地立在水中央，像一个小岛。从此，人们称这岛为曼弄登，即寡妇岛。刀文学讲述，依艳坎翻译整理。16开，5页，675字，稿存西双版纳傣族自治州民族研究所。

(刀金平)

曼边村的传说

傣族地名传说。流传于云南省勐海县勐满傣族聚居区。相传有一年，勐满的首领为祭祀勐神召舍蓝、召舍亮、召舍浩三兄弟，摊派给曼养村去砍祭祀时拴牛用的木材（傣族称"边"）。他们砍来的木材不但美观而且很牢靠，勐满首领很赞赏，便每年让他们去砍"边"。为此，人们把曼养改叫曼边，意为砍"边"的村寨，延传至今。康朗三榜讲述，岩三扁记录，16开，2页，512字，稿存西双版纳傣族自治州民族研究所。

(刀金平)

曼贺廊村的传说

傣族地名传说。流传于云南省勐海县勐满傣族聚居区。相传布刚为勐满的首领时，带了几个人去狩猎，在山脚下猎到了一头大黑熊。因抬不动黑熊，他们就把黑熊拉到了坝子头。一群被人们逐出坝子的人来帮忙，并恳求布刚让他们返回坝子。布刚就让他们在帮忙的地方建村立寨。从此，这个寨子就叫曼贺廊，意为拉熊到达的村寨。岩强讲述，岩三扁记录。16开，2页，503字，稿存西双版纳傣族自治州民族研究所。

(刀金平)

曼罗列的传说

傣族地名传说。流传于云南省勐海县打洛傣族聚居区。相传召祖腊翁追赶金鹿到勐景莱成为勐景莱的首领后，便命随从在四周建村立寨、挖鱼塘。部分随从在一个干枯的弯塘里挖鱼塘时，挖到了很多铁块。后来，人们在鱼塘边建起了村寨，就取名"曼罗列"，即得到铁块的寨子。岩健讲述，岩三扁记录。16开，2页，505字，稿存西双版纳傣族自治州民族研究所。

(刀金平)

曼里传说

傣族地名传说。流传于云南省西双版纳傣族自治州勐腊县。曼里意为隐藏寨。相传过去景洪土司和勐腊土司打仗时，勐腊土司战败，胜方在曼养进行血腥屠杀，只剩下一个小孩，被一过路老人装进鸡笼背到此村隐藏起来，故得名。可供研究傣族历史参考。佚名讲述，佚名记录、整理。收入《勐腊县地名志》，16开，1页，100余字，勐腊县人民政府1988年6月编印。

(朱继英)

曼暖叫传说

傣族地名传说。流传于云南省西双版纳傣族自治州勐腊县。曼暖叫意为宝石村。相传很久以前，有一只宝石象从南腊河的汪昂潭打洞到一个小山上，人们就在宝象洞建起一座塔，取名"塔糯叫"。因这座塔修得很精美，像凸出地面的宝石，坐落于塔边的村子遂名曼暖叫。佚名讲述，佚名记录、整理。收入《勐腊县地名志》，16开，1页，100余字，勐腊县人民政府1988年6月编印。

（朱继英）

曼飞龙的传说

傣族地名传说。流传于云南省西双版纳傣族自治州景洪市。曼飞龙意为"愉快地往下走的寨子"。相传曼飞龙原名曼桂。佛祖释迦牟尼首次在此讲经时，人们觉得佛祖所讲经文深奥枯燥，不待佛祖讲完，便纷纷离去。佛祖见状，非常生气，便以人们迅速跑下山丘之势，将"曼桂"寨子改名为曼尾龙，即迅速跑之寨。人们对"尾"字不满意，将它改为"飞"字，将"曼尾龙"改为"曼飞龙"。康朗庄讲述，杨胜能记录整理。收入《西双版纳传说风情趣话》，32开，3页，1500字，云南大学出版社2001年版。

（朱继英）

曼垒、曼真与真罕的传说

傣族地名传说。流传于云南省西双版纳傣族自治州勐海县。相传古代勐泐的能人真罕自幼武艺高强并喜欢下棋。一次，一位大汉与真罕赌棋，说真罕输了就让真罕从他的大胯下钻过去，如果他输了，就给真罕一头大耕牛。真罕战胜大汉后，大汉想赖账逃跑，被武艺高强的真罕和他的伙伴追了回来，并把大耕牛拉回寨子与大家分享。后来，人们便把真罕和伙伴追赶大汉的寨子叫做曼垒——追赶寨，把真罕住的寨子改为曼真——真罕寨。康朗庄讲述，杨胜能搜集、整理。收入《西双版纳传说风情趣话》，32开，4页，1500余字，云南大学出版社2001年版。

（朱继英）

曼景兰传说

傣族地名传说。流传于云南省西双版纳傣族自治州。曼景兰意为百万人之城。相传西双版纳一带历史上曾经有过一个拥有40万坐骑的部族。部族中的一位首领叫景兰，他在今曼景兰一带建过一座城池，人们依人名给城池取名为允景兰。城池内居住的全是哈尼族。哈尼族因不习惯种植水稻和炎热的天气，逐渐从允景兰迁上了山。傣族在此建起寨后，沿用景兰一名，将寨子称为曼景兰。佚名讲述，杨胜能搜集。收入《西双版纳传说风情趣话》，32开，2页，1300字，云南大学出版社2001年版。

（朱继英）

曼邦

傣族地名传说。流传于云南省德宏傣族景颇族自治州傣族地区。曼邦系傣语，即屯兵之地。据说，在麓川治理时期，曾在勐宛（陇川）坝头东山脚下建立寝宫（别墅）。那时，守护寝宫的麓川兵营便在今曼邦之寨址。明朝廷革除麓川政权后，即公元1454年傣族才迁来此地建村立寨，初称寨名为邦设，"设"为军队、士兵之意，后来才称之为曼邦。孔奘赛讲述，钱保林记译。16开，2页，约380字，稿存德宏傣族景颇族自治州民语委。

（快永胜）

曼领传说

傣族地名传说。流传于云南省西双版纳傣族自治州勐海县。曼领意为观看寨。相传过去勐遮为湖泊，盘踞着龟魔、雕魔，经常危害附近村民。武士召底咪追赶金鹿到此地，先用刀刺伤龟魔，后又用箭射杀了雕魔。召底咪用箭射杀雕魔时，该地村民集中在一旁观看，故得名。佚名讲述，佚名搜集、整理。收入《勐海县地名志》，16开，1页，100余字，勐海县人民政府1984年8月编印。

（朱继英）

曼鲁、曼垒和曼真

傣族地名传说。流传于云南省西双版纳傣族自治州。相传从前西双版纳有个人名叫真罕，武艺超群，棋艺高强。有一天，他领着一群小伙伴，跋山涉水，来到勐海坝子里。他和一个大汉打赌下棋，讲好他下输了，他从大汉胯下钻过，要是大汉下输了，大汉将他的牛输给他，一言为定，决不反悔。结果，真罕下赢了棋，大汉却反悔，不给牛。真罕说大汉不守信，就和小伙伴一起去抢牛，后来在这里建寨，取名叫曼鲁——抢夺山寨；大汉见真罕带人要抢牛，骑上牛就跑，真罕带着小伙伴紧追，后来在追大汉的路边建寨，取名叫曼垒——追赶之寨；真罕一伙人终于追上了大汉，双方打起来，大汉打败，丢下牛逃跑了，真罕和小伙伴杀了牛，将牛肉分给附近寨子里的百姓，人们把真罕挽留在寨子里，将寨名改名为曼真——真罕之寨。佚名讲述、记录。收入《中国传说故事大辞典》，16开，1页，450字，中国文联出版公司1992年版。

（阿南）

曼养

傣族地名传说。流传于云南省西双版纳傣族自治州傣族地区。据说，景洪曾经有一个召勐（地方之主）召法龙慕杭，他老了想返老还童，命人四处寻来仙药，服药后要在箱子里睡七天七夜。当他睡到第六天时，他的第七个妻子等不得了，就打开箱子来看，只见召勐上身变成美男子，下身变成大蟒。头人就按照摩古拉（巫师）的说法，传令全勐的人护送召勐到一个山洞。结果，人们被蟒蛇用尾巴扫进山洞里，只有两兄妹因走不动落在人们后面，得以活命。兄妹俩就在山洞附近盖房子住下来。后来，他们都结了婚，繁衍子孙，建成寨子，取名为曼养——余生寨。佚名讲述、记录。收入《中国传说故事大辞典》，16开，1页，300字，中国文联出版社1992年版。

（阿南）

蟒蛇山的传说

傣族地名传说。流传于云南省景谷傣族彝族自治县钟山。相传很久以前，蛮湾寨富饶美丽、五谷丰登。有条巨蟒从深山大谷中出来寻食，来到这里时闻到人的气味和五谷的清香，决定待夜深人静去吃美味佳肴。到了半夜，寨子里的人都睡了，巨蟒移动着身子向寨子靠拢，寺院的长老远远看见巨蟒眼中的两束绿蓝光。他想擂鼓报警，召唤人们逃避巨蟒，但又怕大家不知情而慌乱，更无法躲藏。于是他想了个主意，跑到寨中一边走一边学公鸡叫唤，每家的公鸡就跟着啼叫。巨蟒来到寨子边，听到鸡叫，害怕天亮后无法用绿光迷惑人，就变成山，想等到第二天晚上再吃人。长老看见寨子后面的大山知道是巨蟒变的，就挖来一棵缅树栽到山腰上。居蟒被缅树镇住，再也动不起来了。人们知道这件事后，更加信佛了，并将此山称为蟒蛇山。周绍兴讲述，周建明采集，徐昱整理。收入《云南民间文学集成·景谷民间故事》（一），32开，3页，2000字，景谷傣族彝族自治县民间文学集成领导小组编辑室1989年编印。

（郭玉萍）

南景村芒中、芒玉晃的由来

傣族地名传说。流传于云南省普洱市景谷县傣族地区。相传从前，有两兄弟。弟弟的二儿子和三儿子自小爱玩斗鸡。有一天，小二小三两兄弟从芒回寨顺河而下放鸡，到了河口，两兄弟玩水捉鱼高兴地过了头，一大群鸡就在沙坝地四处觅食走散了，有几只鸡竟然飞过大河（威远江）到对岸觅食打斗，自由自在的你追我赶往山坡上跑，两兄弟见状，急忙抓起衣裤去追鸡，那些鸡根本不理主人，只顾往坡头飞奔上去。眼见天色已暗，那些鸡跑到一棵老红毛树（傣语叫梅中）洞中躲起来了。找不到鸡，两兄弟只好就地生火过夜，第二天凌晨，两兄弟听见大公鸡的叫声，连忙四处找鸡，可到处都找遍了还是找不到鸡的影子。老父亲一夜不见小二和小三回家，急得一晚没睡觉。第二天天大亮了，也不见两个儿子回来。老两口顺着鸡的脚印找到小河口，又来到大河边边走边大声叫喊，两兄弟听见父母的呼唤，赶紧跑过来。一家四人齐心协力，最后在一棵古老的红毛树洞里找到了鸡。母亲看这里是个养鸡的好地方，就让两兄弟在这里盖房建寨、养鸡，并取名叫"芒中"（因为那颗老树傣语叫做"梅中"）。这个寨子最兴盛时发展到了300多户人家，后来，因为自然灾难，一部分人搬到现在的"芒顿"寨子，另一部分则流落到了孟连县。两兄弟建起"芒中"寨后，整个寨子都爱养鸡，鸡经常在用石头砌起的水沟里觅食，用石头砌起的水沟傣语叫"晃玉"，距"芒中"寨子不远的地方，又新建发展起了一个寨子，老人取名"芒晃玉"。以后为了方便顺口，百姓们就叫成了芒"玉晃"（现在这个寨名汉语名叫石头寨）。收入《景谷傣族民间故事》（汉傣双文），32开，2页，603字，景谷傣族彝族自治县傣文化协会2014年编印。

（依旺的）

纳龙雅孩

傣族地名传说。流传于云南省孟连傣族拉祜族佤族自治县。相传数百年前，孟连干旱少雨。按傣族习惯傣历八月就要撒完秧。可是快到九月底了，领主召贺罕的大田还没栽秧。召贺罕就命管水的人把水挡进大田里，不许任何人用，而且还叫头人把坝子里所有的男子和耕牛叫到大田犁耙。百姓被迫来犁田，还要遭大头人的辱骂和威胁，人们恨死了他，就骗他下田，然后让混乱的牛群把头人踩死在泥田里。头人的老婆知道后，跑到大田哭得死去活来，气死在大田里。从此，人们便把这丘大田叫做"纳龙雅孩"，意为老奶哭的大田。康朗香贡采集、翻译，莫菲记录。收入《孟连傣族拉祜族佤族自治县民间文学集成·傣族卷》（一），32开，2页，1500字，孟连傣族拉祜族佤族自治县文化局、民族事务委员会1987年编印。

（郭玉萍）

纳勇水沟的传说

傣族地名传说。流传于云南省西双版纳景洪傣族聚居区。相传很久以前景洪城区景木、景德、景兰一带村寨的水田全靠人挑牛驮浇灌，百姓种田很辛苦。佛祖巡游到景洪生了怜悯之心，就用拐杖划了一条沟，让水从展天山流到景木、景德、景兰一带村寨，灌溉农田。从那以后，人们就称这条水沟为佛祖渠，也称纳勇水沟。岩塔讲述，陆云东翻译整理。16开，7页，1158字，稿存西双版纳傣族自治州民族研究所。

（刀金平）

弄香额

傣族地名传说。流传于云南省德宏傣族景颇族自治州的盈江县、梁河县。弄香额为龙湖之意。此湖位于盈江县土司府姐告（旧城）坡脚下。相传很久以前，一善良的龙王带着十二位龙女下凡，路过此地，被风光秀丽、宽阔而肥沃的坝子所吸引，坝子中还有水塘，于是决定留在此地为人类造福。但因水塘水太少，不能满足人们的灌溉需求。龙王就命十二龙女寻找水源，找到后，十二龙女用凤尾竹造成十二口井，于是井水源源不断地流入水塘，该水塘就变成了清澈明亮、丰满充盈的大湖，湖光水色交相辉映。人们还在十二口井眼处建盖了傣族特色的建筑，命名"南磨西双朗"（十二个姑娘的水井）。佚名讲述，刀保顺搜集、整理，快永胜译。16开，3页，约600字，稿存德宏傣族景颇族自治州民语委。

（快永胜）

弄相

傣族地名传说。流传于云南省德宏傣族景颇族自治州陇川县。弄相系傣语，意为珠宝地。据说，多氏人从南甸萝卜坝来到陇川寻住地时，刚走到菜园山梁子，便见清平对面西山脚下的一处在闪闪发光，当时弟兄俩认定是一颗巨宝，顾不得一路的劳累，急忙下山赶路，不多时便到发光之地，可左寻右找就是不见宝石，后来才明真相：那是一个清澈的水池，当阳光照射水面，便像镜子般明亮，闪闪发光。因此，建寨后，便把寨名称之为"弄相（珠宝）寨"。钱奘哏讲述，钱保林记译。16 开，2 页，约 400 字，稿存德宏傣族景颇族自治州民语委。

（快永胜）

弄龙

傣族地名传说。流传于云南省德宏傣族景颇族自治州陇川县。弄龙系傣语，意为大水塘。现为景颇族村寨。相传佛历 2197 年（公元 1652 年）景颇族第二次求居陇川时，勐宛第十一代土司多仕顺应允后，把景颇族安置在陆坤寨对面山脚下建立村寨，寨子的西面不远处有一个大水塘，土司多仕顺便把寨名命名为"曼弄龙"。后因历史原因，弄龙景颇族搬迁到对面的山梁上，寨名则称弄龙寨至今。佚名讲述，钱保林搜集、翻译。16 开，1 页，约 200 字，稿存德宏傣族景颇族自治州民语委。

（快永胜）

弄晃和弄反

傣族地名传说。流传于云南省保山傣族地区。相传从前，有一个寡妇带着一个女儿相依为命，由于家里没有劳动力，生活过得十分贫苦。寨子里那些爱搬弄是非的女人欺负她们，不三不四的二流子也来骚扰她们。寡妇从来不理会那些闲言碎语，她一直遵循一个道理："我恪守妇道，身正不怕影子歪，嘴长在别人身上，由他们说去。"几年后，寡妇的女儿哎也（傣族都称大女儿为"也"）长成了十六七岁的姑娘，母女俩的生活渐渐地也基本过得去。有一天，平静的寨子不知从哪里跑来了一只大花麂子，全寨子的人都跑出来追打，麂子被抓住杀死了。寨子里的人都来看热闹，等待分享麂子肉，寡妇母女俩也来了。寨主见寡妇母女俩，就说："追麂子的时候你们不来，分肉的时候你们就来了，寡妇哎，你不害羞哎？"说得这对母女很尴尬，可是她仍然拉起女儿的手，壮着胆子大声说："你们都很能说出口，瞧不起我这个没有丈夫的寡妇，一点肉都不分给我们。你们大家分得麂子肉，得吃麂子肉也不会有什么好下场。让整个寨子塌陷，水灾淹死你们。"话音刚落，寨子中心分麂子肉的地方突然剧烈摇晃，一时间，巨大的尘浪随着响声四起，淹没了整个寨子。就在这时，寡妇紧紧抓住女儿不放，跌跌爬爬往寨子后山跑去，她俩每跑一步，后面的洪水就紧跟一步，拼命逃生的母女奔跑到山顶回头一看，整个寨子已经变成了一片汪洋，潮水还在不停地晃动拍打。奇怪的是，娘俩逃命跑过来的一路上竟然丝毫没有塌陷，仿若自然形成了一道分水岭。整个寨子，凡是大花麂子所到之处都塌陷了，人畜、房屋什么都没剩下，只形成了两个大水塘。原本百十户人家的大寨子，仅有没分得麂子肉的娘俩存活下来，而现在的两个水塘就是这个历史故事的见证。后来，这两个水塘里游满了各种各样的鱼，就有人把小鸭子装笼里放到水塘里浸泡，让小鸭子戏水。可是只见送去，没有哪一家能把鸭子笼收回来的，这样奇怪的事又接二连三地发生，没人说得清楚。有到西双版纳做生意的人途经澜沧江一个渡口（傣家人称澜沧江为"南晃"），发现渡口上下都挂满了鸭子笼。后来人们就给这个水塘起了个名字叫"弄晃"（"弄"就是"水塘"，"晃"即是"澜沧江"），另一个水塘起名"弄反"（"反"即是"麂子"的意思）。勐班乡刀有发讲述，收入《景谷傣族民间故事》（汉傣双文），32 开，2 页，1135 字，景谷县傣族彝族自治县傣文化协会编，2014 年 3 月发行。

（依旺的）

"弄布徐"地名的由来

傣族地名传说。流传于云南省普洱市景谷县傣族地区。相传芒回寨子很是兴旺的时候，寨主召芒的弟弟死了，就埋在距"芒回"约三公里处一个天然的水塘边。寨主十分疼爱这个亲弟弟,专门安排寨中一个叫"布徐"的老人到坟地看守。后来这位老人去世了,人们把他就地安葬,以后人们叫这里为"弄布徐",意即:布徐的水塘。收入《景谷傣族民间故事》(汉傣双文),32 开,1 页,129 字,景谷县傣族彝族自治县傣文化协会编,2014 年 3 月发行。

(依旺的)

南凹河和南达洲

傣族地名传说。流传于云南省景洪市傣族聚居区。相传路南山有一头魔象,佛祖巡游到路南山收服了它,并授给佛五戒和八戒。魔象持受戒律后,七天七夜不吃不喝,饿得它直掉眼泪,泪水成河。七天后魔象死去,肉体腐烂变成污水流成了河。后来人们把泪水流成的河和污水流成的河分别叫作"南达叫"河(意即泪水河)和"南窝"(意即忍河)。后来又把"南达叫"改叫"南达洲","南窝"改叫"南凹"。岩塔讲述,岩庄香翻译整理。16 开,7 页,1257 字,稿存西双版纳傣族自治州民族研究所。

(玉腊)

南兰章

傣族地名传说。流传于云南省西双版纳傣族自治州。"南兰章"意为百万大象栖息的河流,指今澜沧江。相传澜沧江沿岸的密林中野象成群。一次,有头母象带着一头不满一岁的小象离开象群,到澜沧江边饮水。不幸的是小象被一条傣族称为"缅沙"(当地汉族称席子)的水怪卷入了江心,并消失得无影无踪。母象的怒吼,哀鸣,招来了密林中数百万的大象,当它们知道了事情的缘由后,愤怒地用鼻子卷起岸边的巨石抛向江心,水怪被砸得难以藏身,卷着小象游到一片布满礁石的浅滩。站在浅滩附近的野象用鼻子将水怪拉出水面,看到小象已死,野象愤怒地把水怪踏成肉泥。自从无计其数的野象在澜沧江边汇集后,人们便称澜沧江为南兰章。佚名讲述,杨胜能记录、整理。收入《西双版纳传说风情趣话》,32 开,3 页,1500 余字,云南大学出版社 2001 年版。

(朱继英)

南糯山的由来

傣族地名传说。流传于云南省西双版纳傣族自治州。相传勐海县爱尼山上的爱尼妇女常把鲜笋制成笋酱(傣语念为南糯)食用。召片领带着文武官员到爱尼山寨巡游,爱尼山上的金伞大帕雅杀猪宰牛招待召片领,但召片领对什么都不感兴趣,他让金伞大帕雅找点别的菜来开开胃口。金伞大帕雅找来一碗笋酱,召片领吃了笋酱,胃口大开。回到景洪后,召片领念念不忘笋酱,就让爱尼人年年进贡笋酱。爱尼山因此被傣家人称为南糯山。佚名讲述,艾扬搜集、整理。收入《西双版纳傣族民间故事集成》,32 开,2 页,700 余字,云南人民出版社 1993 年版。

(李传宁)

怕拿村的由来

傣族地名传说。流传于云南省新平彝族傣族自治县莫沙坝。相传很早以前,漠沙坝住着二十多户傣家人。村里有个孤儿叫阿岩,他力气比水牛还要大,喜欢帮村里人做事。村头有个叫阿叶的姑娘,生得十分漂亮。召那(田主)的儿子来提亲,阿叶妈不答应,召那叫打手抢走阿叶,路上遇到阿岩,他把召那的打手们赶跑救下阿叶。召那又派人到县官那里送厚礼并诬告阿岩。县官来抓阿岩,阿岩惩罚了县官派来的差头,乡亲们也来帮着讲理,县官及差头们胆战心惊回衙门去了,并给这个村子取名叫怕拿村,一直沿用到今天。佚名讲述,刀明贵搜集记录,楚学整理。收入《乡泉集》第二集,32 开,3 页,2000 字,云南民族出版社 1985 年版。

(郭玉萍)

水味甘美的南览河

傣族地名传说。流传于云南省西双版纳傣族自治州。"南览"意为甘美之水。相传佛教传入西双版纳后，一位高僧用大象驮着经书运往西双版纳。高僧来到了这条河边时，饥肠辘辘。当他坐在一棵树下休息时，抬头看到一棵橄榄树上结满了果实，便摘了一些橄榄暂且充饥。吃完橄榄后，他用钵盂舀了一钵水喝。由于吃了橄榄，口里顿觉甘甜无比，于是高僧便把这条河称为南览河。康朗庄、康朗囡讲述，杨胜能记录、整理。收入《西双版纳传说风情趣话》，32开，3页，1000余字，云南大学出版社2001年版。

（朱继英）

石板村，傣语叫"芒染"的由来

傣族地名传说。流传于云南普洱市景谷县傣族地区。相传在远古时候，有老两口生养了三个儿子、三个女儿。二女儿生来爱打扮，成大姑娘了也十分懒惰，不做农活不种田种地，为了把自己的头发打扮的比别人的更漂亮，她每天都把淘米水拿来洗泡头发，结果越洗头发就越黄，还分叉，十分难看。她怕小伙子瞧不起自己，如之又懒得要命，干脆连家门都不迈出一步，整天摆弄她那干黄分叉的头发。老母亲见状很是替她担心，到处打听要用什么东西才能把二女儿的头发治好。后来听别人说可以把芝麻捣碎后用来洗头，头发就会变黑。有一天，老母亲把芝麻拿给二女儿，并说：等一会儿你把这些芝麻分成两半，捣碎以后放些水好好洗一下你的头发，试试看可能会好一些。中午的时候，家里的人都出去做农活了，二女儿把芝麻拿来一看，不多，也就两把左右。她留下一半，另一半拿来捣碎，按照母亲说的放了一些水，拿来泡洗头发。结果头发就开始变黑润滑起来了。二女儿由此得到了启示，她把剩下的那一半芝麻拿到现在的石板村寨子沿威远江边沙坝到处撒，这里的江边是个大弯滩，从上游到下游刚好形成一个半圆。第二年，这里的荒沙坝地竟然成了芝麻地，长势很好，收了好几口袋。从此以后，二女儿就连年在这沙坝上种芝麻，她的头发也一年比一年长，乌黑乌黑的。后来，二女儿成家了，也就在这里建盖房子，发展成了今天的石板村。而傣家人叫这里"芒染"。傣族称这种弯型叫"染"，这个"染"的发音与傣语叫芝麻为"亚"几乎相同，傣语称漂亮叫"染"也相同。三种意思一个很相似的声调，本寨子的长老们偏喜欢用漂亮这个意思。漂亮的发声就是"染"，因此而得名"芒染"。收入《景谷傣族民间故事》（汉傣双文），32开，2页，638字，景谷傣族彝族自治县傣文化协会编，2014年3月发行。

（依旺的）

苏湖传说

傣族地名传说。流传于云南省西双版纳傣族自治州勐海县。相传哈尼族从坝子迁到山上居住后，发现森林中有一种嘴呈弯钩形、行动敏捷的大鸟。消息传出后，召片领命令当地百姓想办法活捉大鸟作为贡品。人们想尽办法，终于捉住了大鸟。有位商人告诉人们，这种鸟叫做苍鹰，傣族称鹰为"湖"。哈尼族把这只苍鹰作为贡品送进宣慰使司署，并按傣语称其为"苏湖"。此后，人们以"苏湖"称呼那片土地。康朗庄讲述，杨胜能记录、整理。收入《西双版纳传说风情趣话》，32开，2页，1000余字，云南大学出版社2001年版。

（朱继英）

铜街的来历

傣族地名传说。流传于文山壮族苗族自治州马关县都龙镇傣族聚居区。相传都龙镇东北有个矿区，叫铜街。清光绪初，这里荒无人烟。而后，为何形成街，又叫铜街呢？黄廷珠承袭土司之职后，正直公务，地方平静，村村富裕，人人敬仰，名声远扬。后来，土司带领大家开采铜矿。厂有大有小，越来越多，产量越来越高，或卖或买，形成集市，就成为铜街了。黄天贵讲述，刘德荣记录。收入《文山州傣族民间故事集》，16开，2页，924字，云南人民出版社2016年版。

（张元波）

蜕皮人藏身的池塘——暖朗

傣族地名传说。流传于云南省西双版纳傣族自治州勐海县。暖朗意为黑龙潭。相传过去暖朗只是一个池塘。坐落在其附近村寨的头人，渴望返老还童。他得知老蛇吞吃了一种名为"亚补罗"的草后，脱皮变得更加光滑，便也吞吃了"亚补罗"后躲到一个箱子里蜕皮。当他正在蜕皮时，他的老婆掀开了箱盖。头人由于受到惊吓，立即停止了蜕皮，变成了一个上身是人、下身是蛇的怪物。一气之下，他跃进池塘里藏了起来。人们便称池塘为暖朗。康朗庄讲述，杨胜能记录、整理。收入《西双版纳传说风情趣话》，32开，4页，2000余字，云南大学出版社2001年版。

（朱继英）

偷婚的由来

傣族习俗传说。流传于云南省元阳县藤条江畔的傣族村寨中。相传很久以前，一个富贵人家的姑娘爱上一个穷人家的小伙子。但这对有情人的婚事却遭女方父母的反对，他们给女儿找了个门当户对的伙子，并暗暗为她准备嫁妆。姑娘伤心不已，偷偷约情人到村边想办法，她叫情人回家打扫好房间，把村里的亲戚悄悄请来，然后夜深人静时来接她。小伙子照办，他们快速地举行了结婚仪式。第二天，姑娘的父母发现女儿不在，找到小伙子家时，姑娘已在新房里住了一夜。他们不得不同意了。过了三天，新娘大胆回娘家。新郎又请媒人随同，带着礼物去拜认岳父岳母，并磕头恕罪。岳父岳母为女儿举行婚礼，并陪嫁很多礼物。这对相爱的人终于生活在一起了。从此，傣家青年男女，凡自由恋爱遭到女方父辈反对的，都用"偷"的办法成婚。高霞（彝族）撰文。收入《绮丽的山花——元阳县民间文学作品集》（一），32开，2页，1500字，元阳县民族事务委员会1984年编印。

（郭玉萍）

王后城的来源

傣族地名传说。流传于云南省德宏傣族景颇族自治州。相传明朝芒市第七代土司放福执权期间，离现今芒市城20公里的轩岗乡轩蚌寨称为"剪子城"。当时芒市土司放福娶木邦（现属缅甸）土司之妹作妻，夫妻恩爱有加，唯一憾事是其妻不会生儿育女。愁事泛上心头，于是请求其夫：想去剪子城建盖一幢楼房，便于消除心中愁事。如愿后，其土司妻迁往剪子城居住，并把"剪子城"改称"王后城"。可供研究芒市土司史参考。佚名讲述，金星明搜集，快永胜译。16开，2页，约400字，稿存德宏傣族景颇族自治州民语委。

小猎人开辟易武

傣族地名传说。流传于云南省西双版纳傣族自治州。相传易武（今勐腊）地方是一条巨蟒盘踞的大森林。一天，这条巨蟒飞进皇宫衔走了公主。首领发布：谁能救回公主就把她嫁给谁。一位老猎人的孙子讲了他见到的情况，首领就叫他领兵去寻找。一个贵族子弟也跟着小猎人去了。小猎人进入蟒蛇洞，找到了公主，并让她先坐吊篮出洞。贵族子弟丢下小猎人，领着公主回宫请功，要与公主成亲。但公主誓死不从，首领只好比箭招亲。小猎人在洞中杀死巨蟒，顺洞通向大海，遇上了龙王，获得一颗红宝石。小猎人得到红宝石的帮助来到比箭场上，正当贵族子弟弯弓待发箭时，小猎人抢先射中目标。这样，小猎人与公主成亲。小猎人带领着人砍倒森林，开辟了易武坝子。佚名讲述、记录。收入《中国传说故事大辞典》，16开，1页，350字，中国文联出版公司1992年版。

（阿南）

(香盐井村)"芒卧弄"寨名的由来

傣族地名传说。流传于云南普洱市景谷县傣族地区。相传年代过了很久，建寨于"芒中"寨子的两兄弟家的子孙们个个都是好样的，家家都养有成百上千的牛马，他们请了许多下人来放养牛马。有一天，好多牛都没回来，老人就问那些看牛的下人："你们今天往哪个方向放牛？"下人们说："我们今天放到很远的地方，那里是三条河汇集的地方，那些大石头都是灰白灰白的很奇怪。"第二天，下人们带着老人去找牛，果然看见牛群就睡在乱石水塘旁，老人用手指点点那塘水，尝尝味道，是一种咸味、又有点香味，老人干脆叫下人们砍了木头就地盖起牛栏，接着又叫一部分人搬来这里建寨，取名"芒卧革"。时间一长，就被人们叫做"芒卧弄"了。注："卧"即"井"，"革"即"盐"，"卧革"就是"盐井"。收入《景谷傣族民间故事》(汉傣双文)，32开，1页，316字，景谷傣族彝族自治县傣文化协会编，2014年3月发行。

(依旺的)

希拉寨的传说

傣族地名传说。流传于云南元江县傣族聚居区。相传希拉寨是个富庶的傣族村寨，六畜兴旺，家家鸡鸭满厩。围绕这个寨子有许多离奇的传说，坟地的白石马会复活糟蹋周边的庄稼；白天刨开的坟墓，晚上又合拢了；为此，召那和召万也激烈的交战。南岸的者嘎山和隔河东岸的哀牢山也疯狂地冲撞拼斗起来。刀万年讲述、李存仁记录。收入《中国民间故事丛书·云南玉溪·元江卷》风物传说，第73页，知识产权出版社2015年版。

(白云)

席草寨的来历

傣族地名传说。流传于文山壮族苗族自治州文山市傣族聚居区。据说，文山府城原先在旧城，整个坝子到处荒芜。有一年，从沿海一带来了一群人，全是傣族，见这里土地肥沃，就在上河冲落脚，破土开田，栽种水稻。经营几年，竹楼一座座，牛马一群群，生活富足。此外，傣族还栽席草。村前寨后，丘丘席草碧绿碧绿的，十分美丽。傣家少女当席草成熟后，就插根割来，晒在掌台上。席草晒干后，又用麻绳张网，编织成草席，有的扛、有的背，运去旧城卖。在街上，人们一边买席草，一边问漂亮的傣家姑娘："你们是哪村那寨的人呀？"姑娘回答："专门种席草、编草席那一寨。""哦，是席草寨吗？""是。"从此，上河冲先住人的寨子，就叫席草寨子。苏友才讲述，刘德荣记录。收入《文山州傣族民间故事集》，16开，1页，408字，云南人民出版社2016年版。

(张元波)

栖霞热水塘的传说

傣族地名传说。流传于云南省元江县傣族聚居区。相传这是一个为忠贞爱情不屈斗争、可歌可泣的民间传说，美丽傣喇姑娘央旭和岩丙他们在蒙面情歌会上对情歌，从相识到相爱了，同时漂亮又非常会唱蒙面情歌的央旭又被土司看中了，土司派兵试图强行拆散他俩，先害死了岩丙，将其投入江边的深井中，最后央旭挣脱了土司兵的看管也跳入了爱人落难的深井。突然这口深井化作了火龙追踪土司及兵，土司跑到哪里烈火就烧到哪里，土司和家丁被火活活地烧死之后，火慢慢熄灭了。从此元江江边栖霞山脚那里冒出了汩汩温泉，这里就被人们称为"热水塘温泉"的地方。他们的爱感动了天地，他们的爱情像火山一样热烈奔放流传到了今天。玉珍讲述，李存仁记录。收入《中国民间故事丛书·云南玉溪·元江卷》风物传说，77页，知识产权出版社2015年版。

(白云)

瞎眼山沟

傣族地名传说。流传于云南省德宏傣族景颇族自治州潞西市。此沟位于潞西市轩岗乡。相传混海罕与混俸双方大战，混海罕因不敌混俸，暂躲于一树林遮天的山沟中。三日后，混海罕问国师："现为什么时候？"国师："是王者腿断于草丛的时候（意为挫折之时）。"再问两次也作此答。混海罕大怒："根本不是，应是王子的腿搭在公主的腿上（意为作乐之时）的时候。"一怒之下用笔戳瞎了国师的一只眼睛，于是此山沟得名"瞎眼山沟"至今。佚名讲述，李岩过哏搜集、整理，快永胜译。16开，2页，约300字，稿存德宏傣族景颇族自治州民语委。

（快永胜）

新民村"丙于"和"丙来"寨名的由来

傣族地名传说。流传于云南普洱市景谷县傣族地区。相传在远古时候，有老两口生养了三个儿子、三个女儿。大女儿专会用树藤搓麻线，然后制作成粗布料，拿到街上卖成钱或换成其他食物。她每天都到一个地方寻找葛根藤（傣语称为"贺于"），后来老父母干脆叫这个大女儿在这里盖房子，由于这里是一个山间平台，而傣语称平台为"丙"，所以人们就叫这里"丙于"，没过几年，大女儿的地方也开始由一家发展成很多家，葛根藤几乎被砍光了，后来她又发现丙来这个地方葛根藤比她原来的寨子还多。傣语称多为"来"，后来人们也在这里建寨，人们自然地叫这里为"丙来"寨子了。收入《景谷傣族民间故事》（汉傣双文），32开，1页，280字，景谷县傣族彝族自治县傣文化协会编，2014年3月发行。

（依旺的）

允景洪的典故

傣族地名传说。流传于云南省西双版纳傣族自治州。允景洪即黎明城之意。相传古时候，景洪被称作景咏，即孔雀城。景咏有一颗夜明珠，使景咏光辉灿烂，人民安康。一天，藏在深山的恶魔将夜明珠盗走，潜入了澜沧江中一个不为人知的深洞。夜明珠被盗后，景咏一片漆黑，万物面临着灭顶之灾。一位勇敢的青年，决心寻回夜明珠。他带着宝刀跃进了澜沧江。在龙王的帮助下，青年找到了恶魔的藏身洞并与恶魔苦战了七天七夜，劈死了恶魔，夺回了夜明珠，光明重又回到了景咏城，人们便把景咏称作景洪。康朗庄讲述，杨胜能记录整理。收入《西双版纳传说风情趣话》，32开，4页，2000余字，云南大学出版社2001年版。

（朱继英）

允晃

傣族地名传说。流传于云南省德宏傣族景颇族自治州陇川县。允晃系傣语，系村寨名。相传佛历1000年（公元456年）春，这里只有十几户人家，家境贫寒多年无变化，后来，南甸（梁河）萝卜坝的傣族又迁来定居，到多氏第五代土司时，全寨人还是生计维艰，人口有减无增，眼看快要到消亡的地步。于是，多双法土司拿出一百两银子分送给全寨人，叫他们另选新地址定居，人们随即迁居新寨，并把原寨名改称"允晃"，其意就是："得到土司的惠及而改变了面貌的村寨"。佚名讲述，钱保林搜集、翻译。16开，2页，约400字，稿存德宏傣族景颇族自治州民语委。

（快永胜）

元谋

傣族地名传说。流传于楚雄元谋县傣族聚居区。"元谋"为傣语，即"骏马"的意思。元谋老城北有一条河，叫元马河。相传河内有一条蜿蜒如龙的怪物，每当阴雨天气就鸣叫翻腾。一天，马头山姓赵的村民牵着未孕的五色马来河边放牧，忽然怪物跳出来盘缠在五色马身上，尔后跃入河中。回来后，五色马性情温和，毛色光亮，一年后产下一匹神驹，只喝水不吃草，见风长，高大雄奇，日行千里。因傣语称"马"为"麻"，转为"谋"，故为"元谋"。李树江整理。收入《祖先神韵：元谋历史文化系列丛书。第一辑》，32开，1页，元谋县文化体育局（内部资料），2006年版。

（华胜刚）

玉相渡口的由来

傣族地名传说。流传于云南省傣族景颇族自治州潞西市的芒市坝、遮放坝的傣族中。相传遮放土司时代，流经遮放坝的芒市大河深而又宽，遮放坝的芒焕街至姐列寨的姐列渡口要靠木舟或木筏才能渡涉，负责摆渡的正是姐列人。雨水天的一日街天，往返于芒焕街与姐列寨的木舟由于乘的人太多，舟至大河中心便慢慢沉入河中，在这危急关头，玉相姑娘便跳下木舟救大家，舟和人全都得救了。土司知道后，对玉相的所作所为大加赞赏，并发布公告：让玉相家世代负责姐列渡口，从此姐列渡口也被人们叫做玉相渡口。佚名讲述，刀干相搜集，快永胜译。16开，2页，约400字，稿存德宏傣族景颇族自治州民语委。

（快永胜）

易武传说

傣族地名传说。流传于云南省西双版纳傣族自治州勐腊县。易武即美女蛇之意。相传这个地方的一个山洞里，盘踞着蛇王"武莱"。武莱贪恋女色，先是逼着勐班加国的首领把一对孪生公主送给它，接着又将龙女易武抢了回来。后来，它听说勐惟迪哈的公主是个绝世佳人，又将公主抢到洞中。勐惟迪哈的首领得知女儿被花蛇王抓走，便下令"谁能杀死花蛇王，就招谁为驸马"。猎人罕伦带领一批武将来到勐班加边境救出了勐班加国的那对孪生公主。他们来到花蛇洞，又救出了勐惟迪哈的公主。救出公主后，罕伦与花蛇王搏斗了七天七夜，终于杀死了花蛇王，并救出了亦人亦蛇的龙女易武——美女蛇。后来人们将龙女居住过的这个地方称作易武。康朗庄讲述，杨胜能记录、整理。收入《西双版纳传说风情趣话》，32开，4页，2000余字，云南大学出版社2001年版。

（朱继英）

益智乡的芒托寨名之说

傣族地名传说。流传于云南普洱市景谷县傣族地区。相传很久以前，有老三、老四、老五兄弟三人，都很喜好捕鱼。他们砍来竹子做成竹排，顺着威远江钓鱼。竹排慢慢地往下漂去，三兄弟都睡着了，竹排撞到一处大岩石，被撞醒的三兄弟忙起身拴住竹排，爬上东岸看风景，只见这里草场宽阔，小三十分喜欢，就搭起草棚住下了。弟弟只记得这里是竹排被撞到的地方，傣语称"撞"为"夺"，老人们就取名为"芒夺"。年代久了就被习惯的叫成"芒托"了。收入《景谷傣族民间故事》（汉傣双文），32开，1页，215字，景谷傣族彝族自治县傣文化协会编，2014年3月发行。

（依旺的）

益智芒迁寨名的由来

傣族地名传说。流传于云南普洱市景谷县傣族地区。相传很久以前，有老三、老四、老五兄弟三人，都很喜好捕鱼。小四和小五继续往下游玩，他俩玩得非常开心。钓了些鱼填饱肚子继续顺水漂流。当他们的竹排来到江心（现在的"芒迁"）时被卡住了，发现这是一个巨大的石头，上面层层叠叠铺满了常年淌下来的杂物和竹木，从平缓的水面上看，巨大的石头像是一个大平台，周围的枯木腐草中已经长出些小草小树，自然形成了一个水上小岛，这种形状的小岛，傣族叫做"迁"（即为中心的意思）。两兄弟商量后，哥哥小四就在平整的大石头上建起草棚住下不走了。后来，这里发展了好多人家，人们称这里叫"芒迁对"，"对"即是傣族对"大河"的称谓。年代久了，人们省去了"对"字直接叫"芒迁"。收入《景谷傣族民间故事》（汉傣双文），32开，1页，275字，景谷傣族彝族自治县傣文化协会编，2014年3月发行。

（依旺的）

益智芒昔峨寨名的由来

傣族地名传说。流传于云南普洱市景谷县傣族地区。相传很久以前,有老三、老四、老五兄弟三人,都很喜好捕鱼。小四和小五继续往下游玩,他俩玩得非常开心。老五兄弟一个人继续往下漂流,到了现在的昔峨寨址,这里是四条河的汇接口,竹排被卡住了。竹排在哪里停留,就在哪里住下。虽然说的是四岔口,其实有五、六条山洞溪水在这里汇集。这里取用大一点的四条河,傣语叫"系"——"昔","峨"的发音不怎么准,意思是都在这汇集流入大江的意思。老人们取名叫"芒系峨"年代久了,汉字书写就成了"芒昔峨"。收入《景谷傣族民间故事》(汉傣双文),32开,1页,175字,景谷傣族彝族自治县傣文协会编,2014年3月发行。

(依旺的)

章壁

傣族地名传说。流传于云南省德宏傣族景颇族自治州。章壁系傣语。"章":师傅、工匠;"壁":笛子、葫芦丝等吹奏乐器。章壁,意为制作、演奏葫芦丝比较出名之村寨。相传此寨始建于陇川多氏第十九代土司统治勐宛时代,专以制作葫芦丝为生。原先的寨名为"曼广丙(坪子寨)"。因每当勐宛土司衙门及邻近村寨办喜事,都常邀请此寨人去演奏捧场。其制作工艺精细,吹奏的音乐悦耳动听、技艺高超、远近闻名,故土司把原曼广丙改称为"曼章壁"。佚名讲述,钱保林搜集、翻译。16开,2页,约400字,稿存德宏傣族景颇族自治州民语委。

(快永胜)

章凤

傣族地名传说。流传于云南省德宏傣族景颇族自治州。章凤,傣语意即"大象吼叫"。相传勐宛第十九代土司多朝珍时期,勐卯(瑞丽)土司到勐腊(盈江)司娶亲,他们带了一公一母两头大象在晃相寨上方露宿。次日清晨,他们赶着大象去勐腊接亲,当来到章凤与晃相隔界地之时,大象在那里不停地打转,并同时发出了"安安"的叫声,怎么赶也不愿离去,故得名"章凤"。佚名讲述,钱保林搜集、翻译。16开,2页,约400字,稿存德宏傣族景颇族自治州民语委。

(快永胜)

(五)佛塔传说

白象塔与白象的传说

傣族佛塔传说。流传于云南省西双版纳傣族自治州。白象塔位于景洪市普文坝。相传普文坝古时叫勐醒,即麒麟之乡。相传佛祖传教到西双版纳时,听说深山密林中有一个寨子叫勐醒,决定到勐醒讲经传教。佛祖和几位高僧在深山中穿行了七天,才找到了勐醒坝子,由于天黑,没有找到寨子,佛祖和高僧只好在林中打坐。这时,人们视为麒麟的凶兽和豺狼向佛祖逼来。当凶兽和豺狼只距佛祖四五丈开外时,突然银光闪耀,佛祖的前、后、左、右各出现了一头高大无比的白象。白象身上的银光逼走了凶兽。后来,勐醒地方的傣族皈依了佛教,他们听说白象守护佛祖静心打坐的事后,便在当年白象守护佛祖的地方修了一座白塔,并在塔基座的四个角各塑了一头白象。佚名讲述,杨胜能搜集、整理。收入《西双版纳风情传说趣话》,32开,2页,1000余字,云南大学出版社2001年版。

(朱继英)

洞苏洞列佛塔的来历

傣族佛塔传说。流传于云南省德宏傣族景颇族自治州。相传很古以前在洞苏洞列住有一些修行的僧人,但是有的人是看不见这些僧人的,只有心诚信佛的人才看得见,不信佛的人即使到原地也只见一片森林。有一次,一伙土匪闯入此地,要抢钱财。一僧人出来告诉土匪们先休息一下,并拿出食物给他们。一会儿后僧人又对土匪们说:"来吧!你们要的钱在这里。"众匪一哄而上,出现一群白虎把他们按翻在地，众匪求饶。僧人说："这里是佛的圣地，你们要来抢是办不到的，今后你们要改邪归正，不能为非作歹。"众匪从此都做了好人。后来他们帮那些僧人建了一座大佛塔，十里以外的周围群众每年都来这里赶大摆。一直到现在，每年都在这里赶一次大摆，人们虔诚地烧香拜佛。许布相米讲述，岳小保记译。16开，2页，约400字，稿存德宏傣族景颇族自治州民语委。

（岳小保）

洞景佛塔的传说

傣族佛塔传说。流传于临沧市耿马傣族地区。讲述了洞景佛塔的由来。相传佛祖果德玛涅槃后，佛祖弟子们将佛祖的毛发骨骼舍利分别埋葬在世间的大地山谷平坝约八万四千处的地方。佛历238年时，有一个名叫勐巴达尼布的地方，首领坦玛细利索嘎和召莫嘎厘十分崇信佛教，佛教很快在勐巴达尼布各地迅速传播开来，全勐臣民百姓都崇尚佛教，渐渐废弃了祖辈信奉神鬼、献祭神灵的传统习俗。后来，虔诚的首领坦玛细利索嘎萌发了寻找佛祖舍利的想法，并立刻付诸行动，他的诚心感动了天地。一天，勐巴达尼布首领带着随从骑着一只巨大的神鸟，在天空中飞翔。这只神鸟很有灵性，一旦发现在地上有埋葬佛祖舍利的地方，它会在空中久久盘旋。这样勐巴达尼布首领让神鸟降落地上，并捡石头垒起，作为建盖舍利佛塔的标记。当神鸟飞到孟定坝子上空时，突然停止不前。勐巴达尼布首领俯瞰到一片平坦宽阔、绿意盎然的坝子，十分高兴，就让神鸟徐徐降落地上，在这里找到了一颗佛祖锁骨舍利，并在此建起了一座舍利佛塔，称之为洞景佛塔，意为藏有佛祖锁骨舍利的佛塔。康朗安明讲述，南桂香整理。收入《耿马民族民间故事》（耿马民族文化丛书），16开，2页，800字，云南民族出版社2016年版。

（南桂香）

滚转佛塔的来历

傣族佛塔传说。流传于云南省德宏傣族景颇族自治州傣族地区。相传古时候，勐果占璧有一个地方叫滚转，那里有一座塔叫滚转佛塔。勐果占璧王宫里有一个王后名叫朗非。资深和尚看后说她有佛的福气，叫她去建佛塔。她连续建了三座佛塔，但都以塔顶倒塌而告终。最后她来到滚转这个地方建塔，一位资深和尚说："你的命已到，你要割掉自己的乳房赈给佛塔，你当即就能升入天堂跟随佛祖永生。"塔建成后，她割掉自己的一对乳房献给佛塔，当即死亡，火化后变成一朵朵五彩光环升入高空。从此滚转佛塔名声大振，每年赶七天七夜大摆，僧人成群在那里念佛修行守塔。许布相米讲述，岳小保记译。16开，3页，约700字，稿存德宏傣族景颇族自治州民语委。

（岳小保）

贺派白象塔的来历

傣族佛塔传说。流传于临沧市耿马傣族地区。相传勐董属耿马土司统治的"九勐十三圈"中九勐之一，耿马土司委派罕氏宗亲任勐董太爷。土司堂弟勐董太爷罕恩伦觊觎土司之位，耿马与勐董之间为了争权夺位不断发生战争。下坝（今贺派）成了统治者之间长期争斗之地。勐董太爷将堂兄——耿马土司罕恩泽打败后占领了下坝贺派的全部土地，欲以芒片河划定为界。耿马土司死活不依，罕恩伦只好退让并以强硬手段决定以芒抗河为界：令他的下属"者卖""者轰"两村寨头人把耿马土司建造的白象塔折毁，又重新用红砖在原址上建造"广姆亮"（意为红塔）。勐董太爷威胁耿马土司说：如果你要来与我争土地，我就让你们的血像红塔一样的红，像芒抗河水一样源源不断地流。据说当时红塔还未建造好，建塔师傅就得病死了。而佛塔附近的各村寨，因长期连绵不断的战争，百姓死的死，逃的逃，田地荒芜，人烟稀少，建了一半的红塔也从没有人观光朝拜。后来，耿马土司重整旗鼓，收复了失地，后来信教群众募化功德重建了白象塔。俸忠贵搜集整理。收入《耿马民族民间故事》（耿马民族文化丛书），16开，1页，1000余字，云南民族出版社2016年版。

（南桂香）

金狮塔

傣族佛塔传说。流传于云南省德宏傣族景颇族自治州傣族地区。瑞丽有一座国内外闻名的佛塔——姐勒塔，相传这是为纪念一头善良的金狮而建造的。很久以前，一头不伤害人、不欺负其他动物的金狮，看到一个迷了路的猎人很可怜，便请猎人到它居住的树下歇息。他们轮流为对方守夜，因为森林里有一只凶恶的花脸虎，常用甜言蜜语迷惑其他动物或人类并借机吃掉他们（它们）。后来猎人被花脸虎的花言巧语迷惑，想加害于金狮，金狮闪躲及时才免于一死。但它并不怪罪猎人，天亮后还把猎人送出森林，可是猎人并没有丝毫的谢意，离别时一句辞谢的话都不说。突然，雷声四起，乌云翻滚，愤怒的苍天张开大嘴吞噬了猎人。人们为了纪念善良的金狮，特选了一块向阳的好地方建了这座金塔。佚名讲述，刀怀京搜集、整理、翻译。收入《德宏傣族民间故事》，32开，3页，1988字，德宏民族出版社1993年版。

（杨荣芳）

金龟佛塔的传说

傣族佛塔传说。流传于云南省德宏傣族景颇族自治州傣族地区。芒满金龟佛塔傣名叫"广母道罕"，始建于佛历二四三一年（公元1888年）。相传从前芒满村有一老实忠厚的岩贡汉子，娶了大小老婆，大老婆贤惠，乐善好施，人人称道；小老婆脾气古怪，好吃懒做，人们嗤之以鼻。汉子两个女儿也是一位漂亮伶俐，逗人喜爱；另一位塌鼻陷眼，很是难看。对此小老婆恨在心头、愤愤不平，并萌生害死大老婆的邪念。一次，两人一起去寨边的下水塘洗澡，大老婆不知有计，被小老婆推入深水淹死了。死后变成一只金龟，白天在水塘里清除污泥，晚上跑回家帮丈夫和女儿换洗衣服，有时帮乡亲们做善事。小老婆知情后说要吃龟肉，命人去清理下水塘，金龟已先知便跑到上水塘，小老婆又命人去清理上水塘，金龟又跑到下水塘，最后两个水塘同时清理，金龟被煮吃了。伤心的女儿把金龟阿妈的空壳安埋于村旁，不久在此处长出枝繁叶茂的一棵大伞树，若善良的人们在树下避风躲雨，点滴不湿。小老婆知情后，三番五次命人去砍树，树却越砍越茂，活活把小老婆气死。为纪念金龟和伞树，并劝诫人们多做善事，人们就建了一座佛塔，命名为"金龟佛塔"。滕岩戈讲述，赵立新搜集、整理。刊于《畹町文史资料选辑》第一辑，32开，3页，1800字，德宏民族出版社1998年版。

（快永胜）

姐木塔的来历

傣族佛塔传说。流传于云南省德宏傣族景颇族自治州。相传数百年前在现盈江县坝尾的姐木村，原来有一千多户住户。山上有一股山泉，到发洪水时村子经常被冲，年年成灾。寨头人请一位资深和尚占卜，被告知：寨后山有一条龙和一条鳄鱼在争夺地盘，今后可能会发大洪水将寨子全部冲走。头人问有何治理之法，和尚说建一座白塔方可镇住这两条神物。他们照办了，一年后建起了一座白塔，并在每年春节后都赶一次大摆。佚名讲述，岳小保搜集翻译。16开，1页，约300字，稿存德宏傣族景颇族自治州民语委。

（岳小保）

景坎佛塔的传说（一）

傣族佛塔传说。流传于云南省德宏傣族景颇族自治州傣族地区。相传陇川的景坎佛塔是佛祖成佛前转世为玉兔时修行的净土。当年，玉兔为人间扑灭了烈火后，住在一个山洞里，年老归西，留在石洞里的骨骸被一位"雅锡"（山间的修行僧侣）从洞中迁埋山坡上。不久，人们见坡上发出光芒，掘之，得一骨骸（舍利），并于佛历二一五三年（公元1610年）在其址修塑佛塔，并于每年的佛历四月十五日进行赕佛诵经活动至今。软哏讲述，刀小阮搜集、整理。刊于《陇川县文史资料选辑》第二辑，32开，2页，约1200字，德宏民族出版社1991年版。

（快永胜）

景坎佛塔的传说（二）

傣族佛塔传说。流传于云南省德宏傣族景颇族自治州傣族地区。相传一个山间修行僧侣在石窟中发现一具兔子骨骸，取出掩埋于广坦坡。多年后，放牧人波社保眼见广坦坡上现金光，同时他的牛群常常屈膝下跪于此。消息传开后，波社保寨子的群众就于傣历的五月十五日在此地以玉兔骨骸为塔心筑起一座佛塔，取名为"广母邦呆"（即金兔佛塔）。佛塔筑起后，光芒四射，勐宛地方风调雨顺、五谷丰登，民众安居乐业。每年的傣历五月十五日和十一月二十三日为朝圣日，举行赶摆活动，年复一年流传至今。佚名讲述，思永光搜集、整理。刊于《陇川县文史资料选辑》第二辑，32开，3页，约1800字，德宏民族出版社1991年版。

（快永胜）

景真八角亭传说

傣族佛塔传说。流传于云南省西双版纳傣族自治州。景真八角亭在勐海县。相传有个叫"皮枯嘎节"的佛教信徒，因不守佛教戒律，被开除佛籍，赶出寺门。皮枯嘎节天天跪在一个天湖边忏悔，日日按时诵经，虔诚信佛之心不变。他的行动感动了龙王，龙王派出八条老龙为他搭建起了一座水上亭塔，让他在里面诵经。初建八角亭时，亭上刻有八条龙的龙身，后变为八个角。佚名讲述，佚名记录、整理。收入《西双版纳风情传说趣话》，32开，4页，1700余字，云南大学出版社2001年版。

（朱继英）

景戈白塔的来历

傣族佛塔传说。流传于临沧市耿马傣族地区。相传400多年前，耿马地方傣族民众尚不知佛教信仰，耿马城子芒雨寨傣族波岩望等4人到缅甸木邦、锡箔等地游玩，后又辗转到暹罗勐润缅泰交界的景栋一带，见到当地民间佛教盛行，看到那里金碧辉煌的佛寺，听到僧侣诵经梵音，心中羡慕并叩拜佛寺长老。长老向他们宣扬佛法，送给他们一座石佛像，还派遣专达、英达两位僧人护送佛像佛经随波岩望等人沿佛海、孟连、勐古抵达耿马。佛教传到耿马，受到土酋罕边法认可并率领全城民众出城隆重相迎。此后，罕边法还赏赐波岩望等4人两甩白银，令人在耿马城东门外畔满燕选址建盖了一幢草房佛寺，随后佛教迅速在民间传播开来。傣历910年（1548，明嘉靖二十七年），第五代土司罕庆法当政期间，决定将佛寺迁到耿马城郊东南小山丘上。僧侣安章等人在耿马城南的小山丘一片原始森林寻地择址时，发现一只金色青蛙从山脚下树林边的水塘跃出，往山上跳跃而去。金蛙来到山顶时，突然看到一条大蟒蛇盘踞在路中挡住了金蛙的去路。金蛙与蟒蛇扭打在一起，顿时天空乌云密布，电闪雷鸣，风雨交加，蟒蛇衔着金蛙飞向天空，地上留下一摊打斗痕迹，人们便以此为址，建盖佛寺，取名"洼弄景戈"（意为金蛙大佛寺）俗称景戈佛寺。乾隆四十三年（公元1778，傣历1140年），中缅边界发生战争，土司罕朝瑷从中斡旋调停，平息事态，受到朝廷犒赏。罕朝瑷很高兴，令人在景戈佛寺旁建了一座白塔，以佛寺之名命名佛塔为"广姆景戈"（景戈白塔）。康朗安明讲述，南桂香整理。收入《耿马民族民间故事》（耿马民族文化丛书），16开，2页，1000字，云南民族出版社2016年版。

（南桂香）

勐板塔的来由

傣族佛塔传说。流传于云南省勐海县勐板傣族聚居区。相传佛祖释迦牟尼巡游传经布道来到勐板地界,看到勐板水汪汪的一片,便施法把有水的地方变成了一块丰饶的土地。灌溉农田的水不够用,就让两条龙拱水筑坝。并嘱咐阿罗汉,等他涅槃后让他们在他施法的地方建一座舍利塔,以供后人景仰。佛祖涅槃以后,阿罗汉就选了两颗舍利托两个商人来建勐板塔。从此,勐板就有了塔,成为百姓和众神朝圣的地方。刀曙明讲述,陆云东翻译。16开,3页,651字,稿存西双版纳傣族自治州民族研究所。

(玉腊)

勐海水中佛塔的传说

傣族佛塔传说。流传于云南省勐海县傣族聚居区。相传释迦牟尼佛祖巡游到勐海时,在流沙河边休息。吃好饭用水漱口时,吐出的水中有七颗饭粒顺水漂走了,并在一个弯塘里打转。后来,人们为纪念佛祖来到勐海,就在饭粒打转的地方建盖了一座佛塔。从此,佛塔便矗立在流沙河中,直至现在。刀曙明讲述,刀金平翻译。16开,3页,782字,稿存西双版纳傣族自治州民族研究所。

(刀金平)

勐醒"庄董"塔的由来

傣族佛塔传说。流传于云南省勐腊县傣族聚居区。相传有两个猎人追赶金鹿时,金鹿在一个山洞前突然不见了,他们遇到了巡游的佛祖和弟子阿难陀。猎人上前跪拜求福,佛祖拔了头上四根头发及旁边一叠叶子送给两个猎人,告诉他们让叶子顺河漂流,叶子长在哪里,就在哪里建塔供大家供奉。后来,他俩领着众人在叶子生长的山上把佛祖的头发埋了,并建了一座塔。从此,这座塔被称为"庄董"(跟着叶子走之意),也称为佛发塔。康朗约讲述,陆云东翻译整理。16开,5页,738字,稿存西双版纳傣族自治州民族研究所。

(依艳坎)

勐混曼少塔的传说

傣族佛塔传说。流传于云南省勐海县勐混傣族聚居区。相传拘留孙、拘那含、迦叶、释迦牟尼四位佛祖巡游时,相继来到勐混的一座山上,并在那里都留下了脚印。佛祖释迦牟尼预言这地方今后将叫做帕洼曼少,是众信徒敬仰膜拜、神圣的地方。从此,每年傣历新年,大家都会相约去那里赶摆游玩,举行佛事活动。勐混后来的召勐带领臣民在佛的脚印上建了一座塔,这座塔就取名曼少塔。岩盼讲述,依艳坎翻译整理。16开,5页,679字,稿存西双版纳傣族自治州民族研究所。

(刀金平)

勐罕景先塔的传说

傣族佛塔传说。流传于云南省景洪市勐罕傣族聚居区。相传有一个名叫喃罕惹的女子回娘家时,把一棵人们称为"埋楠木"的神树挖回了家,并把神树放在箱子里。过了不久,喃罕惹再次回娘家打开箱子一看,满箱子都是金银。为了感谢神灵的帮助,喃罕惹和父母在挖到神树的山坡上修建了一座佛塔。从此,佛塔和喃罕惹的名声传遍了各个地方,人们把那座塔称为景先塔,延传至今。岩塔讲述,陆云东翻译整理。16开,5页,721字,稿存西双版纳傣族自治州民族研究所。

(刀金平)

勐户弄塔的来历

傣族佛塔传说。流传于云南省德宏傣族景颇族自治州傣族地区。相传勐户弄有一座佛塔建在湖泊中,每年赶摆时湖水都会干掉一些,留出一条路来让人们前往佛塔去赕供。相传,在很久以前,这里是一个傣族大村寨。伊洛瓦底江一龙王有两个儿子,儿子成家后想自立门户,就选中这个地方。龙王叫他俩去看看村里好人和坏人各占多少。

儿子回禀说好人只有那个寡妇和她的儿子。有一天夜里，两个龙子变成小鸟在村子上空鸣叫，说这里要变成湖泊，让所有人赶快搬走。但是谁也不相信，只有寡妇领着儿子搬走了。第二天中午，村子就变成大湖泊，只有寡妇家的柱子露出水面。寡妇逃到附近一座山上，其他的村民全都被水淹死在湖中。这个湖分成两半，一半是龙子哥哥的，一半是他弟弟的。有一天，一个修行僧人找到这里说要在湖中建塔，并坐船前往湖中立柱。由于僧人修行到家，龙子让路，在湖中建了一座宏伟的佛塔。湖中佛塔遗存至今。许布相米讲述，岳小保记译。16开，3页，约800字，稿存德宏傣族景颇族自治州民语委。

（岳小保）

曼垒塔与芒果树的故事

傣族佛塔传说。流传于云南省西双版纳傣族自治州。曼垒塔位于勐海县勐遮乡。相传佛祖释迦牟尼云游传经来到曼垒时，见到一丘山形极美，前有碧水长流，后有傣寨作衬，但山顶杂草丛生不见树木。佛祖觉得此山丘风水不错，决定在山顶上留下圣迹，让后人在此修座佛塔。佛祖见不远的地方有一棵芒果树，便施法让一个芒果飘落在他的手掌上，他把果核取出来，轻轻弹在丘顶西侧的泥土里，便离开了那座山丘。几年后，佛祖睁开慧眼远眺，见那座山丘已是绿树成阴，但山丘顶上仍不见塔影，他便指派一位弟子前去寻迹建塔。那位弟子找了九九八十一天，才在曼垒东侧的山顶上找到了那棵芒果树并告诉了当地群众。当地佛教信徒听说佛祖在山顶将芒果留作"圣迹"，就赶往朝拜，并在树旁修建了两座佛塔。康朗庄讲述，杨胜能记录、整理。收入《西双版纳风情传说趣话》，32开，2页，900余字，云南大学出版社2001年版。

（朱继英）

南多佛塔来历

傣族佛塔传说。流传于云南省德宏傣族景颇族自治州。相传数百年前，在盈江县坝尾的芒满村有一户大富人家，有一天，富人与小女儿去看山地，见有一口自然生成的浅水井，里面有许多白银，父亲叫小女儿去拾那些白银，白银却不见了。回家后请一资深和尚占卜，得知白银属他几代前在阴间所存，如果在那里建一座塔，功德将圆满。于是他家请来了有名的工匠，用尽钱银，建了一座规模宏大的佛塔。这佛塔的地点在南多村旁，故名"南多塔"。塔建成后，人们每年赶一次摆，盛况非凡。佚名讲述，岳小保搜集翻译。16开，2页，约500字，稿存德宏傣族景颇族自治州民语委。

（岳小保）

那棉鸭头白塔的来历

傣族佛塔传说。流传于临沧市耿马傣族地区。相传有一个小流浪儿乞讨来到那棉，财主沙铁见小男孩虽然衣不遮体、满脸脏兮兮的，但聪敏伶俐，自己正好缺放牛的人手，于是就收留了小男孩，让他为自己放牛。每天小男孩赶着牛群来到山顶上放牧，沙铁让人用竹篾饭盒给小男孩包一盒午饭。有几个小男孩也赶牛群来到这座山坡来放牧。小男孩很快与那几个孩子相识，并快乐地在一起玩耍。到了中午时分，男孩们嬉戏玩耍累了一起坐下来吃午饭，各自打开自己的饭盒。那几个孩子的饭包里尽是鸡、鸭、鱼、肉等美味饭菜，而小男孩的饭盒里只有一陀又馊又冷的饭团外一个熟鸭子头当作菜。伙伴们劝他丢掉，来和他们一起分享美味的午饭。小孩把饭吃完剩下鸭子头舍不得丢掉，仍装进饭盒带回家。第二天，沙铁包饭给他见鸭子头没有吃，就依然将鸭头包在饭盒给他带做中午饭菜，以后天天如此。几年后，小男孩孩子长成俊朗的小伙子。沙铁十分喜欢，他无儿无女又虔诚信佛，就让男孩剃度当了和尚。出家前，男孩跑去山上向牧童伙伴们告别。谁知一直等到日落西山仍不见朝夕相处的伙伴们，他含着泪恋恋不舍地离开了放牧过的山头。在佛寺里苦读经书，晋升为"召枯玛"（长老），他意识到那些曾与自己一起放牧的牧童们并非一般人，于是决定在他当年埋藏鸭头的山上造塔纪念他们。人们称白塔为"广姆贺别"，即鸭头白塔。抗浪岩、抗浪罗、贺坦细讲述，俸忠贵搜集整理收入《耿马民族民间故事》（耿马民族文化丛书），16开，1页，云南民族出版社2016年版。

（南桂香）

糯叫塔的来历

傣族佛塔传说。流传于云南省勐腊县傣族聚居区。相传一百多年前，勐腊有一个名叫曼鸢叫的寨子，因水象鬼作怪，寨子灾祸不断，人丁稀少。人们就请了一个名叫岩糯叫的人来降伏水象鬼，水象鬼死后，岩糯叫又率领村民们在水洞上面建盖了一座塔，以压水象鬼邪气。为了纪念他，他被村民们奉为寨神。他率领村民建盖的塔，就叫"糯叫塔"。岩塔讲述，陆云东翻译整理。16开，6页，683字，稿存西双版纳傣族自治州民族研究所。

（刀金平）

塔糯庄龙传说

傣族佛塔传说。流传云南省西双版纳傣族自治州。"塔糯庄龙"即尖顶大笋塔之意。相传千余年前佛祖释迦牟尼巡游到此，在龟石上留脚印，嘱言：勐龙坝子为地之中心，希望人们在此建塔。后人便在此修建佛寺和佛塔，塔形似笋，又因塔在曼飞龙村旁，亦名曼飞龙塔。佚名讲述，佚名记录整理。收入《景洪县地名志》，16开，1页，160字，景洪县人民政府1985年编印。

（朱继英）

塔龙布兰传说

傣族佛塔传说。流传于云南省西双版纳傣族自治州，"塔龙布兰"即爷孙大塔之意。相传释迦牟尼到"勐阿底嘎麻纳它"，在一山上传教，百姓们到河里捉鱼，不去听传教，只有留家的爷孙两人前去。释迦牟尼道："你们这个地方的人们不信佛，今后聪明和憨都会过分。"此坝遂得名勐龙，即过分的地方。爷孙两人听后，开始信佛，并在此山修塔，故名爷孙大塔。佚名讲述，佚名记录、整理。收入《景洪市地名志》，16开，1页，200字，景洪县人民政府1985年3月编印。

（朱继英）

塔冈南镇河妖的传说

傣族佛塔传说。流传于云南省西双版纳傣族自治州。"塔冈南"意为水中塔。相传河中没有塔冈南时，流沙河内水怪、水妖、批厄云集。水怪发怒时，冲堤岸，淹庄稼；饥饿时，把入水的人畜卷走。水妖、批厄虽不吃人，作恶时也会把下水的人和动物拉入水中葬身河底。佛祖知道水中妖怪作恶的事后，从远方云游而来，用禅杖往水中一搅，各种妖怪迫于佛法，都变得乖巧起来。但佛祖知道它们恶习难改，便剪下一段指甲作为圣物交给信徒，让他们在河中修建佛塔，并将指甲置于塔中，用以镇妖怪。康朗庄讲述，杨胜能记录、整理。收入《西双版纳风情传说趣话》，32开，2页，900余字，云南大学出版社2001年版。

（朱继英）

允燕塔来历

傣族佛塔传说。流传于云南省德宏傣族景颇族自治州。允燕塔位于盈江县城东南允燕山的山坡上，此山属芒勐丁寨山，故又名芒勐丁塔。是盈江盏达末代土司所建。据说，当时盏达土司与太平街汉族豪绅间的民族械斗经久不息。盏达、干崖、南甸三土司围攻太平街，太平街兴师动众，挖壕筑垒，坚守不懈，使土司联军一再受挫。盏达土司认为成事在天，就请佛门来帮测定凶吉。佛门认为需建造佛塔，于是土司便派人到缅甸请来技师工匠建了此塔。刀丫应和讲述，岳小保记译。16开，2页，约600字，稿存德宏傣族景颇族自治州民语委。

（岳小保）

镇妖塔传说

傣族佛塔传说。流传于云南省西双版纳傣族自治州。相传在修建此塔前，澜沧江附近的老林里出现了一个恶魔。恶魔变化多端，经常危害人畜。猎人们组织起来，找到恶魔的藏身洞，企图用火把它烧死，但恶魔用长尾巴一卷，便把猎人卷进了洞内，无一生还。云游四方的佛祖知道后，施法将恶魔压在了弄南山下。但恶魔总想推开弄南山，重新出来危害人畜。佛祖见它恶习难改，便拔下一撮头发放在此，信徒们便在此修建了佛塔，恶魔就再也不敢出来作恶，最终被压碎变成了泥土。康朗庄讲述，杨胜能搜集、整理。收入《西双版纳风情传说趣话》，32开，2页，900余字，云南大学出版社2001年版。

（朱继英）

（六）习俗传说

艾杠嘎驱鬼

傣族习俗传说。流传于云南省西双版纳傣族自治州。相传有个名叫艾杠嘎的男子结识了一位鬼朋友，当他得知鬼朋友专害路人时非常气愤，决心把鬼赶走。趁着酒兴他套知了鬼朋友害怕红色虫子和有三个角的牛的事，就把这事告诉了祭师。祭师让每人头上套上一个三脚架，然后学着牛叫声去赶鬼。鬼朋友听到牛叫声，以为三角牛真的来了，急忙逃得无影无踪。从那以后人们驱鬼驱邪时，不仅在头上套一个三脚架，还要学牛叫。岩旺讲述，岩庄香翻译。16开，6页，1121字。稿存西双版纳傣族自治州民族研究所。

（依旺的）

不听父母劝说的老四儿子

傣族习俗传说。流传于云南省德宏傣族景颇族自治州傣族地区。相传一户人家有四个儿子，三个哥哥都已成家。单身的老四常常四处经商做买卖。一天，与一位美丽姑娘约定待经商返回时喜结良缘。不久，姑娘因染病医治无效，并在一个有日食的晚上死亡而被魔精灵附身，僵尸会站立行走。老四经商归来后，稍稍落座便迫不及待地欲去与姑娘相会。父母告知：姑娘已死，魔精灵附身，僵尸会站立行走。老四不信，乘黄昏去与姑娘相会了。晚上姑娘美丽如初、楚楚动人，至深夜时，姑娘的脸变化无常，忽长忽短，忽黑忽青，老四被吓得失去知觉。天明后，有两位养人（克伦族）姑娘去上山采摘，路遇失去知觉的老四，通过用巫术把鬼赶离，救活老四。老四就舍弃不太漂亮但是救了自己的姑娘，与另一位漂亮的姑娘结成了夫妻。救老四命的姑娘对他的忘恩负义进行诅咒："今后他吃牛肉变牛，吃鸡肉变鸡，吃孔雀肉变孔雀……"不久，家中吃了孔雀肉，老四变成了孔雀。伤心的妻子抚摸着孔雀的尾巴，不时用尾巴擦眼泪，从此，孔雀羽毛上就有了人眼睛花纹。这也正是傣族从来不吃孔雀肉的缘故，因一吃就意味着分离。过夏纳讲述，快永胜记译。16开，12页，约2400字，稿存德宏傣族景颇族自治州民语委。

（快永胜）

白马鬼

傣族习俗传说。流传于云南省西双版纳傣族自治州。相传有一对恋人，女的见外出做生意的恋人久久不回便忧郁死去了，变成一只老虎精，每夜都到恋人寨子里探访恋人消息。小伙子回来后，父母就把他恋人已死的事告诉了他。他不信恋人已死去，晚上就去串门。见恋人在咔吧咔吧地嚼吃生蛆，才相信恋人已死并已变成了鬼。他骑着白马跑出家门，躲在蔓荆子树丛里才躲过鬼恋人的追赶。鬼恋人只见马而不见恋人，就把白马吃了，又变成白马哀嘶着回寨子寻找恋人去了。从此，就有了白马鬼。岩塔讲述，岩庄香翻译。16开，4页，896字，稿存西双版纳傣族自治州民族研究所。

（刀金平）

白象舞的传说

傣族习俗传说。流传于云南省景谷傣族彝族自治县。相传远古时代有一个地方叫节杜达拉纳罕,这里的首领叫帕亚细利罕宰。他从小有一癖好就是亲自饲养珍禽异兽,而且喂养有方。一天,王后生下一太子,首领饲养的一头母象也同时生下一头洁白的小象。于是臣民奔走相告,举国庆贺。太子与小白象一起长大,他整天与小白象嬉戏打闹,骑坐游玩。太子新婚就与新娘双双骑坐白象游览京城,走村串寨。说也奇怪,太子所到之处五谷丰登,六畜兴旺,万物生长。嘎里嘎拉的傣族人逃难来到节杜达拉纳罕,回去就把神奇的白象之事告诉了乡亲们,于是,人们就选派代表去请太子与白象来到嘎里嘎拉。果然,第二年,这里家家户户粮食满仓,百姓怡然自得。傣族人民为纪念神奇的白象,每逢喜事良辰就举行赕白象活动,这一习俗流传至今。查定远讲述,查定远、马绍兴搜集、整理。收入《云南民间文学集成·景谷民间故事》(一),32开,5页,3400字,景谷傣族彝族自治县民间文学集成领导小组编辑室1989年编印。

(郭玉萍)

"摆汉勐"的由来

傣族习俗传说。流传于云南省孟连傣族拉祜族佤族自治县。相传很久以前,孟连召贺罕的独生女南贺菲因与一个来给召贺罕朝贡的外地青年商人相恋遭父亲反对,但她宁死不放弃爱情,最终被砍头。南贺菲死后第二年,她的坟头上长出许多粗壮的仙人掌,这一年整个坝子风调雨顺、五谷丰登、人畜兴旺。人们都说是托了善良的南贺菲的福。从此,每到傣历七月十五日姑娘遭难这天,人们都隆重地祭奠南贺菲,这就成了叫"摆汉勐"的节日集会,孟连县城的傣族也有了"赕仙人掌"的习俗。张云明采集、记录,布召涛讲述。收入《孟连傣族拉祜族佤族自治县民间文学集成·傣族卷》(一),32开,3页,2200字,孟连傣族拉祜族佤族自治县文化局、民族事务委员会1987年编印。

(郭玉萍)

尝新米先给狗吃的传说

傣族习俗传说。流传于文山壮族苗族自治州马关县傣族聚居区。相传傣族每年秋收结束,要举行尝新米仪式。尝新米时,要做好几道可口的菜,敬献历代老祖宗、土地爷、灶君老爷。过后,先喂狗,等狗吃饱后,人才吃。主要是感谢狗的恩情和不忘记狗的功劳。因为当时傣族人认为,今天的粮食丰收是狗带来的,为教育后人不能忘记狗的功德,所以,在每年尝新米时给狗先吃,人后吃。陶起仙讲述,柏开祥记录。收入《文山州傣族民间故事集》,16开,1页,1879字,云南人民出版社2016年版。

(张元波)

唱歌驱魔贺新房

傣族习俗传说。流传于云南省西双版纳傣族自治州。相传帕雅桑木底砍下龙王用来作天梯的埋波那树抬回家盖新房。看守埋波那树的蛇魔乌沙拉丙夫妇,从河里洗澡回来见树被砍走,吓得四处寻找。发现那棵埋波那树成了新房的中柱。天黑之后,蛇魔夫妇爬到新房里,想把那棵中柱拔出来,可拔了一整夜都没拔出来。天亮后,帕雅桑木底一家准备搬进新房时,发现有两条大蛇缠在中柱上。正在他无计可施之时,乡亲们簇拥着两位章哈赶来祝贺新房的落成,大家喜庆的欢呼声震天动地,吓得那两条大蛇逃出了新房。此后,傣家人新房落成后,房主一定要置办酒席请章哈来唱歌,请乡亲们来祝贺,以驱赶躲藏在新房中的魔鬼。康朗庄讲述,艾扬搜集、整理。收入《西双版纳傣族民间故事集成》,32开,3页,1300余字,云南人民出版社1993年版。

(李传宁)

穿尖勾绣花鞋避邪的来历

傣族习俗传说。流传于文山壮族苗族自治州马关县傣族聚居区。相传很早以前,有个名叫依定的卜冒和一个名叫依月的卜少相爱,不久结了婚。一年多后,依月十分想念自己的父母、兄弟姐妹及与自己朝夕相处的同伴,提出要回娘家一转的要求。沿途不算很远,但要过一段时有伤人情况发生的蛇箐。丈夫不放心,便亲自护送她到了娘家,并约定一个星期就返回。相约时间已过数日,依定还不见妻归家。一天晚上他做了一个梦,见内兄内弟扛枪舞棒的护送她,还有一条小蛇引路。半夜醒后,觉得此梦非同一般,肯定是妻子遭到不测,没等天亮,就约了十多个年轻力壮、肩扛火药枪、身挎长刀的伙伴,直奔丈母娘家的路。刚进蛇箐,一眼望去,就是一条水缸粗的蟒蛇,在路上翻身打滚。靠近一看,身体近一米八高的妻子已被吞下,只有尖勾绣花鞋还挂在蛇的獠牙上,一气之下,依定的长刀落地,蛇头飞出三丈远,但自己的爱妻已死于蛇腹中。为了纪念遭蛇难的依月,也为避邪,后来所有出嫁的傣族姑娘都要穿尖勾绣花鞋。陶光翠、张连英讲述,白家祥记录。收入《文山州傣族民间故事集》,16开,1页,405字,云南人民出版社2016年版。

(张元波)

船形鞋的来历

傣族习俗传说。流传于云南省文山壮族苗族自治州。相传古时,有个孤儿阿和到财主家卖工谋生。财主的三女儿翁姑喜欢他就时常拿好菜饭给他吃,被财主知道后就把女儿和阿和赶出家门。他俩穿林过河,走到大海边,不知往前走还是往后退。正在这时,海面上出现一只小船慢慢向岸边漂来。他俩跳上船,那船就飞快驶向海心,眨眼间到了对岸。他俩上岸后小船又无影无踪了。他俩就在海岸边开田种地建了家,日子越来越好。为了不忘小船的搭救恩情,表达对美好生活的追求,翁姑就仿照船形状做了一双船形鞋穿在脚上。大家见好看都学着做,不几年傣家寨的人都穿上船形鞋了,并一代又一代传到今天。蔡文仙讲述,沈朝忠整理。收入《文山壮族苗族自治州民间故事集》第二集,32开,3页,2200字,文山壮族苗族自治州民族事务委员会、文化局、文联1984年编印。

(郭玉萍)

打洛祭祀勐神的传说

傣族习俗传说。流传于云南省勐海县打洛傣族聚居区。相传打洛王召苏帕敏是一位贤明的勐王,在他的统治下地方风调雨顺、百姓安居乐业。但在位不久,他患上麻风病,离开了王宫,最后一个人孤独地死去。百姓们为纪念贤明的他,便拥他为勐神,并以九月五日他去世的这天,每年举行祭祀活动以示对他的怀念。都罕亮讲述,岩三扁记录。16开,2页,511字,稿存西双版纳傣族自治州民族研究所。

(刀金平)

打僚的由来

傣族习俗传说。流传于西双版纳傣族自治州。相传召那和召麻麻尼嘎是一对好朋友,召那在地上开地种田,召麻麻尼嘎住在天上饲养仙马。召那夫妻从谷魂奶奶那里得到粮食种子,把它撒在地里,长出的秧苗被召麻麻尼嘎饲养的仙马糟蹋后,召那朝天射箭请来召麻麻尼嘎,告诉了他仙马糟蹋庄稼的事。召麻麻尼嘎听后心中过意不去,请召那在秧苗和青草之间打上记号以示区别。召那用竹篾编了一个篾牌插在田边地角。召麻麻尼嘎把篾牌带到天上交给了放马人,告诫他们决不能让仙马到插着篾牌的田地里吃草。此后,召那的庄稼长得很好,傣族便有了田间插篾牌的习俗。佚名讲述,杨胜能搜集、整理。收入《西双版纳傣族民间故事集成》,32开,2页,1100余字,云南人民出版社1993年版。

(李传宁)

打青苗的由来

傣族习俗传说。流传于云南省建水县南庄小龙潭。相传远古时候,傣族不会栽谷子。有一天,一只狗的尾巴上不知从哪里带来一粒谷子,谷子掉在田里,第二年就长出一蓬,结出很多穗谷子。傣家便把这些谷子又拿去丢在其他田里,第二年便长出一小片谷子。这样年复一年,谷子繁殖多了,但人们不懂移栽,秧苗长得密,谷子不饱满。有一日,带谷种来的那只狗跑到秧苗中去乱钻乱闯,把秧苗钻得乱七八糟,可这年的谷子都很饱满。人们便从中悟出道理,原来钻钻秧苗谷子才会饱满。从此,每年农历五月十六日,傣家人要备着雄鸡、猪头、香烛、纸钱到田间去祭祀,然后用长杆赶秧苗,傣族叫"打青苗"。白永康讲述,易荣辉搜集。收入《云南民间文学集成·建水故事卷》,32开,1页,600字,建水县文化局、民族事务委员会1989年编印。

(郭玉萍)

丢包

傣族习俗传说。流传于云南省金平苗族瑶族傣族自治县勐拉坝。相传土司要把女儿阿芳嫁给另一个土司的儿子,但阿芳心中已有心上人阿新。他俩约会对天盟誓时,仰头看见又高又直的嫩竹似乎顶住了月亮,他俩还在月亮里看见了对方的影子,认为是"天地良缘",决心白头偕老。后来竹子死了,他俩就在河坝上栽起一根又高又直的竹竿,在竹尖上拴一个竹圈代表月亮。阿芳的父亲不同意这门婚事,想出刁难女儿的办法,就让他俩互丢荷包,要荷包穿过竹竿上的竹圈就同意他俩的婚事。最后他俩丢的荷包果真穿过竹竿顶上的竹圈。从此,"丢包"就在傣族人民中兴起,作为新春男女青年相会的一种活动。佚名讲述,周茂云搜集。收入《云南民间文学集成·金平故事卷》,32开,2页,1700字,金平苗族瑶族傣族自治县文联1988年编印。

(郭玉萍)

带饭包回娘家的来历

傣族习俗传说。流传于云南省德宏傣族景颇族自治州傣族地区。相传有个出嫁到异乡去的姑娘,当家乡遭受灾难时,她经常挑着谷子、米来分给乡亲们。等家乡境况好转后,她就只象征性地带着饭包来分给乡亲们了。但此习俗却沿袭了下来,并延续至今,饭包还成为傣族走亲访友的见面礼。佚名讲述,项平旺记录,冯霄译。傣文版,16开,1页,约280字,刊于傣文杂志《勇罕》,1986年3—4期。

(冯霄)

等桑海

傣族习俗传说。流传于云南省景谷傣族彝族自治县。相传古时,景谷威远大寨有户傣家人,家里有比宰、比罗、龙尹(哥哥、嫂嫂、妹妹)。比罗与龙尹长期不和睦。有一天早上,比宰上山开荒,比罗煮好饭叫龙尹去送饭。饭中有一大一小的蛋,龙尹说比罗交代让哥哥吃大的。比宰一看小的是蛇蛋,就抢来吃了。比宰吃蛇蛋后口干舌燥,周身发痒,跌进了威远江漩涡塘。龙尹不见比宰回来又怕比罗谋害就躲到山上去了。一天,土司去打猎,见到她聪明漂亮,就把她纳为儿媳妇。她把自己的遭遇和身世讲给乡亲们听。乡亲们说要她给比宰献饭。后来比宰又托梦给她,要人们每年用三条水牛来祭,整个坝子才能风调雨顺、五谷丰登、人畜兴旺。从此,每年农历五月第一个属鸡的日子,威远坝的傣族就挑选好水牛,一同前往三棵树等桑海水塘去祭祀。查刘氏讲述,李道平、李自祥记录整理。收入《云南民间文学集成·景谷民间故事》(一),32开,3页,2000字,景谷傣族彝族自治县民间文学集成领导小组编辑室1989年编印。

(郭玉萍)

登登

傣族习俗传说。流传于云南省德宏傣族景颇族自治州傣族地区。相传从前，有一家的小孩爱哭闹，父亲又出远门做生意，晚上便有怪物将毛茸茸的手伸入篱笆缝内，说："登登（抓痒），不登就上你家房梁。"妈妈只好每晚帮它抓痒。后来，父亲回来了，便准备了大刀，砍断了怪物的双手，只听它哭喊着跑上山去了。至今，当小孩哭闹时，傣家人总爱说"登登"来了，小孩也就不敢哭了。佚名讲述，瑞应勐卯记录，冯霄译。傣文版，16开，2页，925字，刊于傣文杂志《勇罕》1987年3—4期。

（冯霄）

堆沙节

傣族习俗传说。流行于云南省德宏傣族景颇族自治州傣族地区。相传佛教徒们因建不起高大的佛塔，就在这一天把沙子挑来奘房大院场中心堆成佛塔形状，善男信女们点上香火、蜡条，摆上各种鲜花，插上纸旗后，就向佛祖祷告，祷祝远离灾难，望菩萨保佑，今后跟随佛祖升入天堂。此后这一习俗沿袭下来。佚名讲述，岳小保记译。收入《傣族节日的来历》，傣文版，32开，2页，约180字，德宏民族出版社2001年版。

（岳小保）

堆沙节和泼水节

傣族习俗传说。流传于云南省金平苗族瑶族傣族自治县勐拉坝。相传古时，人们过着丰衣足食的生活。天上出了个凶暴的昆尚独霸天庭，还糟蹋人间。他喜欢听哭声，看愁苦的泪眼。他看到人间一片欢乐就把历书改了，让人们无法劳动、收成，百姓被折磨得痛不欲生。昆尚有四个正直善良的大臣，他们想为人间造福，又说服不了昆尚就商议要杀了昆尚。但昆尚是杀不死的，身子砍了还会自动接起来，他的头落到哪里，哪里就要遭殃。昆尚有一秘密就是他的公主的头发丝可以勒死他。四大臣就劝说公主们。为人间幸福，七公主扯下自己的一根长发将父王勒死了。昆尚死后不能让其头落地，七个公主只好轮流抱着。大臣们杀了一只白象，把象头安在昆尚的脖子上，让昆尚再也长不出头来。大象的血流到地上，大臣们叫人堆些沙子盖住大象的血，然后还向七个公主泼水，冲洗她们身上的血渍。从此傣族就有了堆沙节和泼水节。佚名讲述，宛乘搜集。收入《云南民间文学集成·金平故事卷》，32开，6页，5000字，金平苗族瑶族傣族自治县文联1988年编印。

（郭玉萍）

傣族叫魂拴红线的由来

傣族习俗传说。流传于云南元江县傣族聚居区。相传从前，有一个傣族咪涛，一天清早，她腰挎一个秧箩，领着孙女到田里捉黄鳝，突然，被一只黑色的老鹰飞来把孙女扑倒，滚进水田里，孙女老鹰在泥浆里滚做一团。被救起的孙女没过几天就病倒了，总是说胡话："奶奶！奶奶！有人拴我，快救我。"喊声连绵不断。之后咪涛自己也梦见个白发苍苍的布涛走到床边，开口说："好心的咪涛，实话告诉您吧，你带孙女出门找黄鳝的那天是不吉利的凶日，你们触犯了天神下凡游走的日子，是天神化作疯狂的老鹰把你的孙女扑倒的，小孙女的魂也被天神用白线拴在两只手杆上，被拖上了天。""只要你按照我的意思去做，每天早上起来，拿着你孙女的小花衣，拴上一根红线，包着一盒饭，饭盒里装上一个煮熟的鲜鸡蛋，去跌倒的那个地方，边叫魂边把她的小花衣对着老天甩动三下。天神就会把你孙女的灵魂放回来了。"第二天早上，咪涛按照白发仙翁的吩咐做了，并为孙女双手腕拴上红线。果然不几天，孙女的病好转了。从此，傣族叫魂拴红线习俗流传至今。刀玉罕讲述，李存仁搜集。收入《中国民间故事丛书·云南玉溪·元江卷》风俗传说，40页，知识产权出版社2015年版。

（白云）

傣族吃新米不洗碗的由来

傣族习俗传说。流传于云南景谷县傣族聚居区。相传从前有两户人家。一户人家不信传统，每次到了吃新米的时节，总是在晚上把家里的碗筷洗得干干净净，让蟑螂等都没得吃。这些蟑螂非常生气，就奔走相告，说是这家太穷了太穷了，连一粒新米都舍不得留给它们吃。这户人家的"底哇啦"（护家神）知道了，也说这家太穷了太穷了，并约定不再保佑这家。于是，这户人家就越来越穷。而另外一户人家，却遵守老一辈人留下的传统，每到吃新米的时节，都不洗碗。这样，这家的蟑螂和底哇啦们就高兴了，为了感谢这家的恩德，约定一起要保佑这家越来越富有。从此，这户人家的生活，越来越富裕红火。民乐镇白象村众老人口述。收入《景谷傣族民间故事》（汉傣双文），2页，698字，2014年3月版，景谷傣族彝族自治县傣文化协会编。

（依旺的）

傣族斗笠

傣族习俗传说，流传于云南省玉溪市新平彝族傣族自治县漠沙镇。相传以前有个孤儿叫南嘎，从小被勐主抓去放牛，长大后不愿再被勐主欺压要离开他。于是去和吝啬的勐主要放牛的工钱，好说歹说勐主给了南嘎一头小黄牛。小黄牛出生时头顶长着形似鸡枞的肉帽子，勐主认为不吉利要杀死黄牛，被南嘎救下。之后黄牛变成了美丽的姑娘，原来小黄牛是匹师（天神）的小女儿，由于贪玩被匹师罚到人间做十年的牛。后来南嘎与牛姑娘结为夫妻，十年期满匹师要把小女儿带回天上，牛姑娘舍不得离开南嘎但不得不被天兵天将带上天，南嘎只好取下鸡枞帽抛向人间，帽子飘着落到了一个小卜少头上，立马变成了和匹师小女儿一样美丽的姑娘，后来还找到南嘎成了婚。此后，傣族青年成婚后，女子都会戴一顶竹编的鸡枞帽（斗笠），表示自己也像匹师的小女儿一样美丽善良。白太安讲述，冯德胜、白永先记录。收入《中国民间故事丛书（云南玉溪·新平卷）》16开，3页，知识产权出版社2015年版。

（刀庆喜）

傣族不打红鸟不砍红椿树的来历

傣族习俗传说，流传于云南省玉溪市新平彝族傣族自治县傣族聚居区。相传古时人们打猎追一只金鹿，鹿没追到，但鹿把他们带到了一块土壤肥沃的大平坝，于是决定都搬来这个地方定居。准备妥当后，所有人都上路赶往大平坝，走着走着有些人开始掉队。掉队的人们因无人带路迷路了，这时有一群掉队的人看见一只红鸟在天上盘旋，人们觉得是天神派来的就跟着红鸟往前走，最后红鸟落脚在一棵红椿树根脚，就发现了心中所向往的又宽又平的坝子，他们停下脚步开荒改地造田，重建家园，繁衍子孙。傣族人民认为是红鸟带他们找到了美好的家园，至今一直保留不打红鸟、不砍红椿树的习惯。收入《花腰傣民间故事集》，16开，3页，49行，云南民族出版社2016年版。

（刀庆喜）

傣族尝新节的来历

傣族习俗传说。流传于云南省德宏傣族景颇族自治州的傣族地区。相传古时，傣族地方的稻谷是从根部结穗到稻尖，苞谷也是根结洋芋、秆结包谷，穗结谷子。所以傣族地方粮食很多，收一年吃十年也吃不完。粮食多，人们不会爱惜，还把粮食舂成粑粑做成鼓墩当板凳坐。天上神仙看见后很生气，叫仙人将谷子收回。后来人们没有粮食吃，只得摘野果、挖野菜充饥。狗吃不下野菜野果，饿得望天啼哭，很是悲惨，仙人可怜狗，就悄悄丢下几穗谷子给狗吃。谷穗被人们拿去做谷种，连年栽种，谷子才多了起来。每年新谷成熟，人们就舂新米敬天地，捏饭团喂狗，然后各村各寨，男女老少围桌而坐尝新米。老年人告诫年轻人要爱惜粮食，每顿饭都要把狗喂饱。从此，每年吃新米都要举行尝新米仪式，沿袭至今。佚名讲述，依锁搜集、整理、翻译。32开，1页，约400字，收入《德宏傣族民间故事》，德宏民族出版社1993年版。

（金小所）

傣历年的传说

傣族习俗传说。流传于西双版纳傣族自治州。相传掌管气候的天神朋麻点打腊扎乱施神威，随意晴雨，给人间带来了灾难。天王英打提拉变成一个年轻的小伙子去接近朋麻点打腊扎的七个女儿，让她们用计探听到了父亲的生死秘诀。最小的女儿偷来父亲的头发，做成弓箭，趁父亲酒醉熟睡之际，割断了父亲的头颅。那头颅落地后，立即冒出烈焰，七姐妹只好轮流抱着父亲的头，一天一换，轮换时要泼水把身上的污秽洗去。为感激七姐妹大义灭亲、为民除害的恩德，人们泼水为她们洗污祝福。天上一日，人间一年，人们一年泼一次水，把泼水的日子定在傣历新年。康朗庄讲述，杨胜能整理。收入《西双版纳傣族民间故事集成》，32开，4页，2000余字，云南人民出版社1993年版。

（李传宁）

傣族男子为什么要文身

傣族习俗传说。流传于云南省西双版纳傣族自治州。相传一个魔鬼偷走了菩提树上用来照明的宝石，藏在天边的岩洞内。一个叫宛纳帕的青年，去寻找宝石的途中，为了方便记事记路，用硬刺划开皮肤，让黑树浆渗进皮肉，记录下途中的经历：走过一座森林，就刺下一片树叶；过了一条江河，就刺下一条粗线；打死一个动物，就刺下动物身上的花纹。他战胜魔鬼，把宝石带回到家乡时，已是白发老人，在回到寨子的当晚去世。为纪念宛纳帕，傣家青壮年男子就仿照他身上的花纹，用针刺把蓝靛水渗入皮肤进行文身。佚名讲述，岩温扁搜集、整理。收入《西双版纳傣族民间故事集成》，32开，3页，2000余字，云南人民出版社1993年版。

（李传宁）

傣家男人喜好文身的由来

傣族习俗传说。流传于云南普洱市景谷县傣族地区。相传远古的时候，天上还没有太阳，也没有白天和晚上的区别。寨子里的长老们把一颗明珠挂在古老的菩提树上照明，才能借着光亮下地干活。一天，寨子里来了一个大恶魔，他把夜明珠偷走了，人间大地从此又漆黑一片。当时，有一个名叫岩万纳过的年轻后生，聪明勇敢，立誓要为人们找回那颗明珠。于是，他挎上长刀，告别父老乡亲，独自踏上寻找夜明珠的征程。一路上，他为了不忘记回来的路，在自己的身体皮肤上划痕，涂上黑树浆，黑树浆渗入肌肤，成为一幅幅"路线图"。勇敢的岩万纳走了大约十年，他的两只胳膊和大腿上已经刺满了各种各样的图纹，当纹到胸部的时候，终于走到了天边找到了偷夜明珠的恶魔。岩万纳过战胜恶魔之后，带着夜明珠回乡了。岩万纳过仔细观察自己身上的地图，按照满身弯弯曲曲、密密麻麻的路线，历经千辛万苦回到家乡，把明亮的宝珠重新挂回菩提树梢。人们欢呼雀跃地迎来了久违的光明，这时的岩万纳过看到人群中竟然没有一个熟悉的面孔。原来，他这一去就是几十年的光景，同龄人都已去世，他那心爱的未婚妻也在苦苦等待中去世。一生的劳累奔波再加上得知故人纷纷离去的消息，让这位傣家最勇敢的岩万纳过在回到寨子的当晚就闭目去世了。人们十分感激他，把他葬在了菩提树下。为了纪念这位英雄，傣族的青壮年男子就仿照岩万纳过在自己身体刺上花纹，这种做法一直沿袭到现在。收入《景谷傣族民间故事》（汉傣双文），32开，2页，1140字，景谷傣族彝族自治县傣文化协会2014年编印。

（依旺的）

傣族文身的由来

傣族习俗传说。流传于云南省红河县傣族聚居区。相传古时,红河里有一种叫"皮厄"的水怪会伤害下河捕鱼的人。一天,有个叫媒商的人在河边一边网鱼一边唱歌。小龙女变成一条小金鱼钻出水面来听歌,被媒商捕住带回了家。老龙王为寻龙女派龟军师变成少年来到媒商家里。龟军师告诉媒商小金鱼的身份,并说只要他放了金鱼,要什么都可以。媒商说傣家人以善为本,同意放回金鱼。龟军师临走前在媒商的手脚上刺了许多鱼鳞似的花纹为标记。从此他到河边,水里的妖怪就纷纷逃避。后来傣家人学着媒商的样子,在脚上手上刺纹,就成了傣族的文身习俗。佚名讲述,钱存广搜集、整理。收入《红河县民族民间故事》,32开,2页,1500字,云南民族出版社1990年版。

(郭玉萍)

傣族姑娘镶金牙的来历

傣族习俗传说。流传于云南省红河县傣族聚居区。相传古时,勐竜坝住着依香、玉哈姐妹俩。她俩上龙竹山背柴,中午热得口干舌燥。玉哈顺口说如有谁送点凉水来就嫁给他。这话被一只老虎听到,它就变成小伙子用竹筒送来泉水。玉哈随小伙子来到山洞,才知他是虎变的,就设法在天黑时逃出洞来爬到洞口万年青树上躲起来。玉哈的金耳坠闪闪发亮,守在洞口的老虎以为是星星,就自言自语说等星星落了再进洞吃人。玉哈急忙把金耳坠摘下含在口中,趁老虎进洞后她就逃跑了。为纪念玉哈口含金耳坠虎口逃生,傣族姑娘人人镶金牙,以示驱邪护身。方正明讲述,钱存广搜集、整理。收入《红河县民族民间故事》,32开,3页,2000字,云南民族出版社1990年版。

(郭玉萍)

傣族为什么有倒背手的习惯

傣族习俗传说。流传于云南省红河县傣族聚居区。相传很久以前,傣族的祖先从很远的地方来到红河一带生活。他们常在江边捕鱼为生,练就了一身好水性,能潜到水底摸鱼捞虾。有一年,傣族的部落头领得罪了外族,外族人来攻打傣族寨子,傣族人打败了。外族人把傣族成年男人用棕绳把双手倒拴住,推进江水里。后来他们挣脱棕绳,凭着好水性游到岸上回了家。从此,为了纪念那一次死里逃生的男子汉们,傣族都习惯倒背着手走路或站立,一直到今天都是这样。佚名讲述,张寒搜集、整理。收入《红河县民族民间故事》,32开,2页,1000字,云南民族出版社1990年版。

(郭玉萍)

傣家人放高升

傣族习俗传说。流传于云南江城县傣族聚居区。相传从前,有一位土司的儿子,向父母告别到天上跟佛祖学习本领。临别前,儿子对父母说:"什么时候想念我了,就把礼炮放到天空,礼炮在天上炸响,我知道你们想念我,就会下来看望你们。"第二年泼水节,土司想念儿子了,就吩咐各村各寨燃放高升。当天夜里,土司的儿子果然回到家里跟父母团聚。不仅如此,他还把从佛祖那里学到的本领教给家人,从此,傣族百姓就更加兴旺。从那以后,泼水节到了,傣族各个村寨都要放高升,放得越高越好,放得越高就代表当年能得到仙人的帮助;如果放不高,就表示整整一年都不好过。赵永明讲述,邱家荣搜集整理。收入《江城哈尼族彝族自治县民族民间故事集第二辑》,1页,390字,中共江城县委宣传部、江城县文学艺术界联合会、江城县民族宗教事务局2009年编印。

(依旺的)

傣家滴水的由来

傣族习俗传说。流传于云南景谷县傣族聚居区。相传很早以前,有一个富翁的儿子在过河看自己的田地时突然暴病而亡。悲痛中的富翁,为了纪念儿子，每天派下人到河边给死去的儿子送饭，风雨无阻。有一天，一位下人在去河边给死去的富翁的儿子送饭的途中遇到一位顺河而下的僧人。僧人问明原委后，让下人把饭装进他的金钵，然后打些水来滴水。下人认认真真按和尚说的滴了水。当天夜里，富翁的儿子来给父亲托了一个梦，他在梦里说道："父亲啊，我死了两年多，直到今天你才给我吃上饭？"第二天，富翁一早就把那送饭的下人叫来，从头问了一遍："你昨天把饭赕给和尚了，是真的吗？"那下人说："是的，我把饭菜都赕给和尚了，他在念经，我就滴水了。"从此以后，富翁改变了方式，他亲自到佛寺赕佛滴水给他的儿子。傣族人因此有了每年都到佛寺里赕佛滴水给自己死去的亲人的习俗。收入《景谷傣族民间故事》（汉傣双文），32开，2页，974字，景谷县傣族彝族自治县傣文化协会2014年编印。

（依旺的）

傣族叫魂的来历

傣族习俗传说。流传于云南普洱市江城整董一带。相传从前，有位老妈妈的儿子出门去做工，去了三年都没有音信回来。这位老妈妈着急了，就去找算命先生卜吉凶，得知儿子还活着，但却只剩下三天寿命。老妈妈伤心欲绝。一位年轻的妇女把一种叫魂的方式教给老妈妈。她将信将疑地重复了这个方法，三天以后，她的儿子果然安然无恙地站在他面前。儿子告诉她，三天前他在一个盐矿里做工，好像听到母亲的声音在叫他"回来！回来！"一连三天如此。第三天，在他跑出来的那一刻，盐矿坍塌了，在里面做工的人，都被压死了。从此，傣族人只要遇到类似事情，就会做一些"叫魂"的仪式，意思就是把丢失的魂魄找回来。宗散黑讲述，邱家荣搜集整理。收入《江城哈尼族彝族自治县民族民间故事集第二辑》，2页，713字，中共江城县委宣传部、江城县文学艺术界联合会、江城县民族宗教事务局，2009年编印。

（依旺的）

滴水成歌

傣族习俗传说。流传于云南省西双版纳傣族自治州傣族地区。叙述一个傣族先民从流水的淙淙声受到启迪学会唱歌的故事。相传有母女二人在深山老林里开荒种瓜。一天中午，太阳火辣辣的，母女二人挖地累了，口也渴了，母亲叫女儿到泉边打水来喝。女儿来到泉边，听到叮叮咚咚的泉水声，清脆柔和，好听极了，不觉忘了返回。母亲见女儿很晚才归来，问发生了什么事。女儿说是听泉水声响忘了返回。母亲不相信，亲自跑去听，果然，泉水声动听极了。从此，这个开荒种瓜的姑娘，每天都来到泉水边倾听泉水的声音，并模仿泉水的声音唱起歌来，天长地久，泉水声变成了姑娘的歌声，姑娘也就成了傣族的第一个歌手，每天给人们唱歌，人们尊称她为"章哈的始祖"。佚名讲述，岩峰、王松、刀保尧采录整理。收入《傣族文学史》，32开，1页，500字，云南民族出版社1995年版。

（阿南）

滴水习俗的由来

傣族习俗传说。流传于云南耿马县傣族聚居区。相传很久以前，有一个沙铁（即富翁），年过半百时才生得一个儿子，沙铁万般疼爱。不料，孩子长到六岁时就夭折了。痛失爱子的沙铁日日垂泪，万分沮丧，每天让家奴送美味佳肴到儿子的坟茔上献祭。有一天，天上忽降瓢泼大雨，大雨一直下个不停，河水暴涨，漫过河岸，淹没了通往墓地的小路。家奴无法将斋饭送到坟茔，回到家中又担心沙铁责骂，欲将祭品丢弃又不忍心。正当他踌躇不定时，对面走过来一位雅细，身着袈裟，右手拄着禅杖，左手摇着蒲扇。雅细走到家奴身边，问明原委后说：给过世的人献饭菜要一边滴水一边诵念滴水经，在阴间的亡人才能享用到。

于是，家奴按照雅细的指点和帮助诵经，滴水献斋，留下祭品，才匆匆返回沙铁家，瞒着未到坟场献斋之事，怀着忐忑不安的心情就寝入睡。夜里，沙铁做了一个梦，梦见死去的爱子回到身边，诉说自己死后一直没有吃过家人送去的饭菜，差点变成了饿死鬼，唯有昨日才享用到家人送去的饭菜，美味可口，吃得很饱，父子二人在梦境中相见，抱头哭诉思念之苦。一阵阵雄鸡报晓声惊醒了沙铁的美梦。沙铁起床后迫不及待追问家奴平日到坟地献饭的情形，家奴起初还支支吾吾不敢吐露半点实情。沙铁讲起夜里的梦境，家奴才一五一十说出滴水献斋的过程。从此，傣家人每逢过年过节就有了滴水献斋请僧侣诵经祭奠逝去亲人的习俗。南桂香搜集整理，收入《耿马民族民间故事》（耿马民族文化丛书），16开，1页，600字，云南民族出版社2016年版。

（南桂香）

戴孝帕的来历

傣族习俗传说。流传于文山壮族苗族自治州马关县傣族聚居区。相传很早以前，有母子俩相依为命。儿子天天上山砍柴，卖了柴养母亲。有一天，儿子被老虎吃了。老咪涛就将老虎告到玉皇大帝那里去。玉帝受理了这个案子，并把吃了老咪涛儿子的老虎罚给她做儿子，给她养老送终。过了几年，老咪涛病故，那只老虎就将一块白布包在头上到舅舅门前跪着。主人见到后就说可能是姐姐去世了，就跟着老虎到那个山洞一看，老咪涛果真死了，便帮着把老咪涛的尸体埋了。从那时起，傣家凡是老人去世派去通知后家和亲戚的人，头上都要包一块白布，用现在的话说就是赶信，包在头上的白布就是孝帕。陶起仙讲述，白家祥记录。收入《文山州傣族民间故事集》，16开，2页，822字，云南人民出版社2016年版。

（张元波）

房形头帕的来历

傣族习俗传说。流传于文山壮族苗族自治州文山市傣族聚居区。相传在曼哈寨，有个卜少叫帕雅，美丽聪明，能歌善舞。有一年，帕雅与附近寨子的卜冒定亲了。婚前四五天，帕雅在竹楼上，对着镜子精心打扮。恰在此时，一只金孔雀从窗外飞来，立在一个木墩上，含情脉脉地望着帕雅。待了一阵，帕雅合掌对着金孔雀拜了几拜，笑着从闺房拿来剪刀、黑布和针线，照着立定在她面前半开半合翅膀的孔雀形象，精心地做起头帕来。头帕刚做好，金孔雀突然飞起来消失了。过后几天，帕雅戴着形似孔雀翅膀半开半合模样、又如房形的帕子出嫁了。傣家女人见这种头帕高雅大方，奇特美丽，就都学着做，戴上这种头帕了。于是，这种头帕就流传至今了。白凤云讲述，刘德荣记录。收入《文山州傣族民间故事集》，16开，1页，498字，云南人民出版社2016年版。

（张元波）

放高升的故事

傣族习俗传说。流传于云南省西双版纳傣族自治州。相传古时一个叫帕雅晚的人，看到人间遭受灾难，便用四块木板作翅膀，飞到天庭，向天神帕雅英报告人间的不幸。帕雅晚返回时，撞在天庭的门上，被一块掉下来的门板砸死。后来，帕雅英设计杀死了降灾人间的朋麻点打腊扎，并命令天神树鲁巴的麻哈捧重修历法，调节风雨。帕雅晚死后托梦给自己的父亲帕雅桑萨，诉说了自己的遭遇和帕雅英为民除害、新修历法的情况，要求父亲每年新年来临之际，想法给他带个讯息。帕雅桑萨把儿子托梦的事告诉了乡亲，大家就用火药做成了高升，向帕雅晚传送新年来临的讯息。帕雅晚在天之灵看到高升后，便请上风、雨和五谷之神到人间欢度新年佳节，并把当年雨水的好坏、收成的丰歉预先告诉家乡的父老乡亲。佚名讲述，杨胜能整理。收入《西双版纳傣族民间故事集成》，32开，3页，1700字，云南人民出版社1993年版。

（李传宁）

放鞭炮习俗的由来

傣族习俗传说。流传于云南省景谷县傣族聚居区。相传很早以前，人、阴间的鬼和妖魔都住在同一个地面，于是，天下大乱。每到夜深人静，妖怪们总是到寨子里来吃人。有一年大年三十，为了过一个好年，不受妖怪们骚扰，寨子里大部分人都拖儿带女地跑到村外去躲起来，只有一位名叫召帕亚坦的勇士决定留下来跟妖怪搏斗。天黑了，妖怪出来了，闻着味道径直向召帕亚坦家走来。召帕亚坦见状，拿起大刀就砍向妖怪。召帕亚坦与妖怪搏斗的当儿，他的妻子点上松明为丈夫照明，同时搬来一些竹子烧成火堆。火堆里的竹子在燃烧的时候发出噼噼啪啪的响声，吓得妖怪们慌忙逃窜，再也不敢到寨子里来吃人。从此，便有了在大年三十放鞭炮的习俗。收入《景谷傣族民间故事》（汉傣双文），2页，690字，2014年3月版，景谷傣族彝族自治县傣文化协会编。

（依旺的）

夫妻树的故事

傣族习俗传说。流传于云南省元江县傣族聚居区。相传那路是一个美丽的花腰傣寨子，这里山清水秀，树木茂盛，寨子里生长着两棵树，一棵是芒果树，另一棵是酸角树，两棵树紧紧地攀缠在一起，被人们叫做夫妻树。这两棵树是小伙子阿岩、姑娘阿央的化身。他俩生前为了忠贞不渝的爱情，不被财富和利益所打动，以死抗争。这两棵树是他们与威逼利诱的包办婚姻作斗争的真实写照。从此以后，村寨里男的名字叫"阿岩"的就不能讨女性"阿央"的做媳妇；男的叫阿三的，就不能讨女性叫"阿娥"的做媳妇。为此人们还专门编了俗语，叫"岩不对央""三不对娥"。彼此相互提示，只要是"阿岩和阿央""阿三和阿娥"都不能婚配。配了也不能白头到老，不会得到幸福。就这样一代一代的传下来。形成了花腰傣的婚姻规矩，一直流传至今。元江傣族刀文礼讲述，刀正昌整理。收入《中国民间故事丛书·云南玉溪·元江卷》风俗传说，36页，知识产权出版社2015年版。

（白云）

关门节不串姑娘的由来

傣族习俗传说。流传于云南省西双版纳傣族自治州。相传一个叫岩布龙的小伙子，进入关门节后，丢下农活不管，成天只想着走村串寨找姑娘。水妖见他与一个叫帕罕娜的姑娘经常幽会，便在岩布龙去会帕罕娜的半路上，将岩布龙淹死。水妖变成岩布龙的模样逼帕罕娜成婚，帕罕娜不从，也被杀死。傣族就认为，关门节后，洪水上涨，正是水妖出没的时节，这段时间谈情说爱、串姑娘，便会被水妖利用。依甩讲述，李光品搜集、整理。收入《西双版纳傣族民间故事集成》，32开，2页，500余字，云南人民出版社1993年版。

（李传宁）

过年泼水的传说

傣族习俗传说。流传于云南省西双版纳傣族自治州。相传一个魔王霸占了勐巴拉纳西，给人民带来了无穷的苦难。被魔王抢去的七个姑娘中最小的一个叫依丹罕，她用酒灌醉了魔王，探出杀死魔王的秘诀。她悄悄拔下了魔王的一根头发，勒断了魔王的脖子。魔王的头颅落地后，立刻燃起了大火，依丹罕只好把魔王的头抱在怀里；其他六姐妹见了，轮流到河里挑水来往魔王的头上泼，同时也为依丹罕洗去身上的血污。为了纪念这七个为民除害的姑娘，傣家人每逢傣历新年都举行泼水活动，同时辞旧迎新，祈求来年风调雨顺、五谷丰登。佚名讲述，征鹏整理。收入《西双版纳傣族民间故事集成》，32开，3页，1300余字，云南人民出版社1993年版。

（李传宁）

过年杀猪的来历

傣族习俗传说。流传于云南省德宏傣族景颇族自治州傣族地区。相传要过大年时，人们都想吃一顿好饭菜。本想杀牛，牛说它能帮人拉犁拉耙；要去杀马，马说它能为人驮东西；要杀狗，狗说它能帮人看家；要杀公鸡，公鸡说它能为人报晓；只有猪找不出什么理由来。于是，过年杀猪的习惯就延续至今。佚名讲述，乔保座记录，冯霄译。傣文版，16开，2页，900字，刊于傣文杂志《勇罕》1988年1—2期。

（冯霄）

赶花街

傣族习俗传说，流传于云南省玉溪市新平彝族傣族自治县漠沙镇。相传漠沙江里从南海跑来一条恶龙，每年农历正月十三，它要漠沙坝的傣家人宰猪、牛各一百头，再选一名漂亮的傣家卜少送到粉牛渡口水里献给它。若不照做，恶龙就要呼风唤雨，淹没田园庄稼。粉牛渡口旁边寨子有一个叫岩龙的人，他得知恶龙祸害傣家人，为解除大家的痛苦，他凭自己的智慧和勇敢杀死了恶龙。消息传遍整个漠沙坝，人们敲锣打鼓载歌载舞来祝贺岩龙，年轻漂亮的卜少都着盛装围着岩龙，一时间，粉牛渡口热闹非凡。后来每年到了正月十三岩龙杀死恶龙这天，傣家人都身着盛装，带上傣家美食到渡口纪念岩龙，就像赶集一般，一年比一年人多，便形成了花街。刀明贵、陈振中1983年采录于漠沙镇大新寨。收入《中国民间故事丛书（云南玉溪·新平卷）》，16开，2页，知识产权出版社2015年版。

（刀庆喜）

哥哥龙

傣族习俗传说。流传于云南省金平苗族瑶族傣族自治县。相传从前有兄妹俩，父母早逝。长大后哥哥讨了媳妇，妹妹做了小姑。嫂嫂嫌小姑碍手碍脚，对小姑很刻薄。一天，妹妹拣到一个蛋，比鹅蛋还大，带回家让哥嫂看。嫂嫂见蛋知道是蛟龙的蛋，心里盘算起鬼主意。嫂嫂趁兄妹俩下田干活时，把蛋炒在饭里。这天妹妹先回家，嫂嫂就把蛋炒饭端给她吃。妹妹心想应留给哥哥吃，就背着嫂嫂把饭留了起来。哥哥回家吃了炒饭后感到口渴，怎么喝水都不行，就直接跑到河中去喝水，身子变成龙形。妹妹看着龙不害怕，嫂嫂看见却吓得倒在河边死了。以后每年村里栽秧灌田用水时，这条龙就要回来一次，河水也就涨了。人们都说："哥哥龙回来了！"村里人都要设祭品祭它。佚名讲述，宛乘搜集。收入《云南民间文学集成·金平故事卷》，32开，2页，1700字，金平苗族瑶族傣族自治县文联1988年编印。

（郭玉萍）

首领的诺言

傣族习俗传说。流传于云南省西双版纳傣族自治州。相传勐巴拉纳西的百姓经常杀猪宰牛祭祀神灵，信奉佛教的王子见了非常痛心，但无法阻止。无奈之下，王子只好每天到百姓杀生祭祀的那棵大青树那里献花献蜡条祷告。老首领去世后，王子继承了王位。刚继位，王子就颁布了禁止臣民杀猪宰牛祭祀神灵的法令，倡导臣民改用鲜花、蜡条祭祀，并警告臣民谁若再杀生，就用他的血祭祀神灵。从那以后，臣民们祭祀神灵、先祖都改用了鲜花、蜡条，延传至今。康郎约讲述，陆云东翻译。16开，3页，712字，稿存西双版纳傣族自治州民族研究所。

（刀金平）

盖房唱歌

傣族习俗传说。流传于云南省西双版纳傣族自治州傣族地区。相传桑木底率领傣族先民在平坝定居建寨的时候，发生了一件奇怪的事：盖第一幢竹楼时，无论砍多少木料都总是缺少两根柱子，累得桑木底毫无办法，再不想到森林里寻找木料了，便叫人到寨边随手砍了两棵树做柱子。不想，这两棵树底下住着两条蛇,是一对夫妻。它们见桑木底毁了自己的家,十分生气,决定报复。于是,这两条蛇悄悄爬到新盖的竹楼里,紧紧缠住那两棵柱子,吓得人们都不敢走进新竹楼。桑木底虽然力大无比,却也没法赶走这两条蛇。后来,请来摩赞,送了鬼,祭了神,但蛇夫妇仍然不走开。最后,桑木底把会唱歌的人叫来,这人一唱起歌,人们发出呼声,蛇夫妇听了很害怕,悄悄地逃走了。从此,会唱歌的这个人,便成了傣族第一个歌手。佚名讲述,岩峰、王松、刀保尧采录整理。收入《傣族文学史》,32开,1页,500字,云南民族出版社1995年版。

(阿南)

划龙船的传说

傣族习俗传说。流传于云南省西双版纳傣族自治州。相传勐巴拉纳西首领召龙纳西有七个女儿,六个分别嫁给邻国的王子,他想把最小的一个女儿南丹博腊嫁给本国宰相西纳诺的儿子召冒相罕。小女儿另有所爱,要求父亲为她赶摆(似赶集活动)七天挑选爱人。在第七天时,她等到了意中人艾洪窝,一个家境贫寒的人,并嫁给了他。恼怒的首领和宰相,几次设计想除掉艾洪窝,但都宣告失败。首领要求七个女婿造船来进行划船比赛,欲借机杀死艾洪窝。在龙王和天神帕雅英的相助下,首领、西诺纳宰相和六个女婿被卷进江中。艾洪窝获得胜利,并继承王位。后来,傣家人为纪念艾洪窝,在傣历新年都要举行划龙船比赛。佚名讲述,征鹏翻译整理。收入《西双版纳傣族民间故事集成》,32开,10页,6300余字,云南人民出版社1993年版。

(李传宁)

花街节的由来

傣族习俗传说。流传于云南元江县傣族聚居区。相传傣寨出了个容貌美丽、手艺超群的卜少歌王-摩哈卜少,她唱歌人人爱听,个个爱看。她的美貌和歌声的出众传到了召耳边,召竜打定主意要抢走摩哈卜少做他的第八个老婆,于是在五月初五这天,叫家丁把卜少抢到了家,可是任凭召竜万般引诱还是打动不了姑娘的心,姑娘为感动守牢的卜冒,轻声唱道:"河边的草丛是虎狼的窝,竹林的根拦着刺棵,领主的牢笼灾难多,好心的守门卜冒哟!放我出监牢,请你行行好……"好心的卜冒不顾自己的安危放走了卜少,召竜的兵丁发现后连夜追逃无果,天亮后放牛娃在刺痛花树下见到了摩哈卜少的尸体,旁边还剩下有毒的草乌根,伤心的人们明白了饥寒交迫的摩哈卜少是误食了毒草乌根死了。过了不久,摩哈卜少躺过的刺通花灿烂盛开,娇艳无比。于是傣家人为了纪念这位美丽的摩哈卜少,约定在五月初五—初七这几天赶花街、唱情歌,延续至今。元江傣族李依腊讲述,李存仁搜集。收入《中国民间故事丛书·云南玉溪·元江卷》风俗传说,38页,知识产权出版社2015年版。

(白云)

花棍舞的来历

傣族习俗传说。流传于文山壮族苗族自治州马关县傣族聚居区。相传麻栗坡县南温和地区,有种舞蹈,叫花棍舞。舞者人数不限,男女不分。舞姿如武如舞,似武似舞,浑如一体。传说,当时南温和地区在城子上黄氏土司的带领下,人民生活富足。大朝人富裕,小朝人眼红啦!年年冬腊月间,小朝的兵将总来入侵,烧杀抢掠。有一次,黄氏土司假装生病诱敌来犯,他领着众人如山洪般涌出,手持棍棒上劈下砍,直杀得小朝人血肉横飞,逃回小朝。之后,小朝人不敢犯边。为纪念此次胜利,提高杀敌本领,增强防范意识,就常常演示持棍厮杀场景;又为了吸引观众,又将木棍染成红色,将武打动作融入舞蹈,才形成舞姿如武如舞、似武似舞的花棍舞。黄大成讲述,刘德荣记录。收入《文山州傣族民间故事集》,16开,2页,1327字,云南人民出版社

2016年版。

（张元波）

花腰傣的"花街"

傣族习俗传说。流传于云南省新平彝族傣族自治县、元江哈尼族彝族傣族自治县。相传很早以前，漠沙江里来了一条恶龙。每年正月十三，它要傣家人宰一百头猪、杀一百头牛挑到粉牛渡口供它食用。到了五月初六，又要傣家人选一个漂亮的姑娘给它做妻子。否则它就掀起大浪，淹没庄稼，冲毁果园。粉牛渡边的村子里有个孤儿叫岩龙，他为解除傣家人的灾难，决定去杀死恶龙。送姑娘的日子，岩龙用计与恶龙搏斗，最后把它劈成九块。岩龙智斩恶龙的事迹很快传遍了漠沙坝子的村村寨寨，小伙子们敲锣打鼓来祝贺，奶奶婶婶送来好吃的东西，姑娘打扮得鲜艳漂亮来让岩龙选妻子。从此以后，傣家的老人商定，把正月十三订为"小花街"，岩龙斩恶龙的五月初六订为"大花街"，用来纪念为民除害的岩龙。这一习俗就代代相传下来了。佚名讲述，陈振中搜集、整理。收入《玉溪地区民间文学资料选》第二集，32开，4页，2500字，玉溪地区群众艺术馆1984年编印。

（郭玉萍）

花腰傣斗笠的传说

傣族习俗传说。流传于云南省新平彝族傣族自治县、元江哈尼族彝族傣族自治县。相传很早以前，叶勐巴有个孤儿叫喃嘎，六岁就被勐主抓去放牛。十五岁那年，他再也受不了勐主的虐待，决心到叶勐巴谋生。他向勐主要工钱，勐主就把自己曾以为是怪物将其丢进勐江而被喃嘎救出的小黄牛抵工钱给了喃嘎。喃嘎来到叶勐巴后，乡亲们帮他盖了新房。他每天干完活都找回青草给小黄牛吃。有一天，喃嘎回到家看见灶上炖着饭菜，问邻居都说没人替他做过饭。第二天他照常出门后又转回家，看见小黄牛变成了一个姑娘，她头戴鸡棕帽，一身金色衣裙。原来，牛姑娘是匹师（天神）的小女儿，从天上到人间游玩，被父王罚为牛。后来，期限满了，她的父王把她捉了回去。她取下头上戴的鸡棕帽抛下人间。鸡棕帽飘在一位赶路的小卜少（姑娘）头上，霎时，小卜少变得像匹师小女儿一样美丽，后找到喃嘎成了婚。从此，花腰傣青年成婚之后，女人都戴一项用竹子编得很精致的鸡棕帽，傣语叫"阔"，表示自己也像匹师的小女儿一样，善良、美丽、勤劳。白安太讲述，冯德胜、白永先整理。收入《玉溪地区民间文学资料选》第二集，32开，4页，2500字，玉溪地区群众艺术馆1984年编印。

（郭玉萍）

喝酒、嚼槟榔规矩的由来

傣族习俗传说。流传于云南省西双版纳傣族自治州。相传勐巴拉纳西有个喜欢打猎的老帕雅和他的奴仆艾果，打猎迷路后在山里过夜。老帕雅先说好要给艾果讲故事，后来却睡着了。准备偷听故事的魔鬼们以为被骗，欲设计毒死老帕雅，艾果碰巧听到魔鬼们商量的计谋。第二天，老帕雅准备嚼槟榔时，艾果为他撕掉了有毒的槟榔叶尖；喝酒时，又帮他冲掉了杯边的毒药，救了老帕雅。魔王见毒计不成，又变成毒蛇欲咬死老帕雅，被艾果用刀砍死。惊醒后的老帕雅正好看见艾果杀气十足的样子，误以为艾果想谋财害命，欲将艾果处死。艾果说明情况后，老帕雅才省悟过来。从此，傣族形成了喝酒前先把酒泼掉一点、嚼槟榔前要先撕去叶尖的习俗。佚名讲述，相工整理。32开，3页，2000余字。收入《西双版纳傣族民间故事集成》，云南人民出版社1993年版。

（李传宁）

叫谷魂的来历

傣族习俗传说。流传于文山壮族苗族自治州马关县傣族聚居区。相传从前，人们不兴种地，不兴撒秧。有个天神来到人间，看见人们只是去摘野果子吃，一个个瘦得皮包骨头。天神想了想，还是得从天上拿来谷种送给人间，让天下人都有饭吃，活下来。天神还规定，人类收谷子要兴叫谷魂回家，这就是谷种和叫谷魂的来历。陶发安讲述，董品尧记录。收入《文山州傣族民间故事集》，16开，4页，1949字，云南人民出版社2016年版。

（张元波）

叫谷魂

傣族习俗传说。流行于云南省德宏傣族景颇族自治州傣族地区。相传远古时候，谷子颗粒有黄瓜那么大，每天每人吃一颗就饱了。当时有一老龄姑娘为了让人家说她能干，就把谷粒舂细，用木磨把米粒磨碎，用簸箕把细糠、谷壳簸掉，只剩下白净的米粒，然后才把米煮熟食用。谷魂受不了这口气，就飞到"勐拉胜"（没有白天只有黑夜的一个天国），从此人间闹饥荒，尸骨遍地。狗也饿得大声吼叫，凭它的灵敏嗅觉一直跟踪到"勐拉胜"。谷魂爷爷见后问："狗啊，你来这里做什么？"狗答道："尊敬的谷魂爷爷啊，您把谷魂叫回来，人们都饿死啦。"谷魂爷爷说："你看人把米舂成这样子。"说完把碎谷子撒给狗一把。狗带着碎谷跑回家。主人见后问："狗啊，这几天你都跑到哪儿去了？让我到处找你。"狗生气地抖抖身子，藏在狗尾巴里的碎谷粒掉了下来，于是人间又有了谷种。为了纪念这个日子，人们每到傣历三月二十四日清早，老人们就用一把漏勺，点上香，从田间往家里走，边走边叫："谷魂啊，回家吧，三月间你要回到谷仓里，九月间你要回到天坝中。我们从来不会忘记你，是你为人间送来了谷和米，我们将世世代代把你祭供。"然后把漏勺插在谷仓（囤子）里的谷子中央，晚上用粑粑、饵丝供在灶头。佚名讲述，岳小保记译。收入《傣族节日的来历》，傣文版，32开，4页，约850字，德宏民族出版社2001年版。

（岳小保）

系长围腰的来历

傣族习俗传说。流传于文山壮族苗族自治州马关县傣族聚居区。相传傣族妇女的长围腰与筒裙一样长，其来历和一个叫伊囡的女人相关联。传说，很久以前，有一叫布双的人家有四个儿子，只有老四还没安家。后来老四娶了一个聪明漂亮的媳妇，名伊囡。伊囡智斗召勐老爷赢得了胜利。召勐听从管家的建议，让伊囡缝了围腰穿上，好把女人聪明的心灵更好地捂住。围腰做好后，伊囡系上长围腰，感到没有哪样异样，相反觉得还更好地装饰了着装。傣家的妇女都相约来看，都觉得漂亮，随后，大家都动手自己缝制了一床。这样，傣族女人的长围腰作为一种美的装饰，一直沿袭至今。陶凤山讲述，董再芳记录。收入《文山州傣族民间故事集》，16开，2页，2448字，云南人民出版社2016年版。

（张元波）

结婚拴线的来历

傣族习俗传说。流传于西双版纳傣族自治州。相传布桑该和雅桑该捏了一对兄妹，男的叫古里玛、女的叫古玛列。布桑该和雅桑该把他们兄妹俩分别派到南北两边去寻找食物。一年后把他们找回时，兄妹俩已互不相识。布桑该和雅桑该认为仅让他们做兄妹不够，还得让他们结为夫妻，并撕下树皮丝来系在他们的手腕上，把两人的灵魂拴在一起，让他们夫妻俩白头偕老。从此，他们的子孙后代结婚时，都要拴树皮丝。结婚拴线就成了傣家人传统的习俗。佚名讲述，岩温扁搜集、整理。收入《西双版纳傣族民间故事集成》，32开，2页，800余字，云南人民出版社1993年版。

（李传宁）

金鹿舞的传说

傣族习俗传说。流传于云南省西双版纳傣族自治州。相传一个年轻的猎人在森林里碰到一只漂亮的金鹿，金鹿变成一个少女，与猎人相爱成亲。

他们幸福美好的生活引起魔鬼的嫉妒。魔鬼趁他们熟睡之际抢走金鹿姑娘。年轻的猎人降伏了魔鬼，找到金鹿姑娘时，受到惊吓的金鹿姑娘已变成金鹿，再也变不回猎人所喜爱的姑娘了。悲伤的猎人就用竹子和纸做成纸金鹿，模仿金鹿的神态和动作，跳起了金鹿舞。金鹿舞就这样流传了下来。佚名讲述，赵畅宁搜集、整理。收入《西双版纳傣族民间故事集成》，32开，2页，900余字，云南人民出版社1993年版。

（李传宁）

祭太阳神的来历

傣族习俗传说。流传于文山壮族苗族自治州马关县傣族聚居区。相传从前，有一个姑娘，名叫囡玎旦（三弦姑娘），被一个召勐（头人）看中，想强娶她为妾。召勐见达不到目的，便派出他的帮凶，串村走寨地喧哗诬蔑："囡玎旦会放五海鬼，放出瘟病一大堆。"偏偏这年的夏天，恰遇疾病大流行，病死了很多很多的人，人们就信以为真。囡玎旦为躲避风险就出逃啦，后来嫁给太阳公子结为夫妻，和睦地生活。她支持丈夫，把光和热接连不断地洒满人间。傣族人敬重太阳公子，就把他当成神，每年农历二月十三日至十五日，到村边最高的山上，祭祀太阳神，祈求风调雨顺，五谷丰登，平安幸福。李兴凤、王宗禄讲述，董品尧记录。收入《文山州傣族民间故事集》，16开，2页，1882字，云南人民出版社2016年版。

（张元波）

祭龙的由来

傣族习俗传说。流传于文山壮族苗族自治州麻栗坡县傣族聚居区。相传古代有一个傣族老倌与皇帝打老庚（结亲家），后来傣族老倌去世，皇帝亲自来奠祭，而且死者身着龙袍。这事一传十，十传百，把老倌说成是龙了，再加上那时的人们特别信奉传说中的龙，把龙视为极祥瑞的神物等等。于是，到了次年，人们便相约在清明期间，带上各种祭品，到大树下举行祭龙仪式，以求风调雨顺，四季平安，并还在大树上系上一条绳索。一则因老倌死时龙袍上的腰带是系在大树上的；二则表示那棵大树是龙树，以绳索系之为标记，谁也不能损坏系上绳索的龙树。从那时起，每年清明节左右，人们在农历二月或三月，便祭起龙来。虽时移景迁，但这个习俗至今仍在很多地方沿袭着。李明讲述，周正贵记录。收入《文山州傣族民间故事集》，16开，3页，2070字，云南人民出版社2016年版。

（张元波）

祭竜节

傣族习俗传说。流传于云南省玉溪市新平彝族傣族自治县漠沙、戛洒、水塘镇。相传古时的勐雅（漠沙镇）森林茂密，每年农历二月会从山林中窜出很多野兽，践踏稻田，咬伤人畜。一年农历二月属牛日，一个傣族小伙叫乡亲编了些竹笼、竹链，再染上鸡鸭鹅、猪血后挂在田间地头、路口。夜里野兽看见这些染血的竹笼和竹链就不敢接近村寨和庄稼，后来傣雅人每年都照做，年年都人畜兴旺、五谷丰登。杨树林采录。收入《中国民间故事丛书（云南玉溪·新平卷）》，16开，1页，知识产权出版社2015年版。

（刀庆喜）

祭驴子

傣族习俗传说。流传于云南省景谷傣族彝族自治县民乐傣族地区。相传很久以前，景谷没有傣族居住。后来西北方有个叫勐卯的地方兴起一个强大的傣族部落联盟——果占壁王国，首领叫混等。混等为扩展领地，带领傣族先民向勐卧移来。他们来到勐洛（景谷县的一个乡）时，就在这里安居落户了。后来这里出现瘴疠，人畜都染上瘟疫。人们来缅寺请教大佛爷，佛爷说是因为人们没供奉本族"披勐"（地方神），要消灾除难，必须到故土迎来"披勐"。但勐洛距勐卯相隔千山万水，受灾后体弱肌瘦的人如何去得？后有一头精明强干的驴子自告奋勇，日夜兼程赶到勐卯，把"披勐"驮回来。刚回到勐洛，驴子就累死了。乡亲们为之举行了三天盛大的祭祀典礼。人们的日子好起来后，人们把功劳归于驮回"披勐"的驴子，尊它为天使，让它吃最好的食料。至今，每逢新年，勐洛坝的傣族都要"祭驴子"。王光顺讲述，吴德庆记录整理。收入《云南民间文学集成·景谷民间故事》（一），32开，5页，2100字，景谷傣族彝族自治县民间文学集成领导小组编辑室1989年编印。

（郭玉萍）

祭画神多兰嘎

傣族习俗传说。流传于云南省西双版纳傣族自治州傣族地区。相传在撒翁拉江边的一个竹楼上住着叫多兰嘎的画师，每到朝拜佛祖的日子，他都到佛寺里去，盯住来来往往的人看，回到家后便把那些形形色色的人的面孔画下来。他把这些画像分别描在纸上、土布上、彩缎上，拿去卖给拜佛的人。在一个月黑风高的晚上，一个披着黑毯的人来到多兰嘎的住处，他说自己是天神英叭派来的使者，叫死神，奉命来带走多兰嘎。此时多兰嘎正在彩缎上画一幅世上最美的画，他请求死神待他画完再走。多兰嘎画完最后一笔，便带着他所有的画稿随死神到了英叭的宝殿前，英叭让多兰嘎到生神身边，将他画中的那些脸孔交给即将降生的人，作为他们的面孔。所以，至今傣族妇女怀孕后，都要带着鲜花去拜祭画神多兰嘎，请求他将画在彩缎上最美的那幅脸孔图赐给自己即将出生的孩子。岩诺讲述，陈贵培采录。收入《中国民间故事集成·云南卷》下，16开，2页，1250字，中国ISBN中心2003年版。

（龙江莉）

景讷祭祀勐神的传说

傣族习俗传说。流传于云南省景洪市景讷傣族聚居区。相传景讷有一位宽厚的首领（地方王），名叫召麻尼尖。因没有子女继承王位，就把侄子召景尚接来，以备接位。可召麻尼尖还没有死，召景尚却先去世了。不久，召麻尼尖也去世。当地人怀念他俩的功绩，便推崇他俩做了勐神，并在每年的傣历二月八日至二月九日，杀一头黑猪祭祀。从此，景讷祭祀勐神活动便流传至今。岩帕讲述，玉腊翻译整理。16开，11页，1225字，稿存西双版纳傣族自治州民族研究所。

（刀金平）

景真祭勐神的故事

傣族习俗传说。流传于云南省勐海县景真傣族聚居区。相传很久以前勐教和勐老屡次进犯景真，都被景真首领召景海率兵击败，并追击到勐教境内，但他也因此而战死。战死的召景海被尊为勐神。在为召景海举行招魂仪式时，召景海托梦给一位侍臣，希望在每年一月初一或十五杀一头白牛祭奠他。从那以后，祭祀勐神就延传至今。可岩盼讲述，依艳坎翻译。16开，6页，879字，稿存西双版纳傣族自治州民族研究所。

（依艳坎）

锦库节的传说

傣族习俗传说。流传于文山壮族苗族自治州文山市、马关县傣族聚居区。相传很久以前，一个名叫布艾的头领，因他办事公道，领导有方，当地连年风调雨顺，衣食丰足，傣民们从心里佩服他，拥戴他。老布艾有一个名叫伊囡的漂亮女儿，嫁到离娘家很远很远的地方，因她挂念着娘家的爹妈与家乡的亲人，每天都要面向家乡烧香叩拜，乞求神灵保佑家乡。她从老家带来一条能听到八方动静的神狗。一天深夜，神狗告诉她，一群杀人魔王商量，准备血洗她远方的娘家。伊囡听了后，骑上快马，昼夜兼程，经过三天三夜的行程，把消息禀报了父亲布艾。老布艾得到消息，布下了天罗地网，像猎人打豺狼撵野猪一样，打败了恶人团伙，使勐傣村寨百姓避免了一场血腥的浩劫，得到了安宁。但过后不久，有一个没有良心、没有心肝的小人被人用金钱收买，向漏网的恶人告了密。六月二十三日，伊囡在转回丈夫家的路上，不幸遭恶人杀害……事后，傣家人不忘记那拯救傣族同胞、有着一颗菩萨心肠的伊囡姑娘，每年农历六月二十三日这一天，家家户户都要为她特别的开节，接请她进入正堂屋做客，并请神位祖宗下堂来作陪；用最肥的母鸡肉、七彩糯米饭、崭新的布匹、雪白的银饰、银亮的绣花针线、女人专用的铜镜、牛角雕刻的新木梳、象牙削制的筷子、孔雀羽毛编织而成的达寮（驱鬼避邪的法器）、满口回甜的槟榔、清香的甘蔗酒等来祭献她。这就是傣族人最隆重的锦库节。陶刀氏、陶兴莲讲述，董品尧记录。收入《文山州傣族民间故事集》，16开，3页，1192字，云南人民出版社2016年版。

（张元波）

孔雀和梅来哈

傣族习俗传说。流传于云南省新平彝族傣族自治县漠沙镇。相传从前有个姑娘叫阿叶，父母去世后，一个人靠纺线、织布过日子。17岁那年，她干完农活后编织了一面漂亮的梅来哈（傣锦），人见人夸。消息传出，召那（田主）就派人来买，阿叶不愿卖。召那就带着打手抢走了阿叶和梅来哈。召那软硬诱逼阿叶替他编织梅来哈，阿叶就叫召那把自己织的梅来哈拿出来，说要照着帮他织，结果阿叶把梅来哈烧了。召那把阿叶打死。阿叶死后变成一种有百鸟羽毛的鸟，就是今天的孔雀。从此，傣家姐妹就照着孔雀编织梅来哈，做成孔雀裙，代代相传，直到今天。佚名讲述，刀明贵搜集记录，陈振中整理。收入《玉溪地区民间文学资料选》第二集，32开，3页，2000字，云南省玉溪地区群众艺术馆1984年编印。

（郭玉萍）

孔雀舞的传说

傣族习俗传说。流传于云南省德宏傣族景颇族自治州傣族地区。相传从前有一对夫妇想化身为孔雀，便顺水漂到海中央的金马齿山里修炼。丈夫长期洗身修炼，已成功地腾云驾雾飞上了天。妻子洗身修炼不够，只是身子变成孔雀，脸却依然是漂亮的人脸，上不了天与相爱的人团聚。于是就每天唱歌跳舞、洗澡，抖动漂亮的羽毛。有一天，来了要去找仙人评理的魔鬼两兄弟，两人走了九十九天，又困又饿，便靠在石头上睡着了。醒来时他们发现正在洗澡、抖动尾巴的孔雀，就上前去抢，孔雀抖了抖尾巴，魔鬼兄弟变得什么也看不见了，就跪地向孔雀求饶。孔雀见兄弟俩很可怜，就吸了一口仙气洒在两兄弟的眼里。兄弟俩谢了恩后，便拜孔雀为师。后来人们就拿竹片编成孔雀和魔鬼的模样，学孔雀跳舞，慢慢地一代传一代，就形成了现在的孔雀舞。佚名讲述，朗板搜集、整理、翻译。收入《德宏傣族民间故事》，32开，2页，约900字，德宏民族出版社1993年版。

（喊凤）

扛柴的传说

傣族习俗传说。流传于文山壮族苗族自治州文山市、马关县傣族聚居区。相传远古时，人们烧的柴在山上砍好后，能像赶牛赶马一样赶回家，可到后来，有一个美丽的傣族姑娘依囡，因为要追求她的情人依伊，把所赶的柴捆起来放在背架上，飞快地去撵她那心里的依伊，柴被气了都不走了。从此以后，柴就不兴走路，懒得走路，哪家要烧柴只有到柴山上去扛、去背，扛多少只会有多少。董陶氏讲述，董品尧记录。收入《文山州傣族民间故事集》，16开，2页，905字，云南人民出版社2016年版。

（张元波）

力气大的小伙子

傣族习俗传说。流传于云南省德宏傣族景颇族自治州傣族地区。相传有一个小伙子，他的力气大得可以拔起一棵参天大树，因此，大家都叫他"大力士"。凶残的贺罕知道后，就派人把小伙子抓去给他干活，小伙子不屈服，一头就把贺罕的府衙撞塌，压死了贺罕及其全府上下所有的人，他也因此而牺牲。人们为了纪念他，找来了最大最好的树种种在他的坟前，给树取名为"榕树"，在自家门前也种上同样的树，规定不准砍伐，只许栽种，这就是傣族地区榕树众多且粗壮的原因。佚名讲述，方云龙搜录，杨荣芳译。收入《傣族民间故事》第四辑，傣文版，32开，3页，约1200字，云南民族出版社1986年版。

（杨荣芳）

龙

傣族习俗传说。流传于云南省金平苗族瑶族傣族自治县勐拉坝。相传古时勐拉河畔住着一位傣族妇女，从亲戚家抱养一个孩子。孩子长大后娶了媳妇。媳妇为人刁钻，不把老人看在眼里。一天早上，媳妇到河边挑水时拾到奇异的蛇蛋。她曾听老人说吃了蛇蛋会变成龙，于是她把蛋拿回家炒好想给婆婆吃，结果炒蛇蛋被丈夫吃了。丈夫吃后感到口干，把家里的水喝光后又跑到河中去喝水，怎么喝都口渴，他告诉媳妇自己要变龙了。媳妇想跳进河中向他说明原委，但丈夫身体热得像火炭，无法靠近。丈夫就让媳妇回家去拿一条布来系在他的脖子上，作为记号，并说每年七月来祭献他。从此，傣族就有了每年七月祭龙的习俗。佚名讲述，陈长平搜集。收入《云南民间文学集成·金平故事卷》，32开，2页，金平苗族瑶族傣族自治县文联1988年编印。

（郭玉萍）

猎人的花枝

傣族习俗传说。流传于云南省德宏傣族景颇族自治州傣族地区。相传佛教刚传入傣族地区时，有一个力大无比的猎人和佛祖斗法，无论如何也斗不过佛祖。后来猎人从背上取下百发百中的神弩，用毒箭射向佛祖，可是射了无数箭，佛祖仍面带笑容双手合十地在打坐入定。猎人知道佛祖法力无边，便立即丢下弩箭向佛祖跪拜，请佛祖收其为徒。从此，傣族教徒的供品中就有形如箭的用芭蕉叶卷成的管状物。刀丫应和讲述，岳小保记译。16开，1页，约300字，稿存德宏傣族景颇族自治州民语委。

（岳小保）

蜡千油万供奉僧侣

傣族习俗传说。流传于云南省西双版纳傣族自治州。相传勐沽巴有一商人，他的妻子被猎人抢去后，自己也出家做了和尚。三个月后他随师父去勐巴拉纳西给首领做法事，见王妃竟是自己的妻子，就责问首领为什么娶别人的妻子？首领叫来猎人和王妃问话，可他俩不承认。僧人就对上天祈祷说："谁若说了谎话，此刻请大地裂开，让说谎的人掉下去。"突然，大地震撼裂开一个口子，猎人和王妃掉进了深洞。首领为了赎回自己的罪孽，向商人敬献了蜡条一千、油脂一万。从此，给僧侣敬献蜡条一千油脂一万的习俗便传了下来。康郎尖讲述，岩旺记录，岩庄香翻译。16开，6页，1129字，稿存西双版纳傣族自治州民族研究所。

（刀金平）

绿宝石的传说

傣族习俗传说。流传于云南省孟连傣族拉祜族佤族自治县。相传很久以前，孟连很穷。为得到赏赐和庇护，土司派人带象牙及特产到京城给皇帝进贡。皇帝为土司封号并赐给一个大印和一个盒子。土司在返回途中打开盒子发现盒子里装的是珠光四射的宝石，就把此地叫做"勐柏"，意思是"打开（盒子）的地方"。孟连自从有了绿宝石就呈现出欣欣向荣的景象，变成了美丽富饶的地方。皇帝知道后后悔把绿宝石给了土司，于是就派一个官员假装来视察孟连把宝石盗走了。人们悲伤地念着"相哎！相哎！（宝石啊！）"，一个住在大龙潭龙洞里的鲤鱼精打抱不平，就变成一位傣族姑娘来到京城并得到皇帝宠爱。她装病谎称要用宝石、珍珠洗澡，把绿宝石带回了孟连。直到现在，每逢节日，孟连傣族章哈唱调庆贺时，歌词开头句和末尾句都是"相哎！相哎！"刀进民讲述，杨金焕记录。收入《孟连傣族拉祜族佤族自治县民间文学集成·傣族卷》（一），32开，3页，2200字，孟连傣族拉祜族佤族自治县文化局、民族事务委员会1987年编印。

（郭玉萍）

木罕智斗恶魔

傣族习俗传说。流传于云南省金平苗族瑶族傣族自治县勐拉乡。相传很早以前勐拉坝背面的高山上有一恶魔。恶魔到寨子里横行作恶，还要求每年送一个漂亮的姑娘供它玩耍和食用，否则要把全寨的生灵都吃光。人们无奈只好每家轮流送女儿给恶魔。轮到木罕家时，木罕被人抬着送去给恶魔。在山洞里，木罕假装迎合着恶魔并煮了滚烫的冬瓜让它吃。恶魔被烫得捂着嘴巴怪叫，木罕趁机抽出早就藏在胸前肚兜里的尖刀刺向恶魔胸口，恶魔大叫一声，喷出了乌黑的血，溅得木罕满身满脸。后来，人们把昏迷的木罕抬回寨子。她醒后哭着到河水里冲洗身上的血污。寨子里的小伙子们也来帮她冲洗。人们为了纪念木罕清除掉恶魔，每逢傣历六月都要互相泼水，以示吉祥，并形成了泼水节。人们把恶魔的尸体分散洒在山沟里、田里、臭水沟里。后来，恶魔的尸体变成了干蚂蟥、水蚂蟥、蚊子。从此大自然才有了蚊子和蚂蟥。梁其生讲述翻译，徐阳、乡溪搜集记录。收入《云南民间文学集成·金平故事卷》，32开，3页，2600字，云南省金平苗族瑶族傣族自治县文联1988年编印。

（郭玉萍）

沐浴日的由来

傣族习俗传说。流传于云南耿马县傣族聚居区。相传古代有个地方叫勐巴领格，首领苏利亚和两个王妃不信佛只信鬼神。没有佛祖的护佑，鬼神作祟，地方连年干旱，庄稼枯萎，江河断流，民不聊生，六畜不旺。首领也不久去世，死后变成阴间魔鬼，游荡在天地间。到每年年末岁尾时，首领的头颅腐烂发臭，两位王妃就用清水洗净首领的头颅，洗一次人间就沐浴一天，洗两次，人间就沐浴两天。宛脑沐浴的习俗就一直延续至今了。南桂香搜集整理。收入《耿马民族民间故事》（耿马民族文化丛书），16开，1页，400余字，云南民族出版社2016年版。

（南桂香）

曼糯兰祭祀寨神传说

傣族习俗传说。流传于云南省勐海县勐海傣族聚居区。相传召发龙莫罕变成蛇蜕皮时，被他的小妾看见，他羞得钻进洞里慌忙逃走，最后累死在勐罕"糯等"（池塘名）的洞口。他死后，托梦给大老婆，说他已成为寨神，让寨子每年祭祀他。从此，曼糯兰村每年都要祭祀寨神。岩盼讲述，刀金平翻译。16开，2页，507字，稿存西双版纳傣族自治州民族研究所。

（刀金平）

墨齿的传说

傣族习俗传说。流传于云南省金平苗族瑶族傣族自治县。相传古时候，花腰傣的村寨被强人抢掠，牛羊被赶走了，鹅鸭被捉走了，许多妇女也被抢掳去了。几十年后，花腰傣人打败了这伙作恶的强盗，当他们要认领回自己村寨的妇女时，已经没有办法认出哪些是自己村寨的女子。此后，为了能在这类事件中辨认自己村寨的女子，他们就说服自己的妇女，把牙齿统统染黑，作为生离死别时相认的符号。以后，在花腰傣妇女中就兴起了染齿的习俗。佚名讲述，聂鲁、白永先搜集。

收入《乡泉集》第二集，32开，1页，700字，云南民族出版社1989年版。

（郭玉萍）

农历四月栽秧时节主人悄悄吃饭的由来

傣族习俗传说。流传于云南省普洱市景谷县傣族地区。相传以前，傣家人十分重视崇拜万物生灵皆有灵性的原始宗教文化。每年农历四月，各家各户栽秧的时间都由主人家自己选定。栽秧的头一天，主人要早早起来做黄糯米饭和其他上好的食物，然后到自家的田头摆放好祭拜秧魂，这个仪式叫做供奉谷鬼神灵。在主人家里还专门安排有供奉谷鬼神灵的灵位，如果被来家里做客的外人看到多嘴乱问，这谷鬼神灵就会生气作怪。所以，通常把这神位摆放在外人不易看见的地方。待自家田头祭拜完了，还要到家里谷魂神位继续摆放供品进行祭拜，祈求谷魂秧神保佑来年大丰收。在祭谷神的这一天，主人供奉着的一切神灵前来帮助主人家做事都是反着的。这就是人们通常说的人鬼相处是同一个希望，但手段是相反的。所以主人在这一天里，是不欢迎外人来家里做客的，哪怕是自己嫁出去的女儿或是在外上门的儿子都不能在这天回来。吃饭的时候，通常把大门关紧，有的人家没有围墙大门，甚至会用篾笆、草席来遮住房间。有的人家还把牛圈打扫干净，用床单、被子围起来，一家人安心地悄悄在牛圈里吃饭。因为即使有外人来，看到家里没人，就会自行离去，谁也不会想到牛圈里藏着秘密。过了这一天，主人家的做法又恢复过来了，邀请亲朋好友来家里做客，把所有美食都拿出来招待客人，也昭示着主人家正式过栽秧节。刀正文口述。收入《景谷傣族民间故事》（汉傣双文），32开，2页，754字，景谷傣族彝族自治县傣文化协会2014年编印。

（依旺的）

青蛙吃月亮与青蛙吃太阳

傣族习俗传说。流传于云南省德宏傣族景颇族自治州傣族地区。相传苏里亚太阳神、苏占达月亮神和苏令青蛙神是性格、肤色各异的三兄弟。老三青蛙神是黑肤色，但深得爷爷尚弄敦罕的喜欢。年老后的爷爷，便将能治百病的灵丹妙药给了老三青蛙神。老二月亮神得知后，趁老三熟睡时将药拿去交给老大太阳神匿藏。老三睡醒后，去找老二，两人打起来，老三将整个身子扑向老二。这在人间看上去，便是月食，傣家人叫"青蛙吃月亮"。当老三得知药在老大太阳神手里时，又去找老大，两人又打起来，老三又向老大扑过去，就成日食，傣家人叫"青蛙吃太阳"。至于每出现这种情况，世间的人们敲响脸盆等物，那是人们为弟兄三人劝架。佚名讲述，方正湘搜集，线永明整理。傣文版，16开，2页，约1000字，刊于傣文杂志《勇罕》1990年1—2期。

（冯霄）

情人箐

傣族习俗传说。流传于云南省元江县傣族聚居区。相传在元江南满村一个穷苦人家，有五个俊俏美丽的姑娘，父母为他们的日子好过让他们出嫁外村十八寨大富人家，五个姑娘为了自己的爱情，反对父母包办婚姻，与自己相爱的本村男子出逃，五对父母紧随寻找，急得一路问遍了路上的植物，问了香蕉树、问槟榔树、问芒果树、问荔枝树，不同植物的不同态度回答，结出了不同的果实。寻找到箐口的黑洞里，父母们看到五对情人被无情的巨蟒吞食了，双方父母哭天喊地，哭醒了村里的老老少少，警醒人们别再包办婚姻。从此后，在阴天下雨的时候村里的人们常常会听到男女的哭笑声回荡在箐中，人们就给这个箐取名为"南满情人箐"。刀宝明讲述，李存仁记录。收入《中国民间故事丛书·云南玉溪·元江卷》风物传说，80页，知识产权出版社2015年版。

（白云）

人兴死的传说

傣族习俗传说。流传于文山壮族苗族自治州文山市傣族聚居区。相传远古时候,到处都是连片的原始森林和无边无际的大海,飞禽走兽多,人烟稀少。天上玉皇大帝降旨人间说:"人太少了,不兴死了,老来脱一层皮变孩提。"慢慢地人又才像蚂蚁一样多起来。有一家夫妇生下一个男孩,起名哭通天。哭通天年老蜕皮的时候七天七夜皮子还没有脱掉,就哭着朝天上大喊:"天!天哎!救救我,我宁愿死啦!"声音传到天上,玉皇大帝听烦了,只好派神仙下凡来传圣旨:"耐不住就兴死啦,蜕皮的规矩跟长虫(蛇)调换一下。"哭通天死了,从此,人才兴死,长虫也才兴蜕皮。直到今天,仍然如此。陶刀氏讲述,董品尧记录。收入《文山州傣族民间故事集》,16开,2页,539字,云南人民出版社2016年版。

(张元波)

日食和月食的由来

傣族习俗传说。流传于云南省德宏傣族景颇族自治州傣族地区。相传从前,有三兄弟,老大叫"苏占达",老二叫"苏利亚",老三叫"苏令"。其爷爷在金光寺当佛爷,他很疼爱苏令。一次苏令去看望爷爷,爷爷送给他一颗长生不老丹。回来时苏令到苏利亚哥哥家休息,苏利亚趁他睡着时偷走了仙丹,并把它藏在了大哥苏占达家里。苏令发现后便去追赶苏利亚,不料遮住了太阳,天空顿时变黑了。二哥苏利亚又推说仙丹在大哥苏占达家,苏令又去找苏占达,不小心又遮住了月亮。这就是我们现在常说的"日食"和"月食"。一到这个时候,傣族人民便敲锣打鼓、鸣枪吹牛角,说是呼唤月亮公主出来劝说兄弟三人,让他们不要再争吵、打架。方正湘、孟尚贤讲述,孟成信抄录,杨荣芳译。收入《傣族民间故事》第四辑,傣文版,32开,2页,约800字,云南民族出版社1986年版。

(杨荣芳)

染红饭的来历

傣族习俗传说。流传于文山壮族苗族自治州文山市、马关县傣族聚居区。相传古时,有个国家,皇后死后,唯一留下个小王子,名叫召木。首领治国无能,却贪恋女色,皇后尸骨未寒,就想另寻新欢。一日,首领外出巡游,见到一个年轻漂亮的女人就带回宫,娶为妻,封为后。这女人是女魔,为图永久荣华富贵,竟然想吃王子召木的心。哪知道准备猎杀王子的武士有行财仗义之心,向召木讲明实情,请求保护。继而,侍卫猎杀一熊,取其心归给魔女食用。魔女见侍卫血淋淋的手,捧着红彤彤的心,信以为真,毫不怀疑,将心吃了。不觉十年过去,召木长成身强力壮之人,向猎人学了一身武艺。召木回宫,应用法术将女魔捆住,把父皇救出,斩了御医,将女魔拉出宫外行刑。首领认出女魔面目,吓得一命呜呼。召木成为首领,将侍卫封为大臣,又令国民每年锦库节都染红饭,纪念他救国救民之恩。这就是染红饭的来历。苏友才讲述,刘德荣记录。收入《文山州傣族民间故事集》,16开,2页,587字,云南人民出版社2016年版。

(张元波)

赛龙舟的传说

傣族习俗传说。流传于云南省西双版纳傣族自治州。相传澜沧江边有一个孤儿名叫岩三迪,首领见孤儿可欺,便处处刁难他,但岩三迪在大哥天神首领英、二哥龙王的帮助下每次都能逢凶化吉。首领不甘心,提出举行龙舟比赛,并限三天进行龙舟比赛。第三天,大哥天神首领英变成小龙舟,载着岩三迪很快到了江心,而首领的大龙舟却向他的小龙舟冲来。二哥龙王见状,翘起尾巴把首领乘坐的龙舟打得稀烂,并淹死了首领及划船手。两岸的百姓见了拍手称快,推举岩三迪做了首领。岩三迪死后,人们为纪念他为民除害,每年傣历新年都要举行赛龙舟活动。从此,赛龙舟活动便流传下来。刀署名讲述,刀金平翻译。16开,8页,

1158字，稿存西双版纳傣族自治州民族研究所。

（刀金平）

三弦的来历

傣族习俗传说。流传于文山壮族苗族自治州马关县傣族聚居区。相传很早以前，有一个名叫依召的傣族小伙子，与母亲相依为命。因家境贫寒，帮土司头人放牛放马。有一天，在回家的路边，发现了一匹受伤的小马，就带回家。母子俩精心喂养，后来骑着马与土司比武招亲。土司输掉后，杀死了小马。后来小马托梦给依召说：你用我的皮箍个弦筒，脚杆做弦杆，尾巴做弦线，一起咒土司。闲时还可以背上它走村串寨，共同欢乐。从那时候起，就有了"背弦子在本村玩，背三弦串他乡"的说法。声音的三弦了。白世章讲述，白家祥记录。收入《文山州傣族民间故事集》，16开，1页，465字，云南人民出版社2016年版。

（张元波）

三个孤儿

傣族习俗传说。流传于文山壮族苗族自治州马关县傣族聚居区。相传从前，傣族支系拉基人遭到异族的残酷屠杀，最后剩下三个孤儿。有一天，在一个大森林里，三个人不期而遇，他们一见如故，最后竟结拜成弟兄。年纪大的"嘎叭"被尊为大哥，年纪第二大的"听朋"为二哥，年纪最小的"可怪"为三弟。三弟兄商量决定，一定还要找到拉基人，并且还要发展拉基人。他们决心保护拉基人，决不再使拉基人遭难。他们走呀，转呀，到三弟兄胡子都变白的时候，终于来到老君山脚下找到了拉基人。他们向拉基人讲完自己的经历后，就分别变成了三棵树。老大"嘎叭"屹立在村南，专管拉基人的天；老二"听朋"屹立在村西，专管拉基人的地；老三"可怪"屹立在村东，是护卫拉基人的神兵。如今，每个拉基村寨都有三棵象征三个孤儿的神树，供他们共同祭拜。每年正月三十祭"嘎叭"，乞求一年风调雨顺。三月三十和腊月十五两次祭"听朋"，头次乞求栽庄稼顺利，禾苗快快成长，获得好收成；二次乞求年年杀个大肥猪过年。祭"可怪"的时间不固定，只要与外村人发生冲突或械斗时就祭拜，乞求获取胜利，不再受人欺负。陶起仙讲述，马兴沛记录。收入《文山州傣族民间故事集》，16开，2页，660字，云南人民出版社2016年版。

（张元波）

山神树

傣族习俗传说。流传于云南省西双版纳傣族自治州傣族地区。相传远古时候洪水滔天，淹没了大地万物，唯有坐落在高山上的暖朗地方有一棵古树幸免。五家傣族和七家爱尼人随洪水漂到这里，他们爬上古树，栖息在上面，靠树上的野果生存。洪水退去后，人们下了树，但山林里出没的野兽时常威胁着他们的生命安全，于是人们不得不再次回到古树上生活，并在那里繁衍生息。若干年后，人越来越多，古树已不能承受，人们便成群地下来到山洞里去居住。后来，人们又建立了村寨。但直到今天，人们仍忘不了祖先居住过的古树，常常到树下祭祀，祈求安康和丰收，古树也成了保佑人们的"山神树"。佚名讲述，杨胜能搜集整理。收入《西双版纳傣族民间故事集成》，32开，2页，980字，云南人民出版社1993年版。

（龙江莉）

圣水的故事

傣族习俗传说。流传于云南省西双版纳傣族自治州。相传从前，森林里的猛虎专门吃野猪。野猪王很生气，用计谋把老虎骗到洞里咬死了，野猪们还把假装为老虎父亲的苦行僧咬死在他修行的茅屋里。之后，它们在苦行僧茅屋里恭请野猪王上座，再用螺蛳打水泼在野猪王身上表示祝福。从此以后，人们开始用圣水泼洒在身上，以此表示对人的祝福，这个习俗一直流传至今。岩宰阁讲述，岩温真翻译整理。16开，8页，1014字，稿存西双版纳傣族自治州民族研究所。

（依旺的）

桑勘节的由来

傣族习俗传说。流传于云南耿马县傣族聚居区。相传在勐布雅洼纳嘎地方一片名叫苏宛纳几里的深山老林里隐居着一位召雅细。有一天，百姓上山拾柴火挖草药，看见召雅细在森林中苦行修炼，以为他是鬼神而不是人，连忙回去向首领禀告。勐布雅洼纳嘎原先不知佛教，自古以来都盛行杀生祭祀各种神灵。首领规定每年新年第一天，各村各户必须杀猪、宰牛、杀鸡到深山祭拜鬼神，这样祭祀已经持续了好几代人。到了祖腊宛尚当上首领时，佛祖古德玛变作召雅细的替身，藏在勐布雅洼纳嘎人们平时供奉神地方的枯树中窥探究竟。这一天正好是人们献牲祭祀鬼神的日子，佛祖古德玛见到人们源源不断地前来供拜，宰杀家禽牲畜祭祀，认为不是善举，不可取。便以召雅细的化身问首领，是谁见到神？并劝说首领放下屠刀不要再杀戮生灵。但首领祖腊宛尚执迷不悟，还是相信天地间的大小鬼神能够护佑全勐的平安吉祥。第二年，勐布雅洼纳嘎首领又下令百姓像往年一样祭祀鬼神。佛祖施展佛法，让人们杀鸡不死，宰牛牛不倒地，杀猪时刀口会合拢。人们惊恐万分，马上将此怪事禀告首领。此时佛祖古德玛说服人们拜佛不能再去拜神。从此，人们每年要过"桑堪比冒"，新年第一天就去佛寺拜佛祭祖，这种习俗流传至今。南桂香搜集整理。收入《耿马民族民间故事》（耿马民族文化丛书），16开，1页，600余字，云南民族出版社2016年版。

（南桂香）

烧白柴的传说

傣族习俗传说。流传于云南省德宏傣族景颇族自治州傣族地区。相传有对母子俩与一只麒麟生活在黑暗的山洞中。一天儿子不断地问母亲，为何与麒麟一起生活，母亲见儿子已长大成人，才把心中的痛苦向儿子诉说：原来母亲是位公主，有一天在花园里赏花被麒麟抢到洞中占为妻。儿子知道原委后带着母亲逃离了山洞。麒麟回到洞中不见了妻儿，发誓要抢占岳父的国土作为报复。它兴风作浪伤害了许多无辜的平民百姓。儿子见麒麟滥杀无辜，就带领人们进行抵抗。麒麟见儿子处处与自己为敌便在悲愤中死去。儿子从外公手中继承了王位后，正遇全国旱情严重。新首领为了祈求平安，超度麒麟的亡灵，便准备了一些斋饭，并塑麒麟在佛塔四周，烧白柴举行隆重的祭祀仪式。至今每年的傣历（农历的十二月）三月十四、十五日这两天傣族群众都要烧白柴祭麒麟。佚名讲述，刀干相搜集，线永明译。傣文版，16开，2页，约400字，稿存德宏傣族景颇族自治州民语委。

（线永明）

烧白柴

傣族习俗传说。流传于云南省德宏傣族景颇族自治州的傣族地区。相传很久以前，有一对穷夫妇上山砍柴，见一位僧人在深山里打坐修行，头上已落满了白色的霜点。夫妇俩看见他冷得不能动弹，就找来柴火，烧火给他暖身。一会，僧人醒了，但身体十分虚弱，夫妇俩又把糯米和糖煮在一起送给僧人吃。僧人慢慢地恢复健康，又继续打坐修行了。后来人们为了纪念这个日子，每年的傣历三月十五日就用"埋坚堂"（一种树）、"埋麻扒"（盐酸果树），劈成柴块，堆成堆，然后请佛爷来念经，群众听经，最后点火。意为烧白柴给菩萨暖身。佚名讲述，岳小保记译。收入《傣族节日的来历》，傣文版，32开，3页，约500字，德宏民族出版社2001年版。

（岳小保）

天狗吃月亮

傣族习俗传说。流传于文山壮族苗族自治州马关县傣族聚居区。相传天上的太阳和月亮是亲兄妹，太阳哥哥的性情激烈似火，大胆奔放；月亮妹妹像傣族卜少一样婀娜，性格温顺腼腆。天上和人间一样，都会有一些跳梁小丑。据说，天宫里有一只天狗，他一厢情愿，早就爱上了月亮妹妹，总想着要与月亮妹妹谈情说爱，想结为夫妻。天狗也知道自己容貌丑陋，也怕触犯天宫的天条，又担心月亮妹妹看不起他，更怕太阳哥哥知道了会对他不客气。想来想去，天狗想出了一个主意：如果月亮妹妹不同意嫁给自己，就把她吃掉，毁了她的一生。天神知道这件事后非常生气，把天狗传去狠狠地鞭打了一天，罚他去做三百年的苦役。并教给人们一个方法：逢天狗在天上向月亮妹妹作恶之时，天下所有的人们，要敲响一切可以搬动的响器，敲响各家各户的铜盆、铁盆、锅盖、锄头、镰刀、锣鼓，还要鸣放枪炮，从而形成强大的声音，把可恶的天狗吓跑，直到月亮重放银辉、露出笑脸为止。陶兴莲讲述，董品尧记录。收入《文山州傣族民间故事集》，16开，3页，758字，云南人民出版社2016年版。

(张元波)

田鸡救难

傣族习俗传说。流传于文山壮族苗族自治州马关县傣族聚居区。相传很久以前，天下又发生了战乱，迫使拉基人到处搬家，四散逃亡。有一天，太阳火辣辣的，他们逃到半路找不着水喝，渴极了，渴死了。正在无可奈何的时候，突然从路边的石板下跳出一只大田鸡，有个老人灵机一动，便说："田鸡是生活在水边的，我们跟着田鸡走，就一定能找到有水的地方。"大家听老人的话。于是，田鸡在前面跳，他们在后面跟，走呀走，走呀走！到太阳偏坡时，果然看到了一条大河。有水就有命了，拉基人好不高兴！他们见大河两岸，芦花遍地，荒无人烟，就决定在这里住下来。随着时间的推移，他们在大河两岸开垦出很多良田肥地……然而，安定的生活没有几年，刀兵又起，灾荒不断，拉基人又挨饿了，饿死了好多人。此时，那只大田鸡又从水里跳出来，并带出了很多小田鸡，生了很多蛋，供拉基人充饥，从此，拉基人生命又得以延续下来。直到如今，拉基人还喜欢吃田鸡肉，他们说，吃的只是田鸡身上的肉，它的灵魂得以升天，并且还会变成新的田鸡。于是，拉基人十分崇拜"鸡"，只要是属鸡的那天，便认为是良辰吉日，不论是讨亲嫁女或什么喜庆的日子，一般都选择在属鸡的那天。陶起仙讲述，马兴沛记录。收入《文山州傣族民间故事集》，16开，2页，453字，云南人民出版社2016年版。

(张元波)

无衣领的传说

傣族习俗传说。流传于云南省西双版纳傣族自治州。相传一条野牛窜进了寨子里，连伤数人。紧急关头，一个身着包领衣裳、裙子的妇女，手持长剑和野牛搏斗起来。野牛被她用剑刺死，可她也伤得不轻，昏死过去，包领的衣裳也被野牛挑碎。从此，傣族妇女认为包领会给自己带来厄运，就把衣裳改成了无领的衣裳。岩香瓦讲述，陆云东翻译。16开，2页，511字，稿存西双版纳傣族自治州民族研究所。

(刀金平)

文身的由来（一）

傣族习俗传说。流传于云南省新平彝族傣族自治县。相传从前有个花腰傣小伙子叫岩农。一天他看见有头花水牛在吃秧苗，就用挑柴的黄桑扁担冷不防往牛屁股上打了一下。花水牛一惊逃到江里，一眨眼不见了。岩农觉得奇怪，就把扁担放在水里，江水就慢慢分开现出一条路，他抬起扁担江水又合拢了。他发现扁担一端的裂缝里夹有三根牛毛。后来他顺着水路走到龙宫，在龙宫和龙王喝了两天仙酒后回到人间。他看到大地干枯一片，才知水下一天，人间一年，龙王喝酒两天，人间两年没下雨了。他又找到龙王叫他降雨。龙王慌乱中降雨就降多了，人间被洪水淹没。龙王派龙女到人间帮岩农解除洪水。岩农用扁担这里捅个洞，那里捅个洞。龙女用针这里挑一下，那里挑一下，才消除洪灾。龙女留在人间与岩农成了家。每当干旱时，她便用针在自己手背上刺出一条龙纹。据说，这是在挑龙王的神经，使龙王不会忘记给人间降雨。这个风俗，在花腰傣的青年男女中一直延续到今天。白安太讲述，冯德胜、白永先整理。收入《乡泉集》第二集，32开，3页，2000字，云南民族出版社1989年版。

（郭玉萍）

文身的传说（二）

傣族习俗传说。流传于云南省新平彝族傣族自治县。相传古时，居住在红河两岸的花腰傣，在河中打鱼摸虾，捞青苔度日。那时，红河里有条异常凶猛的蛟龙，只要在水中见到人就乱咬，许多人都丧生在它的利齿之下。人们为自卫，想了一个办法，每次下江之前，用靛青在身上画一条色彩斑斓的龙，再下到水里去。那条凶悍的蛟龙把下到水里的人们误认为是自己的子孙，就不咬了。为使身上的龙纹图案永不褪色，人们就忍着伤痛，用针把它刺在身上，然后用靛汁染色。刺伤好后，身上就出现了清晰的图纹，到水中再也不会脱色了，终于免除了蛟龙的危害。佚名讲述，聂鲁、白永先搜集。收入《乡泉集》第二集，32开，1页，700字，云南民族出版社1989年版。

（郭玉萍）

文身的来历

傣族习俗传说。流传于云南省西双版纳傣族自治州。相传江河里出现了一种水怪叫披厄，吓得人们不敢到江河里捕鱼。一个叫艾比竟的青年照样到河里捕鱼捞虾，捕到了小龙女变成的鲤鱼，带回家。龙王派出大臣西纳化装成青年小伙子，说服艾比竟把小龙女还给龙王。去龙宫的路上，西纳为了艾比竟的安全，在艾比竟的身上刺上了一些鱼鳞花纹，以防水物的袭击。艾比竟返回家后，让大家看了他身上的花纹，并把在龙宫的经历告诉了乡亲们。乡亲们照着艾比竟的样子，在身上刺上了鱼鳞形花纹。时常伤人的披厄，看见人身上的鱼鳞文身后，也不敢伤人了。从此，就有了文身。岩四讲述，艾扬搜集、整理。收入《西双版纳傣族民间故事集成》，32开，3页，2000余字，云南人民出版社1993年版。

（李传宁）

文身绣脚的典故

傣族习俗传说。流传于云南省西双版纳傣族自治州。相传有个叫岩比节的青年以打鱼为生。龙王的七个女儿出来游玩时，七女被岩比节捕回了家。龙王知道后，马上派出大臣西纳前去人间救护女儿。岩比节得知自己捕到的鱼是龙女，当即表示愿亲自将龙女送回龙宫。西纳在他的腿上刺了许多花纹，并告诉他有了这些花纹，不仅水怪不敢近身，而且还能使河水让路。岩比节送龙女回来后，就把在身上刺花纹水怪就不敢近身的事告诉了众乡亲，从此，刺文避邪风俗便流传下来。另传说：有个英勇无畏的青年，为追杀抢走人间夜明珠的恶魔，走进了深山老林。他为记住走过的山、蹚过的河，便用宝剑蘸上树汁将图文刺在皮内。恶魔见他敢于用箭在身上刺文，知道他勇敢无比，吓得胆战心惊。从那以后，男人便在身上刺文显示勇敢。康朗庄、康朗叫讲述，杨胜能记录、整理。收入《西双版纳风情传说趣话》，32开，4页，1700余字，云南大学出版社2001年9月版。

（朱继英）

为什么听见麂子的叫声就不出门串姑娘

傣族习俗传说。流传于云南景谷县傣族聚居区。相传很久以前，有户人家要办喜事。正式迎亲的前一天，寨子里的小伙子们都要到山上砍些树枝来搭喜棚。午饭过后，小伙子们都上山了。在他们砍树枝的过程中，遇到一对麂子母子在吃草，就把小麂子抓了，抬回寨子里做熟了剁吃掉。当时，伤心欲绝的麂子妈妈，在森林里不停地呼唤自己孩子的名字，它跑到一个山头上，看见寨子里冒着青烟的正在吃自己孩子肉的人家，心如刀割，于是，它对着那个方向哭喊，诅咒人类不得好报。同时，它跑到小麂子被抓的地方，拜天跪地，祈求老天惩治那些吃了它孩子肉的人。从那天起，办喜事的那家人，讨来的媳妇都不会生育，但凡吃到麂子肉的所有人，都陆陆续续地死了，最后，这个寨子的人，都因为无后而灭亡了。从此，人们无论要做什么事，只要听到麂子叫，就再也不做了，需要等一些日子，择日再做。哪怕要出门赶街做生意，或者出门提亲，都不能提"麂子"两个字。据说如果提了，就非常不吉利，什么事情都办不成。民乐镇白象村众老人口述，收入《景谷傣族民间故事》（汉傣双文），1页，552字，2014年3月版，景谷县傣族彝族自治县傣文化协会编。

（依旺的）

巫师的故事

傣族习俗传说。流传于云南省德宏傣族景颇族自治州盈江县。相传古时巫师看卦十分准。有一天，玉皇大帝下人间来试巫师的本事，他变成凡人站在巫师旁边问："大师我问你，冬天日子短夏天日子长是何原因？"巫师答："冬天是马拉太阳，夏天是牛拉太阳。牛走得慢，日子就长；马走得快，日子就短。"玉皇大帝一只脚搭在犁架上问："我再问你，现在玉皇大帝在哪里？"巫师翻了翻他的占卜书，数数指头，沉默片刻答道："玉皇大帝现在在人间，他的一只脚还搭在犁架上。"玉皇大帝认为人间巫师不得了，就立即动手抢巫师的占卜书，两人在那里你拉我扯，占卜书被玉皇大帝抢到一半带到天上去了。所以，现在巫师算卦一部分准一部分不准。刀丫应和讲述，岳小保记译。傣文版，16开，2页，约500字，稿存德宏傣族景颇族自治州民语委。

（岳小保）

向家产恕罪

傣族习俗传说。流传于云南省西双版纳傣族自治州。相传一位离过三次婚非常富有的寡妇，对家里用具和畜禽不是摔就是打。渐渐地她变得很穷，最后连遮体的衣物都没有。一天夜里，她梦见天神告诉她，是她辜负了用具和畜禽，要想过好日子，就必须向家产求得宽恕。寡妇听得直流泪，醒后便备了鲜花、米花、蜡条向她的家产真诚地赎罪。从此以后，人们都在傣历新年时向家产赎罪，以求来年平安顺利。康朗尖讲述，陆云东翻译。16开，11页，1337字，稿存西双版纳傣族自治州民族研究所。

（依艳坎）

象脚鼓的传说

傣族习俗传说。流传于云南省德宏傣族景颇族自治州的傣族地区。相传一对樵夫夫妇发现一棵干枯的大象筋树，树心已空，树干被啄木鸟啄通了一个大洞。大风一吹，象筋树发出嗡嗡的响声，非常好听。樵夫感到很奇怪，便拿了一张竹笋叶把树洞盖起来，刚才发出的声响顿时消失了。用手弹笋叶，声音又响起来。樵夫就将象筋树砍倒，取其一截，将两头砍齐，削平，用青树皮将木头上的口遮严，用麻绳扎紧，用手轻轻一敲，发出雄浑的声音。到家后，樵夫敲响木头，妻子听后欢欣地跑进厨房，拿着铜锅盖跟着敲起来。天真活泼的儿子蹦蹦跳跳不停，拿起两个茶壶盖反复摩擦，发出"嚓嚓"音响。空心木、铜锅盖、茶壶盖的敲击声配合在一起，奏出了和谐、高亢、动听的乐声，远近乡邻闻声纷纷赶来，你敲我跳，好不热闹！人们根据空心木发出的嗡声，把它叫"枕"（傣语即回声）。因鼓似大象脚，所以汉语称"象脚鼓"。随着历史的进程，人们对象脚鼓不断的改进，配上铓和钹；无数民间艺人将击鼓时的动作进行加工提炼，便成了傣族人民喜闻乐见的传统舞蹈。每当节日和喜庆的日子，傣家人都要敲起鼓、跳起欢乐的象脚鼓舞。佚名讲述，方正湘搜集，所板翻译。收入《德宏傣族民间故事》，32

开，1页，约700字，德宏民族出版社1993年版。

（金小所）

新米为什么要让狗先尝

傣族习俗传说。流传于云南省玉溪市新平彝族傣族自治县傣族聚居区。相传以前有一个专门种植葫芦来养家糊口的老翁，有一年，老翁的葫芦藤上长了一个奇怪的葫芦，金黄色的比大水缸还大。一天，天空雷鸣震耳，下起了倾盆大雨，水淹没山顶，无论人们怎么挣扎逃命都无济于事。有一对兄妹和一只狗在水上游泳时看见了那个奇怪的大葫芦，最后在葫芦的帮助下兄妹和狗得以幸存，兄妹二人说要生存就要种粮食，终于在狗尾巴上找到三粒谷子，撒谷种地。为繁衍后代兄妹成婚，至此大地上有人烟也有了粮食。直到现在，人们仍没忘记今天粮食的丰收是狗带来的，为教育后人记住狗的功劳，每年的新米都必须先给狗吃。收入《花腰傣民间故事集》，16开，2页，44行，云南民族出版社2016年版。

（刀庆喜）

献衣冠的来历

傣族习俗传说。流传于文山壮族苗族自治州马关县傣族聚居区。相传很早以前，傣家唯一的娱乐方式就是晚上唱歌。后来，天上的仙女下凡来与傣族村寨的姑娘小伙们一起唱歌，被玉皇大帝发现后，就再也没有出现。为了天上的仙女再次出现，傣族村寨杀鸡宰猪祭献。不过，在祭献中，不管长者念多好听的词，卜冒卜少们长跪求情，嫦娥似的美女再也没有出现过，但祭献活动一直持续至今。陶起仙讲述，白家祥记录。收入《文山州傣族民间故事集》，16开，3页，1836字，云南人民出版社2016年版。

（张元波）

献灶君的来历

傣族习俗传说。流传于文山壮族苗族自治州马关县傣族聚居区。相传在很古的时候，有一位叫赵云的人，好吃懒做，长大成人后，不知请了多少媒婆说亲，都没讨到媳妇。后来，经父母多方努力，才给他娶了个从小就无依无靠的满脸麻子的媳妇。婚后不久，父母双双去世了。赵云嫌弃麻子媳妇，将她赶走。就这样，麻子媳妇与后生组成了一个新的家庭，生活富裕幸福。再说，赵云自从把麻子媳妇赶出家门后，天天吃喝玩乐，沦为讨饭花子。一天，赵云讨饭讨到麻子媳妇家，麻子媳妇一眼就认出他就是自己的前夫赵云，就把他叫到灶房，拿一个大碗，把原来赵云打发她的银子放在碗底，再在银子上面添满饭，端给赵云吃。当赵云吃到碗底发现银子，才认得主人是被自己赶走的妻子，羞愧万分，就一头钻进灶膛里烧死了。一日夫妻百日恩，麻子媳妇不忘旧情，就把"赵君"的称呼改为"灶君"。每次献饭时，总要献一下"灶君"。从此，一代传一代，献灶君的风俗就传到今天了。张德仙讲述，董昌荣、唐武记录。收入《文山州傣族民间故事集》，16开，2页，1051字，云南人民出版社2016年版。

（张元波）

月食的传说

傣族习俗传说。流传于云南保山傣族地区。相传太阳和月亮是兄妹俩。太阳哥哥热情奔放，大胆不羁；月亮妹妹容貌端庄，温顺腼腆。由于兄妹俩的性格截然不同，月亮妹妹从不像太阳哥哥那样天天露脸，总是躲躲闪闪，只有每月十五的前后几天才肯羞答答地驾着银车露出脸面，人们也只有在这几天才能见到她美丽的容颜。天宫上有一只金青蛙，早就爱上了月亮妹妹，总想着要与月亮妹妹谈情说爱，结为夫妻。无奈他身为天宫重臣，不敢触犯宫规。于是，他想出了一个能够接近月亮妹妹的方法，就是在月圆之日，金青蛙跳到月亮妹妹的银车上，取下早已准备好的圆罩子罩住车灯，这时，地面上的人们会突然看不到月亮的银光。金青蛙用这样的办法，悄悄地与月亮妹妹约会了好几次。每一次他俩约会，本来应该放大银辉的十五的月亮，就像被什么东西遮住一样，黯淡无光，就是我们现在看到的月食。不久，金青蛙和月亮妹妹私会的事情被佛祖知道了。为了避免由此带来的晦气，求得人间的平安，佛祖教给人们：逢金青蛙和月亮妹妹私会的时候，要敲响一切物什。从佛寺里的大钟、石磬，到居家的铜盆、锅盖，从未上瓦的新屋架到猪食槽、牛圈栏，都要敲打，还要鸣枪放炮，让各种声音吓到金青蛙离开，直到月亮重放光辉为止。人人都认为，在金青蛙和月亮妹妹相会的时候，凡是有过响声的地方，就会五谷丰登、六畜兴旺、百姓安康。陈安兴、艾宗升、梅革新搜集整理，收入《民族古籍翻译丛书·保山傣族民间故事第一辑》，32开，2页，828字，保山市傣学研究会编，云南民族出版社2012年10月出版。

（依旺的）

一句好话暖人心

傣族习俗传说。流传于云南省德宏傣族景颇族自治州。相传从前有一个穷人的孩子，母亲去世前留给他一句话："不管到任何人家串门，都要说句好话与主人交谈。"他长大后进奘房学会了文字，会念经。有一次他去一穷人家做客，在吃饭时他说："今天是最吉祥的日子，祝今后你们全家大富大贵，万事如意，生活幸福美满。"主人家听后十分感动。因为他家穷，从来没有人这样祝福过他家。此话恰好被他的家神听到，家神在暗里相助，不几年这户穷人变成了一家大户。傣族见人相互祝福、做客念祝词的习俗就流传至今。刀丫应和讲述，岳小保记译。16开，2页，约380字，稿存德宏傣族景颇族自治州民语委。

（岳小保）

秧箩的传说

傣族习俗传说。流传于云南省新平彝族傣族自治县花腰傣族中。相传以前有一对夫妻，十分恩爱。一天，妻子用秧箩装好饭菜去送给在田里干活的丈夫，半路上遇到一个蛇身人面的妖怪挡住去路。妖怪要她嫁给它，她不依。妖怪又向她要秧箩中的饭吃，她也不给。妖怪就说要吃了她。她一边呼救，一边抵挡妖怪。乡亲们听到呼救声就赶来把妖怪捉住了。她倒在血泊中对乡亲们说："请把秧箩饭送给我亲爱的人。"说完就死了。之后，傣家妇女们为了纪念这个对爱情忠贞不渝的妇女，在婚前，都要到花街上吃秧箩饭。佚名讲述，聂鲁、白永先搜集。收入《乡泉集》第二集，32开，1页，700字，云南民族出版社1989年版。

（郭玉萍）

秧箩饭的起源

傣族习俗传说。流传于云南省玉溪市新平彝族傣族自治县戛洒镇。相传以前有一位傣族妇女把蒸好的糯米饭和烤香的干黄鳝放进秧箩，挎在右边准备给在田里劳作的丈夫送去。途中遇到魔怪袭击，她一边呼救一边用右手护住秧箩饭，直到乡亲们赶来捉住魔怪，妇女奄奄一息，她告诉乡亲以后秧箩不要挎在右边。为了纪念这位忠贞的妇女，每年赶花街时，小卜少便把秧箩挎在左边，装上糯米饭干黄鳝喂自己心爱的人，表示爱情永固。刀明贵、陈振中1985年采录于戛洒镇土锅寨。收入《中国民间故事丛书（云南玉溪·新平卷）》，16开，2页，知识产权出版社2015年版。

（刀庆喜）

坠落在龙宫中的木柱

傣族习俗传说。流传于云南省西双版纳傣族自治州。相传帕雅英帮帕雅桑木底找到了一棵理想的中柱来盖房，中柱刚立起就顺着土洞掉落到龙宫。龙王发动所有的水族，将木柱抬出龙宫还给了帕雅桑木底，并告诉他这是一棵坠落之柱，名骚浪，只要竖立在地上便会下坠。要想不让它陷落，必须用懂岛叶子、懂芒叶子垫于柱脚之下。从此，傣族称中柱为骚浪，并沿袭在骚浪下垫懂岛、懂芒叶子的习俗。佚名讲述，杨胜能搜集、整理。收入《西双版纳傣族民间故事集成》，32开，2页，800余字，云南人民出版社1993年版。

（李传宁）

召补纳拿戛

傣族习俗传说。流传于云南省孟连傣族拉祜族佤族自治县傣族聚居区。相传大海深处有个孟纳国，龙王帕雅纳有个儿子叫召补纳拿戛。他长到十六岁时就到天地间游玩。一天，他看见挑柴的母女三人在芒果树下休息，就变成小伙子去帮他们爬树摘芒果，并开玩笑说要她们酬谢，母亲答应把姑娘嫁给他。因为他变成蛇用尾巴抽打芒果，母女三人被吓得跑回家去了。龙太子则变成蛇尾随他们到了家，叫月的姐姐不愿嫁，叫玉的妹妹答应了。召补纳拿戛变成小伙子与玉结婚后回到了龙宫。月看到妹妹生活幸福心生嫉妒，也想嫁条蛇，结果被蟒吞食了。姐姐死后玉和丈夫回到了家里，他们生了许多儿女，后又有了孙子、曾孙，一直活了一百多岁。龙的后代们为纪念先人，男人们在腿上、手臂上、身上文上龙的花纹，无论男女都在两颗犬齿上镶包亮晃晃的金子，象征龙头上的两支金角；戴上金戒指，作为龙的后代的标志。傣族文身、镶金牙、戴戒指的风俗就是这样来的。刀进民讲述，刀进民、召罕嫩采集，召罕嫩翻译、记录。收入《孟连傣族拉祜族佤族自治县民间文学集成·傣族卷》（一），32开，4页，3000字，孟连傣族拉祜族佤族自治县文化局、民族事务委员会1987年编印。

（郭玉萍）

灶神的由来

傣族习俗传说。流传于云南省德宏傣族景颇族自治州傣族地区。相传一户乐善好施的富翁，常年积德存善，供佛赕经，最后，一家老小及鸡犬都升了天。可是专门为富翁割草的穷小伙，在富翁家升天的当日，返回富翁家时迟了一步，人去楼空，非常后悔。当他发现富翁家给他备有清洁的水，他不知道洗了以后同样可以升天并可以和富翁家团聚，于是把盆中的水倒了。最后一头撞灶而死，变成了守灶的鬼，成了傣族今日供奉的灶神。瑞丽市芒晃寨的佛寺主持讲述，刀干相搜集，快永胜译。傣文版，16开，3页，约600字，稿存德宏傣族景颇族自治州民语委。

（快永胜）

（七）文化起源传说

贝叶信

傣族文化起源传说。流传于云南省西双版纳傣族自治州。相传一个勇敢善良的傣族青年，在寻找幸福和光明的途中，发现小虫在贝叶上爬过留下的线路像人在芭蕉叶上书写的字迹。青年从中受到启示，用刀在贝叶上刻写书信，交给金鹦鹉送回家。不久，青年也收到了未婚妻用贝叶书写的回信。青年把贝叶的种子带回到家乡，撒遍了平坝和村寨周围。从此，傣族青年男女用贝叶来刻写书信和情诗。佚名讲述，岩温扁搜集、整理。收入《西双版纳傣族民间故事集成》，32开，3页，1300余字，云南人民出版社1993年版。

（李传宁）

毖朗岛吹给知音听

傣族文化起源传说。流传于云南省德宏傣族景颇族自治州傣族地区。相传从前在大盈江和槟榔江交界的地方，有一个繁荣的摆场（集市），每逢赶摆的日子，人们就像搬家的蚂蚁一样奔忙不停，非常热闹。槟榔江边有一个名叫玉罕的勐拉土司的女儿和一个叫"岩弄"的摆渡的小伙子，他俩通过吹竹悠过江产生了爱情。后来这件事情被勐拉土司发现，不让他们来往，还把玉罕关起来，不准两人相见。一天，岩弄站在江边呆呆地看着湍流向前的江水，忽然江面上漂来一个圆圆的东西，岩弄捞起来一看，原来是玉罕吹的竹悠，吹口上还留着血迹。岩弄明白了，玉罕为爱情所苦，已离开了人间。人们为了纪念岩弄和玉罕真挚的爱情，就仿照岩弄的竹毖，插进七根毖，并给它取名为"毖朗岛"，声音如泣如诉，婉转动情，仿佛当年玉罕和岩弄正在倾诉爱情。龚全国讲述，所板记译。收入《德宏傣族民间故事》，32开，3页，1775字，德宏民族出版社1993年版。

（喊凤）

波陶雅勐

傣族文化起源传说。流传于云南省西双版纳傣族自治州。相传有一阵勐远人都得了大瘿袋病，曼勒寨有一个被尊称为"波陶雅勐"的老人，在天神的帮助下，找到治瘿袋的药，即金鸡泉水。但金鸡泉水医民不医召（官），对土官无效。波陶雅勐医好了很多百姓的瘿袋病。消息传到召勐家时，召勐派人四处抓波陶雅勐来为召勐家医病，但都没抓到。后来，波陶雅勐假意答应为召勐治病，治死了召勐、官员和兵丁。侥幸逃脱的召勐的妻子，派人把波陶雅勐处死，并敲坏了金鸡泉的金鸡头，金鸡泉水从此就不能做药了。召勐死后，波陶雅勐的儿子鲁雅做了召勐，鲁雅一面管理地方，一面为百姓治病，把治病的药方和方法教给百姓，因此，勐远人人懂药，多出草医。波岩坎讲述，鲁杰搜集、整理。收入《西双版纳傣族民间故事集成》，32开，7页，4500余字，云南人民出版社1993年版。

（李传宁）

火的由来

傣族文化起源传说。流传于云南省孟连傣族拉祜族佤族自治县。相传勐沽巴有一户穷人家，妻子怀孕后，丈夫就死了。孩子出生后因家里太穷无法养活他，妻子就把孩子抱到深山老林里，让他独自生活。儿子在林中变成了野猴子，过着无忧无虑的生活。一天，他顺手拣起两块石头，撞来撞去打着玩，突然迸出闪闪的火星，他急忙抓起一把枯树叶去盖火星，火星竟把枯树叶燃着了，他又拿根干树枝去碰火苗，也燃着了。此时正有个猎人过来，他也投些干树枝进火堆，火更旺了。猎人把野鸡投进火堆，火堆里就发出香气。猎人拿野鸡来吃感到很好吃，便带着野猴撞打出火花的石头回村去了，从此，人们用上了火。波艾猛讲述，刀景阳、李珏梅采集，刀景阳、李珏梅记录。收入《孟连傣族拉祜族佤族自治县民间文学集成·傣族卷》（一），32开，2页，1500字，孟连傣族拉祜族佤族自治县文化局、民族事务委员会1987年编印。

（郭玉萍）

葫芦小三弦的来历

傣族文化起源传说。流传于文山壮族苗族自治州马关县傣族聚居区。相传以前有个老波陶，因家里贫困，叫三个儿子出去学手艺。老大依岩出去两年就学会了盖几层楼的房子。老二依泥出去学做生意，挣了不少钱，赶了马帮开商铺，成了有名的老板。唯有依桑待在家里，只会做些简单的葫芦瓢。父亲觉得这个老三没出息，要把他赶出门。一天，老三想了想，要是能把葫芦做成一种乐器，该多好啊！前前后后用了一年多工夫，把一大堆的葫芦翻过去倒过来，不是把那个切个口，就是将这个捅几个洞，用手弹了几下，果然发出叮叮当当的声音。随后又把一个葫芦削一半，穿上一根把，蒙上笋叶壳，拴上三根线，配上弦扭、弦枕，就成了一把完整的小三弦，弹起来声音更加清晰洪亮。听的人越来越多，还有人专门请去弹唱。一天在应邀的途中，他口干舌燥，又饿又累，只好弹小三弦解愁。弹着弹着，忽然面前出现一位漂亮的小卜少，说"阿哥，我在你旁边听了好久，我这么大了，还没听过这样美妙的乐曲。现我龙王父亲病重，只有你弹出这样美妙曲子，才能把他的病治好。"于是，岩桑跟着龙女进了龙宫。龙王听了几首三弦曲子，病很快就好了，并将岩桑招进龙宫做驸马，使他过上了想要的生活。白世章讲述，白家祥记录。收入《文山州傣族民间故事集》，16开，1页，456字，云南人民出版社2016年版。

（张元波）

金色的铓锣

傣族文化起源传说。流传于云南省金平苗族瑶族傣族自治县勐拉坝。相传头人的女儿楠娥因吃了河里漂来的果子后怀孕生下一男孩。凶恶的父亲逼着她抱小孩找傣族老小去认父。小孩在一个衣衫褴褛的青年横昆面前笑了并与他很亲热。头人大怒，说女儿败坏门风，让家丁做了三架竹筏将他们三人各捆绑在一架竹筏上，放在河里任其漂流。三架竹筏漂到一座悬崖下汇集并停下来。楠娥和横昆抱着孩子上岸，并在河边成亲后定居下来。他俩在割青草建房屋时发现有两只孔雀，孔雀身上有两只圆盆。他俩用活扣扣住孔雀，并向孔雀诉说他俩的遭遇。后孔雀告诉他俩说楠娥吃的果子叫牛奶果，是自己不慎掉入河中的；两面圆盆叫铓锣，来自遥远的孔雀国，敲响后就可以给人间带来幸福。孔雀用铓锣帮助楠娥夫妇创建了美好的家园。为了纪念善良的孔雀，每逢过年过节，傣家人都要敲起铓锣，跳起孔雀舞，那动听的铓锣声象征着勤劳、善良、幸福。佚名讲述，谢怡搜集。收入《云南民间文学集成·金平故事卷》，32开，4页，3500字，云南省金平苗族瑶族傣族自治县文联1988年编印。

（郭玉萍）

金孔雀的故事

傣族文化起源传说。流传于云南省普洱市景谷县傣族地区。相传以前，有一位神仙名叫金纳拉，他的爱妻名叫金纳丽，夫妻俩都是长着人脸金孔雀身的神仙。金纳拉和金纳丽夫妻俩恩恩爱爱、寸步不离。在美丽的天上，有着几万种好吃的野果、观赏不尽的花海和一览无际的风光。尽管如此，他们也感觉到乏味寂寞，十分向往天下的人间的生活。有一天，夫妻俩听到人间传来人们赕象、敲锣、诵读经文的声音，便一起飞到了向往已久的人间。金孔雀夫妇看到人们安居乐业，爱上了人间，经常相携飞到人间游玩，而且每次去都要到仙湖游玩直至很晚。当时，有一位召勐非常好色，他从奸臣嘴里听说，在仙湖里经常看到一对人脸鸟身的金孔雀，非常漂亮。就派人去仙湖猎捕这对神仙，当时就把金纳拉杀死了，并欲强占金纳丽为妾。金纳丽的哭声震动了天庭，天神帕雅英听到了，下凡变成一位英俊的王子来试探金纳丽对自己丈夫的忠诚。结果，帕雅英还没有走到金纳丽跟前，就被金纳丽骂得狗血喷头："你们人间的恶人真是无耻，为了抢我去做妾，把我夫君来害死。我们是金孔雀，天下的男人我都不要，我死活只要我的夫君金纳拉。歹毒的恶人，你们快快还我夫君……"。金纳丽边骂边哭，哭得仙湖边上的所有飞禽走兽都为她落泪。金纳丽的真情感动了天神，他变回真身，惩治了恶人召勐，救活了金纳拉。这对夫妻跪拜谢过天神后，携手飞回天上了。后来，人们把这个故事编成面具金孔雀舞流传至今，而美丽的金孔雀也一直被当做傣家人的吉祥物。收入《景谷傣族民间故事》（汉傣双文），32开，2页，1485字，景谷傣族彝族自治县傣文化协会编，2014年3月发行。

（依旺的）

叫谷魂的由来

傣族文化起源传说。流传于云南省普洱市景谷县傣族地区。相传从前，佛祖召集三界来听诵经。佛台上佛祖讲经，大家都双手合十跪拜听经，唯独有一个老妇人背着一个挎包，在一旁直立立地站着，也不说话，好像她身旁的人神都不存在似的。佛祖讲完经，走出殿堂。这位老妇人仍然目空一切，见了佛祖也不跪拜。佛祖问她："老人家，为什么您不朝拜听经呀？"老妇人仍然高昂着头，说道："我是谷魂，天底下所有的万物生灵都离不开我，我比三界里所有的人神都强得多，实在不方便低头朝拜，不然，天下的人们都得饿死。"佛祖又问："您老人家是从哪里来的，为何不想听经？"她说："我是本地人，在三界里，人求人，人帮人，人需要人，包括神仙和小鬼也都得求我，需要我，我不图回报也不靠谁，无私地为他们奉献，让天下的人得以生存。但是听你讲经，肚子又不会饱，我可不需要拜谁。"佛祖生气了，说："既然您老人家不朝拜听经，那么你就走得远远的，走到我看不见你的地方去吧。"老妇人也很生气，大声说："你们听好啰，天下的人都离不开我……"天神看到老妇人对佛祖不敬，十分不满，令人将她赶了出去。老妇人一气之下，干脆跑到三界的边缘，就连太阳月亮都照不到的黑暗角落里。自从这位老妇人走了以后，天下的谷类果然颗粒无收，饿得人类病的病、死的死。没有了粮食，万物生灵即将灭绝，天下开始大乱了。天神召帕雅英看到人间惨景心痛不已，他赶紧找到佛祖说服了他。佛祖只能亲自带着召帕雅英去请老妇人回来。从此，天下的谷物又开始生长，年年丰收了。但是人们也怕这个谷魂老奶奶哪年一不高兴，又走远了，所以年年都在自家的田边地角用自己的方式祭谷魂。收入《景谷傣族民间故事》（汉傣双文），32开，2页，781字，景谷傣族彝族自治县傣文化协会编，2014年3月发行。

（依旺的）

列秀的来历

傣族文化起源传说。流传于云南省德宏傣族景颇族自治州傣族地区。"列秀"是傣族的一种文学体裁，是傣族青年男女表达爱慕之情的一种情诗，又称鹦鹉情诗。相传过去有位仆人名叫吞，与富家小姐喊凤产生了感情，喊凤的母亲得知后，极力反对他俩来往。但两人还是暗中来往，互递书信。喊凤的母亲知道后，在房前屋后下了许多扣。一天夜里，喊凤偷偷外出去会吞，不小心被母亲在园中所下的扣勒住脖子死去了。喊凤死后，她的母亲派人把吞抓来，并把吞交给官府衙门，腐败的官员把吞杀了。两人死后变成了一对鹦鹉，后被一位心肠狠毒的商人买去观赏。一天，两只鹦鹉冲出鸟笼，用自己的尾巴点燃火去烧城中那些毒心肠人的房子。它俩以诗传情，经人们的不断继承和发展，就逐渐形成了一种特有的诗歌体裁。佚名讲述，岳小保搜集、整理。傣文版，收入《傣族故事》，32开，6页，约1700字，德宏民族出版社1987年版。

（线永明）

马鹿舞的来历

傣族文化起源传说。流传于临沧市耿马傣族地区。相传忏提菩萨原本是一只神鹿，每天在一棵果树下吸食果实上的露水。神鹿修炼了很多年，他静静地守护着这片宁静的土地。一天，有一个首领率领他的侍从来到神鹿出没的山林里打猎。首领骑着骏马在林中穿梭，终于发现了神鹿的踪影，他举箭射中了伏卧在果树下的神鹿。神鹿血流不止，它忍着剧痛拼命夺路而逃。首领沿着神鹿的血迹紧追不舍，突然，一阵爆裂之声，大地开裂，天空顿时黑云密布，首领见此番情景吓得魂不附体，慌忙带领众人逃回宫中。首领射伤神鹿，激怒了吾把国（佛祖弟子），认为首领对神鹿犯下了不可饶恕的罪行，要求严厉惩处首领，神鹿忍着痛劝阻了吾把国。他知道自己注定要遭此劫是因自己前世不相信佛、诽谤佛法，杀害无数生灵，今生得到报应。没有了神鹿的护佑，人们安宁、祥和的日子也一去不复返，大家都知道是首领冒犯了天神，才带来如此的灾难。人们纷纷来到果树下磕头请罪，恳请神鹿饶恕他们愚蠢无知的首领，保佑消灾免难。仁慈的神鹿安抚着面前的善良的百姓，答应不会惩罚他们的首领。其善心和仁慈广为传颂，经过长期的修炼，神鹿终于功德圆满，修得正果，修成忏提菩萨。马鹿由此被傣家人视为神物，每逢节庆欢乐的日子，人们模仿马鹿的活泼的形态，跳起马鹿舞，寓意祈求吉祥和幸福安康。俸忠贵搜集整理。收入《耿马民族民间故事》（耿马民族文化丛书），16开，1页，1000余字，云南民族出版社2016年版。

（南桂香）

勐养铓锣

傣族文化起源传说。流传于云南省景洪市勐养傣族聚居区。相传召香统治勐养时，娶了一龙女为妻，龙王把一套排铓锣送给召香做女儿的嫁妆。只要敲响那套排铓锣，众龙就会变成横跨澜沧江的桥梁供召香和龙女过江。不久，召香带兵谋反想篡夺王位，结果死在召片领的手下。龙女为给丈夫报仇，招来九条龙施法术驱水淹景洪。龙王明白是自己女儿不对，就叫九条龙回去，并把那套排铓锣送给召片领。从此以后，版纳人就称排铓锣为勐养芒。岩宰阁讲述，岩温真翻译。16开，4页，1031字。稿存西双版纳傣族自治州民族研究所。

（依旺的）

为什么傣家"波陶"的包头特别大

傣族文化起源传说。流传于云南景谷一带。相传远古时候，天下的人们为了争夺地盘，发生了一次大混战。当时有个名叫"雅英达"的后生，英勇机智，因为喜好上山打猎，所以在发生混战时侥幸地躲过一劫。有一天，雅英达在河边偶遇混战中幸存下来的七姐妹，共同的遭遇使大家相拥而泣。大姐说："既然是同样的命运，不如结成一家生儿育女，重新开始生活吧"。听大姐这么说，其他六个姐妹都争着要嫁给雅英达。最后，七个姐妹一致决定，集体嫁给"雅英达"做妻子，这天时逢傣历新年。第二天早上，他们在河边搭起竹楼，建起了自己的新家。从此，傣家人就在河边的坝子里居住。他们对天对地跪拜成亲，七个姐妹一人拿出一条包头巾，从大姐开始，七条包头巾都包在了雅英达的头上，形成了特大的包头。后人也效仿开始了一夫多妻制，所以傣家男人的包头越大就越显得气派。雅英达和七姐妹成婚的那天，大家在一起戏水、洗澡。后人们为了纪念这八位祖先，也在每年傣历新年互相泼水祝福，期望美好的未来。收入《景谷傣族民间故事》（汉傣双文），32开，2页，811字，景谷傣族彝族自治县傣文化协会，2014年编印。

（依旺的）

象脚鼓的来历

傣族文化起源传说。流传于云南保山傣族地区。相传从前，有一对夫妇，丈夫叫岩相，是个本分的庄稼人，同时也是一位民间歌手；妻子叫叶罕，不仅操持家务，还跟自己的父亲学得一身武艺。那时，边界战乱，作为战士披挂上阵的岩相，在与敌人战斗中英勇牺牲，留下妻子叶罕痛不欲生。悲痛的叶罕，把丈夫葬在一棵名叫"埋冬罕"的树下。每过三天，叶罕就会到这棵埋冬罕前祭拜自己的丈夫。偶然有一次，叶罕在祭拜自己丈夫的过程中，隐隐约约听到从那棵埋冬罕树干里传出低沉而又悲壮的歌声："最好的埋比欧竹哟要做弓箭，最好的钢铁哟要打刀，最好的快马哟要把家乡保卫！"听来听去，叶罕觉得就是自己丈夫岩相的歌声。于是，她把这棵埋冬罕砍下来一截抬回了家。为了不让灰尘掉进埋冬罕的空心杆里面，她把牛皮包在外面，还用绳子扎得紧紧的。有一次，她一边听这截埋冬罕"唱歌"，一边吃糯米粑粑，一不留神，手里的糯米粑粑掉到牛皮上。这时，埋冬罕发出更加雄壮有力的声音。叶罕兴奋极了，左手抱起埋冬罕，右手拿一团粑粑一下又一下地往牛皮上一放一摘，于是，"咚！咚！咚！"的声音，伴随着岩相那激昂的歌声，越传越远。从那时起，傣家人就根据叶罕的这个故事，做成了象脚鼓。梅革新搜集整理，收入《民族古籍翻译丛书·保山傣族民间故事第一辑》，32开，3页，1248字，保山市傣学研究会编，云南民族出版社2012年版。

（依旺的）

蒙面情歌的来历

傣族文化起源传说。流传于云南元江傣族地区。相传从前，傣家寨有一个骑马浪荡的色鬼大王爱上了美丽泼辣、勤劳能干的卜少，为得到卜少的芳心,他想办法与卜少搭讪、聊天,但卜少却不理不睬,色鬼大王恼羞成怒,就与早已嫉妒和怀恨这个俏姑娘的摩雅傣合谋,用孔雀屎药酒,抹到一块手帕上交给色鬼大王。据说,这是一种毒药酒,好叫这卜少揩脸面擦嘴舔舌时,毒死她。色鬼大王把姑娘手帕换成了毒手帕装入了姑娘的秧萝,烈日下,栽秧卜少习惯性地取出这块手帕揩汗水,没想到沾着孔雀屎的汗水掉进嘴里,被她咽下肚。突然一阵头目眩晕眼花缭乱昏倒在秧田里,可怜的卜少离开了人世。从此人们为了缅怀这栽秧的漂亮卜少,元江傣乡一年一度赶花街唱小调时人人都用一块亲手绣织的花手帕蒙住面唱情歌。李存仁搜集。收入《中国民间故事丛书·云南玉溪·元江卷》风俗传说,48页,知识产权出版社2015年版。

(白云)

蜜蜂

傣族文化起源传说。流传于云南保山傣族地区。相传佛祖诞生之前,世界上没有蜜蜂。有一对夫妻生了一男一女,夫妻俩对他们姐弟百般疼爱。有一天,这姐弟俩不知道为何争论了起来。弟弟说:"你信不信?我死了之后再投生,要当佛祖。"姐姐说:"我就不信,你投生之后若能当佛祖,我投生后我就用我的大便来敬你。"过了好多年,弟弟死了重新投生,长大后果然成为佛祖。姐姐死了之后,投生变成蜜蜂。人们把蜂蜜里的渣子煮成蜡,做成蜡条,拿去供奉给佛祖,这也是供奉蜡条的由来。传说蜜蜂是女人变的,所以像女人一样勤劳。方可采录。收入《民族古籍翻译丛书·保山傣族民间股故事第一辑》,32开,1页,216字,保山市傣学研究会编,云南民族出版社2012年版。

(依旺的)

语言口袋和曲子口袋

傣族文化起源传说。流传于云南普洱市景谷县傣族地区。相传远古时候,傣族人没有文字、没有乐谱,人们劳动记事通常是用线结疙瘩,或用刀子刻门板和刻门槛,人们也不知道生病了怎么医治。为此,掌管傣族人的首领为此事伤透了脑筋,整天苦思冥想,召集臣民们来商议,都说是因为没有文字,所以生活交流很不方便。这时,来了一位占卜师,他建议傣族首领该派人到佛祖那里取经书,带些文字和乐谱回来传给大家,让他们学会经书,懂文字,会唱很多很多的曲子,使人们生产生活丰富起来。于是,在大家的推荐下,一位叫岩罕再的年轻人,到遥远的西方去找佛祖取经。岩罕再身背通把挎上长刀,越过无数个高山,蹚过无数条河流,终于在佛祖的家乡孟沙瓦提(古印度佛祖出生地),找到了专管语言文字和曲子的长老。长老把两个口袋交给了岩罕再,一个袋子装着语言文字,一个傣族装着乐谱,并一再嘱咐他:"岩罕再呀,你一定记住啰,这个担子挑上肩就不要随便让它落地,否则你除了身上背着的经书以外,就什么也拿不到家了,记住了吗?"岩罕再点了点头,挑上担子往回走。因为回家心切,走到勐卧与勐嘎交界地时,他把装着乐谱的那只口袋掉落在了地上,乐谱就流入到勐嘎坝子里了。从此,勐嘎坝子里的人一唱起傣家的曲子,那是三天三夜都唱不完一首。岩罕再把装满语言的口袋和经书献给了勐卧人,所以现在,勐卧人不但经文学识高,而且说起白话来都要比其他勐的人高明一些。收入《景谷傣族民间故事》(汉傣双文),32开,2页,1174字,景谷傣族彝族自治县傣文化协会编,2014年3月发行。

(依旺的)

竹必的故事

傣族文化起源传说。流传于云南省西双版纳傣族自治州。讲述傣族乐器"竹必"的来历。相传古时有一个爱唱歌的人叫玛纳瓦,他去砍柴时掉进了土洞里。为救玛纳瓦出洞,洞里的一只竹鼠的尾巴皮被玛纳瓦扯脱下来。竹鼠用自己拉脱的尾巴皮空管，做成乐器为玛纳瓦伴奏，玛纳瓦把它起名叫"必"。竹鼠的"必"声和玛纳瓦的歌声引来众多的鸟，压弯洞旁竹子。竹鼠让玛纳瓦抓住伸进洞内的竹梢，并让惊飞的鸟弹起竹梢，把玛纳瓦带出了土洞。从此，玛纳瓦那伴着"必"的歌声，变得更加动听，"必"流传下来就变成了今天的竹必。佚名讲述，杨胜能搜集、整理。收入《西双版纳傣族民间故事集成》，32开，3页，1600余字，云南人民出版社1993年版。

（李传宁）

竹笛的来历

傣族文化起源传说。流传于云南省西双版纳傣族自治州傣族地区。相传一天傍晚，有个青年劳动回来，突然，微风四起，从竹林里传来一阵阵悠悠的歌声，他想看一看唱歌的人，便去到竹林里寻找。竹林里却没有人影。青年人好奇怪，待他要返回时，竹子却说起话来，说它原来是个歌手，心头装满了歌，只因迷恋森林泉水，才到野外安了家。青年人请求竹子给他一些歌，竹子给了他一节竹子。果然，这节竹子一含在嘴里，便唱起歌来。从此，人们便学会了用竹子做竹笛。可供研究傣族民间乐器参考。佚名讲述，岩峰、王松、刀保尧采录整理。收入《傣族文学史》，32开，1页，400字，云南民族出版社1995年版。

（阿南）

章哈的始祖

傣族文化起源传说。流传于云南省西双版纳傣族自治州。相传勐巴纳西来了一个喜欢唱歌的生人叫帕亚曼，他让大佛爷帕召念经与他比赛，看人们到底喜欢听佛爷念经，还是喜欢听他唱歌。结果帕亚曼的歌声吸引了所有的人，大家都来看他的模样，害羞的帕亚曼只好用扇子遮住脸唱歌。唱输的帕召非常生气，他威胁说："如果谁跟帕亚曼学唱，谁就要受到惩罚，不准他富，不准他上天堂、入地狱。"后来，帕亚曼还是被尊为章哈（歌手）的始祖。佚名讲述，云南民族民间文学西双版纳调查队搜集。收入《西双版纳傣族民间故事集成》，32开，1页，500余字，云南人民出版社1993年版。

（李传宁）

章哈的祖先

傣族文化起源传说。流传于云南省景谷傣族彝族自治县。相传勐巴纳西来了个大佛爷，无论"朝仙""滴水"，还是"泼水节"和"关门节"，所有傣家男女佛教徒都汇集到缅寺听帕召诵经。有一天来了个陌生人，叫帕亚曼，是个不信佛教的人。他要与大佛爷赛歌，还说大佛爷若是输了就不准再在这里传教，若是自己输了，甘做大佛爷的奴仆。结果大佛爷输了，他又气又羞，就告到当地最高长官那里，说帕亚曼的歌声迷惑了教徒，亵渎了佛的尊严。长官听信佛爷一面之词，规定不准人们跟帕亚曼学唱歌，否则要惩罚他一天到晚地唱，其子孙也只能唱歌，不准他富有，永远过穷苦日子，死后不准入地狱，更不准进天堂，只能做无家可归的野鬼。可是，向帕亚曼学唱歌的人仍然很多，欢乐的歌声在傣家人中飞扬。所以，章哈越来越多，一直传到现在，傣家人民都尊奉帕亚曼是章哈的祖先。佚名讲述，吴德庆搜集、整理。收入《云南民间文学集成·景谷民间故事》（一），32开，2页，1400字，景谷傣族彝族自治县民间文学集成领导小组编辑室1989年编印。

（郭玉萍）

"章哈"列诺嘎兰托

傣族文化起源传说。流传于云南省景谷傣族彝族自治县。相传在遥远的古代，勐西纳傣族寨子每天过着清淡的日子。有一天，突然从森林飞来一只金黄色羽毛的诺嘎兰托小鸟，在寨外的大缅树上唱起歌来。全寨老小都被吸引出来。从那以后，每天夜晚，人们劳动之余总是来听小鸟唱歌，寻找生命的希望和乐趣。勐西纳的王子召龙姣看上了全寨最美的姑娘依嫩，但依嫩讨厌他，每天去听小鸟唱歌。一天，召龙姣恼怒之下用弩箭把小鸟射死了。依嫩从大缅树下走过，身上带箭的小鸟落下来，她伸手接住，帮小鸟拔出箭，用嘴去舐小鸟的伤口，小鸟流下泪水。依嫩把小鸟轻轻贴在自己胸前。突然，依嫩昏倒在地，等她醒来，小鸟已不见了，而她心里充满了各种各样的歌。诺嘎兰托的灵魂已经钻到依嫩姑娘的心灵里去了。以后，依嫩姑娘就成为傣家人的第一个歌手——章哈。佚名讲述，吴德庆搜集、整理。收入《云南民间文学集成·景谷民间故事》（一），32开，2页，1400字，景谷傣族彝族自治县民间文学集成领导小组编辑室1989年编印。

（郭玉萍）

（八）节日传说

傣家堆沙泼水节的由来

傣族节日传说。流传于云南省普洱市景谷县傣族地区。相传远古的时候，人们自由自在、安居乐业、无病无灾，村村寨寨的百姓们过得无忧无愁。傣家的佛寺里天天有人赕白象，象脚鼓声从未间断，好不热闹。可是，当时，天上有一位名叫帕雅合哈的恶魔，妒忌人间的欢乐。他横行霸道、滥杀无辜，还呼风唤雨，涂炭生灵。同时，他还是一个大色魔，抢夺民女，就连自己的七个亲生女儿都不放过，乱伦淫欲，无法无天。他的七个女儿对他恨之入骨，却又无可奈何。天上地上所有人都想杀死他，可是，杀他的方式只有一个，就是用自己女儿的头发做成弓箭，把他的头颅割下来，他才会死。七个美丽善良的公主，在四位大臣的劝说下，终于狠下心来把自己的父亲杀死了。在杀死恶魔帕雅合哈的瞬间，血流成河。于是，天下的人，就用沙子掩埋地上的血，来帮忙的人很多，堆积的沙堆像金塔一般高。后人也就把这事一代传一代地传到了今天，叫做堆沙。七位公主轮流抱着燃烧的火魔头，大臣连忙叫大家快快向公主们泼水降温，从此，人间便有了泼水节。如今，天上最明亮的七颗星星，就是那七位公主。收入《景谷傣族民间故事》（汉傣双文），32开，2页，2302字，景谷县傣族彝族自治县傣文化协会2014年编印。

（依旺的）

泼水节的传说（一）

傣族节日传说。流传于金沙江流域傣族地区。相传古时候有个傣族的小伙叫李良，从景东逃荒到永仁县万马河边定居，以开垦种植为生。有一天，突然发生严重的森林火灾，成片的森林被大火吞没。为扑灭山林大火，傣族先民李良奋勇当先，用木桶从金沙江中背水上山灭火。大火疯狂地燃烧，而且火焰越烧越高，火势越来越猛，但李良仍将水一桶一桶地背上高山，英勇顽强地与烈火搏斗。他的精神感动了东海龙王，龙王紧急呼风唤雨，将山林大火全部熄灭。然而，与火神搏斗了数十天的李良却不知去向。后来才得知李良被大雨集成的山洪冲到金沙江边，变成了一棵大树，最后傣族人民找到这棵大树时，大树突然说话了，证实了他的身份就是李良，并腾身飞进了金沙江。此后，傣族人民为了纪念和祭祀李良，每年清明节前后都来祭祀，过"泼水节"，这一习俗流传至今。李兆熙讲述，李兆熙、谢应能记录。收入《永仁民间故事》，32开，105页，云南民族出版社2014年版。

（华胜刚）

泼水节的传说（二）

傣族节日传说。流传于云南省孟连傣族拉祜族佤族自治县。相传很久以前，人们的生活无规律。天神混桑看到这些现象就下凡宣讲他的主张。他规定了一天、一月、一年和一年三季的时间（这就是傣族最初的历法）。他教人们怎样种庄稼，人们听从混桑的劝告，但因混桑定的历法不准，们的生活乱了，粮食歉收，人人怨声载道。天神帕雅英又另派一天神坦迷嘎拉降到人间来解救饥饿的人们。他重新宣讲新的历法，大地才恢复往日的生机。混桑不服气，与他辩论。最后还出个谜底让坦迷嘎拉猜，说好若猜出自己就死，猜不出则相反。结果，坦迷嘎拉在帕雅英夫妇变的两只鸟的帮助下猜对了。坦迷嘎拉拔下混桑头顶上的一根头发，勒断了他的脖子。可是，混桑的头放在地上，大地就被大火烧；放在水里，海洋也被烧干；放在天上，千万年下不了一滴雨。坦迷嘎拉只好求混桑在人间的七个女儿把父亲的头抱在怀里，每人抱一天，其他人就用水帮换下来的人冲洗身上的血污。后来就有了泼水节。泼水节那天放高升，就是在送混桑的灵魂上天。刀进民采集、讲述，召罕嫩翻译、记录。收入《孟连傣族拉祜族佤族自治县民间文学集成·傣族卷》（一），32开，3页，2200字，孟连傣族拉祜族佤族自治县文化局、民族事务委员会1987年编印。

（郭玉萍）

泼水节的传说（三）

傣族节日传说。流传于云南省江城县傣族聚居区。相传在开天辟地的时候，掌管人间气候的是一个非常任性的天神毛佛台。这位毛佛台无恶不作，他想什么时候下雨就什么时候下雨，想什么时候干旱就什么时候干旱，完全不管人类死活。地上的人类忍无可忍，把他告到弥勒佛那里去了。弥勒佛在天上也看见了毛佛台的所作所为，怎奈这个毛佛台本领非常大，水淹不死，火烧不灭，还刀枪不入，只有他自己的头发才能杀死他。当时，弥勒佛想了一个办法，就是幻身成为一位英俊的小伙子，去勾引毛佛台的小女儿七公主，利用七公主对他的感情，亲自拔下毛佛台的头发把毛佛台杀死，使得毛佛台的头颅掉到地上变成一个巨大的火球。吓呆了的七公主和其他六位姐姐，意识到自己杀死亲生父亲是不对的，愧对良心。就急忙抱起父亲的头颅，想与父亲同归于尽。奇怪的是，只要姑娘们抱起毛佛台的头颅，大火马上就熄灭。七位姑娘这才明白，父亲的头颅是不能着地的，一旦落地，就会给人类带来灾难。为了不给人类造成更多的灾祸，七姐妹商量，决定永远抱着这个头颅，永远别让它落地。从此，毛佛台的头颅就从大姐开始，一人抱一年，她们交换头颅的日子，就是傣族百姓的泼水节。傣族百姓为了感谢七姐妹给人类免除灾难，就帮七姐妹泼水，把毛佛台的头颅洗干净了，才交给下一个姐妹，据说只有这样，人间也才会吉祥幸福。从此，为了纪念为民除害的七姐妹，这个习俗就一直流传到今天。赵永明讲述，邱家荣搜集整理。收入《江城哈尼族彝族自治县民族民间故事集·第二辑》，2页，1100字，2009年版，中共江城县委宣传部、江城县文学艺术界联合会、江城县民族宗教事务局编。

（依旺的）

泼水节的传说（四）

傣族节日传说。流传于临沧市耿马傣族地区。相传很早以前，天地间有两个大王，叫混尚楞天王和混尚令地王。因当时无历法，季节不分，人们耕作不知节令。天王给人间造了一个历法，定为一年12个月，每月30天，一年为360天。过了30年，雨季转为旱季，热天变成冷天，百姓不能适时栽种庄稼而灾难四起，民不聊生。为此地王和天王争辩，天王蛮横独断，二人相持不下。后来祈祷上苍，立下以杀头为赌的誓言。地王混尚令用占星术和气候的变化规律创立了新的历法，把一年定为十二个月，一年三个季度即旱季、雨季和冷季。新历法实行了几十年后，百姓按时播种栽插，五谷丰登，人畜兴旺。天王认输并应杀头的许诺。地王用刀砍天王的头，左砍右砍都没有将天王的头砍下来。天王有七个妻子，最小的妻子最聪明漂亮，深得宠幸。一天，最小的妻子趁天王喝醉，探得天王不死的奥秘。天王凶恶残忍、肆意横行，是个令人痛恨的暴君。他的七个妻子都痛恨淫威的天王，决定为民除害。七个妻子把他灌得酩酊大醉，拔下天王的一根头发，勒断其头颅，顿时血污遍地。天王头颅掉到河里，江河就会泛滥成；滚落到地上，大地便燃起熊熊烈焰。为了拯救黎民百姓，七个女子轮流抱天王混尚楞的头颅，天上一天等于地上一年。当她们交换轮流之际，人们要用清水香水向她们泼洒，洗净她们身上的污秽，迎接新的一年的幸福与吉祥。南桂香搜集整理，收入《耿马民族民间故事》（耿马民族文化丛书），16开，1页，1800余字，云南民族出版社2016年版。

（南桂香）

泼水节

傣族节日传说。流传于云南省德宏傣族景颇族自治州。相传很古以前"混尚"（天神）和"布阿破"（占卜家）打赌，谁输谁就砍对方的头。布阿破问混尚一年有几个月，一个月有几天。混尚一一答复。日月首先按照混尚计算的时间运行，结果干季和雨季的时间相反，农作物无收成，人们深受其害。第二年日月按照布阿破计算的时间运行，结果风调雨顺，粮食大获丰收，人民安居乐业。混尚只好叫布阿破砍自己的头，但是怎么砍也砍不掉。混尚知道自己计算错了时间，是死定了的，他就告诉他的七位妻子砍他的头要用头发。混尚夜深人静时派第七位妻子用头发割下了自己的头。混尚的头放在哪里哪里就有火，由七位妻子轮流用手抱着，但奇臭无比，只好用清水每天清洗一次，然后换另外一位妻子抱着。阴间一天阳间一年。为纪念和感谢七位混尚妻子砍掉混尚的头和清洗混尚头的日子，人们每年举行一次泼水节活动。佚名讲述，岳小保记译。傣文版，收入《傣族节日的来历》，32开，12页，2000字，德宏民族出版社2001年版。

（岳小保）

泼水节的由来

傣族节日传说。流传于云南省德宏傣族景颇族自治州傣族地区。相传从前人类被一位凶残的魔王统治着，他常吐火烧掉庄稼、房屋，抢走他人的妻子，掐死刚出生的婴儿，人类哀声遍地。有一个貌美且能歌善舞的傣族姑娘被魔王抓去做了第七个妻子。姑娘心系人民疾苦，冒死套出了魔王不会死的秘密："如果不用他自己的头发勒掉他的头，那么他是永远不会死的。"她趁魔王酣睡之时扯下一根头发勒掉了他的头，谁知魔王的头一落地就变成火球，滚到哪里哪里便是滚滚火海；丢入河里，河水顿时沸腾起来；埋入大地，顿时又臭气熏天，弄得人们上吐下泻。魔王的七位姑娘只好轮流抱着魔王的头，一人抱一年。魔王头上流出的浓血染红了姑娘们的筒裙，人们便每年用水替她们洗一次。长久以往便形成了今天的泼水节。佚名讲述，庄体（王焕道）编译、整理。收入《百花园》第六册，傣文版，32开，5页，约2500字，云南民族出版社1995年版。

（杨荣芳）

窝巴节的传说（一）

傣族节日传说。流传于大姚县湾碧傣族傈僳族乡。相传很古以前，傣族祖先为了寻找新居住地，从江北迁到江南。农历三月初七渡金沙江时，突遇暴风骤雨，乘坐的小木筏被掀翻在龙门滩。就在这呼天唤地之时，江中浮现出许多大鱼，把落水的人托出水面，推向岸边。后来，得救的人们便在江边起房建屋，开垦农田，定居生活。从那以后，傣族每年这一天都要抬着米酒肥羊，聚集到江边祭鱼神。朱卫明、华胜刚搜集。收入《中国少数民族大辞典·傣族卷·上》，16开，415页，24行，云南民族出版社2014年版。

（朱卫明、华胜刚）

窝巴节的传说（二）

傣族节日传说。流传于大姚县湾碧傣族傈僳族乡。相传这里的傣族是禄拜王的后代，古时傣家人居住在一个水美鱼肥、良田万顷的富庶地方，后来外族入侵，在一次战斗中，禄拜王不幸牺牲，傣家人在王子青哥和公主红妹的带领下奋力作战，终因寡不敌众，败退到金沙江边。青哥、红妹被敌人抓住，关进江边岩洞。敌人为把傣家斩尽杀绝，勾结江岩中一种叫石蛾的妖魔来残害傣家人。三月初七这天，石蛾兴风作浪，使江水暴涨，山岩垮塌，傣家人面临着灭顶之灾，青哥、红妹冲出山洞，杀死石蛾，终使山岩稳住，江水退落。傣家得救了，从此傣家人在金沙江畔安了家，过上了风调雨顺的好日子。但在与石蛾的搏斗中，青哥、红妹中了魔法，变成了青鱼和红鱼。为了纪念青哥、红妹拯救傣家人的功绩，每年农历三月初七，傣家男女老少都穿上鲜艳的民族服装，背着佳肴美酒，来到金沙江边，举行庆祝活动，祭奠鱼神、载歌载舞、泼水祝福。朱卫明、华胜刚搜集。收入《中国少数民族大辞典·傣族卷·上》16开，415页，24行，云南民族出版社2014年版。

（朱卫明、华胜刚）

烧白柴节的由来
傣族节日传说。流传于云南耿马县傣族聚居区。相传有一个佛家弟子云游四方传经布教，来到孟定时正值隆冬时节，僧人饥寒交迫病倒在途中被傣家寨子里的一位老布陶看见，老布陶顿生慈悲之心，取来柴火，点燃柴火让僧人取暖御寒。佛祖感知后，认为这是一件善举。从此傣家人便定下在冬去春来之际举行烧白柴仪式，这一习俗代代沿袭至今。南桂香搜集整理，收入《耿马民族民间故事》（耿马民族文化丛书），16开，1页，1500余字，云南民族出版社2016年版。

（南桂香）

（九）人物传说

阿罕启发傣
傣族人物传说。流传于云南元江县傣族聚居区。"阿罕启发"是傣语，天鹅神之意。相传阿罕启发傣是由天神派来做"召勐仲"（元江坝子的官）。阿罕启发傣浓眉大眼、相貌堂堂、身材魁梧，手握宝剑，气宇轩昂。特别是他足智多谋、骁勇善战，在傣族寨子中广为流传。很久以前，阿罕启发傣率领本部落从东部迁徙到元江，看到这里山清水秀，土地肥沃，气候温暖，便决定住下。他立即与当地头人会面商量，要求拥有一块地盘给本部族人居住。开始，当地头人有所顾虑："他的到来会不会影响我部族的生存？……"想到这些便拒绝了启发傣的要求，可是阿罕启发傣还是友好地恳求道："我们部族要的不多，只需一只狗跳过的地方就行。"头人想想："这人很有意思，狗跳过的地方还会有多大？我倒要看看狗跳过的地方他们是怎么居住？"于是头人就欣然答应了阿罕启发傣的要求。接着没料到的事情发生了，阿罕启发傣用鞭炮拴在狗尾巴上，然后点着火，一阵阵"噼里啪啦"鞭炮的响声，把狗惊吓的狂奔，狗跑遍了元江坝子乃至沿岸的山山水水，狗狂奔了上游十八个村庄，疯跳了下游十八个寨子。从此后，阿罕启发傣的部落便在元江河谷两岸居住，现在傣族趣称自己居住的地方是"阿罕启发傣让狗跳过的地方"。1999年，元江曼漾村陶拥良讲述，白云整理收藏，尚未出版发行。

（白云）

刀代的宝剑
傣族人物传说。流传于云南省元江哈尼族彝族傣族自治县傣族地区。相传元江城西十多里一个龙洞内石壁上插着一把宝剑，那是刀代插的。早先清水河龙王专门在秋收时节涨大水，淹没庄稼。放牛少年刀代在一条鱼的指点下，不辞辛苦去找一位白发苍苍的老铁匠师傅，打了一把锋利的宝剑，顺着清水河进了龙洞，与龙王进行激烈的搏斗，终于杀死龙王，却被龙王婆关上了洞门。刀代一剑刺去，没有刺着龙王婆，宝剑却刺穿石板插在石壁上，他被关在龙洞里再也出不来了。刀代牺牲后，人们为了纪念他，每年秋收季节都要到龙洞口祭奠他，一直沿袭至今。佚名讲述，李乔采录整理。收入《傣族民间故事选》，32开，4页，2500字，上海文艺出版社1985年版。

（阿南）

龚麻腊别学医

傣族人物传说。流传于云南省西双版纳傣族自治州傣族地区。相传龚麻腊别是傣族医药的始祖。在他十五岁当和尚念经那年，发生大洪灾，河水冲走了庄稼，一家五口没法过日子，他父亲就去森林里捡菌子来煮吃，结果除了他母亲中毒轻外，其他人全部中毒而死。龚麻腊别还了俗，决心寻找解毒的好药。他在猎人的指点下，跟踪野猪，发现吃野姜一样的植物可以解毒。这样，他终于发现了解毒药竹叶兰。后来，他又发现了蝙蝠可医治鸡蒙眼和久咳不止的病。佚名讲述、记录。收入《中国传说故事大辞典》，16开，1页，300字，中国文联出版公司1992年版。

（阿南）

黄国顺晋见岑毓英

傣族人物传说。流传于文山壮族苗族自治州马关县傣族聚居区。相传中国军队在越南战场上取得了完全的胜利，法国侵略军一败涂地，法国迫不得已，不得不提出"议和"。光绪十一年（1885年）四月，中法战争结束。九月，两国政府在天津签订《中法越南条约》。条约签订后，中法两国政府要派官员到边境进行勘界，即划定中越两国的国界。这时黄国顺晋见岑毓英，请求将割地划回中国。按照《中法越南条约》的规定，清政府收回了大赌咒河旧界以北的中国领土。南丹山以北的都龙、南丹、茅坪、金厂、保良街、南温河、猛洞、小坝子、夹寒箐一带回归中国，取名"归仁里"，归安平厅所辖。而南丹山以南，大赌咒河以北尚有大遍土地，即今黄树皮、箐门、曼美、猛康一带却落入了法属越南之手。国界基本划定了，黄国顺因抗敌保边有功，以及请求将其辖地划回中国等功绩，云贵总督岑毓英奏准朝廷，赏赐黄国顺衣帽功名顶戴，荣升四品蓝翎职衔。同时被委任归仁里八甲团总要职并赐以铜印。黄国顺任团总期间，为了巩固边防，防止敌人再来侵犯，曾在白岩脚设立营房，又在老房子建"炮台"。光绪二十二年（1896年），黄国顺病逝。黄天成讲述，马兴沛记录。收入《文山州傣族民间故事集》，16开，3页，1908字，云南人民出版社2016年版。

（张元波）

黄瑞玉单身探虎穴

傣族人物传说。流传于文山壮族苗族自治州马关县傣族聚居区。相传文山州马关县都龙老街黄国顺有五个女儿，大女儿庆玉，二女儿练玉，三女儿瑞玉，四女儿贤玉，五女儿良玉。其中，三女儿瑞玉还有更突出的一面，就是从小就喜欢练武，她经常与大哥成光、二哥成亮一起跑马射箭，耍刀弄棍，练得一身好武艺。清光绪八年（1882年），法军侵犯中国边境，她参与父亲组织的抗法队伍，只身闯入敌营，设计诱敌深入，中国军队四面夹击，大败法军。而法国政府看看势头，打不赢中国人，只好要求讲和。黄天成讲述，马兴沛记录。收入《文山州傣族民间故事集》，16开，3页，2055字，云南人民出版社2016年版。

（张元波）

黄国顺计败四圈官

傣族人物传说。流传于文山壮族苗族自治州马关县傣族聚居区。黄国顺，男，傣族，1837年生，文山州马关县都龙老街人。四圈官，名郭思泥，法国侵略军头目。清朝光绪初年，法国侵略越南，给越南人民带来深重灾难，越南人民受尽了法国侵略军的蹂躏。当时，黄国顺任都龙一带的地方头领，他见法军横行霸道，便组成一支强有力的抗法队伍。有一次，他精心筹划、精心安排，利用傣族美女吸引法国侵略军靠近伏击圈后猛烈还击，导致法军大败，死伤无数。这一战，黄国顺他们大获全胜，除歼敌大半外，还缴获了大批军用物资。此后，法军再也不敢窥伺都龙一带了。马兴沛搜集记录。收入《文山州傣族民间故事集》，16 开，4 页，2729 字，云南人民出版社 2016 年版。

（张元波）

就阿戛大医师

傣族人物传说。流传于云南省德宏傣族景颇族自治州傣族地区。相传就阿戛大医师。有起死回生药，有让人愤怒、让人冷静等各种各样的药。他准备为正在修行的果达玛佛祖防病治病，但佛祖说：生、老、病、死是自然规律，他愿顺应自然规律，并让大医师去医治其他受疾病折磨的众人。在准备医治一个麻风病人时，大医师说先得将皮肤烧死，然后再用起死回生药洒上。但病人不信，大医师只好在自己身上实验。但因病人失误，把已准备好的起死回生药洒了，来不及挽救大医师，医术也就失传了。佚名讲述，沙忠钻记录，冯霄译。16 开，2 页，1226 字，刊于傣文杂志《勇罕》1987 年 3—4 期。

（冯霄）

老竜郭大爷

傣族人物传说。流传于云南省红河县傣族聚居区。相传溪处官每次召见各村的里长商议事情时，只要勐龙老竜村的里长郭大爷到来，他就会起身相迎，别的里长也会跟着站起身来。后来他想到自己这样的身份还对一个小里长如此尊重，心里就有些不快。一次，召开里长会时，他郑重向里长们说等郭大爷来时谁也不准起身相迎。过了一会儿，郭大爷走到门口，溪处官又身不由己地迎上去打招呼，别的里长也起身向郭大爷问好。后来，溪处官恼怒地责问各位里长为何不听他的话。各位里长说老爷你自己先起身，我们怎敢坐着。溪处官感叹说这都是命中带来的。从此他像兄弟一样对待郭大爷，并规定老竜村不必上交粮和钱。佚名讲述，张寒搜集、整理。收入《红河县民族民间故事》，32 开，1 页，700 字，云南民族出版社 1990 年版。

（郭玉萍）

莫菊些

傣族人物传说。流传于云南元江县傣族聚居区。相传有一个姑娘家里很穷，买不起缎子花，只买了一张红纸，做成花插在头上。人们都叫她"莫菊些"，傣语就是纸花姐姐。莫菊些插着纸花，穿着旧裙，但她却是五月花街上最美丽的姑娘。她十五岁那年被一个貌丑如鬼的老土司看中，要讨她做第十个小老婆。但莫菊些至死不从，土司便到处诬陷她是"变时鬼"。偏在这年疾病流行，死了很多人，人们就信以为真。哪家人病了、死了，那家人就拿着刀棍到她家大闹，逼她交出病人的灵魂。姑娘被迫无奈，只得含着泪剪下长长的头发，一根一根地分给来要魂的人，说这是被她吃了脑髓的人的魂。但是，死的人不但没有减少反而更多，连自己的父母、兄妹都死光了，人们便决定烧死她。就在那天晚上，一个戴着半片篾帽、又矮又丑的小人把她拉跑了。翻过九十九座山，跨过了九十九条河，小人把她拉进一间小草棚就不见了。莫菊些见草棚里有一把锄头、一把镰刀和一粒谷子。从此她就在这里住下了。一年一年的孤独劳作获得了丰收成果。一天晚上，狂风吹得草棚飞了起来，天空一片漆黑，随着一声炸雷，一只金黄色的猫从棚顶钻进莫菊些的草棚里。后来莫菊些生了个儿子，有一只小鸟追问他的父亲是谁？姓名是什么？"我的阿爹在天上，姓猫。"话音刚落，从天上飞来一匹金马托起莫菊些母子朝天空飞去。金马飞进一个圆圆的小门，宝座上一只黄猫在朝门口张望，这正是莫菊些的丈夫。随即黄猫变成了一个美貌魁伟的青年男子。原来他就是太阳公子，三年前解救了莫菊些的黄猫。莫菊些和太阳公子恩恩爱爱，永远在太阳宫里过着幸福美好的生活。范杨氏、白玉珍讲述，杨丽萍搜集。收入《中国民间故事丛书·云南玉溪·元江卷》第173页，知识产权出版社2015年版。

（白云）

梅光德的传说
傣族人物传说。流传于文山壮族苗族自治州麻栗坡县傣族聚居区。相传光绪九年（1883年），法军头目龙飞率领兵将，从越南河江出发，准备从船头而入，向猛洞地区进攻。第四代世袭土司梅光德闻讯，将项从周、盘圣怀、周武官等人召来，共谋抗法大计。通过商议，梅光德任命项从周为寨老，保卫猛洞地区；盘圣怀为总伙头，率领蒋伙头、盘伙头、周五爷等人，在曼棍一带抗击法军。梅光德在船头设防，长期驻守，不再回猛洞。此后不知何年，法军入侵船头之心不死，收买部属士兵，趁梅光德酒醉，躺在长凳上酣睡，用牛皮绳将他与凳捆在一起。士兵正要杀梅光德时，梅光德突然惊醒，背着长凳站立起来，打死几个奸细。但因寡不敌众，被害，被丢入清水河中。群众将梅光德遗体寻回，葬于猛洞龙山，又制一牌，竖立猛洞观音庙内，上书"前线阵亡梅公光德之神位"十一个大字，连年祭奠，彰其保家卫国之功。黄天成讲述，刘德荣记录。收入《文山州傣族民间故事集》，16开，3页，1655字，云南人民出版社2016年版。

（张元波）

岩罕竜
傣族人物传说。流传于云南元江县傣族聚居区。相传岩罕竜是天地的儿子，其身形巨大，神力无比，胃口也很大，岩罕竜一次能吃下七包荷叶米饭、七头牛……。为了使勐仲坝子更加宽广平坦，岩罕竜决定挑走曼费后山和曼章那后山，他用自己特有的扁担挑起了两座山，掂掂分量觉得曼费后山太轻，就顺势脱下了身上的棉衣放在了曼费后山上，重新挑起了两座山，刚站稳脚跟只听"咔嚓"一声巨响扁担断成了两截，两座山就这样非常遗憾的矗立至今。岩罕竜挑山时右脚后跟踩出了一个窝成了现在的曼漾湖，左脚跟踏出的窝成了现在的者嘎水库。岩罕竜为了制止元江南边东山和西山的打架，在鸡打鸣前奋力拼搏，在一夜间他就建起了白塔，及时挽救了灾难中的勐仲（元江）坝子。从此元江水畅通无阻滚滚向东流入大海。人们在这块丰腴肥沃的土地上勤劳的耕耘，快乐地生活着。有古人形容元江："江水顺城流，铁柱恋孤舟"。1999年，白养丙讲述。收入《中国民间故事丛书·云南玉溪·元江卷》人物传说，174页，知识产权出版社2015年版。

（白云）

召五区的来历
傣族人物传说。流传于文山壮族苗族自治州文山市傣族聚居区。相传康熙初年，小朝人反叛，朝廷闻说，派傣家武举人柏杭率兵出击，接连打了几次胜战。入侵者见大势不妙，又知道是清廷官兵来清剿，便吓得节节败退，退回小朝去了。傣家人，将有地位有本事的男人称为召，于是，就将武举柏人杭叫成召五区了。地方太平后，召武举与村中美丽的姑娘成亲，直至人老归世。此后，为不忘记召五区的功劳，激励后人保卫边疆，就将他归世时的寨子定名为召五区。白树森讲述，刘德荣、白朝开记录。收入《文山州傣族民间故事集》，16开，2页，869字，云南人民出版社2016年版。

（张元波）

张英
傣族人物传说，流传于云南省金平县境内藤条江流域一带。相传张英是傣族人心目中的英雄，他英俊、聪明、有本事，故事讲述他青年、中年、老年的经历，一生都在带领着苦难的傣族人民与外来暴敌抗争，从海边打到内陆，从地上打到天上，从阳间打到阴间，自始至终，英勇抗战，成为傣族人民的英雄和保护神。王明君讲述，刀明春整理。尚未出版发行。

（刀明春）

张世芳的故事

傣族人物传说。流传于云南省文山壮族苗族自治州马关县傣族聚居区。相传古时候，有一个村庄叫勐拉。有两位中年夫妻，男的叫张智兴，女的叫依湘。他们相依为命，用智慧和汗水换来很多粮食和钱物，唯一缺的就是孩子。后来，夫妻俩去敬拜观音菩萨求子。观音菩萨显灵，他们生下了女儿张世芳。张世芳聪明漂亮，与本村小伙子王开相亲相爱，正当要准备结婚的时候，被大魔头布伦拦截。传说，张世芳姑娘是被神仙救走了，而那些坏人也受到了应有的惩罚。王开不甘心，继续往密林深处寻找，传说王开变成一只鸟，叫"张世芳鸟"。如今，凡是有大森林的地方，从晚上到黎明前，人们都会清楚地听到一个动人的鸟叫声："张世芳！张世芳……"。黄天成讲述，柏开祥记录。收入《文山州傣族民间故事集》，16开，4页，3145字，云南人民出版社2016年版。

（张元波）

东那佛寺高僧周二长老

傣族人物传说。流传于云南省普洱市景谷县傣族地区。相传从前，勐列东那佛寺有一个高僧召树弥，他就是东那佛寺的住持，法名叫西戈，俗名叫依宝。依宝从小是个孤儿，自当小和尚那天起，就勤奋好学，汉文、傣文样样都能熟读，每天早起侍候自己的师傅和兄长，师傅对小西戈也特别的重视。西戈的汉文、傣文成绩一直是师傅最骄傲的。年满二十岁那年，按常规升了"二佛爷"。年满二十六岁那天，连他的师傅都无法教他了。信众们把他推举为住持"沙滴"。三十六岁那年升为"听召"，第三年又升为"沙米"。在升完"沙米"的第二年，刚过完开门节，他便只身一人徒步经过勐堆（今益智）昔娥到澜沧江。他渡过澜沧江，走了一个月零三天，终于走到了勐泰（今泰国）的门大列佛寺，他双手合十跪拜门大列住持高僧求学。在勐泰深造学习了四年，后来，又去了两次，每次三个月。他来回三次，每次都带回许多珍贵的历史经书。召沙米三次出国学成归来后，就在东那佛寺传授经文解说两期，第一期有九人，第二期四十四人。参加学习的学员为在佛寺主持的僧人，他们来自勐卧、勐嘎（永平）、益智、勐保、勐班。（第一期、第二期学员均全部过世了）。他学成传教，以后又接连升至召树弥，终身守佛，没有还俗，享年八十周岁。他是景谷第一位出国求学的高僧，也是景谷当时第一位得到最高僧级"召树弥"的高僧。收入《景谷傣族民间故事》（汉傣双文），32开，3页，1484字，景谷傣族彝族自治县傣文化协会2014年编印。

（依旺的）

（十）史事传说

多走访了解民情

傣族史事传说。流传于云南省德宏傣族景颇族自治州傣族地区。相传首领临终前，对他的儿子边亚属帝说了句话，让他多走访、多了解民情。边亚属帝继承王位后，国内发生了好多大事，他想起父亲的话，决定微服私访。他结识了一位专偷恶臣、奸人东西的"善意小偷"，并查明了他的大臣的奸行，他将其罢免后封忠诚的小偷为大臣，辅助他治理国家。方盖竹讲述，罕孟抄录。收入《傣族民间故事》第四辑，傣文版，32开，4页，约1600字，云南民族出版社1986年版。

（杨荣芳）

等贺城镇的混等王

傣族史事传说。流传于云南省德宏傣族景颇族自治州傣族地区。相传勐卯还叫遮弄的时候，有个叫岩的人和龙女成婚后生得一男婴，取名为"混等"。混等长到十六七岁时，在母亲（龙女）的帮助下娶贺相国美丽公主巴葩娃娣为妻。贺相国国王为他俩举行婚礼，做了七天大摆后，把混等封为傣族王，还亲自带上王后、大臣、军队等把混等及女儿送到大勐卯国，并在等贺建立王宫，使混等世代统辖。佚名讲述，三保搜集、整理，龚肃政译。载于《傣族民间故事》第二辑，傣文版，32开12页，约4800字，云南民族出版社1983年版。

（俊孟）

旱傣的来历

傣族史事传说。流传于云南省河口瑶族自治县。相传很早以前，一个叫岩着的小伙子在土司家当长工。土司的第七个妻子比娜见他太辛苦就帮他缝补衣服。土司知道后把岩着绑起来毒打。一只老鼠咬断绑岩着的绳子。他逃到山里后昏倒，又得到一只老虎守护。后来一条大蟒蛇帮助岩着后变成美貌的姑娘与他成了家。土司想得到岩着的妻子就提出要用第七个妻子比娜与岩着交换。岩着的妻子要他答应土司的要求，并告诉他自己是龙王的女儿，先前救他帮他的老鼠、虎、蟒蛇、美女都是她变的，不久她就要遵父命回龙宫。最后，土司被龙女变的蟒蛇吓昏。岩着与比娜为防土司复仇，便另找地方安居乐业。他们把花裙子染成黑色，头戴房子式的黑布，后来就繁衍成了旱傣。张美珍讲述，罗洪庆整理。收入《云南民间文学集成·河口县卷》，32开，4页，2500字，河口瑶族自治县文化局1984年编印。

（郭玉萍）

建勐建寨传说

傣族史事传说。流传于云南省西双版纳傣族自治州傣族地区。勐是傣语，意为地方或坝子，故建勐传说是讲述某一地方或坝子的开辟。建寨的传说讲述某一寨得名的由来。傣语称寨子为曼，如曼真是真罕之寨，曼永是孔雀之寨，曼掌是养象之寨。建勐建寨的传说，往往结合在一起，以传奇性的英雄人物为中心展开故事，情节大多离奇曲折，而且往往渗入了浓厚的佛教色彩。但建勐建寨的传说，却反映了傣族迁徙和发展的历史片断，表现了傣族人民披坚执锐、开辟草莱的英雄气概和宏伟业绩。佚名讲述、记录。收入《中国传说故事大辞典》，16开，1页，400字，中国文联出版公司1992年版。

（阿南）

两个王子

傣族史事传说。流传于云南省德宏傣族景颇族自治州傣族地区。相传巴纳巴国的王妃为了让自己的儿子继承王位，便将衣裙撕碎后诬陷说，王后所生的两个儿子奸污她。首领不问青红皂白就下旨要把两个儿子拿去杀头。王后听到后，用大量金银将屠手买通，使兄弟俩得以逃生。兄弟俩逃到果占壁国后，在大青树下沉睡三天三夜，正好果占壁首领去世后无人接替。当一伙大臣骑马路过时，所有的马都跪于哥哥身边，他们便将熟睡中的哥哥抬去做首领。等哥哥到宫里醒来时，与弟弟已失散。弟弟流浪到嘎令嘎列国，被首领抢走身上所带的宝石后关入牢内，又因首领女儿喜欢上了他而获得营救。几经磨难，弟兄俩终于团圆并结伴回巴纳巴国惩治了王妃，将三国统一为一国。佚名讲述，岩和、屯棉记录。刊于傣文杂志《勇罕》1994年3—4期。16开，8页，3857字。

（冯霄）

两兄弟分家

傣族史事传说。流传于云南省西双版纳傣族自治州。相传傣族和爱尼族原是两个同父异母的兄弟，都居住在平坝里。兄弟俩的子孙繁衍后，不得不分地居住。兄弟俩都不好意思先挑，决定让家里养着的毛驴和马鹿代替他俩去认地。毛驴走过的地方划给傣族大哥，马鹿走过的地方划给爱尼兄弟。结果,双方如愿以偿。傣族大哥一直住在平坝,爱尼兄弟住到了山坡。分完地后,嫂子和弟媳又分家中的布匹,嫂子把做衣裳的三份布分了两份给弟媳,自己只留一份,所以傣族嫂子布少,穿紧身短小的上衣;爱尼弟媳布多,穿宽大的长衣。分裙子布时,爱尼弟媳心里过意不去,自己只要了三分之一的裙子布,只能做短筒裙穿;傣族大嫂分到的布多,缝制了长筒裙穿。分家后,彼此都惦记着对方,双方密切来往。佚名讲述,杨胜能搜集、整理。收入《西双版纳傣族民间故事集成》,32开,3页,1200余字,云南人民出版社1993年版。

(李传宁)

腊人最早开辟耿马的传说

傣族史事传说。流传于临沧市耿马傣族地区。相传耿马最早居住着佤族先民。有一天,汉族皇帝派人将耿马的佤族首领和傣族首领一起叫去,试探傣族和佤族首领的胆识。汉族皇帝让人先在大殿上放置了两把椅子,一把很光滑清洁,垫着华丽的绸缎,另一把椅子则垫着老虎皮。傣族首领先进来,见虎皮椅子肮脏,便选择坐到那把干净的椅子上,而佤族首领后进来,见殿中只有一把老虎皮的椅子,只好坐在虎皮椅子上。此番试探,汉族皇帝认为佤族首领有胆识、有气魄,就把土官大印交给佤族首领,让佤族首领作了耿马土官。傣族首领很后悔,但后来靠联姻方式让自己的公子娶了佤族首领的公主。一天,傣族土司谎称公主生病,只有喝了洗印水才会好。佤族首领不假思索,随手便将大印借给了傣族土司。那以后,汉族皇帝给的大印就一直掌握在傣族首领的手中,并统治着耿马这片土地。南桂香搜集整理,收入《耿马民族民间故事》(耿马民族文化丛书),16开,1页,300余字,云南民族出版社2016年版。

(南桂香)

民族是怎样分开的

傣族史事传说。流传于文山壮族苗族自治州马关县傣族聚居区。相传很早的时候,有一户人家生了四个儿子,老大依岩,老二依泥,老三依桑,老四依赛。因父母死得早,四个儿子长大后又不团结,争房屋,争土地,闹得不可开交。有一天,一个白发苍苍的老人出现在他四兄弟面前,叫他们不要吵闹了,说有个解决的办法。按四兄弟的顺序各骑一种动物,它们跑到哪个位置就是哪个的。四兄弟同意后,就分老大一匹马,老二一只马鹿,老三一只岩羊,老四一头野猪,排成一字队形。老波陶一声令下,马就奔向坝子,坝子就由傣族居住;马鹿跑到大山,大山就由彝族住;岩羊跑到山头,山头就是苗族住;野猪跑进深山老林,深山老林就由瑶族住。张世富口述,白家祥记录。收入《文山州傣族民间故事集》,16开,1页,244字,云南人民出版社2016年版。

(张元波)

民乐划归景东的传说

傣族史事传说。流传于景谷傣族彝族自治县民乐。相传早先勐洛是勐卧土司下属的一个"勐",诏勐卧遣其堂兄为勐洛土司。后勐洛土司死了,无合适继承人,诏勐卧便委其寡嫂代理勐洛土司之职。嫂嫂精明能干,很有本事。一次,勐卧土司要建盖土司衙署,分派各勐土司贡献木料,勐洛被派砍一棵有二十庹长的大梁。嫂嫂选了高明的木匠,先将树皮完好剥下,再将树打凿好并上了漆,最后又把树皮包上抬到勐卧。诏勐卧一看大梁上精雕细刻的花草奇兽还镀上红漆,不住地夸奖,佩服寡嫂管事有方。不久,诏勐卧讨了个小老婆,后因大老婆挑唆,使小老婆受尽欺凌。小老婆为报复诏勐卧就悄悄将土司大印偷出扔进江中,后被一打鱼人捞到卖给勐谷一犁头匠,犁头匠又将其献给了景东陶府土司。后此土司用大印要挟勐卧土司划土地给他。勐卧土司无奈只好把勐洛划给了景东才赎回大印。佚名讲述,吴德庆搜集、整理。收入《云南民间文学集成·景谷民间故事》（一），32开，3页，2000字，景谷傣族彝族自治县民间文学集成领导小组编辑室1989年编印。

（郭玉萍）

明将邓子龙平三尖山之战

傣族史事传说。流传于耿马地区。相传自明朝王靖远麓川战役后，缅甸洞吾王朝崛起，占据了楞摆古城，势渐猖獗，经常侵扰中国边境。在滇西的诸土司中，唯有木邦宣慰实力较为强大，成为了滇西南的重要藩屏。缅甸阴谋策划蚕食滇西土司地，已先后吞并了三宣之地，又煽动各地傣族土司州府归附自己，缅甸洞吾王朝一度占据了中国西南大片领土。因地处边远，中央王朝鞭长莫及，缅甸洞吾王朝莽瑞体及他的儿子莽应里自傲逞强。木邦宣慰原属中国，以罕氏为土司，势力较为强大。耿马曾归属木邦部。罕虔为耿马土目，他生有五个儿子和四个女儿，五个儿子个个剽悍好武，桀骜不驯；四个女儿分别嫁给威远、大侯、镇康、湾甸土司（州官），通过与邻近傣族土司的政治联姻，耿马成了各路土司总会。万历十一年（1583年），缅甸莽应里以岳凤统治了陇川欲占据腾冲，罕虔夺取木邦欲永久占据，边境告急。木邦罕拔的儿子罕进忠畏惧缅军，逃到内地。罕虔勾结缅军一路追杀，烧杀抢掠，百姓饱受战火之苦。五月十七日，邓子龙将军率领明朝大军进入永昌，明军一路追逐缅军到攀枝花，大获全胜，平定了缅夷。正月二十日，明军伏击了罕虔部众，并擒获了罕虔。明军大获全胜，斩敌首八百余级，平定了湾甸。罕虔的儿子招罕立刻集结坝德、勐库、勐董、混僻等各部的兵力，坚守耿马三尖山险要关隘。明军声东击西绕过喳哩江进攻孟定，假装攻打坝德（耿马下坝），攻打到三尖山下，招罕军队人心涣散，势力大减，只好退守三尖山，顿时三尖山上战火纷飞，招罕的象马受惊乱踏咆哮，招罕后山营地一片混乱，明军趁势杀向三尖山上，两军交锋，杀声震天，招罕的士兵不敌明军，明军一拥而上，活捉招罕，俘虏招罕余部，斩了数千首级，大获全胜，明军声势震慑了滇西傣族土司诸部。随后，陇川的岳凤父子向明朝投降，勐勐、勐撒、孟连、车里、孟艮、八百等傣族地土司都向明朝中央朝廷称臣纳贡。南桂香搜集整理。收入《耿马民族民间故事》（耿马民族文化丛书），16开，1页，云南民族出版社2016年版。

（南桂香）

孟定傣族始祖的传说

傣族史事传说。流传于云南省耿马县孟定一带。相传从前一大雕飞到勐卯果占壁，叼起因怀胎待娩、用红绸裹身在王府楼阁阳台上烤太阳的王后飞回孟定，放在它居住的罕洪攀枝花树上的巢中。雕掀开红绸见是一妇人，吓得飞走了。当夜，王后在树上巢中分娩一男孩。后来，隐居汤明山中的高僧伍叭信救下母子二人。孩子长大后因得到天神赐给的神琴取名"伍定"。勐卯果占必首领驾崩，伍定回去袭王位，尊为"召伍定"。一年后，召伍定派勐卯几千佤族人到孟定、总楞、总达辟荒种地。后来，召伍定又派许多傣人到孟定坝。傣人先在允冒、允默建城，后迁往南京章，再迁往孟定的上下城开荒种地。一天，佤族的猪吃了傣族的水稻，傣族要求赔白银二两，因傣语"两"和"沟"同音，佤族听成要求赔两水沟的白银，就全部跑到山上去了。从此，佤族住在山区，孟定坝子就主要是傣族人居住了。佚名讲述，佚名搜集。收入《耿马文史资料》第三辑，32开，3页，2200字，政协耿马县文史资料委员会1986年编印。

（郭玉萍）

勐班"椿木梁"的传说

傣族史事传说。流传于云南省景谷傣族彝族自治县。相传五百多年以前，车里军民总管府的"召片领"以武力兼并了威远州，勐班因此成为车里的属地。车里"召片领"在建盖总管宫殿之时，派勐班按时进贡一根中梁。勐班酋长只好找来能工巧匠，砍来标直的大椿树，按规定尺寸劈创光滑，精雕细刻并涂漆刷金水，用树皮等将中梁包裹好，又用大竹筏运至车里。勐班木工师傅在安装这根中梁时，只用两根细丝线拴在中梁的两端，就轻易地将中梁吊上去安放好了。"召片领"对勐班进贡的中梁非常满意，大加赞扬，对勐班工匠的智慧和力量也深表敬佩，于是封勐班为车里总管府的第一个版纳，受到其他版纳傣族人民的共同尊敬。杨知清讲述，杨文清记录整理。收入《云南民间文学集成·景谷民间故事》（一），32开，2页，1200字，景谷傣族彝族自治县民间文学集成领导小组编辑室1989年编印。

（郭玉萍）

婻细袜里

傣族史事传说。流传于云南省耿马县傣族聚居区。耿马傣族民间世代传颂着民族英雄婻细袜利率军抗击缅军入侵、保家卫国的动人故事。相传，耿马傣族地方首领罕荩忠（傣语称"信忠法"）最初是木邦宣慰司的属官，明万历年间崛起，渐成势力。罕荩忠有两个儿子即罕闷罕和罕闷金。罕荩忠执政时期，缅甸莽军经常进犯耿马边境。罕荩忠和两个儿子率领军队协助朝廷抗击缅军，大获全胜，受到了明朝万历皇帝的褒奖，皇帝赐给耿马土司"世袭耿马安抚司"大印一枚，立其长子罕闷罕为第一任朝廷册封的安抚司。罕闷罕52岁时病故，其弟罕闷金继任了土司之位，迎娶了木邦宣慰司公主召罕细为南叠维（即印太夫人），人称婻细袜里。两勐联姻，木邦土司将轩岗、轩来、军弄、娥的四圈之地作为公主召罕细的陪嫁划给了耿马土司。召罕细端庄美丽，知书达理，还喜欢习文练武，胆识过人。土司罕闷金47岁时去世。婻细袜利扶持罕闷摆继承了土司位。罕闷摆年纪尚幼，她便承担起扶孤护理、协助年幼土司治理耿马的重任。在她的精心治理下，耿马地方太平，百姓安居乐业。有一年，缅甸洞吾王朝洞吾王领兵来犯耿马。婻细袜里女扮男装率军出城与缅军展开激战，一度重挫缅军。后缅军再次卷土重来。婻细袜利率军奋力抵抗，她身负重伤，最后拔剑自刎，战死沙场。婻细袜利女扮男装率军英勇抗击缅军的悲壮事迹，在耿马各族人民中广为传颂。傣家人为了缅怀她，将她奉为武神。南桂香搜集整理，收入《耿马民族民间故事》（耿马民族文化丛书），16开，1页，1500余字，云南民族出版社2016年版。

（南桂香）

娜莫勒和"召法弄"

傣族史事传说。流传于云南省普洱市景谷傣族彝族自治县。相传从前，有一个叫娜莫勒的姑娘，她是山上另外一个民族的人，家住在勐麻。娜莫勒因为头上插了一朵神奇"自通花"，使自己的容貌变得美丽非凡。她也因此而嫁给了勐卧允罕（地名）的召法弄（官阶），成为官家儿媳。召法弄的原配大老婆对娜莫勒的容貌非常嫉妒。在打听到娜莫勒的秘密后，派人偷了娜莫勒的自通花。没有了自通花，娜莫勒变得又黑又丑，以至于被召法弄赶出宫殿。娜莫勒在离开宫殿之前，顺手把召法弄的官印当做金子偷走了。后来，几经周折，这个官印落到了勐景东的召勐手里。别有用心的勐景东召勐，向勐卧的召法弄提出了归还官印的条件，无奈之下，勐卧的召法弄只好把勐洛（今民乐）、连同翁孔（村）划给勐景东，才把勐卧的官印拿了回来。解放后，为便于管理，政府又把勐洛连同翁孔划归景谷管辖。收入《景谷傣族民间故事》（汉傣双文），32开，5页，2971字，景谷傣族彝族自治县傣文化协会2014年编印。

（依旺的）

"帕罢"的传说

傣族史事传说。流传于云南省孟连傣族拉祜族佤族自治县。相传一百多年前，芒掌寨子有个名叫艾郭的贫苦农民，靠帮工过日子，经常受官家奴役和欺压。为过好日子他皈依佛门,敬奉菩萨,但是进缅寺后他发现同样有不平等的人和事,于是他在好友扎拉的帮助下,自己建盖了缅寺讲经传道。因他是住在山上的和尚,人们就称他"帕罢"。帕罢宣传的佛家教义、处世为人的道理深得人心,信徒越来越多。帕罢还进一步号召群众起来摆脱土司的欺压盘剥。统治孟连各地的总头目、土司召贺罕见投向帕罢的人越来越多,依附自己的人越来越少,就在傣历1194年(公元1832年)4月的一天派兵镇压帕罢,但他召集的兵丁进攻三次都失败了。召贺罕被帕罢逮捕,后他收买看守逃到景洪宣慰使去求援,于第二年初又领着景洪三千兵回到孟连,进攻帕罢。帕罢的队伍奋力抵抗,但由于力量悬殊,最后帕罢被俘后被召贺罕杀害。佚名讲述,康朗香贡翻译,莫非记录。收入《孟连傣族拉祜族佤族自治县民间文学集成·傣族卷》(一),32开,6页,4500字,孟连傣族拉祜族佤族自治县文化局、民族事务委员会1987年编印。

(郭玉萍)

赔"二两"银误为赔两沟银的传说

傣族史事传说。流传于临沧市耿马傣族地区。相传在傣族人来之前,孟定坝就已有佤族人在这里居住,但善于狩猎和山地耕种的佤族不会种水田,生活十分贫困。有一天,因为佤族的猪吃了傣族种的水稻,傣族叫佤族赔偿二两白银。因傣语中的"两"和水沟的"沟"字音相同,佤族误解其意,以为要赔偿两水沟银子,便举族在一个漆黑的夜晚全部搬上山。从此佤族住在山上,傣族则居住在水美土肥的孟定坝子。南桂香搜集整理,收入《耿马民族民间故事》(耿马民族文化丛书),16开,1页,200余字,云南民族出版社2016年版。

(南桂香)

射弄法

傣族史事传说。流传于云南省景谷傣族彝族自治县傣族地区。相传古时勐夏坝子常有野兽侵袭寨子,寨里很多小孩都被老虎叼去吃了,于是,寨老号召寨民去打虎。一个手脚粗壮的小伙子自告奋勇站了出来。第二天早晨,小伙子祭完猎神便出发了,没想到还不到一天工夫,小伙子就回来叫村民们去抬打死的老虎,从此,人们敬佩地叫他"射弄法"(天上的大虎),并推选他当了氏族首领。射弄法带领部族开荒种地,建立了美丽富饶的家园,谁知另一个坝子的首领带人来强占了这一切。毫无准备地射弄法屡屡失败,只得率部族迁徙,逃往他地。他们走了很久,来到一个叫勐遮的地方,在得到当地头人的允许后,射弄法及其部族在勐遮西半部的坝子定居下来。由于射弄法懂得农田水利之法,亲自带人将南木河水引到勐遮坝子灌溉农田,使族人们过上了富足日子。其他部族的人们看到射弄法带着族人过上了好日子,也纷纷前来投靠,一时间,勐遮西部繁荣了起来。勐遮的头人俸麻桑知道后,害怕射弄法势力强大后会取代自己的位置,便设计抓住并杀害了射弄法。波罕康朗赛讲述,岩峰采录。收入《中国民间故事集成·云南卷》上,16开,5页,4780字,中国ISBN中心2003年版。

(龙江莉)

塔静王子与朗帕焕公主

傣族史事传说。流传于云南省德宏傣族景颇族自治州傣族地区。相传占大娜国与告娜泰国已结仇四代并经常发动战争,百姓遭殃、田地荒废。当占大娜国的王子混塔静和告娜泰国的公主朗帕焕各自率兵来交战时,两人都认为战争给两国造成的灾难巨大,各自又带兵回去了。占大娜首领认为儿子叛逆,便将儿子撵出宫外,当他亲自率兵来打时,被朗帕焕公主生擒,临被杀头时,混塔静王子出来求情。后来,混塔静与朗帕焕公主结为夫妻,两国统一成一国,起名为共拱娜刹巴提国。此后,国泰民安、人民幸福。佚名讲述,岩掌记录。刊于傣文杂志《勇罕》1988年1—2期,

16开，4页，2626字。

（冯霄）

吾必奎与九围大树

傣族史事传说。流传于云南楚雄州元谋县傣族聚居区。相传元谋苴林牛街村北有一棵攀枝花树，需九人合抱，树高百丈，树桠可摆放一张八仙桌，每逢明月之夜，有仙女下凡歌舞作乐，百姓称九围大树。傣族土司吾必奎，体型剽悍，弛弓能射天上飞鸟。一日，一游方道士化缘到家，吾必奎以礼相待，留住月余。道士对他说："元谋地脉东有莲峰之巍峨，西有凤凰之飞舞，将来必有王者出现，将应在足下。你将五斗三升芝麻绿豆装在木棺材里，待我踏罡步斗，书符念咒，喷上法水，将棺材埋在地下，到百日后变战芝麻兵。那时，攀上九围大树张弓对准北方连射三箭，把当今皇帝和左右将相射死，带芝麻兵起事，可得天下。"并嘱咐一定要按自己的话去做，否则不会成功。土司吾必奎举事心切，等到第99天见芝麻绿豆兵仍无声息，自思百日将至，于是按捺不住，攀上九围大树弛弓对准北方连射三箭。这天，恰逢皇帝上朝，第一箭射在皇帝金殿九龙柱上，第二箭射在皇帝宝座上，第三箭直接射向皇帝，但皇帝刚好弯腰洗脸，箭射到了金盆边上。皇帝急令拔箭查看，上有"吾必奎"三字，又取出宝镜，对准箭飞来方向一照，发现九围大树，有人正向京城窥望，皇帝愤怒，急令出兵，将吾必奎一举剿灭。屈建能整理。收入《祖先神韵：元谋历史文化系列丛书·第一辑》，32开，6页，元谋县文化体育局（内部资料），2006年版。

（华胜刚）

要找到贤妻需靠自己

傣族史事传说。流传于云南省德宏傣族景颇族自治州傣族地区。相传首领曾对他的儿子边亚属帝说："要找到好的妻子，还得靠自己。"边亚属帝继位后还没有王后，他想起父王说过的"好媳妇还得自己找"后，就把政务交给大臣管理，自己穿上涂过蜂蜜的破烂衣衫，装成又憨又傻又脏的乞丐离开王宫找未来的妻子去了。他来到一个勐，在河边遇到在此洗澡的七位公主，于是就躺在路中间，其中六位公主从他的身上跨过去。而七公主为人心地善良，她看到边亚属帝可怜，便与他攀谈了起来，两人就这样相爱了。后来，此勐的首领知道后，把七公主赶出王宫。不久后敌人攻打城堡，首领的六位驸马都畏惧不前，只有边亚属帝带兵打败了入侵的敌军。方盖竹讲述，罕孟抄录。收入《傣族民间故事》第四辑，傣文版，32开，3页，约1200字，云南民族出版社1986年版。

（杨荣芳）

召罕航法战胜闷西多

傣族史事传说。流传于云南省勐海县勐遮傣族聚居区。相传一千多年前，勐海的闷景罕、闷凡龙、闷景龙和闷景卢四位官员不服勐海召勐（地方官）的统治，带兵谋反，杀死了召勐和召勐的妻子。怀有身孕的召勐的小老婆逃到了勐卯龙（今瑞丽）曼南罕，并生下一子。勐卯龙的首领为小王子取名为罕航法，并收为养子。罕航法十六岁时，带着养父派给的一千勇士回到故乡勐海平叛，闷景罕被罕航法射死，闷凡龙、闷景龙和闷景卢四人被赶出境。罕航法平息内乱后，被百姓拥举为勐海召勐。刀曙明讲述，依艳坎翻译。16开，3页，672字，稿存西双版纳傣族自治州民族研究所。

（刀金平）

召勐卧与召勐景东

傣族史事传说。流传于云南景谷县傣族聚居区。相传从前，景谷民乐镇所属区域均属于召勐卧管辖。有一年，勐卧的召勐闲得无聊，带着手下官兵，骑上高头大马，到勐景东的召勐家做客。召勐景东用好酒好菜招待了召勐卧，使得召勐卧醉醺醺地回了家。回到家之后，召勐卧发现自己的官帽忘记在召勐景东家里了，赶紧叫人去取。可是，贪心的召勐景东居心叵测，用官帽来要挟召勐卧，说是如果召勐卧想要回自己的官帽，必须用勐乐（今民乐）来交换。无奈的召勐卧，只能把勐乐划给召勐景东，拿回自己的官帽。民乐白象寨众长老口述，收入《景谷傣族民间故事》（汉傣双文），1页，322字，景谷县傣族彝族自治县傣文化协会2014年版。

（依旺的）

走马划界的传说

傣族史事传说。流传于云南省景谷傣族彝族自治县。相传勐缅土司想鲸吞勐乃土司的地盘，就想出主意让勐乃土司与自己一起骑马从各自的城池出发，马走到何地会合，何地就为两勐的地界。结果勐缅土司才一出城，勐乃土司已在他的城门下了。因为勐乃土司的马是不寻常的马，勐缅土司偷鸡不着反蚀把米，倒输掉地盘三十里。勐缅土司又设宴请勐乃土司，并在宴桌上叫勐乃土司退让十里地盘归还勐缅，勐乃土司觉得过意不去就答应退让五里地盘。从那时起"五里坡"的地名就一直沿传到后世。后来，勐缅土司仍不死心，又让八个头人出面备办八头猪、八只鸡、八条羊送给勐乃土司，想再央求勐乃土司让地五里，最终未能得逞。刀正文、杨琼英讲述，杨明熙记录整理。收入《云南民间文学集成·景谷民间故事》（一），32开，4页，2500字，景谷傣族彝族自治县民间文学集成领导小组编辑室1989年编印。

（郭玉萍）

智败龙飞

傣族史事传说。流传于文山壮族苗族自治州马关县傣族聚居区。相传文山州马关县都龙铜街铜厂开办，大旺。法军头目龙飞，屯兵越南河阳，欲霸占铜厂。第五代土司黄廷珠获悉，令次子黄国顺镇守铜厂。黄国顺人品端正，有勇有谋，公务勤谨，父爱母爱，哥、弟折服，兵将拥戴。有一次，法军头目龙飞，骑着洋马，挎着洋枪，领着成百上千洋兵将，目中无人，大摇大摆，沿着山间小道，直朝铜街赶来。国顺披褂毕，横刀立马，站在路中间，见龙飞走来，大声说："龙飞，我叫你飞得进来，飞不出去！"勇士们持刀抬箭，不断地劈，不断地砍，不断地刺，不断地射，使法军命大者逃，命小者伤，命歹者死。龙飞魂飞魄丧，见残兵败将无几便连爬带滚，退回到了河阳。此后，龙飞不甘失败，又入侵几次，都被黄国顺带着兵将打败。因黄国顺卫国保疆有功，又率聚隆、聚成、聚和、平夷、奋武六甲回归中国，光绪帝赏四品蓝翎衔，并授归仁里八甲团总，还赐以铜印。黄天成讲述，刘德荣记录。收入《文山州傣族民间故事集》，16开，3页，1219字，云南人民出版社2016年版。

（张元波）

（十一）其他传说

岩朗勒

傣族民间传说。流传于云南耿马县傣族聚居区。相传勐萨瓦体有一个贫穷的小伙子，人称岩朗勒，靠砍柴卖维生，日子十分清苦。一天中午，岩朗勒来到一片茂密的森林里，他靠在一棵叫"麻定片"的果树下休息。突然树上掉下一个果子重重地砸在他的鼻子上，顿时他的鼻子血流不止。林中有一位高僧雅细，通晓万物语言。岩朗勒捂着血流不止的鼻子前去向雅细请教：为何自己平日行善，却被果子砸中鼻子。雅细带着岩朗勒前去责问"麻定片"果树，果树说刚才有一只红公鸡飞来踩着树枝，果实才从树枝上掉落。雅细和岩朗勒又去责问小公鸡，小公鸡说刚才有一粒芝麻飞进眼中，自己疼痛难忍才四处逃窜；公鸡又去问芝麻，芝麻向他们解释说：只因山上滚下一个大冬瓜，撞着山下的芝麻芝麻籽四处飞溅，才飞进小公鸡的眼睛。雅细和岩朗勒又去问冬瓜，冬瓜答道：只因鹿子绊断了瓜藤，冬瓜才滚落下山撞着芝麻，跟自己无关。雅细又去问鹿子，鹿子说只因三群知了和一只猫头鹰在枝头惊叫，以为是猎人来了才惊慌逃窜，不慎踩到瓜藤。最后，雅细找到知了和猫头鹰评理，让知了把五脏六腑都赔给了岩朗勒，所以到现在知了肚子里是空的；而猫头鹰不愿赔偿什么，岩朗勒十分生气，用木棍狠击其头，故而至今，猫头鹰头上有尖尖一包。康朗安明讲述，南桂香翻译整理，收入《耿马民族民间故事》（耿马民族文化丛书），16开，1页，600字，云南民族出版社2016年版。

（南桂香）

傣族坝子的来历

傣族建筑传说。流传于文山壮族苗族自治州文山市傣族聚居区。相传古时，有母女俩，女儿叫布黛。布黛人美，心美，穿戴美，特别是她的刺绣，更美。一天清晨，一只金孔雀扑伏在她面前，说："哎呀，布黛，有个坝子，景色比这里更美！我带你去看，能不能绣一幅，送给人类呀？"布黛收了针、线、布，装进挎包，骑上金孔雀，告别母亲，就离开了竹楼，一会儿，金孔雀徐徐降落在一个坝子最高的山冈上。布黛看了一阵，坐在芭蕉之间，戴上顶针，摊开白布，飞针走线，绣了起来。不多一会，美景绣完，骑上孔雀，返回家中。母亲见到刺绣，笑眯了眼，说："女儿呀，这是幅人间仙境，只有你才能绣出来。往后，你还要照这副模样，绣它千幅万幅……"布黛打断母亲的话，说："绣一幅就够了，还绣那么多，做哪样嘛！"母亲拉着布黛，走到竹台上，指着面前的山光水色，说："女儿呀，我们坝子的风景，有你绣的美吗？"布黛说："没有。"母亲拿起刺绣，向天一抛，飞入空中，金光四射，越飞越宽，五彩斑斓，降落下地，铺满坝子，美如仙境，与布黛绣的相比，一模一样。母亲拍着女儿肩膀，笑着说："眼前坝子、寨子的变化，是事实。这是你努力的结果……"布黛听了，跪在竹台上，对母亲说："我一定听你俩的话，绣出千幅万幅，让傣家人都过上好日子。"为何傣家多住坝子、河谷？就是这个来历。张世富讲述，刘德荣记录。收入《文山州傣族民间故事集》，16开，2页，1142字，云南人民出版社2016年版。

（张元波）

高脚竹楼的由来

傣族建筑传说。流传于云南省西双版纳傣族自治州。相传傣家人原住大树洞和山洞。到了叭牙桑目氏学会盖房子后，人们才开始住房子。叭牙桑目氏非常聪明，很会动脑筋。下雨的时候，他看见麻芋叶挡住雨点，于是就仿照大麻芋叶用树枝和茅草盖平顶草房，但顶面积水会漏。后来，他看见猎狗坐地，雨水顺着狗背往下滚，他就搭起前高后低的窝棚，但风一吹歪脚雨还会飘进屋里，地上的雨水也会流进屋里。后他又见凤凰展翅成"介"字形，就建房在高脚柱上与地面分开，屋脊像凤凰微展双翅，前后左右各盖一厦，屋檐四面下垂，这就成了傣家人住的高脚竹楼。佚名讲述、记录。收入《中国传说故事大辞典》，16开，1页，300字，中国文联出版公司1992年版。

（阿南）

花筒裙的来历

傣族服饰传说。流传于云南省西双版纳傣族自治州傣族地区。相传远古时候，人们光着身子在森林里寻找野果充饥。有三十个姑娘被密林里的茅草划得遍身是伤痕，就坐在草地上休息。这时，她们看见孔雀、白鹇、野鸡都有漂亮的羽毛，蝴蝶也有花翅膀，认为应该把自己的身子遮起来，打扮得更漂亮些。于是，她们一路走，一路撕下些树皮、树叶来围在腰部、腹部、小腿处，终于用三十三种树皮、树叶连在一起围在身上。从此，傣族妇女有了花筒裙，而且是三十三种颜色。佚名讲述、记录。收入《中国传说故事大辞典》，16开，1页，300字，中国文联出版公司1992年版。

（阿南）

黑老二变白老二

傣族姓氏传说。流传于云南省红河县傣族聚居区。相传过去，在元阳一个傣族寨里，有两个姓黑的兄弟。因弟弟黑老二与大哥的媳妇关系暧昧被大哥赶到勐龙漫芳山上的老林里。夜里，他烧着一堆篝火，脱下身上的破棉衣就睡着了。一只老虎走来在破棉衣上撒了一泡尿，并把虎自己的神物也丢落在破棉衣里后走了。后来黑老二来到黑脚村时，被溪处土司抓去当丁。黑老二走过土司身边时，土司浑身哆嗦，吓得大惊失色。土司想用重金换黑老二的棉衣，他不肯。土司就让他做自己的兄弟，改姓白，并任命他为黑脚村的里长。从此，这里原姓黑的傣族人家都改姓白了，一直到今天。佚名讲述，张寒搜集、整理。收入《红河县民族民间故事》，32开，2页，1400字，云南民族出版社1990年版。

(郭玉萍)

两兄弟分家

傣族服饰传说。流传于云南省景谷县傣族聚居区。相传从前，有两兄弟，哥哥喜欢种田种地，也爱到小河捉鱼摸虾，而老二却喜欢上山打猎，喜欢在山上放羊放马。到了娶亲的年纪，老大娶了同寨子的媳妇，而老二呢，偏偏只喜欢住在山里的彝族姑娘。他们的父母是开明之人，都把两位儿媳妇娶回了家。时间久了，老大老二都当爹了，也到了该分家过日子的年龄。有一天，父母把儿子儿媳妇都叫到一起，开始商量分家的事情。老人根据两个儿子的性格特点，把属于自己家的坝子、河沟等地都分给老大管；把山头、树林分给老二管。这时，大媳妇上街买来一截花布，对着自己的身材横比竖比，剪成两截，把长的那截留给自己做裙子，把短的那截送给老二媳妇做裙子；老二媳妇也上街买来一截花布，对着自己的身材横比竖比，剪下两截，把短的那截送给了大嫂做纪念，长的那截给自己做衣裳。从此以后，傣族妇女的裙子都长了一点点，衣服都短了一点点；彝族妇女的裙子都短了一点点，衣服都长了一点点。收入《景谷傣族民间故事》（汉傣双文），2页，828字，2014年版，景谷傣族彝族自治县傣文化协会编。

(依旺的)

墨斗的故事

傣族民间器物传说。流行于云南省德宏傣族景颇族自治州。相传古时木匠砍木头、修木料不用刀、斧，只用墨线一弹，木料即成形。一次，墨斗里的水干了，师傅令徒弟拿着墨斗去洼子里打水，徒弟不愿走远路，走到半路就自己撒了尿当作水放进墨斗里。他的师傅手捏墨线弹在木头上，木头却没有什么变化，师傅问徒弟，得知缘由后，师傅惊叹一句"完了"。以后木匠只能用斧头、大刀来修理木料，再也不能只用墨线来弹木料了。波放喊讲述，波叶过恩搜集，岳小保记译。16开，2页，约500字，稿存德宏傣族景颇族自治州民语委。

(岳小保)

棉花的来历

傣族服饰传说。流传于云南省保山傣族地区。相传从前，傣族地区没有棉花，龙宫里的老龙王见佛祖没有衣服穿，就把深藏在龙宫里的棉花拿来给佛祖。佛祖不要，只是把夹在棉花里的棉花籽带走了。一天，老百姓送东西来给佛祖，佛祖对他们说："你们把棉花籽拿去，拿到地里去种，它会开出像白玉一样的花，你们用它纺线，再织成布料做衣服吧。"人们按照佛祖说的做了。从此，傣族有了棉花织的布、棉花织的衣服穿了。方可采录。收入《民族古籍翻译丛书·保山傣族民间故事·第一辑》，32开，2页，209字，保山市傣学研究会编，云南民族出版社2012年版。

(依旺的)

男人生小孩

傣族民间传说。流传于云南景谷县傣族聚居区。

相传在英扒神开天辟地的时代，老天阴差阳错地安排女人去男人家串门，而不是男人到女人家串门。那个时候，生孩子的是男人，不是女人。但是，男人怀孕是在小腿上，而不是在肚子上，怀孕的时间非常长。这严重影响了男人们劳动，也引起女人们的不满。于是，女人们要求自己承担怀孕生儿的事情。从此，女人就把孩子怀在肚子里，这样不仅劳动方便，坐月子也只需要三十天。从那时起，男人就开始当家，而女人就负责生儿育女至今了。收入《景谷傣族民间故事》（汉傣双文），2页，417字，2014年版，景谷傣族彝族自治县傣文化协会编。

（依旺的）

取火记

傣族民间传说。流传于文山壮族苗族自治州文山市傣族聚居区。相传远古时，人间没有火。有个猎人，叫巴阿帝，以打猎为生。巴阿帝的弓箭和箭法无人可比。一日猎归，倒床便睡。梦中，见只金孔雀站立身旁，瞬间变成美女，笑盈盈地说："巴阿帝，我叫兰吾娜。西方有火，其焰熊熊。它能取暖御寒，能烤熟食物，能燃烧照明。望你把它取来，造福人类。"巴阿帝听说火有那么大的作用，可造福人类，乐了，说："行。"但是他用尽各种办法都没有取到火。最后，在兰吾娜的帮助下成功取到火种，人间终于有了火了。张世富讲述，刘德荣记录。收入《文山州傣族民间故事集》，16开，2页，962字，云南人民出版社2016年版。

（张元波）

嗦（蚊帐）的来历

傣族民间器物传说。流传于云南省德宏傣族景颇族自治州傣族地区。相传首领在大青树下许诺要给为他看马的小伙子讲故事，树上的鬼听见后便相约起来准备听故事。但首领睡着了，鬼便认为首领是个坏心肠之人，并商量用多种手段弄死首领。小伙子听到后，带领首领一次次脱险。首领要睡时，小伙子让他打上蚊帐，鬼没法了，就叹气说："我们的计划到尽头了。""尽头"，傣语为"嗦"，因而，至今傣语叫蚊帐为"嗦"。佚名讲述，明小旺记录，冯霄译。刊于傣文杂志《勇罕》1987年3期，16开，4页，2600字。

（冯霄）

太阳和月亮

傣族民间传说。流传于文山壮族苗族自治州马关县傣族聚居区。相传很早以前，太阳和月亮是两兄妹，哥哥好酒贪杯，经常和几个酒朋友在一起，喝得深夜不睡，天亮不起。由于白天的时间长，他与妹妹商量，进行调换，叫妹妹管白天，他管夜晚。妹妹说："这也行，因为我是满脸的大麻子，人们抬头望我，我害羞。"哥哥说："你别怕，我给你一把绣花针，你可以边看边绣花。如果有人抬头望你，你就用绣花针刺他们的眼睛，人们就不敢看了。"从此，妹妹看管白天，当人们抬头望太阳时，眼睛就会被刺得睁不开，这是太阳妹妹用针刺的缘故。月亮哥哥管晚上，占了很多的便宜，经常在桂花树下与嫦娥喝酒，寻欢作乐。张有昌口述，白家祥记录。收入《文山州傣族民间故事集》，16开，1页，249字，云南人民出版社2016年版。

（张元波）

为什么水牛角有凹凸不平的痕迹

傣族创世传说。流传于云南景谷县傣族聚居区。相传很久以前，太阳有八兄弟。这几个太阳兄弟非常顽皮，总是相约一起出来玩，他们身上炽热的光芒把整个大地照得民不聊生。当时，有位名叫召帕雅坦的勇士，受召勐之命，跟一位名叫召么（祭师）的学了咒语，背上弓箭就出发到山上寻找太阳兄弟去了。他走了七天七夜，终于找到太阳八兄弟，并用弓箭把七个太阳射死了，吓得太阳八弟躲到山里再也不敢出来。从此，人间又没有了白天只有黑夜，人们干活只能在牛角上绑上火把，以至于牛角常常被勒出好多伤痕，据说从此，牛角上就有了凹凸不平的痕迹。见此状况，召勐又派勇士召帕雅坦去见太阳小八弟。召帕雅坦找到太阳小八弟之后，经过苦口婆心的劝说，小太阳才肯出来。但是，要怎么出来呢？经过几次商定，最终才决定，用鸡叫的声音来定时。鸡叫第一遍的时候，太阳起床；鸡叫第二遍，太阳洗脸；鸡叫第三遍，太阳就出来照亮大地。于是，这样的规律，一直遵守到今天。收入《景谷傣族民间故事》（汉傣双文），2页1012字，景谷傣族彝族自治县傣文化协会2014年编印。

（依旺的）

由螟蚴的由来

傣族动植物传说。流传于云南省元江县傣族聚居区。由螟蚴，傣语，指水中的一种昆虫，相传很久以前，地球连年不是水灾就是干旱，闹得家家户户颗粒无收，依月家更是儿多母苦揭不开锅盖，两对儿女整天望着爹妈伸手要饭吃。无奈之下，一天清早，就把两对儿女送进深山老林去找名叫曼拉果的野果度日充饥。后来，两对儿女长期过惯了山里的生活，曼拉果已经成了他们的主食，全忘记了家里还有爸爸妈妈。几年之后，依月夫妻俩到山上去叫两对儿女回家来帮忙收割田里的黄谷。两对女儿爬在高高的曼拉果树上回话道："哪家谷黄自己收，哪家果熟自己摘，我们不回去了。"依月夫妻俩听见儿女们无情无义地回答，伤心用双手蒙着面哭诉不该把亲生儿女送进深山老林里去吃野果。边走边念着到了村边的大鱼塘，突然心里一阵阵失望和悲痛，老两口双双跳进鱼塘里自尽了，化成了田里的螟蚴，一个变成公的，一个变成母的。杨秀仙讲述，李存仁搜集。收入《中国民间故事丛书·云南玉溪·元江卷》动植物传说，105页，知识产权出版社2015年版。

（白云）

有些病为什么不能治

傣族医药传说。流行于云南省德宏傣族景颇族自治州傣族地区。相传从前有一个非常精通药方的占卜师，他珍藏了非常珍贵的三本药物书，可以包治百病，名声远扬。不久，有一博学的僧侣入住勐中一佛寺，勐内各种病痛没有了，来找占卜师求医看病的人也没有了。断了谋生财源的占卜师去找僧侣探问两个问题，说是能解之才能留此地，否则必须远走他乡。一问："一棵花树有三朵花长久不谢为何物？"答："佛祖、佛经、僧侣。"二问："一棵树有五枝杈何意？"答："佛教的五戒，即不饮酒、不诽谤陷害他人、不通奸、不骗人、不偷盗。"问毕，占卜师拜之：你就是佛祖之化身也，恕罪恕罪！从此弃医从农。不久，又有一神仙变成一小伙子找到占卜师求医问药，他经不住甜言蜜语，于是，又重新翻出珍藏的三本药书，正翻阅时被神仙变成的小伙子一手夺去一本腾空而去，故占卜师的三本药书少了一本，人类的有些病就无法医治了。佚名讲述，刘晓荣搜集、整理。收入《傣族民间故事》第五辑，傣文版，32开，4页，约1600字，云南民族出版社1987年版。

（快永胜）

长诗歌谣

一、创世史诗

巴塔麻嘎捧尚罗
傣族创世史诗。流传于云南省西双版纳傣族自治州。为傣族"五大诗王"之一。叙述在远古时,没有天也没有地,宇宙中只有一片薄薄的气体、烟雾和狂风。这些气体和烟雾被狂风吹着,滚动着,慢慢变成了一个人形,即天神英叭。英叭神诞生后,搓下身上的污垢,捏成一个像"麻宗补"的球体,就成了地球。有了地球之后,地上就有了万物,但神还不满意。正在这时,地球上洪水泛滥,冲走了万物。英叭神又以身上搓下的污垢捏成男女两个神,男神取名叫布桑嘎西,女神叫雅桑嘎赛,英叭神让他们结为夫妻,去人间繁育后代。英叭神送给他们一个装有万物的金葫芦,让他们带到人间抛撒在地球上。英叭神为人类制定了天文历法,教会人类与自然作斗争。人们开始建房盖屋、饲养家禽、制造瓷器,经过战乱和迁徙,最后建勐定居。全诗十四章。反映了天体的形成,万物的起源;季节的变化,昼夜的交替;人类的产生,社会的发展;民族风俗,伦理道德以及生产劳动,手工制作,天文历法等方面。佚名唱述,岩温扁翻译。单行本,32开,488页,13000行,云南人民出版社1989年版。

(李传宁)

布桑嘎西、雅桑嘎赛
傣族创世歌。流传于云南省西双版纳傣族自治州傣族地区。该歌唱述因遭火灾,天神英叭创造的天盖被烧通,地心被烧焦,于是天垮地陷,世间又变为茫茫一片。这时从天上下来一对夫妻神——布桑嘎西和雅桑嘎赛,他俩也学着英叭用污垢来补天地。补好之后,丈夫布桑嘎西拔下七颗神牙定住天和地,妻子雅桑嘎赛用四颗神宝石分出了东西南北四大洲。佚名演唱,岩温扁翻译。收入《中国歌谣集成·云南卷》上,16开,1页,29行,中国ISBN中心2003年版。

(龙江莉)

洪水漫天
傣族创世古歌。流传于云南省新平彝族傣族自治县傣族聚居区。唱述的是:以前天有九十九层,地有九十九层。天上由天神匹发管理而地上由地神媒窝管理。远古时地上的人是独脚人,他们良心邪恶,会杀害父母来填饱肚子,他们比蚂蟥还凶狠,比毒菌子还毒,于是,天神决定洪水漫天淹死独脚人。然而地神还是不相信人世间没有好人,就决定到人间试探。它来到曼罕寨子里,发现寨里有对孪生兄妹,哥哥叫岩,妹妹叫月,岩英俊能干,月妹聪慧善良。于是,兄妹俩被选定为洪水过后的传种人。兄妹俩在神灵的指导下,砍倒大树做成了船,砍来金竹做成召唤动物的竹笛。在滚滚洪水之后,兄妹俩开始播种田地,万物开始复生。但是人类无法再生繁衍,一对乌鸦传神灵的旨意让兄妹俩必须成婚繁衍人类。兄妹俩成婚后生下三个孩子,老大是傣族,老二是山上的少数民族,老三是汉族。从此,大地上的人类得以繁衍生息。杨富民演唱,周红芹2007年5月采录,刀明贵翻译。收入《花腰傣古歌谣》,32开,11页,云南民族出版社2008年版。

(刀庆喜)

銮列銮短
傣族创世歌。流传于云南省勐海县勐遮、勐混、打洛等傣族地区。"銮列銮短"意译为"冶炼歌"。该歌唱述了远古时期，人们在神的指点下，学会了冶炼金属制造工具的历史。歌中唱道："帕雅桑木底，智慧多无比；率领一群人，把铜铁烧炼。按照神指点，用铜片做刀，用铜片做斧，还用黑铁片，做了犁和'拍'（耙），做了弓和箭。"岩罕叫演唱，应塔南记录，岩温扁翻译。收入《西双版纳傣族歌谣集成》，32开，4页，68行，云南人民出版社1989年版。

（龙江莉）

帕雅桑木底

傣族创世歌。流传于云南省西双版纳傣族自治州傣族地区。该歌唱述远古时期，人类没有首领，人们常常吵闹争斗，于是天神玛哈捧在众神中挑选出长相俊美的男神嘎古纳下凡投胎做人类的首领。遵照神的旨意，嘎古纳投胎到一户人家，他长大后英俊聪慧。一天，他见众人又为分谷之事争吵起来，并要大打出手，他就大步走到人群中，讲述了蝼蚁动物尚且互帮互爱，人类更应该相亲相爱，遇事好好商量的道理。之后，他拿出一节空树筒，无论男女老幼，每人分给两筒谷，人们都非常满意。众人臣服于嘎古纳的智慧和诚实，就推荐他为人类的首领，并尊称为"帕雅桑木底"。从此人类有了首领，生活有了规则。佚名演唱，岩温扁翻译。收入《中国歌谣集成·云南卷》上，16开，3页，141行，中国ISBN中心2003年版。

（龙江莉）

天神英叭

傣族创世歌。流传于云南省西双版纳傣族自治州傣族地区。该歌唱述远古时期，宇宙中没有日月星辰和天地万物，只有气浪、大风和烟雾。气浪与大风交合，经过十万年的孕育，生出了太空第一神——英叭。英叭以烟雾为食，虽无翅膀却会飞翔，他是神仙的始祖、创世的天神，他开辟了天地，创造了万物，智慧无穷，寿与天齐。佚名演唱，岩温扁翻译。收入《中国歌谣集成·云南卷》上，16开，1页，28行，中国ISBN中心2003年版。

（龙江莉）

英叭开天辟地

傣族创世歌。流传于云南省西双版纳傣族自治州傣族地区。该歌唱述为了造天造地，天神英叭不睡不息，搓下自己身上十万层的污垢，捏成"罗宗补"（地球）。歌中唱道："英叭体大无比，污垢附体十万层；英叭是巨神，伸手能把天遮住。他用力搓污垢，势如山倒地陷，密似倾盆大雨，污垢堆了一层又一层。英叭把它捏成果，取名罗宗补。"佚名演唱，岩温扁翻译。收入《中国歌谣集成·云南卷》上，16开，1页，21行，中国ISBN中心2003年版。

（龙江莉）

造房歌

傣族创世歌。流传于云南省勐海县傣族地区。该歌唱述远古时候，人们居住在大树上和洞穴里，生活十分艰辛，先祖帕雅桑木底便决心带领众人搬出山洞，建盖房屋。他从猎狗淋雨时的模样得到启示，用树枝建盖了第一间人住的窝棚。但窝棚很潮湿，暴雨来时水便会涌进屋子。于是，帕雅桑木底又冥思苦想，希望建造更好的房屋。天神英叭知道后，派来一只凤凰，帕雅桑木底看见凤凰立在风雨中的样子，模仿建造了傣家竹楼。从此人们住上了宽敞明亮的竹楼。不知过了多少年，洪水泛滥，淹没了傣家竹楼。帕雅桑木底扎了竹筏，带上竹鼠、小鹿、小猫、小狗、小象、猴子、麂子、小牛等动物坐着竹筏逃过了洪灾。待洪水退去后，帕雅桑木底在众动物的帮助下，重新建盖了竹楼。为纪念这些动物，此后人们建盖房屋时都要在竹楼上写下各种动物的名称。佚名演唱，艾扬搜集整理。收入《西双版纳傣族歌谣集成》，32开，12页，210行，云南人民出版社1989年版。

（龙江莉）

二、叙事长诗

阿銮莫协罕

傣族叙事长诗。流传于云南省德宏傣族景颇族自治州傣族地区。唱述的是:天上的一对情人,将一颗宝石剖成两半,各含一半在嘴里,找来一双戒指各戴一只,又找来一对银手镯,各戴一只在手腕上,然后转世托生到人间。女的托生到勐占达里宫廷,成为公主,取名京丽亚;男的托生到一户穷苦人家,取名南达纳,以砍柴种地为生。京丽亚公主美名传遍四方,一百个勐的王子都来求婚,国王不知所措。公主把她在前世立下的誓言告诉了父王。父王下令去寻找戴有宝石、戒指和手镯的人。一百个勐的王子纷纷带宝物来,但与公主的宝物一件也配不上。南达纳卖菜到城里,取出三件宝物,一对情人终于在人间相会。众王子听说公主嫁给了一个卖菜的人,十分恼怒,就联合起来向勐占达里进攻。南达纳向天神祈求,得到克敌制胜的宝物后打退了敌人的进攻。后来,南达纳告别妻子到南山拜佛学艺,他在雅锡僧人指教下练就很多武艺法术。学成归来,路遇这里的国王正在为下棋输给了魔王而焦急不安,他就变成国王的样子与魔王下棋,击败了对方。魔王不服气,与南达纳打起仗来,南达纳运用所学到的本领打得魔王跪地求饶,并把自己的两个魔女许配给南达纳做妻子。于是,"天上地上的女儿,和人间那边的魔女,相处在一起,生活在一起,相爱在一起。"作品宣扬众生平等,反对等级制度,对研究傣族社会历史及佛学思想有参考价值。佚名唱述,岩林翻译。收入《金湖之神》,32开,35页,1600行,中国民间文艺出版社1981年版。

(普学旺)

阿暖和他的弓箭

傣族叙事长诗。流传于云南省德宏傣族景颇族自治州傣族地区。唱述的是:古老的王国勐西出生了一个男孩岩坦潘,他由卖叶子过日子的养母抚养长大。当大青树换了十次叶子,芒果树结了十次果子的时候,岩坦潘已经能上山割草砍柴,能下河撒网捉鱼,能帮人使牛犁田、收割谷子。为了获得更多的智慧和勇气,养母把岩坦潘送上密林中的勐醒山,拜见闻名的老猎人弄涛滚腾,向老猎人学习射箭耍刀等武功本领。随着岁月的流逝,岩坦潘成长起来了,他比马鹿还机智,比花豹还勇猛,比大象还强健,心地好比阿暖一样善良。国王帕喊有一个娇美的女儿,像"唤善养花"一样,一天可以发出三次阵阵的香味,招惹了多少求亲的王公贵子,国王决定遵照公主的意愿向全国发告招纳驸马。武艺出众的岩坦潘箭箭中金牌,赢得了公主的赞美和爱慕。可诡计多端的国王,不愿将女儿许配给身份低下的贫民之子,而且还要设计将岩坦潘毒死。面对这一阴谋,追求自由和梦想的朗翠香公主冒险出宫,在大森林里找到了心上人岩坦潘。一对相爱的人离乡私奔。不幸的是岩坦潘的养母被残忍的国王投进水牢,奄奄一息。这一噩耗让岩坦潘怒火满腔,他和公主决定掉转马头,回勐西找暴君洗恨。正当勐西国王与恶臣们沉浸在寿庆大典活动时,岩坦潘和公主朗翠香犹如神子天降,将国王和恶臣们送入了火海,百姓们在王宫的废墟上又跳又唱。向往自由的一对恋人,没有留在勐西国做国王和王后,毅然决定远走高飞,去寻找更为理想的天地。长诗具有鲜明的民族特色和艺术魅力，帕戛莫相唱述，方峰群翻译，方峰峰、何少林、刘辉豪整理。刊于《山茶》文艺丛刊1980年第1期，2300行。

（岩林）

阿雷汗罕

傣族叙事长诗。流传于云南省景谷县傣族地区。唱述的是：古老的勐藏巴纳戈地方，有一个美丽的姑娘叫南朵戛达，生得聪明又漂亮。可不知为什么，"她放好的凳子没有人来坐，她剥好的槟榔没有人来嚼。"从小失去爹娘的南朵戛达，更加孤单哀伤。不久，因为一个梦，南朵戛达竟怀了身孕，并生下了一个怪模怪样的山白鱼儿子。全寨子的人都在指手画脚发议论。善良的南朵戛达精心照料着怀中的小生命，还给他取名阿雷汗罕（金闪闪的山白鱼），祈求叭英（天上最高的神）和岩桑苏拉（地上最大的神）保佑阿雷汗罕健康成长。勐藏巴纳戈国王普麻拉扎只有一女南娥罕，视如掌上明珠。一百零一国的求婚使者和他们的象队，布满京城内外。因公主还年幼，老国王一一劝退了各国的来使。在南娥罕满十五岁的那年泼水节，阿雷汗罕在赶摆路上与她巧遇，并深深爱上了美丽的南娥罕。经过很多曲折和困难，一百零一国王子不能做到的事，阿雷汗罕在诸位天神的帮助下，在千千万万乡亲的帮助下，把国王普麻拉扎所要的稀世金桥造起来了，成为唯一有资格娶到公主的求婚者。正月初七这天，难以违约的普麻拉扎国王为女儿与阿雷汗罕举行了隆重的婚礼。南娥罕嫁给山白鱼的消息，犹如一道无纸的战书，招来了一百零一国大军的围攻。已由山白鱼蜕变为英俊小伙的阿雷汗罕，勇敢地率领勐藏巴纳戈将士击退了来犯的敌军，还以宽厚的胸襟与一百零一国重修和平，世代友好。佚名唱述，赵永翻译，毛德昌整理。57页，900余行。稿存云南省社会科学院民族文学研究所。

（岩林）

白虎阿銮

傣族叙事长诗。流传于云南省德宏傣族景颇族自治州傣族地区。叙述的是：勐巴拉纳西国王阿岳帝亚有七个公主，她们去河里洗澡，突遇河水猛涨，巨浪袭来，七公主被冲到一个湖泊里。湖泊里住着龙王国，有三十八万七千户龙族。龙国的白天，正是人间的黑夜。七公主和龙太子相爱，在龙宫举行了婚礼。婚后生下儿子阿銮。阿銮知事后被送到雅写（苦行僧）的奘房学法术。此时，在嘎利嘎纳国有一个穷人，妻子早亡，自己双目失明。他有个女儿，上山砍柴时在石缝里掬水解渴，原来那是一摊虎尿，由此她怀了孕，生下一个姑娘。后来阿銮和虎女结为夫妇，老国王阿岳帝亚把王位让给了阿銮。阿銮把年迈的母亲和双目失明的外公接进宫来赡养，并为老雅锡建造了一座宏大的寺院，作为对他的感谢。佚名唱述，佚名搜集。16开，122页，约1200行，稿存德宏傣族景颇族自治州民语委。

（喊凤）

娥并与桑洛

傣族叙事长诗。流传于云南省德宏傣族景颇族自治州傣族地区。娥并傣意为"美似荷花的老五姑娘"，桑洛傣意即"三月三日出生的老三伙子"。唱述的是：景多昂富翁之子桑洛，不顾母亲要他娶姨妈的女儿安品为妻之意，决意到远方去做生意。在勐根赶街时，他结识了美丽、勤劳的姑娘娥并，并订下了婚约。可是，桑洛母亲嫌娥并家贫，不允成婚。桑洛与母亲发生了冲突，却无可奈何。娥并久等不见桑洛到来，在女友的陪伴下，到桑洛家中找恋人，遭到桑洛母亲的冷遇，并被害致死。桑洛悲痛欲绝，自杀身亡。随后，桑洛也被安葬在娥并的坟墓旁，但中间被桑洛的母亲用一根扁担隔离，唯恐他们到阴间又相会。不料，两座坟上长出两棵藤树并相互缠绕，后被桑洛的母亲砍了并付之一炬，随之两束火光升入天空，化作天上的两颗星星，成为"娥并星"与"桑洛星"。每年的傣历三月三日天将拂晓时，两星相遇一次。佚名唱述，佚名搜集。16开，218页，约2000行，稿存潞西市文化馆。

（快永胜）

贡麻与玛尼

傣族叙事长诗。流传于云南省昌宁县弯甸坝傣族地区。唱述的是：美丽富饶的勐巴拉纳西年过五旬的国王，为无儿无女继承王位日夜担忧。那天，王后吃下了雄鹰扔来的一串西西果，她还把剩下的小籽核丢给园中的白马吃，结果有两个小生命同时来到人间，一个是王后生下的王子贡麻，一个是白马产下的绿头小驹。岁月如梭，18岁的贡麻继承了王位。在勐巴拉纳西的另一方门斜拉国，玛尼公主的美貌人品倾倒八方王公贵子，贡麻乘着绿头马也慕名而往，门斜拉国召王对求亲的勇士发出比试本领的文告。出众的贡麻一一圆满应试，赢得了玛尼公主真心爱慕。门斜拉国做了七天七夜的大摆（庆典盛会），贡麻和玛尼终成伴侣。不久，思念故国的贡麻，带着玛尼踏上多难的归途。当他们航行在辽阔的江面，巨浪击碎了帆船，贡麻和玛尼也在风浪中失散。玛尼公主被冲上了勐帕达秀的沙滩，流落异乡。为了寻找失散的亲人，玛尼卖了首饰，把一座凉亭装饰成壁画亭，亲手描绘了海难的经过，表达了思亲的心境。贡麻也被奘房的雅西（修行僧人）救起。到了第一百零一天，贡麻告别了心地善良的雅西，来到称为妖魔乐园的勐旺王国，巧遇被皮排（魔鬼）抢去的绿头马。神赐的金毯带着他飞向蓝天，飞到了玛尼的画亭，一对情侣结束了苦苦的思念。金飞毯又变成金色的船，把远游的赤子送回了富足的勐巴拉纳西。银老二唱述，郗宝兰翻译，张楠整理。刊于《山茶》民族文学双月刊1991年第5期，850余行。

（岩林）

红宝石

傣族叙事长诗。又名《阿暖弓冠》。流传于云南省德宏傣族景颇族自治州傣族地区。唱述的是：远古时候，罕见的旱灾把百姓抛进了苦难的深渊，善良的天神坤西迦为拯救百姓，把两颗吉祥幸福的宝石撒到了人间。不幸的是，那神奇的宝石，一颗被金色之国国王召贺罕接进了王宫，一颗却落到了飞魔的国度。召贺罕由此变得更为富有奢华，而千百万村落的百姓灾难未除，苦情依旧。洞察人间的坤西迦忧心如焚，他化白云为灰尘刮进召贺罕的王宫里，让国王手中的那颗宝石失去了神力。岂料贪婪的国王又想得到第二颗宝石，他威逼猎手腊贡南兄弟去飞魔国寻找。腊贡南兄弟历尽艰险，终于获得至宝。借助红宝石的神力，兄弟俩扫荡了人间的妖雾，使大地重现了生机，苦难的百姓露出了笑颜，沉寂的村寨又腾起了欢声。寻宝途中，腊贡南还获得了勐圣木国公主南珍玛的爱情，有情人喜结良缘，慈祥的长老为他们拴线祝福。长诗主题思想鲜明，情节曲折生动，抒情细腻委婉，充分表现了傣族民众的心理和愿望。《红宝石》不是一般的单纯以表现爱情生活为主的傣族叙事长诗，它还具有英雄史诗的色彩。何大妈唱述，岩林翻译，岩林、仲录整理。单行本，32开，120页，3000行，云南人民出版社1989年版。

（岩林）

花蛇王

傣族叙事长诗。流传于云南省西双版纳傣族自治州。唱述的是：英麻板森林的山洞里，住着一个专抢美女的花蛇王。年轻猎人罕伦从蛇王洞中救出了勐里帝哈国的公主，与猎人一同前往的勐里帝哈大臣的儿子召棒玛加，却带着公主骑马走了，故意将罕伦留在蛇洞中与花蛇王搏杀。罕伦杀死花蛇王，又救出洞中的龙女，并将龙女送回龙宫。召棒玛加回到宫廷后，谎称罕伦已死，是自己救出公主的。国王决定将公主嫁给召棒玛加，公主不从，为罕伦的下落担忧。国王尊重女儿的意愿，并为罕伦赕佛七天，让全勐的青年男子比武，谁射中了靶心上的花环，就招谁为婿。罕伦从龙王送他的宝石上看到公主比武招亲的消息，赶来参加比武并获胜。罕伦与公主拴线结婚，并继承了王位。佚名演唱，玉康龙、玉波领、车成礼翻译整理。收入《傣族民间叙事长诗》第二辑，32开，121页，3020余行，西双版纳傣族自治州民族事务委员会1988年编印。

（李传宁）

葫芦信

傣族叙事长诗。流传于云南省西双版纳傣族自治州傣族地区。唱述的是：勐遮坝子有一个王国，勐遮王召捧麻富甲一方。王子召罕拉长到十六岁，英俊勇敢。离勐遮不远的景真王国的公主南慕罕美丽无比。一天，南慕罕公主在宫女们陪同下到勐遮坝赶街，遇上了勐遮的王子召罕拉，两人一见倾心。经书信往来，王子与公主情感愈深，父母选定吉日，为他们举行了隆重的婚礼。公主嫁到勐遮才三年，勐遮王吞并景真的贪欲终于暴露。他把勐遮王欲毒害景真王的计谋悄悄向王子讲了。王子听了震惊，但劝阻无果。景真王前来赴宴，南慕罕公主上前迎接，并悄悄向父王讲了勐遮王的阴谋。宴席上，勐遮王向景真王敬酒，景真王以肚子疼为由谢绝了毒酒。勐遮王又派四个凶手趁夜进入景真王的宫殿欲杀害景真王，却被早已防备的景真卫士抓获。勐遮王就以派出去的四个使者被杀害为由挑拨臣民对景真的仇恨，并要发动战争。王子把情况向妻子南慕罕诉说，南慕罕急得像火塘边的蚂蚁，忽然看见树上的葫芦，急忙把信装入葫芦封好，并写上父亲的名字，让葫芦顺南卡河漂去。在下游洗澡的南香婉姑娘捡到葫芦就交给了景真国王。景真国王即刻下令士兵作好迎战准备，并趁势打退了敌人的进攻。勐遮的队伍乱作一团，将领捧麻拉领着残兵败将回城。勐遮王追查奸细，王子挺身而出，终和南慕罕一起被勐遮王杀害。佚名唱述，陈贵培、刀文光、刀向平、刀新平翻译，冯寿轩、陈贵培、李良振、陆通林整理。单行本，32开，57页，1200行，云南人民出版社1959年版。

（普学旺）

九颗珍珠

傣族叙事长诗。流传于云南省西双版纳和德宏傣族地区。唱述的是：勐巴拉纳西有一对穷夫妻，天神赐给他们一个儿子，他们给儿子取名卞亚干塔。七年后，父母相继去世；十五岁时，卞亚干塔力大无比，给一户人家帮工，主人很喜欢他，但他时常为没有起死回生的本领来救活双亲而悔恨，决心外出学本领。主人送给他九颗珍珠为酬劳。他用九颗珍珠作代价，学得了变身的法术和咒语。他来到一座花园旁，拜守花园的老夫妇为父母，又继续前行，从巨嘴鸟的魔爪中救出了勐干塔纳的公主苏婉娜，并与她结为夫妻。他把她送到守花园的父母那里暂住，又继续前行，来到佛寺拜见佛爷，佛爷告诉他仙水仙草长在魔王的花园里，并教给了他变洪水、变大火、变万物的办法。卞亚干塔来到森林，花鸟龟帮助他飞到了魔王的花园，他用葫芦装满仙水，又去采仙草，不料被魔王发现，双方展开战斗。卞亚干塔变成一只蜂子钻进魔王的肚子里，搅得魔王求饶，魔王把仙水仙草送给了他，把两个女儿也许配给了他。归途中，卞亚干塔用仙水滴在佛爷、父母及妻子身上，他们个个变得年轻美丽。此时，勐巴拉纳西国王的公主因为一百零一个勐的王子都来求婚，她为避免引发战争而悬梁自尽。卞亚干塔用仙水救活了公主，国王、王后十分高兴，让卞亚干塔做了女婿，并把王位让给他。他又把全家人接进宫里，一家人过上了幸福的生活。佚名唱述，云南大学少数民族民间文学概论培训班搜集。单行本，36开，92页，2000余行，云南人民出版社1982年版。

（普学旺）

九颗宝石

傣族叙事长诗。流传于云南省德宏傣族景颇族自治州傣族地区。叙述的是：卞亚干塔立志要消除人间疾病，用帮工九年换得的九颗宝石作酬劳，学会了许多本领，然后去魔王住地寻找仙药，降服了魔王，取回来仙草仙水。勐巴那纳西的公主因有一百零一个国家的王子求婚，公主怕引发战争而自缢。卞亚干塔用仙药救活了公主，勐巴那纳西国王便招卞亚干塔为驸马，并让位于他。达嘎细王子得知后，为争夺公主，挑动一百零一国兵马来攻打勐巴那纳西，卞亚干塔骑上飞象作战，制服众王子。他把仙药广赐百姓，从此人们健康长寿，生活美满。佚名唱述，佚名搜集。16开，110页，约1200行，稿存德宏傣族景颇族自治州民语委。

（线永明）

尖达巴佐

傣族叙事长诗。流传于云南省西双版纳傣族自治州。唱述的是：勐巴拉纳西被洪水淹没，国王和怀有身孕的王后被洪水冲散。国王被冲到江岸后，四处寻找王后的踪影，并沿江返回到勐巴拉纳西。王后被冲到岸边后，她拖着身孕走到深山里，在一个无人居住的凉亭中住下来，分娩产下一子，取名为尖达巴佐。母子俩在此生活了七年。有一天，母亲到深山里采野菜，被魔鬼抓到山洞里准备美餐。七岁的尖达巴佐见母亲迟迟不归，寻着母亲的足迹来到山洞。他为救母亲，挖出自己的心脏来交换母亲的性命。他躺在血泊中后，魔鬼并没有放过他的母亲。正当魔鬼张口要吞下她时，天神杀死了魔鬼，救出了王后，也救活了尖达巴佐。在天神的帮助下，国王、王后和王子一家团聚。十六岁那年，尖达巴佐继承了王位。全勐的百姓都效仿他以善待人，敬老爱幼。佚名演唱，岩温、宋小平、文家成翻译整理。收入《傣族民间叙事长诗》第二辑，32开，71页，1700余行，西双版纳傣族自治州民族事务委员会1988年编印。

（李传宁）

金孔雀

傣族叙事长诗。流传于云南省保山地区昌宁湾甸、施甸旧城、龙陵勐兴等傣族聚集的村寨。唱述的是：勐巴拉纳西国王年老得子，王后幸运地产下了一对双胞胎，取名章达贡玛和苏里亚。在宫里宫外一片欢腾的时候，白发摩戛拉（巫师）却喜中报忧，要两个王子在十二岁前必须躲避日月光照，否则会凶多吉少。国王连夜派出士兵在深林岩洞中修建宫殿，让章达贡玛和苏里亚两兄弟藏身，并指派一百个善良奶妈精心哺养，一百个威猛将士教练武艺。在十二个春秋还差三天的时候，国王经不住上下苦苦恳求，允许两个王子提前回宫。迎驾队伍浩浩荡荡，年轻气盛的两个王子竟误杀了游空的白天鹅。一向秉公办事的老国王决定按国规以命偿命惩处王子。王后和臣民都苦苦求情，执法的士兵也不忍心动刑。长着宝石般眼睛的天神，洞察万物，他施展法术放走了两个年幼的王子，又让金孔雀在路上帮助两兄弟获得非凡本领。后来，为病重的哥哥寻找良医药方，苏里亚落入了一个沙铁（富翁）的贪婪魔爪，还被逼替代沙铁丑陋的儿子去勐提索拉国王求亲。经过一个月的海上航行，沙铁一行终于见到了如花似玉的苏婉娜莫卡公主，她的心不是被丰厚的礼物所动，而是对英俊的苏里亚一见钟情。经过许多曲折和斗争，歹毒的沙铁受到了惩罚。继承了王位的章达贡玛，娶苏婉娜莫卡为王后，双双入主勐巴拉纳西王宫。受尽磨难的苏里亚也同患难与共的依罕姑娘结为终身伴侣。方有明、杨正平唱述，晓黎翻译，吕晴整理。刊于《山茶》民族文学双月刊1983年第6期，1500余行，中国民间文艺出版社（云南版）。

（岩林）

金牙象

傣族叙事长诗。流传于云南省西双版纳傣族自治州。唱述的是：勐波兰有一对孤儿，哥哥叫苏那达，妹妹叫尖烘。一天晚上，苏那达编了一个金牙象的故事讲给妹妹听,恰好被游手好闲的嘎都匹听到。他为讨好国王和为得到钱财,进宫把此事告诉了国王,国王信以为真,逼迫苏那达在七天之内找到金牙象。苏那达在高僧帕拉西的帮助下,终于找到了金牙象。由于他返回的途中带来了许多的人马,准备进入勐波兰的国界把金牙象献给国王时,国王却说他是派兵来攻打勐波兰的。于是,双方交战。苏那达杀死国王,救出了妹妹,并在勐波兰百姓的推举下,当上了国王。佚名演唱,西娜翻译整理。收入《傣族民间叙事长诗》第一辑,32开,39页,1000余行,西双版纳傣族自治州民族事务委员会1988年编印。

(李传宁)

金纳丽

傣族叙事长诗。流传于云南省景谷县傣族地区及西双版纳傣族自治州。唱述的是:天上一对美丽的孔雀金纳丽和戛腊拉,十分羡慕人间的快乐生活,在赕佛、赕白象、赕白牛、赕黄被的那个朝圣的圣洁日子,他们双双飞落在人间一座森林里。林中的百鸟像一百颗笑星,跳着唱着把他俩围在中央。这时,勐巴拉纳西召王普马达,怀着一颗邪恶歹毒的心把金纳丽和戛腊拉死死追逐,乘百鸟们狂欢起舞时,戛腊拉被普马达的毒箭射倒在草坪上。失去亲人的金纳丽万分悲痛和哀伤,她拔下毒箭向上天哭诉求救。普马达依仗一国之主的淫威和权势,要把蓝宝石般漂亮的金纳丽抢夺入宫。面对普马达的残暴和花言巧语,勇敢的金纳丽机灵对付,使暴君的阴谋诡计无法得逞。金纳丽的不幸和悲伤震动了天神和地神,他们化成三十三朵彩云飞到天庭向神王帕牙英禀告。善良的帕牙英指派摩拉飘玉(神医)下凡搭救可怜的金纳丽。摩拉飘玉用三十三种药配制而成的仙水,救醒了哭死过去的金纳丽,救活了死去的戛腊拉。从四面八方飞来的百鸟,又把金纳丽戛腊拉团团围拢,跳起孔雀舞,跳起白象舞,欢乐不尽。金纳丽戛腊拉感谢上天帕牙英和飘玉的救命之恩,一定要诚心朝拜三十三座宝塔,一定要把一切美好留在人间。他们还发誓,要找罪恶累累的普马达召王雪恨申冤。长诗在流传地区的傣族群众中,可谓家喻户晓,深入人心。佚名演唱,周建云、何家华翻译,周雪波搜集整理。34页,500余行,稿存云南省社会科学院民族文学研究所。

(岩林)

金螺姑娘

傣族叙事长诗。流传于云南省西双版纳傣族自治州。唱述的是:勐哥桑比国有一个叫岩功满的孤儿,年幼时父母病故,他与奶奶相依为命,祖孙俩以讨饭为生。一天,一个金螺从天而降,落在国王的花园。国王想把金螺拖回宫中安放,他下令五千壮士和大象同时拖它,但都没把金螺挪动一步。在天神帮助下,岩功满把金螺牵到自己家中,金螺就变成了一个美丽的姑娘,与岩功满拴线成亲,过上了美满幸福的生活。国王派人把金螺姑娘抓进宫中欲占为己有。岩功满告别奶奶到英麻板向高僧帕拉西学习武艺和法术。他学成返家的途中,征服了魔王,然后化装成远方来访的国王,进入到勐哥桑比国王宫,打死武官,活捉了国王,救出了妻子,并向百姓揭露了国王的罪行后,当场处死了国王。在全勐百姓的推举和请求下,岩功满当上了新的国王。佚名演唱,刀永平翻译,罗俊新整理。收入《傣族民间叙事长诗》第二辑,32开,114页,2850余行,西双版纳傣族自治州民族事务委员会1988年编印。

(李传宁)

金乌龟

傣族叙事长诗。流传于云南省西双版纳傣族自治州。唱述的是:财主西梯因年老无子,又娶小妾嘎维后,原配妻子喻玛与嘎维同时分娩,喻玛生的女儿叫苏婉娜;嘎维生的女儿叫嘎来娅。嘎维唆使西梯害死妻子喻玛并将其掷入水塘。喻玛死后,变成金乌龟。每当女儿放牛路过水塘,她就浮出水面与女儿相见。西梯和嘎维派人把苏婉娜捆绑到水塘边抽打,以诱捕金乌龟。为救女儿,金乌龟有意让西梯抓住,西梯把金乌龟杀死后放在锅中煮熟食用。苏婉娜为纪念母亲,偷偷拿了一块金龟骨去安葬。葬金龟骨的地方长出一棵五光十色的菩提树,当苏婉娜到此悼念母亲时,菩提树就会发出悦耳动听的歌声。国王派人欲将树挖回宫中栽种,但却无法移动。国王向全勐发出号令,全勐人试过之后,都毫无办法,只有苏婉娜才能把金树移植到宫中的花园里。国王让苏婉娜与王子召棒玛结为夫妻。西梯和嘎维设计将苏婉娜骗回家中杀死,将其扔到森林里喂虎,又让嘎来娅顶替入宫。王子发觉后,将嘎来娅剁成肉酱,做成腌肉送给西梯和嘎维享用。苏婉娜死后,变成一个金芒果,结在年迈夫妇的果园里,夫妇俩将它摘下后放在家中的供桌上。后来,金芒果变成了一个美丽的姑娘给老人烧火做饭,两位老人将其收为养女。在金菩提树的帮助下,王子与苏婉娜终于团圆。西梯和嘎维则沦为乞丐,最后被雷劈入地狱。佚名演唱,玉康龙、玉波领、车成礼翻译整理。收入《傣族民间叙事长诗》第二辑,32开,74页,1850余行,西双版纳傣族自治州民族事务委员会1988年编印。

(李传宁)

景亚丽与南达纳

傣族叙事长诗。流传于云南省德宏傣族景颇族自治州傣族地区。唱述的是:天上善良的坤西迦,指派天子双双下凡,到人间地上托生,帮助百姓清除灾患,美化家园。女性天子落在勐占达里国王身上,成为富贵华丽的公主,取名景亚丽;男性天子则落在以卖菜为生的穷苦人家,注定是一个要经历苦难的汉子,得名南达纳。栖身深宫的景亚丽美丽无比,招来了一百个国家王子的仰慕,他们派出一百个象队和马帮到占达里求婚。为避免纷争,引起战乱,勐占达里国王下旨,以爱女景亚丽的意愿来决定招贤联姻,公主明言:什么人拥有与我一模一样的宝石、戒指、手镯,无论他是百姓或富翁,无论他是瞎子或瘸汉,都是我命中注定的伴侣。各国王子闻讯,立即翻箱寻宝,求神祈祷,渴望成为景亚丽公主的意中人。卖菜小伙南达纳终于得知情侣的下落,他征得父母的同意,立即奔向国都,面对公主陈述三年来的思念和期盼。景亚丽和南达纳的相逢,让百国王子受到了羞辱和刺激,也同时引发了一场规模浩大的战争。洞察人间的天神坤西迦帮助勇敢的南达纳扑灭了战火硝烟,各国又恢复了和平与安定,南达纳的宽恕让百国王子感激和明理。善良不会屈服于邪恶,爱情不会屈服于强势。勐占达里因为有了勇敢智慧的南达纳,变得日愈富足强盛。弄恩色唱述,岩林翻译,岩林、李志远整理。刊于《山茶》民族文学双月刊1984年第3期,1700余行。

(岩林)

兰嘎西贺

傣族叙事长诗。流传于云南省西双版纳和德宏傣族地区。为傣族"五大诗王"之一。唱述的是:勐兰嘎国王和王后晚年向天神祈求才生得公主古蒂提拉。父王欲让她接替王位,可公主不从,并到森林里拜帕拉西为义父修行。天神叭英担忧无王位继承人,派天神玛哈捧下凡与公主幽会,公主从而生下三个儿子,大儿子取名捧玛加,二儿子取名衮纳帕,三儿子取名彼亚沙。三个儿子长大后,天神玛哈捧又下凡赐给他们各种本领。后来,捧玛加继承了王位。他专横跋扈,到处寻欢作乐,调戏正在修行的姑娘楠西拉,逼得她自焚。在离勐兰嘎很远的地方则有个勐沓达腊塔国,大王后生有一子,名叫召朗玛,召朗玛从帕拉西那里学到了高超的本领。再说楠西拉自焚后又转世重生,被勐甘纳嘎的国王抚养长大后,她美名传四方,各勐的王子们都来求婚,国王只好比武择婿。国王拿出神弓,叫求婚的王子们来挽,捧玛加也来了,但他挽不动,只有召朗玛轻轻拉开神弓,从而获得了楠西拉的爱情。召朗玛和楠西拉成婚后，捧玛加十分嫉恨，就抢走了楠西拉。召朗玛决心救出楠西拉，在猴王的帮助下，终于打败了捧玛加的儿子米卡和他的弟弟衮纳帕，并取来生命箭射死了捧玛加，接回了楠西拉。但召朗玛怀疑楠西拉是否忠贞，楠西拉就叫丈夫烧火烤她，她都没有被烧毁，召朗玛就带楠西拉回国。回到宫廷，召朗玛被推举继承王位。后来，由于女妖作怪，召朗玛要处死怀孕的楠西拉，幸得召朗玛的弟弟帮忙，楠西拉才逃进了森林，生下了孩子。孩子长大后进城，召朗玛认出了自己的孩子，就找到楠西拉表示忏悔，把他们接进宫，全家终于团圆。长诗歌颂了人们战胜强暴的斗争精神，寄托着对自由、幸福的热烈追求。苏达万唱述，勐遮等译。收入《云南少数民族文学资料》第4辑、第5辑、弟6辑，32开，677页，4万余行，中国社会科学院云南少数民族文学研究所1981年编印。异本名《十二头魔王》，中国民间文艺出版社1990年版。

（普学旺）

龙桑与南娥

傣族叙事史诗，流传于云南省新平彝族傣族自治县傣族聚居区。这是一部优美动人的爱情悲剧叙事长诗，诗中展示了新平傣族风光风物、风情民俗及图腾崇拜、祖先崇拜，如赶花街的传说、花街的源头和送葬要打红伞、遗体火化等风俗，在傣族人民中影响深远。长诗讲述的是：一个富人家的儿子龙桑，为反对母亲的包办婚姻，离开家庭，在外地结识了南娥，两人真心相爱，过着美满的生活。龙桑回家，要求母亲答应娶南娥为妻。但母亲拒绝龙桑的请求。当怀孕的南娥来找龙桑时，龙桑的母亲百般虐待南娥，将她赶出门外。南娥在归家途中，生下孩子后含恨死去。龙桑闻讯赶来，见南娥已死，遂举刀自刎。瞬息之间，两人化作天上的两颗星星。千百年来，这部长诗一直在傣族民间广为流传，成为傣族人民对美好爱情的寄托。长诗以朴素的形式、浪漫的情调，通过一对傣族青年男女的爱情悲剧表现"反对包办婚姻、向往幸福美满生活"的主题，抨击了旧势力对纯真爱情的戕害，热情歌颂了南娥与龙桑为争取爱情自由而勇于反抗的叛逆精神。刀万周、刀镇邦演唱，杨富民、白绍周、白文贵讲述，刀明贵搜集，陈振中整理。收入《龙桑与南娥》，32开，171页，团结出版社2017年版。

（刀庆喜）

朗伦与金野猫

傣族叙事长诗。流传于云南省景谷傣族彝族自治县傣族地区。唱述的是：获罕巴拿宽广富饶的地方，经历了九十九个年头的国王，在告别人生之际将权力交给了年轻的帅罕王子，叮嘱他心胸要像土地一样宽广，眼睛要像星星一样明亮。新国王贤明勇敢，经常体察百姓疾苦，时刻想到国家富强。仇视光明和幸福的叭团（恶魔），走出深林黑洞，疯狂践踏获罕巴拿山水。帅罕率军拼斗，用九龙神弓射杀妖魔，用镇勐长刀砍伤叭团。欢庆胜利的人们敲响象脚鼓，跳起孔雀舞。兴奋又得意的年轻国王，频频举杯，言语中透出对恶魔的轻视。远方的一位跛脚汉也来参加盛会，并献上一颗罕见的鲜果。帅罕毫无顾忌地即席食用，不等他把果子吃完，胸口便一阵绞痛，笑容满面的跛脚汉变成了狰狞的叭团，恶魔接连施动魔法，帅罕握刀的手麻木无力，转眼间变成了一只金野猫。黑雾和风沙弥漫获罕巴拿土地，失去国主的百姓流落他乡。变成野猫的国王被囚禁在拿桑姆湖中的孤岛上。七年后，叭英（最高的神）差使白鹤到孤岛指点，让金野猫等待路过此地去勐罕赶摆的芒曼（一方地名）七姐妹，想法得到七妹朗伦的爱情，苦难就到了尽头。那天，金野猫凄凉的歌声和切切情意，果然获得了朗伦的同情和信赖，小小竹筏载着朗伦和金野猫驶离了充满罪恶的孤岛。叭英又派来金孔雀和金鹦鹉，帮助朗伦、金野猫战胜了恶魔。脱了皮的金野猫重现获罕巴拿国王的英姿。有了贤明的国王和聪慧的朗伦王后，获罕巴拿土地又有了幸福吉祥。岩弄、召罕唱述，杨利先、李静波、王建中采录。刊于《山茶》民族文学双月刊1993年第1期，800余行。

（岩林）

朗腿罕

傣族叙事长诗。又称《孔雀公主》。流传于云南省德宏傣族景颇族自治州傣族地区。唱述的是：勐贺罕国王的王子苏旺纳娶得七仙女朗腿罕为妻，从此勐贺罕风调雨顺、人们安居乐业。摩勐非常嫉妒，他趁苏旺纳王子到边境抗击强盗之机，向国王挑唆说勐贺罕王国将出现战乱，年年瘟疫横行，要解除此灾难，必须用一百头大象、成千的牛马猪鸡和朗腿罕祭寨神勐神。得此不祥的消息，国王和王后非常悲痛，王后便悄悄叫朗腿罕逃离勐贺罕，朗腿罕穿上天女衣，痛哭流涕地飞回了银山仙国。苏旺纳王子回来得知朗腿罕已被逼离王宫，他悲痛欲绝，把摩勐关进牢笼，永久剥夺他占卜的权力，然后背着祖传的宝剑、神弓和红宝石，在雅写、巨龙、母神鸟的帮助下，克服重重艰难险阻，终于到达银山仙国找到了朗腿罕。佚名唱述，杨波岩兴搜集。16开，240页，约2500行，稿存德宏傣族景颇族自治州民语委。

（快永胜）

螺蛳姑娘

傣族叙事长诗。流传于云南省勐腊县傣族地区。唱述的是：勐果桑彼下了七天七夜暴雨，雨后皇宫花园里出现五光十色的金螺蛳。国王费尽九牛二虎之力也无法把金螺蛳移到宫殿。穷苦的小伙子岩甘帕心生好奇，在八月十五的夜晚偷偷前去观看，向螺蛳表示喜爱之情，螺蛳告诉他用黑白线搓成线绳就可以把它牵回家，岩甘帕果真把金螺蛳牵回了家。金螺蛳到了岩甘帕家后，每天偷偷变成美丽的姑娘为岩甘帕和他年迈的母亲收拾房屋，并做丰盛可口的饭菜给他们吃。后来此事被岩甘帕发现，他与螺蛳姑娘互相爱慕定下了婚约。婚礼上闻讯赶来的国王抢走螺蛳姑娘，并打碎了螺蛳壳。忽然，黑暗与恐怖笼罩了勐果桑彼，七天七夜的大雨淹没了一切，只剩下岩甘帕家矮小的茅屋，岩甘帕在茫茫洪水中呼唤妻子，但再也没有找到金螺蛳。佚名唱述，康永良翻译，岩温扁整理。收入《西双版纳傣族民间叙事诗》，32开，12页，602行，勐腊县民委、文化局1986年编印。

（谭玉婷）

勐卯的来历

傣族叙事长诗。流传于德宏傣族景颇族自治州和临沧市的耿马傣族佤族自治县的傣族地区。唱述的是：勐果占壁王后怀孕后身体虚弱，常常发冷。一日，宫女们把她抬到阳台上晒太阳，并盖上一床红毯子，恰有一只大鹏鸟从此飞过，见是大红的毯子，以为是充饥之物，便俯冲而下把王后和毯子一起叼走至很远的大木棉树上，欲食之，突然苏醒的王后的惊叫声把大鹏鸟吓跑了。由于树又高又大，王后无法下地，就在三叉树上分娩了。不久，在山间修行的僧侣把母子俩搭救，并给孩子取名召吾定。召吾定长至十五岁时，天神赐予他一把神琴。每当召吾定拨动琴弦，森林中百兽会聚来身边，不久，他与百兽成为朋友。后来在野象的帮助下，他和母亲得以返回日夜思念的故乡——勐果占壁，随之继承了王位。由于大鹏鸟叼走王后时，它宽大的翅膀遮住了阳光，勐果占壁一片昏暗，所以人们把勐果占壁改名为"勐卯"，意为"昏暗的勐"。长诗又名《召吾定》《召吾定莽佐》《勐卯的来历》《勐定之来历》。佚名唱述，佚名翻译。16开，220页，约2000行，稿存德宏傣族景颇族自治州民语委。

（快永胜）

缅桂花

傣族叙事长诗。流传于云南省德宏傣族景颇族自治州傣族地区。唱述的是：那富饶美丽的坝子里，有一个古老的村寨传说着缅桂花一样芬芳的月罕姑娘，泼水节开始的那天，她举起蘸着圣洁水的树叶，把爱慕和祝福撒在了年轻英俊的尚堂的黄袈裟上。就这样，一个穷苦人家的姑娘与一个寺庙里的和尚，便成了一对难分难舍的恋人。为了躲避世俗的偏见，为了自由幸福的生活，月罕和尚堂决心私奔，双双逃到更加理想的地方。但就在他俩秘密商约如何远逃他乡的时候，却被头人的恶少一一偷听。对月罕姑娘早有邪念的恶少欣喜若狂，他便在那个夜晚伪装成月罕姑娘的情人，牵着一匹白花马接走了月罕姑娘，无情的白花马乘着夜幕扬蹄奔跑。当他们在异乡的一座寺庙歇息时，恶少才露出了狰狞面目。悔恨的月罕姑娘气红了白脸，她智中生计，夺取黄袈裟和骏马，假扮和尚扬鞭回程。这边，月罕姑娘过山过水要回到尚堂的身边；那边，尚堂不顾寺规日夜兼程要找回日思夜梦的月罕姑娘。经过曲折的经历和斗争，在各族乡亲和捕鱼人的帮助下，两个久别的情人终于在一方的丢包场上相见。那个无耻的恶少，也遭到了应得的惩罚。开门节的那天，捕鱼人为月罕姑娘和脱掉黄袈裟的尚堂主持了婚礼，众长老为一对患难与共的情侣拴线祝福。长诗具有一定的艺术色彩和思想性。佚名唱述，思永宁翻译，冯寿轩整理。单行本，32开，81页，2000行，云南人民出版社1979年版。

（岩林）

尼罕

傣族叙事长诗。译名金岩羊。流传于云南省德宏傣族景颇族自治州傣族地区。唱述的是：古时的一个地方，五百只岩羊在这里栖身，有一只美丽的岩羊像高傲的公主，有一只英武的岩羊像出众的王子，因天神赐福，他俩拜天拜地结为夫妻。一天，他俩来到一座园子玩乐，又吃果子又啃树苗，踩了花朵折了果枝，他们不知道这是守园人的辛勤劳动成果，以为只是梦想的野生园。守园人十分气愤，便下扣逮住了南尼罕（母岩羊），在痛苦挣扎的时候，南尼罕哭喊着向坤尼罕（公岩羊）求救，在死之前她只想能见到丈夫坤尼罕一面，她只想能喝到一口清水。最后她什么也得不到，深深地陷入了绝望，以为是丈夫贪生怕死，见死不救，发誓如果有来世成人，她将复仇，把长刀对准男人的脖子。其实，坤尼罕也相继被守园人抓捕了。后来，他俩果真有了来世，母岩羊降生在勐贺罕王宫里，成为娇美的公主；公岩羊却出生在破漏的草屋，成为穷苦人的儿子。很快长大成人的公主南罗悦，千方百计实施自己前世的誓言，到处寻找男性复仇，滥杀无辜，夺去了五百个男人的生命。国王只好向全国张榜纳贤，渴望医好公主的复仇狂症。远在僻乡的前世伴侣，得知此情后痛苦万分，自知是一场误会而酿成的灾难，他便在公主常去朝圣的佛寺里，夜以继日地绘出了一组画，将他与公主前世在园子里的不幸遭遇一一托出。那天公主果真又来到佛寺，亲眼目睹了这组血泪交融的生死图。她对自己的行为猛然醒悟，悔恨不已。老国王派出象队把小伙子接进了王宫，与公主完婚，真正结束了前世的怨恨，再现了今生的和睦幸福。长诗在傣族百姓中很有影响。弄恩色唱述，岩林翻译。载于《金湖之神》，32开，18页，1000余行，中国民间文艺出版社（云南）出版，1981年版。

（岩林）

南慕木苹

傣族叙事长诗。流传于云南省德宏傣族景颇族自治州傣族地区。唱述的是：勐罕王国一名靠狩猎为生的猎人，一天，他钻山入林辛勤寻猎，但运气不佳，直到太阳落山，还是一无所获。他疲惫不堪，满腹怨气。忽然一阵平生未闻的香味扑鼻而来，他惊奇在一块草地上找到了两朵神奇的花。他首先想到要献给国王和王后，可是在他不留神时，那朵火红的花被老鹰吞食，并向远处飞去。猎人不敢再迟缓，赶紧把那朵白色的花献给了国王。一直未孕的王后闻到花味便有了身孕，不久产下了王子马里贡。叼食红花的老鹰在远方的勐沙国惨遭射杀，肚里那朵奇花也被得主敬献给了勐沙国王。勐沙国王后也因此添了一女，还用花的名字命名叫南慕木苹。这一男一女是天神坤西迦赐给人间的福分，南慕木苹的美丽和名声远近闻名。召雅细（修行苦僧）的养子建栋信慕名而访，他变作一只鹦鹉，用婉转动听的鹦鹉歌向南慕木苹表达爱情。来向南慕木苹求婚的人马挤满了勐沙国都，因为得不到美丽的公主，那反目为仇、抽刀相残的事情随时可起。最后，勐沙国王下令，用七根削得又圆又滑的栗木连接成高耸入云的天柱，还用七桶油泼在天柱上，再把公主送上天柱尖顶上。摆设赛场，招贤纳婿，谁能爬上天柱与公主金伞下相遇，谁就是勐沙国的驸马。各路勇士争先恐后，但都因滑落跌倒悻悻而归。只有天子马里贡，凭着一双神赐的草鞋，一跃而上，如风似箭地拉住了公主的手。有缘的情侣金伞下紧紧相拥，艳丽的红花与白花香飘千里。弄恩色唱述，岩林翻译。载于《金湖之神》，32开，23页，1000余行，中国民间文艺出版社1981年版。

（岩林）

南乖凤

傣族叙事长诗。流传于云南省勐腊县傣族地区。唱述的是：在美丽富饶的勐巴拉纳西有个国王捧玛丹达，晚年时叭英神派天神到他家投胎，使他得到一个福分齐天的王子召烘罕。召烘罕十六岁时执意要到英麻板森林学习本领，悲痛与疾病交加的国王和王后先后离开了人间，召烘罕即位后仍不改初衷，离开家乡。在英麻板森林的金湖边，召烘罕救了海龙王。勐吾东板国有七个孔雀公主，她们难耐宫殿寂寞到金湖洗澡，不料被蜘蛛精批雅所擒，召烘罕杀伤蜘蛛精救出公主们，小公主南乖凤和召烘罕顿生情愫，二人结为夫妻。没有被杀死的魔王蜘蛛精施变魔法杀死了召烘罕，抢走南乖凤。后来，南乖凤设计砍下魔王头颅，并找到丈夫的遗体，她日夜守护，祷告哭泣，她的善良和忠贞感动叭英，叭英救活了召烘罕，使夫妻得以团圆。佚名唱述，刀国昌、伍永文翻译。收入《西双版纳傣族民间叙事诗》，32开，26页，1191行，勐腊县民委、文化局1986年编印。

（谭玉婷）

南窝妮

傣族叙事长诗。流传于云南省金平苗族瑶族傣族自治县勐拉乡。唱述的是：古时，勐拉坝西边有一穷一富两家人，富家生得一女叫南窝妮，穷家生有一男叫达欢匡。两个孩子长大后相爱，可南窝妮父亲说要娶南窝妮就要送来三挑金子，一架银打的织布机。达欢匡只得外出做生意挣钱。南窝妮怕父亲把她嫁出去，就装疯装傻，父亲就把她卖给了山官家，山官又把她卖了出去。达欢匡回到家知道此事后就四处去找南窝妮。半路上他病倒，没办法，他做了一个有钱人家的姑爷。有钱人家要找女仆，达欢匡来到街上看中正要卖的南窝妮。因她破衣烂裙，脸脏发乱，达欢匡没认出来，但她认出了达欢匡。达欢匡的妻子把南窝妮赶到山上看地。她梳洗打扮后穿上以前的衣裙，一男仆上山看到后回家告诉达欢匡说山上地棚中有个仙女。达欢匡来到山上，认出了南窝妮，二人紧紧拥抱后，忽然化作两颗星星飞到天上去了。陆占文演唱，陆占文、盘文兴翻译，徐阳、乡溪等记录并文字校正。收入《云南民间文学集成·金平长诗卷》，32开，27页，700行，金平苗族瑶族傣族自治县文联1989年编印。

（郭玉萍）

南娥洛桑

傣族叙事长诗。流传于云南省元江哈尼族彝族傣族自治县者戛、白田一带傣族群众中。唱述的是：元江边上有个村庄叫普漂。有两个出身贫苦人家的青年，一个叫洛桑，一个叫南娥。他俩都在土司家干活，一个放牛马，一个放鹅。他俩倾心相爱，可南娥的妈妈想让南娥嫁给土司的儿子旺罕。

南娥想与洛桑逃走时,被土司家抢走了,到了半夜,南娥逃出土司家。洛桑在江边找到南娥。这时旺罕的人马也追来了。江边无船,南娥情急之下把洛桑推入水中。此时旺罕赶到,用箭射死南娥,洛桑见南娥死后,自己也撞死在江边大石上。南娥的爹妈赶来找到他俩的尸体,将其合葬。后来,坟头上长出两棵紧紧挨在一起的青竹,两棵竹梢缠绕着随风飘荡。封永林、白玉珍演唱,李存仁翻译,白玉龙整理。收入《元江民族民间文学资料》第四辑,32开,32页,600行,元江哈尼族彝族傣族自治县文化馆1984年编印。

(郭玉萍)

楠妙

傣族叙事长诗。流传于云南省西双版纳傣族自治州。唱述的是:勐巴拉纳西的国王召翁嘎,一心想吞并邻国勐沽巴。国王最小的一个王子叫召兼达,英俊、聪明、正直,精通武艺和箭法。召兼达去森林狩猎时,遭到蜂群的袭击,被一个姑娘相救。召兼达为了不让父王用联姻霸占勐沽巴王国的阴谋得逞,为了不让两勐的百姓遭受战争的苦难,就写贝叶信给勐沽巴国王揭穿了父王的阴谋,勐沽巴国王因此更欣赏召兼达的人品,反欲就此促成婚事。召兼达逃婚离家出走,历尽艰辛,在勐宗坎找到救了自己的姑娘依拉香,可依拉香将在四月婚嫁,召兼达发誓要娶依拉香的女儿。后来,依拉香生下了一只小猫,召兼达带着小猫回到勐巴拉纳西。在召兼达真挚纯洁的爱情力量感召下,小猫变成了一个公主,名叫楠妙。正在勐巴拉国王准备偷袭勐沽巴的前夕,楠妙请来龙女暗中帮助,召兼达也用弓箭射出贝叶信,通告了勐沽巴国王。召翁嘎阴谋失败后,设计欲赶走儿子召兼达,就苛刻地要求儿子献大礼。楠妙再次请求龙女相助而满足了召翁嘎的条件,并终于使召翁嘎羞愧、醒悟而撤销了偷袭的计划,并向勐沽巴赔礼道歉。佚名演唱,岩温扁、吴军翻译。收入《傣族民间叙事长诗》第一辑,32开,52页,1088行,西双版纳傣族自治州民族事务委员会1988年编印。

(李传宁)

楠波冠

傣族叙事长诗。流传于云南省金平苗族瑶族傣族自治县傣族地区。唱述的是:在幅员辽阔的勐帷加竜国,猎人乃盘生有一子,取名宰坝。宰坝六岁时母亲就去世了,宰坝十六岁便成了有名的猎人。在这个国家的另一端,渔户盘南与妻子香帕也生得一女,取名楠波冠。楠波冠十岁时父亲就去世了,十六岁时美若天仙。宰坝和楠波冠,两个不同遭遇的年轻人,却有共同的命运,终于在楠波冠放牛遇虎的千钧一发之际,宰坝杀虎救了楠波冠。楠波冠虎口余生,并爱上了宰坝,订下了婚约。楠波冠婚前到宰坝家互访,回家的路上却遇上了国王召果腊。召果腊是一个好色的暴君,他立刻被楠波冠的美貌打动。经打听方知楠波冠已有未婚夫,于是用"选勇"的毒计,企图把宰坝送进深山老林害死。同时,派人将楠波冠抢进宫廷。在宰坝被骗进大山猎象的过程中,押送他的兵士向他透露了召果腊的阴谋诡计,于是,宰坝逃出深山,向王宫奔去。王宫里正在庆贺召果腊与楠波冠"成婚",王宫上下喝得酩酊大醉,宰坝趁机进去,并带上楠波冠逃出虎口,来到远离人世的深山老林结成夫妻。一年后,楠波冠怀了孕,但生活十分困难,宰坝决心过江去乞讨粮食,返回途中却遇洪水而把他冲到下游。此时,楠波冠分娩,因她体弱无力而死去,婴儿又因无人照料而冻死。宰坝回来一看,万分痛惜,决心去报仇。故事就这样凄惨地结束。佚名唱述,岩温扁、岩峰、王松搜集整理。载《民族文学》1984年第1、2期。16开,24页,2500余行。

(普学旺)

帕罕

傣族叙事长诗。流传于云南省德宏傣族景颇族自治州傣族地区。唱述的是：遥远而古老的勐巴拉纳西，国王布南达娶七妻，美丽善良的南迪妮为王后。不久，六个王妃都生了儿子，只有王后南迪妮迟迟才有身孕。想到今后王位继承者的归属，六个妃子心生妒恨，在王后产下婴儿之时，他们恶狠狠地将婴儿扔进了后花园，让野猫撕吃，让饿鹰叼走。还抱来一只狗儿，放在昏迷中的王后身边，去找国王谎报。国王听信谗言，又见南迪妮怀抱里的狗儿，气上心头，立即把王后赶出王宫。无力争辩的南迪妮孤苦伶仃，悲愤离宫。在她绝望之时，一对以守园为生的善良老夫妇收留了她和她的狗儿。被六个恶妃悄悄扔掉的婴儿，却是天神坤西迦指命托生在南迪妮身上的天子，随后也被天神接回上天哺育抚养，长大后取名罕地亚。得知生身母亲在凡间受苦，罕地亚乘坐神赐的金岩石飞到人间。能万变的金岩石把他带到了日思夜想的母亲身边，苦难的母子终于重逢。胆识过人、武艺高强的王子罕地亚，在天神和金岩石的帮助下，从恶魔手中救出了母亲，也得到了三个善良魔女的忠贞爱情。罕地亚的真诚和勇敢获得了父王信赖，受到了百姓的拥戴。六个狠毒的王妃被逐出王宫，她们那六个忘恩负义、丧失人性的儿子也一同被赶出了王宫。南迪妮和儿子罕地亚被接进王宫，勐巴拉纳西大地又重现了温暖和幸福。长诗情节曲折，颇具哲理，深受傣族百姓的喜爱。弄恩色唱述，岩林翻译，载于《金湖之神》，32开，60页，3000余行，中国民间文艺出版社1981年版。

（岩林）

盘巴与雀女

傣族叙事长诗。流传于云南省西双版纳傣族自治州。唱述的是：勐巴拉曼坝帕寨有一个年轻的猎手，名叫盘巴。他婉拒了很多姑娘的爱慕，独自到森林里去寻找自己的爱情。森林中有一个湖，七个雀女到湖中戏水时，被盘巴发现后她们仓皇而逃，却落下珠链被盘巴拾到。珠链是七妹的命根。第二天，她们下凡来寻找珠链，耽搁了返回天国的时辰，又误入湖畔魔鬼住的山洞。昼伏夜出的魔鬼天亮时返回，发现正在熟睡的雀女们。当魔王正要吃雀女时，盘巴赶来用箭射死了魔王，救出雀女，把珠链还给了七妹，并随雀女们去见天王。天王同意盘巴的请求，把七妹嫁给他。盘巴和七妹飞回到曼坝帕，过上了幸福美满的生活。佚名演唱，玉算、崔亚南翻译整理。收入《傣族民间叙事长诗》第一辑，32开，36页，900余行，西双版纳傣族自治州民族事务委员会1988年编印。

（李传宁）

七头七尾象

傣族叙事长诗。流传于云南省德宏傣族景颇族自治州傣族地区。唱述的是：两个孤儿的故事。一天，弟弟因饥饿哭闹不停，哥哥哄弟弟："别哭了，明天给你一只七头七尾象。"此话被路过的官家人听到后告诉国王。国王心想：七头七尾象乃是世上罕见之物。于是将弟兄俩抓来逼要七头七尾象。哥哥说这是我信口开河哄弟弟的话，世上哪有此物？国王不信，就把弟弟扣留在宫里，让哥哥找来七头七尾象赎弟弟，否则将弟弟杀死。无奈之下，哥哥只得到处寻找，经历了千辛万苦，终于在百岁老佛爷指点下赢得七仙女的爱，七仙女的父亲把一只能变大变小的七头七尾象送给了他，让他俩去救出弟弟。第二天哥哥吆着七头七尾象交给了国王，救出了弟弟。贪婪的国王最终得到了应有的下场。佚名唱述，佚名搜集。16开，150页，约1800行，稿存德宏傣族景颇族自治州群艺馆。

（莫所连）

十二位王妃的眼珠

傣族叙事长诗。流传于云南省德宏傣族景颇族自治州傣族地区。唱述的是：妖婆使用伎俩得以成为国王的小妃子后，唆使国王挖掉十二位王妃的眼珠，并诬陷其十二位王妃是琵琶鬼，强行把她们赶入森林。随后又威逼第十二位王妃在森林里生下的王子为她送信到妖国，欲让妖女将他吃掉。不料，王子到了妖国，不但没有被吃掉，反得妖女的芳心并与之成亲。后来他带着十二位王妃的眼珠、仙药和魔琴返归故里，使十二位王妃重见光明，并拨动琴弦结果了妖婆的性命，全家幸福团圆。佚名唱述，佚名搜集。16开，50页，约800行，稿存德宏傣族景颇族自治州民语委。

（快永胜）

三牙象

傣族叙事长诗。流传于云南省德宏傣族景颇族自治州傣族地区。唱述的是：暴君普麻大做了四个噩梦，巫师告诉他将有灾难降临，并将有一个福气比他大的人诞生。普麻大为保住王位，下令遍杀国内孕妇。但吉达贡玛兄弟俩乃三牙神象委托民妇所生，他俩躲过了厄运。当暴君发觉威胁自己王位的人已长成十七岁时，便强迫他俩去寻找无法找到的避火龙珠和三牙象，否则要将兄弟俩斩首。善良勇敢的吉达贡玛兄弟俩，历尽坎坷曲折，在神的帮助下，终于找到了龙珠和三牙象。佚名唱述，方坦算搜集。32开，190页，约1200行，稿存德宏傣族景颇族自治州民语委。

（杨荣芳）

三时香

傣族叙事长诗。流传于云南省德宏傣族景颇族自治州傣族地区。唱述的是：刹利布大纳佛祖时代，一富翁夫妇无子，于是常烧香拜佛，修桥铺路积德，感动了上帝，便赠送给他俩一子，是一位阿銮。阿銮因福气大，触怒国王。国王下令斩首，途中被老虎救去，并送给雅锡（山间修行的僧侣）抚养，给阿銮习武识字。另一国王有一位公主，公主天生丽质，一天会散发出三次香味，人称三时香。前来求亲的王子甚多，但都不如公主愿。阿銮文武双全、英俊，他出去寻找父母时，与三时香公主相遇，两人一见钟情。阿銮与三时香公主的结合，激怒了许多国家的王子们，他们勾结起来向阿銮所在国挑战，阿銮凭着自身高超的本领率领本国人民击败入侵者。战争结束后，阿銮被人们拥戴为国王，国民赶了七天七夜大摆庆贺。佚名唱述，坦曼相搜集。16开，50页，约1000行，稿存德宏傣族景颇族自治州民语委。

（线永明）

三只鹦哥

傣族叙事长诗。流传于云南省西双版纳、德宏、金平等地傣族地区。唱述的是：勐不那兰西有一户穷苦人家有三个儿子：摩罗门、摩柳和摩哄，三兄弟美名传四方，引来国王嫉恨。国王怕威胁到自己的宝座，便派人把三兄弟捆入宫中毒打，幸有舅舅求情才被放了回来。三兄弟决定外出学本领，寻找自己的幸福，就趁夜逃出村寨。一天，前面看见一座金碧辉煌的宫殿，那是妖魔的女儿、麂子一样纯洁善良的公主住的地方，公主热情接待了三兄弟，并教给三兄弟"吹功"，又取出九根金线搓成三根金绳套在三兄弟的脖子上，三兄弟立刻变成了三只鹦哥。三只鹦哥飞到勐花董国属地，落在王宫的花园里。为给模芳公主解除寂寞，国王派人用马尾鬃套住了一只鹦哥。公主翻弄鹦哥毛羽，发现颈上拴着一根金绳，她把金绳解开，鹦哥突然变成英俊的青年。公主与青年相恋，终成眷属。大哥摩罗门找到了幸福，就留在了这个国家。二弟和三弟则继续向前飞行，来到莫达接拉地方，两兄弟相互帮忙解开金绳现出人形。这里的国王是个昏君，他为公主纳哈龙的婚事，面对一百零一个王子来求亲，不知如何是好。大臣打嘎惜腊趁机作乱，用法术让王子们昏迷不醒，摩柳也被他迷昏。弟弟摩哄用"吹功"把他们都吹醒，并终让摩柳与纳哈龙公主结良缘。摩哄一人继续前行，来到打那太国，又因治好了公主霞茶诺的病而娶到了公主。最后，三兄弟返回家乡，惩治了勐不那兰西国国王，又用"吹功"吹活了已死的母亲，并接来三位公主与家人团圆。佚名唱述，云南大学民族民间文学调查队搜集，李子贤整理。单行本，32 开，62 页，1300 行，云南人民出版社 1980 年版。

（普学旺）

三尾螺

傣族叙事长诗。流传于云南省西双版纳傣族自治州。唱述的是：勐巴拉纳西有一个基诺族姑娘叫玉切，家住在曼海。玉切姑娘下河捉到一个长有三条尾巴的螺蛳，出于好奇，她把三尾螺作为头饰戴在头上，玉切姑娘立刻变成仙女一样美丽。勐巴拉纳西的国王召西拉罕得知基诺山寨玉切姑娘的美貌后，娶玉切为第十三位妻子，取名为苏婉纳朗西。召西拉罕的前十二位王妃，设计砸碎了玉切的宝螺，玉切失去宝螺的护身，又变回原来的模样。召西拉罕不顾众臣和十二位妻子的要求，毅然告别勐巴拉纳西与玉切回乡，在途中建村立寨，后发展成为景勇国。召西拉罕在狩猎中不幸身亡，身怀六甲的玉切回到基诺山寨，在寨主家当女奴，不久玉切生下一子，取名糯翁丙。勐巴拉纳西自召西拉罕走后，国家一片混乱，灾祸不断。众大臣闻知召西拉罕逝世，并留下一个儿子。众臣派人把玉切母子接回到勐巴拉纳西，立糯翁丙为王，继承王位。佚名演唱，岩诺、岩罕景哈翻译整理。收入《傣族民间叙事长诗》第一辑，32 开，60 页，1500 余行，西双版纳傣族自治州民族事务委员会 1988 年编印。

（李传宁）

沙里

傣族叙事长诗。流传于云南省西双版纳傣族自治州。唱述的是：勐巴拉纳西有一对好朋友，一个叫沙里，一个叫吉达。两人终日形影不离、勤奋好学。十八岁时，两人携手离家拜师学艺；三年后学成归乡的途中，吉达因嫉妒沙里有一位名叫帕罕的心上人，从而萌发了害死好友、取代沙里的念头。吉达施展所学的法术，把沙里变成了马鹿。然后吉达冒充沙里，归乡同帕罕成亲。在森林里被猎人们追逐的沙里变成鹦鹉前来与帕罕相会，诉说了吉达的险恶用心。帕罕明白真相后，设计使吉达脱下了沙里的躯壳，变成一只老虎。沙里趁机复原自己的躯体，与帕罕结为良缘。佚名演唱，岩温扁、吴军翻译整理。收入《傣族民间叙事长诗》第一辑，32 开，69 页，1700 余行，西双版纳傣族自治州民族事务委员会 1988 年编印。

（李传宁）

松帕敏和嘎西娜

傣族叙事长诗。流传于云南省西双版纳傣族自治州。唱述的是：勐藏巴残暴淫乱的王叔召刚，为争夺勐藏巴的统治权，制造战乱，逼走了贤明的国王松帕敏。松帕敏携妻带子离家出走，历尽艰辛，逃到勐西纳，贤名四传的松帕敏被勐西纳的人民拥立为国王。召刚夺得政权后，勐藏巴陷于悲惨境地，人民不能忍受召刚的残暴统治，群起反抗；最后人民爱戴的松帕敏和人民一齐赶走了召刚，勐藏巴人民又重新过上了和平的生活。佚名唱述，陈贵培翻译，李鉴尧整理。单行本，32 开，72 页，1600 行，云南人民出版社 1959 年版。

（李传宁）

万相边勐

傣族叙事长诗。流传于德宏傣族景颇族自治州傣族地区。唱述的是：勐巴拉纳西有一对孤儿，靠乞讨为生。一次，他们俩接连几天没讨到饭，在到山里找野果充饥时，误入妖国。妖婆即收他们为养子，百般宠爱他们。无意中兄弟俩遇到了被老妖抓来的勐巴拉纳西国王的公主，于是他们命令老妖把公主送回。公主回宫后，茶不思饭不想，日夜思念两兄弟。妖父得知他们能接近因福分过大而一般男人无法接近的勐巴拉纳西国王的公主，认为他们是神圣的阿銮，便教给他们各种本领，送给他们一面神镜，让他们返回故乡。在回故乡的路上，他们打败了神象，神象把女儿送给了两弟兄，由妖兵护送回到了勐巴拉纳西。国王请他们为公主治病，公主一见他们，立即恢复了健康，国王便将公主许给了大孤儿。勐干地拉的三个王子带着军队来向公主求婚，得知公主已许给了孤儿兄弟时，便攻打勐巴拉纳西。两兄弟和妖兵一起英勇抗敌，妖父从妖国找来金手镯，才消灭了勐干地拉的三个王子。哥哥和勐巴拉纳西公主成亲并继承了王位，弟弟和象公主成亲，被勐干地拉请去当了国王。佚名唱述，佚名翻译。16开，105页，约1200行，稿存德宏傣族景颇族自治州民语委。

（杨荣芳）

乌沙麻罗

傣族叙事长诗。流传于云南省西双版纳傣族自治州。为傣族五大诗王之一。唱述的是：勐干塔那塔腊，国富民强。国王去世后，王子召曼诺沙蒂继承了王位。在另一个地方，地神与荷花姑娘相爱生下一女，女孩才生下来，母亲就去世，在森林中修行的帕拉西把她养大。姑娘长到十六七岁时，十分漂亮。一天，姑娘上山采果子，遇见了狩猎的国王召曼诺沙蒂。国王向姑娘求爱，姑娘不同意，帕拉西也不同意。国王执意要娶，抱上姑娘骑着大象回到宫廷。帕拉西知道后十分生气，说他们违背了天意，于是赌咒道："让你们生下的儿子像个癞蛤蟆。"不久，王后分娩，果真生下了一个像癞蛤蟆的男孩。巫师说这孩子天下无敌，将来要当国王。国王为他的丑陋而发愁，也为他有本事而高兴，就把王位让给他，并取名乌沙。大臣们忙着给他找妃子，姑娘们个个躲了起来。乌沙征服了许多国家，骑着神车到处游逛。他打败了龙王，龙王请出十二个姑娘让他挑选，乌沙一个也看不上。在森林中有一户人家，姑娘叫麻罗，她漂亮得全身会发光，她的未婚夫是象王。象王一出现，森林里的十万头大象都要向他下跪。一天，乌沙发现了麻罗，便要娶她为妻，麻罗一边逃，乌沙一边追。麻罗没有办法，要去向未婚夫求救，却被乌沙抓住带回宫廷。象王带上无数头大象去营救，乌沙带兵抵抗，双方打得很激烈。后来，乌沙终于被战败，象王救出麻罗，一起回到森林结婚。婚后生下一女，女儿长大后嫁给了火神。最后，麻罗死后升天成仙，象王和一百多个象官死后也升到天上去了，只有乌沙死后要沉入地狱一万年。佚名唱述，云南省古籍办搜集。16开，1200页，10万余行，稿存云南省少数民族古籍整理出版规划办公室。

（普学旺）

乌莱

傣族叙事长诗。流传于云南省勐腊县傣族地区。唱述的是：布巴惟哈洲的勐西并国，像金莲花般美丽的十六岁公主南波罕，吸引着求婚者纷至沓来。狠毒贪婪、能够七十二变的千年花鳞巨蟒乌莱，施行魔法抢走了南波罕。有一次，乌莱要逃离时，遇上小伙子罕伦，公主急中生智抛下项链求救。国王派出来寻访消息的武官帕雅竜宾从罕伦处知道了公主的消息，带着罕伦日夜兼程赶回皇宫。国王喜爱罕伦忠勇，封他为寻蛇讨妖的军队统领，帕雅竜宾为副统领，宰相帕雅曼之子召捧玛为监军，国王还承诺救出公主者可娶公主为妻。到了蛇妖盘踞的音麻版森林，只身前去探明蛇窝的罕伦在一座寺庙中，救出受乌莱折磨凌辱的勐邦加国的两个公主，公主们冒死相助，罕伦用国王相赠的神箭射伤乌莱后找到蛇妖的藏身溶洞，并用箩筐长缰绳吊入洞中救出在蛇妖洞中受天神帕雅英佑护，安然无恙的公主。在洞口的召捧玛看到公主获救，心生嫉妒，就假称看见罕伦被花蛇吞食，并指挥兵士搬来巨石堵住洞口，加害罕伦。回到宫中，召捧玛逼国王履行诺言下嫁公主，公主宁死不从。帕雅竜宾暗中给公主出谋，以公开比武射箭招亲。比武时一骑白马飞奔而来，射断发丝接走花包，帕雅竜宾认出是罕伦的箭，宣布罕伦获胜。为防宰相父子再次加害，罕伦乔装入宫，治好公主的心病，并向国王道出勇杀蛇妖、救龙女，入龙宫获赠白龙马和海灵芝的经过，以及宰相父子加害的实情。宰相父子受到惩处，罕伦与公主有情人终成眷属。佚名唱述，刀国昌、车成礼翻译整理。收入《西双版纳傣族民间叙事诗》，32开，61页，2929行，勐腊县民委、文化局1986年编印。

（谭玉婷）

宛纳帕丽

傣族叙事长诗。流传于云南省西双版纳和德宏傣族地区。唱述的是：勐基达腊纳管的国王召洪沙是佛教信徒，他为了维护其统治地位，坐的"宝座"也模仿"佛祖的座位下基石"。他晚年得子，取名召宛纳。为了要他的儿子接替王权，按照佛规，他把孩子交给和尚用果汁喂养，连母亲、侍女都不得接触。王子却偏不喜欢这一套，刚懂事就跳窗子出去爬树捉雀，惹得国王索性把他关起来管教。在这个国家，有一个专为国王管象的象奴寨，象奴岩糯掌与花奴依楠孙恋爱后偷偷结为夫妇，生下姑娘帕丽。按照王国的法令，奴隶之间不能通婚，因此，帕丽就被国王掠去当花奴。有一天，召宛纳逃出囚笼来到宫廷走廊上，恰好遇见帕丽送花，他俩一见钟情，产生了爱情。国王为了拆散这对情人，一方面威胁召宛纳说，要是他敢继续与帕丽来往，就要把他贬为百姓；一方面却代替王子写信向勐宗坝的公主求爱，勐宗坝的国王正企图并吞勐基达腊纳管，立刻同意了这门亲事。召宛纳知道这事后，大闹宫廷，摔掉头上的王冠，拿着弩箭去寻找他的帕丽。国王立即派人押回宛纳，并罚他随一千男女去淘金三年。同时，利用王权赐予帕丽母女自缢。三年后，宛纳归来，得知帕丽母女已被父王逼死时，他冲进王宫，在父王为他准备的婚礼上拔刀自杀，鲜血飞溅了宫廷，最后转身奔至御花园，扑在帕丽的墓上而死。佚名唱述，岩温扁、岩峰、王松搜集整理。16开，46页，3300余行，稿存云南省社会科学院岩峰家。

（普学旺）

千瓣莲花

傣族叙事长诗。流传于云南省西双版纳傣族自治州。唱述的是：勐巴拉纳西的国王梦见一个仙女送给他一朵金莲花，花会变成千种颜色，香飘千里。梦醒后，他下令全城的人去为他寻找金莲花。人们四处寻找，都一无所获。国王亲自带人马去寻找。当他的队伍路过与母亲相依为命的岩棒勒家门口时，只顾玩石头的岩棒勒投出的石头砸断了国王乘坐的象脚，国王下令将他处死。在其母亲的哀求下，国王同意他找到金莲花后，方可赦免死罪。岩棒勒告别母亲和乡邻，历尽艰难险阻，在猴王和天神的帮助下找到金莲花。金莲花就是天上的七个公主，最小的七公主每说出一句话，嘴里就出一瓣莲花，飘香千里。岩棒勒的勇敢和真诚，不仅获得了千瓣莲花，也赢得了七公主的爱情，并缔结良缘。他们飞回到勐巴拉纳西的上空，叫国王来接千瓣莲花。国王刚伸出双手，只见一瓣瓣莲花从天而降，金光闪闪，国王一头晕倒在大象的脚下死去。在全勐百姓的推举下，岩棒勒则当上国王治理国家。佚名唱述，岩虎、刀光祥翻译整理。收入《傣族民间叙事长诗》第二辑，32开，146页，3600余行，西双版纳傣族自治州民族事务委员会1998年编印。

（李传宁）

仙芒果

傣族叙事长诗。流传于云南省西双版纳傣族自治州。唱述的是：一个成天醉于美色的国王，让画师给王后画像，画完之后，画师请摩祜拉指点，摩祜拉在王后的乳上添了一个黑点。国王却说画师借画像之机调戏了王后，不然他怎会知道王后乳上有一个黑痣？国王弄清缘由放走了画师，但嫉恨摩祜拉，欲杀死他时，却被西那告相救。西那告向国王讲了仙芒果和其他故事，目的以提醒国王，凡事要弄清真相后再定罪过。国王仍执迷不悟。后来王子在一次狩猎中受惊失去知觉，被摩祜拉相救康复。国王为感激摩祜拉的救子之恩，把一半的权力交给了摩祜拉掌管。从此，国家变得更加繁荣昌盛，人民生活幸福。佚名唱述，岩保翻译整理。收入《傣族民间叙事长诗》第一辑，32开，33页，800余行，西双版纳傣族自治州民族事务委员会1988年编印。

（李传宁）

秀披秀滚

傣族叙事长诗。流传于云南省西双版纳傣族自治州。唱述的是：一个以打鱼为生的孤儿，在鬼的帮助下，钓到一条小金鱼，小金鱼挣断线钻进水里。鬼听说龙王的女儿被金钩卡住嘴而取不出来，正四处寻找名医治疗。鬼就装成一个英俊潇洒的小伙，救治好了小龙女。龙王为感谢鬼的救命之恩，欲招其为婿，被鬼拒绝。龙王送他一匹神马，马拉出的屎都是金子银子。鬼就把神马送给孤儿，孤儿从此过上幸福的生活。听说国王要招女婿，孤儿也去碰碰运气，遭到国王取笑并拒之门外。国王提出苛刻的条件说：假如孤儿能在七天之内把一座金桥架到王宫里，就把女儿许配给他。孤儿在鬼朋友的帮助下，成为国王的女婿。不久，鬼头目欲把孤儿的妻子占为己有，把她的魂勾走，让她离开了人世。孤儿非常忧伤。在鬼朋友的帮助下，孤儿的妻子又起死回生，回到了孤儿的怀抱。佚名唱述，岩温、宋小平、文家成翻译整理。收入《傣族民间叙事长诗》第二辑，32开，71页，1700余行，西双版纳傣族自治州民族事务委员会1988年编印。

（李传宁）

线秀

傣族叙事长诗。流传于云南省德宏傣族景颇族自治州傣族地区。唱述的是：线秀幼小时父母双亡，他由舅舅收养，长大后，他征得舅舅同意，到外地学习本领。在一个热闹、繁华之地他结识了一对做买卖的穷孤儿并与之成为好友。线秀爱上了当地最美的姑娘朗线玲，并决定送象牙席给朗线玲，以表达自己纯真炽热的爱。就在线秀和好友到远方寻求象牙席之时，朗线玲贪图钱财的父母强行把她嫁给了一位年迈的国王。纯洁而坚定的朗线玲在国王的淫威面前，以日子不好为由一再推迟婚期，等待线秀来营救她。线秀和他的好友买象牙席归来，得知消息后，非常气愤，买来长刀，备上武器，在乡亲们的帮助下，打入王宫，救出了朗线玲。就在他们准备结婚的当日，一心想夺回朗线玲的国王又发兵争夺朗线玲，没有丝毫防备的线秀、朗线玲和两位好友均被国王的军队围攻，在大火的威逼下，他们骑着大象跳下山崖。国王的暴行激起了人们的愤恨，大家同咒让他死无葬身之地，顷刻间国王被雷公劈死。悲痛的乡亲们将线秀四人隆重安葬，为丧事仪式赶了整整七天大摆。佚名唱述，佚名搜集。16开，120页，约1500行，稿存德宏傣族景颇族自治州民语委。

（杨荣芳）

香发公主

傣族叙事长诗。又名独角牛。流传于云南省德宏傣族景颇族自治州傣族地区。唱述的是：勐腊戛（龙的国度）是一个自由安宁的地方，刚满16岁的朗玛莲龙女，不知道染上了什么病，长长的黑发竟散发出一股臭味，求亲的人们纷纷收回礼物，失望而返。龙王发布庄严的文告，凡能治好公主病者，可奖赏九箩珍珠和九座城池。面对神圣的许诺，无人轻易揭榜。只有摩弄（十卦师）说出了秘方，勐巴拉纳西那方的独角牛能解除公主的痛苦。勐腊戛国王派出七位大将领兵寻宝牛。在勐巴拉纳西的一个村寨，不辞辛劳的寻牛将士如愿以偿地找到了瑞孟和他的独角牛。可是几次讨买都没有结果，穷困的瑞孟爱宝牛不爱金银。讨牛的将士无可奈何只得乘瑞孟回家看望母亲时，悄悄偷走了独角牛。朗玛莲见了独角牛，悲喜交加，泪流满面，立刻双膝下跪，哭诉心中的悲哀和期盼。面对公主揪心的哀求，独角牛也嘣咚跪地，卸角献宝。十一个宫女拿着巧匠做成的牛角梳子，在公主的长发上梳了又梳，结果臭发变成了香发，香满了宫殿和摆场。朗玛莲亲手喂养照料独角牛，也深深想念宝牛的主人。自从丢失了独角牛，瑞孟翻山涉水，历尽艰辛，终于来到勐腊戛。国王款待了勐巴拉纳西青年，朗玛莲愿意终身伺候瑞孟恩人。过了七天七夜的婚礼活动，瑞孟带着朗玛莲双双重返人间。可狠毒的勐巴拉纳西国王起了歹心，要把朗玛莲占为己有。他下令将出入天上地下的洞口封死，让瑞孟永不能再回到人间故乡。知恩图报的勐腊戛王和善行的魔王，同心协力帮助瑞孟重返故国，把可恶的勐巴拉纳西国王赶进了茫茫森林，救出朗玛莲。久别的情侣，紧紧相依，瑞孟长久长久地吻着朗玛莲秀美的黑发。佚名唱述，孟尚贤翻译，孟尚贤、方佩龙、南唤整理。刊于《山茶》民族文学双月刊1990年第5期，850余行，山茶杂志社出版。

（岩林）

月罕佐与冒弄养

傣族叙事长诗。流传于云南省德宏傣族景颇族自治州傣族地区。唱述的是：傣族"出洼节"时，少女月罕佐巧遇冒弄养，互相爱慕，山盟海誓。月罕佐的继母咩罕佐却以十驮白银的身价将月罕佐卖给了有钱有势的岩旺家。月罕佐不愿，继母用木梭将月罕佐打成重伤。当岩旺家来抢亲时，月罕佐伤势恶化而含恨死去。冒弄养闻讯悲愤交加，赶到灵堂，在月罕佐灵前以身殉情。佚名唱述，佚名搜集。16开，58页，约1000行，稿存潞西市文化馆。

（线永明）

召树屯

傣族叙事长诗。流传于云南省西双版纳傣族自治州傣族地区。唱述的是：勐板加地方的皇后玛茜娜梦见老鹰落在屋顶而生下了王子召树屯。召树屯长大后狩猎来到一个镜子般的金湖，忽然看见湖里有七个美丽的姑娘。原来，这是孔雀王国的七位公主，她们是从遥远的勐董板地方披上孔雀的羽毛飞来金湖中玩耍的。七天七夜后，七位公主又飞来落在湖面，召树屯得到神龙的指点，拿走了七姑娘喃婼娜的孔雀衣而把她留了下来。召树屯被这像莲花一样发出清香的美丽姑娘吸引而深深地爱上了她，并带着她走出森林回到了勐板加，全勐的百姓为他们"拴线"祝福，收获爱情。不幸的是，六位姐姐飞回勐董板向父王禀报七姑娘的下落后，国王下令向勐板加发动战争。召树屯告别喃婼娜，带领将士去边界迎战。而召树屯走后，喃婼娜却面临灾难，召树屯的父亲听信卜卦师喃婼娜是妖精的话而要杀害喃婼娜，喃婼娜只好说动公婆信任，拿到孔雀衣而飞回到勐董板。战争结束，召树屯归来却不见喃婼娜，问明情况便向金湖方向追去，召树屯来到佛寺，拜见了叭拉纳西和尚，从他那里得到了喃婼娜留下的金手镯。后又得到神龙的帮助，历经三个三百三十三天，战胜重重困难，终于来到勐董板与妻子喃婼娜团圆。作品歌颂爱情，表达了傣族人民的理想和愿望。佚名讲述，岩叠、陈贵培、刘绮、王松搜集整理。单行本，32开，78页，1900余行，云南人民出版社1979年版。

（普学旺）

召苏瓦

傣族叙事长诗。流传于云南省勐腊县傣族地区。唱述的是：勐巴拉纳西国的王子召苏瓦十八岁时，在河里捡到下凡的仙女南波亥投下的项链。得到神的指引召苏瓦在英麻板森林找到南波亥，结为夫妻。英麻板森林的北方有个大国勐斑加，弑兄当上了国王的帕雅龙苏坦无耻毒辣。帕雅龙苏坦到英麻板森林打猎，射死召苏瓦，强抢南波亥。召苏瓦被南波亥的养父帕拉西救活，有帕拉西法术的保护，帕雅龙苏坦无法对南波亥施行暴行。南波亥在两个宫女的帮助下逃出牢笼。逃离途中，搭救了被帕雅龙抢走的勐占巴公主沙拉玛，二人结为姐妹,这时南波亥产下一个男婴,自己却不幸被闻腥而来的老虎拖走,大难不死被勐占巴国王所救,并被认为干女儿。国王派人四处寻找公主和婴儿都找不到。无奈,南波亥请求国王在岔路口修建凉亭,刻上召苏瓦、召苏瓦的父王召龙阿底、沙拉玛和她自己的像,让过往行人提供消息。不料勐斑加国的西纳(大臣)看到像,把消息告诉了帕雅龙苏坦,为抢夺南波亥,帕雅龙苏坦发兵勐占巴。召苏瓦则四处寻找爱妻,途中救了东海龙王。在森林里遇到抚养着孩子的沙拉玛,战胜了魔王问出了勐占巴的方向,送沙拉玛回家。看到勐占巴的危难,他请来龙王打败了帕雅龙苏坦,救了勐占巴国,与生活在这里的妻子团聚。佚名唱述,刀国昌、李光品翻译。收入《西双版纳傣族民间叙事诗》,32开,32页,1457行,勐腊县民委、文化局1986年编印。

(谭玉婷)

召西纳

傣族叙事长诗。流传于云南省德宏傣族景颇族自治州傣族地区。唱述的是:勐琶(神仙国)的七姐妹向往人间,每当月明时都要下凡游玩,在千瓣莲花湖畔沐浴戏水,快乐无比。可恶的蜘蛛妖精悄悄偷走了仙女们的衣衫神羽,又变成小白兔为仙女们引路,不知是计的七姐妹跌入了蜘蛛魔的黑洞。年轻猎手召西纳路过此地,忽闻一阵阵悲哀的哭泣声和呼救声,他拨开刺丛,跳过深沟,看见了七个赤裸的少女。武艺高强的召西纳挥刀破魔网,救出了七个仙女。获救的七仙女感恩不尽,愿做召西纳的妻子和仆人。面对这一片人仙真情,召西纳留下了漂亮的小七妹,并给她取了好听的名字南慕莱(山花公主)。蜘蛛妖精失去到手的七仙女,像疯了一样追赶召西纳一行。在一座山上,善与恶相遇,召西纳和妖精好比老虎和豹子相厮,打得石飞树倒,天昏地动。歹毒的蜘蛛精变成毒虫,咬伤了召西纳握刀的手腕。召西纳刀落人倒,七公主再次落入魔爪。生命垂危的召西纳,解开白包头,咬破手指,写下了痛心的诀别信。回到山洞的妖精强迫南慕莱成婚,聪明的南慕莱运用巧计,以洗头净身为名,将妖精诱到洞边水井,乘其不备,推魔落井。南慕莱拼命逃离,她沿着血迹找到了带血的包头,找到了死去的召西纳,她的哭声与天高,与地宽,与水长。路过的赶马人劝她另投他乡,年轻的猎手也劝她改嫁他人,可都被她一一谢绝。南慕莱的坚贞爱情感动了上天,天神坤西迦手捧圣水来到人间,救活了死去的召西纳,让一对情人再生相逢。麦眼赛唱述,岩林翻译。载于《金湖之神》,32开,17页,800余行,中国民间文艺出版社(云南)出版,1981版。

(岩林)

召温邦

傣族叙事长诗。流传于云南省西双版纳傣族自治州。唱述的是:温邦年幼丧母,父亲新娶继母。继母几次唆使丈夫把温邦诱入森林遗弃,在天神的帮助下,都未得逞。继母欲活埋温邦,被家中小花狗相救,死里逃生。温邦与小花狗流落森林,被魔王带去抚养长大,并教授温邦许多神功法术。温邦因思念故乡,征得魔王同意后,带着魔王赠送的神弓、宝剑,只身回到了勐巴拉纳西。温邦以高强的武功救出了被另一个魔王抓走的勐巴拉纳西的七个公主,受到国王和百姓的拥戴,并与公主喜结良缘,继承王位。温邦的父亲和继母穷困潦倒后,乞讨到勐巴拉纳西,百姓得知温邦的遭遇后,把温邦的后娘赶出城外。突然风云突变,大地裂开,继母掉进地缝中,得到应有的惩罚。佚名唱述,玉康、杨丽珍翻译整理。收入《傣族民间叙事长诗》第一辑,32开,72页,1800余行,西双版纳傣族自治州民族事务委员会1988年编印。

(李传宁)

走勐乃

傣族叙事长诗。流传于云南省元江哈尼族彝族傣族自治县傣族地区。唱述的是：过去的傣族社会，百姓受苦，婚姻不自由。因滚召（财主）逼亲，一对相爱的人只得告别爹妈，告别家乡，逃向勐乃坝子。他们爬了一山又一山，过了一江又一江。虽然很累、很饿、很渴，但不忘爹妈的叮嘱"两手不要痒，嘴巴不要馋。寨边的蔓木（芒果）别去摘，偷吃盗吃坏品行。"他们走过墨江城，走过普洱坝，"苦命的情人哟，别怪爹妈心肠狠。只怪滚召黑了心，有家难归害死人。"后来，他们走到了勐乃坝，看见一篷又一篷的竹子，看见山上成群的大象，一对苦命的情人就像找到了家。他俩砍竹子盖房，砍芦苇编篱笆，石头架起三脚架，用竹槽煮菜，用竹筒烧饭，在野猪出没的地方开出了田地。他俩自己"拴线"（婚礼仪式）成亲，做了真正的"双丙牙"（夫妻），在勐乃地方安家过日子。这勐乃坝诗中没有说明什么地方，只知道那里是一个田地肥美、气候炎热、会生瘴气，"七月种香糯（谷子），腊月春粑粑"的美丽富饶的大平坝。也许这正是提供研究的一个方面。"走勐乃"是一部以逃婚为主题的叙事诗，篇幅虽不是很长，但内容丰富，也有一定的思想性。杨依月、白阿宜唱述，李存仁记录整理。收入《元江民族民间文学资料》第二集，32开，4页，150行，元江哈尼族彝族傣族自治县文化馆1982年编印。

（岩林）

粘巴西顿

傣族叙事长诗。流传于云南省西双版纳傣族自治州。为傣族五大诗王之一。唱述的是：富强美丽的勐扎西，突然遭到一场灾难。森林里的山峰上歇着一对巨鹰，翅膀比田坝还宽，飞起来能遮住半边天。它们是天神派来看守山峰上的红宝石的。巨鹰在山上守了一千年，就把周围寨子的人和畜都吃光了。国王为了保住他唯一的女儿，就做了一个大鼓把女儿装在里面，挂在宫廷里。这时，巨鹰又把国王和宫廷里的人全部吃光，勐扎西变成了一片废墟。一天，勐巴拉纳西的国王粘巴率领群臣狩猎来到勐扎西，只见一个宽阔的坝子，却不见有人，就走进宫廷敲响大鼓，不料鼓里传出人的声音，随即走出一位姑娘，姑娘向国王讲述了勐扎西所经历的灾难。国王带她回国，取名楠光罕并娶她为妻。国王原来有一个王后，人漂亮，但心不好。一年后楠光罕生下四个儿子，王后怕儿子继承王位，就吩咐侍女用四条小狗换掉四个儿子，并将四个男孩装进大瓦罐丢进江中。国王认为楠光罕生的是狗，很生气，就把她贬为家奴。瓦罐漂到下游，被为王宫栽花的夫妇拾到，夫妇忙着扶养孩子，误了送花，就被王后发现，四个孩子被她用有毒药的粽子毒死了。夫妇俩把孩子埋在花园，四个坟堆上长出了四棵缅桂花树。王后又派人去拔树，可谁也拔不动。最后逼着夫妇俩去拔，把树丢进江中。四棵树逆流而上，被修行的帕拉西捞起。帕拉西用仙水把花树变成四个男孩，并教给他们各种本领。四个孩子去寻找母亲的过程中，分别打败了四个妖国，并当上了四个妖国的国王。后来，几经周折，四个儿子终于在森林里找到了母亲楠光罕。可是父王仍听信王后谗言，不认他们，并和他们打仗比武，四个儿子终于打败父王，并讲述了经过。国王顿时醒悟，悔恨万分，王后闻后也羞愧自杀。一家人终得团圆。后来，最小的一个儿子还回到勐扎西，用法术使那里的万物复苏。佚名唱述，西双版纳傣族自治州民族研究所搜集。16开，800余页，70000余行，稿存西双版纳傣族自治州民族研究所。

（普学旺）

章相

傣族叙事长诗。流传于云南省西双版纳傣族自治州。为傣族五大诗王之一。唱述的是：有一个美丽的地方叫勐章相，这里的公主是天神转世而生，因有一天神下凡与公主幽会而使其怀孕。父王认为给自己丢了脸，便将王后和公主放逐江中。母女俩乘竹筏而下，在河边遇到野和尚帕拉西而将她们收养。后来，公主生下一个男孩，取名苏令达。孩子长大后,帕拉西把各种本领和法术教给他。不幸的是,苏令达的母亲被魔王劫走,母子失散。苏令达在寻找母亲的过程中被龙王招为女婿。由于思念母亲,他告别龙女,离开龙宫,返回途中又与本领高强的丢娥、捧玛结为兄弟,然后回到帕拉西身边。他的母亲也几经周折回到了勐章相。此时,国王受天神惩罚后已醒悟,调集人马迎接公主和苏令达回宫,并让苏令达继承王位。大臣们要苏令达在一百零一个勐里选择妻子,苏令达看上了勐西丙的景达楠西公主,公主也看上了他。但公主的哥哥桑哈嫌勐章相是个小国而故意刁难,并要求比武。苏令达派去求婚的大将丢娥和捧玛就用木头刻成许多猴子,念诵咒语后让它们把景达楠西公主抢了出来。桑哈大为恼怒,于是调集人马去攻打勐章相。战争打了十年,由于苏令达有天神、龙王送给的宝物,桑哈终于败在苏令达手下。战争结束后,苏令达带上很多礼物去慰劳赏赐勐西丙,从此两个勐结为友好邻邦。苏令达又把龙女接到勐章相,从此全勐百姓平安富足。苏令达年老去世后,灵魂返回天上去了。佚名唱述,云南省古籍办搜集。16开,400页,1300余行,稿存云南省少数民族古籍整理出版规划办公室。

（普学旺）

章英与南葛花

傣族叙事长诗。流传于云南省金平苗族瑶族傣族自治县勐拉乡。唱述的是:远古时,离勐拉坝很远的地方的森林里,住着一对中年夫妇。一天,妻子木靓做了噩梦,梦见山怪奸污了她,后她就怀孕生下三个儿子,第一个生下来就像蛇溜到勐拉河里变成了龙王,第二个生下来像猫,跑到山上变成了老虎,只有第三个是个真正的儿郎,取名叫章英。章英刚出生父亲阿亮就死了。章英跟着母亲四处流浪。一天,国王的七个公主出宫游玩。七公主南葛花的马被一毒蛇咬伤后摔倒在地。章英把马救起并让公主骑着上路。木靓生下的虎怪年年作恶,每年要残食一个姑娘,国王就出招贤榜,谁能除虎怪就将公主南葛花许配给他。最终,章英战胜虎怪,与南葛花成亲做了驸马。陆占文唱述,徐阳、乡溪记录、文字校正。收入《云南民间文学集成·金平长诗卷》,32开,17页,442行,金平苗族瑶族傣族自治县文联1989年编印。

（郭玉萍）

三、英雄史诗

厘俸

傣族英雄史诗。流传于云南省景谷傣族彝族自治县傣族地区。唱述的是：天神英叭的儿子海罕和侄儿俸改，由于俸改挑逗了海罕的妻子楠崩，引起二人的不和。俸改又调戏了另一个天神桑洛的妻子娥并，引起桑洛的愤怒。他们的争吵，使英叭十分生气，就把海罕、楠崩、俸改、桑洛、娥并等全部罚到人间。俸改下凡后，三岁就当了勐景罕的国王，以后他东征西讨，妻妾三百，其中就有桑洛的妻子娥并。桑洛也当了国王，他联合一百零一个小国去攻打勐景罕，难分胜负。海罕来到人间，当了勐景哈的国王。一天，俸改设计抢走了海罕的妻子楠崩。海罕知道后，决心攻打勐景罕，于是，发生了长达七年的战争。天神英叭为了平息战乱，派一名天神到俸改那里传旨意，要他将楠崩送还海罕，俸改不愿意，还当着天神的面奚落叭英。于是叭英大怒，派天兵天将协助海罕攻打俸改。俸改也联合桑洛，调集八十万大军参加战斗。双方激战无数次，伤亡惨重，海罕仍攻不下勐景罕城。海罕举行一次盛大的祭典，重振了军威，在叭英派来的天兵天将协助下，终于攻下了勐景罕城。这时俸改乘飞马而逃，在天边被海罕的大将冈恒抓住，海罕要俸改给他当奴仆，俸改不愿意，被海罕处死。持续七年的战争到此结束，冈恒被海罕委任为勐景罕国王，海罕则带着妻子楠崩回到勐景哈。佚名唱述，刀永明、薛贤、周凤祥翻译整理。单行本，32开，306页，7000余行。云南民族出版社1987年版。

（普学旺）

相勐

傣族英雄史诗。流传于云南省西双版纳和德宏傣族地区。唱述的是：茫茫的森林里，有一个强大的国家叫勐荷傣，王子是沙瓦里，他企图征服一百零一个勐的人民。他利用美貌的妹妹楠西里总布来比武招亲，希望跟强大的勐瓦蒂王子貌舒莱结盟，换取他的十万大军来实现称霸的野心。比武之后，沙瓦里决定把妹妹嫁给貌舒莱，妹妹却不愿意。正在这时，魔鬼刮起一阵飓风把楠西里总布劫走了。在森林里游猎的勐维扎的王子相勐杀死了魔鬼，救出了楠西里总布，他们彼此相爱，订下了婚约。他们回到勐荷傣，沙瓦里看不起相勐是小国的王子，就反过来诬陷相勐是劫走他妹妹的魔鬼，要把相勐处死。在天神的帮助下，相勐被救，并送回到勐维扎。沙瓦里没有杀死相勐，就写信给貌舒莱，要他联合出兵攻打勐维扎。相勐回到勐维扎，把经历禀告父王和大臣们，人们听了都很愤怒。但为了避免战祸，相勐提出先派人带着礼物去勐荷傣求婚。蛮横的沙瓦里不仅不答应这门亲事，反而当面污辱来使，并听信巫师的话而发动了战争。最后，相勐杀死了貌舒莱，又杀死了沙瓦里，战争方告结束。后来，相勐做了勐荷傣的国王，并统一了一百零一个勐，使人民得到安居乐业。相勐和楠西里总布也重新获得了幸福的爱情。佚名唱述，岩峰、王松整理。收入《山茶》1980年第2期，16开，31页，3200余行。

（普学旺）

四、仪式歌

哀悼词

傣族仪式歌。流传于云南省西双版纳傣族自治州傣族地区。当送葬的一切准备就绪，寨子里的一位能说善唱的长者就要放声吟唱此词，以表众亲友对死者的最后心意。词中唱道："哦，离开我们的亲人啊，从我们中间走过去吧，从神搭的金桥走过去吧，从鬼开的路走过去吧，从我们撒的花朵上走过去吧，从子孙的包头上走过去吧！到处是一片哭声，因为大家舍不得你，到处都在说你的好话，因为大家尊敬你，沙土！沙土！"弄坦恩演唱，岩宰翻译。收入《西双版纳傣族歌谣集成》，32开，6页，132行，云南人民出版社1989年版。

（龙江莉）

出猎歌

傣族仪式歌。流传于云南省德宏傣族景颇族自治州傣族地区。农闲时节，寨子里的猎手和男人们要上山狩猎。为了交上好运，猎手们要在寨头神庙祭供拜跪，请求寨神保佑丰收而归。祭祀时需念诵此歌。歌中唱道："尊敬的寨神，尊敬的山神，让我们交好运，我们要出猎了。……第一刀肉，我们要敬寨神山神；第二刀肉，要敬寨子里的长老，要敬自己的父母亲。智慧的神啊，万能的神，保佑我们吧，指引我们吧，让我们的双腿，比兔子跑得快，让我们的火药枪子，像长了眼睛一样准。……请保佑我们，请指引我们。"佚名朗诵，岩林、曼相、波瑞翻译整理。收入《傣族风俗歌》，32开，4页，106行，云南民族出版社1988年版。

（快永胜）

除虫调（一）

傣族仪式歌。流传于云南省景洪县傣族地区。人们生病时疑有虫子在体内作怪，便唱诵此调驱除病虫，以期恢复健康。调中唱道："身体中的小小臭虫，你这无赖的小生灵，为何要睡在我的身体中，像泥鳅躲在泥土里。你这该受雷轰的懒虫啊，你这该遭电击的毛虫啊，你这该受刀剐的臭虫啊，你只会在人的身体中寄生，你只会在人的身体内作恶。……你这作恶多端的毛虫啊，现在你必须立即离开我的皮肉，给我远远地滚开滚开。"波窝列演唱，岩恩采录，刀永平、罗俊新翻译。收入《中国歌谣集成·云南卷》上，16开，1页，22行，中国ISBN中心2003年版。

（龙江莉）

除虫调（二）

傣族仪式歌。流传于云南省景洪县傣族地区。人们生病时疑有虫子在体内作怪，便唱诵此调驱除病虫，以期恢复健康。词中唱道："小小臭虫，你仔细听着，如果你想死赖在我体中，如果你依然躲着不动，我要用辣姜塞你嘴，我要用苦药塞你肠，我要用水烫你的心。嘿嘿，你赶快走！臭虫啊，赶快滚开！让我的痛痒立即停止，让我恢复红润丰满的身躯。"波窝列演唱，岩恩采录，刀永平、罗俊新翻译。收入《中国歌谣集成·云南卷》上，16开，1页，23行，中国ISBN中心2003年版。

（龙江莉）

斗楼梯歌

傣族仪式歌。流传于云南省西双版纳傣族自治州傣族地区。在傣族习俗中，传说楼梯是龙的身子所变，因此制作楼梯是建盖新房中的重要环节，人们制作楼梯时要举行仪式并唱诵此歌。歌中唱道："埋占藤（树名），做梯架，埋公糯（树名），做梯板，新房的楼梯做好了，放在竹楼门前。桑木底，走下来，楼梯台数九块板，块块梯板一样齐，宽窄要相等，像牙齿一样。"岩罕胆演唱，应塔南记录，岩温扁翻译。收入《西双版纳傣族歌谣集成》，32开，3页，43行，云南人民出版社1989年版。

（龙江莉）

答谢歌

傣族仪式歌。流传于云南省西双版纳傣族自治州傣族地区。该歌唱述老人过世后，子女为其办完丧事，备好饭菜宴请帮忙的亲友们以示谢意。歌中唱道："埋毕归家，儿女们备好饭菜，请帮忙的人入席用餐，儿女子孙来谢恩亲友的帮忙。帮忙的亲友们齐致词，愿你们身心安稳，生者与死者共享富贵，善事存天堂，面子在凡间，愿功德保佑你们，愿老人的灵魂保佑你们。"波翁演唱，小虎搜集，月放翻译。收入《西双版纳傣族歌谣集成》，32开，2页，35行，云南人民出版社1989年版。

（龙江莉）

赕春节神祝词

傣族仪式歌。流传于云南省德宏傣族景颇族自治州傣族地区。这是傣族地区在春节大年初一到第三天的早晨，祭祖宗时的祭词。大意是：今天是良辰吉日，大中华皇帝要更换年轮。旧岁主昨日回，新岁主今天来，树木换叶，大地更草，新年新日事事新。新年开始，吃用不完，享受不尽，积金如土堆银如沙堆，似河水淌来，像天空云彩，年年岁岁步步高升。今天有肉有鱼有酒有饭，请祖宗们来享用，往后祝后代平安，万事如意，岁岁平安。收入《祝词》，傣文版，32开，2页，37行，德宏民族出版社2003年版。

（岳小保）

赕佛延寿祝词

傣族仪式歌。流传于云南省德宏傣族景颇族自治州傣族地区。傣族有危重病人时，为了延长其寿命，需向佛祖祷告并举行一种叫"母加"的延寿仪式，念诵此祝词。内容是：我们从来没有忘记佛的恩赐，佛的恩泽伟大无比，只有佛祖才能拯救世人，今天我们备有各种贡品，请佛祖接受我们的赕贡，某某为人历来清白，积德行善，目前到底有何过错，请佛祖指引开道，望从今以后让他身体恢复原样，健康长寿。波放喊吟诵、抄录，岳小保记译。绵纸8开，120行，稿存德宏傣族景颇族自治州民语委。

（岳小保）

赕佛词

傣族仪式歌。流传于云南省潞西、盈江等县傣族地区。该词是人们向佛祖求拜时唱诵的词。歌中唱道："想着爷爷奶奶，想着妻子儿女。全家来赕佛，来洗净灵魂。这一生一世啊，只做好事，不干坏事。人生的命运由前世所定，今世积功德越多，来世命运就越好。哪个记得，一生赕了几次佛，一生积了多少德。自古以来，人们以从善为荣，从恶为耻。"亚罕柳等演唱，曼相采录翻译。收入《中国歌谣集成·云南卷》上，16开，3页，128行，中国ISBN中心2003年版。

（龙江莉）

堆沙塔节贺词

傣族仪式歌。流传于云南省德宏傣族景颇族自治州傣族地区。该贺词在中青年男女为庆贺老年人进行赕佛诵经、堆沙塔以表对佛祖虔诚之心时念诵。贺词首先赞扬老人们常年对佛祖诚心，诚心赕佛、诚心听经、遵循佛祖教诫，并备众多供品，选择吉日良辰进行堆沙塔，功德无量。然后说明中青年男女来祝贺之意，并细数带来的供品，表达对佛祖虔诚之心，请佛祖保佑。李岩过哏吟诵、搜集、整理，快永胜译。16开，3页，80行，稿存德宏傣族景颇族自治州民语委。

（快永胜）

滴水祝词（一）
傣族仪式歌。流传于云南省德宏傣族景颇族自治州傣族地区。此祝词在赕佛结束后举行滴水仪式时由一位僧人或长者吟诵。内容是："我们结束了赕贡佛祖仪式，现在来向地滴水祝福，请大地牢牢记住。首先向父母祖宗三代滴水，还有玉皇大帝和日月天神，还有所有妖怪魔鬼，在十八层地狱落难的人们，包括阴间掌握生死簿的召判官，所有动植物也在内，人间所有贫穷、富贵者也不忘怀，天神和地神，山神和水神，寨神和勐神，还向统领国民的位显高官滴水，我们不会忘记哪一位，请大地都记住吧，现在我们向大地滴水，请来接受我们的告慰，请赐予我们功德，能随佛升入天堂永无生死轮回。"佚名吟诵，邵波庄保抄录，岳小保译。收入《祝词》，傣文版，32开，3页，50行，德宏民族出版社2003年版。

（岳小保）

滴水祝词（二）
傣族仪式歌。流传于云南省德宏傣族景颇族自治州傣族地区。祝词是："为在阴间的父母之魂滴水祝福，祷祝父母收下儿女的供品，护佑后人前途光明，丰衣足食，万事亨通，心想事成。还要为普天下的千千万万百姓，所有在水里、森林、空中的千千万万动植物滴水祈福，希望都能在人间一切顺利，万事如意。"庄恩朗诵，刀干相记录。傣文版，16开，2页，38行，稿存德宏傣族景颇族自治州民语委。

（岳小保）

滴水歌
傣族仪式歌。流传于云南省德宏傣族景颇族自治州傣族地区。此歌在"进洼"节（佛事活动中的关门节，即自傣历9月15日至傣历12月15日三个月中信徒们从事听经、念经、赕佛拜佛活动。）做功德举行滴水活动时朗诵。开篇诵道："尊敬的佛祖们，我们双手合十跪在您的尊像之下，请佛祖保佑我们。我们带来了一面大镜子、银片包的菠萝、鲜花等供品……"并对环境、贡品、人数、人名、规模等进行陈述。接着向佛祖请求他们的愿望得以实现："我们现在滴水发誓：'我们诚心诚意拜佛念经，尊敬长辈，爱护老幼和保护万物……'我们向佛祖、祖宗、天神、地神祷告，祷祝接受我们的敬献，让我们无灾无难，健康长寿，荣华富贵……"佚名吟诵，岳小保抄录、整理、翻译。傣文版，16开，21页，315行，稿存德宏傣族景颇族自治州民语委。

（岳小保）

滴水词
傣族仪式歌。流传于云南省潞西县傣族地区。该词是人死后尸体停放在堂屋时，寨子里有威望的老人或者死者的长子长孙，一面把葫芦里的净水倒在地上，一面吟诵悼念死者的歌词。歌中唱道："让我们手捧葫芦，洒下圣洁的水。圣洁的水呀，像两行滚落的热泪，滴滴洒向悲哀的土地。来祭那离我们而去的亲人，来祭那离家园而去的亲人。圣洁的水，没有沾落一粒灰尘，我们对死者多么真诚。凡是在这里下跪的后代子孙，凡是来这里祭奠的远近乡亲，有的忧愁难言，有的沉痛万分，有的哀泪满面，因为死去的亲人可敬可亲。"亚恩发演唱，岩林翻译采录。收入《中国歌谣集成·云南卷》上，16开，2页，57行，中国ISBN中心2003年版。

（龙江莉）

复山修坟祈祷词

傣族仪式歌。流传于云南省德宏傣族景颇族自治州傣族地区。这是埋葬死人后第二天早晨，亲人（晚辈）们前往坟山修理坟墓向土地神要阴宅地基的祈祷词。其内容是："今天是干净的日子，是清白的日子。三十日选一，三百天选一个好日子。水主、地神、寨主、地脉龙神土地公公啊，病无法治，病无法医，混洛芒建（让寿命终结的鬼）已把某某约走了，某某已进银山果地，已换脸变成了鬼。现在向地脉龙神土地公公请求，某某要来这里居住。请大人不要骂不要撵。让这里成为他（她）的家。"管必琳吟诵、抄录。收入《祝词》，傣文版，32开，1页，14行，德宏民族出版社2003年出版。

（岳小保）

给小孩拴魂歌

傣族仪式歌。流传于云南省西双版纳傣族自治州傣族地区。该歌是母亲为年幼的孩子拴魂，祈求长寿安康时念诵的仪式歌。歌中唱道："我的孩子，我的心肝，今天是吉祥如意的日子，今天的太阳多么明亮，妈为你拴魂祝你健康，妈为你祈祷长命不老。拴左边叫魂归来，拴右边把病驱逃，魂灵永不离去，吉祥和安康在你身上，你要好好地保住生命，你要永远摆脱病魔。"咪的总演唱，波窝娟搜集，刀永平、俊罗新翻译。收入《西双版纳傣族歌谣集成》，32开，2页，24行，云南人民出版社1989年版。

（龙江莉）

敢捧

傣族仪式歌。流传于临沧市耿马傣族地区。主要在土司承袭即位、婚庆或庄重场合使用，由德高望重的男性长者主持吟诵。内容冗长，辞藻华丽，包涵传统礼仪、风俗习惯。南桂香整理。收入《耿马傣族》，南桂香著，16开，云南民族出版社2013年12月第1版。

（南桂香）

姑娘成人礼祝福歌

傣族仪式歌。流传于云南元江县傣族聚居区。歌词表现了长者对女儿的爱和期盼以及长大过程中除了会有美好的爱情故事外还会遇到荆棘丛林等困难，妈妈祝福女儿克服困难拥有幸福美好的未来。歌中唱道："少呃，少呃！妈妈生下的亲爱的柔弱女儿，少呃，少呃！妈妈生下的亲爱的宝贝女儿，少呃，少呃！你是鲜花锦缎做成般的美丽！少呃，少呃！如王母娘娘送给的精致鞋带般珍贵，似妈妈制作的花被般绚烂迷人！少呃，少呃！盼女儿长大与妈妈齐肩，望女儿成长超过妈妈头顶。少呃，少呃！幼小的女儿啊，前方有桥等我们过，稚嫩的女儿啊，前方有漫长的路要我们走，少呃，少呃！乌骨小公鸡尾巴长出了篷，一群帅气的卜冒等你下马鞍来选择。少呃，少呃！乌骨小公鸡尾巴长成了白色，富贵的卜冒望你下马鞍来选！少呃，少呃！乌骨小公鸡尾巴长成了绿色，独儿子盼你下马鞍来选！……开辟满是荆棘丛林，刀刃砍破了刺丛开辟了道路，辟开刺棵树形成了道路。刀刃砍倒苏木开辟成了道路。……"者嘎村白琼英演唱，白云搜集、整理，尚未发表。

（白云）

火塘祷告词

傣族仪式歌。流传于云南省西双版纳傣族自治州。属傣族上新房时举行升火塘仪式的唱词。内容主要是祝贺主人的新火塘，赞美主人的新房，祈求家神保佑主人家五谷丰登，六畜兴旺，合家安康、吉祥。歌中唱道："主人啊主人，愿灾难远离你而去，祝你日日逢吉祥，家神会帮你战胜盗贼，家神会帮你赶走苦难，家神会帮你驱除贫穷。竹楼四周宽又平，你放牧会六畜兴旺，你外出会吉祥平安。"波金宛演唱，胡民安记录，岩保翻译。收入《西双版纳傣族歌谣集成》，32开，12页，225行，云南人民出版社1989年版。

（李传宁）

喊人魂调

傣族仪式歌。流传于文山壮族苗族自治州马关县傣族聚居区。主要内容：希望孩子"落在山野上的魂、落在箐沟里的魂、落在岩头上的魂、落在江河里的魂、被野猪老熊吓掉的魂、被恶人魔鬼吓掉的魂"赶快回来！家里老小等着孩子回来吃团圆饭、穿新衣裳吃甜水果等。张寿喜演唱，白家祥搜集记录。尚未公开出版发行。

（张元波）

叫谷魂（一）

傣族仪式歌。流传于云南省西双版纳傣族自治州。傣族秋收之后家家户户都要去田里把掉在田里的谷穗捡起来，然后叫谷魂，吟唱此歌，祈求谷魂保佑人们明年再获丰收。歌中唱道："谷魂啊，你是王；谷魂啊，你是主。千亩黄谷已归仓，千亩稻草已堆齐，谷魂啊，快回家；谷魂啊，快归仓。一粒谷，胜过千两金，一粒谷，胜过万挑银，……今天主人来，声声把你叫，带来鸡蛋黄，带来竹扁担，还有提箩和背筐，把你挑回寨，把你带回仓。……回来吧，别在野外淋风雨，谷是王，谷是主，回来了，回来了！"佚名演唱，岩温扁翻译、整理。收入《傣族古歌谣》，32开，3页，52行，中国民间文艺出版社1981年版。

（李传宁）

叫谷魂（二）

傣族仪式歌。流传于云南省新平彝族傣族自治县花腰傣族地区。每年的农历六月，第一季稻谷收完后，傣族家家户户都要选一个吉祥的日子叫谷魂（傣语叫"欢亨毫"）。此叫谷魂歌先由家庭主人唱诵，内容主要是虔诚地请各方神圣的谷魂回家，强调谷魂对人的重要性，然后全家人回答，回答四面八方的谷魂已归位，各种稻谷、饭谷、红谷、白谷的魂都已回家了。反映了傣族的原始宗教信仰。刀正邦唱述，辛平整理。收入《玉溪地区民间文学资料选》第三集，32开，3页，42行，玉溪地区群众艺术馆1985年编印。

（郭玉萍）

叫谷魂（三）

傣族仪式歌。流传于云南省新平彝族傣族自治县傣族聚居区。每年农历六月间，傣家坝子家家户户都会选一个吉祥的日子欢亨毫（傣语音，意为叫谷魂），由主妇吟诵谷魂调。歌词大意为：珍贵的谷粒啊，尊敬的谷魂，傣家离不开金稻谷，泼在东边田的谷粒谷魂快回家；掉在西边田的谷粒谷魂快进仓；散在南边田的谷粒谷魂快拢伴；落在北、边田的谷粒谷魂快归位。东边的雀鸟、西边的田鼠、南边的蚂蚁会吃掉你，北边的寒风会冷死你。来啦，快归位快归仓。刀正邦讲述，白辛整理。收入《乡泉集》（第二辑）32开，3页，云南民族出版社1985年版。

（刀庆喜）

叫黑姑娘魂

傣族仪式歌。流传于云南省西双版纳傣族自治州傣族地区。据说黑姑娘虽然皮肤不白，但心地善良，她得了病后众人纷纷为她叫魂，并编成了叫魂词，称为"叫黑姑娘魂词"。之后，无论男女老少得了病都要以"叫黑姑娘魂词"来叫回魂魄，该叫魂方式也是傣族最高的叫魂形式。词中唱道："向寨神祈求，向勐神祷告，请父母魂来助威。现在啊，我要来向铁锅和甑子讨魂。病者是好心，善良如黄麂，心地一片纯，赛过二十五成黄金。""快快回来吧，家乡有房屋，生病有父母，他们会照管，他们会喂药。身边有儿女，箱里有金银，仓库有黄谷，楼下有牛马，你只等享福，幸福到老死。"康朗庄演唱，岩温扁采录翻译。收入《中国歌谣集成·云南卷》上，16开，4页，187行，中国ISBN中心2003年版。

（龙江莉）

叫鸡魂

傣族仪式歌。流传于云南省西双版纳傣族自治州。傣族认为月食之日鸡瘟会纷纷出来收鸡魂，需帮叫鸡魂。歌中唱道："咕咕咕，咕咕咕，……公鸡魂，母鸡魂，别惊慌，别逃散，鸡圈有狗守，家中有主人，主人有弓弩，主人有长刀，披哈不敢来，披钻（偷鸡鬼）不敢挨，月食过去了，天下就太平。……回来吧，鸡圈门已开，回来吧，蛋在箩中哭。咕咕咕，咕咕咕，主人把你叫，鸡魂回来了。"佚名演唱，岩温扁翻译、整理。收入《傣族古歌谣》，32开，2页，36行。中国民间文艺出版社1981年版。

（李传宁）

叫牛马魂调

傣族仪式歌。流传于文山壮族苗族自治州马关县傣族聚居区。主要内容：希望家中牛、马、猪、鸡、狗、鸭、鹅、猫等赶快回来！主人会照顾好他们，让他们健康成长。董再芳演唱，董品尧搜集记录。尚未公开出版发行。

（张元波）

叫动物魂

傣族仪式歌。流传于云南省新平彝族傣族自治县傣族聚居区。歌词大意为：黄牛的魂也叫，水牛的恶魂也叫，叫了让黄牛水牛都满厩。肥猪老猪小猪的魂也叫，叫了三天的小猪会舔槽，五天会舔食，三天就有虎口高，五天长过猪槽边。范美英演唱，周红芹2007年8月采录，刀明贵翻译。收入《花腰傣古歌谣》，32开，1页，云南民族出版社2008年版。

（刀庆喜）

叫魂词

傣族仪式歌。流传于云南省西双版纳傣族自治州傣族地区。该词是傣族为人叫回魂魄时念诵的仪式词。词中唱道："回来吧，苏宛纳丙巴公主的魂灵，你莫留在草棵竹林里，你莫要躲在荒山野岭，野地里雾凉风大，你会遭风吹雨淋。回来吧，苏宛纳丙巴公主的魂灵，你不要留在山涧田野，你莫进高山密林，林中有毒蛇躲藏，豺狼虎豹成群。"波英塔拉演唱，岩温记录，岩温、刀国兴翻译。收入《西双版纳傣族歌谣集成》，32开，2页，30行，云南人民出版社1989年版。

（龙江莉）

叫谷魂词

傣族仪式歌。流传于临沧市耿马傣族地区。耿马傣族收完谷子后，家中年长的男子要到秧田叫谷魂。届时准备米一杯、糯米饭一盒、清水一瓶、大红公鸡一只、镰刀一把。曲调大意：谷魂啊！谷魂啊，回来！回来！在哪里也要回来，回到家中，回到谷仓里来……吃不完，用不尽。陇康朗者买讲述，南桂香整理。收入《耿马傣族》，南桂香著，16开，云南民族出版社2013年12月第1版。

（南桂香）

祭鬼词

傣族仪式歌。流传于云南省西双版纳傣族自治州傣族地区。该词是傣族祭鬼时念诵的仪式词。词中唱道："大家来祭神祭鬼，求祖先灵魂保佑，风调雨顺，人畜兴旺，五谷丰登，寨兴勐兴，百病远离，祸害不挨。三寨是一家，五村是一户，同是一个父母生，都是兄弟和姐妹。……请吃吧，请来吃红刹生，请来吃红鸡血，请吃三团黑饭，请喝六寨的辣酒，请抽头年头等烟叶。"咪香勐演唱，应塔南搜集，岩温扁翻译。收入《西双版纳傣族歌谣集成》，32开，5页，105行，云南人民出版社1989年版。

（龙江莉）

祭太阳歌

傣族仪式歌。流传于文山壮族苗族自治州马关县傣族聚居区。主要内容：尊敬的太阳公和太阳婆，保佑大家五谷丰登、鸡鸭成群、岁岁平安、生活富裕。张寿喜演唱，白家祥搜集记录。尚未公开出版发行。

（张元波）

祭月亮神

傣族仪式歌。流传于云南省新平彝族傣族自治县傣族聚居区。歌词大意为：圣洁的月亮娘娘，你像伸开的芫荽花、柔情的溪水，今天是好日子，快快回来，万种花线、千种彩带、万份黄糯米饭，千样花伞都任你选，回来照遍我们傣家村寨，给我们带来光明和吉祥。万美英、刀全英演唱，周红芹采录，刀明贵翻译。收入《花腰傣古歌谣》，32开，3页，云南民族出版社2008年版。

（刀庆喜）

祭谷魂调

傣族仪式歌。流传于文山壮族苗族自治州马关县傣族聚居区。主要内容：希望稻谷长势良好、获得丰收，让傣家人"给一千个粮仓装不完，给一万个粮库也满泼，子孙万代吃几年也剩，客人天天进家吃不完"。杨文凤、柏开英、张保芬演唱，白家祥搜集记录。尚未公开出版发行。

（张元波）

祭猎神

傣族仪式歌。流传于云南省新平彝族傣族自治县傣族聚居区。歌词大意为：山神山神，我们上山下箐打猎，快帮撵老虎下箐沟，撵狗下山坡，让我们打到比马鹿大的麂子，比饭桌宽的野猪，比孔雀大的箐鸡，快把它们放出来吧。刀万和演唱，周红芹采录，刀明贵翻译。收入《花腰傣古歌谣》，32开，2页，云南民族出版社2008年版。

（刀庆喜）

祭祖调

傣族仪式歌。流传于文山壮族苗族自治州马关县傣族聚居区。主要内容：傣家人准备了鸡鸭鱼肉，大豆包谷，老肥猪和香喷的糯米酒等，敬请"三代前辈九代祖宗"来吃饭。请老祖宗保佑我们"住房如宫殿，有粮堆满楼，有至猪满厩，鸡鸭遍家园。早上用银碗，晚上用金碗。一天三餐酒，餐餐九口肉。房后有银山，门前有金海"。白世章口述，收《白家祥集》记录。尚未公开出版发行。

（张元波）

祭献月亮歌

傣族仪式歌。流传于文山壮族苗族自治州马关县傣族聚居区。主要内容：希望"多情的月亮娘娘"从天上下凡来保护傣家人幸福吉祥，生活美满，无灾无病。白光仙演唱，董品尧搜集记录。尚未公开出版发行。

（张元波）

祭水歌

傣族仪式歌。流传于文山壮族苗族自治州马关县傣族聚居区。主要内容：叫东南西北边的水神，傣家人准备了老虎肉、大象肉来献祭他们，求他们保佑傣家人庄稼长势好，六畜兴旺，身体健康，永远过上幸福的生活。白光仙演唱，董品尧搜集记录。尚未公开出版发行。

（张元波）

祭亡人滴水词

傣族仪式歌。流传于云南省德宏傣族景颇族自治州傣族地区。歌词唱道："今天我们请来了所有左邻右舍，亲戚朋友，手捧水瓶向地下滴水向本家所有已故在阴间的人们祷告祭奠。请来接受我们的祭品，包括本家前前后后所有回到阴间的亡灵，都来抬走你们的物品吧。不要伤心，不要流泪，人间都是这样，你离开我，有时我又离开你。包括穷人富家，百姓高官，生老病死谁也逃不脱。有的老了死去，有的年纪轻轻已离人间；有的甚至是婴儿都无法躲过死神。有的则是年轻力壮的小伙；有的是美丽如花的姑娘，不得不离开亲人死去，这谁也无法改变。听天由命吧，所有在阴间的亲人们，现在我们向地下滴水为你们祭奠。包括所有动物都来接受我们的祭奠吧。"干喊吟唱、抄录，岳小保译。收入《祝词》，傣文版，32开，4页，95行，德宏民族出版社2003年版。

（岳小保）

祭神调

傣族仪式歌。流传于云南省德宏傣族景颇族自治州。此歌在祭寨神之时诵唱，内容多为请求神灵免去灾难，给人们带来幸福吉祥。歌中唱道："祭神日一到，全勐来清扫，带上饭和菜，一起来祷告，望你给吉祥，盼你给平安，全勐宽又广，无灾又无难，年年大丰收，钱财样样有，家家户户乐，幸福永远长。"莫肖演唱，佚名译。收入《德宏傣族民歌44种》，32开，2页，40行，德宏民族出版社1984年版。

（岳小保）

祭寨神勐神

傣族仪式歌。流传于云南省西双版纳傣族自治州。此歌在祭祀寨神勐神时唱诵，主要内容是祈求神灵保佑百姓安康吉祥。歌中唱道："上天的神灵召片发哟，这里摆着馨香的饭菜，请快来用餐。所有上天的神灵，还有景康的神灵，勐遮的神灵，帕崩的神灵……四面八方的神灵，大地上所有的神灵都来……来保护大地上的生灵。来吧，心地慈善的土地神；来吧，保护森林之神；来吧，管船管水之神……骑着飞马来，骑着飞象来。"鱼乍迁演唱，刀新华搜集，西娜翻译。收入《西双版纳傣族歌谣集成》，32开，5页，65行，云南人民出版社1989年版。

（李传宁）

祭勐神祝词

傣族仪式歌。流传于云南省德宏傣族景颇族自治州。这是每年一次祭勐神（地方神）的祝词。其内容是："十月十一是吉日良辰，每年一次把召勐祭奠，全村你们的子孙后代，家家户户筹办敬贡钱，牵来一头金色大黄牛，公鸡一只长毛黄灿灿，猪头猪脚谷米大青菜，香火蜡条酒后菜在先，白肉在中间回锅在后，全村男人跪在您脚前，子孙敬请主人来享用，希望今后保全村平安，北方请您保到崃大发（山名），南方请您保到崃邦滇，上方来了敌人要阵伐，下方来了敌人要杀完，水火瘟灾枪灾赶出勐，妖魔盗贼追赶到天边，请您护佑您的子孙们，永远平安幸福寿年延，让风调雨顺五谷丰登，人畜兴旺永远无灾难，哦……"项满喊吟诵、抄录，岳小保译。收入《祝词》，傣文版，32开，3页，60行，德宏民族出版社2003年版。

（岳小保）

祭谷神词

傣族仪式歌。流传于云南省德宏傣族景颇族自治州傣族地区。谷神在傣族心目中的地位甚至高过佛祖，故有祭谷神习俗。祭词大意："低头顶供品，献给人类的依存者，献给伟大的谷神。谷神啊，您创造了幸福的种子，糯米和饭团。您的恩情胜过顶天柱，世间万物得到关照，人类生灵有了依靠，我们每天虔诚祈祷，每天用真心祭拜，我们积了功德，请你保佑。"佚名吟唱，岩林、曼相、波瑞翻译整理。收入《傣族风俗歌》，32开，2页，55行，云南民族出版社1988年版。

（快永胜）

祭家神词

傣族仪式歌。流传于云南省德宏傣族景颇族自治州傣族地区。祭家神主要以家庭为单位，选好吉日良辰，备好供品敬献，以祈求家神的保佑，人畜兴旺，万事如意。"家神啊家神，我们敬重你们，你们要保护我们。如果恶鬼来作乱，你们要把它们赶走，让九十六种疾病远离我们的村寨，远离善良的百姓，远离富饶的田园……种稻谷年年庆丰收，栽甘蔗年年更甜蜜，做生意年年发大财，养牲畜年年更兴旺，金银财宝像井水一样喷出，像泉水一样流淌……"。佚名吟唱，岩林、曼相、波瑞翻译整理。收入《傣族风俗歌》，32开，3页，69行，云南民族出版社1988年版。

（快永胜）

祭祖宗祷告词

傣族仪式歌。流传于云南省德宏傣族景颇族自治州傣族地区。这是每年在本家办理重大事情或者在重大节日里主人敬供祭食品给祖宗时念诵的仪式歌。歌词唱道："今天是吉日良辰，尊贵的祖宗，我们备有各种供品，我们请不到的请你们代请。请你们来享用后保佑我们后人，让我们事事如意、全家快乐。"刀丫应和吟诵，岳小保记译。16开，2页，20行，稿存德宏傣族景颇族自治州民语委。

（岳小保）

祭幻化王神祭词

傣族仪式歌。流传于云南省德宏傣族景颇族自治州芒市傣族地区。这是过去芒市土司府由大臣率下属官员祭奠幻化王（据传该神幻术变化极为高明无比。）神时的祭词。其内容是：尊敬的威力无比的幻化王，今天我们前来向您跪拜祭奠，一年一次十月（傣历）属马日，弃恶迎善，我们四"胜"、八"吭"、六十"信"、一千一百一十七个"借"（"胜""吭""信""借"，都是土司任命的下属官名。）代表芒市土司府前来向您跪拜祭奠。带来了三叉矛、长刀、白红旗和铁链铜枷、菜酒、马料、纸钱香火蜡条、牛肉猪肉和鸡肉，前来拜请幻化大王，请前来享用。请大王护佑我芒市全勐的四面八方，敌人不能入勐界，坏人不能进衙府，全靠大王的威力让敌人慌乱无章。敌人要去南方，就让他们向北面去；敌人要去上方，就让他们往下方跑。让他们整部灭亡，让国民繁荣富裕。从今以往我们永远牢记您的恩德，掌握幻术的大王。金星明吟诵、抄录，岳小保译。收入《祝词》，傣文版，32开，39行，德宏民族出版社2003年出版。

（岳小保）

祭祀地方神辞

傣族仪式歌。流传于临沧市耿马傣族地区。祭"色勐"（勐神）及诸神的仪式，届时祭司会跪拜祷告，吟诵古老的祭辞。祭辞大意：今年是好年、好月、好日、好时辰！三年才有一个好月，三个月才有一个好日子，三天才有一个好时辰，我们来向您祷告：尊敬的大勐神莱章弄（即耿马大青山）是老大，傣那是老二，"南东"是老三，"短黑"是老四，"改皓"（即三尖山）是老五，牛肩山是老六。还有色嘎结、色米勐（勐祖先神），各地诸神快来吧！我们傣家从勐卯来时，只有七家人，七钱银子，在此地开荒耕种，建立家园，世代相传。现在安雅召土司率全勐百姓准备鲜花、蜡条和饭菜及牛、猪、鸡、盐巴、醇酒和茶叶，祈求诸神保佑全勐六畜兴旺，五谷丰登，人民安康。金陶全（已故）讲述，杨铸（已故）整理。收入《耿马傣族》南桂香著，16开，云南民族出版社2013年12月第1版。

（南桂香）

祭拜水田念辞

傣族仪式歌。流传于临沧市耿马傣族地区。傣族民间保留着万物有灵的自然崇拜，在传统农耕习俗中，当秧苗已经栽下田后，人们测算出当年专司谷物的神灵后，就准备好祭祀供品，虔诚地在田边祈祷祭祀，念诵祭祀水田的祭辞，大意：呃！召迈某某神诶。今年是您迈某某主管田地间谷物稻作的神，我们备好鲜花供品来献祭，请求您的护佑。让病虫灾害远离田间谷物，让阳光雨露充沛滋养田间稻谷，让每一棵秧苗都能苗壮成长，让田间的稻谷粒粒饱满，有个好的收成。抗朗国相口述，南桂香整理。未出版发行。

（南桂香、杨一韬）

敬供歌

傣族仪式歌。流传于云南省西双版纳、德宏等地傣族地区。傣族有人去世，一老人需手端摆满祭品的竹托盘，向死者敬供，并向八方诸神敬意，吟诵此歌。主要唱述：家人已经备好宴席敬献八方诸神，祈求诸神保佑死者渡过万难，去到极乐世界。歌中唱道："贺嘎沙，贺嘎沙，我们不忘朝拜天神地神，我们不忘供祭寨神家神，我们不忘朝拜风神雨神，我们不忘供祭树神草神……六个世界的万物和生命，请一齐来尝尝我们的供品……死去的亲人啊，愿你渡过所遇着的万难，走尽漫长的路程，到达你理想的圣地，到清静的勐历板去。"亚恩发演唱，岩宰翻译。收入《西双版纳傣族歌谣集成》，32开，4页，59行，云南人民出版社1989年版。

（李传宁）

弄养祭寨神祷告词

傣族仪式歌。流传于云南省德宏傣族景颇族自治州潞西市遮放镇弄养村。这是每年一次祭寨神时朗诵的祷告词。大意是：今天是吉日良辰，全寨大户小户每户一人筹备了成片的布匹，还有米酒、猪肉、鸡肉、大鱼、果品、香火、茶叶等，来敬献给你两位大官人。请来享用，请保佑我们全寨村民、六畜、庄稼、树木、河水等，让全寨无灾无难，身心健康长寿，疾病远离，瘟神走开，繁荣昌盛、连年丰收。庄真唱述，刀干相记录。傣文版，16开，2页，39行，稿存德宏傣族景颇族自治州民语委。

（岳小保）

撵鬼词（一）

傣族仪式歌。流传于云南省西双版纳傣族自治州。过去，傣族生病，需请巫师波阿占举行撵鬼仪式，此时，巫师一边用叶子沾水洒滴在病人头上，一边唱诵此歌。歌中唱道："哦，可恨的魔鬼啊，你为何如此猖狂，你快快离开孩子的肌体，一刻也不许停留……我是驱鬼的神，我要主宰一切……不管你在哪个角落，不管你躲在何处，不管你变化得多巧妙，不管你藏得多秘密，都躲不过我的眼睛，逃脱不了我的感觉，立即给我滚出去，回到你自己的处所。"波窝列演唱，波窝娟搜集，刀永平、罗俊新翻译。收入《西双版纳傣族歌谣集成》，32开，3页，66行。云南人民出版社1989年版。

（李传宁）

撵鬼词（二）

傣族仪式歌。流传于云南省西双版纳傣族自治州。傣族巫师为病人举行撵鬼仪式时唱诵此歌，以此为病人驱邪除病，消除祸根。歌中唱道："嗨，野鬼、恶鬼、断头鬼，你们听着，青面鬼、獠牙鬼、红脖子鬼，你们听着……我的长刀能砍断鬼头，我的弩箭能射穿鬼心，我手中有铁链和火把……我来了，你们快快跑，天上来，回天去，地里来，回地去，水上来，回水去……回到你们的阴间，十年不准来，千年不准来。"鱼乍摩勐演唱，应塔南搜集，岩温扁翻译。收入《西双版纳傣族歌谣集成》，32开，4页，63行，云南人民出版社1989年版。

（李传宁）

七日祭祝词

傣族仪式歌。流传于云南省德宏傣族景颇族自治州傣族地区。这是晚辈向亲人死后第七天举行祭奠时朗诵的祭词。主要内容："老人家是一位健康的老人，生活在佛祖恩泽的社会里，从来没有疾病和灾难，可是在今年，各种疾病患在身，下身比上身粗壮，地面已胜过天边，这是命中有锁定，他的寿命已到时空点……离开了教导他的佛经，告别了亲人子女，永别了他众多的子孙……所有的儿女子孙，将丰盛的物品来祭奠，望老人在阴界中护佑，让千万灾难远离子孙，让男女老幼幸福，让村寨平安。请您接受吧，子孙们的祭奠品……"可供傣族丧葬习俗研究参考。佚名朗诵，坦曼应抄录，岳小保译。收入《祝词》，傣文版，32开，7页，133行，德宏民族出版社2003年版。

（岳小保）

驱鬼歌（一）

傣族仪式歌。流传于文山壮族苗族自治州马关县傣族聚居区。主要内容：今天是个好日子，弟子受天上神、地上神、东方神、南方神、西方神、北方神等诸神的旨令，用五谷杂粮、碎瓦等驱赶七星鬼、五海鬼、害人虫等，让"三百年恶鬼不得回，五百年野鬼不得归"。董再芳演唱，董再芳搜集记录。尚未公开出版发行。

（张元波）

驱鬼歌（二）

傣族仪式歌。流传于云南省西双版纳傣族自治州傣族地区。该歌是人们在驱除邪魔鬼怪时唱诵的仪式歌。歌中唱道："我的脑壳上有宝，我用宝剑扫过去，能把鬼的脑袋劈成碎片。我要驱逐鬼，驱逐住在鼠洞里的鬼；我要驱逐鬼，驱逐住在米斗里的鬼；我要驱逐鬼，驱逐使人精神失常的鬼；我要驱逐鬼，驱逐毛脸的恶鬼；我还要驱逐鬼，驱逐判了死刑的罪恶鬼；我还要驱逐鬼，驱逐有老象般高大的鬼；"鲊迁演唱，刀新华搜集，西娜翻译。收入《西双版纳傣族歌谣集成》，32开，7页，131行，云南人民出版社1989年版。

（龙江莉）

祈求歌

傣族仪式歌。流传于云南省禄劝彝族苗族自治县。禄劝傣族在春耕前需举行一种叫"仓会"的祭祀活动，此歌为仓会期间祈求仓神时唱诵。唱词分五部分：第一部分为"请仓神"，祈求仓神来享祭。第二部分为"保平安"，祈求仓神为人们保平安，无灾无病。第三部分为"祈田公地母"，祈求田公地母保佑生产顺利，获得好收成。第四部分为"说问答"，向仓神表明人们苦钱、种粮是为孝敬父母。第五部分为"说完仓会"，唱述仓会结束了，祈望鸡鸭满院，牛马成对，百人同桌，万人同餐。表达了傣族民众对生产丰收，生活幸福的愿望。李正瑛演唱，文少前翻译，钱春林整理。收入《云南省民间文学集成·昆明歌谣》，32开，3页，63行，云南民族出版社1991年版。

（郭玉萍）

请求词

傣族仪式歌。流传于云南省西双版纳傣族自治州傣族地区。傣族习俗中，人死在寨外一般是不准抬入寨的，但死者如果是受人尊敬的长者，家族可向寨里的老人请求抬到家里停放一日，请求时即念诵此词。歌中唱道："乡亲们呀，长老们，他是本寨生，他是本寨长，不是兄弟姐妹也是亲戚朋友，没有骨肉之缘也有邻里之情。他的死不值得赞扬，名声也不好听，但谁愿死在寨外呢，像狗一样让人另眼看待，一个人死在哪里，什么时候蹬脚闭眼，什么时候入地升天，那是他的命运所注定。……这是他的最后心愿，请满足他吧，这是他的最后要求，请宽容他吧，让他到寨里走一回，让他到家中躺一次，从此以后，我们心满意足，死者也无挂无牵。"佚名演唱，岩林、曼相、波瑞翻译整理。收入《傣族风俗歌》，32开，3页，63行，云南民族出版社1988年版。

（龙江莉）

送鬼词（一）

傣族仪式歌。流传于云南省西双版纳傣族自治州傣族地区。该词是送鬼时念诵的仪式词。词中唱道："我的神咒语哟，能使山崩地裂，威力大如五月火烧山，你的本领不如我，我会砍断你的鬼头，我的宝刀多锋利，我会斩断你的鬼手，我的宝剑多锋利，我会刺通你的鬼胸膛，我要你尝尝我的厉害。你有十二个头我也不怕，你有三十二只手我也不怕，你领来一群鬼我也能对付，你们全会死在我的宝刀下。"岩丙哼演唱，岩温记录翻译。收入《西双版纳傣族歌谣集成》，32开，5页，85行，云南人民出版社1989年版。

（龙江莉）

送鬼词（二）

傣族仪式歌。流传于云南省新平彝族傣族自治县傣族聚居区。歌词大意为：今天是好日子，快从寨门、寨头走到田间的布召社（傣语，鬼名），走到地头的雅南勐，数够1500头牛、1200匹马。我们拿大米拿酒来喂你，吃完喝完快走吧，用司刀来撑，用铁链来拉，用达辽拦。一勐一勐地赶，一勐一勐的撑，不要让恶鬼恶神进寨进勐。雅摩来设宴款待你们，杀鸡宰鹅，杀猪宰羊，快叫三亲六戚来吃肉吃彩花饭。吃完用完走啊走，走到彩虹鬼接天地，走到扇子星人鬼相分处……我们样样都交给你，锅、甑、酒、茶水样样给，粑粑、枇杷果、槟榔叶、纸钱也给你，绸缎、布匹、丝线、彩带都给你，三年不要回，五年不要归。杨阿爱演唱，周红芹2007年5月采录，刀明贵翻译。收入《花腰傣古歌谣》，32开，9页，云南民族出版社2008年版。

（刀庆喜）

送鬼词（三）

傣族仪式歌。流传于临沧市耿马傣族地区。当遇到人患异常疾病时，耿马傣族民间常请布摩（祭司）来为患者驱邪送鬼，届时要吟诵《送鬼词》。歌谣大意：给你，上面那株琵芒香（刺苦果鬼），下面这棵琵芒肯（曼陀罗果鬼），死后树叶不盖一片的鬼，尸骸骷髅不入土的鬼，死于不幸夭折的鬼，我们有香饭好菜来进献各位，请你们吃了就走，听了就走，走到你们居住勐弄（大地方），返回你们生活的冬勐（平坝）。各位鬼啊！走，走，像流水一样走，像云彩一样飘，走了永不回头。晚上叫某某睡得又香又甜，睡到公鸡报晓也不醒。白天叫某某看见水就想下河玩水洗澡，看见山就想爬山攀登高峰；夜间叫某某呼吸均匀，心跳按律，睡到鸡鸣天明，心神安定，走，走，像水流，像云飘走。金陶全口述，杨铸整理。收入《耿马傣族》，南桂香著，16开，云南民族出版社2013年12月第1版。

（南桂香）

送魂调

傣族仪式歌。流传于文山壮族苗族自治州马关县傣族聚居区。主要内容：希望魂灵守护庄稼，守护六畜兴旺，让傣家人"子孙的灵魂附体不离身，喝水不吐，吃饭不卡，身强力壮赛过金马鹿，金银财宝滚滚来……"。董再芳演唱，董品尧搜集记录。尚未公开出版发行。

（张元波）

送魂词

傣族仪式歌。流传于云南省新平彝族傣族自治县傣族聚居区。歌词大意为：生人来杀鸡鸭填坟土了，吃完放灵魂，亡灵请停步，亡魂请留下。生魂快走啊，不要吃鬼饭鬼果，不要在墓碑里吃，快背向坟地面向寨子回来吧，沿大路回寨沿小路回家，回来落在宽大的屋子里。白月辽演唱，周红芹2005年8月采录，刀明贵翻译。收入《花腰傣古歌谣》，32开，2页，云南民族出版社2008年版。

（刀庆喜）

送祝米词

傣族仪式歌。流传于云南省新平彝族傣族自治县傣族聚居区。歌词大意为：今天是十天中的好日子，百日中的吉祥日，我们的女儿生了胖娃，婆婆送来背衫、尿布，祝孙子三天会翻身五天会爬。五月会走路，走路不遇鬼神；三岁进学堂，学二十天能当官；长大会犁田会孝敬老人。快让他的三十魂来附身，九十魂来附体，长命百岁无病无灾。白绍周、范美英演唱，周红芹2007年8月采录，刀明贵翻译。收入《花腰傣古歌谣》，32

开，3页，云南民族出版社2008年版。

(刀庆喜)

送戏神

傣族仪式歌。流传于云南省德宏傣族景颇族自治州傣族地区。每当演傣剧（春节及盛大节日或其他喜庆日时演出）结束收场时都要举行送戏神仪式。首先把贺相和贺罕（正反两面的两个国王）和正面元帅的戏服戏帽置于戏台中央，并将猪头、大公鸡肉、茶、酒及其他食品放在供桌上祭献戏神，戏头磕三个头后口中念念有词，念诵此歌。大意是："今年某某节日，我们剧队请来了诸公大人，使我们演出获得成功，今天是吉日良辰，我们备有大猪头、大公鸡、糖茶烟酒、金银财宝，敬请诸公大人来饮用，希望今后护佑我们全村百姓，来年风调雨顺，五谷丰登。"许布相米演唱，岳小保记译。傣文版，16开，1页。25行，稿存德宏傣族景颇族自治州民语委。

(岳小保)

诵洗寨子经

傣族仪式歌。流传于临沧市耿马孟定傣族地区。每年特定的时日，傣族群众都要举行扫寨子仪式，驱邪禳福仪式中要先后念诵佛：散满达经、阿拉卡瞭经、诺哈散么经、达撒乍、达干经、叠密索、壹撒索、吾撒霍、哟索满绞、达纳纳宛、给巴满、巴拉密哈卡、玛哈咩卡、乍卡西双霍了、暖些干（夜里入睡），天亮后又念诵阿体散干了等佛经，全寨成员参与献祭，以求村寨人畜兴旺，无病无灾。南桂香整理。收入《耿马傣族》，南桂香著，16开，云南民族出版社2013年12月第1版。

(南桂香)

扫墓祝福词

傣族仪式歌。流传于云南省德宏傣族景颇族自治州傣族地区。这是傣族在清明节（有的在农历年末最后一天）扫墓时的祭词。内容是："一年一次我们没有忘记清明节插柳枝的习俗，儿孙全家老小来宽敞的坟山，向祖宗磕拜，带来了许多钱财，带来了丰盛食品、香火、蜡条，请祖宗们来享用，今后护佑我们。让我们富贵荣华，拜佛念经，儿孙满堂，健康长寿。见贫能济，见弱能帮，儿女成才，出人头地，一切顺心，岁岁平安。"管必琳吟诵、抄录，岳小保译。收入《祝词》，傣文版，32开，1页，14行，德宏民族出版社2003年版。

(岳小保)

沙拉甩

傣族仪式歌。流传于云南省西双版纳傣族自治州傣族地区。"沙拉甩"意为"哀悼词"，举行悼念的时候，由傣族老人念诵。词中唱道："去吧，你放放心心地去吧，轻轻地闭上你的双眼，轻轻地闭上你的嘴巴，把你的双脚伸直，把你的双手垂下。去吧，你慢慢地去吧，神鸟会给你引路，萤火虫会为你点亮火把，请别在路边停留，也不要把家中的事情牵绊。"康朗温演唱，艾杨搜集，胜能翻译。收入《西双版纳傣族歌谣集成》，32开，2页，36行，云南人民出版社1989年版。

(龙江莉)

拴小魂歌

傣族仪式歌。流传于云南省西双版纳傣族自治州。巫师为病人叫魂拴线时吟唱此歌，祈求神灵保佑患者无病无灾，健康长寿。歌中唱道："今天是你交好运的开端，让我唱歌给你拴线……这是天神的旨意，你将无病无灾健康长寿……让你拴上这根神力之线，让福气紧随永不离开你，让神灵永远保护你的魂……三十二条魂呵赶快归来，九十二条魂呵全部归来，任何一条魂都不能丢失，条条魂永不离身。"鱼乍迁演唱，刀新华搜集，西娜翻译。收入《西双版纳傣族歌谣集成》，32开，4页，68行，云南人民出版社1989年版。

(李传宁)

拴牛魂

傣族仪式歌。流传于云南省西双版纳傣族自治州。九月栽种完后，傣族人家需在牛厩旁边摆放犁头和弯担，用线绕在牛脖子上，然后敲响犁头和弯担叫牛魂，唱诵此歌。希望牛又肥又壮，恢复体力和健康，等到来年再为主人耕田犁地帮大忙。歌中唱道："九月来到了，田犁尽，秧插完，家家楼下拴牛魂……公牛魂，母牛魂，大大小小牛魂你听着，雨已停，田犁完，今天能下牛铃铛，今天扯下穿鼻绳，为你拴金线，为你拴银线，金线银线系双角，保住你的魂，让你肥又胖，恢复体力更健康。"佚名演唱，岩温扁翻译、整理。收入《傣族古歌谣》，32开，3页，52行，中国民间文艺出版社1981年版。

（李传宁）

土司即位贺词

傣族仪式歌。流传于临沧市耿马傣族地区。当新任土司继承土司位时，耿马辖区的九勐十三圈头人和百姓代表按傣族习惯礼仪要进衙署行叩拜之礼，用绸缎、金杯银杯、马匹成双进献给土司，祝贺土司新任，祝贺新任土司即位执政，贺词大意："今天是吉日良辰的日子，天空明亮。星星闪烁，凤凰入巢，麒麟入洞，大象进寨，飞马归厩，金雨银雨纷纷落地，是尊贵的召啊您接印掌权的时刻，栽芭蕉能结出金果，摇钱树从土地萌了芽，是千好万好的日子。我们所用的头人和百姓都是您的奴仆，全勐的村寨、城里城外，九勐十三圈和坝头坝尾臣民百姓向您叩首，祝贺您即位接任土司，祝贺您的夫人当印太。祝愿您二位掌好印柄刀把掌好权，全勐稳如泰山，坚如磐石，水冲不垮，火烧不尽，地动不摇，鬼撼不动，地方稳固安宁，百姓安居乐业。"杨铸搜集整理。收入《耿马傣族》，南桂香著，16开，云南民族出版社，2013年12月第1版。

（南桂香）

土司问亲词

傣族仪式歌。流传于临沧市耿马傣族地区。解放前，耿马土司贵族子女通婚多选择附近门当户对的土司家庭，傣族古籍文献中记载了过去土司之间提亲的问亲辞，大意是今日奴婢收我们土司安雅召某某的派遣前来贵府登门拜访，冒昧叩拜在召法弄土司您的金身玉体金足之下，我们相隔遥远，不得常来问候请安，但我们两勐情深意长，永不忘怀。现在我们土司和印太的公子还没有婚配。寻遍全勐各地都找不到心仪的小姐。想到只有您的千金小姐南某某，品貌出众，班辈合适，门当户对。我们两地两勐是血肉相亲，同宗亲戚，愿永远不离不弃。为了加固两勐两地的联盟，叩请同意我们拉手求亲，亲上加亲。杨铸搜集整理。收入《耿马傣族》，南桂香著，16开，云南民族出版社，2013年12月第1版。

（南桂香）

为亡人滴水祝词

傣族仪式歌。流传于云南省德宏傣族景颇族自治州傣族地区。此歌在亲人们为已故亲人举行祭奠仪式结束后举行滴水仪式时唱诵。祝词内容是："我们结束了祭奠仪式，现在手捧水瓶向地下点滴，请大地给予牢记。首先向已在阴间的亲人滴，你不论在哪里，请来接受我们的心意。真难啊，有生离死别，这就是普天下的规律，谁都将有一天会分离，普天下的人们啊，贫穷者，富贵者，终归会死去。有的父母先走了，儿女日夜在哭泣；有的儿女们先去，父母双双空叹息；有的少男少女急匆匆先走，父母爷奶纷纷泪雨滴；有时夫君单独走，少妻守房哭泣泣。世间啊都是这样，有时突然在野外倒去就无法站起，阳寿长短千人不一，现在你告别我们匆匆离去，我们向你祭奠把水滴。记住吧土地，祭品或多或少总是我们的心意，请某某某来接受我们送的礼，请记住吧，大地天空，记住吧，在阴界的人啊，请您都记住吧，松塔列神女，何时米叠亚佛到人间，能让我们随佛走上天堂的天梯。"可供傣族丧葬习俗研究参考。佚名唱述，邵波庄保抄录，岳小保译。收入《祝词》，傣文版，32开，4页，95行，德宏民族出版社2003年版。

（岳小保）

引路经（一）

傣族仪式歌。流传于云南省德宏傣族景颇族自治州傣族地区。死者在停止呼吸之前，在旁的老人要对他（她）吟诵此歌。全歌分五段：第一段叮嘱即将离世的人牢记每一卷经文，不要忘记带去赕佛的供品，即使到达理想的天国也要吟诵经文，虔诚供佛，不要玷污了佛祖的经典宝书；第二段勾画人们想象中理想天国的美好生活，并劝慰将离世的他用不着把人间思念；第三段在唱述人的生老病死是命运注定、无法抗拒后，愿他逃过三十一堆鬼火，躲过三十一塘魔坑后踏上洒满了佛祖播下的光明的一条道路；第四段说明人生在世、命运各异，是吉是凶、是祸是福各有千秋，并请求至高无上的佛祖和贤能的神，不要让人们经受苦难的折磨，让人们能搭坐佛祖的金船，到达理想中的天国——勐历板。第五段唱述人生自古谁无死，你就是王子少爷，拥有万贯家财，也都要回到死神的国度，千祈万祷只求一桩：让那无邪的阴魂啊，永随着帕腊召（佛祖）去到勐历板。佚名吟诵，岩林、曼相、波瑞搜集翻译。收入《傣族风俗歌》，32开，8页，206行，云南民族出版社1988年版。

（快永胜）

引路经（二）

傣族仪式歌。流传于云南省西双版纳、德宏等地傣族地区。死者在停止呼吸前，需请一位老人在死者身旁吟诵此歌，以让死者摆脱死亡的痛苦，安心瞑目，平安到达理想的天国。歌中唱道："贺嘎沙，贺嘎沙，现在你呼吸已很困难，很快就要在人间消失，让我们吟诵引路经送你走……你不要忘记带去赕佛的供品，见了佛祖的魂影要赶忙下跪，你要把鲜花捧在手上，随时把芬芳留在你走过的地方。放心去吧，不要牵挂子孙，我们真心为你祈祷，愿你跳过大江的巨浪，愿你跳过大河的漩涡……一条平坦的路在你面前，洒满了佛祖播下的光明，勐历板康乐的时光在招引你。"亚罕柳演唱，岩宰翻译。收入《西双版纳傣族歌谣集成》，32开，9页，200行，云南人民出版社1989年版。

（李传宁）

迎神词

傣族仪式歌。流传于临沧市耿马傣族地区。每年耿马傣族在关门节和开门节期间的"赕坦弄"活动中有个迎接勐神、衙门神和祖先神的重要仪式，专门负责祭祀诸神的神职人员"岗摩"会祭辞吟诵迎神辞，大意为："现在是良辰吉日，迎接各路诸神的到来。恭请嘎结咩勐的先辈神，勐卯的祖先神，勐角、勐省、勐董、勐短及勐撒、勐永各方所有的神，勐旨、勐颇和毗连的汉族地方神，快快来噢。还恭请衙门神、城神、三尖山神、牛峰山神、莱汉开神、白古神、们来神、岱捻弄秋神等周边地方神一起来吧。今天是赕坦弄吉祥的日子，我们已备好吃用供品和香烛，恭请这位神老享用，一起聆听佛经教诲。"南桂香整理。收入《耿马傣族》，南桂香著，16开，云南民族出版社2013年12月第1版。

（南桂香）

婴儿满月叫魂词

傣族仪式歌。流传于云南省西双版纳傣族自治州。傣族认为妇女生育时，最易受到鬼魂的纠缠，因而需请人来为母亲叫魂。此歌即在此时吟诵。歌中详细唱述了妇女十月怀胎所受尽的折磨和痛苦，充满了对母性的尊敬和崇拜。歌中唱道："今天，老人和亲戚，举行满月拴线仪式，把你们母子俩的魂拴在一起……拴在左手运气到，拴在右手福气高……

今日给你们拴魂线，三十二个魂不要离身，九十二个魂不要离体。"波章演唱，波英塔拉记录，岩温翻译。收入《西双版纳傣族歌谣集成》，32开，7页，126行，云南人民出版社1989年版。

（李传宁）

招魂词（一）
傣族仪式歌。流传于云南省德宏傣族景颇族自治州傣族地区。这是小孩病重时举行招魂仪式时的招魂词。主人备一桌饭菜和锄头、渔网、竹弓、铁铲、长矛、长刀、漏勺等用具，然后请艺人来吟诵招魂词。其大意是：自从八大天神下凡造地，人们没有忘记你们的恩，今天你们的子孙身患有疾无法治愈，万万敬请贵尊大神寻找儿魂；我们备有丰盛的饭菜，还有那长刀、长矛、铁铲、锄头、渔网等工具，请你帮助去寻找。他在深山老林里，也请魔鬼们去找回来。他在地里，在水里，在田间地头，在荒坝里，无论在任何地方，都请你们带着弓箭、刀、矛、渔网、锄头、铁铲等去把他找回家来，让他同爷爷奶奶同欢共乐，同朋友们一起玩耍。魂啊快回来吧！魂啊快回来吧！恩相吟诵、抄录。收入《祝词》，傣文版，32开，7页，158行，德宏民族出版社2003年版。

（岳小保）

招魂词（二）
傣族仪式歌。流传于云南省梁河县傣族地区。主要内容："自从盘古开天地，供奉灶君是第一；今日孩儿魂离身，祈求灶君找进门；备齐糖果吃穿用，还有长矛和弩弓；遍地寻觅你魂魄，深山河边你不在，叫你三声转回还，和你爹娘共团圆。"钱世广吟唱，杨源道记译。16开，1页，48行，稿存德宏傣族景颇族自治州民语委。

（快永胜）

招魂词（三）
傣族仪式歌。流传于临沧市耿马傣族地区。傣族群众凡遇到灾难、疾病等异常情况时常举行叫魂仪式。届时长者会吟诵招魂词。其大意是：今天是好日子，太阳东升我才来招魂，拿干净的佳肴来接，在山梁箐沟的，在深山老林的，在河边湖畔的，在坟山墓地的，转头回寨，低头回家。不要游在朽木枯树脚，不要荡于死竹干杈中，不要串到老坟场，不要玩到新坟场，鬼招不要跟，人叫才应声，三十二魂回到身，九十二魂来附身，魂在心才稳，魄附人精神，来啊，来啊，魂呃、魂呃！金陶全口述，杨铸整理。收入《耿马傣族》，南桂香著，16开，云南民族出版社2013年12月第1版。

（南桂香）

招女儿魂
傣族仪式歌。流传于云南省德宏傣族景颇族自治州傣族地区。此歌专为那些魂不附体的病者招魂时唱诵。词意是：远离家园待在野外，远离亲人在太阳下曝晒，在刮风的地方，在河边贪玩的女儿呀，魂不附体的人，可怜又孤单。女儿的魂啊，来来来，快回来，沿着大道返回家，顺着宽路归村寨，家中有香喷喷的香米饭，鲜美可口的酸笋煮鱼，润肠的菠萝蜜……荒凉的田野，黑乎乎的树林，不是你停留、游逛、藏身之地。快回家来吧，快回到主人这里来，我把你声声呼唤，日夜盼望。来来来，来和父母双亲团圆，来和兄弟姐妹言欢。女儿魂啊，回家吧，快回来！佚名吟唱，岩林、曼相、波瑞翻译整理。收入《傣族风俗歌》，32开，2页，65行，云南民族出版社1988年版。

（快永胜）

招魂歌
傣族仪式歌。流传于云南省河口瑶族自治县桥头乡。此歌谣共九段，唱的是为生病的老人招魂的内容。歌中呼唤出走的魂快回来，无论是魂跟着死人、活人，还是跟着大蛇、老虎；是随着风、雾，还是在沙坝、草地也要回来。最后这样唱道：

"老人啊，魂啊！听到喊声你就来，听到喊声你就到。回来，半夜不要病，回来，鸡叫不要哼。老人啊，魂呀！回来吃饭，回来喝酒。"反映了傣族的灵魂崇拜。张美珍演唱、翻译，罗洪庆搜集、整理。收入《云南民间文学集成·河口县卷》，32开，2页，29行，河口瑶族自治县文化局1984年编印。

（郭玉萍）

制止小儿夜哭歌

傣族仪式歌。流传于云南省景洪县傣族地区。傣族的小孩夜里哭闹，大人便认为是有鬼缠身，就要唱诵此歌来驱除妖魔鬼怪，让小孩变得乖巧安静。歌中唱道："嗡！扑托，变成烧红的铁；嗡！坦莫，变成宝剑钢枪；嗡！桑火，变成尖木头撬草根。我要挖去鬼的眼睛，别来缠孩子的身。让孩子睡到天明，沙凹！铁胡来！"波岩勒演唱，刀新华采录，西娜翻译。收入《中国歌谣集成·云南卷》上，16开，1页，10行，中国ISBN中心2003年版。

（龙江莉）

栽树歌

傣族仪式歌。流传于云南省德宏傣族景颇族自治州傣族地区。傣族有在路边栽植大青树来积德的传统习俗，此时需念诵此歌。歌中唱道："路神，你不要惊慌；地神，你不要误解；是我们栽树人，来到这里把你吵醒。……圣洁的树，不栽在高山，不插在深箐，就栽在寨子边，就种在水井旁。……神赐的树啊，神护的树，让它的树干越长越直，像两头象身一样粗；让它的树枝越生越多，像人的头发一样蓬发。……过路的大佛爷，会在这里歇脚乘凉。……栽树是积德，植树祈平安，请过路的大佛爷，留下吉祥的祝愿，让一切恶鬼，从我们家里统统滚开，让各种病魔，从我们寨子远远离去。"佚名吟唱，岩林、曼相、波瑞翻译整理。收入《傣族风俗歌》，32开，3页，72行，云南民族出版社1988年版。

（快永胜）

送鬼归来的拴线词

傣族仪式歌。流传于云南省西双版纳傣族自治州。傣族送鬼归来后，要为主人叫魂拴线。此歌即在此时吟诵。歌中唱道："阿甲梭阿甲约（咒语），今天的日子最吉利，我选择今天的日子，到河边把鬼赶走，到大树下把鬼赶走，唤回被鬼擒走的魂……魂啊魂，我用金线拴你的左手，使你牢牢拴在主人身上，我用银线拴你的右手，使你永远离不开你的主人……人身上的魂有三十二个，孤苦伶仃在森林的魂，团团转转在天边的魂，受寒受冷在岸口的魂，受饥挨饿在岔口的魂，不见天日在阴间的魂，快快回到你主人的身上。"岩丙哼演唱，波英塔拉记录，岩温翻译。收入《西双版纳傣族歌谣集成》，32开，3页，49行，云南人民出版社1989年版。

（李传宁）

五、习俗歌

（一）上新房歌

贺新房拴线词
傣族习俗歌。流传于云南省西双版纳傣族自治州傣族地区。傣族习俗中，盖好新房后要举行贺新房仪式。贺新房时，要给新房主人拴线，唱贺新房歌，以祈求福寿安康。歌中唱道："新房落成了，四方来祝贺，祝贺的小伙子哟，欢乐地唱起歌，祝贺的小姑娘哟，高兴地跳起舞。他们唱的是祝福歌，他们唱的是风俗歌，他们唱的是创世歌，他们唱的是丰收歌。……今后愿你们，种地瓜满箩，种田谷满仓，种果树结硕果。今后愿你们，无论走向哪儿，遇上亲朋和好友，用好酒好肉来款待。"波章演唱，波应塔拉记录，岩温翻译。收入《西双版纳傣族歌谣集成》，32开，14页，288行，云南人民出版社1989年版。

（龙江莉）

贺新房词（一）
傣族习俗歌。流传于云南省德宏傣族景颇族自治州傣族地区。新房落成，亲戚朋友要来庆贺，并吟唱此歌。主要内容是：在吉祥的日子，众亲戚朋友各持贺礼及食物用品，前来庆贺，男女老少乐开怀，歌不尽，舞不停。勤劳浇开幸福之花，智慧开启富裕之路。明亮的新房，宽敞的新居，新颖的建筑，高超的艺雕，怎不叫人欢歌、舞蹈！醇香的米酒，喷香的米饭，怎不让人喜醉！歌吧！舞吧！相亲相爱的父老兄弟，把欢乐撒在宽敞的院场，让幸福留在明亮的新房。谢谢主人的款待和陪伴，我们真舍不得离开这里，看轻风轻抚着竹梢，月光亲吻着院庭，愿你们永远和睦，生活甜蜜永远！佚名唱述，岩林、曼相、波瑞翻译整理。收入《傣族风俗歌》，32开，4页，107行，云南民族出版社1988年版。

（快永胜）

贺新房词（二）
傣族习俗歌。流传于云南省瑞丽县傣族地区。新房落成之日，村寨里的亲戚朋友都要来祝贺，对房主献上吉祥如意的祝词，或唱热情的赞美歌。此歌唱道："人们满怀丰收的喜悦，盖起一幢漂亮的新房。砍好的梁蛀虫钻不进，请来的师傅技艺高强，篱笆上装饰着别致的图案，竹楼中间燃起了温暖的火塘。""乡亲们啊，请听我老布涛（年长者）的祝词，愿我的歌，像蜜汁流入人们的心房。幸福的人啊，愿你们喷香的芭蕉，像牛角一样长，肥壮的菠萝像牛肚子果大，田里的稻谷一片金黄。谷穗长如金孔雀的尾巴，丰收的粮食呀胀破谷仓。""疾病不敢沾，人勤家事旺……"言语朴实，感情真挚。庄相演唱，孟成信翻译。刊于《山茶》民族文学双月刊1982年第1期，50行。

（岩林）

贺新房调
傣族上新房歌。流传于文山壮族苗族自治州马关县傣族聚居区。主要内容：选择一个良辰吉日，亲戚朋友来祝贺立房子，希望新房盖好后，家财金银用不尽，粮食堆满仓，从此过上幸福吉祥的生活。董再芳演唱、搜集、记录。尚未公开出版发行。

（张元波）

贺新房短歌

傣族习俗歌。流传于云南省景洪县傣族地区。该歌是新房落成后唱诵的表示祝福的歌。歌中唱道："塘生火，锅煮蛋，牲畜不外放，水、米挑进来，金、银搬进来，今天主人搬进新房。这新房的地基，最吉祥富裕，上房会冒出谷子，下房会冒出盐巴，中房牛厩会出金银。敲响了里外的门板哦，欢庆的笑声装满屋。祝主人家，有福啰！有福啰！代代有福啰！"岩贺腊演唱，杨力翻译采录。收入《中国歌谣集成·云南卷》上，16开，1页，15行，中国ISBN中心2003年版。

（龙江莉）

贺新房之歌

傣族习俗歌。流传于云南省西双版纳傣族自治州。新房落成，需举行上新房仪式。房主人置办酒席酬谢前来帮助建盖新房的乡亲，款待亲朋好友，并请赞哈唱诵此歌。第一段演唱的是盖新房前，主人家到山上选好盖房的木料，全寨人都上山帮助搬运木头。第二段演唱的是主人家请波么推算出盖房竖柱的日子，大家一起盖起了新房。第三段演唱的是举行上新房仪式时，端着蜡条的长者走在前面，人们抬着三脚架和行李跟着上竹楼，点亮蜡条，点燃三脚架上的火塘。并请寨中的长老为主人家拴线祝福，用酒祭祀祖先的神灵，让赞哈歌唱新房的来历，以及建盖新房的艰辛和欢乐。岩学、岩恩演唱，岩罕虎搜集，艾扬翻译。收入《西双版纳傣族歌谣集成》，32开，12页，225行，云南人民出版社1989年版。

（李传宁）

吉祥日子幸福日子

傣族习俗歌。流传于云南省德宏傣族景颇族自治州。这是老百姓办理建房盖屋、进新房等大事时由长者朗诵的吉利词。唱道："今天是吉祥日子幸福的时刻，所有鬼神前来跪拜；今天办理任何事情都会圆满成功，今天是天神布播圣种、发祥人类的日子；今天是远古时玉兔坐殿为王的时刻，是千万动物前往天河为娥并与桑洛搭桥相会的幸福日子；是白象在森林诞生的时刻，是贺相贺罕国王做殿治国平天下的吉祥日子，是神圣黄牛上天拖拉金色太阳的时刻；今天小燕上天寻宝飞翔，今天雷神公公稳坐金色太阳；今天是普天下向国王朝贡的吉祥日子，今天播种撒荷花圣种，今天是穷人小伙使田块土垄变成金子的幸福、吉祥的日子，今天万事大吉大利。"可供研究傣族习俗参考。庄真朗诵，刀干相记录。傣文版，16开，2页，38行，稿存德宏傣族景颇族自治州民语委。

（岳小保）

进新居祝贺词

傣族习俗歌。流传于云南省德宏傣族景颇族自治州傣族地区。这是一段新居落成之时所念诵的祝贺词。歌中唱道："此时全家将搬进新居，祝福你们全家越来越好，年年岁岁和和美美，日新月异，进步发达；祝福你们全家稻谷堆满仓，像富人那样富有，吃、穿、住不愁，想什么得什么，要什么有什么；祝愿你们全家好事连年，居家幸福、美满！"佚名吟唱，庄体编译、整理，杨荣芳译。收入《百花园》第六册，32开，1页，12行，云南民族出版社1995年版。

（杨荣芳）

梁河进新房词

傣族习俗歌。流传于云南省德宏傣族景颇族自治州梁河县的河西乡、芒东乡、勐养乡的傣族地区。词中唱道："我们是从怒江上游而来，带着谷物种子来，带着生产用具来，带着草席被盖来，带着各种生活用品来，带着全家老幼来，请求主人家把财门开，让我们长期住下来。"蚌德保演唱，杨源道记译。傣文版，16开，1页，20行，稿存德宏傣族景颇族自治州民语委。

（快永胜）

乔迁新房词

傣族习俗歌。流传于云南省德宏傣族景颇族自治州傣族地区。新房落成，主人搬进新房居住之前，要举行乔迁仪式。寨子里的老人要把新房大门关起来，然后在屋里等候男主人挎长刀，带领全家老小，抱着衣被，抬着家具来到新房门前。男主人来到门口，便与屋内的老人一问一答：首先问男主人来自何方，是什么人，接着问男主人来的目的及其理由；紧接着，屋内老人讲明来此居住的要求以及新主人应与邻里友好相处，接物待人的道理。老人最后唱道："请进来吧！善良的男女老少呵，笑着进来吧！唱着跳着进来吧！全家一起欢欢喜喜进来吧！"男主人紧合双掌道："谢谢慈祥的大爹！让我们走进了金窝银窝，我们一家进来了。"佚名唱述，岩林、曼相、波瑞翻译整理。收入《傣族风俗歌》，32开，3页，78行，云南民族出版社1988年版。

（快永胜）

（二）婚嫁歌

阿妹已有心上人

傣族婚嫁歌。流传于云南元江县傣族聚居区。是"出嫁歌"之一，歌中表达了一位闺中待嫁的姑娘的喜悦之情，同时也表达了自己已经出嫁在即，不希望再被其他男士来打扰。歌中唱道：阿妹既然已有心上人哟，还怕哥认得。石榴花开四月天，阿妹出嫁在近期。阿妹既然已有心上人哟，还怕哥晓得。凤凰花开五月天，阿妹成婚已选定吉日。刀宝明唱，许洪畅整理，收入《元江傣族文化·民歌辑》，32开，1页，8行，元江哈尼族彝族傣族自治县傣族协会编，2013年3月，云南出版集团公司、云南人民出版社出版。

（依旺的）

阿妹要出嫁

傣族婚嫁歌。流传于云南元江县傣族聚居区。是"出嫁歌"之一，表达了即将出嫁的姑娘对亲人依依不舍之情，歌中唱道：冬月过完么腊月来，正月阿妹出嫁当新娘。阿妹本想不嫁人，只是世间兴着嫁。嫁人不是扔下娘，父母千万莫伤心。今年过完么明年来，好日子阿妹出嫁做新娘。阿妹本想不嫁人，只是世间有规矩。嫁人不是丢下娘，父母千万莫流泪。刀宝明唱，许洪畅整理，收入《元江傣族文化·民歌辑》，32开，1页，12行，元江哈尼族彝族傣族自治县傣族协会编，2013年3月，云南出版集团公司、云南人民出版社出版。

（依旺的）

阿妹出嫁不要怕羞

傣族婚嫁歌。流传于云南元江县傣族聚居区。是"出嫁歌"之一，元江傣族婚礼女方家亲人为嫁女所唱，歌中唱道：阿妹既然要当新娘哟，出嫁么不要怕羞。要是躲在房中羞出门哟，人家等在门口会说脚站酸。阿妹既然要做新娘哟，出嫁么不要烦恼。要是躲在房中怕出门哟，婆家人等在门口会着急。杨秀仙唱，许洪畅整理，收入《元江傣族文化·民歌辑》，32开，1页，8行，元江哈尼族彝族傣族自治县傣族协会编，2013年3月，云南出版集团公司、云南人民出版社出版。

（依旺的）

出嫁歌

傣族婚嫁歌。流传于云南元江县傣族聚居区。是元江傣族婚礼女方家亲人为嫁女所唱，唱述了出嫁新娘的身世、父母抚养的艰辛、嫁妆陪嫁以及嫁入夫家后的祝福等内容。歌中唱道：寨子中的漂亮姑娘今天要嫁哟，老天早就安排好了今天的日子，我受婚主邀请，前来为出嫁的姑娘唱祝歌……男方送来的彩礼不管多厚重，我们一分一厘的做陪嫁，男方送来的烟茶酒，我们已经祭拜了家神、寨神和勐神。姑娘嫁到你们家中，她年幼不会纺织,你们要教,她年幼不会干活,你们要说,她年幼不懂事,你们要有耐心,姑娘嫁到你们家中,生是你们的人,死是你们的鬼,你们以后争吵闹事,不要扯到我们姑娘头上,以后你们分房分产,不要扯到我们这一姓。你们要是善待姑娘好好过日子,天神有眼看得见,家中养鸡鸡会发,家中养猪猪会肥,家中养牛牛会壮,收得呢谷子装满仓,新衣新裤么穿不完,金银财宝么数不清,养儿是个宝养女是朵花,子孙满堂随地跑,恩爱夫妻白头会到老。李崇仁唱,许洪畅整理,收入《元江傣族文化·民歌辑》,32开,4页,73行,元江哈尼族彝族傣族自治县傣族协会编,2013年3月,云南出版集团公司、云南人民出版社出版。

(依旺的)

出嫁调（一）

傣族婚嫁歌。流传于云南省元江哈尼族彝族傣族自治县傣族地区。该歌唱述了女子被父母强迫嫁给自己不爱的富家子弟,心中充满了哀怨。歌中唱道:"怕狼的麂子遇着狼,怕蛇的山鸡遇着蛇。命苦的我呀!要嫁给富家郎。岩羊不进麻蛇洞,喜鹊不进乌鸦窝。穷苦人家的姑娘,不愿进富家的门。富人家的钱财儿不爱,我的爹妈呀!为什么把我拿去换酒喝?为什么把我拿去换钱财?"范美英演唱,杨福兴翻译,皎月崇仁采录。收入《中国歌谣集成·云南卷》上,16开,1页,26行,中国ISBN中心2003年版。

(龙江莉)

出嫁调（二）

傣族婚嫁歌。流传于云南省哈尼族彝族傣族自治县甘庄一带傣族地区。这是一首古老的傣族民歌。歌中反映了过去傣族妇女备受政权、族权、夫权多重压迫的悲苦心情,反映出傣族妇女对包办买卖婚姻的反抗情绪。歌中唱道:"富人家的钱财儿不爱,我的爹妈呀!为什么把我拿去换酒喝?为什么把我拿去换钱财?""富家的人欺我,富家的狗咬我,来到富家遭棍棒,从早到晚泪珠滚。天啊!我为什么这样苦?难道傣家姑娘不是人?"范美英演唱,杨福兴翻译,皎月、崇仁整理。收入《元江民族民间文学资料》第二集,32开,1页,28行,元江哈尼族彝族傣族自治县文化馆1982年编印。

(岩林)

订婚拴线祝词

傣族婚嫁歌。流传于云南省西双版纳傣族自治州傣族地区。该词是青年男女订婚时,长辈为他们拴线祝福所唱的祝词。词中唱道:"男儿和女孩,就像树苗抽枝发芽,开花结果得以成荫,如今孩子长大成人,小伙子找到温柔贤惠的姑娘,姑娘也寻到意中情郎。从今以后,愿你们相亲相爱,像日月终身相伴,让爱情结出硕果。"鲊迁演唱,刀新华搜集,西娜翻译。收入《西双版纳傣族歌谣集成》,32开,4页,85行,云南人民出版社1989年版。

(龙江莉)

对新郎新娘祝词

傣族婚嫁歌。流传于云南省德宏傣族景颇族自治州傣族地区。内容是:今天是良辰吉日,新郎新娘不忘民族的传统习俗,还特意到堂前来向各位长辈磕头。祝新郎新娘白头偕老。希望生活中要相互帮助,用自己的双手勤俭持家,使家业兴旺发达;今后生女要生四个,大女儿、二女儿天不亮就帮父母烧饭做菜;生男要生五个,老大要上奘房里学习文化,老二老三外出经商,家财万贯令人羡慕。老四、老五在家赡养父母,成为人们夸奖的孝子。佚名演唱,哏相搜集、整理。收入《祝词》,傣文版,32开,3页,27行,德宏民族出版社2003年版。

(线永明)

回门调

傣族婚嫁歌。流传于云南省新平彝族傣族自治县漠沙镇。回门调分男、女双方父母亲各自演唱，第一部分演唱的内容是双方女亲家在互相表示友好的同时，也在告知对方自己儿女的不足之处，希望双方家长都不要介意，要相信未来小两口的日子还是会越过越好的；第二部分演唱内容是女方母亲感谢对方给了又多又好的彩礼，男方母亲也感谢对方陪嫁的物品种类齐全；第三部分演唱的内容是女方母亲向男方母亲表达自己对女儿的不舍之情，希望女儿嫁做人妇后还能经常回娘家。白绍周、范美珍演唱，周红芹2005年采录，刀明贵翻译。收入《花腰傣古歌谣》，32开，9页，云南民族出版社2008年版。

（刀庆喜）

婚礼祝词

傣族婚嫁歌。流传于临沧市耿马傣族地区。是耿马傣族在婚嫁时必不可少的一项仪式。此婚礼歌主要讲述傣族古老的习俗传统，祝福新婚夫妇要像一双筷子一样齐整，像飞燕般双宿双飞，相亲相爱，生活美满幸福，教导新婚夫妇要尊老爱幼，勤俭持家，共创美好家园。念诵完毕，老人们会为新婚夫妇拴线祝福。南桂香整理，收入《耿马傣族》，南桂香著，16开，云南民族出版社2013年12月第1版。

（南桂香）

婚礼拴线祝词

傣族婚嫁歌。流传于云南省西双版纳傣族自治州傣族地区。该词是婚礼上人们为新婚夫妇拴线祝福时唱诵的祝词。词中唱道："今天是喜笑颜开的日子，是娶妻的圣洁日子，新郎新娘都是名门望族，这是前进的姻缘，今世的福气。丈夫勤劳妻子温和，天赐良缘，美满的一对。从此以后呵，两人同打一把伞，同吃一锅饭，有难同当，有福共享。从今以后，夫妻俩共同生活九个春秋，就是当家的中年人，夫妻俩共同生活十载，别人就称你们为老人。"波岩喻演唱，刀新华搜集，西娜翻译。收入《西双版纳傣族歌谣集成》，32开，10页，216行，云南人民出版社1989年版。

（龙江莉）

婚礼祝福歌

傣族婚嫁歌。流传于云南省孟连傣族拉祜族佤族自治县勐马傣族村寨。在婚礼活动中，一对新人要向正堂的长老们跪拜讨赐吉祥。德高望重的长者或有名歌手，就要即兴吟唱，所及内容丰富。正如此歌唱道的那样："他俩的爱情啊，在祝福声中结出硕果，从此就像筷子成双，枕头成对，双双对对永不分离。""在幸福的时刻啊，愿你们不要忘记，爹妈是怎样把你们养大。摆桌吃饭时，不要忘记爹妈；别人种田种地时，你们也不落后……愿你们呀，勤勤劳劳过日子，恩恩爱爱白头到老。"有祝愿也有希望，有赞美也有勉励，是年轻人一生难得的一次受教育的机会。此类歌在傣族人民群众中影响很大。波艾教演唱，康朗香贡翻译，郑显文、刀景扬采录。刊于《山茶》民族民间文学双月刊1991年第6期，60余行。

（岩林）

婚宴祝词

傣族婚嫁歌。流传于云南省西双版纳傣族自治州。举行婚宴时，亲朋好友共同祝福新郎新娘"有始善终，恩爱到老"。歌中唱道："哦，晴朗的日子……美好吉祥的祝福啊，像甘蔗一样香甜，似泉水一般清澈，愿你们成婚以后，像枕头成双成对，像筷子互帮互助，人的恶言驱不散你们的爱情，鬼的魔力撕不开你们连在一起的心。"波翁演唱，小虎搜集，月放翻译。收入《西双版纳傣族歌谣集成》，32开，2页，36行，云南人民出版社1989年版。

（李传宁）

婚宴赕佛祝词

傣族婚嫁歌。流传于云南省德宏傣族景颇族自治州傣族地区。结婚宴席期间，需在家中进行赕佛仪式，并请村寨中资深的老人来念诵祝词。主要内容是祝愿在今后的生活当中，愿佛祖保佑，世间的一切灾难、灾祸远离身边；两位新人事业有成，家庭幸福，听从父母的谆谆教诲。佚名演唱，邵波奘宝搜集、整理。收入《祝词》，傣文版，32开，6页，114行，德宏民族出版社2003年版。

（线永明）

婚礼词

傣族婚嫁歌。流传于云南省瑞丽市傣族地区。傣族举行婚礼时，要请当地德高望重的长者坐堂，接受新郎新娘的礼拜，并为新郎新娘唱祝福歌，该歌即是长者为新人唱诵的祝福歌。歌中唱道："在这个欢乐的日子里，辛勤的鸟儿在造窝，对对双双迎接新生活。在这个丰收的日子里，金黄谷子搬进仓。家家户户都把米酒酿，决不错过迎娶新人的好时光。我们这些做长辈的人啊，都来为一对新人祝福：好好听啊儿女，祝你们今后的日子，一天比一天美好，一年比一年兴旺。像十五的明月一样圆满，像初升的朝阳一样辉煌。像清池里的鱼儿和睦，像金竹一样蓬发直长。坏事不会产生，好事永无穷尽。"佚名演唱整理。收入《中国歌谣集成·云南卷》上，16开，3页，90行，中国ISBN中心2003年版。

（龙江莉）

婚礼祝酒词

傣族婚嫁歌。流传于云南省德宏傣族景颇族自治州。这是新郎的朋友在喜宴上劝新娘来斟酒时演唱的祝酒歌。歌中唱道："请听吧，朋友们！现在我放声歌唱，即使我唱得不好，也请朋友们别笑，露霜已停水已干，请新娘来把酒斟。新娘啊请你来吧，是否楼梯找不着，陪娘赶快去瞧瞧，我们现在只等你。楼梯就在你面前，双手扶好慢慢来。雨要下霜露已湿，新娘已经把酒斟。好歌永远唱不完，香酒喝完又再倒。新娘今天辛苦了，祝你俩终身相好。"佚名演唱，刀干相搜集。傣文版，16开，2页，38行。稿存德宏傣族景颇族自治州民语委。

（岳小保）

婚礼歌（一）

傣族婚嫁歌。流传于云南省西双版纳傣族自治州傣族地区。该歌是长辈在婚礼上为新婚夫妇唱诵的祝福歌，歌唱了这个婚姻的美满和对新人的祝福。歌中唱道："啊，千好万好在今天，按照祖先的金门银杆，按照桑木底缔制的规矩，宝石般的小伙子啊，配给金子一样的姑娘。全勐人人称赞，全寨人人夸奖，说你们俩是天生的一对。男的像月亮，女的像星星；男的是田，女的是谷；男的是水，女的是鱼；男的是树，女的是藤。坚贞的爱情把两家连成一家，姻缘今天把你们结合在一起。"佚名演唱，岩林、岩温扁翻译。收入《傣族古歌谣》，32开，8页，168行，中国民间文艺出版社（云南）1981年版。

（龙江莉）

婚礼歌（二）

傣族婚嫁歌。流传于云南省西双版纳傣族自治州傣族地区。该歌是在婚礼上，人们唱给新人的祝福歌。歌中唱道："金线银线把你们俩拴在一起，愿你们走向东，双脚踩在金坑上；愿你们走向西，双脚踩在银坑上；愿你们走向北，遇到成堆的绸和缎；愿你们走向南，遇上好的亲戚和朋友。圣洁的线把你们拴在一起，要你们信仰佛祖，佛才会把你们保佑，要你们年年赕佛，死后灵魂才能升天。"波应塔演唱，波英塔拉搜集，岩温翻译。收入《西双版纳傣族歌谣集成》，32开，3页，42行，云南人民出版社1989年版。

（龙江莉）

结婚拴线词

傣族婚礼歌。流传于云南省西双版纳傣族自治州傣族地区。该歌是人们结婚时，寨中有威望的人为新郎新娘拴线祝福时唱诵的歌。歌中唱道："新郎新娘，有缘相遇结成亲。摆上饭菜喜酒，举行拴线婚礼。竹桌上样样齐备，耳环手镯银裤带，花布筒裙新衣裳，雕刻新碗银调羹，各种物品都带着盛情。女伴们采来鲜花作情证，男友们捧来蜡条作恋证。金钵装满了米酒，银钵插满了鲜花；金钵里装的是圣水，银钵里插的是纯洁花。……新郎新娘哟，从今天起，你们就是夫妻。在家要成对，出门要成双，互尊互爱白头偕老。"波章演唱，岩温翻译，波英塔拉采录。收入《中国歌谣集成·云南卷》上，16开，2页，60行，中国ISBN中心2003年版。

（龙江莉）

结婚酒歌

傣族婚礼歌。流传于云南省河口瑶族自治县石岩脚、白黑寨。此歌共两部分。第一部分主要是主唱与客唱的客套对唱。主人（男方家）怕客方（女方家）来了而自己招待不周、饭菜不好，希望客人多多原谅。第二部分是客唱，希望男方家对待好新娘，不要亏待她。最后齐唱祝愿新婚的男女"有姑娘会绣花，养黄牛是花的，养水牛是母牛，养马是雄马，养猪是伢猪。"张美珍演唱、翻译，罗洪庆搜集、整理。收入《云南民间文学集成·河口县卷》，32开，2页，36行，河口瑶族自治县文化局1984年编印。

（郭玉萍）

结婚祝词

傣族婚礼歌。流传于云南省德宏傣族景颇族自治州傣族地区。祝词先唱述地球及人类的诞生和习俗的起源，然后唱述新娘应做到以下五条：一、尊敬父母；二、勤持家务；三、孝敬公婆和丈夫；四、要有爱心、同情心；五、贤惠。而男人也必须做到五条：一、不赌博；二、靠双手勤劳致富；三、不贪婪、信守一妻制；四、要积蓄防老；五、要通情达理。最后祝两位新人白头偕老，幸福健康。佚名演唱，甘罕搜集、整理。收入《祝词》，傣文版，32开，7页，133行，德宏民族出版社2003年版。

（线永明）

旧时的求亲词

傣族婚嫁歌。流传于云南省德宏傣族景颇族自治州。唱述萨洼堤的国王派人到景色国为王子求亲的过程。两国的王子与公主都是高贵血统之人，是门当户对的，希望景色国王能同意沙凹的请求，永修两国之好。佚名演唱，金新明搜集、整理。收入《祝词》，傣文版，32开，4页，96行，德宏民族出版社2003年版。

（线永明）

吉利词

傣族婚嫁歌。流传于云南省德宏傣族景颇族自治州傣族地区。这是祝贺新郎新娘的吉利词。一是表述新郎新娘父母有福有禄，生得子女，现已长大成人，成双成对；二是祝贺一对新人有缘有份，结成连理；三是希望新郎新娘孝敬公婆，夫妻相敬如宾，勤劳治家；四是希望早生贵子，健康成长，今后成为有用之人；五是祝贺一对新人早日大富大贵，万事如意。刀丫应和吟诵，岳小保记译。16开，6页，120行，稿存德宏傣族景颇族自治州盈江县芒弄村刀丫应和家。

（岳小保）

酒宴调

傣族婚嫁歌。流传于文山壮族苗族自治州马关县傣族聚居区。主要内容：选择一个良辰吉日，新郎新娘今天龙凤配成双。希望新娘勤劳善良，家里家外大小事务处理得井井有条，新郎新娘相敬如宾，吃穿不愁，万古长青，合好万代。陶正高、陶光翠、柏开祥、白家祥搜集记录。尚未公开出版发行。

（张元波）

接新娘歌

傣族婚嫁歌。流传于云南省德宏傣族景颇族自治州傣族地区。此歌在媒人带领新郎前往新娘家接新娘时所唱。唱述此姻缘是命中注定的，两个年轻人相识之后，到了非你不嫁、非你不娶的地步。然后媒人说明此次到此的目的，并承诺如果新娘到新的环境，家人及新郎将会加倍地爱护她，把新娘当做自己的心头肉，使她在新的家庭环境中健康愉快。佚名演唱，方正武搜集、整理。收入《祝词》，傣文版，32开，4页，64行，德宏民族出版社2003年版。

（线永明）

接儿媳歌

傣族婚嫁歌。流传于云南省西双版纳傣族自治州傣族地区。傣族有"从妻居"的习俗，按照习惯，到女方家上门的女婿要在女方家里住三年，在这三年中，若男方家的父母要将儿媳接回来，就要托人到女方家求情，该歌即是到女方家求情时唱的歌。歌中唱道："在座的亲家公亲家母，在座的家族老人，在座的亲朋好友，今天是个吉日良辰，特来说句知心话，我们那边的孩儿，来上门做女婿，要说长也不长，要说短已有三年。那边的父母很孤单，无人帮砍柴做饭菜，无人帮挑水洗衣裳，劳力单薄无人赡养。因为这一原因呀，那边的亲家，托我俩来求情。"波夯演唱，岩温翻译，波英塔拉采录。收入《中国歌谣集成·云南卷》上，16开，1页，43行，中国ISBN中心2003年版。

（龙江莉）

嫁别歌（一）

傣族婚嫁歌。流传于云南省德宏傣族景颇族自治州傣族地区。出嫁的姑娘在离开母亲时，喜忧交加，常用此歌来表达相互间难舍难分的母女感情。歌的开头先是女儿唱述对要远离母亲、村寨、亲人的复杂心情，诉说离开母亲后的担忧："妈妈呃，如果有一天早晨我从找青苔的小河走来，您是否会认出我？如果有一天中午我从拾螺蛳的田里走来，您是否会认出我？如果有一天傍晚我从寨边的水井绕过来，您是否会认出我？如果有一天夜里我从灯火灿烂的奘房（佛寺）走来，您是否会认出我？当我来到篱笆墙边声声呼唤您的时候，您是否会听出我的声音？"之后妈妈诉说苦衷："妈妈的心肝呀，我真不想把你嫁出去，伸手接下别人的聘礼，许下不可反悔的诺言！只怪我家太贫穷，屋子里堆不起谷堆，桌子上摆不起银元……不要忘记农闲的时节来看看你的妈妈！"佚名演唱，岩林、曼相、波瑞搜集翻译。收入《傣族风俗歌》，32开，5页，145行，云南民族出版社1988年版。

（快永胜）

嫁别歌（二）

傣族习俗歌。流传于云南省德宏傣族景颇族自治州。新娘要出嫁时，长辈们向她祝福，吟唱此歌。第一部分唱述新娘、新郎的成长历程及父母的艰辛；第二部分祝愿新娘在今后的生活中，幸福快乐。同时要求要孝敬公婆，孝敬父母，用自己的双手辛勤地劳动，操持家务，做一位贤惠之人。佚名唱述，金星明搜集、整理。收入《祝词》，傣文版，32开，2页，38行，德宏民族出版社2003年版。

（线永明）

嫁女之歌

傣族婚嫁歌。流传于云南楚雄大姚县湾碧傣族地区。歌中唱道：妈妈我想对您说：妈妈呀！女儿还是一棵小柳树，还没长高呢，下雨才刚长高，太阳晒着才刚长大，还想帮爸爸妈妈做点什么。女儿虽高还嫩，这个家女儿还没待够，妈妈为什么忙把女儿嫁？女儿还是个小虼蚤，还隔不得，妈妈为什么忙把女儿隔？妈妈呀，你忙嫁女儿图什么？缺什么？是不是妈妈没被子盖，嫁女儿来换被子盖；是不是妈妈没衣、没鞋穿，嫁女儿来换衣换鞋穿。可惜女儿还小还不值钱，嫁女儿还换不来妈妈想要的东西。妈妈呀！嫁别家怕别家人把女儿当牛马来使唤；怕女儿不下田种地婆家人来打骂；怕女儿不会缝衣做饭，婆家人不给吃来不给穿；就如飞鸟，天天这么飞何时才是尽头？怎么让女儿来持这个家，妈妈呀，女儿真的不想嫁。杨国翠唱，马淑吉记录。收入《穿火草筒裙的村庄》，32开，69页，云南民族出版社。

（马淑吉）

女儿成婚祝福词

傣族婚嫁歌。流传于云南省德宏傣族景颇族自治州。祝词内容分为三部分：一是某家的父母有福有禄，有好命，生得美丽如花的女儿，现已长大成人。开花时节已到，应结果的时候已来临；二是两位老人是虔诚的佛教徒，真是好命人，生活在佛光普照的时代，终生幸福；三是让两片金子成一片，让两户成一家，祝一对新人结成恩爱夫妻，白头到老。佚名朗诵，刀干相记录。傣文版，16开，2页，36行，稿存德宏傣族景颇族自治州民语委。

（岳小保）

要优待女儿（唱给婆家之歌）

傣族婚嫁歌。流传于云南楚雄大姚县湾碧傣族地区。歌中唱道：什么人说给你们听？什么人说给你们认得？我的女儿还是园子里的小白菜、小嫩草，白菜才长心，草叶未成形，哪个讲给你们听？哪个说给你们认得？为什么要把我的宝贝抢走，我还要她帮我下田找菜、上山找柴，还要我的女儿帮她爹缝衣织布，一家人还要在一起生活，为什么要抢走我的女儿，我舍不得女儿嫁，女儿还小不会持家，怕别人在村边摆女儿的闲话，有什么不会要好好教、好好说，能赶上别人，能改善生活。杨国翠唱，马淑吉记录。收入《穿火草筒裙的村庄》，32开，69页，云南民族出版社。

（马淑吉）

离娘调

傣族婚嫁歌。流传于文山壮族苗族自治州马关县傣族聚居区。主要内容：女儿嫁人离家时对父母的不舍，担心自己出嫁后，父母在家吃不饱、穿不暖，也"担心到人家家里不像自己家，怕待人待不好，人家会指桑骂槐地骂"，而父母则希望"祝你们夫妻恩爱，白头到老！"杨文风、柏开英演唱，白家祥搜集记录。尚未公开出版发行。

（张元波）

拦门歌

傣族婚嫁歌。流传于云南元江县傣族聚居区。是元江傣族婚礼女方家亲人为嫁女所唱，表达了嫁女方长辈依依不舍以及挽留女儿的心情，并祝福新郎方善待新娘，歌中唱道：（女）一年有四季，一季有三月，这月清静不清静天认得。一年有十二个月，一月有三十天，这天吉利不吉利天晓得。男家办着彩礼来娶亲，谁知真心还是假意。讨来的媳妇也是人，出嫁的姑娘也是人，你们千万不要给她去受苦，千万不要给她去受累，千万不要给她去受罪。给姑娘头上戴的花帕不要当抹布，给姑娘身上穿的衣裳不要当蓑衣，给姑娘饭碗里的米饭不要掺米糠，娘家要说要问的话么已经没有了，再说下去么人家会嫌我们逻嗦，再问下去么人家会怨我们不懂礼数，男方既然有聘礼来娶亲，娘家也不会耽误你们的时辰，我们打开正门让你们进，好烟好茶么先来敬亲朋好友，我们搬开八仙桌让你们进堂屋，点着香烛先把我们祖先魂灵祭。（男）一年有四季，一季有三月，要算这月最清，一年有十二个月，一月有三十天，要数这天最吉利。男家高高兴兴办着彩礼来娶亲，娶得姑娘做媳妇，不会叫她去受苦，不会叫她去受累，不会叫她去受罪，出门给她头上戴花巾，上街给她身上穿绸缎花衣裳，吃饭给她端着金饭碗。各位尊敬的长辈们，请不要耽误我们的良辰美景。你们亲戚拦着门，我们如数把聘礼先送上，你们打开正门让我们进去，好让我们赶快好烟好茶敬亲朋好友，你们搬开八仙桌让我们进到堂屋里。好让我们赶紧点燃香烛先把你们祖先祭。李存仁唱，许洪畅整理，收入《元江傣族文化·民歌辑》，32开，2页，46行，元江哈尼族彝族傣族自治县傣族协会编，2013年3月，云南出版集团公司、云南人民出版社出版。

（依旺的）

苦命的阿妹

傣族婚嫁歌。流传于云南元江县傣族聚居区。是"出嫁歌"之一，是元江傣族婚礼中女方家亲人为嫁女所唱，唱述出嫁新娘的身世、父母抚养的艰辛、嫁妆陪嫁以及嫁入夫家后的祝福等内容，唱道：（女）阿妹的这一生哟，生来呢命咋会那么苦。嫁人只陪枕头么不用带被，说出去么人家笑死了。阿妹的一生哟，生来呢命咋会那么悲。嫁人只陪嫁妆么不带针和线。说出去么让人看不起。（男）阿妹的这一生哟，命不苦，阿哥娶亲只要人品不要带花被，出门么好坐轿。阿妹的这一生哟，命不苦，阿哥娶亲只要贤惠么不用带针线。出寨更自由。白有福、封学珍唱，许洪畅整理，收入《元江傣族文化·民歌辑》，32开，1页，4行，元江哈尼族彝族傣族自治县傣族协会编，2013年3月，云南出版集团公司、云南人民出版社出版。

（依旺的）

哭嫁歌（一）

傣族婚嫁歌。流传于云南省德宏傣族景颇族自治州傣族地区。是女子出嫁时唱的歌，歌词中充满了对家的眷恋。歌中唱道："阿妈呀阿妈，人家的钱财使你眼花。女儿不出嫁，女儿不离家！只有嫩绿的牧场，才有肥壮的牛羊；只有女儿守在阿妈的身边，才有欢乐的歌声回响。……小小的茶罐啊，孔雀的羽毛长丰满了，要飞向远远的地方。妈妈说我该出嫁了，我不能再守着她，闻一闻浓郁的茶香。不知劳累的石磨啊，我要到陌生的家度时光，从此有谁和你做伴，有谁听你低声歌唱？"岳小保演唱，朱光灿采录。收入《中国歌谣集成·云南卷》上，16开，2页，63行，中国ISBN中心2003年版。

（龙江莉）

哭嫁歌（二）

傣族婚嫁歌。流传于云南省河口瑶族自治县傣族地区。该歌是女子出嫁时唱的歌，哭诉了父母养育儿女的不易和即将分别的悲伤。歌中唱道："最心疼呀！母亲抚养我，别人吃力气，我幼时吸母乳，不知吃母亲多少血？我小时母亲天天背，母亲不知流了多少汗？现在我长大成人，今天要离开父母，离开兄弟姐妹们，去陌生的地方，去陌生的家庭，脚踩碓不起，手推磨不转。"张美珍演唱翻译，罗洪庆采录。收入《中国歌谣集成·云南卷》上，16开，1页，16行，中国ISBN中心2003年版。

（龙江莉）

求婚调

傣族婚嫁歌。流传于云南省西双版纳傣族自治州。傣族男女双方确立了稳定的恋爱关系后，男方家需请媒人到女方家登门提亲，唱述此歌。主要内容是恳请女方父母看在男女双方已经相爱的份上，答应女儿的婚事，并探问女方所需的彩礼数目。女方父母根据男方提亲的诚意，报出拴魂礼的数目，请媒人转告男方父母，如果姑娘嫁过去后，请男方父母善待自己的女儿。最后，男女双方对婚后儿女的抚养教育进行约定。波燕演唱，波英塔拉记录，岩温翻译。收入《西双版纳傣族歌谣集成》，32开，22页，440行，云南人民出版社1989年版。

（李传宁）

求亲歌（一）

傣族婚嫁歌。流传于云南省德宏傣族景颇族自治州傣族地区。此歌是男方请人到女方家求亲，面对女方家主人的吟诵词。开头先叙述在茫茫宇宙中，人类居住的地球如何形成？山川河流、世间万物怎么生成，人间的始祖从何而来，村寨如何建立及创业的规律，然后转说女方从婴儿至卜少（姑娘）的成长历程，以及父母如何千辛万苦抚养成人，并夸奖姑娘如何懂事、心灵手巧、如何会孝敬父母；然后又来说卜冒（小伙子）的成长经历，同时叙说卜冒如何勤劳能干，帮助父母，操持农活生产。已长成男子汉的卜冒，衣服潮湿无人帮晾，衣衫破了无人帮补……因为有情有义有缘分，更是前世结下的姻缘，今生才能双双到世上，双双坠入情网。最后，讲明来的目的，请求女方家真诚收下心意，接下礼物，让两家合为一家，让两家儿女合成一双。佚名吟诵，岩林、曼相、波瑞搜集、翻译。收入《傣族风俗歌》，32开，7页，196行，云南民族出版社1988年版。

（快永胜）

求亲歌（二）

傣族婚嫁歌。流传于云南省德宏傣族景颇族自治州傣族地区。这是求亲人面对姑娘父母吟诵的求亲歌。歌词首先赞扬女方前世塑了佛塔，今世又诚心赕佛，天神赐给了好女儿，生下了美丽又有出息的姑娘，这是赕佛堆沙塔所得的福分，然后夸奖女方家的姑娘心灵手巧、相貌清秀、匀称丰满；接着夸奖男方家的小伙，请求女方父母放心，他们的结合同样会给女方家带来福气，他们会恩爱有加，对父母的恩情也永远不忘怀。而且还请求女方的父母用吉利的、希望的话送给女儿，嘱咐他们，愿他们相爱到永远；最后请求女方家不要让美满的婚姻夭折，让她去寻找自己的幸福，请女方家人开口答应。佚名吟诵，岩林、曼相、波瑞搜集翻译。收入《傣族风俗歌》，32开，7页，196行。云南民族出版社1988年版。

（快永胜）

求亲歌（三）

傣族婚嫁歌。流传于云南省德宏傣族景颇族自治州傣族地区。年轻人相爱之后，男方请人到女方家求亲时唱此歌。歌中唱道："看到两家两姓成为亲属，如两片金叶合成了一片"，并不断阐述因双方有缘才成为一家。还唱述了女方的成长过程，及如何与男方有缘等，恳求各位长辈们收下聘礼，同意婚事。佚名演唱，项波岩过罕搜集。收入《祝词》，傣文版，32开，4页，58行。德宏民族出版社2003年版。

（线永明）

送亲调

傣族婚嫁歌。流传于云南省新平彝族傣族自治县漠沙镇一带。歌词大意为：今天是好日子，卜少大喜日，卜少出嫁日，长长的迎亲队伍接卜少，浩浩荡荡的送亲队伍送卜少，卜少当新娘要离家。白绍周、范美珍演唱，周红芹2005年采录，刀明贵翻译。收入《花腰傣古歌谣》，32开，1页，云南民族出版社2008年版。

（刀庆喜）

送亲调

傣族婚嫁歌。流传于云南省新平彝族傣族自治县漠沙镇一带。歌词大意为：今天是好日子，卜少大喜日，卜少出嫁日，长长的迎亲队伍接卜少，浩浩荡荡的送亲队伍送卜少，卜少当新娘要离家。白绍周、范美珍演唱，周红芹2005年采录，刀明贵翻译。收入《花腰傣古歌谣》，32开，1页，云南民族出版社2008年版。

（刀庆喜）

退车马调

傣族婚嫁歌。流传于文山壮族苗族自治州马关县傣族聚居区。主要内容：新娘到达新郎家门口，主持仪式的人说："鞭炮声响新娘到，新娘站此退车马，婆家车马请回乡"，希望东方青帝、南方赤帝、西方白帝、北方黑帝、中央黄帝车马神君保佑新娘新郎百年偕老，荣华富贵，边说边抓五谷抛洒，祈求夫妻和睦，早生状元郎，金银财宝满堂。仪式结束后，"黄道吉日天降吉祥，敬请新人入周堂"。董再芳演唱，董品尧搜集记录。尚未公开出版发行。

（张元波）

迎亲调

傣族婚嫁歌。流传于文山壮族苗族自治州马关县傣族聚居区。主要内容：新郎感谢新娘的父母把这么好的女儿嫁给他，他以后会孝顺新娘的父母，"祝愿父母身心好，寿辰如同红太阳，儿女出嫁自古有，敬请二老别牵挂，姑娘知书又识礼，不需我们多教导。"王朝巨演唱，白家祥搜集记录。尚未公开出版发行。

（张元波）

送聘礼歌

傣族婚嫁歌。流传于云南省德宏傣族景颇族自治州傣族地区。姑娘、小伙恋爱后，男方的父母需请人到女方家向父母提亲、送礼，并诵唱此歌。内容主要分为两部分，第一部分，唱述提亲人到女方家的目的，首先向在座的人们表示道歉，然后唱述因为双方孩子有缘，他俩的心已经紧紧拴在一起，这是他们上辈所修得的福分。孩子们在父母的养育之下，姑娘已经学会了织布和操持家务，小伙也学会了各种生活技能，他们已经到可以成家立业的时候了，作为父母的，看到孩子们健康成长应为他们感到欣慰；第二部分唱述提亲人代表男方来提亲，送来了礼金、油、盐和米作为聘礼，并按照习俗向在座的各位来求亲，希望长辈们能接受他们的礼物。佚名演唱，方正武搜集、整理。收入《祝词》，傣文版，32开，4页，67行，德宏民族出版社2003年版。

（线永明）

送姑娘歌

傣族婚嫁歌。流传于云南省西双版纳傣族自治州傣族地区。该歌是婚嫁时，女方的父母或有威望的亲友将新娘送到男方家时唱的歌，歌词多是谦恭之语。歌中唱道："今年今月今日今晚，多情的星星挂满天，银色的月光洒遍大地，表明了今天是最好的日子，表明了此刻是最好的时辰。是福从天降的日子，是祸远离人间的日子，是金银从天边飞来的日子。亲家公亲家母啊，今天给您们送来如花的姑娘，今天给您们送来似玉的儿媳。这花是我们家的姑娘，这玉是你们家的儿媳，世上有各种各样的花，世上有各种各样的玉。"波夯总演唱，岩温翻译，波英塔拉采录。收入《中国歌谣集成·云南卷》上，16开，2页，75行，中国ISBN中心2003年版。

（龙江莉）

送女婿上门歌

傣族婚嫁歌。流传于云南省德宏傣族景颇族自治州傣族地区。新郎的朋友陪同着新郎来到上门（入赘）的新娘家，见了新郎的岳父即吟唱此歌："千次赔礼，万次道歉，尊敬的老人，年岁好不如月份好，月份好不如日子好，日子好不如时辰好。此时此刻，我们把朋友送到新居，把新郎送到新窝，交给尊敬的长辈……"然后请求长辈们在今后的生产、生活中给予女婿多方面的教导，有不合情理之处给予多多包涵。最后祝福新郎、新娘团圆美满、恩爱到老，共同开创美好的生活。佚名唱述，岩林、曼相、波瑞搜集翻译。收入《傣族风俗歌》，32开，3页，68行，云南民族出版社1988年版。

（快永胜）

说亲歌

傣族婚嫁歌。流传于云南省西双版纳傣族自治州。傣族青年男女到了婚嫁的年龄，男方的媒人到女方家说亲，需唱诵此歌，表达男方家的意愿。歌中首先夸奖女方的父母有福气，养育了聪明、能干、漂亮的女儿，其次介绍男方的家境与人品情况，说明他们是天生的一对，请求女方的父母为女儿考虑，成全年轻人的婚事。佚名演唱，岩温扁翻译、整理。收入《傣族古歌谣》，32开，5页，110行，中国民间文艺出版社1981年版。

（李传宁）

谢酒歌

傣族婚嫁歌。流传于云南元江县傣族聚居区。这是在婚礼中唱的敬亲酒歌之一，主要就是感谢众乡亲，感谢四方友，歌中唱道：感谢众乡亲感谢四方，今天大喜日，欢迎贵客到，蓬荜生光辉，头席坐长辈，二席坐贵宾，没有好烟酒，没有好饭菜，怠慢怠慢了，惊动四方友，讨扰众乡亲，破费彩礼多，接待不周到，灶头不整洁，请不要看菜，碗筷不整齐，不要嫌酒淡，酒不成酒席，饭菜不成宴，清汤白盐水，苦瓜当饭菜，怠慢众邻居，相帮敬烟酒，一人亲一寨亲，十人亲四方亲，百人亲天下亲，喝了这杯敬亲酒，百年合好在人间。刀文英唱，许洪畅整理，收入《元江傣族文化·民歌辑》，32开，1页，29行，元江哈尼族彝族傣族自治县傣族协会编，2013年3月，云南出版集团公司、云南人民出版社出版。

（依旺的）

许配歌

傣族婚嫁歌。流传于云南省德宏傣族景颇族自治州傣族地区。结婚求亲时，说亲人表达了求婚的心愿后，女方的父母亲根据事先的深思熟虑后，决定答应求婚时唱此歌。唱词先夸奖说亲人：助人为乐的好人，传播喜讯的使者，佛塔下留下美德，村村寨寨都把你赞扬。随之叙述女儿当嫁的古规，同时夸耀自家姑娘如何的聪明、勤劳、能干，并说佛塔下许诺的事，我们不能反悔，只能让她去……最后说：孔雀是美丽的，可是它的双脚并不好看，我们的姑娘是听话的，可是也会有不懂事的地方；袒护她，没有必要，责怪她，不要过分，如果她是我们的心头肉，那么就让她做您的掌上明珠吧！佚名吟诵，岩林、曼相、波瑞搜集翻译。收入《傣族风俗歌》，32开，2页，66行，云南民族出版社1988年版。

（快永胜）

新娘哭嫁歌

傣族婚嫁歌。流传于云南省德宏傣族景颇族自治州傣族地区。新娘出嫁的前夜用哭腔唱诵此歌。一是诉说母亲图别人的彩礼把自己嫁出去了。二是哭诉自己还没有报答父母的养育之恩就要远离父母到别人家去重新认识许多生人。三是诉说她对家里的一切，寨子里的一切，伙伴们、姐妹们的难舍之情。四是感谢朋友们来为她的婚事帮忙。五是母亲年事已高，今后如何生活，使她时时挂心。六是敬请寨神保佑她出门顺利。佚名吟唱，岳小保翻译。收入《祝词》，傣文版，32开，10页，209行，德宏民族出版社2003年版。

（岳小保）

新郎新娘祝福词

傣族婚嫁歌。流传于云南省德宏傣族景颇族自治州傣族地区。这是新婚夫妇在拜堂之时长辈对新人所唱的祝福词。歌中这样唱道："今天是个良辰吉日，是你们俩结婚大喜的日子，祝愿你俩像同双筷子一样相互爱戴，谁也拆不散、摧不垮；即日起，愿你们财源广进、衣食丰足、夫妻恩爱地久天长、白头偕老、生活美满幸福、早生贵子；愿你们在外做生意红红火火、一帆风顺，在家会孝敬父母、尊敬长辈。恭喜！恭喜！"佚名吟诵，庄体搜集、整理。收入《百花园》第六册，傣文版，32开，1页，15行，云南民族出版社1995年版。

（杨荣芳）

新婚祝福词

傣族婚嫁歌。流传于云南省德宏傣族景颇族自治州。在婚礼的筵席上，新婚夫妇要向老人们磕头请安，老人们要高高兴兴地为新人祝福："今天，天神撒下了谷种，仙女撒下了花粉，善良战胜了邪恶，智慧放射出光芒；白兔逃脱了龙口，猎手交上了好运，大象走出森林跳舞，召勐向百姓施舍，金块银锭也比不上的珍贵日子，苦难被我们抛弃了，迎来了喜庆的时光……从今天到明天、从眼前到将来，你们二人结成夫妻，要共同操心过日子，要像筷子成双，水桶成对，白头到老永恩爱，长久健康永相伴，福气从天上来，快乐从生活中来……让拴牛的绳子有三箩，让赶马的鞍子摆满院，让水果像星星一样压弯枝，吃的东西四季不缺，赕佛的供品样样齐全。"佚名创作、吟诵，岩林、曼相、波瑞搜集翻译。收入《傣族风俗歌》，32开，87行，云南民族出版社1988年版。

（快永胜）

盈江婚礼祝福调

傣族婚嫁歌。流传于云南省德宏傣族景颇族自治州盈江县。这是盈江傣族在婚礼时新郎朋友向新娘祝福时吟诵的一种祝福调。内容从新郎新娘出生开始唱到老，唱他们长大成人的经过，今后如何尊老爱幼，如何拜佛念经等，内容涉及面广，包罗万象。歌中唱道："得罪了得罪了，得罪大爹和大妈，得罪朋友和大家，请来围坐喝喜酒，倾心畅谈心里话，今日祝福他们俩，这一对新枕头，这两双新筷子，这一对新夫妇，欢欢喜喜成一家，同餐共饮香醇的米酒，祝他俩白头偕老，祝他俩相爱永不变心。"李小喜唱，佚名记译。收入《德宏傣族民歌四十四种》，32开，4页，德宏民族出版社1984年版。

（岳小保）

盈江旧时结婚祝词

傣族婚嫁歌。流传于云南省德宏傣族景颇族自治州。结婚时，新郎的朋友在吃晚宴时要吟唱此祝词。吟述新娘、新郎从落地到成长的历程及双方父母抚养的艰辛，并叮咛新娘到了夫家之后，对待公婆应像父母一样；夫家的亲戚到了家里，应笑脸相迎。每天应早起，叫丈夫外出耕田，自己则担水烧饭，公婆起床后应早把洗漱水端来。外出做工不讲别人的是非，这样才能白头到老，家庭和睦，儿孙满堂，五谷丰登。佚名演唱，岳小保搜集、整理。收入《祝词》，傣文版，32开，18页，342行，德宏民族出版社2003年版。

（线永明）

筵席歌

傣族婚嫁歌。流传于云南省德宏傣族景颇族自治州傣族地区。新郎、新娘成婚设宴那天，来宾酒足饭饱之后，新郎、新娘要双双到酒席前，向朋友们致谢拜跪，并接受朋友们的祝愿和寄予的希望，朋友们的代表便会致贺词，唱此歌。主要内容是：善良的双方父母，因对佛祖百倍虔诚，生得绝代佳人，生得健壮俊男，心灵手巧的美丽姑娘，勤劳能干的英雄小伙。银镯一双作定情的礼物，银环一对作为终身相配的见证。高高的佛塔把你们的爱情丈量，吉日良晨的今天，幸福向你们招手。为使你们永结同心、永不分离，我们把歌唱、把词祝。今后的日子要诚心善待父母，善处邻里，美名扬四方！佚名演唱，岩林、曼相、波瑞搜集翻译。收入《傣族风俗歌》，32开，5页，145行，云南民族出版社1988年版。

（快永胜）

祝福歌

傣族婚嫁歌。流传于云南省西双版纳傣族自治州傣族地区。傣族婚俗中，新婚夫妇在婚宴中要向筵席上的老人下跪请安，老人则要高高兴兴地祝福他们今后生活美好、永葆吉祥。该歌就是老人为新人们唱诵的祝福歌。歌中唱道："让我的祝福，传进男女老少的耳朵，让摩弄的卜卦，变成一支好听的歌，永远脱离灾难，永远躲过不幸，老虎豹子不来伤人，烈火洪水不来降祸。……从今天到明天，从眼前到将来，你们俩要像筷子成双，要像枕头成对，要像两股水汇合一起难分开，白头到老，长久健康。我的话句句真诚，我的祝福充满希望。"佚名演唱,岩林、岩温扁翻译。收入《傣族古歌谣》,32开,5页,80行,中国民间文艺出版社(云南)1981年版。

(龙江莉)

祝福儿女新婚

傣族婚嫁歌。流传于云南元江县傣族聚居区。是元江傣族婚礼祝福歌之一。实属长辈对晚辈的祝福,通常是送亲迎亲代表或有威望的长辈演唱,唱道:一年三百六十五天,今天是最好的日子,早起来听见喜鹊叫,原来是婆婆的脚步声送喜来,一送背衫背孙子,二送花衣给孙女,三送公鸡大如鹅,四送母鸡大如孔雀,一年四季,今天是最好的日子,早起来听见喜鹊唱,原来是公公的笑声送喜来,一送书包给孙子,二送花线给孙女,三送公猪大如象,四送母猪大如牛,亲朋好友来贺喜,喝酒不要白喝,吃饭不要白吃,喝酒呢,祝孙子三天会翻身,祝孙女三天会说话,吃饭呢,祝孙子五天会爬地,祝孙女五天会唱歌,六个月我孙子孙女会走路,一岁我孙子孙女满地爬,走路不闯鬼,出门不遇神,三岁让他进学堂,手拿纸笔识天下,十天能背三字经,一年能读论语书,长大一定能做大官,亲朋好友来祝贺,喝酒不要白喝,吃饭不要白吃,喝酒呢,祝孙子三天会转身,祝孙女三天会笑,吃饭呢,祝孙子五天会打滚,祝孙女五天会舞蹈,六个月我孙子孙女会跳舞,一岁我孙子孙女满街,走路不闯鬼,出门不遇神,三岁让她学织布,手拿针线织傣锦,十天能织花手帕,一年能织花锦衣;长大一定能织花龙袍,亲朋好友来祝福,祝孙子孙女们:给他长大养老人给他长大育儿孙,给他长命百岁无病痛,给他种田得吃饭,给他下河能捉鱼,给他三十个魂来附身,给他九十九个魂来附体长命百岁在人世。李存仁唱,许洪畅整理,收入《元江傣族文化·民歌辑》,32开,3页,62行,元江哈尼族彝族傣族自治县傣族协会编,2013年3月,云南出版集团公司、云南人民出版社出版。

(依旺的)

致新郎新娘吉利词

傣族婚嫁歌。流传于云南省德宏傣族景颇族自治州傣族地区。这是在结婚时新娘向老人们磕头问安,老人们向新娘朗诵的吉利词。唱道:"你俩在前世已同牵一根银线,同滴一瓶水,同敬一朵花,同乘一条船……鸟儿在竹篷里叫时,你要叫醒哥哥去犁田耕地;鸟儿在树上叫时,你要叫醒她起床去煮饭。做人要会积财,要会养儿育女,要孝敬老人,人家才会说家里团圆万事兴……"相真朗诵,刀干相记录。傣文版,16开,2页,38行,稿存德宏傣族景颇族自治州民语委。

(岳小保)

(三)丧葬歌

扶山调

傣族丧葬歌。流传于文山壮族苗族自治州马关县傣族聚居区。主要内容:希望"爹(妈)啊,在阴间有大房住,有猪、鸡、鸭肉吃,七月半嘛来拿钱啦!不愁吃嘛不愁穿啦!您的日子更好过,儿孙更加放心了。"柏开英、白家英演唱,董品尧、白家祥搜集记录。尚未公开出版发行。

(张元波)

卡星

傣族丧葬歌。流传于云南省元江县甘庄坝一带。卡星是傣族老者死去,在灵柩停放期间,女儿、同辈或小辈妇女都要到灵柩前去哭丧。傣族人认为,死去的老者"魂"已成为"神灵",到他的灵柩前哭丧,将会得到他的保佑和赐福。边哭边唱,从口含银唱到谷子、白布、到畜禽,希望逝者神灵保佑,六畜兴旺五谷丰登。歌中唱道:"弥呃弥呃一呃,你慈祥的双目一闭,梦一般地去了。求亲人们都赶来哭你了,给你洗净身子穿上新衣,安放在黑亮的棺材里。今天在你嘴里放一粒银子,求你今后给儿量一甘是孙更多的银子。天上的银子你罢给,那是神的银子我们用了会遇难。地下的银子你罢给那是鬼的银子，我们用了会遭瘟。你就给人世的银子吧，这才是人类祖先造出来的。它白得像月亮，它亮得像太阳……"。范美英演唱，杨丽萍搜集整理。收入《云南民间文学集成元江县歌谱卷》，一九八八年九月元江哈尼族彝族傣族自治县文化馆编，第3页，属内部资料。

（白云）

哭丧调（一）

傣族丧葬歌。流传于云南省德宏傣族景颇族自治州。把死者抬出家门前，其女儿、孙女要哭丧，诉说心中的悲痛。此歌分三段唱述：第一段，哭诉母亲的养育之恩，并诉说为何长眠不起。第二段，告诉亡灵，女儿已为其备齐了通往天国的葬品，希望顺利走过金桥银路，平平安安到达理想之彼岸。第三段，哭述亡灵将至天国的美丽景色。最后叮嘱道："请让我转回您曾操劳的家园，请不要把我牵挂。我跟你到田里劳动的时候，就从未吝惜过一滴汗水，我跟着您学织布的时候，就从未放弃过一晚上的休息，放心地去吧——慈祥的母亲，女儿不会为您丢脸！"佚名吟诵，岩林、曼相、波瑞搜集翻译。收入《傣族风俗歌》，32开，4页，104行，云南民族出版社1988年版。

（快永胜）

哭丧调（二）

傣族丧葬歌。流传于云南省新平彝族傣族自治县傣族聚居区。歌词大意：亲人为何就这样走了，为何这么僵硬呢，喊你你也不会知道了。我们啊，娘死才知娘的好，可你就这样丢下儿女，丢下孙子孙女一大家人。白绍周、范美英演唱，周红芹2007年8月采录，刀明贵翻译。收入《花腰傣古歌谣》，32开，1页，云南民族出版社2008年版。

（刀庆喜）

哭丧调（三）

傣族丧葬歌。流传于文山壮族苗族自治州马关县傣族聚居区。主要内容：亲人去世啦，大家都来送葬，杀了猪、鸡、鸭，做了饭菜等祭祀，希望"有你神灵的保佑，五谷丰登六畜旺，儿孙代代多吉祥"。陶起仙、白光仙演唱，董品尧搜集记录。尚未公开出版发行。

（张元波）

哭娘调

傣族丧葬歌。流传于文山壮族苗族自治州马关县傣族聚居区。主要内容：母亲生育子女、教育培养子女的辛苦，如今"儿在阳来母在阴，从今不见我娘面，刀割心肝五脏疼，父母恩情似海深，今晚陪娘过一夜，表表儿女小孝心"。董再芳演唱，董再芳搜集记录。尚未公开出版发行。

（张元波）

送父母入天堂经

傣族丧葬歌。流传于云南省德宏傣族景颇族自治州傣族地区。这是母亲死后儿女们为其送行时的唱词。歌中唱道："母亲啊母亲，您即将踏上去金奘房拜佛的路了，儿女们已为您准备好了礼物，一起赕佛，祈求鬼神让泉水从石缝里涌出给您解渴，祈求鬼神为您搭建宝桥迎接您，祈求鬼神让您乘坐装满香蕉的宝船乘风而去，使您顺利到达极乐世界……母亲啊，去天堂的路有三十二条，路上如果您遇到化缘的佛爷，您一定不要忘了布施礼物给他们，如遇到奘房您一定要去参拜。我们已经为您准备好木瓜和梨，还有毯子，供您拜佛用，千万别忘记答谢佛祖……"广巷奘房佛爷诵述，刀干相搜集。傣文版，16开，5页，65行，稿存德宏傣族景颇族自治州民语委。

（杨荣芳）

送别歌

傣族丧葬歌。流传于云南省德宏傣族景颇族自治州傣族地区。一般由死者的女儿用哭丧调吟唱。歌分三个部分：第一部分唱述母亲（或父亲）离世间而去，女儿只有扯下三块白布给您送行，一块给您垫，一块给您盖，一块给您做衣裳；第二部分唱述为逝者准备的随葬品，希望逝者顺顺当当到达理想的天国——勐历板。第三部分祈求逝者通往天国的历程中，一路鲜花遍地、瓜果飘香。并再三叮嘱死者记住吟诵过的经典。假若眼前闪出奘房（佛寺）一幢，要赶紧停下步子，合拢虔诚的双掌，祝愿佛祖永远安康。佚名吟诵，岩林、曼相、波瑞搜集翻译。收入《傣族风俗歌》，32开，4页，107行，云南民族出版社1988年版。

（快永胜）

送葬调

傣族丧葬歌。流传于文山壮族苗族自治州马关县傣族聚居区。主要内容：父亲（母亲）去世后，希望在阴间一路走好，杀了猪、鸡、鸭、做了饭菜等祭祀，希望他们在阴间也能过上幸福的生活，也希望他们"有您神灵的保佑，五谷丰登六畜旺，儿孙代代多幸福"。柏开英、白家英演唱，白家祥搜集记录。尚未公开出版发行。

（张元波）

献花歌

傣族丧葬歌。流传于云南省西双版纳、德宏等地傣族地区。此歌在葬礼仪式活动中为死者献花时吟唱。歌中唱述了生者对死者的祝福，也借此诉说生者自己心中的愿望，即死后能变成花朵一样，开放在理想的仙境。歌中唱道："仁慈的神啊，假若你怜悯我们，就让他（死者）变作一朵花，盛开在宝石王国的土地上；让他变作一条河，流淌在宏琵那美好的异乡。至高无上的神啊，你赐给我们的福气，请洒在这朵圣洁的花朵上，让红的这朵变作菩提树，让黄的这朵变作金缅桂，让白的这朵变作大佛塔，从人间铺起一条路，从人间搭起一座桥，直通向梦想的勐历板（天国）。"顺石兰演唱，岩宰翻译。收入《西双版纳傣族歌谣集成》，32开，3页，31行，云南人民出版社1989年版。

（李传宁）

葬后求安词

傣族丧葬歌。流传于云南省西双版纳傣族自治州。生者安葬死者后，需唱此歌，请求死者的灵魂保佑父老乡亲，保佑家人幸福安康。歌中唱道："呃！呃！我们的亲人啊，如今把你安葬好了……从今以后啊，你就是我们尊敬的家神，请别忘了亲朋好友，请别忘了父老乡亲，白天请你来保护田园，晚上请你来保护水井，让你的家乡风调雨顺，年年谷子满仓，家家六畜兴旺。"布摩景演唱，应塔南记录，岩温扁翻译。收入《西双版纳傣族歌谣集成》，32开，2页，21行，云南人民出版社1989年版。

（李传宁）

（四）其他习俗歌

阿姨们的祝词

傣族习俗歌。流传于云南省德宏傣族景颇族自治州傣族地区。新郎和新娘成婚，除向双方族中长老磕头外，还要向阿姨们磕头，此时阿姨们便吟诵该祝词："哦，你俩儿辈一对新人，还按传统来向阿姨们磕头，我们敬备有可口的饭菜、两饼姜、四条鱼、两只鸡……从今以后，要好好孝敬父母、长辈，愿你俩白头偕老，幸福安康。"李岩过哏吟诵，快永胜译。傣文版，16开，1页，24行，稿存德宏傣族景颇族自治州民语委。

（快永胜）

拜新年

傣族习俗歌。流传于云南省德宏傣族景颇族自治州。春节期间，德宏傣族孩子们（主要是15岁以下的儿童）有给老人磕头拜年、向父母问安、求福气、求吉祥的风俗。此时，老人们就向孩子们念祝福词。词意为："旧岁已去，新年踏来，大地苏醒，草长嫩芽，孩子们尊敬老人及父母。哦！人生的道路漫长，让你们盼有所得，想有所获；学识字，聪明伶俐；学念经，朗朗动听；种田地，五谷丰登；养牛喂马，肥壮兴旺；外出经商，财源不断，挣来的金银，似清泉流淌，永不干枯绝源，九十六种疾病不沾身，世间的罪恶不入心……"佚名吟诵，岩林、曼相、波瑞翻译整理。32开，3页，70行。收入《傣族风俗歌》，云南民族出版社1988年版。

（快永胜）

拜年祝词

傣族习俗歌。流传于云南省西双版纳傣族自治州。此歌在除夕之日由家庭长者念诵。祝词内容为：树枝吐嫩芽，大地换新衣，吉祥如意的新年来临了，大家一起送走旧的岁月，一起迎来新欢喜。儿孙们来磕头拜年，祝愿长辈们五谷丰登，吉祥如意，健康长寿。波龙演唱，小虎记录，月放翻译。收入《西双版纳傣族歌谣集成》，32开，2页，17行，云南人民出版社1989年版。

（李传宁）

出船经

傣族习俗歌。流传于云南省德宏傣族景颇族自治州傣族地区。"哦嘎沙、哦嘎沙，但愿我所到的地方，都是佛祖居住的圣地，但愿佛经圣典畅达夏，在我的心中光芒闪耀。我双手合掌祈祷，是为了看见金子般的寨子，看见宝石般的城堡，菩提树下鲜花开放，白云下面是一望无际的绿洲，自由自在的乐园。这里没有妖魔横行，人间的邪恶也不曾看见……感谢金船，感谢佛祖，让我来到了金子的村寨，让我来到了宝石的城堡。"佚名吟诵，岩林、曼相、波瑞搜集翻译。收入《傣族风俗歌》，32开，1页，31行，云南民族出版社1988年版。

（快永胜）

春节致衙门贺词

傣族习俗歌。流传于云南省盈江县傣族地区。此为傣戏队春节期间到土司衙门念的贺词。贺词叙述：现在是新春佳节，是有纪念意义的好日子；是天神公公和天神奶奶下凡造地平天下之日，是阿銮梦见自己晋官升位之日，是仙女挣脱魔手依国王之日，是普天下高官百姓喜度新春佳节之日，是高尊在上统领百姓平等之日。只因如此，我们才带着戏队，承袭前辈前来贵府恭贺，祝新春佳节岁岁平安，万事亨通。恭贺贵府由于念经拜佛治理大勐（地方、国家）有方，百姓拥护，无灾无难，年年风调雨顺，五谷丰登，六畜兴旺，全勐百姓安居乐业，这是佛的恩译。最后恭贺贵府大人和夫人龙凤体康健，长命百岁，儿孙满堂，世袭代代，名扬大中华，往后能随佛祖步入天堂，无生死轮回幸福万万年。佚名吟唱，岳小保抄录、翻译。收入《祝词》，傣文版，32开，8页，171行，德宏民族出版社2003年版。

（岳小保）

对私人"摆"的祝词

傣族习俗歌。流传于云南省德宏傣族景颇族自治州傣族地区。此为赴别人家设的家庭"摆"（集会）时给主人所念的祝词。主要赞扬主人虔诚信佛、功德圆满。其次，祝愿主人健康平安，心想事成，成为众人敬重的"帕嘎"，将来能够顺着佛祖指引的路到达光辉的境地。佚名念诵，王焕道搜集。刊于傣文杂志《勇罕》1995年1～2期，16开，1页，22行。

（冯霄）

放孔明灯歌

傣族习俗歌。流传于云南省西双版纳傣族自治州。傣历新年六月十五的夜晚，傣家人有放**孔明灯**的习俗，以示对日月星辰的虔诚敬意，祈求天神为人们消灾免难，保佑大家平平安安。歌中唱道："**孔明灯**啊，美丽的**孔明灯**，飞上天吧，请快快往上升，把我们傣家人的欢乐希望，一起带到天上，请天上的天神，免除我们的灾难，保佑我们平安。"波罕龙演唱，波罕香记录，刀永平、罗俊新翻译。收入《西双版纳傣族歌谣集成》，32开，3页，48行，云南人民出版社1989年版。

（李传宁）

放高升调

傣族习俗歌。流传于云南省西双版纳傣族自治州傣族地区。傣族过新年放高升（爆竹）时要举行一种边跳边唱的欢庆仪式，由佛爷领着很多和尚爬上放高升台，手持扇子或手绢，一边唱诵放高升调一边舞动扇子或手绢。歌中唱道："我的高升哟，它的师傅叫做'猞冒亮'（拴不住的老虎），只要一燃上火，火药燃到顶端，它就像带翅的天马，冲上蓝蓝的苍天，在彩云里舞起它那细长的尾巴。我的高升哟，不要怕，起哟起，升哟升，升得高高的，升到天宫去，升到吉沙塔去，再落回天边的扎卡宛（宇宙）来。"都尖演唱，波应塔拉记录，岩温翻译。收入《西双版纳傣族歌谣集成》，32开，2页，28行，云南人民出版社1989年版。

（龙江莉）

放高升

傣族习俗歌。流传于云南省西双版纳傣族自治州傣族地区。歌中唱道："高升大，高升长，高高升起嗡嗡响。升得高，飞得快，嗖嗖跃过澜沧江。放高升，高升飞，高升飞，唱唱高升依拉嘿。"刀正乐演唱，杨力翻译。收入《西双版纳傣族歌谣集成》，32开，1页，9行，云南人民出版社1989年版。

（龙江莉）

过河求安词

傣族习俗歌。流传于云南省西双版纳傣族自治州傣族地区。传说古代傣族先民过河时为防止不幸，过河之前要向天神或父母祖辈的魂魄祈求保佑平安，久而久之便成为了傣族民俗。词中唱道："我要渡过大江到对岸。水深流急心情紧张，汹涌的波涛多么可怕，翻滚的旋涡更令人心寒。我求天神叭英叭捧，请求天上的众神，请求我父母祖辈的魂灵，请求水下的龙王保我平安，保佑我渡过大江，保送我到达对岸，天神啊送我到对岸去吧！"波窝列演唱，岩恩采录，刀永平、罗俊新翻译。收入《中国歌谣集成·云南卷》上，16开，1页，12行，中国ISBN中心2003年版。

（龙江莉）

划船经

傣族习俗歌。流传于云南省德宏傣族景颇族自治州傣族地区。唱词所指的船，并不是日常生活中江河里的船，而是特指离开人间通向天国的金桥——飞船。歌中唱道："让那金色的船，变作通向圣境的金桥，跑遍人间天堂，无论走到何地，到处是江河碧绿，走过的花丛都散发出芳香，走过的果园果实鲜又甜，看见的百鸟会唱歌，碰着的禽兽会舞蹈。让我永远不离开金船，渡过苦难的江河，到达勐历板（天国）的新天地。让我尝到在人间没有尝到的甜蜜日子，让我享受到在人间没有享受到的幸福……"佚名吟诵，岩林、曼相、波瑞搜集翻译。收入《傣族风俗歌》，32开，1页，37行，云南民族出版社1988年版。

（快永胜）

贺新年

傣族习俗歌。流传于云南省西双版纳傣族自治州傣族地区。该歌唱六月新年来到，家家户户欢歌盛宴过新年的热闹场景。歌中唱道："六月是新年，新年来到了，日子像宝石，村寨真热闹。众乡亲，齐喝酒，喝米酒，肠肚凉，出寨门，就跳舞，歌声响，笑声溢，好啊好，真正好。"岩罕胆演唱，应塔南搜集，岩温扁翻译。收入《西双版纳傣族歌谣集成》，32开，2页，39行，云南人民出版社1989年版。

（龙江莉）

贺年歌

傣族习俗歌。流传于云南省西双版纳傣族自治州傣族地区。傣历新年来临，人们欢声笑语唱诵此歌，抒发心中的愉悦之情，相互祝愿兄弟姐妹节日快乐。歌中唱道："金灿灿的缅桂花，俏丽的紫罗兰花，是最芳香的。……我们的心田呵，甜如糖水，我们的日子呵，美如莲花。在今天赶摆的日子里，我们不停地跳呵跳，在今天新年的佳日里，我们不停地唱呀唱。……各勐的贵宾远道赶来，纷纷祝贺吉祥如意。我们多么喜欢，我们多么快乐。兄弟姐妹一起过新年，就是这样热闹非凡，就是这样喜气洋洋。"康朗庄演唱，岩温龙翻译。收入《中国歌谣集成·云南卷》上，16开，1页，23行，中国 ISBN 中心 2003 年版。

（龙江莉）

京比迈

傣族习俗歌。流传于云南省西双版纳傣族自治州傣族地区。京比迈，意为过新年或庆新年。一般在傣历新年来临时唱诵此歌，表达人们载歌载舞迎接新年的欢乐心情。歌中唱道："跳起来呀，舞起来呀，迈开欢快的步子，舞出优美的舞姿，迎接新年的到来，欢度吉祥的节日。大高升哟，长又大呀，抬上高升架呀，快快点燃它呀。高升飞上天呀，庆贺傣历新年呀。水水水！"波罕叫演唱，杨柳采录，胜能翻译。收入《中国歌谣集成·云南卷》上，16开，1页，13行，中国 ISBN 中心 2003 年版。

（龙江莉）

家庭祝贺词

傣族习俗歌。流传于云南省德宏傣族景颇族自治州盈江县傣族地区。此为傣戏队于春节期间从初一开始向本寨逐户拜年时唱的贺词，首先朗诵"招财词"，然后用戏调唱祝词。如："祝愿户主通道识理念经又拜佛，招财养育儿女有良方，月光下可以用线穿针，尊老爱幼德美寿命长，不长将来你俩升'帕嘎'（佛教徒通过赕佛像做摆后，按照教规升格为"帕嘎"，比一般教徒高出两个级别），虔诚拜佛顺利升天堂……"祝贺完毕后户主送一些钱给戏队表示感谢。佚名吟唱，岳小保抄录、翻译。收入《祝词》，傣文版，32开，5页，95行，德宏民族出版社 2003 年版。

（岳小保）

接子歌

傣族习俗歌。流传于云南省德宏傣族景颇族自治州傣族地区。傣族妇女生孩子，要请接生婆来接生，孩子落地，便要给新生婴儿洗头、洗澡和拴线。拴线时，接生婆要念诵此歌，以示祝福："在吉日良辰，天上掉下了一颗亮星，地上冒出了一蓬嫩笋，热闹的竹楼又多了一份福气，仁慈的神又送来了一个子孙……"并请神灵保佑，把吉和凶隔开，把人和鬼隔开，把黑暗和光明隔开，把幸福和痛苦隔开，让孩子顺利成长，知书达理，孝敬父母。佚名吟唱，岩林、曼相、波瑞翻译整理。收入《傣族风俗歌》，32开，6页，149行，云南民族出版社 1988 年 11 月版。

（快永胜）

六月新年来到了

傣族习俗歌。流传于云南省西双版纳傣族自治州傣族地区。该歌唱述六月新年来到，人们将高升（爆竹）抬上高高的架子点放的热闹场景。歌中唱道："六月新年来到了，抬起高升，高升大，高升长，抬上架，点上火，朝天放，嗡嗡响，震天空，嗡嗡响，震村寨。"岩温酒演唱，杨力翻译。收入《西双版纳傣族歌谣集成》，32开，1页，13行，云南人民出版社 1989 年版。

（龙江莉）

老人祝词

傣族习俗歌。流传于云南省西双版纳傣族自治州傣族地区。该歌是孩子成年后，父母长辈对他们表示的祝福和对他们今后人生旅途中的一些忠告。歌中唱道："种田米粮有余，种菜四季常青，做生意得赚钱，做人受到夸赞。一生顺顺当当，一年欢欢笑笑，不要有病有痛，不要有灾有难。……人家吃不要看，人家做专心学，世上的路走不尽，世上的事学不完。如果你们成了家，生活不要让人家笑话，缺吃的自己动手找，缺穿的自己动手织，缺用的自己动手制，贫富全在一双手。"佚名演唱，岩林、曼相、波瑞翻译整理。收入《傣族风俗歌》，32开，4页，81行，云南民族出版社1988年版。

（龙江莉）

满月拴线词

傣族习俗歌。流传于云南省西双版纳傣族自治州傣族地区。该歌是婴儿满月时，长辈在喝满月酒的宴席上给婴儿拴线时唱诵的祝词。歌中唱道："祖父祖母、叔伯大婶，为宝贝来到人间三十天，拴上幸福的彩线，请伸出左手，拴上吉祥的彩线，让神灵保佑永远幸福；请伸出右手，拴上吉祥的彩线，让神灵驱逐病魔，让宝贝茁壮成长，永远健康长寿。"波岩勒演唱，刀新华搜集，西娜翻译。收入《西双版纳傣族歌谣集成》，32开，2页，50行，云南人民出版社1989年版。

（龙江莉）

满月拴线祝词

傣族习俗歌。流传于云南省西双版纳傣族自治州。新生婴儿满月时，傣族有喝满月酒和吃满月饭的习俗，这是在喝满月酒宴席上给婴儿拴线时唱的祝福歌。希望在吉祥幸福的日子，大家来为孩子拴线祝福，让一切疾病和灾难远离，让神灵保佑孩子幸福平安、健康长寿。歌中唱道："今天是个好日子，是比血还珍贵的神圣吉日……我将用这根线呵，拴在你的手腕上，它能拴住财宝和幸福，它的威力如同天神的坐骑。拴上这洁白的福线，一切疾病和灾难呵，将永远离开你；这根吉祥的福线呵，好似吉祥的光环，让福紧紧罩在你的五个手指上，无论你走到哪里，都将保佑你。"波岩勒演唱，刀新华搜集，西娜翻译。收入《西双版纳傣族歌谣集成》，32开，3页，50行，云南人民出版社1989年版。

（李传宁）

闹火塘

傣族习俗歌。流传于云南省西双版纳傣族自治州傣族地区。傣族习俗中，新房盖好后要举行贺新房仪式，仪式中要先由一位老人主持祷告向火塘祈求护佑。歌中唱道："男主人，立起三脚架，女主人，抱柴生起火，支上锅，倒上水，锅里煮着新鸡蛋。火塘有四方，方方一样长；火塘有四角，角角一样大，插上松明花，花尖套蛋壳，只等锅涨水。"岩三保龙演唱，应塔南搜集，岩温扁翻译。收入《西双版纳傣族歌谣集成》，32开，3页，66行，云南人民出版社1989年版。

（龙江莉）

忏悔词

傣族习俗歌。流传于云南省德宏傣族景颇族自治州傣族地区。这是儿女们向去世的父母的忏悔词，常在晚上或睡前吟诵。内容首先表白自身如何对不起已逝去的双亲，叙述父母在世时如何含辛茹苦，然后细表真诚："天下大地够大了，世上江河够长了，也比不上母亲的恩情大；海底的沙石算多了，也比不上母亲抱我亲我多……"最后表述如何善待父母的亡灵：佛塔下多积功德，功德献给佛祖，深情献给双亲："逝去的双亲在空旷的阴间，过着苦难的日子，让我的累累功德去赎清一切罪过，换取父母的欢乐和安宁。"佚名吟诵，岩林、曼相、波瑞搜集翻译。收入《傣族风俗歌》，32开，3页，80行，云南民族出版社1988年版。

（快永胜）

请客歌

傣族习俗歌。流传于云南省西双版纳傣族自治州。傣族举行婚礼前，双方托人邀请亲友时的唱词。

歌中以发请柬人和受邀请对唱的形式，唱述了某人受人之托，邀请双方的亲朋好友，去参加婚礼的拴线仪式。受邀请人以歌作答，表示感谢。如邀请人唱道："我手持拐杖，走进贵家的大门，没有什么忧愁事，只因为今年里，竹林添了新芽，孩儿长大成人……如今做父母的，要给小两口拴线祝福……希望亲戚朋友赏脸。"波岩勒演唱，刀新华搜集，西娜翻译。收入《西双版纳傣族歌谣集成》，32开，2页，41行，云南人民出版社1989年版。

（李传宁）

升和尚拴线词

傣族习俗歌。流传于云南省西双版纳傣族自治州。傣族升小和尚时，新升的小和尚的亲朋好友聚集在波约（托升之父）家，由老人、父母和波约为他拴约，此时吟唱此歌。歌中唱道："今日是属天王日，是帕雅婉的吉日，是宝石般的良日，是凡人能升天的净日，是纳帕精通佛学的圣日。今天，老人和父母，为你洗圣水，为你拴神线……今日给你拴线，愿你一生贞洁，愿你佛心神体永净洁，愿你今生早成佛。"波西演唱，波英塔拉记录，岩温翻译。收入《西双版纳傣族歌谣集成》，32开，3页，41行，云南人民出版社1989年版。

（李传宁）

拆旧屋建新房——建瓦房祝贺词

傣族习俗歌。流传于云南省德宏傣族景颇族自治州傣族地区。这是一段拆旧屋建盖新瓦房的祝贺词。歌中唱道："旧的草房于昨日拆完，新的瓦房于今日建好，我们今天住进新盖的瓦房。旧草屋住了几代人，住得屋顶破了，竹篱笆断了，竹柱子虫蛀了，竹床席也脆了；我们请来亲戚朋友帮忙建盖新房，准备了许多材料，费了许多气力，今天终于建成。祝愿家人来年幸福、美满！"佚名吟诵，庄体编译、整理，杨荣芳译。收入《百花园》第六册，傣文32开，3页，57行，云南民族出版社1995年版。

（杨荣芳）

讨酒歌

傣族习俗歌。流传于云南省西双版纳傣族自治州傣族地区。该歌唱在喜庆的节日里，人们唱着跳着讨酒喝，借着酒劲载歌载舞。歌中唱道："跳着讨，吼着要，吵吵讨讨想喝酒。有酒请端来，装小碗，不够喝，装大碗，也不够喝，要用木桶提酒来。从头泼到脚，才够饮，才痛快。"岩罕胆演唱，应塔南搜集，岩温扁翻译。收入《西双版纳傣族歌谣集成》，32开，2页，28行，云南人民出版社1989年版。

（龙江莉）

跳歌词

傣族习俗歌。流传于云南省西双版纳傣族自治州傣族地区。该歌唱喜庆日子里，人们欢歌笑语，纵情歌舞的欢乐场景。歌中唱道："跳啊跳，我们跳，好好扭，好好跳，跳像鼠跃墙，跳像雀喝水，弯着腰来跳，扭着身来舞。挥动手，踢起脚，姿态美，惹人爱。从家门，跳到田坝中，从中午，跳到日头落，再回家。"波岩洛演唱，应塔南搜集，岩温扁翻译。收入《西双版纳傣族歌谣集成》，32开，2页，22行，云南人民出版社1989年版。

（龙江莉）

跳威风

傣族习俗歌。流传于云南省西双版纳傣族自治州傣族地区。该歌生动地唱述了六月新年到来，人们愉快地纵情歌舞，姑娘见了张嘴看，妇人见了忘掉眼前的丈夫和怀中的婴儿，男女老幼都来唱歌跳舞的一派热闹场景。歌中唱道："姿态美，迷住人，姑娘张嘴看，忘了扣衣裳。大嫂们，睁大眼，忘了丈夫在眼前，忘了怀中抱着儿，心中喜，也跳起来，孩子落在地，也忘把儿抱起，气得丈夫直跺脚，惹得众人哈哈笑。"岩罕浮演唱，应塔南搜集，岩温扁翻译。收入《西双版纳傣族歌谣集成》，32开，3页，48行，云南人民出版社1989年版。

（龙江莉）

向已故长辈忏悔词

傣族习俗歌。流传于云南省德宏傣族景颇族自治州傣族地区。这是长辈逝世后晚辈们向其忏悔的歌词。内容是:"我们的爷爷(或爸爸、奶奶、妈妈)啊,从前您健康无疾无病,怎么到这时突生疾病,您身体贴在床被,头靠枕头,就这样离开了我们,叫我们怎么受得了。可能平常有不尊敬您老人家的地方,包括今为您洗澡,摸了您老人家的头,碰了您老人家的手、身、脚,请你老人家别怪罪于我们晚辈。我们全体晚辈向您老人家磕头忏悔认错赎罪,希望我们今后一切顺利,岁岁平安,万事大吉。"金星明吟诵、抄录,岳小保译。收入《祝词》,傣文版,32开,3页,42行,德宏民族出版社2003年版。

(岳小保)

向父母忏悔

傣族习俗歌。流传于云南省西双版纳傣族自治州傣族地区。该歌是早丧双亲的中、老年妇女常在晚上或睡前吟唱的歌,歌中充满了对已故父母的怀念之情。歌中唱道:"母亲呀,你用乳汁把我哺育,孩儿才会长大成人识书懂经;母亲呀,因为你的谆谆教导,我才懂得世间的真诚。天下大地够大了,世上江河够长了,可在我的眼前和心里,也比不上母亲的恩情最大最长,海底的沙石算多了,也比不上母亲抱我亲我多。父母亲啊你们在哪里,我想看看不见,我想追追不着。"佚名演唱,岩林、曼相、波瑞翻译整理。收入《傣族风俗歌》,32开,4页,79行,云南民族出版社1988年版。

(龙江莉)

新春祈求词

傣族习俗歌。流传于云南省德宏傣族景颇族自治州傣族地区。此篇为春节大年初一早上所念的祝词,主要内容是:昨日辞旧岁今天迎新年,草木均披上了绿装,祈求在新的一年里,家禽、家畜兴旺发展、五谷丰登,人人健康平安、万事如意。佚名吟诵,王焕道搜集。16开,1页,23行。刊于傣文杂志《勇罕》1995年1~2期。

(冯霄)

春节贺新郎新娘祝词

傣族习俗歌。流传于云南省盈江县傣族地区。此祝贺词是春节期间新郎新娘回娘家拜年时众人向其恭贺新年的祝贺词。衷心祝愿青年夫妇及岳父岳母岁岁平安,万事亨通。一贺一对新人孝敬父母,勤奋治家;二贺早生贵子,生活富裕,明道懂礼;三贺岁岁平安,心想事成,同心同德,为人厚道,美誉传扬;四贺外出招财能进宝,在家勤奋能富裕,愿夫妻和睦到老,长命百岁。佚名演唱,岳小保抄录、翻译。收入《祝词》,傣文版,32开,5页,75行。德宏民族出版社2003年版。

(岳小保)

新年宴席歌

傣族习俗歌。流传于云南省西双版纳傣族自治州傣族地区。该歌唱新年到来,人们准备了丰盛的宴席,亲朋好友聚在一起共享美味,并回味这美好的幸福生活。歌中唱道:"我们傣家人的祖先,曾把丰衣足食、团结友爱、幸福欢乐,视为一生追求的理想,任何悲伤、失望、邪恶的东西,都不是我们的希望。美好的愿望和理想,把我们紧紧地相连在一起。在这美好的节日里,我要用歌声来表达激动的心情,祝福乡亲们在新年佳节里,欢乐、愉快、幸福、安康!"康朗龙演唱,岩恩搜集,刀永平、罗俊新翻译。收入《西双版纳傣族歌谣集成》,32开,3页,61行,云南人民出版社1989年版。

(龙江莉)

献花词

傣族习俗歌。流传于云南省德宏傣族景颇族自治州傣族地区。献花敬神拜佛是傣族的信仰习俗,是积德存善的一种道德规范。此歌即在向佛献花时念诵。词的大意：采一束在水里轻轻洗涤，圣洁的花，吉祥的花献给贤明的神。至高无上的神啊！你赐给我们的福气，请洒在圣洁的花朵上，让红花变作菩提树，黄花变作金缅桂，白花变作大佛塔，从人间铺起一条路，搭起一座桥，直通那云雾缥缈的圣境——梦想中的勐历板。佚名吟唱，岩林、曼相、波瑞翻译整理。收入《傣族风俗歌》，32开，2页，36行。云南民族出版社1988年版。

（快永胜）

友谊歌

傣族习俗歌。流传于云南省西双版纳傣族自治州傣族地区。该歌唱新年来到，乡亲们相邀集中到大树下同唱友谊歌。歌中唱道："这边依腊灰，那边秋秋秋，锣鼓响，人欢腾，五村六寨都是一家人。一家人，同欢聚，手拉手，跳起来，不分女，不分男，同饮一碗水，同喝一杯酒，同唱友谊歌。友谊花开了，开在六月天，比火红，比水亮，比蜜甜，比肉香。"波岩少演唱，应塔南搜集，岩温扁翻译。收入《西双版纳傣族歌谣集成》，32开，2页，38行，云南人民出版社1989年版。

（龙江莉）

依腊灰

傣族习俗歌。流传于云南省西双版纳傣族自治州傣族地区。"依腊灰"是傣族民间的一种伴舞歌谣，主要在傣历年或喜庆节日边唱边舞。歌中唱道："跳啊跳，好好地跳，美美地跳，跳得姑娘掉下晒台，跳得小伙子齐喝彩，跳得姑娘发呆，跳得小伙子想求爱，跳得姑娘乐哈哈。"刀新华演唱，杨力记录。收入《西双版纳傣族歌谣集成》，32开，1页，19行，云南人民出版社1989年版。

（龙江莉）

婴儿满月拴线词

傣族习俗歌。流传于云南省西双版纳傣族自治州傣族地区。傣族习俗中，婴儿满月时长辈要为他拴线，祝福他一生平安吉祥。该词即在婴儿满月拴线时唱诵。歌中唱道："今天是个好日子，今天阳光洒满大地，今天的日子最吉利。今天啊，是太阳产生的日子，是月亮产生的日子。……孩子啊要记住，长大了要诚实，长大了要勤劳，人生才有价值。幼小的孩儿啊你要记住，千多万多哪有京城的东西多，千富万富哪有富翁富，千节万节哪有凤尾竹的节多，千细万细哪有茅草叶细。"波英塔拉演唱，岩温记录，岩温、刀国兴翻译。收入《西双版纳傣族歌谣集成》，32开，2页，30行，云南人民出版社1989年版。

（龙江莉）

祝寿歌

傣族习俗歌。流传于云南省西双版纳傣族自治州傣族地区。该歌是晚辈们向长辈祝寿时唱诵的歌。歌中唱道："在一年最好的时辰，孝敬的儿孙来磕头祝寿，表达我们的崇高问候，祝各位老人——吃得好，睡得香，不会伤风感冒，不要有病有痛，坐得正，站得直，走得稳，双目明亮，精神抖擞，七十不掉牙，八十耳不聋，九十音洪亮，百岁高龄福气大。"佚名演唱，岩林、曼相、波瑞翻译整理。收入《傣族风俗歌》，32开，2页，19行，云南民族出版社1988年版。

（龙江莉）

赞高升

傣族习俗歌。流传于云南省西双版纳傣族自治州傣族地区。歌中唱道："大高升，长高升，长又长，抬上架，点着火，吐白气，簌簌响，冲上天，穿破云，划破雾，漫游在青天，嗡嗡落下来，插在田坝上，万人齐欢呼。"反映傣族人民对高升（爆竹）的喜爱和放高升仪式的庄严。岩罕胆演唱，应塔南搜集，岩温扁翻译。收入《西双版纳傣族歌谣集成》，32开，1页，17行，云南人民出版社1989年版。

（龙江莉）

劝诫经（布算朗）

傣族习俗歌。流传于临沧市耿马、孟定傣族地区。傣族的五言人生警句经，主要涵盖了傣族长辈口口相授，对晚辈为人处世、人生礼仪、行为道德等方面的教导。大意：看见佛像要跪拜，双手合十高举过头恭敬跪拜，要懂得苏玛干朵父母和尊长，父母双亲的养育之恩不能忘，铭记佛爷师长的教导，供奉祖先神龛的烛火不能灭，家神叠瓦拉的供桌要打扫，不要让供献的米饭发霉馊臭，要懂得尊老爱幼会礼让，谦虚低调是本分，爱吹嘘炫耀的人话不要说过了头，自己迈出的脚步都不会超过自己的影子，狼吞虎咽会噎着，慌乱奔跑会跌倒，喝酒不要话多，会招致非议，穷苦的亲戚不要丢弃，危难时刻还要相互帮忙，火塘烧旺时不要去动柴火，傍晚天黑时不要到野外森林游荡，脸皮厚之人难教育，父母教育听不进，欲探寻真理须废寝忘食，要开阔眼界增长见识须游历四方。我们作为傣家人的子孙，祖祖辈辈留下来的训示要铭记，自古以来就有之，祖先传下的文字要学会，男女老幼都要学习传统文化，珍惜我们的文化。抗朗国相口述，南桂香整理。

（南桂香、杨一韬）

六、生活歌

不爱的男人

傣族生活歌。流传于云南省元江哈尼族彝族傣族自治县。此歌表达了姑娘对坏心肠男人的痛恨及讨怨的心情，也是对小伙子们的警告、提醒。歌中唱道："良心不好的男人，姑娘不会爱他。他就像埋在土里的草，谁也不爱看；他就像田边的臭草，谁也不爱闻。他想要官人的姑娘做老婆，人家嫌他口水多；他想要有钱人家的姑娘做媳妇，人家见他就把唾沫吐。这样的男人太坏了，这样的男人太臭了，臭得像臭草一样难闻，臭得像臭鸡蛋一样难闻。"李美仙演唱、翻译，余正寿记录校正。收入《云南民间文学集成·元江县歌谣卷》，32开，1页，14行，元江哈尼族彝族傣族自治县文化馆1988年编印。

（郭玉萍）

别人宴请回敬祝词

傣族生活歌。流传于云南省德宏傣族景颇族自治州傣族地区。这是别人宴请时开始用餐前客人致主人的祝词。其大意是：今天是个大吉大利的日子，某某家老小唯恐功德不圆满，今天特别专心专意，以清净洁白的心情款待在座的全体老小，真是菜佳味美。我们真心祝愿你们妇幼老小，一切顺利，家庭富裕，即使搬迁到哪里也会有人尊敬，有天大的困难也会有亲友来帮助，会听经拜佛，为人平和友爱，为人处世人人称颂，到任何地方都能左右逢源，万事亨通，岁岁平安，长命百岁。方曼相吟诵、抄录，岳小保译。收入《祝词》，傣文版，32开，2页，38行。德宏民族出版社2003年版。

（岳小保）

别离歌

傣族生活歌。流传于云南省德宏傣族景颇族自治州傣族地区。此歌是出外经商或外出做活谋生的丈夫临别时对爱妻吟唱的歌。歌的开头先表白要远离亲人、离开眷恋故乡的沉重心情。丈夫安抚爱妻不要因此悲伤、落泪，不管路途多么遥远，谋生何等艰辛，"天上飘的白云会给你捎来福音，林间飞翔的小鸟会给你带来喜讯"。然后，叮嘱爱妻在千辛万苦安排好农活生产时，要尽女子抚养老小的责任，尽力做到家庭和睦，事事周全。最后再吟告别语："别了妻子！让我再端详你的双眼，再贴一回你的脸庞，再摸一摸你的头巾，再闻一闻你的秀发，让我靠着你柔软的身子，再听一次你的祝福，再听一支你唱的歌。"佚名吟唱，岩林、曼相、波瑞翻译整理。收入《傣族风俗歌》，32开，5页，132行，云南民族出版社1988年版。

（快永胜）

拔刺词

傣族生活歌。流传于云南省西双版纳傣族自治州傣族地区。在傣族民间，当人们不慎被刺戳着时，便念诵此词。词中唱道："小小的刺，你真放肆，闲得无事做，竟然刺进我的脚和手，刺进我的皮肉里，你实在可憎可恶。天神早把你关在七层地狱里，你还跑出来干什么，你这千刀万剐的恶棍，你戳进我的肉体不会有好结果，我和你势不两立，不能共存。"反映了傣族万物有灵的思想意识。波窝列演唱，波窝娟搜集，刀永平、罗俊新翻译。收入《西双版纳傣族歌谣集成》，32开，2页，20

行，云南人民出版社1989年版。

（龙江莉）

拔刺歌

傣族生活歌。流传于云南省西双版纳傣族自治州傣族地区。该歌唱女儿随母亲到山林间，不慎被刺戳到，母亲心疼地为她拔去刺根。歌中唱道："我的小女孩，满身被刺戳，脚底插满刺，哭着喊妈妈：'啊哟，疼呀疼，啊哟，痛呀痛，妈妈啊妈妈，快快来背我。'我把她抱起，坐在石块上，给她拔野刺，拔呀拔呀拔，一棵接一棵，有大刺有小刺，有黑刺有红刺，疼得孩子哭不停，棵棵刺像穿进我的心。"佚名演唱，佚名记录翻译。收入《傣族古歌谣》，32开，2页，25行，中国民间文艺出版社1981年版。

（龙江莉）

拜老庚

傣族生活歌。流传于云南省西双版纳傣族自治州。唱述两个同年同月生的朋友，按照祖先定下的规矩，以大树为媒，以田埂为证，喝下米酒和槟榔水，发誓两人要同甘共苦，有福同享，有难同当，让友谊永世长存。歌中唱道："啊，今天是好日子，星星为我们欢笑，月亮为我们掌灯，父母的灵魂恩赐，把我们二人牵到一起。我俩是同年同月生的朋友，是门当户对的好老庚，点着火把找遍天下，也难找到像我们这样好的一对……从今日起，我们二人，无论谁遇到什么灾难，两人要同甘共苦，一人有罪，二人分担，相依为命，同走天涯。"并唱述了傣族拜老庚习俗的来历。岩甩演唱，波艳记录，岩温扁翻译。收入《西双版纳傣族歌谣集成》，32开，5页，91行，云南人民出版社1989年版。

（李传宁）

出远门对妻儿嘱咐词

傣族生活歌。流传于云南省德宏傣族景颇族自治州。歌分三部分：第一部分唱述由于家里还不富裕，作为丈夫的掌家之人有责任出远门谋生计，请贤妻在家教育儿女，服侍老人，别叫我不放心；第二部分主要唱述人世间各种复杂矛盾，作为出远门的人会正确处理的，请贤妻放心。今日出门，不发财誓不回家，时间有长有短，请贤妻不要轻信谣言，安心在家理事；第三部分唱述出门人一心都在想家，只要一有可能就回家。在出门时不能哭着来送，只要双方心心相印，一切会顺利的。软应朗诵，刀干相抄录，岳小保译。16开，9页，178行，稿存德宏傣族景颇族自治州民语委。

（岳小保）

充饥歌

傣族生活歌。流传于云南省景洪县傣族地区。该歌唱述了傣族原始社会时期，人们进山打猎，在奔忙劳累之后肚中饥饿，四处寻找食物充饥的情景。歌中唱道："鸟觅食，松鼠跃树枝，日出照亮山，人群去打猎。顺着山脚，尾随兽迹追。去到箐沟处，见着一只虎，毛色条条花，长长尾巴甩，头大眼睛亮，躲在林深处，想捉小马鹿。……流了一身汗，跑了一整天，眼看日快落，追不着老虎，众人手空空。又饿又劳累，只得停下来，寻找充饥物。有的挖树根，有的摘树叶，有的啃芦秆，有的吃芭蕉花，有的捞青苔嚼，有的咬活螃蟹。"岩罕胆演唱，岩温扁翻译，都因采录。收入《中国歌谣集成·云南卷》上，16开，2页，71行，中国ISBN中心2003年版。

（龙江莉）

吃菌歌

傣族生活歌。流传于云南省西双版纳傣族自治州傣族地区。该歌唱述人们发现菌子，并尝试吃菌的过程。歌中唱道："我们到山里，把菌捡起来，闻了闻，有香味。第一天，心害怕，见菌子，不敢吃；第二天，又进山，见菌子，捡起来，闻了闻，淌口水，送进嘴，嚼嚼瞧，不苦又不涩，味道香，味道美。你也叫，我也喊，快来呀，大家来。这果子，长不圆，有红有黑又有白，从土里长出，样子很好看，送到嘴里味道甜，吃起来真饱肚。"反映了傣族古代先民认知自然的情况。佚名演唱，佚名记录翻译。收入《傣族古歌谣》，32开，2页，35行，中国民间文艺出版社1981年版。

（龙江莉）

串寨调

傣族生活歌。流传于云南省新平彝族傣族自治县漠沙镇。歌词大意为：串傣寨看见寨门上的"达辽"（傣语，竹篾制作成的辟邪的物件），这个傣寨里的卜少一边劳作一边唱歌，天天劳动歌声亮，上山劳作赛百灵，下田栽秧比黄鹂，勤劳善良的傣家卜少会说还会唱。刀德华演唱，刀明贵、周红芹2008年8月采录，白剑翻译。收入《花腰傣古歌谣》，32开，1页，云南民族出版社2008年版。

（刀庆喜）

穿衣调

傣族生活歌。流传于云南省新平彝族傣族自治县漠沙镇。歌词大意为：傣家卜少的笑脸像紫微星，胸前的银泡像水金星，衣襟黑得像蝉羽般光亮，花腰傣像七彩瓢虫般美丽，双手戴满银镯，步履轻盈，银铃声声响，总是让人感觉心慌意乱。白光荣演唱，白剑采录、翻译。收入《花腰傣古歌谣》，32开，1页，云南民族出版社2008年版。

（刀庆喜）

大火烧天

傣族生活歌。流传于云南省西双版纳傣族自治州傣族地区。该歌唱述了人们遭遇一场森林大火后，无数人被烧死烧伤的惨景。反映了远古时期人们对自然的无奈。歌中唱道："森林起大风，风急呼呼叫，小树两边倒，大树在摇晃。林中冒青烟，冒烟处起火，狂风把火卷，燃遍大森林。……人跑不过火，被烧死很多，烧烂皮，烧碎骨，死者像焦炭，认不出是谁。大火烧不停，烧了一百天，大火才熄灭，大地变黑土，可怜人类啊，几乎要绝灭。"佚名演唱，佚名记录翻译。收入《傣族古歌谣》，32开，2页，38行，中国民间文艺出版社1981年版。

（龙江莉）

斗殴歌

傣族生活歌。流传于云南省西双版纳傣族自治州傣族地区。该歌唱述远古时期人们为争抢衣食，自相残杀的可悲场景。歌中唱道："人吃惯了肉，人喝惯了血，变得凶又狠，牙比石锋利。抢虎皮，会打架，赢者得意笑，败者被咬伤，抢得虎皮围身子，谁强谁猖狂。……可悲的人类，兄妹相残杀，弱者被打翻，强者扑上来，如饿狼，似饿虎，明知是母亲，也要撕肉吃。天无眼，地无情，灾难何时平，灾难再延续，人类要灭绝。"岩罕学演唱，岩伍记录，岩温扁翻译。收入《西双版纳傣族歌谣集成》，32开，2页，38行，云南人民出版社1989年版。

（龙江莉）

打水歌

傣族生活歌。流传于云南省西双版纳傣族自治州傣族地区。该歌唱述了远古时期，穴居的人们每日打水的情景。歌中唱道："山头有小河，流过树林间，水清流得快，看去像蛇跑。坡脚有山洞，洞里住着人，轮流去打水，用木桶装来，半路就漏光，去的人白跑，水没有打来，大家等着喝，唇干口又渴。从此大家去，谁口渴谁就到河边，用手捧起喝，低下头去吸，把水喝满肚，各自走回家。"佚名演唱，佚名记录翻译。收入《傣族古歌谣》，32开，2页，27行，中国民间文艺出版社1981年版。

（龙江莉）

父母恩情歌

傣族生活歌。流传于云南省德宏傣族景颇族自治州。内容大意如下：父母的恩情如山高比海深，小时把我们当心肝宝贝，他们不能吃个温饱饭，不能睡个安稳觉。父母是我们心中的菩萨，他们的心如白雪透明，全身心把我们抚养成人，我们羽毛丰满后，能像鸟儿飞翔，全靠父母的养育之恩。父母看到我们成长，身患疾病也能痊愈；父母看到我们成才，年事高也不会衰老，因为他们已终生如愿。他们就像天上的月亮和太阳，把全部的光芒给了我们，普天下的人，不能忘记父母的大德大恩。佚名演唱，刀干相记录，岳小保译。傣文版，16开，3页，57行，稿存德宏傣族景颇族自治州民语委。

（岳小保）

父母思子歌

傣族生活歌。流传于云南省西双版纳傣族自治州。反映夜幕降临时，父母望眼欲穿，盼儿归家的思念之情。歌中唱道："当一家人进餐的时候，父亲念子断寸肠啊，提起葫芦喝闷酒。当夜深人静入梦时，母亲仿佛见儿归，拍着枕头唱摇篮曲。在地棚休息喝茶时，父亲想着儿子远道归，牵手拉袖好欢喜。"诈亚演唱，康朗庄搜集，岩温龙翻译整理。收入《西双版纳傣族歌谣集成》，32开，1页，12行，云南人民出版社1989年版。

（李传宁）

纺线歌

傣族生活歌。流传于云南省西双版纳傣族自治州。纺线织布，是傣族女性所具备的特别手艺。而恰恰是这种纺线劳动场景，又给傣族少女增添了另一番甜美的生活情趣。正如歌中所唱："纺车呜呜响，像是催眠曲，月儿明又圆，钻进薄云间，姑娘情意乱，盼望情人来。薄雾像轻纱，披在竹楼上，待到月亮挂树梢，轻风送来竹笛声。姑娘心明白，情人来到了，纺车转得嗡嗡响，响声多甜蜜。姑娘不说话，低头纺着线，纺车传佳音，棉线表情深。情人早知道，坐在妹身旁，纺车停住响，双双低语谈。"佚名吟唱，岩温扁翻译。收入《傣族古歌谣》，32开，4页，80行，中国民间文艺出版社（云南）出版，1981年版。

（岩林）

甘哈邦莫万

傣族生活歌。流传于云南省西双版纳傣族自治州傣族地区。该歌唱述傣族锅和碗的来历。歌中唱道："这时神述说'人每天吃饭，人每天喝水，没有碗和锅，用什么来装？叶片太软了，树皮太脆了，装不了汤水，快用土做碗。'水边有黑土，水边有黄土，黄土和黑土，是大地污垢。人啊去取来，用它'邦万'（捏碗），用它'邦莫'（捏锅），用它'邦盎'（捏土盆）。"岩罕胆演唱，应塔南记录，岩温扁翻译。收入《西双版纳傣族歌谣集成》，32开，7页，134行，云南人民出版社1989年版。

（龙江莉）

关门歌

傣族生活歌。流传于云南省勐海县傣族地区。该歌展现了傣族古代社会穴居生活的场景。歌中唱道："山洞在野外，山洞在森林，野外有大蛇，林中有虎豹。孩子们，快进去，老人们，快进去，我要关门了，我要堵洞了。搬来干树枝，拉来绿树叶，抬来大石头，堆在洞门口，挡风又防冷，野兽进不来，我们才安全。"佚名演唱，岩糯搜集，岩温扁翻译。收入《中国歌谣集成·云南卷》上，16开，1页，17行，中国ISBN中心2003年版。

（龙江莉）

过河歌

傣族生活歌。流传于云南省西双版纳傣族自治州傣族地区。该歌唱述为到河对岸采摘香甜好吃的黄果，阿爹抓住河边大树的粗藤荡到对岸摘到了果实，从此人们纷纷效仿荡着粗藤过河去摘果。歌中唱道："山那边，有黄果，山中间，隔条河，河水深，水流急，阿爹过不去，阿妈过不去，急得团团转。走到河岸边，河边有大树，大树有粗藤，像座独木桥。阿爹见了心喜欢，说声我要过河去，抓住粗藤子，像野猫穿山，像猴子攀藤，顺着藤子过了河，给我摘来甜黄果。"反映了古代社会生活场景。佚名演唱，佚名记录翻译。收入《傣族古歌谣》，32开，2页，34行，中国民间文艺出版社1981年版。

（龙江莉）

告别家乡歌

傣族生活歌。流传于云南省西双版纳傣族自治州傣族地区。该歌唱述即将远行的人，怀揣对家乡山水的依恋和家人的不舍，向父老乡亲告别的依依惜别之情。歌中唱道："再见吧，抚育我成长的家乡，我去不久会返回，我不会留恋他乡的美景，我不会被他乡的姑娘迷住。即使外边有蜜糖甜浆，我也不会忘记家乡的泉水，我会回来把家乡建设得更美好。"艾宰演唱，艾所保搜集，刀国兴翻译。收入《西双版纳傣族歌谣集成》，32开，2页，24行，云南人民出版社1989年版。

（龙江莉）

拐走姑娘之歉词

傣族生活歌。流传于云南省德宏傣族景颇族自治州傣族地区。傣族有"拐姑娘"之习俗，如男方拐走姑娘到家之后，男方家需请两位女媒人到女方家报信及道歉，吟唱此歌。唱词开篇先表歉意，然后诉说养儿育女的艰难，接着唱述两青年相爱的过程："河边相遇，井旁相约，板凳是我们爱情誓言的证物，纺线车边留下无数情话绵绵……上家姑娘美如仙女，只因命不带来难成双；下家姑娘似金荷花，因为前世无缘今世难配对。"最后唱述："他俩的爱情命中注定，但左邻右舍不知晓，拐她去不是去做牛当马，是去做一位好儿媳，请诸位长者放心吧！"李岩过哏吟诵、搜集、整理。傣文版，16开，3页，60行，稿存德宏傣族景颇族自治州民语委。

（快永胜）

欢乐歌

傣族生活歌。流传于云南省西双版纳傣族自治州傣族地区。该歌唱述天气晴好的日子，人们进山去打猎，男的把路口，女的进林吼，大家齐心协力捕到很多猎物，高高兴兴抬回家的情景。歌中唱道："花鹿跑出来，虎豹冲出来，人们齐吼叫。举棒打过去，打死虎，打死鹿，活捉小麂子。队伍真欢腾，人心真兴奋，分手扯藤条，动手砍扁担，捆住野兽脚，抬着往回走。"佚名演唱，佚名记录翻译。收入《傣族古歌谣》，32开，4页，60行，中国民间文艺出版社1981年版。

（龙江莉）

虎咬人

傣族生活歌。流传于云南省西双版纳傣族自治州傣族地区。该歌唱述远古时期人们力量微薄，不能战胜天灾人祸的悲苦生活。歌中唱道："人生苦难多，昨天我阿哥，从树上摔下，死在山谷里，我们找到时，他已闭上眼，只好把他埋，压上大石头，用树叶遮盖。埋后我们哭，哭着回到家。今日阿妈去，她去得很早，到山边悲哭，悲哭我阿哥。哭得正伤心，灾难又扑来，林中有老虎，老虎扑过来，叼走我阿妈，留下一摊血。"佚名演唱，佚名记录翻译。收入《傣族古歌谣》，32开，3页，42行，中国民间文艺出版社1981年版。

（龙江莉）

洪水泛滥

傣族生活歌。流传于云南省西双版纳傣族自治州傣族地区。该歌唱述大火刚过，人们又遭遇了洪水之灾，人类几乎灭绝。歌中唱道："大火才熄灭，山崩又地裂，雷把天击破，天破大雨落。雨点粗又大，下了一百天，洪水滚滚来，岩石被冲散，大树被冲倒，森林被淹没，大地水汪汪，一片白茫茫。只有一座高山，山顶露出水面，跑上山顶的人，才留下一条命，跑不脱的人和畜，一齐死在大水里。"佚名演唱，佚名记录翻译。收入《西双版纳傣族歌谣集成》，32 开，2 页，36 行，云南人民出版社 1989 年版。

（龙江莉）

叫人歌

傣族生活歌。流传于云南省勐海县傣族地区。该歌反映了傣族原始社会时期人们的生活状况。歌中唱道："走在山里的人，坐在石上的人，爬在树上的人，蹲在河边的人，快快离开那里，快快回到洞里，太阳已落山了，天就要黑了，老虎就要出来了，正在啊唔啊唔地吼叫。猴子已经归窝，雀鸟已经归巢，野狗睁亮眼睛，见人就追着嚎叫。"佚名演唱，岩糯搜集，岩温扁翻译。收入《中国歌谣集成·云南卷》上，16 开，1 页，22 行，中国 ISBN 中心 2003 年版。

（龙江莉）

叫儿歌

傣族生活歌。流传于云南省西双版纳傣族自治州傣族地区。该歌唱述一个老妇生育了很多儿女却无法将他们养活，无奈之下只得把儿女带到森林里放在鸡嗉子果树下，让他们摘吃果子活命。过了很久，等老妇再去寻找儿女时，却见他们已变成猴人，只能在树上生活不能与母亲回家。老妇悲痛万分，回家途中落入水中，变成了蒙脸虫。歌中唱道："老妇儿女多，行走在光坡，左手牵一女，右手牵一子，儿女个头小，儿女皮肉嫩，刚长齐母腰，走路会跌倒。小女哭吃奶，小儿要奶哭，老妇没有奶，望天泪成串。伸手双双抱，哭吻儿女脸，儿女不懂事，张嘴含奶头，要把奶吸干，奶无汁，儿女哇哇哭，哭声撕母心，树叶也落泪。"咪涛香孟演唱，应塔南记录，岩温扁翻译。收入《西双版纳傣族歌谣集成》，32 开，5 页，113 行，云南人民出版社 1989 年版。

（龙江莉）

季节歌（一）

傣族生活歌。流传于云南省西双版纳傣族自治州。全歌为十二个部分，唱述了傣族先民对傣历十二个月气候变化规律的认识，以及他们的时令栽种经验，是傣族人民农业文化的经验总结。歌中唱道："跨进五月，天高气爽，万里晴空，阳光明媚，是人们烧山地的时节……跨进六月呵，就要欢度新年……栽上棉花和包谷，栽上豆类酥子和瓜果，一定会有好的收成……跨进十一月呵……黄瓜、南瓜、香瓜，各种各样的瓜，吊满藤架，卖不完吃不尽，收割的季节家家乐陶陶。"波嗡及演唱，刀新华搜集，西娜翻译。收入《西双版纳傣族歌谣集成》，32 开，12 页，234 行，云南人民出版社 1989 年版。

（李传宁）

季节歌（二）

傣族生活歌。流传于云南省西双版纳傣族自治州。唱述了十二个月（傣历）自然界生物变化的规律，以及十二个月中与节令相应的农业生产活动。歌中唱道："三月来到了，荆棘丛中的绿蛇探头探脑，青树和绿竹的残叶已快落光，乌鸦和小鸟在窝里躲藏，寒霜使它们不能出来玩耍……十月来到了，洁净的荷花多么美丽，刷刷的雨水呀，润湿了我们的田地，养大了我们的稻子。"佚名唱述，刀承华记译。收入《西双版纳傣族歌谣集成》，32 开，3 页，60 行，云南人民出版社 1989 年版。

（李传宁）

季节歌（三）

傣族生活歌。流传于云南省西双版纳傣族自治州。叙述了十二个月中自然界变化的规律，以及十二个月中与节令相应的农业生产生活。歌中唱道："一月，春暖花开，姑娘们纺线忙；二月，浓雾消散，姑娘们编筒帕；三月，金竹叠翠，小伙子扛枪打猎；四月，攀枝花吐妍，百鸟叽叽喳喳满天飞；五月，紫胶刀把松动，是人们开荒的时节……

十二月，雪白的棉花绽满山地，姑娘们挑着箩筐摘棉花。"佚名唱述，玉康记译。收入《西双版纳傣族歌谣集成》，32 开，2 页，24 行，云南人民出版社 1989 年版。

(李传宁)

结拜朋友歌
傣族生活歌。流传于云南省德宏傣族景颇族自治州傣族地区。这是傣族结拜朋友时常诵唱的一首生活歌。歌中唱道："我们是一座山上的大象，一条河中的鲤鱼，一棵树上的芒果。腿上画龙的伙伴，背上纹蛇的朋友，来自四面八方，在太阳下相见，在月亮下相识，这是祖先的恩赐，这是我们的缘分，我们是朋友，我们是兄弟，手拉手，心连心，哪个有难大家帮，哪个有喜大伙赞。珍贵的友谊，胜过红象牙。长久的情谊，胜过金和银……请佛祖洗去我们心中的污垢，请佛祖纯净我们珍贵的友情！"佚名吟唱，岩林、曼相、波瑞翻译整理。收入《傣族风俗歌》，32 开，4 页，88 行，云南民族出版社 1988 年版。

(快永胜)

酒醉歌
傣族生活歌。流传于云南省西双版纳傣族自治州。唱述傣族男子尽情喝酒的欢乐场面。强调只要靠自己双手劳动，不偷不抢，喝醉也不怕。唱道："不是愁，没有苦，因为太欢乐，大家来喝酒，张大嘴巴喝，放开肚皮饮，米酒抬过来，辣酒抬过来，喝一碗，添两瓢，喝两瓢，添三罐，饱饱喝，尽情饮。"佚名演唱，岩温扁翻译、整理。收入《傣族古歌谣》，32 开，3 页，45 行，中国民间文艺出版社 1981 年版。

(李传宁)

敬贵客
傣族生活歌。流传于云南省禄劝彝族苗族自治县。傣族迎接客人时吟唱此歌。主要内容就是教导人们如何对待来客。歌中唱道："大伙围来坐，大伙拢来吃；大伙端着喝，大伙喊着搛。先敬老人一杯酒，再搛好菜给儿孙。若是远方客人到，千万莫把客人丢。小伙子右手宰鸡鸭，小姑娘淘米洗菜把饭煮。客人上堂坐，娃娃莫要闹喳喳。添饭搛菜倒酒敬客人，饭要吃饱酒要喝足！人人说我地方好，尊老爱幼敬贵客。"表现了傣族人民热情好客的风习。李正英演唱，文少前翻译，钱春林整理。收入《云南民间文学集成·昆明歌谣》，32 开，1 页，16 行，云南民族出版社 1991 年版。

(郭玉萍)

敬酒歌
傣族生活歌。流传于云南省德宏傣族景颇族自治州傣族地区。傣族习俗：远客或朋友来家里拜访，先要斟一碗酒相敬，以表示真诚迎接，并诵唱此歌。歌中唱道："爱情常以竹子为媒，友谊常以米酒为证，让酒和血流在一处，让心和心一起跳动。……喝上一碗米酒，嚼上一口槟榔，多一次相处多一份情。愿我们的友谊像田埂一样长，像荷池一样深，像岩石一样坚硬。喝吧，贵客！喝吧，朋友！敬您一碗酒，敬您一片心，好心对好心，好汉同相处！"佚名吟唱，岩林、曼相、波瑞翻译整理。收入《傣族风俗歌》，32 开，3 页，84 行，云南民族出版社 1988 年版。

(快永胜)

敬酒歌
傣族生活歌。流传于云南省新平彝族傣族自治县漠沙镇。歌词大意为：采来绿叶捂白酒，摘来沙叶捂豆豉，好日子要喝酒，喝起酒才高兴。用银壶倒酒，用牛角杯喝酒，喝上三杯五杯，上了脸上了头，喝到太阳落山，喝到月亮东升。白光富演唱，刀明贵、周红芹 2008 年 8 月采录，白剑翻译。收入《花腰傣古歌谣》，32 开，1 页，云南民族出版社 2008 年版。

(刀庆喜)

警世经书

傣族生活歌。流传于云南省德宏傣族景颇族自治州傣族地区。此歌讽刺了好吃懒做、危害社会、让父母及亲人伤心、让世人讨厌的行为,从而达到教育人遵规守纪、做对社会有用之人的目的。佚名唱诵,金绍龙搜集。刊于傣文杂志《勇罕》2000年3~4期,16开,8页,205行。

(冯霄)

麂子歌

傣族生活歌。流传于云南省西双版纳傣族自治州傣族地区。该歌以拟人手法生动地描述了慈祥的母麂对麂儿的伟大母爱。歌中唱道:"山梁密林中,有许多果树,香甜的麻奔果,结满了树枝。母麂很高兴,但也很担心,开口对麂儿说:'儿呀儿,你还小,肉皮很嫩,懂得的事不多,你只有瘦瘦的脸,只有细细的脚,这里有香甜的野果,你随便吃吧。小小的麻奔果啊,最香甜最好吃,吃饱了,你就长得快,快吃呀,吃饱了,好返回睡处。''儿呀娘的小宝宝,你只有瘦瘦的脸,你只有细细的脚,你难以逃过恶人的追捕,快回吧,快回去吧。'"玉儿演唱,岩宰龙搜集,刀新民翻译。收入《西双版纳傣族歌谣集成》,32开,4页,87行,云南人民出版社1989年版。

(龙江莉)

开财门调

傣族生活歌。流传于文山壮族苗族自治州马关县傣族聚居区。主要内容:奉请东方、南方、西方、北方、中央童子,保佑"某家主人今天起,全家老幼都健康,寿命长达百余岁,秋天丰收粮满仓,六畜兴旺满山冈,万事从头就顺利,人丁兴旺大吉利"。董再芳演唱,董品林搜集记录。尚未公开出版发行。

(张元波)

哭哀歌

傣族生活歌。流传于云南省西双版纳傣族自治州傣族地区。该歌唱述三个小男孩到森林里寻找食物,但可吃的东西早已被别的人和山里的动物吃光了,最后三人终于看见一棵树上有几个熟果,便爬上树采摘,谁知树上有成群的黄蜂和蚂蚁,三人吓得掉下了树,一个摔断腿,一个砸断腰,还有一个当场摔死了,活着的两个小孩发出了阵阵凄惨的痛哭声。歌中唱道:"两个小男孩,脸色绿又白,拖着跌断了的腿,拖着跌断了的腰,挣扎爬出来,一路哭哀哀,声声传山谷'苦啊苦,悲啊悲'鲜血染红草,悲泪渗透土,爬过大森林,永远离人间。"反映了古代社会生活的艰辛和凄凉。佚名演唱,佚名记录翻译。收入《傣族古歌谣》,32开,4页,69行,中国民间文艺出版社1981年版。

(龙江莉)

老人祝词

傣族生活歌。流传于云南省德宏傣族景颇族自治州傣族地区。此歌教育亲戚、朋友、兄弟、姐妹有难要相帮,要互相谦让,不能争强好胜。最后教育道:"人家吃不要看,人家做专心学,世上的路走不尽,天下的事学不完,贫富全在一双手,教育孩子放纵会使他们变坏,迁就会使他们变懒……"佚名吟诵,岩林、曼相、波瑞搜集翻译。收入《傣族风俗歌》,32开,3页,82行,云南民族出版社1988年版。

(莫所连)

落寨歌

傣族生活歌。流传于文山壮族苗族自治州马关县傣族聚居区。主要内容:采用男女对唱的形式,把黄泡、酒饭、装饭箩、酒甑、熬酒天锅、扣等生产生活用具进行详细描述,反映傣家人对美好生活的追求。柏明英演唱,柏开祥搜集记录。尚未公开出版发行。

(张元波)

麻风乞讨歌（一）

傣族生活歌。流传于云南省西双版纳傣族自治州傣族地区。该歌为身患麻风病的穷人乞讨时所唱。歌中唱道："我讨盐和米，请主人可怜，命运给我带来苦难，使我身软无力，失去了干的力气，才来向主人亲友求乞。"刀新华演唱，杨力翻译。收入《西双版纳傣族歌谣集成》，32开，1页，6行，云南人民出版社1989年版。

（龙江莉）

麻风乞讨歌（二）

傣族生活歌。流传于云南省西双版纳傣族自治州傣族地区。该歌为身患麻风病的穷人乞讨时所唱。歌中唱道："主人啊主人，灾难已降临到我身上，我身软无力，下了田上不了山，乞求幸福的人们，赐给一点温暖，哪怕一分一毫银元，我也感激万分。"康朗卷演唱，杨力翻译。收入《西双版纳傣族歌谣集成》，32开，1页，8行，云南人民出版社1989年版。

（龙江莉）

麻风乞讨歌（三）

傣族生活歌。流传于云南省西双版纳傣族自治州傣族地区。该歌为身患麻风病的穷人乞讨时所唱。歌中唱道："我双膝跪在篱笆脚下，目不敢平视，头不敢抬高，只能凭着痛苦的话音，一声声向房主乞讨。主人啊，好心肠的人，主人啊，慷慨大方的人，厄运给我今生降下灾星，可怜我得了麻风病，如今我已不能劳动，左手提不起斧把，右手握不住砍刀，可怕的麻风病鬼，把我的手脚啃秃。"波罕老演唱，岩温扁翻译。收入《西双版纳傣族歌谣集成》，32开，2页，21行，云南人民出版社1989年版。

（龙江莉）

女人歌

傣族生活歌。流传于云南省西双版纳傣族自治州傣族地区。该歌唱述了远古蛮荒时期，女人没有固定的婚姻和家庭，她们生下儿女后终身为生活奔劳，却得不到男人关爱的悲苦生活。歌中唱道："人类灾难多，女人常挨饿，拖儿又带女，整天跑山谷，累断腰，折断骨，头发被树枝扯乱，皮肉被利刺戳破，为养育儿女，去寻找食物。雀鸟双双飞，同养窝中儿，马鹿双双行，同带小鹿儿，人还不如鸟，人还不如鹿。男人心最狠，不想养儿女，双双打伙住，同烧一堆火。女人怀了孕，男人就走开，丢下母和儿，另去寻欢乐。"玉腊演唱，应塔南记录，岩温扁翻译。收入《西双版纳傣族歌谣集成》，32开，2页，34行，云南人民出版社1989年版。

（龙江莉）

男女规劝歌

傣族生活歌。流传于云南省德宏傣族景颇族自治州。此歌劝告青年男女对爱情要专一、忠贞。歌中强调：青年男女谈情说爱、结对成双、成家立业、合二为一，这是天经地义的。劝所有成家合二为一的男女要互相尊重，互相信任，要专一，不能见水喜水，见鱼爱鱼。平常吵嘴是常事，事后要想当初的恩爱之情。男人女人，都不能见异思迁，不能遇新人忘旧人，这样做才符合社会的道德规范。庄罕半朗诵，刀干相记录。16开，2页，38行，稿存德宏傣族景颇族自治州民语委。

（岳小保）

闹分伙

傣族生活歌。流传于云南省西双版纳傣族自治州傣族地区。该歌唱述早期人类从原始社会进入奴隶社会时期，人们内部发生了弱肉强食的残杀场景。歌中唱道："过去友爱如群猴，一起吃山果，一起采野菜，和睦像窝蜂，同居一洞穴。如今分群了，如今散伙了，伙中有伙头，群中有群首，各占一座山，独揽一棵果，相互不挨近，挨近就斗架。有时在河边相打，为争水中鱼，有时在林中厮杀，为争夺黄麂。弱者人数少，只得搬离走，重新找居所。"岩罕学演唱，岩罕囡记录，岩温扁翻译。收入《西双版纳傣族歌谣集成》，32开，3页，40行，云南人民出版社1989年版。

（龙江莉）

盘巴歌

傣族生活歌。流传于云南省西双版纳傣族自治州傣族地区。该歌唱述远古时期，人们只会采摘树叶野果充饥，不知打猎吃肉。到了冬天，又冷又饿，成群的挤在洞里等死。有个硬汉不愿这样等死，便走出洞去寻找食物。此时的大地一片干枯，绝望之际，他看见一群灰毛狗在追逐麂子，毛狗们追到麂子就分吃了麂肉，个个肚子胀得鼓鼓的。硬汉看后得到启示，回到洞里向众人讲述，希望年轻人能团结起来出洞打猎，捕杀麂子和马鹿充饥。众人听后一致同意，并推选那汉子为盘巴，跟随他开始了狩猎生活。反映傣族古代先民认知自然的情况。鲊岩嫩演唱，应塔南记录，岩温扁翻译。收入《西双版纳傣族歌谣集成》，32开，6页，129行，云南人民出版社1989年版。

（龙江莉）

配偶歌

傣族生活歌。流传于云南省西双版纳傣族自治州傣族地区。该歌唱述远古时期，人们从动植物雌雄相配繁衍后代的生活经验中领悟到，人类应男女结成夫妻共同养育儿女才能兴旺发达的道理。歌中唱道："雀成双，鸟成对，草会开花，树会结果，猴子有老婆，斑鸠有丈夫，相亲又相爱，养儿育女共同生活。人类要配偶，不能再乱合，兄妹配成双，男女成一对，像斑鸠一样，配偶不分离，人类定兴旺。"佚名演唱，佚名记录翻译。收入《傣族古歌谣》，32开，1页，15行，中国民间文艺出版社1981年版。

（龙江莉）

劝说夫妻和睦

傣族生活歌。流传于云南省德宏傣族景颇族自治州傣族地区。遇有本寨的年轻夫妇闹离婚，老人们就要去耐心劝说，以使他们回心转意、言归于好，并唱此歌："新伙房熏黑了，新被褥破了，挑谷子的箩筐换了又换，砍田埂的长刀磨了又磨，让老人伤心的事不要想，让邻里笑话的事不要做。舌头还常被牙齿咬，哪一家没有小争吵？使牛时节男人累，插秧时节女人苦，女人管家男人帮，油盐柴米同操心，恩爱夫妻重在情，埋怨别人是自己无能，依赖别人是自己懒惰……互敬互爱感情深，和睦享天伦。"并讲述夫妻互敬互爱的理由和鼓励共创美好生活的信心。佚名吟唱，岩林、曼相、波瑞翻译整理。收入《傣族风俗歌》，32开，3页，77行，云南民族出版社1988年版。

（快永胜）

劝说寡妇改嫁

傣族生活歌。流传于云南省德宏傣族景颇族自治州的傣族地区。过早丧夫的妇女，生活异常艰辛，于是众亲友和老人来劝说改嫁，另遇好心人，重享幸福："呃……旧年过去新年来，年复一年，他离人世为时已久远，如今你还孤身一人，看你脸上无笑容，常带两道苦泪痕。猪厩破了没人修，簸箕烂了没人补，砍柴割草都是你，抬头只听孤雁啼，低头也是单人影，夜晚听见疯狗咬，吓得抱儿身颤抖。苦累都是你，好比猫吃酸鱼胆，苦断肝肠自己咽……"接着述说人生路方长，苦守寡难熬的理由，最后指出改嫁的必要性、可能性。佚名吟诵，岩林、曼相、波端翻译整理。收入《傣族风俗歌》，32开，2页，55行，云南民族出版社1988年版。

（快永胜）

迁徙歌

傣族生活歌。流传于云南省西双版纳傣族自治州。唱述傣族先民们为了生存，离开寒冷而贫瘠的地方，历经艰难险阻，向南迁徙的凄惨经历。歌中唱道："我们要走了，我们不在啦，这里风寒冷，这里山光秃，……天很圆，地很宽，南边白云多，也许有食物。……雀有翅，蜂搬家，寻找花多处，为的求生存。……远处有红果，远处有黄果，远处有嫩笋，还有芭蕉和蕨菜，快走吧，趁天暖，今天翻过山，寻找生存路。"岩梢纳宛演唱，康朗温凡记录，岩温扁翻译整理。收入《西双版纳傣族歌谣集成》，32开，4页，75行，云南人民出版社1989年版。

（李传宁）

起火歌

傣族生活歌。流传于云南省西双版纳傣族自治州傣族地区。该歌唱述远古时期人类本来没有火种，但天地两兄弟闹不和，互相打骂，比试本领，天用火把投打地，不料将地上的草和树烧着，地没被烧死，人类却从此有了火，从而改善了生存环境。歌中唱道："古人讲，祖先说，那时的人类，还不曾有火，冷了烤太阳，天黑望月亮，果子自己熟，菜叶自己长，人只管采摘，采来塞肚肠。那时候，天地是哥弟，哥弟闹不和，哥哥住在上，弟弟住在下。……哥哥心狠，大吼一声，举起火把，投向弟弟，火一落地，哗哗燃烧，烧着草，烧着树，弟弟没烧死，反而高兴说：'我有火啦，我有光啦，从今起啊，我再不怕冷啦。'从此人有火，从此人有光。冷时烧火烤，洞内热乎乎，天黑点火照，虎豹不敢来，大蛇不敢挨。"岩罕胆演唱，应塔南记录，岩温扁翻译。收入《西双版纳傣族歌谣集成》，32开，4页，80行，云南人民出版社1989年版。

（龙江莉）

请客调

傣族生活歌。流传于云南省新平彝族傣族自治县漠沙镇一带。歌词大意为：宽敞的土掌房可以摆两排酒，上排摆虎肉，下排摆象肉，盛情款待尊贵的客人。傣家祖先能吃苦，爹妈会当家，我们爱勤劳，才会有今日的衣食无忧、幸福吉祥，亲朋好友们快快来吧。杨秀美演唱，刀明贵2005年8月采录，刀明贵翻译。收入《花腰傣古歌谣》，32开，2页，云南民族出版社2008年版。

（刀庆喜）

雀屎谷

傣族生活歌。流传于云南省西双版纳傣族自治州傣族地区。该歌唱述远古时期，人们没有吃食，只得到处寻找雀屎、鼠屎充饥，一次偶然的机会，人们发现了谷种，从此开始了栽种，生活才有了保障。歌中唱道："雀屎鼠屎河边撒，不久长出苗，不久结出果，苗生苗，果生果，越撒越多了，平地一片黄，又是雀屎果，又是鼠屎果，人不愁吃了，人不跑山了，四处找地种雀屎谷，遍坡找地种鼠屎谷。从此谷物诞生了，从此人学种谷了，一代接一代，代代传下来。谷是主，谷是头，谷物养人命，人爱谷，谷饱满，人世啊，从此变了样。"鲊岩嫩演唱，岩温扁记录翻译。收入《西双版纳傣族歌谣集成》，32开，6页，119行，云南人民出版社1989年版。

（龙江莉）

人生劝教词

傣族生活歌。流传于云南省德宏傣族景颇族自治州傣族地区。此歌主要以事或物作比较来达到教育人的目的。如："种田要懂得珍惜好种，做人要会教育后代。""是池塘就得养鱼，家有奶奶爷爷要学会尊敬。"佚名吟诵，蔡荣礼搜集。16开，1页，24行。刊于傣文杂志《勇罕》1987年1~2期。

（冯霄）

日月歌

傣族生活歌。流传于云南省西双版纳傣族自治州。唱述了日月运行规律及其日食、月食等自然现象形成的原因。太阳和月亮既是一对兄妹，又是一对夫妻。太阳爱上了月亮，月亮为让太阳的光芒永远都照到自己的脸上，与太阳结为夫妻。月亮总是睡到天黑才出来，借着太阳的光亮，向大地炫耀她的容貌。太阳怕人们看到它的丑貌，就用金针作掩护。凡有人抬头看它，就用无数针尖刺向人的双眼。月亮原来的情人发誓要吃掉太阳和月亮。于是一会变成一只天狗，去追食月亮；一会又变成石蚌，去追食太阳，把它们含进嘴里又吐出来，不断地折磨它们，从此就形成月食和日食。岩桑勐演唱，都罕教记录，岩温扁翻译整理。收入《西双版纳傣族歌谣集成》，32开，5页，101行，云南人民出版社1989年版。

（李传宁）

十二马

傣族生活歌。流传于云南省盈江县傣族地区。每逢节日聚会或欢庆丰收活动中，傣族青年男女都要出来表演这种地道的民间歌舞"十二马"。有些傣族地方有唱十二月的歌，即唱述十二个月季节变化的特征和生活内容。而"十二马"的内容更为丰富更有特色一些，人们在表演时骑着制作的十二匹道具马，载歌载舞，形象生动，很有吸引力。表演者随心所欲地表达生活的喜悦和团结友爱的情绪．相互爱恋的青年男女也乘时向对方传递情感。有段歌唱道："有缘不畏千里路，有情哪怕隔刀山，感谢你们的真诚，好听的话赛山泉。快坐下吧阿哥，这里有上等的草烟；快举杯吧阿哥，我们酿的米酒又香又甜。""你们的篾桌真圆，你们的竹凳好坐，黄黄的烟丝好抽，香香的米酒好喝，像青蛙逢雨高兴得喊叫，我们同来的伙伴无不快乐。""我们骑上马，骑着一匹英武的马，同哥哥走在一起，好比甘露心头洒。""我们骑着马，骑着斑斓的马，同妹走在一起，好比彩霞脸上挂。"接着一起数十二月份，从一月到十二月，青年男女们一唱一对，把每个月应该主要做的事都数出来了，数得有声有色，有情有义。佚名演唱，方峰群、岩林搜集整理。收入《傣族古歌谣》，32开，12页，300行，中国民间文艺出版社（云南）1981年版。

（岩林）

十二月的歌

傣族生活歌。流传于云南省德宏傣族景颇族自治州傣族地区。主要唱述傣历十二个月中傣乡山川河流的变化特点以及随季节、气候的变化所应进行的生产、生活安排：一月份（公历11月）是年头，大雨停了土地干，风送寒意霜下降，大雁满怀喜悦，在蓝天里欢唱翱翔……二月份的白昼最短……最冷的天是三月，冷霜盖满了屋顶，寒风吹透了披毡，早晨的水刺痛了骨头，田地里的小溪干涸了，青蛙的歌声消失了……十二月份到了，田里的谷子低头弯腰，饱满的谷穗四处飘香，人们欢腾了，寨子闹热了……佚名吟唱，岩林、曼相、波瑞翻译整理。收入《傣族风俗歌》，32开，6页，169，云南民族出版社1988年版。

（快永胜）

十二月花歌

傣族生活歌。流传于文山壮族苗族自治州马关县傣族聚居区。主要内容：反映了每年12个月花开（正月开蒜花、二月开香花、三月开刺花、四月开羊胡花、五月开菱花、六月开染红米饭花、七月开葛藤花、八月开稻谷花、九月开苞茅花、十月开石头花、十一月开梅花、十二月开樱桃花）的特点，寄语了傣家人对美好生活的向往和追求。柏明英、柏明仙演唱，柏开祥搜集记录。尚未公开出版发行。

（张元波）

十二月风歌

傣族生活歌。流传于文山壮族苗族自治州马关县傣族聚居区。主要内容：正月吹的立春风。二月吹的春暖风。三月风吹菜花黄。四月风吹备秧田。五月风吹该插秧。六月风吹插秧忙。七月风吹秧苗绿。八月风吹稻花香。九月风吹收谷忙。十月风吹粮满仓。冬月风吹六畜旺。腊月风吹喜气扬。曾成风演唱，白家祥搜集记录。尚未公开出版发行。

（张元波）

十二月水歌

傣族生活歌。流传于文山壮族苗族自治州马关县傣族聚居区。主要内容：正月水是圣洁洗脸水，二月水是过槽洗脚水。三月由彩花水变银水，四月清水旋遍无际坝，五月江水供应来欢跃。六月水中留下野猪迹，七月水影中最稀奇，八月江水渐渐涨平桥，九月之水如镜慢慢摇，十月勐傣喜迎水欢唱。十一月见碧水将离去，十二月登勐傣心叹惜。王朝巨、王德会演唱，白家祥搜集记录。尚未公开出版发行。

（张元波）

十二月盘歌

傣族生活歌。流传于文山壮族苗族自治州马关县傣族聚居区。主要内容：反映了每年12个月傣家人的生产生活情况，希望傣家人根据时令的变化及时调整生产计划，争取五谷丰登、家家生活幸福。王春寿、白开达演唱，董品尧、白家祥搜集记录。尚未公开出版发行。

（张元波）

送水歌

傣族生活歌。流传于云南省西双版纳傣族自治州傣族地区。该歌唱述母女俩住在山脚下，逢天干旱，太阳火辣烤得万物干枯，女儿饿得哇哇大哭，母亲心痛难忍，便带女儿四处寻找食物，终于在山坡上找到山药藤。母亲高兴地赶紧用手刨挖，不一会儿手指就出了血。天干口渴，母亲让女儿到山脚的小河边去打水，但等女儿打水回来，母亲却已渴死。伤心的女儿变成了知了，爬在妈妈的尸体上，不停地叫"妈啊——水呀！"反映古代社会生活的艰辛和凄凉。玉香万演唱，岩温扁翻译。收入《西双版纳傣族歌谣集成》，32开，6页，117行，云南人民出版社1989年版。

（龙江莉）

送别歌

傣族生活歌。流传于云南省西双版纳傣族自治州傣族地区。该歌为孩子即将出门远行，父母为表示祝福安康吉祥而唱。歌中唱道："我的孩子啊，今天是吉祥日子，你要离开家门，你要离别父母，到很远的地方。妈妈祝福你，一路顺风，一路吉祥，走在路途上，要注意歇脚，要注意冷暖，到达目的地后，可别忘了家中爹妈。"咪的总演唱，波罕香搜集，刀永平、罗俊新翻译。收入《西双版纳傣族歌谣集成》，32开，2页，39行，云南人民出版社1989年版。

（龙江莉）

送祝米调

傣族生活歌。流传于文山壮族苗族自治州马关县傣族聚居区。主要内容：小孩出生后，亲戚朋友来送祝米，盼望儿孙身体好，长大后学习有进步，身体强壮，勤劳善良，能说会写，"春天下河不疲劳，夏天下河手有劲，秋天下河不着凉，冬天下水刚合身"。白董氏演唱，董品尧搜集记录。尚未公开出版发行。

（张元波）

扇子调

傣族生活歌。流传于云南省德宏傣族景颇族自治州。此歌专门唱述扇子给人们带来的好处。歌中唱道："扇子啊扇子啊，你就摆在街上卖，卖给年轻的小卜冒（小伙子），不到时间不甩扇，时间到了热，扇子借不得，你热我更热，平时放在柜子里，天热取出来，上下来回摆呀摆，扇子天天陪我在，一年四季离不开，扇子功劳大，人人见了人人爱。"弄波尚演唱，佚名译。收入《德宏傣族民歌44种》，32开，1页，14行，德宏民族出版社1984年版。

（岳小保）

睡觉歌

傣族生活歌。流传于云南省西双版纳傣族自治州傣族地区。该歌反映古代傣族人民的社会生活状况。歌中唱道："野菜在东边，野果在西边，猴子真狡猾，黑熊也不笨，还有松鼠和小雀，都想争着来吃果。我们睡不好，明天起得迟，采不着野菜，摘不着果子，大人肚子饿，小孩更可怜，好好睡，睡个饱，明天大家要起早。"佚名演唱，佚名记录翻译。收入《傣族古歌谣》，32开，2页，18行，中国民间文艺出版社1981年版。

（龙江莉）

数属相歌（庚按嘿）

傣族生活歌。流传于云南元江县傣族聚居区。在日常生活中，傣家人会扳着手指数属相算日子，尤其读音与古汉语属相相似度较高，属龙日叫做［lei］，属蛇日叫做［se］（巳），属马日称作［ha］，傣语为"五"，属羊或者绵羊出生日称［mua］，属猴日叫做［lian］，鸡鸭的生日叫做［hao］，狗出生的日子叫［hie］，属猪日叫做［ge］"格"（亥），属鼠日称为［zhe］（子），属牛日称为［biao］（丑），狮和虎的生日称为［yi］（寅），属兔日称为［mao］（卯）。并把日子与12生肖形象生动结合编成了诗歌传唱：蛟龙出洞是属龙日（傣语：文lrei），日日在高空中穿云破雾。天天在苍穹中来回寻觅。让坝子人盼它降绵绵细雨来淋透，让天下人等它做大雨来浇灌。如果你不下雨，梗子下方打包的稻谷也会枯死，水口的稻枝也会长出白穗；蛙人如彩虹般横空出现的日子是属蛇日（傣语：文色），天底下他都能蒙得严实。四方天边它都盖得过，它涉猎到潺潺流水的箐边，它涉及沙漠中的泉水。象和马出生的日子叫属马（傣语：文哈）。主人天天得割湖边草给吃。日日到城里买料草来喂。它后脚得上铁钉，前脚得钉铁掌。花被披在马鞍上，头戴花饰和铃铛。山羊和绵羊是同一个属相（傣语：文木啊），羊角弯弯头尖尖，让它的主人天天跟在后头看守，使它的主人日日追后面牧放。主人不放它不得就餐，主人不放它不得吃草。猴子出生的日子叫"文lrien"。撒秧撒在草尖上，栽秧栽在树上头。鸡鸭出生的日子叫"文hau"，让他的主人日日簸米糠喂，让他的主人天天簸谷糠给吃。主人不喂不得吃餐，主人不撒不得吃饭。狗出生的日子叫hao日天天它得凳下穿来转去，日日它得在桌下忙来忙去。等它主人用瓢装饭喂，盼它主人挖瓢口表面饭给吃。猪出生的日子叫"ge"，让他主人喊"啰嗦啰嗦"声音嘶哑。主人不喂不得吃食。主人不叫不得就餐。李玉明演唱，白云整理。尚未公开出版。

（白云）

天干歌（庚发灵）

傣族生活歌。流传于云南元江县傣族聚居区。描述了干旱少雨的生产生活情境以及表达了傣家人求雨的心情和向往美好生活的情感。主要内容是这样的：天高云淡日照大地，赤日炎炎似火燃烧，田中庄稼干枯，山上草木干死，农夫人心惶惶，久盼着下雨，给秧苗返青，左等右等不落雨。大雨下在勐池（昆明），小雨下在勐腊（景洪），元江父老乡亲有苦难言，希望落下几滴小雨，救活田中的庄稼。大雨不下下小雨（也行），给庄稼一点点滋润，给山上草木一点点露水，让它们长高和发芽。人们企盼着下大雨，让河水暴涨石头滚动，木柴木料随江水漂流，让百姓在江边捞"水柴"和趁水浑捕鱼。让全坝子的稻田灌满水，而且上满下流。让大地上的植物得雨水而郁郁葱葱，让闷热的天气带来一丝凉爽，给老人和孩子们睡个凉快的安稳觉。没有水，河水流不进来，不筑牢拦河坝、水进不了田。田中无水秧苗长不高，地头无水草长不旺。天干牛羊缺草料苦命的父母去很远的沟头去堵水，星星还在眨眼就起床，鸡叫头遍就出发，爬山越岭到沟头，筑坝引水进沟道。苦命的父母放稻田水，睡在田间地头杂草丛中，蚊虫叮咬夜难熬，天热冒汗心烦躁，盼望着快点把水灌满田，希望听见水口有潺潺的流水声。云彩高高挂在天上，风吹云雾落细雨，大地灰尘都没有盖住，细雨就停止了。雾散天晴又见骄阳似火，农夫企盼着下雨又落空了。盼望着变绿蛙声叫，山坡绿树成荫气候凉爽。气新百姓丰衣足食、无忧无虑，过上好日子。盼望着大雨浇灌土掌房，雨水上满下流落庭院。新鲜的空气让人们从酷热中解脱出来。盼望着庄稼丰收，让人们有好心情，站在土掌房上喊儿孙回家吃晚饭……白家林搜集整理。收入《热土田园诗》（一）元江傣族现代蒙面情歌，第 212 页，玉图（报、刊）字 2017169 号，32 开，属内部刊物。

（白云）

头杯敬家歌

傣族生活歌。流传于文山壮族苗族自治州马关县傣族聚居区。主要内容：以酒为媒介，反映了傣家人尊老爱幼、热爱生活、热爱朋友，向往美好爱情的追求，"头杯敬家先在前，二杯请仙人入座，三杯请宾客入席，四杯请哥与叔到，五杯请父母饮乐酒，六杯是哥与妹唱，七杯是花开喜酒，八杯是画龙真酒，九杯是传情欢唱，十杯也是爱情花，十一杯是大家乐，十二杯是姊妹欢。敢把十二杯喝干，喝干必定成双对，能过幸福到终身"。王光心口述，王朝巨搜集整理。尚未公开出版发行。

（张元波）

勿吸食鸦片

傣族生活歌。流传于云南省德宏傣族景颇族自治州傣族地区。这是一则劝诫人们不要吸食鸦片的劝世歌。歌中列举鸦片的危害、吸鸦片给家人带来的影响及其父母养育一个人的艰辛，劝诫年轻人、成人，特别是年轻男子要洁身自好。歌中唱道："父母养大一个儿子不容易，在你还没满月之时，舍不得用力抱你，生怕会捏痛你；抱你入睡时，生怕翻身会吵醒你；你哭闹时想挠背哄你入睡，又怕抓伤你的背；母亲每天用乳汁喂养你，你才能得以健康地成长；父亲怕你长不高，每天牵着你的小手，领你在院子里学走路……"佚名吟诵，庄体整理。收入《百花园》第六册，傣文版，32 开，7 页，114 行，云南民族出版社 1995 年版。

（杨荣芳）

问答歌

傣族生活歌。流传于文山壮族苗族自治州马关县傣族聚居区。主要内容：反映了桃子果花、桃花、樱桃花与村子寨子相映成趣的场景，表达了傣家人对美好生活的追求与向往，真是"村连村，寨连寨，人们常会在平坦的大道上跑马、赛马，真想我阿妹，我就找路回来了……"。王春寿演唱，董品尧搜集记录。尚未公开出版发行。

（张元波）

我俩的小日子

傣族生活歌。流传于云南省德宏傣族景颇族自治州傣族地区。这是一对夫妻在生活中互相勉励的对唱词。如："我俩的生活啊，什么不缺什么不少，想吃甜的尽管从斧头里去拿，想尝酸的，砍刀、镰刀会为我们找来……"佚名吟诵，刀承会搜集。刊于傣文杂志《勇罕》1986 年 3～4 期，16 开，1 页，27 行。

（冯宵）

蜈蚣歌

傣族生活歌。流传于云南省西双版纳傣族自治州傣族地区。该歌唱述古时人们不知蜈蚣为何物，直到有小孩和大人都被咬伤，才知蜈蚣有毒会伤及性命。他们告诫后人见了就要打死它。反映了古代社会人们认识自然的过程。歌中唱道："红扁虫，被打死，众人们，围拢来，你一言，我一语，说是小扁蛇，说是老虎的犬牙，谁也说不出，小虫该叫什么，为了好记住它有毒，老人给它取了名字，把它叫做会咬人的蜈蚣。'蜈蚣会咬人，它嘴上有毒，谁见都要打，别让它活着'这话一代传一代，蜈蚣的名字啊，直传到今天。"佚名演唱，佚名记录翻译。收入《傣族古歌谣》，32开，3页，59行，中国民间文艺出版社1981年版。

（龙江莉）

下雨歌

傣族生活歌。流传于云南省西双版纳傣族自治州傣族地区。该歌生动地描绘了下雨时的情景。歌中唱道："八月里，雷轰鸣，刮大风，下大雨，螃蟹爬出洞，青蛙张开嘴，田间闹喳喳。雨下大，下大雨，雨点像鸡蛋，落在房顶上，滴滴，嗒嗒，屋檐滚下千担金，屋檐掉下千挑银。金粒团，银珠亮，各家门前淌金水，金水银水流出寨，一一淌进田坝中。秧苗点头笑，谷棵伸手迎，待到风平雨停时，寨更亮，林更青，田更绿，露珠儿，像珍珠，颗颗挂在绿叶上。"佚名演唱，岩温扁翻译。收入《傣族古歌谣》，32开，2页，33行，中国民间文艺出版社（云南）1981年版。

（龙江莉）

下白雨

傣族生活歌。流传于云南省西双版纳傣族自治州傣族地区。该歌唱述天下白雨（雪），人们受到寒冷的威胁，渴望早日云开日出。反映了古代傣族人民的生活状况。歌中唱道："白生生，像雨点，落到地下不流淌，挂在树叶上，挂在石头上，落满坡，落满地，落白了山，落白了树，小草不见了，洞外一片白。大人冷，小孩哭，母亲搂紧儿，缩进洞角里，吃的没有了，白雨还不停，绿枝冷死了，开不出花，结不出果。大人叹气，小孩哭泣，日子太难熬，白雨何时停，太阳何时出？"岩桑勐演唱，岩庄养记录，岩温扁翻译。收入《西双版纳傣族歌谣集成》，32开，2页，37行，云南人民出版社1989年版。

（龙江莉）

孝敬父母歌

傣族生活歌。流传于云南省德宏傣族景颇族自治州傣族地区。这是一首嘱咐朋友要孝敬父母、照顾好父母的歌。歌中唱道："父母养育我们恩重如山，为人子女，在两位老人年迈之时，要照顾好父母的吃、穿、行、住方方面面的细节，让父母快乐地生活、安享晚年；要天天坚持为父母打洗脸洗脚水，让父母在次日清晨醒来时，眼睛里没有脏物……"佚名吟唱，麦相搜录、整理，杨荣芳译。收入《百花园》第六册，傣文版，32开，2页，22行，云南民族出版社1995年版。

（杨荣芳）

戏剧开演仪式祝愿歌

傣族生活歌。流传于云南省德宏傣族景颇族自治州傣族地区。民间傣戏开演，需先吟唱祝福歌。分为对各家各户的祝愿、对老年妇女的祝愿、对中年妇女的祝愿、对女青年的祝愿等部分。祝愿各家各户家庭和睦幸福，远离各种灾难，禽畜兴旺，庄稼丰收。"金银像纷飞的雨下个不停，仓里的粮食像满坝的白雾不断升腾"。祝愿老年的妇女们"天天有平静的心情去信守佛规，施舍大量功德，成为人人敬重的'帕嘎'，个个健康长寿"。祝愿中年妇女"成为丈夫喜爱之人，出入公众场合受人欢迎之人，上街卖货比别人提早卖完之人，养育的子女将来成为社会离不开之人，最终能过上像城里贵妇人一样的日子"。祝愿女青年"心灵手巧，长相出众，讨得小伙子的喜爱，让寨子的名声随每个人的美丽、漂亮而名声远扬，姑娘们也最终找到理想的小伙子。"佚名演唱，金绍龙搜集。刊于傣文杂志《勇罕》2002年1～2期，傣文版，16开，4页，112行。

（冯霄）

洗房柱歌

傣族生活歌。流传于云南省西双版纳傣族自治州傣族地区。该歌唱述傣族习俗中洗房柱的场景及洗房柱习俗的来历。歌中唱道:"房柱三十二,根根劈得滑,摆在青树下,活像美男子。梢岩和梢媔,两根最标直,粗壮又显眼,摆在正中间。柱子抬齐了,妇女忙着去挑水,清水盛在碗里,清水装在桶里,人们走到青树下,去给柱子洗个澡。头一碗水,洗梢岩,二碗水,洗梢媔,三碗四碗洗付柱。青树下,像下雨,雨水飞出桶,雨水飞出碗,落在柱子上,洗去灰,洗去汗,洗去凶恶与灾难,房柱更坚固。"佚名演唱,岩温扁翻译。收入《傣族古歌谣》,32开,3页,61行,中国民间文艺出版社(云南)1981年版。

(龙江莉)

新居歌

傣族生活歌。流传于云南省西双版纳傣族自治州傣族地区。该歌唱述远古时期,人们为寻找肥美的土地居住,男女老幼长途跋涉,经过多年的迁徙,终于找到山清水秀、土地肥沃的新居,开始了新生活。歌中唱道:"我们从山那边来,我们从河那边来,寻找新住处,寻找好洞穴。谁知走了多少路,谁知夜宿几座山,走时刚生儿,途中儿会爬,爬着会吃果,小口已出牙。……建新居,一片芦苇地,四周山青青,无洞穴,暂在树上栖。新居地宽敞,草儿绿,千种绿菜胜旧地,果儿红,百种果儿挂树枝,鸟成群,蝶低飞,毛猴攀藤荡秋千,鱼儿水中逐波游。"岩罕学演唱,应塔南记录,岩温扁翻译。收入《西双版纳傣族歌谣集成》,32开,3页,60行,云南人民出版社1989年版。

(龙江莉)

蟋蟀歌

傣族生活歌。流传于云南省西双版纳傣族自治州傣族地区。该歌以拟人手法生动地唱述了蟋蟀的生活故事。歌中唱道:"大地间,菜园里,河岸边,沙滩上,蟋蟀出洞叫喳喳,找伴侣,要生蛋,双双蟋蟀居洞里。停止叫,停止欢,洞中默默生下蛋,留传好后代。小蟋蟀,会动了,睁眼睛,见妈哭,蟋蟀娘,蟋蟀父,流着眼泪别世间。伤心悲断肠,盼咐儿,盼咐女,声声多可怜:'儿呀儿,你还小,你还嫩,你才出壳妈就要死,来不及给你缝衣裳。你的脚还细,你的头还小,两根头发还不长,不能为你梳小辫,不能为你盘发髻。'"佚名演唱,佚名记录翻译。收入《傣族古歌谣》,32开,3页,55行,中国民间文艺出版社1981年版。

(龙江莉)

谢酒歌

傣族生活歌。流传于文山壮族苗族自治州马关县傣族聚居区。主要内容:哥弟姐妹的家乡样样美,哥弟姐妹心更美,咱到贵村来锦库,男女老少笑开颜,上席象肉摆满桌,下席虎肉摆不下,糯米酒香满屋,谢谢哥弟姐妹一杯酒,祝福大家保平安。反映了大家在傣族锦库节期间,大家开怀畅饮,洋溢着对美好生活的追求。柏明英演唱,柏开祥搜集整理。尚未公开出版发行。

(张元波)

迎客调

傣族生活歌。流传于云南省新平彝族傣族自治县漠沙镇。歌词大意为:十日赶,百日到,皆是好日子。坐车搭船到傣家村寨,腰间挎着竹篾秧箩来,手上拴红线,脚下跨红线圈,三十魂九十魂都不离身,身体强壮得像紫红木,来到傣寨就是亲人,进到寨中就是邻居。白绍周、范美珍演唱,周红芹2005年采录,刀明贵翻译。收入《花腰傣古歌谣》,32开,1页,云南民族出版社2008年版。

(刀庆喜)

止血词

傣族生活歌。流传于云南省西双版纳傣族自治州傣族地区。在傣族民间,凡遇刀伤、刺伤等流血的时候,便要念咒语止血。该词即需止血时念诵的咒语。词中唱道:"伤口呀,请快止住往外流之血,疼痛呀,请快别对我折磨。山上有土山包,野猪搓身才出血，女人有阴道，每月来经才流血，我好好的皮肉，干吗要裂口淌血？我的血液哟，止住吧，止住，立即止住，别再白白淌掉。"波窝列演唱，波窝娟搜集，刀永平、罗俊新翻译。收入《西双版纳傣族歌谣集成》，32开，1页，19行，云南人民出版社1989年版。

（龙江莉）

祝儿女歌

傣族生活歌。流传于云南省德宏傣族景颇族自治州傣族地区。儿女要离开父母远行做活、谋事，父母及长辈要对他们嘱咐和表示希望。歌中唱道："孩儿上路一定要往前看，小路、弯路、黑路、有刺的路、烂泥巴路、岔道多的路不要去走。"并告诫："做人为事要勤劳、诚实，不要和强盗搭伙伴，不要和懒汉拜兄弟，做生意要勤动脑，上奘房要心诚，靠本事吃饭，靠劳力生活……做好事很少有人打听，坏事一件能传千里。再多的银钱，换不来一个好名声；再多的誓言，顶不上一个好行为。无论走到天边地角，不要给父母丢脸，让外人小看。祝儿女顺顺当当，好去好回，好离好逢。"佚名吟唱，岩林、曼相、波瑞翻译整理。收入《傣族风俗歌》，32开，3页，42行，云南民族出版社1988年版。

（快永胜）

祝客调

傣族生活歌。流传于云南省禄劝彝族苗族自治县。傣族送别客人时吟唱此歌。歌中唱道："多谢地方神，再谢地方土。细柞（禄劝傣族聚集地）来了远方客，又传烟来又递酒。递的桂花酒，传的好香烟，好烟好酒都敬到。客人要起身，山神保佑路上莫跌倒。好好来，好好去，平安把家归。"体现了傣家人友好待人、热情好客的习俗。李正英演唱，文少前翻译，钱春林整理。收入《云南民间文学集成·昆明歌谣》，32开，1页，12行。云南民族出版社1991年版。

（郭玉萍）

致青年男孙款待祝词

傣族生活歌。流传于云南省德宏傣族景颇族自治州傣族地区。这是在"进凹"节期间老人们在奘房拜佛念经时全村青年男女给老人们送去食物时老人们向青年男女的祝词。祝词大意是：今天是圣洁的日子，你们全体青年男女、子子孙孙，悟道明理，为积功德，祈讨吉利，献善心做善事，为听经拜佛的老人们送来了丰盛的食物。从今以后祝你们健康幸福，到任何地方都顺利，众人拥护，千灾万难远离你们。祝你们全体男女一切顺利，知书达理，心想事成，万事亨通，我们向佛祈祷功德，希望给予你们均等恩泽，大吉大利，功德圆满。方曼相吟诵、抄录。岳小保译。收入《祝词》，傣文版，32开，2页，38行。德宏民族出版社2003年版。

（岳小保）

七、劳动歌

播种歌

傣族劳动歌。流传于云南省新平彝族傣族自治县傣族聚居区。歌词大意为：肥胖的年猪仔墙角躺着，腊月二十年关已到，傣家人播种忙，粒粒稻种似珍珠，播种两天见冒芽，撒种五天长嫩苗，绿油油青葱葱，只愿来年大丰收。白阿腊演唱，刀明贵采录、翻译。收入《花腰傣古歌谣》，32开，1页，云南民族出版社2008年版。

（刀庆喜）

穿牛鼻子歌

傣族劳动歌。流传于云南省西双版纳傣族自治州傣族地区。该歌唱述傣族先民驯牛帮助农耕的历史。歌中唱道："人手多，力气大，用大绳，拴牛脚，十人拉绳牛翻倒，喘大气，吐白沫，双角再尖甩不开。好男子，手脚快，抓住牛鼻就穿通，从此公牛变乖了。拉朝东，跟着去，拉进田地去套犁，公牛乖乖听。"岩罕叫演唱，应塔南记录，岩温扁翻译。收入《西双版纳傣族歌谣集成》，32开，3页，49行，云南人民出版社1989年版。

（龙江莉）

采茶歌

傣族劳动歌。流传于云南省西双版纳傣族自治州。通过唱述傣族姑娘采茶时的欢乐心情，表达了采茶姑娘对美好生活的追求和向往。歌中唱道："蝉儿在枝头鸣叫，茶芽长满了树梢，姑娘们走进茶园，茶山传出阵阵欢笑。姑娘肩挎装茶的布袋，把鲜嫩的青茶摘采，从东山采到西山，像欢快的小鸟在飞旋。"收入《西双版纳傣族歌谣集成》，岩香宰演唱，艾扬翻译整理。32开，1页，13行，云南人民出版社1989年版。

（李传宁）

搓火草线调

傣族劳动歌。流传于云南楚雄大姚县湾碧傣族地区。这是金沙江河谷傣族在劳动、收获或欢乐时所唱的民歌，歌中唱道：哪个祖宗认得山上长火草？哪个祖宗发现火草能搓线？火草线可织布，织出布来可做衣、可做裙。今天我要教你们搓，让你们认得。我的侄孙重女们啊：奶教教几天，要学学几年。莫给它忘在树林里，莫给它掉在草丛里，让我们世世代代都知道，子子孙孙都认得。杨国翠唱，马淑吉记录。收入《穿火草筒裙的村庄》，32开，21页，云南民族出版社。

（马淑吉）

打猎歌

傣族劳动歌。流传于文山壮族苗族自治州马关县傣族聚居区。主要内容：山神啊山神，今天是有心的人进山，今日是你们儿孙打猎，十日数今天最吉祥，百日数今日是好日子，我们齐心的人上山来打猎，请你们帮撵出猎物来，我们就要吃喝，我们就要放出猎狗，我们要过三个大黑箐，我们要转九座山，请你们放猎物出来，请撵出大野猪下箐沟，请撵出公鹿子出山来，我们带弯弓进大箐，我们带刀入森林，猎物出来，让我们眼不发花，瞄得准，射得着，打得着，山神啊山神，我们顶敬你，请保佑我们，保佑我们，今天一定拿着大批抬不动的猎物。董品尧、白家祥搜集记录。未刊稿。

（张元波）

打鱼歌

傣族劳动歌。流传于云南楚雄大姚县湾碧傣族地区。这是金沙江河谷傣族在劳动、收获或欢乐时所唱的民歌，歌中唱道：风吹吹何月，风吹吹正月；正月是聚月，正月是闲月，正月是蜜月，正月是富月。姐妹们，我们今天手拿鱼兜，腰拴鱼笼，拉起筒裙开始捉鱼克啰！我们姐妹要到江边克；江边克、海边克，捉不到不回来，我们要拿母鱼来下蛋，要拿公鱼来产卵，拿不到不回来，拿来放在我们的河里面、塘里面、田里面，拿来放到村下河里石头多的地方，放到田里黑石里。我们姊妹十天才克捞，二十天才克捉，捞到拿来做种，捉到拿来喂子孙，捞到我们要克挑，捉到我们要克背，挑来要做种，背来养全家。我们的鱼可待天下客，汉人要吃自己捞，傣人要吃自己捉，汉人吃了不会挑着克，傣人吃了不会背着走，留着给我们的子子孙孙、世世代代。杨国翠唱，马淑吉记录。收入《穿火草筒裙的村庄》，32开，66页，云南民族出版社。

（马淑吉）

打跳之歌

傣族劳动歌。流传于云南楚雄大姚县湾碧傣族地区。这是金沙江河谷傣族在劳动、收获或欢乐时所唱的民歌，歌中唱道：唱起来啊跳起来，唱支曲子跳拢起。你一调来我一句，跳到明晚月亮落。我的兄弟姐妹们，我们就用三个手指来吹笛子，用五个手指来吹葫芦笙，让我们手牵着手肩并着肩在这个坝子里，跳到鸡叫，跳到天亮，我们十个村都拢来这个金村，二十个村都拢来这个银村同乐。这是金沙江河谷傣族在劳动、收获或欢乐时所唱的民歌。杨国翠唱，马淑吉记录。收入《穿火草筒裙的村庄》，32开，67页，云南民族出版社。

（马淑吉）

丰水歌（庚南莱）

傣族劳动歌。流传于云南元江县傣族聚居区。歌中唱道："三月初空雷响的迟，四月初雷雨天来到。天皇啊老祖宗！派来两条人龙下凡，脚踩着源源不断的箐口泉水。九条人龙下凡到，你嘴衔珍珠，你口含珠宝！让泉水冒出来，使一股股泉水汇集，使一条条箐水交融。让水口像船样大，让水流如簸箕般宽。我们大家一起来吧，大家挽起手袖把水堵入沟口，大家撸起裤腿把水排进沟梗。水啊你就像船样大的流淌，水啊你就如簸箕般大的奔涌。让你勐的田地宽广覆盖一个个村庄，让你勐的田地宽过坝子望不到边，我们大家一起来吧！扛锄头的在上田，扛犁耙的在下田，秧苗长了邀约去拔秧，秧苗壮如筷就邀约去栽。栽不到两天叶就返青了，栽不到四天就长嫩芽了。发篷如伞一样宽大，打包像甄子样粗壮。稻棵有人手排（一庹）高，稻穗有人手臂样长……"红土坡封咩玛演唱，白云搜集、整理，未刊稿。

（白云）

纺棉花歌

傣族劳动歌。流传于云南省西双版纳傣族自治州。唱述傣族姑娘纺棉花、弹棉絮时的喜悦心情。歌中唱道："纺好线，织嫁妆，棉线细又长，姑娘心欢唱，竹笛时时催，织机天天响，姑娘手不停，梭子穿梭忙，早晨织件花傣锦，做成垫单铺喜床，傍晚织个花枕头，夫妻共枕情意长。"康朗景演唱，岩峰翻译整理。收入《西双版纳傣族歌谣集成》，32开，3页，60行，云南人民出版社1989年版。

（李传宁）

纺线调

傣族劳动歌。流传于云南楚雄大姚县湾碧傣族地区。这是金沙江河谷傣族在劳动、收获或欢乐时所唱的民歌，歌中唱道：今天的相聚，今天的重逢都是因为来纺麻，右手紧紧握住人棍（汞来：傣语）使劲转圈，右脚伸长踩在长木底上，左手拉着麻线偏左慢慢向上摆动，纺紧后又慢慢回收在宁上，就这样一宁连一宁，一同接一同摇摆着身子，教我们的子子孙孙也会纺，不要让它消失掉。杨国翠唱，马淑吉记录。收入《穿火草筒裙的村庄》，32开，31页，云南民族出版社。

（马淑吉）

纺线调

傣族劳动歌。流传于云南省新平彝族傣族自治县漠沙镇一带。歌词大意为：傣家卜少心灵手巧，左手摇纺车右手拉线，纺得线儿细又长，赛过蜘蛛网上丝，寨头纺线寨尾夸。杨美英演唱，周红芹2005年8月采录，刀明贵翻译。收入《花腰傣古歌谣》，32开，1页，云南民族出版社2008年版。

（刀庆喜）

割谷歌

傣族劳动歌。流传于云南省西双版纳傣族自治州。歌唱收割时节，青年男女在劳动中的喜悦心情。歌中唱道："雾露下降了，谷子成熟了，收割的季节来到了……阿妹不怕弯腰疼，阿哥不怕手起茧，太阳晒得脸变黑，来回走路腿发酸，割谷虽然很劳累，尝新米时倍加甜。"康朗景演唱，岩峰翻译整理。收入《西双版纳傣族歌谣集成》，32开，3页，50行，云南人民出版社1989年版。

（李传宁）

耕牛歌

傣族劳动歌。流传于云南省新平彝族傣族自治县傣族聚居区。歌词大意为：年后拔秧栽田，弯木挂牛脖，犁耙跟在牛屁股，细木抽牛身，清水浑水里奔来奔去。牛儿疲惫又无力，只盼日落回牛厩见牛犊。谷黄丰收时，只闻人欢笑，哪见牛低泣。刀万周演唱，周红芹2005年8月采录，刀明贵翻译。收入《花腰傣古歌谣》，32开，1页，云南民族出版社2008年版。

（刀庆喜）

回家吧伙伴们

傣族劳动歌。流传于云南省西双版纳傣族自治州傣族地区。该歌生动地唱述了天色渐晚，采茶的伙伴们相邀回家的生活画面。歌中唱道："伙伴呀伙伴，回转吧，我们该归家了，如果我们还不回家，家中的鸡鸭等着我们去照料，家中的猪等着我们去喂养，挑水的小竹筒哭着要去河边。"玉莫迪演唱，岩贯搜集，刀志达翻译。收入《西双版纳傣族歌谣集成》，32开，1页，17行，云南人民出版社1989年版。

（龙江莉）

含线调

傣族劳动歌。流传于云南省新平彝族傣族自治县漠沙镇一带。歌词大意为：这是老祖挖出来的路，这是老宗教的招，含在嘴里口水不要咽下肚，长长拉，细细分，绕在手里连接着不间断。我们的心要灵，手要巧，心灵、心细、手巧则是我们傣家人的祖训。杨国翠唱，马淑吉记录。收入《穿火草筒裙的村庄》，32开，28页，云南民族出版社。

（马淑吉）

开秧门

傣族劳动歌。流传于云南省新平彝族傣族自治县傣族聚居区。开秧门也叫"十二月歌"，歌词大意为：年过了春来到，秧苗绿水田静，等着阿哥来犁田，赶了花街赶新街，等待开秧门。一月卜少卜冒栽秧忙，七天定秧根，二十天薅秧忙；二月秧苗返青心慌乱，砍竹子编竹链，插在田间地头风调雨顺；三月江水小，拿着竹箩捉江鱼，傣家少妇洗罐腌鱼忙；四月瓜果飘香，知了叫，荔枝俏；五月稻田泛金黄，包竜粑，采菖蒲祭竜神，忙着叫谷魂；六月割完稻谷又忙栽秧，犁耙牛蹄从不见干；七月江水涨起漫沙滩，拿着长沟去捞柴；八月中秋村村寨寨来团圆，对酒当歌来赏月，土掌房顶合家欢；九月将至收割忙，砍来甘蔗熬红糖，红糖锅边娃娃忙嬉戏；十月撒早秧，卜少挑箩下黄鳝，晒干黄鳝待客用；十一月父母忙做美嫁衣，酿好米酒待比侬；十二月年尾到来，傣家村寨忙吃杀猪饭，卜冒卜少忙弹弦对调。刀云桂演唱，刀明贵2005年8月采录、翻译。收入《花腰傣古歌谣》，32开，3页，云南民族出版社2008年版。

（刀庆喜）

砍柴歌

傣族劳动歌。流传于文山壮族苗族自治州马关县傣族聚居区。主要内容：两条江河绕山转，两座青山雾蒙蒙。扛着斧头爬上山，身背背架登山忙。我俩砍柴不挑剔，不管木柴粗与细。我俩砍柴不选根，只要会燃都不分。挑剔木柴不得背，挑剔的人没人怜。我俩什么柴都砍，我俩什么人都怜。王春寿演唱，白家祥搜集记录。尚未公开出版发行。

（张元波）

砍柴调

傣族劳动歌，流传于云南省新平彝族傣族自治县傣族聚居区。歌词大意为：两座高山青雾绕，五座高山雾蒙蒙，拄着拐杖爬上山，挑着扁担登上山。上山砍柴不挑剔，不管木柴粗与细、长与短，挑剔木柴没得背，挑剔人多没有伴。白光富演唱，刀明贵、周红芹2008年8月采录，白剑翻译。收入《花腰傣古歌谣》，32开，1页，云南民族出版社2008年版。

（刀庆喜）

劳作歌

傣族劳动歌。流传于文山壮族苗族自治州马关县傣族聚居区。主要内容：反映了傣家人每年12个月的特点和人们的劳动情况，对栽秧、种植、收割、田间管理等作了详细的讲述。柏开祥、柏明仙、杨文云演唱，董品尧、白家祥搜集记录。尚未公开出版发行。

（张元波）

拉木歌

傣族劳动歌。流传于云南省景洪县傣族地区。傣族建房时，全寨青壮年劳力便集合起来，到深山密林里把选好的木材伐运回寨，该歌即是在运送木材的途中演唱的劳动歌。歌中唱道："人群爬上山冈，来到伐木地方。有的说要抬，有的说要拉。拉不动就抬。抬不动就拉。拉罗，拉罗，用力拉，用力拉，用劲抬，用劲抬。拉罗！拉罗！拉罗！拉罗！一齐把木头拉到家。"刀荣光、依旺演唱，杨力采录。收入《中国歌谣集成·云南卷》上，16开，1页，12行，中国ISBN中心2003年版。

（龙江莉）

晾线调

傣族劳动歌。流传于云南省新平彝族傣族自治县漠沙镇一带。歌词大意为：大路不平石板平，石板脚底洒麻线，好嗑不过麻子子，好玩好耍趁年轻。今天的麻线要晾在哪呢？晾在石板上，晾在石头上，身穿麻筒裙，光脚踩线凉。杨国翠唱，马淑吉记录。收入《穿火草筒裙的村庄》，32开，36页，云南民族出版社。

（马淑吉）

垒石歌

傣族劳动歌。流传于云南省西双版纳傣族自治州。唱述住在大山洞里的人们，因为洞口大，经常遭受狂风暴雨和各种野兽的袭击。一个男子受到燕子筑巢的启示，发动人们抬石垒洞，伐木做门，使住在山洞里的人们终于得到了安全。歌中唱道："抬石块，抬木头，拉的拉，拖的拖，递的递，垒的垒，砌了一层又一层，洞口变小了，洞内热起来，大伙越干越欢喜……人要想安全，还得做木门，晚上关好它，虎豹没法进，这是好主意。纷纷去扯藤，抱来大木桩，拉来树枝丫，绑的绑，扎的扎，木门做好了，绑得牢又牢，冷时防风吹，晚上防虎豹。"反映了古代傣族的社会生活形态。岩三默贯演唱，应塔南记录，岩温扁翻译整理。收入《西双版纳傣族歌谣集成》，32 开，6 页，130 余行，云南人民出版社 1989 年版。

（李传宁）

农具歌

傣族劳动歌。流传于文山壮族苗族自治州马关县傣族聚居区。主要内容：讲述刀类、斧类、墨斗、锄类、犁、踩耙、手把、凿子等农具的制作、使用方法等，反映了勤劳聪慧的傣族人民丰富的想象力和创造力。柏开祥演唱，柏开祥搜集记录。尚未公开出版发行。

（张元波）

撵山歌

傣族劳动歌。流传于云南省西双版纳傣族自治州傣族地区。该歌生动唱述了狩猎的精彩场面。歌中唱道："麂子四条腿，人有两只脚，哪会追得上，麂子跑上坡，人追踪上坡，麂子摇尾钻山箐，人就四面拦堵。追了一山又一山，前面又是一座岭，追到日落时，肚饿口又渴，麂子口渴脚杆软，被粗藤绊倒，呼呼喘大气，再也爬不起，再也跑不动。人捉住麂子，用藤条绑捆，用棍棒穿抬，猎物虽不多，要比果子强，捕捉住麂子，就算是吉利日。"岩罕叫演唱，应塔南记录，岩温扁翻译。收入《西双版纳傣族歌谣集成》，32 开，4 页，84 行，云南人民出版社 1989 年版。

（龙江莉）

破篾歌

傣族劳动歌。流传于云南省西双版纳傣族自治州。歌唱人们破竹编饭桌、编竹凳、编篾笆、编箩筐的劳动场面。歌中唱道："竹子高，竹子细，竹子绿，竹子青，排排竹子连成林，……削竹片，破竹篾，篾子长，篾子短，编箩筐，编饭桌，编竹凳，扎篱笆……今天破竹树篱笆，今天削竹编竹席，等到明日白雾浓，镰刀笑，弯棍舞，黄谷堆满篾笆中。"佚名演唱，岩温扁翻译、整理。收入

《傣族古歌谣》，32 开，3 页，66 行，中国民间文艺出版社 1981 年版。

（李传宁）

巧手下面水田绿

傣族劳动歌。流传于云南省文山壮族苗族自治州。此歌唱述姑娘小伙边劳动边对歌的欢乐场景。歌中唱道："小路弯弯道不平，哥妹挑秧同路行。哥帮妹来妹帮哥，你追我赶赛输赢。高卷裤脚捋手袖，哥妹栽秧共一丘。情哥暗把力气使，情妹偷把绝招露。手插秧苗口唱歌，哥妹对唱劲头足。山歌声里情意深，巧手下面水田绿。"表达了人们热爱劳动热爱生活的情怀。佚名唱述，文朝友搜集。收入《文山壮族苗族自治州·民间歌谣集》第一集，32 开，1 页，12 行，文山壮族苗族自治州民族事务委员会、文化局 1987 年编印。

（郭玉萍）

勤劳歌

傣族劳动歌。流传于云南省新平彝族傣族自治县傣族聚居区。歌词大意为：田窄不保水，地旱要找水，无人耕的田会变荒地。梯田要耕作，田埂要修补；栽满青秧苗，一株发千苗，一丛有千穗，谷穗长收成好，等着不冒来搬回家。刀文义演唱，周红芹 2005 年 8 月采录，刀明贵翻译。收入《花腰傣古歌谣》，32 开，2 页，云南民族出版社 2008 年版。

（刀庆喜）

山上找火草之歌

傣族劳动歌。流传于云南楚雄大姚县湾碧傣族地区。歌中唱道：今月是何月？今月是七月（农历），七月的天很长，七月的天很热，这里的山很高，这里的坡很陡。要上山大刺挂衣领，要爬坡刺树挂宝肚。以前那些老祖宗掏火草不留叶，不留窝，连根都拔了，怎么不留我们一叶？不留我们一窝？让傣妹爬了这么高，什么都不见，回头

看看竹篮是空还是空。太阳慢慢要落山、要落坡了，傣妹的脚再也无法向前迈步了，可是火草还没找满竹篮，竹篮半空还是空，真怕回到村头小卜少在村头笑傣妹，更怕到村尾小卜冒在村尾羞傣妹。杨国翠唱，马淑吉记录。收入《穿火草筒裙的村庄》，32开，18页，云南民族出版社。

（马淑吉）

收割调

傣族劳动歌。流传于云南省新平彝族傣族自治县傣族聚居区。歌词大意为：端午傣家做竜粑，五月六月收割忙，田里稻谷翻金浪、谷穗香，卜冒挥舞大齿镰，卜少灵巧使嘿扑（剪稻谷的工具）男女老少打谷忙。杨文稿演唱，周红芹2005年8月采录，刀明贵翻译。收入《花腰傣古歌谣》，32开，1页，云南民族出版社2008年版。

（刀庆喜）

撒秧歌

傣族劳动歌。流传于云南省西双版纳傣族自治州。唱述撒秧季节，傣族人家家户户泡谷种，姑娘、小伙子撒秧忙的劳动场景，反映了傣族农忙季节的生活景象。歌中唱道："六月过去七月来，云层厚，风潮湿，芒果树下落雨水，撒秧季节已来到……秧田犁好了，秧田耙平了，芒果蓓蕾刚破半，恰是撒种好时光。姑娘啊，别偷懒；小伙子们，别眼馋；秧田不是纺线场，快快撒下秧。"收入《傣族古歌谣》，佚名演唱，岩温扁翻译、整理。32开，3页，50行，中国民间文艺出版社1981年版。

（李传宁）

土陶歌

傣族劳动歌。流传于云南省新平彝族傣族自治县戛洒镇一带。歌词大意为：堆起稻草，拢起火，旺旺的火烧土锅，牢固的土锅烧不裂烧不烂，烧好土锅装水凉又凉，煮菜好又好。刀明珍演唱，周红芹采录，刀明贵翻译。收入《花腰傣古歌谣》，32开，1页，云南民族出版社2008年版。

（刀庆喜）

抬木头歌（一）

傣族劳动歌。流传于云南省西双版纳傣族自治州。唱述傣族盖新房前，主人请亲朋好友到很远的山上抬木头的劳动场景。歌中唱道："花香引蜂来，花艳蝶飞绕，四月好风光，人要盖新房。地基平好了，柱洞挖好了，草排打好了，篾条破好了，只差房柱和房架，今日还得进大山，去把两棵中柱抬回来……十人分开走，分左右两排，柱子中间吊，左路右手扶，右路左手撑，坡陡柱不晃，稳稳下山来。"佚名演唱，岩温扁翻译、整理。收入《傣族古歌谣》，32开，5页，89行，中国民间文艺出版社（云南）1981年版。

（李传宁）

抬木头歌（二）

傣族劳动歌。流传于云南省西双版纳傣族自治州傣族地区。傣族有"一家盖房，全寨帮忙"的传统习俗，建房时，全寨青壮劳力便集合起来到深山密林中把选好的木材伐运回寨。抬木头歌即是人们在抬运木料时唱诵的劳动号子。歌中唱道："大伙儿哟，抬起来呀抬起来，抬抬抬，大伙儿，扛上肩吧，木头粗啊，木头长，木头拿去当房梁。毛毛树哟，盖房子哟，实在牢。大梨树，做柱子，虫不蛀。青梨树，做大梁。红毛树，做穿方。抬吧抬，抬回去，到寨里，盖竹楼，盖新居。"康朗龙演唱，波岩恩搜集，刀永平、罗俊新翻译。收入《西双版纳傣族歌谣集成》，32开，2页，45行，云南人民出版社1989年版。

（龙江莉）

挑花调

傣族劳动歌。流传于云南省新平彝族傣族自治县漠沙镇南碱一带。歌词大意为：树枝破成丫，三丫做纺车，四丫做织机，纺线纺三日够筛，五日够织。头布缝群尾布制包，绣上花边背去赶花街，人人看了都着迷。白秀先演唱，周红芹2005年8月采录，刀明贵翻译。收入《花腰傣古歌谣》，32开，2页，云南民族出版社2008年版。

（刀庆喜）

套线圈调

傣族劳动歌。流传于云南楚雄大姚县湾碧傣族地区。歌中唱道：没得事姐妹们不会聚拢来，因为老辈子给我们留下这个路子，才让姐妹们聚拢来。阿姐的手最巧，攒到这么多这么好的线。我们大伙把线绕成团、绕成圈，阿妹的线绕得好、绕得牢，不粗糙，不会断，姐妹们都学着一起来绕吧！杨国翠唱，马淑吉记录。收入《穿火草筒裙的村庄》，32开，44页，云南民族出版社。

（马淑吉）

挖井歌

傣族劳动歌。流传于云南省西双版纳傣族自治州。唱述桑木底带领人们盖房、建寨、修道路，又领着大家挖水井的劳动场面。歌中唱道："桑木底，有功劳，领着人群挖水井……男的抬锄头，女的挑箩筐，挖的挖，挑的挑，像蚂蚁抬土，像土蜂造窝……用竹搭楼梯，底部填上沙，井壁用石砌，水清又凉快，喝了更解渴。"佚名演唱，岩温扁翻译、整理。收入《傣族古歌谣》，32开，3页，64行，中国民间文艺出版社1981年版。

（李传宁）

洗火草调

傣族劳动歌。流传于云南楚雄大姚县湾碧傣族地区。歌中唱道：我们姐妹今天来把裙角拉，把袖衣搧，火草要去哪里洗？要去水井坝上洗，在水井石上洗；理火草洗泥巴，洗洗理理捂在蒿枝（像艾草一样的植物）里。杨国翠唱，马淑吉记录。收入《穿火草筒裙的村庄》，32开，20页，云南民族出版社。

（马淑吉）

洗线调

傣族劳动歌。流传于云南楚雄大姚县湾碧傣族地区。歌中唱道：山青青来水清清，山脚河水清又清，阿哥坐在河这边，阿妹坐在河那边，这边唱来那边和。今天的麻线要去哪点洗？要去河边洗；洗在哪点上？洗在水流涌急的地方，洗在绿石上，洗在黑石上，踩一踩、梳一梳、着一着、冲一冲，拉一拉。杨国翠唱，马淑吉记录。收入《穿火草筒裙的村庄》，32开，39页，云南民族出版社。

（马淑吉）

竹编调

傣族劳动歌。流传于云南省新平彝族傣族自治县漠沙镇。歌词大意为：月亮照亮傣家村寨，卜冒卜少来对歌。青青绿竹老人栽，翠翠金竹老人种，绿竹好编背箩和挑箩，金竹好编秧箩和鱼箩。卜冒背上背箩装瓜果，卜少背上挑箩装清泉；卜冒挎上鱼箩好拿鱼，卜少挎上秧箩赶花街。刀文义演唱，周红芹2005年8月采录，刀明贵翻译。收入《花腰傣古歌谣》，32开，2页，云南民族出版社2008年版。

（刀庆喜）

织布歌

傣族劳动歌。流传于文山壮族苗族自治州马关县傣族聚居区。主要内容：采用男女对唱的形式，唱述葛藤结出白丝花，用短丝花织被里，长花丝织被面的事情。陶保全、董在珍口述，白家祥搜集记录。尚未公开出版发行。

（张元波）

织布调

傣族劳动歌。流传于云南省新平彝族傣族自治县漠沙镇一带。歌中唱道：鸡鸣叫，天未亮，窗内便传来唧唧声。卜少脚踏织板手穿梭，一根一线排成行，根根腰带绕织机，捆捆白布堆成山。陶一林演唱，周红芹2005年8月采录，刀明贵翻译。收入《花腰傣古歌谣》，32开，1页，云南民族出版社2008年版。

（刀庆喜）

织线调
傣族劳动歌。流传于云南楚雄大姚县湾碧傣族地区。歌中唱道：石榴开花叶子青，傣家姑娘真是好记性，吃的东西慢慢苦，穿的东西手上来。今天的线要去哪里拉？要去村头拉，要去村边拉，织来做花衣，织来做花裙，穿起来最合身，穿出来最好瞧，最漂亮。杨国翠唱，马淑吉记录。收入《穿火草筒裙的村庄》，32开，51页，云南民族出版社。

（马淑吉）

种田歌
傣族劳动歌。流传于云南省德宏傣族景颇族自治州傣族地区。唱述一年的劳作情景和年末获得好收成的喜悦心情。唱道："冬天寒冷日子短，我忙赶牛勤犁田，六月田里绿油油，男女栽秧多流汗。八月天气最炎热，田里秧苗绿成片，收完谷子心里甜，忙编囤子忙扫仓。一年谷子装不完，一年里有十二月，收完谷子备过年。"佚名演唱，刀干相搜集。傣文版，16开，2页，38行，稿存德宏傣族景颇族自治州民语委。

（岳小保）

栽甘蔗歌（一）
傣族劳动歌。流传于云南省西双版纳傣族自治州。主要描述傣族青年男女刨地栽甘蔗的劳动场景，同时也相互传递爱恋之情。歌中唱道："你在南面刨，我在北面挖，我们俩呀同在挖一块地。今天我们栽下甘蔗，明天甘蔗就会流出糖水，等到阿哥牵着牛来榨糖，阿妹啊你就是哥哥亲爱的妻子，到那时我俩的日子比糖水还甜。"佚名演唱，岩温扁翻译。收入《傣族古歌谣》，32开，19页，400行，中国民间文艺出版社（云南）1981年版。

（岩林）

栽甘蔗歌（二）
傣族劳动歌。流传于云南省德宏傣族自治州傣族地区。该歌以男女对唱的方式，唱述了相爱的男女共同栽种甘蔗，希望他们的爱情和今后的生活就像蔗糖一样甜蜜。歌中唱道："男：今天我们栽下甘蔗，明天甘蔗就会流出糖水。等到阿哥牵着牛来榨糖，阿妹你就是哥哥亲爱的妻子，那时我俩的日子比糖水还甜。……女：阿哥呀，请别烦恼，细流的井水才会清，细拉的棉线才会牢。六月榨糖糖不甜，八月雨水花不香。我们已经栽下了甘蔗，我们已经播下了爱情。篱笆已经扎得很稳当，让爱情随着苗棵成熟，谁也抢不走我们的心。"佚名演唱，岩林采录。收入《中国歌谣集成·云南卷》上，16开，8页，414行，中国ISBN中心2003年版。

（龙江莉）

栽秧歌
傣族劳动歌。流传于文山壮族苗族自治州马关县傣族聚居区。主要内容：五月栽秧忙又忙，鱼虾围秧团团转，棵棵秧苗肥又壮，傣家之人最勤劳，卜冒赶午先整田，卜少挑箩后拔秧，右手拔秧左手抓鱼，抓得鱼来穿成串，拔出秧来拴成捆，大田迎来秧苗栽，远看近看一遍青，牛马路过抬头笑，似为青草遍地绿，五月栽秧忙又忙，移栽大田行对行，棵棵秧苗肥又壮，正合秧鸡来歇凉，秧鸡找着秧鸡伴，卜少找着合心郎。柏明英、柏开英演唱，白家祥搜集记录。尚未公开出版发行。

（张元波）

栽秧之歌
傣族劳动歌。流传于云南楚雄大姚县湾碧傣族地区。歌中唱道：风吹吹几月，风吹吹三月（农历），三月我们抬锄头克田里，哥邀红牛犁南天，阿妹拔秧放北田，哥邀黑牛犁东田，阿妹插秧在西田。大田栽秧栽糯谷，小田栽秧行对行，阿哥犁田妹插秧，太阳落坡过一天。杨国翠唱，马淑吉记录。收入《穿火草筒裙的村庄》，32开，68页，云南民族出版社。

（马淑吉）

栽秧调

傣族劳动歌。流传于云南省新平彝族傣族自治县傣族聚居区。歌词大意为：年过初三开秧门栽秧忙，鱼虾团团绕苗睡，棵棵秧苗肥又壮，傣家卜少最勤劳，又拔秧苗又拿鱼，秧苗移进大田栽，远看近看一片绿，待到明年好收成。杨文稿演唱，周红芹2005年8月采录，刀明贵翻译。收入《花腰傣古歌谣》，32开，1页，云南民族出版社2008年版。

（刀庆喜）

摘果歌

傣族劳动歌。流传于云南省西双版纳傣族自治州。唱述生活在大森林里的人们一起采摘野果的热闹场面。歌中唱道："我们住在山脚，我们睡在山洞，两边都是大森林，大森林里野果多……爬直树，爬弯树，摘的摘，吃的吃，摇的摇，捡的捡，抢的抢，哭的哭，笑的笑，像雀鸟嬉闹，像蜜蜂采花，像猴子打架。"反映了古代傣族社会生活形态。佚名演唱，岩温扁翻译、整理。收入《傣族古歌谣》，32开，2页，26行，中国民间文艺出版社1981年版。

（李传宁）

八、情歌

阿哥抬脚难进门

傣族情歌。流传于云南元江县傣族聚居区。歌中唱道：几次想着到妹家串玩哟，只因人穷怕人家看不起。妹家里里外外镶着青石板哟，阿哥几次抬脚难进门。几次想着到妹家串玩哟，只因家贫怕阿妹看不起。妹家上上下下镶着金丝线哟，阿哥只能站在远处看。刀宝明唱，许洪畅整理，收入《元江傣族文化·民歌辑》，32开，1页，8行，元江哈尼族彝族傣族自治县傣族协会编，云南出版集团公司、云南人民出版社2013年版。

（依旺的）

阿哥阿妹要成婚

傣族情歌。流传于云南元江县傣族聚居区。歌中唱道：阿哥阿妹要想成婚哟，不是谁说了算。要是阿妈不松口哟，话说再甜也白搭。阿哥阿妹要想成婚哟，不是谁说了算。要是老天不成全哟，再深的感情也无用。刀宝明唱，许洪畅整理，收入《元江傣族文化·民歌辑》，32开，1页，8行，元江哈尼族彝族傣族自治县傣族协会编，云南出版集团公司、云南人民出版社2013年版。

（依旺的）

阿哥家中想要个缝衣人

傣族情歌。流传于云南元江县傣族聚居区。歌中唱道：（男）可怜阿哥家中无女人哟，衣裳烂了无人缝。要是哪家呢姑娘愿意哟，赶快拿针线来帮缝。可怜阿哥家中无女人哟，裤子破了无人补。要是哪家呢姑娘愿意哟，赶快拿块方布帮补一补。（女）八哥忙着喝水哟听不见画眉叫，阿哥衣裳烂了要说一句话。阿妹愿做那个有情人哟，缝衣针线随身带。喜鹊忙着欢叫哟听不见麻雀啄谷子，阿哥裤子破了要说一句话。阿妹愿做那个有情人哟，打一个补丁不用愁。刀宝明杨秀仙唱，许洪畅整理，收入《元江傣族文化·民歌辑》，32开，1页，8行，元江哈尼族彝族傣族自治县傣族协会编，云南出版集团公司、云南人民出版社2013年版。

（依旺的）

阿哥深林中砍牛千筋

傣族情歌。流传于云南元江县傣族聚居区。歌中唱道：阿哥深林中砍牛千筋哟，不小心被刺戳着脚。喊妹水响么无回音哟，疼痛只能干忍受。阿哥深箐中找竹笋哟，不小心被石头划破手。喊妹风吹么无回声哟，疼痛只能干着急。李存仁唱，许洪畅整理，收入《元江傣族文化·民歌辑》，32开，1页，8行，元江哈尼族彝族傣族自治县傣族协会编，云南出版集团公司、云南人民出版社2013年版。

（依旺的）

阿妹不要嫌妈多说

傣族情歌。流传于云南元江县傣族聚居区。歌中唱道：阿妹既然要做哥的情人哟，说话么要耐心。阿妹既然要做哥的情人哟，做事么要忍得。阿妈年纪老了么会啰唆，你千万不要多回嘴。阿妹既然要做哥的媳妇哟，说话么要说清，阿妹既然要做哥的媳妇哟，做事么要在明处，阿妈年纪老了会忘记，你千万不要有多心。刀文英唱，许洪畅整理，收入《元江傣族文化·民歌辑》，32开，1页，12行，元江哈尼族彝族傣族自治县傣族协会编，云南出版集团公司、云南人民出版社 2013 年版。

（依旺的）

阿妹要做个好媳妇

傣族情歌。流传于云南元江县傣族聚居区。歌中唱道：（男）阿妹嫁到哥家做媳妇哟，千万不要图家产，家产无脚不会走路哟，家中样样是你的。阿妹嫁到哥家做媳妇哟，千万不要图清闲，天亮人家早起把饭煮熟哟，你要是在床蒙着被子睡，人家背后会说哟，阿哥呢面子也丢了。阿妹嫁到哥家做媳妇哟，千万不要学懒人，天亮人家已经下地干活哟，你要是还在巷口上闲坐着，人家背地下会笑哟，阿哥呢名声也丢了。家产无脚不会走路哟，家中样样是你的。白有福、封学珍唱，许洪畅整理，收入《元江傣族文化·民歌辑》，32 开，2 页，32 行，元江哈尼族彝族傣族自治县傣族协会编，云南出版集团公司、云南人民出版社 2013 年版。

（依旺的）

阿妹不要哄阿哥

傣族情歌。流传于云南元江县傣族聚居区。歌中唱道：既然阿妹愿意嫁哥哟，我俩谁也不要来哄谁。要是阿妹哄哥哟，就让老鹰啄，给老鸹来抬。既然哥妹愿意相好哟，我俩谁也不要来骗谁；要是阿哥骗妹哟，就让鬼缠身，给雷公劈。封学珍唱，许洪畅整理，收入《元江傣族文化·民歌辑》，32 开，1 页，8 行，元江哈尼族彝族傣族自治县傣族协会编，云南出版集团公司、云南人民出版社 2013 年版。

（依旺的）

阿妹有爱就要说出来

傣族情歌。流传于云南元江县傣族聚居区。歌中唱道：阿妹要是对哥有爱哟，请你说出来。要是不好意思说，有爱你就点点头，无爱你就摇摇头，阿哥不会强迫人家做情人。阿妹要是对哥有爱哟，请你说出来。要是不好意思说，有爱你就唱两句，无爱你就莫开口，阿哥不会强迫人家做媳妇。刀文英唱，许洪畅整理，收入《元江傣族文化·民歌辑》，32 开，1 页，12 行，元江哈尼族彝族傣族自治县傣族协会编，云南出版集团公司、云南人民出版社 2013 年版。

（依旺的）

阿哥生来就命苦

傣族情歌。流传于云南元江县傣族聚居区。歌中唱道：阿哥生来就命苦哟，年纪轻轻不算大，就因额头起皱纹哟，姑娘见了就嫌弃。阿哥生来就命苦哟，年纪轻轻不算大。就因为头发先白哟，姑娘见了就转身。白有福唱，许洪畅整理，收入《元江傣族文化·民歌辑》，32 开，1 页，8 行，元江哈尼族彝族傣族自治县傣族协会编，云南出版集团公司、云南人民出版社 2013 年版。

（依旺的）

阿哥不像官家人

傣族情歌。流传于云南元江县傣族聚居区。歌中唱道：阿哥身上的穿着哟，不像是个官家人。来到阿妹家串玩哟，人家还当你是端烂碗要饭的叫花子。阿哥身上的穿着哟，不像是个有钱人的大公子。进到阿妹家串玩哟，人家还当是披蓑衣找住宿的山里人。白有福唱，许洪畅整理，收入《元江傣族文化·民歌辑》，32 开，1 页，8 行，元江哈尼族彝族傣族自治县傣族协会编，云南出版集团公司、云南人民出版社 2013 年版。

（依旺的）

阿妹好看又好瞧

傣族情歌。流传于云南元江县傣族聚居区。歌中唱道：阿妹好看又好瞧哟，身穿红绸缎子花衣裳就像富人家的千金，金环挂在耳垂两边叮当响，世上无人来相比。阿妹好看又好瞧哟，腰间系条花腰筒裙就像天宫里的仙女，银镯套在两只手腕上亮晶晶，世间再也找不出第二个。白有福唱，许洪畅整理，收入《元江傣族文化·民歌辑》，32开，1页，8行，元江哈尼族彝族傣族自治县傣族协会编，云南出版集团公司、云南人民出版社2013年版。

（依旺的）

阿妹的心思好比母鸡要下蛋

傣族情歌。流传于云南元江县傣族聚居区。歌中唱道：阿妹的心思哟，就好像要下蛋的鸡找窝，一天不到黑，就要选几个窝。阿妹的心思哟，就好像要下蛋的鸭找窝，一个月不到头，就要换好几个窝。阿妹的心思哟，就像要下蛋的斑鸠找树，三个月不到季，就要调十几个山头。亚乔珍唱，许洪畅整理，收入《元江傣族文化·民歌辑》，32开，1页，12行，元江哈尼族彝族傣族自治县傣族协会编，云南出版集团公司、云南人民出版社2013年版。

（依旺的）

阿妹的话说出来像甜蜜

傣族情歌。流传于云南元江县傣族聚居区。歌中唱道：阿妹对着阿哥的面哟，说出来呢话么就像柳枝一样柔软，背着面哟，很快就去找外人。阿妹对着阿哥的面哟，说出来呢话么就像流水一样好听，背着面哟，很快就会翻浪花。阿妹对着阿哥的面哟，说出来呢话么就像蜂蜜一样甜，背着面哟，就很快去熟悉别人。亚乔珍唱，许洪畅整理，收入《元江傣族文化·民歌辑》，32开，1页，12行，元江哈尼族彝族傣族自治县傣族协会编，云南出版集团公司、云南人民出版社2013年版。

（依旺的）

阿妹的心像鸭心思

傣族情歌。流传于云南元江县傣族聚居区。歌中唱道：阿妹的心思哟，不到三个月就像鸭心思。见了人家门口的米粒大，扇起翅膀就去啄。阿妹的心思哟，不到半年就像鸭心思。见了人家丢下的碎米糠，扇着尾就去吃。阿妹的心思哟，不到一年就像鸭心思。见了人家洒在路上的绿叶菜，摇着身子就去看。杨秀仙唱，许洪畅整理，收入《元江傣族文化·民歌辑》，32开，1页，12行，元江哈尼族彝族傣族自治县傣族协会编，云南出版集团公司、云南人民出版社2013年版。

（依旺的）

阿妹像棵墙头草

傣族情歌。流传于云南元江县傣族聚居区。歌中唱道：阿妹生来么人才好哟，可惜像棵墙头草。风吹那个两边摆哟，心中有变数。阿妹生来么个子好哟，可惜像棵砍头笋。嘴尖皮厚摆样子哟，心中无实数。阿妹生来么长得俏哟，可惜像棵芦苇草。只见腰身不见心哟，做人没良心。刀文英唱，许洪畅整理，收入《元江傣族文化·民歌辑》，32开，1页，12行，元江哈尼族彝族傣族自治县傣族协会编，云南出版集团公司、云南人民出版社2013年版。

（依旺的）

阿哥讲真话

傣族情歌。流传于云南元江县傣族聚居区。歌中唱道：（男）阿哥既然敢把真话讲出来哟，管不了怕羞不怕羞。分手路上送花线，要找阿妹还票子。阿哥既然敢把真话讲出来哟，管不了怕丢人不丢人。分别路上送手镯，要找阿妹还银子。（女）阿哥你真真呢听好哟，真真的话么阿妹说。摘下来呢树叶不会变票子，都怪手笨无能力。阿哥你仔细呢听好哟，仔细的话么阿妹说。拣起来呢石子不会变铜钱，都怨家穷难做到。白有福、封学珍唱，许洪畅整理，收入《元江傣族文化·民歌辑》，32开，1页，16行，元江哈尼族彝族傣族自治县傣族协会编，云南出版集团公司、云南人民出版社2013年版。

（依旺的）

阿妹呢悄悄话哟装进烟盒中

傣族情歌。流传于云南元江县傣族聚居区。歌中唱道：都说阿哥阿妹兴讲悄悄话哟，悄悄话千万要记住，分离时要把它装进烟盒里。要是不能放心的好姐妹哟，最好不要对她讲。都说阿哥阿妹兴讲悄悄话，悄悄话千万要留住，分离时要把它藏进烟盒里。要是不能做主的父母哟，最好不要对他们说。亚乔珍唱，许洪畅整理，收入《元江傣族文化·民歌辑》，32开，1页，10行，元江哈尼族彝族傣族自治县傣族协会编，云南出版集团公司、云南人民出版社2013年版。

（依旺的）

阿哥想要妹的花手帕

傣族情歌。流传于云南元江县傣族聚居区。歌中唱道：（女）阿哥既然与阿妹相好不要只是嘴上说，天上的太阳妹不要，地上的玛瑙妹不要，阿妹只要挂在哥身上的烟窝嘴。（男）阿哥既然与阿妹相好不要只是嘴上说，天上的月亮哥不要，树上的花朵哥不要，阿哥只要套在妹手上的银镯子。（女）阿哥既然与阿妹相好不要只是嘴上说，天上的星星妹不要，地上的金子妹不要，阿妹只要挂在哥身上的好弓箭。（男）阿哥既然与阿妹相好不要只是嘴上说，天上的彩霞哥不要，树上的果儿哥不要，阿哥只要挂在妹腰上的花手帕。白有福、封学珍唱，许洪畅整理，收入《元江傣族文化·民歌辑》，32开，1页，16行，元江哈尼族彝族傣族自治县傣族协会编，云南出版集团公司、云南人民出版社2013年版。

（依旺的）

阿妹的歌声甜

傣族情歌。流传于云南元江县傣族聚居区。歌中唱道：竹林深处传来阿妹的歌声哟，甜甜的歌声当得下酒菜。酒不醉人人自醉，阿妹生得那样俏哟，阿哥真想咬一口。河边传来阿妹的歌声哟，甜美的歌声当得下酒菜。酒不醉人人自醉，阿妹生的那样俊哟，阿哥真想吃一口。刀文英唱，许洪畅整理，收入《元江傣族文化·民歌辑》，32开，1页，10行，元江哈尼族彝族傣族自治县傣族协会编，云南出版集团公司、云南人民出版社2013年版。

（依旺的）

阿哥等不得天黑

傣族情歌。流传于云南元江县傣族聚居区。歌中唱道：往日的太阳哟，说偏了就偏了。今天的太阳哟，咋个紧不偏西喽。阿哥在家想妹想得慌哟，太阳咋个还不快落山。往日的太阳哟，说偏了就偏了。今天的太阳哟，咋个紧不偏西喽。阿哥在家想妹想得辛苦哟，天那咋就不快黑。白有福唱，许洪畅整理，收入《元江傣族文化·民歌辑》，32开，1页，12行，元江哈尼族彝族傣族自治县傣族协会编，云南出版集团公司、云南人民出版社2013年版。

（依旺的）

阿哥想妹如同上酒瘾

傣族情歌。流传于云南元江县傣族聚居区。歌中唱道：阿哥想妹的心思哟，好像吸烟上了瘾。要想断掉想妹的这口烟瘾哟，越想瘾越大。阿哥想妹的心思哟，好像喝酒上了瘾。要想断掉想妹的这口酒瘾哟，越想瘾越大。阿哥想妹的心思哟，好像嚼槟榔上了瘾。要想断掉想妹的这口槟榔瘾哟，越嚼瘾越大。白有福唱，许洪畅整理，收入《元江傣族文化·民歌辑》，32开，1页，12行，元江哈尼族彝族傣族自治县傣族协会编，云南出版集团公司、云南人民出版社2013年版。

（依旺的）

阿哥送妹红丝线

傣族情歌。流传于云南元江县傣族聚居区。歌中唱道：阿哥买来一团红丝线哟，要把它送给小阿妹。红丝线连两头，睡时要把它放枕边。夜间醒来想阿哥哟，不见人影也见红丝线。阿哥买来一块花围巾哟，要把它送给小卜哨。花围巾有两面，睡时要把它放床头。夜间醒来想阿哥哟，不见人影也见围巾在。刀宝明唱，许洪畅整理，收入《元江傣族文化·民歌辑》，32开，1页，12行，元江哈尼族彝族傣族自治县傣族协会编，云南出版集团公司、云南人民出版社2013年版。

（依旺的）

阿哥想要早成家

傣族情歌。流传于云南元江县傣族聚居区。歌中唱道：酒桌上谈婚论嫁哟，边讲边流泪。别人孙子孙女都有了，我命苦至今还光棍。看看别人家的幸福哟，越想心越酸，真想找一个好媳妇。饭桌上谈婚论嫁哟，边讲边吃不下饭。别人家孙儿满地跑，我命苦至今还光棍。看看别人家过的好日子哟，越想心越急，真想早日成个家。刀宝明唱，许洪畅整理，收入《元江傣族文化·民歌辑》，32开，1页，14行，元江哈尼族彝族傣族自治县傣族协会编，云南出版集团公司、云南人民出版社2013年版。

（依旺的）

阿哥阿妹不分离

傣族情歌。流传于云南元江县傣族聚居区。歌中唱道：阿哥阿妹不分离，相隔一条河，河东河西太阳一样照得着，阿妹心中有心事，早早晚晚都得亮。阿哥阿妹不分离，相隔一座山，山前山后太阳一样照得着，阿哥心中有情人，早早晚晚都会成一家人。刀宝明唱，许洪畅整理，收入《元江傣族文化·民歌辑》，32开，1页，10行，元江哈尼族彝族傣族自治县傣族协会编，云南出版集团公司、云南人民出版社2013年版。

（依旺的）

阿哥身边的阿妹

傣族情歌。流传于云南元江县傣族聚居区。歌中唱道：阿哥想瞧哟，只瞧身边的小阿妹，不吃不喝只瞧一天越知足。阿妹好比钗头上的凤冠哟，真精美。就像官家的人。阿哥想瞧哟，只瞧身边的小阿妹，不躺不睡只瞧一夜就满意。阿妹好比细腰上的花腰带哟，真漂亮，就像土司家中的千金小姐。刀宝明唱，许洪畅整理，收入《元江傣族文化·民歌辑》，32开，1页，8行，元江哈尼族彝族傣族自治县傣族协会编，云南出版集团公司、云南人民出版社2013年版。

（依旺的）

阿妹找到好情人

傣族情歌。流传于云南元江县傣族聚居区。歌中唱道：阿妹背着秧箩去掐四丫菜哟，还得下田去。阿哥想找情人哟，不用走出寨子就有人。阿哥背着砍刀上山去砍柴哟，还得爬山坡。阿妹想找情人哟，不用走出村子就有人。亚乔珍唱，许洪畅整理。收入《元江傣族文化·民歌辑》，32开，1页，8行，元江哈尼族彝族傣族自治县傣族协会编，云南出版集团公司、云南人民出版社2013年版。

（依旺的）

阿哥的心比太阳热着呢

傣族情歌。流传于云南元江县傣族聚居区。歌中唱道：元江坝的太阳哟，人家说像火一样辣。阿哥看见阿妹在地头哟，别说多高兴，太阳再辣也要陪着妹顶着。元江坝的太阳哟，人家说像火一样热。阿哥看见阿妹在坡头哟，别说多欢心，太阳再热也要陪着阿妹挨到天黑。刀宝明唱，许洪畅整理。收入《元江傣族文化·民歌辑》，32开，1页，10行，元江哈尼族彝族傣族自治县傣族协会编，云南出版集团公司、云南人民出版社2013年版。

（依旺的）

阿妹的情人

傣族情歌。流传于云南元江县傣族聚居区。歌中唱道：（男）旁边的人说阿妹还没有情人哟，话不要说得太早了。太阳神一样的阿哥哟，早已等在半路上。旁边的人说阿妹还没有情人哟，话不要说得太急了。月亮神一样的阿哥哟，早已落在妹家中。（女）旁边的人说阿妹还没有情人哟，阿哥偏偏要说妹有人。要是半路上有人等着哟，除非哥像沙滩上的西瓜抱不完。旁边的人说阿妹还没有情人哟，阿哥偏偏要说妹有人。要是家中有情人等着哟，除非哥像田中的甘蔗数不完。刀宝明、杨秀仙唱，许洪畅整理。收入《元江傣族文化·民歌辑》，32开，1页，16行，元江哈尼族彝族傣族自治县傣族协会编，云南出版集团公司、云南人民出版社2013年版。

（依旺的）

阿妹像一只小花鸡一样睡得早

傣族情歌。流传于云南元江县傣族聚居区。歌中唱道：都说阿妹越长越漂亮哟，咋个像茶花鸡一样睡得早。阿哥闲来串玩哟，不要茶水不要烟，只想和阿妹见一面。都说阿妹越长越漂亮哟，咋个像早鸭子进圈就早睡。阿哥闲来串妹家哟，不要碗筷不要杯，只想和妹说句心里话。刀宝明唱，许洪畅整理，收入《元江傣族文化·民歌辑》，32开，1页，10行，元江哈尼族彝族傣族自治县傣族协会编，云南出版集团公司、云南人民出版社2013年版。

（依旺的）

阿妹让哥猜不透

傣族情歌。流传于云南元江县傣族聚居区。歌中唱道：（女）阿哥故意来串妹家哟，话没说上两句就忙着走。格是嫌妹话不甜，不想听？阿哥故意来串妹家哟，话才到嘴边咋个就停了，格是嫌妹说话多，不愿听？（男）阿哥故意来串妹家哟，不是嫌妹话不甜。只怕阿妹话甜，会醉人。阿哥故意来串妹家哟，不是嫌妹话太多，只怕阿妹绕山绕水，难辨清。白有福、封学珍唱，许洪畅整理，收入《元江傣族文化·民歌辑》，32开，1页，16行，元江哈尼族彝族傣族自治县傣族协会编，云南出版集团公司、云南人民出版社2013年版。

（依旺的）

阿哥嫌妹生得丑

傣族情歌。流传于云南元江县傣族聚居区。歌中唱道：（女）阿哥今天来妹家串玩哟，话没说完就要往外走。哥是嫌妹生得丑，看不着？阿哥今天来妹家串玩哟，话没说完就要往回走。哥是嫌妹长得差，找错人？（男）阿哥今天来妹家串玩哟，不嫌妹生得丑，只怕阿妹不让坐，白来一趟了。阿哥今天来妹家串玩哟，不嫌妹长得差，只怕阿妹心中早有人，往外撵哥走。白有福、封学珍唱，许洪畅整理，收入《元江傣族文化·民歌辑》，32开，1页，16行，元江哈尼族彝族傣族自治县傣族协会编，云南出版集团公司、云南人民出版社2013年版。

（依旺的）

阿哥爱阿妹

傣族情歌。流传于云南元江县傣族聚居区。歌中唱道：（男）阿哥爱上阿妹哟，从来不嫌弃妹家穷。吃饭不用银筷子，喝酒不用银杯子，削根树条拣菜来，摘片树叶当酒杯，阿哥心中也情愿。（女）阿妹爱上阿哥哟，从来不嫌弃哥家苦。吃饭不用金边碗，喝汤不要银汤勺，扯片芭蕉叶子做饭碗，摘片树叶做汤勺，阿妹心中也欢喜。刀宝明、杨秀仙唱，许洪畅整理，收入《元江傣族文化·民歌辑》，32开，1页，14行，元江哈尼族彝族傣族自治县傣族协会编，云南出版集团公司、云南人民出版社2013年版。

（依旺的）

阿妹送哥信情物

傣族情歌。流传于云南元江县傣族聚居区。歌中唱道：（男）阿妹既然喜欢阿哥哟，不要只是挂在嘴边上。阿哥的衣兜里没有信情物哟，以后路上遇着只是行路人。阿妹既然瞧着阿哥哟，不要只是挂在嘴边上。阿哥的筒帕里没有信情物哟，以后花街节上遇着只是陌生人。（女）阿哥既然喜欢阿妹哟，不要只是挂在嘴边上。以后路上遇着不要装作看不见，妹有信情物要装哥衣兜。阿哥既然喜欢阿妹哟，不要只是挂在嘴边上。以后花街节上看见不要装作不认识，妹有信情物要装哥筒帕。白有福、封学珍唱，许洪畅整理，收入《元江傣族文化·民歌辑》，32开，1页，16行，元江哈尼族彝族傣族自治县傣族协会编，云南出版集团公司、云南人民出版社2013年版。

（依旺的）

阿哥不小气

傣族情歌。流传于云南元江县傣族聚居区。歌中唱道：（女）阿哥未邀妹去串哟，哥小气？若是身上一文不装着哟，讲一百句话也白讲。阿哥来邀妹去串哟，哥大方？若是筒帕装着银子舍不得花哟，说一百句话也白说。（男）阿哥来邀妹去串玩哟，不小气。只要阿妹愿意，兜里装着金银随妹花。哥舍得。阿哥来邀妹去串玩哟，好大方。只要阿妹喜欢，筒帕袋装的金银随妹用。白有福、封学珍唱，许洪畅整理，收入《元江傣族文化·民歌辑》，32开，1页，18行，元江哈尼族彝族傣族自治县傣族协会编，云南出版集团公司、云南人民出版社2013年版。

（依旺的）

阿妹不要嫌妈多说话

傣族情歌。流传于云南元江县傣族聚居区。歌中唱道：阿妹既然要做哥的情人哟，说话么要耐心。阿妹既然要做哥的情人哟，做事么要忍得。阿妈年纪老了么会啰唆，你千万不要多回嘴。阿妹既然要做哥的媳妇哟，说话么要说清，阿妹既然要做哥的媳妇哟，做事么要在明处，阿妈年纪老了会忘记。你千万不要有多心。刀文英唱，许洪畅整理，收入《元江傣族文化·民歌辑》，32开，1页，12行，元江哈尼族彝族傣族自治县傣族协会编，云南出版集团公司、云南人民出版社2013年版。

（依旺的）

阿妹来敬酒

傣族情歌。流传于云南元江县傣族聚居区。歌中唱道：（女）金马鹿般的阿哥哟，请你来我们寨子做客吧。阿妹给你敬上一杯糖蜜酒，阿哥不接就等于说我们美酒不清醇。金马鹿般的阿哥哟，请你来我们寨子做客吧。阿妹给你敬上一团糯米饭，阿哥不接就等于说我们糯米饭不香软。（男）金孔雀一样美丽的姑娘哟，阿哥既然来做客，酒不喝够不歇杯。阿妹酿制的糖蜜酒又香又甜。喝上九杯十杯不醉人。金孔雀一样美丽的姑娘哟，阿哥既然来做客，饭不吃饱不歇碗。阿妹做成的糯米饭又香又软又润口，吃上九团十团不嫌够。刀宝亮、杨秀仙唱，许洪畅整理，收入《元江傣族文化·民歌辑》，32开，1页，17行，元江哈尼族彝族傣族自治县傣族协会编，云南出版集团公司、云南人民出版社2013年版。

（依旺的）

阿哥的金芒果熟了

傣族情歌。流传于云南元江县傣族聚居区。歌中唱道：阿哥芒果种在南山下，春天开花夏天来挂果。金色的芒果黄了树尖黄树脚，摘了一箩又一箩。阿哥阿妹进城来卖果，卖得钱文装衣兜。哥妹两个街头串到街尾，买缎子买花线随意挑。阿哥香蕉种在红河岸边上，春天开花夏天来挂果。金色的香蕉黄了树上黄了树下，砍了一挑又一挑。阿哥阿妹赶街卖香蕉，卖得钱文装筒帕。哥妹两个街头串到街尾，买金镯银镯任意选。刀宝明、杨秀仙唱，许洪畅整理，收入《元江傣族文化·民歌辑》，32开，1页，16行，元江哈尼族彝族傣族自治县傣族协会编，云南出版集团公司、云南人民出版社2013年版。

（依旺的）

阿妹哟，为何不到我的身旁

傣族情歌。流传于云南省西双版纳傣族自治州傣族地区。歌中唱道："夜来香吐露着芬芳，圆月早已升到了天上，我吹着手中的竹笛哟，呼唤我心中的凤凰。竹楼上的阿妹哟，你可听见我的呼唤，我想你就像鱼儿想水，你为何不到我的身旁？"玉拉罕演唱，艾扬翻译整理。收入《西双版纳傣族歌谣集成》，32开，1页，8行，云南人民出版社1989年版。

（龙江莉）

阿哥没有落脚处

傣族情歌。流传于云南省西双版纳傣族自治州傣族地区。歌中唱道："哥哥的烟瘾已发，却离烟锅那么远；哥哥肚子已饿，可是离甑子那么远。道路经过妹妹的门前，却没有一个人来过问，可怜阿哥空着肚皮，在寨子里到处游逛。"康朗温演唱，岩温叫翻译。收入《西双版纳傣族歌谣集成》，32开，1页，8行，云南人民出版社1989年版。

（龙江莉）

阿哥慢慢来教我

傣族情歌。流传于云南省金平苗族瑶族傣族自治县。歌中唱道："阿妹河边洗衣裳，衣裳晒在沙滩上，你们家好我才会来你家。心宽不宽你妈妈教，睡到半夜你拿手给我做枕头，我的年纪还很小，阿哥慢慢来教我。"陶美芬演唱，陶有福翻译，黄代国、郭级搜集记录。32开，1页，7行。收入《云南民间文学集成·金平歌谣卷》，金平苗族瑶族傣族自治县文联1988年编印。

（郭玉萍）

阿哥的心意

傣族情歌。流传于云南省西双版纳傣族自治州傣族地区。歌中唱道："当黎明拨开晨霭的白雾，阳光就像金子一样撒在草地上。这时啊，哥哥已行走林间，露珠儿闪耀着迷人的笑脸，妹妹啊，好像就在哥的眼前。跨过弯弯曲曲的山泉，山泉在幽静的林间低吟，音调像委婉动听的琴声，像要把阿哥的心紧紧相缠。妹妹啊，这时哥哥就想起你，想起我们昨晚在楼梯脚下的低语。林间的花朵呀，含着甜蜜的羞涩，仿佛妹妹低头不语；树上的鹦哥鸟，双双传递着芳香的果实，这时哥哥呀，却阵阵心酸。"佚名演唱，岩温扁采录翻译。收入《中国歌谣集成·云南卷》上，16开，1页，40行，中国ISBN中心2003年版。

（龙江莉）

阿哥永远在你身边

傣族情歌。流传于云南省西双版纳傣族自治州。歌中唱道："你割谷时让我割稗，你炒菜时让我放盐，你纺线时我来陪伴，阿哥永远在你身边。你下河时我来撒网，你栽秧时我来耙田，你砍柴时我来挑担，阿哥永远在你身边。"康朗香演唱，艾扬翻译。32开，1页，10行。收入《西双版纳傣族歌谣集成》，云南人民出版社1989年版。

（李传宁）

阿哥来串寨子

傣族情歌。流传于云南元江傣族。歌中唱道：（女）阿哥不会唱情歌哟，莫要进寨子。寨子狗多你要小心，狗要叫了会咬人。阿哥不会唱情歌哟，莫要进妹家玩。妹家黄狗会咬人，狗要咬人你咋整。（男）阿哥既然来串寨子哟，不会唱情歌哪敢来。寨子狗多哥不怕，狗多狗叫才热闹。（女）阿哥既然来串寨子哟，不会唱情歌哪敢进妹家。妹家黄狗要咬人，哥就住在妹家不出来。白正康唱，许洪畅整理。收入《元江傣族文化·民歌辑》，32开，1页，16行，元江哈尼族彝族傣族自治县傣族协会编，云南出版集团公司、云南人民出版社2013年版。

（依旺的）

阿哥等不到天黑哟想来串妹家

傣族情歌。流传于云南元江县傣族聚居区。歌中唱道：阿哥等不到天黑哟想来串妹家，路上来来往往人多杂。等到夜深人静时，阿哥才能点着火把照路来。阿哥等不到天黑哟想来串妹家，大门口热闹的笑声还不散。等到夜深人睡着，阿哥才能点着明子照路来。白正康唱，许洪畅整理。收入《元江傣族文化·民歌辑》，32开，1页，8行，元江哈尼族彝族傣族自治县傣族协会编，2013年3月，云南出版集团公司、云南人民出版社出版。

（依旺的）

阿哥想逗妹来笑

傣族情歌。流传于云南元江县傣族聚居区。歌中唱道：看见阿妹哥心动哟，想拉一下妹的裙子逗个玩。就怕阿妹有相好哟，躲在人群背后眼盯着。看见阿妹哥心跳哟，想拉一下妹的衣角逗个笑。就怕阿妹有男人哟，悄悄藏在人群中间防着我。白正康唱，许洪畅整理。收入《元江傣族文化·民歌辑》，32开，1页，8行，元江哈尼族彝族傣族自治县傣族协会编，2013年3月，云南出版集团公司、云南人民出版社出版。

（依旺的）

阿哥的媳妇

傣族情歌。流传于云南元江县傣族聚居区。歌中唱道：阿哥的媳妇哟，不是靠媒人说来的，不是靠父母定亲来的，是靠阿哥的好眼睛把人家看中，才算得上是讨来的。阿哥的媳妇哟，不是靠别人介绍的，不是靠长辈定亲来的，是靠阿哥的诚心把人家爱上，才算得上是娶来的。白正康唱，许洪畅整理。收入《元江傣族文化·民歌辑》，32开，1页，10行，元江哈尼族彝族傣族自治县傣族协会编，云南出版集团公司、云南人民出版社2013年版。

（依旺的）

阿哥心想阿妹

傣族情歌。流传于云南元江县傣族聚居区。歌中唱道：（男）阿哥心想阿妹哟，想着进阿妹家来串。就怕人家已经先相中妹了哟，妹有相好人。阿哥心想阿妹哟，想着进阿妹家来玩。就怕人家已经早到阿妹家来哟，妹有相好的阿哥。（女）阿妹心想阿哥哟，它是天上的云彩。今生还没变做人样哟，风雨就来吹散了。阿妹心想阿哥哟，它是地上一蓬花。转世还没变成人影哟，风雨就来吹折了。刀宝明唱，许洪畅整理。收入《元江傣族文化·民歌辑》，32开，1页，16行，元江哈尼族彝族傣族自治县傣族协会编，云南出版集团公司、云南人民出版社2013年版。

（依旺的）

阿妹莫要走小路

傣族情歌。流传于云南元江县傣族聚居区。歌中唱道：（女）阿妹走的这条小路哟，窄得像一根独木桥。阿妹一人好孤独哟，想要往前走心害怕。阿妹走的这条小路哟，弯弯扭扭不像路。要是没有姐妹相伴哟，恐怕阿妹没有胆子走。（男）阿哥走的这条小路哟，再窄也有心一样宽。阿妹走路莫走独木桥，有哥做伴一起走。阿哥走的这条小路哟，弯弯扭扭也有尽头。要是没有姐妹相伴哟，阿哥就来做你的相好伴。刀宝明唱，许洪畅整理。收入《元江傣族文化·民歌辑》，32开，1页，16行，元江哈尼族彝族傣族自治县傣族协会编，云南出版集团公司、云南人民出版社2013年版。

（依旺的）

阿妹在远处

傣族情歌。流传于云南元江县傣族聚居区。歌中唱道：（男）阿哥看见阿妹在远处，就像一只燕，高高地飞哟，看见了哪一个情人？阿哥看见阿妹在远处哟，就随一只孔雀飞。高高地飞过那座山林哟，不知要落在哪个窝？（女）阿妹看见阿哥在远处哟，就像一只鹿，快快地跑哟，不知要追哪一个情人？阿妹看见阿哥在远处哟，就随一只山鹰，快快地飞过那座山峰哟，不知要落在哪个寨子里？刀宝明唱，许洪畅整理。收入《元江傣族文化·民歌辑》，32开，1页，16行，元江哈尼族彝族傣族自治县傣族协会编，云南出版集团公司、云南人民出版社2013年版。

（依旺的）

阿哥不见情人来

傣族情歌。流传于云南元江县傣族聚居区。歌中唱道：一群姑娘刚刚走过寨子去哟，那边又来一大群。阿哥等在寨子边哟，左等右等不见情人来。一群姑娘刚刚走过寨子去哟，那边又来一大群。阿哥等在寨子边哟，等到天黑还不见情人来。刀宝明唱，许洪畅整理。收入《元江傣族文化·民歌辑》，32开，1页，8行，元江哈尼族彝族傣族自治县傣族协会编，云南出版集团公司、云南人民出版社2013年版。

（依旺的）

阿哥走路心想妹

傣族情歌。流传于云南元江县傣族聚居区。歌中唱道：（男）阿妹走在大路上哟，阿哥走在吊桥上，桥上阿哥摔一路。不是阿哥不小心，只是忙着看妹秀腿长。阿妹走在吊桥上哟，阿哥走在大路上，路上阿哥绊一跤。不是阿哥不小心，只是顾着看妹腰身长。（女）阿哥走在大路上哟，阿妹走在吊桥上，吊桥摇摇晃晃妹担心。阿哥心思妹猜不着，不知阿哥忙着看哪个妹秀腿长。阿哥走在吊桥上哟，阿妹走在大路上。大路来来往往人很多。阿哥心思妹猜不透，不知阿哥只顾望着哪个妹腰长。刀宝明唱，许洪畅整理。收入《元江傣族文化·民歌辑》，32开，1页，20行，元江哈尼族彝族傣族自治县傣族协会编，云南出版集团公司、云南人民出版社2013年版。

（依旺的）

阿哥跟在妹后头

傣族情歌。流传于云南元江县傣族聚居区。歌中唱道："（男）阿妹站在人群中哟，不回头。老实的阿哥站旁边，想要问妹住哪寨。阿妹走在花街上哟，不转身。老实的阿哥撵在身背后，想要问妹名叫啥。"而姑娘若是对男方中意，便会答道："（女）傣家人的寨子多得很，要叫阿妹告诉你。只要有心随妹来，竹林深处有人家。傣家人的妹子名很多，要叫阿妹咋个说。只要有心跟妹走，凤凰花、攀枝花随意叫。"刀宝明唱，许洪畅整理。收入《元江傣族文化·民歌辑》，32开，1页136字，元江哈尼族彝族傣族自治县傣族协会编，云南出版集团公司、云南人民出版社2013年版。

（依旺的）

阿妹的心事

傣族情歌。流传于云南元江县傣族聚居区。歌中唱道：（男）阿妹的心中早已有了情人哟，还怕阿哥认不得。阿哥说来你听好，串寨走在最后的那个，不是他来又是谁？阿妹心中开始想情人哟，还怕阿哥不晓得。阿哥说来你听好，花街节上躲在树背后的那个，不是他来又是谁？（女）阿妹的心亮得像一湾水哟，还怕影子跟着晃。要说妹有心上人哟，串寨走在最后头那一个，除了阿哥还有谁？阿妹的心亮得像月亮哟，还怕人家背后说。要说妹有情人哟，花街节上躲在树背后的那一个，除了阿哥还有谁？白有福、封学珍唱，许洪畅整理。收入《元江傣族文化·民歌辑》，32开，1页，20行，元江哈尼族彝族傣族自治县傣族协会编，云南出版集团公司、云南人民出版社2013年版。

（依旺的）

阿妹来做哥情人

傣族情歌。流传于云南元江县傣族聚居区。歌中唱道：（男）阿妹来做哥情人哟，阿哥保你不受苦。犁田耙田没人做，阿哥样样都会做，阿妹只顾在家收拾打扮就得了。阿妹来做哥情人哟，阿哥保你不用累。挑水砍柴没人做，阿哥样样都会做，阿妹只顾在家养猪养鸡就得了。（女）阿哥来做妹情人哟，阿妹不会叫你没人缝衣穿。缝缝补补没人做，阿妹样样都会做，阿哥只顾看好自家的牛。白有福、封学珍唱，许洪畅整理。收入《元江傣族文化·民歌辑》，32开，2页，40行，元江哈尼族彝族傣族自治县傣族协会编，云南出版集团公司、云南人民出版社2013年版。

（依旺的）

阿哥会情人

傣族情歌。流传于云南元江县傣族聚居区。歌中唱道：太阳出来照四方哟，花开阵阵醉人心。元江坝里人欢笑哟，茉莉花开人来采，阿哥才得见佳人。月亮出来亮堂堂哟，芒果香醉人心。元江坝里人欢笑哟，花街节上人来往，阿哥才得见佳人。刀宝明唱，许洪畅整理。收入《元江傣族文化·民歌辑》，32开，1页，10行，元江哈尼族彝族傣族自治县傣族协会编，云南出版集团公司、云南人民出版社2013年版。

（依旺的）

阿哥想妹就来串

傣族情歌。流传于云南元江县傣族聚居区。歌中唱道：天上彩云追月哟，地上蜜蜂来采花。阿哥心想阿妹哟，想妹就来串，阿妹有花帕会递给。天上彩虹两边挂哟，地上蝴蝶恋花丛。阿哥心想阿妹哟，想妹就来串，阿妹有绣球会抛给。亚乔珍唱，许洪畅整理。收入《元江傣族文化·民歌辑》，32开，1页，10行，元江哈尼族彝族傣族自治县傣族协会编，云南出版集团公司、云南人民出版社2013年版。

（依旺的）

哀悼情人的歌

傣族情歌。流传于云南省西双版纳傣族自治州傣族地区。歌中唱道："森林的百花和我一道悲哭，清冷的山风跟我同吟一首悲歌，星星痛苦地躲进云层里，雀鸟默默地望着我流泪。亲爱的妹妹呀，你没有跟阿哥说一句告别话，你来不及见到阿哥一眼，就闭目离开了苦难的人间。"咪依叫演唱，岩温扁翻译。收入《西双版纳傣族歌谣集成》，32开，2页，32行，云南人民出版社1989年版。

（龙江莉）

爱的诺言

傣族情歌。流传于云南省西双版纳傣族自治州傣族地区。歌中唱道："哥呀哥，今生我不能和你成双，来世我定要和你成对。如有来世呀，哥你被关在铜墙，我要想办法去找，哥你被关在铁墙，我定要把你抱回来，如果哥你钻进了象牙，我要拿着凿子去追赶。"玉娟红演唱，岩贯搜集，刀志达翻译。收入《西双版纳傣族歌谣集成》，32开，1页，17行，云南人民出版社1989年版。

（龙江莉）

爱慕的情话

傣族情歌。流传于云南省瑞丽市傣族地区。小伙子以委婉、含蓄的词句向姑娘表达对对方的爱慕之情。"比妹妹更让人感到愉快的只有天上的星星，比妹妹更洁净的只有十五的月亮。""能和妹妹在一起说话，再香的花哥哥我不想闻，再甜的甘蔗也不愿去尝一口。"佚名演唱，喊凤搜集，冯霄译。刊于傣文杂志《勇罕》2000年3～4期，16开，4页，84行。

（冯霄）

爱情之树不要让风吹断

傣族情歌。流传于云南省盈江县傣族地区。此篇为小伙子唱给相爱的人的鹦鹉情歌，主要唱述："让两人的爱情像三股扭在一起的绳索那样牢实，一定不要让母亲接受别人家的彩礼，不要让两人多年栽培起来的爱情之树被大风从中间吹断……"佚名唱述，金绍龙搜集。傣文版，稿存德宏傣族景颇族自治州文联《勇罕》编辑部，16 开，8 页，260 行。

（冯霄）

爱情歌

傣族情歌。流传于云南省西双版纳傣族自治州。歌中以男女对唱的形式，相互试探，互相表白，互诉衷情。女方唱道："知了在树上叫得欢，妹做梦都想和哥哥做伴，妹像孤独的小鸟在空中盘旋，想落在哥哥的肩上歇一歇。"男方答道："妹妹啊！妹妹，我是个不起眼的人，还没有鸟儿栖在我肩上。"康朗温演唱，岩温叫翻译。收入《西双版纳傣族歌谣集成》，32 开，3 页，28 行，云南人民出版社 1989 年版。

（李传宁）

爱的碑文

傣族情歌。流传于云南省西双版纳傣族自治州。青年男女双双拜佛立誓，表达对美好爱情的认真态度。唱道："爱的誓言最神圣，爱的誓言最纯洁……爱的誓言，大地为它刻下碑文，龙王为它洒下圣洁的水……让爱的誓言飞往每个星球，在每个星球上刻下痕迹。"波岩勒演唱，刀新华搜集，西娜翻译。收入《西双版纳傣族歌谣集成》，32 开，2 页，32 行，云南人民出版社 1989 年版。

（李传宁）

不要管别人吹冷风

傣族情歌。流传于云南元江县傣族聚居区。歌中唱道：这边的热风吹过去哟，那边的冷风吹过来。冷风热风吹落叶哟，希望阿妹不要冷了哥的心。这山的热风吹过去哟，那山的冷风吹过来，热风冷风吹断枝哟，希望阿妹不要断哥的念想。刀文英唱，许洪畅整理，收入《元江傣族文化·民歌辑》，32 开，1 页，8 行，元江哈尼族彝族傣族自治县傣族协会编，云南出版集团公司、云南人民出版社 2013 年版。

（依旺的）

白莲之歌

傣族情歌。流传于云南省德宏傣族景颇族自治州傣族地区。此情歌为鹦鹉情诗之其中部分，它抒发了傣族青年男女之间爱慕、思念之情，也表达对封建婚姻的不满和对自由恋爱的追求。歌中唱道："金莲花啊白莲花，哥哥变作鹭鸶来看花。""假若你此时在前方出现，哪怕脚下有刺我也要追赶。""来讨婚的人多么贪婪，你父母也盯着他的钱。""也让那些握着鱼竿的人，瞅着深深的水满面愁容。""我常在田埂寻觅你的足印，我常在风口听你的歌声；草坪上没有撒下你的香气，花瓣上没有留下你的手迹。""多情的姑娘不要把人折磨，快来到哥哥身旁弹定（乐器）对歌。""一窝新蜜没有我俩情意甜，一篷新笋没有我俩情意鲜；我买不起嵌着钻石的耳环，镀金的银手镯也没有一双；地基越捶越坚硬，情意越磨越深沉；我的财产是勤劳与勇敢，我的骄傲是真诚和坦荡。""如果父母的包办是永恒的，那自由恋爱该到何处寻觅；如果贫富人家难结姻缘，那向往的幸福更是遥远；人间大地啊宽厚的大地，你给子孙的同情在哪里？"佚名唱述，岩林整理。刊于《山茶》民族文学双月刊 1990 年第 1 期，180 余行。

（岩林）

布谷鸟在林中叫唤

傣族情歌。流传于云南元江县傣族聚居区。歌中唱道：布谷鸟在林中叫唤哟，声音咋个会那么凄苦。是相爱的姑娘喝了人家的泉水，还是相爱的姑娘喝下了人家的蜂蜜水，一去不复返。布谷鸟在林中叫唤哟，声音咋个会那么悲凉。是相爱的姑娘采摘了人家的枇杷，还是相爱的姑娘采摘了人家的花红，一去不归家。刀文英唱，许洪畅整理，收入《元江傣族文化·民歌辑》，32 开，1 页，10 行，元江哈尼族彝族傣族自治县傣族协会编，云南出版集团公司、云南人民出版社2013年版。

（依旺的）

别把妹丢在大雾里

傣族情歌。流传于云南省西双版纳傣族自治州傣族地区。该歌唱失恋的女子好比在大雾里迷路的人，找不到爱情的方向。歌中唱道："我心中的花哟，你为何又向别寨走去，妹的心上还有你的足迹。哥啊别把妹丢在雾里，丢在深山浓雾里，妹会在爱情的路上昏迷。"依涛演唱，董美萍记录，杨力翻译。收入《西双版纳傣族歌谣集成》，32开，1页，6行，云南人民出版社1989年版。

（龙江莉）

斑鸠叫半坡

傣族情歌。流传于云南元江县傣族聚居区。歌中唱道：笙少呃，斑鸠叫半坡，挨着情哥不想回。斑鸠飞天上，跟着情哥不要家。可惜妹妹已成家，父母腹中早定亲。可叹妹妹已有孩子，父母儿时就把妹妹嫁。夜莺半夜叫了，妹不回家丈夫等。夜莺天明叫了，妹不回家丈夫骂。鸟叫刺花难下咽，妹的孩子半夜哭要娘了，鸟飞半空要落下。做娘的女人也想孩子了。妹与哥的情和意，用线来线也断。哥和妹的缘与分，用魂来牵魂也散。母鸭前半夜下蛋了，午夜已过分手吧。公鸡后半夜啼鸣了，天快亮了回家吧。像鸭子离窝，妹妹走远了。像小鸡离娘，妹妹不再回头了。情妹送哥花头帕，一生在哥头上。情哥送妹竹饭盒，永世挂在妹身边。刀会英唱，杨莉萍整理，收入《元江傣族文化·民歌辑》，32开，2页，33行，元江哈尼族彝族傣族自治县傣族协会编，云南出版集团公司、云南人民出版社2013年版。

（依旺的）

薄薄的纸张寄托浓浓的思念

傣族情歌。流传于云南省盈江县傣族地区。此篇为小伙子唱给心上人的鹦鹉情歌，主要告诉对方，因时值雨水季节，"哥哥我就像被用绳索拴住的水牛，无法去与你会面"，紧接着安慰对方"待晴朗的季节到来后，再去会见哥哥日夜思念的妹妹……"佚名唱述，金绍龙搜集。刊于傣文杂志《勇罕》2003年1～2期，傣文版，16开，3页，52行。

（冯霄）

从深箐里淌下的沟水

傣族情歌。流传于云南元江县傣族聚居区。歌中唱道：从深箐里淌下的沟水哟，淌到田头就分两岔。阿妹挑选的人家哟，左右两边看。从深箐里淌下的沟水哟，淌到地头就分两股。阿妹挑选的姑爷哟，脚踩两门亲。从深箐里淌下的沟水哟，淌到寨子上头就分两边流。阿妹挑选的相好哟，左右靠不住。杨秀仙唱，许洪畅整理，收入《元江傣族文化·民歌辑》，32开，1页，12行，元江哈尼族彝族傣族自治县傣族协会编，云南出版集团公司、云南人民出版社2013年版。

（依旺的）

从小哥就爱上你

傣族情歌。流传于云南省西双版纳傣族自治州傣族地区。该歌唱男子与心仪女子青梅竹马，爱得很早、很久。歌中唱道："你一唤我就来，你一喊我就到，嘴里的饭还来不及嚼，我就赶和你相会。因为妹啊妹，我爱你不是从昨夜开始，我爱你呀，远在你娘还在背着你，远在阿姨还抱着你嬉戏。我爱你呀，从你娘背你下楼去喂鸡，从你娘背你下楼去喂鸭。"玉娟红演唱，岩贯搜集，刀志达翻译。收入《西双版纳傣族歌谣集成》，32开，1页，16行，云南人民出版社1989年版。

（龙江莉）

出洼之夜

傣族情歌。流传于云南省瑞丽市。"进洼"至"出洼"，是傣族地区佛教信徒诚心至佛寺赕佛听经忏悔的三个月，三个月满即为"出洼"。每年的此时，傣族地区的活动即赶"出洼"摆，热闹非凡。此首歌是男女对唱传情的一首优秀情歌。歌中唱道："出洼时节两相遇，佛祖保佑鸿运济，阿哥阿妹情传递，共筑情谊盼未来，待到我俩聚合建爱巢……"板静、美嫩演唱，曼相屯记译。16开，4页，100行，稿存瑞丽市芒俄德昂村傣戏团。

（快永胜）

处女调

傣族情歌。流传于云南元江县傣族聚居区。歌中唱道：画眉吃着刺筒花，妹妹靓得哥来夸，画眉吃着酸角花，妹妹唱歌哥来答，画眉吃着鸡冠花，妹妹欢笑哥心宽，画眉吃着豌豆花，妹妹勤快哥喜欢，画眉吃着茉莉花，妹妹麻利哥爱夸，画眉吃着攀枝花，妹不转身哥不欢，画眉吃着芭蕉花，妹妹交心哥心欢，画眉吃着野草花，哥娶妹妹轿花花，画眉吃着小白花，白身妹妹哥哥划，画眉吃着金银花，哥搂金枝玉叶花。李万来整理，收入《元江傣族文化·民歌辑》，32开，1页，20行，元江哈尼族彝族傣族自治县傣族协会编，云南出版集团公司、云南人民出版社2013年版。

（依旺的）

吃酸角

傣族情歌。流传于云南元江县傣族聚居区。歌中唱道：田埂上歇气打伙吃酸角的时候哟，人家各叫各的伴。阿妹要是把哥当伴哟，阿哥就是不吃那酸角，口中也有味。草堆上歇气打伙吃晌午饭的时候哟，人家各找各的伴。阿妹要是把哥当情人哟，阿哥就是不吃晌午饭，肚子也不会饿。白有福唱，许洪畅整理。收入《元江傣族文化·民歌辑》，32开，1页，10行，元江哈尼族彝族傣族自治县傣族协会编，云南出版集团公司、云南人民出版社2013年版。

（依旺的）

串姑娘歌（一）

傣族情歌。流传于云南省西双版纳傣族自治州。歌中赞美自己心爱的姑娘，表达对姑娘的爱慕之情，以及对美好生活的追求和向往。唱道："来吧，美丽的姑娘，愿你是一股清澈的溪流，流到我的竹楼下，流进我的心房……你那窈窕的身体，像孔雀一样美丽，像仙女一般漂亮。你那白嫩的皮肤，像白玉一样高雅，像山泉一样洁净。你那美好的心灵，像菩萨一样善良，像水晶一样光亮。"咪龙勐腊演唱，玉康翻译。收入《西双版纳傣族歌谣集成》，32开，4页，52行，云南人民出版社1989年版。

（李传宁）

串姑娘歌（二）

傣族情歌。流传于云南省西双版纳傣族自治州。唱述男子渴望与姑娘相见的紧张心情，表达男子对姑娘的思慕。唱道："我心中的姑娘啊，太阳已经落山，晚风已吹进竹林，夜色笼罩着田野，哥哥惶恐不安，想表达心中的爱，又怕妹妹不理睬。"刀新文演唱，岩恩搜集，刀永平、罗俊新翻译。收入《西双版纳傣族歌谣集成》，32开，3页，52行，云南人民出版社1989年版。

（李传宁）

串寨歌

傣族情歌。流传于云南省金平苗族瑶族傣族自治县傣族地区。每逢农闲时节，傣族青年男女开始成双成对谈情说爱。夜晚，小伙子们常常结伴而行，或到村头寨尾，或到附近寨子，用歌声寻觅心爱的姑娘。串寨歌所表现的就是这样的场景。只是当小伙子找到童年时候相好的女伴，如今已经变成了"花脖雀"（已出嫁的女性）时，他非常伤感，情深意长地唱道："我虽然娶不到你，我的心中只有你。"陆占文演唱、翻译，徐阳、乡溪记录。收入《云南民间文学集成·金平歌谣卷》，32开，4页，70余行，金平苗族瑶族傣族自治县文学艺术工作者联合会 1988 年编印。

（岩林）

初恋歌

傣族情歌。流传于云南省新平彝族傣族自治县傣族聚居区。歌词大意为：卜冒见卜少，心里最欢喜；卜少见卜冒，心里就着急。卜冒进寨着卜少，卜少对卜冒最挑剔，想要卜冒的心亮如芭蕉芯，可怜卜冒的心哪有蕉心白。白光荣演唱，周红芹 2005 年 8 月采录，刀明贵翻译。收入《花腰傣古歌谣》，32 开，1 页，云南民族出版社 2008 年版。

（刀庆喜）

采花调

傣族情歌。流传于云南元江县傣族聚居区。歌中唱道：（女）卜冒哥，搭着话嘛出来玩，听着琴声来对歌啰。（男）卜哨妹，听话音是傣妹或汉妹，望背像汉妹，看面是傣妹。（女）哥，像汉妹嘛说傣话，像傣妹嘛唱汉歌啰。（男）妹，攀枝花或是刺筒花，攀枝花高攀不上，刺筒有刺难采着。（女）哥，攀枝花不采老谢了，刺筒花有刺用心来采。（男）妹，攀枝花采来圈妹脖，刺筒花采来插妹头。（合唱）申少哥，攀枝花哥跟妹走，靓妹妹红似刺筒花。李万来整理，收入《元江傣族文化·民歌辑》，32 开，1 页，14 行，元江哈尼族彝族傣族自治县傣族协会编，2013 年 3 月，云南出版集团公司、云南人民出版社出版。

（依旺的）

采蜜

傣族情歌。流传于云南省西双版纳傣族自治州。男青年赞美姑娘的勤劳美丽，向姑娘表白爱慕之情。唱道："在山上采花的姑娘哟，哥哥何时能吃上你制作的洛补饭，哥哥何时能闻到你发髻上的花香……请快快搬家吧，蜜蜂，你搬开后我要采你的蜜，送给山上采花的姑娘。"刀新文演唱，波罕香搜集，刀永平、罗俊新翻译。收入《西双版纳傣族歌谣集成》，32 开，2 页，26 行，云南人民出版社 1989 年版。

（李传宁）

重新挑情人

傣族情歌。流传于云南元江县傣族聚居区。歌中唱道：阿妹既然看不上阿哥做情人哟，就让她重新挑情人。蝌蚪游水仰着头哟，就让它选个大水塘。阿妹既然看不上阿哥做情人哟，就让她重新挑选意中人。红尾鲤鱼水中游哟喜欢摆尾巴，就让它选个深水塘。封学珍唱，许洪畅整理，收入《元江傣族文化·民歌辑》，32 开，1 页，8 行，元江哈尼族彝族傣族自治县傣族协会编，2013 年 3 月，云南出版集团公司、云南人民出版社出版。

（依旺的）

唱给远嫁的姑娘

傣族情歌。流传于云南省西双版纳傣族自治州。唱述相爱多年的姑娘要远嫁他乡，失恋的男子以歌相送，诉说心中的痛苦和悲伤，并向对方祝福。唱道："荷花一样美丽的姑娘，看来你已被别人用藤子拴住，哥想走近你身边说一句话，又怕野藤把我的手脚缠住……你放心走吧，我爱过的人啊，我羡慕的姑娘，你尽情地去享受甜美日子吧，你放心走吧，别管我悲伤不悲伤。"波罕拉演唱，岩温扁翻译。收入《西双版纳傣族歌谣集成》，32 开，10 页，195 行，云南人民出版社 1989 年版。

（李传宁）

趁着鸟兽未醒的时候

傣族情歌。流传于云南省玉溪市傣族地区。歌中唱道："寒露轻轻地滴落，一弯新月悄悄升起。情人哟，金色的孔雀，你偷偷飞进窗来，把我托上天空，把我引入海底。醒来哟，月已落，星已稀，公鸡在啼鸣，母鸡在下蛋。走吧，情人，趁着浓浓的夜，趁着鸟兽未醒的时刻。"佚名演唱，杨丽萍采录。收入《中国歌谣集成·云南卷》上，16

开，1 页，13 行，中国 ISBN 中心 2003 年版。

（龙江莉）

插花

傣族情歌。流传于云南省元江哈尼族彝族傣族自治县甘庄坝一带。唱述小伙子对姑娘的爱慕之情。歌中唱道："神少呃——想插那黄花下田栽秧，想插这红花逗引卜冒，插在哪里好哟！插在头帕上怕刺他的眼，插在头帕下怕他看不见。丑女人插满了头不漂亮，漂亮的姑娘插两朵也好看。心上的人哟，要是我只插一朵，你喜欢不喜欢？"杨丽萍翻译、整理。收入《元江民族民间文学资料》第六辑，32 开，1 页，10 行，元江哈尼族彝族傣族自治县文化馆 1986 年编印。

（郭玉萍）

聪明的小阿哥

傣族情歌。流传于云南省元江哈尼族彝族傣族自治县甘庄坝一带。唱述姑娘对小伙的仰慕之情。歌中唱道："神少呃，你呀我的小阿哥。你的心为什么那样灵？你的手为什么那样巧？你会做的活计呀，比五堆沙的沙粒还要多，永远没人学得完；你会唱的歌呀，像弹响三片棕丝，像摇响九串铜钱，那么好听迷人，永远没人学得会，你高超的技艺呀，比天空中的月亮还要高，永远没人学得到。"佚名唱述，杨丽萍翻译、整理。收入《元江民族民间文学资料》第六辑，32 开，1 页，14 行，元江哈尼族彝族傣族自治县文化馆 1986 年编印。

（郭玉萍）

大树情

傣族情歌。流传于云南元江县傣族聚居区。这是元江傣族情歌中的"三弦调"之一，是传统傣族唱情歌形式之一，手持三弦（傣语：叮咚）走村串寨约少（约会），是常见的生活场景，目前甘庄傣族仍然保留这一传统的习俗，音调通常是 3/4 拍子，翻译的字数是 5 言、7 言诗句，韵律优美，朗朗上口，琴音和谐如唱似说，扣人心弦。歌中唱道：（男）妹哎，大树底下好乘凉，妹妹要乘那棵树。（女）哥哎，万年青树高又旺，哥像青树妹爱乘。（男）妹哎，大树柴火难破开，哥跟妹来分不开。（女）哥哎，妹跟哥哥好依靠，大青树下好对歌。（合）妹哎，歌对上了心缠上，大青树下好拥抱。李万来演唱，李万来整理，收入《元江傣族文化·民歌辑》，32 开，1 页，10 行，元江哈尼族彝族傣族自治县傣族协会编，2013 年 3 月，云南出版集团公司、云南人民出版社出版。

（依旺的）

对山歌（一）

傣族情歌。流传于云南省西双版纳傣族自治州傣族地区。该歌是人们在上山砍柴或锄地劳动时对唱的歌，男女老少都可以唱。歌中唱道："男：听吧，山那边的姑娘们，烈日当头照，不怕火从头上冒，只怕没人答理我，使我冷落心难过。姑娘们啊，请和我来对山歌，使我在山间不受寂寞。女：听吧，山那边的哥哥啊，我一听到你那动听的歌声，心中就说不出有多高兴，好比盖上厚棉被，正好遇上冬天，热乎乎地温暖我身心。"佚名演唱，康朗庄搜集，岩温龙翻译。收入《西双版纳傣族歌谣集成》，32 开，3 页，58 行，云南人民出版社 1989 年版。

（龙江莉）

对山歌（二）

傣族情歌。流传于云南省西双版纳傣族自治州傣族地区。该歌为男女对唱的山歌式情歌。歌中唱道："男：进山听鹿鸣，进林闻鸟声，到这里听阿妹诉衷肠。女：阿哥来寻马，为何不带绳，你有心找妹为何不打扮，是到这里还是去何地方。男：为找阿妹我转了三座山，为会情人我跨了三条河，如今见到妹我心里打战。女：阿哥你莫害羞呀莫打战，跋山涉水来见我，请你快把心里的话儿讲。"咪龙勐腊演唱，玉康翻译。收入《西双版纳傣族歌谣集成》，32开，2页，28行，云南人民出版社1989年版。

（龙江莉）

对远嫁姑娘的送别歌

傣族情歌。流传于云南省德宏傣族景颇族自治州傣族地区。小伙子深深爱恋的姑娘与自己无缘，姑娘远嫁他乡时小伙子惜别情诉："即将远嫁的阿妹呀，可知阿哥的苦楚情怀？妹妹的芳心已飞向远方，何时故里返还？""远走他乡的阿妹哟，情谊可否存心间？移情别恋的妹妹哟，阿哥心怀愁更添……"佚名吟诵，李岩过睽搜集、整理。傣文版，16开，4页，70行，稿存德宏傣族景颇族自治州民语委。

（快永胜）

丢包场上的情歌

傣族情歌。流传于云南省西双版纳傣族自治州傣族地区。丢包是傣族青年男女的一种娱乐活动，每当佳节来临，少男少女们便集中在草地上丢包，他们与自己相中的对象对唱情歌，并将花包丢给他（她）示爱。歌中唱道："女：阿哥呀，阿哥，妹的花包做得粗糙，请阿哥原谅别见笑。花包里装的是棉籽，种出棉花可以纺成线，懒人的棉籽不开花，勤劳的阿哥才能得到。男：妹妹啊，丢过来吧，你做的丢包美丽无比，你的语言甜如蜂蜜，你的心像白云一样纯净，你的眼睛明亮如玉，你的身材像霞光下的垂柳，你的容貌像缅桂花一样瑰丽。……"玉婻罕演唱，波窝娟搜集，刀永平、罗俊新翻译。收入《西双版纳傣族歌谣集成》，32开，4页，63行，云南人民出版社1989年版。

（龙江莉）

担心调

傣族情歌。流传于云南省玉溪市傣族地区。该歌唱述相爱男女对爱情患得患失的忐忑心情。歌中唱道："花好瞧，水葫芦花最好瞧。但它开在水面上，是怕人把它采掉。人相好，情哥情妹最相好。在石崖上玩，怕石崖突然倒掉；在土坡上玩，又怕土坡一下塌掉；在水上玩，又怕人家见了说笑。哥妹两人想相好，又怕姻缘不相合；哥妹两个想分手，又怕别人把情人夺掉。唉，怎样相爱才算好？"李美仙演唱，余正寿采录。收入《中国歌谣集成·云南卷》上，16开，1页，17行，中国ISBN中心2003年版。

（龙江莉）

担心脚步听不到

傣族情歌。流传于云南省金平彝族傣族自治县。唱述姑娘等待小伙子的到来时的急切心情。歌中唱道："小公鸡呀，你莫叫，吵得阿妹心焦躁。哥绕竹楼旁边走，担心脚步听不到。"较细腻地表达了姑娘的内心情感。佚名唱述，佚名搜集。32开，1页，4行。收入《哀牢山情歌》，新平彝族傣族自治县民族事务委员会1985年编印。

（郭玉萍）

等待钟情的凤凰

傣族情歌。流传于云南省西双版纳傣族自治州。青年男女互相表白，倾诉衷情。男唱："金色的缅桂花哟，开得又美又香，缅桂花开在大树的枝头，阿哥天天把你仰望。"女答："远方飞来的凤凰哟，你仔细张开眼睛望望，这朵缅桂是待开的花蕾，这朵缅桂刚刚吐芳香……缅桂不恋花蝴蝶，只等待钟情的凤凰。"康朗香、玉叶演唱，艾扬翻译。32开，2页，19行。收入《西双版纳傣族歌谣集成》，云南人民出版社1989年版。

（李传宁）

掉进深水塘无人救

傣族情歌。流传于云南元江县傣族聚居区。歌中唱道：阿哥要想找情人哟，眼光不要往高处看。姐妹们相劝你不听哟，掉进深水塘中无人帮。阿哥想要找情人哟，心想不要往高处攀。父母来阻拦你不听哟，掉进泥塘中无人救。刀文英唱，许洪畅整理，收入《元江傣族文化·民歌辑》，32开，1页，8行，元江哈尼族彝族傣族自治县傣族协会编，2013年3月，云南出版集团公司、云南人民出版社出版。

（依旺的）

傣涨情歌八首

傣族情歌。流传于云南元江县傣族聚居区。是元江甘庄傣族情歌，在元江甘庄坝傣族村寨传唱，甘庄傣族自称傣涨，这里的人们心灵手巧，女人以美丽和刺绣闻名，男子勤劳智慧，从这九首歌中我们可以看出，这里蕴藏着丰富多彩的文化，《美丽的姑娘》中用比喻的手法赞美："姑娘啊你像初升的太阳一样夺目，像早晨的彩霞一样娇艳，衣袖高高的卷起，筒裙翻折到腰肢，有人说你白得像米汤，我说米汤太浑浊，有人说你白得像芭蕉心，我说芭蕉心还有点灰暗……"《聪明小阿哥》中唱道："……你呀我的小阿哥。你的心为什么那样灵？你的手为什么那样巧？你会做的活计呀，比五堆沙的沙粒还要多。永远没人学得完，你会唱的歌呀，像弹响三片棕丝，像摇响九串铜钱，那么好听迷人，永远没人学得会，你高超的技艺呀，比天空中的月亮还要高，永远没人学得到。《过年小调》《插花》《勐宰在哪里》《五月街景》《三弦调》《偷情人》《请客调》等表现了傣家人的爱情、生活、劳动场景和智慧。"杨丽萍搜集整理。收入《云南民间文学集成元江县歌谱卷》（编号：230507），1988年9月元江哈尼族彝族傣族自治县文化馆编，第163～169页，属内部资料。

（白云）

傣家儿女赶花街

傣族情歌。流传于云南元江县傣族聚居区。歌中唱道：芒果花开在冬季，五月里来芒果熟，芒果熟来赶花街，傣家儿女来相会，花街节里对山歌，串少哥来串少妹。傣家小妹穿裙美，傣家小妹裙子美，美如凤凰花逗人爱，汉家郎见尾着来，傣家卜帽见了爱，傣家小妹生得美，傣家阿妹穿新裙，新裙配上花秧萝，花秧萝装有秧萝饭，傣家儿女赶花街，小阿妹的秧萝饭，等着心上人来吃，中少阿哥生得帅，傣家阿哥生得帅，背着三弦来赶街，傣家阿妹唱情歌，傣家阿哥弹三弦，阿哥的弦调醉妹心，阿妹情调把哥醉，阿哥阿妹赶花街，情哥情妹对情歌，对上情歌吃秧萝饭，吃了秧萝饭就是心上人，心上人变成心爱的人。刀正英唱，收入《元江傣族文化·民歌辑》，32开，2页，30行，元江哈尼族彝族傣族自治县傣族协会编，2013年3月，云南出版集团公司、云南人民出版社出版。

（依旺的）

女儿怨

傣族情歌。流传于云南元江县傣族聚居区。歌中唱道：没出嫁的时候，都说我的夫家住在仙国，砍柴不用刀，参天大树会自己断裂成堆，挑水不用扁担，水会自己顺路来淌进锅里，舂米不用踩碓，谷子会自己碎成米粒，嫁了才知道，草盖的房顶漏着雨水，破烂的衣服挂在破洞的墙上，用手杆蒸饭，用手巴掌做炒菜的锅，一天又一天一年又一年，破柴砍树在高高的山箐沟头，寻觅野菜在荒凉的河边水下，我弓起背做耕牛，我弯下腰做驮马，都说田里的螺蛳穷，可螺蛳还有一扇门，都说泥里的泥鳅什么都没有，可泥鳅还有腥味，我的爹妈呀。陶侨妹唱，杨莉萍整理，收入《元江傣族文化·民歌辑》，32开，1页，23行，元江哈尼族彝族傣族自治县傣族协会编，2013年3月，云南出版集团公司、云南人民出版社出版。

（依旺的）

儿女情

傣族情歌。流传于云南元江县傣族聚居区。歌中唱道：（男）妹哎！太阳歇了有月亮，月亮歇了星星闪,男人歇了有女人,女人歇了男人忧,妹哎,女人歇了,人间也就歇了哎。(女)哥哎,太阳升起月亮歇,太阳落了儿女乐,月亮歇了妹不歇,女人欢笑男不忧,哥哎,女人勤快,人间也就兴旺了。白开义、李万来演唱,李万来整理,收入《元江傣族文化·民歌辑》,32开,1页,12行,元江哈尼族彝族傣族自治县傣族协会编,2013年3月,云南出版集团公司、云南人民出版社出版。

(依旺的)

分手歌分离得相逢

傣族情歌。流传于云南元江县傣族聚居区。歌中唱道:(男)世上的人有分也有离哟,人家分离么得相会。我俩分离不相会哟,从此隔天隔地难相会。世上的人有分也有聚哟,人家分离么得相逢。我俩分离不相逢哟,从此隔山隔水难相逢。(女)世上的藕断还连丝哟,我俩哥妹分离么心牵挂。要等相会的那一天哟,只怕天塌地陷时,才能得相会。世上的连理枝根断心相连哟,我俩哥妹分离么心连心。要等相逢的那一天哟,只怕山崩水枯时,才能得相逢。白有福、封学珍唱,许洪畅整理,收入《元江傣族文化·民歌辑》,32开,1页,18行,元江哈尼族彝族傣族自治县傣族协会编,2013年3月,云南出版集团公司、云南人民出版社出版。

(依旺的)

风吹云散不见妹

傣族情歌。流传于云南元江县傣族聚居区。歌中唱道:哥在山中砍柴想妹哟,抬头只见雾一团。风吹雾散开哟,咋会不见意中人?哥在山坡上种豆想妹哟,抬头只见云一朵。风吹云散开哟,咋会不见妹人影?刀文英唱,许洪畅整理,收入《元江傣族文化·民歌辑》,32开,1页,8行,元江哈尼族彝族傣族自治县傣族协会编,2013年3月,云南出版集团公司、云南人民出版社出版。

(依旺的)

风俗情诗

傣族情歌。流传于云南省西双版纳傣族自治州傣族地区。该歌唱月亮出来,青年男女三三两两相约走出竹楼来到纺线场外谈情说爱。歌中唱道:"阿哥在纺线场外,吹响了(竹必),拉响了(王王丁),呼唤着他们心上人。只有傣家的(竹必)吹起,寨子才会有欢乐生机,只有傣家的(王王丁)拉响,情歌才会在寨里响起。(竹必)声吹开了姑娘的心,(王王丁)声灌醉了阿哥的意,天上的月亮皎洁明亮,纺线场唤来了痴情男女。"康朗应演唱,岩保翻译。收入《西双版纳傣族歌谣集成》,32开,6页,124行,云南人民出版社1989年版。

(龙江莉)

凤凰情诗(一)

傣族情歌。流传于云南省西双版纳傣族自治州。全诗共六个部分:一、序歌,唱述一对青年男女互相爱慕,请鹦鹉传书,让凤凰搭起爱情的桥梁。二、铜凤凰情思,唱述的是小伙子对姑娘的赞美和思慕之心。三、鹦鹉传书,小伙子请鹦鹉传书,试探姑娘的心意。四、金凤凰的回音,唱述姑娘收到情书后向对方回复书信,表白了心中的爱意。五、铜凤凰传书,唱述小伙子请铜凤凰传递情书,表达自己的爱慕之情。六、"双喜"凤凰,唱述的是姑娘收到情书后,以画传情,画了一对交颈相缠的凤凰,提醒小伙子快来迎娶姑娘。佚名演唱,刀新华搜集,征鹏翻译。32开,15页,309行。收入《西双版纳傣族歌谣集成》,云南人民出版社1989年版。

(李传宁)

凤凰情诗(二)

傣族情歌。流传于云南省西双版纳傣族自治州。唱述小伙子请凤凰传书,向姑娘表达爱慕之情,表现了小伙子期盼凤凰信使归来的急切心愿。歌中唱道:"美丽的姑娘,请凤凰捎去哥哥的思念……茫茫的路途既遥远又艰难,哥担心风会把情书吹落,哥担心情书中的花瓣过早凋谢,请凤凰呵迅速地去快快地飞去,带着哥哥的爱情,早日飞到姑娘身边。"波岩嗡演唱,刀新华搜集,西娜翻译。32开,3页,56行。收入《西双版纳傣族歌谣集成》,云南人民出版社1989年版。

（李传宁）

凤凰情诗（三）

傣族情歌。流传于云南省西双版纳傣族自治州。全诗共四个部分。一、序歌,唱述了小伙子以凤凰传情,向情人吐露心意。二、纺线场上,唱述青年男女相会在纺线场上谈情说爱的美好情景,表达了他们对幸福生活的向往和追求。三、思念,唱述小伙子与情人离别后的惆怅和思念。四、痴情,唱述小伙子对移情别恋的情人的痴情,表达了小伙子失恋的痛苦和悲伤。诈亚提供,岩温扁搜集翻译。32开,26页,537行。收入《西双版纳傣族歌谣集成》,云南人民出版社1989年版。

（李传宁）

凤凰短歌

傣族情歌。流传于云南省景洪县傣族地区。该歌属傣族凤凰情歌,唱述女子对情哥的思慕之情。歌中唱道:"喂列喂诺,这次妹放凤凰,伤心凤凰,在天空顺风飞翔,穿过层层风浪,把情书传到阿哥身旁。阿哥像一朵金荷花,但愿洛金花和金荷花一起开放。孤独的凤凰啊,珍珠般的凤凰,快飞呀快飞呀,快快飞到阿哥身旁。"依旺演唱,杨力采录。收入《中国歌谣集成·云南卷》上,16开,1页,17行,中国ISBN中心2003年版。

（龙江莉）

凤凰花还没开

傣族情歌。流传于云南元江县傣族聚居区。歌中唱道:凤凰花栽在路边哟,一棵挨着一棵。打骨朵的那一杈还没有开哟,阿哥等不得了想来采。荔枝树栽在园子里哟,一棵更比一棵俏。最俏的那一杈还没有红哟,阿哥等不得了想来摘。可供研究傣族歌谣参考。白正康唱,许洪畅整理。收入《元江傣族文化·民歌辑》,32开,1页,8行,元江哈尼族彝族傣族自治县傣族协会编,云南出版集团公司、云南人民出版社2013年版。

（依旺的）

凤凰花开赶花街

傣族情歌。流传于云南元江县傣族聚居区。歌中唱道:芒果花开在冬季,正月里来木棉红,二月里来酸角熟,三月里来荔枝红,酸角花开在四月,凤凰花开五月天,凤凰花开赶花街,四方朋友来相聚,一起欢唱傣家调。刀珍华唱,收入《元江傣族文化·民歌辑》,32开,1页,9行,元江哈尼族彝族傣族自治县傣族协会编,云南出版集团公司、云南人民出版社2013年版。

（依旺的）

纺线歌

傣族情歌。流传于云南省西双版纳傣族自治州。唱述姑娘在纺线场上边纺线边吟唱等待恋人的情景。表现傣族青年男女在劳动中的恋爱习俗。歌中唱道:"喂喂诺,纺线场早打扫干净,凳子已经摆上,竹凳不够摆木凳,只等阿哥来陪妹,好朋友来让他坐竹凳,再来朋友让他坐木凳,心上人来让他挨妹坐身边。"依哈演唱,杨力记录。收入《西双版纳傣族歌谣集成》,32开,1页,8行。云南人民出版社1989年版。

（李传宁）

副歌（gem fan 男唱的问调）

傣族情歌。流传于云南元江县傣族聚居区。元江傣族蒙面情歌之一,在元江沿岸傣族村寨传唱,是蒙面情歌中古老的调式,好比树枝上的树叶,可以根据情景随意搭配,"我们十个小伙子没相好,我们十个男子没家室。数十天狂想听嫡引吭高歌，几百夜痴想与媂诉说悄悄话。无妻室么漂游浪荡，像野鸡在荒野中惊飞来狂奔去，像岩羊麂子般乱窜一箐又一箐。窜来到姑娘居住的大坝子上方的村寨，给有没成家的小卜少在寂寞纺线等着说悄悄话？给有高贵的姑娘在高床处盼着促膝长谈？卜少啊你给喜欢我？我九邋遢的小伙子你给要？……"。封大妈唱，白云搜集、整理。未刊稿。

（白云）

富庶小调
傣族情歌。流传于云南元江县傣族聚居区。歌中唱道：月亮嘛躲云彩，汉染线傣染布，月亮照城墙外，泥鳅跳黄鳝叫，叫进那枇杷洞，枇杷么无浆水，小鸟嘛齐双飞，画眉走嘛秧田，草雀嘛走田埂，蜜蜂嘛做田水，糯米嘛垒田埂，大腿嘛丁梗桩。白开义、李万来演唱，李万来整理，收入《元江傣族文化·民歌辑》，32开，1页，13行，元江哈尼族彝族傣族自治县傣族协会编，云南出版集团公司、云南人民出版社2013年版。

（依旺的）

弓和弦永远不分离
傣族情歌。流传于云南省金平苗族瑶族傣族自治县。歌中用芒果作比喻，运用对比的方法唱出了一对青年男女心心相印、决心共同生活的美好心声。女唱道："吆吆驰——芒果熟了离开枝，姑娘大了离开妈。芒果落地靠人拣，姑娘离妈靠人说。阿哥有心你就来拣，阿哥有心你就来说。"男唱道："芒果树下的果子有无数颗，我只要你家的那一颗。勐拉坝的姑娘无数个，我只爱你一个。"女唱道："吆吆驰——芒果落地沾泥巴，有心吃果拣去洗。阿妹长大要嫁人，阿哥你有心就来要。"最后合唱道："我们就像弹棉花的弓，我们就像弹棉花的弦，弓和弦永远不分离，我们永远在一起。"陆占文演唱，盘文兴翻译，乡溪、徐阳记录。收入《云南民间文学集成·金平歌谣卷》，32开，2页，43行，金平苗族瑶族傣族自治县文联1988年编印。

（郭玉萍）

告别歌
傣族情歌。流传于云南省西双版纳傣族自治州傣族地区。该歌唱即将远行的男子向情人道别。歌中唱道："鱼儿离水悲悲切切，鸟儿离林依依不舍，我要告辞啊难开口，和你分别我心难过。你的歌是那么美妙，像林中斑鸠叫哥哥，我要把你的歌带走，陪伴我旅行在异乡。"鲊亚演唱，康朗庄记录，岩温龙翻译。收入《西双版纳傣族歌谣集成》，32开，1页，18行，云南人民出版社1989年版。

（龙江莉）

告别诗
傣族情歌。流传于云南省德宏傣族景颇族自治州傣族地区。是男士唱给他原来的旧情人的告别情歌。"美丽像一朵板宝花的妹妹，哥哥我无物相赠，只有一封情书送来。当年我俩深深相爱，发誓今生今世不分开。花前月下我俩常同在，你言我语像花朵，开不败。如今妹妹突然变心在一方，让哥哥梦里千呼万唤你不来。想你想得吃不甜睡不香，苦得我每天夜晚在月下徘徊……"诗句优美动听，诗中情切切，意绵绵。佚名吟唱，岳小保整理。16开，10页，150行，稿存德宏傣族景颇族自治州民语委。

（岳小保）

哥妹今生难成对
傣族情歌。流传于云南元江县傣族聚居区。歌中唱道：花前月下难开口哟，哥妹今生难成对。庙前献祭品人家念名分哟，不给站朝前。花前月下难牵手哟，哥妹今生难成双。神灵面前摆贡品人家数对数哟，单个不能算成双。刀文英唱，许洪畅整理，收入《元江傣族文化·民歌辑》，32开，1页，8行，元江哈尼族彝族傣族自治县傣族协会编，云南出版集团公司、云南人民出版社2013年版。

（依旺的）

哥妹同饮一江水

傣族情歌。流传于云南元江县傣族聚居区。歌中唱道：哥住江之头幺妹住江之尾，江水哗哗日夜不停流。哥妹同饮一江水哟，远隔千里难见一次面。妹住江东头哟哥住江西头，江水哗哗日夜不停流。哥妹同住江岸上哟，远隔江水难听见一句话。刀文英唱，许洪畅整理，收入《元江傣族文化·民歌辑》，32开，1页，8行，元江哈尼族彝族傣族自治县傣族协会编，云南出版集团公司、云南人民出版社2013年版。

（依旺的）

哥有相好的人

傣族情歌。流传于云南元江县傣族聚居区。歌中唱道：（男）人家有相好的人哟，扯扯衣角就会跟着么去串寨。阿哥没有相好的情人哟，拉拉衣角么低下头。人家有相好的人哟，扯扯裤腿就会跟着么去相会。阿哥没有相好的情人哟，抖抖裤腿么心落空。（女）阿哥既然把话说出来哟，扯扯衣角么莫低头。月亮出来照四方哟，要想串寨么妹跟随。阿哥既然把话说出来哟，抖抖裤腿么莫心慌。星星出来照万朵莲花哟，要想约会么妹会来。白有福、封学珍唱，许洪畅整理，收入《元江傣族文化·民歌辑》，32开，1页，16行，元江哈尼族彝族傣族自治县傣族协会编，云南出版集团公司、云南人民出版社2013年版。

（依旺的）

哥在家中想妹来

傣族情歌。流传于云南元江县傣族聚居区。歌中唱道：哥在家中想妹来哟，想想不见心中急。无肉无菜喝寡酒，人影只在杯中晃，醉倒屋中不省事，醒来照样想阿妹。哥在家中想妹来哟，想想不见心会疼。无朋无友喝闷酒，人影只在杯中现，醉倒屋中不省事，醒来照样心中惦。刀宝明唱，许洪畅整理，收入《元江傣族文化·民歌辑》，32开，1页，12行，元江哈尼族彝族傣族自治县傣族协会编，云南出版集团公司、云南人民出版社2013年版。

（依旺的）

哥想妹来望寨子

傣族情歌。流传于云南元江县傣族聚居区。歌中唱道：天天砍柴山中转哟，来来回回路过妹寨子。看见寨子哟，就像看见妹。想想不见寨子时，不知道心里多难过，不讲不提也罢了，讲起眼泪湿衣衫。天天放牛山中转哟，来来回回路过妹寨头，看见寨头哟，就像看见妹的脸，想想不见寨头时，不知道心中有多难受，不提不讲也便是，提起眼泪淌不完。刀宝明唱，许洪畅整理，收入《元江傣族文化·民歌辑》，32开，1页，16行，元江哈尼族彝族傣族自治县傣族协会编，云南出版集团公司、云南人民出版社2013年版。

（依旺的）

哥想与妹吃香蕉

傣族情歌。流传于云南元江县傣族聚居区。歌中唱道：阿哥摘来一篮柿子哟，心中想要吃又不舍得。酸角叶捂着已经发黄哟，要吃还得等妹来。阿哥摘来一串香蕉哟，心中想要吃又不舍得。树叶捂着已经发黄哟，要吃还得等妹先答应。阿哥摘来一箩蜜多萝哟，心中想要吃又不舍得。谷堆里捂着已经香甜哟，要吃还得等妹来剥开。刀宝明唱，许洪畅整理，收入《元江傣族文化·民歌辑》，32开，1页，12行，元江哈尼族彝族傣族自治县傣族协会编，云南出版集团公司、云南人民出版社2013年版。

（依旺的）

哥想上门当姑爷

傣族情歌。流传于云南元江县傣族聚居区。歌中唱道：（男）哥的心事猜不着，天天望着寨子转，一心只想把妹娶，要是有哪家招姑爷哟，希望给一个落脚点。哥的心思猜不着，天天看着寨子转，一心只想把妹娶，要有哪家招儿子哟，希望给个安身处。（女）哥的心思不用猜，寨子就在那里不用转，一心要想把妹娶哟，睁眼不要摸错巷，落脚妹家招儿子。哥的心事不用猜，寨子就在那里不用转，一心要想把妹娶哟，双脚不要踏错门，安身妹家接姑爷。刀宝明等唱，许洪畅整理，收入《元江傣族文化·民歌辑》，32开，1页，20行，元江哈尼族彝族傣族自治县傣族协会编，云南出版集团公司、云南人民出版社2013年版。

（依旺的）

哥不嫌弃

傣族情歌。流传于云南元江县傣族聚居区。歌中唱道：（男）阿妹说自己生得丑哟，阿哥说不丑。寨子里的小卜哨站两旁哟，数你最好看。阿妹说自己生得好脏哟，阿哥说不脏。寨子里的小卜哨坐拢堆哟，称你美艳又芳香。（女）阿哥说自己腿生得短哟，阿妹说不短。寨子里人上山撵鹿子哟，数你跑得最快。阿哥说自己生得腰背哟，阿妹说不背。寨子里人家盖房子扛柱子哟，都称你力大无穷。白有福、封学珍唱，许洪畅整理，收入《元江傣族文化·民歌辑》，32开，1页，16行，元江哈尼族彝族傣族自治县傣族协会编，云南出版集团公司、云南人民出版社2013年版。

（依旺的）

哥妹撮合成一对

傣族情歌。流传于云南元江县傣族聚居区。歌中唱道：只要哥妹我们俩相好哟，不要人家撮合也成对。太阳牵着月亮走哟，哥哥牵着妹妹手。只要哥妹我们俩相爱哟，不怕别人搅和也成双，星星围着月亮转哟，妹妹靠在哥身边。只要哥妹我们俩手牵手哟，不管人家说笑话，蜜蜂采花深山呢来，哥哥找妹寨子中。只要哥妹我们两手牵手哟，不怕人家说闲话。蝶恋花开春天呢来，妹妹找哥小河边。亚乔珍唱，许洪畅整理，收入《元江傣族文化·民歌辑》，32开，1页，16行，元江哈尼族彝族傣族自治县傣族协会编，云南出版集团公司、云南人民出版社2013年版。

（依旺的）

哥妹不分开

傣族情歌。流传于云南元江县傣族聚居区。歌中唱道：人家要搅和我们哥妹分开哟，随人家搅。荷花虽然根腿长得长，不怕出水污泥染。人家要搅和我们哥妹分离哟，随人家搅。玫瑰虽然带刺尖又长，不会扎人心疼痛。人家要搅和我们哥妹分开哟，随人家搅。春天的秧苗根连根，我们分不开。人家要搅和我们哥妹分离哟，随人家搅。夏天的谷花根相连，谷子割掉还会长。刀文英唱，许洪畅整理，收入《元江傣族文化·民歌辑》，32开，1页，16行，元江哈尼族彝族傣族自治县傣族协会编，云南出版集团公司、云南人民出版社2013年版。

（依旺的）

哥妹是一家人

傣族情歌。流传于云南元江县傣族聚居区。歌中唱道：哥是针哟妹是线，针线有眼心里有数。金线穿进针眼里哟，生来就是一家人。哥是银纽哟妹是扣，纽扣有眼心中有数。银纽传进金扣里哟，本来就是成一对。刀文英唱，许洪畅整理，收入《元江傣族文化·民歌辑》，32开，1页，8行，元江哈尼族彝族傣族自治县傣族协会编，2013年3月，云南出版集团公司、云南人民出版社出版。

（依旺的）

哥妹一起过情人桥

傣族情歌。流传于云南元江县傣族聚居区。歌中唱道：（男）哥妹俩从小就一起过情人桥哟，说好一个牵一个手。天天等着长大哟，等到成婚那一天。哥妹俩从小就一起走田埂子,说好一个牵一个手。天天等着长大哟,等到同床的那一天。(女)哥妹俩从小就喝同一条江水哟,说好相爱一辈子。天天等着长大哟,等到谷子黄的那天来成亲。哥妹俩从小就住同一个寨子哟,说好相爱一辈子。天天等着长大哟,等到凤凰开花那一天来完婚。白有福、封学珍唱,许洪畅整理,收入《元江傣族文化·民歌辑》,32开,1页,16行,元江哈尼族彝族傣族自治县傣族协会编,云南出版集团公司、云南人民出版社2013年版。

(依旺的)

哥妹分离如同隔张纸

傣族情歌。流传于云南元江县傣族聚居区。歌中唱道:哥妹分离哟,分离如同只隔一张纸。要等那天好日子哟?我们喝水才能同一井水。哥妹分离哟,分离如同只隔一张布。要等那天好日子哟?我们吃饭才能同一桌。白有福唱,许洪畅整理,收入《元江傣族文化·民歌辑》,32开,1页,8行,元江哈尼族彝族傣族自治县傣族协会编,云南出版集团公司、云南人民出版社2013年版。

(依旺的)

哥妹分离人分心不分

傣族情歌。流传于云南元江县傣族聚居区。歌中唱道:哥妹分离哟,人分心难分。夜深厢房纺棉线哟,眼前常有人影来做伴。哥妹分离哟,人分心不分。白天堂屋织花布哟,跟前常有人影来陪同。哥妹分离哟,人分心在恋。万年青树下绣花衣哟,身边常有人影来牵手。刀文英唱,许洪畅整理,收入《元江傣族文化·民歌辑》,32开,1页,12行,元江哈尼族彝族傣族自治县傣族协会编,云南出版集团公司、云南人民出版社2013年版。

(依旺的)

哥有定情物要给阿妹

傣族情歌。流传于云南元江县傣族聚居区。歌中唱道:要是阿妹看上我阿哥哟,提亲的日子么不要提前定。阿哥家中有绸缎衣裳做信物哟,早定时间么会变旧。要是阿妹看上我阿哥哟,娶亲的时间么不要拖,阿哥的家中有金银首饰做信物哟,久拖时间么会褪色。要是阿妹看上我阿哥哟,回门的日子一定不能变。阿哥家中有父母等着抱儿孙哟,定下时间么才放心。白有福唱,许洪畅整理,收入《元江傣族文化·民歌辑》,32开,1页,12行,元江哈尼族彝族傣族自治县傣族协会编,云南出版集团公司、云南人民出版社2013年版。

(依旺的)

哥妹要分手

傣族情歌。流传于云南元江县傣族聚居区。歌中唱道:阿妹要和哥分手哟,分手不是哥情愿。是你阿妹嫌弃阿哥生得难看哟,说话哄人玩。阿妹要和哥分开哟,分开不是哥情愿。是你阿妹嫌弃阿哥长得丑哟,说话逗人笑。白有福唱,许洪畅整理,收入《元江傣族文化·民歌辑》,32开,1页,8行,元江哈尼族彝族傣族自治县傣族协会编,云南出版集团公司、云南人民出版社2013年版。

(依旺的)

哥妹两家只隔一堵墙

傣族情歌。流传于云南元江县傣族聚居区。歌中唱道:这山的雀哟那山雀,飞来都歇一棵树枝上。哥妹两家只隔一堵墙哟,牵手咋会那么难。这山的鸟哟那山鸟,飞来都在一根房梁上搭窝棚。哥妹两家只隔一个院子哟,成婚咋会那么难。刀文英唱,许洪畅整理,收入《元江傣族文化·民歌辑》,32开,1页,8行,元江哈尼族彝族傣族自治县傣族协会编,云南出版集团公司、云南人民出版社2013年版。

(依旺的)

哥要走就慢慢走

傣族情歌。流传于云南省西双版纳傣族自治州傣

族地区。歌中唱道："哥啊哥，你要走就慢慢走，绿叶落在路上你莫惊，暖温鸟叫时你别回头。妹左手提包右手揩泪来送你，昨晚妹躲着哭了一夜，在家哭怕阿妈骂，只好到森林里来哭，伤心地哭到天亮。"依怀演唱，杨力搜集。收入《西双版纳傣族歌谣集成》，32开，1页，9行，云南人民出版社1989年版。

（龙江莉）

哥是短尾的鹌鹑

傣族情歌。流传于云南省西双版纳傣族自治州傣族地区。该歌以自谦的笔触唱述了男子与心仪女子相见已晚，错过了美满的姻缘。歌中唱道："缅桂花般的妹妹，你是香花中的王后，你的美名传入我的耳朵时，可惜为时已太晚。当我看见你呀，金银线已拴在别人手上，四面的房楼已被刺棵阻拦，上下的楼梯被卡死。妹的脖子已挂上了项链，妹的手已套上了银镯头，晒台已挂满了尿布。苦命的我呀，配不上妹妹，因为我是没有长尾巴的鹌鹑。"鲊惟罕演唱，玉娟红搜集，刀志达翻译。收入《西双版纳傣族歌谣集成》，32开，1页，20行，云南人民出版社1989年版。

（龙江莉）

哥哥啊你一定要回来

傣族情歌。流传于云南省西双版纳傣族自治州傣族地区。该歌唱述相爱的男女即将分别，彼此都希望能够早日重逢。歌中唱道："女：哥哥啊哥哥，你要走就走吧，妹妹留不住你，希望你平安回到家，盼望你回家后莫忘妹家的竹篱，妹妹含泪向你祝福，祈求佛保佑你。男：姑娘呵请你放心，竖在水里的柱子，根基比水还深；姑娘啊请你放宽心，在附近寨子里呵，哥会找到好运。姑娘呵姑娘，哥哥就要和你分别，口里像含着苦果，心里苦滴滴的，嘴里酸溜溜的。"岩浮演唱，刀新华搜集，西娜翻译。收入《西双版纳傣族歌谣集成》，32开，4页，87行，云南人民出版社1989年版。

（龙江莉）

哥哥啊你为何那样胆小

傣族情歌。流传于云南省西双版纳傣族自治州傣族地区。该歌以男女对唱的形式，表达男女相爱却又心存疑虑而羞于表白的矛盾心情。歌中唱道："男：绿蜻蜓般可爱的姑娘，你是否猜到哥的奢望，有心采花又怕刺戳手，有心采蜜又怕树胶粘，有心和妹妹在一起，又怕被藤子绊跌倒。姑娘啊姑娘，哥哥怕误采了别人的花，哥哥怕攀错了藤儿落陷阱。女：哥哥啊哥哥，你为何那样胆小，妹妹不是老虎不会吃鸡，妹妹不是猛兽不会吃人。哥哥啊哥哥，妹妹什么都不怕，只怕没福气跟哥哥在一起，只怕自己太丑陋，使哥哥你看不上。"波岩勒演唱，刀新华搜集，西娜翻译。收入《西双版纳傣族歌谣集成》，32开，4页，65行，云南人民出版社1989年版。

（龙江莉）

哥哥盼着拴线的时辰

傣族情歌。流传于云南省西双版纳傣族自治州。青年男子向女方表白真挚的爱情，表达渴望早日过上幸福生活的愿望。唱道："我那美丽的姑娘，簇拥的杏花芳香醉人，微风中蜂儿忙着传花送粉，等到硕果累累杏满枝头时，是否就是我俩收割爱情的时辰。"波岩勒演唱，刀新华搜集，西娜翻译。收入《西双版纳傣族歌谣集成》，32开，2页，32行，云南人民出版社1989年版。

（李传宁）

哥哥心里没有一点分枝分岔

傣族情歌。流传于云南省盈江县傣族地区。此篇为小伙子回答心上人的鹦鹉情歌，主要告诉对方，自己是个重情之人，是全心全意爱妹妹的，"妹妹的每封书信，哥哥都藏于枕头，夜深人静拿出来看时，心里好像吃到了人间最甜蜜的果子，整个身心都感到无比舒畅……""希望我俩的爱不要像从根部吃起的甘蔗,越吃越淡下去……"佚名唱述,金绍龙搜集。刊于傣文杂志《勇罕》2003年1～2期,傣文版,16开,3页,81行。

(冯霄)

哥哥心中只有苦与涩

傣族情歌。流传于云南省盈江县傣族地区。此篇为小伙子唱给曾经相好的姑娘的鹦鹉情诗,主要埋怨对方"像在树上吃果子的猴子,摘一个尝几口就丢掉,使得哥哥我像掉落于树下的果子,只会一天天烂下去……"佚名演唱,岳小保搜集,冯霄译。收入《百花园》第二册,傣文版,32开,14页,262行,云南民族出版社1992年版。

(冯霄)

哏吧

傣族情歌。流传于云南元江县傣族聚居区。歌中唱道:水中的秧苗层层翠绿,犹如层层碧蓝的天空。置身飞落的树叶,脚踏小道的落叶,落叶归根黄如金,黄金般的你啊难觅到,俊帅的你啊难寻找。高梁费唱,收入《元江傣族文化·民歌辑》,32开,1页,63字,元江哈尼族彝族傣族自治县傣族协会编,云南出版集团公司、云南人民出版社2013年版。

(依旺的)

姑娘生来爱捡螺蛳

傣族情歌。流传于云南元江县傣族聚居区。歌中唱道:姑娘生来么爱捡螺蛳哟,捡螺蛳么要选大的捡。阿妹挑选情人哟,要挑有钱人。姑娘生来爱捉黄鳝哟,要捉黄鳝么要选大呢捉。阿妹挑选相好哟,要挑官家人。白有福唱,许洪畅整理,收入《元江傣族文化·民歌辑》,32开,1页,8行,元江哈尼族彝族傣族自治县傣族协会编,云南出版集团公司、云南人民出版社2013年版。

(依旺的)

姑娘,你忘不了我

傣族情歌。流传于云南省西双版纳傣族自治州傣族地区。该歌传说是一种能使姑娘迷恋不舍的咒语,小伙子只要双手合十,口念这段咒语,然后对着手指尖吹一口气,指向所爱的姑娘,姑娘就会迷恋上他。歌中唱道:"我指你的头发尖,姑娘你就会直淌汗,我指你两次,姑娘你就会转回头。如果姑娘你不回头转,你就会变得又傻又憨。你会哭着找我,你会爱我,爱我一万天。你会想我,想我一万个昼夜。越思越想,越想越爱,你忘不了我。"浓森吉演唱,西娜翻译,刀新民采录。收入《中国歌谣集成·云南卷》上,16开,1页,15行,中国ISBN中心2003年版。

(龙江莉)

姑娘哟!祝你们幸福美满

傣族情歌。流传于云南省玉溪市傣族地区。小伙子向自己爱慕的姑娘结婚表示衷心祝福,表现了小伙子的乐观精神和宽大情怀。歌中唱道:"姑娘哟!你是芭蕉亭亭玉立,你像红棉迎春而站,……你是我爱慕的姑娘。""没有赶上你的婚礼,我现在为你祝愿。你们出门是一对,如鸳鸯戏水在池塘;你们回家是一对,像斑鸠比翼过山梁……我是一只孤独的憨斑鸟……但我不寂寞,更不悲伤。我将变成一棵枝叶茂盛的大青树……过路人常常歇脚为我做伴,我祝你们幸福美满。"佚名唱述,张易元搜集、整理。收入《玉溪地区民间文学资料》第二集,32开,2页,27行,玉溪地区群众艺术馆1984年编印。

(郭玉萍)

赶摆的歌

傣族情歌。流传于云南省瑞丽市傣族地区。该歌是少男少女们赶摆路上吟唱的歌,歌中溢满了彼此对对方的赞美和爱慕之词。歌中唱道:"男:妹妹仙乐般好听的声音,像林间清晨的鸟叫;妹妹的小嘴吐出一个字,就像吐出颗闪亮的珠宝。妹妹仙乐好听的声音，像寨边月夜的琴弦；妹妹的小嘴讲出一句话，像丝线均匀地挽成一卷。女：荷花一样俊美的哥哥哎，妹妹长得不漂亮，请哥哥不要夸奖。龙王的马儿一般俊美的哥哥呀！请听妹妹项圈的叮当声吧，妹妹不能回去得太迟。龙王的马儿一样俊美的哥哥呀，再见吧再见吧！只要妹妹还活在人世，以后还会有见面的日子。"汤瓦等木演唱，沐雨采录。收入《中国歌谣集成·云南卷》上，16开，5页，251行，中国ISBN中心2003年版。

（龙江莉）

赶鸭要赶到池塘边

傣族情歌。流传于云南省西双版纳傣族自治州傣族地区。歌中唱道："洛木般芬芳的哥哥啊，赶鸭子要赶到池塘边，你借东西要送到寨子边，你送妹妹要送到竹楼梯下。"依婉叫演唱，杨力翻译。收入《西双版纳傣族歌谣集成》，32开，1页，4行，云南人民出版社1989年版。

（龙江莉）

火雀飞来歇高枝

傣族情歌。流传于云南元江县傣族聚居区。歌中唱道：八月十五过后哟，火雀飞来么歇高枝。阿妹挑选情人哟，要找年轻小伙子。八月十五过后哟，斑鸠飞来歇高枝。阿哥挑选情人哟，要找漂亮小姑娘。天下的男人女人哟，生来就相爱。好好丑丑哟，都要过一生。封学珍唱，许洪畅整理，收入《元江傣族文化·民歌辑》，32开，1页，12行，元江哈尼族彝族傣族自治县傣族协会编，云南出版集团公司、云南人民出版社2013年版。

（依旺的）

好像路人不认识

傣族情歌。流传于云南元江县傣族聚居区。歌中唱道：（男）旁边的人说了我们好像从来都不认识哟，那天桥上见着只是低着头走过。怕只怕等到叫名字的那天哟，谈情就怕晚掉了。旁边的人说了我们好像从来不讲过话哟，那天弯路上见着只是低着头走过。怕只怕等到相识的那天哟，说爱就怕来不及。（女）旁边的人说了我们好像没有认识哟，那天桥上见着莫低头走。要是哥有心来就开口哟，豆芽长了根会串。旁边的人说了我们好像没有搭过话哟，那天弯路上见着莫低头走。要是哥有心来就开唱哟，世上也有凤求凰。刀宝明、杨秀仙唱，许洪畅整理。收入《元江傣族文化·民歌辑》，32开，1页，16行，元江哈尼族彝族傣族自治县傣族协会编，云南出版集团公司、云南人民出版社2013年版。

（依旺的）

好卜少人人夸

傣族古歌谣（三弦调）。流传于云南元江县傣族聚居区。歌中唱道：漂亮美丽好卜少，卜少绸衣十二绣，绣花绸装十二套，各套各有绣花边，花边绸绣碗口大，花朵绣得像扇开，妹妹穿着多亮丽，妹好看来脸粉红，两朵红花头上插，站那里来出双影，走那里来出双像，胸垒山来腰苗条，眼睛黑亮银牙白，粉脸微笑两边花，巧手轻快好绣花，秀长白腿好劳作，好卜少嘛人人夸。白开义、李万来演唱，李万来整理，收入《元江傣族文化·民歌辑》，32开，1页，17行，元江哈尼族彝族傣族自治县傣族协会编，云南出版集团公司、云南人民出版社2013年版。

（依旺的）

红河水倒流

傣族情歌。流传于云南元江县傣族聚居区。歌中唱道：阿哥既然看上阿妹哟，说出来的话就不会收回去。要是说出来的话也能收回去，除非红河水倒流。阿哥既然瞧着情人哟，讲出来的话就不会收回去。要是讲出来的话也能收回去，除非倒栽树也能发芽。阿哥既然爱上阿妹哟，说出来的话就不会收回去。要是说出来的话也能收回去，除非岩石也能开花。阿哥既然喜欢上阿妹哟，讲出来的话就不会收回去。要是讲出来的话也能收回去，除非骡子也能生儿。白有福唱，许洪畅整理，收入《元江傣族文化·民歌辑》，32开，1页，16行，元江哈尼族彝族傣族自治县傣族协会编，云南出版集团公司、云南人民出版社2013年版。

（依旺的）

花公鸡叫

傣族情歌。流传于云南元江县傣族聚居区。歌中唱道：阿月家的花公鸡哟，白天晚上也会叫。咽咽咽咽朝天叫哟，声音叫的多洪亮，莫不是想着要引伴。阿月家的小黄狗哟，见着人来就要闻一闻。闻了这个闻那个，摇着小尾巴到处转，莫不是想着要来找花狗。刀宝明唱，许洪畅整理。收入《元江傣族文化·民歌辑》，32开，1页，10行，元江哈尼族彝族傣族自治县傣族协会编，云南出版集团公司、云南人民出版社2013年版。

（依旺的）

阿妹的心思变得快

傣族情歌。流传于云南元江县傣族聚居区。歌中唱道：阿妹的心思哟，打一个盹来说变就变了。莫不是心中又有了别人？不是怕丢了那几文钱合不得，而是让人心痛。阿妹的心思哟，睡一觉醒来说变就变了。莫不是心中又有了相好的？不是怕丢了那二两银子合不得，而是让人太伤心。亚乔珍唱，许洪畅整理，收入《元江傣族文化·民歌辑》，32开，1页，11行，元江哈尼族彝族傣族自治县傣族协会编，云南出版集团公司、云南人民出版社2013年版。

（依旺的）

花街节里对山歌

傣族古歌谣。流传于云南元江县傣族聚居区。歌中唱道：（男）凤凰花开赶花街，阿哥阿妹来赶街，阿哥弹着三弦来。阿妹背秧萝。（女）芒果熟来赶花街，那路村里对山歌，阿哥开调妹来答，阿哥开调妹来答。（男）火红五月赶花街，阿哥阿妹来相会，那路村里对情歌，阿哥弹弦妹唱歌。（女）什么花开池塘中，什么花开一树红，什么花开一片黄，什么花开一片白。（男）莲花花开池塘中，木棉花开一树红，油茶花开一片黄，茉莉花开一片白。（女）元江坝有几条河，元江住着几个族，什么族河边上住，什么族高山上住。（男）元江坝有三条河，元江住着哈彝傣，河边住着傣家人，哈尼彝族住山上。（女）元江坝有三条河，清水河搭石头桥，南溪河搭弓字桥，高桥跨越元江河。白正康、刀正英唱，许洪畅整理。收入《元江傣族文化·民歌辑》，32开，2页，40行，元江哈尼族彝族傣族自治县傣族协会编，云南出版集团公司、云南人民出版社2013年版。

（依旺的）

花儿情歌

傣族情歌。流传于云南省西双版纳傣族自治州傣族地区。该歌用各种各样花儿的美丽芬芳比喻姑娘在情人眼中的妩媚可爱，表达了男子对心仪女子的万般爱慕。歌中唱道："世上最美的花蕊是莲花蕊，世上最美的花瓣是莲花瓣。花蕊啊，是哥哥的心，花瓣啊，是妹妹的心，花蕊花瓣呵，永不分离。一串串'洛木'（花名）花缀满枝头，一阵阵芳香呵沁人肺腑。花儿要艳丽，要有绿叶扶，花儿要芳香，要有轻风送。阿哥愿做扶花的绿叶，阿哥愿做送香的轻风。"波嗡极演唱，刀新华搜集，西娜翻译。收入《西双版纳傣族歌谣集成》，32开，5页，99行，云南人民出版社1989年版。

（龙江莉）

花卉情诗——萨你之歌

傣族情歌。流传于云南省西双版纳傣族自治州。西双版纳傣族情诗，可大致分为几种类型，即沙腊甩（祈求诗）、桑丢勐（隐性情诗）、桑顿洛（花卉情诗）、桑列罕（鹦鹉情诗）、桑烘（凤凰情诗）。这首萨你之歌是花卉情诗的主题歌。情诗围绕着一青年对萨你姑娘爱慕和追求的悲伤情感，抒发了包括初识、相恋、求婚、离别、回忆等五个内容。唱道："萨你啊，我的心，就在那个地方被你带走。""可怜啊，萨你，我才挖开肥沃的泥土，刚把爱情的种子播下；横祸啊，无情地把希望摧残。""去吧，记意中的鹦哥；去吧，已属他人的萨你；我爱你，只我单方有情；你的心，素来洁白如玉。""要我不去想你，除非天空没有了太阳，要我不去爱你，除非江河会倒淌。""苍天啊，请饶恕人生的罪过；大地啊，请容忍我去爱萨你。"佚名吟唱，岩温扁翻译。刊于《山茶》民族文学双月刊1989年第5期，120余行。

（岩林）

花手帕

傣族情歌。流传于云南元江县傣族聚居区。歌中唱道：（男）花街上摆着的花手帕哟，知道是哪个织？要是阿哥知道哟，定会把你来喜欢。花街上摆着的粽子哟，不知道是哪个包？要是阿哥知道哟，定会把你娶回家。（女）花街上摆着的秧箩哟，不知道是哪个编？要是阿妹知道哟，定会把你当情哥。花街上摆着的牛弯当哟，不知道是哪个做？要是阿妹知道哟，定会把你认做上门的姑爷。白有福、封学珍唱，许洪畅整理。收入《元江傣族文化·民歌辑》，32开，1页，16行，元江哈尼族彝族傣族自治县傣族协会编，云南出版集团公司、云南人民出版社2013年版。

（依旺的）

何时才能相见

傣族情歌。流传于云南省西双版纳傣族自治州傣族地区。该歌唱述男子因母亲生病，他要到远方寻药，一对本要结为夫妻的恋人不得不暂时离别。悲伤的女子想起两人相处时的美好时光，盼情郎早日平安归来。歌中唱道："阿哥要走了，到远方找药，离别在明天，今晚我流泪。想起幼年时，玩闹在一起，像对亲兄妹，形影不分离。掐野菜，摘果子，手拉手，山里去，日落才回家。……分手了，离别撕断肠，忍着悲与苦，我用歌送行。'快去快回来，妹在家等待，你走了，寨子变寂寞，只等你回来，寨子才会有歌声'。"岩罕胆演唱，应塔南记录，岩温扁翻译。收入《西双版纳傣族歌谣集成》，32开，3页，67行，云南人民出版社1989年版。

（龙江莉）

葫芦丝古歌

傣族情歌。流传于云南省德宏傣族景颇族自治州傣族地区。此歌以葫芦丝为主旋律吟唱。歌词内容是："夜深了，月亮挂在树梢上，树上的百鸟已入睡，我手拿葫芦丝轻轻地走出家门，来到妹家的大门把古歌吹起。情妹啊！我知道你把我等急了，要进大门开不了，数次徘徊把门敲，抬头看见墙上都是刺，是否妹妹变了心？或许爹妈已把你许配他人，这一切我都不在乎，只要妹妹不变心，哥永远是你的心上人。"哏德全演唱，杨源道记译。收入《傣族情歌选》，傣文版，16开，2页，50行。云南民族出版社1995年版。

（快永胜）

婚誓

傣族情歌。流传于云南省西双版纳傣族自治州傣族地区。傣族男女相爱之后，常以鲜花、蜡条为证，立下忠贞不移的誓言，该歌即为立誓时唱的歌，格律严谨，均为四字组成。歌中唱道："一束鲜花，藤桌上摆，把它拿起，举到头顶。爱你时刻，我的心愿，跟你成家。阿妹呀！"刀新华演唱，杨力采录。收入《中国歌谣集成·云南卷》上，16开，1页，8行，中国ISBN中心2003年版。

（龙江莉）

黄瓜花般的和尚哥哥

傣族情歌。流传于云南省西双版纳傣族自治州傣

族地区。该歌唱述姑娘与在寺庙中受戒当和尚的情哥哥产生了爱情，希望情哥早日还俗与之结为夫妇。歌中唱道："像黄瓜花般的和尚哥啊，别怪阿妹在催你，催你脱下身上的袈裟。大佛爷知道了，会骂我不像话。我不是傻，是我俩的情意已像成熟的黄瓜。"依怀演唱，杨力采录翻译。收入《中国歌谣集成·云南卷》上，16开，1页，7行，中国ISBN中心2003年版。

（龙江莉）

黄雀落在树枝上

傣族情歌。流传于云南元江县傣族聚居区。歌中唱道：一群黄雀落在树枝上哟，眼睛瞄着金灿灿的稻谷田。任凭簸箕敲烂不在意，啄不着谷子不飞走。一群黄雀落在树枝上哟，眼睛盯着金灿灿的包谷地，任凭敲破锣咣当也不慌。啄不着谷子不回家。白有福唱，许洪畅整理。收入《元江傣族文化·民歌辑》，32开，1页，8行，元江哈尼族彝族傣族自治县傣族协会编，云南出版集团公司、云南人民出版社2013年版。

（依旺的）

喊宝贝

傣族情歌。流传于云南省新平彝族傣族自治县戛洒镇。歌词大意为：卜冒你最俊，如今得你做丈夫，捧在手里怕捏着，放在秧箩怕人抢，用张仙纸把你遮，用张红纸把你盖。东山太阳晒不着，西山落雨淋不着，白天刮风刮不着，夜晚打雷惊不醒，一心只想称呼你为宝贝。万美英、刀全英演唱，刀明贵采录、翻译。收入《花腰傣古歌谣》，32开，1页，云南民族出版社2008年版。

（刀庆喜）

喊定喊别

傣族情歌。流传于云南省德宏傣族景颇族自治州傣族地区。此歌为五弦琴调和口弦调，是傣族喜爱的一种古老的情歌。分头歌、对调、尾曲三个部分。歌中唱道："当我挎上心爱的五弦琴，就好像听见碰响的银器，那一闪一闪的乌黑长发，老早映在了我的心窝里。""悠扬的琴声穿壁越墙，声声落在妹妹的心中。""假若竹凳是留给我坐的，我将醉倒在你的身旁。""我像一只觅食的丑乌鸦，只有水边的鱼鹰愿做伴……美丽的板宝花啊，让我变成竹子把你围严。""嫩嫩的茶枝会发芽，爱情的蓓蕾要开放，就等你的情来合我的意，化着流蜜的泉水把它浇灌。""鲜艳的花啊，装进绿色的筒帕里；闪亮的手镯啊，锁在红色的木框里。娓娓的琴声啊，装进哥妹的耳朵里；真正的爱情啊，锁在哥妹的心坎里。"情真意切，优美动听，抒发了傣族青年男女之间的爱恋。佚名演唱，刀怀京翻译整理。刊于《山茶》民族文学双月刊1982年第6期，150行。

（岩林）

金花香

傣族情歌。流传于云南省景洪市傣族地区。该歌既是傣歌的一种形式，又是男女之间相互倾吐爱意的高层次的一种表白方式，一般不在公开场合合唱，通常为书信传递，或一对恋人在一起时相互细语低吟。歌中唱道："金花馨香，摆上神桌。婆媳少女，戴在头上，美不胜收。爱你之心，永跟随你。美丽金花，绿叶花儿，爱不释手。"波岩勒演唱，西娜翻译，刀新华采录。收入《中国歌谣集成·云南卷》上，16开，1页，10行，中国ISBN中心2003年版。

（龙江莉）

既然要分手

傣族情歌。流传于云南元江县傣族聚居区。歌中唱道：阿妹既然要和阿哥分手哟，背地里莫要骂。若骂不是哟，阿哥耳根子发热也会晓得呢。阿妹既然要和阿哥分手哟，背后莫要再咒人。若是咒不成哟，阿哥脚尖踢着石头也会记着呢。封学珍唱，许洪畅整理，收入《元江傣族文化·民歌辑》，32开，1页，8行，元江哈尼族彝族傣族自治县傣族协会编，云南出版集团公司、云南人民出版社2013年版。

（依旺的）

祭情

傣族情歌。流传于云南省西双版纳傣族自治州傣族地区。傣族习俗中，相爱的人死后，生者要在遗体前哭唱自己的痛苦悲哀，并为死去的爱人指明去往佛地的道路，表达要与死者生死相随的坚贞爱意。歌中唱道："姑娘啊姑娘，你走了你走了，你专心地朝着佛地走了，你放开脚步走向天堂了。你要走直路才能到达佛地，你别在路途等待太阳，那一段路有恶鬼出没，有凶恶的大鬼，有可恶的妖魔，那段路通向地狱。……妹妹啊妹妹，哥哥跟随着你来了，你要在天庭上，在佛祖的园地里，或是在三岔路口上，耐心地等待着哥哥；你要在铺满宝石的水井边，耐心地等待着哥哥。"波岩嗡演唱，西娜翻译，刀新华采录。收入《中国歌谣集成·云南卷》上，16开，4页，204行，中国ISBN中心2003年版。

（龙江莉）

可惜迟了

傣族情歌。流传于云南省西双版纳傣族自治州傣族地区。该歌唱女子与心仪男子相见已晚的遗憾和惆怅。歌中唱道："哎呀阿哥，你是山中的缅桂，你是我心中的花，当你还孤单一人时，可惜妹妹年纪还小；到了我长成大姑娘时，哥哥你已经成家了。"玉娟红演唱，岩贯搜集，刀志达翻译。收入《西双版纳傣族歌谣集成》，32开，1页，7行，云南人民出版社1989年版。

（龙江莉）

哭夫调

傣族情歌。流传于云南元江县傣族聚居区。歌中唱道：波呃，你去了，从今后，谁来扛起家里这把大铁锄，日出出门日落回家，挖地种田养活你的妻儿，你的地头就要长树，你的田里已经长草，再也没有人，赶着弯角的大水牛去犁地，再也没有人，挎着长长的耙去耙田。从今后，进寨不见你的足迹，回家不见你的身影，你的妻儿，像田里的浮萍，无根无底随水飘零，你的妻儿，像可怜的小鱼，挨冷受饿顺水飘游，波呃。陶侨妹唱，杨莉萍整理，收入《元江傣族文化·民歌辑》，32开，1页，22行，元江哈尼族彝族傣族自治县傣族协会编，云南出版集团公司、云南人民出版社2013年版。

（依旺的）

礼敬歌

傣族情歌。流传于文山壮族苗族自治州马关县傣族聚居区。主要内容：利用对歌的形式，怕唱歌影响"你爷爷奶奶不愉快，怕犯着你的爹妈不高兴，怕犯着你大哥骂着不好，怕得罪你大姐骂了不好"，而主人则回应"你想唱歌尽管唱，你想连就认真连，我们家人不怪你，要连就连到通天亮，我们在旁认真听，祝愿卜冒卜少好好连，祝愿你们练得开开心"。柏明英演唱，柏开祥搜集整理。尚未公开出版发行。

（张元波）

两朵云彩

傣族情歌。流传于云南元江县傣族聚居区。歌中唱道：天上美丽的两朵云彩哟，风一吹来么会分开。哥是筷来妹是碗，不管走到哪里都分不开。天上洁白的两朵云彩哟，风一吹来么就散开。哥是瓢来妹是盆，不管落在哪里都分不开。天上纯洁的两朵云彩哟，风一吹来么会变成乌云。哥是碟子妹是盘，不管遇到什么困难都不会变心。亚乔珍唱，许洪畅整理，收入《元江傣族文化·民歌辑》，32开，1页，12行，元江哈尼族彝族傣族自治县傣族协会编，云南出版集团公司、云南人民出版社2013年版。

（依旺的）

来生缘

傣族情歌。流传于云南元江县傣族聚居区。歌中唱道：都说哥妹天生一对相好哟，结拜天地咋会那么难。找到召勐（注：召勐，领主）。不问事哟，只得跪地求上天借来生。都说哥妹天生一对好鸳鸯哟，成婚咋会那么难。找到召法（召法，天神）。不管事哟，只好烧香磕头拜神灵求来世。刀文英唱，许洪畅整理，收入《元江傣族文化·民歌辑》，32开，1页，8行，元江哈尼族彝族傣族自治县傣族协会编，云南出版集团公司、云南人民出版社2013年版。

（依旺的）

来生变成一只燕子

傣族情歌。流传于云南元江县傣族聚居区。歌中唱道：阿哥这一辈子只有一个心愿哟，娶不着阿妹做情人不罢休。来生变成一只燕子哟，做窝也要盘在妹家中。阿哥这一生只有一个心愿哟，讨不着阿妹做媳妇不歇气。来世变成一只黄狗哟，打洞也要歇在妹家墙角下。刀宝明唱，许洪畅整理，收入《元江傣族文化·民歌辑》，32开，1页，8行，元江哈尼族彝族傣族自治县傣族协会编，云南出版集团公司、云南人民出版社2013年版。

（依旺的）

洛金花情诗

傣族情歌。流传于云南省西双版纳傣族自治州。情歌表达了一个傣族小伙子对意中人火热的情感和真挚的爱恋。唱道："洛金花呀我爱慕的花，你的绚丽你的芬芳，惹来天下多少情和爱！听，千万只蜜蜂嗡嗡叫，只想把你的花粉采拿；看，千万只彩蜂舞翩翩，只想把你的甘汁吸饮。""洛金花呀我心中的花，在那诱人的花丛前，是否已有人围上铁荆篱，在你那绚丽的花丛后，是否已有人围上了铜栅栏。我多想靠近你的身边，却又怕叶丛中那绿蛇般的毒箭。""请你把纯真的清香，赐给我贪婪的鼻孔；请你用甜蜜的爱语，安抚我焦渴的心灵；请你带着温柔的情爱，投向我温暖的怀抱，我生命中的洛金花……"佚名吟唱，岩温翻译。刊于《山茶》民族文学双月刊1991年第3期，40余行。

（岩林）

洛双花，请听我唱歌

傣族情歌。流传于云南省西双版纳傣族自治州傣族地区。该歌唱青年男子向心爱的姑娘求爱，希望能得到她的青睐。歌中唱道："洛双花啊，美丽的姑娘，请听哥哥为你歌唱。你为何躲在花丛中侧着耳朵，难道哥哥的心里话，会冒犯你尊贵的耳朵？娇嫩的姑娘啊请别生气，别摆弄你那美丽的小衣服，别像风一样吹拂园子里的茅草，别跟他人逗情好不好？"康朗温演唱，岩温叫翻译。收入《西双版纳傣族歌谣集成》，32开，1页，13行，云南人民出版社1989年版。

（龙江莉）

离别歌

傣族情歌。流传于云南省西双版纳傣族自治州傣族地区。该歌唱男子即将远行，与心爱的姑娘话别，希望她能忠于爱情等待自己的归来。歌中唱道："妹妹啊妹妹，我去的时间不会太长，请你别让鲜花凋谢，请你记住我的情，请你别听信别人的谣言，谣言是一条毒蛇，会使我们俩分离，路走错可以回头，话说错可难收回，我绝不会把你抛弃，请你耐心地等我回来。"佚名演唱，康朗庄搜集，岩温龙翻译。收入《西双版纳傣族歌谣集成》，32开，2页，24行，云南人民出版社1989年版。

（龙江莉）

离别歌

傣族情歌。流传于云南省西双版纳傣族自治州。唱述男方离别前对恋人的真挚表白，表达了男方对爱情的忠贞。唱道："妹妹啊妹妹，请你记住我的情，请你别听信别人的谣言，谣言是一条毒蛇，会使我们俩分离……假如你成了金鹿,我会追着你到林中;假如你变成了大青树,我要变成藤子把你盘住……妹妹啊妹妹,请你耐心地等我回来。"康朗庄演唱,岩温龙翻译。32开,2页,24行。收入《西双版纳傣族歌谣集成》,云南人民出版社1989年版。

(李传宁)

离别歌

傣族情歌。流传于云南省西双版纳傣族自治州。内容演唱的是一对青年男女,阿哥要远行去为生病的母亲找药,妹妹带着饭包,用歌声来送行。歌中回忆起从前亲如兄妹、恩爱相亲、暗定姻缘的情景,希望阿哥早日回来成亲。歌中唱道:"阿哥要走了,到远方找药,离别在明天,今晚我流泪……哥要走,慢慢走,林中行,别忧伤,听到雀鸟凄声鸣,便是妹把哥呼叫;听到落叶掉地响,便是妹把哥怀念。"佚名唱述,岩温扁翻译、整理。收入《傣族古歌谣》,32开,3页,49行,中国民间文艺出版社(云南)1981年版。

(李传宁)

落山的太阳

傣族情歌。流传于云南元江县傣族聚居区。歌中唱道:(男)落山的太阳哟,东边不亮西边亮。阿妹回过头来面不对哟,怕是瞄上了别人。落山的月亮哟,这山不亮那山亮。阿妹回过身来心不对哟,怕是想上情人。(女)落山的太阳哟,东边不亮西边亮。阿妹回过头来面对面哟,要是瞄上了别人来么就是你阿哥。落山的月亮哟,这山不亮那山亮。阿妹回过身来心对心哟,要是想上情人来么就是你阿哥。刀宝明、杨秀仙唱,许洪畅整理,收入《元江傣族文化·民歌辑》,32开,1页,16行,元江哈尼族彝族傣族自治县傣族协会编,2013年3月,云南出版集团公司、云南人民出版社出版。

(依旺的)

绿叶诗

傣族情歌。流传于云南省瑞丽县傣族地区。绿叶诗是傣族青年男女书信往来的情诗。此篇是原勐卯(瑞丽)土司罕盖法于1925年秋写给勐唤(芒市)土司小姐的一封情诗。唱道:"八月的阳光啊五彩缤纷,朵朵彩云被赶聚在山顶。太阳把牛群牵进了草坝,密林中的花朵身姿婀娜。""湖池里的荷花、白莲竞相开放,庭院中的鲜花在茎叶间东张西望。""成群的野鸭在沙滩上追逐,成对的鸳鸯戏游在南卯江上。林中的飞禽走兽,江河湖池里的水族,也在欢乐地游向远方……看到万物寻爱求侣的世界,能不牵动我的爱情思绪吗?""轻轻地问声妹妹啊,你的心思寄托在何方?你爱情的秤还没有加砝吗?你的花园还有蜜蜂飞来吗?""我亲爱的妹妹啊,你托鹦鹉来说:人和鬼都无法把我们分离两方。妹妹捎来的话哟,精选了人世间最美的语言,表达了你金子般纯洁高贵的心肠。""爱情比天上最远的星还高多少层,爱情比地球要宽大得不知多少倍!""你若像喷香的檀香花一样,被人紧紧地用篾笆围困在中央,我也将不顾我生命的一切,举刀砍尽钢柱铁刺飞奔到你身旁。""我对你的爱稳如勐秀山,无论狂风吹刮永不摇晃。""鹦赋啊鹦鹉,请你带去我无限的爱,请你带回她纯真的情!"佚名吟唱,管有成翻译,张承源整理。刊于《山茶》民族文学双月刊1988年第1期,150行。

(岩林)

潞江坝情歌

傣族情歌。流传于云南省保山地区潞江坝傣族村寨。歌中唱道:"有情的阿哥哟,你快进我们的竹林,阿妹爱你哟,就像蜂采崖花一片真心。""阿哥爱你哟,就像奔流的水高山挡不住,阿哥爱你哟,就像水底的沙粒闪闪不息。""想你小妹哟,摘片芭蕉叶来吹,吹着深情的调,音穿九座山。爱你卜少(姑娘)哟,摘片树叶来吹,吹支想念的曲,声震九条水。"佚名吟唱,郑延康、张学文采录。刊于

《山茶》民族文学双月刊1992年第3期，50行。

（岩林）

芒果栽在水沟边
傣族情歌。流传于云南元江县傣族聚居区。歌中唱道：芒果栽在水沟边哟，长得快。又肥又嫩的那片叶子哟。人家已经看上了。芒果栽在河边上哟，长得粗。苗条的那杈枝树哟，人家早已好上了。亚乔珍唱，许洪畅整理，收入《元江傣族文化·民歌辑》，32开，1页，8行，元江哈尼族彝族傣族自治县傣族协会编，云南出版集团公司、云南人民出版社2013年版。

（依旺的）

买花线
傣族情歌。流传于云南元江县傣族聚居区。歌中唱道：借来文钱买花线哟，人家说花线细又牢，我哥却说不牢靠，一扯就会断线头。只有我们哥妹的感情好哟，最牢靠，手牵手扯不断。借来文钱买花布哟，人家说花布厚又牢，我哥却说不牢靠，一撕就会破开面。只有我们哥妹的感情好哟，最牢靠，心连心撕不破。亚乔珍唱，许洪畅整理，收入《元江傣族文化·民歌辑》，32开，1页，14行，元江哈尼族彝族傣族自治县傣族协会编，云南出版集团公司、云南人民出版社2013年版。

（依旺的）

美丽的姑娘
傣族情歌。流传于云南省元江哈尼族彝族傣族自治县甘庄坝一带。唱述小伙子对姑娘的爱慕之情。歌中唱道："神少呃（是每个小调的开头语）——，姑娘啊你是多么的美丽，像初升的太阳一样夺目，像早晨的彩霞一样娇艳。衣袖高高地卷起，筒裙翻折到腰肢。有人说你白得像米汤，我说米汤太浑浊。有人说你白得像芭蕉心，我说芭蕉心还有点灰暗。你洁白的肤色啊，像用盖劳花汁染出来的。你站着的时候，就像一个美丽的身影。你走动的时候，像是嫦娥翩翩起舞。佚名唱述，杨丽萍翻译、整理。收入《元江民族民间文学资料》第六辑，32开，1页，16行，元江哈尼族彝族傣族自治县文化馆1986年编印。

（郭玉萍）

茉莉花开更好看
傣族情歌。流传于云南元江县傣族聚居区。歌中唱道：人人都说茉莉花开骨朵更好看哟，阿哥偏说不好看。要等到花瓣开时更好看，只有你阿妹哟，梳头不用盘丝也好看。人人都说缅桂花开骨朵更好瞧哟，阿哥偏说不好看，要等到花瓣开时更好瞧。只有你阿妹哟，不用梳妆打扮更好瞧。亚乔珍唱，许洪畅整理，收入《元江傣族文化·民歌辑》，32开，1页，10行，元江哈尼族彝族傣族自治县傣族协会编，云南出版集团公司、云南人民出版社2013年版。

（依旺的）

妹在竹林中睡去
傣族情歌。流传于云南元江县傣族聚居区。歌中唱道：天上星星亮晶晶哟，竹林深处静悄悄。心想让阿妹依在怀中睡不醒，睡个饱，睡个甜。但愿明晚的星星还是那么明亮。天上的月儿弯弯亮哟，竹林深处静悄悄。心想让阿妹依在怀中睡不醒，睡个饱，睡个甜。但愿明晚的月亮还是那么圆。亚乔珍唱，许洪畅整理，收入《元江傣族文化·民歌辑》，32开，1页，10行，元江哈尼族彝族傣族自治县傣族协会编，云南出版集团公司、云南人民出版社2013年版。

（依旺的）

妹是天上的月亮
傣族情歌。流传于云南元江县傣族聚居区。歌中唱道：哥是天上的太阳哟，妹是天上的月亮。一个比一个明，一个比一个亮。不管白天和黑夜太阳月亮总是在一起。阿哥阿妹相好成一家，白天做活在一处，回家吃饭同一桌。哥是天上的太阳哟，妹是天上的月亮，一个比一个圆，一个比一个耀眼。不管白天和黑夜太阳月亮总是在一起，阿哥阿妹相爱成一家，火塘边上成一双，夜间睡觉成一对。刀文英唱，许洪畅整理，收入《元江傣族文化·民歌辑》，32开，1页，16行，元江哈尼族彝族傣族自治县傣族协会编，云南出版集团公司、云南人民出版社2013年版。

（依旺的）

妹的歌声不清脆

傣族情歌。流传于云南省西双版纳傣族自治州傣族地区。该歌是一首年轻的恋人初次唱的情歌，因此歌中用鸡和鸭来自谦自己的稚嫩。歌中唱道："阿哥呀，我的小鸭刚学会下蛋，我的小鸡刚学会叫喊，去年的叫声还在抖，今年的叫声也不洪亮。妹妹唱的声音呀，不如铃声那么清脆，不如知了声那样好听，因为还没吃着异沟的芭蕉花，妹还没有尝着异勐的盐巴，所以妹的歌声呀不好听。"玉莫迪演唱，岩贯搜集，刀志达翻译。收入《西双版纳傣族歌谣集成》，32开，1页，11行，云南人民出版社1989年版。

（龙江莉）

妹从这里路过

傣族情歌。流传于云南省西双版纳傣族自治州傣族地区。该歌唱述女子爱上别人的恋人的复杂心理。歌中唱道："阿哥呀阿哥，美丽的竹楼，是你居住的地方，你要安心地生活，一切病害不要来缠身，祝愿你幸福到老。这次妹从这里路过，以后有机会来看望你，如果我来找花环般的哥哥，可能会浪费一些可口的槟榔，可能会浪费菜汤和米饭，若让你心中的人儿知道，她定会把我赶出竹楼。"玉娟红演唱，岩贯搜集，刀志达翻译。收入《西双版纳傣族歌谣集成》，32开，1页，13行，云南人民出版社1989年版。

（龙江莉）

妹啊别嫌哥丑

傣族情歌。流传于云南省西双版纳傣族自治州傣族地区。该歌唱男子对嫌贫爱富的心上人的讽刺。歌中唱道："妹啊妹，如果你已用上了金盘，别忘我那破裂的土碗，请留着装剩饭去喂狗。如果狗不吃的话，请别脚踢把它打坏，老人说，衣服湿了还可晒，裤子破了还可补，箩箩破了还可做鸡窝，妹妹富裕了，别忘了我这穷苦的哥哥。"刀文明演唱，岩贯搜集，刀志达翻译。收入《西双版纳傣族歌谣集成》，32开，1页，14行，云南人民出版社1989年版。

（龙江莉）

妹的心

傣族情歌。流传于云南省西双版纳傣族自治州傣族地区。该歌唱女子对爱情的执着。歌中唱道："哥哥啊哥哥，你的诺言如瓜架一样稳。妹妹的心啊，像急流中的岩石一样坚定，十万个浪来冲打，十万棵草来索挂，它不动来也不摇，望哥哥的心呀，能像佛塔一样不怕风吹雨打。"玉莫迪演唱，岩贯搜集，刀志达翻译。收入《西双版纳傣族歌谣集成》，32开，1页，9行，云南人民出版社1989年版。

（龙江莉）

妹是一只花蝴蝶

傣族情歌。流传于云南省文山壮族苗族自治州。歌中唱道："妹是一只花蝴蝶，有处飞来无处歇。哪个有心把花栽，栽棵花树妹来歇。"表达了姑娘对美好爱情的向往。佚名唱述，刀萍搜集。收入《文山壮族苗族自治州·民间歌谣集》第一集，32开，1页，4行，文山壮族苗族自治州民族事务委员会、文化局1987年编印。

（郭玉萍）

妹想哥有四个时辰

傣族情歌。流传于云南省西双版纳傣族自治州傣

族地区。该歌唱述女子见景生情，常常思念情人。歌中唱道："哥呀哥，我想你呀有四个时辰，一是天黑斑鸠栖树枝，二是斑鸠相爱互喂食，三是妹妹摆好饭桌在房中，四是妹妹空空一人床上睡。"玉娟红演唱，刀志达翻译，岩贯采录。收入《中国歌谣集成·云南卷》上，16开，1页，6行，中国ISBN中心2003年版。

（龙江莉）

妹妹像只金鹭

傣族情歌。流传于云南省盈江县傣族地区。此篇为因小伙子被正忙于栽插姑娘麻利娴熟的动作吸引后而向姑娘唱出的求爱情歌。全文从赞美姑娘在印象中的完美形象渐渐过渡到向姑娘表达出爱慕之情。"妹妹栽插时那轻快的动作让哥哥我看得差点滑下田埂去……""排成一行栽插的妹妹们好像一群白鹭，我眼中的你更像站在她们中间的金鹭……"佚名唱述，金绍龙搜集。刊于傣文杂志《勇罕》2003年1～2期傣文版，16开，4页，93行。

（冯霄）

妹的眼泪

傣族情歌。流传于云南省西双版纳傣族自治州。唱述一对青年男女，由于女方父母贪财被迫拆散。姑娘远嫁前向男方诉说离别的痛苦和悲伤。唱道："亲爱的阿哥哟，看着你悲伤失落的面容，我的心早已经破碎，碎得像凋落的花瓣漂在水中……这都怪阿妈太贪钱，扯断了我们的情线。"岩罕胆演唱，应塔纳记录，岩温扁翻译。收入《西双版纳傣族歌谣集成》，32开，3页，42行，云南人民出版社1989年版。

（李传宁）

妹想哥想得发烧

傣族情歌。流传于云南省西双版纳傣族自治州。唱述姑娘对恋人的思念之情。唱道："妹盼哥盼得心中发痒，妹想哥想得浑身发烧，包糯米饭的冬叶黄了，包烤鱼的蕉叶黑了，阿哥哟，你为什么还不露面。"帕罕演唱，艾扬翻译。收入《西双版纳傣族歌谣集成》，32开，2页，13行，云南人民出版社1989年版。

（李传宁）

妹是湖里一朵花

傣族情歌。流传于云南省西双版纳傣族自治州。唱述青年男子向女方委婉含蓄地表白爱慕之情。唱道："妹是湖里一朵花，阿哥有心想摘花，花却躲在湖心里。想搭竹桥到湖心，不知湖水有多深。想做木船划进去，又怕风把船吹翻。"岩罕胆演唱，应塔南记录，岩温扁翻译。收入《西双版纳傣族歌谣集成》，32开，2页，17行，云南人民出版社1989年版。

（李传宁）

妹家寨子好大哟

傣族情歌。流传于云南元江县傣族聚居区。歌词唱道：（女）妹家寨子哟，地方小，小得风吹不到雀不落。阿哥要是来串寨子么，恐怕才到村头就回头。妹家坝子哟就在山窝窝里头，太阳出来照不着。阿哥要是到妹家玩哟，恐怕才到坝子边上就回头。（男）妹家寨子哟，大得很，大得眼睛看不到边，雀也飞不过。阿哥要是来串寨么，怕只怕住上一辈子都不想走。妹家坝子哟，长又宽，月亮出来照不着边。阿哥要是进坝子来住妹家么，怕只怕一生一世都不想离开。白正康唱，许洪畅整理。收入《元江傣族文化·民歌辑》，32开，1页，16行，元江哈尼族彝族傣族自治县傣族协会编，云南出版集团公司、云南人民出版社2013年版。

（依旺的）

妹想跟着阿哥走四方

傣族情歌。流传于云南元江县傣族聚居区。歌中唱道：阿妹的心思哟，一天天长大，想着跟阿哥去走四方。路上口渴阿妹不怕，阿哥会取水来给喝；路上饿了阿妹不怕，阿哥会摘野果来充饥。路上遇着毒蛇阿妹不怕，阿哥会用身子拦着。路上遇着猛兽阿妹不怕，阿哥会用身子挡着。阿妹怕就怕半路上，漂亮的女人把阿哥的心掏去。阿妹的心思哟，一天天长大，想着跟阿哥去走四方。路上冷着了阿妹不怕，阿哥会用他的心来温暖。路上生病了阿妹不怕，阿哥会亲手摘药来治疗。路上遇着豺狼阿妹不怕，阿哥会用身子拦着。路上遇着虎豹阿妹不怕，阿哥会用身子挡着。阿妹怕就怕半路上，妖艳的女人把阿哥的魂勾去。白正康唱，许洪畅整理。收入《元江傣族文化·民歌辑》，32开，2页，26行，元江哈尼族彝族傣族自治县傣族协会编，云南出版集团公司、云南人民出版社2013年版。

（依旺的）

妹的歌声真好听

傣族情歌。流传于云南元江县傣族聚居区。歌中唱道：阿妹不仅人才好哟，会说会唱人喜欢。说话声音像唱歌，只怕到了寨子边，提亲的人就会停住脚。阿妹不仅人漂亮哟，会说会唱人喜欢听。唱歌声音像百灵鸟，只怕到了坝子中，定亲的人家就会听呆了。刀宝明唱，许洪畅整理。收入《元江傣族文化·民歌辑》，32开，1页，9行，元江哈尼族彝族傣族自治县傣族协会编，云南出版集团公司、云南人民出版社2013年版。

（依旺的）

猫哭夜

傣族情歌。流传于云南元江县傣族聚居区。歌中唱道：土掌房头上哟，天天晚上猫哭夜。翻来覆去睡不着哟，想着找伴玩。窗台下的小卜哨哟，天天忙着梳妆来打扮。出出进进心神不定哟，想着要嫁人。刀宝明唱，许洪畅整理。收入《元江傣族文化·民歌辑》，32开，1页，8行，元江哈尼族彝族傣族自治县傣族协会编，云南出版集团公司、云南人民出版社2013年版。

（依旺的）

蒙面情歌二首

傣族蒙面情歌。流传于云南元江县傣族聚居区。这是原汁原味傣喇蒙面情歌主题曲，以蒙着面用说唱的方式唱歌，唱词用两句排比表达情感，歌词押韵，有头脚韵、尾韵等形式，《召桑嫦娥》是一首爱情叙事长诗，唱讲召桑和嫦娥的忠贞不渝、至死不屈的爱情故事。恩呐……卜冒追求卜少时天经地义的事，鲁仔追求鲁尹是祖祖辈辈就兴。我召桑双手放在铡刀下不怕，铡刀抹脖子也不惊。被押解游寨不羞，被绑架示众不耻。嗯呐……他心急如点火，心焚似烧山。得不到嫦娥他不休，追不到嫦娥他不止。他私下约会了嫦娥，悄悄与嫦娥定下终身。飞到了月亮上，采摘蜕壳药吃，嗯呢，变成一对鸽子飞遍傣族村寨……。封学珍演唱，白云整理。收入《元江傣族文化·民歌辑》，4页，84行，元江哈尼族彝族傣族自治县傣族协会编，云南人民出版社2013年版。

（白云）

内心像干黄卷曲的草片

傣族情歌。流传于云南省盈江县傣族地区。此篇为一小伙子唱给即将嫁与别人的情人的鹦鹉情歌，通篇以悲伤的口气感叹自己被命运捉弄，让自己失去渴望得到的人，从而陷入极度的悲伤之中，内心"就像冬季里小草的叶片黄卷起来……"佚名唱述，金绍龙搜集。傣文版，16开，9页，150行，稿存德宏傣族景颇族自治州文联《勇罕》编辑部。

（冯霄）

年老还能修得福来做媒

傣族情歌。流传于云南元江一带。歌中唱道：一喝新郎敬的酒，二抽新娘敬的烟，没有珍贵的礼物送你们，没有漂亮的花衣给你们，只有来说说你们的缘分好。说起你们两人的缘相配哟，天生八字命中定。一个住江头，一个住江尾，你们同一天出门，初识在花街，谈拢在竹林，男有情来女有意，情意好比红线结起的疙瘩，剪子剪不断，砍刀砍不断。说起你们两人的缘分相合哟，天生八字命中定，一个住江东，一个住江西，你们同一天出门，初识在花街，谈拢在树下，女有意来男有情，情意好比用爱心结成的绣球，留在身边做信物，火塘边上老人定下成亲日。李存仁唱，许洪畅整理，收入《元江傣族文化·民歌辑》，32开，2页，28行，元江哈尼族彝族傣族自治县傣族协会编，云南出版集团公司、云南人民出版社2013年版。

（依旺的）

那年那月

傣族情歌。流传于云南元江县傣族聚居区。歌中唱道：（男）想起儿时的时光哟，大青树下我们天天玩石子。到如今，妹妹长高变成个大姑娘哟。那年那月大青树下玩石子的我们，向往的爱不能分开。想起儿时的时光哟，孔雀山上我们天天砍细柴哟，到如今，妹妹长大变成个大姑娘哟，那年那月孔雀山上砍细柴的我们，向往的事情不能忘。（女）说起儿时的时光哟，芒果树下我们天天在一起荡秋千。到如今，哥哥长高变成个小伙子哟，那年那月芒果树下荡秋千的我们，向往的爱如从前。说起儿时的时光哟，竹林深处我们天天捉迷藏。到如今，哥哥长大变成个小伙子哟，那年那月竹林深处捉迷藏的我们，向往的爱情不能变。白有福、封学珍唱，许洪畅整理，收入《元江傣族文化·民歌辑》，32开，2页，28行，元江哈尼族彝族傣族自治县傣族协会编，云南出版集团公司、云南人民出版社2013年版。

（依旺的）

你可愿献出喷香的蜜糖

傣族情歌。流传于云南省西双版纳傣族自治州傣族地区。该歌唱男子希望心仪已久的姑娘能接受自己的爱。歌中唱道："婻（妹）喂婻妹，你像一朵鲜花含苞待放，花香飘到了阿哥的身旁，哥愿变成一只采蜜的蜂子，你可愿献出喷香的蜜糖？"康朗香演唱，艾扬翻译。收入《西双版纳傣族歌谣集成》，32开，1页，5行，云南人民出版社1989年版。

（龙江莉）

你这朵粉黄色的花啊

傣族情歌。流传于云南省盈江县傣族地区。是小伙子唱给曾经与自己相好的姑娘的情歌。歌中唱道："我俩的菜园啊，我曾用篱笆牢实地围上，现在还是被人家的水牛拱破了；我俩一起乘坐的船啊，原以为会稳当驶到对岸，现在却被大浪打沉了。"佚名演唱，刀承会搜集，冯霄译。刊于傣文杂志《勇罕》1988年1～2期，16开，3页，75行。

（冯霄）

南娥洛桑（召桑婻娥）

傣族情歌。流传于云南元江县傣族聚居区。元江傣族蒙面情歌，在元江沿岸傣族村寨传唱，民间称"婻娥、岛（召）桑"，这是一首傣族的爱情叙事长诗，也是一首古老的蒙面情歌，在民间广为传唱直到今天，版本有异同，但表达的都是忠贞不渝的爱情故事，这首诗歌是傣族文化的精髓，也是老一辈文化人不朽的代表作。此歌分为九个章节：第一章序歌；第二章童年，唱述穷人的孩子，苦难的童年；第三章相爱，唱述"八哥爱在牛背上歇凉、画眉相爱一同歌唱"；第四章逼婚，唱述"逼孔雀进刺里，把金鱼丢进烂泥潭"；第五章私奔歌，唱述这"是个月明星稀的夜晚，我们相约一起私奔"；第六章追寻"寻觅一树一菩提，追问一果一灵魂"；第七章磨难"追寻爱情心不移，经历磨难显忠贞"；第八章重逢"重逢只恨时间短，相见遗憾泪相望"；第九章化竹，唱述"恩爱情人融入水，生死相依化为竹"。南娥洛桑，于1985

年由封永林、白玉珍演唱，李存仁翻译，白玉龙整理而成，为庆祝自治县成立五周年而作，首次刊登在《罗榃之歌》上，属内部刊物。

（白云）

难忘歌

傣族情歌。流传于文山壮族苗族自治州马关县傣族聚居区。主要内容：采用男女对唱的形式，男方"说忘就别忘"，女方表示"连到鞋装完河水才能忘，连到能上月亮才能忘，连到芭蕉叶可包象才能忘"，反映了对美好爱情生活的追求和对爱忠贞不渝的誓言。杨文风、柏开英口述，白家祥搜集整理。尚未公开出版发行。

（张元波）

难道孔雀不愿落在哥身旁

傣族情歌。流传于云南省西双版纳傣族自治州傣族地区。该歌以男女对唱的形式，互诉青年男女的爱慕之情。歌中唱道："男：喂喂诺，姑娘啊姑娘，哥哥知道自己福分太少，但哥哥要修建佛寺，诚心诚意地赕佛，虔诚地祭祀佛祖，让佛赐给我福分，我就能和妹妹结成双，我就能和妹妹搭成对。女：喂喂诺，哥哥啊哥哥，喜爱姑娘的情郎，你漂亮的脖子，像一朵森林里的香菌，像天上闪烁的星星，姑娘早就对你有心，可惜你像高傲的凤凰，只往返在天空中，使姑娘的愿望变成了空想。"岩浮演唱，刀新华搜集，西娜翻译。收入《西双版纳傣族歌谣集成》，32开，3页，62行，云南人民出版社1989年版。

（龙江莉）

糯拖雀吃花

傣族情歌。流传于云南元江县傣族聚居区。歌中唱道：糯拖雀吃刺桐花，妹脸彤红似桐花。糯拖雀吃酸角花，妹唱调子哥来和。糯拖雀吃桃子花，妹叫哥哥来相会。糯拖雀吃青豆花，妹最勤快哥爱求。糯拖雀吃马璎花，妹偷看哥哥害羞。糯拖雀吃木棉花，妹要转身哥要追。糯拖雀吃芭蕉花，妹的长发哥来绕。糯拖雀吃青草花，妹不嫁人哥不娶。糯拖雀吃白果花，妹皮肤白哥爱摸。糯拖雀吃银针花，妹身材美哥爱搂。白会英唱，杨莉萍整理，收入《元江傣族文化·民歌辑》，32开，1页，10行，元江哈尼族彝族傣族自治县傣族协会编，云南出版集团公司、云南人民出版社2013年版。

（依旺的）

卜少的心（一）

傣族情歌。流传于云南省瑞丽县傣族地区。一个渴望真情的傣族卜少（姑娘），用她委婉的歌声倾诉了她内心的爱恋，歌声中流露着羞意但却又很坦露："妹是经线，哥是纬线，经纬相配织成布……哥哥琴声为何听不见？妹妹的心要跳出心房了。""朵朵鲜花含苞仰笑脸，唯独我凤仙花儿没人采……送走太阳盼月亮，愿在梦中相会你。""哥哥有强壮的身体、英俊的相貌，妹妹有善良的心、灵巧的手，哥哥使牛，妹妹织布，哥不懒，妹不闲，亲爱的哥哥啊，只要我们俩相爱，天大的困难妹能扛，黄连也能咽在肚里，妹像传说中的娥并一样情长，哥像传说中的桑洛意深……"帅恩罕演唱，方峰群翻译整理。刊于《山茶》民族文学季刊1981年第1期，100行。

（岩林）

卜少的心（二）

傣族情歌。流传于云南省德宏傣族自治州傣族地区。该歌唱述情窦初开的少女对爱情的渴望。歌中唱道："幽香的板宝花啊，盛开鲜花千万朵，阳光雨露润花香，朵朵鲜花含苞仰笑脸，唯独我凤仙花儿没人采。花开时节蝶恋花，只只彩蝶采花忙，只因凤仙花儿不飘香，引不上蝶儿来求爱。花朝何方开？心中话儿向谁诉？送走太阳盼月亮，愿在梦中相会你。"帅思罕演唱，方峰群采录翻译。收入《中国歌谣集成·云南卷》上，16开，2

页，73行，中国ISBN中心2003年版。

（龙江莉）

卜冒歌

傣族情歌，流传于云南省新平彝族傣族自治县漠沙镇一带。歌词大意为：卜冒清秀如四叶菜，可爱又英俊，常住卜少心田。卜冒请等着卜少，要学甘蔗一条心，要学枇杷果垒果。白光荣演唱，周红芹2005年8月采录，刀明贵翻译。收入《花腰傣古歌谣》，32开，1页，云南民族出版社2008年版。

（刀庆喜）

盼日子歌（庚嗯嘞）

傣族情歌。流传于云南元江县傣族聚居区。元江傣族蒙面情歌之一，在元江沿岸傣族村寨传唱，是蒙面情歌中古老的调式，这也是春天的思念歌，从初一盼到初十，每天做的农活都是为心上人而为。歌中唱道："外勐的卜冒喜欢约婻一起唱，外勐的卜爱邀婻一同歌，像勐景的牛爱吃花草一般，像勐景的马爱吃荷花一样；你言行不一说假话心不诚，你口若悬河说笑话心不真。让我盼来盼去盼到腊月初一，来约单身的你缝新衣存放在楼上的柜子里；盼来盼去盼到腊月初二，去约单身的你到路边采笼粑叶来包饭；盼来盼去盼到月初三，去约单身的你砍刺钩来围槟榔；盼来盼去盼到腊月初四，去约单身的你架起织机来织花布，勤劳巧手十指尖尖样样会，会织龙衣纺马锦，让你卜冒穿上龙衣给人赞，穿上花马锦衣给人称盼来盼去盼到腊月初五，去邀没有家室的你解秧把栽秧！又带上稻草去拔秧捆苗。盼来盼去盼到腊月初六，去约你到对岸山上支火雀做美餐。……得跟你讲两句笑话我心惊似火苗！得跟你唱两句我心热像火在燃烧！"都朗村封会英演唱，白云整理，尚未发表。

（白云）

盼歌（庚贡）

傣族情歌。流传于云南元江县傣族聚居区。元江傣族蒙面情歌之一，在元江沿岸傣族村庄传唱，唱情歌都是蒙面，蒙面这一动作，体现着傣族的文化内涵，表明傣族人的心理特征、历史及文化特征。就是用自织的傣锦做成精美的手帕把脸蒙起来，唱者处于自己的思维空间，不被外界打扰。另一方面是保住"面子"。表明这一民族羞涩、含蓄、优雅的心理特征。表达感情时的文明、礼貌、内敛、美感等内涵，从唱词中更能进一步说明这一点。盼歌用生活情景的变化借喻了日夜思念盼望心上人的内心情感。女唱：天天盼你，你不到；夜夜等你，你不来。房顶长满青草也变枯，房顶的枯草又变新绿；想你，你不到，盼你，你不来。封大妈唱，白云搜集整理。收入《云南元江傣族研究文集》，32开，186页，云南民族出版，2007年出版。

（白云）

盼

傣族情歌。流传于云南省盈江县傣族地区。为男女青年互相往来时的山歌唱词，表达爱慕之情。女青年唱道："盼你啊，好像生活在即将干枯的池塘里的鱼，天天望着有水源流进来。盼你啊，好比在等待雨季来临的五月的青蛙。"男青年则以安慰的语气唱道："我多想变成一只双翅像薄绸布的蝴蝶天天飞到你身边……"最后表示一定要珍惜爱情，让相互间的爱永远凝成一个整块。佚名唱述，帕允栓搜集，冯霄译。刊于傣文杂志《勇罕》1989年1~2期，16开，3页，76行。

（冯霄）

抛开烦恼径直往前不回头

傣族情歌。流传于云南省盈江县傣族地区。此为小伙子唱给心上人的鹦鹉情歌，主要安慰对方，不要因为被人议论就陷于烦恼之中，同时，给对方以极大鼓励，"把流言蜚语当做毫无用处的一捆稻草扔到露天下，让它风吹日晒雨淋后自然变成泥土，为了爱情，自己径直往前走不回头"。佚名唱述，金绍龙搜集。傣文版，16开，4页，90行，稿存德宏傣族景颇族自治州文联《勇罕》编辑部。

（冯霄）

跑烂鞋子来相亲

傣族情歌。流传于云南省禄劝彝族苗族自治县。歌中唱道："小小三弦轻又轻，这山弹起那山应；小哥听见三弦响，跑烂鞋子来相亲。"表达了小伙对爱情的执着和热情。龙胜光唱述，唐国亮采录。收入《云南省民间文学集成·昆明歌谣》，32开，1页，4行，云南民族出版社1991年版。

（郭玉萍）

求爱歌（一）

傣族情歌。流传于云南省西双版纳傣族自治州。唱述青年男子向姑娘表白爱情。歌中唱道："美丽的菩提树啊，叶子又嫩又青，青嫩的叶子有千万片，不知哪片是姑娘的心……河水会枯干，火塘会熄灭，我的爱泉永远奔流，我的心意永远不变。"佚名唱述，刀国兴搜集翻译。收入《西双版纳傣族歌谣集成》，32开，3页，50行，云南人民出版社1989年版。

（李传宁）

求爱歌（二）

傣族情歌。流传于云南省西双版纳傣族自治州。青年女子委婉、含蓄地向男方表白爱慕之情。歌中唱道："哥哥啊哥哥，小妹做的米饭啊，喷香又可口，比你寨里的姑娘做得好吃……哥哥啊，你家的水井，又甜又凉爽，能不能灌进妹妹的心田。"佚名唱述，岩况搜集，岩温龙翻译。收入《西双版纳傣族歌谣集成》，32开，2页，14行，云南人民出版社1989年版。

（李传宁）

求爱歌（三）

傣族情歌。流传于云南省西双版纳傣族自治州。男青年向女青年表白爱情，希望结成伴侣。歌中唱道："你有百灵鸟的声音，句句优美动听；你有紫罗兰那样的芳香，天下姑娘无法比拟。我已深深地爱上了你，希望成为你的伴侣。"佚名唱述，康朗庄搜集，岩温龙翻译。收入《西双版纳傣族歌谣集成》，32开，2页，10行，云南人民出版社1989年版。

（李传宁）

求婚

傣族情歌。流传于云南省元阳县。主要内容是唱述小伙子对姑娘的爱意，并保证如能和姑娘成一家，日子将会好上加好，要让爱人享尽幸福。"啊！好阿姐，如果我们能成一家，我不让你肩上挂背索，我不让你背上压背箩；啊！好阿姐，如果我们能成一家，我能替你父亲犁地，我能替你哥弟耙田；啊！好阿姐，如果我们能成一家，我吃苦的菜，也要留你甜的瓜。"佚名唱述，艾芝整理。收入《绮丽的山花——元阳县民间文学作品集》（一），32开，2页，48行，元阳县民族事务委员会1984年编印。

（郭玉萍）

求婚歌

傣族情歌。流传于云南省西双版纳傣族自治州。歌中以男女对唱的形式，唱述了青年男女的相互爱慕之情。男方唱道："粉团花似的妹妹呵，你家的篱笆是否插上了刺儿，你家的四角是否埋上了竹签，你那华丽幽雅的闺房，是否已被他人守住。"女方答："哥哥啊，哥哥，我的花园里啊，从未有人走近一步，我如同含苞待放的花蕾，从未有人把她抚摸。"鱼咋亚演唱，康朗庄搜集，岩温龙翻译。收入《西双版纳傣族歌谣集成》，32开，3页，50行，云南人民出版社1989年版。

（李传宁）

穷人家无炊米

傣族情歌。流传于云南元江县傣族聚居区。歌中唱道：（男）要说人家穷么也不算哟，扫扫仓库底子么还是撮得出一箩谷。阿哥家穷么算是穷到家哟，说出呢话么接不上气。要说人家苦么也不算哟，抖抖袋子么还剩得一碗米，阿哥家穷么算是穷到底哟，想要说话么张不了嘴。（女）要说人家穷么也不算哟，撮不出一箩谷子么还掏得出一文钱。阿妹家穷么算是穷到家哟，伸出来的双手么只有十根手指头。要说人家苦么也不算苦哟，剩下呢米么还能换半文钱。阿妹家苦么算是苦到底哟，伸进口袋的双手么空落落。白有福唱，许洪畅整理，收入《元江傣族文化·民歌辑》，32开，1页，12行，元江哈尼族彝族傣族自治县傣族协会编，云南出版集团公司、云南人民出版社2013年版。

（依旺的）

请哥哥去找别的姑娘

傣族情歌。流传于云南省西双版纳傣族自治州傣族地区。该歌以男女对唱的形式，唱述男子在集市上遇见令自己钟情的女子，但女子早有意中人，她婉言谢绝了热情的男子。歌中唱道："（男）：姑娘啊，姑娘，像你这样的迷人，我从未在街上见过，假如你不上街来，也许我不会有幸遇上，如今我有幸遇上了你，是我更大的洪福啊，也是我一生的希望。我心中的喜悦啊，无法用语言来表达。……（女）：哥哥啊，哥哥，你的心纯洁如金，你的意深切热情，可你投来的爱情啊，妹妹确实不能领，我们之间的距离啊，好比太阳和月亮不相近。哥哥啊，哥哥，月亮已有星星伴，妹妹已有意中郎，太阳要有彩云伴，请哥哥去找别的姑娘。"佚名演唱，康朗庄搜集，岩温龙翻译。收入《西双版纳傣族歌谣集成》，32开，3页，55行，云南人民出版社1989年版。

（龙江莉）

清早起来想阿妹

傣族情歌。流传于云南元江县傣族聚居区。歌中唱道：清早起来想阿妹哟，等在路口不见么山坡上望。竹林深处鸟展翅哟，一看不是妹影子。清早起来想阿妹哟，等在山坡不见么山顶上看。云层下面飞出一只金孔雀哟，一看不是妹身子。白有福唱，许洪畅整理，收入《元江傣族文化·民歌辑》，32开，1页，8行，元江哈尼族彝族傣族自治县傣族协会编，云南出版集团公司、云南人民出版社2013年版。

（依旺的）

清清的南目安江

傣族情歌。流传于云南省盈江县傣族地区。为盈江山歌调唱词，是平常男女青年在野外对唱的情歌。男唱："哥哥一心想把网撒进江里，只怕鱼儿从网底钻出去。"女唱："清清的目安江啊是鱼儿游玩的地方，哥哥的网只撒在竹筏上，让鱼儿怎么钻进去。"佚名演唱，岳小保搜集，冯霄译。刊于傣文杂志《勇罕》2000年3～4期，16开，6页，151行。

（冯霄）

情歌寻情妹

傣族情歌。流传于云南元江县傣族聚居区。歌中唱道：阿哥唱起忧伤的情歌哟，不是闹着玩。只因秧苗长了没人拔，想找一个帮手来栽秧。阿哥唱起绵绵的情歌哟，不是来诉苦。只因谷子变成大白米了没人煮，想找一个帮手来烧火。白有福唱，许洪畅整理，收入《元江傣族文化·民歌辑》，32开，1页，8行，元江哈尼族彝族傣族自治县傣族协会编，云南出版集团公司、云南人民出版社2013年版。

（依旺的）

情歌对唱（一）

傣族情歌。流传于云南元江县傣族聚居区。歌词大意就是，男方向女方表达爱意，女方应对。歌谣借月亮、花石桥等抒发情感，男一言女一句，互诉衷肠，赞美爱情，对未来幸福美好生活充满向往。白开义李万来演唱，李万来整理，收入《元江傣族文化·民歌辑》，32开，7页，119行，元江哈尼族彝族傣族自治县傣族协会编，云南出版集团公司、云南人民出版社2013年版。

(依旺的)

情歌对唱（二）

傣族情歌。流传于云南元江县傣族聚居区。歌词大意就是，男方借太阳抒情，邀请女方出来约会，女方含蓄地推托。男女双方你一言我一语，互相挑逗，又表达了心意。白开义李万来演唱，李万来整理，收入《元江傣族文化·民歌辑》，32开，5页，56行，元江哈尼族彝族傣族自治县傣族协会编，云南出版集团公司、云南人民出版社2013年版。

(依旺的)

情歌

傣族情歌。流传于云南楚雄州永仁县傣族聚居区。歌中唱道：走了走了真走了，说起走，山也高来水也深。山高还有行路人，水深还有渡船哥。渡船阿哥请你先渡我，前面走了三姊妹，留着彝家八弟兄。红嘴鹦鹉绿毛衣，郎在东来妹在西。小郎和你相恋的日子渐渐少，分离的日子渐渐多。绩麻要绩四支板，讨亲要讨好人才。白天搭你图名誉，晚上同你心喜欢。大河涨水温悠悠，阿哥撇节麻秆顺河丢。实心麻秆淌不烘，真心阿妹丢不得。大理下来一条河，一对鲤鱼顺河流，阿哥要想吃鱼莫怕冷，阿哥要娶阿妹莫害羞。张玉和演唱，李兆熙记录。收入《永仁县文史资料选辑第十一辑：永仁县民间故事与民间歌谣》，32开，219页。内部资料。

(华胜刚)

情丝

傣族情歌。流传于云南省西双版纳傣族自治州傣族地区。傣族青年男女在失恋或遇到对方变心时，常温和而有礼貌地将自己的痛苦和思念编成歌寄给对方，这种情诗称为爱情的丝线，简称"情丝"。歌中唱道："姑娘啊，你别急着拴线结良缘，昔日的海誓山盟你是否还铭记？姑娘啊你不该忘记也不能忘记，我们俩在一起的那些美好时光，欲如扭在一起的金丝线不可分解，到如今呵哥哥不可能也不应该，像对待鹦鹉一样拴着你，更不能把你关在鸟笼里，哥哥要让你展开翅膀，像天上的小鸟自由飞翔。但希望你明白，哥哥对你的诚心，就像宽阔的蓝天一样。"波岩翁演唱，刀新华搜集，西娜翻译。收入《西双版纳傣族歌谣集成》，32开，8页，170行，云南人民出版社1989年版。

(龙江莉)

情调

傣族情歌。流传于云南省元江哈尼族彝族傣族自治县。唱述一个小姑娘爱上一个小伙子，她告诉他如何来提亲，表达了姑娘对美好爱情的期待与向往。此歌共四段，后两段唱道："来我家的路到处有刺蓬，小阿哥你莫心不坚，只要你真心爱我，就应该把刺蓬砍光……如果你心里爱着我，就叫你家老人背着饭包来提亲，就把饭包和箬帽挂在我家的柱上。十月里的谷子虽长得绿油油，但它不会抽穗，小妹等你三年五载呵，花开花谢心不悔。只要你真心把我爱，我的心里就喜欢了，只要你像我的袖上的花边……珍藏在我洁白的心里面。"杨会英演唱，白文中翻译，余正寿记录校正。收入《云南民间文学集成·元江县歌谣卷》，32开，2页，40行，元江哈尼族彝族傣族自治县文化馆1988年编印。

(郭玉萍)

情歌对唱

傣族情歌。流传于云南省西双版纳傣族自治州。

歌中以男女对唱的形式，互相赞美，互相试探，吐露爱慕之情，表达了傣族青年男女对美好生活的追求和向往。女方唱道："哥哥啊哥哥，听说你要来，妹悬着的心才落了下来，瞬间变得像田野一样宽阔，像万亩良田翻滚着金浪。"男方答道："你就像天上的明月，伴着群星在蓝空邀游，你的倩影啊，只留在宁静的水面上。哥哥不知要到何处寻踪。"波嗡积演唱，刀新华记录，西娜翻译。收入《西双版纳傣族歌谣集成》，32开，10页，199行，云南人民出版社1989年版。

（李传宁）

情系心爱的姑娘

傣族情歌。流传于云南省腾冲县荷花乡傣族地区。此篇为一小伙子唱给心上人的鹦鹉情歌，主要告诉对方，自己跟着别人到玉石场来，原以为会轻易挖到玉石，不想现在连回去的路费都没有，只有请心爱的人耐心等待。其次，写自己时时想起在一起说笑的日子，有时会感到伤心而流泪，"现今在异乡的哥哥多想像那次一样，让妹妹用披巾披到哥哥肩上，再次感受温暖和关爱……"佚名唱述，殷礼美搜集。傣文版，16开，15页，200行。稿存德宏傣族景颇族自治州文联《勇罕》编辑部。

（冯霄）

扔下阿哥做单身

傣族情歌。流传于云南元江县傣族聚居区。歌中唱道：都说阿妹十六岁哟，咋个小小年纪就嫁人，抛下阿哥一个人哟，从此槟榔树下再无人唱情歌。都说阿妹年纪轻轻哟，咋个早早么就嫁人。扔下阿哥做单身哟，从此芒果树下再无人来对歌。刀宝明唱，许洪畅整理，收入《元江傣族文化·民歌辑》，32开，1页，8行，元江哈尼族彝族傣族自治县傣族协会编，云南出版集团公司、云南人民出版社2013年版。

（依旺的）

如妹妹允许

傣族情歌。流传于云南省陇川县傣族地区。是小伙子唱给已订婚的姑娘的情歌，借以表达爱意。歌中唱道："妹妹的园边已被纵横交错的藤条严实围住，如妹妹允许，哥哥我还是想变成一只鹦鹉偷偷飞入。""如妹妹同意，哥哥我宁愿用价格高昂的丝线包换回别人已用蓝靛染过的棉线团。"佚名演唱，板相搜集，冯霄译。刊于傣文杂志《勇罕》1988年3～4期，16开，3页，81行。

（冯霄）

三弦情

傣族情歌。流传于云南元江县傣族聚居区。歌中唱道：琴弦有三线，各弦各有调，各调各好弹，弹弹出双调。弹小弦妹唱调，弹中弦妹来跟，跟近哥哥不出气，跟得紧不吭声，哥哥弹三弦，妹妹唱情歌，唱得我俩双双飞，唱得我俩要成家，哥哥家里像水洗，用棍子打着声不响，进家空空也，妹哎心想怎么办，心冷不想回，要想回听着琴声转回来，看着帅哥做情人，我们俩吃苦咽涩哥妹好，饱饱饿饿两个乐，乐得被人说闲话，笑得别人说气话，我们俩心合命也缠，心连魂也缠，我们俩问问娘娘也给，问父父也答，我们俩好玩就玩好，玩得少年当情人，玩得成熟来当家，我们俩紧牵手不会软。两相心连心分不开。白开义、李万来演唱，李万来整理，收入《元江傣族文化·民歌辑》，32开，2页，32行，元江哈尼族彝族傣族自治县傣族协会编，云南出版集团公司、云南人民出版社2013年版。

（依旺的）

三弦调

傣族情歌。流传于云南省玉溪市傣族地区。该歌生动地描绘了男女青年在细雨飘飘的夜里仍冒雨偷偷幽会的场景。歌中唱道："雨丝沙沙飘落，星星闭上了眼睛，月亮蒙起了脸庞，多情的姑娘小伙，今夜不要再出门。睡啰，初恋的小伙哟，心里还烧着火,弹着三弦又出门,唱着情歌淋雨去。高高的酸角树,树尖上小鸟在做窝,树脚下有姑娘在等着。痴情的姑娘小伙哟,风雨天黑都挡不住。"佚名演唱,杨丽萍采录。收入《中国歌谣集成·云南卷》上,16开,1页,20行,中国ISBN中心2003年版。

（龙江莉）

三月间的天气咋个兴那么冷

傣族情歌。流传于云南元江县傣族聚居区。歌中唱道：三月间的天气咋个兴那么冷,冷得阿妹直打抖。阿妹要是能挨着阿哥坐拢来,不用向火也会暖。三月间的天气咋个兴那么冷,冷得阿妹直打抖。阿妹要是能靠着阿哥在一起,不用盖着被窝也会到天亮。白正康唱,许洪畅整理。收入《元江傣族文化·民歌辑》,32开,1页,8行,元江哈尼族彝族傣族自治县傣族协会编,云南出版集团公司、云南人民出版社2013年版。

（依旺的）

山歌对唱

傣族情歌。流传于云南元江县傣族聚居区。歌词较长。男方借物抒情,把女方比做天空的彩霞;女方借物抒情,把男方比做开屏的孔雀。男女双方你一言来我一语,互相夸赞。白会英唱,杨莉萍整理,收入《元江傣族文化·民歌辑》,32开,5页,69行,元江哈尼族彝族傣族自治县傣族协会编,云南出版集团公司、云南人民出版社2013年版。

（依旺的）

少女的歌

傣族情歌。流传于云南省德宏傣族景颇族自治州傣族地区。该歌唱述了少女希望自己的情人像蜜蜂一样勤劳,像大雁一样勇敢,像竹子一样耐寒,像河水一样深情,像太阳花一样忠贞的思想感情。歌中唱道："蜜蜂在花丛采蜜,不怕劳苦,辛勤奔忙。心爱的哥哥哟,你要像勤劳的蜜蜂一样。大雁在蓝天飞翔,不怕暴雨,不怕风狂。心爱的哥哥哟,你要像勇敢的大雁一样。竹子在冬天翠绿,不怕霜打,不怕严寒。心爱的哥哥哟,你要像耐寒的竹子一样。河水向前流淌,不怕险阻,不怕路长。心爱的哥哥哟,你要像深情的河水一样。太阳花朝阳开放,不怕暴晒,不恋阴凉,心爱的哥哥哟,你要像忠贞的太阳花一样。"佚名演唱,许云良采录。收入《中国歌谣集成·云南卷》上,16开,1页,20行,中国ISBN中心2003年版。

（龙江莉）

水中月歌（庚文物南）

傣族情歌。流传于云南元江县傣族聚居区。元江傣族蒙面情歌之一,在元江沿岸傣族村寨传唱,是蒙面情歌中古老的调式,以物喻人,睹物思人,这是蒙面情歌的主要表达方式,月光洒落在水中,河冲的月亮被龙嬉戏着,水中月亮与两龙连成项圈,忽而似银色的项链,忽而像金色的项圈。像你一样的脸庞美白得如此灿烂我还没见过一人,像你一样如金子般绚丽我还没得唱过一个。金藤缠绕厚爱的地方——你的村庄。耸立的30层瓦楼让人停脚却望不到顶,高高的40层砖房让人驻足抬头看不到边……都朗村封会英演唱,白云搜集、整理,尚未发表。

（白云）

水向沙告别

傣族情歌。流传于云南省西双版纳傣族自治州傣族地区。该歌借用水向沙告别、牛向厩告别、鸟向猿告别等多种比喻,唱述相爱男女即将分离的依依不舍之情。歌中唱道："妹啊妹,人说水干时要向沙告别,牛离开厩时要向厩告别,鸟离开树枝时要向猿猴告别,丈夫离开家时要流泪向妻子告别。我要离开鲜花般的妹子,也要难过地向阿妹告别。"刀美芳演唱,杨力采录。收入《中国歌谣集成·云南卷》上,16开,1页,7行,中国

ISBN 中心 2003 年版。

（龙江莉）

生怕人家嫌弃

傣族情歌。流传于云南元江县傣族聚居区。歌中唱道：阿哥阿妹生来就相配哟，就怕人家嫌弃个子矮。大葱栽拢蒜苗壮哟，人家非要把大葱抽来别外栽。阿哥阿妹生来就相配哟，生怕人家嫌弃身材小。南瓜栽拢金豆肥哟，人家非要把金豆拔来别处栽。阿哥阿妹生来就相配哟，只怕人家嫌弃不合适。黄瓜栽拢茄子长哟，人家非说不般配。封学珍唱，许洪畅整理，收入《元江傣族文化·民歌辑》，32 开，1 页，12 行，元江哈尼族彝族傣族自治县傣族协会编，云南出版集团公司、云南人民出版社 2013 年版。

（依旺的）

石榴花开

傣族情歌。流传于云南元江县傣族聚居区。歌中唱道：石榴花开院子里哟，引来蝴蝶满园飞。阿哥想进来摘一朵哟，篱笆墙上插刺枝。缅桂花开园子里哟，引来蜜蜂满园转。阿哥想进来采一支哟，篱笆墙头高又高。刀文英唱，许洪畅整理，收入《元江傣族文化·民歌辑》，32 开，1 页，8 行，元江哈尼族彝族傣族自治县傣族协会编，云南出版集团公司、云南人民出版社 2013 年版。

（依旺的）

失恋歌

傣族情歌。流传于云南省西双版纳傣族自治州傣族地区。该歌唱述失恋的小伙子心中虽然痛苦，但仍真诚祝愿所爱的人幸福的豁达胸怀。歌中唱道："歌中蕴藏着我的心，我的心痛苦万分，但它仍然在祝愿你，祝愿你像珍珠落在绿叶上。让我路过你的家门时，能听到愉快的笑声飞出窗门。……要是你家的篱笆倒了，我会来帮你修理，要是天旱不下雨，我会把水放在你家的田里。放心吧，姑娘，我只会祝愿我爱过的人，决不会在她身上撒下灰尘，姑娘啊，祝你像过去一样明亮。"玉儿演唱，刀国兴翻译。收入《中国歌谣集成·云南卷》上，16 开，1 页，20 行，中国 ISBN 中心 2003 年版。

（龙江莉）

失落的玉石

傣族情歌。流传于云南省德宏傣族景颇族自治州傣族地区。该歌分四段唱述了女子变心后男子的痛苦心情和对美好往昔的追忆。歌中唱道："甜蜜的往日我不能忘记，一幕幕深埋在我的心底。南马河啊，清清的流水，曾把我俩的身影映照，好像两棵青竹依偎在一起。……心上人呀，是不是因为我家贫穷，你才看不起我？难道你是天上的星星，我是地上的萤火虫，不配结合在一起？飘去的白云啊，快快告诉我这被遗弃的人，往日可值留恋和回忆。……姑娘啊姑娘，竹尖戳心没有失恋痛苦，倘若能把你唤回身边，我愿把爱的火焰重燃起。你可知道，我是那样实心地爱你，我老早就想娶你为妻，你的音容笑貌常在我梦里。"佚名演唱，岩林采录翻译。收入《中国歌谣集成·云南卷》上，16 开，2 页，22 行，中国 ISBN 中心 2003 年版。

（龙江莉）

失落的玉石

傣族情歌。流传于云南省德宏傣族景颇族自治州傣族地区。此歌诉说了一个傣族男青年失去恋人的痛苦之情，听后令人忧伤和惋惜，也表达了这位失恋者的真实情感和对爱情的专一。歌中唱道："斑竹为我滴泪，玉鸟为我抽泣。心上人呀，是不是因为我家贫穷，你才看不起？难道你是天上的星星，我是地上的萤火虫，不配结合在一起？""我用牛一样的力气来开田，用汗水来酿生活的蜜……难道你还有什么不称心如意？别人为失去金子而苦恼，我为失去情人而惆怅。""望望天上的月亮和星星吧，他们长年结伴互不嫌气，就像我俩往日那样，把眼睛对着眼睛，把嘴巴对着嘴巴，一床披毯蒙着两个身子……""谁爱谁也是过去的事了，谁恨谁也是过去的事了！假若我再找着知音，只要她待我真心实意，她就是一根麻绳，我也要把她紧紧勒在腰间，什么人都别想再解去；她就是一根细针，我也要把她别在包头里，什么人都别想再找着她的踪迹……"。佚名吟唱，岩林搜集整理。刊于《山茶》民族文学双月刊1981年第3期，150行。

（岩林）

书信捎去思念之情

傣族情歌。流传于云南省梁河县傣族地区。这是一首小伙子唱给姑娘的鹦鹉情诗。开头唱述秋天的景致：满坝金黄的稻谷，夜晚大雁声音不时从远处传来。接着唱述自从心中有了阿妹，不论人家说"麻糯崃哏"姑娘如何美丽，也无动于衷。文中不时用假设手法穿插其中，如："如果我能变成鹦鹉，每晚定会飞到你身旁来……"佚名吟唱，晚太云搜集。刊于傣文杂志《勇罕》1987年1—2期，16开，3页，74行。

（冯霄）

送别情人

傣族情歌。流传于云南省西双版纳傣族自治州傣族地区。该歌唱述姑娘即将远行，相爱的人从此天各一方，两人依依惜别，互诉永远忠于爱情的决心。歌中唱道："男：洛木花香味四溢，是因为树身秀挺，哥哥是洛木花树，妹妹是花儿飘馨。金鹿为什么逗人喜爱，是因为它活泼机灵，哥哥就是那机灵的金鹿，永远在妹妹心中欢跳不停。女：不知哥哥可曾忘记，我俩从小就立下的誓愿，长大了要配成双成对，任何人也不能拆散我们的姻缘。亲爱的阿哥哟，你是我的眼珠，每当我回想起我俩相处的日子，我心中就涌起无尽的香甜。"玉罕欢演唱，岩恩搜集，刀永平、罗俊新翻译。收入《西双版纳傣族歌谣集成》，32开，6页，104行，云南人民出版社1989年版。

（龙江莉）

送妹琴

傣族情歌。流传于云南元江县傣族聚居区。歌中唱道：阿哥钻进竹林里哟，砍根金竹制长笛。长笛管虽有六音孔，孔孔声音飘夜空，来把妹心牵。阿哥爬到山林中哟，砍根梨木制叮咚（即三弦）。叮咚把虽有三根弦，弦弦声音响夜空，来把妹心连。白开义唱，许洪畅整理，收入《元江傣族文化·民歌辑》，32开，1页，10行，元江哈尼族彝族傣族自治县傣族协会编，云南出版集团公司、云南人民出版社2013年版。

（依旺的）

送情郎

傣族情歌。流传于云南省西双版纳傣族自治州傣族地区。该歌唱述女子送别即将出征的情人，祈求神灵保佑爱人早日平安归来。歌中唱道："再见吧！阿哥，出征的号角已吹响，我送你送到菩提树下，我送你送出小村庄。阿哥你快快上马，拉紧缰绳握紧长刀。鸟儿离树会难过，你我离别更悲伤。阿哥，再见吧！身边别忘了带一对蜡条，求神保佑你别葬身沙场。"咪依康演唱，玉康翻译。收入《西双版纳傣族歌谣集成》，32开，1页，13行，云南人民出版社1989年版。

（龙江莉）

送情郎

傣族情歌。流传于云南省西双版纳傣族自治州。唱述姑娘送情郎出征时的悲伤心情，表达了姑娘对出征情郎的祝福。唱道："再见吧，阿哥，出征的号角已吹响，我送你送到菩提树下，我送你送出小村庄。阿哥你快快上马，拉紧缰绳握紧长刀，鸟儿离树会难过，你我离别更悲伤。"咪依康演唱，玉康翻译。收入《西双版纳傣族歌谣集成》，

32开，2页，18行，云南人民出版社1989年版。

（李传宁）

舍得歌
傣族情歌。流传于文山壮族苗族自治州马关县傣族聚居区。主要内容：采用男女对唱的形式，反映了男女对美好爱情生活的追求，"我俩栽姜要成行，我俩相连要成对，我们边等边成家"。盼望成家后能生活幸福、夫妻和睦、儿女双全。王春寿演唱，白家祥、董品尧搜集整理。尚未公开出版发行。

（张元波）

拆散了的爱情
傣族情歌。流传于云南省西双版纳傣族自治州傣族地区。该歌唱述因父母的阻挠，相爱的人不能在一起，他们寄希望于来世再续前缘。歌中唱道："男：喂喂诺，姑娘啊姑娘，今世无缘分，来世再相会，哥哥今世不能娶妹妹，来世再跟妹成亲。女：喂喂诺，哥哥啊哥哥，我的情郎，水面上的浮萍呵，无根也长得旺盛，相爱的情人呵，不能在一起，却难忘旧情，今世得不到你，来世再相会。"岩浮演唱，刀新华搜集，西娜翻译。收入《西双版纳傣族歌谣集成》，32开，2页，35行，云南人民出版社1989年版。

（龙江莉）

思念
傣族情歌。流传于云南元江县傣族聚居区。歌中唱道：仔呃，你说你要去找一个美丽的勐，你走了两年没有音讯，你走了五年没有回来，妹妹想你哭成一只灰雀，妹妹喊你喊成啼血的斑鸠，难道你已在高入云端的勐垭，砌起了锅灶；难道你已在天地尽头的勐沙，盖起了新房。白会英唱，杨莉萍整理，收入《元江傣族文化·民歌辑》，32开，1页，10行，元江哈尼族彝族傣族自治县傣族协会编，2013年3月，云南出版集团公司、云南人民出版社出版。

（依旺的）

思念调
傣族情歌。流传于云南省新平彝族傣族自治县傣族聚居区。歌词大意为：卜冒像骏马一样强壮，多么想和你去又宽又平坦的桥头自由自在地相会，心里多欢喜；卜冒像万年青树那样俊俏，有多少卜少爱着你，多少卜少日日夜夜把你思念。范美珍演唱，周红芹2005年8月采录，刀明贵翻译。收入《花腰傣古歌谣》，32开，1页，云南民族出版社2008年版。

（刀庆喜）

思念出门的情哥
傣族情歌。流传于云南省西双版纳傣族自治州。歌中赞美远方的情郎，表达年轻姑娘对恋人的思念之情。唱道："金荷花沐浴着阳光，菩提树在沉思遐想，我要写一首凤凰情诗，送给日夜思念的情郎……亲爱的阿哥哟，莫非你忘记了分别时的誓言，为何这么久不见你的面，为何不见你把家还。"玉罕欢演唱，波罕香搜集，刀永平、罗俊新翻译。收入《西双版纳傣族歌谣集成》，32开，6页，104行，云南人民出版社1989年版。

（李传宁）

思念
傣族情歌。流传于云南省潞西县傣族地区。此歌唱的是：两个傣族青年男女，相亲相爱，可姑娘不幸夭亡，让深爱她的小伙子非常悲伤，即唱出了这首令人泪落的思念歌。"爱情的葛藤为什么断得这样早？小妹丢下我离去，我的心如刀绞！你去了，怎么不留给我片语只言，让我一个人留在这茫茫人间？""织布梭角牢比不上我俩的爱情牢，小妹的死就像断了的梭子再也接不好。""听见窗外秋虫声响，我以为是小妹在低声歌唱。夜来香飘进竹楼上，我以为是小妹来到身旁。"佚名演唱，罗玉山搜集整理。刊于《山茶》民族文学季刊1981年第1期，100行。

（岩林）

爽少爽冒

傣族情歌。流传于云南元江县傣族聚居区。这是元江傣族情歌中的"三弦调"之一，是传统傣族唱情歌形式之一，手持三弦（傣语：叮咚）走村串寨约少（约会），是常见的生活场景，目前甘庄傣族仍然保留这一传统的习俗，音调通常是3/4拍子，翻译的字数是5言、7言诗句，韵律优美，朗朗上口，琴音和谐如唱似说，扣人心弦。歌中唱道：（男）靓妹妹耶靓妹妹，靓妹妹真漂亮，黑眼睛亮银牙白，脸粉红像染粉脂。（女）帅哥哥耶帅哥哥，帅哥哥多英俊，镶边衣服花领子，妹妹见了妹妹夸。（男）靓妹妹耶靓妹妹，靓妹妹插两朵花，穿衣镶着十二条，红绸裙十二朵花。（女）帅哥哥耶帅哥哥，帅哥哥长相最潇洒，弹着三弦唱情歌。白开义、李万来演唱，李万来整理，收入《元江傣族文化·民歌辑》，32开，1页，25行，元江哈尼族彝族傣族自治县傣族协会编，云南出版集团公司、云南人民出版社2013年版。

（依旺的）

谁都比不上妹妹漂亮

傣族情歌。流传于云南省西双版纳傣族自治州。歌中赞美姑娘的美丽和善良。唱道："漂亮的姑娘啊，从右面看你，你像天上的仙女；从左面看你，你像孔雀飞舞在草地。你红润的面颊，像金子闪闪发光，你雪白的双手，像莲花初露出池潭……"岩温罕演唱，杨力记录。收入《西双版纳傣族歌谣集成》，32开，2页，15行，云南人民出版社1989年版。

（李传宁）

萨妮之歌

傣族情歌。流传于云南省西双版纳傣族自治州傣族地区。西双版纳傣族情诗共有六种类型，该歌即为其中一种《桑顿洛》（即花卉情诗）的主题歌。全诗围绕一位青年对萨妮姑娘的爱慕和追求展开抒情，包括了初识、相恋、求婚、离别、回忆等五个内容，最终以悲离为结局。歌中唱道："我亲眼见你长大，那是很久以前的事，那时你是天国的花朵，那时你还是只小鹦哥。我在河边放牛，我在园里栽花，你跟寨里的几个女伴，常常从我的身边走过。……萨妮啊，我的心，就在那个地方被你带走。从那时呀对你诚心的爱慕，便在我心中油然而生。……你可以不爱我，你可以不理我，你可以抱怨我，但你不要把人世间的爱宰割。原谅我吧，萨妮，我今生不能没有你，苍天啊，请饶恕人生的罪过，大地啊，请容忍我去爱萨妮。"佚名演唱，岩温扁采录翻译。收入《中国歌谣集成·云南卷》上，16开，2页，84行，中国ISBN中心2003年版。

（龙江莉）

数12调情歌（庚吧按埂）

傣族情歌。流传于云南元江县傣族聚居区。元江傣族蒙面情歌，在元江沿岸傣族村寨传唱，是蒙面情歌中古老的调式，用最为常见的秋天的云朵、溪水渡槽表达感情的同时暗喻蒙面情歌调式，好比汉语的藏头诗，用"乌鸦盼喝鹅卵石水般的难耐、老鹰盼喝沙漠水般的渴求"来比喻热烈的爱情。歌中暗含12首情歌调，这样唱："走啊走，抬脚走过了冬秋，（①来往调）。秋天的云朵从四面八方汇集来（②秋（求）调）。云朵啊粘拢到了一块！（③粘调）。他乡的小伙子啊，你像檀香木样清香！（④香调），外寨的卜冒啊，你像檀香木渡槽引来的溪水！（⑤渡槽调）你的皮肤像用渡槽刮皮的"慈姑"如白云般洁白，我嫡仰望飘在天宫的9个卜冒啊，（⑥下凡调）；望两天变出下凡的天梯，盼六天出现下凡的天道，可我嫡只能遥望却不能与你成夫妻。（⑦喜事调）。我渴望着与你背靠背，我盼望着你多次来求爱。沟好永远不用（压）修，（⑧离弃调），人好永远不要离弃。……"等十二调。者嘎白桂仙等演唱，白云整理。尚未出版发行。

（白云）

酸多依摘来给阿妹尝

傣族情歌。流传于云南元江县傣族聚居区。歌中唱道：阿哥上山摘酸多依，多依果摘来给妹尝。阿妹尝多依沾盐巴，润了嗓子莫把哥忘记。阿哥上山摘橄榄果，橄榄果摘来给妹尝。阿妹尝橄榄喝泉水，橄榄回甜莫把哥忘记。封学珍唱，许洪畅整理，收入《元江傣族文化·民歌辑》，32开，1页，8行，元江哈尼族彝族傣族自治县傣族协会编，云南出版集团公司、云南人民出版社2013年版。

（依旺的）

酸角树

傣族情歌。流传于云南元江县傣族聚居区。歌中唱道：酸角树高又粗大，分杈多来叶子旺，遮着太阳树下凉，遮着春雨树下干，挡着冷风树下暖，叶子落树下干净，妹树下拉线扯布，紫红绿蓝锦添花，巧手绣花口唱调，红头巾想送帅哥，那个帅哥唱赢调，妹妹手中红头巾，围在帅哥哥头上。李万来整理，收入《元江傣族文化·民歌辑》，32开，1页，13行，元江哈尼族彝族傣族自治县傣族协会编，云南出版集团公司、云南人民出版社2013年版。

（依旺的）

赛场上看打陀螺不要动心思

傣族情歌。流传于云南元江县傣族聚居区。歌中唱道：阿妹赛场上看打陀螺哟，一心一意么要像立着的陀螺一样稳稳呢转，要是人家呢陀螺转过来碰哟，阿妹呢心思么千万不要动摇。阿妹赛场上看打陀螺哟，一心一意么要像直着的陀螺一样直直呢滚。要是人家呢陀螺滚过来撞哟，阿妹呢心思么千万要把他隔开。封学珍唱，许洪畅整理，收入《元江傣族文化·民歌辑》，32开，1页，8行，元江哈尼族彝族傣族自治县傣族协会编，云南出版集团公司、云南人民出版社2013年版。

（依旺的）

誓言歌

傣族情歌。流传于云南省新平彝族傣族自治县漠沙镇一带。歌词大意为：父母之命媒妁之言不可违，两个相爱的卜冒卜少不能在一起，想做的事做不了，宁愿一起死去，紧紧地拥抱在一起死去永远不分开，让两个人的血融合在一起。顺着水沟流淌，越流越远，往地下渗透到三十层红土心，再渗透到八十层黄土心。白光荣演唱，白剑、周红芹2005年8月采录，白剑翻译。收入《花腰傣古歌谣》，32开，2页，云南民族出版社2008年版。

（刀庆喜）

天边放牛想阿妹

傣族情歌。流传于云南元江县傣族聚居区。歌中唱道：哥在田边放牛哟，一心想着阿妹好。想想不见心慌乱，牛在前头进秧田哟，知觉已经烂糟糟。哥在田边放牛哟，一心想着阿妹俏。想想不见心发呆，牛在前头进甘蔗地哟，醒来已经乱麻麻。刀宝明唱，许洪畅整理，收入《元江傣族文化·民歌辑》，32开，1页，10行，元江哈尼族彝族傣族自治县傣族协会编，云南出版集团公司、云南人民出版社2013年版。

（依旺的）

天赐的良缘

傣族情歌。流传于云南省盈江县傣族地区。此篇为一小伙子唱给姑娘的鹦鹉情歌，主要回忆两人在泼水节的摆场相逢并产生爱慕的过程。其次，赞扬对方在自己心目中的美好形象，让自己沉浸在幸福的回忆之中并希望两人的爱能开花结果。佚名唱述，金绍龙搜集。傣文版，16开，9页，140行，稿存德宏傣族景颇族自治州文联《勇罕》编辑部。

（冯霄）

天下数阿哥最悲伤

傣族情歌。流传于云南省西双版纳傣族自治州。唱述相爱的一对男女，因为属相不合而被拆散。

姑娘出嫁前，情郎向她诉说心中的悲伤。唱道："阿妹啊，你可知道，阿哥从什么时候就爱上了你……可如今啊，说妹妹属牛阿哥属虎，不能结为恩爱的夫妻，无情的命运呀硬要把我俩拆散。明天是傣历四月八日，满山的花啊，会为我流泪，当伙伴陪你从我家门前走过，妹妹啊，你可会想到，天下人哟，要算哥哥最悲伤。"岩罕胆演唱，应塔南记录，岩温扁翻译。收入《西双版纳傣族歌谣集成》，32开，3页，32行，云南人民出版社1989年版。

（李传宁）

同打一把伞

傣族情歌。流传于云南省西双版纳傣族自治州。以男女对唱的形式唱述青年男女在赶摆场上互相表露爱意，倾诉衷肠。男唱："中午的太阳热得满身流汗，可我却没有带着金伞，带着花伞的妹妹，哥能不能借你的金伞遮遮阳光。"女答："哥的话蜜糖般暖人心田，妹妹是荒草中的一朵小花，风吹日晒孤孤单单，若能有人相伴同打一把伞，夏日里的小花便会感到更香甜。"波傲演唱，桑圣翻译。收入《西双版纳傣族歌谣集成》，32开，3页，30行，云南人民出版社1989年版。

（李传宁）

听着笑声就知道是谁来

傣族情歌。流传于云南元江县傣族聚居区。歌中唱道：阿哥在楼上搭梯子哟，听见屋外说话声，温温细语真好听，不消见人面也晓得是哪个。石榴开花哟，阿哥想妹的心呀永远不会变。阿哥在院子里划柴火哟，听见屋外有笑声，甜甜的笑声真好听，不消见人面也晓得是哪个，阿哥爱妹的心思永远不会变。刀宝明唱，许洪畅整理，收入《元江傣族文化·民歌辑》，32开，1页，11行，元江哈尼族彝族傣族自治县傣族协会编，云南出版集团公司、云南人民出版社2013年版。

（依旺的）

听说妹要来

傣族情歌。流传于云南省西双版纳傣族自治州。唱述男青年听说恋人即将到来时的喜悦心情。唱道："听说妹妹要来，哥哥心胸舒坦，有如景哈的平原那样宽广。听说妹妹要来，所有的男人，都悄悄地跑来观看，热闹得像赶摆一样。"康朗温演唱，岩温叫翻译。收入《西双版纳傣族歌谣集成》，32开，1页，13行，云南人民出版社1989年版。

（李传宁）

听见阿哥的牛铃声响

傣族情歌。流传于云南元江县傣族聚居区。歌中唱道：阿妹的心跳丁零当啷翻过小山坡。阿哥的吆喝声渐渐走远了，不知今晚哪方歇？阿哥的牛铃声响起来哟，阿妹的心跳丁零当啷翻过山梁子。阿哥的皮鞭声渐渐消失了，不知明天哪方去？（男）寨子边上响起了阿哥的牛铃声响哟，阿妹的心跳丁零当啷翻过小山坡。阿哥的吆喝声渐渐走近了，今天晚上就在妹家歇。阿哥的牛铃声响起来哟，阿妹的心跳丁零当啷翻过山梁子。阿哥的皮鞭声越来越近了，明天就能来到妹家楼底下。白正康唱，许洪畅整理。收入《元江傣族文化·民歌辑》，32开，1页，16行，元江哈尼族彝族傣族自治县傣族协会编，云南出版集团公司、云南人民出版社2013年版。

（依旺的）

挑花歌

傣族情歌。流传于云南省新平彝族傣族自治县傣族聚居区。歌词大意为：卜少吃饭手里也在忙挑花，缝个花包送卜冒背，卜冒背着花包上花街，引得其他卜冒羡慕地看呆了。卜冒背着花包赶汉街赶彝街，人见人爱，惹得街上的卜少爱慕。白秀仙演唱，周红芹2005年8月采录，刀明贵翻译。收入《花腰傣古歌谣》，32开，1页，云南民族出版社2008年版。

（刀庆喜）

挑前挑后不要挑错人

傣族情歌。流传于云南元江县傣族聚居区。歌中唱道：听说阿妹挑情人哟，挑挑选选么不称心。前挑后挑不要挑错人哟，要是挑着又懒又馋的情人，人家会说你没有眼光。听说阿妹挑情人哟，挑挑选选么不如意。前挑后挑不要挑错人哟，要是挑着又蠢又笨的情人，人家会笑你没有长见识。刀文英唱，许洪畅整理，收入《元江傣族文化·民歌辑》，32开，1页，10行，元江哈尼族彝族傣族自治县傣族协会编，云南出版集团公司、云南人民出版社2013年版。

（依旺的）

挑人不要挑寨

傣族情歌。流传于云南元江县傣族聚居区。歌中唱道：阿妹要想挑情人哟，千万不要挑寨子。挑着好人么有饭吃，要是挑着光长石头不长粮的寨子哟，懊悔来不及。阿妹要想挑情人哟，千万不要挑坝子，挑着勤快呢人么有衣穿，要是挑着光长刺棵不长粮的坝子哟，眼泪哭干也无用。白有福唱，许洪畅整理，收入《元江傣族文化·民歌辑》，32开，1页，10行，元江哈尼族彝族傣族自治县傣族协会编，云南出版集团公司、云南人民出版社2013年版。

（依旺的）

掏雀窝

傣族情歌。流传于云南元江县傣族聚居区。歌中唱道：世上的人说山崖上掏雀窝是最难哟，哥说不难一点也不难。怕就怕吊着绳子爬到山崖上哟，雀蛋孵出已经离开窝。世上的人说山林中找孔雀窝最难哟，哥说不难一点也不难。怕就怕点着火把走进林深处哟，孔雀儿羽毛丰满离开窝。李存仁唱，许洪畅整理。收入《元江傣族文化·民歌辑》，32开，1页，8行，元江哈尼族彝族傣族自治县傣族协会编，云南出版集团公司、云南人民出版社2013年版。

（依旺的）

弹得好听妹欢心

傣族情歌。流传于云南元江县傣族聚居区。歌中唱道：（男）靓妹妹耶靓妹妹，长得漂亮比孔雀，站那里来出双身，走起路来出双影。（女）帅哥哥耶帅哥哥，帅哥哥长多壮实，人人见了人人爱，卜少见了卜少爱，卜少爱哎卜少爱。李万来演唱，李万来整理，收入《元江傣族文化·民歌辑》，32开，1页，9行，元江哈尼族彝族傣族自治县傣族协会编，云南出版集团公司、云南人民出版社2013年版。

（依旺的）

偷情人

傣族情歌。流传于云南省元江哈尼族彝族傣族自治县。此歌唱述一对情人梦想趁黑夜远走高飞永远在一起的情怀。歌中唱道："寒露轻轻地滴落，一弯新月悄悄升起。情人哟，金色的孔雀，你偷偷飞进窗门来，把我托上天空，把我引入海底。醒来哟，月已落星已稀，公鸡在啼鸣，母鸭在下蛋。走吧情人，趁着浓浓的晨雾，趁着鸟兽未醒的时刻。"佚名唱述，杨丽萍记录、整理。收入《云南民间文学集成·元江县歌谣卷》，32开，1页，14行，元江哈尼族彝族傣族自治县文化馆1988年编印。

（郭玉萍）

痛苦的期盼

傣族情歌。流传于云南省盈江县傣族地区。此为鹦鹉情诗，为想念相爱之人的小伙子所唱，主要唱述"在盼望见到妹妹的日子里，哥哥我的心就像暴晒在太阳下的鱼儿，忍受着极大的痛苦，只有靠曾经在一起欢乐的过去幻想成一股清泉来滋养着生命……"佚名唱述，金绍龙搜集。傣文版，16开，5页，100行，稿存德宏傣族景颇族自治州文联《勇罕》编辑部。

（冯霄）

万年青树根连根

傣族情歌。流传于云南元江县傣族聚居区。歌中唱道：银色的月亮天上挂哟，阿哥来到妹寨串。万年青树上枝攀枝，阿妹相好不分开。银色的月亮天上挂哟，阿哥来到妹寨串。万年青树下背靠背，阿妹相亲定终身。银色的月亮天上挂哟，阿哥来到妹寨串。万年青树根连根，阿妹相爱永不分。刀文英唱，许洪畅整理，收入《元江傣族文化·民歌辑》，32开，1页，12行，元江哈尼族彝族傣族自治县傣族协会编，云南出版集团公司、云南人民出版社2013年版。

（依旺的）

万年青树上的月亮

傣族情歌。流传于云南元江县傣族聚居区。歌中唱道：万年青树上的月亮哟，圆又亮。阿哥把它摘来捧在手心上又怕掉地上。阿哥想把它装进口袋里，又怕见不着。阿哥想你一月不见就嫌长，一天不见也嫌久，赶紧起来打开盖把你瞧。万年青树上的月亮哟，圆又亮。阿哥把它摘来捧怀中，又怕看不见。阿哥想你半月不见就嫌长，半天不见也嫌久，赶紧起来打开锁把你看。刀宝明唱，许洪畅整理，收入《元江傣族文化·民歌辑》，32开，1页，15行，元江哈尼族彝族傣族自治县傣族协会编，云南出版集团公司、云南人民出版社2013年版。

（依旺的）

无限的思念

傣族情歌。流传于云南省梁河县傣族地区。为山歌调唱词，内容是小伙子向心上人表达自己忠贞不渝的爱。歌中唱道："挂念父母与子女只有吃睡之时，思念你却随时随地都有。""我对妹妹你的爱啊，就像一株凉姜，纵然有多少次大火烧过，内心永远也不会死。"佚名讲唱，晚太宝搜集，冯霄译。刊于傣文杂志《勇罕》1988年3～4期，16开，6页，158行。

（冯霄）

为何凤凰不飞出

傣族情歌。流传于云南省西双版纳傣族自治州傣族地区。该歌为女子单恋歌。歌中唱道："阿哥呀阿哥，我等待的月亮为何不升起？我盼望的凤凰为什么不飞出？我等待你阿哥，包饭的叶子已变黄，包盐和辣子的叶子已变紫，你为何不到我的身边来？"玉娟红演唱，岩贯搜集，刀志达翻译。收入《西双版纳傣族歌谣集成》，32开，1页，7行，云南人民出版社1989年版。

（龙江莉）

为失去的爱情而悲伤

傣族情歌。流传于云南省盈江县傣族地区。为一小伙子因失去自己爱着的姑娘而唱的鹦鹉情歌。主要唱述爱情的突然变化使自己受到极大打击，而更多的是哀叹自己命运不佳，得不到自己想要得到的爱情。佚名演唱，寥尚华、许玉舟、岳小保搜集。收入《百花园》3期，傣文版，32开，7页，125行。云南民族出版社1993年版。

（冯霄）

为何不早来

傣族情歌。流传于云南省金平苗族瑶族傣族自治县勐拉。此歌表达一女子对旧情人的依恋又怕丈夫知道的矛盾心情。唱道："阿哥你从哪里来，为何不早来，来晚了我害怕哟，就怕我家男人骂。"刀家英演唱，连鸽翻译，黄代国搜集记录。收入《云南民间文学集成·金平歌谣卷》，32开，1页，4行，金平苗族瑶族傣族自治县文联1988年编印。

（郭玉萍）

乌云会散去，明丽灿烂的日子会出现

傣族情歌。流传于云南省盈江县傣族地区。为姑娘唱给心上人的鹦鹉情歌，主要安慰对方："尽管在爱的路上还有母亲的阻碍，但只要双方忠贞不渝，再厚的乌云也会散去，迟早有一天，明丽灿烂的日子会出现，地上所有的花朵将为我俩开

放。"佚名唱述,金绍龙搜集。傣文版,16开,4页,80行,稿存德宏傣族景颇族自治州文联《勇罕》编辑部。

(冯霄)

忘情果

傣族情歌。流传于云南省新平彝族傣族自治县漠沙镇龙河一带。歌词大意为：山坡结满忘情果,忘情果苦得像鱼胆,吃了也不要吐,吃了忘情果才会相识,吃了忘情果,两人才能做夫妻,在天上也要做夫妻,在地下也要成双对。刀德华演唱,刀明贵、周红芹2008年8月采录,白剑翻译。收入《花腰傣古歌谣》,32开,1页,云南民族出版社2008年版。

(刀庆喜)

我的手帕你别丢

傣族情歌。流传于云南省西双版纳傣族自治州傣族地区。该歌借小手帕表达女子害怕心上人忘记自己的细腻情丝。歌中唱道："哥啊哥,你要回,就慢回,你要走,就慢走,我的小手帕,你别丢,别人要借,就说哥进寨要遮头。"依腊演唱,杨力翻译。收入《西双版纳傣族歌谣集成》,32开,1页,9行,云南人民出版社1989年版。

(龙江莉)

我配不上做他的新娘

傣族情歌。流传于云南省西双版纳傣族自治州傣族地区。该歌用生动的比兴手法唱述了女子对心上人的疑虑和自卑心理。歌中唱道："我担心细鳞鱼游不到湖面,我担心细鳞鱼游不过大江,我更担心哥哥骑在漂亮的大象上,因为那样啊,我就配不上做他的新娘。"岩糯香演唱,杨力翻译。收入《西双版纳傣族歌谣集成》,32开,1页,5行,云南人民出版社1989年版。

(龙江莉)

我那美丽的姑娘啊

傣族情歌。流传于云南省西双版纳傣族自治州。歌中赞美了姑娘的美丽勤劳善良,表达了青年男子对姑娘热烈而真挚的爱慕之情。唱道："我那美丽的姑娘啊,是谁会有福气能跟你一起畅谈,是谁会有福气能跟你同桌用餐……我那美丽的姑娘啊,躲在翡翠般绿叶中的鲜花,你是那么高贵雍容俊雅,当你还在含苞待放时,哥哥便盼望着将你采下,可是哥哥的手太短脚太笨,没有能力越过你家的篱笆。"岩浮演唱,刀新华搜集,西娜翻译。收入《西双版纳傣族歌谣集成》,32开,4页,68行,云南人民出版社1989年版。

(李传宁)

我在梦里笑

傣族情歌。流传于云南省孟连县傣族地区。该歌以男女对唱的方式唱述双方的爱慕之情。歌中唱道："男：你的脸像石榴花一样红润,你的眉毛比孔雀还漂亮。如果你从山林里走过,孔雀也会远远地走开;如果你从河边走过,鱼儿见了也会发呆!妹妹啊,妹妹,你像棵茂盛的蔓金子树,天热时你让我躲凉,下雨时你为我遮雨;你是一颗甜槟榔,我想时时把你含在嘴里。女：哥哥呀,哥哥,你的琴声像泉水响在我的耳旁,你的话儿像蜜菠萝甜在妹心上。我一辈子也不会把你忘!"咪相章演唱,康朗香贡翻译,郑显文采录。收入《中国歌谣集成·云南卷》上,16开,2页,97行,中国ISBN中心2003年版。

(龙江莉)

我只盼望赶摆这一天

傣族情歌。流传于云南省瑞丽县傣族地区。在赶摆聚会的盛大活动中,往往是傣族小伙子和姑娘寻伴择偶的良好时机,他们不仅要有漂亮的衣衫,而且还须要有一副好听的嗓子,来表现自己心中的喜悦和梦想。此歌正是一个姑娘的心声："阿哥啊我的竹笋,我俩在这里相会了,就像山藤爬树一样，让我们形影不离地走进摆场吧！我们在这美好的时光，一起说话，一起谈笑，一起珍惜这难得的重逢，把太阳拴在竹梢上。""青青竹林里的笋啊，见到你使我丧魂失神，你牙齿上并没有镶着金片，为什么这样迷人……我想你想的很久了，思念的泪珠像雨点，沿着草屋的屋檐不住地流淌。""在宽宽的坝子里，我就喜欢你一个人，我就想同你住在一幢竹楼上，同坐在篾桌旁吃团饭。我俩的爱情呀，就像一根捆在房头草排上的篾子，如果有十人百人来拆这幢房子啊，请记住，不要告诉别人篾子的头藏在哪里，连篾子结起的疙瘩也不让他们看见。只有我俩知道，篾子的头和疙瘩埋在深深的草排里。"感情朴实，比喻形象生动。罕良满演唱，岩林翻译。刊于《山茶》民族文学季刊1981年第1期，150行。

（岩林）

我俩尽情爱

傣族情歌。流传于云南元江县傣族聚居区。歌中唱道：我们俩哟尽情爱，爱得大芒果能剖四瓣，爱得小芒果也能分两丫，我们俩哟尽情爱，爱得山药也能当饭吃，爱得红薯也能当菜咽，我们俩哟尽情爱，爱得山药也能当饭吃，爱得红薯也能当菜咽，我们俩哟尽情爱，爱得酸角叶够包一顿饭，爱得山藤叶包饭够一天吃，我们俩哟尽情爱，爱得槟榔树下搂着肩，爱得花生地里拉手睡，我们俩哟尽情爱，爱得一夜不归家，爱得天亮不分开，我们俩哟尽情爱，爱得少时做情人，爱得成年做夫妻。刀会英唱，杨莉萍整理，收入《元江傣族文化·民歌辑》，32开，2页，21行，元江哈尼族彝族傣族自治县傣族协会编，云南出版集团公司、云南人民出版社2013年版。

（依旺的）

我在梦里笑

傣族情歌。流传于云南省孟连县傣族地区。在傣族歌谣里，情歌极为丰富多彩，鲜明的特色是善于抒发情感，善于运用比喻。此歌唱道："你纺线的声音多么好听，糯乐多也不敢飞来相比，蜜蜂听了也会害羞；你纺的棉线越拉越长，就像挂在天上的彩虹，阿哥看着舍不得眨眼……你的脸像石榴花一样粉红，你的眉毛比孔雀毛还漂亮，如果你从山林里走过，孔雀也会远远走开；如果你从河边走过，鱼儿见了也会发呆！妹妹呀妹妹，你像棵茂盛的金子树，天热时你让我躲凉，下雨时你为我遮雨；你是一颗甜槟榔，我想时时把你含在嘴里。""妹妹呀妹妹，如果你是条金牛，我愿化作一对铃铛，时时在你身边摇摇晃晃；如果你是一眼水井，我愿变成白沙垫在井底；如果你是肥沃的土地，我愿变成一个香瓜；如果你是一棵高山上的树，我愿变成树上的青藤，常年四季缠在你的身上；如果你是一丘田，我就变成水来浇灌……"比喻切贴，也很形象生动。咪相章演唱，康朗香贡翻译，郑显文记录整理。刊于《山茶》民族文学双月刊1986年第4期，140行。

（岩林）

屋檐下的花雀

傣族情歌。流传于云南元江县傣族聚居区。歌中唱道：屋檐下的花雀哟，只为避风临时找落脚。风停云彩散尽哟，脚尖轻轻一踮就离开。山洞中的燕子哟，只为躲雨临时找地点。等到雨住天晴哟，扇起翅膀就远走高飞了。亚乔珍唱，许洪畅整理，收入《元江傣族文化·民歌辑》，32开，1页，8行，元江哈尼族彝族傣族自治县傣族协会编，云南出版集团公司、云南人民出版社2013年版。

（依旺的）

弯根发芽竹笋长

傣族情歌。流传于云南元江县傣族聚居区。歌中唱道：水田里种弯根，先发芽来后开花。雨打弯根叶茎壮哟，弯根伸长把妹脚缠。水沟边上种龙竹，先扎根来后生笋。春雨浇灌竹笋壮哟，龙竹长高把妹攀。刀文英唱，许洪畅整理，收入《元江傣族文化·民歌辑》，32开，1页，8行，元江哈尼族彝族傣族自治县傣族协会编，云南出版集团公司、云南人民出版社2013年版。

（依旺的）

弯根歇在田埂脚

傣族情歌。流传于云南元江县傣族聚居区。歌中唱道：弯根歇在田埂脚哟，猪过路当做草堆拱。阿妹变心找岔子哟，真是伤透心。稻草堆在田埂头哟，牛过路当做土山墙来蹭背。阿妹要变卦玩花样哟，真是气死人。甘蔗码在田埂边上哟，马过路当做料草啃几口就扭头。阿妹变心找歪理哟，真是下狠心。刀宝明唱，许洪畅整理，收入《元江傣族文化·民歌辑》，32开，1页，12行，元江哈尼族彝族傣族自治县傣族协会编，云南出版集团公司、云南人民出版社2013年版。

（依旺的）

下凡滇池城调（庚档龙窝猛且）

傣族情歌。流传于云南元江县傣族聚居区。元江傣族蒙面情歌之一，在元江沿岸傣族村寨传唱，是蒙面情歌中古老的语调，歌颂姑娘居住地方的肥沃和富有，歌中还说到了"勐泰"和"京城"人的富有和称谓关系，叙述了富有地方特色和人物的生动形象，表现了丰富的想象力。歌中唱道："走啊走到勐且（滇池坝）大城头，你姑娘居住的坝子土地肥沃啊，有十样色彩的金银香包，反光照耀到别人的身上，让整勐人人都传说，让天下人人在传颂；你家里富得有吃的千千万，家有财富千千万；这才是真的富有啊，身穿层层闪亮的白衣，身上白色绸衣迎风飘逸，富得才会放飞风筝上天空，富得才能让天空轰鸣震颤……"。李玉明演唱，白云搜集、整理。尚未出版发行。

（白云）

小卜哨瞧上小卜冒

傣族情歌。流传于云南元江县傣族聚居区。歌中唱道：（女）我阿妹从小哟，脸就生得黑，一条河水也洗不白。出门不敢给人家瞧，说来真痛苦。我阿妹从小哟，样子就生得丑，穿上十件漂亮衣服不遮丑。出村不敢给人见。说来不该生在这世上。（男）阿妹说从小哟，脸就生得黑，阿哥说不黑。要说黑哟，就像染靛一样黑，越看越好看。阿妹说从小哟，样子生得丑，阿哥说不丑。要说丑哟，就像丑鸭子，越看越耐看。刀宝明、杨秀仙唱，许洪畅整理，收入《元江傣族文化·民歌辑》，32开，1页，16行，元江哈尼族彝族傣族自治县傣族协会编，云南出版集团公司、云南人民出版社2013年版。

（依旺的）

小鸡躲在酸角树下

傣族情歌。流传于云南元江县傣族聚居区。歌中唱道：小鸡躲在酸角树下哟，口渴么叽叽叫。哥家竹槽装水你嫌浑哟，老鹰来叼难逃爪。斑鸠落在屋顶上哟，肚子饿么咕咕叫。哥家院场撒米粒哟你嫌碎，山猫来捕难脱身。封学珍唱，许洪畅整理，收入《元江傣族文化·民歌辑》，32开，1页，8行，元江哈尼族彝族傣族自治县傣族协会编，云南出版集团公司、云南人民出版社2013年版。

（依旺的）

小雀调

傣族情歌。流传于云南元江县傣族聚居区。元江傣族蒙面情歌之一，在元江沿岸傣族村寨传唱，是蒙面情歌中古老的调式，表达了唱者情窦初开，以小鸟暗喻人的成长过程以及喜结连理要经历的习俗过程，用傣语演唱，唱词押韵，情景相连，歌中这样唱："这只小鸟飞来飞去逗引着那只美丽的鸟儿，金色的小鸟拖着丝绸般的长尾巴，停息在微风吹拂的棉花地里，停息在凉风吹拂的沟边树梢上，目睹芦苇坝冒出尖尖的新芽，见证卜少盼望过年的情景，盼望过年后就长大的心情。如果我俩真心喜欢，让我们的父母用斗装米去师娘处看，用碗装上米水去算卦。……如果我们的命运相济，两只鸟叫让我们白头到老，四只鸟群鸣遍勐让我们相聚永远。"封会英演唱，白云整理。尚未出版发行。

（白云）

小伙子的歌
傣族情歌。流传于云南省德宏傣族自治州傣族地区。该歌唱述男子对女子专一、忠贞的爱慕之情。歌中唱道："天上的启明星最明亮，启明星明亮我不爱，我只爱你的一双眼睛。五彩的云霞最美丽，云霞美丽我不爱，我只爱你的花裙。糯乐多（鸟名）的歌声最好听，歌声好听我不爱，我只爱你的声音。凤凰花开最鲜艳，花朵鲜艳我不爱，我只爱你的人品。闪光的金子最贵重，金子贵重我不爱，我只爱姑娘一颗纯朴的心。"佚名演唱采录。收入《中国歌谣集成·云南卷》上，16开，1页，15行，中国ISBN中心2003年版。

（龙江莉）

小淀花开
傣族情歌。流传于云南元江县傣族聚居区。歌词较长。男方先唱，女方跟随。歌词诙谐幽默，借物抒情，富有互相挑逗的氛围，富有情趣。王尽忠、刀兰英唱，收入《元江傣族文化·民歌辑》，32开，6页，57行，元江哈尼族彝族傣族自治县傣族协会编，云南出版集团公司、云南人民出版社2013年版。

（依旺的）

心想星星摘不着
傣族情歌。流传于云南省西双版纳傣族自治州傣族地区。该歌唱男子单恋上美丽姑娘，却得不到回应的苦恼心情。歌中唱道："我爱你哟，像蜂王爱梭腊批，我想你哟，像五月的田盼八月的雨，就算我怎么爱你想你，你却是蓝天上的星星，有心想你摘不着，只好抬头叹气。"佚名演唱，岩温扁搜集翻译。收入《西双版纳傣族歌谣集成》，32开，1页，13行，云南人民出版社1989年版。

（龙江莉）

心爱的男人
傣族情歌。流传于云南省元江哈尼族彝族傣族自治县大水平乡一带。唱述对良心好的男人的赞美，表达了姑娘爱慕好心肠男人的心愿。歌中唱道："良心好的男人，姑娘心里爱着他，他就像薄荷煮鸡蛋一样香，他就像薄荷煮鱼一样鲜。看他的脸，脸好瞧，看他的眼，眼漂亮，姑娘愿为他做挎包，姑娘愿嫁给他做媳妇。他背着挎包更俏了，人人都想跟他好，汉族姑娘见了爱，彝族姑娘见了夸，傣族姑娘看见了，心里就像吃进甜粑粑。"李美仙演唱、翻译，余正寿记录校正。收入《云南民间文学集成·元江县歌谣卷》，32开，1页，30行，元江哈尼族彝族傣族自治县文化馆1988年编印。

（郭玉萍）

心上的花
傣族情歌。流传于云南省西双版纳傣族自治州。唱述青年男子对姑娘的思慕之情，赞美姑娘的美丽与勤劳。唱道："芳香美丽的花呀，你沐浴着夜光，哥想把花枝摘下，手却伸不到开花的地方。美丽勤劳的姑娘啊，要是你心上已有耕田种地的人，也请别忘记哥哥的痴情。"圣桑搜集。收入《西双版纳傣族歌谣集成》，32开，3页，20行。云南人民出版社1989年版。

（李传宁）

心中就像布满了蜘蛛网
傣族情歌。流传于云南省盈江县傣族地区。此为小伙子给曾经与自己相好过的姑娘的鹦鹉情歌。主要倾诉："当听到妹妹已与别人订婚的消息后，哥哥我心里的伤感就像布满蜘蛛网一样，无法理出头绪，整天只有用内地生产的马牌香烟来解闷……"佚名演唱，金绍龙搜集。傣文版，16开，

7页，2898字，稿存德宏傣族景颇族自治州文联《勇罕》编辑部。

（冯霄）

心爱姑娘嫁别人

傣族情歌。流传于云南省德宏傣族景颇族自治州傣族地区。这是小伙子唱给将要嫁人的恋人的情歌。歌中唱道："心爱姑娘心里留，千言万语声声求，只因阿哥家贫遭人嗤，嫁予他人哥哥泪往心里流。""眼看与人配成双，阿哥欲往西去还是东？任凭父母安排成人妻，心头情伤两眼泪汪汪……"佚名吟唱，李岩过哏搜集、整理。傣文版，16开，2页，50行，稿存德宏傣族景颇族自治州民语委。

（快永胜）

心中的爱慕之情尽在歌声中

傣族情歌。流传于云南省腾冲县傣族地区。为男女青年对唱互表爱情的山歌。男唱："洁白芳香的'秀哏'花啊，开放于哥哥我面前，请允许我把心中的歌对你来赞唱。"女唱："颜色暗淡又没有香气的野芋啊，只能生长在埂旁沟边，哥哥赞唱了，不怕浪费甜美的歌声。"双方一问一答，依次递进，直至发展为爱情。佚名演唱，殷礼美集，冯霄译。刊于傣文杂志《勇罕》2002年1~2期，16开，14页，392行。

（冯霄）

向哥要朵花

傣族情歌。流传于云南省西双版纳傣族自治州傣族地区。该歌含蓄地唱出了怀春女子对情郎的依恋和对爱情的悉心呵护。歌中唱道："妹问哥一声，你的花卖不卖，不卖，妹要向你要一朵。如果你愿送给妹一朵，妹要用爱的甘露将它养活，如果颜色变了，可以用酒来泡，当我想到你的时候，就拿出来看一看，一看到你送给妹的花啊，妹就会思念你。"依婉叫演唱，扬力记录。收入《西双版纳傣族歌谣集成》，32开，1页，16行，云南人民出版社1989年版。

（龙江莉）

相爱在心里

傣族情歌。流传于云南元江县傣族聚居区。歌中唱道：（女）与妹相好的阿哥哟，就像天上的大鹏鸟。不论你飞到哪座山顶上哟，阿妹眼睛都能看得到。你要是飞到坝子看中哪个寨子哟，阿妹就变成彩虹线把你来罩住。与妹相好的阿哥哟，就像天上的金孔雀。不论你飞到哪片树林里哟，阿妹的眼睛都能看得见。你要是飞到坝子中哪个寨子的树上哟，阿妹就变成天上的云彩把你招回来。（男）与哥相好的阿妹哟，就像天上的星星亮晶晶。不论你照到哪里哟，阿哥眼睛都能看得到，你要是挂到坝子中哪个寨子的上空，哥就砍把竹梯把你摘下，与哥相好的阿妹哟，就像天上的月亮亮堂堂。不论你照到哪里哟，阿哥的眼睛都能够看得见。你要是挂在哪个寨子的大青树枝上。哥就砍棵金竹做爬竿把你摘下来。刀宝明、杨秀仙唱，许洪畅整理，收入《元江傣族文化·民歌辑》，32开，2页，24行，元江哈尼族彝族傣族自治县傣族协会编，云南出版集团公司、云南人民出版社2013年版。

（依旺的）

相约

傣族情歌。流传于云南元江县傣族聚居区。歌中唱道：阿哥阿妹相好哟，相好要把婚定下来，亲朋好友都认得，不到请客那一天，说来也是玩。阿哥阿妹相好哟，相好要把婚定下来，亲朋好友都认得，聘礼不接着那一天，说得再好也白搭。可供研究傣族情歌艺术参考。白有福唱，许洪畅整理。收入《元江傣族文化·民歌辑》，32开，1页，10行，元江哈尼族彝族傣族自治县傣族协会编，2013年3月，云南出版集团公司、云南人民出版社出版。

（依旺的）

相爱在心中

傣族情歌。流传于云南元江县傣族聚居区。歌中唱道：（男）我和阿妹刚刚相爱在心中，还是两棵青藤各在箐两头，青藤蔓叶才相绕哟，相好的话已经在坝子中传。（女）我和阿哥刚刚相恋在心中，还是两棵榕树各在路两旁，榕树枝叶才发芽哟，相好的话已经在寨子中传。（男）我和阿妹刚刚相爱在心中，还是一对鸳鸯刚出窝，靓亮的羽毛还未长得齐哟，相爱的话已在人间传。（女）我和阿哥刚刚相恋在心中，还是一对刚刚学飞的白鸽，洁白的羽毛还未长得齐哟，相爱的话已往四处传。刀宝明、杨秀仙唱，许洪畅整理，收入《元江傣族文化·民歌辑》，32开，1页，16行，元江哈尼族彝族傣族自治县傣族协会编，云南出版集团公司、云南人民出版社2013年版。

（依旺的）

相会调

傣族情歌。流传于云南省新平彝族傣族自治县漠沙镇一带。歌词大意为：卜冒穿上心爱的卜少送给的长黑褂，相约竹林深处，若卜冒没来，请卜少不要露面，只怕有人要邀约卜少，希望卜少别答应，一心等卜冒的到来。白绍周演唱，周红芹2005年8月采录，刀明贵翻译。收入《花腰傣古歌谣》，32开，2页，云南民族出版社2008年版。

（刀庆喜）

相逢在野外

傣族情歌。流传于云南省梁河县傣族地区。为男女在野外对唱的山歌，由开始的集体轮流唱逐渐变成一对一单唱，直至发展到双方产生爱慕之情。如男唱："出门离家来啊，看到花一样美丽的妹妹们，不知你们要去哪里？"女答："微风挟着哥哥们的歌声飘进我们的心里来，我们出门离家来只是想去街上逛一逛。"并由此逐渐递进，问到对方家的姓氏是否与自己同一家族，以及是否已有心上人，姑娘所在的寨子等等，最后双方越唱越投入，并表达互相爱慕之情。佚名演唱，晚太云搜集，冯霄译。刊于傣文杂志《勇罕》1986年3～4期，16开，4页，112行。

（冯霄）

阿妹既然有情人莫再引阿哥

傣族情歌。流传于云南元江县傣族聚居区。歌中唱道：阿妹既然有情人哟，莫在人前引阿哥。人前人后有双眼哟，若是把哥引进门，情人认得么会难过。阿妹既然有情人哟，莫在人前诱阿哥。人前人后有双眼哟，若是把哥诱进家，情人晓得么会难瞧。刀文英唱，许洪畅整理，收入《元江傣族文化·民歌辑》，32开，1页，10行，元江哈尼族彝族傣族自治县傣族协会编，云南出版集团公司、云南人民出版社2013年版。

（依旺的）

羡慕歌

傣族情歌。流传于文山壮族苗族自治州马关县傣族聚居区。主要内容：采用男女对唱的形式，反映了"阿哥阿妹都是同命鸟，咱俩都是命不好，身上没有黄金和白银，身上没有一文钱，不用气来不用愁，只要咱俩愿意成一家，一起创建咱的家，不愁吃来不愁穿，穿衣穿两袖，戴镯戴到手老弯，只要咱俩拼命苦，最好的日子在后头"。陶光翠、白世章演唱，柏开祥收集记录。尚未公开出版发行。

（张元波）

绣出花儿哥心间

傣族情歌。流传于云南省新平彝族傣族自治县。此歌唱述姑娘对情人的爱意及对幸福生活的追求。歌中唱道："晚霞染红了西天，姑娘在竹楼上把纺车旋转。千丝万缕纺不尽哟，绣出的花儿在阿哥心间。"收入《哀牢山情歌》，32开，1页，4行，新平彝族傣族自治县民族事务委员会1985年编印。

（郭玉萍）

想妹想得要发疯

傣族情歌。流传于云南元江县傣族聚居区。歌中唱道：人家都说阿哥生病了，阿哥还说没生病。要说生病哟，那也是阿哥想妹想得生病呢。人家都说阿哥发疯了，阿哥还说没发疯。要说发疯哟，那也是阿哥想妹想得发疯呢。亚乔珍唱，许洪畅整理，收入《元江傣族文化·民歌辑》，32开，1页，8行，元江哈尼族彝族傣族自治县傣族协会编，云南出版集团公司、云南人民出版社2013年版。

（依旺的）

早盼太阳快落山

傣族情歌。流传于云南元江县傣族聚居区。歌中唱道：阿哥砍柴在深山哟，想着阿妹心不定。手握刀斧望西山哟，早盼太阳快落山。阿哥除草在田间哟，想着阿妹神不安。手握锄头把抬头望寨子哟，只盼天色快快黑。刀文英唱，许洪畅整理，收入《元江傣族文化·民歌辑》，32开，1页，8行，元江哈尼族彝族傣族自治县傣族协会编，云南出版集团公司、云南人民出版社2013年版。

（依旺的）

想妹想得好辛苦

傣族情歌。流传于云南元江县傣族聚居区。歌中唱道：阿哥想妹想得好辛苦哟，心慌心跳气压身。吃一个香瓜也嫌酸，喝一口浓茶还嫌淡。阿哥想妹想得好辛苦哟，胸闷气短伤神气。吃一颗橄榄不回甜，喝一杯糖水不解渴。白有福唱，许洪畅整理，收入《元江傣族文化·民歌辑》，32开，1页，8行，元江哈尼族彝族傣族自治县傣族协会编，云南出版集团公司、云南人民出版社2013年版。

（依旺的）

想跟妹相会

傣族情歌。流传于云南省西双版纳傣族自治州傣族地区。该歌唱男子爱上美丽姑娘却又不敢直白的心情。歌中唱道："妹啊心爱的妹，如果你是茄子，我也要把它摘来，放在箩筐里带回家。妹妹啊心爱的妹妹，阿哥我想同你相会，整天围着你家的篱笆转，不知转了多少圈，要是你也想跟哥相会，那就快快出门来啊。"岩糯香演唱，扬力记录。收入《西双版纳傣族歌谣集成》，32开，1页，10行，云南人民出版社1989年版。

（龙江莉）

想把艳丽芳香的花移到园中来

傣族情歌。流传于云南省盈江县傣族地区。全篇通过对园中之花的赞美来达到向姑娘表达爱慕之情的目的。歌中唱道："满园的花朵数你最艳丽芳香，如果能移来栽于园内，哥哥我定会天天为你浇水，天天闻你芳香，三天吃一顿饭也可以。"佚名演唱，金光亮记录。冯霄译。刊于傣文杂志《勇罕》1988年1～2期，16开，1页，25行。

（冯霄）

一起嚼槟榔

傣族情歌。流传于云南元江县傣族聚居区。歌中唱道：阿妹既然看上阿哥哟，脸色莫难看。有情有意我们一起坐嚼槟榔，无情就分离。阿哥既然看上阿妹哟，说话莫带刺。有情有意我们坐拢一起吃橄榄，无意就分开。白有福唱，许洪畅整理，收入《元江傣族文化·民歌辑》，32开，1页，8行，元江哈尼族彝族傣族自治县傣族协会编，云南出版集团公司、云南人民出版社2013年版。

（依旺的）

月亮明在别人的心中

傣族情歌。流传于云南元江县傣族聚居区。歌中唱道：人人都说今晚的月亮明哟，只有阿哥说不明。相好的姑娘不在身边哟，再明的月亮也是明在别人的心中。人人都说今夜的月亮明哟，只有阿哥说不明。相爱的姑娘不在眼前哟，再明的月亮也是明在别人的窗前。亚乔珍唱，许洪畅整理，收入《元江傣族文化·民歌辑》，32开，1页，8

行，元江哈尼族彝族傣族自治县傣族协会编，云南出版集团公司、云南人民出版社 2013 年版。

（依旺的）

月下恋情调

傣族情歌。流传于云南元江县傣族聚居区。歌中唱道：月亮照哪里，月亮照我俩老地方好玩，我俩玩地方不会旧，我俩玩地方平坦光滑，靓妹妹哥夸你，漂亮像采银脖，漂亮像燕子采红脖，靓妹妹，哥夸你，漂亮像火雀红又亮，漂亮像孔雀多美丽，靓妹妹哥夸你，漂亮的脸白像豆腐脑，脸粉红像刺筒花，靓妹妹哥夸你，漂亮好打扮，裙边绣上十二花，哥哥月下搂妹谈情爱，我们俩好玩就好玩，玩它个小芒果破两片，玩它个大芒果破四片，我们俩好玩就好玩，玩它个酸角叶够包饭，玩它个大端叶包午饭，我们俩好玩就好玩，玩它个黄央叶包晌午饭，玩它个酸角成半圆，我们俩好玩就好玩，玩它个槟榔围树干，玩它个花生包两粒，玩它个三羊果头对头，我们俩好玩就好玩，玩它个子夜还早来，玩它个鸡叫到天亮，我们俩好玩就好玩，玩得哥妹变情人，玩得哥要娶妹做爱人。李万来唱，李万来整理，收入《元江傣族文化·民歌辑》，32 开，2 页，36 行，元江哈尼族彝族傣族自治县傣族协会编，云南出版集团公司、云南人民出版社 2013 年版。

（依旺的）

月亮升起才见面

傣族情歌。流传于云南元江县傣族聚居区。歌中唱道：阿哥来到妹家串哟，月亮升起才见面。一坐坐到大半夜，越侃心越热。阿哥来妹家串哟，深夜抬脚难跨门。窗台上点灯忙添油，天明才分开。阿哥来到妹家串哟，半夜起身难出寨。火塘边向火忙添柴，天亮心才分。刀文英唱，许洪畅整理，收入《元江傣族文化·民歌辑》，32 开，1 页，12 行，元江哈尼族彝族傣族自治县傣族协会编，云南出版集团公司、云南人民出版社出版。

（依旺的）

永远不分开

傣族情歌。流传于云南元江县傣族聚居区。歌中唱道：阿妹真要变心哟，变成什么哥不怕。你要变成一只小画眉哟，哥就变成一棵树；你要变成一只小斑鸠哟，哥就变成一个小竹笼。阿妹真要变心哟，变成什么哥不怕。你要变成一只小鹦哥哟，哥就变成一条小绳天天套在你身上，你要变成一条小鲤鱼哟，哥就变成一只花猫天天守着你。刀宝明唱，许洪畅整理。收入《元江傣族文化·民歌辑》，32 开，1 页，12 行，元江哈尼族彝族傣族自治县傣族协会编，云南出版集团公司、云南人民出版社 2013 年版。

（依旺的）

永远不分离

傣族情歌。流传于云南省西双版纳傣族自治州傣族地区。该歌生动地借水和鱼、花和叶比喻相爱的男女永不分离。歌中唱道："男：婻（妹）喂婻，婻是河中水，宰（哥）是水中鱼，婻是园中花，宰是花上叶。鱼儿离不开水，花儿离不开叶，阿哥和阿妹哟，永远不分离。女：宰喂宰，荷花开在水里，莲藕长在泥底，妹是荷花哥是藕哟，生死在一起。"岩香宰、玉光演唱，艾扬翻译。收入《西双版纳傣族歌谣集成》，32 开，1 页，14 行，云南人民出版社 1989 年版。

（龙江莉）

约卜少

傣族情歌。流传于云南省新平彝族傣族自治县傣族聚居区。歌词大意为：卜冒弹琴沿路来，听见卜少歌声传来，看见卜少红润的笑脸像凤凰花，露出的牙齿似黑珍珠。一身的打扮宛如森林里的珍珠鸡，金绸缎纺织成的裙子，金蚕丝刺绣的花边，月亮见了月亮羞，太阳见了晃眼睛。白光荣演唱，刀明贵采录、翻译。收入《花腰傣古歌谣》，32 开，2 页，云南民族出版社 2008 年版。

（刀庆喜）

约会调

傣族情歌。流传于云南省新平彝族傣族自治县漠沙镇一带。歌词大意为：细雨丝丝的夜晚，星星闭了眼，月亮蒙了脸。多情的卜冒卜少出门，可心却像被火烧着一样，弹起三弦、淋着雨出门去，卜少在高高的酸角树下等着，风风雨雨都挡不住痴情的卜冒卜少。白光荣演唱，刀明贵采录、翻译。收入《花腰傣古歌谣》，32开，1页，云南民族出版社2008年版。

（刀庆喜）

约会调

傣族情歌。流传于云南省新平彝族傣族自治县漠沙镇。歌词大意为：穿着你做给的裑领镶满银泡的衣裑，相约竹林，有卜冒来找你，请躲到草丛中荆棘后，不要出来不要答应他，不要给他说一句贴心话。刀德华演唱，刀明贵、周红芹2008年8月采录，白剑翻译。收入《花腰傣古歌谣》，32开，1页，云南民族出版社2008年版。

（刀庆喜）

阳雀落在水塘边

傣族情歌。流传于云南元江县傣族聚居区。歌中唱道：阳雀落在水塘边哟，低头吸水么要留心，鹞子飞来找水喝哟，才不会把你叼走。阿妹在荒坡上放牛哟，低头绣花么要留心，官家坡头上路过哟，才不会把你拉走。花雀落在田地边哟，低头啄谷么要留神，老鹰飞来寻食物哟，才不会把你捕去。阿妹在寨子边上放鹅哟，低头割草么要留神，官家路口上遇着哟，才不会把你抢走。刀文英唱，许洪畅整理，收入《元江傣族文化·民歌辑》，32开，1页，12行，元江哈尼族彝族傣族自治县傣族协会编，云南出版集团公司、云南人民出版社2013年版。

（依旺的）

有心不怕别人撺

傣族情歌。流传于云南元江县傣族聚居区。歌中唱道：既然哥妹相好哟，有心不怕别人。宁愿吃苦，阿哥也要把妹家中娶。既然哥妹相好哟，有心不怕别人。宁可流血，阿哥也要找召曼辩输赢。既然哥妹相好哟，有心不怕别人撺。宁肯一人下地狱，阿哥也要到官府把状告。封学珍唱，许洪畅整理，收入《元江傣族文化·民歌辑》，32开，1页，12行，元江哈尼族彝族傣族自治县傣族协会编，云南出版集团公司、云南人民出版社2013年版。

（依旺的）

有缘来相逢

傣族情歌。流传于云南省腾冲县傣族地区。唱述一对男女青年从认识到恋爱直至结为夫妻的全部过程。男方唱："疏松的地里生长的花生啊，哥哥一心想拔一棚来尝，只怕没有口福……"女方唱："妹妹我好比长在旱地里的野荸荠，又干又涩，如果哥哥不嫌弃尽管来挖去吧。"佚名演唱，殷礼美搜集，冯霄译。刊于傣文杂志《勇罕》1998年1~2期，16开，16页，428行。

（冯霄）

有情人难相爱

傣族情歌。流传于云南元江县傣族聚居区。歌中唱道：洛桑与嫡娥真心相爱哟，有人暗中来挑拨。人间一旦有祸事，就往他们身上推。洛桑与嫡娥真心相爱哟，有人背后来捣鬼。世上一旦有罪孽哟，就往他们头上挂。李存仁唱，许洪畅整理，收入《元江傣族文化·民歌辑》，32开，1页，8行，元江哈尼族彝族傣族自治县傣族协会编，云南出版集团公司、云南人民出版社2013年版。

（依旺的）

依靠竹子会断

傣族情歌。流传于云南省西双版纳傣族自治州傣族地区。该歌唱述女子对情郎的猜忌和疑虑。歌中唱道："阿哥呀阿哥，妹想靠竹子，又怕竹子倒。妹想靠木桩，又怕木桩摇。妹有心想靠阿哥，又怕靠不牢。"岩糯香演唱，杨力翻译。收入《西双版纳傣族歌谣集成》，32开，1页，7行，云南人民出版社1989年版。

（龙江莉）

雨点落地成啥样

傣族情歌。流传于文山壮族苗族自治州马关县傣族聚居区。主要内容：采用男女对唱的形式，反映男方去看望远方的女友，女友问雨点落地成啥样？男答雨点落地是一样。女方担心男方路途遥远，有危险，男方则表现出对来看女方的渴望。"你打算住到何时？要住到豆芽有六尺长。你为何不多住几个月？我要住到架豆缠满园。"王春寿、李兴风演唱，白家祥搜集整理。尚未公开出版发行。

（张元波）

鱼塘里的水和鱼

傣族情歌。流传于云南省西双版纳傣族自治州傣族地区。歌中唱道："你来到我家门边，走来又走去，走去又走来，是不是我家的门有刺，会戳着你的手。我们同住一个寨子，同在一起玩，同在一个村玩耍，同在一个鱼塘嬉笑，我们的爱情像塘里的水和鱼。"岩保演唱，杨力翻译。收入《西双版纳傣族歌谣集成》，32开，1页，10行，云南人民出版社1989年版。

（龙江莉）

怨歌

傣族情歌。流传于云南元江县傣族聚居区。歌中唱道：荞麦酒在路的上面，香谷种在路的下边，女人要留着吃舍不得卖，男人要换钱就拿去卖了，就像卖女儿一样。嫁了女儿得喝散酒，卖了女儿得喝瓶酒，喝两口上脸，喝五杯上头，喝得脸红像鸡冠，喝得头晕眼花，心里就乐死了。白会英唱，杨莉萍整理，收入《元江傣族文化·民歌辑》，32开，1页，12行，元江哈尼族彝族傣族自治县傣族协会编，云南出版集团公司、云南人民出版社2013年版。

（依旺的）

要说要笑趁年轻

傣族情歌。流传于云南元江县傣族聚居区。歌中唱道：阿哥阿妹在一起哟，要说要笑么趁年轻。要是答应做了人家的情人哟，说笑也会被人管。阿哥阿妹在一起哟，要说要笑么趁年轻。要是答应做了人家的媳妇哟，说笑也会不自由。刀文英唱，许洪畅整理，收入《元江傣族文化·民歌辑》，32开，1页，8行，元江哈尼族彝族傣族自治县傣族协会编，云南出版集团公司、云南人民出版社2013年版。

（依旺的）

要编竹箩并不难

傣族情歌。流传于云南元江县傣族聚居区。歌中唱道：栽竹子不难么砍竹子难哟，要编竹箩并不难。难的是编好竹箩没有米来丢哟，关不住画眉雀。栽竹子不难么砍竹子难哟，要编竹箩并不难。难的是编好竹箩没有豌豆粒来撒哟，关不住金孔雀。封学珍唱，许洪畅整理，收入《元江傣族文化·民歌辑》，32开，1页，8行，元江哈尼族彝族傣族自治县傣族协会编，云南出版集团公司、云南人民出版社2013年版。

（依旺的）

要唱就唱爱情歌

傣族情歌。流传于文山壮族苗族自治州马关县傣族聚居区。采用男女对唱的形式，将对美好爱情的追求融进生产生活中，希望夫妻和和美美，相亲相爱。"妹妹和哥在一家，花钱花两沓。哥哥和妹在一家，数钱噼哩啪啦响。妹妹和哥在一起，银兜叮铃铃的响。如果我俩做一家，房头栽钱树。妹妹和哥做一家，门前栽银子树。妹妹和哥做一家，房头装板壁。妹妹和哥做一家，门前镶石梯。妹妹和哥做一家，但愿门前镶石梯。哥和妹妹在一起，苦得家中样样有。妹妹和哥做一家，一日三餐饭。哥哥和妹在一起，三口饭九口肉。哥哥妹妹认真苦，美好生活在眼前"。柏开英、柏明仙演唱，白家祥、柏开祥搜集记录。尚未公开出版发行。

（张元波）

宴席上的歌

傣族情歌。流传于云南省西双版纳傣族自治州傣族地区。傣族习俗中，小伙子到姑娘家串姑娘，姑娘要请小伙子在家里吃饭，宴席上即唱此歌互表心意。歌中唱道："男：盛满情怀的绿叶信，是哥哥送给妹妹的心意，待夜深宴席散后，请妹妹用双手梳理哥哥信中的思念。女：要回家的哥哥呀，别忘记拿野菜做宴席的妹妹，水炒盐巴做成的菜呀，留不住哥哥的身影。男：小鸟不会忘记自己的窝，宴席会散情意不会散，孔雀般美丽的姑娘啊，下次宴席请别用篱笆将哥哥阻拦。"佚名演唱，桑圣翻译。收入《西双版纳傣族歌谣集成》，32开，2页，24行，云南人民出版社1989年版。

（龙江莉）

疑情情歌

傣族情歌。流传于云南省西双版纳傣族自治州傣族地区。疑情情歌又称为情梦，即通过叙述梦中的事象表露自己的感情或试探对方的心意。歌中唱道："姑娘啊姑娘，你是不是已有意中人？难怪啊难怪，难怪哥哥做了无数怪梦，梦见乌鸦竟和雄鹰一起高飞，梦见林中到处长满了毒刺，梦见自己的被子盖在别人身上，穿着的衣服被人脱光，披着的花毯飞到天上，晃眼又变成花龙翻腾在水中。"岩浮演唱，刀新华搜集，西娜翻译。收入《西双版纳傣族歌谣集成》，32开，2页，39行，云南人民出版社1989年版。

（龙江莉）

愿做扶花的绿叶

傣族情歌。流传于云南省景洪县傣族地区。该歌借睡莲和蜂儿、凤凰和梧桐、鱼儿和碧波比喻男女相爱，更表达了男子希望与心爱的女子永远相依相伴之情。歌中唱道："一串串多木花缀满枝头，一阵阵芳香呵沁人肺腑。花儿艳丽，要有绿叶扶；花儿芳香，要有轻风送。阿哥愿做扶花的绿叶，阿哥愿做送香的轻风。……听吧，美丽的姑娘，如果藤儿失去了攀扶的树木，便没有主心骨儿卷做一堆；如果哥哥失去了妹妹呵，生活将变得暗淡无光。美丽温柔的姑娘呵，哥哥不会让你伤心失望，因为你早在哥哥的心里，紧密得像花根和泥土一样。"佚名演唱，西娜采录翻译。收入《中国歌谣集成·云南卷》上，16开，2页，63行，中国ISBN中心2003年版。

（龙江莉）

愿做扶花的绿叶

傣族情歌。流传于西双版纳傣族自治州。歌中倾诉一青年小伙对心中姑娘爱恋之情："听吧，我那美丽的姑娘，你宛若湖中盛开的睡莲，早起的蜂儿盼着晨露散尽，好在百花丛中寻觅芳香，吉祥的凤凰要选梧桐落脚，水中鱼儿在碧波中相互追逐，群星啊等待着夕阳西下，才能同星侣在太空中游荡。""天上的仙女也没有你漂亮，水中的鱼儿看到你忘了戏耍，空中的鸟儿看到你无心衔食，树上的松鼠看到你不跳不闹。你的美貌啊，在茫林里闪闪发光。""世上最美的花蕊，世上最美的花瓣是莲花瓣。花蕊啊，是哥哥的心，花瓣啊，是妹妹的心，花蕊花瓣啊永不离分。""花儿要艳丽，要有绿叶扶；花儿要芳香，要有轻风送；阿哥愿做扶花的绿叶，阿哥愿做送香的清风。"佚名吟唱，西娜搜集整理。刊于《山茶》民族文学双月刊1989年第5期，100行。

（岩林）

愿爱情像天柱山一样坚定永久

傣族情歌。流传于云南省盈江县傣族地区。此篇为一姑娘唱给心上人的鹦鹉情歌,首先赞叹美好的季节里使得万物葱茏、百花盛开,人人心情舒畅。其次,感谢鹦鹉给自己带来了心上人的书信。再次,向心上人倾诉无限的思念并祈求"让我俩的爱情像天柱山那样坚实又永久"。佚名唱述,金绍龙搜集。傣文版,16开,13页,400行,稿存德宏傣族景颇族自治州文联《勇罕》编辑部。

(冯霄)

愿我们相爱不分离

傣族情歌。流传于云南省德宏傣族景颇族自治州傣族地区。该歌对男女对唱方式,唱述相爱的情侣不论贫富,情谊永存。歌中唱道:"女:人家用漂亮的绸缎作定情物,我却赠予你薄薄的老土布;别人的定情物是高级的绸缎,我的定情物是不牢固的土布。哥哥啊你要小心来收起,别让爱情摇来晃去;哥哥啊你要好好藏箱底,愿我们相爱永远不分离。男:妹妹织的土布虽然薄,却胜过八色的绸缎绫罗;妹妹织的土布啊,哥哥一辈子珍藏在箱里。"佚名演唱,刀承华采录。收入《中国歌谣集成·云南卷》上,16开,1页,18行,中国ISBN中心2003年版。

(龙江莉)

鹦鹉传情

傣族情歌。流传于云南省德宏傣族景颇族自治州傣族地区。该歌唱述年轻男子借鹦鹉传书,向倾慕的女子表达爱意,希望女子能接受这份爱情。歌中唱道:"传书的鹦鹉啊,你要高高地飞翔,穿过彩云,越过森林,飞过座座峻岭高山,把这书信啊,送到我情人身旁。山草为你出门笑弯腰,金翠鸟为你高兴地歌唱。寻进竹楼成墙的村寨里,哪一家有鲜艳的金菊花开放;待那天仙般的姑娘迎接你,才把悄悄话对她讲。河里流淌的金沙也发亮,地里埋藏的宝石也发光。我日日夜夜把阿妹想念,不管别人说什么,阿哥一颗心紧贴在阿妹的心房。"佚名演唱,管有成、罗玉山采录翻译。收入《中国歌谣集成·云南卷》上,16开,2页,54行,中国ISBN中心2003年版。

(龙江莉)

鹦鹉啊,请替我传书

傣族情歌。流传于云南省德宏傣族景颇族自治州傣族地区。该歌共四段,分别以男女各两段的口吻,唱述相爱男女不能成婚、女子远嫁他乡后两人的悲苦心情,希望借鹦鹉传书表达对对方的思念和问候。歌中唱道:"鹦鹉呀,请你替我向姑娘求爱。金色的春天已到来,万木争荣啊百花开。昆虫鸟兽都懂得情爱,双双对对一起嬉戏多自在。眼前的一切令我心潮澎湃,使我想会心上的荷花不再分开。……半夜三更驼铃叮咚响,我满怀忧伤入梦乡。梦中我依偎在能说会道的哥哥旁,梦中我和哥哥说笑多欢畅。可醒来只有枕头在身旁,我伤心失望眼泪刷刷淌。相思的眼泪偷偷流淌,相思又不敢跟别人讲,闷在心里一点不舒畅。我的心像乱丝线被人扔一旁。要是我会隐身变形体,我要变成鹦鹉飞到你身旁。"佚名演唱,刀承华采录翻译。收入《中国歌谣集成·云南卷》上,16开,4页,210行,中国ISBN中心2003年版。

(龙江莉)

召桑嫡娥

傣族蒙面情歌。歌中唱道:一位名叫召桑的王子,一身戎装,出门寻找心爱的姑娘嫡娥。他翻过一道道山,淌过一条条河流,四处打听心爱的姑娘嫡娥。痴情的召桑,最终都没有找到嫡娥,只见一双双蝴蝶,翩翩飞在花丛中。收入《元江傣族文化·民歌辑》,32开,6页,114行,元江哈尼族彝族傣族自治县傣族协会编,云南出版集团公司、云南人民出版社2013年版。

(依旺的)

只因福分浅薄难够着

傣族情歌。流传于云南元江县傣族聚居区。歌中唱道：哥想摘下天上的星星哟，只因福分浅薄难够着衣兜上装文钱，空走了这趟路。哥想来捧天上的月亮哟，只因生来时运差难办成。筒帕中装银子，白跑了这一转。刀文英唱，许洪畅整理，收入《元江傣族文化·民歌辑》，32开，1页，8行，元江哈尼族彝族傣族自治县傣族协会编，云南出版集团公司、云南人民出版社2013年版。

（依旺的）

主（枝）题歌（庚埂）

傣族情歌。流传于云南元江县傣族聚居区。元江傣族蒙面情歌之一，在元江沿岸傣族村寨传唱，是蒙面情歌中古老的调式，好比一棵大树的主枝干，是蒙面情歌中都有的固定唱词，大多是在赞美对方、贬低自我及不如意的生活环境。一般是先唱主枝调再唱副歌。主题歌是这样唱的："从你家宽敞的大房中走出来，从四周有城墙的大勐（城）来。帅气的你踏进遍地刺棵的寨子，你脚踩满地的朽木来了，我的爹妈啊！踩到刺丛高过头，踏进茅草高过顶；野刺挂发髻，茅草沾衣裳，九只有名的大象进了草丛也见不到背，九条巨龙游过也见不到身影……"。封大妈唱，白云整理。尚未出版发行。

（白云）

早就等着你来跟

傣族情歌。流传于云南省河口瑶族自治县傣族地区。该歌以男女对唱的方式，唱述男女相爱的甜蜜情谊。歌中唱道："男：我对你是那样的真心，想你想得焦心，想你想得要死，生生死死都要跟。女：要跟就来跟，想连就来连，早就等着你来跟，早就等着你来会。"张美珍演唱，罗洪庆采录。收入《中国歌谣集成·云南卷》上，16开，1页，8行，中国ISBN中心2003年版。

（龙江莉）

竹林恋歌

傣族情歌。流传于云南元江县傣族聚居区。这是元江傣族情歌中的"三弦调"之一，是传统傣族唱情歌形式之一，手持三弦（傣语：叮咚）走村串寨约少（约会），是常见的生活场景，目前甘庄傣族仍然保留这一传统的习俗，音调通常是3/4拍子，翻译的字数是5言、7言诗句，韵律优美，朗朗上口，琴音和谐如唱似说，扣人心弦。歌词比较长。男女双方借青竹、毛竹等物抒情，向对方表达了各自的心意。情意绵绵，爱意深深，是元江地区傣族流传时间久、范围广的歌谣之一。白正康、刀正英唱，许洪畅整理，收入《元江傣族文化·民歌辑》，32开，3页，54行，元江哈尼族彝族傣族自治县傣族协会编，云南出版集团公司、云南人民出版社2013年版。

（依旺的）

竹林情

傣族情歌。流传于云南元江县傣族聚居区。歌中唱道：（女）哥哎，芭蕉树下好躲雨，竹林蓬下好挑花。（男）妹哎，栽蕉树得吃芭蕉，竹林蓬下好吹笛。（女）哥也，哥吹笛来妹唱调，摘个芭蕉给哥吃。（男）妹也，芭蕉哥妹俩人吃，妹给哥来哥喂妹。（女）哥也，竹林蓬下好对调，调对上了心酥了。（合）心也给来命也缠。李万来演唱，李万来整理，收入《元江傣族文化·民歌辑》，32开，1页，10行，元江哈尼族彝族傣族自治县傣族协会编，2013年3月，云南出版集团公司、云南人民出版社出版。

（依旺的）

抓鱼情

傣族情歌。流传于云南元江县傣族聚居区。歌中唱道：（男）妹哎，小白鱼水上漂游，小花鱼找石下钻。（女）哥哎，抓小白鱼用网捞，抓小花鱼翻石头。（男）妹哎，小黄鳝田埂掘洞，泥鳅须头守洞口。（女）哥哎，抓小黄鳝掘田埂，抓小泥鳅掐脖颈。（男）妹哎，妹妹抓鱼鱼满篓，背回家去给谁吃。（女）哥哎，妹妹抓鱼给哥吃，哥吃才有力做活。李万来演唱，李万来整理，收入《元江傣族文化·民歌辑》，32开，1页，12行，元江哈尼族彝族傣族自治县傣族协会编，云南出版集团公司、云南人民出版社2013年版。

（依旺的）

找情人

傣族情歌。流传于云南元江县傣族聚居区。歌中唱道：人家缺衣缺裤穿戴哟，出门就能借来穿。阿哥缺少相好的阿妹哟，不知要到哪里找？人家缺票缺银子花哟，出门就能借来花。阿哥缺少相爱的姑娘哟，不知要到何方找？刀宝明唱，许洪畅整理，收入《元江傣族文化·民歌辑》，32开，1页，8行，元江哈尼族彝族傣族自治县傣族协会编，云南出版集团公司、云南人民出版社2013年版。

（依旺的）

坐早田调

傣族情歌。流传于云南省新平彝族傣族自治县漠沙镇。男女对唱，歌词大意为：男唱阿妹啊，你的上衣用紫线扣着，衣领用绿线扣着，穿的裙子十二件，件件用绸缎，裙边连排十二层，层层有花边，美丽得惹人爱；女唱阿哥啊，喜欢妹你就回话，就给妹唱调，就从田埂那头走过来约会吧。白光富演唱，刀明贵、周红芹2008年8月采录，白剑翻译。收入《花腰傣古歌谣》，32开，2页，云南民族出版社2008年版。

（刀庆喜）

织布机最懂妹的心

傣族情歌。流传于云南省西双版纳傣族自治州。唱述年轻姑娘为了早日与恋人结为夫妻，日夜赶织嫁妆的情景，表达了青年男女真挚相爱，渴望结成伴侣的急切心情。唱道："阿哥啊，你别这样伤心，早开的花容易凋谢，迟开的洛木花才经得住风雨冰霜……为了我俩早日结为夫妻，白天晚上妹在赶着织布，织布机最懂得妹的心情。"岩罕胆演唱，英塔南记录，岩温扁翻译。收入《西双版纳傣族歌谣集成》，32开，3页，33行，云南人民出版社1989年版。

（李传宁）

真诚相爱

傣族情歌。流传于云南元江县傣族聚居区。歌中唱道：阿哥既然与阿妹相好哟，光发誓不拜祖宗心不真，话中虽然有对天发誓，到头来一样还是白废话。阿哥既然与阿妹相好哟，光赌咒不拜父母心不诚。话中虽然有对天赌咒，到头来一样还是白费劲。刀文英唱，许洪畅整理，收入《元江傣族文化·民歌辑》，32开，1页，8行，元江哈尼族彝族傣族自治县傣族协会编，云南出版集团公司、云南人民出版社2013年版。

（依旺的）

真心相爱

傣族情歌。流传于云南元江县傣族聚居区。歌词较长。男方先唱，女方跟随。歌词诙谐幽默，借物抒情，富有互相挑逗的氛围，富有情趣。王尽忠、刀兰英唱，收入《元江傣族文化·民歌辑》，32开，4页，79行，元江哈尼族彝族傣族自治县傣族协会编，云南出版集团公司、云南人民出版社2013年版。

（依旺的）

捉鱼

傣族情歌。流传于云南元江县傣族聚居区。歌中唱道：小白鱼漂过水面，小花泥鳅钻进石头底，捉小白鱼要用网撮，捉小花泥鳅要搬动石头，黄鳝鱼钻进田埂，灰泥鳅头伸在洞口，捉黄鳝要捣田埂，捉灰泥鳅要掐它的脖子，泥鳅黄鳝装满篓，拿回家去给谁吃，泥鳅黄鳝给哥吃，哥哥吃了有力气干活计。白会英唱，杨莉萍整理，收入《元江傣族文化·民歌辑》，32开，1页，12行，元江哈尼族彝族傣族自治县傣族协会编，云南出版集团公司、云南人民出版社2013年版。

（依旺的）

做梦也想你

傣族情歌。流传于云南省西双版纳傣族自治州。唱述女青年对恋人的思念心情。歌中唱道："妹最想哥有三个时候，一是蜜蜂歇在花瓣上的时候，二是小鸟停在树枝上的时候，三是铺爬垫给妈睡的时候。哥啊，我做梦也想着你。"依哈演唱，杨力翻译。32开，1页，6行。收入《西双版纳傣族歌谣集成》，云南人民出版社1989年版。

（李传宁）

赞卜少歌

傣族情歌。流传于云南省新平彝族傣族自治县傣族聚居区。歌词大意为：卜少美丽得像花朵，粉红脸庞细柳腰，衣饰靓丽如繁星，腰缠花带似彩虹。满手的银镯，满身的绣花，花街上你最美，看得满街的卜冒直发呆，心里直发慌。白光荣演唱，周红芹2005年8月采录，刀明贵翻译。收入《花腰傣古歌谣》，32开，1页，云南民族出版社2008年版。

（刀庆喜）

赞筒帕

傣族情歌。流传于云南省新平彝族傣族自治县傣族聚居区。歌词大意为：勤劳的傣家人用芒果树做梭，冬青树做纺纱车，卜少纺线织花布，缝成筒帕送阿哥。精工巧织的筒帕人人夸，阿哥拎上筒帕，上江的卜少羡慕地看呆了，下江的卜少看傻了。阿哥拎上筒帕赶花街，其他民族的青年都围着你转。你可别骄傲，也别告诉是谁送的。收入《哀牢山情歌》（第一集）32开，2页，内部资料，新平彝族傣族自治县民族事务委员会编，1985年6月版。

（刀庆喜）

赞美歌

傣族情歌。流传于云南文山壮族苗族自治州马关县傣族聚居区。主要内容：采用男女对唱的形式，反映了对美好爱情生活的向往，阿妹"你那眉毛弯弯如皎月，你鼻子像樱桃，嘴皮红得似牡丹"，"远方的阿哥，你是匹千里马，你的笑脸像樱花，你露出的牙齿像珍珠，你就像万年青那样俊俏，你如青香树一样香，个个姑娘都爱你。"陶保全、陶友珍演唱，白家祥翻译，董品尧搜集记录。尚未公开出版发行。

（张元波）

赞筒帕

傣族情歌。流传于云南省玉溪市傣族地区。歌中唱道：赞美傣家小卜少（姑娘）精工巧织的筒帕（小挂包）。姑娘祝愿心爱的小卜冒（小伙子）挂着筒帕出门、赶街，让别人看了夸奖、羡慕。歌的后面几句这样唱道："阿哥呀！你挂着筒帕到上江，上江的姑娘，羡慕筒帕看呆了；阿哥呀！你挂着筒帕去下江，下江的姑娘，赞美筒帕看傻了；阿哥呀！你挂上筒帕去赶街，引来其他民族的青年跟着你转。傣家的卜宰（男人）更爱它。阿哥呀！你不要骄傲，只能自豪，可千万不要告诉他们是谁给你的。"佚名演唱，张易元搜集、整理。收入《玉溪地区民间文学资料选》第二集，32开，2页，22行，玉溪地区群众艺术馆1984年编印。

（郭玉萍）

小卜哨的人材好

傣族情歌。流传于云南元江县傣族聚居区。歌中唱道：小卜哨的人材好，小卜哨的脸蛋哟，生来就像芭蕉花一样的娇嫩。你一走出家门口哟，千万双眼睛就把你盯住。小卜哨的腰身哟，长得就像橄榄枝一样美。你才走出寨门口哟，千万张嘴巴就把你来夸奖。小卜哨的人材好哟，天生就像仙女一样漂亮。你刚出现在坝里面，千人万人就开始赞美你。刀文英唱,许洪畅整理,收入《元江傣族文化·民歌辑》,32开,1页,12行,元江哈尼族彝族傣族自治县傣族协会编,云南出版集团公司、云南人民出版社2013年版。

(依旺的)

小卜少瞧上小卜冒女

傣族情歌。流传于云南元江县傣族聚居区。歌中唱道:我阿妹从小哟,脸就生得黑,一条河水也洗不白。出门不敢给人家瞧,说来真痛苦。我阿妹从小哟,样子就生得丑,穿上十件漂亮衣服不遮丑。出村不敢给人见。说来不该生在这世上。男:阿妹说从小哟,脸就生得黑,阿哥说不黑。要说黑哟,就像染靛一样黑,越看越好看。阿妹说从小哟,样子生得丑,阿哥说不丑。要说丑哟,就像丑鸭子,越看越耐看。刀宝明、杨秀仙唱,许洪畅整理,收入《元江傣族文化·民歌辑》,32开,1页,16行,元江哈尼族彝族傣族自治县傣族协会编,云南出版集团公司、云南人民出版社2013年版。

(依旺的)

赞小伙子

傣族情歌。流传于云南省新平彝族傣族自治县。唱述姑娘对小伙子的爱慕之情。歌中唱道:小伙子啊!你就像骏马一样强壮,我把你呀早爱上……小伙子你真清秀,就像万年青那样俊俏,就像发维良(一种草本植物)放出异香。多少姑娘都爱着你哟!多少姑娘都把你日思夜想。佚名唱述,周鼎、黄富记录。收入《玉溪歌谣》,32开,1页,13行,云南民族出版社1989年版。

(郭玉萍)

载哥的葫芦丝

傣族情歌。流传于云南省德宏傣族景颇族自治州傣族地区。该歌唱述女子期待情郎吹响葫芦丝,邀约相会的急切心情。歌中唱道:"载哥的葫芦丝怎么还不吹响?卜少的心已快跳出胸膛。不知载哥去串寨还是去赶摆?不知载哥有何忧愁心不畅?卜少我终日把你猜想。……载哥的葫芦丝在晚风中荡漾,凤尾竹梢发出合拍的清响。归宿的小鸟已不再歌唱,大青树下是情人温柔的梦乡,阿妹和载哥都把好日子盼望。载哥的葫芦丝吹出了阿妹的梦想,夜幕下的竹楼闪现着希望之光。边疆的幸福之花已经开放,这幸福的村寨会有我们的新房。"佚名演唱,杨道源采录翻译。收入《中国歌谣集成·云南卷》上,16开,1页,36行,中国ISBN中心2003年版。

(龙江莉)

寨子里的小阿妹

傣族情歌。流传于云南元江县傣族聚居区。歌中唱道:(男)寨子里的小阿妹哟,就像一棵嫩绿的小秧苗。柔软的身段哟,格外惹人喜爱。寨子里的小阿妹哟,就像一棵金黄色的谷穗。芬芳的飘香哟,格外令人陶醉。(女)寨子里的小阿哥哟,就像一颗玛瑙石。五颜六色的光彩哟,格外令人赞美。寨子里的小阿哥哟,就像一颗红宝石。闪闪发亮的光芒哟,能把夜空照亮。白有福、封学珍唱,许洪畅整理,收入《元江傣族文化·民歌辑》,32开,1页,16行,元江哈尼族彝族傣族自治县傣族协会编,云南出版集团公司、云南人民出版社2013年版。

(依旺的)

寨子里的姑娘等你来娶

傣族情歌。流传于云南元江县傣族聚居区。歌中唱道:(女)寨子里的姑娘哟,个个生得俏。阿哥娶媳妇头朝外边看,真让人想不到。寨子里的姑娘哟,人人长得美,阿哥上门做姑爷还要别处去?真使人想不通。(男)不是姑娘想得到想不到呢问题哟,想到了又怎样。阿哥娶媳妇不是挨近呢不愿娶,是人家姑娘话中无留意。是姑娘想得通想不通呢问题哟,想通了又怎样。阿哥上门做姑爷不是挨近呢不愿做,是人家姑娘眼光看不上。

白有福、杨秀仙唱，许洪畅整理，收入《元江傣族文化·民歌辑》，32开，2页，32行，元江哈尼族彝族傣族自治县傣族协会编，云南出版集团公司、云南人民出版社2013年版。

（依旺的）

九、儿歌

猜虫歌

傣族儿歌。流传于文山壮族苗族自治州马关县傣族聚居区。主要内容：爬碗边的虫是什么虫，爬碗边的虫是苍蝇。爬锅铲的虫是什么虫，爬锅铲的虫是灶妈虫。木板下的虫是什么虫，木板下的虫是草鞋虫。吃木料的虫是什么虫，吃木料的虫是蛀虫。抱竹子的虫是什么虫，抱竹子的虫是红竹虫。九道花的虫是什么虫，九道花的虫是大黄蜂。虫做儿的蜂是什么蜂，虫做儿的蜂是小黑蜂。数不清脚的虫是什么虫，数不清脚的虫是多脚虫。会夹耳朵的虫是什么虫，会夹耳朵的虫是小夹虫。团辘辘的虫是什么虫，团辘辘的虫是滚山珠。跳得最高的虫是什么虫，跳得最高的是虼蚤。最羞人的虫是什么虫，羞着人的虫是虱子虫。没心肺的虫是什么虫，没心肺的虫是知了虫。王春寿、刀美青演唱，白家祥搜集整理。尚未公开出版发行。

（张元波）

猜调

傣族儿歌。流传于云南省新平彝族傣族自治县傣族聚居区。歌词大意：挂着甩叮当的是芒果，倒挂钩的是酸角，浑身有刺的是菠萝，皮凹凸不平的是荔枝，会过河的是枇杷果，抱树干长的是槟榔，在叶子下面结的是茄子，在叶子上面结的是苦果，在地底下结的是花生，四条腿走路的是麂子，四脚爬的是乌龟。白光荣演唱，周红芹2005年8月采录，刀明贵翻译。收入《花腰傣古歌谣》，32开，2页，云南民族出版社2008年版。

（刀庆喜）

荡秋千（一）

傣族儿歌。流传于云南省西双版纳傣族自治州。唱述儿童荡秋千时的欢愉情景。歌中唱道："荡呀荡，摆呀摆，老爹摆景东，波罕去经商，空手赶路去，双手勤劳动，骑马转回来，赚得金满袋，娶妻转回来，一路串街街，荡呀荡，摆呀摆，好在罗，好在罗。"依旺演唱，杨力翻译。收入《西双版纳傣族歌谣集成》，32开，1页，10行。云南人民出版社1989年版。

（李传宁）

荡秋千（二）

傣族儿歌。流传于云南省西双版纳傣族自治州。歌唱小孩荡秋千时，胆怯、紧张、惊喜的心情和在风中飘荡的欢喜场面。歌中唱道："秋千飞，秋千甩，好自在，上青天。绳子拴在柳枝上，鸟儿飞在头顶上，胖胖的依念哭叽叽，秋千上天心惊惊；瘦瘦的依腊哭嘻嘻，秋千撑着白云飞。"依哈等演唱，杨力翻译。收入《西双版纳傣族歌谣集成》，32开，2页，21行，云南人民出版社1989年版。

（李传宁）

荡秋千（三）

傣族儿歌。流传于云南省西双版纳傣族自治州。歌中唱道："喔哟，荡起来，小鱼小虾摸一篓；喔哟，荡起来，泡牛皮蘸酱油；喔哟，荡起来，油炸大肠挂屋旁；喔哟，荡起来，满园的甘蔗咪涛栽；喔哟，荡起来，我的小屋波涛盖；喔哟，荡起来，骑着牛儿串村寨。"玉燕演唱，西娜翻译。

收入《西双版纳傣族歌谣集成》，32开，2页，12行，云南人民出版社1989年版。

（李传宁）

荡秋千（四）

傣族儿歌。流传于云南省西双版纳傣族自治州。歌中唱道："荡起秋千逛景东，骑着马儿走京城，走京城，好做官，一做做个大官人。荡起秋千赶摆去，骑着大象做生意，做生意，得金银，买床帕垫娶新娘。"玉燕演唱，西娜翻译。收入《西双版纳傣族歌谣集成》，32开，2页，10行，云南人民出版社1989年版。

（李传宁）

放牧

傣族儿歌。流传于云南省德宏傣族景颇族自治州傣族地区。唱述儿童放牧的情景。唱道："哆、哆、哆，牛铃声声响，赶着牛群去放牧，不让吃着秧苗田，让它去到草茂处，头头肥壮喜心怀。"佚名吟诵，孟成信、快永胜搜集、整理。收入《傣族儿歌》，傣文版，36开，7行。云南民族出版社1989年版。

（快永胜）

公鸡歌

傣族儿歌。流传于云南省西双版纳傣族自治州傣族地区。歌中唱道："公鸡关在笼子里，挂在楼梯柱头上，天天喂它谷，天天喂它水，鸡叫太阳出，日落鸡闭眼。我家小公鸡，天天催人勤，鸡叫三遍时，妈妈就起身，烧火又舂碓，碓声响咚当，家家都一样。"鲊悍演唱，应塔南搜集，岩温扁翻译。收入《西双版纳傣族歌谣集成》，32开，2页，29行，云南人民出版社1989年版。

（龙江莉）

各类菜

傣族儿歌。流传于云南省德宏傣族景颇族自治州傣族地区。此首儿歌对各类菜的名称（包括野生、栽种的）及特点进行排列和描述，语言押韵，便于儿童记忆和增长知识："泥巴里长的是香菜，香气扑鼻的是茴香，最嫩的是五叶菜，长尾巴的是萝卜菜（叶），互相包送的是腌菜，肉嫩的是莴笋，有骨头的是老菜，一节一节的是鱼芯菜，像肠子的是薇菜，头最多的是马蹄菜，肉色像银的是白菜……"共唱述42种菜。佚名吟诵，孟成信、快永胜搜集、整理。收入《傣族儿歌》，傣文版，36开，42行，云南民族出版社1989年版。

（快永胜）

各种水果

傣族儿歌。流传于云南省德宏傣族景颇族自治州傣族地区。这是一首唱述各种水果并指出其特点的儿歌，语言押韵便于儿童记忆："芒果树上葡萄绕，吃了回甜是橄榄，连刺吃的是花椒，苦又涩的是苦子果，肉红的是李子，皮带毛的是桃子，又熟又甜的是柿子，深绿色的是酸木瓜，屁股倒着的是石榴……"。佚名吟诵，孟成信、快永胜搜集、整理。收入《傣族儿歌》，傣文版，36开，23行，云南民族出版社1989年版。

（快永胜）

赶麻雀歌

傣族儿歌。流传于云南省西双版纳傣族自治州傣族地区。歌中唱道："一窝窝飞进，啄食在谷田里，一窝窝飞出，啄食在果林里。大家齐力赶出去，才有丰收好年景。"岩胆演唱，重美萍翻译。收入《西双版纳傣族歌谣集成》，32开，1页，6行，云南人民出版社1989年版。

（龙江莉）

该撒秧

傣族儿歌。流传于云南省文山壮族苗族自治州马关县傣族聚居区。主要内容："小青蛙，闹喳喳，丘丘田水汪汪，生依斋播种，生依少拔秧，栽的在前头，拔的在后边。"王春寿、刀美青演唱，白家祥搜集整理。尚未公开出版发行。

（张元波）

鬼妈妈

傣族儿歌。流传于云南省景洪县傣族地区。该儿歌既是哥姐哄弟妹的顺口溜，又是母亲让孩子入睡的催眠曲，但要在环境和条件具备的情况下才哼唱，表示对弟妹或孩子的亲昵。歌中唱道："鬼啊鬼，鬼妈妈，快给儿洗澡，太阳落山了，波嘎卖青苔，玉奶卖芭蕉，妹妹睡着了，弟弟别乱叫。"咪依腊演唱，岩温扁采录翻译。收入《中国歌谣集成·云南卷》上，16开，1页，8行，中国ISBN中心2003年版。

（龙江莉）

火烧山

傣族儿歌。流传于云南省新平彝族傣族自治县傣族聚居区。歌词大意为：好妹妹在曼拉能，有茄子花的是曼偏哈，东峨的田干旱，淳朴的卜少在曼索铺，曼妹的人会说话，爱说谎话的是曼坡哈，曼丙尖的母狗多，曼丙乙的酸角树多，曼那引爱种金豆。白光富演唱，周红芹、刀明贵2008年8月采录，白剑翻译。收入《花腰傣古歌谣》，32开，1页，云南民族出版社2008年版。

（刀庆喜）

红翅膀的小鸟

傣族儿歌。流传于云南省西双版纳傣族自治州傣族地区。歌中唱道："小鸟小鸟，红翅膀，飞啊飞啊，歇在黄瓜架，黄瓜架子妈妈搭。飞啊飞啊，歇在布机上，布机嚓嚓妈妈忙。飞啊飞啊，歇在榕树上，爸爸拿起枪，瞄呀瞄呀，瞄不上，小鸟拍拍红翅膀，飞啊飞啊，鸟飞翔。"波罕勒演唱，刀新华搜集，西娜翻译。收入《西双版纳傣族歌谣集成》，32开，1页，16行，云南人民出版社1989年版。

（龙江莉）

黑翅膀的小鸟

傣族儿歌。流传于云南省西双版纳傣族自治州。歌中唱道："黑翅膀的小鸟，闷进水里去吃鱼，湿了翅膀潮了尾巴，懒懒躺在草地上，噼哩啪啦拍着草，想找伴儿来跳舞；年纪不到十六五，就想找老婆，实在难实在羞。"歌中以未成熟的"黑翅膀的小鸟"作比喻，唱述青少年的心理特征。依哈等演唱，杨力翻译。收入《西双版纳傣族歌谣集成》，32开，1页，9行，云南人民出版社1989年版。

（李传宁）

讲卫生

傣族儿歌。流传于云南省德宏傣族景颇族自治州傣族地区。傣文是韵律诗。译文：小小儿童讲卫生，天天勤洗脸，衣裤常换洗，不吃变质果，两手常干净，鼻子不流涕，消灭鼠苍蝇，灭光蚊子和跳蚤，家居干净又卫生，各种病远离，天天乐无边。佚名创作、吟诵，孟成信、快永胜搜集、整理，快永胜译。收入《傣族儿歌》，傣文，36开，1页，11行，云南民族出版社1989年版。

（快永胜）

捡芒果

傣族儿歌。流传于云南省西双版纳傣族自治州傣族地区。歌中唱道："小风吹去，大风吹来，芒果落下，哦，哦。小风吹去，大风吹来，芒果遍地，喔，喔。"波岩勒演唱，刀新华搜集，西娜翻译。收入《西双版纳傣族歌谣集成》，32开，1页，8行，云南人民出版社1989年版。

（龙江莉）

老鹰叼小鸡

傣族儿歌。流传于云南省西双版纳傣族自治州傣族地区。该歌是儿童们做老鹰叼小鸡游戏时吟唱的儿歌。歌中唱道："咻咻咻，快快跑，咻咻咻，快快飞，快快旋转，快快跑。抓住他，捉住你。咻咻咻，抓住了，咻咻咻，捉住了。"波岩勒演唱，刀新华搜集，西娜翻译。收入《西双版纳傣族歌谣集成》，32开，1页，12行，云南人民出版社1989年版。

（龙江莉）

老虎抱蛋

傣族儿歌。流传于云南文山壮族苗族自治州马关县傣族聚居区。主要内容："你抱蛋，我偷蛋。要是揣不着，你就抱到太阳落。"王春寿、刀美青演唱，白家祥搜集整理。尚未公开出版发行。

（张元波）

鹭鸶啊鹭鸶

傣族儿歌。流传于云南省德宏傣族景颇族自治州傣族地区。采用一问一答形式唱述。译文是："鹭鸶啊鹭鸶，你为什么不啄鱼？因为鱼不出来。鱼啊你为什么不出来？水草蒙着我。水草啊水草，你为啥蒙住鱼？牛不来吃我。牛啊牛你为什么不去吃草？主人不放我出去。主人啊主人你为什么不放牛出来？因为甑子里的饭还不熟。甑子啊为什么还没把饭蒸熟？我的柴不干。柴啊柴你为啥不干？因为下雨。雨啊雨你为什么要下？因为猴子来摇树。猴子啊猴子你为什么要摇树？因为蚂蚁来叮我的屁股。佚名吟诵，孟成信、快永胜搜集、整理。收入《傣族儿歌》，傣文版，36开，1页，19行，云南民族出版社1989版。

（快永胜）

哪个要小娃快来拿

傣族儿歌。流传于云南省西双版纳傣族自治州傣族地区。该歌唱女人遭丈夫抛弃后，想将孩子送给别人。歌中唱道："一行行进，一行行出，小娃娃，哭啼啼，马蹄草，满田埂，男人家，心肠狠，哪个要小娃，快来拿。"依叫双、依光叫演唱，杨力搜集，岩炳翻译。收入《西双版纳傣族歌谣集成》，32开，1页，10行，云南人民出版社1989年版。

（龙江莉）

坡地紫米不如田里紫米

傣族儿歌。流传于云南省西双版纳傣族自治州。唱述的是小孩子被晚娘虐待时求饶的情景。歌中唱道："坡地紫米呵，不如田里紫米，我的晚娘呵，不如我的亲娘。晚娘一声呵斥，孩儿急忙跪下，求求你了，不要把我打骂，你才当了三天的妈妈。"佚名唱述，刀新华搜集，西娜翻译整理。收入《西双版纳傣族歌谣集成》，32开，1页，9行，云南人民出版社1989年版。

（李传宁）

枇杷果

傣族儿歌。流传于云南省新平彝族傣族自治县傣族聚居区。歌词大意为：溪边的枇杷果熟了，眼见眼不会走，脚走；脚走脚不会摘，手摘；手摘手不会吃，嘴吃；嘴吃嘴不会嚼，牙齿嚼；牙嚼牙不会咽，脖子咽；脖咽脖不会饱，肚子饱；肚饱肚不拉，屁股拉；屁股拉屁股不臭，鼻子才能闻；鼻子闻到臭却不会说话，嘴才会说。白光荣演唱，周红芹2005年8月采录，刀明贵翻译。收入《花腰傣古歌谣》，32开，1页，云南民族出版社2008年版。

（刀庆喜）

攀枝花调

傣族儿歌。流传于云南省西双版纳傣族自治州傣族地区。该歌是一首唱述攀枝花生长过程的儿歌。歌中唱道："三月里，攀枝花儿像螺蛳，头圆屁股尖，长在树头上，压弯大树枝。四月来到花开放，花瓣红似火，看去像红伞，映红山和水，招来白鸟闹喧天。闹声静下来，五月来到了，攀枝改树装，收起红伞做妈妈，生儿养女结绿果，果子像黄瓜，比芭蕉还大。"佚名演唱，佚名记录翻译。收入《西双版纳傣族歌谣集成》，32开，2页，35行，云南人民出版社1989年版。

（龙江莉）

十二月歌

傣族儿歌。流传于云南省德宏傣族景颇族自治州傣族地区。这是一首语言短小精悍、表现傣民族稻作文化特色的儿歌，歌词每一句抓住一个月中比较能代表季节变化特点的人、事、物，刻画出傣乡十二月的田间风光基本概貌："……三月橄榄熟枝上，四月姑娘织布雕花穿梭忙，五月山花儿烂漫，六月大沟小沟水声响……"佚名吟诵，孟成信、快永胜搜集、整理。收入《傣族儿歌》，傣文版，36开，17行。云南民族出版社1989年版。

（快永胜）

十月歌

傣族儿歌。流传于云南省德宏傣族景颇族自治州傣族地区。此歌唱述十个月的物候变化来达到教育儿童认识自然的目的。歌词是："一月鱼儿跃水塘，二月鱼儿水中欢，三月姑娘织布忙，四月织布雕花忙，五月洋桃熟满枝，六月树叶落满地，七月水边人钓鱼，八月人插秧田间，九月秧苗绿油油，十月烘晒稻谷忙。"佚名吟诵，孟成信、快永胜搜集、整理。收入《傣族儿歌》，傣文版，36开，10行，云南民族出版社1989年版。

（快永胜）

杀猪歌

傣族儿歌。流传于云南省西双版纳傣族自治州傣族地区。歌中唱道："大肥猪，吆进圈，跑出来，老虎咬，跑出外，老虎抬。曼卖寨打鼓，曼奴寨打镲，曼卖寨杀猪，曼奴寨也杀猪。"依双叫演唱，杨力翻译。收入《西双版纳傣族歌谣集成》，32开，1页，10行，云南人民出版社1989年版。

（龙江莉）

守蔗园

傣族儿歌。流传于云南省西双版纳傣族自治州傣族地区。该歌唱述儿童们守甘蔗园的生活情景。歌中唱道："外朗喝（老甘蔗），外朗弄（嫩甘蔗），节大节小棵棵壮，白天母猪要去拱，黑夜老鼠要来啃。谁要贪睡守枕头，谁要勤快守蔗园，赶去只只馋嘴贼，榨车响时蔗糖甜。"依康竜演唱，车成礼翻译。收入《西双版纳傣族歌谣集成》，32开，1页，8行，云南人民出版社1989年版。

（龙江莉）

吹雀蛋

傣族儿歌。流传于云南文山壮族苗族自治州马关县傣族聚居区。主要内容："小雀叫喳喳，就有雀蛋啦。雀蛋在哪里，雀蛋在树窠。我们吹雀蛋，赛过老鹅蛋"。王春寿、刀美青演唱，白家祥搜集整理。尚未公开出版发行。

（张元波）

谁和小娃来相亲

傣族儿歌。流传于云南省西双版纳傣族自治州傣族地区。歌中唱道："巴西呆（鱼名），呆小鱼，鱼篓缝缝密，越密越要挤。黑小妹，小妹黑，勐遮小妹小玉金，谁和小妹来相亲。"依怀演唱，杨力翻译。收入《西双版纳傣族歌谣集成》，32开，1页，8行，云南人民出版社1989年版。

（龙江莉）

谁比谁厉害

傣族儿歌。流传于云南省德宏傣族景颇族自治州傣族地区。这是一首旨在教育儿童懂得世间万物一物克一物的道理，教育儿童做人要谦虚，要会尊重别人：狂风说它力最猛，可它吹不动田埂；水牛说它最横蛮，缰绳拴它的鼻孔；缰绳说它最牢，小小老鼠能把它啃咬断；小小老鼠说它最有能耐，花猫逮着你找死；花猫说它有本事，大黄狗能把它摔得粉身碎骨；大黄狗说它本领高，牢固的铁索拴住你能奈何？佚名吟诵，孟成信、快永胜搜集、整理。收入《傣族儿歌》，傣文版，36开，14行。云南民族出版社1989年版。

（快永胜）

谁来安慰我

傣族儿歌。流传于云南省西双版纳傣族自治州傣族地区。歌中唱道："衣服湿了，谁来帮晒？衣服烂了，谁来帮补？我难过了，谁来安慰我？"依腊演唱，杨力翻译。收入《西双版纳傣族歌谣集成》，32开，1页，6行，云南人民出版社1989年版。

（龙江莉）

昙花开啦

傣族儿歌。流传于云南省西双版纳傣族自治州傣族地区。歌中唱道："蒜头是疙瘩头，人家剥大蒜头，人家走来走去过桥头，人家揉来揉去揉线头，人家扒来扒去找虱子头。弯良花开了昙花开，昙花开啦，晚上好新鲜。"依光叫演唱，杨力翻译。收入《西双版纳傣族歌谣集成》，32开，1页，8行，云南人民出版社1989年版。

（龙江莉）

玩黄花牛

傣族儿歌。流传于云南省西双版纳傣族自治州傣族地区。歌中唱道："你们玩什么？玩牛牛。什么牛？黄花牛。你们扎什么？扎花花。什么花？大红花。红花在哪里？在头上。头在哪里？在肋骨上。肋骨在哪里？在脚上。胆罕啦，胆罕啦！"岩胆、依班演唱，重美萍翻译。收入《西双版纳傣族歌谣集成》，32开，1页，16行，云南人民出版社1989年版。

（龙江莉）

小鸟吃百花

傣族儿歌。流传于云南省西双版纳傣族自治州傣族地区。歌中唱道："小鸟吃白花，红花黄花紫蓝花，风吹月儿上，小鸟心着慌，鸟归林睡一觉，明早再吃花。"波岩勒演唱，刀新华记录，西娜翻译。收入《西双版纳傣族歌谣集成》，32开，1页，6行，云南人民出版社1989年版。

（龙江莉）

小绒鸡

傣族儿歌。流传于云南省西双版纳傣族自治州傣族地区。该歌原本是青年男女荡秋千时对唱的情歌，但长者常将此歌教给儿童吟唱，以此唤起自己对美好爱情生活的回忆。歌中唱道："女：有只乖嘴小灵雀，千声万声喜欢我，喜欢我的羽毛美，喜欢我的笑声多。男：有只美丽小绒鸡，洁白温柔像棉朵，全身上下香醉人，阿哥从头爱到脚。"佚名演唱，依康竜搜集，车成礼翻译。收入《西双版纳傣族歌谣集成》，32开，3页，40行，云南人民出版社1989年版。

（龙江莉）

小雀找饭

傣族儿歌。流传于云南文山壮族苗族自治州马关县傣族聚居区。主要内容："小雀刨墙根，秧鸡走秧脚。小雀早饭在墙根，秧鸡晚饭在秧脚。"王春寿、刀美青演唱，白家祥搜集整理。尚未公开出版发行。

（张元波）

小斑鸠

傣族儿歌。流传于云南省西双版纳傣族自治州傣族地区。该歌用小斑鸠比喻可怜小女孩，遭受后母的虐待悲哀度日。歌中唱道："可怜小斑鸠，地头咕咕叫，可怜母秧鸡，哭把女儿找。慈母闭目离人间，阿爹娶了'咪拿'（后母），咪拿时时瞟白眼，我口含红糖咽不甜。地头斑鸠是我的影，沟边秧鸡是妈的魂，求爹啊发发善心，把你的小女儿怜悯。"咪康叫演唱，岩温扁翻译。收入《西双版纳傣族歌谣集成》，32开，1页，12行，云南人民出版社1989年版。

（龙江莉）

洗澡歌

傣族儿歌。流传于云南省西双版纳傣族自治州傣族地区。该歌是妈妈为孩子洗澡时唱给孩子逗乐的歌。歌中唱道:"妈妈抬张凳子,坐在河岸边,龙崽脱了裤子,玩在河中间。大象在河头玩,豹子在河尾洗,龙崽只好在河中间。大象大,豹子凶,占着地方更威风。"依怀演唱,杨力翻译。收入《西双版纳傣族歌谣集成》,32开,1页,10行,云南人民出版社1989年版。

(龙江莉)

星星伴月亮

傣族儿歌。流传于云南省景洪县傣族地区。歌中唱道:"姑娘春米冬天里忙,蚂蚱伴她咕哩咕哩地吹,神龙伴她絮哩絮哩地飞,土狗穿梭般地忙,地鸡不停地逗白话。月亮啊月亮,星星啊星星,月亮伴星星,星星伴月亮。"依叫双演唱,杨力采录、翻译。收入《中国歌谣集成·云南卷》上,16开,1页,9行,中国ISBN中心2003年版。

(龙江莉)

勤学好儿童

傣族儿歌。流传于云南省德宏傣族景颇族自治州傣族地区。此歌唱述孩童如何从小树立爱学习、爱知识的观念,并点出无知识、无本领的结果:小时不爱学,长大如牛脚底板的杂草;小时吊儿郎当,长大债缠身;儿时不勤学,长大就如睁眼瞎。佚名吟唱,孟成信、快永胜搜集、整理。收入《傣族儿歌》,傣文版,36开,19行,云南民族出版社1989年版。

(快永胜)

月儿下

傣族儿歌。流传于云南省德宏傣族景颇族自治州傣族地区。此儿歌以一问一答的形式演唱。译文是:"朋友呀,出来玩!等一下,我正给弟妹喂饭;喂什么饭?喂鸭肝鸡肝,来分给我们的弟妹行吗?不给,我怕我妈骂。你妈到哪里去了?我妈去山上采摘进新房用的叶子。什么新?刀子的新带。什么刀?砍藤子的刀。什么藤?拴狗藤。什么狗?咬野猫的狗。什么野猫?咬鸡的野猫。什么鸡?扒土的鸡。什么土?水边的土。什么水?支鱼笼的水。什么笼?支鱼的笼。什么鱼?像刀子的鱼。什么刀?把头剃得光光的刀!"佚名吟诵,孟成信、快永胜搜集、整理。收入《傣族儿歌》,傣文版,36开,2页,32行,云南民族出版社1989年版。

(快永胜)

月亮和星星

傣族儿歌。流传于云南省新平彝族傣族自治县傣族聚居区。儿歌形象地介绍了各种动植物,歌词大意为:月亮和星星,星星躲进云彩。汉族染线,傣族染衣服,谁的衣服多,玉波的衣服多。玉波撕纸,纸糊马鞍。狗拉套,猫扛犁,鸭戴帽,狗拄拐,鹅进笼,黄鳝吹口哨,泥鳅叫,叫进大青树洞,青树果无汁,槟榔无核,丁雀呼叫情郎,画眉弹琴,蝙蝠骑马,肥猪捡菜,母马砍柴。白光富演唱,周红芹、刀明贵2008年8月采录,白剑翻译。收入《花腰傣古歌谣》,32开,1页,云南民族出版社2008年版。

(刀庆喜)

游天边

傣族儿歌。流传于云南省景洪县傣族地区。该歌是情窦初开的女孩们荡秋千玩耍时唱的歌,借荡秋千的快乐心情憧憬心目中向往已久的美好爱情。歌中唱道:"荡啊荡,飞啊飞,落到藤蓬瓜果园,摘瓜摘豆带回家,嚼嚼槟榔回味甜。……姑娘垂头下木梯,双手搓眼泪涟涟。伤心哭泣找什么,要找一对金翅膀,金翅插身飞得快,好追心中小情郎。姑娘飞到曼龙匡(地名),忙把酸菜摆街前,酸菜味美惹人馋,痴情小伙多给钱。"佚名演唱,依康竜采录,车成礼翻译。收入《中国歌谣集成·云南卷》上,16开,1页,36行,中国ISBN中心2003年版。

(龙江莉)

游戏儿歌

傣族儿歌。流传于云南省德宏傣族景颇族自治州傣族地区。该歌分三段，均为儿童们做游戏时唱的歌。歌中唱道："来来来，大家搭好手，手指转回点，小鸟急飞走，叫叽叽喳喳，远离好朋友，躲进草林里，草林深处留，老虎张开口，被老虎咬着。""荡呀荡，荡秋千，落到林间，吃上瓜呀，吃上饭；落到景千（地名），吃到槟榔。落到河边，养上牛呀养上马。"佚名演唱，岩温龙采录翻译。收入《中国歌谣集成·云南卷》上，16开，1页，23行，中国ISBN中心2003年版。

（龙江莉）

燕子歌

傣族儿歌。流传于云南省西双版纳傣族自治州傣族地区。该歌唱述人与燕子和谐相处，人爱燕，燕爱人。歌中唱道："房子有燕窝，主人也欢乐，人爱燕，燕爱人，同居共住建村寨，热热闹闹度人间。十月到，燕飞了，待到明年三月间，欢迎燕再来。到那时，茅房又新盖，房梁稳，草排新，你高兴，再做窝。"咪依涛演唱，应塔南搜集，岩温扁翻译。收入《西双版纳傣族歌谣集成》，32开，2页，38行，云南人民出版社1989年版。

（龙江莉）

捉青蛙

傣族儿歌。流传于云南省文山壮族苗族自治州马关县傣族聚居区。主要内容："小娃娃，捉青蛙。青蛙跳，娃娃笑。青蛙跳过三丘田，小娃哭三年。"王春寿、刀美青演唱，白家祥搜集整理。尚未公开出版发行。

（张元波）

捉黄鳝

傣族儿歌。流传于云南省文山壮族苗族自治州马关县傣族聚居区。主要内容："小姑娘小伙子捉黄鳝，一个在上埂栽，一个在下埂转，跑到日当空，跑到日落坡，找不着洞，捉不着一条身像牛打滚，脸像小花雀。"王春寿、刀美青演唱，白家祥搜集整理。尚未公开出版发行。

（张元波）

怎样才能说

傣族儿歌。流传于云南省德宏傣族景颇族自治州傣族地区。此歌主要让儿童记住动植物及人们的各种活动特点：公鸡拴木上睡，小鸟树上宿，草场牛吃草，秧苗撒田间，瓜熟蒂才落，水菜用碓舂，最勤快是蜘蛛，碰碰撞撞是发火，撒网是拿鱼人（渔夫），眼睛会传情是新媳妇……佚名吟诵，孟成信、快永胜搜集、整理。收入《傣族儿歌》，傣文版，36开，23行，云南民族出版社1989年版。

（快永胜）

种瓜秧

傣族儿歌。流传于云南省西双版纳傣族自治州。歌唱小孩子与小动物玩种瓜秧的游戏。盼望瓜秧快结果，小朋友们一起来摘瓜。歌中唱道："小鸟小鸟红翅膀，翩翩飞落青藤上，青藤起落荡悠悠，乐得小鸟唧唧唱。诺秀囡（一种鸟），诺燕罕（一种鸟），谁愿做我好伙伴，你啄坑，它找肥，我来点籽育瓜秧。瓜秧瓜秧快抽藤，上架结瓜圆又胖，男孩女孩来摘瓜，瓜儿骨碌滚进筐。"依康竜演唱，车成礼翻译。收入《西双版纳傣族歌谣集成》，32开，2页，12行，云南人民出版社1989年版。

（李传宁）

种瓜秧

傣族儿歌。流传于云南省西双版纳傣族自治州傣族地区。该歌唱儿童们栽种瓜秧的稚趣。歌中唱道："小鸟小鸟红翅膀，翩翩飞落青藤上，乐得小鸟唧唧唱，诺秀囡（鸟名），诺燕罕（鸟名），谁愿做我好伙伴。你啄坑，它找肥，我来点籽育瓜秧。瓜秧瓜秧快抽藤,上架结瓜圆又胖,男孩女孩来摘瓜,瓜儿骨碌滚进筐。"依康竜演唱,车成礼翻译。收入《西双版纳傣族歌谣集成》,32开,1页,12行,云南人民出版社1989年版。

(龙江莉)

粘知了

傣族儿歌。流传于云南省西双版纳傣族自治州。歌唱傣族小孩子用糯米饭团去粘知了的情景。歌中唱道:"粘知了,粘知了,哪儿有,哪儿叫,叶说不知道,花说不知晓,小猫咪咪叫,小狗汪汪叫,叽哩叽哩,叽哩叽哩,知了啊别飞了,知了啊别淘气,送你小团糯米饭,粘住了,粘住了,叽哩哩,叽哩哩。"咪香叫演唱,应塔南搜集,岩温扁翻译。收入《西双版纳傣族歌谣集成》,32开,2页,16行,云南人民出版社1989年版。

(李传宁)

十、其他歌谣

逼嫁调

傣族苦歌。流传于云南省新平彝族傣族自治县傣族聚居区。歌词大意为：寨子里的卜少你最漂亮，从小我们青梅竹马却不能在一起，你的父母为了好聘礼把你嫁出去，可他们却不知你在婆家没人留碗筷，无人心疼你。想你每日泪涟涟，日子艰辛。想见心上人又不敢去见你，怕你被打被骂，江水悠悠长，想你更悠长，芦叶缠绵绵，思你更缠绵。孤单的日子日复一日，无人来做伴，伤心流泪与谁来诉说。白光荣演唱，白剑、周红芹2005年8月采录，白剑翻译。收入《花腰傣古歌谣》，32开，2页，云南民族出版社2008年版。

（刀庆喜）

苦命调

傣族苦歌。流传于云南省新平彝族傣族自治县傣族聚居区。歌词大意：近处的人熟悉，远处的人陌生。爱上了难分开，水冲也不分离，可恨人合命不合，心合命又薄。就像豆长得再茂盛，蚱蜢也会咬嫩尖；莲花长得再好看也会被雀啄；命苦事难成。白光荣演唱，白剑、周红芹2005年8月采录，白剑翻译。收入《花腰傣古歌谣》，32开，2页，云南民族出版社2008年版。

（刀庆喜）

苦命汉

傣族苦歌。流传于云南省新平彝族傣族自治县傣族聚居区。歌词大意：粉红的虾花开满坡，满坝的撒清香。想我无妻无室待到谷熟时怎么办，听说虾花村卜少多，唱着调走进寨里，寻找卜少来回话，听见声音知有人，听见笑声知有主。白走一趟低头转回任人笑，看着流水伤透心。苦命单身汉来也单身去也孤独，就像逃命的黑雀直扑林间，如过路的客人孤独行。全勐的人无人替我着想替我伤心。白光荣演唱，白剑、周红芹2005年8月采录，白剑翻译。收入《花腰傣古歌谣》，32开，2页，云南民族出版社2008年版。

（刀庆喜）

埋怨歌

傣族苦歌。流传于云南省新平彝族傣族自治县傣族聚居区。歌词大意：日日夜夜想约你又怕有人说有人扰。约你到山顶又怕山塌，约你到坝上又怕决堤。真心爱你你又嫁别人，爱人你不嫁要成别人媳，下厨做饭还要挨人骂，愁眉苦脸已不是自由身，想想多后悔，不该早嫁人。白光荣演唱，周红芹2005年8月采录，刀明贵翻译。收入《花腰傣古歌谣》，32开，2页，云南民族出版社2008年版。

（刀庆喜）

诉苦调

傣族苦歌。流传于云南省新平彝族傣族自治县傣族聚居区。歌词大意：没有粮食粮仓空，没有妻子被子冷，有被子无人盖，有床无人睡，吃饭还要找筷子。没有东西还能找，没有情人没有老婆难找着，做人不像个人。白光富演唱，刀明贵、周红芹2005年8月采录，白剑翻译。收入《花腰傣古歌谣》，32开，1页，云南民族出版社2008年版。

（刀庆喜）

太阳出没歌

傣族古歌谣。流传于楚雄州永仁县傣族聚居区。这是一首十二地支记日法的歌。歌谣大意：三辰五巳八午真，初十出来十三申。十五酉上十八戌，二十亥上记斜神。二十三日子时出，二十六日丑时行。二十八日寅时正，三十加未卯上轮。以辰为首（即龙为首）。与汉族子鼠为首和彝族寅虎为首的纪日法不同。李兆奇演唱，李兆熙记录。收入《永仁县文史资料选辑第十一辑：永仁县民间故事与民间歌谣》，32开，180页。内部资料。

（华胜刚）

太阳出没歌

傣族古歌谣。流传于楚雄州永仁县傣族聚居区。这是一首傣语看相歌。歌谣大意：正九出乙人庚方，二八出卯人酉场。三七发甲人辛地，四六生寅戌宫藏。五月艮出乾宫，仲冬出巽人坤方。唯有十与十二月，出辰人申好细看。以月亮的生人特征来记月、日、时，也是一种祀日时的古老方法。李兆奇演唱，李兆熙记录。收入《永仁县文史资料选辑第十一辑：永仁县民间故事与民间歌谣》，32开，181页。内部资料。

（华胜刚）

陶氏迁徙歌

傣族迁徙歌。流传于云南元江县傣族聚居区。这是元江傣族的一首迁徙歌，在元江沿岸傣族村寨陶氏家族中传唱。元江傣族有七种自称，分别是：傣喇、傣仲、傣族、傣郎、傣雅、傣卡、傣古拉。文化习俗丰富多彩，由于地域优势和历史原因，在元江汇集了多元文化，傣族多元文化特征尤为突出，除了有陶氏迁徙歌，还有封氏、白氏、刀氏、鲁氏等迁徙歌，在此以陶氏迁徙调为代表作词目，歌中唱道："我们祖辈的前人，我们九代的老祖宗，我们曾在勐（坝子）中做主，曾在村子里当召，……得走过箐口的泉水边，得趟过树林茂密的溪水。走过了数不清的坝子，爬了一个又一个山坡。小鸟见到痛入肠子，秧鸡见了疼到心上；取来水润喉才得生还在土地上，捧来水喝才得生存在世上做人。……当月黑风高吹草根的时候，我们由汉人变成了傣族。月亮照不到两代人就成了草，月光照不得五辈人就变成土。子孙后代成了游走一乡又一乡的疯子，子孙后代成了乞讨一寨又一寨的乞丐……"陶美英演唱，白云搜集整理，尚未出版发行。

（白云）

《"十三五"国家重点图书、音像、电子出版物出版规划》项目

《国家"十一五"时期文化发展规划纲要》项目

《国家"十二五"时期文化改革发展规划纲要》项目

《少数民族事业"十二五"规划》项目

中国
少数民族古籍总目提要

国家民族事务委员会全国少数民族古籍整理研究室

傣族卷
讲唱类（二）

民族出版社

民间故事

一、幻想故事

艾亚扎和朗萨娅

傣族幻想故事。流传于云南省德宏傣族景颇族自治州傣族地区。讲述的是：勐威有一个叫艾亚扎的小伙子，他是个有名的猎手，射出的箭百发百中。一次公主朗萨娅被蓝山上的大鹏鸟抓走，首领下令只要有谁杀死大鹏鸟救出公主，就把公主嫁给他。艾亚扎背上弓箭独自上蓝山救公主，他冲破艰难险阻，在天神的帮助下，杀死了大鹏鸟。但公主却被一个叫艾共沙的恶人抢走，恶人独自到首领那里领赏，并砍断艾亚扎的去路，把艾亚扎困在了大鹏鸟的洞穴。后来艾亚扎救活了被大鹏鸟抓来的南威江龙王的女儿，龙王送了一只宝葫芦给他，从宝葫芦里流出的水会变成唱戏的人。艾亚扎带着宝葫芦边演戏边寻找公主，两人终于在戏场重逢。首领知道了真相，派人处死了艾共沙，并把王位传给艾亚扎。佚名讲述，曼相吞搜集。收入《傣族民间故事》第四辑，傣文版，32开，8页，约3200字，云南民族出版社1986年版。

（杨荣芳）

艾腊

傣族幻想故事。流传于云南省德宏傣族景颇族自治州傣族地区。讲述的是：从前有一对夫妇因丈夫是个败家子，妻子与其离婚。有一天晚上神仙给她托梦叫她把包头甩到别人房头上，包头沾在谁的房头上便认谁为夫，今后就有好日子过。结果她的包头沾在以卖叶子为生的艾腊的房头上。她把金戒指交给他去卖，可谁也买不起，他就把戒指丢进草地里，还说凹子里的石头比她的戒指好看得多。于是他俩去看，整个凹子都是金子，从此他俩成为富翁。后来首领把他俩招进宫里举行七天七夜大摆（喜庆节日），并为客人们发放各种食物。有一人坐在东边，食物发放到他时恰好食物已发完，他又去坐在西边，人家又从东边发，结果像上次一样。他又坐在中间，人家又从两边发起，食物又缺他的份。首领派人把他叫进屋里，叫艾腊的妻子去给他食物，她见是自己的前夫，要给他食物，却没有装的东西。他说我俩已经离婚，用你的一条裙子装给我吧。于是把她的一条新裙子用绳子扎起一头，将食物装在里面给他，他高兴而去。此后人们一直用麻袋装东西，那是根据艾腊妻子的裙子缝制的。刀丫应和讲述，岳小保记译。16开，3页，约6050字，稿存德宏傣族景颇族自治州民语委。

（岳小保）

艾济和依也

傣族幻想故事。流传于云南省德宏傣族景颇族自治州傣族地区。讲述的是：从前勐扎拉巴佐的首领是一个暴君，他常常逼迫百姓们交地租。城外有一户穷夫妇，他们有两个儿子，大的叫艾济，小的叫依也。一家人靠讨饭度日。他们为了逃避首领催租，就逃到另一个勐（国），经过一条大河时，不小心走散了。丈夫很着急，再加上几天来的劳累奔波昏死在路边的岩石上。此时，这个勐的首领患重病去世，大臣们正遵照他的遗愿外出寻找一个善良的穷人继承王位。象队和白马走到穷人睡的岩石跟前就跪着不肯走了，于是，他们就认定这位昏过去的人是他们的新首领，便把他迎接回宫，赶摆庆祝，四面八方的勐的人都来庆祝，摆场热闹非凡。一家四口分散后，妻子和两个儿子被勐波约的一位船长救起。赶摆这天，船长也载着许多人来庆祝，并让艾济和依也捧着鲜花去敬献给新首领，失散的一家人终于重逢。佚名讲述，曼相吞搜集。收入《傣族民间故事》第四辑，傣文版，32 开，7 页，约 2800 字，云南民族出版社 1986 年版。

（杨荣芳）

艾怀挎

傣族幻想故事。流传于云南省孟连傣族拉祜族佤族自治县傣族地区。讲述的是：在英达巴查纳管，住着一贫穷人家。父母死后，留下一个孩子，因他的衣服烂了不会补就用小篾条把通洞的地方绑起来，他每扎一个洞就出现一个疙瘩，最后，身上的衣服有了一百个疙瘩，人们就给他起名叫艾怀挎（穿着结一百个疙瘩的衣服的人）。首领带着他的七个公主去赕佛。人们都拥着要看首领的模样。首领的七小姐看见艾怀挎十分可怜，就把手中的供祭品分一半给他，让他和自己一起去赕佛。首领见后训斥七小姐说："既然你领着他来赕佛，就嫁给他吧。"七小姐就嫁给了艾怀挎。夫妻二人请求首领赐给农具后开始自食其力。后来，艾怀挎找到许多宝石。他把宝石装在瓦罐里。不久，艾怀挎随七小姐的六个姐夫到国外做生意，他就把宝石卖给了勐章巴纳管的首领，并买回了一百头大象、一百匹马、一百头黄牛和男女佣人各一百。艾怀挎成了最有福气和最富有的人。后来，首领把王位让给了艾怀挎。康朗香贡采集，翻译，杨作茂记录。收入《孟连傣族拉祜族佤族自治县民间文学集成·傣族卷》（一），32 开，5 页，3500 字，孟连傣族拉祜族佤族自治县文化局、民族事务委员会 1987 年编印。

（郭玉萍）

岩杰贺和岩都玛

傣族幻想故事。流传于云南普洱景谷县傣族地区。讲述的是：穷小伙子岩杰贺和财主家的儿子岩都玛是好朋友。一次，岩都玛约他一起去串姑娘，两人同时看上一户富翁家的姑娘。可是，这个富翁家的小姐，偏偏喜欢上了岩杰贺，这事儿让岩都玛感到非常气愤。于是，岩都玛心生邪念，试图害死岩杰贺。一天，岩都玛约上岩杰贺出城做生意，并叫岩杰贺帮他挑着装有老鹰、蛇和猴子的担子，企图在出城的路上，让这三样东西把他引向迷途。老实憨厚的岩杰贺不知是计，就挑着担子跟着岩都玛出发了。当他俩走到一个密林深处，岩都玛就借口回城了，留下岩杰贺一个人在森林里打转。这时，他担子上的老鹰竟然开口讲起人话来："主人啊，我口渴得快要死了，求求你放我一条生路吧，你如果把我卖了，别人也会把我杀掉。"岩杰贺很可怜这只老鹰，就把它放了。那老鹰给岩杰贺磕头谢恩，并说："主人呀，请你记住，以后你如果遇到什么难事，就朝天上叫三声我的名字，我会立即赶来报你的恩。"告别了老鹰，谁知担子里的蛇也说出了跟老鹰一样的话，岩杰贺听后也把蛇给放了，蛇也磕头谢恩说："当你急需帮忙的时候，就用脚踩地三下，叫我的名字，我马上就来报恩。"蛇刚刚走远，猴子竟也说话了："主人呀，请你不要把我卖掉，我认识你回家的路，我一定会把你带回去的，求你别卖我。"待岩杰贺同意后，猴子真的带领岩杰贺顺利来到家乡的边境。最后，在老鹰、蛇和猴子的帮助下，岩杰贺战胜前来挑战的岩都玛，娶得富家小姐为妻。勐班永海刀天明讲述，收入《景谷傣族民间故事》（汉傣双文），32 开，4 页，2442 字，景谷傣族彝族自治县傣文化协会编，2014 年 3 月发行。

（依旺的）

岩宰朵和鲤鱼姑娘

傣族幻想故事。流传于云南省西双版纳傣族自治州。讲述的是勐沽巴有一个叫岩宰朵的孤儿，他从井里捞回了一条鲤鱼，放在家中的水缸里精心饲养。鲤鱼变成了一个漂亮姑娘与他结成夫妻。他们幸福的生活引来寨子里一个叫咪么的人的嫉炉。岩宰朵听信了咪么的谗言，赶走了鲤鱼姑娘。鲤鱼姑娘走后，岩宰朵悔悟到自己的错误，经常在江边哭泣。白鲤鱼姑娘同情他的遭遇，把他送到鱼王的宫殿与鲤鱼姑娘团圆。鱼王多番设计阻止岩宰朵将鲤鱼姑娘带走，都被岩宰朵在鲤鱼姑娘的帮助下破解，赢得了鱼王的信任。岩宰朵在妻子的授意下，仅从鱼王所赠的财宝中选择了一把花纸伞。帕雅召勐看到鲤鱼姑娘的美貌后，欲将鲤鱼姑娘占为己有，几次阴谋诡计，都被鲤鱼姑娘暗中相助丈夫破解。最后，帕雅召勐带人去抢时，鲤鱼姑娘用花纸伞把他们全收进伞里，并把伞朝远处一块平地上丢去，忽然花伞落处变成一个大湖。花纸伞被撕散后，变成千万朵莲花开在湖面。岩宰朵和鲤鱼姑娘在湖边重建新房，过上了幸福的生活。波窝讲述，岩温扁搜集、整理。收入《西双版纳傣族民间故事集成》，32开，20页，13000字，云南人民出版社1993年版。

（李传宁）

岩香与雪郎

傣族幻想故事。流传于云南省新平彝族傣族自治县漠沙镇和峨山彝族自治县化念镇一带。讲述的是：岩弄是土司家的使女，被土司哄骗诱奸，生下一个姑娘取名叫岩香。不久岩弄劳累成疾死了。岩香每天拉磨、放马，还常常遭到土司打骂。一天，她骑着马到白云山时，白马吃了一株绿草变成白龙腾在半空，岩香吓昏了。等她醒来时，竟斜卧在一个小伙子怀里。后来才知小伙子就是白马变的，叫雪郎。二人就在山上生活。老土司不见岩香赶马归来，便派家丁去追捕，还要找回大白马。岩香被家丁抓回土司府。乡亲们帮助雪郎去救岩香。雪郎化作银龙，吐出一股连天瀑布，把老土司及姨太太、家丁们统统冲进江里去了。岩香与雪郎生活到年逾古稀。党宽老人讲述，董绍华搜集、整理。收入《峨山民间文学集成》，32开，6页，4000字，云南民族出版社1989年版。

（郭玉萍）

岩阿妥与公主

傣族幻想故事。流传于云南省景谷傣族彝族自治县傣族地区。讲述的是：在金勐坝一个偏僻的寨子里，一位寡妇乞求天地神仙降生给他一个儿或女。后她怀孕生下一个样子像三白鱼的动物，取名叫岩阿妥。岩阿妥长大后对首领的公主一见钟情。经过波折和努力他终于娶到了公主。金勐坝一百多个地方的地霸、头人，由于先前来求婚遭回绝，本来就不高兴，加之公主嫁给一只无名的三白鱼，他们认为是首领把他们看得不如一只动物，就出兵来攻打。战争的烽火惊动了天神叭亚英，他降旨要交战双方停火，让大小领头上天界天府去议会，能上天府者，就是人间地界的统领头，结果只有岩阿妥登上天梯到了天界。他在天府修炼成才后，受领天旨下界任王，首领和所有大小领头都受岩阿妥统领。岩阿妥当上首领，国泰民安。唐王氏讲述，唐雪英记录整理。收入《云南民间文学集成·景谷民间故事》（一），32开，6页，4000字，景谷傣族彝族自治县民间文学集成领导小组编辑室1989年编印。

（郭玉萍）

岩温的小鸟

傣族幻想故事。流传于云南省西双版纳傣族自治州。讲述的是孤儿岩温有一个鸟精所变的美丽的妻子，夫妻俩恩恩爱爱在山上过着简朴而又温馨的生活，他们还和一个小鬼做了朋友。岩温妻子的美貌传到首领耳里，首领派人去把鸟精抓来关在宫殿里。夜里，首领企图靠近鸟精，却被火烫的鸟身吓得惊慌失措。首领一气之下叫人燃起大火想把鸟精烧死，不料在小鬼的暗中帮助下首领反把自己烧死了。岩香瓦讲述，岩庄香翻译。16开，7页，1275字，稿存西双版纳傣族自治州民族研究所。

（依旺的）

岩温朵成为"召勐"的故事

傣族幻想故事。流传于云南省西双版纳傣族自治州。讲述的是：勐沽巴一条河里的鱼王女儿金鱼因爱慕孤儿岩温朵，到人间做了岩温朵的妻子，而岩温朵却听信旁人的谗言把妻子赶走了。事后岩温朵非常后悔，每天到河边祈求妻子原谅。金鱼被丈夫的诚意感动，原谅了丈夫。首领知道岩温朵有个美貌的妻子，亲自带兵来抢夺。在鱼王的帮助下，首领被打败，岩温朵做了勐沽巴的首领。岩旺讲述，岩庄香翻译整理。16开，6页，978字，稿存西双版纳傣族自治州民族研究所。

（依旺的）

岩敢达做驸马

傣族幻想故事。流传于云南省西双版纳傣族自治州。讲述的是：有一个名叫岩敢达的孤儿，上山捡柴时救了一条大蟒蛇，大蟒蛇为了感谢岩敢达的救命之恩，送给他一颗宝石。岩敢达得到那颗宝石后，成了一个有名的医生。在救治了一位头上长角的首领的女儿后，首领为答谢岩敢达，就把女儿嫁给了他。从此，岩敢达做了驸马，过着幸福的生活。岩三扁讲述，玉腊翻译整理。16开，6页，849字，稿存西双版纳傣族自治州民族研究所。

（刀金平）

岩都嘎达当上首领

傣族幻想故事。流传于云南省西双版纳傣族自治州。讲述的是：孤儿岩都嘎达救了一只被狗追的小花面狸，得到了一把神锄和一面神扇。可神锄和神扇被首领的女儿骗走了。岩都嘎达寻到王宫，用路上得到的神奇的能使人变老的桃子和李子，让首领的女儿变成了一个老太婆，迫使首领退还了神锄和神扇，并制服了首领，还把公主的病治好。首领无奈把王位传给岩都嘎达。岩香巴讲述，陆云东翻译整理。16开，11页，1389字，稿存西双版纳傣族自治州民族研究所。

（刀金平）

岩宰栋开荒

傣族幻想故事。流传于云南省西双版纳傣族自治州。相传有一个名叫岩宰栋的孤儿，经常受首领的欺压。一次，他又强迫岩宰栋为他开荒，要他一天之内把三座山开垦好，不然就要杀了他。岩宰栋在山神的帮助下，一天之内开好了三座山，种出稻谷，接着山神又帮助岩宰栋在一天之内收好了稻谷。见岩宰栋有那样的本领，贪婪的首领就让岩宰栋在湖里为他建一座宫殿。山神在湖里建了一座宫殿。首领高高兴兴地带着大臣和家眷搬进了水上宫殿。当晚，整个宫殿沉入了水中。后来，众人推举岩宰栋做了召勐。岩塔讲述，陆云东翻译。16开，5页，1431字，稿存西双版纳傣族自治州民族研究所。

（刀金平）

岩宰栋的奇遇

傣族幻想故事。流传于云南省西双版纳傣族自治州。讲述的是有一个叫岩宰栋的孤儿，被母夜叉掳去强迫做她的丈夫，岩宰栋偷跑回家时又被鸡屎藤绊倒，鸡屎藤难闻的臭味救了他。母夜叉闻到难闻的鸡屎藤臭味，以为岩宰栋死去，便把一盆花篮放在岩宰栋胸上，并自语这是一个宝花篮，你死后只要把宝花篮放在墓碑旁喊一下金子银子进来，就能得到满足。岩宰栋把宝花篮拿去试了试，果真得到了很多的金银财宝。岩团讲述，岩旺记录，岩庄香翻译。16开，5页，1027字，稿存西双版纳傣族自治州民族研究所。

（刀金平）

岩宰多的福德

傣族幻想故事。流传于云南省西双版纳傣族自治州。讲述的是有个经常念诵"帕召、帕坦、桑卡"（傣语，意佛祖、经书、僧侣）的岩宰多。一天，他乞讨到富翁家时天色晚了，岩宰多恳求富翁借宿一宿，可富翁只让岩宰多睡在楼梯角。第二天，岩宰多回到家时，家里的竹箱里装满了金银。富翁知道后，硬说岩宰多偷了他家的金银。岩宰多指着村旁的温泉说,让温泉来作证,如果谁诬赖谁,就让温泉烫死。岩宰多跳下去后没有被烫死,而富翁跳下去后,再也没有上来。岩香瓦讲述,岩庄香翻译。16 开,4 页,1344 字,稿存西双版纳傣族自治州民族研究所。

(刀金平)

岩拉浪与娜伦罕

傣族幻想故事。流传于云南普洱景谷县傣族地区。讲述的是:很久以前,一户人家生了七个女儿。其他六位姐姐都出嫁了,只有最小的妹妹娜伦罕还待嫁闺中。有一天,七姐妹去佛寺里布施祈福,娜伦罕她先敬拜佛祖,然后祈愿说:"哪位阿弟愿与我成双婚配,就请立即赶到我的身旁。"娜伦罕的心愿被佛祖知道了,就派一位天神下凡来试探她的真诚。天神幻化成一个长满脓疮、皮肤漆黑的讨饭人。他来到村寨,人们见他这般模样,谁都不给他东西吃,还用黑灰抹他的脸。人们还给他取了个无聊的名字叫岩拉浪。岩拉浪走到佛寺,很累了,干脆横躺在佛寺的大门中央,等待要找他的人。进出佛寺的人见到这个长满烂疮、浑身爬满苍蝇的人,都捂着鼻子从他身上快速跨过去。七姐妹布施完毕,准备回家,来到佛寺大门口,六位姐姐都捂着鼻子跨过去了,唯有七妹娜伦罕不怕脏和臭,一直站在那里。姐姐们看见妹妹站着不动,就先回家了,并把这事告诉父母。她们的父亲叫她们赶紧去把岩拉浪请回家,并于当晚给娜伦罕和岩拉浪举行了婚礼。六位姐姐和她们的夫婿都看不起这对不般配的新婚夫妻,见岩拉浪是个外乡来的穷人,就故意把不好的田地分给了他们。分给娜伦罕夫妻的田里有很多大土包,而且蛇很多。农忙结束后,岩拉浪和六位姐夫外出做生意,一次偶然的机会,岩拉浪拿着娜伦罕腌制的酸爪菜出去卖,被首领买到。首领吃了娜伦罕腌制的酸爪菜,觉得很好吃,就招岩拉浪进宫,并赏赐了他一个神奇的金铓锣。岩拉浪夫妇自从有了金铓锣,想得到什么,只要敲响金铓锣就能实现愿望。不久,岩拉浪恢复了自己英俊的容貌,他大摆筵席,带领大家热闹了七天七夜。接下来的日子,岩拉浪、娜伦罕夫妇俩经常资助穷人们渡过难关、排忧解难,成了名副其实的大富翁,还坐上了首领的宝座。勐班富勐刀有芳讲述,收入《景谷傣族民间故事》(汉傣双文),32 开,4 页,2457 字,景谷傣族彝族自治县傣文化协会编,2014 年 3 月发行。

(依旺的)

爱吃肉的将官

傣族幻想故事。流传于云南省德宏傣族景颇族自治州傣族地区。讲述的是:勐沙统八位勇敢的小伙子出海打渔,途中遭遇到大风,风浪卷走了其中六人,而古拉索兄弟俩却被冲到了一个岛屿的沙滩上,被在这里修行的雅锡(苦行僧)救助。雅锡在一次化缘途中遇上了一只死虎,带回来让兄弟俩用火烤干以作储粮,不料兄弟俩抵不住肉香的诱惑,偷吃光了虎肉,变得力大无比,不仅能搬动一整座高山,还可飞上天。消息传到首领那里,首领担心兄弟俩抢夺王位,吃不好睡不香,最后以封古拉索兄弟为大将官为名骗他们到宫里,然后派杀手杀害了哥哥,并将其分肢后分别葬在勐沙统的城东、城西、城南、城北和城中五个地方。而老二因躲避及时才逃过了劫难。佚名讲述,黄正兴收录、整理。收入《傣族民间故事》第四辑,傣文版,32 开,8 页,约 3200 字,云南民族出版社 1986 年版。

(杨荣芳)

爱害龙

傣族幻想故事。流传于云南省金平苗族瑶族傣族自治县傣族地区。"爱害龙"意为"大力哥"。讲述的是:有对夫妻求仙得到一仙桃,切成九瓣,吃下后生下九子。老大聪明绝顶,老二力气过人,老三刀枪不入,老四皮厚千层,老五见火不怕,老六食量如牛,老七顶天立地,老八入土不死,老九神机妙算。某年,他们的国家遭邻国侵略，首领昏庸，军队败退。兄弟九人为拯救人民奋起抵抗，终于把侵略者撵出国境。为庆祝胜利，首领要建一宫殿，下令百姓出主意送来参天大树，并赐重金奖赏。九兄弟中老九早知天下事，将此事告之大哥，大哥出主意让老二去办，老二轻松地将一般人难以运来的木料运到宫殿。首领知道自己国家中有这等能人，唯恐他会谋反，就将老二关押起来，欲将处死。九兄弟团结起来，施展了自己的非凡本领，与首领展开斗争，终于斗败首领。最后，他们九兄弟遵天意顺民心，掌管国家大事。黎贵荣、罗玉金、刀佩思（傣族）讲述，金平文化馆记录。收入《云南民间文学集成·金平故事卷》，32开，4页，3500字，金平苗族瑶族傣族自治县文联1988年编印。

（郭玉萍）

阿雷汗罕

傣族幻想故事。流传于云南省景谷傣族彝族自治县傣族地区。讲述的是：在古老的勐藏巴纳戈，有一个美丽的姑娘叫南朵夏达，她从小就失去父母，靠帮工、讨饭度日。一天，她梦见有个老人把一朵玛幽花插在她的发髻上，就有了身孕，生下一条金光闪闪的山白鱼，取名叫阿雷汗罕。勐藏巴纳戈的公主叫南娥罕，长得非常漂亮，她的美名传遍了一百零一个国家，王子们一一来求亲，但首领以公主尚小为名推托了。有一年泼水节，首领下令做七天大摆，一百零一个国家的百姓都来参加，成千上万的人都想来看南娥罕。阿雷汗罕见到公主后缠着妈妈要去求亲。首领要求母子俩造一座天上有世上无的金桥，否则就杀死他俩。阿雷汗罕在乡亲们和天神英叭的帮助下建造了金碧辉煌的金桥。首领无奈只好把公主嫁给山白鱼阿雷汗罕。婚后他变成了英俊的小伙子。一百零一个国家的王子不服气，就纷纷调集军队来找首领报仇。阿雷汗罕率领象队和人马，打败了一百零一国的军队。从此，勐藏巴纳戈繁荣安康。赵永翻译，毛德昌整理。收入《云南民间文学集成·景谷民间故事》（一），32开，19页，14000字，景谷傣族彝族自治县民间文学集成领导小组编辑室1989年编印。

（郭玉萍）

白兔姑娘

傣族幻想故事。流传于云南省德宏傣族景颇族自治州梁河县傣族地区。讲述的是：一个靠卖柴维持生活的穷小伙子，看到一只被魔王伤害的白兔，便带回来医治喂养。后来，白兔变成漂亮姑娘与他结为夫妻，魔王见到后把她抢走。小伙子决心与魔王拼命，在山神、小燕子及仙女的帮助下，战胜了魔王，接回了妻子。佚名讲述，李军红记录。16开，7页，3180字，稿存德宏傣族景颇族自治州文联《勇罕》编辑部。

（冯霄）

白水牛

傣族幻想故事。流传于云南省德宏傣族景颇族自治州傣族地区。讲述的是：有一头四不像动物，身子像狗，脸像猫脸，头像马鹿头，尾巴像鸡，嘴巴像猪嘴，耳朵像角。一会儿变成象身鸡尾，鸭嘴蛙脚，一会儿学老虎吼叫，一会儿学狗咬，变成多种模样来恐吓水牛和牧童。牧童把在山上遇到的事讲给岩拉罕听。岩拉罕说："不用怕，无论山上有什么妖魔鬼怪，我都不怕。"说完后岩拉罕就扮成牧童赶牛群上景阳山放牧，直到傍晚。他喝了酒壮了胆，坐在石头上吹起他心爱的竹瑟。吹了一阵，突然间看见一只黑猫从月亮光环里跳下来，直奔向自己。一会儿变成魔鬼，一会儿变成秃尾巴水牛，一会儿变成蛇，一会儿变成熊，似乎要吞吃岩拉罕。它跳动的声音一会儿像石头掉进水里，一会儿又像敲象脚鼓。岩拉罕说："跳吧！舞吧！我的竹瑟会伴你歌舞。"四不像随着竹瑟声跳得更欢。四不像忍不住就变成了一头白水牛，鼓着两只大眼睛来引诱岩拉罕，可是岩拉罕没有上当，反而骑在了白水牛的身上，降服了四不像。佚名讲述，曼相吞搜集、整理，朱光灿翻译。刊于《傣族民间故事》第六辑，傣文版，32开，4页，约1000字，云南民族出版社1992年版。

（朱光灿）

比叶和侬二
傣族幻想故事。流传于云南省河口瑶族自治县傣族地区。讲述的是：很早以前，有一家人，妻子生下一女后就死了。丈夫再娶一妻，又生得一女。两个姐妹感情很好，如一母所生，姐姐叫比叶，妹妹叫侬二。母亲偏心，叫比叶上山放那头和她同一天出生的牛，让侬二在家纺棉做针线活。比叶放的牛却屙出丝线让她在休息时间自学针线活。两姐妹长大后穿上自己绣上花的衣服很漂亮。有个富贵人家的公子来求亲，母亲想把侬二许配给他，但公子又看上了勤快的比叶。母亲几次三番施计想让公子选上侬二，结果是计计失败。最后，公子就娶了比叶为妻。张美珍讲述翻译，罗洪庆整理。收入《云南民间文学集成·河口县卷》，32开，3页，2000字，云南省河口瑶族自治县文化局1984年编印。

（郭玉萍）

波玛
傣族幻想故事。流传于云南省景谷傣族彝族自治县傣族地区。讲述的是：有一傣族寨子里有家人因父母年事已高而儿子波玛又体弱且好吃懒做，就去找了个养子来，他叫郑大。郑大虽是弟弟，但家里砍柴、放牛、下田拉犁踩耙都是他干。寨子里有个出众的姑娘，波玛想去与她谈婚，但姑娘却看上了老实的郑大。后来两兄弟出门做生意，在路上波玛买了一条龙王的姑娘变成的团鱼，并用绳子拴住，让郑大把鱼提到水边让鱼喝水，自己却跑回了家。郑大等波玛等得困乏时，团鱼带着绳子游走了。团鱼游回龙宫无法解开身上的绳子，就派人来找郑大去解，龙王把要什么就可变出什么的仙壳给了他。郑大回到家后知道有七个寨子的头人都想娶波玛喜欢的那个姑娘，可谁也不让谁，而且还想要发兵来抢劫姑娘。郑大用龙王送的仙壳打了胜仗，娶了这个姑娘。后来波玛想谋害郑大霸占其妻，终未得逞。最后，波玛因私心重又贪财跳入山洞中摔死了。刀永林讲述，马绍兴整理。收入《云南民间文学集成·景谷民间故事》（一），32开，6页，4000字，景谷傣族彝族自治县民间文学集成领导小组编辑室1989年编印。

（郭玉萍）

臭发姑娘
傣族幻想故事。流传于云南省景谷傣族彝族自治县傣族地区。讲述的是：勐腊嘎纳是一个龙王管辖的国家。公主的头发臭得难闻，龙王听说勐巴拉纳西有个穷苦的小伙子岩谷叟养育着一条独角黄牛，它的独角做成的梳子可梳去头发的臭味。于是，龙王派人找到小伙子买牛，但他不卖。无奈，龙王派去的人只好在深夜悄悄牵走独角牛。龙公主的头发用牛角制成的梳子梳理后变成扑鼻馨香的头发。岩谷叟沿着牛蹄印找牛找到龙王的国家，龙王向他说明盗牛的用途。岩谷叟与龙公主结成良缘，双双返回家乡。临行前龙王送给他一把能降妖伏魔的龙宫宝剑。他俩回到家后发现龙公主的牛角宝梳忘在龙宫，岩谷叟返回去取。勐巴拉纳西的首领闻到龙公主的发香味便想占有她，但却无法接近她的身体，只好将她囚禁起来。岩谷叟取回梳子后便用龙王教给的口功法术和武艺打败了欲杀他的士兵，并杀死了首领。后来，众人和头人们拥护他当上首领，天下的人都闻到了龙公主头发的芳香。佚名讲述，罗成一翻译，杨明熙整理。收入《云南民间文学集成·景谷民间故事》（一），32开，10页，7000字，景谷傣族彝族自治县民间文学集成领导小组编辑室1989年编印。

（郭玉萍）

彩虹（一）
傣族幻想故事。流传于云南省孟连傣族拉祜族佤族自治县傣族地区。讲述的是：勐沽巴有一个富翁，他有个独生儿子叫西里戛。他生得聪明英俊，长大后约伴到昆明城做生意，认识了昆明最高长官家的汉族姑娘朗罕亮。二人相互爱慕，对天发誓订下终身。朗罕亮嫁到勐沽巴后七个月，西里戛随父亲出远门做生意。西里戛有个表妹叫苏婉娜，她因得不到西里戛而嫉恨朗罕亮。苏婉娜挑拨朗罕亮和婆家的关系，后又偷了西里戛母亲的宝石金钗嫁祸给朗罕亮。西里戛的母亲把朗罕亮赶出家门。朗罕亮伤心又劳累，扑进了熊熊的火堆。西里戛出门三个月后回家，知道朗罕亮已被母亲赶走就骑马追赶。当他知道朗罕亮已被焚，也悲痛地扑向烈焰腾腾的火堆。他俩死后，天空布满乌云，雷雨交加，不一会又云散雨停，火堆里飘起两匹彩带，升到高空变成一座彩桥。朗罕亮和西里戛化作彩虹相依在一起。佚名讲述，康朗香贡、莫菲采集，康朗香贡翻译，莫菲记录。收入《孟连傣族拉祜族佤族自治县民间文学集成·傣族卷》（一），32开，23页，16000字，孟连傣族拉祜族佤族自治县文化局、民族事务委员会1987年编印。

（郭玉萍）

彩虹（二）

傣族幻想故事。流传于云南省西双版纳傣族自治州。讲述的是：从前有对夫妻，丈夫每天到田里干活，妻子则在家准备饭菜做家务。一天，小和尚来化缘，妻子就把仅剩的一小团糯米饭布施给了小和尚。丈夫回家吃不到饭，非常生气，拔刀杀了妻子，并割开妻子的肚子查看。看到妻子肚子里一粒米饭也没有，他无地自容，拔出刀朝自己脖子上抹去。他俩死后，天上的神仙让他俩化做了一道彩虹挂在天上。耀眼的彩虹是妻子，暗淡无光的是丈夫。岩宰勇讲述，依艳坎翻译整理。16开，5页，886字，稿存西双版纳傣族自治州民族研究所。

（刀金平）

残疾人两兄弟

傣族幻想故事。流传于云南省德宏傣族景颇族自治州傣族地区。讲述的是：两个兄弟都是残疾人，哥哥是瞎子，弟弟两只小腿粘在一起无法行走。他俩怕连累家人，便要出门去做生意。哥哥背弟弟，弟弟指方向。他俩捡到了一个大钉耙，一个大牛角号，还有几根牛的肋巴骨。有一天，兄弟俩在一棵大树下休息。弟弟看见树上有一鸟窝，就叫哥哥爬上去掏鸟蛋，没想到那是一只怪动物的窝，那动物用气向瞎子吹了一下，他的眼睛明亮了。他见是一条怪物就把它丢下来，弟弟被吓了一跳，小腿就分开了，他俩变成了正常人。两兄弟走到一魔鬼家借宿。魔鬼说要与之比本事。魔鬼拿着梳子丢出来，他俩把大钉耙丢出去，魔鬼没见过如此大的"梳子"；又比屙屎，他俩用牛屎擦在牛骨头上丢出去，魔鬼没有见过屙出骨头屎的人；又比赛放屁，兄弟俩吹起牛角号，声音宏大无比。魔鬼服输了，并说大门后面有银子，叫兄弟俩拿去，于是他俩挑着银子回家，从此成了大富人家。许布相米讲述，岳小保记译。16开，2页，约500字，稿存德宏傣族景颇族自治州民语委。

（岳小保）

大象报恩

傣族幻想故事。流传于云南省德宏傣族景颇族自治州傣族地区。讲述的是：很久以前，有位猎人长年在山中打猎。一只大象前来求猎人帮忙，大象说在他们生活的地方常有狮子袭击象群，伤害无数大象，使他们不得安宁。猎人答应了象的请求，到山中寻找狮子并把狮子杀了。象群为了表示感谢，送给猎人一些象牙。猎人回到家后把象牙献给了首领，后来他得到了许多赏钱，获得了享受不尽的荣华富贵。帅哏讲述，刀干相搜集、整理。16开，8页，约1344字，稿存德宏傣族景颇族自治州民语委。

（线永明）

大老婆与小老婆

傣族幻想故事。流传于云南省德宏傣族景颇族自治州傣族地区。讲述的是：有个首领有两个老婆，大老婆有个儿子名叫岩晃，母子心地善良。而小老婆为人心狠手辣，时时想为自家的儿子篡夺王位。首领死后，小老婆找到了机会，派人追杀岩晃母子俩。岩晃母子俩在仙人的帮助下，到了一个陌生的地方，被一个好心的富人收留。母子俩在富人家为富人割草喂马，不知何故，马就是不吃母子俩割来的草。富人便去找人算卦，才知母子俩并非是普通人，而是某国的王后、王子。富人回来后，为母子俩建盖一间宽敞的房子。几年后，岩晃集聚了大批军队，并带领着自己的军队一路杀来，杀死了首领那狠心的小老婆，登上了王位。佚名讲述，碰搜集、整理。《傣族故事》，傣文版，32开，2页，约400字，德宏民族出版社1987年版。

（线永明）

大冬瓜

傣族幻想故事。流传于云南省德宏傣族景颇族自治州傣族地区。讲述的是：一对夫妇在山里垦荒种地。一天，捡到一粒又大又饱满的冬瓜籽，他俩把种子种在园子里，没几天种子发芽，才三天瓜藤就上架，只开了一朵花。冬瓜花凋谢后长出一个小冬瓜，瓜皮灰白色，能映出影子，散发出一股芳香。十多天后，冬瓜长成囤箩一样大。夫妇俩种冬瓜的事情传遍了山区坝子，来参观的人络绎不绝。消息传到贪婪的奸商波嘎耳里，波嘎要求夫妇俩将冬瓜卖给他。于是三人进到园子里，老头子用砍刀把冬瓜砍了下来，突然冬瓜不见了，眼前出现了一个洞。三人沿着洞口进去寻找，看到洞里一片金碧辉煌，到处是各种金银珠宝。夫妇俩一人拿了一瓣珠宝便出了洞。可是，贪婪的波嘎却把金银珠宝装满了麻布口袋。夫妇俩刚走出洞口，洞口便关闭了，贪婪的波嘎被埋在了洞里。后来就传下了"贪婪是坟墓"的名言。佚名讲述，曼相吞搜集、整理。收入《傣族民间故事》第六辑，傣文版，32开，6页，约1400字，云南民族出版社1992年版。

（朱光灿）

大巫师看卦

傣族幻想故事。流传于云南省德宏傣族景颇族自治州傣族地区。相传在很久以前勐贺罕国有一个大巫师有两个儿子，两个儿子问父亲为什么不为自己家看卦。大巫师说时机不到。两个儿子说，时机是人为的。大巫师说，那你俩要听我的话："明天夜里你俩去路上守候，见什么人过来都要砍死。"两兄弟手握长刀，守在路旁。首先见和尚走来，他俩可怜和尚把他放走了；又有尼姑走来，又放走了；最后叫花子走来，他俩举刀杀了他，叫花子立刻变成一堆火碳，他俩把它挑回家。父亲见后说："时机不到是财源无头。那个和尚是金子变的，尼姑是银子变的，你俩都放走了。"两个儿子听后才相信自己的命运。几天后首领的公主生病，叫巫师去看，公主说，公主有一天要被老虎抓伤。首领不信。有一天猎人打死一只大虎抬进王城，她也去看，便用脚去把弄虎爪，被虎爪划破了脚，血流不止。只好叫巫师来医治。首领说："我信你看的卦了，仓库里的银你挑得了多少你就去挑吧。"许布相米讲述，岳小保记译。16开，4页，约750字，稿存德宏傣族景颇族自治州民语委。

（岳小保）

大白牛女儿的故事

傣族幻想故事。流传于云南省景谷傣族彝族自治县傣族地区。讲述的是：在穿过勐腊扎哈嘎坝子的大河边，有头大白牛是牛王。一天，牛王在河边喝水闻到菠萝香味就从草丛中找来菠萝，只吃了一口菠萝就掉入水中。下游一年轻寡妇捡吃后就怀孕生下一女儿，取名叫南窝玛坦娣。女儿长大后进森林里找到牛王认了父亲。离这里很远的地方有个叫节度达的以经商谋生而不善耕种的国家，首领有个爱打猎的儿子叫召树乍。王子独自远行来到牛王住的森林打猎。在林中王子与南窝玛坦娣相遇并成了亲。王子召树乍把牛王及九万头牛请到自己的国家。从此节度达的首领改变治国的方法，开始把牛分给每家每户耕田犁地，并制定了不杀牛的法律。后来，天神把牛王变成一男子汉，让他同妻子为牛治病。据说现在给牛治病的药方，就是那时传下来的。佚名讲述，杨新德、刀正荣翻译，云南省民族民间文学景谷调查队搜集，张福三、冉红整理。收入《云南民间文学集成·景谷民间故事》（一），32开，6页，4000字，景谷傣族彝族自治县民间文学集成领导小组编辑室1989年编印。

（郭玉萍）

斗鸡

傣族幻想故事。流传于云南省金平苗族瑶族傣族自治县勐拉坝。讲述的是：孤儿阿其靠帮人做活或到大河里捞柴卖过日子。一天，在河边的一老翁告诉他将捞到的最大的柴筒留下不要卖，日子会好起来的，他就照做了。后来他外出做活时总有人帮他做家务，原来是大柴筒变成仙女在帮他。阿其就与她成了家。寨子里的土司见到阿其的妻子后，找来下人商议要抢亲。于是他们找了个"名正言顺"的办法，要在过年时与阿其斗鸡，谁斗输了就输老婆。阿其在仙女妻子的帮助下战胜了土司。陆占文讲述，玄通、合鸟记录翻译。收入《云南民间文学集成·金平故事卷》，32开，2页，1700字，金平苗族瑶族傣族自治县文联1988年编印。

（郭玉萍）

丹秀

傣族幻想故事。流传于云南省孟连傣族拉祜族佤族自治县傣族地区。讲述的是：勐巴拉纳西一穷苦人家，妻子生了儿子后，丈夫就死了。儿子可怜妈妈去乞讨养活自己，就变成一个丹秀（绿瓜）。丹秀十五岁时，他随一支有五百名船夫的商船队去海外经商，想挣钱养活母亲。商船队航行了七天七夜来到一个海岛，丹秀就决定留下来种瓜，让商船队返回时再来接他。天上有个叫乌东巴拉的王国，首领有七个女儿。她们来到大海洗澡，仙女们正在海中玩水，最小的妹妹被一条大鱼咬住卷进海底。丹秀救出了小仙女。首领和王后从天上降落到岛上感谢丹秀的救女之恩，送给他七只华贵的龙船，船上装满了金银、绸缎，家具什物样样有。丹秀返回家乡后喜欢上首领的女儿朗底拉。首领要丹秀七天之内在大江上搭一座金桥一座银桥，就可把女儿许配给他。七天后丹秀果然搭好金桥银桥，娶到了公主。后来，丹秀变成英俊男子继承了王位，万民臣服，勐巴拉纳西国泰民安。康朗香贡、莫菲采集，康朗香贡翻译，莫菲记录。收入《孟连傣族拉祜族佤族自治县民间文学集成·傣族卷》（一），32开，22页，15000字，孟连傣族拉祜族佤族自治县文化局、民族事务委员会1987年编印。

（郭玉萍）

打柴的穷小伙子成为驸马爷

傣族幻想故事。流传于云南省西双版纳傣族自治州。讲述的是：有个苦行僧见打柴的穷小伙心地善良，就把一颗宝石和一个葫芦送给他。小伙子途经一个大蟒蛇盘踞的山洞时，用宝石的魔力救了一名被蟒蛇精抢来的姑娘。少女为感谢小伙子的救命之恩，就把山洞里有能治百病的圣水的秘密告诉了他。后来，小伙子用圣水救治了不少病人，还治好了本国公主久治不愈的疾病，被首领赏识而成为驸马。岩香讲述，岩旺记录，岩庄香翻译。16开，2页，480字，稿存西双版纳傣族自治州民族研究所。

（依旺的）

达烘楠海

傣族幻想故事。流传于云南省金平苗族瑶族傣族自治县勐拉坝。讲述的是：达烘和楠海一起长大

西双版纳傣族文身（龙斯 摄影）

花腰傣婚俗
（刀庆喜 摄影）

花腰傣婚俗（刀庆喜 摄影）

新娘跨红线（刀庆喜 摄影）

彩色插页

楚雄州大姚县湾碧乡傣族芦笙舞
（杨安秀　摄影）

德宏傣族嘎光舞（何少林　摄影）

德宏傣族民间鼓手在敲象脚鼓(何少林 摄影)

德宏州傣族古老的嘎秧舞蹈——德宏畹町(何少林 摄影)

德宏州傣族架子孔雀舞——德宏畹町(何少林 摄影)

德宏州傣族双人孔雀舞（何少林　摄影）

耿马傣族马鹿舞（何少林　摄影）

耿马民间歌手在演唱（何少林　摄影）

文山马关傣族弹唱（张元波　供稿）

文山马关傣族民间集体舞（张元波　供稿）

西双版纳傣族民间孔雀舞（岩温香　供稿）

西双版纳傣族民间象脚鼓手(龙斯 摄影)

西双版纳傣族赞哈演唱(岩温香 供稿)

新平傣族大鼓舞（刀庆喜　供稿）

新平傣族弹唱（刀庆喜　供稿）

新平傣族花腰舞宴（刀庆喜　供稿）

新平傣族猫猫舞（刀庆喜　供稿）

新平傣族跳老虎头舞（刀庆喜 供稿）

元江傣喇傣族蒙面女（陶立斌 摄影）

元江傣族蒙面情歌会(吕和义 摄影)

元江傣族蒙面情歌节上的男歌手(何少林 摄影)

元江傣族民间斗虎舞（何少林　摄影）

元江傣族舞狮（陶立斌　摄影）

西双版纳大勐龙曼飞龙笋塔（何少林　摄影）

西双版纳傣族村落里的水井
（康南温叫　供稿）

楚雄大姚县湾碧乡傣族服饰（黄光辉　摄影）

大姚县湾碧乡傣族老人（杨立春　摄影）

傣古拉服饰（陶立斌 摄影）

傣郎（陶立斌 摄影）

傣涨服饰（陶立斌 摄影）

德宏芒市傣族传统男子服饰（何少林 摄影）

耿马傣族服饰（艾青　供稿）

耿马傣族服饰（女）（武文泓　供稿）

耿马傣纳少女服饰（南桂香　供稿）

耿马傣纳服饰男装（武文泓　供稿）

红河金平县勐拉傣族妇女（何少林 摄影）

红河绿春县骑马坝傣族妇女（何少林 摄影）

文山马关傣族妇女（何少林 摄影）

金沙江边傣族（大姚县文联陈维寿　摄影）

文山马关县傣族少女（张元波　供稿）

彩色插页

西双版纳傣族妇女（龙斯 摄影）

西双版纳傣族妇女服饰（龙斯 摄影）

西双版纳快乐的傣族儿童(龙斯 摄影)

新平傣卡服饰(刀庆喜 供稿)

新平傣洒盛装（周宗林　供稿）

新平傣雅服饰（刀庆喜　供稿）

自称傣纳的德宏傣族妇女
（何少林　摄影）

捕鱼乐——元江傣仲(陶立斌 摄影)

楚雄州大姚湾碧傣族煮火草线(杨安秀 摄影)

耿马傣族剪纸(何少林 供稿)

耿马傣族赶白塔活动（日常生活方式）（南桂香　供稿）

耿马傣族造纸（南桂香　供稿）

火草与火草线（马淑吉 摄影）

金沙江边傣族纺火草（大姚县文联陈维寿 摄影）

金沙江边傣族生产劳作（大姚县文联陈维寿 摄影）

金沙江边傣族撕麻（马淑吉 摄影）

金沙江边傣族洗麻
（马淑吉　摄影）

金沙江傣族纺线（马淑吉　摄影）

文山马关傣族刺绣（依旺的 摄影）

文山马关傣族的日常生活（依旺的 摄影）

文山马关傣族——老有所乐（张元波　供稿）

文山马关傣族吹葫芦丝——情意绵绵（张元波　供稿）

文山马关县傣族敬酒歌（张元波　供稿）

文山马关县傣族劳动妇女归来（张元波　供稿）

文山马关县傣族劳动妇女归来（张元波　供稿）

西双版纳傣族劳作——捕鱼（岩温香　供稿）

西双版纳傣族劳作——捕鱼(岩温香 供稿)

西双版纳傣族美食(龙斯 摄影)

西双版纳傣族沐浴（依腊香　供稿）

西双版纳傣族少女打水（依腊香　供稿）

西双版纳傣族——幸福的妈妈（依腊香　供稿）

西双版纳傣族少女劳作归来
（依腊香 供稿）

西双版纳傣族织布（何少林 摄影）

新平傣族编斗笠（刀庆喜　供稿）

新平傣族刺绣（刀庆喜　供稿）

新平傣族少女捡木棉花（刀庆喜 供稿）

新平傣族制作土锅（刀庆喜 供稿）

元江傣家织锦（陶立斌 摄影）

元江傣族对情歌（陶立斌 摄影）

元江傣族牧鹅（陶立斌　摄影）

元江傣族榨糖（陶立斌　摄影）

摘荔枝的花腰女(刀庆喜 供稿)

摘芒果(陶立斌 摄影)

后互相爱慕,但楠海的父亲是寨主,看不起穷人家的孩子达烘,就故意刁难前来提亲的达烘,叫他去卖自己家的长刀,但刀未卖出前不能打开刀鞘。达烘在出门三年零三天的时候,刀终于卖出去了。他高兴地买了娶亲的东西往回赶。但是等他回到家,才知楠海已被父亲逼着嫁给了头人罕木狠。达烘听到楠海已嫁人就出门闯荡去了。楠海却因三年前与达烘有了身孕而被罕木狠踢下竹楼,她带着孩子到处流浪。在路上,母子俩被怪物猫头鹰抓住。猫头鹰要让楠海的儿子做丈夫,用魔术把楠海禁锢在家,却让楠海的儿子自由外出玩耍。孩子18岁时遇到了达烘,父子俩相认。猫头鹰施魔术不让达烘与楠海相见。后楠海用智谋逃离猫头鹰,经过千辛万苦和重重险关后与情人和儿子相见。卢占文、李美英讲述,乡溪、徐阳记录。收入《云南民间文学集成·金平故事卷》,32开,7页,6000字,金平苗族瑶族傣族自治县文联1988年编印。

(郭玉萍)

傣族青年纳格里的讲述

傣族幻想故事。流传于云南省景谷傣族彝族自治县、普洱哈尼族彝族自治县傣族聚居区。讲述的是:古时,一蛇妖赶走了普洱龙洞的龙王,并霸占了龙洞后为非作歹,要求各村寨每七天送少男少女到蛇王庙给它吃。轮到召贺罕(小土司)家送人,召贺罕的独生女岩娜被送入蛇王庙。刚好那天蛇妖化作美男子去与勐乃国皇帝的公主谈情说爱,后公主被它带到龙洞关起来。一个叫纳格里的青年樵夫救出岩娜后又进龙洞救出公主,公主给了他一支金钗并剪下他的一块衣角,以作日后相见的证物。后来纳格里又救出被蛇妖捉来的龙女,龙王送他神奇的"金葫芦"。他返回做长工的头人家里。公主贴出告示寻找纳格里,头人及儿子哈桑知道后就施计谋害纳格里,哈桑冒充纳格里去见公主。纳格里在"金葫芦"保护下死里逃生,几经周折与公主相认并成亲。最后,他继承了王位。陶学科讲述,权英搜集、整理。收入《云南民间文学集成·普洱民间文学集成》(二),32开,17页,13000字,普洱哈尼族彝族自治县文化广播电视局、民族事务委员会1989年编印。

(郭玉萍)

都嘎达与首领

傣族幻想故事。流传于云南省孟连傣族拉祜族佤族自治县傣族地区。讲述的是:勐巴拉纳西的城里有一个富翁的女儿叫西里糯。她嫁给了另一个富翁家的儿子后,丈夫闲游浪荡、吃喝玩乐,败完家产还整天骂她。西里糯伤心绝望地离开丈夫重新嫁了一个穷苦的孤儿,他叫都嘎达。夫妻俩靠都嘎达砍柴卖为生。一天,丈夫在山上拾到许多金子。首领要举行赛马大会,凡是有马的人家都可参加。西里糯就让丈夫用金子去买马,并教他如何挑马、赛马,结果都嘎达得到了首领丰厚的奖赏和赞誉。首领叫都嘎达一同去打猎,在打猎过程中,他帮助首领一次又一次摆脱了灾难。首领念及他的恩义,在离王宫不远的地方盖了高大的房子给他夫妻二人住,并分一百户人家让他管辖。七年后,首领死了,首领无子,官员们把他迎到王宫做了首领。波叶坦采集、翻译,徐永安记录。收入《孟连傣族拉祜族佤族自治县民间文学集成·傣族卷》(一),32开,8页,5500字,孟连傣族拉祜族佤族自治县文化局、民族事务委员会1987年编印。

(郭玉萍)

戴红帽子

傣族幻想故事。流传于云南省德宏傣族景颇族自治州傣族地区。讲述的是:一个过量地吃了黄豆的穷光棍汉,由于腹胀难受,便死一般躺到石头上。一群猴子以为他已死,便抬了去祭神,他周围摆满了金碗银筷,当他突然站起来时,猴群被吓跑了,他得到了全部的金碗银筷。一个大富人听说后,便去模仿,当猴群抬着他艰难地过险崖时,由于害怕,富人扭动了一下身子,惊慌失措的猴子们便松开了手。富人跌下悬崖,满头是血,回到家时,他的子女们以为他戴着红帽子回来了。佚名讲述,赖卫光记录。刊于傣文杂志《勇罕》1985年1—2期,16开,2页,676字。

(冯霄)

凤尾竹公主

傣族幻想故事。流传于云南省德宏傣族景颇族自治州傣族地区。讲述的是:勐巴拉纳西首领有一个儿子,名叫贡玛拉。首领母后想给他早些成家立业,可他没有那样的心思,整天闷闷不乐。天神知道后,就把仙女朗盏达迷维放到凤尾竹里,然后托梦给贡玛拉王子。于是贡玛拉王子按照天神的话去找。夜半时分,凤尾竹姑娘从凤尾竹里面走出来,两人一见面就爱上了对方,贡玛拉高高兴兴地把她带回宫里。自从凤尾竹姑娘来了后,勐巴拉纳西心地善良的穷人们都变成了富人,而那些狠毒的富人又退回到了先前落魄、穷困潦倒的状态。于是,谣言便传出说凤尾竹姑娘是妖怪。贡玛拉的母亲听说后,说服儿子离家去学本领,然后把凤尾竹姑娘送回山里。三年后,贡玛拉学成归来,即刻又上山寻找心爱的姑娘。两人相见,难舍难分,于是拜祭山神、水神,就在深山里相守一生。佚名讲述,刀干相搜集。16开,5页,661字,稿存德宏傣族景颇族自治州民语委。

(喊凤)

放鸭娃的故事

傣族幻想故事。流传于云南省德宏傣族景颇族自治州傣族地区。讲述的是:一童子给富翁放养鸭群。长大后,爱上了富翁家的姑娘,因不是门当户对,被沙铁大骂是穷鬼,并提出欲娶自己姑娘的条件:聘礼必须是像山一样大的猪一头、像水塘一样多的酒一瓶、龙骨三根、龙须三根、龙头骨架一副、黄金三升,期限三个月,否则只有头身分家。放鸭娃走遍四方,风雨兼程,一一询问是否有此聘礼。途中,又有人向他提出请求:有三棵竹子的人家,种了七年从不发芽,请他也帮忙问一问原因;一个三十多岁的老姑娘从不说话,主人也请他帮忙问一问原因;佛寺中的长老种的白花已数年从未开放,也请他帮忙问一问原因。放鸭娃只能允应。他的行动感动了天神,天神变成一个白发老人对他说:"孩儿,你返途吧,到了佛寺,把白花根下的三升黄金挖出,白花自然开放;到了哑巴家,把她头上的三根白发拔除,那就是龙须,哑巴也立即会说话;到三棵竹那家,把它砍了,长出的竹笋稍染黑色,即为龙骨了;半路拾一牛骨架,稍加工便是龙骨架;至于山一样大的猪、水塘一样多的酒,世间是不会有的,你只需半夜去重敲富翁的大门,有人问你,你便说大猪大酒瓶进不了大门,富翁怕影响睡眠、大门受损,会说此两样免了。"放鸭娃照着老人的指点去做,沙铁只得同意,并为他们举办了婚宴。佚名讲述,板银荣搜集、整理。俊孟翻译。傣文版,32开,12页,约3000字,载于《傣族民间故事》第二辑,云南民族出版社1983年版。

(快永胜)

俸改的故事

傣族幻想故事。流传于云南省景谷傣族彝族自治县。讲述的是:在天界,因俸改勾引桑洛的妻子和海罕的妻子,三人互相打起来,引起纷争,英叭便把他们罚到人间。俸改下凡后降生在勐景罕的首领家里,三岁当上了首领。桑洛和娥并从天国下凡后,桑洛生在勐景短首领家,娥并降生于另一个国家。桑洛16岁时娶了娥并并继承王位。海罕和南崩下凡都降生在勐景哈。后海罕也娶了南崩当上了首领。俸改来到人间同样恶习不改,他抢走了娥并和南崩。海罕召集将士要报仇,桑洛也来助战。他俩求得天神英叭的帮助,要求俸改送回南崩和娥并并赔礼道歉,但俸改口出狂言,一意孤行。英叭被俸改的言行激怒后派下天兵天将帮助海罕攻打俸改。海罕率领八十万大军和十万只大象经过三年的征战才打到勐景罕，分几路围攻，展开殊死的厮杀，双方无法取胜，后南崩做内应偷走俸改的仙笛，才占领了俸改的王宫，俸改逃走了。海罕与桑洛终于与自己的妻子重逢。佚名讲述，周凤祥翻译，云南大学民间文学调查队采集，孙敏等整理。收入《云南民间文学集成·景谷民间故事》（一），32开，26页，18000字，景谷傣族彝族自治县民间文学集成领导小组编辑室1989年编印。

（郭玉萍）

干树桩姑娘

傣族幻想故事。流传于云南省德宏傣族景颇族自治州傣族地区。讲述的是：勐巴塔洼有一靠打柴为生的穷夫妇，五十岁时才生得一子，取名为"朵嘎达"。朵嘎达八九岁时，父母双亡，他独自一人上山砍柴为生。一次，他连一根干柴火都找不到，累得靠在一棵榕树下睡着了，梦见东方有许多干树桩。醒来后就朝着东方走，的确有许多树桩，便捆了挑回家打算次日拿去卖。哪知夜半时分，干树桩变成一位漂亮的姑娘，为他做饭、做家务。小伙子很高兴，相约姑娘一起拜神，感谢佛祖的恩典。后来，上天赐给了他们一幢漂亮的房子。从此，小伙子变成了富翁，过上了幸福的生活。岳罕讲述，刀干相搜集。16开，3页，约600字，稿存德宏傣族景颇族自治州民语委。

（杨荣芳）

古沙纳利树神帮朋友挽救家园

傣族幻想故事。流传于云南省西双版纳傣族自治州。讲述的是：勐巴拉纳西召捧玛典见自己的独脚宫殿摇晃不止，就命木匠去砍花园里的一棵大树用来支撑独脚宫殿。住在大树里的树神一家慌了，但他们不肯屈于身份去找地位卑贱、住在茅草堆里的小树神古沙纳利帮忙。小树神古沙纳利得知木匠要砍伐大树，没有和大树神计较。就在木匠来到花园时，变成一只树蜥蜴钻进树干，又从树干钻出来，木匠们以为这棵树是空心的，就走了。康朗约讲述，陆云东翻译。16开，4页，786字，稿存西双版纳傣族自治州民族研究所。

（依艳坎）

功德重于山

傣族幻想故事。流传于云南省德宏傣族景颇族自治州傣族地区。讲述的是：从前有一老夫妇用卖野菜的钱买了一包饭，途中碰到一条饥饿的狗，夫妇俩舍不得吃，将饭喂了狗。狗吃了饭精神振奋，只听见"汪"的一声便在一棵青树旁叼起一块石头。老人一看是一块九棱宝石，每一面棱角是一种颜色。夫妇俩说："这就是我们俩要为佛塔献的功德。"快到家时，宝石越来越重，夫妇俩把宝石放在托盘上守了一夜。天快亮时，飞出了一只蝴蝶，老太婆用扇子轰开蝴蝶，蝴蝶飞走了。第二天夫妇俩去拜访有钱的富人朋友，说："老朋友，富人有钱，穷人有功德。"富人哈哈大笑，说："功德在哪里，价值多少？"夫妇俩说："功德比恩情、金银珠宝还重，不信你来称一称。"富人把金银珍宝放在称盘一端，夫妇俩拿出九棱宝石放在称盘另一端，把富人的金银珠宝翘得高高在上。在场的人都目瞪口呆，富人这才知道功德有山重！富人把夫妇俩请到村里吃饭，酒足饭饱后让他们换上了新衣裳。回到家夫妇俩把宝石放在托盘上，蝴蝶又飞来，老太婆用扇子轰蝴蝶时不小心把宝石碰到地上，宝石变成五彩缤纷的金粉，从此以后蝴蝶也有了五彩缤纷的颜色。佚名讲述，曼相吞搜集、整理。朱光灿翻译。刊于《傣族民间故事》第六辑，傣文版，32开，5页，约1200字，云南民族出版社1992年版。

（朱光灿）

首领的儿子

傣族幻想故事。流传于云南省德宏州傣族景颇族自治州傣族地区。讲述的是：其貌不扬、性格古怪、为所欲为、狂妄自大的首领之子有两个癖好：

爱听谈情说爱的故事,只要他有兴致,随即令人把讲故事的人叫入宫中,高兴之时手舞足蹈、无所顾忌、随手赏赐财宝;反之随口骂人、出口成脏甚至把讲故事之人逐出宫中,害得会讲故事的人人惧怕,纷纷躲避。于是,首领之子令人四处追寻,甚至带领仆人去找寻。一日,他到集市找寻,觅见一卖布匹、衣服的漂亮姑娘,顿生爱慕之心。至宫后命媒人几次说亲未果,欲抢亲,途中有一天神变成的女人和卖布姑娘模样相同,首领之子欲上前拥抱,姑娘却升空而去,令其六神无主,全身瘫软于地。从此以后,首领之子的所作所为逐渐有所收敛了。佚名讲述,曼相屯搜集、整理。收入《傣族民间故事》第五辑,傣文版,32开,5页,2000字,云南民族出版社1987年版。

(快永胜)

首领和喜鹊的故事

傣族幻想故事。流传于云南省德宏傣族景颇族自治州傣族地区。讲述的是:一位好心人献给勐苏宛那首领一碗长生不老水,首领不知道是否该喝,就派人请来国中最有学问的人帮他定夺。然而大家都齐声告诉首领喝掉水,只有喜鹊问首领打算自己喝还是分给妻儿、大臣百姓们一人喝一口,首领说是自己喝。喜鹊又说:"首领您喝下这碗水后变得长生不老,而您的妻儿、大臣百姓都已过世,那么还有谁来侍候您?您又去统管谁?"首领听后觉得在理,便没有喝那碗长生不老水。佚名讲述,曼相吞搜录、整理。收入《百花园》第六册,傣文版,32开,3页,840字,云南民族出版社1995年版。

(杨荣芳)

首领的儿子学艺

傣族幻想故事。流传于云南省德宏傣族景颇族自治州傣族地区。讲述的是:有一个首领的三个儿子去勐达夏所学艺,本事学成。小兄弟可以拉五百棚竹子,大兄弟可以拉走五百辆牛车,大哥力气胜过十头大象。回家途中见一只大蟋蟀正在挖洞,欲逮它的一只脚来充饥,小弟去逮,被它踢翻,大兄弟去逮亦被踢翻,大哥去逮,逮断了一只大腿。欲烧吃,见一处冒烟,两个兄弟去借火,却被火的主人——魔鬼弄死。哥哥去把魔鬼制服,魔鬼用仙水救活兄弟俩。三兄弟继续向前走,来到一个国家,这里正在发生战争,王宫公主躲在大鼓里,被三兄弟救出,公主召回国民,并让三弟讨公主,治理此国。两兄弟又继续向前走。另有一国首领和手下人围猎时,动物从首领处跑脱,首领追到魔鬼处,魔鬼要吃他,他以每天送一人给魔鬼吃为条件得以脱身。国民听说要送人给魔鬼吃的消息后,纷纷出逃,首领只有把公主送去。魔鬼准备吃公主时被两兄弟救出。大哥便讨公主为妻并继承王位,举国欢庆。二弟又讨公主妹,返回本国继承父位治理国家。许布相米讲述。岳小保记译。16开,2页,约500字,稿存德宏傣族景颇族自治州民语委。

(岳小保)

首领的两个儿子

傣族幻想故事。流传于云南省德宏傣族景颇族自治州傣族地区。讲述的是:一首领为使两个儿子长大后有所作为、很好地继承王位,便命管教育的大臣好好教授他俩,七年后兄弟俩本领高超。一日,首领之子老二仰见天上飞的一对大雁,对师父道:"大雁夫妇与吾父王夫妇谁的福气大?"师父:"人与飞禽走兽哪能相提并论,当然是首领洪福齐天,无与伦比。"老二觉得大雁飞越王府跨过父王头顶,是不知天高地厚。于是兄弟俩拉弓射去,射中母雁掉落在地。公雁把命案告到对佛虔诚的首领那里,首领判定有罪并命卫兵把两兄弟拉至疆界斩之,未料王母用金银买通卫兵,兄弟俩性命得保并远走他乡。公雁见卫兵刀口上的狗血,信以为真,知足远飞了。兄弟俩乘凉于一青树下,恰有此勐首领的一只孔雀逃出落树枝上,他俩把它射落。兄弟俩一人吃头,一人吃内脏,吃头意味将来成王，五脏意味着金银满柜。后来经历许多曲折，兄成为此勐首领，弟返故国继承了王位。孟南达讲述，快永胜记译。16开，10页，约2000字，稿存德宏傣族景颇族自治州民语委。

（快永胜）

首领想得到"奇怪"这种东西
傣族幻想故事。流传于云南省德宏傣族景颇族自治州傣族地区。讲述的是：勐沙统有一穷苦的孤儿叫"朵嘎达萨亚"，天神坤西迦托梦给他，让他向着东边走。于是，穷小伙子朝着东边走去，遇到一头大象和一位美貌如花的姑娘，两人成亲后在山里耕地度日。首领上山巡猎看中了穷小伙子的妻子，逼迫小伙子三日内交出三拽（傣族计量单位，一拽约等于三市斤）金子，不然就用他的妻子抵换。穷小伙子边走边唠叨："奇怪呀奇怪，首领已经有七十位妃子，现在还要抢我的妻子，富人有了妻室还要再娶，而穷人仅有的妻子却要被抢走，真是奇怪呀奇怪！"大臣听到此话后，便去向首领报告，首领让穷小伙子三日内找出"奇怪"这种东西来，否则斩首处之。穷小伙子便去找雅锡（苦行僧）帮忙，雅锡带着大象、妖怪、大鹏鸟、老虎、狮子、蛇和狗各一百，冲进王宫，那些奸臣和首领看到这突如其来的动物，感到很奇怪，全都被吓死了。雅锡让朵嘎达萨亚做了勐沙统的首领。吞芒讲述，刀干相搜集。16开，7页，约1400字，稿存德宏傣族景颇族自治州民语委。

（杨荣芳）

鬼借酒罐
傣族幻想故事。流传于云南省德宏傣族景颇族自治州傣族地区。讲述的是：从前有个大肚子的人，认为自己脖子上长了两个大瘤子，既难看又给生活带来不便。晚上，他躺到坟地里，一心想让鬼出来把自己咬死算了。恰好，鬼们要摆宴席没有酒罐，便来跟他借了去，他的大脖子消失了。当他回来讲给别人听时，另外一个大脖子的人也去模仿。碰巧，鬼又来归还酒罐，结果，那人的大脖子不仅不消失，反倒还增加了两个。佚名讲述，思永忠记录。16开，1页，650字，刊于傣文杂志《勇罕》1988年1—2期。

（冯霄）

狗变首领，首领变狗（一）
傣族幻想故事。流传于云南省德宏傣族景颇族自治州傣族地区。讲述的是：从前有一只癞皮狗，饿得肋巴骨有几根都数得出来，腊西很可怜它，就将它收养起来，还教它学武艺、读经书。一天，腊西问狗是否想变成人，狗说它不仅想变成人，而且它还想变成首领。腊西告诉狗让它从他的那根禅杖上面跳过去，狗一跳，果真变成了人。这个时候，勐微底国首领去世了，大家就让狗变的人来当首领。然而他怕人们知道他的身世，就派武将去杀腊西，可是腊西道法高深，武将没有办法杀他，他只得向腊西认错，请求腊西把所有的本领教给他，腊西说要他从禅杖下钻过去后才能教他。于是他就从腊西的禅杖下钻了过去，又变回原先的癞皮狗了。佚名讲述，云南民族民间文学德宏调查队搜集、整理、翻译。收入《德宏傣族民间故事》，32开，2页，825字，德宏民族出版社1993年版。

（喊凤）

狗变首领，首领变狗（二）
傣族幻想故事。流传于云南省西双版纳傣族自治州傣族地区。讲述的是：腊西收养了一只饿得皮包骨头的癞皮狗，并教它学武艺、读经书。狗请求腊西将它变成一个人，而且要做首领。腊西帮狗实现了它的愿望。狗变的人当上首领后害怕自己的身世会被臣民们知道，就派兵去杀害唯一的知情人腊西。法术高明的腊西打败了前去刺杀他的兵将，当他知道是狗首领想害他后，便让那些士兵回去告诉首领，自己还有很多法术未教给他，让他来学。贪心的狗首领再次找到腊西请求赐教，腊西毫不留情地将它变回了狗形。佚名讲述，尼宛采录。收入《中国民间故事集成·云南卷》下，

16开，2页，870字，中国ISBN中心2003年版。

（龙江莉）

敢塔古里

傣族幻想故事。流传于云南省西双版纳傣族自治州。讲述的是：孤儿敢塔古里向沙铁讨要了一只九尾狗，并与小狗形影不离，相依为命。有一天他俩上山采野果时捡到一个鸡蛋。从鸡蛋中跳出一个美丽的姑娘，叫南海发。她与敢塔古里相爱结成夫妻。首领捧麻达听说南海发的美貌后，欲将其占为己有，企图以斗鸡、赛马、斗牛、斗象定胜负来赢得南海发，但都失败。恼怒的首领宴请敢塔古里时，设下圈套让他吃鸡蛋，失去蛋壳的南海发被迫离开人间。临行前，她托九尾狗把宝镯头转交给敢塔古里。敢塔古里酒醒后，悲痛万分。在九尾狗的帮助下，他历尽艰辛找到妻子，一起回到家里。首领带着千军万马去抓敢塔古里，敢塔古里一箭射死首领，全勐百姓推举敢塔古里当上首领。岩温讲述，杨明熙搜集、整理。收入《西双版纳傣族民间故事集成》，32开，26页，16000余字，云南人民出版社1993年版。

（李传宁）

寡妇的白水牛

傣族幻想故事。流传于云南省西双版纳傣族自治州。讲述的是：寡妇家养的一条黑母牛和首领的白公牛放养一段时间后，产下了一条白牛犊，首领知道后硬说是自己的白公牛所生，就派人把牛仔牵走了。寡妇无处可诉，她只好找到蟾蜍帮忙。答应帮忙的蟾蜍第四天才去找首领，首领问为何第四天才来？蟾蜍答：我担心即将分娩的父亲，所以今天才赶到。首领说这世间哪有这样的事？蟾蜍反问："既然我的父亲不会生小孩，您的公牛会下仔吗？"首领无言以对，只好把牛犊还给寡妇。刀署明讲述。16开，6页，1025字，稿存西双版纳傣族自治州民族研究所。

（刀金平）

孤儿的牛

傣族幻想故事。流传于云南省西双版纳傣族自治州。讲述的是：有一位孤儿，给富翁放了三年黄牛后，得到一条黄牛。一天，黄牛告诉孤儿说要报答他的恩德，让他去和富翁借一万元钱后与商人赌一万元钱拉一百辆货车。孤儿给牛套好车架，却辱骂黄牛，说若拉不动货物就杀了它。结果黄牛一气之下，一步也没有移动，故意让孤儿输了一万元钱。见孤儿伤心，黄牛就劝孤儿再去跟富翁借二万元钱，然后再和商人赌，并劝孤儿不要辱骂自己。有了教训后，要拉货车时孤儿就好言赞牛，终于使黄牛拉着一百辆货车一路奔回了家，不仅把孤儿输去的钱赢了回来，还赚了一万元钱。岩塔讲述，陆云东翻译。16开，3页，685字，稿存西双版纳傣族自治州民族研究所。

（刀金平）

鬼的由来

傣族幻想故事。流传于云南省玉溪市新平彝族傣族自治县漠沙镇、戛洒镇。讲述的是：很早以前，傣族在红河边热坝子定居后，一年坝子里流行一种传染病，死了很多人。人们因太想念死去的人就议论人死后到底变成什么了？大家众说纷纭，有对夫妇说人死后变为鬼，大家不信。于是去问了荔枝树、芒果树、槟榔树、大年纪的大象爷爷，最后问到聪明伶俐的孔雀姑娘，她说学识渊博的老翁曾告诉她人死后变成土。最后大家也一致认可了，唯独那对夫妇偏说人死变成鬼。按照傣家古规，赌嘴输了要把自己做好的一份田地发给劳动力最多的一户人家。夫妇不乐意，趁着村里有位大妈死了，夫妇装成怪物使各种诡计骗大伙，弄得人们相信了人死真的变鬼，也不再要夫妇家的田地了，还把他俩供为驱鬼人。从此鬼产生了，巫师和巫婆成了骗人钱财的人。1988年采录于漠沙曼蚌村。收入《中国民间故事丛书（云南玉溪·新平卷）》，16开，3页，知识产权出版社2015年版。

（刀庆喜）

会说好话鬼也会来帮忙

傣族幻想故事。流传于云南省西双版纳傣族自治州。讲述的是：从前有东西两家两个老庚一起挑着自家的竹箩去赶集，东家老庚因曾向家神做过祈祷，箩筐很快就卖完了；而西家老庚则相反，不仅不祈祷，还诅咒神灵让他们没赶上好集，结果一个箩筐也没有卖掉。又有一次，东家老庚上山砍竹子，祈祷所编的箩筐能装满金子银子，结果如愿以偿。西家的老庚也学他，上山砍竹子前也做了祈祷，晚上下雨时他的妻子却和他唱反调，结果原本装满竹箩的金银霎时间不见了，落得一场空。岩香瓦讲述，岩庄香翻译。16开，4页，1080字，稿存西双版纳傣族自治州民族研究所。

（依旺的）

会唱歌的猫和会吹"必"的人

傣族幻想故事。流传于云南省西双版纳傣族自治州。讲述的是：两个亲兄弟，哥哥叫岩龙杭；弟弟叫艾宰多。艾宰多捉到一只会唱歌的野猫，取名叫哼笙。哼笙每天唱一次歌，引来很多的动物，艾宰多不用出门就能捕捉到很多的动物。岩龙杭听说后，跑来向弟弟借哼笙养两天，艾宰多答应了哥哥，并再三叮嘱他要善待哼笙。岩龙杭却虐待哼笙，并把哼笙丢进污水潭里淹死，艾宰多赶来挖了一个土洞把它安埋在自家的竹楼边。不久，埋哼笙的地方长出了一棵粗矮的竹子，艾宰多砍下一节来做猪槽喂猪，猪儿吃了槽里的食迅速长膘。岩龙杭来借猪槽去喂猪，结果他的猪不久就死了，岩龙杭把猪槽丢进火塘烧了。艾宰多把剩下的竹子做成笕槽来接水冲凉洗澡。每次洗澡，水里都会冲来一对金手镯套在他的手上。岩龙杭偷偷跑来艾宰多的笕槽下冲凉，结果冲下的是屎，他生气地把笕槽砸碎丢进河里。艾宰多顺河捡到一节破竹片回来，把它削成筷子，艾宰多变得年轻漂亮。岩龙杭偷来那双竹筷，他们夫妻一用那双竹筷，顿时变成老爷爷老奶奶，他俩生气地把竹筷丢到竹楼下，便倒在楼上断气了。艾宰多发现竹楼下苦竹里发出的声音像哼笙的歌儿，艾宰多把苦竹砍回家做成了竹"必"，当他一放在嘴上，它便会唱出动听的歌。艾宰多被人们称为岩章必（会吹"必"的人）。佚名讲述，佚名搜集。收入《西双版纳傣族民间故事集成》，32开，4页，2200余字，云南人民出版社1993年版。

（李传宁）

还魂草

傣族幻想故事。流传于云南省西双版纳傣族自治州。讲述的是：一对失去亲娘的小兄弟俩，因肚子饿烤吃了家里的螃蟹后被后母赶出了家门。一天，哥哥背着弟弟来到一片树林时，看见一条蛇衔了一棵草把另一条死蛇救活了，随即就把那种草带在身边。他俩路过一个国家时，听说首领的女儿死了，就拿随身带着的草救活了公主。首领就招哥哥做了驸马还把王位传给他。哥哥当上首领后，把弟弟、四处乞讨的父亲和后母也接到了宫中。岩塔讲述，岩庄香翻译。16开，4页，837字，稿存西双版纳傣族自治州民族研究所。

（玉腊）

含哈的故事

傣族幻想故事。流传于云南省景谷傣族彝族自治县。讲述的是：古代的勐英达巴英有个首领，五十多岁都没有孩子，后向天神祈祷后王后怀孕生下一只含哈（癞蛤蟆）。含哈25岁时变成了英俊的小伙子，他继承了王位。勐英达巴英大旱，含哈为国为民去找龙王要雨。找到龙王才知道人间大旱是耿团山上的浑田大仙因忌恨含哈当了首领而有意不让人间有雨的。后含哈在龙王、大鹏鸟、青蛙、蚊子、白蚂蚁、小柴虫等的帮助下打败了浑田大仙，人间才恢复了生机。含哈首领又与龙王定下春夏秋冬如何下雨的制度。从此，年年风调雨顺，五谷丰登，人们过着安居乐业的生活。佚名讲述，周凤祥翻译，云南大学调查队搜集，铁军记录，张福三、冉红整理。收入《云南民间文学集成·景谷民间故事》（一），32开，5页，3500字，景谷傣族彝族自治县民间文学集成领导小组编辑室1989年编印。

（郭玉萍）

红尾鲤鱼的故事

傣族幻想故事。流传于云南省元江哈尼族彝族傣族自治县傣族地区。讲述的是：元江坝傣族岩孟和依玉成家后生下一男一女，女儿取名叫"燕奴"，男儿取名叫"燕岩"。寨子里的祭司认为"燕奴"傣话称猴子，此女一定是妖女，他就向管寨的阿布胡编乱造说寨子里有个妖女，寨中将大祸临头。阿布不分青红皂白把岩孟抓了关进水牢，逼死了他。阿布又来抓依玉，她逃到江边，一只青蛙叫她快跳入江中，说龙王龙女会救她，并答应会在她的儿女脚背上喷红沙水，让他们在江中相认。依玉跳入江中。阿布又来抓她的儿女。乡亲们把一对儿女送到江边，青蛙把红沙水喷在他俩脚背上，将其送入江中。后来，一对儿女听说母亲因思念他俩已死，就变成一对红尾鲤鱼，在江中伴随妈妈。杨世珍讲述，李存仁搜集、整理。收入《元江民族民间文学资料》第四辑，32开，2页，1500字，元江哈尼族彝族傣族自治县文化馆1984年编印。

（郭玉萍）

虎应在牢里，人应在外面

傣族幻想故事。流传于云南省德宏傣族景颇族自治州傣族地区。讲述的是：有一人和老虎做朋友，很是友好。老虎经常到寨子里来找人朋友，人朋友对虎说村寨周围人们已修了陷阱、牢笼，要虎最好别再去。虎不听，不慎被关在牢笼里七天七夜，人朋友感到可怜，就悄悄地放了虎，但虎说一定要吃掉人朋友。人说："我是你救命恩人。"虎说："我为人劳动，人不会感恩，人应让虎吃。"又到树神处，树神也说它供人乘凉，人还折枝扯叶的，人理当让虎吃。为难之时，又去找到苦行僧雅锡，雅锡说让他先知道原来情况后，他才能裁判。结果来到原地，让虎进入牢笼，人趁机打死了虎。佚名讲述，方盖准搜集、整理。龚肃政译。收入《傣族民间故事》第二辑，傣文版，32开，2页，约800字，云南民族出版社1983年版。

（俊孟）

狠心的首领

傣族幻想故事。流传于云南省德宏傣族景颇族自治州傣族地区。讲述的是：勐嘎朗嘎列的首领，不学习佛法，终日寻欢作乐，而且心狠手辣，一共娶了十二个妃子。他害怕别国的人来抢夺疆土，便请来三位占卜师卜卦，占卜师们预见首领的未来将遭战祸，但又不敢说真话，就哄骗首领说在城外有一个约十岁的放牛的小伙子，他的福禄比首领的福禄还大，二十岁时会来抢夺首领的王位。首领听后非常气愤，派兵把守城门，并对全勐的人进行杀戮，百姓纷纷逃亡，就连他的王妃们也都逃光了，最后只剩下首领孤零零一个人。首领只好到其他勐去讨饭，最后被大地裂开的一条缝吞噬了。庄相讲述，刀干相搜集。16开，4页，约800字，稿存德宏傣族景颇族自治州民语委。

（杨荣芳）

荷花姑娘

傣族幻想故事。流传于云南省德宏傣族景颇族自治州傣族地区。讲述的是：一位在深山里修行的雅锡（僧人）看见荷花池里有一株荷花与众不同，摇动不已，还时时传来婴儿的哭声，于是便循声而去，发现花朵里躺着一位女婴，就把她带回奘房抚养。姑娘长到二十岁时，雅锡为她建盖了一座富丽的殿堂居住，荷花姑娘也天天出去找食物回来侍候雅锡。一日，一位阿銮（充满智慧、有福气的未来的贤者；将成佛之人）来到此地，与荷花姑娘相遇，两人相互爱慕，便去请求雅锡。得到雅锡允许后，他俩一起随雅锡念经，他们招来许多天上飞的地上走的和水里游的动物，感化生灵，普度众生。岳恩讲述，刀干相搜集。16开，4页，约800字，稿存德宏傣族景颇族自治州民语委。

（杨荣芳）

贺扎嘎

傣族幻想故事。流传于云南省德宏傣族景颇族自治州傣族地区。讲述的是：勐巴拉纳西的占卜师为首领占卜说：十月十五出生的人前途无量，将当首领。首领便下令谁家的孩子在十月十五出生，就抢进宫。有对贫穷夫妇这一天生得一男孩，取名贺扎嘎。贺扎嘎未满月就被抢进宫。首领怕贺扎嘎与王子抢王位，蓄意弄死他，大臣把贺扎嘎扔在路上让黄牛踩死。当牛群经过时，有一头母牛紧紧将贺扎嘎呵护着，放牛人将小孩抱回家抚养。首领知道后把孩子抢回，扔在羊群经过的地方，羊群经过时一只母羊用身体维护着贺扎嘎，首领又把他抢回宫。十多年后，贺扎嘎和王子一起长大，首领怕他与王子争夺王位，几次施计欲除掉贺扎嘎，但都未能杀死他。不久，首领叫贺扎嘎去另一个勐送信，欲以此害死他。贺扎嘎走到半路，因饥饿交加就靠着树睡着了。富人家的小姐出来游玩，看见小伙子靠着树睡着了，怀揣书信，她把信抽出，看后大吃一惊，就将信的内容改为：信收到后就将小姐许配送信人。贺扎嘎把信送到后，首领就把富人家的小姐许配给他。后来贺扎嘎利用谋略，最终继承了首领的全部家产和王位。佚名讲述，曼相吞搜集。16开，4页，850字，稿存德宏傣族景颇族自治州民语委。

（金小所）

皇帝与罕云

傣族幻想故事。流传于云南省德宏傣族景颇族自治州傣族地区。讲述的是：有一对母女，因为母亲有病，女儿罕云守在妈妈的病床前已经几天几夜了。一天，母亲对女儿讲："女儿，我活不长了，我死后，你把我头帕的第二层保存好，如果家里吃鱼，你把骨头收拾在一起，用第二层头帕包好埋在十字路口。"说完，母亲便与世长辞。后来父亲又另娶了一妻，后妈对罕云百般刁难和虐待。不多久，十字路口长出了一蓬斑斓绚丽的花，会唱各种音乐，非常奇异。皇帝知道这事后，派了许多人去挖，结果都挖不动。他在众人面前宣布："谁能拔起这蓬花，如是男人，要多少银子都可以；如是女子，我愿收为我的正宫。"罕云轻轻一拔，就拔起来，皇帝高兴万分，立即把罕云接进宫享福去了。方峰群讲述，李柏周整理、翻译。收入《德宏傣族民间故事》，32开，3页，1525字，德宏民族出版社1993年版。

（喊凤）

猴王的大鼓

傣族幻想故事。流传于云南省孟连傣族拉祜族佤族自治县。讲述的是：有一个穷人叫艾宰番，因在城里无田地又缺吃少穿就搬到英板大森林边开荒种地。第一天他先建好茅草竹楼，又砍倒些树木准备开垦田地。第二天他一看，头天砍倒的树就像没砍过一样，比原来的更高大。他很奇怪，又砍倒了一些树，天黑后悄悄躲起来观察。突然，一群猴子来到他开的地里，为首的猴王击响一面大鼓，有的猴子敲起铓锣，有的跳起奇怪的舞蹈，它们边跳边唱。这时砍倒的草木纷纷活起来，和自己的根对接上后，一棵棵站起来。后来他想办法拿到了猴子的大鼓。那只大鼓有两面，一面是生之鼓，另一面是死鼓。击响死之鼓，草木会自动倒下后枯萎、消失；击响生之鼓，草木能死而复生，快速生长。艾宰番就用这只鼓种庄稼，有了收成后建房娶妻，过上了富裕的生活。咪召涛讲述，召罕嫩采集、翻译、记录。收入《孟连傣族拉祜族佤族自治县民间文学集成·傣族卷》（一），32开，3页，2000字，孟连傣族拉祜族佤族自治县文化局、民族事务委员会1987年编印。

（郭玉萍）

猴王国获宝

傣族幻想故事。流传于云南省西双版纳傣族自治州。讲述的是：有个渔夫见一群猴子到河里捕鱼，设法让猴子抬着自己到了猴王国，并得到了自己想要的金银财宝。这事被另一个渔夫知道了，他也学着前面那个渔夫钻进箩筐里躺在水中等着猴子。谁知当猴子抬着"大鱼"到悬崖上时，几个猴子放了几个响屁，躺在箩筐里的"大鱼"禁不住大笑起来。猴子们听到人的声音，吓得扔掉大鱼跑了，那个人从悬崖上摔了下来。刀新华讲述，依旺的翻译。16开，3页，1008字，稿存西双版纳傣族自治州民族研究所。

（依艳坎）

混社与混沃

傣族幻想故事。流传于云南省孟连傣族拉祜族佤族自治县。讲述的是：勐巴拉纳西有位富翁，家里有两个儿子。富翁让两个儿子离开家到森林中找师傅学本领。他俩被树神变的蛇咬死，哥哥投胎到了老虎肚子里，弟弟投胎到了黄牛肚子里。后来，母牛生下一个儿子，浑身像银子一样白；老虎也生下一个儿子，皮肤又黑又花。两个儿子长大后，在林中相识了，互相为对方取了名字，虎的儿子叫混社，牛的儿子叫混沃。一天，他俩到湖边玩，惊动了湖底的龙公主，龙公主只喜欢混沃，混社心生嫉妒就让虎妈妈把牛妈妈吃了。混沃在五百只猴子的帮助下安葬了牛妈妈后就和一个在林中修行的僧人生活在一起。混社又来求混沃和他做朋友，他俩来到一个国家，首领收留他俩，并准备把公主许配给混沃。混社心中不服，就施计让首领派混沃去找金莲花。混沃找到金莲花并带回了三位姑娘做妻子。混沃去找金莲花后，首领把公主许配给了混社。混社又施计陷害混沃，混沃在三位姑娘的帮助下战胜混社一次又一次的刁难，并把昏庸的首领和恶毒的混社烧死了，混沃当上了首领。可供研究傣族伦理道德参考。康朗香贡、郑显文采集，康朗香贡翻译，郑显文记录，召罕嫩整理。收入《孟连傣族拉祜族佤族自治县民间文学集成·傣族卷》（一），32开，13页，9000字，孟连傣族拉祜族佤族自治县文化局、民族事务委员会1987年编印。

（郭玉萍）

憨人有憨福

傣族幻想故事。流传于云南省西双版纳傣族自治州。讲述的是：投靠修行者的岩尖，爱上了寨子里头人的一个女儿。为此，修行者送给他的宝笛、神鼓、宝钱袋三件宝物也被姑娘的父亲骗去。后来，岩尖变成了一头猪。在拱吃芭蕉树、一种藤条时，他发现了能变成马鹿又能变回人身的秘密。他把这种秘密用在头人身上，不仅拿回了三件宝物，还娶到了头人的女儿。康朗尖讲述，岩庄香翻译整理。16开，9页，1029字，稿存西双版纳傣族自治州民族研究所。

（玉腊）

九弄斗蛟龙

傣族幻想故事。流传于文山壮族苗族自治州麻栗坡县傣族聚居区。讲述的是：很久以前，有一个勇士叫门宰弄，听说大蛟龙危害人间，就决心除害，可惜不幸遇难了。他的大儿子、二儿子都斗不过大蛟龙。老三名叫儿弄，走到儿勐湖边，智斗蛟龙，把蛟龙收服了，蛟龙引领着九弄拜见了龙王。龙王送给了九弄一件宝贝。这件宝贝变成了种子，九弄走到人间高高的山头上，把种子向山坡、田野、坝子间一撒，顿时满地长满水稻、水果和蔬菜，花果飘香，牛羊满坡。不久四面八方的人们，听说这个勐是个难得的好地方，都涌来这里居住谋生。因为有九弄的善良，有龙王的暗中相助，所以年年风调雨顺。刀白氏口述，董品尧记录。收入《文山州傣族民间故事集》，16开，4页，3120页，云南人民出版社，2016年1月版。

（张元波）

九颗珍珠

傣族幻想故事。流传于云南省德宏傣族景颇族自治州傣族地区。讲述的是：勐巴纳拉西有个孤儿，名叫卞亚干塔，他辛勤帮工九年，获得九颗珍珠，于是去学治病救人，起死回生的本领。他的朋友戈谢爽教给他变大树和念咒语的本领，他又继续寻找仙草、仙水。卞亚干塔跋山涉水，走遍了许多村庄坝子，来到魔王住处取仙草、仙水时，他从大嘴鸟口中救出了干塔纳公主苏温娜。接着，他又利用变化的本领，战败了守仙草、仙水的两个魔王，取两个仙女为妻，取回仙草、仙水，回到勐巴纳拉西。勐巴纳拉西公主，因一百零一个王子向她求婚，害怕引来灾祸而自缢。在送葬途中，卞亚干塔用仙药救活了公主，被首领招为驸马，不久便继承了王位。这时，曾经要娶苏温娜公主的达夏西王子，得知苏温娜的下落后，挑动一百零一个王子，进攻勐巴纳拉西。卞亚干塔率领大臣、百姓抗击，取得了胜利。卞亚干塔拿出仙草、仙水分给百姓，让人们安康长寿，生活幸福美满。佚名讲述、记录。收入《中国讲述故事大辞典》，16开，1页，500字，中国文联出版公司1992年版。

（阿南）

九尾狗

傣族幻想故事。流传于云南省德宏傣族景颇族自治州傣族地区。讲述的是：芒弄定有个名叫桑旺的人与父亲相依为命，家里的生活非常困难。一天夜里，父亲在饥寒中死去，桑旺无钱来安葬，只有草草地把父亲埋了。一次，他在父亲坟上看见一个非常奇特的蛋，便把它带回家中。桑旺每天外出做工，待他收工回到家时，桌上摆满了可口的饭菜。原来是奇特的蛋变成人为他做饭，他便与蛋壳姑娘结为夫妻。这里的首领知道后便起歹心，他三番五次地设计陷害桑旺。一计不成反设一计，首领知道蛋壳姑娘的秘密后，把桑旺叫到宫中，把鸡蛋灌入桑旺口中。正在家中做饭的蛋壳姑娘，突感事情不妙，以为丈夫贪吃宫中美食，忘了自己所叮嘱的话，她一气之下回了自己的家乡。桑旺回到家后，不见了自己的妻子，就去寻找，他在途中被九条江挡住了去路。在九尾狗的帮助下，他渡过了江。九尾狗也因此而累死，桑旺从狗尾下拾到一粒谷种，他小心地把谷种放入怀中。后来桑旺在一只好心蜜蜂的带领下，终于找到自己心爱的妻子。桑旺把带来的谷种种在地中，年复一年，谷种也就越来越多，从此他俩过上了幸福、美满的生活。佚名讲述，旺腊搜集、整理。收入《傣族故事》，傣文版，32开，23页，约2800字，德宏民族出版社1987年出版。

（线永明）

九十万妖魔

傣族幻想故事。流传于云南省德宏傣族景颇族自治州傣族地区。讲述的是：古时有一户很贫穷的母子三人，母亲死后，兄弟俩在外乞讨度日。一日，他们来到一家饭店前，被正在饭店吃饭的两个富翁看上，就两个富翁一人带一个去当帮工。数年后，两兄弟要求回家，哥家雇主给了一袋银子做工钱，弟家雇主也给了工钱银一担。兄弟俩欢欢喜喜往家赶。天黑借宿在一富户家里，因太劳累睡得很香，两人的银子被贪财的主妇用棕糖调换。于是他俩告到召玛贺那里，召玛贺先让兄弟俩抬着大鼓绕城三圈，又让财主也抬着大鼓绕城三圈。因富户从小不劳动，只抬了半圈就怨声载道，并说出了用棕糖调换两兄弟的银子的事。召玛贺得了证据后，就让富户退还了兄弟俩的银子。后来哥哥在雅锡（苦行僧）的帮助下，找到一仙女做妻子。弟弟与魔王的女儿相爱，魔王命九十万魔兵去追杀，后被雅锡用宝扇打败了。一年后，弟弟和妻子去回门拜见岳父岳母，魔王为女儿女婿举行婚礼，兄弟俩都过上了幸福美满的生活。佚名讲述，思琼章搜集、整理。龚肃政译。载于《傣族民间故事》第二辑，傣文版，32开，4页，约1600字，云南民族出版社1983年版。

（俊孟）

九肘长的扁箩

傣族幻想故事。流传于云南省德宏傣族景颇族自

治州傣族地区。讲述的是：有一个瞎眼的和一个双腿粘连的小伙子，艰苦地砍竹、破篾、编小扁箩来度日。后来，在一个僧人的指引下，他俩得到了能医治长鼻子病的药。瞎眼的小伙子由于用扁箩将掉入深坑的首领之女救起而成了驸马；双腿粘连的小伙子则用药医好了另一个首领女儿的长鼻子病，同样成了驸马。佚名讲述，莫干哏记录。16开，6页，2907字，刊于傣文杂志《勇罕》1990年3—4期。

（冯霄）

九颗宝石

傣族幻想故事。流传于云南省景谷傣族彝族自治县。讲述的是：古老的勐板朗纳西里，两夫妇被富人诬咬为琵琶鬼，在逃亡的路上，妻子生下一男孩，取名叫宾雅。宾雅长到七岁，父母被饿死，他只身乞讨度日。长大后他一心想去寻找一种灵丹妙药，为苦难的百姓行医治病。请他做长工的富人给了他九个元宝，他用九个元宝换了降魔伏怪的本事。经山箐中的老人指点，一路上用学得的本事战胜困难，还救了一位被糯提朗戛（傣族神话中的一种大怪鸟）叼着的姑娘。在村中，帕拉西又教给他多种变化的咒语和本领，后指点他前行。猫头鹰带着他飞越高山大川，飞到了勐雅牙、勐派，终于找到了仙水和灵芝。守护仙水的魔王们领教了宾雅的本事后十分佩服并送了他八挑金银和一头三鼻六牙的大象。勐板朗纳西的首领有个公主叫格娅娣达，美名传遍一百零一个国家。王子们都来说亲，后引发了战乱残杀。公主为解救因战乱遭殃的百姓就悬梁自尽。首领悬赏谁能救活公主就把公主嫁给谁并继承王位。宾雅就用他找来的仙水和灵芝救活了公主。之后，他还打败了想娶格雅苏文纳而得不到的勐戛达西等一百零一个国家的王子的队伍。最终他娶到了格雅苏文纳和格娅娣达两位公主，当上了勐板朗纳西的首领，把国家治理得繁荣兴旺。佚名讲述，赵永、王文安翻译，毛德昌记录整理。收入《云南民间文学集成·景谷民间故事》（一），32开，25页，15000字，景谷傣族彝族自治县民间文学集成领导小组编辑室1989年编印。

（郭玉萍）

吉打

傣族幻想故事。流传于云南省景谷傣族彝族自治县。讲述从前有个青年叫吉打，妻子美丽贤惠，小两口十分恩爱。岩炳垂涎吉打的妻子，便假惺惺地要和吉打做朋友。他约吉打去拜英叭为师学本领。几年后他俩都学会一种能把灵魂和躯壳分开的本领。岩炳骗吉打"脱"去躯壳将灵魂钻进鹦哥的躯壳，自己的灵魂却钻进了朋友的躯壳里，吉打变成了鹦哥，飞进山林，岩炳则变成了吉打去骗吉打的妻子。后来吉打变的鹦哥飞回来把实情告诉妻子，并教妻子如何将岩炳骗离躯体。后来妻子用计将岩炳的灵魂骗进虎皮里，岩炳变成了老虎，吉打也回到自己的躯壳里。岩炳变的老虎看见吉打变成了人便扑来咬，全寨的人都来帮忙打老虎。后善良的吉打念及与岩炳是朋友，便把"老虎"放归山里，从此老虎恨人类，就开始咬人了。佚名讲述，吴德庆搜集、整理。收入《云南民间文学集成·景谷民间故事》（一），32开，3页，2000字，景谷傣族彝族自治县民间文学集成领导小组编辑室1989年编印。

（郭玉萍）

金虎、银蛇、宝猴

傣族幻想故事。流传于云南省西双版纳傣族自治州。讲述的是：古时，一个叫盘巴的渔夫，他先后从池塘里钓起了一条蟒蛇、一只小老虎和一只小猴。蟒和虎感谢盘巴一番后就消失了；小猴劝告盘巴别再钓鱼，否则会钓起一个忘恩负义的银匠来害人。盘巴不听劝告，钓出了一个浑身挂满珠宝的银匠。银匠一上岸就责怪盘巴放走了他的宝物。原来那蟒是银、虎是金、小猴是宝物。它们为感谢盘巴，变成了一个姑娘给盘巴做妻子，变了些金银和食物给盘巴，并告诉盘巴说："只要遇到困难，用脚跺地大叫三声蟒、虎、猴，便可得到需要的一切。"盘巴把金银和食物全部分给了贫穷的乡亲。后来，银匠诬陷盘巴偷了他的金银，盘巴把金银的由来告诉了银匠。银匠学着盘巴的方法叫了三声蟒、虎、猴，却一无所获。银匠就把盘巴夫妇捆起来暴打，盘巴夫妇不得已在地上跺了三脚，向虎、蟒、猴求救；虎、蟒、猴三群动物就跑进村寨咬死了银匠，并为盘巴留下众多的金银财宝，让盘巴不再下河捕鱼捞虾。盘巴夫妇把金银财宝分给乡亲，夫妇俩仍靠捕鱼捞虾度日。康朗叫、岩温讲述，杨胜能搜集、整理。收入《西双版纳傣族民间故事集成》，32开，5页，3200余字，云南人民出版社1993年版。

（李传宁）

金银洞

傣族幻想故事。流传于云南省文山壮族苗族自治州。讲述的是：在一个傣族村庄边，有座高大的石山，石山脚有一个洞。洞内是里三层外三层，上三层下三层，左三层右三层，又深又宽。洞的最底层有一股比牛身子大的深水，水里有数不清的各色各样的鱼。洞里住着一家人，谁也没见过，但却可和他们说话、借东西。那个傣族村子里不管哪家人红白喜事和天灾人祸都来向他家求救，借金给金，借银给银，总是借什么给什么。后来，有一个杀人放火、抢占民女的坏蛋知道后，就几次三番无休止地假装需要来借金银，最后被关在洞中，掉入深水塘喂鱼了。金银洞为民除害，让百姓过上了平安的日子。佚名讲述，沈朝忠搜集、整理。收入《文山壮族苗族自治州民间故事集》第二集，32开，3页，2200字，文山壮族苗族自治州民族事务委员会、文化局、文联1984年编印。

（郭玉萍）

金石榴沙铁

傣族幻想故事。流传于云南省德宏傣族景颇族自治州傣族地区。讲述的是：从前勐那占达有一居住在城外的穷夫妇，每天靠丈夫上山砍柴维持生计，饥一顿饱一顿。他俩有一对儿女，年龄尚小，两个孩子因饥饿哭闹不休。一天，丈夫进入深山老林里砍柴，看到一棵石榴树结着一个用两只手才抱得住的大石榴，他就爬上树，把石榴摘下来带回了家，打算拿去献给首领。次日一早，他带着石榴出门，路上遇到一群雅锡（苦行僧），就站在路边让路，他认为应该把石榴献给雅锡，以求取功德。于是剥了石榴皮，双手捧着石榴敬献，突然石榴变成软土沙从他的指间流下就不见了。他回到家，才发现他的破屋里到处是金银，从此，他们一家过上了幸福、富裕的生活，成为了勐那占达最富有的富翁。瑞庄讲述，刀干相搜集。16开，6页，约1200字，稿存德宏傣族景颇族自治州民语委。

（杨荣芳）

金饰花姑娘

傣族幻想故事。流传于云南省德宏傣族景颇族自治州傣族地区。讲述的是：勐甘巴纳王国的王子共玛娜到山林里游玩时遇到一位姑娘，她是天神坤西迦放到金饰花里转世成的，与共玛娜王子有注定的姻缘。共玛娜就把姑娘带回宫里，首领很不高兴，说王子如想与山林里的凡家姑娘成亲，就得离开王宫。于是王子带着金饰花姑娘离开王宫来到山林里居住，与他们做伴的还有一只乌龟、一条蛇和一只鹦鹉。不久，传来消息说有大臣造反企图篡夺王位，还带兵攻打王宫，首领和王妃也被关进大牢。共玛娜便派鹦鹉去探究竟后，与金饰花姑娘一起请求天神坤西迦帮助。天神带着天兵天将下凡来帮助他们，赶走恶臣救出了父母，并得到父母恩准与金饰花姑娘成了亲，继承父业。岳恩讲述，刀干相搜集。16开，4页，约800字，稿存德宏傣族景颇族自治州民语委。

（杨荣芳）

金罐子

傣族幻想故事。流传于云南省德宏傣族景颇族自

治州傣族地区。讲述的是：有一户人家，儿子岩补旺三岁丧父，母子俩相依为命，岩补旺十二岁时就给富人放牛。一天，他把牛赶到坡脚放牧，因那里草嫩，牛倒吃得好，但他自己感到肚子很饿，他想：现在我能吃到一顿饭该多美啊！突然看去，崖边小土堆上好像埋有什么，他走过去就挖获一个金罐子。当他把金罐子抱起来时，崖边的石门打开了，出于好奇，他走进石门，再往里走，有光亮的石桌、石凳，桌上还有石碗筷、石甑，有鱼、肉、饭，都是香喷喷的。饱吃一餐后，他把鱼等好菜包回家去，还请了舅舅、姨妈等来分享。消息传到富人耳里，他带着几个打手来逼岩补旺送他们全家去那大崖洞。岩补旺无法，去到那里，先带他们进去，他们看到美味的肉酒佳菜，当个个吃得肚胀酒醉时，岩补旺出来把金罐子埋到地下，石门就自动关上了，富人全家闷死在里面。岩补旺和他母亲赶着牛投奔他乡去了。佚名讲述，曼相吞搜集、整理。龚肃政译。载于《傣族民间故事》第三辑，傣文版，32开，5页，约1100字，云南民族出版社1984年版。

（俊孟）

金象的儿子

傣族幻想故事。流传于云南省德宏傣族景颇族自治州傣族地区。讲述的是：勐达嘎索国的山寨里，住着一个穷姑娘，每天靠打柴为生。一天她卖完柴后往家里走，突然发现路边有一个小水塘，就喝了个痛快，可她没有想到那并不是水，而是金象的尿液，不久她就怀孕了，生出一个有两个头的儿子。这事被山寨里的头人知道了，就把她赶出山寨。儿子长大后，为了报仇而跌下万丈深渊，他的父亲金象在空中巡游时，看见正在掉落的儿子，立即用自己的背把儿子托住，然后把他交给了一个学识渊博且本领高强的修行和尚，委托和尚教育和抚养儿子，自己却乘着清风回天庭去了。刀保宁讲述，晓黎搜集、整理、翻译。收入《德宏傣族民间故事》，32开，8页，550字，德宏民族出版社1993年版。

（喊凤）

金孔雀傣族

傣族幻想故事。流传于云南省德宏傣族景颇族自治州的傣族地区。讲述的是：首领的两个儿子，年岁不大，武艺高强。首领组织大摆，两只鹅来赶摆时被小儿子贡玛纳射死一只，另一只鹅每天都到首领那里告状，首领欲斩儿子，儿子便跑到别勐山上。一日，他又射得一只金孔雀，弟弟贡玛纳吃其内脏，于是哭则能出宝石，笑则出金子。后来贡玛纳被贪财富翁抓去，随时让贡玛纳哭笑，受尽了折磨。奇丑无比的富翁之子要娶妻，就假借贡玛纳娶妻的名义让姑娘受骗上当。姑娘到首领那里告状，不料首领正是贡玛纳的哥哥。后来富翁受到了惩处，被救出的贡玛纳与美丽姑娘喜结良缘。刀保顺讲述、搜集、整理。16开，2页，约500字，稿存德宏傣族景颇族自治州民语委。

（快永胜）

金钉花公主

傣族幻想故事。流传于云南省德宏傣族景颇族自治州傣族地区。讲述的是：勐巴纳果首领有一个儿子，名叫贡玛纳。一天，他带着随从进入深山里巡猎，看到悬崖边的岩石上有一朵金钉花开得正艳，且香味浓郁，就把花带回宫里。到夜深人静的时候，金钉花就变成一位漂亮的姑娘。为此，父母非常高兴，并为他俩举行了婚礼。后来，金钉花公主却被一个大臣的儿子偷走，还想出一个坏主意，要把贡玛纳杀掉。就在这个时候，他的阴谋被天神慧眼识穿，原来大臣是老魔王所变，父子俩又变成两只尖嘴老鹰，贡玛纳拿起金弓箭把两只老鹰射死了。贡玛纳和金钉花公主得以团圆，过上了幸福美满的生活。相真讲述，刀干相搜集。16开，6页，1126字，稿存德宏傣族景颇族自治州民语委。

（喊凤）

金熊王

傣族幻想故事。流传于云南省德宏傣族景颇族自治州傣族地区。讲述的是：从前有只金熊，只在它辖区里生活，从不捕食和伤害任何大小动物。一天，一猎人一无所获，太阳已落山，来到金熊住的大树下，金熊对猎人说："为了安全，咱俩应轮换守夜。"当猎人入睡时，一只大猛虎嗅到树上生人味，就到大树下假意与金熊说："耳短的，吃热食辣的，是心最狠毒的。"要熊把猎人推下分享。熊不愿听虎的花言巧语，把老虎赶走。到了后半夜，轮到熊睡，猎人守夜时，老虎再次来到大树下对猎人花言巧语一通。猎人听信了老虎的话，就用手去推金熊。熊醒了，责备了猎人。恶虎听到后夹着尾巴逃走了。天亮后，金熊把猎人安全送出了森林。猎人向村寨方向走去，天空突然雷电交加，地面裂开，猎人被裂开的地吞噬了。佚名讲述，金保贵搜集、整理，龚肃政译。收入《傣族民间故事》第二辑，傣文版，32开，6页，约2400字，云南民族出版社1983年版。

（俊孟）

金桥

傣族幻想故事。流传于云南省德宏傣族景颇族自治州傣族地区。讲述的是：首领为了达到霸占穷小伙子媳妇的目的，总是找出种种借口逼迫穷小伙子上山找金鹦鹉然后又要让他建金桥。天神便帮穷小伙子用芭蕉叶搭成桥状，让首领看上去就是一座金桥，当他走上去时，桥垮入水中，首领被淹死。反映了傣族善恶有报的思想观念。佚名讲述，屯棉、岩棉记录。16开，3页，1121字，刊于傣文杂志《勇罕》1985年3—4期。

（冯霄）

金葫芦

傣族幻想故事。流传于云南省德宏傣族景颇族自治州傣族地区。讲述的是：失去双亲的兄弟俩，哥哥诚实又勤快，弟弟懒惰又霸道。后来，弟弟将家霸为己有，流浪在外的哥哥被龙女同情并结为夫妻，龙王给了他一个需要什么就会变什么来的金葫芦而过上了富裕生活。弟弟又将葫芦骗走，但葫芦给他变出来的是一把大火烧掉了他的房子。佚名讲述，岳雅团记录。收入《百花园》，傣文版，32开，6页，约1440字，云南民族出版社1994年版。

（冯霄）

金野猫

傣族幻想故事。流传于云南省景谷傣族彝族自治县。讲述的是：从前有个地方叫获罕巴纳西，首领死后，王子帅罕继位。有一天，帅罕和大臣到森林打猎，林中有个凶恶的妖魔想杀死帅罕，自立为王，后被帅罕与前来助威的百姓们赶跑了。妖魔用计把帅罕变成一只金野猫，霸占了坝子。帅罕变金野猫后被抛在一个孤岛上回不了家，而且妖魔诅咒他要获得爱情才能解脱苦难。岛上的百鸟们为他想办法。后来有七个美丽的姑娘向小岛走来，百鸟就鸣唱着去领路把姑娘带上孤岛。金野猫用歌声哭诉着把自己的遭遇告诉姑娘们。七姐妹中只有最小的七妹南伦决心要破妖魔的魔法。南伦与金野猫划着竹筏返回获罕。一路上妖魔施计想分开他俩，但南伦都聪明地战胜了，最终冲破妖魔设下的魔障。后来帅罕脱下猫皮变成英俊的王子，一箭射死妖魔报了仇。获罕坝又变得无比富强。佚名讲述，云南大学调查队搜集，杨可、李静波整理。谢圣华、徐昱文字校正。收入《云南民间文学集成·景谷民间故事集》（一），32开，14页，9500字，景谷傣族彝族自治县民间文学集成领导小组编辑室1989年编印。

（郭玉萍）

金笋银笋

傣族幻想故事。流传于云南省西双版纳傣族自治州。讲述的是：一个富翁听说他的穷老庚去山上找野菜时，奇遇树神得到金笋银笋，羡慕万分。

探听清楚后，富翁带着两个大布袋找到了老庚留宿的那棵大树。夜深时，大树果真把他带到了一个遍布金笋银笋的地方，鸡叫了二遍，金笋银笋装满两个大布袋的富翁还是不肯回去。鸡叫第三遍时，大树飞回了原处，富翁被留在一个人们不知道的地方。岩塔讲述，陆云东翻译。16开，5页，1087字，稿存西双版纳傣族自治州民族研究所。

（刀金平）

金螺蛳的故事（一）

傣族幻想故事。流传于云南省孟连傣族拉祜族佤族自治县。讲述的是：以前有个地方叫迪夏毕。一年夏天，大风吹、雷声震、闪电鸣、大雨落，一直持续了七天七夜。那时，乌龟、鱼虾、螺蛳等动物和大雨一起来到人间。首领的花园里落下一个底口宽一百庹、高一百庹，像金山的金螺蛳。首领召集全勐的百姓，想把它搬进王宫，人们又拉又推，但物体一丝不动。迪夏毕城外一穷苦人家叫艾刚法的小伙子就把金螺蛳牵回家去了。后来，金螺蛳变出了个姑娘叫南苏婉娜桑罕。她把艾刚法家收拾得干干净净，而且吃的用的样样都有。后来她就和艾刚法成了家。首领知道这消息后派人抢走了南苏婉娜桑罕，但是首领无法挨近她的身子。艾刚法为寻找解救妻子的办法，外出求师学武艺和法术。他学成后返回途中又交上两个本领高强的伙伴，三人一同去王宫报仇。艾刚法用法术战胜了首领及他的大臣、兵丁们，并与妻子团圆。最后，艾刚法当上首领，他的两个伙伴当了大臣。康朗香贡、莫菲采集，康朗香贡翻译，莫菲记录。收入《孟连傣族拉祜族佤族自治县民间文学集成·傣族卷》（一），32开，6页，4500字，孟连傣族拉祜族佤族自治县文化局、民族事务委员会1987年编印。

（郭玉萍）

金螺蛳的故事（二）

傣族幻想故事。流传于云南普洱江城整董傣族聚居区。讲述的是：有两兄弟，哥哥叫召捧马，弟弟叫召舒宛纳怀柔。两兄弟从小失去父母，在亲戚朋友的接济下，渐渐长大成人。兄弟俩垦荒种地，养猪养鸡，日子过得还算富足。不久，哥哥娶了个媳妇，名叫玉绍。这个玉绍吝啬自私，嫌弃自己的小叔子，唆使自己的丈夫把召舒宛纳怀柔赶出家门，自立门户。召舒宛纳怀柔跟哥嫂分家后，靠打渔为生。有一天，他一条鱼都没有打到，却打到一个金色的螺蛳。他回家后把螺蛳养在水缸里，每天照常出去劳动。金色的螺蛳变成一个美丽的姑娘，从水缸里走出来给召舒宛纳怀柔打扫屋子、生火做饭，并且成为召舒宛纳怀柔的妻子，还生了一个儿子。在妻子的帮助下，召舒宛纳怀柔一家日子过得越来越好，这引来哥嫂的妒忌。那个坏心肠的嫂子，设计陷害了弟媳妇，害得弟媳妇只能离家出走。这个弟媳妇一走，他们又再次陷入贫穷，召舒宛纳怀柔和儿子也在思念金螺蛳姑娘中度过。后来，召舒宛纳怀柔在水井边找回了自己的妻子，消解了误会，一家人团圆了。那一对贪心的哥嫂，知道自己的弟媳是个仙女，羞愧难当，只能灰溜溜地搬出寨子，再也没有回来。波岩罕讲述，白镇刚翻译，王福景、叶春搜集整理。收入《江城哈尼族彝族自治县民族民间故事集第二辑》，3页，2430字，2009年9月出版，中共江城县委宣传部、江城县文学艺术界联合会、江城县民族宗教事务局编。

（依旺的）

金乌龟

傣族幻想故事。流传于云南省西双版纳傣族自治州。讲述的是：有对夫妇结婚二十年后，妻子生下了一只金乌龟。夫妇俩对金乌龟弃之不舍，就把乌龟养在一口水井里。一天，金乌龟求父母给它找一只笛子，父母从一个养猪郎那里用七百担芋杆换来了一只笛子。笛子悠扬的声音打动了一位天上仙女的心扉，经历了无数次天王对他们生与死的考验后，天王在人间为他俩举行了婚礼。婚礼那天，天地发生剧烈震动后，从龟壳里走出来一位身上闪耀着无数光环的英俊男子。表达了傣族人民对美好爱情的向往。岩塔讲述，陆云东翻译。16开，5页，1252字，稿存西双版纳傣族自治州民族研究所。

（依旺的）

金项链

傣族幻想故事。流传于云南省文山壮族苗族自治州麻栗坡傣族聚居区。讲述的是：有个寡妇，仅有个儿子，叫白力。他勤劳、忠厚，讨个媳妇，叫南妹。寡妇含辛茹苦几十年，满头白发，满脸皱纹，双目失明，由南妹当家。南妹当了家，嫌寡妇吃白饭，还碍手碍脚。由于南妹不孝顺母亲，在一个货郎的金项链的诱惑下，因为贪婪，最后变成了牛。刘德荣搜集整理。收入《文山州傣族民间故事集》，16开，3页，1224字，云南人民出版社，2016年1月版。

（张元波）

金牛记

傣族幻想故事。流传于文山壮族苗族自治州麻栗坡县傣族地区。讲述的是：古代，勐纳国首领，心地善良，备受爱戴。首领只有一个公主，叫南蒂。邻近国家的王子王公前来求婚，南蒂一个也看不上。南蒂长到十九岁，得了一种怪病，她浑身瘙痒，遍访国内名医，不见好转。有一天，一只金牛从天而降，医治好了南蒂的病。勐纳国首领依照诺言，让他们成了亲。后来，勐纳国遭到交趾人的入侵，金牛与南蒂带领众人打退了交趾人的入侵。首领将王位传给了金牛。金牛治国后，交趾人再也不敢入侵了。黄天和口述，刘德荣记录。收入《文山州傣族民间故事集》，16开，3页，1173字，云南人民出版社，2016年1月版。

（张元波）

姐姐和妹妹

傣族幻想故事。流传于云南省德宏傣族景颇族自治州傣族地区。讲述的是：从前有两个同胞姐妹，姐姐家生活富裕，妹妹家困难。一天，姐叫妹帮拔头上的白头发，如能拔到三根就给一包饭，但是妹妹找了半天只找到两根，姐也包给妹妹一包东西。妹拿到家后，叫上女儿，以为可饱一餐，打开一看，竟然是一包牛屎，只得挨饿睡到天明。妹妹到荒郊野地去找香菜来当饭，到了香菜地，有一条蛇，她请蛇让开，蛇不仅不让，还爬进她的提篓里。她把蛇拿回家去煮吃。第二天妹妹打了一碗蛇肉送去给姐姐，姐姐非常傲慢地说："谁吃这种肉?！"说完把那碗蛇肉倒出窗外，妹妹看到姐姐发火，退出她家时，看到泼出去的蛇肉变成了银子，她捡了往家走。到家后，与女儿打开锅，发现蛇肉变成了白银。从此，母女俩生活越来越好过。姐姐看到妹妹家富裕起来，她贪心不足，来问妹妹，妹把经过直说后，姐姐也照办了。当她把大蛇拿到家里去煮时，蛇把姐姐的双眼和姐夫的一只眼咬瞎了。佚名讲述，龚肃政译。收入《傣族民间故事》第二辑，傣文版，32开，3页，约900字，云南民族出版社1983年版。

（俊孟）

姐妹找水

傣族幻想故事。流传于云南省红河县傣族聚居区。讲述的是：古时，红河南岸的勐龙河坝的一个村寨里，有两姐妹因长得漂亮，说媒的人很多，可她俩谁也不想嫁。有一年整个勐龙坝大旱，姐妹俩到地里干活，又热又渴，大姐就说如有谁能找口水来喝就嫁给他。姐姐的话被龙公子听到，他就变成一个小伙子来到姐妹俩面前抬脚往地下一踩，流出一股清泉。姐姐嫁给了龙公子并随他到了他家。后姐姐生下一个儿子才知道自己嫁的是条龙。她借故返回家乡。在家里，她做梦梦见儿子和龙公子很想念她，叫她回去，又梦见自己变成一条母龙。后来，她喝的水越来越多，父母整天为她担水，她心里过意不去，就返回龙公子身边。走之前她告诉父母，如果想她就到河边烧香祭她。佚名讲述，张寒搜集、整理。收入《红河县民族民间故事》，32开，4页，3000字，云南民族出版社1990年版。

（郭玉萍）

麂子上树

傣族幻想故事。流传于云南省西双版纳傣族自治州。讲述的是：有一个富老庚和一个穷老庚去山里下扣子，穷老庚安在地上的扣子没有捕到，而富老庚安在一棵树上的扣子却捕到了一条麂子。争吵之下，他俩背着麂子回家找人评理。富翁家来了很多人，而穷老庚没有人帮忙，只好去请蟾蜍来帮忙。大家等了很久，蟾蜍才来到，富翁问为何姗姗来迟？蟾蜍答路上看见河水和岩石着火，又见鱼儿爬上树去吃野果，所以来迟。富翁及众人嘲笑蟾蜍，水和岩石怎么会着火，鱼儿没有翅膀怎么能上树？蟾蜍反问富翁："那么，麂子怎么会爬上树呢？"岩香巴讲述，陆云东翻译整理。16开，7页，1357字，稿存西双版纳傣族自治州民族研究所。

（刀金平）

即即糯把甲　甲甲糯把即

傣族幻想故事。流传于云南省绿春县傣族聚居区。讲述很久以前，一个母亲带着两个女儿住在偏远的地方，她们相依为命，过着简朴的生活。有一天，她们的妈妈下地劳动去了，走时妈妈叮嘱关好门窗，千万不要出门。但是，太阳落山了亦不见她们的妈妈回来，姊妹两个一直等啊等，终于有一天在漆黑的晚上，有人敲门，姊妹两个问："你是妈妈吗？"门外的人说："是的。"两个孩子不知真假，于是开门将她放进来，姐姐一个人便睡觉了，妹妹则和那个人睡了，直到深夜，姐姐听见"母亲"一边在哼着"即即糯把甲，甲甲糯把即"，一边发出吃东西的声音，大女儿知道她的妹妹被认为是妈妈的大猩猩吃掉了。大女儿趁大猩猩不注意的时候逃跑了，大猩猩一直在后面追赶到天亮，后来大女儿用烧红的铁水倒进大猩猩的嘴里将其烧死，大猩猩于是变成了黄泡树。范情里讲述，谭琪做整理。收入绿春县文学艺术界联合会编《绿春县民族民间故事选》，32开，3页，2300字，云南出版集团公司云南人民出版社2016年12月版。

（李克忠）

口含玉的姑娘

傣族幻想故事。流传于云南省绿春县傣族聚居区。讲述的是：很久以前，有一个名叫楼拽的人，自幼父母双亡，独自生活。楼拽由于家境贫穷，到了结婚的年龄都娶不到媳妇，直到有一天，遇到一个远方村寨的姑娘与楼拽相遇，姑娘同意嫁给他，于是按照傣族的规矩举行了婚礼。婚后，楼拽发现姑娘不会说话，高兴不起来，村寨里的人议论纷纷，楼拽娶了个哑巴，不如离婚后再找一个人生活。经过一番思虑后，和姑娘离婚，姑娘很伤心，楼拽把姑娘送走，当他送到攀枝花树下时说："我们就此分手吧，以后永远不再见面。"此时，姑娘停止了哭泣，张开嘴巴吐出了一块无比精美的玉石，楼拽这时才知道姑娘是个富家小姐。面对姑娘离去的身影，楼拽后悔莫及。傣族借此来教育子女多多说话，好好做人。白孙稳讲述，谭琪做整理。收入绿春县文学艺术界联合会编《绿春县民间故事选》，32开，2页，1600字，云南出版集团公司云南人民出版社2016年12月版。

（李克忠）

苦行僧救王子和三个动物的故事

傣族幻想故事。流传于云南省西双版纳傣族自治州。讲述的是：勐巴拉王子生性暴躁、蛮横，被他的随从们丢进了河里。王子与蛇、鼠和鹦鹉抓着浮木顺流而下，被一苦行僧救起。他们离开时，都向苦行僧许诺，如有机会一定报答恩人。为验证他们的话，苦行僧找到蛇、鼠和鹦鹉，它们都履行了诺言，而当了首领的王子则欲将苦行僧斩首。苦行僧向人们述说了自己与首领、蛇、鼠和鹦鹉的遭遇，气愤的人们一起反抗，把首领处决了，又把苦行僧推举为新首领。康朗约讲述，陆云东翻译整理。16开，6页，879字，稿存西双版纳傣族自治州民族研究所。

（依艳坎）

兰嘎西贺

傣族幻想故事。流传于云南省景洪市傣族地区。讲述的是：兰嘎王国十分兴盛，但首领夫妇没有子女，他们便向天神祈求子嗣。一晚，皇后梦到一颗星星从天而降坠入手中，不久便怀孕生下一女。公主长大后不愿婚配，悄悄离开了王宫。在森林里，公主遇到隐居修行的帕拉西，被其收为养女。经过帕拉西的指点，天王玛哈捧下凡赐予公主身孕，十个月后生下了三个儿子：捧玛加、滚纳爬和比亚沙。三兄弟知道母亲的身世后回到兰嘎王宫，大儿子捧玛加继承了外公的王位，成为兰嘎首领。捧玛加生性凶残、好色，逼死了不依从他的美貌仙女，还无故将兰嘎的所有树木砍光，并把佛寺和塔全部捣毁，使原本富饶美丽的兰嘎变得民不聊生。离兰嘎很远的北面有个勐塔打腊达王国，首领有三个妻子但都未生育。一天，首领上山打猎时救了受伤的帕拉西，帕拉西便给了他两个神蕉。三个王妃吃了神蕉后不久便生下四个儿子：召朗玛、腊嘎纳、帕腊达和沙达鲁嘎。四兄弟相亲相爱，大哥召朗玛还练就了一身神力。当年被捧玛加逼死的仙女重新投胎到勐嘎拉王国，成了那里美丽无比的南西拉公主。南西拉公主十六岁时美名远扬，一百零一个国家的王子都来求婚，捧玛加和召朗玛也在求婚的人当中。首领下令，谁能挽动巨大沉重的阿沙尖弓，并射出三支神箭，便能娶到南西拉。捧玛加和其他王子都纷纷败退，只有召朗玛接连射出三支神箭，娶到了美丽的南西拉。召朗玛成婚后放弃了继承王位的权利，带了妻子和二弟腊嘎纳回到自己的属地英麻板。捧玛加因没得到美人，怀恨在心，便设计将南西拉掳走。后来，召朗玛得到二弟、比亚沙和猴王嘎伶、神猴阿奴芒的帮助，打败了魔王捧玛加，救回坚贞如一的妻子。他们回到英麻板后，三弟和四弟带着勐塔打腊达国的臣民们也来到这里请大哥回宫继位。召朗玛最终接受了邀请，回到王宫治理他的国家。佚名讲述，岩温扁搜集整理。收入《西双版纳傣族民间故事集成》，32开，21页，13800字，云南人民出版社1993年版。

（龙江莉）

兰嘎西货

傣族幻想故事。流传于云南省德宏傣族景颇族自治州、西双版纳傣族自治州及景谷傣族彝族自治县傣族地区。讲述的是：南方海中岛国勐兰嘎首领女儿喃古底提拉不愿结婚，不愿继承王位，逃到森林里与帕拉西一起修行。天神菲亚捧使公主怀孕生下三子：长子名叫捧麻乍，长十头；次子名叫滚南巴，浑身漆黑；三子名叫比亚沙，文雅俊秀。三兄弟长大后，公主带着他们回到勐兰嘎，捧麻乍继承了王位，在庆贺时地神把飞车送给了他。十头王捧麻乍贪酒好色，驾着飞车四处游荡寻找美女。他跑到天宫欺骗奸污了英叭的妻子苏扎拉，苏扎拉决心下凡报仇。她化身为勐支霸纳公主喃希纳，长大后比武招亲，勐达塔腊塔大王子召腊玛比武获胜，与喃希纳成了亲。比武失败的十头王捧麻乍，得知召腊玛带着喃希纳回国，他就派了十员大将，拦路去抢南希纳，谁也打不过召腊玛，只好退走了。召腊玛带着妻子回到自己的国家。但回国后，因宫廷不和，兄弟相争，召腊玛带着喃希纳去森林中修行，二弟腊嘎也一同前去。十头王捧麻乍在飞车上见到喃希纳，就设法抢走喃希纳。召腊玛弟兄在寻找喃希纳时得到勐基沙猴王嘎林和大将朗各、阿努曼、摩米的帮助，渡海作战围攻京城，捧麻乍命令大儿子英达西打出城迎战，结果被召腊玛神箭射死。捧麻乍二弟滚南巴投出神标枪，杀伤了召腊玛。经阿怒曼、摩米取仙药救了召腊玛。第二天一早，召腊玛又带领大军攻城，射死滚南巴。十头王捧麻乍决定与召腊玛决一胜负。双方对阵交锋，打得天昏地暗，不见分晓。捧麻乍一跃腾空，想使用妖法。召腊玛立即挽动神弓，对准捧麻乍连射十箭，只见他十个头一个接一个地掉进阿努曼托着的金盘。比亚沙继承了勐兰嘎王位。勐基沙猴兵回国，召腊玛、喃希纳、腊嘎、阿努曼四人，来到帕拉西森林修行。帕腊达代兄长摄政十二年后，召腊玛才回国继承王位。周成华、刀永平讲述，云南省民族民间文学景谷调查队搜集，刀学文校译，廖文荣、陈建平、李静波、高圭滋记录，傅光宇整理。收入《傣族民间故事选》，32开，31页，22000字，上海文艺出版社1985年版。

（阿南）

老人与虎

傣族幻想故事。流传于云南省德宏傣族景颇族自治州傣族地区。讲述的是：一位老猎人上山打猎遇到一只老虎，老虎很想吃他，老猎人就对老虎说他俩玩捏石头比赛，谁捏得出水来谁赢。他把鸡蛋放在石缝里，捏破鸡蛋后以蛋汁充当水，骗过老虎。老虎不服输，又说比赛谁用拳头把大树击倒谁就赢。老猎人半夜里用锯子将树干锯了一半，第二天只需轻轻一击树就倒了，他又赢了老虎。老虎还是不罢休，又把老猎人约到它的洞里做客，想趁老猎人熟睡时砍死他，老猎人趁老虎不注意时用铁套套住自己的头，老虎没有得逞。第二天，老虎又扛着一大块金子来送给猎人，欲借机吃掉猎人。刚到门口，就听到猎人夫妇在商量杀什么招待客人的事，老虎以为是要杀它，急忙逃跑，不料却摔下悬崖死了。佚名讲述，刀必芬搜录、整理。杨荣芳译。收入《百花园》第四册，傣文版，32开，6页，1050字，云南民族出版社1995年版。

（杨荣芳）

老鹰吹笛的故事

傣族幻想故事。流传于云南省德宏傣族景颇族自治州傣族地区。讲述的是：从前果占壁地方有一家人，父母早亡，只有穷苦兄弟俩和一只狗。小时因衣服破烂，人们称哥哥"岩过纳"为褴褛岩；称弟弟"依过纳"为褴褛依，但兄弟俩相亲相爱。他俩随着日月长大后，岩娶了妻子，三人和睦相处一段时间，因嫂怀恨弟，唆使丈夫与弟分居。什么都不愿分给弟弟，弟弟只分得一只狗。一天，岩依两兄弟到山上去砍柴，到了一个宽而很深的干塘子，岩趁弟不防备，用力把依推下了深塘。依叫狗回家去取刀子，狗把刀甩到深塘后，依砍了一小竹做成笛，吹出优美动听的歌，引来了山上的鸟来听，鸟儿们想出办法把依救了出来。依为了感谢它们的救命之恩，就说我只有一只笛，我把它抛到空中，谁得到就归谁。后来被老鹰拿到了，到秋收天朗气清时，鹰就吹笛子，发出"呜呜"的叫声。佚名讲述，岩瑞吞搜集、整理。龚肃政译。收入《傣族民间故事》第二辑，傣文版，32开，3页，约1200字，云南民族出版社1983年版。

（俊孟）

两兄妹与长尾巴狗

傣族幻想故事。流传于云南省德宏傣族景颇族自治州傣族地区。讲述的是：一个领着一儿一女的鳏夫，不久娶了一位狠毒的后妻后，两兄妹受尽了折磨。后妻不惜将两兄妹推入一口荒井，欲置于死地而后快。不料，兄妹俩被整日与他们玩耍的长尾巴狗救起。后妈又将兄妹俩骗到茫茫无边的林海中后偷偷跑回家，兄妹俩迷途被林间妖魔收留。不几日，其妹葬于魔口，其兄背着妹妹的尸骨奋力逃离了魔口，路遇一神仙解救，救活了妹妹。此时，国中的首领为多年无儿无女绞尽脑汁，欲寻聪明过人的孩童为养子，听说兄妹的消息后，首领派人把兄妹俩迎进王宫做他的养子养女。佚名讲述，快永胜译。收入《傣族民间故事》第五辑，傣文版，32开，9页，3600字，云南民族出版社1987年版。

（快永胜）

两女嫁蛇

傣族幻想故事。流传于云南省西双版纳傣族自治州。讲述的是：有一贫穷人家，家里有两个女儿。小女儿进山摘芒果时，一条蟒蛇帮她摘了许多芒果，为履行诺言，她嫁给了蟒蛇。后来，蟒蛇变成一个英俊的小伙子，原来它是龙宫的一位王子。姐姐非常羡慕也很嫉妒，便和妹妹争丈夫。被父母大骂一顿后，姐姐也学着妹妹到山上摘芒果，并带回来一条蟒蛇。在成亲的晚上，姐姐被蟒蛇吞进了肚里。岩香讲述，陆云东翻译。16 开，7 页，2156 字，稿存西双版纳傣族自治州民族研究所。

（刀金平）

老渔夫

傣族幻想故事。流传于云南省西双版纳傣族自治州。讲述的是：有一对无儿无女的渔夫老夫妇，丈夫善良老实，而妻子却是一个贪婪的人。一天，老渔夫捕到了一条金鲤鱼，见金鲤鱼哀求，就把它放了。妻子听说金鲤鱼能满足一切愿望，就逼着丈夫去跟金鲤鱼索要财物。金缸、房子、家具，金鲤鱼都满足了老渔夫的愿望。可妻子还不满足，就在老渔夫恳求金银珠宝时，金鲤鱼沉入水中后不见了。当老渔夫回到家时，发现宽大的房子也没有了，一切又回到了原样。岩塔讲述，陆云东翻译。16 开，5 页，1178 字，稿存西双版纳傣族自治州民族研究所。

（刀金平）

两弟兄分水牛

傣族幻想故事。流传于云南省德宏傣族景颇族自治州傣族地区。讲述的是：弟兄俩唯一值钱的家产只有一头水牛，哥哥娶了媳妇后听从媳妇的唆使要分家产。分牛时，哥哥牵牛头，让弟弟拉住牛尾，嫂子用棍子一打，牛就往前走，弟弟只得到一只牛虱子。可是，弟弟用一只虱子先后得到鸡、狗、一群骡马乃至竹叶变成金，他甚至可以将空鱼笼挂于树上，自然有鱼钻进来。后来，弟弟吃一粒豆，放出来的是香屁，很多人都来买他的香屁。贪心的哥哥也想模仿，一口吃下了一升豆，放出来的却是臭屁，还拉出了稀屎，被众人打得半死。佚名讲述，克布保记录，冯霄译。16 开，4 页，1767 字，刊于傣文杂志《勇罕》1996 年 1—2 期。

（冯霄）

两个丈夫

傣族幻想故事。流传于云南省德宏傣族景颇族自治州。讲述的是：有对夫妻彼此很恩爱，生活美满幸福。一天，丈夫外出经商，鬼就变成她丈夫的模样来与他居住。次日真丈夫回来，妻子感到奇怪，怎么会有两个一模一样的丈夫呢？她分不清谁才是她真正的丈夫，就拉着两个丈夫去请县官判决。县官分别向两个丈夫询问情况，但两个丈夫的口音一样，交代的事实内容也一样。县官灵机一动，派人拿来吹火筒分辨真假，说如果谁是真丈夫就钻进去。那个鬼变成的假丈夫听后一下子变小了，立即钻进吹火筒去，而真丈夫怎么也钻不进去，于是县官就让他领妻子回家。佚名讲述，梁子搜集、整理，赵洪顺翻译。收入《德宏傣族民间故事》，32 开，1 页，550 字，德宏民族出版社 1993 年版。

（喊凤）

两个老庚抢生意

傣族幻想故事。流传于云南省西双版纳傣族自治州。讲述的是：村头村尾住着一对很要好的老庚（朋友），本来约好一起赶早集，坏心眼的村头老庚第二天却早早走了。在经过一条岔路时，还把路标指向有老虎窝的岔道。后来的村尾老庚遇见了老虎，见了老虎就说来找穿花衣服的大姐，不想老虎送给他很多金银。村头老庚见村尾老庚不死，反而得到很多金银，就学着村尾老庚的样向老虎窝走去。见虎仔来迎接，就用烟锅头朝老虎仔头上砸去。母老虎听见老虎仔的叫声，从窝里奔出来，一口咬掉了那人的头颅。康郎约讲述，陆云东翻译。16开，5页，1312字，稿存西双版纳傣族自治州民族研究所。

（刀金平）

两兄弟

傣族幻想故事。流传于云南省景谷傣族彝族自治县。讲述的是：很久以前，有一家穷人有两个儿子，母亲去世，父亲又为儿子找了个继母。后来，继母唆使父亲将两个儿子赶出家门。两兄弟讨饭流浪，在大森林中，兄弟俩见一只白兔被蛇咬死，就挖了一棵草将白兔救活，原来这是能救活生灵的灵芝草。他俩挖了两大捆，一路救治死去的动物和人。他俩来到勐巴拉纳西国的都城，知道首领的独生女中毒身亡，他俩就进宫用神药灵芝草把公主救活。后来哥哥当了首领，弟弟在宫中行医。邻国首领也有一女，患病后双目失明，听说有神医，就派人来请弟弟，并说只要治好就可继承王位。弟弟也当上了首领。兄弟俩当上首领后带着金银去探亲。家乡因为兄弟俩的救助过上了好日子。陶三诺讲述，岩云搜集、整理，是非文字校正。收入《云南民间文学集成·景谷民间故事》（一），32开，4页，2500字，景谷傣族彝族自治县民间文学集成领导小组编辑室1989年编印。

（郭玉萍）

两坛金子的来历

傣族幻想故事。流传于文山壮族苗族自治州文山市傣族聚居区。讲述的是：有一母亲，丈夫死后，守着独儿子黄本，不再出嫁，过着清贫日子。黄本年满二十五了，都未找媳妇。附近寨子，有个姑娘叫梅妮，长得如花似玉，百里挑一。黄本对她早已爱慕，但只知其人，不知其心，未曾开口。有一天，黄本和梅妮在赶街的路上相遇，相同的家境让两个年轻人相爱成一家，彼此孝顺父母。过了一年，梅妮生了一对双胞儿子。岳父、婆婆很高兴。又不知过了多少年，婆婆和岳父同时归世。黄本和梅妮哭得死去活来，双双将二老抬到山上，双双为二老挖坟。哭呀，挖呀，哭呀，汗水泪水滴入坟中，变为两坛金子，金光四射。此后，这一家人，更加美满，更加幸福了！张世富口述，刘德荣记录。收入《文山州傣族民间故事集》，16开，2页，710字，云南人民出版社2016年1月版。

（张元波）

吝啬鬼

傣族幻想故事。流传于云南省西双版纳傣族自治州。讲述的是：有一位富翁，吝啬到在他漱口时从牙缝里掉下一粒饭，被蚂蚁拖走还要捡回来吃的地步。他死后，转世投胎在一个乞丐家里，成了小乞丐。一天晚上天神托梦告诉他，他前世埋了很多金银，埋藏地点是他现在孙子的院子里，叫他去取。乞丐挖出金子后，留给孙子一半，自己带走了一半。可是，走出村子后，他的金子却全部变成了火炭。康郎约讲述，岩庄香翻译整理。16开，7页，898字，稿存西双版纳傣族自治州民族研究所。

（刀金平）

厘俸

傣族幻想故事。流传于云南省景谷傣族彝族自治县傣族地区。讲述的是：勐景罕首领俸改，抢走了勐景短首领召桑洛的妻子娥并。召桑洛起兵攻打勐景罕国七天七夜不胜，退兵再作计议。这时，景哈国大将算信因受首领海罕的辱骂，跑到勐景罕国投奔俸改，并献计，二人合谋，将景哈国的皇后南崩抢走。首领海罕大怒，召集众将，并联合召桑洛和其他一些小国，兵分两路，攻打勐景罕国。打了三年，攻下冈洛、冈桑、帕桑、帕晃等，攻到了勐景罕城下。俸改带起大兵出城迎战，第一次交战，海罕大将冈晓杀死俸改大将达晃根。第二次交战，冈晓将俸改的两员大将挑下马下。俸改的弟弟桑梦与冈晓第三次交锋，被冈晓砍下了头。俸改的三弟节姆温、大将卫达罕与冈晓第四次交战，冈晓被大军围困，被俸改的大将卫达罕砍下了头。冈晓战死后，他的儿子冈恒呼喊着父亲的名字冲杀至城下，亲手杀死了敌将卫大罕，为父亲报了仇。海罕失去爱将，重振军威，亲自出马攻打勐景罕，一直攻到勐景罕城下，俸改出城迎战，混战一场，俸改的猛将节姆温被海罕的弟弟桑本一枪刺死。俸改退入城中，又经过几次交战，海罕终于攻破景罕城，直捣俸改王宫。俸改骑上飞马，逃到魔鬼国。海罕派冈恒去捉拿俸改，俸改又逃到勐巴瓦诺法。勐巴瓦诺法首领把俸改交给冈恒。海罕叫人把俸改杀死了。战争结束了，海罕见到了爱妻南崩，召桑洛也见到爱妻娥并，人们载歌载舞，庆贺战争的胜利。海罕委任冈恒为勐景罕首领，治理勐景罕。然后，率领将士回国。云南省民族民间文学西双版纳景谷调查队搜集，周凤祥翻译，孙敏、杨振昆、杨明熙、李子贤整理。收入《傣族民间故事选》，32开，25页，18500字，上海文艺出版社1985年版。

（阿南）

猎人变富翁

傣族幻想故事。流传于云南省德宏傣族景颇族自治州。讲述的是：一座山上有一万头大象，有一只柱子般粗的大毛虫每天要吃一头大象的脑汁。大象商量后派出三只象出山叫人去救它们。有一个猎人在一棵大树下睡着了，三只象看见睡觉的猎人，把他弄醒，让其坐上象背，走到象群那里让他爬上高高的树枝等待。大毛虫出来了，所有大象害怕得全部跪下来。这时猎人拉弓搭箭把大毛虫射死了。大象领他去看一个山洞，里面有成百上千的象牙、象皮、象骨，让猎人拿去卖，大象得救了，猎人也变成了富翁。许布相米讲述，岳小保记译。16开，2页，约500字，稿存德宏傣族景颇族自治州民语委。

（岳小保）

懒小伙与金芒果

傣族幻想故事。流传于云南保山傣族地区。讲述的是：很久以前，有个小伙子名叫岩寒。这个岩寒非常懒惰，整日无所事事，就知道躺在芒果树下等着捡掉下来的芒果吃。有一次，一个金色的芒果从树上掉下来砸到他的脸上，他很生气，就把这个沾着自己鼻血的芒果顺手扔进河里。当时，一位公主正在河里洗澡，她看见河上漂来一个金色的芒果，就捡来吃掉。不久，公主莫名其妙地怀孕了，并生下一个儿子。首领经过排查，无奈只能把公主嫁给岩寒。岩寒把公主和儿子带回自己贫困不堪的家之后，开始变得勤快了。天道酬勤，没过多久，岩寒得一只神猴相助，开始带着妻儿，过上富裕的生活。金永林讲述，蒋源记录整理。收入《民族古籍翻译丛书——保山傣族民间故事第一辑》，32开，3页，2187字，保山市傣学研究会编，云南民族出版社2012年10月出版。

（依旺的）

朗宝换仙女

傣族幻想故事。流传于云南省德宏傣族景颇族自治州傣族地区。讲述的是：首领经常做抢妻夺女的事情。一次，当他想欺负一个民女时，被民女的哥哥出来阻拦，首领便令人将民女之兄拿去丢于虎豹出现的深山里，后被人称"朗宝换"的仙女救起。他将事情原委向仙女诉说后，仙女趁首领在集场上公开欺负民女时，用法术将首领弄死。百姓便推举民女之兄为首领。佚名讲述，屯棉记录，冯霄译。傣文版，16开，3页，1550字，刊于傣文杂志《勇罕》1985年1—2期。

（冯霄）

朗美暖

傣族幻想故事。流传于云南省孟连傣族拉祜族佤族自治县和澜沧拉祜族自治县。讲述的是：勐反王国的人不会种田种地，他们凭自己的聪明智慧谋生。首领是个鳏夫，有个十七岁的王子，叫召朵纳反。召朵纳反做了一只会飞的木鸟。他乘着木鸟跟着身边心爱的鹦哥飞到了勐美暖去见世上最美的朗美暖公主。王子和公主相爱后，公主怀孕了，朗美暖的父王用计派人捉拿召朵纳反。但王子和公主乘着木鸟逃走了。在途中，公主生下一儿子，因公主生产时天气太冷，王子去找火种，却被大水冲走了。公主去找丈夫，孩子被勐巴拉纳西的首领拾回王宫作养子。公主找不到丈夫又不见了儿子，伤心地顺着首领的马迹找到勐巴拉纳西。她为避路人纠缠，把自己装扮成男子进佛寺做了和尚。六年后，勐巴拉纳西首领病故，其养子又未成年，宰相就想法子寻找新的首领，男装的公主当上了首领。她让画匠把自己的身世遭遇画在洒拉亭（盖在寨口或城边供来往客人休息的亭子）的墙上。王子被水冲走后被人救下，后他看到了洒拉亭的画，泪如雨下，号啕大哭，终于与妻子见面。宰相知道首领身世后就告诉她说宫中老首领的养子就是自己和老首领从林中拾来的。最终一家人团聚，共同治理国家。召罕嫩、刘曙采集，咪召依讲述，召罕嫩翻译、记录。收入《孟连傣族拉祜族佤族自治县民间文学集成·傣族卷》（一），32开，10页，7000字，孟连傣族拉祜族佤族自治县文化局、民族事务委员会1987年编印。

（郭玉萍）

朗来恩和朗章嘎

傣族幻想故事。流传于云南省德宏傣族景颇族自治州傣族地区。讲述的是：勐巴拉纳西首领的王后有了身孕后，被两个妃子诬陷她与牧工偷情，让首领将王后处死。王后得到天神相助逃脱了劫难，天神将她送到雅锡（苦行僧）修行的奘房。小王子出生后，知道了自己的身世，就变成一只小鸟飞回王宫，把实情告诉首领，首领下令把恶毒的两位妃子赶出王宫，把王后与小王子接回宫。小王子长大成人后，雅锡告诉王子说，他今世注定有两个妻子，一个是荷花仙池里的七公主朗来恩，一个是被魔王抢去当女儿的朗章嘎，还送给王子一把宝扇、一粒仙丹以对付魔王。小王子经过几次与魔王搏斗，用雅锡送给的宝物收复了魔王，救出了朗章嘎，又找出荷花公主朗来恩，将她俩带回勐巴拉纳西，首领为他们举办婚礼，赶摆七天七夜。杨真平讲述，吕晴、晓黎翻译、整理。收入《德宏傣族民间故事》，32开，5页，4424字，德宏民族出版社1993年版。

（杨荣芳）

朗巴罕

傣族幻想故事。流传于云南省德宏傣族景颇族自治州傣族地区。"朗巴罕"系傣语，即金鱼姑娘。讲述的是：经常在江边钓鱼摸虾、心地善良、为人诚恳的穷小伙子，一日钓到一条小金鱼，拿至家中天天精心喂养，不久，小伙外出劳作回来，发现房屋打扫得干干净净，桌上已摆好可口的饭菜，又无人的踪影，小伙子甚是奇怪。一日，小伙子假装外出后返回偷看。原来是缸里的小金鱼变为美丽的姑娘，小伙子抓住姑娘后，从此，他们结为美满的夫妻。刀保顺讲述、搜集、整理。16开，2页，约400字，稿存德宏傣族景颇族自治州民语委。

（快永胜）

绿翠鸟的歌

傣族幻想故事。流传于云南省文山壮族苗族自治州。讲述的是：从前有两姊妹，姐姐心地善良，被一个官家少爷看中，出嫁时妹妹也跟着到了官家。妹妹见姐姐生活甜美，总想取而代之。一天，她俩去湖边看花，姐姐上树摘花，妹妹就在树下猛摇让姐姐掉进湖中。姐姐死后变成一只绿翠鸟。官家长工上山打柴听到鸟唱歌，鸟唱完歌后告诉长工自己被害死的过程。长工回家告诉少爷。几经周折少爷把绿翠鸟带回家中。妹妹又将小鸟淹死。小鸟死后变成剪刀被一老妇人拣回家。最终剪刀变成姐姐与少爷团聚。妹妹无地自容跳水自尽了。陶董氏讲述，陶恩灿整理。收入《文山壮族苗族自治州民间故事集》第二集，32开，4页，3000字，文山壮族苗族自治州民族事务委员会、文化局、文联1984年编印。

（郭玉萍）

朗坎罕

傣族幻想故事。流传于云南省孟连傣族拉祜族佤族自治县。讲述的是：很久以前，首领有个美丽聪明的独生女，名叫朗坎罕。一穷苦的孤儿上山砍柴拾得一罐金银首饰，但被人盗走。朗坎罕帮他查到了偷金银的帕腊西（在深山修行的野和尚）并把金银全部还给他。公主的做法让人误解，她心里委屈不愿再开口说笑。奇怪的是，从此大地一片萧条。首领下令举行七天大摆，让相邻的一百零一个首领献出歌舞，逗乐公主，结果七天后公主仍没展开笑容。一个叫罕香的王子和大臣的儿子猛体出远门学法术返回经过此地，他俩征得首领同意来到朗坝罕闺房。罕香为她讲了个故事，并询问公主答案，公主不想言语，猛体便运用学到的法术将自己的灵魂脱出躯体，站到公主坐的床下发出声音代公主作答。最后一个问题公主怕他说的不对就抢着答话。公主开口说话后，大地又出现一派生机。首领让罕香与公主成婚并让他当了首领。三年后的一天，罕香带着猛体上山打猎，路遇一老死的金鹿。罕香用灵魂出游的法术将自己的灵魂附到金鹿的身上，金鹿活起来了。这时，心术不正的猛体就把自己的灵魂附到罕香的躯体后返回王宫想占有王后，但朗坎罕感到丈夫变了，就忧愁地躲在闺房中。变成金鹿的罕香又变成一鹦哥飞回王宫，向王后诉说真情。后他俩商定好计谋，终将罕香的灵魂换回到了他自己的躯体上。猛体则变成孤魂，谁生了重病，魂不够，他就去添魂给谁，人们称它为"琵琶鬼"。咪召依讲述，召罕嫩、刘曙采集，召罕嫩翻译、记录。收入《孟连傣族拉祜族佤族自治县民间文学集成·傣族卷》（一），32开，12页，8500字，孟连傣族拉祜族佤族自治县文化局、民族事务委员会1987年编印。

（郭玉萍）

朗欢三养

傣族幻想故事。流传于云南省孟连傣族拉祜族佤族自治县。讲述厅亚活底王国有个富翁向天神乞求生个儿子，天神说服天界的阿銮下凡投胎到了富翁家里。有个一天能香三回的仙女也跟着下凡，投胎到了俄戛查国的首领家里。后来，富翁的妻子生下一男孩，是个福命齐天的人。首领忌怕这孩子，下令砍杀，天神英叭就把孩子救到天上。仙女们送给孩子四件宝物后，天神把孩子又送给森林中修行的法拉西哺养，取名叫召瓦旺。俄戛查首领的妻子生下一女孩，出生时间与召瓦旺同时，她的身体比银子白，比星星亮，每天早、中、晚三时会发出芳香，取名叫朗欢三养。首领为她盖了一幢独柱宫，派人守护。当她到十三岁时，有十六个首领的王子来提亲。首领以女儿尚小回绝，得罪了十六国。召瓦旺长到十六岁，法拉西教他法术、本领，并把他的身世告诉他，叫他先去救将死于因求亲引起战乱的朗欢三养。召瓦旺在仙女送的宝物的帮助下见到了朗欢三养，二人见面倾心相爱，难分难离。首领和大臣们考验召瓦旺后把朗欢三养嫁给了他。十六个国家为娶不到朗欢三养要出兵攻打厅亚活底国。召瓦旺巧施法术，让他们都无话可说，避免了战乱。首领让位给召瓦旺，他谢辞了。他带着朗欢三养去和自己的父母团聚，过上了幸福的生活。康朗香贡采集、翻译，杨作茂记录。收入《孟连傣族拉祜族佤族自治县民间文学集成·傣族卷》（一），32开，14页，10000字，孟连傣族拉祜族佤族自治县文化局、民族事务委员会1987年编印。

（郭玉萍）

朗京布

傣族幻想故事。流传于云南省孟连傣族拉祜族佤族自治县。"朗京布"意为吃一百只螃蟹的姑娘。

讲述的是：有一次佛祖的弟子五百个佛爷在一起谈论人们外形相差不大，可生活习俗和服饰则千差万别，究竟为何？佛主见他们争论不休，就向众僧讲述起来：火烧地球，万物成灰，只有修行得好的人灵魂上天做了神仙。天神英叭为世间创造了万物，叫坦玛拉扎神仙来管理一切，并分派五百个仙女做他的老婆；还派了八千四百个仙人到世上。后来，天神英叭派来的人都老了，首领放五百个老婆去找配偶生儿育女。可是五百个老婆没有一个会怀孕。首领请来占卜先生才知道五百个老婆每人要生吃一百只螃蟹才能生育。她们谁也不敢吃。首领就下令来观看的人说谁能吃下谁就是王后。一个叫苏坦莎的姑娘就吃下一百只螃蟹，十个月后她生下一百个儿子。其他老婆嫉妒她就把孩子丢到楼下，告诉首领她生的只是些木托托。首领羞愧又恼怒，就把苏坦莎变为女奴。一百个孩子一次又一次被其他老婆们追杀，先后被母猪、大象、林中修行的帕拉西、外公外婆保护、收养长大。最后，孩子们用天神送给的反毛鸡斗拜首领的鸡，和宫中作奴仆的母亲相认、团聚了。首领用各种办法严惩了其他老婆，从此傣族有了惩办坏人的法规。一百个孩子被封到各地当小首领，后就发展为现在的红缅、黑缅、拉祜、佤、哈尼等。波叶坦采集、翻译，徐永安记录。收入《孟连傣族拉祜族佤族自治县民间文学集成·傣族卷》（一），32开，6页，4000字，孟连傣族拉祜族佤族自治县文化局、民族事务委员会1987年编印。

（郭玉萍）

螺蛳公主

傣族幻想故事。流传于云南省红河县傣族聚居区。讲述的是：很久以前，河坝一个傣族寨里有个孤苦的小伙子叫岩保，他到大田里给里长摸鱼，摸到一个大螺蛳。原来它是螺蛳公主，后来变成美貌的姑娘与岩保成了亲，家里需要什么公主都能变出来。有个人要与岩保赛马，螺蛳公主就变出一匹白马给他。在赛马时，他错拉了让马飞上天的缰绳，就飞到了太阳宫门口，见到太阳公主。太阳公主引诱他留下做她丈夫。他不忍抛下螺蛳公主，就返回人间，但从此就整天想着太阳公主，时时打骂螺蛳公主。最后岩保不顾公主哀求把她送回田里。他想再回太阳宫，可是白马变成风刮跑了。他悔悟后跑到田边哭着向公主诉说自己的过失。螺蛳公主让蛤蟆变成老翁来看岩保，老翁见他诚心改过就帮他见到公主。岩保向公主认错后领着她回到家里。佚名讲述，张寒搜集、整理。收入《红河县民族民间故事》，32开，9页，6000字，云南民族出版社1990年版。

（郭玉萍）

螺蛳姑娘（一）

傣族幻想故事。流传于云南省西双版纳傣族自治州。讲述的是：勐巴拉纳西有两兄弟，父母临死前托付哥哥岩龙夫妻照顾好年幼的弟弟。父母刚死不久，大嫂就唆使丈夫与兄弟分家。岩龙家分得全部家当；岩宰只分得了一只猫和几把砍刀。岩宰在湖边盖了一间草棚住下，以捕鱼捞虾度日。岩宰在湖边捡到一只螺蛳养在家里，螺蛳变成了一个漂亮的姑娘爱上了岩宰，并与他拴线结成夫妻。螺蛳姑娘有一个宝梭，想要什么东西都可以织出。贪心的大嫂几次设法想骗走宝梭都未能得逞，趁岩龙和岩宰兄弟俩出远门驮盐巴时，大嫂让人把螺蛳姑娘和她的儿子投进湖中。岩宰回来后，听到妻子投湖自尽的不幸，跑到湖边哭泣。螺蛳姑娘听到哭声后，浮出水面与丈夫相聚，并告诉丈夫实情。螺蛳姑娘与丈夫回到家中，织了一匹奇特的布，布上织的是岩龙家的竹楼、牛圈、马厩、猪圈等，又在圈中织上老虎、豹子、野猫等，然后把布放火烧了。第二天，岩龙家的牲畜都被野兽咬死了。从此岩龙一家家畜难养，种田歉收，生意难成。岩光讲述，杨胜能、杨胜文搜集、整理。收入《西双版纳傣族民间故事集成》，32开，20页，13000余字，云南人民出版社1993年版。

（李传宁）

螺蛳姑娘（二）

傣族幻想故事。流传于云南省德宏傣族景颇族自治州傣族地区。讲述的是：由螺蛳变成的漂亮姑娘与穷小伙子结为夫妻后，首领想霸占，便指着一棵大树只许穷小伙子三斧砍断，否则，螺蛳姑娘归首领。在螺蛳姑娘指点下，大树被砍断了。首领又用沙子与苏子掺拌后要求穷小伙子一天内分拣出来。螺蛳姑娘又请来了蚂蚁群很快把苏子分出来了。首领煮了200锅肥肉让穷小伙子一天内吃完。这回螺蛳姑娘请来的是一群妖魔，它们很快吃了锅里的肉后，个个微笑着走近首领，首领忙求饶，此后再不敢做伤天害理之事了。佚名讲述，刘小荣记录。16开，4页，2112字，刊于傣文杂志《勇罕》1986年1—2期。

（冯霄）

螺蛳姑娘（三）

傣族幻想故事。流传于绿春县傣族聚居区。讲述的是：很久以前，有一个名叫岩拽的人，从小就没有了父母，一个人生活。他心地善良，经常帮助村寨做好事，大家都非常喜欢他。有一天，他到地里做活看见一个螺蛳，于是他就把它带回家，并放进水缸里养起来，只要他在家里便和它说说话，以解心中的苦闷。可是有一天当他做活回家时发现饭菜已做好，以为是村里的好心大嫂帮他做的，自此以后，天天如此。出于好奇，岩拽假装出门劳动，返回后便躲在门外看看屋里发生的一切，一会儿就看见水缸里的螺蛳爬出来，变成了一个楚楚玉立的美女，开始做起家务事，于是，岩拽推开房门进去，将螺蛳壳藏起来，跪在地上请求姑娘嫁给他，姑娘便答应了他，从此他们过上了幸福生活。白孙稳讲述，谭琪做整理。收入绿春县文学艺术界联合会编《绿春县民间故事选》，32开，2页，1600字，云南出版集团公司云南人民出版社2016年12月版。

（李克忠）

澜沧江上的龙桥

傣族幻想故事。流传于云南省西双版纳傣族自治州。讲述的是：住在澜沧江边的一个老渔翁，他每天捕到鱼后，总是把鱼捧在手里对鱼说话，让鱼儿回去转告龙王，请求龙王为穷人解除过江之难。然后，老渔翁把鱼放在江中，自己却采野菜充饥。他坚持了九九八十一天，最后积劳成疾，卧床不起。老渔翁放生的那些鱼虾回到龙宫后，都向龙王求情为穷人造桥，以谢老渔翁之恩。龙王被感动后，派出一条龙化为一座金桥飞架澜沧江上。老渔翁看到自己的夙愿实现后，安详逝去。领主听到龙变桥的事后，又看到百姓们日愈变好的生活，心生妒忌，于是，他穿上钉满长钉子的鞋子，在龙桥上拼命跳。那龙被领主的鞋钉扎伤后，钻进江里，游回了龙宫。龙桥消失了，南北两岸人民又回到了被分割的状况。佚名讲述，罗俊新搜集、整理。收入《西双版纳傣族民间故事集成》，32开，3页，1200余字，云南人民出版社1993年版。

（李传宁）

芒果姑娘

傣族幻想故事。流传于云南省景谷傣族彝族自治县。讲述的是：古老的勐版朗纳西，有个富人讨了两个妻子，一个叫米弄，生了个姑娘叫南玉多；一个叫米诺，生了个姑娘叫南格端。一次，富人带米诺母女去捕鱼，米诺把米弄打死扔进了乃弄湖。米弄死后变成了湖中的金团鱼。南玉多知道后天天来与金团鱼见面。南格端因忌妒南玉多的美貌，施计将金团鱼捉来煮吃了。南玉多按母亲的指点将鱼的甲壳、骨头埋在大路边，后来那里长出一棵能让成百上千人乘凉的缅树。这棵树能为人们消除疲劳，让人健康长寿。消息传到王宫里，年轻的首领将树移到御花园并娶了南玉多。米诺又施毒计把南玉多骗回家后害死，让南格端穿戴上南玉多的衣裙首饰回到王宫，后被首领识破处死。南玉多被害后，天上的英叭则把她变成芒果姑娘，并让她与首领重逢回到王宫，过上了幸福的生活。刀永平翻译、讲述，毛德昌记录整理。收入《云南民间文学集成·景谷民间故事》（一），32开，12页，8000字，景谷傣族彝族自治县民间文学集成领导小组编辑室1989年编印。

（郭玉萍）

芒宗埠

傣族幻想故事。流传于云南省西双版纳傣族自治州。讲述的是：遭大老婆陷害又被丈夫遗弃的一位妇女带着儿子岩宰朵在深山老林里种了一片果园，岩宰朵得知首领想吃一种名叫"芒宗埠"的水果，并可能有望成为首领的驸马，非常高兴，因为他自家菜园里恰好种有"芒宗埠"。后来，在送"芒宗埠"的过程中，岩宰朵战胜了阻止他进贡"芒宗埠"的大臣，把"芒宗埠"顺利献给了首领，终于成为驸马。岩香瓦讲述，岩庄香翻译。16开，5页，1350字，稿存西双版纳傣族自治州民族研究所。

（依旺的）

马利占杀龙

傣族幻想故事。流传于云南省景谷傣族彝族自治县傣族地区。讲述的是：古时候，傣族王国勐塔答光沙的首领和王后去世后由公主南蒂依继位。公主先后招了无数个驸马，但都新婚不到七天就暴死了，因此没有人再敢做驸马。眼看兴盛的王国即将衰败，年轻人马利占毛遂自荐入赘当驸马，大臣们为他和公主举行了盛大的婚礼。新婚一连五夜马利占都借故没跟公主同床，他悄悄躲在屋外观看，发现每到半夜都有一条凶恶的巨龙爬进房间与公主相会，原来，那些死去的驸马都是公主和恶龙一起害死的。于是，马利占带领卫士砍来芭蕉树做成人形，夜里趁公主熟睡之时放在她身边。不一会儿，恶龙来了，它见了公主身边的"人"就张口猛咬过去，尖牙刺进芭蕉树里拔不出来，乘此机会，马利占跳出来砍下了巨龙的头。公主见心爱的龙丈夫被杀，放声痛哭并决计报仇雪恨。公主说了两句谁也听不懂的话让马利占猜，如猜不出就要砍他的头。马利占冥思苦想却未果，正在焦急时，他的父母赶到了王宫，他们将自己在路上听到一对乌鸦解答公主谜题的事告诉了儿子。马利占顺利答出了公主的问题，恼羞成怒的公主只好离开王宫，让位于马利占。从此，勐塔答光沙王国的臣民们在新首领的统领下又过上了安乐日子。佚名讲述，吴德庆搜集整理。收入《景谷民间故事》一，32开，4页，2000字，景谷傣族彝族自治县民间文学集成领导小组编辑室1989年编印。

（龙江莉）

莫菊些

傣族幻想故事。流传于云南省元江哈尼族彝族傣族自治县甘庄农场一带。讲述的是：古时，勐掌的傣族兴赶五月街。每到这天，姑娘们都穿上最漂亮的筒裙，头上插着艳丽的缎子花去赶街。有一个姑娘因家里穷只买了红纸做成纸花插在头上，人们就叫她"莫菊些"（意为纸花姐姐）。她十五岁时，老土司想娶她为小老婆。她不从，就被诬陷为鬼怪，刚好那年流行疾病，人们要烧死她。就在要烧她之前的晚上，一个丑小人把她拉到一座山上的草棚里去了，她就在山上种地过日子。一天，有一只金黄色的猫来到她的草棚对她说："等你孩子出世告诉他，他的阿妈是莫菊些，阿爹在天上，姓猫。"一年后，莫菊些生下一个儿子。儿子长大去小溪边玩，小鸟问他爹娘是谁，儿子就照妈妈教的说了。话音刚落，从天上飞来一匹金马托起他母子俩飞上天空。来到天宫，莫菊些与丈夫——黄猫变的男子即太阳公子相聚，他们在太阳宫里过着美好的生活。佚名讲述，绿草搜集、整理。收入《元江民族民间文学资料》第五辑，32开，3页，2000字，元江哈尼族彝族傣族自治县文化馆1985年编印。

（郭玉萍）

咩达吧拉迷

傣族幻想故事。流传于云南省德宏傣族景颇族自治州傣族地区。"咩达吧拉迷",傣语,是"慈悲波罗蜜"的意思。讲述的是:勐嘎朗嘎列的一棵大青树下有一个鬼把守着,已有一百五十年的时间了,它投不了胎也转不了世。一天夜里,它祈求天神让它做一件好事,以争取早日投胎转世。正巧那时有五百个生意人来到大青树下休息,天气炎热,牛和人都渴得伸长了舌头。于是鬼下到山谷里去挖了一口井,让人畜都喝到了水。这样鬼做了好事,积了德,脱离了鬼生活,投胎转世在一个穷苦人家里,为富人放牛,辛勤劳作,深得富人的赏识,后来被富人招为女婿。佚名讲述,刀干相搜集。16开,3页,341字,稿存德宏傣族景颇族自治州民语委。

(喊凤)

勐巴拉纳西

傣族幻想故事。流传于云南省德宏傣族景颇族自治州的傣族地区。讲述的是:在勐巴拉纳西王国里,首领有个如花似玉的女儿,世上无人能比。而城外偏僻的小山村里,有对夫妻俩生有一子名叫都戛达,生活非常艰难,吃了上顿愁下顿。一天,在狂风暴雨的黑夜里,都戛达的父亲在饥寒交迫中死去,留下母子俩相依为命,他俩以乞讨为生。都戛达的母亲由于伤心过度,双目失明了。都戛达每天外出乞讨,把所得到的食物带回家中,供养自己年迈的母亲。宰相的儿子,胡作非为,不把任何人放在眼中。首领听说后,龙颜大怒,命人去把宰相的儿子杀了。宰相听说首领要杀自己的爱子,想办法派人去找人代替儿子去死,蒙骗首领。他们把都戛达抓来代替,当刽子手举刀杀都戛达时,天空乌云密布,雷电把首领、宰相都劈死了。都戛达在神的帮助下,娶首领的女儿为妻并登上了王位。佚名讲述,奘相搜集。收入《傣族故事》,傣文版,32开,6页,约1200字,德宏民族出版社1987年版。

(线永明)

勐巴拉纳西首领的最小的儿子

傣族幻想故事。流传于云南省西双版纳傣族自治州。讲述的是:勐巴拉纳西首领的第一百零一个儿子得知自己继承王位无望后,带着五个随从离开勐巴拉纳西去建立自己的王国。经过妖魔国时,五个随从被妖女吃掉,小王子被妖女带到一个陌生的地方,妖女还把那地方的首领和王后妃子们吃得精光,尸骨残骸布满宫廷。大臣们看见陌生的小王子,认为小王子是一个有福之人,就把他拥戴为首领。康朗约讲述,依旺的翻译。16开,6页,924字,稿存西双版纳傣族自治州民族研究所。

(刀金平)

缅桂花姑娘

傣族幻想故事。流传于云南省德宏傣族景颇族自治州傣族地区。讲述的是:有位穷苦的小伙子名叫贡玛腊,一天他进山打柴,见到一朵非常鲜艳、香味扑鼻的缅桂花。贡玛腊把花带回了家放在枕边,尽情地享受香味。第二天贡玛腊与往常一样进山砍柴去卖,晚上待他回家后,发现桌上摆满了丰盛的饭菜。一连几天都是这样,贡玛腊感到非常奇怪。后来他假装外出,躲在角落里偷看,只见缅桂花里走出一位动人的姑娘并做起饭菜来。贡玛腊冲了进来,并与缅桂花姑娘结为夫妻。后来此国的宰相见缅桂花姑娘美丽动人,便把她抢到宫中。缅桂花姑娘被抢到宫中后,成了该国的王后。后来首领去世,她登上了王位,并开始寻找贡玛腊。几经周折夫妻俩终于团聚,共同掌管国家大权。佚名讲述,曼相屯记录。傣文版,16开,3页,约720字,稿存德宏傣族景颇族自治州民语委。

(线永明)

莫罕板花姑娘

傣族幻想故事。流传于云南省德宏傣族景颇族自治州傣族地区。讲述的是:从前有一对贫穷母子俩靠砍柴为生,不久后其母去世,小伙子继续砍柴卖钱度日。一日他累得在树下睡着了,天神托梦给他,让他顺着东方太阳升起的地方走,会在花丛中遇到与他有定姻缘的姑娘。醒来后他便朝着天神指引的方向走去,遇到了一株开得十分娇艳的莫罕板花,便摘了一枝带回家。到做饭的时间,莫罕板花就变成一位美丽的姑娘出来做饭给他吃,饭菜香味四溢,附近上七家下七家的地方都可闻到。邻居们觉得奇怪,纷纷来看,发现香味出自这位漂亮的姑娘之手,赞叹小伙子的福气大。木姐荚房佛爷讲述,刀干相搜集。16开,3页,约600字,稿存德宏傣族景颇族自治州民语委。

(杨荣芳)

牧人

傣族幻想故事。流传于云南省德宏傣族景颇族自治州傣族地区。讲述的是:从前有母子两人,靠割草卖过日子。没多久由于穷困,母亲离开了人世,他走投无路,只好帮富人放牛。天长日久,牧人一天天长大。一天他把牛群赶进牧草丰美的深山放牧。看到河边有一塘野香菜,就采了一大把带回家,打开香菜时一条蛇从菜里爬出来。他抓住蛇丢出窗外,但是一会儿蛇又爬进家里,他看见蛇抬着头闭着眼睛,感到很奇怪,于是就拿一箩筐装起来,边装边叹息:"哎!日子过得这样苦,我又拿什么来养你呢?"他煮了一锅香菜,分给蛇吃一些,自己吃一些。他吃完后就倒在床上睡着了。第二天天亮,牧人去看蛇,蛇不见了,只见箩筐下堆满了亮晶晶的金银。他用一部分金银去还债,富人抓住了牧人的衣领问:"这些金子是不是你偷的?"放牧人把经过一五一十地告诉了富人。富人便赶着牛群到深山放牧,看见丰茂的香菜,就动手割了一大把,只盼望着太阳落山。太阳落山了把牛群赶回家,自己急忙解开香菜,果然出来一条大蛇,富人去找箩筐准备抓蛇,就被蛇咬了一口,疼得他喊爹喊娘,等家人来看时富人已经死了。佚名讲述,二团搜集、整理。刊于《傣族民间故事》第六辑,傣文版,32开,5页,约1200字,云南民族出版社1992年版。

(朱光灿)

明萨帝绨死

傣族幻想故事。流传于云南省德宏傣族景颇族自治州傣族地区。"明萨帝绨",傣语,是"犯戒律"的意思。讲述的是:勐多萨拉的一位富翁,依仗万贯家财,不敬仰佛祖,也不接受戒律,不尊重父母,也不听头人们的话,死后鬼差把他的魂魄放到母猪肚子里,想让他投胎成猪崽。他看到母猪丑陋的样子急得大叫,鬼差很烦他,又把他的魂魄放到沸水锅里,他看到沸腾的水又大喊害怕,鬼差就用铁棒把他的头按下沸水里淹死了。广向佛爷讲述,刀干相搜集。16开,2页,约400字,稿存德宏傣族景颇族自治州民语委。

(杨荣芳)

缅西呼哈达

傣族幻想故事。流传于云南省孟连傣族拉祜族佤族自治县。"缅西呼哈达",傣语,是"四只耳朵五个眼睛"的意思。讲述的是:古时,腊扎嘎罕纳广住着一家穷人,只有父子俩相依为命。父亲对儿子古坦麻说等自己死后要他每天去坟头看一次。父亲死后古坦麻按父亲的话做了。有一天,从坟堆里跳出一个有四只脚、五只眼睛、四只耳朵的稀奇小动物。古坦麻将其抱回家,它只吃火塘里烧得通红的火炭,而且吃后屙出闪亮的金子,吃得越多屙得越多。他有了金子,心中想要个老婆。他看上了首领的公主朗树马。首领知道五眼四耳小兽会屙金子,便想抢走它,但怕失体面就骗古坦麻说只要送小兽给首领就同意他的婚事。首领带走小兽后却不再谈古坦麻的婚事。有一天,小兽逃出宫门,并把来追赶的首领引进岩洞关起来。首领无奈只好同意了婚事。波月坦讲述,徐永安记录整理。收入《孟连傣族拉祜族佤族自治县民间文学集成·傣族卷》(一),32开,2页,1500字,孟连傣族拉祜族佤族自治县文化局、民族事务委员会 1987 年编印。

（郭玉萍）

曼德勒肯轰

傣族幻想故事。流传于绿春县傣族聚居区。讲述的是：很久以前，世上有三层，上层住着巨人，中层住着人类，下层是小人国。有一天，有一个人外出劳动，有一堆稻草一上一下跳动，他以为是野猪在动，于是他就扑上去按住，却扑了个空，掉进了深不可测的风洞里，便一直往下掉，当他睁开眼睛时看见了小人国。在小人国里，他为小人国做了许多事情。有一天，他看见从风洞掉下来一条蛇，便将蛇砍成九截，用蛇的肋骨做成梯子，经过艰苦努力，终于回到了人间，重新过上了幸福生活。白孙稳讲述，谭琪做整理。收入绿春县文学艺术界联合会编《绿春县民间故事选》，32 开，2 页，1600 字，云南出版集团公司云南人民出版社 2016 年 12 月版。

（李克忠）

南尼彩

傣族幻想故事。流传于文山壮族苗族自治州文山市傣族聚居区。讲述的是：从前有个首领，女儿叫南尼彩，长得非常漂亮，懂事乖巧。有一天，她捡到一个从小溪上游顺流而下的饭团张口便吃，公主吃饭团过后，怀孕了，肚子一天比一天大，几个月后，公主生了个儿子，取名叫尼云，聪明伶俐。原来他是金虎尼天与南尼彩的儿子。尼云对虎非常亲近，并训练了一群虎师打败了入侵的敌人，保住了王国。白凤云口述，刘德荣记录。收入《文山州傣族民间故事集》，16 开，2 页，1078 字，云南人民出版社 2016 年 1 月版。

（张元波）

南布罕

傣族幻想故事。流传于云南省西双版纳傣族自治州。讲述的是：古时候，沙铁的妻、妾同时分娩。小妾依嘎玛生下一个女孩叫玉塔老，妻子南底维则生下一个螃蟹似的肉团。依嘎玛唆使沙铁将妻子赶出家门。妻子南底维带着螃蟹似的肉团居住到坝子边上，后来螃蟹肉团变成一个小女孩，取名叫南布罕。依嘎玛的女儿玉塔老和南布罕长大后，正碰上王子在各国选妻子。沙铁和依嘎玛一心想让自己的女儿玉塔老当选入宫，却未能如愿。在天神帝哇啦的帮助下，南布罕则变成一个美丽的姑娘受到王子青睐入选为后。玉塔老设计把南布罕骗回家，途中将其杀害，然后自己冒名顶替进宫。南布罕变成一只诺哥罕鸟向王子诉说了她被害的经过后，又被玉塔老杀害；幸遇一老妇人相救，与王子再次团聚。最后王子设计让玉塔老自己跳入沸水锅中烫死。康朗庄、康朗叫讲述，杨胜能搜集、整理。收入《西双版纳傣族民间故事集成》，32 开，9 页，5500 字，云南人民出版社 1993 年版。

（李传宁）

喃开发（一）

傣族幻想故事。流传于云南省西双版纳傣族自治州。讲述的是：有个穷小伙去下鱼篓时捡到了一枚仙蛋，人不在家的时候，仙蛋里就会有一位美丽的姑娘走出来做好饭菜等着穷小伙。小伙子用计逮住了姑娘。姑娘告诉小伙，自己名叫喃开发，因爱慕他的勤劳善良才下凡和他喜结连理。这事被首领知道了，为了得到喃开发，首领以让穷小伙喝一百锅汤、在沙地上捡芝麻以及斗鸡、斗牛等作较量。结果，在妻子的帮助下，穷小伙一一战胜首领并把首领杀死，最后被百姓们拥上首领王位。岩香瓦讲述，岩庄香翻译。16 开，6 页，1476 字，稿存西双版纳傣族自治州民族研究所。

（依旺的）

喃开发（二）

傣族幻想故事。流传于云南省西双版纳傣族自治州。讲述的是：一位瞎眼的寡妇儿子艾都戛达在河里下鱼篓时无意中得到了一只白蛋。每当艾都戛达出门讨饭,白蛋里就有一位叫喃开发的姑娘出来,为艾都戛达做家务,侍奉瞎眼的母亲。喃开发和艾都戛达结为夫妻后,用蛋壳打来水,为母亲治好了眼睛。事情传到富人的耳朵里,富人以艾都戛达在他家的河里放鱼篓为由,要喃开发去做他家的丫环。喃开发让丈夫把白蛋壳放进鱼篓里,然后把它挂在无花果树上,叫富人去那儿取。富人的儿子想爬到树上去取白蛋,就从树上摔下来死了。富人站在树下抬头看树梢上喃开发展翅飞翔时,耀眼的光芒又刺瞎了他的双眼。刀新华讲述,依旺的翻译。16开,5页,1219字,稿存西双版纳傣族自治州民族研究所。

(依艳坎)

婻金波

傣族幻想故事。流传于云南省德宏傣族景颇族自治州、西双版纳傣族自治州和临沧市傣族地区。讲述的是:勐巴拉纳西首领虽有六个王后,但年老无子,又去寻找一个穷村子里吃一百零一个螃蟹的姑娘婻金波为王后。不料,发生了战争,老首领出征。婻金波生子时昏了过去,六个王后抱来一只小狗,冒充婴儿,而把婻金波生的一百个男孩和一个姑娘抱去丢进猪圈。首领打败敌兵回宫,得知婻金波生的是一只小狗,勃然大怒,将婻金波撵进了牛圈。六个王后又勾结卜卦人搜查一百零一个小孩,结果都被母猪、白象、山上老爷爷救了。但后来被宫女发现了,一百零一个小孩子被六个王后毒死。小孩子尸体埋下后不久,在埋小孩子的地方长出一百零一朵花,又被挖去丢入河中。老爷爷得知后含恨死去成了仙。一对老夫妇拾起河里的花株,这些花株又都变成了小孩。老爷爷化身的仙人,抱来公鸡,指点一百零一个小孩去与首领斗鸡,借机寻找母亲。首领斗鸡失败,一百零一个小孩只要一个善良的女人。最后,终于从牛圈里喊出了婻金波。母子团圆,真相大白。首领惩罚了六个王后。佚名讲述、记录。收入《中国讲述故事大辞典》。16开,1页,500字,中国文联出版公司1992年版。

(阿南)

楠嘎罕

傣族幻想故事。流传于云南省德宏傣族景颇族自治州傣族居住区。楠嘎罕,傣语,是"金乌鸦公主"的意思。讲述的是:在勐索拉提有个名叫西达贡玛拉的穷小伙子。一次在外出帮工的过程中,他先后救了一只白乌鸦和一条白鳝鱼。白乌鸦乃是一只神鸟,白鳝鱼为龙王之子。一天,勐索拉提的首领要选女婿。邻近各国的首领、王子纷纷前来求亲,但美丽的公主谁都不喜欢。西达贡玛拉在他的神猴帮助下,如愿地娶到美如天仙的勐索拉提公主。邻国勐达嘎索的首领见一位穷小伙子娶了公主,心中感到不快,便向勐索拉提发动了战争。危难之时,西达贡玛拉请来了白乌鸦、白鳝鱼,在白乌鸦、白鳝鱼的帮助下,打退了敌国的军队,杀死了勐达嘎索的首领,西达贡玛拉当上了勐达嘎索的首领。扎相讲述,杨丽珍整理、翻译。收入《云南少数民族文学资料》第7辑,32开,8页,约4000字,中国民间文艺研究会云南分会1980年编印。

(线永明)

娜秀罕的故事

傣族幻想故事。流传于云南普洱傣族地区。讲述的是:一位首领的王后名叫娜秀罕。娜秀罕容貌端庄、秉性善良,还给首领生了一个白白胖胖的儿子。娜秀罕有一个同父异母的妹妹名叫玉娜,玉娜容貌丑陋,心肠狠毒。娜秀罕为了照顾这个同父异母的妹妹,就以帮带自己的儿子为由,把玉娜带进宫里生活。可是,这个心肠狠毒的玉娜,自打跟姐姐进宫以后,勾引姐夫,妒忌姐姐,使出各种各样的手段来折磨姐姐。最后,善良无辜的娜秀罕被妹妹玉娜折磨至死。然而,好人有好报,天上的神仙把这一切都看在眼里,救活了娜秀罕。罪恶至极的玉娜，最终也受到了应有的惩罚。勐班芒别俸正会讲述，收入《景谷傣族民间故事》，汉傣双文版，32开，6页，3703字，景谷傣族彝族自治县傣族文化协会编，2014年3月发行。

（依旺的）

鸟羽兽皮衣

傣族幻想故事。流传于云南省德宏傣族景颇族自治州傣族地区。讲述的是：勤劳善良的穷小伙子与美丽聪慧的姑娘相爱并结为夫妻后，首领萌生了占有的邪念。无可奈何的姑娘便在丈夫耳边说了几句悄悄话后就跟着首领的人走了。但她自从进宫后，从不说话更没笑脸。在首领赶七天七夜大摆时，穷小伙子穿上用鸟羽兽皮做成的衣服在摆场上舞来舞去。姑娘看见后便笑得前仰后合。首领走下台阶来将穷小伙子的鸟羽兽皮衣服抢去穿上后，也学着舞来舞去，以为会讨得姑娘的欢心。但姑娘突然喊叫说："这个叫花子已舞了半天了，真让人讨厌……"便下令让人把他打死。穷小伙子与姑娘终得团圆。佚名讲述，李军红记录。16开，2页，1456字，稿存德宏傣族景颇族自治州文联《勇罕》编辑部。

（冯霄）

柠檬姑娘

傣族幻想故事。流传于云南省德宏傣族景颇族自治州傣族地区。讲述的是：在芒桑东腊有母子俩相依为命，每天上山打柴度日。小伙子每天上山打柴都要经过一个叫芒桑的寨子，这个寨子有个年轻漂亮的姑娘，好心的姑娘每次见小伙子上山打柴经过家门时，都请他进家喝口水。日子久了，两人建立了感情并成了亲。芒桑东腊寨有位恶霸见穷小子娶了个贤惠漂亮的妻子，便叫打手把姑娘抢走。姑娘被逼死了，母亲也气绝身亡。一天，小伙子进山打柴，无意间到了一幢斐房里，里面住着一位高僧。高僧问明情况后，送给小伙子一棵树苗，叮嘱他回家后便把苗种下。经过小伙子的精心培植，他所种的原来是一棵柠檬树，柠檬果长得非常好看。小伙子照常上山打柴。一天，有个柠檬果从树上掉了下来，并从果里走出一位美丽非凡的姑娘，为小伙子煮饭、做菜。一连几天小伙子回到家后都有香喷喷的饭菜。小伙子想看个究竟，便假装外出砍柴，却返回来偷看，看见从柠檬果里走出一位美丽的姑娘。他便冲了进去抓住姑娘的手，仔细一看，原来是自己心爱的妻子，夫妻重逢。后来夫妻俩为了躲避恶霸便进山去找高僧帮忙，高僧给小伙子传授了许多武艺，小伙子学艺归来把恶霸杀了，为民除了害。刀保矩讲述，王思宁搜集、翻译。收入《云南少数民族文学资料》第7辑，32开，4页，约2000字，中国民间文艺研究会云南分会1980年编印。

（线永明）

能识鸟兽语言的首领

傣族幻想故事。流传于云南省景谷傣族彝族自治县傣族地区。讲述的是：古时候，勐巴拉纳西有个首领在巡游路上救了龙王的女儿，为感谢首领，龙王答应满足他的一个要求，首领希望能听懂鸟兽的语言，七天后龙王赐给了他这个超凡的技能，但要他不能将此事泄露，否则会有生命危险。一天，首领携王后到行宫避暑，首领听到蚂蚁们的议论后大笑起来，王后很奇怪，便吵着要首领告诉她为何发笑。首领一再拒绝，王后便要寻死觅活，首领只好答应七天后告诉她。到了第七天，首领听到一对绵羊在谈论他的事，说他为了王后不顾老百姓而去找死很不明智。首领听了觉得有理，便不再理会王后的吵闹。刀新平讲述，薛惠芝、王妙文、张福三、冉红采录。收入《中国民间故事集成·云南卷》下，16开，2页，1000字，中国ISBN中心2003年版。

（龙江莉）

帕压贡玛

傣族幻想故事。流传于云南省德宏傣族景颇族自

治州傣族地区。讲述的是：在一片森林里有个明亮的天湖，是天王的七个公主洗澡池。有一年的岁末，七个公主来洗澡。她们跃入湖中就像七朵盛开的莲花。一只蜘蛛精，自称蜘蛛大王，它施妖术奸计，将七个公主诱入一个山洞，吐出蛛丝封住洞口，准备威逼七个公主做它的妻子。正巧，有个年轻的猎手帕压贡玛，身背弓箭长刀路过山洞口，听见洞里的呼救声，便抽宝剑，刷刷几刀，将洞口的密网砍碎，救出了七个公主。蜘蛛精赶来，便与帕压贡玛厮打起来。帕压贡玛毫不畏惧，沉着应战，刀光剑影，杀几个回合，蜘蛛精腰部受伤，怪叫一声"我要复仇"，化为一股黑烟，随风飘去。七个公主中最小的一个公主，感激帕压贡玛的救命之恩，愿留在人间，与他结为夫妻。六个公主表示对小妹的祝福后回到天宫。帕压贡玛领着七公主嫡莱诺耐，高高兴兴回家去了。那蜘蛛精施妖术，砍伤帕压贡玛，抢走了七公主和帕压贡玛的宝剑。七公主设下计谋，夺回丈夫的宝剑，战胜了蜘蛛精后，飞到了丈夫身边。但帕压贡玛流血过多，看着七公主笑了笑便闭上了眼睛。七公主哭了三天三夜，感动了天神混西热，他化成老人下到人间，救活帕压贡坞。老人说："幸福和勇敢，真诚在一起。"庄相计口述，杨丽玲翻译整理。收入《傣族民间故事》，32开，7页，5000字，上海文艺出版社1985年版。

(阿南)

菩萨说话

傣族幻想故事。流传于云南省德宏傣族景颇族自治州的傣族地区。讲述的是：从前一个大富翁有一个漂亮的女儿，心灵手巧，小伙子们都想得到她。有一个身强力壮、面貌十分英俊的小伙子，想办法进入富翁家看守谷仓。一天，他为了得到姑娘，便想出一个办法，做了许多老鼠夹子，夹住鼠王的儿子，还与鼠王交换条件，让鼠王三天之内挖通一条通往佛寺的地道，鼠王答应了，三天之后就挖好了地道。这时富翁的太太到佛寺里去拜佛，小伙子悄悄地从地道钻进佛寺，蹲在菩萨背后对富翁太太说："只要把你们的女儿嫁给守谷仓的小伙子，你们就会幸福！"老太太以为是菩萨讲话，就信以为真，把女儿嫁给了这个穷小伙子。佚名讲述，岩刚搜集、整理、翻译。收入《德宏傣族民间故事》，32开，4页，3025字，德宏民族出版社1993年版。

(喊凤)

七兄弟的故事

傣族幻想故事。流传于云南省西双版纳傣族自治州。讲述的是：有一家七兄弟遭继母谋害流落他乡，意外从一只猴子那里获得一只神鼓，不仅治好了弟弟被继母哄骗挖去做鱼饵的眼睛，还在森林里建立了一个富饶的村寨。后来还原谅、收留、赡养了虐待、谋害他们的父亲和继母。反映了傣族人民善良、包容、尊老爱幼的良好品德。岩尖讲述，岩旺记录，岩庄香翻译。16开，2页，532字，稿存西双版纳傣族自治州民族研究所。

(依旺的)

千瓣莲花

傣族幻想故事。流传于云南省西双版纳傣族自治州傣族地区。讲述的是：勐巴拉纳西首领梦见非常美丽的千瓣莲花，就派寡妇的儿子巴的功满去寻找。巴的功满经过数里宽的流石沙，过了九条江，穿过茫茫森林，越过高山峻岭，又走遍了许多坝子，终于来到魔鬼国，搭救出了美丽的嫡金罕。接着，他又继续往前走，从几个老人口中得知，勐沿嫲介兰七公主，一讲话就有浓郁芳香的千瓣莲花瓣飘出来。在老人的帮助下，巴的功满在金湖边取得沐浴的七公主的羽毛，与七公主相爱结婚。巴的功满带着妻子七公主回到勐巴拉纳西。首领见七公主非常美丽，要娶七公主做王后。七公主对着首领生气地喊，口中香气将首领熏得摔下地跌死。于是，大臣、百姓拥戴巴的功满为新首领。佚名讲述、记录。收入《中国讲述故事大辞典》，16开，1页，

500字，中国文联出版公司1992年版。

（阿南）

穷小伙子与富小伙子一起上山砍柴

傣族幻想故事。流传于云南省德宏傣族景颇族自治州傣族地区。讲述的是：穷小伙子与富小伙子一起上山砍柴，穷小伙子见到长得直的树和幼树舍不得砍，而富小伙子尽找好树砍。一天，树神化身为脚跛眼瞎的老人，先让富小伙子背他过一条河，但富小伙子不愿意，穷小伙子见到后便把老人背过了河。老人突然飞走了，留下一个宝石，穷小伙子拿着宝石来找富小伙子，怎么也找不到他。几天后，富小伙子已迷路饿死了。佚名讲述，屯棉记录。16开，2页，910字，刊于傣文杂志《勇罕》1988年1—2期。

（冯霄）

穷人与富家子弟

傣族幻想故事。流传于云南省德宏傣族景颇族自治州傣族地区。讲述的是：一位穷人与一位公子做朋友，他俩一起玩耍，一起串姑娘。后来附近村寨的一位富家小姐看中了穷小伙子，公子非常忌妒。一天他俩外出经商，公子故意走散，小伙子见自己与朋友走散了，还是继续往前走。一路上他见人们在叫卖动物，他非常心痛，每见到街上卖动物，他都把这些动物买下来放生。后来一条被他救助的小龙前来谢恩，送给他许多金银财宝。小伙子回到家后终于和小姐完了婚，享受幸福生活。佚名讲述，刀干相搜集、整理。16开，3页，约540字，稿存德宏傣族景颇族自治州民语委。

（线永明）

娶两妻的猎人

傣族幻想故事。流传于云南省德宏傣族景颇族自治州傣族地区。讲述的是：勐沙统有一个猎人，娶了两个老婆，虽穷但三人很恩爱，从不吵架。他带上二老婆去深山里搭建了一间草棚狩猎。一天，他不小心闯入妖国，偷到了花园里的橘红、白色两朵花。回来发现二老婆不见了踪影，他着急地到处找寻，累得躺在地上睡着了。一只老鹰看到他手里的那朵橘红色的花，以为是人家晒的干巴，俯下身来叼走了。猎人醒来后发现花少了，就把仅剩的那朵白色的花献给首领。首领十分高兴，赏给了猎人许多金子和各种食品。从此，猎人过上了富裕的生活，变成了一位有钱的富翁。金罕亮讲述，刀干相搜集。16开，4页，约800字，稿存德宏傣族景颇族自治州民语委。

（杨荣芳）

儿子与儿媳

傣族幻想故事。流传于云南省德宏傣族景颇族自治州。讲述的是：在勐贺罕国有一家母子、媳妇三个人。母亲上奘房听经拜佛，但是不会念经，儿媳认为婆婆处处不如人家，老来话多，她便唆使丈夫，把婆婆放在他俩扎成的小筏子里随江水漂走。她婆婆坐了一天一夜的筏子，有一个水神看见了她，就丢一条鱼进筏子里来。老妇人说："我不害人家的命别人也不要来杀我。"说完把鱼放回江中。水神认为她是一个好人，就把她坐的筏子往回推，一直推到原来儿子儿媳放她的地点，还送一担银子给她。老妇人挑着银子回家来叫门，儿子去开门，见妈妈挑来一担银子，高兴万分。第二天吃饭时，儿媳突然被刚裂开的地缝吞噬。许布相米讲述，岳小保记译。16开，3页，约600字，稿存德宏傣族景颇族自治州民语委。

（岳小保）

若温奇遇

傣族幻想故事。流传于云南省西双版纳傣族自治州傣族地区。讲述的是：有一年天下大旱，民不聊生，一个叫若温的小伙子决心去寻找水源。他来到大河边，突然听到一阵令人毛骨悚然的呻吟声，循声而去，他看到瞎了眼的东海龙王正躺在干涸的河床里痛苦地呻吟。龙王告诉若温，如有人找到叶上珠将它的眼睛治好，它就能回东海施雨。为治好龙王的眼睛，若温开始了他寻找叶上珠的旅程。路上，若温不慎落入深洞，来到矮人国。在矮人国，他教会了小矮人们栽种稻谷、打制谷子、用竹筒烧饭，使矮人们过上了温饱的日子。为表谢意，矮人首领送给若温一颗红果，让他吃下后顺金藤向上爬就能到达天国，找到叶上珠。若温吃下红果顺藤爬上了天国，他见到一个圆湖，圆湖中的金藤碧绿的叶子上有一颗颗晶莹的七彩露珠，这就是叶上珠。正当他要采集时，一个仙女出来阻止了他，若温将自己需要叶上珠的原因告诉了仙女，仙女对善良英俊的若温产生了好感，便带着叶上珠与他一起私奔到人间。在返回人间的路上，天神知道了仙女私奔到人间的消息后，派天兵天将来将仙女抓回去了。若温独自一人回到人间，用叶上珠治好了龙王的眼睛，龙王急时行雨，大地又恢复了生机。但若温再也见不到自己心爱的仙女了。佚名讲述，西娜搜集翻译。收入《西双版纳傣族民间故事集成》，32开，11页，6700字，云南人民出版社1993年版。

（龙江莉）

三个王子

傣族幻想故事。流传于云南文山壮族苗族自治州马关县傣族聚居区。讲述的是：话说阿銮弟兄三人，听老人讲前世的銮桑是金鹿，都投生在穷人的家里，他们历经了很多很多的苦难，才当上了勐的召。今生今世他们又投生到勐巴拉那西，父王和母亲给他们弟兄取名，老大叫銮弄，老二叫銮双，老三叫銮桑。老三銮桑被勐拉加首领招为驸马。后来老首领年老退位了，銮桑继承了王位。他没有辜负首领的希望，不乱花国库金银，不欺负黎民百姓，同天下各勐友好来往，使勐拉加更加美丽富饶，成为一颗璀璨的明珠。董再芳、白莫氏讲述，董品尧记录。收入《文山州傣族民间故事集》，16开，8页，7674字，云南人民出版社，2016年1月版。

（张元波）

十二个妻子的眼珠

傣族幻想故事。流传于云南省德宏傣族景颇族自治州傣族地区。讲述的是：勐巴拉纳西的首领，拥有十二个皇妃，但从未满足，有个魔鬼就变成漂亮的少女来勾引首领。首领将魔鬼立为王妃，对他宠爱有加。魔鬼为了除掉十二个王妃，假装生病并说要用十二个王妃的眼珠做药，病才能治好。首领下令挖出十二个王妃的眼珠给魔鬼，其中有个小王妃因怀有身孕，只被挖了一只眼珠。魔鬼把眼珠藏在他修炼的山洞里。不久小王妃生下王子，王子长大后供养着十二个王母。魔鬼知道情况后，蓄意害死王子，便写信差王子到他原来修炼的山洞送信，信上告诉其女儿将送信人吃掉。王子走了七天七夜，在森林里遇到修炼的亚写，亚写看信后将内容改为：收到信后与送信人成亲。王子与魔女成亲后，从魔女口中得知十二母后的眼珠藏在山洞里，就想尽一切办法将眼珠偷出，还给十二位母后。王子进宫揭露魔鬼王后，并用琵琶琴声使王后现了魔鬼形，首领便将魔鬼王后处死，把十二妃子和王子接进宫里一起生活。佚名讲述，曼相吞搜集、整理。16开，3页，650字。

十二个仙女

傣族幻想故事。流传于云南省德宏傣族景颇族自治州。讲述的是：在很古以前，十二个仙女来人间游玩。她们走到一条河边，看见一个又黑又丑的男人在河的上游洗澡，他的衣服（实际是袈裟）放在河的下游。她们知道这个人就是附近奘房里的和尚，就故意把奘房里的东西全部丢出外面，把他的衣服全部丢入河中让水冲走。和尚十分奇怪，认为他有什么罪过，便立即到佛祖那里去请教。佛祖说："她们是混尚（天神）的十二个女儿，这实为报复行为。前世她们托生成大雁，被你用弹弓打着其大姐的眼睛，所以这一世她们才来报复你（和尚是阿銮，前世是穷人的孩子）。"他后悔万分。佛祖说他与十二个仙女的仇已还清。后来十二个仙女托生成人，和尚和她们都成了佛祖的徒弟。许布相米讲述，岳小保记译。16开，4页，约900字，稿存德宏傣族景颇族自治州民语委。

（岳小保）

十二弦琴

傣族幻想故事。流传于云南省潞西市傣族地区。讲述的是：朵哈和杰亚父母早亡，兄弟俩相依为命，生活十分艰苦。弟弟杰亚常常思念父母，痛哭不止，哥哥就编了一首歌唱给他听，弟弟听后便不再哭了。后来，这首歌被一个大臣听见，因为歌中提到十二弦琴，大臣便认定朵哈兄弟俩见过并藏有此琴，于是报告给首领，首领勒令兄弟俩交出十二弦琴。十二弦琴本是讲述神仙用的乐器，从未有凡人见过，朵哈兄弟根本交不出来。但在首领和大臣的逼迫下，朵哈只能托村邻照看弟弟，独自一人去寻找十二弦琴。朵哈走了很久，经过了很多古寺，见到一位得道僧人。僧人告诉他，每七天便有七位仙女到附近的荷花池洗浴，找到她们兴许就能得到十二弦琴。朵哈按照僧人的指点找到了七位仙女，仙女们知道了他和弟弟的遭遇后很同情，便把自己的十二弦琴送给了他。与此同时，最小的七仙女为朵哈的善良和勇敢所动，爱上了他，在姐姐们的撮合下，两人结为了夫妻。朵哈夫妇带着十二弦琴回到家乡，首领知道了朵哈不仅得到神琴还娶回美人后，就想霸占，结果被朵哈夫妇和村民们打死了。人们推选勇敢的朵哈为王。从此，这个王国欣欣向荣，人民安居乐业。佚名讲述，孟佩林采录。收入《中国民间故事集成·云南卷》下，16开，9页，8200字，中国ISBN中心2003年版。

（龙江莉）

三个王子选亲

傣族幻想故事。流传于云南省西双版纳傣族自治州。讲述的是：勐巴拉纳西首领让三个儿子各自去选称心的妻子，选到后，在翌年的泼水节，把妻子带到赶摆场上，看谁选的妻子最美。谁的妻子能赢得全国人民泼出的纯洁的泉水，谁就能继承王位。大王子召金板选择了勐版纳土司叭西里的女儿玉拉金，举行了隆重的婚礼。二王子召成银娶了大商人刀自兴的女儿玉来汗为妻。三王子召世新去打猎时，爱上了一个勤劳、善良的丑姑娘依喃猫，并请姑娘双目失明的母亲为他们拴线成亲。泼水节时，三个王子各自带着妻子出现在赶摆场上，人们将纯洁的山泉都泼向依喃猫身上，她双手合掌，俯首接受着人们的祝福。泼水结束后，依喃猫变成了勐巴拉纳西最美的姑娘。首领履行自己的诺言，将王位让给了三王子召世新继承。刘伯华讲述，游冬梅搜集、整理。收入《西双版纳傣族民间故事集成》，32开，11页，7500余字，云南人民出版社1993年版。

（李传宁）

三时香公主

傣族幻想故事。流传于云南省德宏傣族景颇族自治州傣族地区。讲述的是：在勐罕国，有一户穷人家居住在大河边，生有一女儿，全身香气四溢，每天香三次。后来被神蛇公子拐进水国里，成家后住在水国。由于人与水族生性有别，神蛇首领叫他们回人间，并于夜间在一个开满鲜花的山冈上建了一座宫殿。后来，被首领的放马人发现，回去报告给首领，说这么美丽而且全身有香气的姑娘应是首领的东宫夫人才合适，于是首领派出十多个兵将去料理。神蛇公子见了兵将后说："你们来做什么，坐下来休息吧。"他们刚坐下，形如木头，谁也不知道到底在哪里。太阳偏西了，公子说："太阳快落了，回家去吧。"他们如梦初醒，回去告诉首领。首领不信如此神奇，第二天又派出五十人。五十人一到，公子说："你们看，天上月亮和太阳在打架。"那五十人抬着头看了太阳半天，个个泪流不断。公子说："看见了吗？回去吧。"他们又回去报告首领。首领还不服。第三天他亲自骑着大象带着几百人前往，一到山冈，公子说："首领歹毒，人天不容，他不死民不安。"

于是他的兵将就将首领打下象背。大臣们和国民请三时香公主和神蛇公子继任王位。许布相米讲述，岳小保记译。16开，3页，约600字，稿存德宏傣族景颇族自治州民语委。

（岳小保）

三支丝线

傣族幻想故事。流传于云南省德宏傣族景颇族自治州傣族地区。讲述的是：有个人想做生意但家里唯一值钱的只有三支丝线。路上见有人捉猴子、水獭、老鹰来卖，他用丝线换取并释放了它们。在后来首领逼迫他做无法做到的多种难事时，动物们都出来帮助他，使他战胜了首领，并让首领及坏大臣们一个个变成了猴子，跑进深山里去了。佚名讲述，曹根德、曹明德记录，冯霄译。16开，9页，4313字，刊于傣文杂志《勇罕》1989年3—4期。

（冯霄）

四头龙

傣族幻想故事。流传于云南省德宏傣族景颇族自治州傣族地区。讲述的是：收割季节，一条从西方驾云来的四头龙，落地就扫吃谷物，农民对它无能为力。南赏寨有一青年爬上一株大树上，拉开弓箭准备射死四头龙，突然龙随着大风而来，因风大，青年岩蔓怎么也射不中四头龙，反而被四头龙用四口喷风，喷到崖石上。当他从昏迷中苏醒时，见一美女守候在他身旁，并把岩蔓带到石洞里，要岩蔓在那里帮他养鸟；岩不从，她就搬出金银珠宝给他，要岩蔓和她在一起，岩蔓坚决要为民除掉四头龙。美女很受感动，很快摆好了饭菜，招待岩蔓吃饱后，赠给他一支用橡皮筋捻成的弓弦、几支牛角箭和用橡皮筋织就的一双草鞋。岩蔓告别美女来到坝子遇到四头龙正在吃着杏子，他拉弓放了四箭，龙立刻死去。佚名讲述，曼相吞搜集、整理，龚肃政译。收入《傣族民间故事》第三辑，傣文版，32开，3页，约1200字，云南民族出版社1984年版。

（俊孟）

少月姑娘

傣族幻想故事。流传于云南省德宏傣族景颇族自治州傣族地区。讲述的是：有个渔民死了妻子，身边有个女儿叫少月。后来渔民再娶，后妈带着一个妹妹进家，当父亲外出打鱼时，后妈经常使唤少月做这做那。少月无处诉苦，只有到江边哭诉。有只乌龟见少月可怜，它经常来与少月交谈。后妈知道少月常与乌龟交谈，便装病，叫少月去抓龟来为她治病。少月找到龟朋友向它哭诉，乌龟叫少月把它杀了去煮，待她把肉吃完后，把所有的龟骨收拾埋了。后来，在少月埋龟骨的地方，长出一棵奇特的核桃树来，树上硕果累累。一天，王子从她家门前经过，便上前去打探这棵核桃树是谁种的。后妈的女儿小玉说是她种的。王子让小玉去摇核桃树，树纹丝不动。少月上前轻轻一摇，核桃便纷纷落下，王子便把少月迎进宫。少月与王子完婚后，少月回家探亲，却被狠心的后妈与小玉害死，后小玉冒充少月混进宫中。少月死后变成了一只鸟，几经周折少月才恢复了人形。狠毒的小玉被赶出了王宫，受到了应有的惩罚。佚名讲述，阮罕定搜集、整理。收入《傣族民间故事》，傣文版，32开，26页，约5200字，德宏民族出版社1987年版。

（线永明）

双头凤凰鸟

傣族幻想故事。流传于云南省德宏傣族景颇族自治州傣族地区。讲述的是：从前有两个很好的朋友，形影不离。天长日久，其中一个病死了，另外一个万分思念对方，也死了。死后她们变成了双头凤凰鸟，有四只脚、一对翅膀、一个身子、两个头。一天，猎人到深山打猎，看见一只双头凤凰，很奇怪，消息传遍全勐，首领很想得到这只双头凤凰。有人就设了猎网，抓到了双头凤凰，首领用金笼子养。双头凤凰恩爱如初，首领心里产生了嫉妒。首领说："谁能让双头凤凰分成两只金凤凰，我就将国土分给他一半。"一个大臣把凤凰带回家，天天守着喂养她们，看到她们相亲相爱，怎么也想不出办法来。后来经过观察发现两个头有时会各看一边，大臣就趁机对其中的一个头说叽里咕噜的话。另一个头转过来问："大臣和你说了什么？""我没有听清楚。"就这样反复几次后，两只鸟头相互起了疑心，互不信任，就拼命想摆脱对方，它们用力一拉就成了两只凤凰。大臣把两只金凤凰送给首领，自己高兴地以为首领会把国土分他一半，未料首领只是信口开河。佚名讲述，亚团搜集、整理，朱光灿翻译。收入《傣族民间故事》第六辑，傣文版，32开，7页，约1600字，云南民族出版社1992年版。

（朱光灿）

死人报恩

傣族幻想故事。流传于云南省德宏傣族景颇族自治州傣族地区。讲述的是：有个不会做生意的人，见到别人搭桥、挖水井也去投资投劳，回来经常被媳妇臭骂。一次，见有人死了，他也去出钱安葬。事后不久，坟地里走出一个人来并请求要和他一起去做生意。那人便领着他路过铁山、铜山、银山、金山、宝石山。他俩又去治好了首领女儿的不治之症，得到了五百匹马，于是将铁、铜、银、金、宝石驮运回来。走到坟地时，那人说要回家了，所有货物他什么都不要。原来，那人就是他出钱安葬的人。佚名讲述，曼眼记录。16开，4页，2128字，刊于傣文杂志《勇罕》1989年3—4期。

（冯霄）

谁能找到天堂牧场

傣族幻想故事。流传于云南省潞西市傣族地区。讲述的是：团娜与母亲相依为命，过着艰辛的日子。一次山洪暴发冲毁了母女俩本已简陋的家，正当两人饥寒交迫地抱头痛哭时，顺水漂来了两个琵琶果，她们吃后顿觉神清气爽。不一会儿又漂来了两个，母女俩将它们收起来。夜里，从琵琶果里走出一群人，他们七手八脚地帮母女俩建盖了温暖舒适的房屋。天亮后母女俩醒来，见已置身温暖的家中，连忙跪地感谢恩人降福。为报答相救之恩，团娜告别母亲，踏上了寻找恩人的艰辛旅程。经历了千辛万苦之后，团娜来到一片牧场，找到了她们的恩人——神牛，团娜留在了神牛身边照顾它的生活。一天，一群人马闯进牧场，为首的是年轻英俊的王子，他对美貌非凡的团娜一见钟情，在神牛的撮合下，两人结成了夫妇。王子和团娜带着神牛赠送的五百双牛角回到人间，五百双牛角变成了五百头耕牛，帮助穷苦人们耕田犁地，使大家过上了好日子。后来，寨子里有户有钱人家的女儿和儿子也效仿着团娜去寻找神牛和天堂牧场，但都没找到，之后再也没人去过天堂牧场。亚相恩讲述，岩林、方峰群、刘辉豪采录。收入《中国民间故事集成·云南卷》下，16开，7页，5400字，中国ISBN中心2003年版。

（龙江莉）

象牙塔奇缘

傣族幻想故事。流传于云南省潞西市傣族地区。讲述的是：穷苦青年宰西靠卖七弦琴为生，他能弹奏一手动听的琴曲。在一个热闹的朝佛日子里，宰西在象牙塔下邂逅了曼勐撒国美丽善良的朗香公主，两人一见钟情，宰西将自己心爱的七弦琴送给了公主。公主回到王宫后日夜思念心上人，但专横的首领毫不顾忌女儿的感受，硬要将她嫁给荒淫无耻的军事大臣召贺舍。在公主十七岁生日的宴席上，宰西假扮民间艺人混入王宫表演节目，与公主相见。公主见到宰西悲喜交加，坐在旁边的召贺舍看出了内情，立即将宰西拿下，轰出京城。宰西出了京城后，找到结拜兄弟岩团，邀他去拜师学艺，以夺回公主。两人跋山涉水走了三个月，在一处森林里找到了一位武艺高强的老猎人学艺。一段时间之后，他们学成下山，来到京城，正值召贺舍与朗香公主订婚之日，宰西和岩团扮成跳孔雀舞的人接近公主和召贺舍，并伺机杀死了欲加害公主的召贺舍。首领和王后后悔差点把女儿推进了火坑，便欣然应允了公主和宰西的婚事。宰西夫妇离开王宫，去他们眷恋的森林里过上了快乐的隐居生活。帕戛相恩讲述，多一子采录。收入《中国民间故事集成·云南卷》下，16开，7页，6500字，中国ISBN中心2003年版。

（龙江莉）

蛇吞美女

傣族幻想故事。流传于云南省德宏傣族景颇族自治州傣族地区。讲述的是：一个寡妇有两个女儿。寡妇上山采野果，看见橄榄树上结满了橄榄，她垂涎欲滴，就脱口而出："谁摘下橄榄给我，我就将一个女儿许配给他。"此话被一条大蟒蛇听到后，蟒蛇就爬上橄榄树，摇下很多橄榄。寡妇看见，心里害怕，就急忙往家跑，待她跑到家，大蟒蛇也和她同时进门。寡妇自己许下的愿，只好把两个女儿叫出来，问谁愿意嫁给蟒蛇。大女儿不愿意，只好推给小女儿去嫁。后来蟒蛇变成英俊王子，夫妻俩相亲相爱，日子过得十分美满。大姐很嫉妒小妹，后悔没有嫁给蟒蛇。有一天，大姐上山看见大蟒蛇就跟着蟒蛇却被蟒蛇吞吃了。佚名讲述，曼相吞搜集、整理。16开，3页，约600字，稿存德宏傣族景颇族自治州民语委。

（金小所）

惨遭恶报的首领

傣族幻想故事。流传于云南省德宏傣族景颇族自治州傣族地区。讲述的是：勐萨洼体的首领做了一个梦，梦见他的王宫上下一片光亮、金光四射犹如白天一般，便召来占卜师卜卦，推算到那是一位阿銮下凡转世投胎到一对穷夫妇家里时发出的亮光，而且福禄比首领的还大，长大后会来抢夺首领的疆土。首领听后很生气，让占卜师作法将他们处死。但是这一户人家有佛光护体，会全身发出热光令人难以接近，占卜师反而被热光吞没了。首领听后带兵赶来抓捕，他的士兵畏惧不前，首领决定自己去抓，不小心摔死了。全城百姓见后，急忙跪拜在穷夫妇面前，拥立穷夫妇的儿子为勐萨洼体的首领。莫算讲述，刀干相搜集。16开，4页，约800字，稿存德宏傣族景颇族自治州民语委。

（杨荣芳）

瞎子两兄弟

傣族幻想故事。流传于云南省德宏傣族景颇族自治州傣族地区。讲述的是：沙妥首领麻哈里占连生两子都是盲人，请遍全国名医都未能医好。他担心无人来继承王位，就叫卜卦师以看卦的名义说，国内不能养这两位失明者，否则全国会出现大灾难，王宫上下也会灾难临头。为此首领命备下充足的食物，把两子放到船里，顺江漂下。不知漂了几天，当兄弟俩正在吃饭时，突然有一恶魔来抢饭吃，被两弟兄一人抓住恶魔的一只手，恶魔不能挣脱只得求饶。两兄弟说："把我们眼睛医好才放你。"恶魔用手抹四只瞎眼后，他们的眼睛马上明亮起来。两兄弟继续往下漂，到了邻国地界，他俩把船停在岸边，见一小姑娘正在打水，便前去问话，姑娘把兄弟俩带到雅锡（苦行僧）那里，在雅锡主持下，姑娘和老大成亲。过了一年，他俩生下一个三眼男孩，取名"旦达蚌"。弟弟则做了勐板的首领。佚名讲述，方克基搜集、整理，龚肃政译。载于《傣族民间故事》第二辑，傣文版，32开，9页，约3600字，云南民族出版社1983年版。

（俊孟）

散蒙沙、散蒙细两兄弟

傣族幻想故事。流传于云南省德宏傣族景颇族自治州傣族地区。讲述的是：勐沙统的一穷夫妇有两个儿子,一个叫"散蒙沙",一个叫"散蒙细",他们六岁时,父母双亡。兄弟俩天天守着父母的遗体悲伤痛哭。一位白须长老来到他们面前,告诉他们在远处天尽头的一座山脚下的一棵天柱旁,生长着一种长生不老花,如拿到那种花,心里所有的愿望都可实现,只是这一路上艰险重重,不易到达。说完白须长老突然一闪不见了踪影,兄弟俩急忙跪拜向各路神灵祈求帮助。山神、树神、哈佐神来到他们身边,给他们送来了身具神性的大象。然而一路上处处充满了妖气,恶兽出没,兄弟俩十分害怕。大象告诉他们说:"你们的意志要像岩石一样坚固,才能成为人人尊敬的福禄之人。"于是兄弟俩在大象的带领下找到了所谓的不老花。弄磨村老佛爷讲述,刀干相搜集。16开,7页,约1400字,稿存德宏傣族景颇族自治州民语委。

(杨荣芳)

神鹿

傣族幻想故事。流传于云南省西双版纳傣族自治州。讲述的是:一个叫岩温的采药人掉进河里后被神鹿救起。王后听了神鹿的故事,装病让首领命令人们捕捉神鹿来医治。岩温忙向首领报告神鹿的行踪,并领着首领的队伍到森林里搜捕神鹿,可他们连神鹿的影子都没见到。首领认为岩温骗他的钱财,欲将岩温处死。岩温心想:"死在首领刀下,还不如自己跳进水里死个痛快。"他正这样想着,不小心掉进河里,却又想活命,便大声呼叫"救命"。神鹿听到呼救,再次从河里救起了岩温。岩温醒来,又大声叫人来抓神鹿。猎人们射向神鹿的箭,都被鹿身上的光环所烧毁,他们手中的猎枪、弓弩也随之炸坏。岩温吓得从悬崖上掉进河里淹死了。神鹿对首领和猎人教诲了一番后走进了森林。佚名讲述,玉李搜集翻译。收入《西双版纳傣族民间故事集成》,32开,4页,2000余字,云南人民出版社1993年版。

(李传宁)

神奇的牛角号

傣族幻想故事。流传于云南省西双版纳傣族自治州。讲述的是:勐哈帝纳管有个叫岩宰多的孤儿,他在山上开了一块地准备种稻谷,谁知第二天林地又恢复了原样。天神可怜他,就给了他一根长发做扣子。他用长发做扣子捕到了一个小鬼,小鬼为了活命,送给他一个神奇的牛角号。岩宰多试着吹了一下,只见身旁的树林倒了一大片,再吹一次,山地上已种满稻谷。岩宰多用牛角号帮助了不少穷人,后来,勐哈帝纳管的首领死了,大臣和百姓拥举岩宰多做了勐哈帝纳管的首领。岩塔讲述,陆云东翻译。16开,5页,1326字,稿存西双版纳傣族自治州民族研究所。

(刀金平)

神奇的宝石

傣族幻想故事。流传于云南省西双版纳傣族自治州。讲述的是:一个与母亲相依为命的小伙子,去河边割草时得到了一颗宝石。可是,母子俩有宝石的消息传到了首领的耳中,并派人来强要。小伙子为了保护宝石,把含在嘴里的宝石吞进了肚里。后来,他变成了一条龙。当晚,龙把残暴的首领及宫殿陷进了地里。岩香巴讲述,陆云东翻译整理。16开,7页,816字,稿存西双版纳傣族自治州民族研究所。

(刀金平)

酸鱼罐

傣族幻想故事。流传于云南省沧源佤族自治县傣族地区。讲述的是:松山那告国的一个寨子里有个孤儿,天神见他可怜就变成一个生意人,送给他一笼鱼。孤儿不愿独自享用,便把鱼腌成一罐酸鱼等生意人朋友回来一起分享。可那人一去不返,孤儿只好托一位船长把酸鱼拿去异国卖,打算将卖到的钱留着等生意人朋友回来分给他。船长到达的是一个以渔业为主的国家,因此没人来买酸鱼,临返航时,船长想到该国的首领是个热情好客的人，便把酸鱼送给了首领。首领将酸鱼罐打开，顿时香气四溢，闻过的人都纷纷变年轻了，首领和王后又回到了十七八岁的样子。为感谢孤儿的馈赠，首领将本国的稀世珍宝装进酸鱼罐，请船长带回去给孤儿。孤儿见酸鱼没卖出去，就提着鱼罐回家放在屋角，等那个朋友回来。过了不久，孤儿听说船长要出海，又托他去卖酸鱼。这次，船长又将酸鱼送给了首领。这个国家的首领打开鱼罐，发现了珍宝，十分高兴，便命国师作法将女儿、男女侍从各一千人，还有无数金银粮食压缩后装进一支象牙里回赠给孤儿。孤儿得到美丽的公主和无数财富，惹红了头人和首领的眼睛，他们想霸占孤儿的所有，但在公主的父王和乡邻们的帮助下，孤儿夫妇战胜了恶人，杀死了首领。全国百姓推选善良的孤儿和公主做松山那告国的首领和王后，人们也过上了安居乐业的生活。贺荣生讲述，汪宝兴采录。收入《中国民间故事集成·云南卷》下，16开，7页，5800字，中国ISBN中心2003年版。

（龙江莉）

算卦先生信狗话

傣族幻想故事。流传于云南省潞西市傣族地区。讲述的是：两个算卦先生拣到一只狗养了起来，一天，狗对主人说自己知道哪里有银子，要领他们去找，但两个算卦先生正忙着没能去。不久，狗就叼回了银项圈、银手镯，两人大喜，拿着这些东西去换钱，不巧一个妇人认出了那是自己丢的东西，于是告到首领那里，两个算卦先生被投进大牢。两人刑满出来后，狗又来找他们，这次狗分别告诉他俩什么地方藏了金子，两人不思悔改，再次听信了狗的话。他们来到藏金的地方却不见金子，便互相怀疑是对方先拿走了金子，不一会儿就吵了起来，最后只好去请首领评理。首领听后大笑，嘲笑两个算卦先生居然听信一只狗的话，两人才知自己被狗骗了。罕孟讲述，水滴采录。收入《中国民间故事集成·云南卷》下，16开，1页，570字，中国ISBN中心2003年版。

（龙江莉）

天神宝剑

傣族幻想故事。流传于云南省德宏傣族景颇族自治州。讲述的是：原始的大火灾过后，帝释（佛教护法神之一）留下两把神剑，一把被龙王偷去，一把留在达嘎索国君处。此剑无任何人能把它拔出鞘。达嘎索首领有一王后一王妃，王后生有一子名"宇舵"，妃也同天生一子名"安舵"。两弟兄稍长大，首领就请老师教他俩念书学本领。宇舵为人正直，安舵依仗势力作恶多端。安舵在河边道路上搭沉桥，专看女人裸露大腿过沉桥，见到好看的姑娘就拉去奸污，群众敢怒不敢言。一天首领要将宇舵定为太子，王妃认为安舵比宇舵有本领，应立安舵为太子。首领说："只有看两哥弟拔神剑，谁能把剑拔出鞘，谁为继承王位者。"在比试中，宇舵不费劲地把剑拔出，但王妃说还不行。首领说让他俩到魔国去拿金芒果给首领、王后、王妃，安舵一个也没捡到，宇舵则拿到了芒果。当他俩来到大河边时，因口渴，宇舵把果子放到岸上去喝水时被安舵推下江河里去，安舵就拿着芒果喜滋滋地回家。宇舵落水后，被公主救到龙宫，龙王问了情况，宇舵把经过告知后，龙王拿出保存有数百年的善拉神剑给宇舵试拉，结果被拉出。龙王就把剑赏赐给宇舵，同时也把公主许配给宇舵，举行完婚礼后宇舵回国。当他进入王宫，正碰上王宫里准备将国玺交给安舵，让他继王位。宇舵突然出现，于是首领下令停止交接国玺。宇舵拿出神剑，首领发现此剑与帝释留下的神剑一模一样，就让宇舵继承了王位。佚名讲述，罕霞搜集、整理。收入《傣族民间故事》第二辑，龚肃政译。傣文版，32开，9页，约3600字，云南民族出版社1983年版。

（俊孟）

太阳公主

傣族幻想故事。流传于云南省德宏傣族景颇族自

治州傣族地区。讲述的是：有两兄妹，哥哥叫泽依，妹妹叫卢夷。哥哥看中了太阳公主，决心去寻找太阳公主。妹妹知道哥的心事，便告诉了父母。父母同意泽依去寻找心上人。于是，泽依告别了父母和妹妹，踏上漫长的艰辛旅程。一天，他来到海边，遇见一只大乌龟。在乌龟的帮助指点下，泽依在海上漂渡了三年，终于来到了太阳公主居住的地方，见到了他爱恋的太阳公主。太阳公主告诉他，她已结婚，雷神是她的丈夫，她不喜欢他，他武力强娶了她，并说她的叔父是龙神，不会让她与凡间人成婚。泽依要与雷神、龙神比武。太阳公主便给了他一把刀。雷神、龙神闻讯赶来，气势汹汹，挥舞着闪光的板斧、大刀，顿时飞沙走石，天昏地暗，泽依也毫不示弱，挥起太阳公主拿给他的大刀，与雷神、龙神搏斗，经过几个回合，泽依战胜了雷神和龙神。泽依得到太阳公主为妻，雷神怒不可遏。因此，每当太阳升起露出笑脸时，雷神便手抡斧劈去，劈出许多裂痕。阳光透过裂痕，照射大地，成为万道霞光。佚名讲述，陈彦田、薛进官、陈友政搜集整理。收入《傣族民间故事选》，32开，3页，2100字，上海文艺出版社1985年版。

（阿南）

贪心

傣族幻想故事。流传于云南省西双版纳傣族自治州。讲述的是：有一个给勐王割马草的孤儿，一天他去湖边割草，惊动了湖里住着的一条龙。龙王见他可怜，就送了一颗宝石给他，使他有了房子、仆人、百姓，又做了一勐之主。可他贪婪的心不满足，他又穿上破烂的衣裳，拿了宝珠去骗取龙王所谓的"龙首珠"。龙王见他贪婪无比，收回了宝珠，使他又变成了一无所有的穷人。岩丙讲述，岩庄香翻译整理。16开，5页，679字，稿存西双版纳傣族自治州民族研究所。

（玉腊）

贪心婆

傣族幻想故事。流传于云南省德宏傣族景颇族自治州傣族地区。讲述的是：勐沙统有一对穷夫妻，靠卖柴为生。一天，丈夫上山砍柴，来到一棵枝干挺直的大树前。准备砍树时，那棵树就说起话来："老爷爷您别砍我，您想要什么，我都给您。"那丈夫说他想变成全勐最富有的人。会说话的树让那丈夫先回家，它会给予一切的。等那丈夫回到家一看，家里全是金银财宝。一段时间后，夫妇俩不满足现有的生活还妄想做大官。树神发现他们的野心之后，便把他们俩变成野猫让他们永远生活在深山野林里，不得超生。金罕讲述，刀干相搜集。16开，4页，528字，稿存德宏傣族景颇族自治州民语委。

（喊凤）

贪婪的老夫妇

傣族幻想故事。流传于云南省德宏傣族景颇族自治州傣族地区。讲述的是：从前有一对老夫妇，一天，老头子上山砍柴，看见一棵古老的大树，他抬起斧头想砍，古树说："樵夫，你不要砍我，你要什么我都会满足你的。"老樵夫说："你让我成为一个有钱的人吧！"古树说："你回去吧，你要什么就会有什么了。"樵夫回家看见房子变成崭新的房子，金银堆满了箱子，粮食堆满仓。老太婆问樵夫这些财富从哪来，樵夫把经过告诉了妻子。妻子有了钱财并不满足，还想做官夫人，要樵夫去祈祷古树让他们做官员和官夫人。古树满足了他们的要求，但老百姓不同意他们当官。贪婪的老夫妇俩拿起斧头想砍树，古树就让樵夫夫妇变成了一对野猪。佚名讲述，曼相吞搜集、整理。朱光灿翻译。刊于《傣族民间故事》第六辑，傣文版，32开，6页，约1500字，云南民族出版社1992年版。

（朱光灿）

贪婪的老头死于白银堆

傣族幻想故事。流传于云南省德宏傣族景颇族自

治州傣族地区。讲述的是：贪婪的老头子，在猎人网上捕到了一只白鼠，想回家杀了吃，白鼠说："请你不要杀我，你要什么我都可以给你。"贪婪的老头说："你就把我动过的东西都让它变成白银，我就放了你。"老头子用手扶着捕猎网，猎网立即变成银门，发出动听的音乐声；他拿起水瓢打水喝，瓢也变成银瓢，水也变成银水；他上楼梯，楼梯变成银梯；跑到屋里屋外，看见什么就摸什么，只要是他摸过的都变成银的。他累了想吃饭，拿起碗筷，碗筷立刻变成银的，饭也变成了银。后来，他没有饭吃，慢慢地饿死了。佚名讲述，曼相吞搜集、整理。朱光灿翻译。刊于《傣族民间故事》第六辑，傣文版，32 开，3 页，约 750 字，云南民族出版社 1992 年版。

（朱光灿）

贪心的哥哥

傣族幻想故事。流传于云南省德宏傣族景颇族自治州潞西市傣族地区。讲述的是：有弟兄俩，哥哥成家后就嫌弃弟弟。一天，正当弟弟伤心地坐在树下时，有只大鹰便来载着他去一个石洞里拿金银财宝，但弟弟只拿了一个金子做的牛和一架银子做的犁。回到家后，牛和犁都变成了真的，此后，弟弟开荒种田，辛勤劳作，慢慢富裕起来，还找了媳妇。哥哥听说后也学着弟弟从前的样子让大鹰来载他去山洞拿金银财宝，本来大鹰已交代清楚，太阳出山前必须返回，但贪心的哥哥脱下衣裤来装。眼看太阳要出山了，大鹰飞走了，贪心的哥哥也被太阳烤焦了。佚名讲述，线永明记录。16 开，5 页，1650 字，稿存德宏傣族景颇族自治州文联《勇罕》编辑部。

（冯霄）

贪婪的人

傣族幻想故事。流传于云南省德宏傣族景颇族自治州傣族地区。讲述的是：父母双亡后，艾绵、二孟两兄弟相依为命，日子虽苦，但艾绵总是给弟弟吃好、穿暖，一直到他们各自成家立业之时，也都把最肥沃的田地分给弟弟，把房子让给弟弟和弟媳居住。艾绵夫妇俩辛勤劳作，庄稼得了好收成，除了拿去集市上卖之外，还分发给穷人，而二孟夫妇俩却终日游手好闲，吃光、卖光了所有的家当，艾绵又把自己的田地分一半给二孟。那年干旱，庄稼都枯死了，艾绵只得上山砍柴找野菜、野果充饥。当他在一棵大榕树下休息时，想到所过来的辛酸日子，便放声大哭，大榕树很同情他，便张开满是金子的大嘴，让艾绵挖一些回家。艾绵把金子分发给村里村外的穷人，二孟知道后，也学着艾绵，用辣椒揉揉眼睛，假装到大榕树跟前哭诉。大榕树也张开大嘴让他挖金子，但是二孟由于贪婪之心作祟，一直挖到大榕树的咽喉，大榕树痛得赶紧闭上嘴。二孟遭到了惩罚，只剩血肉模糊的下半身露在榕树外。佚名讲述，三帕搜录、整理。收入《傣族民间故事》第四辑，傣文版，32 开，8 页，约 3200 字，云南民族出版社 1986 年版。

（杨荣芳）

贪婪的酿酒人

傣族幻想故事。流传于云南省西双版纳傣族自治州。讲述的是：勐巴拉纳西有一个开了个小饭馆的酿酒师，因施舍了一位乞讨的老人，老人就给了他一小杯酒，说只要把酒倒入他的水井，就可避免酿酒的麻烦。酿酒师照老人的说法做了，果然，井水变成了酒。一个月后，老人又来了，酿酒人对老人说若井里能产酒糟就好了，还可喂猪。老人听后摇摇头就走了。从此，酒井又恢复了原样，再也不出酒了。康郎庄讲述，岩旺记录。16 开，5 页，1082 字，稿存西双版纳傣族自治州民族研究所。

（刀金平）

蜕皮草

傣族幻想故事。流传于云南省西双版纳傣族自治州。讲述的是：勐罗哈生有一种野草名叫亚补萝，人吃后躺三十个昼夜，就能返老还童，长生不老。一个四十多岁的壮汉吃下亚补萝后，便躲到家中的大箱子里蜕皮。他忘记告诉家人，他的妻子和勐罗哈人找不到他的踪影，等了半个月后，他妻子失望地准备收拾衣物，打算搬回娘家住。当她掀开箱盖时，突然看见丈夫的老皮正好蜕到腰上，一副可怕的模样吓坏了妻子。还没蜕完皮的男人，被光一照，立即失去了再往下蜕皮的能力。他艰难地爬出箱子，追打着妻子冲出家门。勐罗哈人看见他那副模样，吓得再也不敢吃亚补萝来蜕皮。那个未蜕尽皮的男人一见亚补萝就连根拔出剁碎，撒向天空。蟒蛇吃了飘落下来的粉末，蜕皮后变得更粗大、更有活力。蟒蛇把亚补萝藏起来后，亚补萝变得稀少；人们再也找不到亚补萝，再也不会蜕皮，只有珍藏着亚补萝的蟒蛇每年要蜕一层皮。康朗庄讲述，杨胜能搜集、整理。收入《西双版纳傣族民间故事集成》，32开，3页，1500余字，云南人民出版社1993年版。

（李传宁）

偷米反得金子

傣族幻想故事。流传于云南省德宏傣族景颇族自治州傣族地区。讲述的是：心地善良的一对穷夫妻，从来不做伤天害理的事。可是有一年，夫妻俩的生活倍加困难，于是商量天黑后去偷点水碓里舂的米。起初丈夫不愿做这等缺德的事，后来实在拗不过妻子，才勉强同意了。到了舂米的地方，他还是不忍心下手，就又背着空箩回来。路上坐在沙滩上休息，他灵机一动，想：何不装一箩沙子去让妻子空欢喜一下呢？于是就装了一箩沙子回家，妻子看见他满头大汗，连忙帮他把箩卸下，准备取米生火，夫妻俩顿时惊呆了：背箩里全是金子！夫妻俩从此就辛勤劳动，接济穷人，过上了幸福、美满的生活。谢定荣讲述，王晋平整理，赵洪顺翻译。收入《德宏傣族民间故事》，32开，1页，550字，德宏民族出版社1993年版。

（喊凤）

驼背老人

傣族幻想故事。流传于云南省德宏傣族景颇族自治州傣族地区。讲述的是：一驼背老人，以种植番木瓜度日，连续的旱灾，大多数番木瓜树枯死，唯一未死的一棵结有硕大的果子。老汉把果子破开，从中蹦出一小孩，抱回家抚养，取名"岩叵"。小孩长大，决定寻药医治阿爸的驼背，途遇河边一洗衣服的姑娘，姑娘分别指出东边、南边和西边的灵药：红花、一粒药和仙桃。岩叵不畏艰险，如愿得之。但在返途时，善良的他用这三种药治好了被压在大树下的一位老人、被牛踩伤的放牛娃和跌伤的一位老奶奶，到家时已两手空空。他想：除阿爸责备外，医治阿爸驼背的希望也破灭了。让他意外的是：他舍己救人、乐意助人的行为得到阿爸的赞赏。不久的一天，一只孔雀飞落他家，舞姿翩翩后，变成一位美貌的姑娘，还把葫芦里的药水倒出医治驼背老人。原来这姑娘正是给岩叵指点寻药的仙姑。最后老人病除，岩叵与姑娘喜结良缘。佚名讲述，三帕搜集、整理。收入《傣族民间故事》第三辑，傣文版，32开，6页，约1500字，云南民族出版社1984年版。

（快永胜）

王子、公主与白马

傣族幻想故事。流传于云南省耿马傣族佤族自治县傣族地区。讲述的是：勐巴拉纳西国富饶强大，但首领膝下无子，人们纷纷向天神祈祷。一个名叫南底细的王妃善良可亲，她的祷告感动了天神，天神托梦让她吃下老鹰叼来的麻果就能得子。南底细吃下麻果后将吃剩的核随手丢下竹楼，恰被楼下的母马吃了。不久，南底细怀孕生下一子取名数到桃努，母马也生下一匹小白马。过了十多年，王子长大成人，首领年老去世，正当大臣们准备让王子继位时，白马却驮着王子飞走了。他们来到一个叫细拉的国家，这里的首领有一个漂亮的女儿，很多首领的儿子都来求婚，但公主迟迟不决。数到桃努王子在白马的帮助下见到了公主，与公主一见钟情，定下终身。首领知道公主选择了强大的勐巴拉纳西国的王子后非常高兴，同意了两人的婚事。婚后三个月，王子很思念自己的国家和母亲，就带着妻子骑上白马回家乡。路上，公主生了病，他们就在一个山洞里休息，一个妖怪来抓走了白马，王子夫妇只好搭船回家。不巧海上起了风浪，将船吹翻，王子和公主便失散了。公主被一个国家的首领所救，王子则遇到了抓走白马的妖怪的妹妹。后来，妖怪的妹妹帮助王子救出了白马，王子骑上白马找到日思夜想的公主，两人回到家乡，王子继承了王位，与公主一起治理国家。艾静讲述，杨育贤采录。收入《中国民间故事集成·云南卷》下，16 开，4 页，3700 字，中国 ISBN 中心 2003 年版。

（龙江莉）

五百只红猴

傣族幻想故事。流传于云南省德宏傣族景颇族自治州傣族地区。讲述的是：为生计操劳的夫妇俩，到山间开垦了一片地种植庄稼，每到成熟季节都被森林中的五百只猴群践踏得不成样子。为了收拾一下这些猴群，丈夫去守地时，故意用比较臭的豆豉抹其全身假睡，猴群进园中发现，就欢欢喜喜抬着"死尸"翻山越岭至猴王处，准备好好享用一番。当备齐金银碗筷，欲斩杀时，此人一跃而起并逮住猴王，众猴吓得又惊又怕，赶忙为猴王求饶。放了猴王后，此人获得很多金银碗筷，满载而归。村中一人闻听此方法后仿效，众多猴群也欲抬回猴王处美餐，当抬至悬崖处，此君半睁眼睛见其险境说道："好好抬啊，此处危险。"众猴吓得赶紧放手逃命。结果，此君命丧悬崖，魂留山谷。孟甘讲述，快永胜搜集、整理、翻译。16 开，9 页，约 1840 字，稿存德宏傣族景颇族自治州民语委。

（快永胜）

五友争妻

傣族幻想故事。流传于云南省西双版纳傣族自治州。讲述的是：勐巴拉纳西城五个要好的朋友去勐达嘎西腊分别学习了占卜、射箭、潜水、裁缝、咒语技能，学艺归来经过海边时，各施所学，射落了一只叼着姑娘的凤凰，并设法救活了姑娘。五个朋友看到姑娘美貌无比，个个争着要娶她为妻。争执不下，他们就去找召勐（首领）评理。召勐听了他们各自的陈述，就把姑娘判给潜水救人的人为妻，学占卜的做父亲，学射箭的做哥哥，使姑娘复活的那位做姑娘的医生，给姑娘穿衣的那位做姑娘的养父。岩塔讲述，陆云东翻译。16 开，4 页，1138 字，稿存西双版纳傣族自治州民族研究所。

（刀金平）

乌龟人

傣族幻想故事。流传于云南省玉溪市新平彝族傣族自治县傣族聚居区。讲述的是：有个傣族卜少天天在打情树下刺绣，一天从树上掉下一颗珠子，卜少好奇咬了，不小心吞进肚子后莫名怀孕了。卜少生下一个神奇的像乌龟般的儿子，母亲需要的东西龟儿子都能满足。龟儿子长大后要娶富人的女儿，富人百般阻挠要求从男方家门口铺绸缎到女方家，龟儿子立马砍了芭蕉叶铺好，吹了口气芭蕉叶全变为绸缎，最终迎娶富人女儿。龟妻不满意龟丈夫，龟丈夫偷偷变为美少男与妻子放歌骑马，龟妻得知后把丈夫的龟壳烧了，龟丈夫成了真正的人，从此与龟丈夫甜蜜的生活。收入《花腰傣民间故事集》，16 开，2 页，云南民族出版社 2016 年版。

（刀庆喜）

温帮与玛尾

傣族幻想故事。流传于云南省西双版纳傣族自治州。讲述的是：温帮年幼丧母，父亲受继母唆使，几次把温帮弃于森林，都被小狗玛尾救回。继母将温帮哄骗到山上活埋，也被小狗玛尾刨土救出。后来温帮被妖王收养，并教温帮各种神功法术。

温帮长大后，带着妖王赠送的宝剑和神弓回到勐巴拉纳西，并从魔掌中救出小公主。在公主恳求下，温帮割下身披的花毯子的一角交给公主。首领见女儿获救，发布命令全国的青年都身披毯子进宫对证。当温帮拿着花毯子与公主手中的毯子边角完全吻合后，首领宣布招温帮为驸马。温帮请求首领为小狗玛尾单独盖了一座宫殿，并把自己的身世和遭遇绘成图卷，挂在宫殿的墙上，以警示后人积德从善。温帮的父亲和继母来参加首领为女婿举行的赕佛活动时，发现首领的女婿就是自己的儿子，继母羞愧溜走，却掉进地缝中死了。咪涛香勐讲述，岩温扁搜集、整理。收入《西双版纳傣族民间故事集成》，32开，8页，5000余字，云南人民出版社1993年版。

（李传宁）

挖到金子的小伙子

傣族幻想故事。流传于云南省德宏傣族景颇族自治州傣族地区。讲述的是：勐巴拉西城外住着一对穷夫妇，六十岁了才生得一子，取名为"艾"。艾长到八九岁时，父母双双去世，丢下艾孤零零一人。艾安葬父母后，努力开荒种地。一天，当他砍到一片杂草丛时，挖到七个有瓮那么大的缸，里面装满了金灿灿的金子。艾把大缸全部挑回家，把金子分给人们，不论穷人还是富人都得到了金子。艾的善行感动了天神，后来他变成了勐巴拉西里最富有且最有威望的富翁。玛罕讲述，刀干相搜集。16开，2页，约400字，稿存德宏傣族景颇族自治州民语委。

（杨荣芳）

翁帕罕

傣族幻想故事。流传于云南省景谷傣族彝族自治县钟山、勐班、永平等地。讲述的是：在勐朗巴答坝有个首领叫召窝罕，他的王后娜所塔麻不会生孩子，他就娶了六个小老婆，每个都生了个儿子。但这些儿子到了六岁就开始病卧不起。后来王后生了个儿子。小老婆们怕失宠，也怕王后的儿子继承王位，就把王后生的儿子从楼板缝里丢下去，又找了一只小狗来塞在王后的筒裙下。王后被撵出王宫，到花园里居住。王后的儿子被天神英叭接到天上，并给他取名叫哈的亚。哈的亚长大后在英叭的帮助下找到王后。他用自己的本领打死吃人的妖怪，并找到被妖怪抢走了20多年的祖母。经过多番曲折，首领终于知道了王后被诬陷的事，就恢复了王后的地位。首领死后，哈的亚继承了王位。佚名讲述，是非翻译、记录整理并作文字校正。收入《云南民间文学集成·景谷民间故事》（一），32开，12页，8000字，景谷傣族彝族自治县民间文学集成领导小组编辑室1989年编印。

（郭玉萍）

小木匠

傣族幻想故事。流传于云南省西双版纳傣族自治州。讲述的是：一个残暴的首领把自己的女儿囚禁在十二层的高楼上，一个精通各种木活手艺的小木匠同情并爱上了公主。小木匠做了一个云烘（木制的飞鸟），每天乘着云烘飞去与公主相会。首领发现公主有了身孕，便拷问公主谁是孩子的父亲，并用朱色的"兰贺"（香水）悄悄涂在公主的身上。首领派人根据"兰贺"的香气搜查到小木匠，欲将小木匠扔进龙林处死。小木匠请求卫士让他向父母告别，小木匠告诉卫士说他做了一个云烘，可以飞到天上。卫士们想看个究竟，只好让小木匠爬上大树。小木匠爬上树后，乘着云烘，救出公主，又飞回自家与父母告别后，飞向了天际。刘伯华讲述，游冬梅搜集、整理。收入《西双版纳傣族民间故事集成》，32开，8页，5000余字，云南人民出版社1993年版。

（李传宁）

小鸡星

傣族幻想故事。流传于云南省孟连傣族拉祜族佤族自治县。讲述的是：很久以前，有个偏僻的独家村，住着年过半百的一对夫妇。一天晚上来了个化缘的和尚求住一晚，和尚许愿要替他俩对佛祖祈祷，让他俩明年生个孩子，晚年有个依靠。夫妻俩十分高兴，就想方设法去找吃的赊给和尚。经里外寻找，只有楼下的母鸡和它怀里的六个小鸡可食。母鸡知道自己要与儿女生死离别，就悲痛地嘱咐小鸡们要如何躲避乌鸦、老鹰、黄鼠狼、野猫等的袭击。第二天一早老妈妈把鸡煮熟献给化缘的和尚。和尚走后，老妈妈上楼把母鸡的羽毛投进火塘，老头子打开鸡窝放出小鸡，六只小鸡嗅到母鸡的气息，啼叫着直奔楼上，一个接一个跳进火塘。只见七团火星冲破屋顶飞上天去，变成七颗星星，永远相依为命。夫妻俩为了赊佛，鸡种也灭了。一年年过去，他俩仍孤苦相守，连个报晓的鸡都没有。康朗香贡、莫菲采集，康朗香贡翻译，莫菲记录。收入《孟连傣族拉祜族佤族自治县民间文学集成·傣族卷》（一），32开，4页，3000字，孟连傣族拉祜族佤族自治县文化局、民族事务委员会1987年编印。

（郭玉萍）

西里娥乍

傣族幻想故事。流传于云南省景谷傣族彝族自治县。讲述的是：富翁果立亚的独子岩奥娶了富翁南迪的独生女西里娥乍。不久，两对富翁夫妇先后去世，小两口得到双方父母数也数不清的遗产。两口子过度挥霍，最后只得去讨饭。岩奥贪图别人的黄金，西里娥乍劝说反被岩奥赶出家门。西里娥乍离家后就祈祷天神，并用头上的包头抛向天空，发誓包头挂在哪家的屋梁头上她就做哪家的人，最终她与一个孤苦的小伙子结了婚。后来，小伙子拾到金子，他家富起来后便慷慨帮助穷乡亲们。首领举办赛马会，赛马时由于小伙子对首领既尊重又忠诚，首领封小伙子为总管大臣。首领死后，一万六千个头人便推选小伙子当了首领，西里娥乍当了王后。西里娥乍还救济沦为乞丐的前夫岩奥，并让他改过自新，靠劳动过上了好日子。岩永平讲述，杨明熙整理。收入《云南民间文学集成·景谷民间故事》（一），32开，6页，4000字，景谷傣族彝族自治县民间文学集成领导小组编辑室1989年编印。

（郭玉萍）

西双朗

傣族幻想故事。流传于云南省孟连傣族拉祜族佤族自治县。讲述的是：勐巴拉纳西的首领叫萨戛腊，拥有十二个夫人。在一片森林里有个妖魔的国度叫昔打列别，由一个叫维萨丽的女魔统辖。女魔王听说首领有十二个美丽的夫人就让女儿管理妖魔国，自己来到王宫用妖术迷住了首领。一天，她装病，告诉首领要用十二个夫人的眼睛才能治好，首领被迷惑就答应了。维萨丽得到十二个夫人的眼睛后化作一阵风回到妖魔国，把眼睛交给了女儿用仙水泡好留起来，十二个夫人没了眼睛，首领把她们送到一个秘密的山洞关起来。王后在山洞中生下一个儿子，取名叫"木腊贡哈"。孩子懂事后，夫人们把自己的遭遇讲给他听。木腊贡哈长到十六岁后的一天，他随别人进入王宫，与首领相认。维萨丽设计害他。他对首领说想念母亲，让首领派木腊贡哈代她去看望一下父母，其用意是让女儿将他杀死。结果，木腊贡哈骑着神马到了妖魔国，和妖怪的女儿结了婚。在那里，他找到了十二个妈妈的眼睛，还得到了系着魔王维萨丽灵魂的大弓。他返回山洞，让十二个妈妈重新有了眼睛，又进宫拉开大弓，使妖魔王维萨丽现了原形后死了。首领终于清醒，迎回了十二个夫人，并把王位让给了木腊贡哈。康朗香贡、莫菲采集，康朗香贡翻译，莫菲记录。收入《孟连傣族拉祜族佤族自治县民间文学集成·傣族卷》（一），32开，25页，18000字，孟连傣族拉祜族佤族自治县文化局、民族事务委员会1987年编印。

（郭玉萍）

象牙公主

傣族幻想故事。流传于云南省金平苗族瑶族傣族自治县勐拉坝。讲述的是：孤身一人的苏团塔从小在头人家做活。有一天他看守谷子时，一只独牙象把自己的牙齿送给了苏团塔。后来，苏团塔做活回家，桌上就会摆满饭菜，一连几天都是这样。有一天他提前收工回家，看到一个漂亮的姑娘在为他做饭。原来她就是象牙变的象牙国的公主，名叫舒发妲。他俩就做了夫妻。这事让首领知道了，首领想得到舒发妲，就命苏团塔与他斗牛、斗鸡、斗象、比拳。舒发妲用象牙变出了豹子牛、五色鸡、小象、拳师战胜了首领。最后，首领欲害苏团塔反而害死了自己的儿子，气怒之下带兵马去问罪。舒发妲又从象牙里召回几万兵马，战胜首领。首领被处决，人民推举苏团塔做了新首领，舒发妲做了王后。宛乘搜集。收入《云南民间文学集成·金平故事卷》，32开，5页，4500字，云南省金平苗族瑶族傣族自治县文联1988年编印。

(郭玉萍)

象牙姑娘（一）

傣族幻想故事。流传于云南省德宏傣族景颇族自治州傣族地区。讲述的是：勐嘎朗嘎列有一穷小伙子，父母双亡后靠吃野果度日，因为父母在世时教导他不要宰杀动物。但是首领却压迫百姓打猎、捕鱼来献给他食用，小伙子也被逼上山打猎。天神坤西迦知道后，变成一头长着红牙的大白象下凡来踩死那些打猎的恶人。由于小伙子心地善良不愿杀生，但又怕首领降罪，就请求白象踩死自己，以了结自己的痛苦。但白象根本不踩他，还让小伙子无论如何要拔一根象牙。小伙子无奈，只好拔了一根红象牙带回家里。深夜，红象牙变成一位美丽的姑娘来帮他做饭、收拾家务。从此，他们天天带领大家拜佛，宣扬佛法，保护生灵。首领和大臣们醒悟后，也与他们一起每日拜佛、接受戒律。木姐奘房佛爷讲述，刀干相搜集。16开，3页，约600字，稿存德宏傣族景颇族自治州民语委。

(杨荣芳)

象牙姑娘（二）

傣族幻想故事。流传于云南省西双版纳傣族自治州。讲述的是：穷小伙岩宰朵去山上狩猎时从一个深坑里救了一头老象，并获得一只老象酬谢的象牙。不久后的一天，象牙里走出一位美丽的姑娘，并和岩宰朵喜结良缘。首领听说岩宰朵娶了一个美丽的象牙姑娘，非常嫉妒，三番五次带人来抢夺，但都被岩宰朵夫妻俩或揭穿或击退，最后被岩宰朵用剑刺死。首领死后，百姓们就推举小伙子做了首领。岩塔讲述，陆云东翻译。16开，4页，837字，稿存西双版纳傣族自治州民族研究所。

(刀金平)

象王之子

傣族幻想故事。流传于云南省景谷傣族彝族自治县。讲述的是：勐巴拉纳西里有个年轻寡妇因喝了大象脚印窝中的积水怀孕生下一个儿子。人们都叫这个孩子岩鲁章（大象之子）。岩鲁章从小就有非凡的本领，是一个神奇的大力士，是射箭拉弓的能手。后来首领身边的四个大臣嫉贤妒能便怂恿首领命岩鲁章与大象打架想加害于他。岩鲁章凭本事使四位大臣的阴谋破灭了。岩鲁章得到天神叭雅英送给的能判明是非、消除冤假错案的宝珠。首领想得到宝珠，便向国内富翁征收许多的金银和牛马，换来宝珠后，首领让位给英雄岩鲁章。岩鲁章为选王后和增长见识就独自外出游历，他一路上结识了两个大力士，并把女魔为赎回自己性命而给他的能治百病的圣水和能御敌的宝扇送给他俩，让他俩用两件宝物造福于人类。岩鲁章又来到一个叫布拉纳管的大勐，这里的人为躲避魔王来抢人都逃走了，只剩首领的公主。岩鲁章打败欲来抓公主的魔王和母魔后救下公主，并在结识的两位大力士的帮助下击退了来侵犯勐布拉纳管的勐古夏的首领和他的军队。最后，岩鲁章娶了公主回勐巴拉纳西当了首领。刘开顺翻译，万亿、刘开顺整理。32开，53页，36000字，收入《云南民间文学集成·景谷民间故事》领导小组编辑室1989年编印。

（郭玉萍）

询问命运的穷小伙子

傣族幻想故事。流传于云南省德宏傣族景颇族自治州傣族地区。讲述的是：为人正直的穷小伙子准备到深山里，去向无所不知的"雅锡"佛爷请教自己的命运为什么这样苦，但沿途分别有人和动物都请他帮忙请教各自的命运问题，其中有个富人请他帮忙请教他家的柚子树和缅桃树为什么只开花不结果。到了深山后，"雅锡"佛爷说："如果请教了自己的问题后就不能再帮别人请教了。"好心的穷小伙子只好帮忙别人请教。回来时，其他人和动物们的问题都得到圆满解决。富人的问题"雅锡"佛爷说那是树下分别有金罐和银罐。富人听到后便迫不及待连夜去挖出来，但打开一看，其中一罐装的是毒蛇，另一罐是毒蜂。狠毒的富人把罐子口蒙好，趁穷小伙子熟睡时派人把两个罐子从房顶放到穷小伙子的房间，一心想让毒蛇和毒蜂咬死穷小伙子。但天亮后，两个罐子里都装满了金子和银子。消息传出，众人都说那是天上掉下金银来给穷小伙子，富人听到后气死了。佚名讲述，板桂英记录。16开，5页，3024字，稿存德宏傣族景颇族自治州文联《勇罕》编辑部。

（冯霄）

绣花披巾

傣族幻想故事。流传于云南省德宏傣族景颇族自治州傣族地区。讲述的是：从前有一个叫相珍的寡妇，织得一手好布。她有两个儿子，老大叫"艾布"，老二叫"吞旺"，艾布胆小懒惰，吞旺勇敢勤奋。一次，相珍织出一块绣花披巾，阳光照在上面金光闪闪，十分好看。消息传开后，来观看的人络绎不绝，挤满了她的小屋。突然一阵大风刮来，卷走了披巾。她让两个儿子去追寻披巾的下落，途中艾布遇到老虎不敢前行，也不敢回家；吞旺则战胜艰难险阻，制服猛虎和大蟒蛇，并得到一位白发老奶奶的帮助，顺利到达月宫取回了绣花披巾，而且得到月亮公主朗遮江（公主名音译）的爱慕而与月亮公主结了婚，还找回了胆小的哥哥。从此，一家四口人幸福地生活在一起。后来，首领去世后，大家推举吞旺为首领，他治理的国家繁荣昌盛、安定团结。瑞庄讲述，曼相吞抄录、整理，杨荣芳译。收入《傣族民间故事》第四辑，傣文版，32开，7页，约2800字，云南民族出版社1986年版。

（杨荣芳）

香荷花与三牙象

傣族幻想故事。流传于云南省德宏傣族景颇族自治州傣族地区。讲述的是：从小丧失双亲的两兄弟，靠乞讨度日，生计艰辛。哥哥哄小弟说："小弟莫哭，哥哥将为你找来香荷花和三牙象。"首领听到此话后威逼两兄弟去寻找。为让首领得到这两件宝物，以保自己的性命，两兄弟踏遍山川、林海去寻宝物，途中分别得到三位山间修行僧侣的指点和授予的本领，成功跨越两只金凤凰守候的大江，到达妖魔看守的荷花塘，并战胜众妖，采得香荷花，并得到魔王为求命而赠予的三牙象。返途中，荷花里现出美丽绝伦的荷花公主，荷花公主与两兄弟回归故里，受众百姓的拥戴并除掉了作恶多端的首领，登上了王位。佚名讲述，喊霞搜集、整理。收入《傣族民间故事》第五辑，傣文版，32开，15页，约6000字，云南民族出版社1987年版。

（快永胜）

香荷花姑娘

傣族幻想故事。流传于云南省德宏傣族景颇族自治州傣族地区。讲述的是：过去在一个魔洞里，有一个非常美丽的荷花池，荷花池湖水清澈见底。

在这里生长着各种各样的荷花，在荷花丛中有一株荷花与众不同，它开着鲜艳的花朵散发出阵阵香气。据说它是仙女所变，魔王怕有人把荷花偷走，日夜守护着这朵不寻常的荷花。后来勐巴拉纳西的王子历经艰险到了魔国，把这朵不寻常的荷花带回了勐巴拉纳西。后来，荷花变成了姑娘，与王子结为夫妻，她身上的香气散发到全国各地。佚名讲述，喊凹尚岩搜集、整理。16开，5页，约750字，稿存德宏傣族景颇族自治州民语委。

（线永明）

香发姑娘

傣族幻想故事。流传于云南省德宏傣族景颇族自治州傣族地区。讲述的是：在勐巴拉纳西的地方，有个穷小子，从首领那里得了一条独角黄牛。穷小子得到牛后，他精心地喂养。一天，穷小子的独角牛失踪，他到处去找都没有找到。他跟着脚印一路找去，脚印一直到了一处山洞里。他便与同伴们用藤结了一根长绳，叮嘱同伴们后，便进了洞。穷小子下洞来到了大鹏鸟的王国。原来此王国有位非常漂亮的姑娘，不知得了什么病，头发会发臭，只有用独角牛的角才能治好。用独角牛牛角做成的梳子一梳，姑娘的头发便散发出阵阵香气。穷小子与香发姑娘成亲后，准备返回人间，走到半路，他俩忘了带牛角梳，穷小子返回去拿梳子。香发姑娘见洞边的藤绳非常好玩，便坐上荡秋千。洞外，穷小子的同伴们见藤晃动，就以为是穷小子向他们打暗号，便使劲拉，待他们拉上来一看，却是一位非常漂亮的姑娘，她的头发散发出阵阵香气。勐巴拉纳西首领知道后把香发姑娘带入宫中。穷小子在岳父的帮助指引下，来到一对老妖魔的家，妖魔便认他做儿子，并传授给他各种武艺。后来穷小子回到了人间。勐巴拉纳西首领知道穷小子回来后，亲自带领大批军队，准备杀穷小子。穷小子使出各种本领，首领被杀死了，穷小子与香发姑娘相会并登上了王位。佚名讲述，岳小保搜集、整理。收入《傣族故事》，傣文版，32开，18页，约1600字，德宏民族出版社1987年版。

（线永明）

仙女米哈娜

傣族幻想故事。流传于云南省德宏傣族景颇族自治州傣族地区。讲述的是：勐果萨那有一富翁的儿子，心地善良，常常帮助穷人脱离困境，救济人民。一次他请求父亲同意后举行七天布施大摆，帮助穷苦人民。仙女米哈娜公主看见后，为之感动，就下凡来嫁给了小伙子。首领听说富翁的儿媳妇比宫里的公主、嫔妃都漂亮，就想占为己有，便派人招来富翁，让他三日内交出儿媳妇。富翁把事情告诉了家人，米哈娜公主向天神祈求帮助，天神给了她一颗宝石来帮助他们脱离灾难。首领带着大臣和士兵们闯进富翁家，看见富翁一家全身金光闪闪，公主也越看越迷人。突然首领双目失明，只得在地上乱爬乱摸，最后滚下了山谷。百姓一呼百应，拥立富翁的儿子和儿媳妇为首领和王后。岳恒讲述，刀干相搜集。16开，5页，约1000字，稿存德宏傣族景颇族自治州民语委。

（杨荣芳）

欲害人却害己

傣族幻想故事。流传于云南省西双版纳傣族自治州。讲述的是：人模人样的虎崽和野牛崽长大后，离开山里到勐巴拉纳西给首领打工，深受首领的器重。日久天长，虎崽子渐渐对牛崽子产生了嫉妒之心，在无法除掉野牛崽的情况下，便唆使首领让野牛崽去寻找千瓣莲花。老实憨厚的野牛崽得到三位公主的帮助，寻得千瓣莲花。最后，他带着三位公主和千瓣莲花归来，用宝箭射死了虎崽，成为勐巴拉纳西的首领。岩旺讲述，岩庄香翻译。16开，6页，1025字，稿存西双版纳傣族自治州民族研究所。

（依旺的）

稀奇古怪

傣族幻想故事。流传于云南省德宏傣族景颇族自治州傣族地区。讲述的是：一位穷苦的小伙子进山去找高人学艺，他无意中来到荷花池边，有位美丽的姑娘在湖中洗澡。在姑娘的要求下，小伙子把这位荷花姑娘带回了勐巴拉纳西，并与她结为夫妻。小伙子每天上山种地，心里总是想着家中的妻子，每天都要三番五次地跑回家，看看家中美丽的妻子。妻子见丈夫不安心种地，便把自己的画像给丈夫带在身边。一天，画像被风卷走，吹到了王宫里。首领看了画像之后，每天想着画中人，并下令去寻找，人们在山中找到了荷花姑娘。首领得知画中人是位穷小子的妻子后，便想把荷花姑娘抢占为妻。首领三番五次地设计谋害穷小伙子，在妻子的指点下都化险为夷。后来小伙子知道了首领的真正目的后，便气愤地说："阿嘎嘎（唉哟哟哟），见别人的妻子漂亮也想要，真是按歹按罗（稀奇古怪）。"首领顺着他的话说："如果你找到阿嘎嘎和按歹按罗来，我就放了你们。"小伙子在妻子的指引下，找到了守天门的神，神便送给他一个像鸟一样的东西。会发出"嘎嘎"和"按歹按罗"的声音。首领骑着按歹按罗飞上了天，被火烧死了，小伙子却登上了王位。莫喊尚讲述，王恩宁翻译，收入《云南少数民族文学资料》，32开，8页，约4000字，中共德宏傣族景颇族自治州委宣传部1980年编印。

（线永明）

一切靠自己

傣族幻想故事。流传于云南省德宏傣族景颇族自治州傣族地区。讲述的是：首领有七位公主。一日，首领把七位女儿叫至面前，从大到小一一问之："你们从小到大，无愁无忧，享尽人间荣华富贵，是什么原因？"大公主至六公主的回答竟毫无差别：托父母的恩，享父母的福。父王听后非常高兴，还不停地夸奖女儿们懂事、不忘父母恩。当问到小公主时，她说："一切靠自己。"首领非常气愤，把小公主赶出宫中。毫无目标的小公主被逐出宫后，路途疲劳，在一棵榕树下停歇，巧遇靠打柴为生、去街上卖柴返回至此的小伙子，公主与小伙子成了亲。由于日子紧，妻子让丈夫拿自己的金戒指去街上卖。可破旧的穿着，谁也不认为他卖的是金戒指，空手而归的夫君一气之下把戒指丢进丛林中。他对公主说："像你戒指的东西我曾见有一座山。"二人赶到山中，果不其然，满载而归。随之要了父王五百头黄牛、五百匹马和五百仆人到山中驮金子又返送父王，父王感慨万分。佚名讲述，线岩相洼搜集、整理。收入《傣族民间故事》第五辑，傣文版，32开，6页，约2400字，云南民族出版社1987年版。

（快永胜）

一根废针

傣族幻想故事。流传于云南省德宏傣族景颇族自治州傣族地区。讲述的是：垃圾堆上，一根因失去针眼而废弃的缝衣针、一个寡鸡蛋、一条旧腰带、一个底部已破洞的石臼，它们每天只会埋怨自己被抛弃。一天，废针突然醒悟说："难道我们就没有一点作用了吗。"它们想到人类最怕魔王，便相约起来，趁魔王熟睡时，缝衣针先去戳醒它，待它去拨亮火炭准备点灯时，焐在热灰里的寡鸡蛋突然爆炸，它站起来时又拌着旧腰带，一头栽下去，头部刚好砸在石臼上。它们为人类除了害，发挥了应有的作用。佚名讲述，晚相牙记录，冯霄译。16开，3页，1560字，刊于傣文杂志《勇罕》1986年3—4期。

（冯霄）

一个穷汉和两个富翁

傣族幻想故事。流传于云南省西双版纳傣族自治州。讲述的是：一个穷汉和两个富翁一起在路上挖得一罐银子。过独木桥时，两个富翁让穷汉试着先过，等他到桥中间，两人用力把桥掀翻，让穷汉掉进深谷。两个富翁以为穷汉已摔死，两人平分银子后,各自回到家中。穷汉被一棵大树枝托住幸免于死。他来到岸上,碰到一只受伤的母老虎,在它的哀求下,穷汉找来草药救治好母老虎。母老虎为报答穷汉,把从人身上得到的金银财宝全部送给了穷汉。两个富翁听说穷汉不但没摔死,反而背回许多的金银财宝。两人每人拿上两只大麻袋,从穷汉摔下的那个深谷一齐往下跳,也被那棵大树托住。他们刚下到地上,突然跳出两只老虎,母老虎告诉公老虎说:"前些日子我就是被他们两人射伤的。"两只老虎一齐扑向两个富翁,把他们咬死了。波窝讲述,应塔南翻译。收入《西双版纳傣族民间故事集成》,32开,2页,1200余字,云南人民出版社1993年版。

(李传宁)

一只会唱歌的猫

傣族幻想故事。流传于云南省金平苗族瑶族傣族自治县者米、勐拉一带。讲述的是:从前有两兄弟,哥哥游手好闲在外,弟弟孤苦伶仃一人在家,终年给土司帮工。后弟弟因养了一只会唱歌的猫而得到一群羊,日子逐渐好起来。哥哥知道后也想发财,就向弟弟借猫去换一群牛,结果被牛撞得遍体鳞伤。哥哥一气之下把猫摔死了。弟弟十分悲痛,把猫埋在家门前的木瓜树下。木瓜树长得又高又大,结了许多好吃的木瓜。哥哥又将木瓜树砍倒。弟弟只好用木瓜树做了猪槽,养了一头猪,一年后猪长得像头小牛。弟弟把猪杀了请乡里邻舍来吃。弟弟的猪槽又被哥哥砸烂烧掉。弟弟又找来箍猪槽的铁箍,打制成鱼钩,天天钓到又大又肥的鱼。哥哥又把鱼钩甩进河里。弟弟因到河边寻找鱼钩遇到龙王的公主并与她结成夫妻,过上了幸福的日子。罗正安讲述,晏红兴记录。收入《云南民间文学集成·金平故事卷》,32开,4页,3500字,金平苗族瑶族傣族自治县文联1988年编印。

(郭玉萍)

叶相过姑娘

傣族幻想故事。流传于云南省德宏傣族景颇族自治州傣族地区。讲述的是:一富翁的大小老婆各生有一女孩,她俩相互猜疑,被小老婆害死的大老婆死后变成一只乌龟。狠毒的小老婆与丈夫又威逼大老婆的女儿把乌龟煮吃,女儿按乌龟临死前的叮嘱把其尸骨埋于一三岔路口处。不久,那里长出一棵会发出悦耳动听音乐声的菩提树。首领知情后欲移到宫中院里,可再多的人也无法移动,只有叶相过姑娘用披巾缠后移到院里种下,首领封叶相过为王后。后来小老婆又将已成为王后的叶相过姑娘骗回家中,害死于水井里,又让亲生女儿玉娜去代替。最后,首领识破其阴谋后处死玉娜,并把富翁和沦为乞丐的小老婆逐出国境。喊霞讲述,曼相屯记译。16开,5页,约1000字,稿存瑞丽市姐勒乡姐东村喊霞家。

(快永胜)

依所和俄罗鸟

傣族幻想故事。流传于云南省德宏傣族景颇族自治州傣族地区。讲述的是:城边艰难为计的一户夫妇,生有二子,老大早夭,老二叫依所,夫妇俩十分疼爱,可长至成婚年岁而无心成婚,这成了父母的心病。一日,一乞丐乞讨至家中,见其父母不像往常乐意施舍,而且闷闷不乐,知其原委后,乞丐从包中掏出一只鸟给夫妇,随之乞丐(神仙)消失得无影无踪。之后,全家人精心喂养鸟儿。不久,勐里遭天灾,人们四处逃生,依所的父母也因染病而离世。依所除每天日出而作外,尽心护养鸟儿。一日,依所劳作而归,因劳累而睡着了,等醒来,香喷喷的饭菜已摆满桌上……原来,小鸟是神仙的姑娘变成的,最后两人完婚,共创美好的幸福生活。佚名讲述,曼相屯搜集、整理。收入《傣族民间故事》第五辑,傣文版,32开,4页,约1600字,云南民族出版社1987年版。

(快永胜)

依月和依玉

傣族幻想故事。流传于云南省马关县蔑厂、木厂。讲述的是：有两个姑娘，老大叫依月，老二叫依玉。有一年，一个有钱人家的小伙子看中依玉，就来提亲。依月嫉妒依玉，她天天叫依玉放牛、割马草，不让她在家准备嫁妆。有一天，依玉去放牛，老牛突然对依玉说叫她接住它屙的屎。果然牛屎变成依玉做针线用的花线。依月发现后就把牛杀了。依玉把牛骨头收起来埋到山上。她去割马草时，坟头上长出青草。她把草割回家，第二天草又长出来。依月知道后又把那蓬草连根挖掉烧了。依玉婚期到了，依月把她关进屋里，自己打扮成新娘被接亲的人接走了。拜堂入洞房后，新郎才发现新娘不是依玉，气得他叫人把依月装进麻袋丢到河里去了。依月死后，新郎又派人把依玉接去，过上了幸福美满的生活。依月却变成一只小黑雀，傣家人把它叫做依月鸟。董万珍讲述，董秀祥搜集、整理。收入《文山壮族苗族自治州民间故事集》第三集，32开，3页，2200字，文山壮族苗族自治州民族事务委员会、文化局1987年编印。

(郭玉萍)

野鸡蛋姑娘

傣族幻想故事。流传于云南省德宏傣族景颇族自治州傣族地区。讲述的是：勐纳扎佐有个穷小伙，以打柴为生，一天上山打柴时拾得一个野鸡蛋，拿回家中，一直舍不得吃掉。不久的一天，小伙子上山打柴回到家，家舍已被打扫得干干净净，桌上还有可口的饭菜，次日也是如此，小伙子很是奇怪。第三天被逮个正着，原来是野鸡蛋里藏着一位美丽的姑娘，之后他俩成婚。消息传遍全勐。首领欲占有姑娘，于是，命小伙子到海洋的中心摘下一朵荷花来献给首领，七天之内要办到。期间，首领已派人把鸡蛋姑娘掠到宫中让人看守。不料穷小伙历经千辛万苦，摘得荷花献到首领手里。首领欲占有别人妻子的目的则大白于天下，成了国民痛骂的话柄。首领自知威信扫地，难得民心，于是上吊自杀，国民便拥戴穷小伙为首领。莫真讲述，刀干相搜集。16开，4页，约790字，稿存德宏傣族景颇族自治州民语委。

(线永明)

鸭仙

傣族幻想故事。流传于云南省西双版纳傣族自治州。讲述的是：一个穷猎人捉住一只野鸭，晚上回家后关进竹笼。夜里，他梦见一个老人告诉他说："你捉到的野鸭是一只仙鸭，吃鸭肉的时候，一定要把它的骨头完整地保存好。以后想吃鸭肉时，只要对鸭骨喊三声，那骨头便会变成一只活鸭让你杀吃。"猎人按照老人说的去做，从此，他天天都能吃上鲜美的野鸭肉。一天，帕雅召勐派人探到了猎人的秘密，并从猎人家搜出了鸭骨头。帕雅召勐学着猎人的声音叫了三声，那骨头变成了一只活的野鸭。帕雅召勐忙拿棍子去打，棍子一端粘住了鸭身，另一端则粘住了召勐的手，召勐只好握着棍子跟野鸭打转。赶来帮忙的召勐老婆和围观的大臣，也都被粘住了。野鸭拉着他们转了几圈后，把召勐和大臣们带进水池中淹死了。野鸭浮出水面，又飞进了猎人的家。佚名讲述。收入《西双版纳傣族民间故事集成》，32开，3页，1500余字，云南人民出版社1993年版。

(李传宁)

有头无身的贡玛拉

傣族幻想故事。流传于云南省景谷傣族彝族自治县、西双版纳一带。讲述的是：勐拉夏纳有一户穷苦百姓，夫妻年过四十，常到缅寺赕佛滴水，乞求佛祖赐子。后妻子怀孕生下个有头无身的儿子，取名叫贡玛拉。几年后父亲去世，贡玛拉去帮富人家放牛。富人带贡玛拉坐船外出去做生意，在海边，他解救了被大鹏叼到空中的老龙，并与大鹏和老龙成了好朋友。后来贡玛拉想娶首领的公主。首领叫他七天内用银子铺一条路，用金子搭一座桥，用翡翠做芭蕉，绿玉做甘蔗，用丝绸七层架一座天梯，带着鼓队、舞队去迎亲。贡玛拉在老龙王和大鹏鸟的帮助下，一一照办。新婚晚上他变成英俊青年，并战胜了宫中忌妒自己非凡才智而妖言惑众的巫师。后来首领把王位让给贡玛拉，勐拉戛纳成了个日益强大的国家。佚名讲述，吴德庆搜集、整理。收入《云南民间文学集成·景谷民间故事》（一），32开，4页，2800字，景谷傣族彝族自治县民间文学集成领导小组编辑室1989年编印。

（郭玉萍）

意想不到之事

傣族幻想故事。流传于云南省西双版纳傣族自治州。讲述的是：村子里有个寡妇，领养着一个孤儿苦命度日。离村子不远的地方，住着一位苦行僧。有一次，一头母鹿舔了苦行僧的小便，没想到，几个月以后，母鹿竟然生下一名女婴。苦行僧把女婴养大成人，并把鹿女嫁给孤儿。鹿女的美貌惊动了好色的首领，首领为了得到鹿女，不惜使出各种卑劣的手段为难孤儿。最后，在苦行僧的帮助下，孤儿以弱胜强，打败了首领，并被当地百姓拥上王位当上了首领。岩宰阁讲述，岩温真翻译。16开，5页，1220字，稿存西双版纳傣族自治州民族研究所。

（依旺的）

雅拐

傣族幻想故事。流传于云南省金平苗族瑶族傣族自治县勐拉坝。讲述的是：古老的勐拉森林里住着一户农夫，家中的姑娘成家后快乐地生活着。有一天她上山砍柴，迷路找不到回家的路。她在林中遇到了野婆雅拐（魔鬼）。野婆见她有身孕就把她骗到家中，并说如她生个女孩就吃掉，生个男孩就养大做老倌。后她生下一男孩，野婆放松对她的监视。姑娘趁机背着孩子逃跑。她走到一棵很大的空心树下，因太累就钻进去休息。第二天早晨，野婆找上来了。她机智地骗野婆说后面有头肥猪。野婆去找猪后她又往前逃。后遇到一条很宽的河，她无法过去。野婆找不到猪又追了上来。她用计把野婆骗入河中，河水把野婆冲走了。从此，人们叫那河为猪河。刀千帮讲述，郑蝶记录。收入《云南民间文学集成·金平故事卷》，32开，2页，1740字，金平苗族瑶族傣族自治县文联1988年编印。

（郭玉萍）

鹦鹉衔谷的故事

傣族幻想故事。流传于云南省西双版纳傣族自治州。讲述的是：有只鹦鹉经常带着一群鹦鹉来偷吃富翁家田里的稻谷，飞回时都要衔一些谷子回去。守田人发现了这一奇事，设法逮住了鹦鹉。富翁问鹦鹉为何吃饱了谷子还要衔回去？鹦鹉说家里还有妻儿和年迈的父母，衔回去的稻谷是给父母妻儿吃的。并反问富翁人也是这样的么？富翁和守田人无言以对，惭愧地把鹦鹉放了。康郎香讲述，岩旺记录，陆云东翻译。16开，4页，756字，稿存西双版纳傣族自治州民族研究所。

（刀金平）

召口花

傣族幻想故事。流传于云南省孟连傣族拉祜族佤族自治县和澜沧拉祜族自治县。讲述的是：勐景维有个年轻的首领叫召口花，他下令让宰相和大臣的儿子去勐香奥为他寻找未来的王后。他俩来到勐香奥觉得当地首领最小的姑娘朗香奥很美丽就回去禀报，召口花骑上宝马去会见朗香奥并把她带走了。龙王来娶朗香奥，带来了数不清的稀世珍宝和所有的水族，到了拴线的时候找不到朗香奥。龙王四处寻找朗香奥，看见她熟睡在召口花怀中，就用一卷绸子做替身，悄悄抓走了朗香奥。龙王放大水淹了大地，召口花在金水牛、太阳神、风神的帮助下，退了大水并救回了朗香奥。朗香奥又派人请来了父王母后，为她和召口花拴线祝福。从此朗香奥和召口花过上了平安幸福的生活，共同治理国家。咪召依讲述，召罕嫩、刘曙采集，召罕嫩翻译、记录。收入《孟连傣族拉祜族佤族自治县民间文学集成·傣族卷》（一），32开，10页，7000字，孟连傣族拉祜族佤族自治县文化局、民族事务委员会1987年编印。

（郭玉萍）

召相勐

傣族幻想故事。流传于云南省景谷傣族彝族自治县。讲述的是：勐轲傣国的老首领有三个儿子。神卦显示大太子将被邻国招为驸马，然后当首领；二太子也将成为另一个邻国的首领，但条件是出门行商不能超过六个随从，不能听信旁人言语，才能化凶为吉；三太子只有大难不死才能当上首领。首领的三个儿子长大后，大儿子果然被吓瓦梯国招为驸马，后来当了首领。二儿子一心想出门做生意，首领便按神卦所说嘱咐他。一路上他遇到妖精装扮的姑娘，随从都被她骗吃了。后来在勐弄达嘎射妖精又用骗术吃了许多人，在二太子帮助下百姓终得以解救，大家就推选他为首领。三太子出远门打猎，在山上救下被妖怪关押的勐准补的公主并杀死妖怪。三太子被公主的哥哥误认为他就是抓走公主的妖怪，把他捆绑后关起来。在天神英叭的帮助下，三太子回家见到父王。后三个太子为报仇出兵讨伐勐准补，取得了胜利。三太子在勐准补做了驸马，娶公主为妻，后又当上首领。陶三诺讲述，云文、云子整理。收入《云南民间文学集成·景谷民间故事》（一），32开，6页，4000字，景谷傣族彝族自治县民间文学集成领导小组编辑室1989年编印。

（郭玉萍）

召洪罕与南拜芳

傣族幻想故事。流传于云南省景谷傣族彝族自治县。讲述的是：在一个大森林里有一个金湖，每隔七天就有七个长着人头孔雀身的姑娘飞来洗澡。金湖附近的山洞里住着一凶恶的蜘蛛精，蜘蛛精想把她们捉来做妻子。蜘蛛精趁姑娘洗澡时，把他们的孔雀羽衣偷到山洞藏起来。正当姑娘们洗完澡急着寻找羽衣时，蜘蛛变成白兔把他们骗进山洞，又吐丝把洞口封起来后就去邀请朋友来参加婚礼。猎人召洪罕打猎经过这里，听到女人哭声，就砍断蜘蛛网救出七个姑娘。为感谢救命之恩，七姑娘南拜芳与召洪罕成为夫妻。蜘蛛精不见了姑娘，十分生气，把召洪罕毒死并抢走了南拜芳。南拜芳用计把蜘蛛精淹死，并请修行多年的和尚帕拉西用仙水救活了召洪罕，又祈求天神英叭用飞车把他俩带上了天堂。傣族群众讲述，吴德庆搜集、整理。收入《云南民间文学集成·景谷民间故事》（一），32开，3页，2000字，景谷傣族彝族自治县民间文学集成领导小组编辑室1989年编印。

（郭玉萍）

召树屯和兰吾罗娜

傣族幻想故事。流传于云南省西双版纳傣族自治州。讲述的是：勐板加的王子召树屯，去花园游玩的时候，遇见了到湖边洗澡的孔雀公主兰吾罗娜并深深地爱上了她。他们婚后不久，由于外敌入侵，王子带兵出征。其父王做了一个怪梦，说是首领的肠子被拉出来绕城三圈还有余。首领把怪梦告诉了众官员。一个心存不良的摩古拉对首领说：做此怪梦，是王子遭遇不幸的预兆，是王子取了兰吾罗娜的缘故，要冲邪就须把公主处死。首领听信摩古拉的谗言，准备处死兰吾罗娜。公主非常伤心，临刑前她请求父王给她孔雀衣，以最后的舞蹈来感谢父老乡亲对她的爱。公主穿上孔雀衣，跳起了舞蹈，跳着跳着，就腾空依依不舍地离开了勐板加，在途经依麻板森林时，公主把手镯寄放在帕拉西那里，以报答召树屯对她的深爱。召树屯出征回来，找不到爱妻，他非常伤心，待知晓原因后，带着对兰吾罗娜的无限爱恋，踏上寻找妻子的路程。在神猴的帮助下，召树屯来到勐董板找到兰吾罗娜，并带回到勐板加，继承了王位。召存智讲述，嵩山、英达翁搜集并整理。收入《西双版纳傣族民间故事集成》，32开，17页，12000余字，云南人民出版社1993年版。

（李传宁）

召播拉

傣族幻想故事。流传于云南省孟连傣族拉祜族佤族自治县。讲述的是：勐章巴的一个富翁，妻子生下一男一女后死了。男孩叫召播拉，女孩叫郎章达。富翁又娶了个老婆，她强迫富翁把孩子丢进山里。后来，郎章达被老虎吃了，召播拉在天神英叭帮助下投靠了勐巴拉纳西的一家富人。有一个强国叫勐巴查，出了三个题目让弱小的勐章巴国猜，如猜不对就要出兵攻打。勐章巴无人能答，首领就宣布谁能答对就把江山分一半给他。召播拉一一答对难题后，勐巴拉纳西的首领把王位让给了召播拉。勐巴查佩服召播拉的聪明才智，送来金银和大象，愿意和他建立友好关系。召播拉当上首领后，选中了西维塔国的公主郎英邦。朗英邦也喜欢召播拉，但其哥戛温蛮横无理，想与召播拉打仗。召播拉的大臣就在夜里乘着会飞的木马去到朗英邦闺房，悄悄把她带到了召播拉房里。朗英邦的哥哥戛温知道后调动兵马来攻打召播拉。战争进行了一年多，最后戛温被砍了头才结束战乱。朗英邦的父母为召播拉和女儿拴线成亲，并把王位让给召播拉，让他管理西维腊塔的百姓。康朗香贡翻译，郑显文、张定明记录整理。收入《孟连傣族拉祜族佤族自治县民间文学集成·傣族卷》（一），32开，14页，1000字，孟连傣族拉祜族佤族自治县文化局、民族事务委员会1987年编印。

（郭玉萍）

召波拉

傣族幻想故事。流传于云南省景谷傣族彝族自治县。讲述的是：从前有个人叫撒替，他妻子生下一儿一女后死了。撒替续了后妻叫南诈。后妻南诈想出主意，把两个孩子领到深山里丢下。妹妹被豹子吃了，哥哥波拉被两个好心的老人收留。有一天，波拉去赶摆，看见一张告示，说的是邻国出兵围困了京城，提出条件，五日内若有人破译他们的三样东西就立即退兵，否则就要打进京城，因而首领说谁能破译就把王位让给他。三样东西是：两个穿着一样、长相一样，看上去一样年轻的女人，要分出哪个是母亲、哪个是女儿；两匹毛色一样、高矮一样、胖瘦一样的马，要分出哪匹是老马，哪匹是子马；一根两头粗细一样、涂了漆的木棒，要分出哪头是根，哪头是梢。波拉一一破译敌方的三样东西，当上了首领。后来波拉叫人给父亲和继母送去粮食、布匹和银钱，接到东西后撒替就变成了石头，南诈接到东西后大地突然裂开，她跌进了万丈深渊。佚名讲述，李正新搜集、整理。收入《云南民间文学集成·景谷民间故事》（一），32开，5页，3000字，景谷傣族彝族自治县民间文学集成领导小组编辑室1989年编印。

（郭玉萍）

召烘帕罕

傣族幻想故事。流传于云南省西双版纳傣族自治州。讲述的是：勐巴拉纳西王后南尖达玛腊先于六个妃子产下了一个男孩。六个妾妃心生嫉妒，用一只刚出生的小狗换走了男孩。首领听说王后生下一只小狗后，将王后赶出宫殿，被两位园丁夫妇收留。小王子被天神英叭救下，并取名叫召烘帕罕。王子了解自己的身世后，告别天神英叭回到勐巴拉纳西与失散多年的母亲相聚。召烘帕罕与六个王妃所生的王子一起玩耍中，得知自己的奶奶已被魔王关押在山洞多年，召烘帕罕历尽艰难险阻救出奶奶，返回途中却被六个王妃所生的弟弟们杀害。在天神的救治下，死而复活的召烘帕罕乘着金石凤凰回到花园与母亲团聚。后来，王太后告诉首领自己被救的经过，并找到召烘帕罕，揭穿了六个王妃、王子的恶行，使其得到惩治。佚名讲述，刀正明搜集、整理。收入《西双版纳傣族民间故事集成》，32开，32页，23000余字，云南人民出版社1993年版。

（李传宁）

召宋发列

傣族幻想故事。流传于云南省孟连傣族拉祜族佤族自治县。讲述的是：很久以前，勐巴拉纳西的首领叫召俄罕，首领无儿无女，死后让王后朗召俄罕来接替王位。龙王听说朗召俄罕继承王位后常独自偷偷地哭泣，就变成一男子在夜晚找到朗召俄罕住的宫殿。后朗召俄罕怀孕，要与龙王结婚，但龙王怕现原形不敢答应。朗召俄罕怕自己的行为丢脸，给国家带来耻辱和厄运，就让大臣们为她在七天内选一个丈夫。大臣们一筹莫展，到第六天，住在勐帕发奥的孤儿召宋发列游玩游到勐巴拉纳西后被选中。召宋发列发现朗召俄罕已怀孕，就谎称自己的师傅说过，结婚七天内不能和妻子睡。龙王知道朗召俄罕结婚后，又妒忌又恨，夜里他又来找朗召俄罕时被召宋发列砍死。朗召俄罕被召宋发列派来的刽子手用刀挑开肚子，从她的肚中爬出四万一千根条状的东西。这些东西爬到地上变成蛇，爬到水里变成水鬼，现在的蛇不会老死，只会蜕皮，就因它是龙的后代。波艾猛讲述，刀景阳、李珏梅采集并记录。收入《孟连傣族拉祜族佤族自治县民间文学集成·傣族卷》（一），32开，7页，5000字，孟连傣族拉祜族佤族自治县文化局、民族事务委员会1987年编印。

（郭玉萍）

召宇托纳

傣族幻想故事。流传于云南省德宏州傣族景颇族自治州傣族地区。讲述的是：很久以前，天神混尚、人间大王、魔地大王、水中龙王四位碰在一起，都很傲慢，自以为了不起，相争不下，就决定去找召宇托纳评判高低。召宇托纳就说先让他们竖幡杆，天神竖黑色幡、人间大王竖白色幡、魔王竖红色幡、龙王竖绿色幡。幡杆竖好后，召宇托纳要他们去看各自竖的幡影是什么色，他们看后都回来说是黑色。结果不用召宇托纳解释，他们都明白了。临别时，龙王为感谢召宇托纳，把宝珠项链送给了他。龙王回到龙宫，王妃不见龙王的项链，问明才知送给了召宇托纳。龙妃想见召宇托纳，就假说想吃召宇托纳的心。龙女主动承担了为母后活拿召宇托纳的任务。龙女变成美丽姑娘来到人间，碰上佐继（类似魔，能变幻，行速似闪电），互相谈好，如能弄到召宇托纳，龙女就嫁给他。佐继知道首领嗜赌如命，就变成一个大赌徒去和首领赌。首领一直输到定数，佐继就点名要首领最心爱的大臣召宇托纳，首领只得让佐继把召宇托纳带走。佐继用绳子把召宇托纳拴在马尾下，扬鞭想把召宇托纳拖死，但回头看数次，召宇托纳都笑脸对他。他只得改变主意，把召宇托纳抱起飞到高空后摔下来，可是又恰好丢到树丛密厚的地方，召宇托纳安然无恙。佐继只得同龙女把召宇托纳送进龙宫，龙王龙妃见了召宇托纳，给予隆重和盛大的接待。后来龙妃还将自己所长教给了召宇托纳。佚名讲述，罕霞搜集、整理，俊孟译。载于《傣族民间故事》第二辑，傣文版，32开，6页，约1200字，云南民族出版社1984年版。

（俊孟）

召三达

傣族幻想故事。流传于云南省德宏傣族景颇族自治州傣族地区。讲述的是：勐姐南的首领，建国初期还比较贤明公正，人民生活富裕，百姓们都非常地拥护他。首领有个同胞兄弟，因他一生下来就有三只眼睛，一只长在后脑壳上，可看千里之外。因此人们都称他为召三达。召三达武艺超群，带领着勐姐南的军队南征北战，为勐姐南立下了赫赫战功，令邻近的各国军队闻风丧胆。后来狡诈的勐薛首领暗里派人到勐姐南首领那里诬陷召三达，说召三达在外不断扩大自己的势力，今后要回来篡夺王位。勐姐南的首领听信了谣言，设宴把归来的同胞兄弟杀了。勐姐南的首领由于失去了兄弟的帮助，国力不断衰弱，后被别国消灭了。扎相讲述，岩帅搜集、整理。16开，3页，约600字，稿存德宏傣族景颇族自治州民语委。

(线永明)

召贺洛

傣族幻想故事。流传于云南省西双版纳傣族自治州。讲述的是：勐巴拉纳西的大臣布涛雅西纳极力反对儿子鲁雅西纳与王子召贺洛交往。被父亲追杀的鲁雅西纳跑到宫殿外向召贺洛求救，召贺洛不以为然地走开。绝望的鲁雅西纳想起父亲的劝告，发誓要杀死召贺洛。后来，鲁雅西纳被帕拉西收留为徒，学到许多武艺后回到勐巴拉纳西篡夺了王位。被帕拉西救出的召贺洛，也跟着帕拉西学到了不少的神功法术，并与南波罕拴线结婚。召贺洛与妻子告别帕拉西回勐巴拉纳西的路上，夫妻不幸离散，却与失散多年的母亲相聚。召贺洛变成一匹骏马让母亲牵进城卖时，被鲁雅西纳识破，召贺洛侥幸逃脱，被勐沽巴公主南糯沽巴相救，并与之相爱，两人共同战胜鲁雅西纳后拴线结婚。召贺洛继承勐沽国的王位。前妻南波罕生下崽子召相勐。召相勐告别母亲去寻找父亲召贺洛的途中，又救了鲁雅西纳。鲁雅西纳带着召相勐找到了召贺洛，两人抛弃前仇旧怨，和好如初。召贺洛一家团圆，召相勐还继承了勐巴拉纳西王位。鲊憨曼桑讲述，岩温扁搜集、整理。收入《西双版纳傣族民间故事集成》，32开，10页，6000余字，云南人民出版社1993年版。

(李传宁)

召迪固满去经商

傣族幻想故事。流传于云南省西双版纳傣族自治州。讲述的是：召迪固满智胜四无赖的故事。勐巴拉纳西的召迪固满驾船去勐嘎哈拉拿贯做生意，途中射死了一条龙，这时来了四个人，一个自称是龙的儿子，其余的则说召迪固满的父亲分别向他们三人借了宝珠、银鼠、眼珠，要召迪固满抵罪和归还三件宝物，并押他去见首领。在首领面前，召迪固满向首领陈述了他的父亲死后变成鱼被龙吃掉，自己为报父仇才射死龙的原因。对向他要宝珠、银鼠、眼珠的三个人，召迪固满则让他们分别用水瓢去舀干水井、找银鼠妈妈等各种办法，使得四个人无法自圆其说。首领认为他们诬陷固满，就罚他们各一千条金子，作为对固满的补偿。康朗尖讲述，岩旺记录。16开，7页，1328字，稿存西双版纳傣族自治州民族研究所。

(依艳坎)

召象勐

傣族幻想故事。流传于云南普洱景谷县傣族地区。讲述的是：远古时候，有一位名叫召象勐的孤儿，与一只九尾狗相依为命。有一次，首领派召象勐去找来长生不老药来给他吃。勇敢的召象勐告别九尾狗之后就出发了。一路上，召象勐得到各路神仙的帮助，先是娶到了一位神仙的女儿为妻。他带着妻子娜少走到孔雀山，就娶到孔雀山的公主为第二任妻子；夫妻三人路过一条大河时，召象勐被河里的龙王相中，把心爱的女儿许配给召象勐做了三房。从来孤苦伶仃的召象勐一下子拥有了三房妻妾，夫妻四人热热闹闹地回到了家。召象勐把长生不老药送给首领之后，就回家过着惬意的生活。有一次，召象勐要上山打猎，就委托好朋友来帮忙照看三房爱妻。谁料，这几个朋友明知大嫂不吃死猪肉，二嫂不吃鸡蛋，三嫂不吃鱼，却故意把鸡蛋、鱼、死猪肉和菜一锅煮。三位嫂子吃了后，个个恶心呕吐，头脑发晕。于是，三个妻子急忙告别九尾狗，飞回各自的娘家去了。两天后，召象勐回来知道了这一切，也顾不上去跟那帮坏小子算账，急匆匆地带上九尾狗去找三位爱妻。在寻找妻子的路上，九尾狗累死了。各路山神纷纷现身热心帮助，使召象勐顺利地找到了三位妻子。那个得到长生不老药的首领，在煎药的时候，把顺序搞错了。这顺序相反，长生不老药就成了毒药，一碗下去，首领便归西了。有福之人召象勐，得到天神英叭的青睐，不但把金银山的公主赐给了他做第四个妻子，还扶助他当上首领。收入《景谷傣族民间故事》（汉傣双文），32开，3页，2199字，景谷傣族彝族自治县傣族文化协会编，2014年3月发行。

（依旺的）

章相

傣族幻想故事。流传于云南省西双版纳傣族自治州。讲述的是：勐章相的首领有一个天神赐给他的女儿，名叫喃西丽罕。由于女儿和天神幽会而有了身孕，首领非常生气，连同王后和女儿一起放流于竹筏上，最后被帕拉西收留。不久，公主生下一男孩，帕拉西给他取名叫苏里亚。苏里亚长到四岁，帕拉西传授他高超的武艺，使他能腾云驾雾，所向无敌。一天，苏里亚和母亲喃西丽罕到荷花湖洗澡，不幸母亲被魔王掳走，后又落到商人手里，被卖到勐换。苏里亚四处寻找母亲，被龙太婆化身变成的母亲，带到龙宫与龙公主成婚。不久，他告别龙宫继续寻找母亲，结识了武艺高强的丢娥和捧玛，与之结成盟友。此时，勐章相首领已经悔悟，从勐换把公主接回，又去依麻板森林里接回王后和孙子，把王位让给了苏里亚。苏里亚当上首领后，他看了所辖一百零一个勐的姑娘，都没有看中。最终他看上了勐西丙的公主喃景达。他们用鹦鹉互相传递情书，表达爱慕之情。当苏里亚派人前去求亲时，被女方的哥哥桑哈因嫌勐章相是个小国而拒绝。苏里亚采取抢亲的办法把公主抢走。桑哈觉得丢面子，就调动兵力攻打勐章相，结果被勐章相打败。后来，苏里亚把龙女接到宫里，他们夫妻恩爱，直至终年。岩刚恒龙讲述，岩温扁搜集、整理。收入《西双版纳傣族民间故事集成》，32开，11页，7500余字，云南人民出版社1993年版。

（李传宁）

诏三路与南亚斑

傣族幻想故事。流传于云南省德宏傣族自治州，西双版纳傣族自治州傣族地区。讲述的是：勐景东的英俊小伙子诏三路听说勐景谷的姑娘亚斑很漂亮，就到勐景谷去做生意。诏三路来到勐景谷，来围观的人竟把路堵塞住了。这消息传到亚斑耳里，她急忙走出门。亚斑在园里薅草，诏三路在山上放马。经过对歌，晚上诏三路去串亚斑。到了回家的时候，诏三路不得不动身回家。谁知那一夜欢情，亚斑竟怀了孕，她只得前去找诏三路。亚斑来到三路家时，诏三路妈叫三路去捉些做汤的鱼。诏三路正在捉鱼。诏三路妈见亚斑织布又快又好，疑她是鬼，竟把她打伤赶走了。亚斑将伤口的血抹在门上，就跨上坐骑走了。诏三路回家见门上的血迹，骑上马就追，亚斑在回家的路上生下小孩，就把小孩子放在鸟窝里。诏三路沿途追去，问过许多人，翻过了一山又一山，一水又一水，来到一棵树下，听见喊："三路，阿爹！三路，阿爹！"的声音，见是小鸟在叫，凄然地转身扬鞭抽马追赶亚斑。诏三路赶到景谷，亚斑已经死去七日，他奔到亚斑棺前痛哭，哭着哭着，亚斑突然张开双手，紧紧把他搂住，他躺下举刀自杀。人们把他们分葬两地，一东山一西山，但长出的两丛藤子缠在一起。那些多事的人见了，举斧砍烧，冒出两粒火星，升啊，升到银河边成了牛郎、织女二星。刀桂珍等唱述，魏其祥整理。收入《云南民族民间故事选》，32开，14页，9900字，云南人民出版社1981年版。

（阿南）

粘巴细顿

傣族幻想故事。流传于云南省西双版纳傣族自治州。讲述的是：勐扎西遭到毁灭性的灾难后，全勐只剩下小公主喃光罕一人。喃光罕被勐巴拉纳西的首领救出，并成为勐巴拉纳西的王妃。不久，喃光罕一胎生下四子。由于皇后不孕，她非常嫉恨喃光罕，在喃光罕分娩那天，她吩咐侍女把刚生下的四条小狗换掉了喃光罕生下来的四个婴儿，然后禀报首领说：喃光罕生下四条小狗。首领觉得在国人面前丢尽了脸，便把王妃贬为下人去喂猪。皇后发现被园丁夫妇救下的四个婴儿后，又用毒药将他们毒死。园丁夫妇把他们的尸体埋在花园里，不久这个坟堆上长出了四棵缅桂花，花香四溢。皇后又叫人把四棵缅桂花树连根铲除扔到江里，被森林里修行的帕拉西捞上岸，他用仙水一洒，把他们变成四个可爱的小男孩。帕拉西教他们天文地理，传授武艺。在帕拉西的精心培育下，他们武艺超群，成为天下无敌的英雄。不久，四人回到勐巴拉纳西，几经周折，找到失散多年的母亲喃光罕，并将真相禀报父王。父王深感内疚，把王位让给了大儿子，最小的儿子到勐扎西当首领。皇后也受到了应有的惩罚。佚名、岩温讲述，艾杨搜集、整理。收入《西双版纳傣族民间故事集成》，32开，20页，14000余字，云南人民出版社1993年版。

（李传宁）

做人要忠诚

傣族幻想故事。流传于云南省德宏傣族景颇族自治州傣族地区。讲述的是：勐萨洼体的一对夫妇到深山里采野菜，采完之后，两人在树下休息时其丈夫睡着了。妻子怕丈夫着凉就解下头巾和衣衫盖住丈夫的脚和胸，手里拿着一根树枝在一旁赶蚊子。这情景恰好被树精看到了，便把这件事情禀告给天神。天神看到他们过得很苦，就送给他们一颗宝石，让他们在遇到困难或想实现什么愿望时，只要对着宝石说出来，一切都会实现。他们得到天神帮助后，过上了幸福的生活，并教导人们学习佛法，做人忠诚。岳恩讲述，刀干相搜集。16开，3页，约600字，稿存德宏傣族景颇族自治州民语委。

（杨荣芳）

姊妹奇遇

傣族幻想故事。流传于云南省文山壮族苗族自治州。讲述的是：有家人生了两个姑娘，大的叫阿秀，小的叫阿拉。妈死后爹又讨了个后妈。后妈也有两个女儿。后妈经常虐待阿秀姊妹。有一天她把阿秀阿拉撵到山上。两姊妹在山上靠野果充饥开山种地。有天深夜，突然来了一群老熊和野猪，到地里吃姊妹俩种的苞谷瓜豆。她俩大声对动物们说，请它们拣大的吃，小的等长大了再来吃。其中一头野猪一头老熊吃饱后走到姊妹俩住的棚边，一个站一个睡，站的拉屎拉尿，睡的呕吐，拉完吐完下山去了。天亮后，棚子门口都是金银。姊妹俩带着金银回去给阿爹，后妈和姐姐就来抢。阿秀告诉她们可以上山去拿。她们去了不见回来，两姊妹和阿爹去找，只看见岩边有三架人骨头。从此，阿爹和两个女儿过上了好日子。黄福仙讲述，沈朝忠整理。收入《文山壮族苗族自治州民间故事集》第二集，32开，4页，3000字，文山壮族苗族自治州民族事务委员会、文化局、文联1984年编印。

（郭玉萍）

赞散雅

傣族幻想故事。流传于云南省景谷傣族彝族自治县。讲述的是：勐巴拉纳西，国土广阔，殷实富足，但首领残暴贪婪。一天，首领梦后得知将有一个福分比他大的人出生，于是首领下令将所有孕妇杀死。几年后又得知那小孩未死，就将六七岁的儿童统统杀光。国内火灾、瘟疫不断。卜卦人说要找来圣水、龙珠，才能国泰民安，但要福命齐天的人才能找到。首领又做梦，就第三次下令屠杀城东所有的儿童。勐巴拉纳西金城的东边有家人生了双胞胎，首领三次大屠杀都幸免逃脱。扎古告密说召贡玛、召宛纳两兄弟就是福大命大之人，几次屠杀都漏了网。并献计首领让两兄弟去找圣水、龙珠，如找不到就处死。两兄弟历经千难万险，在得道的老僧、莲花姑娘及龙太子帮助下找来了圣水、龙珠。首领又逼兄弟俩去找三牙象，找不来就要抄家灭族。兄弟俩又在猎人、僧人、魔头帮助下和勐占巴国公主一起，找回了神奇的三牙象。最终，兄弟俩战胜昏庸的首领，当上了首领。佚名讲述，刘开顺翻译，刘开顺、马绍兴整理。马绍兴文字校正。收入《云南民间文学集成·景谷民间故事》（一），32开，44页，30000字，景谷傣族彝族自治县民间文学集成领导小组编辑室1989年编印。

（郭玉萍）

种金子

傣族幻想故事。流传于文山壮族苗族自治州文山市傣族聚居区。讲述的是：古时有个人叫南丁。因妈妈对其娇生惯养，好吃懒做，生活极为困难。曼拉是寨老，勤劳、善良、爱管闲事，助人为乐，威望极高。一年春天，南丁听爹说，寨老会种金子，就登门求教。在曼拉寨老的帮助下，南丁终于种出了金子，南丁种的黄谷，穗子长，颗粒大，黄如金，在太阳下熠熠生辉。白凤云口述，刘德荣记录。收入《文山州傣族民间故事集》，16开，3页，803字，云南人民出版社2016年1月版。

（张元波）

二、佛教故事

爱打猎的首领

傣族佛教故事。流传于云南省德宏傣族景颇族自治州傣族地区。讲述的是：勐拉扎纵首领喜好打猎，不计其数的动物死于他手下。有一天，他的女儿被一条蛇咬死了，他伤心流泪，抱怨命运不公。天神下凡来告诉他说："将心比心，你杀害那么多动物生灵，这是上天对你的惩罚！"首领听后，悔恨不已，于是天天上奘房拜佛念经，净化心灵。六年后的一天，他的功德圆满，大蛇出来把毒性从他女儿身上吸出来，公主死而复生。金晃相讲述，刀干相搜集。16开，4页，506字，稿存德宏傣族景颇族自治州民语委。

（喊凤）

布施和受戒哪个重要

傣族佛教故事。流传于云南省西双版纳傣族自治州。讲述的是：有一个叫艾西腊，一个叫艾塔南的人，一个虔诚布施，一个受持戒律。一次，终身受戒的艾西腊遇见了布施到老的艾塔南，两人为了布施和受戒哪个重要而大吵起来，还闹到苦行僧那里评理。当时，苦行僧就拿了根铁拐叫艾塔南去戳石头，结果石头一动也不动。艾西腊也拿铁拐去戳石头，没费多大力气就把石头刺穿了，还有一泪清泉从石头里流出来。苦行僧以事例教育他们，受戒比布施更重要，因为受戒在先，布施在后，只有虔诚受持戒律之人，才能更真诚地布施。岩宰阁讲述，岩温真翻译。16开，4页，685字，稿存西双版纳傣族自治州民族研究所。

（依旺的）

巴底嘎布达欲与佛祖打赌

傣族佛教故事。流传于云南省德宏傣族景颇族自治州傣族地区。讲述的是：佛祖果达玛开始在卫萨丽国过达哈山的一个奘房里修行。当时有一个叫做巴底嘎布达的大师统治着另一个国家，他有许多徒弟。当时佛祖果达玛已名声大振。布达大师心里不服，传口信来说要与果达玛比本领。当时，佛祖果达玛已摸透了布达大师的心理，于是他就起身向布达的奘房走去，卫萨丽的百姓们倾城出动结队前往。布达大师说要自己亲自去迎接，就到比较高的一处石岩缝里偷看果达玛。因为他的心太狠毒，老天不容，就让石缝夹住了他的身体，让他动弹不得。果达玛寻找布达，布达的徒弟说，他去迎接果达玛佛去了，徒弟走到他在的地方，布达说："回话给果达玛佛吧，我已被石头夹住出不来了。"后来佛祖果达玛向众弟子们说："徒弟们要时刻记住，害人之心不可有，防人之心不可无！"佳列喊凹尚艾讲述，刀干相记录。16开，3页，约590字，稿存德宏傣族景颇族自治州民语委。

（岳小保）

班利达的烂锄头

傣族佛教故事。流传于云南省西双版纳傣族自治州。讲述的是：有个叫班利达的农民，在他第七次出家为僧了断尘缘时，就把最牵挂、心爱的锄头丢进河里，并欢呼自己的胜利。恰巧被征战胜利回师的首领捧玛典听到，就问他为谁欢呼胜利？班利达回答说是为自己，因为战胜敌人千百次都不算永远胜利，以后还可能输，而战胜了自己，那才是一辈子的胜利。从此班利达再也没有还俗，潜心修行，最后到达禅定（佛教用语，指专注一境，思想集中）。康朗约讲述，陆云东翻译。16开，3页，630字，稿存西双版纳傣族自治州民族研究所。

（依艳坎）

聪明的猴王

傣族佛教故事。流传于云南省西双版纳傣族自治州。讲述的是：释迦牟尼为菩萨时转生为一只猴王，旱季它带着八千只猴子到荷花湖饮水。然而荷花湖里盘踞着一个水怪，不听猴王招呼的猴子下水后都被水怪吃了。猴王观察到水怪不能上岸及湖岸多芦苇的特点，就命众猴折断很多芦苇，再捅穿芦秆伸到湖里吸水。水怪眼睁睁地看着千万条芦秆伸进湖里，无可奈何。就这样，聪明的猴王救了险些渴死的众猴。康朗约讲述，刀金平翻译。16开，3页，714字，稿存西双版纳傣族自治州民族研究所。

（刀金平）

迭密芒建

傣族佛教故事。流传于云南省德宏傣族景颇族自治州傣族地区。讲述的是：勐拉扎佐的一位名叫"迭密芒建"的富翁，无儿无女，为此，天天到奘房求神拜佛，诚心祈求。一次，他带着佣人去深山里的一处供奉着五百尊佛像的山洞敬拜，途中遭到强盗劫持，强盗要富翁用银子来赎命。天神知道后，变成五百位尚哈雅罕（和尚）来帮助他。富翁的妻子和佣人们挑着一百担银子来替之赎命，遇到了众尚哈雅罕，就把所挑的全部银子分给了他们。于是，天神收富翁夫妇和佣人们做了徒弟，并收五百个强盗为信徒，把富翁的家变成奘房，让人们都来参拜。金罕舍讲述，刀干相搜集。16开，5页，约1000字，稿存德宏傣族景颇族自治州民语委。

（杨荣芳）

第一本俄刹经

傣族佛教故事。流传于云南省德宏傣族景颇族自治州傣族地区。讲述的是：有一对老夫妇，以打猎、捕鱼杀生害命为生，何为供佛赕经从不知晓。唯一的儿子12岁时已到佛寺当和尚。老夫妇过世后，由于生前杀生害命，只能入地狱，受尽了煎熬，后悔在世间的行为，想脱离苦海。于是，至夜里到人间托梦给做和尚的儿子，让儿子备齐供佛赕经的物品，并为他们颂俄刹经。最后，夫妇俩才脱离地狱苦海，到达了理想的天国。体算老人讲述，刀干相搜集。16开，3页，约600字，稿存德宏傣族景颇族自治州民语委。

（快永胜）

都嘎达姑娘赕佛

傣族佛教故事。流传于云南省德宏傣族景颇族自治州傣族地区。讲述的是：很久以前，在勐细利达亚的王国里有位老姑娘，父母双亡。她每天吃斋念佛，从不考虑个人问题。一天，她突然想起了父母生前给她留下的一个金烟盒，这是她家里唯一值钱的东西，她把烟盒洗干净之后准备了一些斋饭，拿到寺庙赕给了佛。她的行动感动了佛祖，当她回到家之时，家里已堆满了金银财宝，她成了一位富人，享受美好生活。佚名讲述，刀干相搜集、整理。16开，5页，约800字，稿存德宏傣族景颇族自治州民语委。

（线永明）

恶鬼欲害心善人

傣族佛教故事。流传于云南省德宏傣族景颇族自治州傣族地区。讲述的是：勐贺罕国的首领死后丢下王后一人。王后心灵手巧、重行善积阴德，每年上奘房拜佛念经三个月从不间断。首领死后，许多恶鬼都想来害死她，但由于她心善，阴德高，便有许多正直的鬼暗中相助。一连几天晚上恶鬼想撞开门撞死她，但有好鬼把门顶住。经过十多回合的较量，恶鬼用刀砍门的声音响遍天下，仍无法将门砍开。这时混西迦（天神）下凡相助，恶鬼终未得逞。相恩讲述，刀干相记录。16开，2页，约450字，稿存德宏傣族景颇族自治州民语委。

（岳小保）

风神雨神

傣族佛教故事。流传于云南省德宏傣族景颇族自治州傣族地区。讲述的是：佛祖轮回转世第一世时，转世成一位阿銮。那一年的七月十二日晚上，他看到南方有一清澈的水池，便落在水池旁的一棵酸角树枝头打坐。突然大风大雨来临，风声雨声呼啸而来，海里的一位龙王正在喝酒玩乐，看到海水越来越多，越来越黑，便浮上水面查看。看到了正在冒雨打坐的佛祖阿銮，便蜷缩身体让阿銮坐在上面，又伸出脖子替阿銮遮雨。待风雨停息之后，龙王又变成一位小伙子跪拜在佛祖面前听经。于是佛祖就念经帮小伙子（龙王）超度升入了天界，并封为专管风雨的神仙，直到现在。勐板佛爷讲述，刀干相搜集。16开，3页，约600字，稿存德宏傣族景颇族自治州民语委。

（杨荣芳）

佛离开果占壁

傣族佛教故事。流传于云南省德宏傣族景颇族自治州傣族地区。讲述的是：佛祖从千里之外来到勐果占壁宣讲佛法，到了果占壁之后，佛见到众多的修道之人不团结，不信任对方，不愿听佛祖的教诲。佛见无法说服众人便悄悄离开果占壁，到东部地区为众人宣讲佛法。后来果占壁的召（首领）阿努相约他的几个好友前往东部地区请佛到果占壁宣讲佛法，佛见众人诚心修道、愿接受佛祖的教诲，便答应了众人的请求前往果占壁宣讲佛法，使佛教普照大地。帅晃讲述，刀干相搜集、整理，线永明译。16开，2页，约400字，稿存德宏傣族景颇族自治州民语委。

（线永明）

佛为什么不说话

傣族佛教故事。流传于云南省德宏傣族景颇族自治州盈江县一带。讲述的是：在很古的时候菩萨和人们一样会说话。有一次，佛祖在为众人讲经说道时，一位听众问："我们尊敬的佛祖啊，您说今后我们的日子很美满，我们吃的用的从哪里来？"佛祖答道："三日一餐饭，活路做一天休息三天。"那位听众又说："如果饿了怎么办？"佛祖又答道："我已经说了，三日吃一餐饭，活路做一天休三天，就这样过日子。"那位听众还是不相信，他又说："还是让我们一日吃三餐吧。"最后佛祖叹了一口气说："我说了你们不听，那就让你们每天吃三顿饭，活路永远做不完。"说完就闭嘴不再开口说话，在宝座中打坐入定至今。波放罕讲述，岳小保记译。16开，3页，约650字，稿存德宏傣族景颇族自治州民语委。

（岳小保）

佛祖弟子误吃斋饭

傣族佛教故事。流传于德宏傣族景颇族自治州傣族地区。讲述的是：佛祖弟子率五百众僧外出化缘，来到巴洼国后，在金芒果寺里休息。巴洼国有个金匠，名叫准达，平时吃斋念佛很虔诚，他得知佛祖弟子来化缘的消息后，急忙跑到金芒果寺拜见佛祖弟子并邀请他到家里吃顿斋，准达用野猪肉做斋饭招待，佛祖弟子吃后染疾而死。原来佛祖弟子在前世修行阿銮时，曾用假药欺骗别人，今才遭到了报应。相真讲述，刀干相搜集。16开，3页，约700字，稿存德宏傣族景颇族自治州民语委。

（金小所）

佛陀点孽根

傣族佛教故事。流传于云南省德宏傣族景颇族自治州傣族地区。讲述的是：有对夫妻，妻子经常遭到丈夫的鞭打，在无法忍受的情况下，她去求佛指点。佛点破说："前世你还是一位阿銮时，你有许多土地，你现在的丈夫前世是你的一头耕牛。

每次耕田犁地时，你不断地用鞭抽打你的耕牛，直打得耕牛气喘吁吁。因有了这段孽根，今世你才遭毒打。你丈夫打到三百鞭后，你俩前世的孽根才可算清"。曼很讲述，刀干相搜集、整理。16开，4页，约672字，稿存德宏傣族景颇族自治州民语委。

（线永明）

富翁夫妇转世成蛇

傣族佛教故事。流传于云南省德宏傣族景颇族自治州傣族地区。讲述的是：勐嘎朗嘎列有一富翁夫妇，从来不到奘房拜佛。一次，他俩到奘房里，既不拜佛也不施善，还在佛像面前睡大觉，不把拜佛的人们和佛祖放在眼里。不久他俩双双去世，死后变成两条蛇出现在洞穴里，没手没脚，到哪里都只能爬行，这就是他们前世做人时不敬拜佛祖、不施行善事的结果。木姐奘房佛爷讲述，刀干相搜集。16开，2页，约400字，稿存德宏傣族景颇族自治州民语委。

（杨荣芳）

富翁下地狱，猪牛上天堂

傣族佛教故事。流传于德宏傣族景颇族自治州傣族地区。讲述的是：勐戛浪戛宁的富翁为做"帕嘎"摆，杀猪宰牛，备大鱼大肉招待远村近邻，以求来世能在阴间享用。富翁老死后到阴间，为争供品与猪和牛发生争执，富翁认为自己做善事，杀猪宰牛、敬备食物、供果来赕佛，目的是在阴间能享用，所有供品应属于自己；猪和牛说，它俩是用鲜血和肉体赕佛，它们对佛最虔诚，供品应属于它俩。因双方争执不下，最后请来天神，天神将所有供品判给猪和牛，并对富翁说："你在人间为做'帕嘎'摆，用别人的生命来赕佛，这是罪过，你应该下十八层地狱，三十世零一个月后，才能洗清罪过。"软相讲述，刀干相记录。16开，2页，450字，稿存德宏傣族景颇族自治州民语委。

（金小所）

放生

傣族佛教故事。流传于云南省西双版纳傣族自治州。讲述的是：佛祖转世成为修行者时，带着一个小沙弥在深山里修行。一天，他推算出小沙弥将在七天以后死去，便委婉地劝小沙弥回家向家人道别。回家路上，小沙弥在干枯的池塘解救了几条小鱼儿和扣子夹住的一只小鸟，并把它们放生。沙弥的举动感动了上天。因此，七天过去了，小沙弥还是安然无恙，而且直到年老无疾。从那以后，人们就有了放生的习俗，延传至今。岩旺讲述，岩庄香翻译。16开，3页，658字，稿存西双版纳傣族自治州民族研究所。

（依旺的）

放生得福

傣族佛教故事。流传于云南省西双版纳傣族自治州。讲述的是：勐轰山纳贯的刀宰牙是个心地善良、虔诚的佛教徒，他很爱惜动物，只要他看到小孩捉到鸟、青蛙、鱼等动物，他都会买后放生。一次，刀宰牙患病，夜里梦见天神首领英（因陀罗），天神劝他不要担心，因为他做善举，会得到好报。果然，刀宰牙的病渐渐好转，活到了九十七岁，子孙满堂。刀文学讲述，陆云东翻译。16开，3页，658字，稿存西双版纳傣族自治州民族研究所。

（依艳坎）

改过的巴力奶

傣族佛教故事。流传于云南省景谷傣族彝族自治县。讲述的是：许多年前的森林里，有一个妖魔之王叫巴力奶。有一天，巴力奶出门找动物吃，家里只有他妻子在。佛祖释迦牟尼来到他家，其妻叫佛祖吃了芭蕉快走，怕巴力奶回来佛祖有危险。佛祖出门就碰上巴力奶。巴力奶想与佛祖比试高低，佛祖答应与他比试。先比试躲藏。佛祖藏在巴力奶眉毛里，他找不到但不服气说还要比。佛祖用手掌把石头劈成两半叫巴力奶重新接起来，他接不起来，承认自己不如佛祖，就把自己的眼睛送给佛祖。后佛祖又送给巴力奶一双神眼。佛祖还用一个小指头就拉开了巴力奶家里传了一百多代但他自己从来拉不动的大弩，巴力奶十分佩服。从此，巴力奶魔王再也不吃活的食物，不杀生，开始信佛。刀永平讲述，云南大学调查队记录整理。岩南隆文字校正。收入《云南民间文学集成·景谷民间故事》（一），32开，2页，1300字，景谷傣族彝族自治县民间文学集成领导小组编辑室1989年编印。

（郭玉萍）

首领口含杨梅

傣族佛教故事。流传于云南省德宏傣族景颇族自治州傣族地区。讲述的是：从前有位首领信仰佛教，他的妃子及大臣们又信仰异教。首领绞尽脑汁，准备把妃子和大臣们全部争取来信仰佛教。一天，首领口含杨梅，然后召来众妃及大臣们说："今天不知吃错了什么东西，两腮肿痛，身体不舒服，请你们的教主来给我治治病。"异教主来后为首领抓药看病，几天过去首领的病不见好转。后来首领招来众妃及大臣，从口中吐出杨梅，说道："你们所信仰的教派不是说法力无边吗？怎么连我口含杨梅装病都看不出来。"后来，众妃子及大臣们都纷纷改信佛教。佚名讲述，喊凹尚岩搜集。16开，5页，约700字，稿存德宏傣族景颇族自治州民语委。

（线永明）

首领赕金盒

傣族佛教故事。流传于云南省德宏傣族景颇族自治州傣族地区。讲述的是：勐巴拉纳西的首领，他吃斋念佛信奉佛教。一天，首领叫人们准备了一些斋饭及金银财宝，带着众信徒来到江边举行了隆重的赕佛活动，并把所赕的物品放入江中，随江漂去。赕的物品漂到恶劣龙王的龙宫，龙王见了之后认为与佛有缘便千里迢迢带着龙族到勐纳拉西向首领拜佛求经。佚名讲述，刀干相搜集、整理。16开，3页，约500字，稿存德宏傣族景颇族自治州民语委。

（线永明）

首领考本领

傣族佛教故事。流传于云南省德宏傣族景颇族自治州傣族地区。讲述的是：勐沙洼体是一个快乐的国家，有占卜师、巫师、佛爷等各种各样的智者。一天，首领举行比本领大赛，如果谁算得准，就证明谁最有本领。所有的占卜师、巫师、佛爷都来参赛。首领把一只猫头鹰放在金柜里，让参赛的人员算，占卜师说是猫，巫师说是玉石，佛爷说是只猫头鹰。最后，首领派人打开金柜，一只猫头鹰从柜子里飞出来。所有的占卜师和巫师羞愧不已，纷纷逃离勐沙洼体。从此以后，人们就信佛教直到现在。佚名讲述，刀干相搜集。16开，3页，363字，稿存德宏傣族景颇族自治州民语委。

（喊凤）

狗王劝诫首领

傣族佛教故事。流传于云南省西双版纳傣族自治州。讲述的是：释迦牟尼为菩萨时转生为一只狗王，居住在雪山林。一天，它听说勐巴拉纳西的首领因为狗偷吃了他拴象鞍、套马车的皮绳，而命大臣捕杀除王宫以外的所有地方的狗，非常震惊。于是，它找到首领，用药迫使首领饲养的狗吐出了皮绳渣，使首领知道了是他的狗在作祟。劝说首领对事不能盲目，还给首领讲了为王十法的道理，使首领纠正了错误。康朗约讲述，刀金平翻译。16开，3页，756字，稿存西双版纳傣族自治州民族研究所。

（刀金平）

《嘎拉蚌》

傣族佛教故事。流传于云南省德宏傣族景颇族自治州傣族地区。讲述的是：勐沙统首领生前从不拜佛行善，整天只知道寻欢作乐，带领百姓打猎杀生，不问政务，死后被打入地府，灵魂受尽折磨。后来他才醒悟过来，是自己生前所犯的罪孽，才使自己在地府遭受报应。于是托梦给他女儿说，让女儿去找一部经书赎佛，为他超度亡灵。公主得到一位和尚指点，找到一部叫《嘎拉蚌》的佛经，为父王赎佛，老首领才得以赎罪，逃离苦海，升入极乐世界。佚名讲述，刀干相搜集。16开，4页，462字，稿存德宏傣族景颇族自治州民语委。

（喊凤）

和尚与尼姑

傣族佛教故事。流传于云南省德宏傣族景颇族自治州傣族地区。据说古时候和尚与尼姑从来不会相恋或私奔到其他地方去还俗成家的。有一次，和尚的干妈去奘房送食物给和尚，和尚问她，南瓜和芋头是否可以煮在一起，他的干妈说可以煮在一起的。结果下一次她来奘房送食物时和尚与尼姑相恋后已私奔到和尚的老家还俗结婚了。干妈去做客时问和尚为什么不提前告诉她要还俗结婚的事。和尚说，我问你南瓜和芋头是否可以煮在一起，你说可以的，我俩才离开奘房的。波放罕讲述，岳小保记译。16开，2页，约600字，稿存德宏傣族景颇族自治州民语委。

（岳小保）

狠毒的首领

傣族佛教故事。流传于云南省德宏傣族景颇族自治州傣族地区。讲述的是：勐巴拉纳西的首领是个凶狠的君主，从不到奘房里拜佛，也不学习佛法，做事不分善恶，专听占卜师的吹嘘之言。一次，首领让占卜师传授长生不老法，占卜师告诉首领想长生不老必须用千万只鹿和麂子来做药引才能延续寿命。首领听信了占卜师的谗言，下令派出全勐的猎人追杀鹿和麂子，使得生灵涂炭。于是众山神、树神化身成许许多多的鹿和麂子来

到首领和占卜师面前，首领和占卜师看到如此多的鹿和麂子后，高兴地伸手去抓，不料却被众动物踩死了。死后变成了野鬼，他们的魂魄到处飘荡，拣吃路边别人丢弃的垃圾，永不得超生。相珍讲述，刀干相搜集。16开，5页，约1000字，稿存德宏傣族景颇族自治州民语委。

（杨荣芳）

金莫宪姑娘

傣族佛教故事。流传于云南省德宏傣族景颇族自治州傣族地区。讲述的是：很久以前，有个勐赞巴那过国突遭瘟疫所害，病民成众，首领命病民迁入山中重建家园。病民中有一年轻人入深山遇到五百个修行的僧人，他们送病民三颗药丸：一颗专医癣、麻风等皮肤病；第二颗专治内科病；第三颗，吃后返老还童，死后数日仍能复活。在森林里住着一位雅锡（苦行僧），岁数已达千岁。病民做了他的徒弟。一天，雅锡外出去寻找野果充饥，在魔鬼国附近看见一朵莫宪花（傣族用它来扎扫帚，也称扫帚竹），他采来插于供佛台上。夜晚，莫宪花光芒四射，一美女从花中缓缓走出，雅锡十分惊奇。美女与雅锡的徒弟一见钟情，他俩前往所建新寨医治病人，所有病人得以康复，个个年轻美丽。全村为他俩举行了婚礼，从此生活美满，健康延年。佳列喊凹尚艾讲述，刀干相记录。16开，3页，约900字，稿存德宏傣族景颇族自治州民语委。

（岳小保）

解脱（《洛戛皮结》）

傣族佛教故事。流传于云南省德宏傣族景颇族自治州傣族地区。讲述的是：一对老夫妇在山上以种地为生，有一群蚂蚁天天来吃他俩的漱口水。丈夫想用热水泼蚂蚁，妻子说别泼它们，它们也有生命，而且只来吃我们的漱口水。丈夫死后变成守奘房的断头鬼，后来他砍一根手指赎佛才变成僧人。妻子死后变成富翁。一天，僧人去化缘，

人家见他手指断了一根，谁也不给他食物，只有那个富翁给他。他回到奘房后食物变成漱口水。他问佛祖，佛祖说这是蚂蚁还给你的漱口水，你只有把佛经《洛戛皮结》赕后才能解脱。后来富翁也把佛经《洛戛皮结》赕了佛，死后就变成了佛祖的徒弟。许布相米讲述，岳小保记译。16开，3页，约600字，稿存德宏傣族景颇族自治州民语委。

（岳小保）

酒的来历

傣族佛教故事。流传于云南省西双版纳傣族自治州。讲述的是：有两个兄弟拉了一牛车的瓜果去献供给巡游到村上的释迦牟尼佛祖。佛祖认为他们不孝，没有接受。他们把瓜果送给父母，父母也不要。他俩无颜拉回瓜果，就把瓜果倒在了一处山脚下。时间长了，熟透的瓜果发酵流出一股清香的汁来。一个猎人见小鸟和动物吃了果汁后全都醉倒在地，尝了一口，感觉很好喝，就用竹筒打回家，献给一位苦行僧和首领。谁知苦行僧、首领和大臣们喝了，全都醉成一团。人们不清楚，就去问佛祖是什么东西？佛祖说那是"苏拉"（酒），并把"苏拉"（酒）放在五戒中的第一位。从那以后就有"苏拉"（酒）。岩宰阁讲述，岩温真翻译、整理。16开，12页，1379字，稿存西双版纳傣族自治州民族研究所。

（依旺的）

苦行僧舍身救幼虎

傣族佛教故事。流传于云南省西双版纳傣族自治州。讲述的是：释迦牟尼佛祖为菩萨时转生为一个苦行僧。一天，他去山上找食物，猛然看见自己站着的岩石下有一头母虎，因为饥饿要吃自己的虎仔。苦行僧不禁燃起怜悯之心，决定以自己的肉身挽救幼虎。于是，他便从岩石上跳下去，跌死在母老虎面前而救了幼虎。岩香讲述，刀金平翻译。16开，2页，560字，稿存西双版纳傣族自治州民族研究所。

（刀金平）

吝啬的富人

傣族佛教故事。流传于云南省德宏傣族景颇族自治州傣族地区。讲述的是：在很久以前的勐巴拉纳西，有个家财万贯的富翁，夫妻俩非常吝啬，他俩不赕佛、不拜佛、不行善积德。死后托生到郊外的一户人家，俩人又痴又呆，这都是因为他俩前世吝啬不信佛赕佛所带来的结果。佚名讲述，刀干相搜集、整理。16开，2页，约400字，稿存德宏傣族景颇族自治州民语委。

（线永明）

吝啬富翁

傣族佛教故事。流传于云南省德宏傣族景颇族自治州傣族地区。讲述的是：在很久以前有一对富翁夫妇十分小气，他俩的东西从来不会分给别人，也不去赕佛。他俩死后男的变成大黄狗，女的变成了专吃牛屎的黑虫，天天在奘房旁专门来抢吃僧人和教徒们倒掉的残余食品。一天，佛祖用天眼看见这条狗和黑虫原来是一对富翁夫妇，由于过分爱财小气，死后变成这般模样。佛祖当即告诉他俩，做人要爱人，要会施舍，积功德，死后才会有福享。他俩当即跪拜倾听佛祖的教导。从此信佛念经，得福终生。许布相米讲述，岳小保记译。16开，1页，约300字，稿存德宏傣族景颇族自治州民语委。

（岳小保）

朗朋萨瓦迪

傣族佛教故事。流传于云南省德宏傣族景颇族自治州傣族地区。讲述的是：勐阿沙嘎里首领有一位长得很漂亮的女儿，叫朗朋萨瓦迪。从小聪慧过人，能说会道，悉心诵经。朗朋萨瓦迪十四岁时，富翁想找位驸马给她。有一个勐（国家）的首领前来与朗朋萨瓦迪求亲，并许诺迎接朗朋萨瓦迪去他们的勐当首领，替他治理国家。双方商定后，首领为他们举行了婚礼，朗朗萨瓦迪做了她夫君的勐的女首领，带领百姓拜佛诵经，净化心灵。他们的国家也逐渐安定、繁荣起来。相瑞讲述，刀干相搜集。16开，3页，约600字，稿存德宏傣族景颇族自治州民语委。

（杨荣芳）

猎人的尴尬

傣族佛教故事。流传于云南省西双版纳傣族自治州。讲述的是：释迦牟尼为菩萨时转生为一头鹿王，一天它去找青果吃，感觉青果树下有狩猎的猎人，就走开了。猎人见即将到手的猎物走开了，就大喊今天你逃了，明天逃不了。马鹿也回敬了一句："你这杀生的猎人，今天你错过了杀我的机会，但明天你能躲过因杀生而掉地狱的惩罚吗？"猎人听后羞愧地低下了头。康朗约讲述，刀金平翻译。16开，3页，718字，稿存西双版纳傣族自治州民族研究所。

（刀金平）

美女翁玛旦娣

傣族佛教故事。流传于云南省德宏傣族景颇族自治州傣族地区。讲述的是：佛祖出现时，阿銮谢玉巴纳密成为勐巴拉纳西的首领。其城郊有一对穷夫妇，靠卖柴度日，生有一女儿美丽无比，似仙女下凡。男人见了她会昏倒，女人见了像疯了一般。其父母向首领禀报，欲将女儿送与首领。首领派八位师傅前往试探，他们一看见美女翁玛旦娣，当即昏倒，连话也说不出。八位师傅向首领回报说，此女太丑，与首领不匹配。有一天夜里穷夫妇将女儿送给大将军阿彼巴洛。七天后，首领骑着大象向全城巡礼，当他来到大将军阿彼巴洛家看见翁玛旦娣时，突然两眼发昏从象背上跌了下来。首领回到王府后，将其所有——王宫、王府的一切统统送给大将军阿彼巴洛后，独自一人到森林里去做僧人修行去了。佳列喊凹尚艾讲述，刀干相记录。16开，2页，约500字，稿存德宏傣族景颇族自治州民语委。

（岳小保）

卖菜的大龄姑娘

傣族佛教故事。流传于云南省德宏傣族景颇族自治州傣族地区。讲述的是：勐沙洼体有一个大龄姑娘，无兄弟姐妹，独自一人靠种菜为生，每次礼拜她都用卖菜得来的钱买了干巴、瓜果之类的供品去奘房敬拜。在一次去奘房途中，她背着背箩，一只老鹰看见她背箩里的肉就俯冲下来叼走了背箩，她急得赶紧追赶。但是，老鹰早已飞上天空。天神知道这位大龄姑娘诚心拜佛，便化身为另一只老鹰的模样，发话给偷走背箩的老鹰，老鹰听到后急忙丢下背箩。大龄姑娘背着供品去奘房拜佛，刚进奘房，突然全身发光，就在那里做了修行僧尼。姐列讲述，刀干相搜集。16开，3页，约600字，稿存德宏傣族景颇族自治州民语委。

（杨荣芳）

魔王学佛经

傣族佛教故事。流传于云南省德宏傣族景颇族自治州傣族地区。讲述的是：从前有一个一千岁的老魔王率领众老小前往雅锡（苦行僧）处请求教导佛经。雅锡细心传教，叫他们弃邪归正，弃恶从善。众魔诚心听经，数月后，如梦初醒，觉悟了许多。附近的人听说魔鬼都来听佛经，备受感动，便前往听经。后来百姓和众魔均成为佛的信徒。佚名讲述，刀干相搜集。16开，3页，约800字，稿存德宏傣族景颇族自治州民语委。

（岳小保）

农夫的报应

傣族佛教故事。流传于云南省西双版纳傣族自治州。讲述的是：一个农夫去田里看守庄稼，见一头水牛把自家秧苗糟蹋得乱七八糟，非常心痛，一气之下拔出刀割掉了牛舌。这头牛没有了舌头，不吃不喝，渐渐消瘦，最后死了。后来，农夫家生了三个儿子，个个长得眉清目秀。奇怪的是三兄弟同样患上了舌头萎缩的病，都无法开口说话，请了许多名医都治不好。刀文学讲述，陆云东翻译。16开，3页，641字，稿存西双版纳傣族自治州民族研究所。

（依艳坎）

虐待父母的报应

傣族佛教故事。流传于云南省西双版纳傣族自治州。讲述的是：释迦牟尼佛祖的弟子之一目犍连，一次转生为平民时经不住妻子的软磨硬缠，把双眼已瞎的父母骗上车丢在一处荒林里，还扮成强盗用木条抽打父母。父母不顾自己安危，连叫儿子快离开，不要受到强盗的伤害。目犍连见父母处在危险之中还不忘儿子的安危，羞愧难当，把父母拉回家后就休了妻子，一直侍候到老人去世。康郎香讲述，岩旺记录，陆云东翻译。16开，6页，1219字，稿存西双版纳傣族自治州民族研究所。

（刀金平）

奇怪

傣族佛教故事。流传于云南省德宏傣族景颇族自治州傣族地区。讲述的是：首领为了占有穷小伙子的妻子，曾暗地指使人将穷小伙子推入水中，又让穷小伙子去捞掉入深水中的金斧头、金碟子。当穷小伙子不解首领之行为而感叹说"奇怪"时，首领又让穷小伙子去找"奇怪"来。后来，一个老和尚用竹篾编了个绣球并念上咒语，绣球会膨胀、升天。首领坐着绣球升上天空时，那东西突然变小，首领落地摔死。佚名讲述，龙自冲记录。16开，4页，1751字，刊于傣文杂志《勇罕》1989年1—2期。

（冯宵）

人模狗心的妇人的故事

傣族佛教故事。流传于云南省西双版纳傣族自治州。讲述的是：佛祖释迦牟尼转世在勐伽西曼尼贡成为平民时，有一个美丽的妻子。一天，他的妻子被一个溜进他家的小偷杀死，并把心丢进了河里。他设法把狗的心脏放进妻子胸腔里救活了妻子。妻子虽然复活了，但从此水性杨花，不守妇德。其丈夫也因为讨厌自己的妻子而出家当了和尚。从此以后，人们就把生性风流的女人看做是人模狗心的女人。岩宰阁讲述，岩温真翻译。16开，4页，832字，稿存西双版纳傣族自治州民族研究所。

（依旺的）

十波罗蜜的由来

傣族佛教故事。流传于云南省西双版纳傣族自治州。讲述的是：十位商人在荒郊野外发现一具死尸，就相继给死尸送了饭团、净身、滴水、用衣服盖身，并把尸体埋葬。因为他们做了这些善事，他们去听佛祖说教受持佛戒时，佛祖授给他们每人一个波罗蜜，第一位给死尸饭团的得施波罗蜜；第二位滴水的得戒波罗蜜；第三位给死尸盖身的得出离波罗蜜；第四位为死尸烧火驱虫的得精进波罗蜜；第五位给死尸挪地方的得慧波罗蜜；第六位担心死尸被乌鸦啄食的得慈波罗蜜；第七位给死尸净身的得忍波罗蜜；第八位埋葬死尸的得真谛波罗蜜；第九位感叹坟墓的得祈祷波罗蜜；第十位给坟墓添一把土的得中性波罗蜜。十波罗蜜由此而来。岩塔讲述，岩庄香翻译。16开，4页，685字，稿存西双版纳傣族自治州民族研究所。

（玉腊）

四王修佛经

傣族佛教故事。流传于云南省德宏傣族景颇族自治州傣族地区。讲述的是：很久以前的应达巴塔纳国是一个国运昌、国民乐的阿銮（佛教成佛前在若干轮回转世中的人物）出现的国家。当时有混西迦（天神）、龙神、大鹏鸟王、混贺罕过拉八四位大王都各自去深山老林里修行吟诵佛经三个月。三个月满后，他们在一棵大榕树下相遇，就相互议论有关修佛经之事，各自都说自己修得最好，谁也不服谁。最后过拉八说，我们四个互相争吵没有意思，还是去问衣托大臣吧。衣托问："你们说两头黄牛拉车走过的脚印又被车轮碾过，脚印还看得见吗？"四王都说看不见。衣托大臣说："这和你们修行一样，你们别了王宫、妻女、财宝去深山修行，你们得到的是一样多。"四位大王才醒悟过来，立即感谢衣托大臣，并赠送了礼物后互相道别各自回宫。佳列喊洼尚艾讲述，刀干相记录。16开，3页，约800字，稿存德宏傣族景颇族自治州民语委。

（岳小保）

沙塔达拉吾图尖

傣族佛教故事。流传于云南省德宏傣族景颇族自治州傣族地区。讲述的是：勐占巴那果有一位和尚，奘房周围牲畜的吼叫声吵得他无法静心念经，于是他打点行李进入深山老林里修炼。三年过去了，他却染上了重病，没人照料，生命奄奄一息。正巧被一对上山砍柴的夫妇看到，便找来柴禾为他暖身，喂给他食物，他才免于一死。为此，和尚祈求天神赐福给这对救命恩人。待夫妇俩回到家，天上掉下好多金银财宝来，从此，夫妇俩过上了幸福的生活。岳相哏讲述，刀干相搜集。16开，2页，264字，稿存德宏傣族景颇族自治州民语委。

（喊凤）

舍利弗巧计教化母亲

傣族佛教故事。流传于云南省西双版纳傣族自治州。讲述的是：舍利弗的母亲是一个不信仰佛教的女子，并且很泼辣。为教化母亲，舍利弗先给母亲养的三只爱犬分别取名叫都康、尼赞和阿纳达。然后在楼梯口安放了三根棍子，告诉母亲第一根棍子叫菩陀；第二根棍子叫坦摩；第三根叫桑卡。让母亲去领悟其中的含义。在舍利弗的耐心劝教下，他的母亲知道了菩陀即佛祖，坦摩即佛法，桑卡即僧人，合称"三宝"；都康就是人间疾苦，尼赞就是不稳定，阿纳达就是今后的生存。母亲明白了舍利弗的良苦用心。从此摒弃了暴躁性情，虔诚地皈依佛教。康郎香讲述，岩旺记录，陆云东翻译。16开，7页，1329字，稿存西双版纳傣族自治州民族研究所。

（刀金平）

死亡不等时

傣族佛教故事。流传于云南省德宏傣族景颇族自治州傣族地区。讲述的是：从前佛祖为了不让万物生灵遭受灾难困苦的折磨，便写下戒律记载在佛经当中，教导众生学习佛法，普度众生。并告诫人类：在有生之年，不论老幼、贫穷、富贵，每次月亮圆缺轮回之时，每人必须按时准备上鲜花、米花等供品到奘房拜佛念经，净化心灵，积功积德；只有如此，当死亡到来之时，才不会畏惧；凡是有生命之物都不要毁灭，不要心存坏的思想，因为死亡无时无刻不在；如果只是有了钱之后才去奘房拜佛，那么来世就会转世为穷人；终日行恶之人，会因流血而死。相珍讲述，刀干相搜集。16开，4页，约800字，稿存德宏傣族景颇族自治州民语委。

（杨荣芳）

死于私欲

傣族佛教故事。流传于云南省德宏傣族景颇族自治州傣族地区。讲述的是：勐巴拉纳西的一位富翁，从不到奘房拜佛，还讥笑那些敬拜之人。一天，他想吃鹿肉撒撇（傣族特色菜，生肉凉拌），就带上佣人拿着弓箭去打鹿，却只打到几只鸟，吃完后他们便睡着了。不料却被强盗抓去，要他们拿两担银子来赎命。富翁派其中两个佣人在两个强盗的监护下回家挑来两担银子，两个佣人与两个强盗串通一气杀死了富翁，抢走了银子。后来，四人又因为都想把两担银子据为己有而互相厮杀，最终他们都遭到了佛祖的惩罚。金罕舍讲述,刀干相搜集。16 开,4 页,约 800 字,稿存德宏傣族景颇族自治州民语委。

(杨荣芳)

素情花公主

傣族佛教故事。流传于云南省德宏傣族景颇族自治州傣族地区。讲述的是:勐沙洼体的一处深山里,生长着千百种鲜花,花开时节,香气四溢,沁人心脾。有一位猎人巡猎来到这里,看到一株素情花十分娇艳,便摘了一束去献给首领。首领十分高兴,把他招为贴身大臣,辅助首领。不久后,那束素情花变成一位漂亮的姑娘,首领和王后把她收为公主。公主十五岁时,想举行巴塔摆(佛教活动,即诵经大会,这期间所有僧侣不吃不喝不睡七天七夜)。于是首领张榜告示,召集所有雅锡、僧尼聚集到摆场打坐诵经,让全国百姓也接受教诲。后来,巴塔摆每隔一年或三年举行一次,从佛历一八四三年持续至今。帅罕讲述,刀干相搜集。16 开,4 页,约 800 字,稿存德宏傣族景颇族自治州民语委。

(杨荣芳)

侍奉双目失明老母的阿銮

傣族佛教故事。流传于德宏傣族景颇族自治州傣族地区。讲述的是:佛祖率众僧化缘来到勐果那撒。勐果那撒的首领贴出布告:"全城的百姓若有心施舍功德,不论大小户,施舍食物多少,都衷心感谢!"勐果那撒有个阿銮,与双目失明的母亲相依为命,日子过得十分艰辛。阿銮看到布告后,有心敬佛,他侍候老母睡下后,急忙把家里家外打扫干净,拿出他从山上采摘来的各种野果,准备好茶水和生活用品。佛祖和众僧来到阿銮家,娘儿俩双手合掌,口念阿弥陀佛,虔诚拜见,并将所准备的一切奉上;佛祖为他们念诵经文后,娘儿俩目送佛祖与众僧远去,待回头一看,他们的破草屋顷刻间变成了金光闪闪的皇宫,里面堆满了金银财宝。从此,阿銮与母亲过上了富足、安康的生活。庄真讲述,刀干相记录。16 开,2 页,450 字,稿存于德宏州民语委。

(金小所)

僧人渡猎人

傣族佛教故事。流传于云南省德宏傣族景颇族自治州。讲述的是:一个修行得道的僧人要去训渡一个猎人,傍晚僧人来到猎人家。第二天拂晓,猎人进山去打猎,猎人妻准备了早斋饭,抬到僧人面前,猎人妻心起色念,欲动手拉僧人,僧人双手合十回到奘房打坐入定。猎人回家,其妻哭诉自己被僧人调戏。猎人前往欲报复,见僧人闭目打坐,便从其背后把箭射向僧人,忽然僧人飘向半空,猎人的箭射在奘房的中柱上,还向僧人磕拜的样子。猎人被吓出一身冷汗,跑回家直问其妻真相。夫妻俩备供品向僧人认错,从此拜佛念经。许布相米讲述,岳小保记译。16 开,2 页,约 400 字,稿存德宏傣族景颇族自治州民语委。

(岳小保)

拾柴女

傣族佛教故事。流传于云南省西双版纳傣族自治州。讲述的是:勐巴拉纳西有一个名叫捧玛典的首领去花园游玩时,占有了一个美丽的拾柴女子。事后首领给了拾柴女一只手镯,说如有孩子是女孩就把手镯卖了养家,是男孩就带这只手镯和孩子来找我,我封你为王后。后来拾柴女生下一个男孩,拾柴女就抱着男孩去找首领,首领却不相认。伤心的拾柴女便把孩子抛向空中,虔诚祈祷若孩子是首领的儿子就让停留在空中,若不是就让他摔死。结果,孩子停留在空中,首领只好相认。康朗约讲述,刀金平翻译、整理。16 开,9 页,1127 字,稿存西双版纳傣族自治州民族研究所。

(玉腊)

扫佛寺也得"佛"

傣族佛教故事。流传于云南普洱景谷县傣族地区。讲述的是：一只老鹰在佛寺旁一棵大树上做窝，它已经很长时间没有捕到猎物了，饿得连叫唤的力气都没有，成天待在窝里观察着周围的动静。这天，它发现有一群小鸡仔在佛寺院子里觅食玩耍，心中大喜："哎呀呀，这不就是送到嘴边的美食么？"没来得及多想，它张开翅膀就冲向小鸡，伶俐的小鸡们在母鸡妈妈的带领下迅速钻到了花棚下，连日来的饥饿让老鹰浑身乏力、行动迟缓扑了个空，只抓到一根地上的稻草飞回了巢穴。由于一点力气也没有了，它饿得昏死过去了。此时，天神帕雅英下凡来把它带上天，安排它到勐大哇顶沙（天堂）享受天乐之福。很多人不解，凭什么老鹰都能上天堂享乐？那是因为它在佛寺里捡了一根草，虽然是无心之举，但也是为佛寺的清洁卫生尽了一点力，因此而得"佛"，得到了它该得的享受。所以，无论什么人，只要到佛寺里打扫或是清洁道路等，做些行善积德的事情，都可以得福。收入《景谷傣族民间故事》（汉傣双文），32开，1页，389字，景谷傣族彝族自治县傣族文化协会编，2014年3月发行。

（依旺的）

塔武相娥芒雅锡

傣族佛教故事。流传于云南省德宏傣族景颇族自治州傣族地区。讲述的是：一位在深山里苦心修行的雅锡僧人，闲游来到一个荷花池边，荷叶上传出一阵阵婴儿的啼哭声，便循声走去，扒开荷叶看到有一个长相可爱的女婴躺在里面，便把婴儿抱回去抚养。可是女婴一离开荷花池就哭闹得更厉害，红润的脸蛋也变得青紫，雅锡就用仙水喂养，小孩立刻停止了哭闹，露出了可爱的笑脸。以后的日子雅锡便用斋饭喂小孩，每天讲佛经故事给她听，让她受戒。后来才知道前世他俩是穷父女，由于他诚心向佛，好做善事，佛祖才让他俩在今世团聚。姐列讲述，刀干相搜集。16开，3页，约600字，稿存德宏傣族景颇族自治州民语委。

（杨荣芳）

五个猎人

傣族佛教故事。流传于云南省德宏傣族景颇族自治州傣族地区。讲述的是：从前有五个猎人上山打猎，均空手而归。在回家的路上见河对面有一个黄色的影子，五个猎人误认为是麂子，便拉弓齐射那黄影，没有想到那是一个和尚。和尚问他们为何射他，他们说是眼睛看花了。最后和尚教他们佛经，叫他们勿杀生命，改邪归正。五个猎人丢弓弃箭改邪归正，做了虔诚的佛教徒。可供研究傣族佛教文化参考。佚名讲述，刀干相搜集。16开，2页，约500字，稿存德宏傣族景颇族自治州民语委。

（岳小保）

"五戒"的故事

傣族佛教故事。流传于云南省西双版纳傣族自治州。讲述的是：有五个苦命的男子想在森林里自尽，一位苦行僧出来劝解，并告诉他们只要受"巴南"（不杀生）、"阿低南"（不偷盗）、"伽灭"（色戒）、"木萨"（不妄语）、"苏拉"（不饮酒）"五戒"，他们就可以脱离苦海。那五个男子听僧人的话，每人受持一条戒律。后来，受持"巴南"（不杀生）戒律的男子，成了一个富翁；受持"阿低南"（不偷盗）戒律的男子，被首领封为大臣；受持"伽灭"（色戒）戒律的男子得到金银珠宝；受持"木萨"（不妄语）戒律的男子，实话实说，揭露大臣儿子淫秽之事，被首领封为大官；受持"苏拉"（不饮酒）戒律的男子，生病坚持不服用大夫开的药酒，因而感动天神，被天神治好病。五个人分别得到了好报。岩宰阁讲述，岩温真翻译。16开，6页，1378字，稿存西双版纳傣族自治州民族研究所。

（依旺的）

无奈的兽王

傣族佛教故事。流传于云南省西双版纳傣族自治州。讲述的是：释迦牟尼佛祖为菩萨时转生为勐巴拉纳西森林里的兽王。一天，它的妹妹来到森林里，恳求哥哥教导它的孩子。兽王答应了它的请求。可侄子非常调皮、贪玩，各种技能、处世之道它根本不学，对于兽王的告诫更听不进耳。一次，侄子离开兽群溜到坝子里的菜园偷吃蔬菜，被人用枪打死了。对于妹妹的质问，兽王只能摇摇头无话可说。康朗约讲述，刀金平翻译。16开，3页，588字，稿存西双版纳傣族自治州民族研究所。

（刀金平）

西拉克达

傣族佛教故事。流传于云南省西双版纳傣族自治州。讲述的是：释迦牟尼佛祖为菩萨时转为勐巴拉纳西一个贫民家的儿子，名叫西拉克达。一天，首领过生日，他去帮忙时把买来的鸡鸭全都放生了。首领大怒之下派人把西拉克达丢下恒河的大瀑布里，就在他落水的瞬间，一朵硕大的荷花把他托住，载到岸边。天神见首领无德，就用雷劈死了他，人们拥西拉克达做了勐巴拉纳西的首领。康朗应讲述，岩香瓦记录。16开，3页，801字，稿存西双版纳傣族自治州民族研究所。

（刀金平）

香发姑娘

傣族佛教故事。流传于云南省景谷傣族彝族自治县。讲述的是：从前有个富饶的坝子叫勐巴拉纳西，佛祖的前世出生在都城外的穷苦人家，从小父母双亡，靠阿婆养育，取名叫朗达公玛拉。家里有一只小公鸡，朗达公玛拉天天抱着玩，后城里的小孩非要与他斗鸡，但都被朗达公玛拉的小公鸡斗败了。有一天，在斗鸡的广场上，从空中飞来一只竹斑公鸡与他的公鸡搏斗，结果双双掉进地洞里。朗达公玛拉在地洞里遇到一个叫敢塔朋轰的姑娘并把她从魔王手中救出，还得到一把能斩除一切灾难的金刀。敢塔朋轰的头发会发出香味，香遍了整个勐巴拉纳西。首领想强行占有她，命数十个有本领的大力士来打朗达公玛拉，但都被他打败，首领也掉进地狱死了。朗达公玛拉在勐巴拉纳西任一千多年的首领才去世。佚名讲述，周建荣、周忠寿翻译，马绍兴记录、整理。收入《云南民间文学集成·景谷民间故事》（一），32开，12页，8000字，景谷傣族彝族自治县民间文学集成领导小组编辑室1989年编印。

（郭玉萍）

虚假的来历

傣族佛教故事。流传于云南省德宏傣族景颇族自治州盈江县。讲述的是：远古的时候，有一个修行多年的僧人，由于凡心不灭，心存女色，他在奘房里用泥巴做成一个女人像，天天跟她说话。有一天上奘房赕佛的人看见他像疯人一样和泥人说话，就去告诉佛祖。佛祖说："他是凡心不灭，玩虚假的东西。"佛祖一开口说"虚假"二字，世间就有了虚假的东西。例如，果树只开花不结果，结了果还不成熟就掉落，有的人一出生就死去，等等，这些现象都来自于佛祖说出的"虚假"二字，此僧人经佛祖开导，后来也修成正果升入了天堂，但人世间永远留下了虚假的东西。许布相米讲述，岳小保记译。16开，3页，约600字，稿存德宏傣族景颇族自治州民语委。

（岳小保）

驯服醉象

傣族佛教故事。流传于云南省德宏傣族景颇族自治州傣族地区。讲述的是：佛祖有一堂弟，叫提婆达多，也随众出家。他骄傲狠毒，妒忌佛陀，想分裂佛教。他诱惑摩揭陀首领儿子阿世杀害了父王，后来又欲加害佛陀。他假意请佛陀入城，暗中却在道旁埋伏一头醉象，欲趁机杀害佛陀。佛陀毫不畏惧迎了上去，醉象伏地受法，不敢害人。后来阿世王觉悟，归佛忏悔；提婆达多却众叛亲离，无处容身，气愤而死。哏帅讲述，刀干相搜集。16开，6页，约1080字，稿存德宏傣族景颇族自治州民语委。

（线永明）

想让他人死则己死

傣族佛教故事。流传于云南省西双版纳傣族自治州。讲述的是：猎人带着猎狗正要去打猎，路上碰上了一位从山上下来化缘的苦行僧。常说打猎时如遇到僧人，将会走霉运。猎人十分生气，除破口大骂还放狗咬修行者。修行者急忙爬上无花果树躲避，猎人不甘心，把一根长竹子的一边削得尖尖的，去捅修行者。修行者被尖尖的竹片捅得鲜血直流，身上的袈裟也掉了下来，正好盖在猎人身上。猎狗以为是修行者掉下来，就扑上去猛咬，没多久，猎人就没有了喊叫声。刀文学讲述，陆云东翻译。16开，5页，834字，稿存西双版纳傣族自治州民族研究所。

（依艳坎）

一颗宝石有三个主人

傣族佛教故事。流传于云南省西双版纳傣族自治州。讲述的是：有个不甘心做富翁仆人、名叫兵利的小伙子，出门去问佛祖有关自己的命运。去的时候，还带富翁的女儿、龙、妖魔向佛祖问了他们的命运。富翁为感谢兵利，把女儿嫁给他为妻，龙和妖魔也给了兵利宝珠和金银财宝。兵利不贪财，就和富翁、当地的首领共建了一座佛寺，并把龙和妖魔给的宝珠及财宝全部埋在佛寺底部作镇寺之宝，从此就有了一颗宝石有三个主人的说法。刀曙明讲述，陆云东翻译。16开，4页，784字，稿存西双版纳傣族自治州民族研究所。

（玉腊）

亚写吃鳄鱼肉

傣族佛教故事。流传于德宏傣族景颇族自治州傣族地区。讲述的是：有个雅锡在深山里修行了三十多年，一猎人到山里猎获一条鳄鱼，遇到雅锡，就将烧熟的鳄鱼肉分给雅锡吃。雅锡吃后感觉味道特别香甜，猎人告诉雅锡这是鳄鱼肉，并说鳄鱼生活在大河的石头缝里。后来雅锡整天迷恋鳄鱼肉的香甜味，每天都到大河的石头上等鳄鱼，把自己修行的事忘得干干净净。一日，雅锡终于看见一条鳄鱼在水里游荡，雅锡急忙扑向鳄鱼，最后葬身于鳄鱼腹中。软哏讲述，刀干相搜集。16开，2页，约400字，稿存德宏傣族景颇族自治州民语委。

（金小所）

缘分

傣族佛教故事。流传于云南省西双版纳傣族自治州。讲述的是：有个跟随师父去化斋的小和尚艾迈，见师父指着在地里锄草的哈尼族小女孩说这是他将来的妻子，小和尚心里不乐意。趁师父休息时，返回旱地拿起锄头把小女孩打昏，然后把她拖到河边企图淹死。女孩被一个农夫救起，并被勐章巴的一位富翁收为养女。几年后，小和尚还俗到勐章巴做生意，与富翁家的养女巧遇，并娶她为妻。一天，艾迈发觉妻子的脑后上有个伤疤，觉得奇怪，就问妻子伤疤的来历。妻子把自己小时候被一个和尚打伤，然后流落他乡成为富翁养女一事告诉了丈夫。艾迈悔恨交加，这才确信世上真有"缘分"。岩宰阁讲述，岩温真翻译。16开，8页，2160字，稿存西双版纳傣族自治州民族研究所。

（依旺的）

雅吾娜出家为尼

傣族佛教故事。流传于云南省德宏傣族景颇族自治州傣族地区。讲述的是：在很久以前，一位名叫雅吾娜的人来到佛的面前，求万慈的佛祖点化她。佛见此人诚心修道，此时正是佛陀收徒宣讲佛法之机，佛点化了雅吾娜。雅吾娜点化之后，她不断地在各地宣传佛法，在她的带动下，她的丈夫与儿子都受到了感化，父子二人也出家修行去了，成了佛的弟子。佚名讲述，刀干相搜集、整理。16开，3页，约500字，稿存德宏傣族景颇族自治州民语委。

（线永明）

召苏塔舍身为佛铺路

傣族佛教故事。流传于云南省德宏傣族景颇族自治州傣族地区。讲述的是：在很久以前，佛祖带五百个弟子到勐沙洼体化缘。勐沙洼提体首领召苏塔听说后便动员人们修路搭桥，准备迎接佛祖的到来。当还剩下一处泥塘未铺好时，佛祖带着弟子们已经到了，召苏塔扑向泥塘用身体铺路，让佛和弟子们从身上走过。由于召苏塔诚心修道，后来得道成佛。岩占讲述，刀干相搜集、整理。16开，2页，约400字，稿存德宏傣族景颇族自治州民语委。

（线永明）

佐底派的富翁

傣族佛教故事。流传于云南省德宏傣族景颇族自治州傣族地区。讲述的是：勐洼萨那有一对富翁夫妇俩属佐底派别（小乘佛教教派之一），两人没日没夜地做生意赚钱，但他们从未到奘房拜佛，礼拜时他们就在家里睡大觉，三十岁时才生得一个儿子。儿子长到十一岁时信奉佛祖，时常想举行布施活动，帮助穷人，但遭到父母的阻拦。没过多久富翁夫妇双双去世了。由于他们生前不诚心拜佛、不积功积德，死后只能变成野鬼，在路边捡别人丢弃的垃圾吃。后来富翁的儿子为他们做了超度，才得解脱。富翁的儿子也去奘房做了和尚。帅珍讲述，刀干相搜集。16开，3页，约600字，稿存德宏傣族景颇族自治州民语委。

（杨荣芳）

三、阿銮故事

艾冒雷阿銮

傣族阿銮故事。流传于云南省德宏傣族景颇族自治州傣族地区。讲述的是：一位首领有个非常美丽的女儿，倾国倾城，向她求婚的人数不胜数。首领的条件是：无论贫穷与富贵、丑陋与英俊，只要能凭真本事做出一件让世人享用不尽的事情来，就把他招为驸马。这时，有一位叫艾冒雷的穷小伙子（阿銮）挖了一口井，这口井水质清凉甜美，喝了还可治病，而且，井水不会干枯，人类可永远享用。首领很惊讶，连连夸赞艾冒雷的本领和智慧，就把公主嫁给了他。首领去世后，国民们把艾冒雷拥立为首领。艾冒雷治理着这片美丽的疆土，带领人民诚心拜佛，祈求国泰民安。金罕舍讲述，刀干相搜集。16开，6页，约1200字，稿存德宏傣族景颇族自治州民语委。

（杨荣芳）

岩楠郎

傣族阿銮故事。流传于云南保山市傣族聚居区。讲述的是：有个孤儿叫岩楠郎，因为无牵无挂，所以游手好闲，整日躺在奘房门口无所事事。有一天，一户富翁家的七个女儿去佛寺朝拜，走到奘房的时候，六位小姐看见岩楠郎，一边骂着一边从他身上跨了过去。只有七妹觉得那样不好，就没有进去，而是直接就在奘房外朝拜了。六个姐姐看见七妹那样，觉得她很没有出息，降低了身份，于是，回家路上，六个姐姐一边指着她的鼻子骂，回到家还把这件事情告诉父母。富翁听了很生气，干脆就把七女儿赶出家门，让她跟岩楠郎过日子去了。可怜的七小姐无处可去，只能跟着岩楠郎住在破败不堪的茅屋里。即便如此，富翁还不解恨，还把藏着蛇窝的田地交给他们夫妻二人去耕种，目的就是希望自己的女儿女婿被蛇咬死。单纯的岩楠郎不知道有诈，还以为是自己的岳父厚待自己，就高高兴兴地种地去了。哪晓得，在蛇窝里，岩楠郎挖到的不是蟒蛇，而是一颗稀世珍宝。幸运的岩楠郎，拿着这颗宝石去献给一个勐的首领，换得金银财宝和大象、牛马等。从此，岩楠郎和妻子过上了幸福富裕的生活。万德美搜集整理。收入《民族古籍翻译丛书——保山傣族民间故事第一辑》，32开，第2页，1400字，保山市傣学研究会编，云南民族出版社2012年10月出版。

（依旺的）

阿尚哈利阿銮

傣族阿銮故事。流传于云南省德宏傣族景颇族自治州傣族地区。讲述的是：阿尚哈利阿銮刚投胎转世到凡间一对穷夫妇家里时，父亲就去世了，从此，母亲带着他到处乞讨。这是由于他父母在轮回转世过程中，有一世偷吃过鹭讲鸟（傣语音译）蛋而被佛祖惩罚，这一世才转世为穷人的。但是，这一世他们又积功积德、好做善事，天神坤西迦知道了他们的诚心，变成一位老人下凡来帮助他们。母子俩见老人可怜，便把刚讨得来的饭给了老人，后在一棵有百枝树权的榕树下休息。勐巴拉纳西首领去世后，臣民们准备了大象、马车出来寻找继承人。大象和马突然直奔向正在休息的母子俩，跪倒在他们面前，于是百姓拥立阿尚哈利做了首领。岳相讲述，刀干相搜集。16开，3页，约600字，稿存德宏傣族景颇族自治州民语委。

（杨荣芳）

阿銮麦戛

傣族阿銮故事。流传于云南省潞西市傣族地区。讲述的是：岩麦戛早年丧父，与母亲艰难度日。一次，富家子相罗约岩麦戛去串姑娘，因姑娘们早已耳闻相罗的声名狼藉，便不理睬他，只和岩麦戛对唱情歌。相罗因此心生嫉妒，要置岩麦戛于死地。相罗派人在路上挖了一个很深的陷阱，欲让岩麦戛掉进陷阱。所幸岩麦戛并未摔死，而是掉到了龙宫里。龙王见了彬彬有礼的岩麦戛，便邀请他留下来教授它的鱼虾百姓们栽种菠萝、芒果的技术。岩麦戛教完后离开龙宫时，龙王送了他一颗有求必应的宝石作为回报。岩麦戛带着宝石回到人间，用万能的宝石帮助百姓们过上了好日子。不久，岩麦戛所在的国家遭到其他国家的侵犯，首领下旨征召贤士领兵打仗，如能退敌者，便将公主许配给他，并让他继承王位。为保卫家园，岩麦戛带着宝石进宫请战，首领不听相罗父子的挑唆，毅然授命岩麦戛出征讨伐敌军。在宝石的帮助下，岩麦戛打了胜仗回来，娶到公主为妻，并继承了王位。无恶不作的相罗父子也得到了应有的惩罚。佚名讲述，二旺、佩龙、岩宰采录。收入《中国民间故事集成·云南卷》上，16开，4页，3100字，中国ISBN中心2003年版。

（龙江莉）

阿銮吉达贡玛

傣族阿銮故事。流传于云南省德宏傣族景颇族自治州傣族地区。讲述的是：从前有一对穷苦夫妻，死后托生在一户穷人家，生在正月十五日，取名岩佐纳。一户有钱人的老婆这时也正怀着孕，他们请卜卦师来卜卦，算出正月十五出生的孩子将是有福有钱的人。于是，富人找到岩佐纳的母亲，请她将儿子送给自己抚养，孩子日后必能过上好日子。岩佐纳的母亲想到自己的艰难处境，也只好同意了。富人并未存好心，他想将岩佐纳杀死后把他的命换给自己的儿子。富人领回岩佐纳后三番五次将他遗弃，想害死他，但每次都被好心人收留，最后，富人没办法只好将岩佐纳养大。岩佐纳长到十岁时，富人请一个烧窑人把岩佐纳烧死，结果误烧了自己的亲生儿子。后来，富人又叫岩佐纳送信给一个刽子手朋友，想让他将岩佐纳杀死。不料在路上，岩佐纳碰到了帅相姑娘，帅相无意中看到了信的内容，便偷偷将信改了，要刽子手为岩佐纳娶帅相为妻。刽子手看完信只好照办。富人知道这事后气得一病不起，临终前岩佐纳夫妇俩赶去，富人本想嘱咐老婆不能把自己的家产给岩佐纳，结果却被机智的帅相假装摸他的脖子，卡掉了个"不"字，变成了家产全给岩佐纳。就这样，岩佐纳过上了好日子。庄相讲述，龚肃改翻译，陈红采录。收入《中国民间故事集成·云南卷》上，16开，5页，4100字，中国ISBN中心2003年版。

（龙江莉）

阿銮弓关

傣族阿銮故事。流传于云南省景谷傣族彝族自治县。讲述的是：在勐巴拉纳西，首领只有一个公主，就招了一个将领为驸马，准备让他继承王位。勐巴拉纳西受到外族来侵，首领命令驸马率军抵抗。当时公主已怀孕三个月。驸马出征，一战就是七年。家里生了一个儿子，由严师教练，学文习武。三岁时天神赏给他金弓一付，并取名叫召弓关阿銮。召弓关长到七岁时已是武艺精湛，并善于弯弓射箭，百步之内箭无虚发。一天，母亲告诉他父亲征战七年，已胜利返回，叫他到白浪河去迎接。驸马不知自己有儿子，以为他来冒充，便将召弓关打入水中。后天神英叭派一使者下凡救起召弓关，交给深山中的隐士收养。驸马回到宫中，方知自己杀了儿子，悔恨不已。一老猎人进山打猎，在林中看见一青年很像召弓关，就回来报告首领。最后王后说服召弓关阿銮回宫，当了首领，他治国有方，人民过上了幸福美满的生活。陶三诺讲述，岩云搜集、整理，是非文字校正。收入《云南民间文学集成·景谷民间文学故事》（一），32开，3页，2000字，景谷傣族彝族自治县民间文学集成领导小组编辑室1989年编印。

（郭玉萍）

阿銮和楠凤唤

傣族阿銮故事。流传于云南省耿马傣族佤族自治县。讲述的是：勐巴拉纳西有个贫苦的小伙子叫阿銮。他每天靠斗鸡赢来"晌午"和奶奶一起度日。有一天他的斗鸡跳进了龙王住的洞里。阿銮下洞寻找，与住在龙宫里的鬼的女儿楠凤唤结成情侣。他俩相约逃出龙宫，阿銮却因忘了宝刀，返回去寻找，楠凤唤先来到人间。阿銮的奶奶见她浑身发光，头发发出幽香，知道她就是香发姑娘楠凤唤。首领派人把楠凤唤捉到王宫，但他一靠近她就会晕倒。阿銮回到家，知道楠凤唤被首领关起来，奶奶已被气死，就开始识文习武，练就多种魔法护身。一年后，他进宫杀死首领，救出楠凤唤，与她结为夫妻。乡亲们推选阿銮为首领，从此，人们过上平安幸福的生活。佚名讲述，王瑛华搜集、整理。16开，2页，4000字，载《临沧文艺》杂志1992年第1期。

（郭玉萍）

阿銮南波

傣族阿銮故事。流传于云南省孟连傣族拉祜族佤族自治县和澜沧拉祜族自治县傣族地区。讲述的是：在英麻板大森林里住着三千一百匹野马，领头的是一匹洁白如银的母马。一个富翁的儿子夭折投胎到了这匹领头马的肚子里。一天，一只大虎闯进马群，马群受惊四处逃散。奔跑中母马生下了孩子，但它只顾逃跑一点也不知道。孩子被一个进森林挑柴的孤苦老人看见后收养。孩子长大后，由于他身上穿着榄树皮，别人都叫他阿銮南波。这个国家的老首领有六个公主，五个都已出嫁，只剩下最小的公主朗蜕罕伴着父王。昏庸的首领要让公主做王后日夜陪伴他。公主乞求天神帮助，天神化作一阵轻风把她托起飘出王宫高楼，降落在阿銮南波安身的那座山上。公主和阿銮南波结为夫妻。公主逃走后，首领被人杀死。最后，百姓们把他俩迎回王宫，阿銮南波当上了首领。他还把母亲和三千一百匹野马接到阿腊维来住。咪召依讲述，召罕嫩采集、翻译、记录。收入《孟连傣族拉祜族佤族自治县民间文学集成·傣族卷》（一），32开，9页，6000字，孟连傣族拉祜族佤族自治县文化局、民族事务委员会1987年编印。

（郭玉萍）

阿銮尚堂

傣族阿銮故事。流传于云南省德宏傣族景颇族自治州傣族地区。讲述的是：穷家美丽的姑娘月罕，最喜爱戴缅桂花。她爱上了在节日里敲铓击鼓的跳孔雀舞的优胜者尚堂和尚。在一个泼水节的夜晚，月罕让尚堂去家里谈心，两人商量准备逃走。头人二少爷看中了月罕，他闯进月罕家，听到这一秘密，就悄悄准备好乘马，把月罕驮走。来到一座古刹，头人二少爷妄图求欢。月罕机智地将红烛吹熄，披上袈裟，骑上马逃走。月罕来到一条江边，借住在捕鱼人家。尚堂未接着月罕，沿着马血迹追赶，跋山涉水，走遍了许多村庄坝子，终于在丢包节遇到了心爱的月罕，二人结成幸福的伴侣。佚名讲述、记录。收入《中国讲述故事大辞典》，16开，1页，500字，中国文联出版公司1992年版。

（阿南）

卞宫达阿銮

傣族阿銮故事。流传于云南省德宏傣族景颇族自治州傣族地区。讲述的是：勐密体那有一穷人的儿子，名叫卞宫达（阿銮），十二岁时父母去世，他独自一人来到勐达嘎索求师学艺，在一位技艺高超的国师（傣语对最有学问的长老的称谓）门下学习技能。一晃七年过去了，有一天，卞宫达想拜别师傅回到久违的家乡。国师再三挽留他，还说他的技艺还未成熟，怕日后别人笑话，让卞宫达再继续学习。其实，国师有一美貌的女儿犹如天仙下凡，国师心里想招卞宫达为女婿。卞宫达知道后，为了答谢师傅这么多年来的照顾，便答应留下来做女婿，终身照料恩师，掌管家业。天神坤西迦知道后，下了一阵雨给他们，雨水落到地上变成金子，从此，卞宫达一家成为了勐达嘎索最富有的人。岳恩讲述，刀干相搜集。16开，6页，约1200字，稿存德宏傣族景颇族自治州民语委。

（杨荣芳）

白鹦鹉阿銮

傣族阿銮故事。流传于云南省德宏傣族景颇族自治州傣族地区。讲述的是：有位阿銮转世成了一只白鹦鹉，全身雪白，还能听懂人话，十分逗人喜爱。而它的主人富翁是魔鬼转世。富翁有了钱之后，想求神拜佛，积一些善缘。一天，有一位修行的和尚到富翁家化缘，富翁十分高兴，请和尚进屋等候，自己便去给和尚准备斋饭。白鹦鹉见主人不在，就把主人放在桌子上的宝石吞进了肚里。富翁不见了自己心爱的宝石，便说是和尚偷了。和尚有口难辩，被痛打了一顿。白鹦鹉见主人打和尚，便对主人说："宝石是我拿的，不要冤枉好人。"主人听了大怒，把鹦鹉打死在地。和尚劝告富人，人要行善积德，要从点滴做起，不要无辜残害生灵，不然死后要受到惩罚的。佚名讲述，刀干相搜集、整理。16开，2页，约300字，稿存德宏傣族景颇族自治州民语委。

（线永明）

并亚罕塔阿銮

傣族阿銮故事。流传于云南省德宏傣族景颇族自治州傣族地区。讲述的是：勐果拉宫有一对穷夫妇，生有一个儿子，名叫并亚罕塔（阿銮）。他们家境贫寒，以砍柴为生，日子过得十分清苦。并亚罕塔八岁时，父母去世，丢下他孤零零一个人。并亚罕塔只得乞讨度日，后被一家好心人叫去当佣人。他辛勤耕种田地，得到了主人的夸赞，九年后他想去远方学习本领，主人给了他一些银子做路费。并亚罕塔带着银子去到一个地方，用银子跟富翁换金子，到另一个地方又把金子换成宝石，后来他来到勐嘎朗嘎列，得到一位首领的指点，用宝石换取本领。路途中遇到化缘的雅锡（苦行僧），雅锡让他准备上鲜花、米花等供品去大奘房拜见佛爷，佛爷见并亚罕塔诚心向佛，收他做了徒弟。金罕舍讲述，刀干相搜集。16开，4页，约800字，稿存德宏傣族景颇族自治州民语委。

（杨荣芳）

边达瓦滴阿銮

傣族阿銮故事。流传于云南省德宏傣族景颇族自治州傣族地区。讲述的是：在勐巴拉纳西有一家穷人有一个孩子（阿銮），长到十岁时跟父母商量要外出学艺，父母同意。出家后被在深山里修行的雅锡（苦行僧）收为徒。学艺到家后，首领的大臣们怀恨在心，千方百计想谋害其致死。但天神助力于阿銮，那些大臣包括首领被处死，国民拥护阿銮，并将其推举为首领。佚名讲述，刀干相搜集。16开，2页，约600字，稿存德宏傣族景颇族自治州民语委。

（岳小保）

朵哈苏玛纳阿銮

傣族阿銮故事。流传于云南省德宏傣族景颇族自治州傣族地区。讲述的是：勐那扎佐有一靠砍柴为生的穷夫妇，常常用卖柴得来的钱买了供品到奘房里拜佛，从未间断过。一次，他们用所有的积蓄买来鲜花和米花等供品在榕树下拜佛七天，大家见后纷纷对之赞赏。消息传到天神坤西迦那里，天神为之感动，便赐了一位名叫"朵哈苏玛纳"的阿銮投胎到穷妻肚子里。孩子出生后才七八岁,就天天上山替父亲挑柴,他的力气有五头大象的力气那么大。不久后他们生活宽裕了,不再挨饿,有了更多的钱,于是买了更多的供品去奘房拜佛。岳恩讲述,刀干相搜集。16 开,3 页,约 600 字,稿存德宏傣族景颇族自治州民语委。

(杨荣芳)

朵哈阿銮

傣族阿銮故事。流传于云南省德宏傣族景颇族自治州傣族地区。讲述的是:父母去世后朵哈带着弟弟借亚相依为命,但是,弟弟老是哭闹不止,怎么也哄不乖,最后他就骗弟弟说要给弟弟十二弦琴玩,弟弟马上止住了哭闹。首领听说有十二弦琴后,逼朵哈交出十二弦琴,否则要杀掉兄弟俩。朵哈只好把弟弟交给邻居代为抚养,自己去东方寻找十二弦琴。他分别向三位雅锡(苦行僧)询问十二弦琴的下落,最后一位修行了七万年的雅锡告诉他,在远处一座大森林的碧湖里,居住着一位荷花仙子,有一把十二弦琴。朵哈顺着雅锡的指点,找到了十二弦琴。雅锡还赠送了一根仙绳、一根仙棍、一个仙袋给他。朵哈利用仙绳和仙棍打死了首领和大臣,为百姓除了恶君。百姓很感激他,把朵哈拥立为首领。佚名讲述,德宏民间文学调查队搜集,杨澍翻译、整理。收入《德宏傣族民间故事》,32 开,5 页,3048 字,德宏民族出版社 1993 年版。

(杨荣芳)

打柴阿銮

傣族阿銮故事。流传于云南省德宏傣族景颇族自治州傣族地区。讲述的是:在许多年以前,勐巴拉纳西首领有七个公主。一天他传来七位公主,想试试女儿们对他的感情,几个姐姐的回答,逗得首领心花怒放,唯独七公主的回答,令首领大怒,首领把七公主赶出了皇宫。七公主只身走出皇宫,在途中与一位年轻的砍柴小伙(阿銮)相遇,便结为夫妻。婚后,七公主拿出两片金叶,叫丈夫到米铺去换米。老板见他衣服破烂,硬说他是骗子。小伙子就把金叶丢了。七公主非常伤心。小伙子安慰公主说:"如果所丢的金叶那么宝贵,山中有一处满地都是。"公主听后大喜,他俩便拿回了许多黄金、宝石,建起一座宝石城。后来,勐巴拉纳西的邻国运来一船货物,强逼勐巴拉纳西来购买,不然就要发兵进攻。危难之时,七公主与丈夫伸出援助之手把货物买了,拯救了国家。老首领非常感动,便把王位让给了小伙子。龚祥国讲述,王国祥整理,方峰群翻译。收入《云南少数民族文学资料》第 7 辑,云南省社会科学院民族民间文学研究所 1980 年编印。

(线永明)

达那共佐阿銮

傣族阿銮故事。流传于云南省德宏傣族景颇族自治州傣族地区。讲述的是:勐巴干的首领娶了三十七位妃子,每天只知道寻欢作乐,不理政务,还担心比他福禄大的人抢夺他的国家。于是他请来占卜师为他卜卦,占卜师算到有一位天神投胎到首领的国家成为一位阿銮,现在还在母体里,只有三个月,但不知道是哪村哪户人家。首领听后十分生气,派兵处死有三个月身孕的妇女,全城上下哭声震天、遍地尸骨,最后只剩下一对居住在深山里的夫妇和他们的儿子三人。首领知道后又派兵搜寻,但是没有找到。十二年后,首领去世,国家没有了君王,上下一片混乱,天神坤西迦带着居住在深山里的一家三口,让他们的儿子即那位天神投胎转世、比首领福禄大的达那共佐阿銮当了首领。雷相讲述,刀干相搜集。16 开,7 页,约 1400 字,稿存德宏傣族景颇族自治州民语委。

(杨荣芳)

多哈巴任那阿銮

傣族阿銮故事。流传于云南省德宏傣族景颇族自

治州傣族地区。讲述的是：在勐巴拉纳西有个名叫多哈巴任那的小孩（阿銮），父母早亡，只留下独自一人。他每天到奘房讨饭吃，久而久之，奘房里的各种经文他都能倒背如流。天神见阿銮诚心拜佛，有意解救他。勐巴拉纳西的首领身边有个女儿，名叫楠占达，美丽非凡。一天夜里公主梦见与多哈巴任那结婚。天亮之后，楠占达把梦中之事告诉了父王，求父王做主，设摆寻找梦中之人。在赶摆场上，公主终于找到了梦中之人。首领见女儿带来个叫花子，心中大怒，把楠占达与多哈巴任那赶出了王宫。首领赶走俩人之后，国内连年干旱，百姓生活穷困潦倒。算卜先生说，只有接回公主与女婿，才能解除国内旱情。首领把他们接回来之后，果然就下了大雨，国内一片欢乐声。佚名讲述，孟尚贤搜集、整理。收入《云南少数民族文学资料》，32开，3页，约1500字，云南省社会科学院民族民间文学研究所1980年编印。

（线永明）

飞天阿銮的故事

傣族阿銮故事。流传于云南省德宏傣族景颇族自治州傣族地区。讲述的是：在勐果占壁一带，当时佛祖尚未出现，勐果占壁有一对为人洗衣服的穷夫妇住于城边。有个名叫过左明的阿銮在阴间里度过了若干世，岁数已达4000岁。因他在阴间的年轮已满，应来阳间享受人生，玉皇大帝就去请他投胎于人间。阿銮便投胎于帮人洗衣服的穷夫妇家。阿銮十六七岁时，恰逢首领选女婿，数百个王子、公子成群结队地前去应选，阿銮过左明变成老人混在人群中。公主在一个高楼里，从高楼里丢下手巾，手巾落在谁的头上就认谁为夫。结果落在了阿銮过左明的头上。她叫他上楼去，他脱下神装，一下子变成了英俊无比的小伙子，众人见后甚为称奇，首领当场向国民宣布：举行七天七夜的婚礼，今后让他俩继承王位。佳列喊凹尚艾讲述，刀干相记录。16开，3页，约500字，

稿存德宏傣族景颇族自治州民语委。

（岳小保）

法占弟阿銮

傣族阿銮故事。流传于云南省德宏傣族景颇族自治州傣族地区。讲述的是：从前有一对驼背且满头白发的老夫妇，生活贫苦，靠沿街乞讨度日，到五十岁时才生得一个儿子。于是夫妇俩背着小儿子天天上山开荒种地，种上了瓜果、甘蔗、花生、蚕豆等。小儿子一天天长大，会帮忙放牛。收成后，夫妇俩备上甘蔗、鲜花、米花等供品去奘房拜佛。到奘房之后，他们的儿子就变成了一位身着袈裟的和尚。从此，一家三口就与雅锡一起，在奘房里念经修行。庄相讲述，刀干相搜集。16开，4页，约800字，稿存德宏傣族景颇族自治州民语委。

（杨荣芳）

伏魔阿銮

傣族阿銮故事。流传于云南省德宏傣族景颇族自治州傣族地区。讲述的是：勐巴拉纳西王后生了一个儿子（阿銮），六个王妃心生忌妒，趁她产后昏过去之时，把王子丢弃在荒野里，然后用涂了胎血的布包住一条小狗放在王后身边。首领见王后生了一条狗，就把王后赶出王宫。王后被一位好心的老奶奶收留；而被丢弃的小王子则被天神坤西迦带回去抚养，并为之取名为贡玛腊。贡玛腊长大后，天神把他的身世告诉了他，并送给他一只神鸟和一把宝剑让他去寻找在人间受苦的母亲。母子团聚后，贡玛腊救出了被魔王抢去的祖母（首领的母亲），并降服了老魔王。首领知道真相后，惩罚了六位王妃，并把王位传给贡玛腊。佚名讲述，吴高义整理。黄正兴翻译。收入《德宏傣族民间故事》，32开，8页，5236字，德宏民族出版社1993年版。

（杨荣芳）

饭甑阿銮

傣族阿銮故事。流传于云南省德宏傣族景颇族自治州傣族地区。讲述的是：一贫寒人家的夫妇俩生有三个儿子，不久夫死妇亡，失去双亲无依无靠的三兄弟为了生存各寻其道，只好远走他乡。老大、老二去为别人吹拉弹唱。老三志向是成为一方首领。临别前，三人把家中甑子破为三片带上，希望日后相遇时以确证是不是兄弟。老三先是为富人家放牛，得一头白牛，返途森林中遇一神仙变成的白发老人，老人用一只白鸡调换小伙子（阿銮）的白牛并言道："你把鸡拴于树下，大风大雨过后必现王宫。要是你命中注定，将成统治此方的首领。"果然，小伙子如愿以偿，消息传遍四方。老大、老二得知自己的兄弟已成一勐（国）之王，带着甑片赴之。随后，首领（老三）给两位哥哥拿着神仙给的白鸡，并按神仙原来的指点把白鸡拴在树下，但没现出王宫贵府，暴风雨的降临还使白鸡惊慌欲飞，哥俩一抓竟把鸡大腿拉断了。孟座讲述，快永胜搜集。16开，7页，约1500字，稿存德宏傣族景颇族自治州民语委。

（快永胜）

贡彼拉阿銮

傣族阿銮故事。流传于云南省德宏傣族景颇族自治州傣族地区。讲述的是：一国的首领，无儿无女，后来就去领养了一个叫贡彼拉的儿子。儿子（阿銮）长到十四五岁时，心中就只想出家修行，不想继承王位。父王见他决心已定，没有挽回的余地，只好同意他出家。他出家后，宫中发生了政变。老首领被人赶出宫，流落街头。一天，贡彼拉做梦：父王已遭不幸，叫他立刻回去。贡彼拉阿銮从梦中惊醒，就去求师傅指点。贡彼拉回去后就照着师傅的话去做。突然下起狂风暴雨，把那些坏人都淹死了，世上只剩下好人，阿銮把父母都请进宫，从此，天下太平。佚名讲述，刀干相搜集。16开，5页，275字，稿存德宏傣族景颇族自治州民语委。

（喊凤）

果那瓦阿銮

傣族阿銮故事。流传于云南省德宏傣族景颇族自治州傣族地区。讲述的是：勐果占壁的一位首领，他的侄子是勐答鲁批的一位小首领。侄子不服，带兵攻打城堡，借机抢夺王位。首领携带怀孕的妻子逃入深山里躲起来，妻子十月怀胎，生了一个儿子，取名为果那瓦。待战火平息后，首领进城探究竟，不料被侄儿的士兵抓走关进了大牢。果那瓦十六岁时，母亲把真相告诉了他，于是他决定去救出父亲。进城后遇上父亲被斩首，他请求替父亲死，士兵们便放了他的父亲，决定处死他。但是，果那瓦是阿銮的化身，刀剑不入、水火不侵，摔也摔不死，众人急得纷纷逃亡，有的跌落深谷，有的被众人踩死。他赢回了父亲的国土，并继承了父亲的伟业。阮罕舍讲述，刀干相搜集。16开，4页，约800字，稿存德宏傣族景颇族自治州民语委。

（杨荣芳）

官栋相阿銮

傣族阿銮故事。流传于云南省德宏傣族景颇族自治州傣族地区。讲述的是：勐果拉宫有一靠打柴为生的穷夫妇，晚年喜得一子，孩子六个月时夫妇俩双双去世，丢下了这个未知世事的幼子。一位化缘的雅锡僧人将其抱回奘房抚养，取名为"官栋相"阿銮，意为"好记性的小伙子"。长大后阿銮决定回家乡勐果拉宫，路上经过一个叫勐拉扎纵的地方，此勐被一条食人蛇侵扰，死伤无数。于是阿銮便向首领说他能制伏这条蛇，首领说只要他制服了这条恶蛇，就把朗嘎莉娜公主嫁给他。食人蛇见到阿銮后非常高兴，打算吃掉阿銮，谁知刚张开口牙齿就全掉光了。它向阿銮求饶，决心弃恶从善，并让阿銮用绳子拴住它的鼻孔骑着进城去。首领见后很高兴，当即把公主嫁给阿銮，赶摆庆祝，并让官栋相阿銮继承王位。金罕舍讲述，刀干相搜集。16开，6页，约1200字，稿存德宏傣族景颇族自治州民语委。

（杨荣芳）

过拉第阿銮

傣族阿銮故事。流传于云南省德宏傣族景颇族自治州傣族地区。讲述的是：从前有母子俩靠砍柴、卖野菜为生，生活非常艰难。其儿子叫过拉第（阿銮），他为人忠厚老实，全村的人都非常喜欢他。一天，勐素纳首领为了掩盖自己国家已经日益衰退的局面，还装出一派繁荣的景象，他不管平民百姓的死活，强令下旨：不许穷人到城里来卖柴、野菜之类，不听者格杀勿论。母子俩的生活便雪上加霜，失去了唯一的生活来源。阿銮为了养活自己的老母亲，时时偷偷地把柴和野菜拿到城里卖。一次，阿銮被官兵发现抓到宫里，首领下令把阿銮杀掉。阿銮向首领说道："如果要杀我可以，但我的老母亲现已年过七十，让我为老母送终后，再来杀我好吗？"首领不听阿銮的哀求，下令要把阿銮杀了。突然间雷声隆隆，地面崩裂，大地把狠毒的首领给吞噬了。在众人的拥戴下，过拉第登上了王位，百姓也过上了幸福的生活。佚名讲述，刀干相搜集。16开，6页，792字，稿存德宏傣族景颇族自治州民语委。

（喊凤）

号伦麦阿銮

傣族阿銮故事。流传于云南省德宏傣族景颇族自治州傣族地区。讲述的是：一贫困的母子俩，生活非常困难，以靠卖野菜为生。一天，号伦麦（阿銮）进山去找野菜，看见山中有两朵开得非常漂亮的花，他心想：如果我把这两朵漂亮的花去卖给那些漂亮的富家小姐，可能会得到许多钱，我的母亲就有饭吃了。阿銮带着两朵花来到了一户有钱的人家，富家小姐见了花之后心中非常喜欢，就把两朵花买了。富家小姐每天闻着花的香味，身体顿感舒畅，肤色也红润了许多。富家小姐的父母闻到花的香味后，全身病痛也好了。从此不管阿銮每天进山采来何种花，都来卖给富家小姐。天长日久，富家小姐见阿銮勤快老实，心中渐渐地爱上了阿銮。她的父母见两人有情有义，就为他们举办了婚礼，并把阿銮的母亲接来和他们一起生活，从此一家人过上了幸福的生活。帅恩约讲述，刀干相搜集。16开，3页，352字，稿存德宏傣族景颇族自治州民语委。

（喊凤）

花蝉阿銮

傣族阿銮故事。流传于云南省孟连傣族拉祜族佤族自治县。讲述的是：天神帕雅英从天上看到人间充满邪恶和混乱，就派天上一位博学多才的神转世变成一只花蝉（阿銮）来到人间的森林里和许多动植物生活在一起。勐巴拉纳西最富有的富翁家里有个独生女叫朗布并，她美丽聪明。别国的王子、官员和富翁们都想来攀亲，但朗布并谁也看不上。有五个人上山打猎，抓到一只奇异美丽的花蝉卖给了有钱的富翁。富翁把花蝉带回家，朗布并一见便爱不释手，从此她与花蝉形影不离。一天夜里，花蝉从朗布并床前的宝石盒子里出来，变成英俊的小伙子。富翁就让他俩结为夫妻，隐居在花园里。天神法雅英有心想帮助他俩，就写了一封信从天上飘到勐巴拉纳西首领面前。首领一看信上写的是要让本国的官员们七天之内上天去汇集，否则全国将遭火灾。如无人上天奏明情况，巨雷将把首领的胸袋炸成七瓣。首领召集所有官员和富翁商议，并许诺谁能上天就把王位让给他。花蝉就飞上天见了法雅英，返回勐巴拉纳西后，首领把王位让与他。波叶嫩采集，召罕嫩、波叶嫩翻译，召罕嫩记录。收入《孟连傣族拉祜族佤族自治县民间文学集成·傣族卷》（一），32开，12页，8500字，孟连傣族拉祜族佤族自治县文化局、民族事务委员会1987年编印。

（郭玉萍）

厚道的阿銮

傣族阿銮故事。流传于云南省德宏州傣族景颇族自治州傣族地区。讲述的是：一贫穷小伙（阿銮），常年靠打柴和采摘树叶为生，因还要赡养双目失明的老母亲，母子俩生活艰辛。一日，在途中撞见被判服劳役却逃脱罪行的富家子弟，他想通过金银让穷小伙去帮自己服劳役，厚道的小伙子觉得有银子就可赡养自己的母亲，便答应了。穷小伙在皇城内服劳役期间特别尽力、勤快，人又老实厚道，这一切首领的二公主看在眼里，爱在心中。公主几次考验穷小伙后双方喜结良缘，小伙成了首领的驸马，当上大臣，并把双目失明的母亲接进宫内，过上了幸福的日子。佚名讲述，喊霞搜集、整理。收入《傣族民间故事》第五辑，傣文版，32开，7页，2800字，云南民族出版社1987年版。

(快永胜)

贺嘎相阿銮

傣族阿銮故事。流传于云南省德宏傣族景颇族自治州傣族地区。讲述的是：勐果拉宫的一对穷夫妇，上山找菜、砍柴时挖到了一个"贺嘎相"（一种可食用的芋类植物）。夜里，贺嘎相变成一个小男孩，夫妇俩对他细心照料，并为之取名"艾贺嘎相"（"艾"为傣族长子的称谓）。父母去世后，贺嘎相去给首领放牛、放马。首领有一女儿，长得美貌非凡，倾国倾城，求亲者众多，首领派人盖了一座十分高大的宫殿让公主居住，并张榜告示：此日起七日内举行大摆（"摆"，指吉庆的集会），不论贫穷还是富贵，长相丑陋还是英俊，只要不借助任何器物爬上公主居住的宫殿者，当即招为驸马。艾贺嘎相得到天神的帮助，披着天神送的会飞的蓑衣直飞奔宫殿。首领很高兴，把贺嘎相招为驸马，赶摆七天七夜庆祝。相约讲述，刀干相搜集。16开，4页，约800字，稿存德宏傣族景颇族自治州民语委。

(杨荣芳)

好心姐姐

傣族阿銮故事。流传于云南保山市傣族聚居区。讲述的是：有两姐妹，姐姐心地善良，妹妹贪婪自私。姐姐嫁在穷人家，后来成了寡妇，一个人带着四个孩子过着有上顿没下顿的日子。妹妹嫁在富人家，衣食无忧，但是对自己的亲姐姐一家却非常吝啬。有一天，姐姐家实在是没有米下锅了，就厚着脸皮去找妹妹借。妹妹不仅没有借给他，还羞辱了姐姐。可怜的姐姐只能上山去挖野菜来给娃娃们充饥。在挖野菜的过程中，姐姐挖到一条大蟒蛇，她把蟒蛇带回家。没有想到，这条蟒蛇变出很多金子救济了她们一家。从此，姐姐一家过上了富裕的日子。贪心的妹妹听说了姐姐一家因为挖到蟒蛇而变富有的事情，就学着姐姐上山挖野菜。结果，妹妹被丛林中的蟒蛇给吃掉了。梅革新等搜集整理。收入《民族古籍翻译丛书——保山傣族民间故事第一辑》，32开，4页，2800字，保山市傣学研究会编，云南民族出版社2012年10月出版。

(依旺的)

机智阿銮

傣族阿銮故事。流传于云南省德宏傣族景颇族自治州傣族地区。讲述的是：有一女婴，父母便双亡了，后被一头大象用象牙托住，带回去抚养。十八年后，女婴长成漂亮又聪明的姑娘，与一位砍柴的穷小伙子（阿銮）相爱，并成了亲。首领知道后，派人抓走穷小伙子，让他捧着盛满酒的碗从中间有断痕的木桥上走到河对岸，不许让酒滴出来，也不许让酒碗落入河里。首领让他三日内交回酒碗，不然就拿他的妻子抵换。在大象的指引下，穷人祈求天神帮助，拿回了酒碗。然而首领又以其他借口为难他，天神又赐给穷人一只铁铜鸟，这只铁铜鸟具有神性，能吃掉九斤多的铁和铜，还可以上天界与月亮、太阳同行。首领见到铁铜鸟十分高兴，便带着妻儿和大臣们骑在铁铜鸟背上，飞上天去看月亮和太阳，不料错拉了拴在铁铜鸟身上的火线，顿时大火把他们烧成灰烬，勐巴干便没了首领。百姓纷纷夸赞小伙子的机智，就拥立这对机智的穷小伙子夫妇为首领和王后，赶摆七天七夜庆祝。芒温村恩环讲述，刀干相搜集。16开，7页，约1400字，稿存德宏傣族景颇族自治州民语委。

（杨荣芳）

金青蛙阿銮

傣族阿銮故事。流传于云南省德宏傣族景颇族自治州的傣族地区。讲述的是：贫穷的夫妇生下了一只青蛙（阿銮），他们只好天天把青蛙儿子带在身边。一日，青蛙儿子硬要去帮富人家放牛，父母无奈只能让他去了。第二天，首领去狩猎，因追逐一只由妖魔变幻成的鹿而迷途，妖魔欲吃首领，首领万般哀求："若能让我活命，我每天将送一个臣民让魔王美餐。"不久，臣民大多数都逃奔远方去了，首领只好将自己的女儿送去，青蛙阿銮在途中截住了公主，然后变成标致的小伙子去见魔王。魔王见来者是阿銮，吓得拔腿就跑。青蛙阿銮便与公主喜结良缘。喊霞唱述，曼相屯记译。16开，3页，约600字，稿存德宏傣族景颇族自治州民语委。

（快永胜）

金岩羊阿銮

傣族阿銮故事。流传于云南省盈江县傣族地区。讲述的是：原始森林里住着五百只岩羊，它们的领头羊是一对阿銮夫妻转世投生的公、母岩羊。一次，五百只岩羊下山去吃一对老夫妇的谷子，母岩羊不幸被扣子套住，其他羊都逃走了，只有公岩羊在一旁陪伴妻子。母岩羊挣扎了一会儿，口渴难忍，便请丈夫去含一口水来给她喝。不料，公岩羊在找水的路上也被扣子扣住了。老夫妇俩高兴地将套住的两只羊分别杀了。临死前，母岩羊以为丈夫借取水之机扔下自己逃走了，便怀恨在心，发誓来世要杀光所有男人，以解心头之恨。不久，母岩羊投生到拉加座国皇后的怀里，成了公主。公主长到十六岁时便开始了自己的复仇行动，她见男子便杀，一共杀了五千五百个年轻小伙子。这时，公岩羊投生的小伙子知道了公主的怨恨，决定向她说明原委。他将他们前世做岩羊时的生活和遭遇画成了一幅幅画挂在公主常去的寺庙里，公主看到后悔恨交加，小伙子走出来与公主相认。首领知道了这段奇缘后就赐婚给两人，并将王位让给了小伙子。龚玉贤讲述，刀安禄采录。收入《中国民间故事集成·云南卷》上，16开，3页，1900字，中国ISBN中心2003年版。

（龙江莉）

金黄牛阿銮

傣族阿銮故事。流传于云南省德宏傣族景颇族自治州傣族地区。讲述的是：勐果那占帝有一位姑娘不知何故有了身孕，不久后生了一个女孩子，取名为"朗玛喊体"。朗玛喊体十五六岁时，母亲告诉她，是在一次去深山里摘菜时无意中喝了混有黄牛尿液的水后怀上了她。但母亲说从来没有见过她的父亲，只是在河水边看到有黄牛的脚印，便断定朗玛喊体是黄牛之后。朗玛喊体听后便向母亲请求去深山里找寻生父，她遇见一群黄牛下山来吃草，便跪拜在黄牛面前。带头的那头黄牛问她为何跪拜在这里，朗玛喊体说明了来意，并发誓要找回生父，带生父回家。带头的黄牛很感动，就跟着朗玛喊体回了家。天神坤西迦知道后，用仙水泼洒在黄牛身上，黄牛马上变成了人（阿銮）。坦庄讲述，刀干相搜集。16开，4页，约800字，稿存德宏傣族景颇族自治州民语委。

（杨荣芳）

金眼黄牛的故事

傣族阿銮故事。流传于云南省德宏傣族景颇族自治州瑞丽的傣族地区。讲述的是：在朵细达天国数百年的阿銮来到勐巴拉纳西依靠卖柴为生。阿銮出世时，他家里的黄牛也同时产下小牛，黄牛和阿銮一起成长。少年时的阿銮赛陀螺谁也赛不过他。后来，首领辞世。大臣们就把阿銮请来继王位，与王府里的公主成婚。从此该国风调雨顺，国泰民安。佳列喊凹尚艾讲述，刀干相记录。16开，3页，约850字，稿存德宏傣族景颇族自治州民语委。

（岳小保）

金银花阿銮

傣族阿銮故事。流传于云南省德宏傣族景颇族自治州傣族地区。讲述的是：勐那扎桌有一穷人的儿子，父母双亡后独自替首领看守花园，大家都称他为"金银花小伙子"（阿銮）。一天，一个老妖怪趁勐达嘎索公主熟睡时，把公主偷来放在小伙子看守的花园里的一棵枝叶茂盛的大树上。公主醒来后大声哭喊救命，双手合十祈求天神的帮助，让她回到父母身边。小伙子听到后出来查探，看见被困在枝头的美丽公主，就用枝条结成梯子，让公主走下来。公主得救后很感激小伙子，把小伙子带到勐达嘎索首领的面前，首领很高兴，把公主嫁给小伙子，为他俩举行了婚礼。广巷村佛爷讲述，刀干相搜集。16开，5页，约1000字，稿存德宏傣族景颇族自治州民语委。

（杨荣芳）

金苦果阿銮

傣族阿銮故事。流传于云南省德宏傣族景颇族自治州傣族地区。讲述的是：勐沙洼体有一靠打柴为生的穷苦人家，一日去砍柴时，丈夫被砍倒的大树压死了，妻子也被毒蜈蚣毒死，留下刚满六个月的小儿子（阿銮）。一位雅锡（苦行僧）路过，抱走男婴，每日摘苦果子给他吃，十二岁时给他取名为苦果阿銮，意思是吃苦果子长大的小伙子。一日，从宫里传来消息说首领为自己的女儿朗盏达建盖了一座高耸入云的宫殿，如谁爬得上去就招谁为驸马。阿銮听后十分高兴，燃上香火祈求父母在天之灵的保佑。天神坤西迦也送了一颗金苦果放在雅锡的奘房里，雅锡把这颗会让人飞起来的金苦果放在阿銮衣袋里，让他带着去赴摆。阿銮拜谢雅锡后，飞到摆场。首领见从天而降的阿銮，十分满意，下令出动彩车，把他迎接进宫，为公主和阿銮举行婚礼。岳罕讲述，刀干相搜集。16开，5页，约1000字，稿存德宏傣族景颇族自治州民语委。

（杨荣芳）

金鱼阿銮

傣族阿銮故事。流传于云南省德宏傣族景颇族自治州傣族地区。讲述的是：古时有一个国家不信佛，包括首领也无信仰，国民们得过且过，生活无生机、无规律，甚至男盗女娼，人人面黄肌瘦。一个村子里有一对老夫妇种有水田，按照节令下种、栽插，收割季节时田里的谷子最饱满，颗粒最大。消息传遍四面八方，国民甚感惊奇。原来是在他们田棚旁边有一大水塘，塘里有一条大金鱼（阿銮），是佛祖修炼未成佛前轮回转世的其中一世。是这条金鱼帮助了两位老人。佳列喊凹尚艾讲述，刀干相记录，岳小保翻译。16开，2页，约500字，稿存德宏傣族景颇族自治州民语委。

（岳小保）

金头发阿銮

傣族阿銮故事。流传于云南省德宏傣族景颇族自治州傣族地区。讲述的是：勐糯坝有一善良、勇敢的小伙子（阿銮），因他长有一头的金发，大家都叫他"贺恩贺罕"（即"金头发"之意）。贺恩贺罕从小喜弄枪舞棒、踢腿练拳，能把天上飞着的老鹰一箭射下来；会吹葫芦丝、弹弦琴、敲象脚鼓，哪里的鼓声最响，哪里就有他的身影。芒岗村一富翁的女儿叫妹喊，长得犹如刚盛开的荷花般楚楚动人，求亲之人千万。一日，妹喊却被勐哄山上的一条蛇魔掠去，她的哭声使得寨边的大青树歪倒，小桶粗的龙竹扭得像刚榨过的甘蔗条，富翁的大瓦房塌了半边。贺恩贺罕知道后，带上宝刀、硬弓、药箭、钢矛，骑上海骝马直奔蛇洞，制伏了蛇魔，救出妹喊。富翁把妹喊嫁给贺恩贺罕，两人幸福地生活在一起。杨永福、杨加林讲述，艾宗升记录，梅革新整理。杨安兴翻译。收入《德宏傣族民间故事》，16开，4页，

7560字，德宏民族出版社1993年版。

（杨荣芳）

金牙齿阿銮

傣族阿銮故事。流传于云南省德宏傣族景颇族自治州傣族地区。讲述的是：勐帕罕王子一出生嘴里便长着四颗金牙齿，大家都叫他"金牙齿王子"（阿銮）。长大后，金牙齿王子带着迎亲队伍去迎娶勐久部国的公主。回国途中，不知何故遭到岳父派兵来追杀，王子中了箭伤逃进附近的佤族山寨。勐久部国有个规矩：全国百姓必须轮流给宫里割马草。王子照着天神托梦给他的方法到东边山上拔来一棵绿草，到西边山上拔来一棵黄草，把绿草喂给首领的大象，大象就疯狂地乱闯，把勐久部首领摔死了。勐久部国的大臣商议后贴出告示：谁能驯服大象就招谁为首领。金牙齿王子用黄草在疯象的头上绕了三圈，大象顿时安静了下来。从此金牙齿王子当上了勐久部的首领。银老二讲述，杨国强、郗宝兰搜集并翻译，张青整理。收入《德宏傣族民间故事》，32开，4页，2352字，德宏民族出版社1993年版。

（杨荣芳）

金和尚阿銮

傣族阿銮故事。流传于云南省德宏傣族景颇族自治州傣族地区。讲述有一对相依为命的母子俩，生活非常艰苦，人又长得丑，身上穿的衣服又臭又脏，但母子俩为人诚实、品行好，从不做伤天害理的事。这里的人们有一种习俗，儿子长大后，都要送到奘房接受洗礼，皈依佛祖，但好心的母亲却无力送儿子进奘房学习。天神见母子俩诚心拜佛修道，很受感动。就变成一位老人前来借宿，母子俩见老人不嫌弃他们，心中非常高兴，热情地招待了老人。到了第二天晚上，老人拿出仙水、念动咒语，把仙水洒向母子俩，顿时，他们变成了另外一副模样，年轻漂亮了许多，母亲也终于圆了送儿子去奘房里修行的愿望。三年后，阿銮在奘房里潜心修行，佛经样样精通，母子俩从此过上了幸福的生活。曼算讲述，刀干相搜集。16开，3页，396字，稿存德宏傣族景颇族自治州民语委。

（喊凤）

金发阿銮

傣族阿銮故事。流传于云南保山傣族地区。讲述的是：很久以前，在一个名叫勐糯坝的地方，有位善良、勇敢的小伙子，父母早就去世了，取的名字人们早就忘记。因为他有一头金黄色的头发，大家都叫他"贺恩贺罕"（"金头发"的意思）。贺恩贺罕从小喜欢舞枪弄棒，虽然贫穷，但一身正气。也就因为贫穷，直到十九岁了，还未能娶妻。当时，富翁莫帅老爷家有位如花似玉的小姐名叫妹喊，但因身份富贵，直到十八岁了，也没有哪位小伙子敢上门提亲。这位情窦初开的妹喊，早就对英俊善良的贺恩贺罕心生情愫，怎奈父亲嫌贫爱富，所以她才把对贺恩贺罕的爱意深埋心底。有一年，离寨子不远的山林里，来了一个吃人的蛇精，专门吃妙龄少女。莫帅老爷抱着侥幸的心理上山打猎，被蛇精抓到，蛇精要求莫帅老爷把女儿妹喊送到山里来给他做老婆，他才肯放了莫帅老爷的性命。贪生怕死的莫帅老爷，竟然把自己的女儿送给了蛇精。把女儿送走后，莫帅老爷自己也后悔了，于是昭告全寨子的年轻人，哪位能从蛇精的手里救回自己的女儿妹喊，他就把妹喊嫁给他。勇敢机智的贺恩贺罕，带上宝剑去与蛇精决斗。在决斗过程中，贺恩贺罕救回了妹喊，并把蛇精杀死了。从此，贺恩贺罕成为了莫帅老爷家的姑爷，和妹喊一起过着甜美的生活。杨永福、杨加林口述，陈安兴翻译，艾宗升记录，梅革新整理。收入《民族古籍翻译丛书——保山傣族民间故事第一辑》，32开，8页，6048字，保山市傣学研究会编，云南民族出版社2012年10月出版。

（依旺的）

金牙齿阿銮

傣族阿銮故事。流传于云南保山傣族地区。讲述的是：在一个名叫勐帕罕的地方，那里的首领有一个儿子，生下来就满口金牙。这个金牙齿王子风度翩翩、英俊非凡。王子有一位舅舅，年龄相仿，也是满口金牙，不过舅舅的金牙是后天镶上去的。在离勐帕罕不远的地方，有一个国家名叫勐九部。勐九部的首领贪婪霸道，可他却有一个心地善良、容貌倾国倾城的女儿。每天上门求亲的王公贵族，踏破了勐九部王宫的门槛，可公主偏偏不中意，唯独爱上了勐帕罕的金牙齿阿銮。就在公主和金牙齿阿銮成亲当日，被权势的欲望冲昏头脑的勐九部首领，发起一场战乱，试图把女婿杀死后，抢夺勐帕罕的国土。在战乱中，金牙齿阿銮的舅舅被杀死，金牙齿阿銮在众臣的保护下逃到佤山避难。他在佤山逃过一劫，并向勐九部的首领发起报复。最终，金牙齿阿銮在公主的帮助下，战胜勐九部的首领，兼并勐九部，和公主幸福地生活在一起。银老二口述，郗宝兰搜集，张青整理。收入《民族古籍翻译丛书——保山傣族民间故事第一辑》，32开，3页，2268字，保山市傣学研究会编，云南民族出版社2012年10月出版。

（依旺的）

金崖阿銮

傣族阿銮故事。流传于云南保山傣族地区。讲述的是：有位首领有七个王后，在七王后生产时，遭到其他六位王后的算计，用一只刚刚出生的小狗换成刚刚出生的小王子，欺骗首领说七王后生的不是人而是狗。不分青红皂白的首领，马上就把七王后赶出宫殿。而刚出生的小王子，也被那六位王后派人扔到深山老林里。福大命大的小王子，被天上的神仙带去抚养。神仙们教他武艺，赐他金凤凰，于是取名为金崖阿銮。金崖阿銮七岁那年，神仙把他的身世告诉了他。于是，思母心切的金崖阿銮，下凡寻找母亲。功夫不负有心人，金崖阿銮在一座深林里，找到并与母亲相认。从此，母子俩和两位好心的老人在森林里过着清贫但是幸福的生活。过几年，金崖阿銮长大成人，就拜别母亲，到城里去打工，希望赚得一些金钱让母亲过上好一点的日子。在城里，他遇到六位跟他年纪相仿的少年，实际上就是他同父异母的兄弟。他们成为朋友，同时也是敌人。因为在一次与妖魔搏斗的过程中，那六位自私自利的王子，为了向父王邀功，加害了金崖阿銮。命运多舛的金崖阿銮，又在神仙的庇佑下死而复生，不仅与父王相认，还从深山老林里接回母亲和两位收留他们的老人，从此，一家四口在王宫里过着无忧无虑的生活。方有明讲述，弓长记录整理。收入《民族古籍翻译丛书——保山傣族民间故事第一辑》，32开，8页，4928字，保山市傣学研究会编，云南民族出版社2012年10月出版。

（依旺的）

令达玛阿銮

傣族阿銮故事。流传于云南省德宏傣族景颇族自治州傣族地区。讲述的是：在勐沙托国有一对夫妻俩以打猎为生，身边有一个儿子名叫令达玛。令达玛阿銮才七岁就到奘房里听佛诵经、悟道，明白了很多道理。于是，经常劝他的父亲放弃打猎的生活，不要再去残害生灵，今生今世不行善积德，来世会遭报应的。他的父母在他的规劝下放弃了打猎生活，行善积德，两人死后到了幸福彼岸，享受天国的幸福生活。相真讲述，刀干相搜集。16开，4页，440字，稿存德宏傣族景颇族自治州民语委。

（喊凤）

良马阿銮

傣族阿銮故事。流传于云南省德宏傣族景颇族自治州的傣族地区。讲述的是：有一群品种优良的马在一座深山里繁衍生息。一次，它们去雅锡（苦行僧）的奘房附近吃草，一匹母马喝了雅锡排出的尿液，不久后，便生出了一个人来。由于人与马不是同类，众马商议后，用嘴含着去放在雅锡的槀房外边，想让雅锡代为抚养。阿銮七岁时，雅锡告诉他说："我不知道谁是你的生母，只是在放你的地方留有一个马蹄印。"还告诉阿銮让他在槀房里专心念佛经，学习佛法，天神会保佑他们一家有相逢的一天的。阿銮听了雅锡的话，每日在槀房里苦心修行，以待来日成正果。帅庄讲述，刀干相搜集。16开，3页，约600字，稿存德宏傣族景颇族自治州民语委。

（杨荣芳）

劳克銮阿銮

傣族阿銮故事。流传于云南省德宏傣族景颇族自治州傣族地区。讲述的是：勐细贺有一穷小伙子叫劳克銮（阿銮），父母去世后，他到外面替人做工挣得一百锭碎银，便想带回家替父母还债。他在一棵大榕树下休息时，听到两个商人的对话："月亮只有在十四、十五晚上最圆，如果谁福禄大，就会在这两天遇到道法高深的修行僧，如向他赊供物品，自己会变成富翁。"天亮后劳克銮才走了一段路就遇到了一位来化缘的和尚，他向路边种田的老人买了午饭来赊供给和尚。老人却要他身上全部的一百锭碎银，劳克銮二话没说，把银子全给了老人。和尚记在心里，只问了穷小伙子的姓名便走了。到穷小伙子功德圆满之时，和尚找到了他，让他变成了富翁。劳克銮是个善良之人，他把金银分发给勐里的穷人。佚名讲述，刀干相搜集。16开，4页，约800字，稿存德宏傣族景颇族自治州民语委。

（杨荣芳）

蓝石阿銮

傣族阿銮故事。流传于云南省德宏傣族景颇族自治州傣族地区。讲述的是：勐巴拉纳西的一个穷人儿子（阿銮），七岁时父母就双双去世了。他埋葬父母后，每天去村寨里讨饭来祭奠父母，夜以继日，从未间断。他的举动感动了鬼王，鬼王在他父母坟前放了一块墨蓝色的石头。穷小伙子把石头装进衣袋里带回家，天天枕着入睡。后来，他去远方的山林打猎，由于他怕父母在阴间挨饿，几天后又跑回来，天天去讨饭来祭奠父母。一天夜里，天神坤西迦托梦给他，让他把那块蓝石头放进米缸里，就会变出许多大米和金银来。天亮后，穷小伙子把石头放在头顶拜了三次后，把石头放进米缸。次日醒来，米缸里满是金银，于是他就赶摆七天七夜把金银分给穷人。奇怪的是，米缸里的金银不但没有减少，反而越来越多。后来他成为了勐巴拉纳西最富有的富翁。从此，勐巴拉纳西也随着他的福禄变得越来越富裕。姐勒村岳相讲述，刀干相搜集。16开，4页，约800字，稿存德宏傣族景颇族自治州民语委。

（杨荣芳）

朗麻晃秀（绿桃子姑娘）

傣族阿銮故事。流传于云南省德宏傣族景颇族自治州傣族地区。讲述的是：勐苏纳国有一叫过纳底的穷小伙子（阿銮），采得一笼筐水藻回家。不料背笼带子断了，水藻掉落在地就消失不见了。次日，那里却长出一棵桃树来，七天后，桃树开了一朵花，结了一个绿桃，并从绿桃里走出一位漂亮的姑娘来帮小伙子做饭、做家务。原来这位姑娘就是撒底山上的神鸟公主瑞凹纳。首领知道后，想将鸟公主占为己有，便逼迫过纳底于三日内交出八个金盘子和八双金筷子，否则就以瑞凹纳抵换。瑞凹纳用家里的核桃变成金盘子和金筷子，首领还是不死心，又要过纳底拿出一张玉石制成的桌子和八个玉石制成的酒杯。于是瑞凹纳公主让过纳底背着会发出悦耳声音的背笼进宫献物，首领和大臣们凑上前来听，却全被炸死了。百姓们纷纷赞叹过纳底为民除恶，就拥立他做了首领。佚名讲述，孟成信搜集、翻译。收入《德宏傣族民间故事》，32开，6页，4116字，德宏民族出版社1993年版。

（杨荣芳）

马送来宝石的阿銮

傣族阿銮故事。流传于云南省德宏傣族景颇族自治州傣族地区。讲述的是：勐朵达那有一对替首领守花园的穷夫妇，到六十岁时才生得一个儿子（阿銮）。孩子长到七岁时，夫妇俩双双去世。夜里穷小伙子熟睡之时，天神托梦给他，让他去耕田种地，醒来后，穷小伙子照着天神的话做了，找来了豆籽播种在地里。待种子发芽后，却被一群野马偷吃光了。但穷小伙子不责怪野马群，只是去重新修种剩下的豆藤。带头的野马看在心里，于是从嘴里吐出一颗宝石来送给穷小伙子。得到宝石后，小伙子变成了富翁，把金子分发给穷人，大家都托他的福，过上了幸福的生活。岳恩讲述，刀干相搜集。16开，4页，约800字，稿存德宏傣族景颇族自治州民语委。

（杨荣芳）

母亲割颈自尽的阿銮

傣族阿銮故事。流传于云南省德宏傣族景颇族自治州傣族地区。讲述的是：勐嘎朗嘎列有一对靠砍柴为生的穷夫妇，他们生得一子（阿銮），刚满两个月时，丈夫便去世了，剩下母子俩相依为命。转眼儿子十二三岁了，却穿得一身破烂，穷妻觉得很羞愧，便自刎离开了人世。穷小伙子守着母亲的遗体终日哭泣。好多日子过去了，母亲遗体开始腐烂发臭，邻居们纷纷来驱赶小伙子远离村庄，让他赶快把其母的尸体掩埋了。因前世穷小伙子不尊敬父母长辈，今生才受到佛祖的处罚，落得个母亲自刎而死的悲惨结局。岳相讲述，刀干相搜集。16开，5页，约1000字，稿存德宏傣族景颇族自治州民语委。

（杨荣芳）

莫景罕阿銮

傣族阿銮故事。流传于云南省德宏傣族景颇族自治州傣族地区。讲述的是：勐麻耶撒首领有一个女儿名叫细黎达罕纶，十八岁便美貌非凡，无人能比。一日，细黎达罕纶公主到花园里赏花，被一神通广大的牛魔王看见，把公主抓去放在石洞里。天神坤西迦知道后，派了一位名叫"莫景罕"的阿銮下凡来搭救，因为公主和他是前世所定的姻缘。他在天神的帮助下制服了魔王，天神把魔王收归门下做了徒弟。首领想检验莫景罕是人是妖，便让大臣准备了柴火，叫公主牵着阿銮走入火海，如果是妖，就会被大火烧死。然而阿銮就像走入水里洗了一次澡一样，很轻松地从火堆里走了出来。百姓就拥立阿銮继承首领的王位，并娶公主为妻。勐如岳恩讲述，刀干相搜集。16开，4页，约800字，稿存德宏傣族景颇族自治州民语委。

（杨荣芳）

莫亮喜花阿銮

傣族阿銮故事。流传于云南省德宏傣族景颇族自治州傣族地区。讲述的是：勐巴拉纳西有一位首领，从未到奘房里敬供佛祖、听经、行佛事，从而导致他的国家终日战祸不断，不得安宁。于是首领下令出动大量兵力、物力、财力修造佛寺，带领嫔妃、百姓一起敬拜佛主，学习佛法，接受戒律。天神坤西迦知道后，备上鲜花和米花等供品向佛祖请了一位阿銮投胎成一朵莫亮喜花（一种花）。一位守花园的农民看到花园里盛开着的这朵异常艳丽的莫亮喜花后，把它摘下来献给了首领和王后。这朵花芳香四溢，香味不断。九个月后，从花里走出一位帅气的小伙子，首领便为他取名为"莫亮喜花阿銮"。从此，勐巴拉西国家安定、兴旺发达，昔日侵扰他们的周边勐的人民也纷纷来勐巴拉纳西首领建盖的奘房敬拜。罕艾讲述，刀干相搜集。16开，3页，约600字，稿存德宏傣族景颇族自治州民语委。

（杨荣芳）

卖东京叶的阿銮

傣族阿銮故事。流传于云南省德宏傣族景颇族自治州瑞丽市。讲述的是：一个卖东京叶（一种草本植物）的阿銮，他熟记他父母教他的五戒佛经，立誓永做好人。有一天，他捆好叶子后就在一个大石头上睡觉，这时有一位天神来给他托梦，说他的福运马上要来临。醒来时，他已飞在天上，一直飞到首领处。首领惊喜，就举行盛大庆祝仪式让位给这个阿銮，并教导人们要学经拜佛做善事、当好人。佚名讲述，刀干相搜集。16开，2页，约550字，稿存德宏傣族景颇族自治州民语委。

（岳小保）

麻达杜利阿銮

傣族阿銮故事。流传于云南省德宏傣族景颇族自治州傣族地区。讲述的是：勐那扎佐一个叫麻达杜利的穷小伙子（阿銮），父母双亡后，他靠乞讨度日。一天，一位正在奘房赕佛的老奶奶看见小伙子很可怜，就拿了一点斋饭给他吃，正巧被首领的大臣看见，就报告给了首领。首领很生气，派人抓走他俩，带去山林里处死。天神坤西迦看见后，吹起一阵风，卷走了两具尸体。十八年后首领的女儿朗细莉盏达带着侍女到深山里游玩，来到一个小伙子和一位老奶奶居住的房子，便断定这位小伙子是她寻找的意中人，于是把小伙子和老奶奶带回宫里。首领看见是当年被处死的一老一少，吓得急忙逃跑，刚跑到门口时，大地裂开一条缝，吞噬了他和那些坏心肠的官员、大臣。百姓们欢呼，推举麻达杜利和公主为首领和王后。帅晃讲述，刀干相搜集。16开，6页，约1200字，稿存德宏傣族景颇族自治州民语委。

（杨荣芳）

玛哈瓦阿銮

傣族阿銮故事。流传于云南省德宏傣族景颇族自治州傣族地区。讲述的是：勐嘎朗嘎列的首领带着大臣上山打猎，追赶一只金鹿时，来到了大蟒蛇居住的洞穴休息。大蟒蛇想吃掉他们，贺罕求饶，并以每天送一个人上来给大蟒蛇吃为条件。这样过了三年，勐里的百姓都送光了，只剩下一对穷夫妇居住在城外，他们有一个儿子叫玛哈瓦

阿銮，首领的大臣去抓阿銮来喂大蟒蛇。阿銮到了蟒洞后，在那里打坐念经，三遍以后，蟒蛇出来张开大嘴打算吃掉阿銮，不料全身着了火，痛得它直打滚。蟒蛇急忙求饶，并发誓不再吃人，还把头顶上的一颗宝石送给阿銮。从此跟着阿銮念经拜佛，接受戒律。庄舍曼讲述，刀干相搜集。16开，4页，约800字，稿存德宏傣族景颇族自治州民语委。

（杨荣芳）

玛哈都阿銮

傣族阿銮故事。流传于云南省德宏傣族景颇族自治州傣族地区。讲述的是：勐巴拉纳西有一个穷小伙子（阿銮），父母双亡后靠打柴为生。一天他上山砍柴迷了路，来到一个荷花塘边，龙王的公主正在那里洗澡，她们以为小伙子是大鹏鸟，就赶紧逃跑，不慎把戴在头上的花全抖掉了。小伙子捡起花来闻了闻，花的香味传遍了几座山几条洼子。小伙子也一下子变成了英俊的小伙子，头脑也清醒了，找到了回家的路。路上，遇到一对富翁夫妇，富翁闻到花香，多年的病痛顿时烟消云散，此事传遍了全勐各地，大家纷纷来找小伙子。后来，小伙子把花拿去奘房供给菩萨，自己却死去，变成了菩萨。岳相哏讲述，刀干相搜集。16开，4页，488字，稿存德宏傣族景颇族自治州民语委。

（喊凤）

牧马阿銮

傣族阿銮故事。流传于云南省德宏傣族景颇族自治州傣族地区。讲述的是：母亲一分娩就离世而去的阿銮，艰难地与父亲共谋生计。一日，已经长大的小伙子去集市卖柴，遇一王宫卫兵来选首领的养马人，小伙随之去了。首领承诺：帮放三年马，包吃包住，期满给一匹马。期限将满时，阿銮去山间询问曾经教授过自己本领的修行僧侣："首领答应给我一匹马，选什么马最佳？"僧侣说：

"去砍芭蕉叶铺垫地上，看哪匹马踏过而叶不通。"小伙子照办，千万匹马踏过，唯有那匹他曾经用自己的衣服包住抱过的马踏过叶而叶不通，原来是匹飞马。阿銮骑着飞马奔向金山银山，求拜了守候金银山的千岁长老后，带着金银荣归故里。佚名讲述，喊霞搜集、整理。收入《傣族民间故事》第五辑，傣文版，32开，8页，3200字，云南民族出版社1987年版。

（快永胜）

拇指神童

傣族阿銮故事。流传于云南省德宏傣族景颇族自治州傣族地区。讲述的是：在炎热的太阳照射下，怀孕的母亲对着太阳骂了几句，生下的儿子就只有拇指大，而且永远长不高。但他力大无比，大树倒下来压不死他；大石头坍下来，他扛回家让妈妈做洗衣板，人们就叫他拇指阿銮。后来，鱼神作恶，让世间遭水灾。他带领众人上天与雨神战斗。雨神放出了特大公鸡，一嘴能啄死二十多人，拇指阿銮就唤出大野猫将公鸡咬死。雨神又放出公黄牛，拇指阿銮就唤出老虎将黄牛咬死。经反复斗智斗勇，终于制服了雨神，世间风调雨顺，人们拥戴拇指阿銮为首领。佚名讲述，朗板相搜集。16开，9页，6136字，刊于傣文杂志《勇罕》1988年1—2期。

（冯霄）

穆里佐达连阿銮

傣族阿銮故事。流传于云南省德宏傣族景颇族自治州傣族地区。讲述的是：勐沙统有一个叫"穆里佐达连"的穷小伙子（阿銮），一天，他去一个勐做生意，买了一只猫、一条狗和一条蛇。回来时，由于天气很炎热，他看到关在笼子里的蛇伸长了舌头，以为蛇口渴想喝水，便把笼子放到河里，没想到蛇却逃跑了。他带着猫和狗回家，交给父母后，自己拿着竹棍跑到河边等蛇。原来那条蛇是龙王的儿子，被渔夫抓去，幸好被穆里佐达连救了。龙子把真相告诉了龙王，龙王很感激穆里佐达连，便派人请来穆里佐达连，让他在龙宫挑选自己想要的东西。可穆里佐达连阿銮看中了龙王手上戴着的宝戒指。奇怪的是，穆里佐达连的手指刚碰到龙王的手指，戒指便自动戴在了穆里佐达连阿銮的手指上。龙王见状，带着所有龙子龙孙和所有水族拜见这位福禄之人，推举阿銮当龙王，但穆里佐达连阿銮谢绝了龙王，回到人间与父母幸福地生活在一起。莫恩丁讲述，刀干相搜集。16开，7页，约1400字，稿存德宏傣族景颇族自治州民语委。

（杨荣芳）

麻喔羞

傣族阿銮故事。流传于云南省景谷傣族彝族自治县。讲述的是：一位首领有七个儿子。首领让他们去他掌管的一百零一个小国中选妻子。后来，只有老七召阿銮没有找到中意的姑娘，他要去找一个仙女。召阿銮历尽千辛万苦，在天神英叭的帮助下寻到了藏有仙女的麻喔羞（绿柚子）。他回到家后，麻喔羞变的仙女南琵却被宫中又脏又丑的澎中旦打死，澎中旦却冒充仙女南琵并欺骗召阿銮与她成了婚。南琵被打死扔进井中后变成一朵莲花，芳香四溢。澎中旦知道后把莲花埋到大花园里，从中又长出一芒果树，所结芒果被两个老人摘下后变出了南琵。澎中旦又派人去将南琵杀了。后来召阿銮在天神英叭帮助下，终于与南琵团聚，他俩一直活了八万年。俸志登、周建云讲述并翻译，云南大学调查队搜集，杨可整理。收入《云南民间文学集成·景谷民间故事》（一），32开，15页，10000字，景谷傣族彝族自治县民间文学集成领导小组编辑室1989年编印。

（郭玉萍）

水牛屎阿銮

傣族阿銮故事。流传于云南省德宏州傣族景颇族自治州傣族地区。讲述的是：达嘎索国有个昏君，他下达三条规定：一、谁家有卜少（未婚女）一律送到王宫；二、如无卜少，必须用儿子去调换后送到宫中；三、如无儿子者，就去给首领劳役干活。一户靠种地为生的老两口也被弄去给首领贴牛屎（牛屎晒干后做燃料）。一天，他俩发现牛屎饼中有两片金光闪烁，就把牛屎饼悄悄带回家。后来从两牛屎饼中出来一男一女婴，他俩就把孩子当亲生子女专心抚养，把男孩取名为"贡麻腊"（阿銮），女孩取名为"占达"。男的特长是弓箭，女的歌声悠扬动听，比乐多鸟声音还入耳。一天赶大摆，首领想听占达的歌声，人们抬着她到了摆场，首领一看到占达就命手下人去拉占达，结果被贡麻腊一箭把首领射死。首领死后，大家拥立贡麻腊为国君。以后全国富庶、幸福。佚名讲述，岩瑞吞搜集、整理，龚肃政译。载于《傣族民间故事》第二辑，傣文版，32开，4页，约1600字，云南民族出版社1983年版。

（俊孟）

三颗金蛋

傣族阿銮故事。流传于云南省德宏傣族景颇族自治州傣族地区。讲述的是：相传佛历达拉西年间，天上出现了三颗金蛋。一百年后，金蛋才裂开，从中走出三位阿銮，分别是太阳阿銮、月亮阿銮和天狗阿銮。天狗阿銮从蛋里出来就飞到了黑神那里取得三件宝物和仙丹，不料却被两位哥哥偷走。天狗阿銮发现后非常生气，就跑去向两个哥哥要回东西，双方打斗得不可开交。天神坤西迦来劝阻，他们才停止了厮杀。但是，在打斗过程中，天狗阿銮不小心被两位哥哥的衣襟碎片粘住了身体，变得不太明亮。因此他非常羞愧，不敢出来见人，几年才出现一次，直到现在。这就是我们常说的月食现象。召果利亚讲述，刀干相搜集。16开，3页，约600字，稿存德宏傣族景颇族自治州民语委。

（杨荣芳）

三锭银子阿銮

傣族阿銮故事。流传于云南省德宏傣族景颇族自治州傣族地区。讲述的是：勐果萨拉有一穷人名叫朵达那（阿銮），他全部的家产只有三锭银子，不知该如何花费，想来想去，决定去买黄牛以备农忙时耕地。买来黄牛后，他到召玛贺府旁的空地上放牛吃草，由于太累，他不知不觉就睡着了，到太阳落山时还没醒。有一个小偷偷走了他的黄牛，他发现后追赶小偷，小偷却推说黄牛是自己的，于是两人争执起来，只好去找召玛贺断决。召玛贺经过调查，查明了事实真相，处死了偷牛的人。姐列讲述，刀干相搜集。16开，5页，约1000字，稿存德宏傣族景颇族自治州民语委。

（杨荣芳）

山麻雀阿銮（一）

傣族阿銮故事。流传于云南省德宏傣族景颇族自治州傣族地区。讲述的是：山麻雀下了五个蛋，前四个分别变成水牛、老虎、老鹰和妖魔，最后一个变成一个小伙子，他就是阿銮。阿銮从蛋里钻出来时山麻雀就死了，与他的大哥水牛相依为命。天上的七位仙女下凡来到一个湖里洗澡，看到小伙子后，便与他玩捉迷藏，还说好如果阿銮输了，水牛归她们，反之则让阿銮在她们当中选择一位公主做妻子。阿銮得到大哥水牛的帮助赢了，他选了七公主为妻。七公主送给阿銮一颗万能宝石，阿銮用宝石给在深山里修行的和尚盖了一座奘房，并与和尚生活在一起。首领知道后派兵来抢夺宝石，阿銮请哥哥们来帮忙杀死了首领。最后阿銮带着公主、修行和尚和大哥水牛来到勐嘎连王宫，百姓拥立他做了首领。银老二讲述，郗宝兰翻译，杨国强整理。收入《德宏傣族民间故事》，16开，2页，1930字，德宏民族出版社1993年版。

（杨荣芳）

山麻雀阿銮（二）

傣族阿銮故事。流传于云南保山傣族地区。讲述的是：在一个大森林里，住着一只猴子和一只山麻雀。有一天，猴子和山麻雀闹矛盾，猴子把山麻雀的蛋砸碎了。就在它幸灾乐祸的时候，自己摔在石头上死了。这只猴子死后，投胎转世到另一个地方成为首领。山麻雀又下了五个蛋，第一个蛋变成水牛，第二个蛋变成老虎，第三个蛋变成老鹰，第四个蛋变成妖魔，第五个蛋变成一个小伙子，名叫阿銮。阿銮长大后，意外地娶到七仙女为妻，同时得到神仙的帮助，财色双收。最后，阿銮在水牛、老虎、老鹰和妖魔的帮助下，打败了由猴子转世的那位首领，为自己的麻雀母亲报了仇。银老二口述，郗宝兰搜集，李国强整理。收入《民族古籍翻译丛书——保山傣族民间故事第一辑》，32开，2页，1344字，保山市傣学研究会编，云南民族出版社2012年10月出版。

（依旺的）

沙达念阿銮

傣族阿銮故事。流传于云南省德宏傣族景颇族自治州傣族地区。讲述的是：勐桑帕拉和勐底体拉两国为了争夺土地、人口，相互发动战争，双方兵员、将领损失严重。一天，勐桑帕拉国的一将领做了一个梦。梦中说：明天一早在路旁等候，第一个所见到的人，不管是男、是女，不论他们的身份高低、贵贱，定是位贤能之人，将是我们勐桑帕拉国的将领，一定要请他进宫来统帅我们的军队。这位军官把梦之事禀告给了首领。首领就派人到路旁等候。此时正巧有一位名叫沙达念的穷小伙子（阿銮），肩挑着一担柴从路上走来。这位穷小伙子被请入宫接受首领的任命，统帅勐桑帕拉的军队。在他的带领下，勐桑帕拉的军队英勇奋战，打败了勐底体拉国的军队，取得了胜利。后来，由于阿銮战功显赫，首领封阿銮为大臣，掌管国家大权。从此国家安定，人民生活幸福。佚名讲述，刀干相搜集。16开，3页，396字，稿存德宏傣族景颇族自治州民语委。

（喊凤）

苏戒亚阿銮

傣族阿銮故事。流传于云南省德宏傣族景颇族自治州傣族地区。讲述的是：勐沙洼体首领的王后和王妃们突然在同一天生育，首领便招来占卜师卜卦预兆何事。占卜师卜了卦告诉首领应该把王后所生的儿子丢在深山里。首领听信谗言，就把小王子（阿銮）丢进深山。一位僧人看到后，将之带回奘房抚养，并为他取名苏戒亚，并教给他许多本领。苏戒亚十七岁的一天，传来仙国首领的七位公主赶摆举行射弓箭比赛招驸马的消息。于是僧人让苏戒亚带上宝弓，驾云来到摆场。苏戒亚向首领和各位赛手行了礼后，拿出三支箭，分别射到天神坤西迦、龙宫龙王和僧人修行的深山里。首领很高兴，把七位公主都嫁给了苏戒亚。帅板讲述，刀干相搜集。16开，4页，约800字，稿存德宏傣族景颇族自治州民语委。

（杨荣芳）

萨帕亚阿銮

傣族阿銮故事。流传于云南省德宏傣族景颇族自治州傣族地区。讲述的是：勐嘎朗嘎列的首领嗜酒成瘾，常常发酒疯杀掉身边的侍卫和大臣，每天还让一位大臣轮流当班，借机杀掉他们。首领杀人成瘾，百姓都很害怕，全城上下人心惶惶。一位叫萨帕亚的阿銮知道后，假扮成大臣混进首领寝宫，首领三次杀他不成。天亮时，阿銮安全地回了家。后来首领疯病又犯，就自己割自己的脖子死了。听到首领自杀的消息后，全城百姓、王族官员、王宫内外欢呼雀跃，就拥立阿銮做了首领。金罕舍讲述，刀干相搜集。16开，4页，约800字，稿存德宏傣族景颇族自治州民语委。

（杨荣芳）

尚瓦细阿銮

傣族阿銮故事。流传于云南省德宏傣族景颇族自治州傣族地区。讲述的是：勐果拉宫这个地方有一位占卜师，他有一个儿子叫尚瓦细。从小勤奋好学，机智过人，十多岁时他想离开家到奘房学习本领，占卜师没有阻拦，把他送到了奘房。十四年后尚瓦细学成归来，父母为他向勐沙统贺罕的女儿求亲，贺罕以让占卜师弄干阻隔勐沙统与其他勐的那条大河为条件，才答应这桩婚事。于是尚瓦细在深夜里祈求天神坤西迦帮他吸干了河水。贺罕也高兴地为他们举办了婚礼，赶摆七天七夜庆祝，并把王位传给了尚瓦细阿銮。姐列讲述，刀干相搜集。16开，4页，约800字，稿存德宏傣族景颇族自治州民语委。

（杨荣芳）

瘦牛

傣族阿銮故事。流传于云南省德宏州傣族景颇族自治州傣族地区。讲述的是：年幼的男童（阿銮）已失去双亲，生计艰辛。长大后，帮富人家放牛并得一头瘦牛，日日精心护养，企盼瘦牛能改变自己的穷困生活并娶到美丽的妻子。他经常在牧场对牛放歌，希望能用牛换得美丽公主为妻。一日，王宫七个公主及仆人欲到江边沐浴，闻得歌声，顿觉穷小伙异想天开，竟想把一头瘦牛换娶高贵的公主为妻，于是结伙把穷小伙的瘦牛弄死了。极度伤心的小伙只有把牛肉晒成干巴上路去街子上卖，途径大森林时突遇高大威武的神仙后，穷小伙具有了超强的本领。随之他制服了很多恶人，连作恶多端的首领也命丧黄泉，最后，穷小伙登上王位，国家兴旺发达、国泰民安。佚名讲述，线岩相洼搜集、整理。收入《傣族民间故事》第五辑，傣文版，32开，11页，约4400字，云南民族出版社1987年版。

（快永胜）

桑吉沙阿銮

傣族阿銮故事。流传于云南省德宏傣族景颇族自治州傣族地区。讲述的是：从前有一个本领高强的首领，让占卜师推算国里是否有比他本领更高的人存在，占卜师卜算到一个名叫"桑吉沙"的和尚（阿銮）本领高强。于是首领就把桑吉沙叫到身边，以借机除掉他。首领又怕还有比他本领大的人，便让桑吉沙找出国里所有本领强的人。桑吉沙分别从东、南、西、北四方找到了四个最有本领的人。在回城的路上，遇到五匹飞马，飞马带着他们飞到一个叫勐波孟嘎的国家，他们替首领赶走了入侵的敌军。首领很感激，便送给桑吉沙一个槟榔盒，里面装有自己美丽的女儿朗莫丽公主。桑吉沙回到本国后公主却被首领抢走，五个有本领的人便齐心协力趁狠毒的首领祭塔的时机刺死了首领，并推举桑吉沙当上了首领。佚名讲述，德宏民间文学调查队搜集，杨澍翻译、整理。收入《德宏傣族民间故事》，32开，6页，3080字，德宏民族出版社1993年版。

（杨荣芳）

萨哈亚阿銮

傣族阿銮故事。流传于云南省德宏傣族景颇族自治州傣族地区。讲述的是：勐巴拉纳西贺罕的儿子萨哈亚王子（阿銮），十二三岁时厌倦府衙生活，不想早日娶妻，请求父母允许他到外面学习本领。于是萨哈亚王子拜别父母到了一个热闹非凡的地方勐达嘎索，拜一位资深的长者为师傅，凭着他的诚心、正直，师傅教了他许多东西。三年后，他懂得了许多道理，便拜谢师傅回了家。父母见到儿子学成归来，赶摆七天七夜，并把王位传给他，为他找了妻子。萨哈亚王子继位后带领百姓诚心拜佛，传播佛法教义，普度众生。金罕舍讲述，刀干相搜集。16开，5页，约1000字，稿存德宏傣族景颇族自治州民语委。

（杨荣芳）

笋叶阿銮

傣族阿銮故事。流传于云南省德宏傣族景颇族自治州傣族地区。讲述的是：母子俩很穷，用笋叶做衣服穿，靠给富人种地和卖芭蕉过活。儿子手勤脚快，正直勇敢，人称笋叶阿銮。因姑娘们都喜欢与他唱歌，富人儿子很忌妒，一心要陷害他，叫他去有一窝虎的泉水边取水，他帮老虎照看了七只小虎七天，老虎办完事回来，见七只小虎活蹦乱跳，活得好好的，非常感激阿銮，送给他宝物。富人儿子见阿銮没有被老虎吃掉，继续暗害他，又使他落入陷阱，却落到龙王房顶上，被龙王请去帮助管理国事。由于他把国家治理得有条不紊，龙王送给他宝物。阿銮从龙宫回来。他的国家已被别国的侵犯。因战事失利，首领贴榜招贤。阿銮见了首领，运用他获得的两件宝物，打败来犯之敌，保卫了国家，被首领招为驸马。不久，他便继承了王位。佚名讲述，德宏傣族民间文学调查队搜集，扬澍整理。收入《傣族民间故事选》，32开，4页，2500字，上海文艺出版社1985年版。

（阿南）

宋葩冕

傣族阿銮故事。流传于云南省西双版纳傣族自治州傣族地区。讲述的是：勐沽巴的召勐宋葩冕关心百姓生活，人民安居乐业。但他的弟弟召刚（阿宋葩冕）却带着兵来攻打，想杀死他，霸占嫂嫂，夺取王位。为了使百姓免受战祸，宋葩冕带着两个儿子和妻子出走。在渡南母足温江时，用山竹筏分两次渡送两个儿子和妻子，结果互相失散了。宋葩冕的妻子嫄西妮被商船运走，两个儿子被一渔翁救去抚养，而宋葩冕则被勐西纳臣民奉为首领。十年后，渔翁得知养子的父亲做了首领，就把两个养子送进宫做了侍卫。劫走召勐妻子嫄西妮的商船后来到勐西纳进贡绸缎。首领宋葩冕在宴请他们时，派了渔翁的两个养子去看守船只，于是母子相认，并与宋葩冕团聚。召刚夺取王位后，荒淫残暴，百姓忍无可忍，举戈反抗，杀死召刚。宋葩冕在百姓的拥护下，返回勐沽巴，重新治理国家。刀正刚讲述，万亿搜集、整理。收入《傣族民间故事选》，32开，13页，9000字，上海文艺出版社1985年版。

（阿南）

田螺阿銮

傣族阿銮故事。流传于云南省德宏傣族景颇族自治州傣族地区。讲述的是：勐达嘎索有一靠打鱼为生的夫妇，其丈夫（阿銮）每天到河里打鱼，妻子每天到田里捡田螺蛳。一次，妻子捡到二十多个螺蛳，丈夫提议煮螺蛳吃。到了做饭的时间，放在盆里的一只最小的田螺突然大声地念诵起佛经来，吓得他们不敢吃，急忙拿去献给首领。首领就把田螺装入宝瓶放在身旁的书桌上，不久，田螺变成一个男孩，首领把他收为王子。自从他出世后，勐达嘎索经济日益繁荣，国家逐渐兴旺，人民生活逐步安定。后来大家就推举他为这个勐的首领，继承了老首领的政业。姐列讲述，刀干相搜集。16开，4页，约800字，稿存德宏傣族景颇族自治州民语委。

（杨荣芳）

塔路盏朵阿銮

傣族阿銮故事。流传于云南省德宏傣族景颇族自治州傣族地区。讲述的是：勐巴塔宛达贺罕的女儿朗静娅，长得非常漂亮，犹如刚从池塘里长出的新莲一般。求亲之人众多，公主怕挑起战争，便悬梁自尽了。贺罕极度伤心，传话说只要谁能救活公主便把公主嫁给他。一个在雅锡（苦行僧）门下做徒弟的穷苦孤儿叫塔路盏朵（阿銮），雅锡告诉他在勐巴塔宛达有前世注定和他今世做夫妻的公主，那位有缘人如今已死，让塔路盏朵带着一只宝葫芦去救治。塔路盏朵拜谢了雅锡，下山来到了勐巴塔宛达，用宝葫芦里的水救活了公主。贺罕很高兴，准备了象队、马车把他迎接进宫，赶摆七天七夜庆祝他与公主的婚礼，还把王位传给了塔路盏朵阿銮。金罕舍讲述，刀干相搜集。16开，7页，约1400字，稿存德宏傣族景颇族自治州民语委。

（杨荣芳）

檀香树

傣族阿銮故事。流传于云南省德宏傣族景颇族自

治州、西双版纳傣族自治州傣族地区。讲述的是：一富人娶了两个老婆，各生一个姑娘。大老婆玉尚生的女儿叫帕喊，小老婆洛夏生的姑娘叫帕算。富人死后，玉尚为了独占家产将洛夏约到荷花塘洗澡，趁其不注意，把她推进深水淹死。荷花塘里出现一条大金鱼，帕算一到塘边就游出来，帕算常常包饭团去喂大金鱼。天长日久，玉尚产生了怀疑，便捉杀了金鱼煮吃。帕算按金鱼嘱咐，不吃鱼肉，并把鱼骨头埋在荷花塘边，从那里长出一棵檀香树，馥郁芬芳的气息弥漫田里。勐巴拉纳西王子俊那，闻到沁人的芳香，走到檀香树旁，见一俊秀姑娘轻盈逝去。俊那告之父王，要移栽檀香树到王府。首领欣然同意，并发布告示，悬赏拔起檀香树者，是男的，让他参加管理国家的大事；是姑娘，就娶她做王子媳妇。拔树开始了，前两天，无人拔得起树。第三天，帕算轻轻拔起檀香树，移栽王府，檀香树喷放出沁人的芳香。帕算与王子结了婚。但一年后帕算回门，被玉尚母女设下圈套推入荷花塘内淹死，帕喊冒名顶替，做了王子的妻子。帕算化作一只鹦哥飞进王府，被帕喊挥棒打死丢在檀香树下，随即在檀香树下长出一棵梨树。梨树长大结了梨，俊那吃梨，又香又甜；帕喊吃梨，又酸又涩。帕喊砍了梨树烧了，留下一截做洗衣棒。洗俊那的衣裳，旧衣裳成了新衣裳；洗她自己的，新衣裳成烂衣裳。帕喊把洗衣棒丢进河里。一个老奶奶捡去变成一个少妇。俊那外出打猎，恰好中午来到老奶奶家，认出少妇是自己的妻子帕算，夫妻团聚。帕喊逃出王宫投河而死。玉尚得知，也投河自尽。好久不吐芳香的檀香树，又重新喷放出沁人肺腑的芳香。佚名讲述，岩喊英、岩吞搜集整理。收入《傣族民间故事选》，32开，8页，5600字，上海文艺出版社1985年版。

（阿南）

王子和猫姑娘

傣族阿銮故事。流传于云南保山市傣族聚居区。讲述的是：远古时候，在一个名叫勐达细拉的地方，有一位英俊勇敢的王子名叫召鲁。召鲁不贪恋荣华富贵，不好酒色，一心想到四方闯荡学习本领。有一天，召鲁请辞了父亲，独自一人到一个名叫勐大嘎舍的地方游历。勐大嘎舍有一个特别的风俗，那里的人实行婚恋自由，一个女人一辈子可以嫁几个男人，一个男人一辈子也可以讨几个老婆。召鲁认为这样的风俗不好，爱情应该忠贞。所以，他决定在此地了解一番。就在他到达勐大嘎舍不久，听说村里有户名叫玉坦的模范夫妻刚刚生了孩子。于是，召鲁前去探望。没想到，玉坦生下的不是女儿或儿子，而是一只金色的小猫。召鲁看到那只金丝猫乖巧可爱，就把它带走当宠物养着。有一天夜里，那只金丝猫褪下自己的猫皮，变成美丽的姑娘，成为召鲁的恋人。最后，召鲁把猫姑娘带回自己的王国，继承王位，和猫姑娘幸福快乐地生活。开顺、瑞华搜集整理。收入《民族古籍翻译丛书——保山傣族民间故事第一辑》，32开，9页，6760字，保山市傣学研究会编，云南民族出版社2012年10月出版。

（依旺的）

五叉果枝的阿銮

傣族阿銮故事。流传于云南省德宏傣族景颇族自治州傣族地区。讲述的是：很久以前，有一穷小伙游历四方。一天，他来到一个勐的集市上的一个亭子休息，一句话不说，众人见之夸其相貌标致。首领的公主也相中了他。于是首领派人把穷小伙（阿銮）请进宫中与公主成婚，可他自始至终还是不开口，原因是阿銮一开口，口中会喷出金银。首领就把他俩一起叫来用餐，有意灌酒，阿銮一醉不醒，首领怕人知道，便抬至花园放之，不料却长成一棵五叉枝的李子树。这时，一头大象来吃北边叉枝的叶子就变成了狮子，狮子去吃西边的叶子又变成老虎，老虎去吃南边的叶子就变成马鹿，马鹿去吃东边的叶子又变成了猴子，猴子跳上树去吃果子则变成鹭鸶，远走高飞了。

佚名讲述，刀干相搜集。16开，3页，约600字，稿存德宏傣族景颇族自治州民语委。

（快永胜）

宛达那阿銮

傣族阿銮故事。流传于云南省德宏傣族景颇族自治州傣族地区。讲述的是：勐嘎朗嘎列有一对替首领看守花园的老夫妇，六十岁时喜得一子，取名为宛达那（阿銮）。夫妇俩细心照料之，孩子才七岁就能说会道，很是惹人爱。一天，父母告诉他人间有长生不老药，吃了以后可以长生不老，还可以变年轻，但这种仙丹只有妖国才有。于是，宛达那决定为父母找到这种神药。他朝着东方走去，来到约十个眼程（一个眼程，相当于现在的二千米左右）的深山里，得到一个在这里修行并能上天下海集神通于一身的雅锡的帮助，到妖国取得了不老药，使年逾花甲的父母变成二十多岁的年轻夫妇。从此，一家三口天天诚心拜佛，幸福地生活在一起。金罕舍讲述，刀干相搜集。16开，8页，约1600字，稿存德宏傣族景颇族自治州民语委。

（杨荣芳）

五百只金孔雀

傣族阿銮故事。流传于云南省德宏傣族景颇族自治州。讲述的是：一个爱听故事的首领张榜布告：谁能讲出使首领先高兴后厌烦的故事来，如是小伙子，可娶公主为妻；如是姑娘，可得到金银绸缎。一个卖柴的小伙子（阿銮）给首领讲了关于五百只金孔雀的故事。故事说：勐巴拉纳西有一对美丽且鸣叫声像黄莺又像百灵的金孔雀，生了五百颗蛋，孵化出五百只小金孔雀。小孔雀飞进王宫四处生蛋，蛋多得撑破了首领的金库。首领听后十分高兴。小伙子又学着孔雀飞扑翅膀的声音"噼哩噼哩！扑扇扑扇"地叫个不停，弄得首领很厌烦，让小伙子赶紧停住，小伙子哈哈大笑。首领只好把公主嫁给小伙子，并让他继承了王位。佚名讲述，刀保顺、施之华翻译、整理。收入

《德宏傣族民间故事》，32开，3页，1260字，德宏民族出版社1993年版。

（杨荣芳）

宛信阿銮

傣族阿銮故事。流传于云南省德宏傣族景颇族自治州傣族地区。讲述的是：勐果拉宫首领的儿子召宛信十四五岁时，其父母双双去世，众大臣、官员和众百姓拥立他为王以继承父业。然而召宛信却认为要做一位受官员、百姓爱戴的好君王，就必须身兼过人的本领才艺，具有超人的智慧，才会体恤国人，把国家治理得兴旺发达。于是去拜一位在深山里修行近百年的雅锡为师学习技艺，把国事交给大臣、官员共同治理，天天带领国人拜佛诵经不间断。三年后，召宛信功德圆满，修成正果，披上了金袈裟。岳相讲述，刀干相搜集。16开，4页，约800字，稿存德宏傣族景颇族自治州民语委。

（杨荣芳）

旺芒嘎那阿銮

傣族阿銮故事。流传于云南省德宏傣族景颇族自治州傣族地区。讲述的是：勐拉扎纵有一居住在城外的夫妇，靠打柴维持生计，生活虽苦但夫妇俩心地善良，彼此恩爱。一天，她的丈夫到外地去做生意，妻子在家操持家务，里里外外收拾得干干净净的，人见人夸，丈夫的生意也很红火。有一寡妇见到后想来破坏他的家庭，但是他没有动摇，不被迷惑。一位佛爷见此男人安守本分，忠心遵守夫妻美德，便传了法术给他，让他变成一位专为别人祝福以实现他人愿望的阿銮。雷旺讲述，刀干相搜集。16开，3页，约600字，稿存德宏傣族景颇族自治州民语委。

（杨荣芳）

心系娇妻的阿銮

傣族阿銮故事。流传于云南省德宏傣族景颇族自

治州傣族地区。讲述的是：勐细那答有一穷小伙子名叫朵嘎达（阿銮），父母去世后他靠砍柴为生。一日去砍柴，遇到一位从树里走出来的树仙女，两人一见钟情，结为夫妻。树仙子貌美非凡，为此穷小伙子整日挂念着，常常跑回来看娇妻，不好好耕作。树仙子就为自己画了一幅画像让穷小伙子带着边种地边看。不巧画像被大风吹走，落在了南方勐巴拉纳西首领那里，首领便带兵到处找寻画中人。最后来到夫妇俩居住的屋前，首领才看了一眼树仙子，突然全身被龙缠身而死，而首领的大象队却跪倒在夫妇俩面前。大臣们见状，推举他们为勐巴拉纳西的首领和王后。雷耶恩讲述，刀干相搜集。16开，5页，约1000字，稿存德宏傣族景颇族自治州民语委。

（杨荣芳）

向亚细阿銮

傣族阿銮故事。流传于云南省德宏傣族景颇族自治州傣族地区。讲述的是：勐沙统有一靠卖柴为生的穷苦人家，他们有一个十四五岁的儿子（阿銮），名叫向亚细，他虽生性腼腆，但很聪明。他离开家独自去远方学习本领，去到了一个叫"勐别"的地方，勐别的富人有一个女儿名叫朗琳绨纳，长得美貌非凡，犹如仙女下凡。当穷小伙子在街上闲逛时，与富人的女儿相遇。两人刚见面便爱上了对方，有聊不完的话，还相互称赞对方，感谢天神的恩赐让他俩在此相遇。富人见到向亚细后，十分满意，便同意招为女婿，并为他们举办了婚礼，让向亚细继承富人家业。岳恩讲述，刀干相搜集。16开，4页，约800字，稿存德宏傣族景颇族自治州民语委。

（杨荣芳）

香米阿銮

傣族阿銮故事。流传于云南省德宏傣族景颇族自治州傣族地区。讲述的是：香米阿銮投胎转世第一世时为穷孩子，他帮富人家放牛，每天换得一包饭一包菜。母子俩就这样平平淡淡过完了一生。又有来生，他也是投生穷人的孩子。一次，他挑着柴去城里卖，被首领的小女儿看中，她就跟着穷小伙子回家，帮他洗衣做饭、收拾家务。首领知道后，非常气愤，带兵去抓穷小伙子。天神坤西迦知道小伙子做了许多好事，有两代功德，这一代一定要给他过上好日子。于是就赐了一座宫殿给他，里面全是金银珠宝，首领见此情景，即刻下令招穷小伙子为驸马，赶摆庆祝。从此，勐沙统国泰民安，人民生活美满幸福。岳恩讲述，刀干相搜集。16开，4页，528字，稿存德宏傣族景颇族自治州民语委。

（喊凤）

项罕阿銮

傣族阿銮故事。流传于云南省德宏景颇族自治州傣族地区。讲述的是：从前有个美丽的地方叫勐达戛西纳，城外有个寨子，寨尾住着一位寡妇，生活非常贫困。一天，她到河里洗澡，有条四脚蛇从她的筒裙上爬过去，不久这位寡妇便有了身孕，寨子里的人把她赶了出来。后来寡妇生下一条四脚蛇来，寡妇精心哺育着她的儿子（阿銮）。在蛇郎十八岁那年，勐达戛西纳的首领为他的独生女举行隆重的生日大摆。蛇郎见人们纷纷去赶摆，也纠缠着母亲一定要带他去，母子二人便到了摆场，见到公主如天仙一般美丽动人，蛇郎就爱上了公主，求母亲进宫向首领提亲。首领听后便说："如果蛇郎能在三十天之内建起一座金桥，就同意把女儿嫁给他。"母亲回到家后，把一切情况告诉蛇郎。蛇郎请母亲放心，他自有办法。几天后，蛇郎利用自己的神力，请了大批工匠，就把金桥建造好了，首领只好把女儿嫁给了蛇郎。公主在洞房里，见自己的丈夫是一条蛇，心中感到悲伤。蛇郎见公主伤心，就变成英俊的小伙对公主倾诉爱慕之情。后来蛇郎继承了王位，从此天下太平，百姓安居乐业。佚名讲述，陈江搜集、整理，周体元译。收入《云南少数民族文学资料》

第七辑，32 开，13 页，约 6500 字，云南省社会科学院民族民间文学研究所 1980 年编印。

（线永明）

相壮阿銮

傣族阿銮故事。流传于云南省德宏傣族景颇族自治州傣族地区。讲述的是：勐占达利首领的女儿名叫朗盏达静穆莉，长得美貌非凡、倾国倾城，无人能比。所有远居近邻的王子都准备了丰厚的礼物来向首领求亲，首领不知该把公主许给谁，很苦恼。后来，王后告诉首领说在公主出生时嘴里含有一枚没有镶嵌宝石的戒指，让首领张榜布告天下，只要谁能拿出一颗适合放这枚戒指的宝石，就招为驸马。于是首领举行七天七夜大摆，人们纷纷拿着宝石来试，六天过去了，却没有一颗宝石适合这枚戒指，有的大了，有的又小了。第七天，有一位叫相壮的卖柴小伙子（阿銮）听说后，向父母请求让他去赶摆，母亲拿出他出生时含在嘴里的一颗宝石让他带着去。他带着宝石去到摆场，交给了王后，这颗宝石放在戒指上，不大不小刚好合适。首领见状，万分惊喜，当即宣告招相壮为驸马，赶摆七天七夜庆祝，并把王位交给阿銮继承。遮兰村岳相讲述，刀干相搜集。16 开，4 页，约 800 字，稿存德宏傣族景颇族自治州民语委。

（杨荣芳）

相络阿銮

傣族阿銮故事。流传于云南省德宏傣族景颇族自治州傣族地区。讲述的是：勐罗弥撒首领有两个女儿，大公主二十岁，叫朗相磨；二公主十八岁，叫朗美朋。求亲之人众多，首领不知该把两个女儿嫁给谁，只得举行七天大摆，让两位公主抛绣球选驸马。大公主朗相磨相中了一位叫相络，且衣衫褴褛、满脸脏土、浑身臭气冲天的小伙子（阿銮）；二公主朗美朋相中了一位妖怪变成的小伙子。首领觉得丢脸，便把朗相磨和穷小伙子赶出城，招了妖怪变的小伙子为驸马。然而驸马半夜里偷吃人，不久就吃了近一半的国人，人们非常害怕，纷纷逃亡。首领找来占卜师卜卦，才知道二驸马的真正身份。于是下令准备了象车、马车到深山里迎接大公主和驸马。相络驸马回来后，制服了妖怪。从此，勐罗弥撒人民才过上安定的生活。岳恩讲述，刀干相搜集。16 开，6 页，约 1200 字，稿存德宏傣族景颇族自治州民语委。

（杨荣芳）

细哈瓦阿銮

傣族阿銮故事。流传于云南省德宏傣族景颇族自治州傣族地区。讲述的是：勐拉扎纵有一替首领看守花园的夫妇，他们有一个儿子（阿銮），名叫细哈瓦，常常到奘房里玩。九岁时的一天，他告别父母去深山里拜一位德高望重的雅锡（苦行僧）为师，雅锡把他当做自己的亲生儿子般看待，教他许多本领。细哈瓦专心学习，六年之后，雅锡告诉他，他命中注定要当首领，让他回去娶首领的女儿为妻。还送给他一颗宝石，叮嘱如果首领提出条件为难他，就在心里默默许愿，宝石将会帮他实现愿望。于是，细哈瓦按照雅锡的嘱托去做，与首领的女儿朗细维达结为夫妻，并继承了首领的王位。莫恩丁讲述，刀干相搜集。16 开，7 页，约 1400 字，稿存德宏傣族景颇族自治州民语委。

（杨荣芳）

细腿阿銮

傣族阿銮故事。流传于云南省德宏傣族景颇族自治州傣族地区。讲述的是：一位首领的女儿，长得很漂亮，人间无人能比。各国的王子纷纷前来提亲，首领害怕得罪任何一方而招来战祸。在谋士的建议下，首领只好赶七天七夜的大摆，选招驸马。公主站在擂台上看着众人，看了整整六天，都没有看到自己中意之人。到了第七天，公主抛出花环，套住了人群中的一位其貌不扬的穷小伙子（阿銮）。公主如愿地得到了自己的意中人，过上了幸福的生活，国家也避免了一场战祸。莫相讲述，刀干相搜集。16开，4页，462字，稿存德宏傣族景颇族自治州民语委。

（喊凤）

细拉炳扎凹阿銮

傣族阿銮故事。流传于云南省德宏傣族景颇族自治州傣族地区。讲述的是：有一个穷人（阿銮），一年四季靠为别人打工为生。一天，他经过首领的花园，见首领正在园中修练，他心中迷惑不解，就前去问首领："尊敬的陛下，您已拥有天下所有的财富，生活无忧无虑，为何还到此来修炼？"首领道："虽然我已经拥有享用不尽的财富，但总不能避免生老病死这一规律，所以只有不断地进行修道，才能超凡脱俗，到达幸福彼岸。"细拉炳扎凹听首领一讲，心中顿悟，发誓一定要潜心修炼。于是他进山一练就是几年，佛法经文样样精通，练就了一身本领。勐拉扎坐的首领去世后，国中无君。大臣们备好大象和马，前去寻找贤能之君来主持大局。当大象和马走到细拉炳扎凹阿銮住的地方时，突然跪下，大臣们便请细拉炳扎凹阿銮来当勐拉扎坐的首领。从此，人民幸福，社会稳定。佚名讲述，刀干相搜集。16开，4页，506字，稿存德宏傣族景颇族自治州民语委。

（喊凤）

细纳娃嘎公主与帝沙娃纳神仙

傣族阿銮故事。流传于云南省德宏傣族景颇族自治州傣族地区。讲述的是：有一对富翁夫妇，他们有两个活泼可爱的孩子，生活幸福美满。可是妻子细纳娃嘎总是忧心忡忡，一心想出家修道，皈依佛门。多次要求夫君同意她出家修行，丈夫无奈，只好同意妻子出家修行。一天，在细纳娃嘎外出修行的路上，她的双脚踩到一条外出寻找食物的蛇，蛇把细纳娃嘎咬了一口。细纳娃嘎中毒死后，她的灵魂上了天。由于她诚心修道感动

了天神，她变成了帝沙娃纳神，到了幸福彼岸。恩丁讲述，刀干相搜集。16开，3页，363字，稿存德宏傣族景颇族自治州民语委。

（喊凤）

绣三满

傣族阿銮故事。流传于云南省德宏傣族景颇族自治州傣族地区。讲述的是：勐约丹拉首领的三个儿子到外地学习本领，魔王的公主变成三个美丽的姑娘来与他们成亲。王子们发现自己的妻子是妖魔后就借回家探望父母为由逃走，因姑娘分别在他们的脖子上拴了根带有魔力的线，三位王子变成三只鹦鹉飞走了。大王子被猎人抓去献给一个勐的首领，被公主救出，并与之成了亲。大王子很思念两位弟弟，费劲找到了两位弟弟，帮助他们恢复了人形。三王子生性聪明，凭着自己的本领救了另一个勐的公主，但那位公主对男人疾恶如仇，缘由是前世她做金羚羊时对丈夫的误会，而三王子阿銮就是那只雄金羚羊的化身。三王子阿銮知道后说出真相，化解了他们之间的矛盾，与前世失散的情人再次相逢，这对苦命人终成眷属。佚名讲述，罕象整理。收入《傣族民间故事》第四辑，傣文版，32开，14页，约5600字，云南民族出版社1986年版。

（杨荣芳）

椰子姑娘

傣族阿銮故事。流传于云南省德宏傣族景颇族自治州傣族地区。讲述的是：从前有个名叫占巴腊过的地方，首领喜得贵子，视为掌上明珠，取名南达细哈。南达细哈阿銮长大后拜别了父母双亲到外学艺。在深山中阿銮与一位修行隐士学习了各种本领。之后拜别了师傅，在返家途中阿銮救活了一只猴子。猴子为了感谢阿銮救命之恩愿跟随左右。一天，猴子从椰子树上摘下一个非常特别的椰子，椰子落地之后变成一位非常漂亮的姑娘。他们在一棵树下休息，没想到被经过此地的妖魔把椰子姑娘抢走。几经周折阿銮从妖魔手中

救出了椰子姑娘和南沙丽姑娘，他们一行三人来到勐巴拉纳西，因阿銮又与此国的公主产生感情，被首领下令赶走他们，但公主悄悄地跟着阿銮出走，激怒了首领，首领派兵前去追赶，阿銮使出自己一身本领与三位姑娘一起抵抗追赶的军队并登上了王位，后来阿銮带着三位妻子踏上了回乡之路。佚名讲述，曼相屯搜集、整理。16 开，7 页，约 1400 字，稿存德宏傣族景颇族自治州民语委。

（线永明）

宫里的饭菜，痛遍全身，起睡无常，坐立不安，经过多次医治无效，最后离世而去。首领、王后、皇亲国戚及百姓悲痛欲绝，哭丧声震响王宫。在城边靠打柴为生的贡玛纳阿銮闻声便入宫中欲看个究竟，便得知首领告示：谁能救活公主，将招为驸马，并把统治国家的大权赋予他。贡玛纳阿銮如愿以偿。瑞喊讲述，刀干相搜集。16 开，3 页，约 600 字，稿存德宏傣族景颇族自治州民语委。

（快永胜）

鹦鹉阿銮

傣族阿銮故事。流传于德宏傣族景颇族自治州傣族地区。讲述的是：有一个美丽富饶的地方叫南达洼弟别，物产丰富，商贸发达。在城外有一个村庄叫洼占布，那里有一间破陋的小草屋，生活着一位十八岁的小伙子（阿銮）。一天，阿銮到山里采到一朵非常漂亮的花，他把花送给了富人家的小姐做结婚的聘礼。两人完婚后，阿銮到河边洗澡时被毒蛇咬死，人们把他的尸首放在竹排中随江漂去，却被下凡到人间洗澡的三位神女打捞后求父亲布沙里神救活阿銮。阿銮被救活后，三位神女都争抢着要与阿銮成亲。布沙里神只好施法使阿銮变成一只鹦鹉，让它生活在南达洼弟别国首领的花园中，后来鹦鹉被猎人捕到送给了公主做伴。一天夜里鹦鹉阿銮变回人身与公主同床，首领知道公主有身孕之后大怒，派众人捕杀鹦鹉阿銮。阿銮逃走之后四处流浪。后来公主和神女们在异乡找到了阿銮，但她们都说阿銮是自己的丈夫。在首领的主持下，阿銮与第一位富家小姐团聚。佚名讲述，曼相屯搜集、整理。16 开，5 页，约 1000 字，稿存德宏傣族景颇族自治州民语委。

（线永明）

占达丽公主

傣族阿銮故事。流传于云南省德宏傣族景颇族自治州傣族地区。讲述的是：美丽的过达夏国公主，日日在宫中享清福。一天，因不慎吃了百姓供送给王

占达利答阿銮

傣族阿銮故事。流传于云南省德宏傣族景颇族自治州傣族地区。讲述的是：勐果萨那有一名叫占达利答的小伙子（阿銮），父母双亡后靠乞讨度日。一天他讨得一包饭，打算吃时，看见一位化缘的和尚，就把饭赊给和尚。第二天他又讨得一包饭，又遇见一穷母子俩，孩子饿得直哭闹，占达利答又把饭给了他们。天神坤西迦看见后，变成一位牵着马的老人来试探他，占达利答又把刚讨得的饭给了老人，老人把马留给了他。此时，勐沙统的首领去世了，百姓和大臣官员们商议，决定赶摆寻找王位继承人，说是只要有福禄做首领的人，便会驾着云从天上飞下来的。天神留给占达利答的那匹马突然一跃上天，带着占达利答飞到摆场，人们见状，急忙跪拜迎接新首领的到来。坦爽讲述，刀干相搜集。16 开，4 页，约 800 字，稿存德宏傣族景颇族自治州民语委。

（杨荣芳）

占达利阿銮

傣族阿銮故事。流传于云南省德宏傣族景颇族自治州傣族地区。讲述的是：勐旺达用首领有一个儿子，首领与王后对他百般宠爱，七岁时给王子取名为占达利。一天，王子请求去奘房修行为僧，遭到首领和王后的反对，还找来一位貌美女子做王子的妻子，王子很苦恼，茶不思饭不想，只希望变成鹦鹉逃出王宫。七年后，首领去世，王后

看见王子仍不死心,就让他去选择自己的未来。王子决定先继承王位,因为如果对父母不尊敬,天神会降罪,可是又鉴于自己年幼没有本领,决定先去奘房学习佛法。所以,在他的带动下,全城上下无论男女都随他拜佛念经,接受佛祖戒律。扎相讲述,刀干相搜集。16开,6页,约1200字,稿存德宏傣族景颇族自治州民语委。

(杨荣芳)

占帝嘎谢罕阿銮

傣族阿銮故事。流传于云南省德宏傣族景颇族自治州傣族地区。讲述的是:勐果利亚的首领去世后,没有人治理国家,于是众大臣商议,决定到远方寻求一位有福禄之人做首领。便准备好礼品,敲着锣打着鼓赶着马车象队朝东方去求官。马和大象走到一片花园旁却停了下来,他们看到一位叫占帝嘎的小伙子(阿銮)正坐在那里念诵一本叫《干沙玛体》的经书。原来,占帝嘎父母双亡后,他就来到这里念经修行。宰相和大臣们很高兴遇见了他们要找的有福禄之人,便献上礼品,请求占帝嘎坐上象车,回勐果利亚做首领。从此,占帝嘎治理的勐果利亚兴旺发达,人民幸福安康。勐弄佛爷讲述,刀干相搜集。16开,2页,约400字,稿存德宏傣族景颇族自治州民语委。

(杨荣芳)

召板应阿銮

傣族阿銮故事。流传于云南省德宏傣族景颇族自治州傣族地区。讲述的是:傣族地区的统领国勐那扎首领有一位公主,刚满十八岁就长得美貌非凡,首领为她取名为朗巴法瓦帝。许多远居近邻的王子都来向首领求亲,首领不知该把公主嫁给谁,于是派人在海中心建盖了一座宫殿让公主居住,并放了通天响鼓,张榜布告:即日起七日内,谁能不借助船筏、不搭桥,直接从水面上进入宫殿击鼓三通者,当即招为驸马。大家都赶来摆场,六天过去了,却没有一个人能进入宫殿,召板应

阿銮听说后向父母磕了三次头后赶去了摆场。刚走到水边,突然脚底轻飘飘地径直走到宫殿,他击响了大鼓。首领见状,把他招为驸马,并分给他一个小国,让他做小国的"召"(王)。帅恩讲述,刀干相搜集。16开,4页,约800字,稿存德宏傣族景颇族自治州民语委。

(杨荣芳)

召玛贺罕良阿銮

傣族阿銮故事。流传于云南省德宏傣族景颇族自治州傣族地区。讲述的是:勐巴拉纳西有一位召玛贺,他心明如镜,专为百姓解决杂难的纠纷,有上百人来拜他为师,向他学习善施之德。首领知道后,派四位大臣去请召玛贺来宫里为他效劳,辅助朝政,但召玛贺没有答应,仍然在城外的一间破屋里为百姓解难。一天夜里,四位大臣梦到宫里出现了一头全身金光闪闪的红牙大象,不知是何兆头。清晨才知道首领去世的消息,国中顿时没了君王,众大臣商议,决定备上象车、马车,带上礼品去求王位继承人。大象走到召玛贺的破屋面前,便跪着不肯走,于是大家把召玛贺迎接回宫,拥立为首领,赶摆七天七夜庆祝。姐列讲述,刀干相搜集。16开,4页,约800字,稿存德宏傣族景颇族自治州民语委。

(杨荣芳)

召维哈阿銮

傣族阿銮故事。流传于云南省德宏傣族景颇族自治州傣族地区。讲述的是:勐沙洼体的首领去世后,其长子召维哈继位。召维哈的弟弟在外地经商,无意中听到传闻说他的王兄为争夺王位,用毒药毒死了老首领。他极度悲伤,就带着军队来攻打王城。召维哈知道是有人故意想分裂他们兄弟俩,他想到一旦发起战争,百姓就会跟着受苦。于是他带着妻子去了一座深山里隐居,把王位留给了他的弟弟。召维哈的弟弟在位后不久便去世了,国中政务没人管理,大臣们也不知道召维哈

的去向，于是百姓们备上牛、马、象做成的车，携带礼品，离开勐沙洼体上路寻找。大象车队来到召维哈与王后居住的破屋时就停止不走了，百姓欢呼，把召维哈与王后接上象车，迎送回勐萨洼体。耶恩讲述，刀干相搜集。16开，3页，约600字，稿存德宏傣族景颇族自治州民语委。

（杨荣芳）

扎纳苏阿銮

傣族阿銮故事。流传于云南省德宏傣族景颇族自治州傣族地区。讲述的是：从前有一个兴旺的国家叫勐板图玛底，其首领有一个女儿叫朗盏第，长得貌美非凡。首领举行大摆召集远居近邻国家的王子来与之比赛抛石子（一种民间赛事，用五至十颗石子往上抛后，又用手接住，以接到石子的准确率来定输赢），谁赢就招谁为驸马。但是，王子们谁都赢不了首领，首领因此闷闷不乐。消息传到一位在深山里修行的雅锡（苦行僧）那里，他把这个消息告诉给他的徒弟扎纳苏阿銮，说朗盏第与他是天定的缘分，今生注定是他的妻子，让他赶快下山去。阿銮拜别雅锡后赶到摆场，与贺罕比试三回合后，贺罕输了，当即宣告招扎纳苏阿銮为驸马，并赶摆庆祝，后又把王位传给扎纳苏阿銮。岳相讲述，刀干相搜集。16开，4页，约800字，稿存德宏傣族景颇族自治州民语委。

（杨荣芳）

扎底然阿銮求发

傣族阿銮故事。流传于云南省德宏傣族景颇族自治州傣族地区。讲述的是：扎底然阿銮转世第十世时去向佛祖求头发，以便放在头顶每日敬供。佛祖赐给阿銮五根头发，让他放在手掌心上，并告诉他说："中间的那根头发去送给善良的天神坤西迦；靠南边的那根送给水里的龙王做镇海宝物；左边两根分别送给主宰天地黑暗和黎明的神；右边的那根送给力气最大的勐沙统傣王。让他们带领万物生灵与佛祖共呼吸，遵守佛法，接受戒律，使佛祖的光芒照耀大地，普度众生！"相珍讲述，刀干相搜集。16开，4页，约800字，稿存德宏傣族景颇族自治州民语委。

（杨荣芳）

扎黎洼阿銮

傣族阿銮故事。流传于云南省德宏傣族景颇族自治州傣族地区。讲述的是：勐果拉宫首领七岁的儿子扎黎洼王子（阿銮），他与朋友们去城外玩时，天突降大雨，又找不到躲避的地方，于是扎黎洼王子提议众朋友相约去远方学艺，学成之后到这里来盖供行人避雨、纳凉休息的亭子。众朋友一呼而应，雨停后纷纷回家取来盘缠上路求艺。他们去拜一位得道的雅锡学艺，并向雅锡阐明学艺的缘由，雅锡为之感动，向天神祈求，赐给他们亭子，圆了他们的愿望。还赐了一座富丽堂皇的宫殿，教给他们技术本领，以待日后成正果。姐列讲述，刀干相搜集。16开，4页，约800字，稿存德宏傣族景颇族自治州民语委。

（杨荣芳）

柱子里的姑娘

傣族阿銮故事。流传于云南省德宏傣族景颇族自治州傣族地区。讲述的是：有三兄弟打鱼回家，想吃烤鱼但没有火，于是就去对面的山上魔王洞府借火种，两个弟弟均被魔王杀害。大哥阿銮凭着自己的本领救活两个弟弟，并从魔王那里得到了一根生死棒、一把宝扇和一只宝葫芦。阿銮带着这三件宝物为两个弟弟分别娶得了两个勐的首领的女儿为妻，自己也借用三件宝物的神奇力量解救了一个被鹫毁灭了的勐的人民，还救出了被木匠藏在掏空了的柱子里的公主，并与之成亲，做了这个勐的首领，并修建了通往两个弟弟统治的国家的道路，三个勐结为"兄弟勐"。佚名讲述，岳小保收录、整理。傣文版，32开，8页，约3200字，收入《傣族民间故事》第四辑，云南民族出版社1986年版。

（杨荣芳）

祖如巴东玛阿銮

傣族阿銮故事。流传于云南省德宏傣族景颇族自治州傣族地区。讲述的是：佛祖有一世转世成为勐巴拉纳西首领的大王子，名叫祖如巴东玛。首领有七个儿子，都有了妻儿。一日，七位王子携带妻儿到外游玩，占卜师卜卦哄骗首领说他的七个儿子去召集军队来攻打首领的城堡。首领半信半疑但又担心真有此事发生，便派兵把守城关。王子们进不了城，只得在深山里挨饿，以致互相残杀吃对方的肉，最后只剩下大王子（阿銮）祖如巴东玛夫妇，于是他们连夜逃跑。王后察觉出首领的异举，便追问王子们的下落，首领这才醒悟，下令割掉占卜师的耳朵、鼻子，砍断手脚丢入南究江。首领去世后，王后派兵赶着大象和马做的彩车，上路寻找王子，途中遇到正在逃跑的大王子夫妇，才知道了事情的真相，就把他们迎接回宫继承父业。岳相讲述，刀干相搜集。16开，5页，约1000字，稿存德宏傣族景颇族自治州民语委。

（杨荣芳）

四、生活故事

艾柁西哈

傣族生活故事。流传于云南省西双版纳傣族自治州。讲述的是：一位身上长满癞皮名叫艾柁西哈的孤儿，一次跟着一伙商人去赶牛驮盐巴，商人们想看艾柁西哈的难堪，就唆使他去串一位刁钻、美丽的依娟炳姑娘，并说如果他能串上就选他做商队的头领。不料，依娟炳和父母看上了诚实善良的艾柁西哈，让他做了上门女婿。商人们只好认艾柁西哈做了头领。岩塔讲述，岩庄香翻译、整理。16开，11页，1375字，稿存西双版纳傣族自治州民族研究所。

（玉腊）

艾都嘎达

傣族生活故事。流传于云南省孟连傣族拉祜族佤族自治县。讲述的是：勐巴拉的富翁家有个姑娘叫朗沽翁，姑娘长到十六岁，求婚的队伍排成长龙。可富翁要选聪明、勇敢的人做女婿，他就拿出一文铜钱说谁能用它赚回一匹马就能娶朗沽翁。几百个求亲的人谁也不敢去拿铜钱。芒塔寨一穷苦人家的儿子都嘎达一心想使妈妈过上好日子，就想冒险去试一试。他拿一文铜钱买了很多酸李子，又一路上反复用李子跟别人换盐积得一箩盐，再用盐换了十六只鸡，最后用鸡换到一匹马，回家就娶到了富翁的女儿。波艾勐讲述，刀景阳、李珏梅采集。收入《孟连傣族拉祜族佤族自治县民间文学集成·傣族卷》（一），32开，3页，2000字，孟连傣族拉祜族佤族自治县文化局、民族事务委员会1987年编印。

（郭玉萍）

哎木混

傣族生活故事。流传于云南省金平县境内藤条一带傣族村寨。讲述的是：哎木混是个长相很丑的男人，满脸长着疙瘩，身材也不好看，大家都因为他的长相而看不起他、取笑他，但哎木混却很有志气，做事勤劳，为人真诚，有礼貌，有智慧，能说会道，能做一般人都无法做到的事，能忍受一般人无法忍受的痛苦，在与其他小伙争当土司爷驸马时，因为他聪明、勤劳、勇敢、真诚，最后，赢得了公主的芳心，娶了高贵的公主为妻，过上了幸福的生活。故事教育后人，海水不可斗量，人不可貌相。王明君讲述，刀明春整理。尚未出版。

（刀明春）

岩叫铁

傣族生活故事。流传于云南省西双版纳傣族自治州傣族地区。讲述的是：大勐龙有个名叫岩叫铁的小伙子，身强力壮，能讲会唱，是干活的一把好手。他经常同土司头人作对，捉弄他们，所以土司头人讨厌他，又害怕他。有一年，他在一家土司家干活，土司叫他上山割马草。土司嫌他割的草不嫩，扣了他的工钱。第二天，他割些刺放在马槽里，马不吃。他告诉土司："马病了，草也不吃。"土司去看时，马槽里放着又绿又嫩的草，以为马不吃，只好请医生看，花了一大笔钱。土司又叫岩叫铁上山砍柴，他一天只背一转。土司规定他一天背三转。不然要扣他的饭食和工钱。岩叫铁乐呵呵地提着刀走了。土司以为占了便宜，很高兴。半年过去，岩叫铁做工期满，算了工钱离开了土司家。这时,土司才发现,他家的房柱脚,叫岩叫铁砍去当柴烧了。急得土司派人去追岩叫铁,到哪儿去找呢?又有一次,一个头人叫岩叫铁去唱歌。按照规矩,他跪在地上,低着头给头人唱,故意怪声怪气地唱。头人听了很不高兴。岩叫铁说:"如果你让我坐着,抬起头唱,声音就自然好听了。"头人叫人给岩叫铁一个凳子。岩叫铁坐得直直的,抬起头来唱,果然唱得非常好听。从此,赞哈给头人土司唱歌,就不再跪着低头唱了。鲊扁讲述,刀正祥翻译,曹爱贤记录,张福三、冉红整理。收入《傣族民间故事选》,32开,2页,1200字,上海文艺出版社1985年版。

(阿南)

岩念达

傣族生活故事。流传于云南省西双版纳傣族自治州。讲述的是:勐巴拉纳西有一个随帕拉西(苦行僧)学习技能的贫苦孩子,名叫岩念达。艺成回村的路上,救了被强盗劫持的富翁的儿子,又抓住被首领通缉的匪首,替首领报了仇。岩念达的善良、勇敢博得了首领女儿的欢心。第二年开春,首领通告全勐,要为公主招婿,可公主已有了岩念达这位心上人。经过一番波折之后,公主和岩念达终于结为夫妻,并由岩念达继承了王位。之后,他不记前仇还把虐待他、流浪讨饭的父亲和继母接到身边赡养。岩香巴讲述,16开,6页,1292字,稿存西双版纳傣族自治州民研究所。

(刀金平)

骗人精岩跳

傣族生活故事。流传于云南省江哈尼族彝族傣族自治县甘庄农场一带。讲述的是:古时候,有一个老寡妇养着一个十七的儿子,儿子是她的心肝宝贝,是她手里的一团金子。老寡妇宁愿自己当牛做马直到退入土那天,也决不让儿子干点活。儿子名岩跳,好吃懒做,闻名村寨。为了"吃",岩跳不惜骗亲人邻里、骗妇孺。为了骗杀过年猪,不惜用牛屎当会酿金的蜂骗母。拔秧只栓秧尖骗取无儿无女老奶奶的信任,为了骗吃老公公的一顿大餐,帮老公公"犁田",他把牛尾巴割了,插进田里,用泥巴把牛全身糊起来,牵到河边芦苇丛里拴好,就回去了。老公公还真的以为他帮老公公"犁田",便端出一只热腾腾的肥鸭子给他吃;岩跳骗舂米的妇女,他抱起旁边玩耍的小孩放进碓窝里,随手抓了几只早已看准的大肥母鸡,一溜烟地跑了……岩跳除了骗穷人,也骗富人,骗老人,也骗小孩,无恶不作,臭名传遍天下。全勐的傣族人聚集智慧和力量一起捉拿骗人精岩跳。人们在他的脖子上、腰上、手、脚坠上石头和磨盘,然后装进一个特制的大鸡笼里,用绳子把他吊在伸进江心的树枝上。人们气愤地用石子砸他,用弹弓射他。这时,两个壮士手提亮铮铮的砍刀爬上树,用砍刀砍断吊岩跳的绳子,"噗通"一声,这个恶贯满盈的岩跳落到江里喂大鱼了。范杨氏、白玉珍讲述,杨丽萍搜集。收入《中国民间故事丛书·云南玉溪·元江卷》,230页,知识产权出版社2015年版。

(白云)

岩挑

傣族生活故事。流传于云南省玉溪市新平彝族傣族自治县漠沙镇、水塘镇、戛洒镇。讲述的是:古时有个不务正业、好吃懒做又极爱骗人的小伙,从小就在自家骗自己的父母,时间久了什么人都骗,老人小孩都不放过,甚至还把人骗死,因此被人叫做岩挑(挑:傣语音,意为骗人)。天神知道后便派了个与岩挑同名的天上人来收拾他,天上人使计骗岩挑上天去吃天上的蜂蜜,随即把他骗到天上一棵有蜂巢的大青树下。天上人早把树砍开让蜂蜜一点一点滴,让岩挑坐在树干上仰头吃蜂蜜。岩挑还总觉得吃不饱,一直待在树干上。后来树干上长出嫩的树疤把岩挑卡死了,这就是对岩挑骗人给予的惩罚。直到现在,傣家人总会告诉子孙月亮上有棵大青树,青树的树丫有一双脚荡着,那就是岩挑的脚。故事教育后人从小要诚实,不能骗人,不然会付出应有的代价。白问贵讲述,高丽记录。收入《中国民间故事丛书·云南玉溪·新平卷》,16开,6页,知识产权出版社2015年版。

(刀庆喜)

岩寒

傣族生活故事。流传于云南省德宏傣族景颇族自治州的傣族地区。讲述的是:有个富人的儿子从小好吃懒做,衣来伸手,饭来张口,人们赐名"岩寒"(懒汉)。长大后的岩寒更是挥金如土,他经常在街上打架斗殴、调戏妇女,出现问题后就用金钱摆平。父母去世后留下的产业也被岩寒变卖后供自己享乐,后来一场大火将房屋烧毁,岩寒只有流落街头,沿街乞讨,昔日的亲戚、朋友都躲得远远的。谁也不愿接近他。佚名讲述,刀干相搜集。16开,2页,约450字,稿存德宏傣族景颇族自治州民语委。

(金小所)

岩再盼和"召勐"的儿子

傣族生活故事。流传于云南普洱景谷县傣族地区。讲述的是:穷小伙子岩再盼和当地大王召勐的儿子是好朋友。一天,岩再盼和召勐的儿子上山打猎,岩再盼把铁匣子置于地面,召勐的儿子却把铁匣子置于树枝上。岩再盼用铁匣子扣得一只麂子,召勐的儿子见了妒忌,就偷偷把岩再盼的猎物取出来,拿到树上挂起来,说那是自己的铁匣子扣得的猎物。两人因此发生了争执,闹到召勐那里评理。召勐当然要护着自己的儿子,不分青红皂白,把岩再盼赶走。四天以后,寨子里的一位老人带着岩再盼去见召勐,开口就说:"尊敬的召勐呵,我来到半路,看见一块大石岩着火了,烈火烧得红了半个天,在下越看越好看,结果天就黑了。第二天,我来到半路,看到大河边竟然有一大群鱼跳出水面,争先恐后地爬上去吃树叶,那场面太吸引人了,我活了一辈子,从来没有见过这样神奇的景象,在下实在是看入迷了,直看到了天黑,所以才耽误了行程,今天才好不容易来见召勐您老人家……"召勐听了大发雷霆,指着老人的脑门大骂:"你老糊涂了吧,一点谱都不沾,是不是活见鬼了,天底下哪里会有火烧大石头,还有什么鱼会上树吃树叶?"老人哈哈大笑起来,说道:"召勐真是高见,说得很在理。难道真的活见鬼了,有哪路神仙见过死了的麂子还会爬上树,请问,是你的公子看见了,还是你召勐亲眼看见死麂子爬上树去的。"召勐自知理亏,只能赔给老人和岩再盼一头水牛。景谷勐班刀有富讲述,收入《景谷傣族民间故事》,汉傣双文版,32开,4页,1749字,景谷傣族彝族自治县傣族文化协会编,2014年3月发行。

(依旺的)

岩哇和老和尚

傣族生活故事。流传于云南普洱景谷县傣族地区。讲述的是:有个小孩名叫岩哇,他十分贪玩,懒得帮家里做活,经常跟父母撒谎,天天跑到佛寺里玩。时间长了,他就成了老和尚的俗家弟子。这天,老和尚想吃猪脑,他把岩哇叫到身旁说:"岩哇,你去买个猪脑,下午我俩做猪脑吃。"说完把一些碎银给了岩哇。岩哇高兴地答应着,带上银两到集市去了。岩哇见什么买什么,完全忘记老和尚交代的猪脑。银两花完了,到了回家的时候,岩哇一边往回走,一边想要怎样去骗过老和尚。走到村口,他看见一头老母猪带着许多小猪过来了,老母猪不时地回过头看着它的孩子们,小猪也亲亲母亲,还发出了奶声奶气的叫声,这叫声跟傣语"猪脑"的发音很相似。岩哇灵机一动,干脆把这群小猪赶到佛寺里来了。大声叫喊:"师父,快来帮帮我,猪脑买回来了。"老和尚等了一个中午,突然听见岩哇叫自己去帮忙,感觉到有些不对劲,迈着八字步过去一看,全明白了。岩哇说:"师父,您老人家要的猪脑买回来了……",

没等岩哇把话说完，老和尚就打了岩哇一棍子。岩哇哭着说："你不是让我买这个嘛。"边哭边指了指小猪。老和尚气得手上拿着的拐棍都在颤抖，接着又给了岩哇两三棍棍，把岩哇吓得直尿裤子。他跑回家，一连几天都不去佛寺，心里寻思着要找机会报复老和尚。过了一段时间，这两师徒把这事给忘记了，岩哇又到佛寺里跟老和尚玩。这天，老和尚又让岩哇去买猪脑。这次岩哇可不敢贪玩了，买了猪脑就直接回到佛寺。他看见老和尚在那里睡着了，也不去惊动他，而是自己把猪脑煮好了，再去叫老和尚。可是，等了半天，老和尚还在睡觉。岩哇看着眼前的美味，实在忍不住馋，就把猪脑吃完了，然后把锅盖盖上，一个人在旁边看经文。过了一会儿，岩哇又去叫老和尚，这次老和尚醒了，岩哇让他去吃猪脑，老和尚揭开锅盖，却发现锅里什么也没有，就问岩哇，这是怎么回事？岩哇说："老人家哟，刚才我去叫您两三回了，可您正在熟睡，一定是这些苍蝇把猪脑子全给吃完了。"老和尚将信将疑地听了岩哇的话，忙叫喊岩哇说："还不快给我打呀。"岩哇听了，顺手抓起一根柴火就打，把老和尚的土锅和碗筷瓢盆都给打坏了。师徒俩打累了，歇歇气，岩哇看到老和尚的小腿上溅到了一丁点猪脑，就问："师父，你的腿上有苍蝇，打不打？"老和尚大声叫喊："你这个小傻瓜，还不快打呀。"岩哇真的打了下去，直打得老和尚又痛又气，气得他鼻子都歪了。收入《景谷傣族民间故事》汉傣双文版，32开，3页，1132字，景谷傣族彝族自治县傣族文化协会编，2014年3月发行。

（依旺的）

爱占卜的沙铁

傣族生活故事。流传于云南省西双版纳傣族自治州。讲述的是：勐火沙有一个十分相信占卜的富翁，他听摩古拉说今天生的孩子有福气，就回去叫即将分娩的妻子赶着生，挣扎了半天，还是没有生下来。于是，他花大钱买了一个刚生下的婴儿，取名叫火沙公满。等他回到家时，他老婆已生下一子。儿子长到十多岁，富翁担心火沙公满会夺了亲儿子的福分，就写了一封密信，附上一大笔钱，让火沙公满送给富翁远方的朋友，并请朋友收到信和钱后，杀死送信的人。火沙公满把信送到父亲的朋友家，只有其女儿在家。那姑娘爱上了火沙公满，悄悄将信改动，姑娘的父亲回来看到钱和信后，按信中吩咐把女儿嫁给了火沙公满。火沙公满带着妻子回来感谢父母，富翁又让他去给一个酿酒商送密信，他路过寨场时，富翁的亲生儿子刚赌输了钱，硬拉火沙公满去帮他赢钱，他自己则去替火沙公满送信和钱。酒商收到信和钱后，按信中要求将富翁的亲儿子塞在酒甑里蒸死。富翁知道后，昏死过去。佚名讲述。收入《西双版纳傣族民间故事集成》，32开，4页，2000余字，云南人民出版社1993年版。

（李传宁）

爱挑唆的人自己倒霉

傣族生活故事。流传于云南省潞西市傣族地区。讲述的是：一个以铸锅为业的村子原本过着安居乐业的日子，但那些铸锅的人见洗锅的人能守着水洗出干净衣服穿，而自己成天守着炭灰又黑又脏，就心生嫉妒，故意跑到首领面前挑唆，请首领下令让洗锅的人把黑色的大象洗成白色。糊涂的首领当即下令让洗锅人洗象。洗锅人知道是铸锅人在挑唆后，就向首领请求，让铸锅人先铸一个能让大象站在里面洗澡的大盆，他们才能为大象洗澡。这下可难住了挑起事端的铸锅人，最后他们终因无法造出那么大的盆而不得不背井离乡，四处流浪。罕孟讲述，水滴采录。收入《中国民间故事集成·云南卷》下，16开，1页，560字，中国ISBN中心2003年版。

（龙江莉）

不正经的和尚

傣族生活故事。流传于云南省德宏傣族景颇族自治州傣族地区。讲述的是：一位和尚听到人家说，如果把滴滴鸟站过的树的叶子采下来当成衣服穿，就可以隐身。于是他就派小和尚去找来那种树叶，缝成一件衣服穿在身上，就跑到姑娘面前，对她们动手动脚，姑娘骂他是不正经的和尚。老和尚这才知道叶子衣服不能隐身，吓得连跌带滚地跑回奘房去了。佚名讲述，德宏调查队搜集、整理，赵洪顺翻译。收入《德宏傣族民间故事》，32开，3页，385字，德宏民族出版社1993年版。

（喊凤）

不会编箩的女婿

傣族生活故事。流传于云南省德宏傣族景颇族自治州傣族地区。讲述的是：有位小伙子年轻时候父亲教他编各种生活、生产用具时，他不愿学。后来他到女方家做了上门女婿，家里不论缺少什么用具都需要他自己去编。但是他非常要面子，不愿说自己不会编，每次都没有编好。后来在无法掩盖的情况下，他偷偷地跑回了家。瑞奘讲述，刀干相搜集、整理。16开，3页，约500字，稿存德宏傣族景颇族自治州民语委。

（线永明）

不会说话与会听话的人

傣族生活故事。流传于云南省德宏傣族景颇族自治州傣族地区。讲述的是：居于城上、中、下的三位富翁常来常往、言语投机。一日，三人约定：待我们三个谁生得姑娘，又有谁生得儿子，就要打亲家。不久，城上和城下的生得儿子，城中的生得秀丽的姑娘。城上与城中的早先协定要打亲家，不过城上的小伙子相貌平平、模样憨呆、不善言语。于是，城中的妻子与丈夫毁约去与城下的富翁攀亲结缘。城上的富翁家甚是气愤地对儿子说："与其和不守信之人结亲，不如另攀他人。"儿子身背行囊，怀揣金银伤心地去寻亲。途中分别遇三伙人：一是在深水边的人；二是两个过桥的人；三是三位臣相。并分别牢记住了他们无意中的三句对话：一、"水是又清又深，但水中无鱼也白清白深；"二、"一棵独木桥，不能两人同时过；"三、"今天天色已晚，要不明天衙门里相会，或者府中再决定。"城上家的儿子去城中姑娘家探访，把这三句话和盘向姑娘托出，姑娘的父母听在耳里，明悟其意：一是我家虽富有，但不讲信义；二是我家的独生女，怎能同时答应嫁两家；三是搞不好除我们名声扫地外，还会到衙门吃官司。最后，城中富翁之女与城上富翁之子喜结良缘。宰旺讲述，快永胜搜集、翻译。32开，5页，约2250字，稿存德宏傣族景颇族自治州民语委。

（快永胜）

布憨咪（一）

傣族生活故事。流传于云南省孟连傣族拉祜族佤族自治县。"布憨咪"意为"与熊搏斗的英雄"讲述的是：曼海寨头的艾罕和妻子上山砍柴，遇到一头黑熊，艾罕吓得滚下山后跑回家了。妻子一个人面对黑熊并把熊打死扛回家。艾罕平时就夸大话要面子，妻子只好对外人说是他打死的熊。首领知道此事后赏给白银一百两，封他为英雄。后来，首领又派他去打大蟒蛇和鳄鱼，他都靠妻子出的主意侥幸把蟒蛇和鳄鱼打死了。首领又赏给他银子和大马。他的名声越来越大。首领与邻国闹纠纷，邻国发兵来攻打。首领又派他去冲锋。他从没打过仗，心里十分害怕，但只好硬着头皮按照妻子教的办法冲向敌军。敌军早闻他的勇敢，就吓得四处逃散。打赢了仗，首领赏给大片田地和无数牛马。可他觉得自己像从困着野兽的陷井边走过的狐狸，感到阵阵害怕。刀进民讲述，召罕嫩采集、翻译、记录。收入《孟连傣族拉祜族佤族自治县民间文学集成·傣族卷》（一），32开，6页，4200字，孟连傣族拉祜族佤族自治县文化局、民族事务委员会1987年编印。

（郭玉萍）

布憨咪（二）

傣族生活故事。流传于云南省西双版纳傣族自治州傣族地区。讲述的是：有一对夫妇，丈夫叫岩罕，胆小如麂子，遇事无主张，但又爱夸海口，说大话。妻子叫依亮，聪明贤惠，遇事沉着，有主意。一天，岩罕和妻子上山砍柴，突然遇到一只黑熊，他大喊一声"熊来了！"便急忙跑回家去了。依亮沉着应对眼前的惊险，立即操起尖头扁担冲过去，死死顶住熊的肚子。最后把熊打死扛回家里。岩罕见了，大吃一惊，问妻子："要是别人问，熊是谁打死的，我们怎么回答？"依亮说："就说是你打的吧！"岩罕打死熊的消息像长了翅膀，一下子就传遍了整个坝子。首领得知，赏给岩罕白银一百两，并封他为布憨咪（英雄）。雨季到了，一条大蛇爬进了专供首领饮水的井里，大臣传令岩罕将大蛇除掉。岩罕对妻子说："这不是叫我去送死吗？"依亮拿来装刀的一尺多长、碗口粗细的竹箩，用绳系在岩罕腰间后说："你走到井边时，猛地往下蹲，就有办法了。"岩罕记住了妻子的话，领着一些人来到井边，猛地往下一蹲，竹箩把他弹进井里。井水深过腰，岩罕惊恐未定，看见对面井壁一块凹进的石头上，盘着一条大蛇抬头盯着他。他吓得紧紧扼住蛇的七寸，最后把蛇打死了，首领又赏了岩罕几百两银子。后来，邻国发兵来攻打，首领令岩罕率兵出征。依亮让丈夫骑在马上，用绳子连人带鞍固定在马上，说："到时候你只管往前冲，摔不下来。"正与敌兵对阵交锋时，岩罕见刀光闪闪，杀声震天，他不由得身子一软，连人带鞍子转到马肚子下，受惊的马像离弦的箭，朝敌军阵地奔去。敌国兵早听说过布憨咪的勇敢，见他倒骑在马肚子上，不知道施展什么军技，吓得四处逃散，败退走了。首领赏了岩罕大片田地和无数牛马。佚名讲述，张海玲整理。收入《傣族民间故事选》，32开，7页，5000字，上海文艺出版社1985年版。

（阿南）

布养夫妇和女儿

傣族生活故事。流传于云南省德宏傣族景颇族自治州傣族地区。讲述的是：布养（养人，属缅甸克伦族）夫妇有两个女儿，长女名朗罕约，次女名朗罕姬。父母很宠爱小女朗罕姬，什么事也不让她做，有好的食物专给小女吃。父母对大女儿则百般刁难，家务事全让她一人做。一天，罕约把饭给煮糊了，遭到了父母的打骂，把她赶出门外。罕约无法只得抱着东西无目的地走到河岸的沙滩处，突然之间，雷鸣电闪，倾盆大雨，河水暴涨，把罕约困在两河中间，因她不会游泳，无法向岸边游去。后来他父亲见女儿被困在两条河流的中间，但碍于不会游泳，等他回家请人帮忙时，罕约已不知去向。此后布养家里，每天吵闹不休，无宁静日子，为人不正祸患临头。佚名讲述，佐纳搜集、整理，龚肃政译。收入《傣族民间故事》，傣文版，32开，4页，约1600字，云南民族出版社1984年版。

（俊孟）

宝棍

傣族生活故事。流传于云南省西双版纳傣族自治州。讲述的是：一个卖水罐的商贩，为了惩治一个奸商，和几个小孩设好圈套后，就用木棍敲小孩的屁股，每敲一次小孩就给他钱。奸商见有利可图，便重金买了商贩的"宝棍"。奸商用"宝棍"敲打了街上几个行人，都被人骂"疯子"。见一个大臣和随从路过，他以为大臣必定有很多的金银，就用"宝棍"重重地敲大臣的屁股。结果，被大臣的随从打得半死，还拉到街上示众。岩塔讲述，陆云东翻译、整理。16开，3页，924字，稿存西双版纳傣族自治州民族研究所。

（刀金平）

波古

傣族生活故事。流传于云南省金平县藤条江流域傣族村寨。讲述的是：波古是个憨人，遇事不会动脑筋思考，做出了一大堆让人笑话的蠢事来。老婆要他去河边睡，等待捕鱼的时机，他却不懂捕鱼的时机和方法，直接睡在河床中，被河水冲走。煮了一锅鱼汤，妻子打了一碗叫他去送给邻居，邻居说客气话，他不懂。邻居说：不多就留着吃吧，他转身就把那碗鱼汤喝光了，连续送了几家邻居鱼汤也是如此，把肚子都喝撑了。抱自己死去的孩子去埋时，因走得匆忙，孩子的尸体落在楼房下椎碓旁也不知道，回来看见椎碓旁有小孩的尸体，还误认为是椎碓的孩子，他安慰老婆说："孩子他妈，不要再哭了，不只是我们的孩子死了，椎碓妈的孩子也同样死了。"妻子叫他挖洞栽木桩盖茅棚，他不知道四棵木桩的位置和长短，过路人开玩笑告诉他说，用自己的四个孩子去比不就知道了吗，然后把长出来的部分砍掉，那样"木桩"就一样高了。他听后果真照做，把四个孩子倒过来埋了做木桩，孩子因年龄大小不同身高不同，他就把孩子高出的脚砍去一节，然后准备搭棚，结果自己的孩子全部都死了……傣族人，经常用"波古"来形容做事的无知，比喻做事很笨、很糊涂的人。刀明春整理。尚未出版发行。

（刀明春）

斑鸠的启示

傣族生活故事。流传于云南省西双版纳傣族自治州。讲述的是：纳扁村一对农家夫妻，经多方求拜，生得一对双胞胎。孩子出生不久，妻子去世，丈夫含辛茹苦把两个孩子抚养成人。由于操劳过度，积劳成疾，父亲久病卧床不起。兄弟俩见父亲成为累赘，欲卖父亲。兄弟俩抬父亲去卖的路上，坐在一棵大青树下休息时，看见两只斑鸠不停地飞出飞进，他们奇怪地问父亲。父亲含泪告诉兄弟俩那是斑鸠寻找食物喂养小鸟，并借此机会诉说他劳碌一生抚养他们成长的辛苦。兄弟俩听后，深感惭愧，把老父亲抬回家，精心照料，让父亲幸福安度晚年。佚名讲述，岩罕搜集、整理。收入《西双版纳傣族民间故事集成》，32开，2页，900余字，云南人民出版社1993年版。

（李传宁）

毕娜欺哝傲

傣族生活故事。流传于云南省玉溪市新平彝族傣族自治县戛洒镇、水塘镇。毕娜欺哝傲，傣语意为大嫂欺负小叔子。讲述的是：以前有个叫三玉的人与哥嫂一起住，长大后嫂子变得苛刻了还提出分家，分给三玉一只狗。三玉与狗相依为命，狗为他犁田，收成很好。恰巧嫂子家犁田的牛死了，就借三玉的狗去犁，没想到嫂子因嫉妒把狗打死了还不承认。三玉烧了狗，在狗的骨灰上栽竹子来编鸡笼，鸡笼编好后出现很多鸡鸭蛋，三玉以卖蛋为生，生活越来越好，还娶了美妻。嫂子很气愤，于是烧了三玉的鸡笼，三玉伤心欲绝，在烧鸡笼处哭着发现有三颗黄豆，随手抓起吃了以后放出来的屁很香。于是三玉又以卖香屁为生，因香屁受到财主的赏识得到了很多金银和布匹。哥嫂又心生嫉妒，也让哥哥吃了黄豆放屁给财主闻，结果放出的屁奇臭无比，财主很生气，毒打了哥哥，还叫人缝了他的屁股才放他走，哥哥回到家急忙让妻子剪去屁眼上的线，一时间丈夫满肚子的污物到处喷，恶人有恶报，狠心嫂子的眼睛被喷瞎了。刀任福讲述，任永坤、白永福记录。收入《中国民间故事丛书·云南玉溪·新平卷》，16开，4页，知识产权出版社2015年版。

（刀庆喜）

从来没有听说过的话

傣族生活故事。流传于云南省德宏傣族景颇族自治州傣族地区。讲述的是：勐果占比公主喃相非常美丽，前来求婚的王子很多，但首领不愿嫁公主，以谁能说出他从来没有听说过的话为许婚条件，从而拒绝了王子们的求婚。后来，勐底寨青年岩旺编织了七个大囤箩，并约好众人抬到王宫，他当众对首领说：首领的祖辈借了自己祖辈七囤箩金眼，要首领偿还。首领大吃一惊，便说出了："从来没有听说过。"这样，首领只好当着众人的面，将公主喃相许给了青年岩旺。佚名讲述、记录。收入《中国讲述故事大辞典》，16开，1页，

400字，中国文联出版公司1992年版。

（阿南）

出门学本领的四个小伙伴

傣族生活故事。流传于云南省德宏傣族景颇族自治州傣族地区。讲述的是：四个小伙伴一起出门去学本领，回来的路上每个人都认为自己学到了很高的本领。当他们走到无人烟的深山时他们就找不到吃的了，只看见一个年轻的猎人正在烧肉吃，他们一起去向猎人要肉吃，猎人不给，他们便轮流去要，看谁的本领大。其他三人分别以乞丐的口气称猎人为兄弟、哥哥甚至大叔，但猎人都不理，只有最后一个人不卑不亢，走过去以朋友相称。猎人转怒为喜说："人生最需要的是朋友啊！"便将肉分一半给他。依稳讲述，依伦记录。16开，2页，1056字，稿存德宏傣族景颇族自治州文联《勇罕》编辑部。

（冯霄）

处理小偷

傣族生活故事。流传于云南省西双版纳傣族自治州。讲述的是：有四个人结伙偷了别人的船，船主抓住其中一人后去找地方官判决，地方官审问小偷有没有合伙人，小偷咬定系一人所为，地方官就让小偷照原样演示偷船，结果小偷根本无法拖动船只，在事实面前，小偷不得不供出其他三个人。岩塔讲述，陆云东翻译、整理。16开，6页，768字，稿存西双版纳傣族自治州民族研究所。

（玉腊）

菜味能闻得走吗

傣族生活故事。流传于德宏傣族景颇族自治州傣族地区。讲述的是：一个穷人没钱买盐吃。一天，他经过商人家的厨房，闻到炒菜的香味，禁不住停了下来。商人说他闻走了菜香味，要他赔一百两金子。两人争吵不休，你拉我扯，就请首领评理。首领听了两人的申诉，对商人说："你的菜香被他闻走了，可是他穷，赔不起一百两金子，由我替他赔吧。"并叫二人第二天到宫里。第二天，首领命人抬来一百两金子，又拿来一面镜子，把金子对着镜子挂起来。首领指着镜子里的金子，问商人："这是不是一百两金子？"商人回答："是"。首领说："你拿去吧！"商人干瞪着眼，不知如何是好。这时，首领说："你拿不走镜子里的金子，他也闻不走你的菜味。"商人哑口无言，羞愧地退下。佚名讲述，云南大学中文系民族民间文学调查队搜集，杨秉礼整理。收入《傣族民间故事选》，32开，1页，700字，上海文艺出版社1985年版。

（阿南）

聪明才智与聪慧计谋

傣族生活故事。流传于云南省德宏傣族景颇族自治州傣族地区。讲述的是：在勐嘎令嘎列有一位男子，20多岁才外出学本领。他学艺三年，自以为了不起，便决定回家。在回家的路上，天已渐黑，他来到一处偏僻的小村庄，见一妇人正在井边挑水，便前去求宿。妇人见是一位陌生的男子前来求宿，并听说这位青年刚学艺归来，妇人就有意想试试这位男子的才智如何，便叫男子上前来摸自己的手臂。这位男子不假思索地准备上前去摸。妇人突然大叫非礼，附近的人们听到叫声纷纷跑过来。青年男子无处可逃，跳到井中，待人们把他救上来，这位男子才意识到自己才疏学浅。后来就有了"男人的聪明才智不如女人的聪慧和心计"的俗语。莫相讲述，刀干相搜集、整理。16开，3页，约500字，稿存德宏傣族景颇族自治州民语委。

（线永明）

聪明的放牛娃

傣族生活故事。流传于云南省德宏傣族景颇族自治州。讲述的是：有位富婆带条狗到处溜达，见到一个穷人家的孩子正在放牛。她便走上前去对放牛娃说："穷鬼！如果你对我的狗叫声爸爸，我就给你钱用。"小孩见富婆欺人的样子，没说二话便对着狗拜了三下，叫了声爸。富婆见了后非常高兴，正准备拿钱给小孩时，小孩又对富婆拜了又拜，叫了声妈，富婆高兴地给了钱。当她回到半路突然才感觉自己被小孩戏弄了，小孩拜了狗又拜了自己这不等于狗就是自己的丈夫吗！待她回来找小孩算账时小孩已不见了踪影。帅晃讲述，刀干相搜集、整理。16开，2页，约400字，稿存德宏傣族景颇族自治州民语委。

（线永明）

聪明商人班利

傣族生活故事。流传于云南省西双版纳傣族自治州。讲述的是：班利和阿帝班利是一对好朋友，一次他们出外做生意，赚了许多钱。分钱时，阿帝班利想占班利的便宜，就说自己的名字比班利的名字吉祥，要求分三分之二的货钱给他。班利觉得太荒唐没有同意。阿帝班利又生一计，他让父亲躲进一棵空心树中装成树神，请树神来评判。聪明的班利看穿了阿帝班利的诡计，找来稻草和干树枝堆在树根点火烧了起来。树中的老汉耐不住烟火，从树洞中爬出来大骂儿子贪图便宜、损人害己。康朗约讲述，陆云东翻译。16开，4页，783字，稿存西双版纳傣族自治州民族研究所。

（依艳坎）

聪明的喃妃妲撒丽

傣族生活故事。流传于云南省西双版纳傣族自治州。讲述的是：一个孤寡老人攒了一点金子，请寺院的四位僧人帮他收藏。一天，老人去取金子，金子却不见了，僧人都说庙里不曾有人来过。老人请求首领帮忙，首领却以老人诬陷他人为由，要拉去斩首。首领的女儿喃妃妲撒丽听说此事，请求去查清此案。她给四个僧人讲了一位将军带着金子回家探亲没有被强盗杀死的故事后，有位僧人就说拦路抢劫看到金银财宝却不抢的强盗从来不曾见过。喃妃妲撒丽听到这话，派人从他身上搜出了金子。刀新华讲述，依旺的翻译、整理。16开，8页，1375字，稿存西双版纳傣族自治州民族研究所。

（依艳坎）

聪明的召勐

傣族生活故事。流传于云南省西双版纳傣族自治州。讲述的是：有一户住在街头的人家，借宿的人特别多。夜里，主人发现自己的钱包丢失了，急忙去向召勐（地方官）禀报。召勐见人多，一时难查出偷包的人，就给每个人发了一把尺子，并说盗贼拿到的尺子将会长出一个手指关节。盗贼心虚，把尺子砍断一节。第二天，召勐指着一个拿了比别人短的尺子的年轻人说，他就是偷钱包的盗贼。差役从年轻人身上搜出了主人丢失的钱包。刀文学讲述，依艳坎翻译、整理。16开，5页，679字，稿存西双版纳傣族自治州民族研究所。

（刀金平）

聪明的岩摩纳

傣族生活故事。流传于云南省西双版纳傣族自治州傣族地区。讲述的是：勐巴拉纳西有个贪婪的叭召勐，他不仅欺压本勐的百姓，还想吞并邻近小国勐邦加。他绞尽脑汁，一心要找到一个进兵的借口。一天，叭召勐命人把两道谜写在纸上，送到小国勐邦加，要勐邦加召勐解答。若解答不出来，就投降归顺勐巴拉纳西国。勐邦加召勐见纸上写着：一只鸡，有三个头，十二只脚，二十四只翅膀，三百六十根毛，这是什么？一棵大树，有四个大杈，结着两个果，一个是红的，一个是白的，树上开着九亿九万九千朵鲜花，这是什么？召勐召集全勐大臣、大小头人、佛爷，来商讨解答这道谜题，谁也解答不出。聪明的岩摩纳听到后哈哈大笑。五天的期限到了。叭召勐带领大队兵马，骑着大象，来到勐邦加，一场灾难即将降临勐邦加。这时，岩摩纳走出人群，站到叭召勐跟前说:"第一个谜说的是:一年有三季,分十二个月,每一个月各有一天是睁眼和闭眼日,十二个月就有这样的二十四天,一年为三百六十天。"接着,岩摩纳说道:"天地分东西南北,四个方位,红果是太阳,白果是月亮,那树上千千万万朵鲜花是天上数不清的星星。"叭召勐听着听着,瘫在地上。大臣卫士们忙把他扶上大象,狼狈不堪地逃回勐巴拉纳西去了。佚名讲述,王瑞迎、岩仕搜集。收入《傣族民间故事选》,32开,3页,2000字,上海文艺出版社1985年版。

(阿南)

聪明人的故事

傣族生活故事。流传于云南省西双版纳傣族自治州傣族地区。讲述的是:一个老人,临终前对儿子说:"世上的坏人很多,你要处处小心,不要上当受骗。"儿子记住了父亲的教诲。他喜欢打猎。一次,他扛着猎枪到勐巴拉纳西的地方去打猎,在林子里打落下一只长脚鹭鸶。这时,林子里走出几个人来,把他团团围住。其中一个说,鹭鸶是他爹变的,叫他拿出钱赎罪。老人的儿子不慌不忙地回答:"我正要找你算账哩。你的鹭鸶在河里吃了鱼,那鱼是我父亲死后变的。你应该替你父亲还清这笔债。"那个想诈骗钱的人无言以对,只好溜走了。这时,另一个坏了一只眼的人站出来说:"你父亲活着的时候,把我的一只眼睛弄瞎了。现在是替你父亲赔眼睛,还是赔银子?"老人的儿子笑着答道:"我今天就是来找你赔眼睛的。现在就请你把那只坏眼挖出来,好把我的好眼睛放进去。"他说着,就拔出刀子要去挖那人的眼睛。那个连声说:"不要赔了,不要赔了。"这时,又有一个站出来对老人儿子说:"你父亲生前,借了我一口井的宝石,现在是偿还的时候了。"老人的儿子胸有成竹地说:"我父亲讲过这件事。不过,当时那口井是在河边,你是把水打干后才装进宝石的,现在也请你把井水打干,我才好还你的一井宝石呀!"那人理屈词穷,也只好走了。岩祥囡

讲述,肖玉明、张海文记录,张福三、冉红整理。收入《傣族民间故事选》,32开,2页,1000字,上海文艺出版社1985年版。

(阿南)

"馋"姑爷和"小气"岳母

傣族生活故事。流传于云南省元江哈尼族彝族傣族自治县傣族地区。讲述的是:有个馋姑爷到小气的岳母家帮拔秧。吃饭时,岳母从罐里掏出一碗腌腊肉,姑爷见肉立即伸筷去夹,岳母说腊肉还没腌透,以后再吃,又把肉倒回罐里。第二天姑爷去拔秧,他只把秧尖一丛一丛捆起来没拔起秧苗就回家了。岳母趁姑爷吃饭,到秧田去看秧拔完没有。结果,扎起了的秧一把都拎不起来。她回家质问姑爷,姑爷说:"秧苗是拔起来了,不及时挑走,根又扎进泥土里面去了,这叫做'腊肉重新回罐,秧苗重新扎根'。"佚名讲述,李存仁搜集、整理。收入《元江民族民间文学资料》第四辑,32开,1页,700字,元江哈尼族彝族傣族自治县文化馆1984年编印。

(郭玉萍)

多嘎达兄弟

傣族生活故事。流传于云南省西双版纳傣族自治州傣族地区。讲述的是:勐西纳有两弟兄很穷,被叫做大小"多嘎达"(穷困者)。为报答母亲的养育之恩,他们决定挣一袋黄金,回家好让母亲舒服地过日子。两兄弟离开家乡,走村串寨,历经磨难,省吃俭用,两年后终于积聚了一通巴黄金。在转回家的路上,他们怕坏人发现他们带的是黄金,就在黄金上面放了很多活鳝鱼,并在通巴口上缝上了一层牛皮,从山林小路绕着回来。一天夜里,兄弟俩寄宿在一对老夫妇家里。弟弟生病,大多嘎达把那袋黄金寄放在房主人家,背着弟弟回家。几天后,弟兄俩来到房主人波桑抗家。兄弟俩发现一通巴黄金不见了,只有几条干了的鳝鱼。他们恳求波桑抗夫妇还他们的黄金,

但波桑抗夫妇不承认拿了他们的黄金。多嘎达兄弟便把波桑抗夫妇告到首领那里。双方申述了自己的理由，一时难以判定。次日，首领召贺拉罚双方抬一只大鼓去绕龙林一转，抬鼓的人在路上各自说了不少有关的话。在最后审问时，波桑抗不承认。这时，首领命卫士打开两个鼓，把所记的各人讲的话送给首领，真相立即大白。首领命令卫士砍掉波桑抗的五个手指。从此，召贺拉首领的敏慧才能，便传遍了全勐。佚名讲述，陈贵培整理。收入《云南民族民间故事选》，32开，6页，4200字，云南人民出版社1981年版。

（阿南）

儿媳的职责

傣族生活故事。流传于云南省西双版纳傣族自治州。讲述的是：有位老人很想把家务事交给儿媳管理，但不放心，就问儿媳怎样持家？儿媳用"不要让家里的火苗蔓延出去，不要让外面的火势窜进家里来"这句话作比喻，讲述了作为儿媳要维护家庭和睦、尊老爱幼的职责。儿媳的回答，感动了老人，老人就让儿媳当了家。岩塔讲述，陆云东翻译。16开，2页，336字，稿存西双版纳傣族自治州民族研究所。

（依旺的）

二十五千朵花

傣族生活故事。流传于云南省德宏傣族景颇族自治州傣族地区。讲述的是：勐巴拉纳西有一富人家，其女朗盏达莉长得如花似玉。一日，有一挑着二十五千朵花的小伙子进城卖花，花香四溢，朗盏达莉闻到后让佣人把花全买回来。从此，朗盏达莉十分思念卖花的小伙子，就假装生病卧床不起。富人叫来女儿的侍女，问清楚原因后，贴出告示，不论贫穷、富贵、丑陋、俊美，老或幼的占卜师都可来为女儿医治，谁能治好朗盏达莉的病，就招他为女婿。七个月后小伙子挑花进城来卖，经过富人家门口，朗盏达莉闻到了花的香味，高兴地让侍女出门迎接小伙子。富人看见女儿精神见好，很是高兴，便招小伙子为女婿。岳罕讲述，刀干相搜集，杨荣芳译。16开，4页，约800字，稿存德宏傣族景颇族自治州民语委。

（杨荣芳）

恶并不可怕只怕犟脾气

傣族生活故事。流传于云南省德宏傣族景颇族自治州傣族地区。讲述的是：有位老人上街赶集，适遇一场大雨倾盆而下，街上的人们纷纷跑去躲雨。而老人一人却在街上淋雨，无论人们怎样喊他，他偏要去淋雨，使人们无法理解。后来就有了"恶并不可怕，只怕犟脾气"的俗语。庄相讲述，刀干相搜集。16开，2页，约300字，稿存德宏傣族景颇族自治州民语委。

（线永明）

分钱不公的寡妇

傣族生活故事。流传于云南省西双版纳傣族自治州。讲述的是：有个寡妇是一个骗子，经常带着儿子和侄子骗吃骗喝。一天，她的儿子和侄子用水牛头和癞皮狗骗了一个商人和猎人不少钱，但分给侄子的钱很少。侄子不服，寡妇叫侄子第二天去问村边的树神。第二天，寡妇早早地就躲进那棵大树的树洞里等着她的侄子。侄子问大树，躲在树洞里的寡妇捏了嗓子装做树神说应该这样分。侄子听后很生气树神的不公，一怒之下找来干柴，一把火把树给烧了，寡妇也被烧死在树洞里。岩塔讲述，依旺的翻译。16开，4页，840字，稿存西双版纳傣族自治州民族研究所。

（依旺的）

凡事多思考

傣族生活故事。流传于云南省德宏傣族景颇族自治州傣族地区。讲述的是：摩纳丽国有一户人家的儿子，从小到达嘎索地方去学本领，学了多年，师傅只教他一句："凡事多思考，事后才知分晓。"

他回到家后,娶了妻,父母双亡,就又出门做生意。他出门时,已知妻子怀孕,但一去十六年才赚到钱回家。他见到妻子床下有一双男人的鞋,便怀疑妻子有奸夫,很是气愤。后来问到他家的佣人,才知他离家那年,妻子生下一男孩,母子相依为命。晚上,见儿子和妻子回来,三人相见,欢喜不尽。佚名讲述,方盖准搜集、整理。载于《傣族民间故事》第二辑,傣文版,32开,2页,约800字,云南民族出版社1983年版。

（俊孟）

夫妻俩

傣族生活故事。流传于云南省西双版纳傣族自治州。讲述的是:有一对夫妻,丈夫上山挖到一坑银子,一次拿不回来,打算第二天赶马去驮。第二天清晨,丈夫让妻子把糯米饭蒸熟后送到他取银子的地方。丈夫看到一大堆银子,心生杀妻再娶之念,他拿着弓箭躲在草丛中等着妻子的到来。妻子也起了杀夫独吞财宝之念,在饭菜中放了毒药。丈夫杀死妻子后,急忙去吃饭,一会也倒地身亡。康朗叫讲述,玉拉罕搜集、整理。收入《西双版纳傣族民间故事集成》,32开,2页,600余字,云南人民出版社1993年版。

（李传宁）

富人长两双眼

傣族生活故事。流传于云南省德宏傣族景颇族自治州傣族地区。讲述的是:从前,勐果占壁有一位聪明人听说城里一户富人喜爱客人来串门,于是他便想去探究虚实,就打扮成乞丐模样走进富人家,主人见后连一声招呼都不和他打,聪明人只好悻悻地回了家。次日清晨他换上新衣扮成富人模样再次去富人家串门,主人看见后拿出金碗银筷、好酒好菜招待他。聪明人吃饱后掏出三锭碎银放在桌上,主人问他为何付钱。聪明人说:"昨天我穿着破衣服来串门,你们却显露出一副厌恶的表情,今天我换上新衣服,您却高兴地款待我,大家都说你们好客,其实你们只是喜好有钱人,都说有钱人长着两双眼睛,确实如此呀!"说完扬长而去。佚名讲述,曼相吞搜录、整理。收入《百花园》第六册,傣文版,32开,2页,约600字,云南民族出版社1995年版。

（杨荣芳）

富贵不相忘

傣族生活故事。流传于云南省西双版纳傣族自治州。讲述的是:有一个富翁结交了一个名叫伽腊儿尼的穷人,为此,一些富朋友断绝了和他的来往。一天,富翁外出,就叫伽腊儿尼帮他守家。夜里,一伙强盗窜到了富翁家准备抢劫,伽腊儿尼沉着机智带领仆人吓退了强盗。富翁回来后,朋友们都来向他祝贺,都说多亏了伽腊儿尼。富翁笑着反问他们:"你们不是劝我不要结交伽腊儿尼吗?"众友羞愧地走开了。康朗约讲述,陆云东翻译。16开,3页,672字,稿存西双版纳傣族自治州民族研究所。

（依艳坎）

富翁选媳当家

傣族生活故事。流传于云南省西双版纳傣族自治州。讲述的是:有位富翁,他有四个儿媳妇,想在四个儿媳当中选一个会当家的,就出了一些难题让四个儿媳破解。结果,富翁出的难题,都被聪慧的四儿媳妇一一破解了。首领听说后,很欣赏富翁四儿媳的聪慧,就给富翁出了三天内找一条会下崽的公牛、把大海堵住、把太阳遮住三个难题。不料,又被四儿媳巧用公公生孩子、找龙王商量、请首领量好天的长宽的计策破解,做了一家之主。岩尖讲述,岩旺记录,岩庄香翻译。16开,3页,756字,稿存西双版纳傣族自治州民族研究所。

（依旺的）

富翁指财路

傣族生活故事。流传于云南省西双版纳傣族自治州。讲述的是：一个年轻男仆跟着富翁去拜见首领，路上他听见善预言的富翁说死在路边的老鼠谁拿去卖，谁将会成为一个富翁，他便多了个心眼。把富翁送到王宫后，他返回捡了死老鼠拿去卖。他从卖死老鼠到攒钱卖蜂蜜、卖花、再到卖稻草给马帮，收购船商货物等后积攒了不少的钱，他拿出钱去酬谢富翁。富翁听了他的讲述，觉得他是一个勤俭持家的人，就把自己的女儿嫁给了他，继承了富翁的财产。康朗约讲述，刀金平翻译整理。16开，7页，985字，稿存西双版纳傣族自治州民族研究所。

（玉腊）

过桥

傣族生活故事。流传于德宏傣族景颇族自治州傣族地区。讲述的是：一个跛子外出时经过一座桥，这座桥用圆木搭成，桥身一边高一边低，跛子一只脚高一只脚低，走在桥上，高的这只脚正好踩在小的圆木上，低的这只脚正好踩在大的圆木上，跛子走在桥上觉得很舒服，就赞扬说："天底下这座桥是最好的桥。"回来时跛子又经过那座桥，这次因为跛子的脚与桥的高低方向正好相反，使跛子走起来特别费力，高的更高、低的更低，跛子说："这是一座天底下最糟的桥。"庄相讲述，刀干相记录。16开，2页，450字，稿存德宏傣族景颇族自治州民语委。

（金小所）

首领作表率

傣族生活故事。流传于云南省德宏傣族景颇族自治州傣族地区。讲述的是：勐巴拉纳西的首领吃了一个与众不同的芒果之后，顿时感到精神振奋，一连几天不断派人去寻找与众不同的芒果。但所派出去的人都有去无回，无奈首领只好亲自出马。一天，首领看到一群猴在树上摘芒果，有的猴子慌乱之中掉进了河里。岸上的猴王见了跳入水中，把落水的猴子救上岸。首领见了猴王的举动感触

很深，回宫后专心治理国家，国力增强，人民安居乐业，成了一位百姓爱戴的首领。莫眼讲述，刀干相搜集。16开，5页，约840字，稿存德宏傣族景颇族自治州民语委。

（线永明）

首领的光头

傣族生活故事。流传于云南省德宏傣族景颇族自治州傣族地区。讲述的是：性情粗暴的首领剃了光头，逐个问手下人是否光亮，问到谁，谁都只会恭恭敬敬找最好的词来形容，于是都被拉出去杀了。问到其中一人时，那人想，反正好歹也是死，便粗言粗语找最下流的词语来形容。不料，首领却大喜，连连称赞说："只有你像我一样勇敢。"佚名讲述，冯霄记译。16开，2页，约150字，稿存德宏傣族景颇族自治州文联。

（冯霄）

首领与穷人

傣族生活故事。流传于云南省德宏傣族景颇族自治州傣族地区。讲述的是：很早以前，一个傣族村子里住着穷苦的父子俩。父亲对儿子说："别与狡猾之人交朋友，别与生意人共用钱，有的事别与人说，夫妻之间也一样。"儿子想检验父亲的话是否正确，于是他与狡猾的人交朋友，与生意人借钱。他杀了一只鸡，用鸡血染了衣服，回到家对妻子说："我今天杀了个人，别告诉别人，你把衣服洗掉，否则会引来祸害的。"事过一段时间，夫妻俩吵架。他的妻子就去禀报首领，说她的丈夫不久前杀了人，只有她一个人知道。首领听后派人来抓穷人，穷人就去找狡猾的朋友作证，狡猾的朋友怕连累自己，不愿出来作证。穷人又去找做生意的朋友，让他帮忙说实话，生意人担心穷人还不了钱，就让他先还钱，穷人照办了。首领审问为何杀人，穷人道出真话：他想检验父亲的三句话是否正确。首领知道实情后，认为穷人是一个聪明而有智慧的人，便让他当了大臣。佚

名讲述，娅团搜集、整理，朱光灿翻译。刊于《傣族民间故事》第六辑，傣文版，32开，3页，约725字，云南民族出版社1992年版。

（朱光灿）

首领责备羚羊

傣族生活故事。流传于云南省西双版纳傣族自治州。讲述的是：有一个管勐巴拉纳西御花园的园丁，见一只羚羊经常到御花园边吃草，又见花园里草深肥嫩，就用蜂蜜从园边的草地里一直抹到园中，引羚羊到园里吃草。时间长了，羚羊不再怕人。首领见状，就指着羚羊对百官说："不论是什么人，贪恋于某一种东西都会丧失原则以至堕落。园丁用蜂蜜引诱羚羊，使羚羊丧失了动物本性，沦为人类的奴隶，是一种不可饶恕的罪过。"说完，下令把园丁和羚羊赶出了御花园。康郎约讲述，陆云东翻译。16开，3页，732字，稿存西双版纳傣族自治州民族研究所。

（刀金平）

首领的钱包

傣族生活故事。流传于云南省西双版纳傣族自治州。讲述的是：微服出宫私访的首领在一条河里洗澡时，一只猴子拿走了他的钱包。侍卫疑是一位串姑娘回来的男子偷了钱包，就带回宫严刑拷问。男子经不住拷打，违心招认说所偷的钱包给了金匠，金匠又说给了银匠，银匠说给了一位妇人。首领非常恼怒，准备处决四人。牢房里四个人都说自己冤枉，这事被一位老者听见。老者请求首领查清后再处决。第二天，有人来禀报首领，说有一只脖子上挂着钱包的老猴子正在河边喝水。首领派人去赶跑猴子，结果在猴子喝水的地方找到了钱包。岩塔讲述，陆云东翻译、整理。16开，7页，891字，稿存西双版纳傣族自治州民族研究所。

（玉腊）

国师考验守戒

傣族生活故事。流传于云南省西双版纳傣族自治州。讲述的是：有一位严守戒律的国师，很受首领和官员、百姓的尊重，为此，他竟不知所以然，想检验破戒后会产生什么样的后果。于是，他去银库顺手拿了一点碎银，第一天、第二天，守银库的人尊重他是国师而没有作声。第三天国师又来了，拿了更多的银子。守银库的人无法再忍了，就把国师绑了起来押去见首领。国师这才真正明白，守戒在人们心中的分量。康朗约讲述，陆云东翻译。16开，3页，630字，稿存西双版纳傣族自治州民族研究所。

（依艳坎）

姑爷下神

傣族生活故事。流传于文山壮族苗族自治州麻栗坡县傣族聚居区。讲述的是：从前有一个小伙子，结婚后夫妻二人感情很好，二人都比较活泼，只是丈夫有时开玩笑稍嫌过分一些。丈夫装作会下神，说出了妻子回家煎粑粑做晌午饭的过程。后来还帮助岳父家找到了下猪崽的母猪。原来，下神的前三天，他都是根据母猪要下崽时可能在的地方估摸着寻找，果然第三天被他找到，一切都被他看得明明白白的，他不说，又有谁知道呢？鲍朝富口述，周正贵记录。收入《文山州傣族民间故事集》，16开，1页，834字，云南人民出版社2016年1月版。

（张元波）

姑爷和老丈人

傣族生活故事。流传于普洱景谷县傣族地区。讲述的是：有位老人有三个女儿，大女儿已经出嫁，还有两个女儿待嫁闺中。这位老人什么都好，就是喝酒的时候爱说大话爱吹牛。有一天，老人又喝了点酒，在酒桌上开始狂妄地说，他的耳朵如何如何灵敏，任何人都偷不到他家的东西。这时，大姑爷岩罕看不下去了，就对自己的老丈人说：

"尊敬的老人家，你不要再吹牛喽，如果是我想来偷你老人家的东西，我一定不会悄悄地来，我一定要敲锣打鼓地来。"老丈人听到大姑爷这么说，气急败坏，就跟岩罕打赌，说是只要岩罕敢来偷，偷到什么他都愿意认输。从此，每天夜里，老丈人都竖起耳朵听院子里的动静，就这样过了一个月，大姑爷岩罕还是没有来偷东西，还把老丈人熬得筋疲力尽。一夜，老丈人实在熬不住了，倒头就呼呼睡着了。这时，岩罕来了。他把老丈人的羊杀了，把羊卵子悄悄放在老丈人和老岳母的中间，把羊肚子放到两个小姨妹的中间，把羊肠放进锅里煮好，还把羊头放在灶台上摆着。然后，背起羊身回家煮吃去了。后半夜，岩罕带着一群人敲锣打鼓走到老丈人的家里来了，被惊醒的老丈人一家乱作一团。从睡梦中醒来的老丈人，看见家里的羊已经被偷去杀了，只能认输了。收入《景谷傣族民间故事》，汉傣双文版，3页，1495字，2014年3月版，景谷傣族彝族自治县傣族文化协会编。

（依旺的）

橄榄的故事

傣族生活故事。流传于云南省德宏傣族景颇族自治州傣族地区。讲述的是：从前有一个猎人和年老体弱的父母相依为命，靠打猎为生。一日归途中，他顺手摘了一些橄榄，边走边吃，来到一条小溪边蹲下来喝水，水却越喝越甜，他想这一定是仙水，如果母亲喝了一定会长命百岁，就取下背箭的竹筒装水背回家给母亲喝，母亲喝了两口，觉得水的味道不对，话还未讲完就气绝归天了。猎人也气昏了过去，等他醒来后才想起他的箭头涂有毒药，追悔莫及。可怜的猎人不知道溪水好喝的原因是因为他吃了橄榄。后来就有了"先吃橄榄后喝水，想起母亲就后悔"的俗语。佚名讲述，赵洪顺搜集、整理、翻译。收入《德宏傣族民间故事》，32开，1页，325字，德宏民族出版社1993年版。

（喊凤）

会忘记的药

傣族生活故事。流传于云南省德宏傣族景颇族自治州傣族地区。讲述的是：有一个商人挑着一担货物去一个人烟稀少的地方，晚上在一家店里住宿。老板娘看到这位商人的货物，便心生贪念，边做饭边与丈夫商量如何得到货物的办法。丈夫提议让她在饭菜里放一种吃了会忘记的药，以让商人第二天忘记挑走货物。商人津津有味地吃完了饭后就上床休息了，第二天早早地离开了旅店。店主夫妇俩去看商人是否忘记挑走货物，但是很令他们失望，担子和人都不见了踪影。妻子怪罪丈夫的药不灵验，丈夫挠挠头告诉妻子，商人真的忘记了一样东西，就是想不起来。想来想去，妻子大叫："啊！他忘记付饭钱和房钱！"佚名讲述，曼相吞采录，杨荣芳译。收入《百花园》第四册，傣文版，32开，3页，412字，云南民族出版社1995年版。

（杨荣芳）

还是做凡人好

傣族生活故事。流传于云南省西双版纳傣族自治州。讲述的是：佛告诉他一心想成佛的小伙子岩扁：只要他一动不动地念上三天三夜的佛经，就可以成佛。岩扁坐在一棵菩提树下，专心致志地念起经来。佛想试一试岩扁成佛的决心，先后变成蚂蚁、蚊虫和蛇去叮咬他，他经住了考验，佛准备收岩扁为徒。最后一天，一群顽童不停地骚扰他，岩扁还是一动不动，只管念经。有个顽童爬到菩提树上，不小心掉下，岩扁跃起接住小孩子。来收岩扁的佛，正好看到这一幕，心中大为不快。告诫岩扁说："你心中只能有佛祖啊。""要想成佛，必须像寺里的菩萨一样，给人们一张美好的笑脸，而从不管人间闲事"。岩扁一听，非常生气："性命之事岂非闲事！看来我不是成佛的料，我还是做凡人好。"佚名讲述，西娜搜集、整理。收入《西双版纳傣族民间故事集成》，32开，2页，1500余字，云南人民出版社1993年版。

（李传宁）

害人反而害己

傣族生活故事。流传于云南省孟连傣族拉祜族佤族自治县。讲述的是：勐巴拉纳西有条江，江的上游住着一富翁，他有钱有妻但无儿女。他有个好朋友也是富翁，生得一女，住在江的下游。富翁听从看卜人的劝告，领养了一个孤儿，取名叫宰香。后富翁家又生了个儿子，取名叫混勐。两个孩子长大后，宰香聪明又英俊，混勐却呆头呆脑。富翁想把朋友的女儿讨给混勐做媳妇，但姑娘却看上了宰香。富翁为了亲生儿子几次想害宰香，最后却把混勐害死了，自己也被活活气死。宰香却讨了媳妇，并继承了两家富翁的家产。先节烈万讲述，召罕嫩、张云明采集。收入《孟连傣族拉祜族佤族自治县民间文学集成·傣族卷》（一），32开，3页，2000字，孟连傣族拉祜族佤族自治县文化局、民族事务委员会1987年编印。

（郭玉萍）

和亲母一样亲的继母

傣族生活故事。流传于云南省德宏傣族景颇族自治州傣族地区。讲述的是：首领建佛塔，但常常建了一半就会坍塌，国师让他用一个童男祭奠。此事偏偏落到正在野外为继母采药的儿子身上，继母听到后，认为这个儿子从小失去亲生母亲，很可怜，便让自己亲生的儿子去替换。当首领知道详情后，深受感动，改用稻草人祭奠，将兄弟俩放回。佚名讲述，腾茂芳记录。刊于傣文杂志《勇罕》1988年1—2期，16开，3页，2028字。

（冯霄）

海罕

傣族生活故事。流传于云南省德宏傣族景颇族自治州傣族地区。海罕系傣语，意为金牛。讲述的是：侵略成性的戈朗首领枫王，对景社国垂涎三尺，屡次出兵侵扰。景社首领之海罕，英勇善战，多次战胜枫王，深受百姓拥护。后来，枫王趁景社首领病故之日，抢走海罕的未婚妻——玉蚌公主。景社国师急报海罕，搭救玉蚌。不料，海罕中计误上敌船被俘。海罕誓死不屈，为国为民慷慨就义。枫王把海罕的头颅挂在刺桐树上示众，海罕死不瞑目，高歌痛斥枫王，唤醒民众。坚贞的玉蚌，骗得枫王令，借祭头之机盗走海罕的头颅，回奔景社。枫王得知，带兵追赶，玉蚌眼看不能脱身，怀抱海罕头颅投江殉难。景社国师即带兵赶到江边，愤讨敌寇，战胜枫王，保卫了家园。佚名讲述，消德勋搜集。16开，30页，约40000字，稿存德宏傣族景颇族自治州民语委。

（杨荣芳）

患难朋友

傣族生活故事。流传于云南省西双版纳傣族自治州。讲述的是：三个穷汉，分别叫岩仟、岩依、岩利。三人发誓要"一人有福，三人同享"。不久，岩仟应征入伍，屡建战功，成为首领的得力将领，并与公主成婚，继承了王位。岩依听说后，去找首领岩仟讨要钱粮。岩仟看岩依还是那副穷样，有损自己的尊严，就说不认识岩依，派人把岩依赶出了宫廷。岩利听说岩仟当上首领后，他梳洗打扮一番，去见好朋友岩仟。他先跪下来赞美首领一番，然后请求首领将他收留。岩仟听到岩利对自己的夸耀，十分高兴，于是任命岩利为大臣，一起治理国家。佚名讲述，佚名搜集。收入《西双版纳傣族民间故事集成》，32开，2页，700余字，云南人民出版社1993年版。

（李传宁）

换去换来老本都丢尽了

傣族生活故事。流传于云南省德宏傣族景颇族自治州傣族地区。讲述的是：有个生意人原来做水牛买卖已积攒了不少钱，但由于心花，又用水牛换了黄牛、黄牛换马、马换羊、羊换鸡，换去换来老本丢了，最终又变成了穷人。佚名讲述，莫喊良记录。刊于傣文杂志《勇罕》1989年3—4期，

16 开，1 页，361 字。

（冯霄）

葫芦枕头

傣族生活故事。流传于云南省西双版纳傣族自治州傣族地区。讲述的是：巴拉拉西的岩罕明和占洪沙是孤儿，两人结为兄弟去寻求幸福。在途中，一位老大爷告诉他俩如能找到宝葫芦作枕头就会富足。他们继续往前寻求幸福。来到流沙河畔，占洪沙失去信心，便做了一富人的儿子，岩罕明只好一同去富人家中。一次他们算命时，算命先生断言：占洪沙端着金饭碗吃饭，岩罕明做一辈子苦力。这样，富人宠爱占洪沙，虐待岩罕明。岩罕明种了塘葫芦，摘了一个大葫芦作枕头。因葫芦光滑，他总是每天鸡不叫头滑下来就惊醒了，于是就去做活。后来，富人夫妇死后，占洪沙娶了个好吃懒做的老婆。岩罕明带上葫芦枕头寻找自己的幸福去了。一天，他遇上一个勤劳聪慧的姑娘，与她结为夫妻。夫妻俩辛勤劳作，日子一天天富裕起来。占洪沙坐吃山空，乞讨度日。他乞讨来到岩罕明家，终于醒悟，跟岩罕明一起勤劳做活，不再分离了。佚名讲述，傅光宇撰写。收入《中国讲述故事大辞典》，32 开，1 页，450 字，中国文联出版公司 1992 年版。

（阿南）

憨儿子

傣族生活故事。流传于云南省德宏傣族景颇族自治州傣族地区。讲述的是：一鳏夫之子又懒又馋，他与朋友至林中下扣子得一活斑鸠，归途中他放掉斑鸠言道："可爱的斑鸠呀，你先回去告诉我爸，让他杀了你煮好，我回来就吃。"到家不见其鸟。父亲说："日后捕获什么要先打死。"第二次，他到田间见一条黄鳝，便用棍棒去打，结果未获。父亲说："黄鳝怎能用棒去打，要用手挟它。"第三次，上山见一条草绿蛇，便用手去挟，结果命赴黄泉。佚名讲述，曼相屯搜集、整理。收入

《傣族民间故事》第五辑，傣文版，32 开，3 页，1200 字，云南民间出版社 1987 年版。

（快永胜）

糊涂父亲的报应

傣族生活故事。流传于云南省西双版纳傣族自治州。讲述的是：有一个妻子早逝的富翁，对好吃懒做的大女儿非常溺爱，对善良勤劳的小女儿则横加挑剔。一次，家里银子被大女儿偷去寻欢作乐，他却听信大女儿的谎言，把小女儿丢在一个大森林里。大女儿寻欢作乐，把家产败光，还跟一个商人跑了，富翁则沦落为乞丐。康郎尖讲述，16 开，3 页，840 字，稿存西双版纳傣族自治州民族研究所。

（刀金平）

见死不救非朋友

傣族生活故事。流传于云南省西双版纳傣族自治州勐海县。讲述的是：勐巴拉纳西有两个商人是好朋友。他们在森林碰到一只老熊，走在前面的商人先看到老熊后，一声不响地悄悄爬上了身边的大树。走在后面的商人见已来不及上树，只好躺在地上装死。老熊走来闻闻就走了。老熊走后，树上的商人下来问装死的商人，说："朋友，刚才老熊在你的耳边说了些什么？"装死的商人回答道："老熊说，见死不救的朋友不如没有，有了这样的朋友不如及早分手。"刀永平讲述，罗俊新搜集、整理。收入《西双版纳傣族民间故事集成》，32 开，1 页，300 余字，云南人民出版社 1993 年版。

（李传宁）

金鸡的故事

傣族生活故事。流传于云南省德宏傣族景颇族自治州傣族地区。讲述的是：从前有兄弟三人，很早就失去了父母，两个哥哥日子过得很好，只有三弟桑亮又懒又馋，一天到晚只想吃鸡喝酒，脑子里想的全是怎样去偷人家的鸡。两个哥哥知道

后，叫他改正，但桑亮不愿干活，也不愿受哥哥们的气，就离开了家。他来到一个很远的村寨，被一个老人收留了。老人有一个独生女儿叫玉香，正想招女婿，老人看见他年轻力壮，面目清秀，十分喜欢，就把他留下做了自己的女婿。到农忙时节，村寨里的人都下田干活去了，老人就让桑亮去犁田。桑亮才犁了三天就坚持不住了，便想离开，就向老人提出告辞，要了一竹筒米酒、一只金鸡就走了。佚名讲述，方峰群、何少林搜集、翻译，刘光辉整理。收入《德宏傣族民间故事》，32开，3页，1825字，德宏民族出版社1993年版。

（喊凤）

金罐银罐在田地里

傣族生活故事。流传于云南省西双版纳傣族自治州。讲述的是：一位老人有两个儿子，老大勤劳，孝顺，老二则好吃懒做。一天，老人病重，他放心不下自己的小儿子，死前对小儿子说金罐埋在地里，银罐埋在田里。老人死后，老二则忙着去田地里挖他的金罐银罐，没有挖到金罐银罐，就负气离家出走了。后来，老二穿着破烂的衣服流浪回来，看到哥哥过上好日子，这才想起父亲的良苦用心，悔恨不已。以后跟着哥哥耕田种地，也过上了好日子。刀文学讲述，依艳坎翻译。16开，4页，784字，稿存西双版纳傣族自治州民族研究所。

（刀金平）

搅乱奘房的寡妇

傣族生活故事。流传于云南省德宏傣族景颇族自治州傣族地区。讲述的是：勐沙统有一个寡妇，长得非常漂亮，可她是个放荡的女人，常常去引诱男人，骗取钱财，不论穷人富人、王室贵族、甚至连奘房和尚都不放过。首领知道后，派兵捉拿寡妇，但是搜遍了各个地方，都不见她的踪影。于是首领想出一个万全之策，张榜告示天下，要挑选国中最漂亮且能歌善舞、最有才华的女子立为新王后。寡妇知道后，进宫朝见首领，自荐她就是首领要立新王后的最佳人选，并说出她如何征服国中男士的经过。首领听后，令部下把她拉出去斩首，将其亡魂打入十八层地狱，永世不得超生。岳罕讲述，刀干相搜集。16开，5页，720字，稿存德宏傣族景颇族自治州民语委。

（喊凤）

经商不如种田

傣族生活故事。流传于云南省德宏傣族景颇族自治州傣族聚居区。讲述的是：在很古以前傣族地区有两个要好的朋友，一个外出经商几十年，一个在家种田几十年。经商的朋友腰缠万贯孤身一人回故乡，见到好朋友就请朋友到家中做客，商人朋友拿钱买来许多肉和鱼，亲自动手做饭，两人一醉方休。种田朋友回到家后对儿孙说："我们家是种田人，没有多少钱，明天商人朋友要来做客该拿什么招待他。"儿孙们说有办法。第二天朋友到家，儿孙们请他俩坐在他们准备的小楼里吃饭。热了，儿孙们把小楼抬到阴凉地方，冷了又抬到温暖的地方。商人朋友知道自己虽有钱财但样样要自己动手，种田朋友虽无钱，但儿孙满堂，自己只是衣来伸手，饭来张口。一气之下，一时气阻头昏掉下小楼摔死了。后来就留下了"经商闯遍三个国，不如种三丘农田"的名言。许布相米讲述，岳小保记译。16开，1页，约300字，稿存德宏傣族景颇族自治州民语委。

（岳小保）

继母

傣族生活故事。流传于云南省德宏傣族景颇族自治州的傣族地区。讲述的是：过早丧妻的干罕与幼小的儿子岩眼相依为命，生计艰辛。不久又娶一妻子，生得一男孩名为二相。时过不久，干罕因劳累过度也染病离去，继母艰难地抚养两个儿子。待他俩长大，母亲又染病，生命垂危。两兄弟寻遍四方，后得一位老人（仙人）指点：用凤凰胆可治母亲病。怕在寻药路上有三长两短，其母让不是自己亲生子的岩哏前行。岩哏踏遍青山绿水，终获凤凰胆，返途时不幸遇一伙兵丁在抓捕建筑大王宫时祭奠基地的人头，岩哏被押到该首领宫。首领知情后，同意他先拿药回去救治母亲，母亲得救，岩哏赴王宫待斩首。母亲（继母）和弟弟知情后，其弟要去替换哥哥，兄弟俩善良的举动感动了首领，最后他们全家被接入宫中，岩哏当了总兵，二相为首领办理地方事务。佚名讲述，三帕搜集、整理。载于《傣族民间故事》第二辑，傣文版，32开，12页，约300字，云南民族出版社1984年版。

（快永胜）

精明的商人

傣族生活故事。流传于云南省西双版纳傣族自治州。讲述的是：一位商人带着有五百辆车的商队去异乡做生意，路过一个寨子时他们发现有一棵类似芒果树的树，长满了诱人的黄澄澄的果实。很多人想吃，而商人劝阻了他们。这时，跑来很多人，他们是准备来捡死人的财物的。见他们没有死感到很奇怪，商人就说这有什么奇怪的，如果这棵树没有毒，果实早就被你们吃光了，村人个个点头称是。就这样，商人凭着自己的智慧，使自己和随从躲过了死劫。康郎约讲述，陆云东翻译。16开，6页，1012字，稿存西双版纳傣族自治州民族研究所。

（刀金平）

老书传奇

傣族生活故事。流传于文山壮族苗族自治州文山市傣族聚居区。讲述的是：古时，有三兄弟，老大叫依丹，老二叫依巴，老三叫依文，父母双亡后，相依为命，生活极为艰苦。三兄弟同在一个财主家做活，早出晚归，风雨无阻，都十分卖力。但财主给的工钱少，三兄弟都没有娶媳妇。但三兄弟都极为善良，十分团结，同甘共苦。为了追求美好生活，三兄弟商量几天，一起离开财主家，去外地闯荡。后来，一个老人赠送了一本古书，三兄弟按照古书讲授的方法，逐渐发财了，并娶上了媳妇，过上了幸福的生活。刀文天口述，刘德荣记录。收入《文山州傣族民间故事集》，16开，70页，云南人民出版社2016年版。

（张元波）

老猎人的女婿

傣族生活故事。流传于云南省德宏傣族景颇族自治州傣族地区。讲述的是：一个有勇有谋的老猎人，一天，邻村来人请老猎人去帮除掉常来伤害人的两头野猪，老猎人让女婿岩旺去，女婿为了岳父和自己的名声，只有上阵。岩旺在妻子的帮助下，除掉了两头野猪，从此名声大振。又过了不久，东村来请猎人去帮除掉常进村咬牛、咬猪的老虎，老虎不慎窜入大水碓房被水轮子夹死。等众人赶来见老虎已被打死，人们直夸岩旺本领高强。又过了三年，一伙强盗欲到西村打劫，人们备礼请岩旺为民除害，又是天赐良机，胆怯的岩旺除了盗贼，名声更大了。过了几年，邻国兵犯边境，首领请能人岩旺统兵迎战来犯之敌，不会骑马的岩旺让兵士们用绳子把自己捆于马肚前去应战。敌兵见状，产生惶恐，转身逃命。岩旺统领的兵士不战而胜，首领便将其封为总兵头领。佚名讲述，多荣兴搜集、整理。载于《傣族民间故事》第二辑，傣文版，32开，24页，约5000字，云南民族出版社1983年版。

（俊孟）

老鼠会吃犁铧吗

傣族生活故事。流传于云南省西双版纳傣族自治州傣族地区。讲述的是：有两个好朋友，一个要出门，就将自己的犁铧放在他的朋友家。等他回来取犁铧时，他贪心的朋友指着一堆老鼠屎说：犁铧被老鼠吃掉了。过了几天，他就将朋友的儿子藏起来。他的贪心朋友来找儿子，他就说："你的儿子被老鹰叼去吃了。"他的朋友说:"我从没听说过,老鹰会叼这么大的娃娃吃。"他回答说:"我也没听说过老鼠会吃掉犁铧呀!"他的贪心朋友只好将犁铧还给了他。佚名讲述,岩糯叫、刀国昌翻译,朱宜初整理。收入《傣族民间故事选》,32开,1页,300字,上海文艺出版社1985年版。

(阿南)

两个"奸诈"的商人

傣族生活故事。流传于云南省德宏傣族景颇族自治州傣族地区。讲述的是:两个奸诈透顶的商人,他俩不知想出了多少骗人的诡计。曾将牛头放于池塘里,下面拴一条大活鱼,让人以为是一头活牛;又去守着一大群野鸭,佯装牧鸭人。"卖"了牛和野鸭后,他俩得了三坨银子,但两人要分三坨银子,他俩很为难,几乎要打起来。正好碰上一个过路人,过路人把银子分给他俩一人一坨,自己也拿了一坨。他俩高兴地说:"要是不碰上你,我俩还无法分呢。"佚名讲述,屯棉搜集。刊于傣文杂志《勇罕》,16开,3页,约1925字,1986年3—4期。

(冯霄)

两个老庚互相教种田

傣族生活故事。流传于云南省西双版纳傣族自治州。讲述的是:有一个老实勤快的老庚,见河下游的懒老庚实在无法生活了,就借了稻谷给他,并教他种田。第一年、第二年懒老庚把自己辛勤劳动所得的稻谷还给老庚,老庚却以稻谷重量不足为由不要。第三年,当懒老庚把稻谷拿去还给老庚时,老庚接受了,还向他解释说,前两年因为雨水不多,稻谷收成不好,担心老庚家缺粮故不收还粮。懒老庚十分感动,更加努力种田。岩塔讲述,陆云东翻译。16开,3页,630字,稿存西双版纳傣族自治州民族研究所。

(依旺的)

两个商人

傣族生活故事。流传于云南省西双版纳傣族自治州。讲述的是:两个商人相约去做生意,一个商人见老妇人领着孙女用生锈的旧盘来换小物品,他识得那是金盘子,却欺她们是老人和小孩,想空手而得,便谎说盘子不值钱,走后却寻思一定要把金盘子弄到手。另一个商人也来到了老人的住处,老人又用旧盘子去换。那商人诚实地告诉老人这盘子是金盘子,价值十万钱。老人知道后感慨万分,就把金盘子连换带送给了诚实的商人。康朗约讲述,刀金平翻译整理。16开,9页,1086字,稿存西双版纳傣族自治州民族研究所。

(玉腊)

两对夫妻

傣族生活故事。流传于云南省孟连傣族拉祜族佤族自治县。讲述的是:一个寨子里有两对夫妻。一对每天吵七次架;一对结婚七年从未吵过一回嘴。这事传到召贺罕耳里,他叫手下送金子到这两户人家去,如果爱吵架的能一天不吵,而不吵架的如能一天内吵一架,金子就归他们所有。爱吵架的夫妇为得到金子憋着不吵架快一天了,最后还是憋不住,为谁来掌管这些金子而凶狠地吵了起来。另一家夫妻则左思右想也找不出吵架的理由。天快黑了丈夫假意要打妻子,妻子觉得怪好笑就大笑起来,丈夫也忍不住笑出了声。结果两家谁也没得到召贺罕的金子。刀进民、波叶嫩采集,召罕嫩翻译、记录。收入《孟连傣族拉祜族佤族自治县民间文学集成·傣族卷》(一),32开,2页,1500字,孟连傣族拉祜族佤族自治县文化局、民族事务委员会1987年编印。

(郭玉萍)

两个朋友去看相

傣族生活故事。流传于云南省西双版纳傣族自治州。讲述的是:两个朋友一起去看相,星相家看了他们两个人的手相后,对一个说有富贵命,不劳也有金银财宝用；对另外一个说天生命苦，不会有好日子过。从此，他们一人好吃懒做，游手好闲。另一人勤勤恳恳劳动，勤劳的人靠自己的双手成了一个富人。那懒惰的人整天坐吃山空，最后穷得衣不遮体。刀曙明讲述，依艳坎翻译。16开，3页，688字，稿存西双版纳傣族自治州民族研究所。

（刀金平）

两个人一念之差谁能得"佛"

傣族生活故事。流传于云南普洱景谷县傣族地区。讲述的是：从前有两个好朋友，一个叫岩再那，一个叫岩再巴。岩再那喜好种田种地，当他的孩子全部成家立业之后，按照傣家的习俗，他住进佛寺去纳佛。可他纳佛满一年整，却没有认认真真地听讲经文，常常是人在佛寺里拜佛听经，心里却老惦记着他的田地。他总认为，如果不进佛寺纳佛，像其他人一样天天去打渔，或许顿顿都能吃上大鱼大肉，或者将种田种地得到的粮食蔬菜拿去卖了，也会得到不少银两。他认为自己进佛寺纳佛一年了，什么也没有捞进家里，白白浪费了一年的光景。那个叫岩再巴的，喜欢上山打猎、下河摸鱼，他家也是妻儿满堂。他看见自己的朋友岩再那去佛寺纳佛了，就心想："我若能像岩再那一样进佛寺学着纳佛，兴许也能学些经书识文什么的，多少也会学到一些文化"。于是，第二年，他开始进佛寺纳佛，直至终老。他一直牢记佛经所示，学识大有长进，晚年行善积德，还对子孙下令，今后不要再上山打猎、下河捉鱼，要本本分分地种庄稼，孝敬长者。在他过世后，得往生极乐世界。可那个岩再那，一心只想种田种地，再也不进佛寺纳佛了。耕种田地他是好手，得到了很多很多的金银。但是，他过世以后，没有极乐往生，而是到地狱继续种他的田和地去了。收入《景谷傣族民间故事》（汉傣双文），32开，2页，696字，景谷傣族彝族自治县傣族文化协会编，2014年3月发行。

（依旺的）

"留头发的和尚"和老虎

傣族生活故事。流传于云南省景洪市傣族地区。讲述的是：有个老头平日里从不杀生害命，也总劝导别人不要杀生，于是人们都叫他"留头发的和尚"。这年，森林里有只凶恶的老虎常到寨子里来吃人和牲畜，村民们便邀约起来准备去打死恶虎。"留头发的和尚"见了急忙跑来劝阻，要大家不要杀生害命。但大伙儿根本不听，还是进了林子，老头也只好跟着去。不一会儿，村民们把老虎团团围住了，老头见势赶忙让出自己面前的那条路让老虎跑了。老头以为自己的善心会感动了老虎。不想没过多久，老头和老虎再次相遇，老虎毫无顾忌将老头吃了。佚名讲述，刀永生翻译，李缵绪采录。收入《中国民间故事集成·云南卷》下，16开，2页，1670字，中国ISBN中心2003年版。

（龙江莉）

离三次婚的女人成为王妃

傣族生活故事。流传于云南省西双版纳傣族自治州。讲述的是：从前有个非常奇怪的王子，一心想娶离过三次婚的女人。一个离了三次婚名叫玉腊刚景的女人去参加了王子的选亲活动。王子问她离婚的原因，她答第一个睡觉不会盖被子，第二个起床不洗脸，第三个解手不擦屁股。并解释说第一个丈夫睡觉不会盖被子，说明他不会爱自己，因此他也不会爱他人。第二个丈夫起床不洗脸，说明他不知廉耻，不要脸；第三个丈夫解手不擦屁股，说明他丢三落四，做不了大事，所以都离了。王子觉得她是一个贤惠之人，就选她做了妃子。岩尖讲述，岩旺记录，岩庄香翻译。16开，2页，600字，稿存西双版纳傣族自治州民族研究所。

（依旺的）

灵验宝贝

傣族生活故事。流传于云南省德宏傣族景颇族自治州傣族地区。讲述的是：从前有一个富翁，他有一个聪明能干的女婿叫岩弄，富翁怕女婿占便宜继承家产，于是就给女婿分了家。从此，岩弄一无所有，决定出去打工赚钱养家。他走到一棵大青树下休息，用青树浆捏了一只小黄蜂便回家了。回家后妻子问他出去打工，为何这么早就回来了。岩弄告诉妻子说，他走到一棵大青树下休息时睡着了，仙人托梦给他，还送了只灵验宝贝，那只灵验宝贝可知道世间的一切。他的富翁岳父听到后，就让岩弄带着灵验宝贝去查找他的钱罐，说如果宝贝查得出钱罐藏在哪里，就把钱财全部给岩弄。其实岩弄早就听到岳父说把钱罐藏在什么地方了，所以，他假装用灵验宝贝去查，轻松找出了钱罐。从此，富翁再也不敢歧视虐待岩弄了。莫罕尚讲述，赵洪顺搜集、整理、翻译。收入《德宏傣族民间故事》，32开，3页，约1600字，德宏民族出版社1993年版。

（喊凤）

吝啬夫妇

傣族生活故事。流传于云南省德宏傣族景颇族自治州傣族地区。讲述的是：勐巴拉纳西有一渔民夫妇，从来不施行善事积功积德，左邻右舍的红白喜事他们都不曾参与帮忙。打渔赚得的钱也舍不得花，穿着破烂，天天守着钱罐。夫妇死后投胎到一个很有威望的老者家里。自从他们出世后，该村的人就患了疾病，田地无收成，日子越过越穷。大家都一致认为是这对新生儿女带来的灾难，于是纷纷搬迁到异地，才得以脱离苦难。最终只剩下他们一家人在那里生活，日子越过越穷。佚名讲述，刀干相搜集。16开，3页，352字，稿存德宏傣族景颇族自治州民语委。

（喊凤）

朗珍与岩文达

傣族生活故事。流传于云南省德宏傣族景颇族自治州傣族地区。讲述的是：首领的女儿长得聪明伶俐，像一朵花一样漂亮，她怜悯受苦难的人。岩文达是个快乐的人，在首领家放牛，放牧回来就吹起葫芦笙，他优美动听的葫芦笙引起了公主朗珍的暗恋。另一个首领叫混尔相准，他有一个儿子叫劳准，人又丑又傻，但还想娶一个美貌的女人做媳妇。混尔相准首领向朗珍父亲提亲，朗珍知道后很生气，不吃不喝，卧床不起，大夫也治不好朗珍的病。父王、母后心急如焚，便出告示：谁能治好朗珍公主的病，就让他做大臣，把女儿许配给他。路人看后都叹气摇头，只有岩文达撕下告示。朗珍公主接过岩文达的圣水喝下去，病就好了。首领不愿让朗珍与岩文达配成双，就将朗珍撵出了王府，从此不认女儿。岩文达和朗珍坐船顺水而下，三天三夜后在一个沙滩停下，他俩在那里起房盖屋，辛勤耕作，以后人们不断来那里定居。朗珍也在房前屋后种下椰子树，每逢开花结果时节更加美丽迷人，从此人们称椰子树为"朗珍树"。佚名讲述，曼相吞搜集、整理，朱光灿翻译。刊于《傣族民间故事》第六辑，傣文版，32开，5页，约1200字，云南民族出版社1992年版。

（朱光灿）

懒汉说懒话的后果

傣族生活故事。流传于云南普洱景谷县傣族地区。讲述的是：有一个大懒汉，就像是老天专门为他创造的这个"懒"字似的，他懒得连眨一眨眼睛都嫌累，连天底下的懒人们听了都会生气。自从懂事那天起，从来就不下地做活，也从不进佛寺识经文，长长记性。天天睡大觉，每天太阳升得老高他还在做梦。他做得最勤快的事情就是吃饭，哪怕他睡得鼾声雷动，只要听见吃东西的声音，就会醒得特别快。早上他老婆叫他去做活，他说晨露太大；中午他老婆叫他去田地里做活，他推托中午太阳太辣不出门；下午老婆叫他去犁田，他又说太阳快落山了，天马上就要黑下来了。就这么天天都找借口说那些懒话。但是农忙栽秧季节，节令可不等人，别人家田里的秧苗都发绿了，只有他家的田地上铺满了老天赐给的金黄色的落叶。时间长了,一家子就只能等着饿死。这就是前人经常告诫后人的"懒人说懒话的后果"。收入《景谷傣族民间故事》(汉傣双文),32开,2页,369字,景谷傣族彝族自治县傣文化协会编,2014年3月发行。

(依旺的)

莫喊爽姑娘

傣族生活故事。流传于云南省德宏傣族景颇族自治州傣族地区。讲述的是:莫喊爽姑娘本是穷人的媳妇,但头人不择手段想霸占,还假借首领意志一定要莫喊爽姑娘去参加他在家举行的大"摆"。当漂亮的莫喊爽姑娘进入他家时,头人只顾伸长脖子从阳台上往下看,便从阳台上掉下来摔死了。相喊洼讲述,杨小明记录,冯霄译。刊于傣文杂志《勇罕》,16开,2页,1456字,1986年3—4期。

(冯霄)

勐提纳洼驾国

傣族生活故事。流传于云南省德宏傣族景颇族自治州傣族地区。讲述的是:勐提纳洼驾国原本是个强国,后来,有个人用箭头穿了两个死斑鸠说是自己一箭射下的。在捕捉野猪和射杀老虎过程中,明明是偶然的巧合,但他通过自我吹嘘后而成了"射箭高手"和"勇士"。首领在选用人才时不假思索,更不经测试便让他当了将领。结果,在与敌方真枪实弹的交战中一败涂地,使整个国家沦为敌国的奴隶国。佚名讲述,李成春记录。刊于傣文杂志《勇罕》,16开,3页,1501字,1991年1—2期。

(冯霄)

农妇救兄

傣族生活故事。流传于云南省西双版纳傣族自治州。讲述的是:勐巴拉纳西首领召捧玛典审判一伙小偷时,一名女子站出来请求首领放了哥哥。

首领好奇,就问女子为何这样做。女子解释说,儿子就像菜园里的菜,没有了可以再种,丈夫也一样,但哥哥失去了就再也无法找回。首领听后觉得很有道理,也很感动,就把三个小偷全都放了。康朗约讲述,陆云东翻译。16开,3页,683字,稿存西双版纳傣族自治州民族研究所。

(依艳坎)

你也是属于我的

傣族生活故事。流传于云南省西双版纳傣族自治州。讲述的是:有对夫妻有时好得如胶似漆,有时又相互讨厌对方,如同一辈子不想再见到对方。一次,他俩又因一点小事拌嘴,气头上丈夫把妻子所有的东西丢到客厅,叫妻子带上东西走人。妻子找来一只口袋一件一件地把东西装好后,张开口袋让丈夫钻进去,丈夫问为何?妻子答:"你也是属于我的'东西'!为何不能带走?"这时,丈夫忍不住笑了起来,气也消了。文学讲述,依艳坎翻译。16开,3页,688字,稿存西双版纳傣族自治州民族研究所。

(刀金平)

年轻棒

傣族生活故事。流传于云南省西双版纳傣族自治州。讲述的是:经商回来的岩西见平日里欺诈百姓的外村奸商来拜访,决心惩治一番。当奸商问岩西带什么好货回来时,就说带回来一支年轻棒。奸商不信,岩西领着妻子走进卧室,喊了三声"年轻!年轻!再年轻!"后,就领着一个年轻的姑娘出来。奸商用十头水牛换了岩西的年轻棒,回到家就用年轻棒去锤自己的妻子,不料把他的妻子活活打死了。原来岩西领出来的姑娘是自己的女儿。刀曙明讲述,依艳坎翻译。16开,5页,852字,稿存西双版纳傣族自治州民族研究所。

(刀金平)

娜布里嫁给了亮光瞎子"冒再"

傣族生活故事。流传于云南普洱景谷县傣族地区。

讲述的是：很久以前，有一农夫，年过半百才得到一个女儿，取名娜布里。娜布里从小就长得像朵花儿一样，而且农活样样精通，惹得全寨子乃至全勐的小伙子们神魂颠倒。上门讨亲的人踏破了门槛，但娜布里的心里丝毫不为所动。一天晚上，娜布里问起父母说："父母哎，来提亲的人很多，我想问问父母，什么样的人符合二老的心意，请二老指明，孩儿听从父母的意见。"父亲说："孩儿啊，人常说，男人手掌心要有一层厚厚的老茧，才是真正勤劳做事的。"娜布里是个孝顺的孩子，她把父亲的话牢牢记在心里。随着年龄的增长，来串门的小伙子越来越多，娜布里几乎摸遍了前来串门的小伙子们的手，可他们的手都是光滑的，没有父亲所说的长有厚厚的老茧。这天晚上，有一位很帅气的小伙子独自一人来串门。这个小伙子手上不仅没有老茧，还是个青光眼。聪明的他用家里的腊面调成糨糊涂在手心，待糨糊干了后，手掌自然就像老茧一样。加之他是个亮光瞎子（青光眼），白天人多时他不好意思来，这天晚上，他把手掌伪饰好，耐心地守候在娜布里家大门外，看着串门的人都走了，才摸黑进到了娜布里家。娜布里接待了这位帅小伙子，像往常一样摸了摸他的手掌，由于烛火昏暗，也没仔细看，只觉得这位小伙子的手正如父亲所说的有一层厚厚的老茧。她心里很高兴，就把这事告诉了二老。说起来也很顺利，不出几个月，漂亮能干的娜布里就嫁给了这位帅气十足的小伙子。喜酒过后，娜布里发觉了小伙子是个青光眼，她没有后悔，而是将全部家产变卖，用换来的银两治好了丈夫的眼疾。后来，在双方父母的支持和帮助下，小两口勤劳持家，不几年后，家财万贯，还生了许多孩子，成为了当地名副其实的大富翁。收入《景谷傣族民间故事》，汉傣双文版，32开，2页，770字，景谷傣族彝族自治县傣族文化协会编，2014年3月发行。

（依旺的）

披着塔扇和蓑衣的盗贼

傣族生活故事。流传于云南省德宏傣族景颇族自治州的傣族地区。讲述的是：披着塔扇和蓑衣的二人是关系要好的惯盗，偶尔盗得富人的财物还救济于穷苦人家。一日深夜，他俩到一富翁家行盗偷黄牛，此户的小孙儿哭声不停，大人用各种可怕的动物、鬼神来哄骗也无法，当讲到说塔扇和蓑衣在哪时，小孩哭声即止。是夜，先于两人来到牛圈边欲咬牛的圆脸老虎，闻听主人哄骗小孩的塔扇和蓑衣，也吓出一身冷汗，躲进牛群中不敢动弹。行盗的两人入圈去摸到老虎的圆脸，以为摸到了壮牛，便乘夜拴了牵走。塔扇牵牛在前，蓑衣赶后，待天色蒙亮时，跟后的蓑衣望见是老虎，吓得屁滚尿流，慌忙逃命。不久，牵牛的塔扇回头望见是老虎，急忙拉拉打打把虎拴于一棵酸杷果树下，自己爬上树欲躲之。老虎见状，猛力拉挣，把酸杷果树拉弯，最后拉断绳子逃之夭夭了。塔扇回到家后，虽遇蓑衣，但失之信义的朋友，只有各奔东西，塔扇也从此规矩做事为人了。召瑞孟讲述，快永胜搜集、翻译。16开，9页，约1800字，稿存德宏傣族景颇族自治州民语委。

（快永胜）

怕雨才戴笋叶帽

傣族生活故事。流传于云南省德宏傣族景颇族自治州傣族地区。讲述的是：有个男人因懒，常被媳妇埋怨，但无论如何他总是幽默风趣地回答，让媳妇转怨为喜，也让家庭正常地维持下来。一次，媳妇埋怨说："都说怕雨才戴帽，怕吃苦才找老公，可我什么时候依靠得着你？你衣裳裤子已脏成这样也要等我来洗……"他说："哪个男人不是这样呢？"媳妇又说："如果没有女人，看男人怎么办？"他说："好办！好办！没有女人我们连衣裳裤子也不用穿。都是男人，谁见谁不用害羞了。"佚名讲述，拜甘记录。刊于傣文杂志《勇罕》，16开，1页，380字，1990年1—2期。

（冯霄）

朋友与同胞弟兄

傣族生活故事。流传于云南省盈江县傣族地区。讲述的是：从前有个人，一旦家里有好吃的总是忘不了拿去分送给朋友们或请他们到家里来吃，而对自己的同胞兄弟却不放在眼里，他媳妇多次劝说他也不听。一次，他媳妇骗他说她杀死了一个乞丐，要他去请朋友们来拉去埋掉，朋友们一听杀人了，便一个两个找借口来不成。在无可奈何之时，他只好找自己的兄弟，兄弟们二话不说都来了。他这才明白，再好的朋友也不如亲兄弟。龚波相英讲述，冯霄记译。16开，2页，约320字，稿存德宏傣族景颇族自治州文联《勇罕》编辑部。

（冯霄）

七个兄弟

傣族生活故事。流传于云南省德宏傣族景颇族自治州傣族地区。讲述的是：过去有兄弟七人，都已经成家立业了，并分家各立门户。他们兄弟七人中，老四平时不与人交往，渐渐地与别人都疏远了。一天，他在林中所设的陷阱里掉进了一只鹿，他没看清楚，误以为有人掉进陷阱里死了，他跑到寨中请亲属、朋友帮忙。人们都不愿帮他的忙。在他万般无奈的情况下，还是他的哥哥、弟弟伸出援助之手帮助了他。佚名讲述，刀承信搜集、整理。收入《傣族故事》，傣文版，32开，2页，约620字，德宏民族出版社1987年版。

（线永明）

七箱银子与七仓谷子

傣族生活故事。流传于云南省西双版纳傣族自治州。讲述的是：一个有七箱金银的富翁和一个有七仓谷子的农夫较劲，都说自己的东西好，谁也不服谁。富翁用金子镀了一顶帽子，农夫则用谷子碾成米饭糍粑，做成一顶米帽子，决定让别人来评定。他们去问召勐和苦行僧，可召勐和苦行僧都说一样。他俩又去找树神评定，走了五天，农夫饿了就啃他的米帽子吃，而富翁没有食物吃，饿得连路都走不动。树神教育他俩，有金银不如有谷子吃好，而有本钱才能去经商，有马才能骑，有金银、谷子都没错。岩尖讲述，岩旺记录。16开，2页，450字，稿存西双版纳傣族自治州民族研究所。

（依艳坎）

欠缺思考的首领

傣族生活故事。流传于云南省德宏傣族景颇族自治州傣族地区。讲述的是：从前有个首领，很喜欢饲养一些小动物，但他最喜爱的是鹦哥。一天来了两个商人，对首领说邻国御花园有一棵芒果树，它那金色的果子，谁能吃上谁会返老还童。首领为了得到芒果，就命鹦哥去取，鹦哥奉主人命，飞到邻国花园附近，那里持弓张弩戒备森严。鹦哥冥思苦想了一夜，才想到混入后宫的办法。一日，首领正做大摆，宫女端来各类敬献的食品和返老还童的金色芒果摆满桌上，鹦哥趁人不备，突然叼起盘上一个金灿灿的芒果，展翅往外飞，一口气飞到主人首领处。首领高兴万分，即命园丁种下，倍加护理。三年后结果了，先成熟的一个就在夜间掉落到地上，恰好一条毒蛇寻食遇上此果，但因不属蛇类食物，只用嘴舔了两下就离开。天明后，园丁夫妇把捡到的芒果送去给首领，首领先让年老的厨师来尝，因芒果已有蛇的毒液，厨师当场死了。首领在愤怒中杀死了鹦哥。等后来证实这株树确是返老还童的芒果时，后悔已晚。佚名讲述，兵相搜集、整理，龚肃政译。载于《傣族民间故事》第二辑，傣文版，32开，4页，约1600字，云南民族出版社1983年版。

（俊孟）

穷小伙子成为大臣

傣族生活故事。流传于云南省德宏傣族景颇族自治州傣族地区。讲述的是：一天，首领分别考问身边的三个大臣："世上什么最甜、什么最苦、什么最肥？"第一个大臣回答："最甜的是糖、蜂蜜。"

第二个大臣回答:"最苦的是熊胆、黄连。"第三个大臣回答:"最肥的是猪肥肉、牛油。"首领听后不满意。在宫内做奴仆的穷小伙子在一旁偷笑,首领又转过来问他,他说:"世上最甜的是人的甜言蜜语,最苦的是终身无儿无女,最肥的是土地。"首领认为有理,便让他当大臣。佚名讲述,项赛栓记录。刊于傣文杂志《勇罕》,16开,2页,约800字,1986年3—4期。

(冯霄)

穷人的故事

傣族生活故事。流传于云南省红河金平一带。讲述的是:有两兄弟已各自有家,哥哥家穷,弟弟家富。到大年除夕了,弟弟家有年猪杀,而哥哥家没有,哥哥家的孩子看着叔叔家有肉吃,就跑去叔叔家凑热闹,想是可以一起享受大餐,一阵过后,哥哥的孩子回家,哥看到孩子满嘴油亮以为能吃得上肉,高兴地问孩子吃上肉是不是很好?孩子回答说:没有吃肉,是婶婶用肥肉涂抹在嘴皮上就叫我们回来了。哥哥听到这话,难过地流出了眼泪,只好带上斧头上山砍柴,准备卖柴买肉给孩子吃,他边砍边哭,感动了财神,财神出来问他为何这样伤心?他讲出了真情,财神安慰他说不怕不怕,你跟我来,他随着财神来到一块大石块下,对着石头吼:"石头开门",里面全是金银,他从中取出了很多,带回家,一下子就能成了有钱人,过上了幸福的生活。弟弟知道后,找到哥哥问钱财从何得来,好心的哥哥告诉了弟弟,弟弟也学着哥哥的样子去砍柴,边砍边哭,感动了财神,财神也带弟弟来到石头前吼"石头开门",亮出了很多钱财,弟弟欣喜若狂,大量拾财不停止,最后石头关门,把弟弟的手夹在里面无法拉出,向妻子求救,无果,最后妻子翻开裙子,石头大笑,门开了,弟弟的手才得以拿出来。教育人们不要贪财,兄弟之间的感情不因贫富而变。王明君讲述,刀明春整理。尚未出版发行。

(刀明春)

穷人家的孩子和小财主

傣族生活故事。流传于云南普洱景谷县傣族地区。讲述的是:旧时,一位非常吝啬的财主生了一个力气了得的胖儿子。仗着家里的权势,这位胖小子经常欺负弱小,跟他一起上学堂的小伙伴们对他又恨又怕。两个机灵点的小伙伴商量,一定要好好教训一下他。一天,在学堂放学路上,两个小机灵一起去打猪草,看见大财主挺着大油肚迈着八字方步查看他家的甘蔗地。他俩灵机一动,飞快跑进财主家甘蔗地,使出全身力气,把甘蔗扳倒,只听见大棵大棵的甘蔗"叭叭叭"的倒地声,大财主像皮球一样滚着过来,他俩大声叫喊:"大力士快跑,你爹在地里,他过来了,快跑!我们先走啦。"这两个弱小男孩说完,就跑得远远的,爬到树上听动静。这个胖财主好不容易跑到甘蔗被扳倒的地方一看,气得鼻子都歪了。口中不停地臭骂:"这个龟儿子,竟敢背着我领小穷鬼来偷自家的甘蔗,看我回家怎么收拾你个臭龟儿。"大财主叫人来把甘蔗收拾妥当。完了,他回家等着自己的胖儿子,左等右等不见回来,气得他一锅接一锅地抽着大烟斗。这时候,财主的胖儿子真的扛着一棵又粗又长的甘蔗大摇大摆地回来了。大财主立即上前揪起儿子的耳朵,小竹条像雨点一样阵阵落在胖儿子的屁股上,还边打边问:"甘蔗哪里拿来的,不说老子打死你……"胖儿子哭喊着说:"是从别人家地里偷来的。"这时,财主的老婆还跑出来护着胖儿子说:"别说偷一棵甘蔗,就是偷一头水牛那又怎么样?"两个小机灵亲眼看见大财主痛打了小财主,高高兴兴地溜下树来回家去了。第二天,小财主去学堂念书,因为屁股被大财主用竹条打得很痛,迟到了不说,还无法坐下。先生问他:"小财主你为什么不坐下?"他说:"先生,我今天坐不了,我的屁股被家里的那条'老狗'咬了。"逗得学堂里的学生们个个捧腹大笑。收入《景谷傣族民间故事》,汉傣双文版,32开,2页,980字,景谷傣族彝族自治县傣族文化协会编,2014年3月发行。

(依旺的)

起死回生"药"

傣族生活故事。流传于云南省西双版纳傣族自治州。讲述的是：一对老夫妇做生意的儿子被一个奸商谋害，还欠了奸商很多债。一天，奸商来向老人讨债，谁料老人的老伴见奸商来了，突然"死"去。这时，老人不慌不忙用一块黄布包着的东西放在老伴胸上，连叫三声"活过来"，老妇人醒了过来。奸商见有利可图，出五千元钱买了老人的起死回生"药"。他路过勐巴拉纳西，听说首领的女儿死了，急忙用起死回生"药"去治。可叫了三声也不见公主醒过来。打开包裹一看，一群土蜂飞出来，叮了他又叮首领、大臣。首领叫来武士把他拉出去杀了。岩香巴讲述，陆云东翻译。16开，5页，1470字，稿存西双版纳傣族自治州民族研究所。

（刀金平）

勤快人与懒汉

傣族生活故事。流传于云南省德宏傣族景颇族自治州傣族地区。讲述的是：一个勤快人与一个懒汉虽然性格有别，但他俩是好朋友。一年，他俩相约出门做买卖，勤快人一路精打细算又肯卖苦力，不断有收获；而懒汉朋友好吃懒做、游手好闲，不但出门带的钱花得精光，还向其勤快的朋友借支。至稻穗金黄的收割时节，两人该是返乡的时候了，懒汉因囊空如洗，怕无脸见家乡父老，甚是犹豫，于是勤快朋友分予之，一同返途。途中懒汉朋友起歹意，将勤快朋友害死并带金银回故里，很是光彩。他还骗勤快朋友的家人说他还在外卖苦力，一时无归期。不过纸是包不住火的，一次他与妻子的争吵打骂暴露了事情的真相，懒汉受到了应有的惩罚。佚名讲述，线岩相冱搜集、整理。收入《傣族民间故事》第五辑，傣文版，32开，5页，2000字，云南民族出版社1987年版。

（快永胜）

人与庙神

傣族生活故事。流传于文山壮族苗族自治州麻栗坡县傣族聚居区。讲述的是：从前有一个人有两头牛，一头大牛，一头小牛。牛找不着了。这个人祈求山神庙神像帮忙，找到了牛，却用不当方法哄骗神像。最后因为小牛的缘故，把山神庙神像掼得手脚断缺，全身支离破碎。他对着面目全非的神像说："老天，你是何苦呢？既然嫌这牛小了不如意，你告诉我也可以嘛！你非要亲自送出来给我，把你整成这个样子，怪可怜的，叫我怎么办呀？"这人说完，头也不回地吆着大牛小牛走了。鲍正团口述，周正贵记录。收入《文山州傣族民间故事集》，16开，297页，云南人民出版社，2016年1月版。

（张元波）

人毒没有伴

傣族生活故事。流传于云南省玉溪市新平彝族傣族自治县漠沙镇。讲述的是：很早以前，勐雅一个富人温顺善良的大老婆、贪婪的二老婆、心狠的小老婆同一天生儿子，三个儿子长大后富人去世了。本应大老婆儿子岩龙继承财产，可两个小妈认为三个儿子年纪一样大，不能按照老婆排，便从中各种使坏。恰巧边疆战争爆发要抽壮丁，两个小妈为了不让自己儿子去打仗才承认岩龙是大哥。岩龙去打仗了，两个歹毒的小妈使劲欺负岩龙妈，打断她的腿关进猪圈。岩龙因思母心切，英勇杀敌，打败敌人带自己的部下回家接母亲，才得知小妈虐待母亲，随即当晚带走母亲。就在那晚狂风暴雨泥石流爆发淹没了两个小妈家。故事揭示了做人不能狠毒，不然会遭报应。至今傣家人都牢记：山红不长草，人毒没有伴，世代和睦相处。收入《花腰傣民间故事集》，16开，2页，云南民族出版社2016年版。

（刀庆喜）

三个李子换大象

傣族生活故事。流传于云南省西双版纳傣族自治州。讲述的是：三个小伙子为娶到勐巴拉纳西首领漂亮的独生女儿，分别接受了首领出的用三个李子换一头大象、用小刀造一幢房、用刀削出二十庹长的细藤丝，再用细藤丝穿针眼的难题。接受用三个李子换一头大象的小伙子，他从讨盐巴蘸李子吃开始，把讨得的盐换成钱买了土锅，最后用土锅机智地换得了大象，在首领限定的时间内最先解决了难题。首领见小伙子骑着大象归来，便选他做了女婿。可供研究傣族文化思想参考。岩塔讲述，陆云东翻译。16 开，3 页，648 字，稿存西双版纳傣族自治州民族研究所。

（刀金平）

三个朋友

傣族生活故事。流传于云南省西双版纳傣族自治州。讲述的是：三个朋友经常夸耀自己的妻子是如何的忠诚。一次，三人在去外乡做生意的路上，他们根据妻子给自己包的饭包，又为谁的妻子更忠诚争执起来。一个妻子给丈夫包了一团米饭和一小包盐巴辣子；另一个妻子给丈夫包了一大盒糯米饭和一包喃咪；最后一个妻子给丈夫准备了两饭盒糯米饭和一只烤鸡。三人争执不下，最后决定联合试探妻子忠诚度的办法：三人找了一个大箩筐，外加一个盖子。三人轮流钻进筐里并让其余两人抬到自己的家中借宿，其余两人去挑逗试探被抬者妻子。结果大家一致认为：带辣子盐巴饭包的妻子很忠诚；带喃咪饭包的妻子虽然不太严肃，但还是忠诚；带鸡肉饭包的妻子正像她丈夫自己所说的一样"想不到给我包鸡肉的妻子，原来是个坏心肠的女人啊！"佚名讲述，应塔南搜集、整理。收入《西双版纳傣族民间故事集成》，32 开，4 页，2000 余字，云南人民出版社 1993 年版。

（李传宁）

三个滑稽人

傣族生活故事。流传于云南省德宏傣族景颇族自治州傣族地区。讲述的是：很久以前，有三个人身体都有缺陷。一位经常淌着鼻涕；一位长着癞痢头，随时要在头上抓痒痒；另一个双眼生疮，苍蝇随时在眼前飞动。一天，三人在集市里相遇，一个揭一个的短处，但谁都不认为自己身上有缺陷，并互相打起赌来。三人打赌，如果谁擦鼻涕、抓痒痒、赶苍蝇谁就输。淌鼻涕的人说："我向二位说件事，有次我进山打猎，山里的猎物非常多，我不知向何处打，只能东放一枪，西放一枪。"他乘两人听故事时，稍稍地擦净了鼻涕。而长癞痢头的人也非常机灵，他附和地说："真的，真有其事！不过你所说的猎物是一只九枝角的鹿。"并不断地在自己的头顶上比划着，乘机在头顶上抓痒。而双眼生疮的人头脑也非常机灵，在眼前不断地挥动双手说："我不信，我不信！"借此赶走眼前的苍蝇。佚名讲述，线过摆搜集、整理。收入《傣族故事》，傣文版，32 开，2 页，约 400 字，德宏民族出版社 1987 年版。

（线永明）

三个波戈

傣族生活故事。流传于云南省西双版纳傣族自治州傣族地区。讲述的是：从前有三个波戈（同岁人）聚在一起时，各自都夸奖自己的妻子最忠诚。一天，他们又聚在一起，商量出门做生意。吃午饭时，他们各自拿出妻子准备的饭菜，又都夸奖起自己的妻子，夸来夸去，争执不下。后来，他们想了一个办法：编织一个大箩筐，躲进一个人，由另两人抬去他家借宿作试探。试探结果，只给丈夫包一团糯米饭、一包辣子和盐巴的岩蛮塔的妻子，最礼貌，而说话又很得体；给丈夫包一大包糯米饭和酱菜的岩苏腊的妻子，对客人话多，殷勤，但最后还算庄重；而给丈夫包了最好吃的饭菜的岩章瓦的妻子，不但话最多，而且多情地挑逗客人。这样一来，三个波戈不去做生意了，各自怀着不同的心情回家去了。佚名讲述，岩温扁、征鹏翻译整理。收入《傣族民间故事选》，32 开，3200 字，上海文艺出版社 1985 年版。

（阿南）

山钥匙

傣族生活故事。流传于云南省玉溪市新平彝族傣族自治县漠沙镇。讲述的是：很久以前，漠沙江边小沐浴村一个叫刀三的人莫名地捡到了一根类似大钥匙的光滑木棍，每天把玩着见人就问木棍的用处。一天元江坝一个生意人岩白到刀三家买谷子时看见木棍，刀三从岩白口中得知木棍是山钥匙，可到山肚子取金银财宝。两人约定六天后一起用山钥匙去取财宝，贪心的岩白为了能多装财宝去租船错过了约定的时间。刀三一人进山看见财宝应有尽有，贪念大起，为多背些财宝错过山门关闭时间而被永远关在了山洞里。故事教育后人做人别贪心，贪心害人害己。杨树林、杨建华1985年采录于小沐浴村。收入《中国民间故事丛书·云南玉溪·新平卷》，16开，2页，知识产权出版社2015年版。

（刀庆喜）

四个船商和四只猫脚的故事

傣族生活故事。流传于云南省西双版纳傣族自治州。讲述的是：乘船外出做生意的四个商人收养了一只宠物猫，商定每人负责保护一只猫脚。一天晚上，睡在火塘边的猫一伸腿，脚上包扎伤口的绷带着了火，猫带着火星四处逃窜，把船上的物品都烧毁了。其他三人都把责任推到为猫疗伤的商人身上，要他负责赔偿损失，为此，四个商人争吵起来。没有结果的情况下他们只好到首领那里评理，首领认为四人都要承担责任，因为如果没有其他三只好的猫脚带着那只受伤的脚跑，猫也不可能到处乱跑。岩香讲述，岩旺记录。16开，6页，1012字，稿存西双版纳傣族自治州民族研究所。

（依艳坎）

四根金子和四颗玉石

傣族生活故事。流传于云南省德宏傣族景颇族自治州傣族地区。讲述的是：一对夫妇生有三子一女，四个子女成家后不久，老妇人过世。三子成家后各家开各家的灶，女儿嫁了别寨的一铁匠。在家的三子商议：三家轮流供养其父。开初，家家都诚心，好饭好菜不断。不久，各家的妻子生怨言，父亲每日的餐饮慢慢变为粗茶淡饭。老人身体渐渐消瘦，实在难以支撑，便跑至女儿家诉苦。姑爷非常同情，为改变三个儿媳对待老人的态度，身为铁匠的姑爷为老丈人打制了漂亮的四根铜棍，并磨制了发亮的四个石头。返家后，老人按姑爷的指点，特在吃晚饭时，把铜棍和石头摆上桌面，并自言自语："哎，三个儿子都不想好好赡养我，我这些金子和玉石就看谁诚心赡养就给谁了。"三个儿子及妻子得知后，三家都竞相善待老人。佚名讲述，曼相屯搜集、整理。收入《傣族民间故事》第五辑，傣文版，32开，3页，约1200字，云南民族出版社1987年版。

（快永胜）

"沙替"赔烂铁锅

傣族生活故事。流传于云南普洱景谷县傣族地区。讲述的是：有位富翁，家财万贯，却非常吝啬。而他的邻居，却是十分贫穷的人家，全靠上山砍柴卖点钱来维持生计。有一天，这个穷邻居到富翁家借了一把斧头，带着上山去砍柴。一不小心斧头脱落飞了出去之后，就再也找不到了，这个穷邻居没有办法，只能哭丧着脸来到富翁家道歉，说明情况后，请富翁原谅，并承诺一定到街上买一把新的斧头来赔。可是富翁坚持不要新的，只要他原来的那把旧斧头。穷邻居被逼无奈，只能到富翁家做苦力"还债"。有一天，穷邻居又上山砍柴，却意外地在一只死了的麂子肚子里面，找回来富翁家那把旧斧子。他把斧子拿去还给富翁，才摆脱苦力的身份，终于得以回自己家。过了几天，富翁去穷汉子家借来一口烂铁锅来炒米花，米花炒完了以后，下人们把这口烂铁锅扔在了墙角，没有还回去。富翁看见，走过去朝烂铁锅踩了几脚，把烂铁锅踩得粉碎。穷汉子家要做饭，可那口烂铁锅是家里唯一的锅具。于是，穷汉子就到富翁家去要回烂铁锅，富翁拿了一口新锅赏给穷汉子，可是穷人死活不要新锅，坚持要富翁赔他那口旧铁锅，还坐在富翁家不走了。富翁和穷汉子为这事闹到判官那里，判官判来判去，最终把富翁家的金银财宝和所有的房屋判给了穷汉子，从此，富翁变成了穷人，穷汉子变成了富翁。收入《景谷傣族民间故事》，汉傣双文版，32开，2页，731字，景谷傣族彝族自治县傣族文化协会编，2014年3月发行。

（依旺的）

双手粗糙的女婿

傣族生活故事。流传于云南省西双版纳傣族自治州。讲述的是：波玉皎一直想让女儿玉皎找一个肩膀宽厚、手掌粗糙、脖子粗的人做丈夫。一个患青光眼的艾冒（小伙子）听说后，用糯米糍粑分别擦在肩膀、脖子和手上，骗取了波玉皎的信任，做了玉皎的丈夫。一次吃晚饭，见女婿只管夹他眼前的菜吃，波玉皎用筷子在女婿眼前晃了晃，这才知道女婿原来是个有眼疾的人。波玉皎让女儿和女婿离了婚，按照"女方悔婚赔一头牛，男方悔婚赔布匹"的传统习俗，波玉皎赔了女婿一头牛，外加十担谷子。刀新华讲述，依旺的翻译。16开，4页，896字，稿存西双版纳傣族自治州民族研究所。

（依艳坎）

送瓜得马、送马得瓜

傣族生活故事。流传于云南省德宏傣族景颇族自治州傣族地区。讲述的是：有个穷人的一棚南瓜藤上仅结了一个瓜，舍不得吃，便拿去献给了首领。首领很是高兴，认为人虽穷，但是个诚实又懂得尊敬人的人，便将一匹好马回赠予他。有个富人看到后，心想：光送一个瓜就得一匹马，如送一匹马定会得到更好的东西。当他把自己的好马拿去献给首领时，首领则认为，既然送得起好马，他的生活已不愁吃穿了，便将那个穷人送去的南瓜回赠给了他。佚名讲述，冯小田记录。刊于傣文杂志《勇罕》，16开，1页，532字，1991年3—4期。

（冯霄）

师父择婿

傣族生活故事。流传于云南省西双版纳傣族自治州。讲述的是：有一位先生，身边有一个美丽的女儿。他想在五百弟子中选一个女婿，也为了考验学生的品格，扬言谁若能偷来金银手镯，就把女儿嫁给他。有个弟子告诉先生，偷东西而不想让别人知道是不可能的，人虽然看不见，自有天地神灵知道，我是不会去偷的。后来，那位不偷别人东西的弟子成了师父的乘龙快婿。康郎亮讲述，岩旺记录，陆云东翻译。16开，3页，569字，稿存西双版纳傣族自治州民族研究所。

（刀金平）

胜过猛兽的金钱

傣族生活故事。流传于云南省西双版纳傣族自治州。讲述的是：有两个老庚相约上山打猎，遇见一位老者慌慌张张从森林中跑出来，他们忙问是不是遇见了老虎？老者说见到了比老虎更厉害、会吃人的东西，是一堆金子。他们嘲笑老人愚笨，根据老人的指点他俩找到了金子。为独吞金子，一个老庚在半路截杀了找饭回来的老庚，自己也因吃了老庚带回来的饭而中毒死去，临死前才想起老者说的话是真理。岩塔讲述，陆云东翻译。16开，5页，1082字，稿存西双版纳傣族自治州民族研究所。

（刀金平）

贪财老者

傣族生活故事。流传于云南省德宏傣族景颇族自治州傣族地区。讲述的是：有一位贪财的老者，只要哪里有大小事纠纷，他就乱罚人家的款，把罚来的钱归自己所有。有一年，村里要集资建一座佛塔，他就拿罚来的钱去集资，那是用老百姓的血汗钱去舍的功德。后来他养了一条狗，狗会咬人，养了一头牛，牛会挑人，到处赔礼赔钱，把家里所有的财物都赔精光，最后弄得妻离子散，家园败落。佚名讲述，刀干相搜集。16开，3页，396字，稿存德宏傣族景颇族自治州民语委。

（喊凤）

贪财的姑娘

傣族生活故事。流传于云南省德宏傣族景颇族自治州傣族地区。讲述的是：从前有一个贪财的姑娘，一个穷小伙子跟她说，他的家处处是宝石，墙上嵌镜子，院里有清澈的井水，大门外有高耸的佛塔，狗坐太师椅，猪吹大喇叭，谷子堆满仓，堆齐屋梁上。问姑娘是否喜欢他？贪财的姑娘急忙说，她最喜欢小伙子了。小伙子笑笑说，他说的宝石和镜子，指的是他家处处是窟窿，四壁都漏光；他家院子坑坑洼洼，一下雨，到处成了井；粪堆堆在大门口，就像一座佛塔；狗卧在坑里，就像是坐在太师椅里；猪饿得没办法，叫起来就像吹喇叭；他共有一箩谷子，吊在梁上就成了"堆满屋梁"了。又问姑娘是否真正喜欢他，贪财的姑娘听得哑口无言。佚名讲述，云南民族民间文学德宏调查队整理、翻译。收入《德宏傣族民间故事》，32开，1页，275字，德宏民族出版社1993年版。

（喊凤）

挑选将领

傣族生活故事。流传于云南省德宏傣族景颇族自治州傣族地区。讲述的是：过去有位土司脾气怪异，人长得丑头上还长着犹如鸡蛋那么大的癫痢。他脾气怪，不喜欢那些不讲实话、阿谀奉承之人。每次有人去为他理发，他都要问理发之人，自己的头发长得如何。每个理发人生怕回答不好丢了性命，他们都讲好的。这位土司见这些人不讲实话，都是些阿谀奉承之人，就把他们杀了。后来，一个胆大的人被叫到土司衙门为土司理发。当他为土司理发时，土司向他发问自己的头发长得怎样。理发人见土司发问，心想自己反正都是一死，还不如把土司痛骂一顿，就痛骂了土司。土司有生以来没见有人敢对自己指手大骂并且说实话，不仅不发怒，还派此人去统领他的军队，这位理发人因祸得福，成了一名将领。佚名讲述，线永明搜集、整理。16开，3页，约700字，稿存德宏傣族景颇族自治州民语委。

（线永明）

徒弟更名

傣族生活故事。流传于云南省西双版纳傣族自治州。讲述的是：勐东嘎西腊有一个名叫芭芭伽的人，对于老师和同学常常直呼他的名和唤他做事，非常厌烦，决定外出寻找更好的名，冲冲晦气。不料路上遇到一个名叫"活官"的人死了，一名叫"富女"的女子却被债主逼着要债，还有一名叫"路官"的人却迷了路。他这才感悟，名字仅是一个代号而已，只要方便别人称呼自己就行。康朗约讲述，陆云东翻译。16开，4页，1008字，稿存西双版纳傣族自治州民族研究所。

（依艳坎）

偷一千罚一万

傣语生活故事。流传于云南省西双版纳傣族自治州。讲述的是：有一对小夫妻，养了一只恶狗看家。丈夫外出做生意赚了一千两银子，回来后告诉妻子他已把银子埋在芒果树下了。躲在楼下的妻子情夫听到后偷走了银子，夫妻俩发现银子被偷，向召勐（地方官员）报了案。召勐派人侦察后，找出七个嫌疑人。狗对六个人都很凶，却对其中一人像迎接主人一样摇着尾巴。召勐断定这人就是偷银贼。这人见无法抵赖，就招认了偷银、偷情的事。召勐按照法规处罚了偷银的人九千两银子，并处罚偷情费一千两银子，合并处罚一万两。岩塔讲述,陆云东翻译整理。16开,9页,1126字,稿存西双版纳傣族自治州民族研究所。

(刀金平)

无辜的狗

傣族生活故事。流传于云南省西双版纳傣族自治州。讲述的是:一个穷人可怜自己养的狗跟自己一样从没吃饱过,把狗卖给了一个大富翁。那条狗除忠心耿耿为富翁看家护院外,每天朝原主人所住的方向嗥叫不已。富翁看它是一条义狗,就让它咬着一块银币放它回去看原主人,以此感谢它的原主人为他养了一条忠义之狗。穷人见狗咬着一块银币回来,怕连累自己,抓起木棍一棒把狗打死了。岩塔讲述,陆云东翻译。16开,2页,531字,稿存西双版纳傣族自治州民族研究所。

(刀金平)

王后诬陷大臣

傣族生活故事。流传于云南省西双版纳傣族自治州。讲述的是:勐巴拉纳西边境发生叛乱,首领把国事交给忠于自己的大臣后便率兵平叛去了。为让王后放心,首领每走100千米就派信使送一封信报平安,共有32位信使把信送到。谁料王后耐不住寂寞便胁迫32位信使与她淫乱起来,大臣怎么劝也不听。首领回来,王后怕事情败露,就把自己抓得遍体鳞伤,然后恶人先告状。首领大怒,命人把大臣拉去砍头。在行刑前,大臣向首领陈述了自己的冤情,以及32个信使被迫与王后淫乱的事。在铁证如山的证人前,王后只得承认。首领命人处决了王后,还把32个信使驱逐出勐巴拉纳西。康朗约讲述,陆云东翻译。16开,3页,1008字,稿存西双版纳傣族自治州民族研究所。

(依艳坎)

乌鸦和猪

傣族生活故事。流传于云南省德宏傣族景颇族自治州。讲述的是:有两个懒汉,不爱劳动、不讲卫生,只知道吃饭。一天,他俩在一起玩,甲突然说背很痒,让乙帮忙挠挠。乙答应了,但他懒得伸手拉开甲的衣服,便随手从地上捡了一根竹棍,朝着甲的衣服向上掀,并尖声叫道:"哎呀,你的身子像乌鸦一样黑呀!"甲听后很生气,就吼道:"混蛋,你的身子才更像猪呢!"甲的妻子听到后说道:"乌鸦和猪本来就是一样黑!"甲乙二人听了,你看我我看你,羞得满脸通红。佚名讲述,赵洪顺搜集、整理、翻译。收入《德宏傣族民间故事》,32开,2页,1110字,德宏民族出版社1993年版。

(喊凤)

洼低旦首领

傣族生活故事。流传于云南省德宏傣族景颇族自治州瑞丽市傣族地区。讲述的是:洼低旦首领一直认为自己的智慧是举国无双的。一天,他的一只公象发疯似地横冲直撞,险些拱毁了他的宫殿,尽管他曾用很粗的绳子把它拴于一棵树上,但大象还是把树拱倒了。这时他不得不采纳围观群众的建议,把象耳锥通后用细麻线把象耳与大树绑在一起,大象才无法动弹。此后他才意识到一个人的智慧是有限的,开始虚心听取众人的意见和建议,并把国家治理得越来越昌盛。佚名讲述,屯棉记录。16开,3页,1122字,稿存德宏傣族景颇族自治州文联《勇罕》编辑部。

(冯霄)

我爹到我外婆家坐月子

傣族生活故事。流传于普洱景谷县傣族地区。讲述的是:有一户穷人家,攒得一些钱,就到集市上买回来一头水牯子。可是三年以后,卖水牯子的那个人,就天天来他家要钱,说是当年他卖给他们的只是一头水牯子,如今,那条水牯子应该下小崽了,他们应该再给他一头水牯子的钱,并要挟说如果这户人家不给,他就去报官。这户人家知道自己人微言轻,吓得只能东躲西藏。有一天，这户穷人家的小儿子叫父母不用怕，他会对付那个卖水牯子的人。第二天，卖水牯子的人又来要钱了，小儿子在院子里等他，并问他有什么事情。卖水牯子的人说他家欠他小水牯子的钱，要小儿子的父亲赶紧出来把钱拿给他。这时，小儿子不慌不忙地说："……我父亲昨天到我外婆家生小弟弟去了，要一个月后才回来呢。"卖水牯子的人听了十分生气，大骂说："……小孩子家尽说瞎话，天底下男人怎么可能生小孩呢？"小儿子反问卖水牯子的这个人说："那么你是大人，什么时候见过水牯子下小牛呀？"卖水牯子的人听了自知理亏，只能灰溜溜地走了，从此再也没有到这户人家来要钱。收入《景谷傣族民间故事》，汉傣双文版，3页，1104字，2014年3月版，景谷傣族彝族自治县傣族文化协会编。

（依旺的）

选女婿

傣族生活故事。流传于云南保山傣族地区。讲述的是：有一户人家，生得一个如花似玉的女儿。女儿都到了出嫁的年龄，可是一直待嫁闺中。因为父亲选择女婿的标准只有一个，就是一定要双手长满老茧，才肯把自己的女儿嫁给他。有一天，路过他们家的一个瞎小伙子听到了父女俩关于择偶的对话，就赶紧回家，煮了一锅糯米面糊糊在自己的双手上。待面糊干后，他又摸着黑到这户人家。姑娘摸到小伙子的手是粗糙的，马上告诉父亲。父亲同意了他俩的婚事，并于当晚给他俩成亲。可是，好景不长，姑娘一家看到小伙子是瞎子之后，找借口把小伙子赶出了家门。可怜的瞎小伙子，在流浪的路上遇上一位瘸子。他和那位瘸子一起，在路上偶遇一条大蛇。就因为这条大蛇，他的双眼重见光明；而那位瘸子，双腿也好了。两人还在路上捡到一堆银子。最后，各自拿了银子回家了。万德美搜集整理。收入《民族古籍翻译丛书——保山傣族民间故事第一辑》，32开，3页，2250字，保山市傣学研究会编，云南民族出版社2012年10月出版。

（依旺的）

象牙做篱笆的故事

傣族生活故事。流传于西双版纳傣族自治州傣族地区。讲述的是：有一位老人临终时，嘱咐两个儿子：用象牙做篱笆，去寻找最甜的东西。老人一死，兄弟便分了家。老二只分得一小点财产，只好搬到另一个寨去住。老大住在父亲留下的房子里，买象牙做篱笆，杀鸡宰鹅放糖吃甜的。象牙篱笆围上就被人偷了。偷了又围，围了又偷，不久，老大把父亲的遗产用光，只好乞讨过日子。老二娶了个勤劳聪慧的妻子。妻子对他说："哪有象牙做篱笆的？狗就是篱笆，养狗看家；最甜的东西不是糖，是种田。"于是，夫妻俩起早摸黑，开荒种田，连年丰收；有狗看家，家里东西也不丢。他们日子过得火火红红。后来，老大乞讨找到老二，听了弟弟和弟媳的话，恍然大悟，也勤劳种田，过上了好日子。佚名讲述、记录。收入《中国讲述故事大辞典》，16开，1页，400字，中国文联出版公司1992年版。

（阿南）

象粪换断剑

傣族生活故事。流传于云南省西双版纳傣族自治州。讲述的是：一位商贩经常担着草烟到南糯山贩卖。一次，商贩遇到了背着一把剑在山中休息的流浪汉，流浪汉也见到了商贩箩筐里的草烟，两人都打起了对方的鬼主意。两人交换了货物，以为有赚头，都非常高兴。商贩回到家拔出剑一看，却是一把约一拃长的断剑。流浪汉担着草烟到了勐海集市，打开一看，箩筐里只有少量的烟叶，下面全是干象粪。刀新华讲述，依旺的翻译。16开，4页，644字，稿存西双版纳傣族自治州民族研究所。

（依艳坎）

些纳麻西嘎

傣族生活故事。流传于云南省西双版纳傣族自治州。讲述的是：一位首领想试探众臣是否忠诚，便派人抱来一个苦瓜和甜瓜，划给众大臣吃。正当众大臣随着首领说苦跟着说苦，首领说甜跟着说甜时，走进一位年轻小伙子拿起苦瓜吃后又拿起甜果吃，他对众大臣说为何这苦瓜这么苦你们却说是甜的，这甜果这么甜你们却说是苦的？众大臣个个满面羞愧，无言以对。首领就把诚实的年轻小伙子封做了大臣。岩塔讲述，岩庄香翻译。16开，3页，546字，稿存西双版纳傣族自治州民族研究所。

（玉腊）

细维季的故事

傣族生活故事。流传于云南省德宏傣族景颇族自治州傣族地区。讲述的是：细维季的妻子在花园里沟边洗头，将一串珠子交丫头看守。丫头因困倦睡着，待她醒来时，不见了珠子，首领下令追查。士兵将花园外沟里捉鱼人抓来进行拷问，捉鱼人招供说卖给了商人。又拷问商人，商人招供，说送给四大朝臣；拷问四大朝臣，四大朝臣也招供，说交给了妃子。首领疑惑，就交给最小的臣子去审理案子。小臣把这些人关一起，妃子骂朝臣，朝臣骂商人，商人骂捉鱼人，捉鱼人说是被拷打时乱说的。小臣一听，把他们全都放了。他叫士兵用鹿粪穿成串挂在树枝上，猴子见了就来拿鹿粪串挂在脖子上互相炫耀，但有一只老猴不来拿，众猴嘲笑老猴，老猴便拿出了珠子。小臣立即派人捉住老猴，取回了珠子。于是，首领就提升小臣为大臣。佚名讲述，傅光宇撰写。收入《中国讲述故事大辞典》，16开，1页，500字，中国文联出版公司1992年版。

（阿南）

一技之长

傣族生活故事。流传于云南省西双版纳傣族自治州。讲述的是：勐巴拉纳西首领非常不满喋喋不休的国师，就把一个善于打弹弓的小孩带回了王宫，让他治治国师的"病"。小孩备了一锅羊屎就躲在屏风后面并抠开了一个小洞，见国师每次要开口发言，小孩就从小洞里弹出羊屎，把羊屎打入国师的口中，不让他有发言的机会。首领惩戒国师后为了感谢小孩，就让小孩做四个勐的头人。从此人们就教育小孩，人活在世上，必须有一技之长，才能使自己生活得更好。康朗约讲述，陆云东翻译。16开，3页，924字，稿存西双版纳傣族自治州民族研究所。

（依艳坎）

一个缺口的钵头

傣族生活故事。流传于云南省腾冲县荷花乡傣族地区。讲述的是：从前有对夫妻，嫌弃年迈的老母亲，让母亲一人搬出家外单独居住，每天用一个缺口的钵头装些剩菜冷饭送给她吃。一天，老母亲失手打烂了钵头，小孙子看到后说："钵头烂了，以后等我父母老了，让我拿什么送饭给他们啊。"这时，夫妻俩才意识到每个人都会老，才回心转意，认真照料老母亲。佚名讲述，殷学仁记录，冯霄译。刊于傣文杂志《勇罕》，16开，2页，858字，1986年1—2期。

（冯霄）

一伙强盗

傣族生活故事。流传于云南省德宏傣族景颇族自治州傣族地区。讲述的是：在很久以前，有几百名强盗当道，他们烧杀掠抢无恶不作。一天，强盗头目看上了一位漂亮姑娘便抢到山中做了压寨夫人。他俩有了一个儿子，长到七八岁。压寨夫人劝强盗头目改邪归正，头目大怒便把她杀了。后来强盗内部起讧，头目被杀，强盗们也就各奔东西。头目的儿子流落街头沦为乞丐，被勐腊果的首领收留并认做干儿子。强盗的儿子虽换了不同的环境，但改变不了他坏的习性，他无恶不作，害得好心的首领流落他乡。后来在神的帮助下，强盗的儿子受到了惩罚,好心的首领重新回到了自己的国土。佚名讲述,刀干相搜集、整理。16开,7页,约1176字,稿存德宏傣族景颇族自治州民语委。

(线永明)

岳父和女婿

傣族生活故事。流传于云南省德宏傣族景颇族自治州傣族地区。讲述的是:岳父坦瓦,从不干活,但还常吹自己有本领,想用"本领"教育女婿。一天,他和女婿去山上砍迈盾树,因他爬坡累了,叫女婿先把要砍的砍口处的树皮剥光,自己休息一会儿后就来砍树。因这棵迈盾树皮薄,便于剥,很快就剥完。轮到岳父去砍树,因迈盾树较坚硬,到下午才把树砍倒。岳父不服,次日又叫上女婿去砍树,他说:"今天我剥皮你砍木。"女婿心中很高兴,因为迈盾树皮厚,当坦瓦剥出皮的一周时,人已累得几乎倒地。女婿很快就把树砍倒了,坦瓦还是不服输。有一天,他俩去扛木料,堆放的木料只有松木和红木,松木大,红木小又有皮毛,会使人发痒。岳父叫女婿扛大松木,自己扛小红木,结果扛红木的岳父在太阳下身子又痒又辣。佚名讲述,曼相吞搜集、整理。载于《傣族民间故事》第三辑,傣文版,32开,4页,约1200字,云南民族出版社1984年版。

(俊孟)

愚蠢女人下毒记

傣族生活故事。流传于云南省西双版纳傣族自治州。讲述的是:从前有一个爱慕虚荣的女人,她的丈夫是个能预知未来的国师。有一次,国师在给首领预测吉凶的时候,得罪了首领。为此,霸道的首领利用国师妻子爱慕虚荣的弱点,唆使她下毒陷害自己的丈夫。女人受到首领的诱惑,一心想当王妃的她下毒害死了自己的丈夫。但首领没有娶她,还嘲笑她乌鸦变不了凤凰。岩糯讲述,岩旺记录,岩庄香翻译。16开,2页,660字,稿存西双版纳傣族自治州民族研究所。

(依旺的)

愚蠢的王后

傣族生活故事。流传于云南省西双版纳傣族自治州。讲述的是:勐呆桑比的首领娶了勐吾都玛贤惠的公主桑巴瓦丽为妻,引起王后喃玛罕提亚的妒忌。趁首领外出狩猎,王后派人把公主桑巴瓦丽及仆人烧死在宫殿了。首领回来见状,悲痛万分。但他假装说,公主桑巴瓦丽死了,我高兴万分,若知道是谁干的,我一定奖赏他。迎接他的王后马上接口道:"是我干的。"首领当即叫武士把王后绑出去杀了。康朗应讲述,岩香瓦记录。16开,2页,616字,稿存西双版纳傣族自治州民族研究所。

(刀金平)

渔夫捕"大鱼"

傣族生活故事。流传于云南省西双版纳傣族自治州。讲述的是:一个吝啬的渔夫,他收网时渔网被水草缠住,他以为捕到大鱼,不愿按寨规与大家分享,就叫儿子回家,让妻子与别人吵架,以吸引大家的注意力,然后想悄悄将鱼拿回家独自享受。他妻子按他的吩咐在寨子里闹了一阵,回到家,还没见丈夫回来。她带着儿子去到河边,看见丈夫头破血流地坐在那里。原来,丈夫钻进水里摸大鱼时砸在木桩上,岸上的衣裤也被人偷走。佚名讲述,玉李搜集、整理。收入《西双版纳傣族民间故事集成》,32开,2页,700余字,云南人民出版社1993年版。

(李传宁)

渔网的村寨

傣族生活故事。流传于云南省西双版纳傣族自治州傣族地区。讲述的是:澜沧江边有个残暴的首领,非常爱吃鱼。他命令江边的一个村寨,每户每天缴纳一条一庹(约五尺)长的大鱼。全村三十七户人家的小伙们,每天起早贪黑,在江里撒网，与风浪搏斗，为首领捕鱼。而岩温坎家因渔网破了一个大口子。打回来的鱼只有半庹长。首领叫岩温坎补上半庹长银子。他家拿不出银子，首领逼他交出银子。寨里好心的玉香姑娘，把自己的银手镯摘下来丢给首领，全寨的姑娘都摘下手镯、耳环丢在地上，直到堆成半庹长了，首领才命令兵丁带着鱼和财物回宫廷。又一天，两个青年没有捕到一庹长的大鱼，被首领打死。人们再也无法忍受下去了，大伙商量想出一条报仇雪恨的妙计：把沾满血迹的渔网，坠上一块大石，沉到江底。玉香拉着渔网绳。然后，人们说玉香姑娘网到一条十庹长的大鱼，因福气小，拉不上岸，首领福气大，请首领去拉网。首领看到美丽的玉香姑娘，神魂颠倒，忙帮玉香去拉网，没拉动渔网，命兵丁下水拉网。这时，小伙子们立即张开一张张渔网，将首领和兵丁罩住，拽倒在江水里。一阵大浪卷起，把首领和兵丁都卷到江心里去了。后来，澜沧江两岸的傣家人，都习惯在村寨的上空悬挂着一张渔网，以纪念这些英雄的祖先。佚名讲述，陈贵培翻译，王寿春整理。收入《傣族民间故事选》，32开，5页，3200字，上海文艺出版社1985年版。

（阿南）

依婻猫

傣族生活故事。流传于云南省西双版纳傣族自治州、景谷傣族彝族自治县傣族地区。讲述的是：勐巴拉纳西首领叫三个儿子在泼水节时择配，谁的妻子最美谁继承王位。大王子合金板娶了勐版纳土司的女儿玉拉金，二王子召成银娶了大商人刀自兴的女儿玉来汗。三王子召世新带着大刀、猎枪去寻找心上人。一天，他来到一个陌生坝子，天色已晚，寄宿在一农家。这农家母女二人，母亲双目失明，女儿相貌丑陋，却织技很高，而且心地善良，热情好客，助人为乐。三王子爱上了这个姑娘，并要这个诨名"依婻猫"（猫姑娘）的姑娘，与他结了婚。泼水节到了，三个王子各自带着妻子去见父王。人们见了依婻猫，议论纷纷。而老首领见了，却称赞三王子的选妻标准。泼水节那天，人们见了那穿金戴玉的大王子妻子玉拉金，不愿将水泼给她；见了那聪明狡黠的二王子妻子玉来汗，也不愿将水泼给她；那粗衣淡妆的三王子妻子依婻猫，一走入人群，人们争相给她泼水，表示祝福与爱戴。当泼水礼仪宣告结束时，奇迹出现了，纯洁的圣水，使依婻猫的相貌变了样，变得像仙女一样美丽。比玉拉金、玉来汗漂亮多了。于是，老首领让三子继承了王位，依婻猫成了人们爱戴的王后。佚名讲述，傅光宇撰写。收入《中国讲述故事大辞典》，16开，1页，500字，中国文联出版公司1992年版。

（阿南）

隐身草

傣族生活故事。流传于云南省德宏傣族景颇族自治州傣族地区。讲述的是：由于富翁太苛刻、狠毒，帮工们便相约捉弄他。富翁头上插了一根鸦巢里取下的草，在街上几次试着偷人家的水果，人家都以为他是个疯子，便不在意。富翁以为自己拿到了真的隐身草，便去偷贵重物件，结果被打死了。佚名讲述，莫干哏搜集。刊于傣文杂志《勇罕》，16开，2页，约1015字，1986年3—4期。

（冯霄）

要会说好听的话

傣族生活故事。流传于云南保山傣族地区。讲述的是：有三位王子一起到森林里游玩。他们在森林里遇到一位扛着猎物归来的猎人，三王子见到那些新鲜的兽肉，就对猎人说："弓箭能手的老猎人哎，把你的兽肉割一点点给我们充饥吧。"猎人听了心想："在这深山老林里，要点肉吃，这么大呼小叫，真吓人，没礼貌，我就照他的声音给他吧。"于是，猎人割了一点点带骨头的肉给他之后，起身走了。路上，猎人遇到二王子，二王子对他说："猎人大哥哎，打猎能手，请分给我一小块肉。如果能吃上一块烤肉，也许会下饭一些。如有说不对的地方，请大哥别生气。"猎人听了心想："在这山里，离家很远，他说的话好像很关心篮里这鲜红的肉，我就给他好一点的肉吧，起码与他说的话相称。"猎人把好一点的肉割给了二王子。再走一段路，遇见大王子，大王子对他说："勇敢的兄弟哎，你的肉能分给哥做一点午餐吗？这个时候能遇见你真是好运，说明咱们很有缘，我要把你当兄弟，我跟你说这些话，请别见怪。"猎人听了大王子的话，心理很不平静，他心想："在这宽阔的森林里，不见亲人和朋友，大王子却对我这么热情，把我当兄弟，我要把最好的肉分给他吃。"于是，猎人把猎物身上最好的一块肉，割给了大王子。万德美搜集、整理。收入《民族古籍翻译丛书——保山傣族民间故事（第一辑）》，32开，2页，462字，保山市傣学研究会编，云南民族出版社2012年10月出版。

（依旺的）

占卜师

傣族生活故事。流传于云南省德宏傣族景颇族自治州傣族地区。讲述的是：勐嘎朗嘎列国有一位占卜师，一次偶然的机会，看到别人家里丢失了的金鹦鹉和水牛，于是就去为失主占卜，蒙骗他们。大家都信以为真，纷纷夸赞他法术神通。首领去世后，王后接管政务，她的两个贴身侍卫一个叫"白"，一个叫"黄"，借机偷走印玺，想篡夺王位。王后很着急，让"白"和"黄"去请占卜师进宫卜算印玺的去处。途中他们经过一条小河，一只鸬鹚（色白）在抓一条鳝鱼（色黄），占卜师见后喃喃自语道："今天不是白的死就是黄的死。"这句话恰巧被"白"和"黄"两兄弟听到，以为是在说他们，心想占卜师真是高明，竟然知道他们偷了印玺，就把实情告诉了占卜师，请求占卜师帮他们隐瞒真相。占卜师听后很高兴，在王后面前假装作法，找回了印玺，王后赏了三仓米和三坛金子给他。占卜师躲过了这次劫难，急忙带着妻子逃出勐嘎朗嘎列，从此不敢再骗人了。佚名讲述，罕象搜集、整理。收入《傣族民间故事》第四辑，傣文版，32开，8页，约3200字，云南民族出版社1986年版。

（杨荣芳）

自作自受（一）

傣族生活故事。流传于云南省西双版纳傣族自治州。讲述的是：勐巴拉纳西有一位光头木匠，带着他呆傻的儿子在家中刨木料，一只蚊子落在他的光头上叮他。他却嫌自己的手脏，就叫了儿子来拍蚊子。此时他那呆傻的儿子正在用斧头砍木料，听见父亲叫他拍蚊子，想也不想就用斧头向父亲头上拍去，木匠倒在血泊之中。康郎约讲述，陆云东翻译。16开，3页，651字，稿存西双版纳傣族自治州民族研究所。

（刀金平）

自作自受（二）

傣族生活故事。流传于云南省西双版纳傣族自治州。讲述的是：有一对夫妻，收留了妹妹的遗腹子。开始，他们对侄子很不错。可侄子到四五岁时，他们却担心侄子争夺自己孩子的家产，遂产生了杀害侄子的歹意。他们把侄子丢在大象、野猪出没的地方，见侄子没被大象、野猪踩死、咬死，就写了一封信，让侄子带给酿酒的老庚，请老庚帮忙。谁知，他们的儿子担心幼小的表弟出意外，自己替表弟送信去了。酿酒老庚见了信，就把孩子丢进了热气腾腾的甑笼里。回家的侄子把表哥替他送信的事告诉了大伯父伯母，夫妻俩急忙赶到酿酒师那里，可是什么都晚了。岩塔讲述，陆云东翻译。16开，4页，1176字，稿存西双版纳傣族自治州民族研究所。

（刀金平）

召细塔选妻

傣族生活故事。流传于云南省德宏傣族景颇族自治州傣族地区。讲述的是：从前有个名叫召细塔的王子，长大成年后，父王几次为他选妻，他一个也不中意。而在一个叫勐戛毕拉凹的国家里，有位公主，人不但长得漂亮，而且聪明，如仙女一般，慕名前来求亲的人络绎不绝。首领无奈只有摆擂招亲，下旨说：谁能拉开神弓就把女儿嫁给他。召细塔听说后便动身前去打擂。到了比武场上，人头攒动。但谁上台去拉弓，都无法把弓拉开。召细塔上台后轻轻地就把弓拉开了，召细塔如愿地娶到了这位公主。佚名讲述，曼相屯搜集、整理。16开，4页，约800字，稿存德宏傣族景颇族自治州民语委。

（线永明）

忠实的西纳

傣族生活故事。流传于云南省孟连傣族拉祜族佤族自治县。讲述的是：很古的时候，傣族地方一个首领有八个能干的西纳（大臣）。首领想知道哪个西纳对他最忠诚，就召集他们八个，说自己买得一对音色清亮、美妙动听的铜铃，昨晚摇到深夜，问他们听到没有，几个西纳都诺诺回答说听着了，还说那声音美妙极了。只有住在离宫殿最近的西纳说没有听见。首领又传令召集西纳们，对他们说自己打猎找到一种芒提戛野果，味道香甜可口，自己吃了很多，留了一个让忠诚的西纳们分享。首领说着就拿出野果，吩咐切成八块，西纳们一人一块。几个西纳连嚼带吞把野苦果咽下肚里，还说些感激首领的话。只有那位没听到铜铃声的西纳没有吃。首领问他为何，他说这是一种又苦又涩的野果没法吞咽。最后首领把他们都降职一级，只有那个听不到铃声、尝不到野果香甜味的小西纳晋升为西纳告（第一大臣）。康朗香贡翻译，周尚仁、杨作茂记录、整理。收入《孟连傣族拉祜族佤族自治县民间文学集成·傣族卷》（一），32开，4页，2500字，孟连傣族拉祜族佤族自治县文化局、民族事务委员会1987年编印。

（郭玉萍）

忠实的兔子和狗

傣族生活故事。流传于云南省西双版纳傣族自治州。讲述的是：一对夫妻养了一只非常有灵性的兔子。一天，夫妻俩有事出门，一条窜进家里要咬小孩的毒蛇被兔子咬死了。夫妻俩回来看见一摊血和兔子，儿子却无影无踪，以为是兔子把儿子咬死了，丈夫便把无辜的兔子摔死了。等到儿子从卧室里哭着跑出来，才知道自己冤枉了兔子。后来，他们又买了一只小狗给小孩。一天，孩子要去洗澡，被小狗咬住裤脚不放，父亲以为小狗要咬孩子，一棒打死了小狗。小孩就一个人到鱼塘洗澡去了，不料被鱼塘中尖锐的竹片刺死。康朗约讲述，刀金平翻译、整理。16开，8页，1158字，稿存西双版纳傣族自治州民族研究所。

（玉腊）

众僧劝导养毒蛇的僧人

傣族生活故事。流传于云南省西双版纳傣族自治州。讲述的是：勐巴拉纳西有一个僧人，养了一条毒蛇，众僧都相劝，可他不听，师父劝导也不当一回事。一天，僧人和众僧去山上砍柴，傍晚才回。当他去给毒蛇喂食时，饿了一天的毒蛇，见到僧人手端着食物伸进笼里，就咬了一口。僧人大叫一声，倒在地上死去。康郎约讲述，陆云东翻译。16开，4页，765字，稿存西双版纳傣族自治州民族研究所。

（刀金平）

栀子花公主

傣族生活故事。流传于云南省德宏傣族景颇族自治州傣族地区。讲述的是：勐巴拉纳西贺罕的女儿栀子花公主，十六岁时就长得美丽迷人，皮肤比棉花还要洁白，许多勐的王子和巴召幢都带着礼品纷纷来求亲，还说如果贺罕不答应就带兵攻入勐巴拉纳西。贺罕无奈，与公主商议，让公主自己挑选。公主是个善良之人，她为了让百姓免遭战祸，于是拜别父母，当着众王子和巴召幢的面，离开王府出家做了僧尼。金罕舍讲述，刀干相搜集，杨荣芳译。16开，4页，约800字，稿存德宏傣族景颇族自治州民语委。

（杨荣芳）

砍竹节巴碗

傣族生活故事。流传于云南普洱江城一带。讲述的是：有一户人家，三代人在一起生活。爷爷已经75岁，耳聋、眼力差。爷爷很脏，父亲和母亲都不给爷爷收拾，吃饭的时候，总是拿一个砍竹节巴碗给爷爷添饭吃，连菜连饭都放一起，还不准爷爷到饭桌上吃饭。时间长了，全家人都习惯了。有一天，父亲带着儿子砍竹子，儿子看着那些滑溜溜的竹子，想起了老爹（爷爷）的竹节巴碗，就拿起砍刀砍下一个竹节巴。父亲见状就问儿子要干什么，儿子说他要砍碗，父亲说家里有的是碗，砍来做什么。小儿子听了就对父亲说："我砍留着，等你老了，和爷爷一样我拿竹节巴碗给您装饭吃。"父亲听了说不出话来。到了傍晚吃饭的时候，小儿子又拿竹节巴碗去给爷爷添饭，父亲见状，急忙抢过来，把竹节巴碗扔进火里烧了，然后把老人请来坐在饭桌上，从此，一家人就都在一桌子上吃饭了。周信先讲述，邱家荣搜集整理。收入《江城哈尼族彝族自治县民族民间故事集》第二辑，1页264字，2009年9月出版，中共江城县委宣传部、江城县文学艺术界联合会、江城县民族宗教事务局编。

（依旺的）

五、机智人物故事

艾鲁西

傣族机智人物故事。流传于云南保山傣族地区。讲述的是：在一个名叫勐果占比的地方，有一个孤儿明叫艾鲁西。艾鲁西吃百家饭、穿百家衣，在左邻右舍的抚养下长大。十八岁那年，艾鲁西到一户富翁家打工，勤勤恳恳。可是一年过去了，富翁家不仅不给他工钱，还百般刁难。艾鲁西凭借自己的聪明才智，跟富翁斗智斗勇，最终，他赢得富翁家的20箩骨子和一把长刀。然后，他随身带上一点点零花钱，离开富翁家，到勐果占比城里游玩去了。一路上，他战胜各路妖怪，智斗勐果占比的首领。最后，他赢得公主的芳心，成为首领的驸马。刀保宁采录，收入《民族古籍翻译丛书——保山傣族民间故事第一辑》，32开，7页，4004字，保山市傣学研究会编，云南民族出版社2012年10月出版。

（依旺的）

艾哇与"婻少"的父亲

傣族机智人物故事。流传于普洱景谷县傣族地区。讲述的是：有位叫艾哇的穷小伙子，聪明机智，却因为穷而娶不上媳妇。有一天，寨子赶摆，艾哇看上了名叫也婻和玉婻的两姐妹，心生爱慕，便暗自下决心一定要成为这两姐妹家的姑爷。赶摆场上，也婻和玉婻的父亲喝醉了，大言不惭地说："……只要有意的'卜冒'来串门相爱，我就许配给他。"艾哇听了心生一计，就在一个白天干活的时候，形影不离地跟在姑娘父亲身后。两位姑娘的父亲看到艾哇跟在身后，就叫艾哇去自己家里拿牛皮小扣。艾哇听了，飞快地跑到姑娘家。当时，两位姑娘在家里做饭，艾哇撒了个谎，先后跟也婻和玉婻亲热之后，两位姑娘的父亲回来了。艾哇把事情经过跟他说了，老人虽然火冒三丈，却因生米已经煮成熟饭，不得不把两位女儿嫁给艾哇做老婆了。收入《景谷傣族民间故事》，汉傣双文版，2页，782字，2014年3月版，景谷傣族彝族自治县傣族文化协会编。

（依旺的）

艾哇和"婻少"

傣族机智人物故事。流传于普洱景谷县傣族地区。讲述的是：有个名叫艾哇的小伙子，机智聪明，但是谎话连篇。有一次，寨子里从河边刚刚洗完东西回来的一群婻少（姑娘）们遇到他，想考考他。可是，艾哇对她们不理不睬。婻少们急了，就都笑话他说他无能。这时，艾哇才慢慢吞吞地说："……请你们不要来烦我了，我正在忙，今天出来八个太阳，我都忙不得看呢。"姑娘们听了，不约而同抬头往天上看，结果，顶在头上的刚刚洗好的衣服全部掉到地上脏了。姑娘们不服，再次把衣服洗完，又来挑逗艾哇。这时，艾哇又说："……我不敢说谎，怕父母打我。如果你们真的想听我说一次谎话，就去抬把梯子来，搭在我家墙上看我父母在不在……如果我父母不在，我才敢说谎。如果我输了，你们得买东西来给我吃。"那几个婻少果真照他的话做了，又被艾哇戏弄了一次，只能认输。收入《景谷傣族民间故事》，汉傣双文版，2页，736字，2014年3月版，景谷傣族彝族自治县傣族文化协会编。

（依旺的）

艾再盼当召勐

傣族机智人物故事。流传于普洱景谷县傣族地区。讲述的是：有位召勐昏庸无度，视金钱如粪土，挥金如土，整日沉浸在酒色性事里不理朝政。有一次，这个召勐实在闲得无聊，就昭告天下臣民，说是谁能把千两大票在很短的时间内花光，他就把召勐的位子让给他，否则的话，就拉出去砍头。当时，有一位勇敢的小伙子站出来，说是愿意跟召勐打这个赌。同时，他还跟召勐要了100匹马、100个丫鬟和100位大臣，然后，带着千两大票，浩浩荡荡出城花钱去了。不久，艾再盼带着自己比之前扩大几倍的队伍回到皇宫，想了计谋把那个昏庸的召勐赶下宝座。最后，他被群臣拥戴着当上了召勐。收入《景谷傣族民间故事》，汉傣双文版，3页，995字，2014年3月版，景谷傣族彝族自治县傣族文化协会编。

（依旺的）

岩章片

傣族机智人物故事。流传于云南省德宏傣族景颇族自治州傣族地区。讲述的是：有一位老太婆对岩章片说："岩，人们都说你会骗人，你能把我骗得口服心服吗？"几日后，老太婆都已忘了自己说过的话，岩章片对老太婆说："奶奶，天蛙吃月亮了，你要用土罐顶在头上才看得见。"老太婆信以为真，顶着土罐出门看，问道："在哪里？"岩章片说："抬头看吧，在天上。"她刚抬起头，土罐就掉在地上摔碎了。岩章片笑着说："你不是让我骗你骗得心服口服吗？"佚名讲述，梅罕孟搜集、整理。刊于《傣族民间故事》第六辑，傣文版，32开，1页，约360字，云南民族出版社1992年版。

（朱光灿）

岩哇与"卜嘎"

傣族机智人物故事。流传于云南普洱景谷县傣族地区。讲述的是：从前有个穷孩子名叫岩哇。这个岩哇十分聪明，什么事情都难不倒他，平时爱跟大家闹闹些玩笑，大家都很喜欢他，也爱逗逗他，有时也会有大人上他的当，只好捧腹大笑了事。有一天，寨子边来了很多赶牛赶马做生意的商人，岩哇见人多好玩就去看热闹。商队里有人认识岩哇，也听说这个岩哇说话反应十分了得，就想考考他。于是，商人们就跟岩哇打赌，叫他去随便搂得一个小姑娘的脖子给他们看，如果岩哇做到了，商人们就把马背上驮着的所有货物送给他。岩哇听了，马上答应。第二天中午，太阳当空火辣辣地照着，商人们赶着牛马到大河边去喝水，岩哇也帮他们赶着牛马一起去了。那时，刚好有少女在大河边洗澡。岩哇见了，就对商人们说，叫他们眼睛睁大点看着。说完，岩哇急匆匆跑到少女们身旁，指着正在洗澡的少女们说："好啊，'媂少'哎，原来你们在这里洗澡，我找你们好几天了，你们偷了召勐家的羊杀吃了。是召勐派我来找你们算账的，你们到底赔不赔召勐的羊？"面对这突如其来的辱骂，少女们急忙抢辩说："你说哪样我们不晓得，我们从来就没有去偷过召勐的羊，如果我们吃了羊肉，那我们的嘴肯定是有腥味的，如果你不信就来闻闻我们的嘴里是否有羊膻味。"岩哇就这样一个不漏地搂起那些少女的脖子，煞有介事地去闻闻有没有羊膻味。商人们见了只好认输，但是当时货物都卖完了，没有东西给他，就拿了个拴牛桩把岩哇打发了。第二天早上，岩哇拿着这根拴牛桩上街，找到了那些商人，也不说话，只是用拴牛桩轻轻地点点其中一人，那人给了他一些银两，又点点另外的人，也给了好多银两，点完了，他还拿着拴牛桩当玩具，边走边舞弄着。旁边一个十分贪财的商人看到这一幕，以为岩哇手里拿的拴牛桩是什么宝物，便提出愿意出高价买这根拴牛桩，岩哇灵机一动，又从这位商人那里得到了一袋银子。收入《景谷傣族民间故事》，汉傣双文版，32开，2页，1358字，景谷傣族彝族自治县傣族文化协会编，2014年3月发行。

（依旺的）

岩哇与"召勐"

傣族机智人物故事。流传于云南普洱景谷县傣族地区。讲述的是：从前有个小孩名叫岩哇，天生就很聪明，玩脑筋急转弯、斗嘴很厉害，大人小孩都玩不过他。有一天，一位召勐闲着无聊，就带着大臣去找岩哇斗嘴玩玩。召勐对岩哇的印象也是道听途说，并没有真正见过。当召勐骑着大象到达一个岔路口的时候，遇见岩哇，也没有认出来。他们向岩哇打听说："知不知道岩哇在哪里？"当时岩哇就想，这些人找他，一定是故意找他斗嘴来的。于是，岩哇承认了自己的身份，并对召勐说："尊贵的大人呀，说了你们也不会相信，我要说谎逗大家取乐之前，是要先看看书本才会说的。现在书本没有带在我身上，如果你们想和我玩一玩，就麻烦您老人家骑马到我家跑一趟，教我说谎的书本在我的枕头下面，请您告诉我父母取来给您。"召勐听了心想，这倒是很新鲜，说谎还要用书本。就亲自骑上大马，进寨子去找岩哇的家。谁知问这家不知道，问那家也不清楚。召勐奇怪了，赶紧回来说："岩哇哎岩哇，今天你肯定是斗不过我了。寨子里头根本没有你家，当然就没有你说的那个书本啰。没有书本我看你怎么对我说谎。"这时，岩哇大笑不止，笑得眼泪都出来了。笑完后忙问："那假如您老人家输了呢？"召勐不假思索地说："如果我输了，这些马和所有的东西都给你，怎么样？"岩哇说："您老人家说话当真？"召勐肯定地说："我堂堂一个地方之主能输给你这个说谎还得照着书本看的小娃娃不成？"岩哇不慌不忙地说："您老人家这么聪明，到底还是输了。您老刚才骑着马进寨子，不是白跑了一趟吗？我家根本不是这个寨子的，而是在那边。"召勐只好把自己的大马留下了，随从的东西都输给了岩哇，不得不灰溜溜地带着下人们徒步走回宫里。收入《景谷傣族民间故事》（汉傣双文），32开，2页，495字，景谷傣族彝族自治县傣族文化协会编，2014年3月发行。

（依旺的）

岩杠冒巧娶媳妇

傣族机智人物故事。流传于云南普洱景谷县傣族地区。讲述的是：有位穷小伙子岩杠冒爱上了一个名叫"娜少"的大家闺秀。娜少被自己的父母管得很严，几乎不让单独出门去跟寨子里的小伙子们约会。娜少的父亲甚至扬言，说是哪个小伙子能在娜少的闺房里待一天，就招他为姑爷。有一天，岩杠冒上山砍柴，看见一群小孩用弩打小鸟和野鸡。他灵机一动，计上心来。于是，岩杠冒做了一把弩，还抓了只斑鸠到了娜少家。他到娜少家的时候，娜少的父母干活还没有回来，只是让她先回家做饭。这时，岩杠冒趁机把斑鸠扔进了她家的菜园子里，大声叫喊娜少拴狗开门，说自己要进去捡斑鸠。娜少经不住他的各种理由，只能拴狗开门，让岩杠冒进家取斑鸠。接着，岩杠冒又耍赖不走，娜少没有办法，只能在父母回来之前，把岩杠冒藏到自己的闺房里。晚上，父母都睡了，娜少回到房间，两人互相对视、交谈着，只是谁也不敢大声说话。最后，娜少只好安排岩杠冒在自己房里过夜，并说："阿哥，你睡在地板上，我睡在床上。"岩杠冒点点头，表示很赞同。娜少灭了灯，就各自睡了。夜里，岩杠冒总是翻来覆去，还故意弄出些响动，闹得娜少也无法入睡，就问："你是怎么了，不要出声。"岩杠冒装出发颤的声音说："哦……我冷……睡不着……"娜少怕他再搞出响动，一旦让父母知道，那还了得。就说："还是上床来一起睡吧，省得着凉。"岩杠冒求之不得，利索地上了床，挤进娜少的热被窝里。第二天早上，娜少把两只大恶狗赶进了菜地，才得以悄悄送走了岩杠冒。自那晚以后，两个人心里总是想着对方，他俩约定时间，经常偷偷约会。最后，生米煮成熟饭，岩杠冒顺利娶到了娜少。收入《景谷傣族民间故事》，汉傣双文版，32开，4页，2462字，景谷傣族彝族自治县傣族文化协会编，2014年3月发行。

（依旺的）

哀腊哀双卯

傣族机智人物故事。流传于云南省玉溪市新平彝族傣族自治县水塘镇、戛洒镇。讲述的是：从前有个叫岩广的孤儿救了一条化身黄鳝来人间采药给龙王医病的小龙女，名叫哀腊哀双卯。小龙女为答谢岩广救命之恩，承诺岩广会有享不尽的荣华富贵而且还要嫁给他，并邀岩广去给龙王治病。龙女告诉岩广若治好龙王的病，龙王赏赐的话就要不拉屎只拉金银的金角牛。岩广进入龙宫发现龙王不是生病而是被网罩住，还被铅巴卡住牙齿所以才牙疼。岩广随即揭开罩网扯掉铅巴，龙王的"病"痊愈了，同时也把金角牛送给了岩广。龙女把岩广带出龙宫又把他带到一个土壤肥沃的大平坝，这是哀腊在天上的亲戚下凡来住的地方，天上人同意让岩广召集天下穷苦人来此建设家园。之后岩广用金角牛拉出的金银召集人建设村庄，应了哀腊的话过上了幸福的生活。白文贵讲述，建安记录。收入《中国民间故事丛书·云南玉溪·新平卷》，16开，4页，知识产权出版社2015年版。

（刀庆喜）

包头和木屐

傣族机智人物故事。流传于德宏傣族景颇族自治州傣族地区。讲述的是：岩吞是勐巴拉纳西有名的木匠师傅。首领要岩吞盖一座漂亮的宫殿，岩吞画好图样，计划好尺寸后开始施工。三个月后，工程进展很快，离立柱的时间只有七天了。岩吞在检查屋架尺寸时却发现都比原来尺寸少了一尺五寸。岩吞十分焦急，心想：损失了首领的材料，轻者被撵出勐，重者会杀头。岩吞整天坐立不安，愁眉苦脸，妻子看在眼里，急在心上。全家在沉默中过了三天。到第四天，岩吞的妻子找到召玛贺，把岩吞遇到的困难告诉了他。召玛贺说："你回去收拾打扮一下，把包头缠得高高的，再穿上木屐，让他看看你，他就知道了。"妻子照着召玛贺说的做了，她在岩吞的面前来回走动，并把木屐拖得"哒啦，哒啦"地响。岩吞听见响声，抬头一看，见妻子打扮得如此美丽，生气地说："我急得要死，你还有闲心打扮，是有意气死我吗？""哎，他爹，今天我穿得好看吗？"说完又"哒啦，哒啦"地拖着木屐走出走进。岩吞仔细地从头到脚打量着妻子，妻子比平时长得又高又美丽。他看着看着，突然猛醒过来，立即跑到工地，要石匠凿石礅，要木匠做矮人架。立柱了，首领亲自参加立柱仪式，看到屋架高大雄伟，每根柱子下面垫了一个圆圆的石礅，高兴地说："岩吞啊！你真不愧是一个出色的师傅啊！"佚名讲述，朱光灿搜集、整理、翻译。收入《德宏傣族民间故事》，32开，2页，约700字，德宏民族出版社1993年版。

（金小所）

宝马和宝衣的故事

傣族机智人物故事。流传于云南省德宏傣族景颇族自治州傣族地区。讲述的是：岩章撒骑着马走村串寨，替人除暴济贫。一天他看见一位富翁欺压百姓，岩章撒看到这悲惨的情景，忍无可忍，决心为民除害。他就在马屁股里塞进一些碎银，骑着马在街上悠闲地逛着，那个富翁在凉台上看见岩章撒的傲慢劲头，顿时火冒三丈，向岩章撒吼道，说岩章撒胆大包天，竟然敢在他的势力范围内骑着马赶街。就派家丁把岩章撒叫来，问他的马值多少钱，他要买。岩章撒说富翁出多少钱也不稀罕，还说如果富翁真有诚心，就用粮食来换。富翁很纳闷，追问为何，岩章撒说因为他的马会屙金撒银。于是岩章撒把他的马尾巴朝上猛提一下，确实看到一块块雪白的碎银。富翁见后，就答应用两仓粮食交换。岩章撒当天就把粮食分发给各村寨的贫民。方正湘讲述，方佩龙记译。收入《德宏傣族民间故事》，32开，5页，2875字，德宏民族出版社1993年版。

（喊凤）

宝珠不见了

傣族机智人物故事。流传于德宏傣族景颇族自治州的傣族地区。讲述的是：两商人很要好。其中一商人要外出做生意，将一颗宝珠寄放在另一朋友家，约定做完生意回来拿。在家的商人想把宝珠占为己有，就剪开口袋，把宝珠拿出换了颗假宝珠后再请裁缝把口袋缝好。做生意的商人回来到朋友家取宝珠，发现是假的，两人争执不下，告到首领细维季那里。细维季问做生意的商人："宝珠怎么丢的？"商人说："宝珠装在袋子里寄放在他家就变成假的了。"偷宝珠的商人说："口袋又没有打开，我怎么拿呢？"退堂后首领叫人把口袋全部剪开，让丫头去找裁缝缝好，拿回来后，剪开的袋子缝得完好如初，没有任何破绽。首领把裁缝找来，问他："同样的口袋缝过几次？"裁缝老老实实地说："缝过两次。"首领心中有数，就对商人说："我知道宝珠是你偷走的，为了不丢你的面子，你快把宝珠拿出来还给你的朋友。"商人很感动，就把宝珠交给首领。第二天，首领把两个商人传来，对做生意的商人说："你看这宝珠是不是你的？"商人接过宝珠一看，连连点头说："是我的宝珠。"商人问首领，宝珠是怎么找回来的，首领告知是吹了一口仙气变来的。偷宝珠的商人很羞愧地向首领保证，今后一定做个诚实的人。佚名讲述，杨秉礼搜集、整理、翻译。收入《德宏傣族民间故事》，32开，2页，约700字，德宏民族出版社1993年版。

（金小所）

被偷的黄牛

傣族机智人物故事。流传于云南省西双版纳傣族自治州。讲述的是：一个人放养的黄牛，被另一个人偷走了。黄牛的主人找到黄牛就要牵走，偷牛的人说是自己的牛。两人争论不下，就去找麻贺沙塔。当麻贺沙塔得知他们一个说是喂了黄豆，一个说是喂了草时，麻贺沙塔就用一种能使黄牛呕吐，名叫"维扬嘎"的草药喂了黄牛。结果，黄牛吐出的都是草。在事实面前，偷牛人不得不承认偷了牛。岩香腊讲述，岩旺记录。16开，3页，798字，稿存西双版纳傣族自治州民族研究所。

（刀金平）

拜佛

傣族机智人物故事。流传于云南省西双版纳傣族自治州傣族地区。讲述的是：艾苏欠帕雅召勐的债还不起，只好去跟班服役。一次，艾苏随帕雅召勐到缅寺去拜佛，帕雅召勐向佛祖祈求再活一百年，艾苏听后马上屁股朝着佛祖跪下祷告："让我吃饱一顿饭明天就死。"帕雅召勐不解，问艾苏何因，艾苏说，如果债主要活一百年，自己岂不是还要再被盘剥一百年，那还不如早些死去。佚名讲述，岩温扁、吴军搜集翻译。收入《西双版纳傣族民间故事集成》，32开，2页，440字，云南人民出版社1993年版。

（龙江莉）

长毛的刀

傣族机智人物故事。流传于云南省西双版纳傣族自治州傣族地区。讲述的是：有个爱偷偷摸摸的人，偷了艾西邻居竹园里的五棵甜笋。他用尖刀削了笋壳，将笋壳倒在艾西的鸡圈上。失主发现甜笋被人偷了，向人们询问，那偷笋人装模作样地说："古话说，偷鸡人藏不住鸡毛，偷谷人会留下糠秕。偷笋人再馋，也不能把笋壳吞进肚子里去呀！"并有意把失主引到艾苏、艾西门前，让他看见鸡圈上的笋壳。艾西觉察到这一动向，并主动要失主和那偷笋人进家查看。看完后，艾西对那偷笋人说："我家看过了，现在该轮到你家看看了。"那人脸色一下惊慌起来，没有理由推托，只好让去他家查看。艾西一进屋，不看别的，只看一样东西——刀。看着，他大声道："好古怪的尖刀，怎么还会长毛？"人们一看，发现了刀刃两面沾满了笋叶毛。于是真相大白了。艾西自言自语地说："做贼人叫喊捉贼的声音，比敲铓锣还响。"

佚名讲述，岩温扁、吴军搜集整理。收入《云南少数民族机智人物故事选》，32开，2页，1500字，中国民间文艺出版社1981年版。

（阿南）

出七个太阳

傣族机智人物故事。流传于云南省西双版纳傣族自治州。讲述的是：一个巫婆夸口说，她比艾苏、艾西更聪明。如果他们能骗她，除非天上出七个太阳。一天，巫婆头顶盛淘米水的大土罐去河边洗头，见艾西匆忙走来，她讥讽地问艾西："出了什么事，把你急成这个样子？"艾西顾不得理她，急促应了一声："谁不急，天上出了七个太阳了！"巫婆一听，下意识地朝天上望去，头上土罐滑落下来，淘米水泼了她一身。佚名讲述，岩温扁、吴军搜集整理。收入《西双版纳傣族民间故事集成》，32开，1页，300余字，云南人民出版社1993年版。

（李传宁）

苍蝇追逐不义之财

傣族机智人物故事。流传于云南省西双版纳傣族自治州。讲述的是：勐沙底瓦一个叫艾洛佐的种田人，他卖掉全部家当，得了一百银币。他怕钱丢失，把钱装进酸鱼筒里，再用酸鱼塞满。他到另外一个寨子以五十个银币向玛哈富翁买了一头瘦牛，他不知是贵了还是便宜，一心只想着牛，竟把一百个银币全给了玛哈沙铁。艾洛佐牵着牛回到家时，猛然想起多付了五十个银币，他急忙跑回去找玛哈富翁要求退还多付的五十个银币，玛哈富翁一口咬定只收到了五十个银币，艾洛佐请朱腊波提来断案。朱腊波提让玛哈富翁把他的银币全倒在晒台的席子上晒，苍蝇就飞来歇在酸鱼腥过的银币上，正好有一百个银币。在事实面前，玛哈富翁只好退还给艾洛佐五十个银币。佚名讲述，岩温扁、吴军搜集整理。收入《西双版纳傣族民间故事集成》，32开，4页，2700余字，云南人民出版社1993年版。

（李传宁）

池塘里的宝石

傣族机智人物故事。流传于云南省西双版纳傣族自治州。讲述的是：筑巢在王宫旁池塘边树上的老鹰，叼了一颗宝石放在巢里，每当太阳出来，池塘里就会有宝石的倒影。首领见池塘里有颗闪闪发亮的宝石，派人又是捞，又是放干池塘，可怎么也找不到宝石。麻贺沙塔来后也很惊奇，仔细观察后发现了池塘边树上的鹰巢，断定宝石在鹰巢上。派人上去一看，果真在鹰巢里找到了宝石。岩香腊讲述，岩旺记录。16开，3页，798字，稿存西双版纳傣族自治州民族研究所。

（刀金平）

吃螃蟹脚

傣族机智人物故事。流传于云南省西双版纳傣族自治州傣族地区。讲述的是：艾苏、艾西的寨子有家人贺新房。前来祝贺的人很多，那个古拉勐（全勐最大算命、占卜的头目）也来了。他当众宣称自己是帝娃拉（女菩萨）派到人间的古拉勐，与凡人不同，身体洁净，灵魂超凡脱俗，并声称不吃这个，不吃那个。吃饭时，艾西当众宣布道："古拉勐说了，凡是脚踩在灰尘上、鸡屎马粪上的动物他都不吃，那只有脚不踩灰尘、鸡屎马粪的就有只蟹了，所以，专给他准备这盘菜。"说着，把鸡、鸭之类的肉端走，端一盘螃蟹摆在古拉勐面前。神气活现的古拉勐自认倒霉，只好"卡喳、卡喳"地啃螃蟹。佚名讲述，岩温扁、吴军搜集整理。收入《云南少数民族机智人物故事选》，32开，2页，1100字，中国民间文艺出版社1981年版。

（阿南）

称棉花

傣族机智人物故事。流传于云南省西双版纳傣族自治州傣族地区。讲述的是：有个波戛赶着几匹马，来到艾苏、艾西寨子卖棉花，收购土特产。芒果树下的篱笆旁边烧着一堆火。这个波戛在他秤盘底下安了一坨蜂蜡，买进的时候，他把秤盘往火上烤一下，蜂蜡脱在一边；卖出的时候，他又把烤热了的铁盘往蜂蜡上一放，蜂蜡就沾在铁盘上了。艾西站一旁，仔细观察着波戛的这一昧良心的行为。他一把从波戛手中夺过秤，当众揭穿波戛骗人的把戏。一下子，人们买了棉花的、卖了茶叶的，都要重新过秤。佚名讲述，岩温扁、吴军搜集整理。收入《云南少数民族机智人物故事选》，32开，2页，900字，中国民间文艺出版社1981年版。

（阿南）

聪明的朱腊波提

傣族机智人物故事。流传于云南省景谷傣族彝族自治县。讲述的是：从前有个老妇人，在大青树下捡到一根金条，拿到家里一称刚好有一两五钱。后她感到不能贪图别人的便宜，便打算将金条送回原处。回到大青树下，妇人看见生意人帕雅龙景迈牵着马在低头寻找东西。她没问找什么就对他说："你丢的金子刚才我捡到了，是一两五钱，如数还你。"没料到帕雅龙景迈夺过金子后气愤地说他丢的金子是三两五钱，是老妇人藏起了二两。二人告到朱腊波提那里。朱腊波提听了双方讲述，就说："刚才有人交来十两银子，我正为找不到失主为难，你俩又为金子来纠缠，叫我怎么办？"帕雅龙景迈贪婪地说十两银子也是自己丢的。朱腊波提说："你丢的金子是三两五钱，肯定不是老妇人捡的这份，你自己去找吧！"就把一两五钱金子给老妇人了。刀永平翻译，伍羽整理。收入《云南民间文学集成·景谷民间故事》（一），32开，2页，1400字，景谷傣族彝族自治县民间文学集成领导小组编辑室1989年编印。

（郭玉萍）

馋的不是我而是你

傣族机智人物故事。流传于云南省景谷傣族彝族自治县。讲述的是：苦竹笋是傣族爱吃的山菜，春笋一发，大家都要上山挖竹笋，但是最壮最嫩的要交给首领享用。一天，帕雅维迪哈拉首领收到几箩苦竹和螺蛳，他有了个主意想嘲弄麻贺沙塔，就让人去叫他来吃苦竹笋和螺蛳。吃饭时，麻贺沙塔剥开苦竹笋蘸番茄酱吃，又拿起螺蛳埋头吸着。首领一边吃一边把自己吃剩的竹笋壳和螺蛳壳悄悄堆到麻贺沙塔面前。最后首领说麻贺沙塔太馋了，吃的笋壳和螺蛳壳堆成了小山，麻贺沙塔却说首领更馋，把竹笋壳和螺蛳壳全都吃了，首领无言可对。佚名讲述，刀永平翻译，魏然整理。收入《云南民间文学集成·景谷民间故事》（一），32开，2页，1300字，景谷傣族彝族自治县民间文学集成领导小组编辑室1989年编印。

（郭玉萍）

触摸到什么拿什么

傣族机智人物故事。流传于云南省德宏傣族景颇族自治州傣族地区。讲述的是：穷小伙子看见野外生长了两个大西瓜，他拿一个回来卖给富人。当富人知道野外还有一个时，便说："明天只要你把那个也拿来给我，在我家里，你触摸到什么就可以拿走。如果拿不来，我就到你家里，触摸到什么就拿什么。"当晚，富人即派人把西瓜拿回来了，他想要的是穷小伙子的媳妇。拿不来西瓜的穷小伙子在一老人的指点下，让媳妇坐到房顶上，又搭了把梯子，并请寨内长老来作证。富人想上房触摸穷小伙子的媳妇，他才上梯子，长老们便笑起来说："你触摸到的是梯子，只能把梯子拿走了。"佚名讲述，雷逢安记录，冯霄译。刊于傣文杂志《勇罕》，16开，3页，1775字，1988年1—2期。

（冯霄）

聪明的依月

傣族机智人物故事。流传于文山壮族苗族自治州马关县傣族聚居区。讲述的是：很早以前，洪水泛滥，灾荒连连。依月领着年幼的孩子依定、依宝，去投靠年迈的父母。路上，被老妖魔知道了她们此行的目的。后来，老妖魔装成依月的父亲，接待了依月她们一家三口。随着两个孩子一天天长大，老头子视他们哥俩为眼中钉肉中刺，常常虐待和体罚他俩，千方百计想害两个孩子。在风神的帮助下，这些把戏都被依月一一化解了。最后，魔鬼老头被依月呼唤四面神风起火成功烧死后，变成现在树上的黑毛虫。黄天才讲述，白家祥记录。收入《文山州傣族民间故事集》，16开，2页，1378字，云南人民出版社2016年1月版。

（张元波）

聪明的女儿

傣族机智人物故事。流传于文山壮族苗族自治州马关县傣族聚居区。讲述的是：从前有一个农夫，领着女儿，靠租用财主家的荒地生活。在开垦荒地的时候，他挖出来一个纯金的臼。农夫把金臼献给了财主，反遭财主诬陷被投进了监狱。老财主听说农夫的女儿很聪明就想考考她，叫他女儿来财主家的时候，要既不穿衣裳，也不光着身子；既不骑马，也不走路；既不走在路上，也不走在路边。要是能办到这些，就放了农夫，并把那个纯金臼归还农夫。农夫回到家，把财主的话告诉了女儿。女儿听了说："这件事不难，我能做到。"她不慌不忙地找来了一张渔网脱光了衣服，把全身裹了起来，这样她既不是穿着衣服，也不是光着身子。然后，她又找来一只毛驴，把渔网拴在驴尾巴上，让毛驴在前边拖着走，她则用大脚趾点着地走，这样既不能算骑马，也不算走路，既不算走在路上，也不算走在路边。就这样，女儿来到了财主家，财主见了，佩服得无话可说，只好将纯金的臼交还了父女俩。此后，父女俩用金臼买了牛马，辛勤劳动，过上了幸福生活。黄天才讲述，黄兴斌记录。收入《文山州傣族民间故事集》，16开，2页，727字，云南人民出版社2016年1月版。

（张元波）

大囡与二囡

傣族机智人物故事。流传于文山壮族苗族自治州文山市傣族聚居区。讲述的是：有个老妈妈，生有两个囡。有日好天气，远方做生意。晚上难回家，笑对两囡说："晚上不敢睡，门前喊婆婆。左喊马屎路，会来老变婆。右喊牛屎路，才来真婆婆。切记妈妈话，千万别喊错。"二囡听妈言，有话藏心间。妈妈离开家，老变婆就来啦。大囡与二囡机智地杀死了老变婆。杀死老变婆，二囡对大囡说："以后必听老人言，不然吃亏在眼前。"大囡眯眯笑，二囡泪涟涟。刀文天讲述，刘德荣记录。收入《文山州傣族民间故事集》，16开，4页，1103字，云南人民出版社2016年1月版。

（张元波）

大树作证

傣族机智人物故事。流传于云南省德宏傣族景颇族自治州傣族地区。讲述的是：单身的穷小伙子想到远方串门，将钱交给富人帮忙存放，为了保密起见，在离寨子很远的一棵大树下，穷小伙子将钱交给富人。穷小伙子回来后，富人矢口否认。召玛贺来断案时说让穷小伙子把那棵树请来作证，不等小伙子回来，召玛贺说："怎么去了半天还不回来？"富人说漏了嘴："那棵树离这儿还远呢。"召玛贺反问说："如果你没有接过小伙子的钱，你怎么知道那棵树很远？"富人哑口无言。佚名讲述，团娜记录。刊于傣文杂志《勇罕》，16开，3页，1026字，1996年1—2期。

（冯霄）

丢个石头试水深

傣族机智人物故事。流传于云南省德宏傣族景颇族自治州傣族地区。讲述的是：召玛贺从勐答戛苏学本事回来，走到江边，碰上办喜事的一群男女老少穿着节日盛装准备渡江。这时，老艄公考问新郎：要他不下水，却试出水的深浅。新郎被难住，请求召玛贺解答。召玛贺顺手捡起两块拳头大的石头，一块丢进深水里，发出"咚咙"的响声，一块丢进浅水里，发出"啪啦"的响声。然后对新郎说：幸福的新郎，发出"咚咙"响声的是深水，发出"啪啦"的是浅水。还有一种办法，听水的声音：响水不深，深水不响，老艄公一旁听着，满意地伸出大拇指，乐呵呵地拿起竹竿走上筏子。渡口响起"水、水、水"的欢笑声。佚名讲述，朱光灿记录整理。收入《云南少数民族机智人物故事选》，32开，2页，1200字，中国民间文艺出版社1981年版。

（阿南）

打苍蝇

傣族机智人物故事。流传于云南省西双版纳傣族自治州。讲述的是：一个爱吃猪脑的大佛爷，他天天叫艾苏去买猪脑做给他吃，却让艾苏吃冷饭。一次，艾苏做好猪脑，趁大佛爷还贪睡时，把猪脑吃光。然后，照原样把芭蕉叶包好放在佛爷的饭桌上，引来苍蝇落在叶子上。艾苏用锅盖把它们罩在里面。大佛爷睡醒后打开锅盖，发现苍蝇四处乱飞，大佛爷让艾苏见着苍蝇就打。正巧一只苍蝇爬在大佛爷的头上，艾苏一棒打下去，痛得大佛爷直叫唤。佚名讲述，岩温扁、吴军搜集翻译。收入《西双版纳傣族民间故事集成》，32开，2页，1000余字，云南人民出版社1993年版。

（李传宁）

断案

傣族机智人物故事。流传于云南省德宏傣族景颇族自治州傣族地区。讲述的是：一个名声很大的沙铁（富人），见一队马帮，很眼红，便声称这队马帮是他的。马锅头宰西与沙铁争执不下，最后到召勐评理。召勐是昏庸无知、糊涂的君主。他听了沙铁的申诉："昨夜，天神赐给我一个梦，说这马队的主人是我。"于是，召勐把马帮判给沙铁。正在这时，召玛贺来到赶马人中间，了解到事情的原委，他给马锅头宰西出个主意。宰西来见召勐说："我昨晚做了一个美梦，梦见天神把召勐的公主赐给了我，让公主做我的媳妇。"召勐大惊失色，马上令沙铁和宰西都收回自己的梦。从此，他不准谁来找他断案了。佚名讲述，岩林记录整理。收入《云南少数民族机智人物故事选》，32开，2页，1400字，中国民间文艺出版社1981年版。

（阿南）

都得鞠躬

傣族机智人物故事。流传于云南省西双版纳傣族自治州。讲述的是：帕雅召勐逢人便问他新盖的宫殿漂不漂亮，艾西不以为然地告诉他说："我的房子比你的宫殿好，任何人一进到里面立刻得弯腰鞠躬。"召勐不相信地说："我明天去看看，如果我没有弯腰鞠躬，你一辈子当我的家奴！如果我向你的烂草房鞠躬，你家所欠的债一笔勾销。"原来，艾苏的草棚很矮小，竹门又低又窄，进草棚都要弯腰低头才能进去。召勐只好把艾苏欠的债务一笔勾销。佚名讲述，岩温扁、吴军搜集翻译。收入《西双版纳傣族民间故事集成》，32开，3页，1000余字，云南人民出版社1993年版。

（李传宁）

分鹿头

傣族机智人物故事。流传于云南省西双版纳傣族自治州傣族地区。讲述的是：两个猎人，一个叫嘎西达，一个叫加苏。一天，两个猎人一同上山打猎。他们走进山箐时，两人同时发现了一只马鹿，又同时用木棒打死了马鹿。按习俗，鹿头应当归先下手打鹿者。但他们两人同时下手打翻鹿，鹿头该怎么分？经过商量，他们俩去找干达来帮助解决这个难题。干达来经过思考，用秤称了两个猎人的木棒，结果嘎西达的木棒比加苏的木棒重些。干达来宣布："谁的木棒重，鹿头就归谁。因为他出的力气更大。"于是，鹿头判给嘎西达猎人。两个猎人心服口服，高高兴兴地走了。佚名讲述，刀国安、刀正明、岩林搜集整理。收入《云南少数民族机智人物故事选》，32开，2页，1000字，中国民间文艺出版社1981年版。

（阿南）

父亲生孩子

傣族机智人物故事。流传于云南省西双版纳傣族自治州傣族地区。讲述的是：一个自认为很聪明的人向帕雅召勐献计整治麻科沙塔，他们派人割来一箩毒草喂一头公牛吃，公牛吃后肚子肿胀得像鼓一样，然后将公牛牵去问麻科沙塔，公牛哪天下崽，想当众出他的丑。麻科沙塔看了看公牛后对帕雅召勐说，自己的父亲今天就要分娩了，但今天不是吉利的日子，请求尊贵的帕雅召勐救救父亲。帕雅召勐听后对麻科沙塔的机智又妒又恨。佚名讲述，岩恩翻译，余涛整理。收入《西双版纳傣族民间故事集成》，32开，2页，520字，云南人民出版社1993年版。

（龙江莉）

父亲与儿子

傣族机智人物故事。流传于云南省西双版纳傣族自治州。讲述的是：八个奸商死后，帕雅召勐无计可施，便设宴与麻科沙塔讲和。麻科沙塔事先与父亲商量好，让父亲先到王宫把最高的位子占好，然后见他一来，就把高位子让给他坐。在场的召勐和大臣们耻笑麻科沙塔不讲礼仪。麻科沙塔以马和毛驴虽然没有骡子值钱，却是骡子的父母为喻，讥讽召勐和西纳的身价虽然很高，但那些劳苦、卑贱、不值钱的人民，不正是召勐和西纳的父老吗？帕雅召勐和西纳听后，气得咬牙切齿。佚名讲述，余涛整理，岩恩翻译。收入《西双版纳傣族民间故事集成》，32开，2页，500余字，云南人民出版社1993年版。

（李传宁）

腐木冲舟

傣族机智人物故事。流传于云南省西双版纳傣族自治州。讲述的是：帕雅龙达沙命人重新盖了一个宫殿。他让人把从旧宫殿上拆下的横梁和柱子，拖到江边浅水处浸泡起来。一艘装满货物的商船无法卸货，只能停泊在浸泡梁柱的下方。山洪暴发，暴涨的江水冲走了柱子和横梁，柱子和横梁还撞坏了商船，冲走了货物。帕雅龙达沙怪罪商船冲走了他的金柱金梁，罚商人们赔偿他的损失。商人们请来朱腊波提评理，朱腊波提以上游的梁柱冲击下游的船只这一常识，驳倒了帕雅龙达沙。佚名讲述，岩温扁、吴军搜集翻译。收入《西双版纳傣族民间故事集成》，32开，5页，2800余字，云南人民出版社1993年版。

（李传宁）

公牛生儿的故事

傣族机智人物故事。流传于云南省西双版纳傣族自治州。讲述的是：勐巴拉纳西召勐家的白公牛和附近一个寡妇家的黑母牛经常一起吃草玩耍。寡妇家的一头黑母牛生下了一头小牛，长相和毛色与召勐的白公牛相似。召勐认为小牛应该是他家的，派人欲强行拖走寡妇的小牛。朱腊波提让人去告诉召勐说，三天内去找他讲理。召勐等了三天，不见朱腊波提来。第四天，召勐派人去拉小牛时，朱腊波提来找召勐解释误事的原因：第一天，看到火烧河水，过不了河；第二天，碰到正生育的男人；第三天，看到牯子生母牛，因为好奇没来成。召勐听后不知是计，大笑朱腊波提吹牛、扯谎，没想到却中了朱腊波提的圈套。此后，召勐不敢再提及小牛的事。康朗叫讲述，杨胜能搜集、整理。收入《西双版纳傣族民间故事集成》，32开，4页，1500余字，云南人民出版社 1993 年版。

（李传宁）

公湖、母湖

傣族机智人物故事。流传于云南省德宏傣族景颇族自治州傣族地区。讲述的是：首领绞尽脑汁想找召玛贺的茬子，硬把城边一个大湖说成公湖，把在野外很远的另一个湖说成母湖，让召玛贺把母湖拉来与公湖结婚。召玛贺叫上一些人拿着长绳子假装"嗨唷、嗨唷"大叫，然后满身是泥巴样地进宫去说："我们已把母湖拉到城边来，它又跑回去了，它说一定要首领下旨让公湖去拉，他才来。"佚名讲述，孟成信记录。刊于傣文杂志《勇罕》，16 开，1 页，399 字，1988 年 3—4 期。

（冯霄）

公牛下崽

傣族机智人物故事。流传于云南省德宏傣族景颇族自治州的傣族地区。讲述的是：从前混贺罕有成群的牛，可从未曾见公牛下崽，心里很不高兴。有一次，混贺罕故意刁难百姓，叫百姓去寻找会下崽的公牛。百姓知道公牛不可能下崽，但又不敢违抗混贺罕的旨意。召玛贺知道后，急忙跑到宫里大声对混贺罕说："召啊，我爸在生娃，可是怎么也生不下来，正在折腾得死去活来，请你快去看一看，帮拿个主意。"混贺罕听后大声呵斥："男人生儿谁看见过？"召玛贺急忙回答："公牛下崽谁听见过？"混贺罕听后，脸红一阵、白一阵答不上话。百姓再也不用去寻找会下崽的公牛了。佚名讲述，朱光灿搜集、整理、翻译。收入《德宏傣族民间故事》，32 开，1 页，400 字，德宏民族出版社 1993 年版。

（金小所）

甘蔗和蜂蜜哪样好吃

傣族机智人物故事。流传于云南省德宏傣族景颇族自治州傣族地区。讲述的是：在勐巴拉纳西一个寨子里，住着一对年轻夫妇，男的叫约相，女的叫罗思。罗思长得很漂亮。一个大臣看上她，便挖空心思地刁难约相，以便找到娶罗思的借口。大臣当着全寨子人的面，问约相："蜂蜜和甘蔗，哪样好吃？如果答的不对，就把罗思输给我。"约相想不出怎样回答，如果说蜂蜜好吃，又怕大臣说甘蔗比蜂蜜好吃；说甘蔗好吃，又怕大臣说蜂蜜好吃。正当他左右为难之时，召玛贺告诉约相对付大臣的办法。召玛贺大声对大臣说："甘蔗和蜂蜜都一样好吃。"大臣说："甘蔗怎么甜得过蜂蜜呢？你输了，哈哈哈……"约相理直气壮地反驳道："假若你把甘蔗蘸着蜂蜜吃，那流进你肚肠的蜜泉，你能分得清哪一滴是甘蔗汁，哪一滴是蜂蜜汁吗？"大臣被问得哑口无言，只好灰溜溜地回宫去了。佚名讲述，岩林记录整理。收入《云南少数民族机智人物故事选》，32 开，2 页，1200 字，中国民间文艺出版社 1981 年版。

（阿南）

首领的毒酒

傣族机智人物故事。流传于云南省德宏傣族景颇族自治州傣族地区。讲述的是：首领以感谢召玛贺帮他拿到宝石为由，派人送去了毒酒，不料，毒死的是召玛贺的父亲。但召玛贺装出若无其事的样子，把父亲的尸体放到躺椅上，还让他叼着点燃了的烟锅。首领的人偷看到后，以为毒酒不起作用，首领便亲自试喝下去，结果中毒身亡。佚名讲述，方小爽记录。刊于傣文杂志《勇罕》，16 开，1 页，380 字，1997 年 1—2 期。

（冯霄）

首领请人吹牛

傣族机智人物故事。流传于云南省德宏傣族景颇族自治州傣族地区。讲述的是：首领每到无聊之时，便拿出金条摆于桌面上招人进宫陪他吹牛，但无论吹得再神奇的人，最终还是被他以吹得不好为由打发出宫。有个人便来乱吹，说他刚从天上下来，还说他是顺着用秕谷搓成的绳子下到地上来的，他在天上拾到一根金条，被天神抢走了，于是他大骂说："如果是凡间的首领他一定会让我拿走的。"又对首领说："您说是不是？"首领只顾高兴地说："是啊是啊。"那人就拿着金条走了。佚名讲述，冼老柒搜集。刊于傣文杂志《勇罕》，16开，2页，1274字，1986年1—2期。

（冯霄）

首领的梦

傣族机智人物故事。流传于云南省德宏傣族景颇族自治州傣族地区。讲述的是：勐巴拉纳西首领做了一个梦，梦见遍地战火。他叫摩古拉卜算，摩古拉卜算后说："人间要出来一命大福大的人。他的本领很大，天下所有首领，谁也比不过他。"首领听了吓得浑身发抖。并派人到处查访却没有结果。不久，一个大臣家生了儿子，取名叫召玛贺。长到七八岁，绝顶聪明。首领终日不安，要查访到比他本领大的人，就想了个计策。他对大臣们说："今天我要你们给我去找一头黄牛。这头牛牛峰包长在头上，角生在脚上，它的叫声方圆几百里都听得到。七天之内给我找来。"大臣们和召玛贺的爷爷为这事发愁。召玛贺告诉他爷爷抱一只大公鸡送给首领。首领很吃惊，问是谁出的主意，大臣们说是自己的主意。首领又对大臣们说："昨晚我做了个梦，城北的鱼塘原来是个男的，城西的鱼塘是个寡妇，他们要成亲了，找我来帮忙。限你们在七天之内，把寡妇鱼塘搬到城北去，让他们成亲吧！"正当大臣们一筹莫展时，召玛贺叫他们挑选了七八个青壮年，满脸糊上泥巴去王宫，对首领说："那寡女鱼塘不愿搬，她说世上娶亲，都是男的亲自去接。只好请首领叫城北的新郎去一趟。"首领无可奈何。扎相讲述，线相孟翻译。收入《傣族民间故事选》，32开，4页，2500字，上海文艺出版社1985年版。

（阿南）

戛川的本领

傣族机智人物故事。流传于云南保山傣族地区。讲述的是：有一个名叫戛川的穷小伙子，虽然穷困，但是机智聪明，会变"魔术"。他经常变出各种"魔术"逗寨子里的孩子们玩，以此换得孩子们手里的零食来充饥。久而久之，他会变"魔术"的事情被首领知道了。首领把他召进宫，请他变出一组"魔术"，把一位话多的官员教训一下。戛川进宫后，在宫殿的墙上挖出个洞，在洞里塞一坨羊屎。等那位话多的官员进宫殿来找首领禀报事情的时候，只要看到他还喋喋不休，戛川就用弹弓把塞在洞里的羊屎对准那位大臣的嘴巴射过来，搞得大臣一嘴羊屎味。从此，那位大臣再也不在首领面前喋喋不休了。首领因此把戛川留在皇宫里当差，戛川过上了衣食无忧的生活。万德美搜集、整理。收入《民族古籍翻译丛书——保山傣族民间故事第一辑》，32开，2页，900字，保山市傣学研究会编，云南民族出版社2012年10月出版。

（依旺的）

花香在于根

傣族机智人物故事。流传于云南省西双版纳傣族自治州傣族地区。讲述的是：帕雅召勐的花园里栽着一棵稀有的梭腊枇花树，在老花匠的精心照料下，原本要三年才能开花的梭腊枇花树一年半就开满了芳香美丽的花朵，帕雅召勐为此沾沾自喜。一天，帕雅召勐和他的一群大臣、头人在赏花，众人纷纷吹捧他们的首领有福气，朱腊波提见了十分不满，他义正词严地讲出了"花香在于根"的道理，让帕雅召勐不要忘记支撑着他的宫殿和宝座的是双手沾满泥土的老百姓。可供研究傣族社会生活和道德观念参考。佚名讲述，岩温扁、吴军搜集整理。收入《西双版纳傣族民间故事集成》，32开，3页，1300字，云南人民出版社1993年版。

（龙江莉）

荷花池搬家

傣族机智人物故事。流传于云南省德宏傣族景颇族自治州傣族地区。讲述的是：四个大臣不甘心，想陷害召玛贺。一天，他们想出了一个办法，就派人对召玛贺说："王宫里有一个荷花池，太孤单了。何罕叫你去搬一个荷花池来，和它配在一起。"召玛贺在寨子里找了一个力气大的小伙子，拿了一根长长的绳子走进宫，对何罕说："荷花池到了半路，害羞，不肯来，要王宫里的荷花池去接，它才肯来，请你们叫人把王宫里的荷花池拉出去接它吧！"四个大臣只好说："算了算了，它不肯进宫来就算了！"佚名讲述，云南民族民间文学德宏调查队搜集、整理。收入《云南民族民间故事选》，32开，1页，300字，云南人民出版社1981年版。

（阿南）

毁灭森林，宫殿倒塌

傣族机智人物故事。流传于云南省西双版纳傣族自治州。讲述的是：勐苏塔瓦的召勐帕雅龙极，为显示自己的威望，命人建盖了一座富丽堂皇的宫殿。为突出宫殿的雄伟、壮观，他又命臣子、兵马砍烧了宫殿四周的群山。全勐变成了一片光秃秃的黄土后，狂风吹倒了宫殿。帕雅龙极命人抓走建盖宫殿的设计师和工匠，准备惩治，人们请来朱拉波提与召勐评理。朱腊波提以"毁林自毁勐，风大房倒塌"之理，驳倒帕雅龙极。帕雅龙极被迫取消错误判决，宣布设计师和工匠无罪。佚名讲述，岩温扁、吴军搜集整理。收入《西双版纳傣族民间故事集成》，32开，4页，2000余字，云南人民出版社1993年版。

（李传宁）

九曲宝石

傣族机智人物故事。流传于云南省德宏傣族景颇族自治州傣族地区。讲述的是：勐维体哈列的混河罕（首领）有一块祖传的宝石，长长的，弯弯的，有九曲。宝石中间有一个洞洞，也是弯的。河罕想穿一根线把它系起来。但宝石洞洞是弯的，谁也没有办法把线穿过去。四个大臣头都想痛了，还是想不出办法。恰巧，召玛贺走来。他把丝线粘上蜂蜜，放进宝石洞的一头里，把宝石洞的那一头对准蚂蚁的洞口。蚂蚁来搬蜂蜜，咬住线往洞里拖。一下子，丝线就穿过去了。佚名讲述，云南民族民间文学德宏调查队整理。收入《云南民族民间故事选》，32开，1页，300字，云南人民出版社1981年版。

（阿南）

金不换

傣族机智人物故事。流传于云南省西双版纳傣族自治州傣族地区。讲述的是：有一个做盐巴生意的波戛（商人），赶着两匹骡子到艾苏、艾西的寨子卖盐。有个没钱买盐的大妈，挖了些红薯去换一点盐，波戛轻蔑地说："红薯猪都不吃，我要它干什么！没有钱，就不要吃盐。"这时，艾苏也来买盐，恰巧碰上这令人不快的事。他用买盐巴的钱买了大妈的红薯，让大妈买了盐走了。回到家里，他把这事讲给了艾西。波戛高价卖了大半天的盐，又廉价买了两驮茶驮着，赶着骡子，沿着羊肠小道往回走。走着走着，前面那匹骡子失足，茶驮子翻了，滚到山脚。后面那匹一惊，茶驮歪了，卡在树桩上。波戛弄了半天，一个人无法端上驮子。这时候，他又累又气又饿，哭丧着脸，坐在路边，正盼着遇上一个人帮忙。正巧，艾西在山上做活路过。他就与波戛搭讪了几句，坐了下来，从筒帕里拿出几个红薯放在石头上，津津有味地吃起来。波戛见了要艾西分几个给他吃，艾西道："这红薯，猪都不吃呢！"波戛实在饿了，拿出钱买红薯，艾西大声说道："这叫金不换！"说着，拿起吃剩的红薯大步流星地走了。佚名讲述，岩温扁、吴军搜集整理。收入《云南少数民族机智人物故事选》，32开，3页，2000字，中国民间文艺出版社1981年版。

（阿南）

解谜

傣族机智人物故事。流传于云南省西双版纳傣族自治州。讲述的是：一个西纳为讨好帕雅召勐，替他想出了一个主意来整治麻科沙塔。他们出了两道谜语让麻科沙塔猜三天，如果答对，就把王宫里那匹红棕马牵走。麻科沙塔看了写在棉纸上的两道谜语，当场解答出谜底："第一道'一只鸡有三个头，十二只脚，二十四只翅膀，三百六十根毛'，说的是一年有三季（傣族只有春夏冬三季，少秋季），十二个月，每个月各有一天是睁眼日和闭眼日，一年十二个月就有二十四天这样的日子，全年有三百六十天。第二道'花姑娘，很漂亮，成天爱在水中玩；逗人爱，使人烦，喝酒下饭是好菜'，说的是鸭子。"麻科沙塔答完后，牵着召勐的红棕马就走了。佚名讲述，岩恩翻译，余涛整理。收入《西双版纳傣族民间故事集成》，32开，2页，500余字，云南人民出版社1993年版。

（李传宁）

借眼珠

傣族机智人物故事。流传于云南省德宏傣族景颇族自治州傣族地区。讲述的是：年轻的召玛贺来到勐答戛苏学本领。他刚踏进勐答戛苏的土地，迎面走来一个独眼布波。布波问："年轻的客人，来我们勐干什么？"召玛贺答："尊敬的主人，我是来贵勐学本领。"独眼布波气势汹汹地说："去年你爸爸向我借了一颗眼珠，我就是在这儿等你来还呢！"召玛贺说："我爸爸借你的眼珠我带来了，不过，我得给你修理一下眼窝，好把眼珠装进去。"说着，拔出刀子，做出要给他修理眼窝的样子。独眼布波觉得自己斗不过召玛贺，一边连声说："不要你还了。"一边急忙溜走了。佚名讲述，朱光灿记录、整理。收入《云南少数民族机智人物故事选》，32开，1页，500字，中国民间文艺出版社1981年版。

（阿南）

借谷种

傣族机智人物故事。流传于云南省西双版纳傣族自治州傣族地区。讲述的是：撒秧的季节到了，艾苏家没有谷种，他拿着一只口袋到头人鱿龙波乃曼家去借。头人鱿龙波乃曼见艾苏拿着口袋进来，知道是来借粮，便讥讽道："艾苏，你这么早到我家，一定有什么贵重东西送给我吧？"艾苏说明是来借谷种，秋后赔还。头人说："只要秋后双倍偿还，借一石都可以。"说着抬出烤过酒的糯谷渣，说是他家泡过的谷种，先让给艾苏用。艾苏回到家，把谷渣喂了猪，向亲戚家借了谷种，播了下去。秋收打谷子那天，艾苏把扇出来的瘪谷量了两斗，装进两只口袋里，挑到头人家，放下扁担，说："借一斗还两斗，拿斗来量吧！"头人见是瘪谷，气得暴跳起来。艾苏说："俗话说，播什么种子，结什么果。你家煮过、蒸过的谷种出空心谷了。"说着，他把两袋瘪谷倒进斗里，又倒在头人楼板上，拿起扁担、口袋走了。佚名讲述，岩温扁、吴军搜集整理。收入《云南少数民族机智人物故事选》，32开，2页，1200字，中国民间文艺出版社1981年版。

（阿南）

鸡换鸭

傣族机智人物故事。流传于云南省西双版纳傣族自治州傣族地区。讲述的是：艾苏、艾西家没有鸭子。他们想买两只母鸭下蛋。艾西捉了两只大母鸡到街上，准备卖了鸡买两只母鸭。一个鸭贩子要用他的鸭子换艾西的鸡。艾西一看，笼里三只鸭，大的一只公鸭。鸭贩子却说是母鸭，并说一天可生两个蛋。而把两只母鸭说成公鸭。艾西把母鸡给了鸭贩子，提起两只母鸭，幽默地说："换两只公鸭吧，我怕这只绿头母鸭它下的蛋它自己吃了！"说着，提起两只母鸭走了。佚名讲述，岩温扁、吴军搜集整理。收入《云南少数民族机智人物故事选》，32开，2页，650字，中国民间文艺出版社1981年版。

（阿南）

哭死马

傣族机智人物故事。流传于云南省西双版纳傣族自治州傣族地区。讲述的是：帕雅召勐心爱的一匹马死了，他要他的所有臣民都来哀悼。艾西看着那些阿谀奉承的大臣、官吏们围着一匹死马哭得捶胸顿足，觉得十分可笑就忍不住大笑起来。帕雅召勐见了非常生气，机智的艾西连忙解释，说自己看见首领的马死后已变成仙马飞到天上去了，十分高兴，向他祝贺，并祈祷它将自己的主人也带上天堂去享福。帕雅召勐听后无话可说。佚名讲述，岩温扁、吴军搜集翻译。收入《西双版纳傣族民间故事集成》，32开，2页，750字云南人民出版社1993年版。

（龙江莉）

老虎和青蛙

傣族机智人物故事。流传于文山壮族苗族自治州马关县傣族地区。讲述的是：有一天老虎肚子很饿了，见地上歇着一只刚洗完澡出来晒太阳的青蛙，老虎心里一阵高兴，心想，遇不着大的，小的也将就，伸出爪子就要向青蛙猛扑过去。青蛙见状，沉稳地说："虎大哥，你想吃我，总要有个理由，没有理由，乱吃不成。我看，我俩今天先约定，来一个比赛，看谁的本事大，本事大的吃本事小的。"老虎听了，很高兴，心想，自己力大无比，哪有比不过你小青蛙的道理，于是满口答应："好吧，看谁先跳过这条河沟去，就算它的本事大。"青蛙答应了，叫老虎先跳。当老虎在跳的一瞬间，聪明的青蛙便迅速地抓住老虎的尾巴，只见老虎大吼一声，跃过了河沟，并得意扬扬地甩开尾巴，青蛙便借着虎尾巴的摆动力量，顺势一跳，跳到了老虎的前面蹲在一个岩石上，老虎看见了，不解地问："怎么会是你先到？""我确实比你先到。"青蛙认真地说。随后青蛙咯咯咯地打磨着牙齿，老虎听见了问："老兄，你在整哪样？"青蛙说："我在舂辣子面想拿来蘸你的肉吃！"老虎一听，吓得拔腿远远地逃跑了。白董氏讲述，董再芳记录。收入《文山州傣族民间故事集》，16开，2页，460字，云南人民出版社2016年1月版。

（张元波）

老和尚打岩哇

傣族机智人物故事。流传于云南保山傣族地区。讲述的是：有两个十分顽皮的小男孩，赖在家里不做事，父母叫他们去放牛，他俩三天两头耍赖欺骗父母，不想放牛。但两人最开心的就是往佛寺里跑，找岩哇玩耍。这个岩哇从小就在佛寺里给老和尚使唤，他不想当和尚，可又离不开老和尚，反正在家里他也做不了什么活计，父母也就随他了。岩哇很聪明，爱说谎话戏弄别人，经常令人哭笑不得。他们三个顽皮的小娃娃在一起，常常惹得老和尚生气。老和尚一生气就用佛杖敲打岩哇的屁股，还有揪耳朵、弹脑门那是常有的事。有一次，老和尚买了一匹很瘦的红马回来，让岩哇每天放马。刚开始的时候，两个调皮的小孩放牛，岩哇放马，岩哇经常使唤他俩帮忙照看马，如果不从的话，岩哇就把老和尚揪耳朵的绝招使出来给他俩。两小孩对此十分不满，趁着放牛马的机会，想出了智斗岩哇的主意。最后，两个小孩终于斗赢了岩哇，惹得岩哇被老和尚一顿打。收入《景谷傣族民间故事》，汉傣双文版，32开，2页，904字，景谷傣族彝族自治县傣文化协会编，2014年3月发行。

（依旺的）

礼物

傣族机智人物故事。流传于云南省西双版纳傣族自治州。讲述的是：有两个人到勐达戈西腊学习智慧，学成回家前，向自己的师傅请教，要带什么礼物给亲人。师傅说："应该带一个人背得动，但要装满全家的礼物。"二人想了半天不知带什么好，途中看到农民在烧草，其中一个人决定带草回家。那人回到家时，正是傍晚，家人团聚在竹楼上吃饭。他在楼下把稻草点燃，浓烟弥漫竹楼，吓得家人以为出了火灾，跑下楼来，一看是他，都骂他是笨蛋。第二个人在朱腊波提建议下带回了一支蜡烛。他回到家时已是黑夜，他点燃蜡烛，光亮充满房屋，给家人带来了光明和幸福，受到了家人称赞。佚名讲述，刀新华搜集翻译。收入《西双版纳傣族民间故事集成》，32开，2页，600余字，云南人民出版社1993年版。

（李传宁）

离开宝座

傣族机智人物故事。流传于云南省西双版纳傣族自治州。讲述的是：帕雅召勐为证实艾西是否真像人们所说的那样聪明、智慧，他对艾西说："看看你有没有本事骗我离开我的宝座。"艾西说："你堂堂一勐之主，又坐在神圣的宝座上。如果你一定要我骗的话，为了维护你的尊严，请你走下来，坐在旁边的这把椅子上，再让我骗吧。"召勐心想此话也有点道理，就从宝座上走下来，坐到另一把椅子上，对艾西说："现在开始吧。"艾西笑起来，说："你不是已经离开了你的宝座，走下来了吗"。佚名讲述，岩温扁、吴军搜集翻译。收入《西双版纳傣族民间故事集成》，32开，3页，700余字，云南人民出版社1993年版。

（李传宁）

拉鱼塘

傣族机智人物故事。流传于云南省孟连傣族拉祜族佤族自治县。讲述的是：一天，大头人叫小头人把他的鱼塘送过去给大头人，否则要重罚。小头人知道大头人想敲他的竹杠但又无奈，就找到召口沙帮忙。第二天召口沙叫几个小伙伴脱去衣裤到泥塘滚了一身烂泥，火急火燎地跑去对大头人说鱼塘已拉来了。大头人问在哪里？小伙伴们说："就在门外，把你的大鱼塘拉来接上就行了。"大头人脱口而出："鱼塘怎么拉得动"？小伙伴们说："你的鱼塘拉不动，别人的鱼塘怎么送得来？"首领无话可说。波相胆讲述，刘宽记录，召罕嫩整

理。收入《孟连傣族拉祜族佤族自治县民间文学集成·傣族卷》（一），32开，1页，700字，孟连傣族拉祜族佤族自治县文化局、民族事务委员会1987年编印。

（郭玉萍）

懒岩三智娶富家女

傣族机智人物故事。流传于云南省德宏傣族景颇族自治州傣族地区。讲述的是：表面上懒洋洋的懒岩三充分利用时机，不仅让富翁的女儿舔到了自己的口水，而且还大胆去提亲。当富翁提出光是用来作聘礼的火烧猪就要有大象大，酒得像水一样流进家来时，他拿着斧头佯装要劈富翁的大门，说："那么大的火烧猪，不劈掉您的大门怎么抬得进来？"等富翁不耐烦地说出："只要抬得出你家的大门就该抬得进我的大门"后，懒岩三就只送了一头小火烧猪和一些酒去，说："这就是抬得出我家大门的火烧猪了。"向来"说话算数"的富翁不得不将女儿许给他了。佚名讲述，冯霄记录、翻译。刊于傣文杂志《勇罕》，16开，4页，1398字，1990年1—2期。

（冯霄）

马鹿是谁打死的

傣族机智人物故事。流传于云南省西双版纳傣族自治州。讲述的是：一个老猎人射伤了一只马鹿，并朝着受伤马鹿逃跑的方向追去。正好召勐率领一队人马和猎狗上山打猎，看见一只受伤的马鹿摇晃着跑过，召勐放猎狗追去。老猎人抄小路截住了受伤的马鹿，召勐赶来硬说马鹿是他的猎狗咬死的。老人却咽不下这口闷气，去请朱腊波提来评理。朱腊波提查看了死鹿的箭伤，确信马鹿是老猎人打死的。召勐处处炫耀自己的福分说：自己没射过一箭，是狗咬死了鹿。朱腊波提以鹿身上致命的箭伤和召勐不打自招的炫耀，证实马鹿是老猎人打死的。佚名讲述，岩温扁、吴军搜集翻译。收入《西双版纳傣族民间故事集成》，32

开，5页，3000余字，云南人民出版社1993年版。

（李传宁）

迷惑人的谜

傣族机智人物故事。流传于云南省西双版纳傣族自治州傣族地区。讲述的是：叭召勐愚蠢无知，又到处吹嘘自己是最聪明最有智慧的人。这就惹恼了邻近一个强大的部族。他们向叭召勐提出挑战，送两道谜语给叭召勐，限七天之内把谜底答出来。第一个谜是：一棵树有四个杈，四个杈各把一方霸。树上结着两个果，一个红，一个白，却开足着九亿九千九万朵花。第二个谜是：一只会走会飞的鸟，长着三个头，十二条腿，二十四只翅膀。五天时间过去了。首领、大臣、文人、佛爷，翻遍所有经书，也找不到答案。叭召勐急得像热锅上的蚂蚁。一个大臣建议，请艾苏、艾西两兄弟来试试看。艾苏、艾西来到王宫。艾西接过谜语读了一遍，说："一棵树是指我们脚下的地和头上的天，是整个宇宙。这棵树四个杈各把一方霸，这是指东、西、南、北四个方向；结着两个果，红的是指太阳，白的是指月亮；九亿九千九万朵花，是指天空中的星星。这不是把宇宙比喻成一棵树，一棵伟大的宇宙之树吗？"艾西把第二个谜语交给艾苏。艾苏接过来说："一只会走会飞的鸟，是指一年的时间。这只鸟有三个头，一年有三个季（热季、雨季、冷季）；十二条腿，这是说，一年有十二个月，每个月里，有两个夜晚天上出现轮丙睁眼月亮和轮拉闭眼月亮，一年就二十四天出这样的月亮，这就是二十四只翅膀。"叭召勐和大臣、佛爷们听了，不得不承认艾苏、艾西才是最聪明的人。谜底送去后，那个强大的部族认为傣族是有聪明有才智的。佚名讲述。岩温扁、吴军搜集整理。收入《云南少数民族机智人物故事选》，32开，2页，1800字，中国民间文艺出版社1981年版。

（阿南）

磨刀

傣族机智人物故事。流传于云南省西双版纳傣族自治州傣族地区。讲述的是：头人时常派百姓白工。这年，热季刚开始，头人便把艾苏、艾西叫去，吩咐道：往年，你两个没有好好干过白工，今年要老老实实地给我砍地三天。艾苏、艾西答应了。第一天，他们山上转了一圈就回家了。第二天，艾苏、苏西推说刀砍钝、砍缺了。头人说："古话说，磨刀不误砍柴工嘛，快磨刀。"这一天就这样过去了。第三天，艾苏、艾西还在磨刀，说磨刀不误砍树。头人发火："不磨了，时间都给你们磨完了！"艾苏用拇指试试刀口，摇摇头，伸过去："不相信，你剃胡子试试，能剃下来吗？"头人气得说不出话来，抬头一看，天快黑了，三天就这样磨过去了。从此，头人不再叫艾苏、艾西去做白工。佚名讲述，岩温扁、吴军搜集整理。收入《云南少数民族机智人物故事选》，32开，3页，2000字，中国民间文艺出版社1981年版。

（阿南）

牛尿洗脸

傣族机智人物故事。流传于云南省新平彝族傣族自治县。讲述的是：夏天，漠沙坝像一把上气的甑子一样热。一天，召勐见岩聪在烈日下烤，就问他不怕病吗？岩聪回答说自己用一种药水洗脸，不但能解暑，还能治头疼病。召勐问是什么药，岩聪说不能告诉别人。召勐让家奴去偷看，见岩聪起床后用牛尿洗脸。召勐吃过岩聪的亏不敢轻信，就亲自去窥视，他看到和家奴禀报的一样。每天，他就吩咐家奴赶在岩聪之前把厩里的牛尿端来给他洗脸。五天以后，召勐眼肿脸泡，还发高烧讲胡话。召勐病好后，凶神恶煞般地骂岩聪，可岩聪说自己并没做错什么。召勐说起原由，岩聪说牛尿里还要加一种药才能有效。召勐只得哑巴吃黄连，有口难言。冯德胜、白永先搜集整理。收入《乡泉集》第二集，32开，2页，1500字，云南民族出版社 1985 年版。

（郭玉萍）

牛肠该挂在谁的脖子上

傣族机智人物故事。流传于云南省西双版纳傣族自治州。讲述的是：勐巴拉的曼短寨有一个叫诈捧的头人是一个惯偷。一群商人到勐巴拉赶集，夜宿曼短寨边的大青树下。诈捧白天假意关心商人，让他们注意防偷防盗，晚上悄悄偷走了商人们的盐和牛。他把牛拉到别的寨子宰杀后，把脏牛皮和臭牛肠丢在邻寨，以转移视线，嫁祸于人。第二天，商人们发现牛群和盐丢失时，正巧邻寨的乡亲提着牛皮和臭牛肠来询问谁家丢牛，诈捧趁机诬陷邻寨乡亲，并叫嚣"谁偷了牛，就把臭牛肠挂在谁的脖子上"。正当乡邻与诈捧双方争执不休时，朱腊波提发现诈捧家竹楼下被苍蝇围绕的牛血水，揭穿了诈捧偷牛的丑行。佚名讲述，岩温扁、吴军搜集整理。收入《西双版纳傣族民间故事集成》，32 开，5 页，3400 余字，云南人民出版社 1993 年版。

（李传宁）

哪一端是桥头

傣族机智人物故事。流传于云南省德宏傣族景颇族自治州傣族地区。讲述的是：四个年轻的小伙子骑着四匹骏马外出串姑娘。他们来到一座桥旁，一位老人拦住他们的去路，问："英俊的小伙子，打扮得这么漂亮，要到哪里去啊？"四个年轻人赶紧下马，叩拜了老人，说道："尊敬的老人家，我们要到远方去寻找心爱的姑娘。"老人说要过桥可以但必须回答问题，我的问题是："这座桥哪一端是桥头，哪一端是桥尾？"四个年轻人你看看我，我看看你，半天谁也答不上来。最后他们决定去问召玛贺先生。召玛贺听完后说："年轻人遇事要多想一想，一座桥两端都一样。从这端过桥这端就是桥头；从那端过桥，那端就是桥头。"四个年轻人谢过召玛贺，骑着马来到桥头，回答了守桥人的问题，便愉快地过了桥。佚名讲述，朱光灿搜集、整理、翻译。收入《德宏傣族民间故事》，32 开，1 页，约 400 字，德宏民族出版社 1993 年版。

（金小所）

哪端是根

傣族机智人物事故。流传于云南省德宏傣族景颇族自治州傣族地区。讲述的是：一个上了年纪的老人，取下一筒实心竹子，把它修得很光滑，粗细一样，叫来村子里的年轻人，要他们认出这一筒竹子哪一端是根，哪一端是梢。年轻人谁都认不出来。老人叫他们去请教聪明的召玛贺。召玛贺对年轻人说："你们只要把这筒竹子放在水里，沉的那一端就是根，浮的那一端就是梢。"村里的年轻人做了实验，结果和召玛贺说的一样。这样，他们回答了老人的问题。从此，村里的年轻人就常常向召玛贺学本领。佚名讲述，朱光灿记录整理。收入《云南少数民族机智人物故事选》，32 开，1 页，300 字，中国民间文艺出版社 1981 年版。

（阿南）

能射飞鸽的弓箭

傣族机智人物故事。流传于云南省西双版纳傣族自治州。讲述的是：麻科沙塔知道被骗的奸商们又来找他算账，他请母亲拿支箭插在一只鸽子身上，然后把它装进笼子里。麻科沙塔告诉商人们，他有支神弓专门射飞鸟，射伤的鸟会自己飞到家里才死。商人们要麻科沙塔当场演示，回家果真看见鸽子死在笼里。商人们将神弓抵押后拿走，并削了很多的箭，射了许多飞鸽，结果连一根鸟毛都没见到，才知又上了麻科沙塔的当。佚名讲述，岩恩翻译，余涛整理。收入《西双版纳傣族民间故事集成》，32 开，2 页，500 余字，云南人民出版社 1993 年版。

（李传宁）

帕雅召勐毒死自己

傣族机智人物故事。流传于云南省西双版纳傣族自治州。讲述的是：帕雅召勐派人送毒酒给麻科沙塔，企图将他毒死。酒没毒死麻科沙塔，却毒死了他的父亲。麻科沙塔决心为父报仇。他把父亲的尸体抱回家，让其端坐床上，装成依然活着的样子。帕雅召勐听说麻科沙塔没死，他的父亲也还活着，他信以为真，怀疑毒药不管用。于是他亲自尝了一口毒酒，立刻倒地身亡。麻科沙塔为民除害后，被百姓推举为首领。佚名讲述，岩恩翻译，余涛整理。收入《西双版纳傣族民间故事集成》，32开，2页，500余字，云南人民出版社1993年版。

（李传宁）

螃蟹夹指　冷水松钳

傣族机智人物故事。流传于云南省西双版纳傣族自治州傣族地区。讲述的是：一群小孩从田坝上捉螃蟹回来，遇到缅寺的大佛爷，大佛爷向孩子们讨要螃蟹，孩子们同意后，大佛爷就自己伸手进鱼篓去拿，不料手指被螃蟹紧紧夹住了。大佛爷急得把手乱甩一气，但手指却被越夹越紧，无奈之下只能不断向菩萨祷告。这时，恰巧朱腊波提经过这里，他从佛寺里抬来冷水，让佛爷把手放进水中，不一会儿螃蟹就松开了钳子。佚名讲述，岩温扁、吴军搜集整理。收入《西双版纳傣族民间故事集成》，32开，4页，1770字，云南人民出版社1993年版。

（龙江莉）

奇怪的芒果（一）

傣族机智人物故事。流传于云南省西双版纳傣族自治州。讲述的是：在傣历正月间，勐巴拉纳西城郊一个专门为召勐看守芒果园的寡妇，她发现一个芳香扑鼻的芒果，把它敬献给召勐。召勐把这奇特的芒果让侍奴先尝，侍奴尝后立即中毒死了。召勐命人把寡妇抓来治罪。朱腊波提为挽救无辜，请求召勐给他机会解开此迷。朱腊波提到老妇的果园仔细勘察后，发现芒果是被酸蚂蚁窝包裹储藏才延长了成熟期；蚂蚁搬家后，窝被风吹破，芒果受阳光照射后，成熟落地，正好被土洞里的眼镜蛇咬过，染上了眼镜蛇毒液。朱腊波提解开毒芒果之谜，老妇人因此得救。佚名讲述，岩温扁、吴军搜集整理。收入《西双版纳傣族民间故事集成》，32开，7页，4000余字，云南人民出版社1993年版。

（李传宁）

奇怪的芒果（二）

傣族机智人物故事。流传于云南省景谷傣族彝族自治县傣族地区。讲述的是：一个专门给头人看守果园的寡妇，在傣历正月从芒果树下捡得一个熟芒果送给头人，头人叫侍奴尝了一片，结果侍奴中毒而死，头人认定寡妇要毒死他，要治寡妇的死罪。朱腊波提得知这事后，他仔细查看了死者，又用鸡来试，证明是芒果毒死了侍奴。但为什么在冷季的一月会有熟芒果？芒果掉落时的浆还有黏性？于是乎，朱腊波提叫寡妇带他去看芒果掉的地方。他观察到树枝上有个箩筐大的酸蚂蚁包，但蚂蚁已在十天前搬了家。朱腊波提爬到高处看，见蚂蚁包里还有两个芒果，一条绿蛇在啃吃。他用手去摸熟芒果，不料，芒果"叭"的一声掉在地上，即刻，一条眼镜蛇从树脚土洞里窜出来，舐了一口芒果又爬回土洞里。就这样，朱腊波提弄清了事实真相，并带着头人去打死了眼镜蛇，判明了一桩冤案。佚名讲述、记录。收入《中国讲述故事大辞典》。16开，1页，700字，中国文联出版公司1992年版。

（阿南）

起死回生的圣法

傣族机智人物故事。流传于云南省西双版纳傣族自治州。讲述的是：麻科沙塔估计到奸商要对自己下毒手，他用口袋弄来一袋野蜂摆在家里，他让母亲装死躺在竹楼中央，盖上白布，他自己却跪在一边哭丧。赶来找他算账的商人们看到他打开野蜂，并用祖传的圣法救活了他的母亲。商人们以不杀为条件换走麻科沙塔的祖传圣法，想拿去赚大钱。麻科沙塔告诉他们："如果人死的时间较长，得把家里所有的门窗、洞口封严堵死，然后打开口袋套在死人头上。"晚上，商人们投宿的店家正好死人，死亡时间较长，八个奸商就与主人一起关门闭户"救人"。商人们打开口袋，蜂子飞出，咬得屋里人乱作一团，主人家一气之下，拔出长刀，抡起棍棒，打死了商人。从此，麻科沙塔过上了安宁的日子。佚名讲述，余涛整理，岩恩翻译。收入《西双版纳傣族民间故事集成》，32开，2页，800余字，云南人民出版社1993年版。

（李传宁）

骑马者被狗咬伤

傣族机智人物故事。流传于云南省西双版纳傣族自治州。讲述的是：帕雅龙极的儿子嘎允趁黑夜到寨子里调戏一个猎人的女儿胆罕，被猎人家的狗咬伤。第二天，嘎允带人向猎人讨要赔偿费，并限三天内交去。猎人请朱腊波提帮忙评理。朱腊波提以召勐自己制定的法规："恶意损害他人的东西，要罚款三倍"向嘎允讨要罚款，并扬言要把事情闹到最高领主召片领那里。嘎允父子怕事情闹大，只好承认理亏，向猎人赔偿三十两银子。佚名讲述，岩温扁、吴军搜集翻译。收入《西双版纳傣族民间故事集成》，32开，7页，4000余字，云南人民出版社1993年版。

（李传宁）

人腰长出牛里肉

傣族机智人物故事。流传于云南省西双版纳傣族自治州傣族地区。讲述的是：泼水节到了，艾西和几个人到河边杀牛。寨子里的小头人也去了。杀好牛后，小头人把牛肉骨头分成几堆，把最好的一块里肉剔出来，让大家都看见后，放进艾西的箩筐里，故意大声说："艾西，你就挑这两箩筐回寨吧，长长的牛里肉也在里面了。"趁大家洗手、洗刀子不注意时，小头人将牛里肉抽出来，勒在他腰间，别进裤带里。回到寨子，大家不见了那条牛里肉。小头人说明明是放在艾西挑的箩筐里，怎么不见了？真是大怪事。艾西观察出小头人举止，再看看他鼓鼓的腰间，笑着说道："这有什么奇怪的呢？最奇怪的是，有个人腰里长出牛里肉了！"小头人不由自主地摸了摸他的腰。这时人们发现小头人"腰里长出来"的牛里肉了。佚名讲述，岩温扁、吴军搜集整理。收入《云南少数民族机智人物故事选》，32开，2页，750字，中国民间文艺出版社1981年版。

（阿南）

三条鱼两个人

傣族机智人物故事。流传于普洱景谷县傣族地区。讲述的是：有两位好朋友一起去捕鱼，捕得三条鱼。在分鱼的时候，因为怎么分都分不均而产生矛盾。这时，他们遇到一个打柴回来的名叫艾哇的小伙子，并叫艾哇给各自评理。艾哇从地上的鱼箩里拿出那三条鱼，分别把两条鱼放在那两个人的手上，再把第三条鱼挂在自己的柴担上。那两个人看了，觉得艾哇的处理方式很合理，就高高兴兴地回家了。收入《景谷傣族民间故事》，汉傣双文版，1页，437字，2014年3月版，景谷傣族彝族自治县傣文化协会编。

（依旺的）

三兄弟出世

傣族机智人物故事。流传于云南省西双版纳傣族自治州。讲述的是：傣族机智人物艾苏、艾西、艾辟节三兄弟出世的经过。相传一个穷妇欲过江赕塔，她先后三次向帕雅召勐、佛爷和爱尼山官请求搭船过江，都遭到驱赶和打骂。伤心的穷妇用自己的泪水拌着江畔的细沙，捏成三个人形沙堆，向天神帕雅英哭诉了自己的痛苦，希望帕雅英恩赐她三个儿子,去为她报仇雪恨。穷妇的哭诉感动了天神帕雅英,天神同意她实现自己的愿望。后来穷妇生下了三个聪明可爱的儿子,老大叫艾苏,老二叫艾西,老三叫艾辟节。穷妇人节衣缩食,精心培育他们。儿子长大成人后,她让他们用自己的智慧去与丑恶作斗争,让艾西对付帕雅召勐,艾苏对付大佛爷,艾辟节对付山官。三兄弟成为傣族为民伸张正义,智斗丑恶的机智人物。佚名讲述,岩温扁、吴军搜集翻译。收入《西双版纳傣族民间故事集成》,32开,2页,1200余字,云南人民出版社1993年版。

(李传宁)

山官卖自己

傣族机智人物故事。流传于云南省西双版纳傣族自治州傣族地区。讲述的是:艾辟节被山官抓住,山官本想砍死他,但见他英俊聪明,便决定把他卖掉赚些钱。艾辟节知道了山官要卖自己,就鼓动他把自己打扮漂亮,用藤椅抬着,这样能抬高身价。山官听了觉得有理,就拿出锦衣华服将艾辟节打扮了一番,叫家丁抬着下山了。来到一个傣族坝子,山官不知傣话的"卖艾辟节"怎么说,就问艾辟节,艾辟节教给他一句意为"艾辟节卖我"的傣话。一路上,山官和家丁都大声喊着"艾辟节卖我",外地来的一个大商人听了,立即向艾辟节买下了那个最胖的奴隶——山官。佚名讲述,岩温扁、吴军搜集翻译。收入《西双版纳傣族民间故事集成》,32开,3页,1100字,云南人民出版社1993年版。

(龙江莉)

水着火

傣族机智人物故事。流传于云南省西双版纳傣族自治州。讲述的是:帕雅召勐怕艾西在他宴请宾客时捣乱,他吩咐艾西把河边的稻草全部运完后,可随便到哪座吃饭都行。艾西把稻草堆点燃,让草堆顺着河水漂流。帕雅召勐怕火烧到河边的马厩,急忙请客人们搬运稻草。等客人们运完稻草,湿淋淋地回到宴会场时,艾西已经饭饱酒足。佚名讲述,岩温扁、吴军搜集整理。收入《西双版纳傣族民间故事集成》,32开,3页,2000余字,云南人民出版社1993年版。

(李传宁)

身揣米饭粑粑的富人

傣族机智人物故事。流传于云南省保山市傣族地区。讲述的是:富人请过不少人来做帮工,但谁也干不长。因为富人每天早上都烧好了一个米饭粑粑装在贴身的内衣里,然后趁着帮工们干活时偷偷啃着吃,不管帮工们有多饿,太阳当顶还不收工。一天早上,当富人把刚烧好的粑粑装入贴身内衣时,一个帮工便装着调皮的样子,紧紧去抱着富人,米饭粑粑把富人的肚子烫得直叫。佚名讲述,金有富记录,冯霄译。刊于傣文杂志《勇罕》,16开,1页,520字,1987年1—2期。

(冯霄)

沙子当做金,官家迷了心

傣族机智人物故事。流传于云南省德宏傣族景颇族自治州。讲述的是:一次,召玛贺突然闯入王宫,故意神秘地告诉首领和大臣,说是天神传给了他让沙子变成金子的本领,首领和大臣们听后,纷纷讨好召玛贺,让他教给他们,但召玛贺却说要到七天后才能说出方法。首领和大臣只好耐着性子等,他们抢着购买沙子,有时竟为了抢一担沙子而又吵又打,看到他们的屋里屋外堆成一座座小山的沙堆,召玛贺觉得很好笑。七天后,首领让召玛贺当场用沙子变金子,召玛贺却说:"天神又发话了,沙子变成金子的事情是不能向任何人说的,我向你们说过了,所以现在沙子变不成金子了。"首领和大臣都被他蒙骗了。佚名讲述,罕孟、水滴整理。收入《德宏傣族民间故事》,32开,2页,812字,德宏民族出版社1993年版。

(杨荣芳)

说谎的工具

傣族机智人物故事。流传于云南省德宏傣族景颇族自治州盈江县傣族地区。讲述的是：岩章片能说谎是远近闻名的。一次，首领也想试试，便把他叫进宫里专门对首领说谎。岩章片一本正经地说："我今天没带说谎的工具来。"首领说："你说谎的工具是什么样？""又大又重，得把宫里的围墙拆了才进得来。"正当首领忙派人准备去拆墙时，岩章片却笑着说："其实我已对您说了谎了，世上哪有说谎的工具呢。"佚名讲述，冯霄记译。刊于傣文杂志《勇罕》，16开，2页，544字，2002年3—4期。

（冯霄）

死在家里

傣族机智人物故事。流传于云南省西双版纳傣族自治州。讲述的是：艾章赖带着从爱伲（哈尼族一个支系）朋友那里得到的弓箭准备去打猎，一个背着银制猎枪的富家子弟也一同而去。见到斑鸠，艾章赖每"噔"地射中一支箭，口中便念："死在家！"艾章赖射了五箭，回来时真的有五只斑鸠死在他的家里。富家子弟就提出用猎枪换弓箭，艾章赖只答应换三天。第二天富家子弟也学着艾章赖的样子，"噔"地射出一箭便喊："死在家！"可射中的斑鸠没有一只死在家中，气得把弓箭摔在楼梯上。弓箭被砸坏了，艾章赖就没把猎枪还给他。刀新华讲述，依旺的翻译。16开，3页，756字，稿存西双版纳傣族自治州民族研究所。

（依艳坎）

谁是生母

傣族机智人物故事。流传于云南省德宏傣族景颇族自治州傣族地区。讲述的是：一个妇女在河里洗衣服时将婴孩放于岸边，另一个坏女人过来把婴孩抱走，两人拉扯之中，召玛贺恰巧碰上，但她俩都说是对方要抢自己的孩子。召玛贺便在地上画了个圆圈，将孩子放于圈内，然后让她俩抢。只见坏女人猛抢狂拉，而生母却担心把孩子拉伤不敢出力。站在一旁的召玛贺一眼就判断出谁是生母。佚名讲述，孟成信记录。刊于傣文杂志《勇罕》，16开，1页，513字，1988年3—4期。

（冯霄）

谁是偷牛人

傣族机智人物故事。流传于德宏傣族景颇族自治州的傣族地区。讲述的是：一天傍晚，两商人来到一个寨子。一个住在寨边凉亭，一个住在寨子里。深夜，住在寨子外边的商人进到寨子里偷了一头又肥又大的黄牛。他正牵着牛往寨外走，被住在寨子里的那个商人发现了，他边追边喊："有人偷牛啰！有人偷牛啰！"偷牛人见势不妙，忙丢下牛就往外逃跑。那喊捉贼的商人拼命追赶，追上贼后两人厮打了起来，人们难辨谁是偷牛人，只好带着两个商人去找召玛贺辨别。召玛贺要这两个陌生人当众摔跤。没多大一会，偷牛的那个商人被摔倒在地上，上气不接下气地喘着粗气，爬不起来。这时召玛贺指着被摔倒在地的商人说："偷牛的就是他。因为只有力气大的人才能追上捉住小偷。"人们撵走了那个偷牛的商人，领着勇敢的客人回寨子里去。佚名讲述，朱光灿搜集、整理、翻译。收入《德宏傣族民间故事》，32开，2页，约700字，德宏民族出版社1993年版。

（金小所）

谁该让谁

傣族机智人物故事。流传于云南省西双版纳傣族自治州。讲述的是：分别住在河两边的两个好朋友，他们各自的田地在河的对岸。他们每天下田干活，都要在独木桥上相遇。两个好友从来都互相礼让。一天，两家都同时出了大事。河东的人死了父亲，河西的人看见自己的房子起了大火，两人拼命向自己家奔去，在独木桥上相撞，两人互不相让，掉进了河里。双方争吵不休时，正好朱腊波提走来，他们请朱腊波提评理。朱腊波提说:"河东的人错了,你应该让路;因为人死不能复生,但房子起火的人赶回去,还可以救出一些东西,挽回一些损失,所以河东的人应该让路。"佚名讲述,岩温扁、吴军搜集翻译。收入《西双版纳傣族民间故事集成》,32开,2页,800余字,云南人民出版社1993年版。

(李传宁)

谁是金子的主人

傣族机智人物故事。流传于云南省西双版纳傣族自治州傣族地区。讲述的是:有个宰多(孤儿),无依无靠,讨乞度日。他省吃俭用,一点点积攒,天长日久,积攒了足足一百两金子。一个骗子发觉了宰多的金子,起了歹心。他见宰多走过来,撕下自己的一块衣角,丢在路中间,躲起来。宰多走来捡起来包金子。天色已黑,宰多在寨子的沙格房(凉棚)过夜,骗子也与他一起过夜。次日,骗子大声呼喊,引来众多人,当众声称宰多偷了他用衣角包裹的金子,而宰多申辩金子是他的,用路上捡来的一块布包着。两个人争辩不休。后来找到干达来评判。干达来问了两人,骗子说他的金子有一百多两,宰多说他的金子足足一百两。干达来称了金子,心中有数了。但把金子放在地上,叫他们两人去抢,谁抢到金子就是谁的。结果,骗子冲上去抢到了金子。宰多却站着不动。干达来问他为什么不去抢?宰多说:"先生,我听人说,你智慧机灵,聪明过人,评判公道。今天,我算认识你啦,我很痛心。"说着,转身就走。干达来叫住,命骗子把金子还给原主。佚名讲述,刀国安、刀正明、岩林搜集整理。收入《云南少数民族机智人物故事选》,32开,3页,1500字,中国民间文艺出版社1981年版。

(阿南)

谁的妻子

傣族机智人物故事。流传于云南省孟连傣族拉祜族佤族自治县。讲述的是:一天,一对夫妻出门串亲戚,来到一大河边。这里无船又无桥,又不知河水深浅,不敢贸然涉水过河。丈夫见上游有一个钓鱼人就去问水深不深。那人说很深,但他熟悉水性可以过去。丈夫就请他帮忙带过去,钓鱼人先背起妻子涉水过河。他见这女人漂亮,就花言巧语地说了他家如何富有,要她嫁给他。那女人财迷心窍就答应了。丈夫见他俩过了河头也不回地走了,就不顾深浅,拼命过河追上他们。钓鱼人一口咬定她是自己的妻子。三人闹到王宫。首领无奈叫人去找来召口沙。召口沙把三人分开,仔细询问他们各自的亲戚姓名住址。钓鱼人说的与那女人说的一点也对不上,首领就让丈夫领回妻子,处罚了骗子。波相胆讲述,刘宽记录,召罕嫩整理。收入《孟连傣族拉祜族佤族自治县民间文学集成·傣族卷》(一),32开,1页,7000字,孟连傣族拉祜族佤族自治县文化局、民族事务委员会1987年编印。

(郭玉萍)

丝线穿曲玻管

傣族机智人物故事。流传于云南省西双版纳傣族自治州傣族地区。讲述的是:帕雅召勐见麻科沙塔其貌不扬,不相信他很聪明,就跟他打赌,如果麻科沙塔能把一根丝线穿过有九道弯、中心只有针眼大的一根长玻璃管,就免他家三年税,否则就要罚他做三年家奴。麻科沙塔同意了,他走出王宫来到草坪上,用香甜的蜂蜜引着蚂蚁把丝线穿过了玻管。帕雅召勐见了无话可说,只好免去麻科沙塔家三年的税。佚名讲述,岩恩翻译,余涛整理。收入《西双版纳傣族民间故事集成》,32开,1页,440字,云南人民出版社1993年版。

(龙江莉)

酸鱼罐

傣族机智人物故事。流传于云南省德宏傣族景颇族自治州傣族地区。讲述的是:一对穷夫妻出远门时,无意中捡到一罐金子,晚上投宿于一富人家并说这是一罐酸鱼。是夜，富人之妻不听丈夫劝阻，便用一罐真的酸鱼将金罐换走。天亮后，两家人争执不下，便请首领判断。首领无法，又推给王后去判。王后让人做了一个大鼓，让一个大臣钻于鼓内，并将鼓之两头蒙好。先让穷夫妻抬着在旷野上不停地转来转去，穷夫妻抬不动了，俩人说："反正是拾得的东西，让他们拿去算了。"轮到富人夫妻抬时，丈夫埋怨说："我说让你别拿，你就是不听，现在让我跟你受如此之罪。"钻于鼓内的大臣因此断了案。坦算讲述，多守翠记录。刊于傣文杂志《勇罕》，16开，2页，1352字，1986年3—4期。

（冯霄）

数星星

傣族机智人物故事。流传于云南省西双版纳傣族自治州。讲述的是：帕雅召勐半夜派人把艾苏叫来帮他数星星，并说如果数不清，就不能睡觉。艾苏回家睡了一觉。第二天，他告诉召勐星星的数是：一株酸角树的果；三棵松树的叶；八座沙滩的沙粒；九间仓库的芝麻；八个麻袋的豌豆。昨晚我已经细细数过几遍了。你把这几个数加起来就是了。艾苏说完，转身就走。佚名讲述，岩温扁、吴军搜集翻译。收入《西双版纳傣族民间故事集成》，32开，2页，500余字，云南人民出版社1993年版。

（李传宁）

施肥

傣族机智人物故事。流传于云南省西双版纳傣族自治州傣族地区。讲述的是：艾苏、艾西的母亲被头人利滚利、小斗出、大斗进，结果欠下五斗谷子。母亲一气得病去世后，这笔债就落到艾苏、艾西兄弟俩头上了。头人又把谷子折成钱一年年翻倍，就翻到一百块钱。艾苏、艾西拼命干活，到傣历五月，挣够一百块钱还给头人。头人想再刮他们一点油水，就说："我那五十亩田需要施肥，如果你们在几天之内在上面施满肥料，这一百块钱就不收了。要是完不成，钱得偿还，活算白干啦。"艾苏、艾西同意了，并找几个邻居作证人。这样，艾苏和艾西上山砍了许多叶子茂密的树枝，一枝枝插入田里，一天工夫，就插满了五十亩田，叫头人去看，头人一看，气急败坏地叫起来："这是什么肥料！"艾西微笑着说："枝叶干了，放一把火，不就是灰肥吗？"头人一句话也说不出来。佚名讲述，岩温扁、吴军搜集整理。收入《云南少数民族机智人物故事选》，32开，2页，1400字，中国民间文艺出版社1981年版。

（阿南）

赛经

傣族机智人物故事。流传于云南省西双版纳傣族自治州傣族地区。讲述艾苏当侍仆的那个佛寺的老佛爷，是一个无知而又十分高傲的老头。他总爱以自己佛历长，资格老为资本，蔑视本勐和外勐的佛爷、祜巴。这事引起各地和尚、佛爷、祜巴的不满。他们就串通一气，选出知识最丰富、最聪明、最有智慧的一些大佛爷和祜巴，要同那个高傲的老佛爷赛经，比个雌雄。这个消息传到那个老佛爷耳里，他像浑身爬满了蚂蚁，几天吃不香睡不着，因他比别人更清楚，自己是没有知识的人。赛经那天一早，他吩咐艾苏接待外地来的佛爷、祜巴后，自己从佛寺后山进森林里去了。外地佛爷、祜巴到了。艾苏知道老佛爷为什么躲开。于是他盘腿坐在念经台上，闭着眼，嘴里不住地念道："嘀哇多哇嘀，嘀哇多哇嘀……"那些佛爷、祜巴听不懂他在念什么，问他："寺奴，你在念什么呀？"艾苏睁开眼睛，一本正经地答道："我在念缅寺里的一本贝叶经！"说罢，又念起来。那些佛爷、祜巴心慌起来，因为他们谁也回忆不起哪一部经书里有这些经文。接着，艾苏又在棉纸上东写西画，嘴里喃喃重复着："戛多娃戛底，戛多娃戛底……"纸上出现一行行像鸟迹，又像蝌蚪的图案。有佛爷问他写的是什么字，他说是神书里的鸡爪子。这样一来，外地佛爷、祜巴觉得一个寺奴都有这么高深的知识，就不敢与佛爷赛经，一个个悄悄地走了。轰动全勐的赛经会，就这样结束了。佚名讲述，岩温扁、吴军搜集整理。收入《云南少数民族机智人物故事选》，32开，2页，1500字，中国民间文艺出版社1981年版。

（阿南）

同居一树荫，共享树下乐
傣族机智人物故事。流传于云南省西双版纳傣族自治州。讲述的是：曼贵和曼崴是相隔一道篱笆的两个寨子。由于其所属的两勐之间，经常发生战争，两户毗邻而居的人家，因一棵芒果树枝伸到邻家，芒果被邻家所捡食，双方闹起纠纷。他们找到朱腊波提进行评理，朱腊波提以芒果树上的蜂窝和鸟巢互不侵犯、友好相处的欢乐情景，教育两户毗邻而居的家人，最后双方和解，和睦相处。佚名讲述，岩温扁、吴军搜集翻译。收入《西双版纳傣族民间故事集成》，32开，5页，2500余字，云南人民出版社1993年版。

（李传宁）

挑盐和骑马
傣族机智人物故事。流传于云南省西双版纳傣族自治州傣族地区。讲述的是：大佛爷逞威风，一到街子天，总要骑在马上，让艾苏牵着去赶街。一次，他叫艾苏挑五十斤盐巴回佛寺。艾苏挑着盐巴走在前，大佛爷骑马在后面。中午时分，太阳又热辣，山路凹凸不平，马没有人牵，尽走坎坎凹凹的地方。颠簸得大佛爷腰酸背痛，一身大汗。他见艾苏挑着担子，轻悠悠的，十分轻松，好舒服的样子。大佛爷喊，艾苏，艾苏装作睡着打鼾。大佛爷想：我要叫你尝尝骑马的苦味！就大声对艾苏呵斥道："好啊，艾苏，你倒好舒服啊！放下担子，我来挑盐，你骑马！"艾苏推辞说："还是你骑吧，我还没有睡够哩！"大佛爷发火了。艾苏说："好，好！让给你挑盐，我骑马。"艾苏跨上马背，抽了一鞭马，一溜烟走了。大佛爷挑起盐担，摇摇晃晃走了几步，想喊艾苏转回来，可艾苏的影子都不见了。佚名讲述，岩温扁、吴军搜集整理。收入《云南少数民族机智人物故事选》，32开，2页，1000字，中国民间文艺出版社1981年版。

（阿南）

偷来之物，不会爱惜
傣族机智人物故事。流传于云南省西双版纳傣族自治州。讲述的是：西纳告的女儿南苏宛纳偷换了一个农家姑娘的银项链，姑娘发现银项链被南苏宛纳带着，两人争执不休，闹到召勐的宫殿。姑娘的父母请朱腊波提来断案。朱腊波提让她们俩当着众人的面同时赛抢，看谁抢到项链，谁就是项链的主人。抢项链时，南苏宛纳毫无爱惜地拼命抢，恨不得把项链拉断；姑娘虽然拉着项链不放，却不敢用力，她知道项链来之不易，生怕自己心爱的项链被拉断。朱腊波提根据"物主惜物，偷者挥霍。偷来之物，不会爱惜"，判断出银项链是农家姑娘的。佚名讲述，岩温扁、吴军搜集翻译。收入《西双版纳傣族民间故事集成》，32开，4页，2000余字，云南人民出版社1993年版。

（李传宁）

王子杀人，杀之无罪
傣族机智人物故事。流传于云南省西双版纳傣族自治州。讲述的是：商人出身的帕雅龙景登基时颁布了"无论是谁，只要他做贼抢劫，都应受到王法的同等惩处"的法典。他的儿子长大后与强盗为友，并在一次抢劫中被商人们砍死。帕雅龙景命官兵把商人们抓来准备处死，商人家属请朱腊波提来帮助评理。朱腊波提趁机赞美召勐执法公正的同时，以帕雅龙景登基时颁布的法典为依据，诱使召勐落入朱腊波提的圈套，为商人们赢得了自由。佚名讲述，岩温扁、吴军搜集翻译。收入《西双版纳傣族民间故事集成》，32开，6页，

3000 余字，云南人民出版社 1993 年版。

（李传宁）

闻着肉香味，下光饭味道好

傣族机智人物故事。流传于云南省德宏景颇族自治州傣族地区。讲述的是：在召细威吉统治时代，有个小乞丐，父母双亡，以乞讨为生，一天他讨到一团白饭。当他拿着饭团从一富人家的厨房边经过时，厨房里飘来油炸鱼、肉的阵阵香气，小孩就闻着肉香味当菜下饭吃了起来。正在吃得特别香甜可口的时候，富人见了他便上前问他吃什么东西，为何这样好吃。小孩说他是闻着厨房飘来的香味来当菜吃。富人听后大怒道："我所吃的饭菜没有味道，原来都是被你这小子吃了。"富人叫小孩赔钱。他俩便来到召细威吉的府里，请召细威吉评理。召细威吉问清缘由后，叫两人第二天再来。第二天召细威吉叫人搬来许多银两堆放在镜前，召细威借对富人说："用你的口袋去装镜中的钱。"富人表示不服，召细威吉说："别人只是闻得你厨房里的肉香味，你就叫别人赔你，我也只能照你的方法，让你去拿镜中的钱了。"人们都欢呼叫好，都非常敬佩召细威吉的才华。哏赛讲述，静勐搜集，线永明译。收入《孔雀》，傣文版，16 开，2 页，约 600 字，1981 年第 2 期。

（线永明）

小鱼吃沙子

傣族机智人物故事。流传于云南省红河县傣族聚居区。讲述的是：溪处官因尝到河里的小鱼好吃，就派傣族人每年交粮时要交一斤河鱼。一到交粮时，傣家人都到河里捞小鱼。捞鱼的人多，鱼越来越少。里长们就叫百姓往鱼肚子里塞河沙。土司官吃了鱼后问为何今年送来的鱼肚里全是沙子？一个里长机智地说："原来的鱼好吃是因为鱼肚里的沙子洗出去了，你下令交的鱼太多就来不及洗出鱼肚里的沙子。"土司官又问为何小鱼肚里有那么多沙子。里长说："大鱼吃小鱼，小鱼吃沙子呀。"土司听后摆摆手说以后就不要交小鱼了。佚名讲述，张寒搜集、整理。收入《红河县民族民间故事》，32 开，1 页，700 字，云南民族出版社 1990 年版。

（郭玉萍）

小贼偷大贼

傣族机智人物故事。流传于云南省西双版纳傣族自治州。讲述的是：勐达沙曼坝卡寨一个自称撵鬼送鬼能手的"波摩披"（巫师）偷吃寨里一户人家养的蜂蜜和蜂儿。他把吃剩的蜂蜜藏在家中，把蜂饼扔到邻居家楼梯下嫁祸于人。次日，蜂主人发现蜂蜜被偷时，波摩披的邻居神情焦急。装神弄鬼的波摩披趁机劝他的邻居向蜂主人道歉，并让邻居自己当众打三下嘴巴。朱腊波提带着众人到波摩披的家，沿着蜜蜂和蚂蚁飞进爬出的线路，找到藏在波摩披家中的蜂蜜，揭穿了波摩披的偷窃行为。佚名讲述，岩温扁、吴军记译。收入《西双版纳傣族民间故事集成》，32 开，6 页，3400 余字，云南人民出版社 1993 年版。

（李传宁）

下河摸鱼的猫

傣族机智人物故事。流传于云南省西双版纳傣族自治州。讲述的是：一位奸商来找麻科沙塔算账。早有准备的麻科沙塔抱着一只湿湿漉漉的猫，还背着一篓小鱼，告诉商人们说他有一只会下河捉鱼的猫。奸商信以为真，经过一番讨价还价买下了猫。不久，他们走到一条河边休息时，把猫丢到河里捉鱼给他们吃，猫一会儿就跑得无影无踪，奸商们只好用盐巴下饭。佚名讲述，岩恩翻译，余涛整理。收入《西双版纳傣族民间故事集成》，32 开，2 页，700 余字，云南人民出版社 1993 年版。

（李传宁）

向仙女乞讨乳汁

傣族机智故事。流传于云南省德宏傣族景颇族自治州傣族地区。讲述的是：首领百般刁难召玛贺这个智慧超群的小伙子。一天，恼羞成怒的首领一定要让召玛贺去乞讨仙女的乳汁来给他喝，否则，长刀在脖子之上。到了那天，召玛贺进宫去，见了首领也不磕头。说："我去乞讨仙女乳汁时，不但得不到，反而被大骂了一顿。仙女说，仙女的乳汁只有首领亲自去取才行，还说我是个平民百姓，连向首领磕头的资格都没有，因此，我也不敢向首领您磕头了。"佚名讲述，方小爽记录。刊于傣文杂志《勇罕》，16开，2页，570字，1997年1—2期。

（冯霄）

行凶作恶，被杀活该

傣族机智人物故事。流传于云南省西双版纳傣族自治州。讲述的是：帕雅召勐的儿子召榴，骑马闲逛到田边时，因正忙收割的百姓无人向他请安，他便带人在稻田里赛马糟蹋一个寡妇的稻田。一个青年带领百姓赶走召榴，怀恨在心的召榴又带人到寨子里杀人，百姓迫于自卫，杀死了召榴。帕雅召勐到召片领那里告状，召片领以奴隶杀主、犯上作乱为由，欲将青年和凶手斩首示众。朱腊波提以"吃牛的虎，该打死；杀人的人，不是更该杀吗？""老虎下坝，自寻挨打；行凶作恶，人共诛之"等道理为百姓辩护，令召片领等大小召勐和头人无理可辩。佚名讲述，岩温扁、吴军搜集翻译。收入《西双版纳傣族民间故事集成》，32开，5页，2500余字，云南人民出版社1993年版。

（李传宁）

洗脚

傣族机智人物故事。流传于云南省西双版纳傣族自治州傣族地区。讲述的是：景洪的召片领（最高统治者）宣布：请各勐的召勐、大佛爷、叭龙高（总头人）、摩古拉和聪明人入王朝金殿就座。但那天天宫不作美，因下雨山路泥泞，又不许穿鞋，一个个都是泥脚巴巴的。大臣宣布要他们洗干净脚方能进入宫殿，又给每人一蛋壳洗脚水。召勐、大佛爷们，一个望着一个，愁眉苦脸。只有艾西神态自若，满脸微笑。他找来一片竹片，用竹片刮干净脚上的泥巴，又拿一根鸡翅毛，蘸着蛋壳里的水，刷洗脚，一下就洗干净了。艾西的这一绝妙的洗脚办法，使那些召勐、大佛爷、叭龙高、摩古拉都惊呆了。这时，大臣叫艾西进宫殿去，他却说："这台阶太脏了，应该用一千倍一万倍这样的水冲洗！"说完，不进宫殿，沿着原路回去了。佚名讲述，岩温扁、吴军搜集整理。收入《云南少数民族机智人物故事选》，32开，2页，1000字，中国民间文艺出版社1981年版。

（阿南）

香香屁

傣族机智人物故事。流传于云南省新平彝族傣族自治县。讲述的是：岩聪被本寨召勐抓去放牛。召勐是个奸诈狡猾、贪婪吝啬的家伙，每天，天还没亮他就来催岩聪去放牛。一天，岩聪用香花放泡进猪尿后吹上气夹在胯里，召勐来叫他的时候，他双腿一压发出屁响声并传出花香味。召勐问岩聪放的屁为何这样香。岩聪说因为自己吃了梦中遇上的仙人送的药。他还说吃此药后不会生病，还剩一包。昭勐一听便想得到，就用十两银子恳求岩聪把药让给他。岩聪假装舍不得地把药给了他并教他用冷水服药。召勐回到家怕喝冷水后坏肚子就用开水服下这有狗屎味的药。他吃那药后直放臭屁，浑身瘫软，在床上躺了一个月才复原。他找到岩聪说那药是假的要还钱，岩聪说你用开水服药怎么能怪我。召勐只好自认倒霉。冯德胜、白永先搜集整理。收入《乡泉集》，32开，3页，2000字，云南民族出版社1985年版。

（郭玉萍）

选拔大臣

傣族机智人物故事。流传于云南省西双版纳傣族自治州傣族地区。讲述的是：勐纳版召勐年老多病，又无子，决定从一百零一名官员中选拔一个忠诚于国家和百姓的人做他的助手。但选谁呢？他拿不定主意。他老婆叫他请干达来帮他出主意。干达来了，他立即给召勐想出了选拔的办法。开门节（佛教节日）这天，他传令全勐一百零一个大小官员到勐府来。官员到齐后，召勐命侍女端上麻里尕（一种酸涩的果子）来，分给每个官员吃一个，他自己却拿起一个麻布棕（一种味美的果子）吃起来。他边吃边说："这水果很美，又香又甜。你们说是不是？"众官员为讨好召勐，大声说："是。"唯有一个年轻官员把麻黑尕扔了，"呸！苦死了！"召勐看在眼里，听在耳里。接着，他又命侍女端来麻布棕分给官员们吃，他自己却又拿起一个麻里尕吃，皱起眉问官员："诸位官员，你们吃的苦涩吧？"官员异口同声答道："苦涩！"把麻布棕扔了。那个年轻官员站起来对召勐说："尊敬的召勐，本来是又苦又涩的，你们偏要说成甜美；本来是甜美的，你们偏要说成又苦又涩，颠倒是非。假若照此办理国事、民事，不堪设想。"召勐站起来对官员说：敢在我面前说真话的只有他一人，我宣布：从今天起，他就作为我的西纳高（总管大臣）。佚名讲述，刀国安、刀正明、岩林搜集整理。收入《云南少数民族机智人物故事选》，32开，3页，1600字，中国民间文艺出版社1981年版。

（阿南）

又哭又笑

傣族机智人物故事。流传于云南省西双版纳傣族自治州。讲述的是：帕雅召勐对艾西说他是一勐之主，不会同时又哭又笑。第二天，艾西把召勐骗上山去打野猪，然后又跑回去骗召勐的妻子说，召勐已被野猪咬死，召勐的妻子大哭。艾西又跑到山上骗召勐说，他的妻子从晒台上掉下来摔死了。召勐哭着赶回家中，看见妻子还活着，一边抽泣一边笑起来。召勐去找艾西算账，艾西说："这是三天前你叫我干的事呀，现在我已经完成了。"佚名讲述，岩温扁、吴军搜集翻译。收入《西双版纳傣族民间故事集成》，32开，3页，1300余字，云南人民出版社1993年版。

（李传宁）

月亮与星星打架

傣族机智人物故事。流传于云南省德宏傣族景颇族自治州傣族地区。讲述的是：岩章片擅长说谎，早已远近闻名。一伙头顶水罐的缅族妇女，非要他对她们说谎不可。岩章片便装着急匆匆的样子说："哎呀，你们还不知道啊，今天太阳和月亮打架……"边说边示意让那些妇女抬头看。结果，她们每个人的水罐都掉地破碎了。当她们知道受骗并准备回家时，岩章片又说："水罐的碎片最值钱，还可以铸犁头，丢掉太可惜了。"那些妇女信以为真，又全部折回来把碎片捡回家去了。佚名讲述，座冷记录。刊于傣文杂志《勇罕》，16开，1页，513字，1989年第2期。

（冯霄）

用草灰搓绳

傣族机智人物故事。流传于云南省西双版纳傣族自治州。讲述的是：帕雅召勐限艾苏、艾西在一天之内，用草灰搓绳，如果办不到，就让他们兄弟围着宫殿墙脚磕头一圈。晚上，艾苏、艾西俩找来稻草，把它搓成一根长绳，围着宫殿墙外，顺着墙脚绕了一圈，然后把草绳两头点着火。稻草绳烧完后，变成一根完整草灰绳。召勐和大臣清晨起来看到，只好认输给艾苏、艾西。佚名讲述，岩温扁、吴军搜集翻译。收入《西双版纳傣族民间故事集成》，32开，2页，600余字，云南人民出版社1993年版。

（李传宁）

用李子换大象

傣族机智人物故事。流传于普洱景谷县傣族地区。讲述的是：有四个穷小伙子，一心想要凭借自己的聪明才智娶老婆。他们当中，数老四比较聪明狡猾。他一不经商二不做苦力，而是拿了一个李子,去挨家挨户换了一些盐巴,又把盐巴卖了换钱,用这钱买了一头大象。最终,他凭借自己的聪明才智,娶得一位富翁的千金,过上了驸马爷的生活。收入《景谷傣族民间故事》(汉傣双文),2页,1166字,2014年3月版,景谷傣族彝族自治县傣族文化协会编。

(依旺的)

依月选婿

傣族机智人物故事。流传于文山壮族苗族自治州文山市傣族聚居区。讲述的是:古时候,勐巴拉国十分富饶。首领快六十岁了,仅有一女,叫依月。依月十八岁时,长得美丽无比,且能文能武。邻国叫勐波巴,有良将千员,士兵百万,对勐巴拉国垂涎三尺,早有兼并之心。一天,勐波巴国的大臣,了解到勐巴拉首领只有个独生女,且如花似玉,就想让王子岩温娶为妻子。岩温到达勐巴拉国宫殿门前时,正值响午时候,他求婚的礼品尚未摆好,又来了个叫召南的求婚人。召南是附近寨子的猎人,勤劳善良,聪明能干。他在锦库节期间与依月对唱情歌,难舍难分,并私订了终身。通过各种机智的比拼,依月与召南拜了堂,成了亲;父王归世后,召南当了首领。于是,勐巴拉国在他俩的治理下,更加富裕,更加强大了。白凤云、刀文天讲述,刘德荣、白友祥记录。收入《文山州傣族民间故事集》,16开,4页,1863字,云南人民出版社2016年1月版。

(张元波)

依月斗妖婆

傣族机智人物故事。流传于文山壮族苗族自治州马关县傣族聚居区。讲述的是:很早以前,有一个独家村,夫妇俩常年在外做生意,家里两个五六岁的孩子交给60多岁的岳母照管。有一天外婆回家啦,只留下两个小孩在家里。这个情况被房后的妖婆知道了。老妖婆装作小孩的外婆混进了家里。老妖婆在晚上睡觉的时候把依月的妹妹吃了。依月为了不再遭到妹妹那样的悲惨命运,想出了个出去屙屎的主意,跑到了家外。第二天妖婆起来,提着依玉的肠子到河边去洗。依月设计用烧红的铁杆对准老妖婆的嘴,一下子将老妖婆杀死了。白董氏讲述,白家祥记录。收入《文山州傣族民间故事集》,16开,2页,1275字,云南人民出版社2016年1月版。

(张元波)

药在自己嘴里

傣族机智人物故事。流传于云南省西双版纳傣族自治州。讲述的是:祜巴龙让小和尚下鱼塘边割草喂马,小和尚们害怕蚂蟥,不敢下去,祜巴龙只好自己下去割草。他被蚂蟥咬住无法拿下来,朱腊波提教祜巴龙用自己的唾沫放在手里去抓蚂蟥,因为口水有热度和咸味,蚂蟥遇到口水,立刻滚落下来。佚名讲述,岩温扁、吴军搜集翻译。收入《西双版纳傣族民间故事集成》,32开,3页,1500余字,云南人民出版社1993年版。

(李传宁)

野蜂是谁的

傣族机智人物故事。流传于云南省西双版纳傣族自治州。讲述的是:召勐碰见两个放牛娃在山上烧蜂子,硬说野蜂是他家的。正好经过的朱腊波提对召勐说:"尊敬的召勐,野蜂是不是你的,还得看你能否拿得走它们。为了证明野蜂是你的,何不让他们指点几个野蜂窝,你拿回去"。没烧过野蜂的召勐,亲自和随从一起用树枝去挑蜂窝,却被蜂群蜇得抱头逃窜。佚名讲述,刀永平翻译,伍羽整理。收入《西双版纳傣族民间故事集成》,32开,2页,500余字,云南人民出版社1993年版。

(李传宁)

游龙宫

傣族机智人物故事。流传于云南省新平彝族傣族自治县。讲述的是:召勐多次吃亏,恨死了岩聪。

在他 60 寿辰这天，派人将放牛很晚才回到家的岩聪捆在红河边的大青树干上，想在夜里处死他。深夜，有个偷牛贼赶着一群偷来的牛朝大青树走来。岩聪用计让偷牛贼放下自己，而把他绑在树上后赶着牛去见召勐，告诉召勐说龙姑娘来请他到龙宫去玩，还送他一大群牛来还债。召勐见岩聪赶着一大群牛就相信他的话，奸诈地笑着说捆绑岩聪是闹着玩的，让岩聪带他去龙宫玩。岩聪说："龙姑娘只让我一个人去，你要去只能装成我的样子。"于是两人互换衣服后，召勐从大石板上跳下江去，再也没有回来。按花腰傣人的规矩，召勐的衣服是老祖宗传下来的，谁能穿上谁就是召勐，这样岩聪成了昭勐。他把原昭勐的财产全部分给穷人，把贼偷来的牛也归还了主人。冯德胜、白永先搜集整理。收入《乡泉集》第二辑，32 开，3 页，2000 字，云南民族出版社 1985 年版。

（郭玉萍）

正确办案

傣族机智人物故事。流传于云南省西双版纳傣族自治州。讲述的是：有位名叫喃盘南摩的妇女，一天，她抱着儿子拉难去湖边洗澡，一位女妖看见小孩很可爱就想抢去做儿子。双方争执不下，就去找麻贺沙塔评判。麻贺沙塔让她们放下孩子，然后让两人争抢。女妖抢到小孩的头部又拉又扯，而抢到孩子脚的喃盘南摩却不忍拉。麻贺沙塔心里明白，就把小男孩判给了真正的母亲喃盘南摩。岩塔讲述，陆云东翻译、整理。16 开，6 页，893 字，稿存西双版纳傣族自治州民族研究所。

（玉腊）

长红冠子的牛

傣族机智人物故事。流传于云南省景谷傣族彝族自治县。讲述的是：有一天，帕雅维迪哈拉首领想出了个主意，派人告诉麻贺沙塔，要他在三日之内找到一头公牛。这头牛必须头上长朵肉花，牛角长在脚上，每天叫三遍。麻贺沙塔问首领见过这种公牛没有，首领说见过，并命令他快去找来，找来了赏五十两银子，找不来罚五十两银子。第三天早上，麻贺沙塔抱了一只公鸡给首领，并请他拿出五十两银子。首领说这不是公牛，要麻贺沙塔拿五十两银子出来。但麻贺沙塔说这就是首领要的头上长一朵肉花，角长在脚上，一天叫三遍的公牛了。若说它不是，那请首领将见过的那种公牛找来比较一下。首领无话可说，只好给了麻贺沙塔五十两银子。刀永平翻译，魏然整理。收入《云南民间文学集成·景谷民间故事》（一），32 开，2 页，1300 字，景谷傣族彝族自治县民间文学集成领导小组编辑室 1989 年编印。

（郭玉萍）

召沙替和唉再盼

傣族机智人物故事。流传于普洱景谷县傣族地区。讲述的是：有一户富翁召沙替生了一个女儿，这个女儿长得如花似玉，但是性格像男孩子一样刚烈倔强。姑娘 16 岁那年，提亲的小伙子踏破了她家的门槛，可是，姑娘都看不上眼。当时，为父的召沙替急了，只能号召四方，为女儿招亲。他的招亲条件只有一个，就是谁能让他生气和现场回答出他提出的问题，就可以成为他家的姑爷，不论身份高低贵贱。一个叫唉再盼的穷小子，凭借自己的机智勇敢，最终赢得这场招亲比赛，顺利取到姑娘成为富翁家的姑爷。收入《景谷傣族民间故事》（汉傣双文），2 页，882 字，2014 年 3 月版，景谷傣族彝族自治县傣族文化协会编。

（依旺的）

召玛贺解谜

傣族机智人物故事。流传于云南省德宏傣族景颇族自治州傣族地区。讲述的是：召玛贺年轻时，他就聪明过人，早已名声远扬并引起了首领的嫉恨。一次，首领让他找一头黄牛，并说：驼峰在头顶，角长在脚杆上，每天叫三次。第二天，他抱了一只公鸡送上，首领无话可说了。依稳讲述，依伦记录。刊于傣文杂志《勇罕》，16开，1页，546字，1987年3—4期。

（冯霄）

召玛贺用兵

傣族机智人物故事。流传于德宏傣族景颇族自治州傣族地区。讲述的是：勐刚布拉国的首领卓拉利野心勃勃，一心想称霸四方，命令大将几哇带兵四处征战，占领了一百个国家，一百个国家都归顺了他，只有召玛贺当大臣的维体哈列国不投降。几哇几次带兵来攻打，城还是攻不下来。召玛贺城楼上的士兵却临敌不乱，饮酒猜拳，吹吹打打，歌声不断。有一天几哇的一个士兵忍受不了饥饿和寒冷，看见城下放着食物和衣裤，便偷偷地跑过去，被召玛贺的士兵活捉，召玛贺没有杀他反而盛情款待，还发给召玛贺士兵的衣服，然后放回去。晚上这个士兵回到同伙中一讲，第二天晚上，几哇的很多士兵也悄悄跑去吃喝取衣服，也同样受到款待，召玛贺还告诉这些士兵，如饿了明晚可以再来。几哇的士兵看到召玛贺心诚，都高高兴兴地回去了。第三天拂晓，几哇一起床，听到召玛贺那边喊声震天，鼓声如雷，他出帐一看，到处都是穿着召玛贺那边衣服的士兵，吓得他不顾一切地上马就逃。几哇的士兵看到主将一跑，以为召玛贺打过来了，也就潮水般溃退，人踩马踏，一路上死伤无数。召玛贺不发一箭，就把几哇的兵马赶得一干二净。佚名讲述，孟尚贤搜集、整理、翻译。收入《德宏傣族民间故事》，32开，1页，约700字，德宏民族出版社1993年版。

（金小所）

召勐想吃天女奶

傣族机智人物故事。流传于普洱景谷县傣族地区。讲述的是：有一位贪色的召勐，一心想喝到天女的奶水。于是，他把一位平时他看不顺眼的富翁叫来，命令他在三天之内取到天女的奶水来给他喝。这位机智的富翁知道召勐是故意在为难他，于是，想了一个对策，最终把召勐打败了。收入《景谷傣族民间故事》，汉傣双文版，2页，943字，2014年3月版，景谷傣族彝族自治县傣族文化协会编。

（依旺的）

召玛贺识别母马和小马

傣族机智人物故事。流传于云南普洱景谷县傣族地区。讲述的是：有位名叫召玛贺的后生，聪明伶俐，智慧非凡。因为这个特质，他被当地大王破格提拔任用，让他协助大臣们参政治理国家。可是，部分老大臣对召玛贺心生妒忌，总是想方设法为难他。有一天，老臣们牵来了一样高、一样壮、毛色相同的两匹马，请召玛贺识别一下，哪一匹是母亲，哪一匹是它的小马驹。召玛贺二话没说，就叫老臣们把这两匹马牵到大河边，在水流湍急的大弯塘，召玛贺让牵马的人把缰绳放了，让两匹马自己过河。那匹母马一见水就十分兴奋地进到河里，喝了几口水，若无其事地过了河。而小马驹却犹犹豫豫，抬头张望河对岸的母亲，在原地打转，想过河却又不敢接近激流的大湾塘。这时，召玛贺胸有成竹地告诉老臣们说："过了河的是母马，不敢过河的是小马儿。"老臣们个个无话可说，十分敬佩召玛贺的见识多广和超人的智慧。收入《景谷傣族民间故事》，汉傣双文版，32开，2页，546字，景谷傣族彝族自治县傣族文化协会编，2014年3月发行。

（依旺的）

只劳动一次就能永远享用的事

傣族机智人物故事。流传于云南省德宏傣族景颇族自治州傣族地区。讲述的是：富人哀叹种田麻烦，年年都得种，便说，如谁有办法种一次就能长期享用，就把田地分给他一半。一个小伙子便种了每个季节都会结果的水果，富人只好把田地给了他一半。富人又说，如谁有办法只劳动一次就能终身取不尽吃不完，就把女儿嫁给他。小伙子就挖了一口井，富人不得不将女儿嫁给了小伙子。佚名讲述，孟有能记录，冯霄译。刊于傣文杂志《勇罕》，16开，2页，832字，1988年1—2期。

（冯霄）

摘月亮

傣族机智人物故事。流传于云南省德宏傣族景颇族自治州傣族地区。讲述的是：首领要让召玛贺把天上的月亮摘到宫里来。召玛贺说："得把王宫拆开才行。"晚上，他找来一个土罐，放上清水，月亮升起时，他说："我已把月亮摘下来了。"首领漫不经心地说："既然摘下来了，就把它移到宫里来吧！"召玛贺赶忙用梯子爬上王宫，又拿出斧头作出要砍劈的样子，说："要想把月亮移到宫里，我早说过，得把王宫拆开才行。"这一举动让首领急得摇头摆手说："罢了！罢了！"佚名讲述，冯霄记译。刊于傣文杂志《勇罕》，傣文版，16开，1页，418字，1991年1—2期。

（冯霄）

找宝石

傣族机智人物故事。流传于云南省西双版纳傣族自治州。讲述帕雅召勐散步时，断定门前湖中有一颗宝石。他派人下湖摸却没摸到；又让人排干水亲自去挖，也没挖到；他叫麻科沙塔来找。麻科沙塔仔细观察后，让人爬上湖边一棵大树，从鸟窝里取下了宝石。原来，湖里的"宝石"是鸟巢上宝石的倒影。佚名讲述，佚名搜集。收入《西双版纳傣族民间故事集成》，32开，2页，600余字，云南人民出版社1993年版。

（李传宁）

珠子哪里去了

傣族机智人物故事。流传于德宏傣族景颇族自治州的傣族地区。讲述的是：首领细维季的妻子到河边洗发，把带着的珠子取下，树上一只老猴见到闪闪发光的珠子，好奇地下来把珠子拿走了。发现珠子不在，首领下令追捕。有一个人正在河里捉鱼，士兵们认为他就是贼，把他捉来。那人怕受拷打，承认是自己拿的并说珠子已卖给商人。首领又派人把商人抓来审问，商人莫名其妙，他说已将珠子送给四大朝臣，四大朝臣也怕得厉害，稀里糊涂地说："珠子已交给妃子。"首领为了试探小朝臣的才干，就把这个案子交给他去办理。小朝臣把几个人关在一起，看动静。结果，妃子大骂四大朝臣，四大朝臣又怪商人，商人抱怨穷人。穷人老老实实地说："咱们谁都没有拿，我是怕拷打才乱说的呀！"负责审案的小朝臣听到后疑惑，既然不是他们拿的，难道是花园里的鸟兽拿了。他叫士兵用鹿粪串成串挂在树枝上。不久，猴子来到花园里，见成串的鹿粪，觉得好玩，就拿来挂在脖子上，抓头搔腮，活蹦乱跳，唯独老猴不下树来。后来，那老猴子就把珠子拿出来给小猴们看，于是真相大白，小朝臣也被升为大朝臣。佚名讲述，杨秉礼搜集、整理、翻译。收入《德宏傣族民间故事》，32开，2页，约700字，德宏民族出版社1993年版。

（金小所）

智斗财主

傣族机智人物故事。流传于文山壮族苗族自治州马关县傣族聚居区。讲述的是：有个财主横行一方，掠夺钱财，欺男霸女。一天，他见一个卜少十分美丽，就抢到家里，欲纳为小妾。这卜少十分刚强，财主百般相逼，以死相抗，总是不从。财主毫无办法，舍之不忍，留为女仆，想慢慢制服她。后来，这个卜少帮助农夫智斗财主，拿回了农夫应得的资产。她狠狠地教训了财主，老财主向姑娘求饶说："放了我吧，我再也不敢胡作非为了。"小卜少回了家，和父母过着平凡人家的日子。黄天才讲述，黄兴斌记录。收入《文山州傣族民间故事集》，16开，2页，1159字，云南人民出版社 2016 年 1 月版。

（张元波）

智胜猛虎

傣族机智人物故事。流传于文山壮族苗族自治州麻栗坡县傣族聚居区。讲述的是：有个少年，叫南龙，勇猛机灵，长相不凡。有一天外出归家，经森林，入河谷，窜出只猛虎，恶狠狠地说："我要吃你。"南龙抑制惊恐，笑眯眯地说："可以，但必须回答我：谁的本领最大？"老虎见烈日当空，将它烤得大汗直淌，说："太阳。""不对。太阳常常被云遮住。""是云！""不对。云常常被风吹散。""是风！""不对。风常常被崖壁挡住。""是崖壁！""不对。崖壁常常被野兽攀塌。""是我，大老虎！""不对。大老虎常常被猎人射杀！"老虎听了，吓得嗷嗷直叫，夹着尾巴奔逃。刀文天讲述，刘德荣记录。收入《文山州傣族民间故事集》，16 开，2 页，225 字，云南人民出版社 2016 年 1 月版。

（张元波）

照经书钓鱼要饿肚皮

傣族机智人物故事。流传于云南省西双版纳傣族自治州傣族地区。讲述的是：一天下午，朱腊波提背着鱼篓去钓鱼，他选了一处水不太深，流速缓慢，又有很多渣滓和泡沫的地方蹲下钓鱼。不一会儿，他就钓了很多大头鱼和江鳅，于是收拾鱼钩准备回家。这时，不久前还俗回家的康朗龙走了过来，他看到朱腊波提选的这个钓鱼地方，就嘲笑他不念经书，不懂道理，选这样的地方根本钓不到鱼。而朱腊波提却让他看了自己钓到的鱼，并告诉他，生活常识比经书上的理论知识更实用。佚名讲述，岩温扁、吴军搜集整理。收入《西双版纳傣族民间故事集成》，32 开，5 页，2100 字，云南人民出版社 1993 年版。

（龙江莉）

糟蹋粮食，孔雀与小鸟同罪

傣族机智人物故事。流传于云南省西双版纳傣族自治州。讲述的是：勐维蒂哈拉的帕雅召勐，命人用黄金和白银为他的孔雀制作了一个金笼子。一天，召勐的妻子打开笼子让孔雀出来漫步，孔雀一出笼子就飞到稻田里吃谷子，被猎人抓住并宰杀，召勐定猎人为死罪。猎人的妻子请朱腊波提到王宫找召勐说理。朱腊波提以"自动上钩的鱼，钓者无罪；飞来中扣的鸟，自寻身亡"、"粮食比一切都珍贵，百姓是勐的根基"等道理，说服了召勐，猎人终被释放。佚名讲述，岩温扁、吴军搜集翻译。收入《西双版纳傣族民间故事集成》，32 开，4 页，2000 余字，云南人民出版社 1993 年版。

（李传宁）

做贼心虚

傣族机智人物故事。流传于云南省西双版纳傣族自治州。讲述的是：邦加一个年迈的寡妇，她织了十个花筒帕到街上卖，一会儿就被抢购一空。一个一块五，十个却只卖得十三块五，有人未付钱。几个老人看寡妇很伤心，帮她把买筒帕的十个青年找来询问，他们谁都不承认。朱腊波提问清经过后，找来一笼黑色土布旧蚊帐和一口黑土锅，用树枝把蚊帐撑起，里面倒扣那口黑锅，让十个买筒帕的人依顺序进去，每人摸一下锅，再从蚊帐那边钻出。并告诫说：谁拿了筒帕没给钱，他的手触锅时，神锅就会自然发出响声。结果出来的十个人中，有一个人的手是干净的，他因"做贼心虚，不打自招"。佚名讲述，岩温扁、吴军搜集翻译。收入《西双版纳傣族民间故事集成》，32 开，3 页，1500 余字，云南人民出版社 1993 年版。

（李传宁）

六、谚语故事

不听大哥言，吃亏在眼前

傣族谚语故事。流传于云南省德宏傣族景颇族自治州的傣族地区。讲述的是：勐巴纳拉西首领年事已高，为了五个儿子谁来继承王位而犯愁，于是便让五个儿子到外地学习技艺。他们个个踌躇满志，坚信自己将学回超强的本领，一路找寻一路艰辛。最后，除大哥真正学得本领荣归故里外，四兄弟由于拜师不当，判断不清，不听大哥的规劝，永别人世，魂留他乡。后来就有了"不听大哥言，吃亏在眼前"的谚语。佚名讲述，刀保矩搜集。收入《傣族谚语故事》，傣文版，32开，4页，约1200字，云南民族出版社1993年版。

（快永胜）

聪明的首领比不上云游四海的生意人

傣族谚语故事。流传于云南省西双版纳傣族自治州。讲述的是：有个首领非常好斗牛，他养着一头常斗不败的公牛。可是，有一天公牛被不知从哪里来的一条小野牛斗死了。首领责令大臣一定要把小野牛找出来，否则一律重罚。大臣无法找出那头小野牛，就去请商人出主意。商人不敢违抗，对大臣说何不把死的公牛装成活的把野牛引出来。大臣按照商人出的主意做了，果然引出了野牛，并把野牛抓住。从此，民间就有了"十个聪明的首领抵不过一个云游四海的生意人"的谚语。岩宰阁讲述，岩温真翻译、整理。16开，4页，683字，稿存西双版纳傣族自治州民族研究所。

（依旺的）

刀比斧快，孙子胜过儿子

傣族谚语故事。流传于云南省西双版纳傣族自治州。讲述的是：一个嫌弃孤老父亲的人，跟着老父去山里伐木料，他八岁的儿子也跟着去。当老人在山腰劈木料时，他却在山顶编箩筐，随去的儿子问编箩筐做什么？他说要杀了你爷爷，装进箩筐里。儿子也仿着父亲编起箩筐来，父亲问要做什么？儿子说等我长大了，要用这箩筐装你。父亲听后顿时醒悟，用刀把大箩筐砍了。老人来到山顶，看到被砍掉的大箩筐，便问孙子这是怎么回事？小孙子把事情的经过告诉爷爷，老人激动地搂着孙子感叹道：我的儿要杀我，我的孙子却来救我，这真是"刀比斧快，孙子胜过儿子啊！"岩香巴讲述，依艳坎翻译、整理。16开，9页，1538字，稿存西双版纳傣族自治州民族研究所。

（刀金平）

恩爱夫妻众人夸，歪心两口挨人骂

傣族谚语故事。流传于云南省德宏傣族景颇族自治州傣族地区。讲述的是：勐巴拉纳西的两户人家，一户是夫妻俩互敬互爱，从没吵过嘴；一户是小两口经常争吵不断，骂声不绝。首领先把从不争吵的夫妇的丈夫唤进宫并说："假如你俩能做到七天内争吵，这些银子就给你们。"丈夫回家后，先把银子藏起，到田间捡回空壳螺蛳，并告知妻子："我明日去犁田不回家吃中饭了，你做好饭送至田间（意在让妻子煮到空壳螺蛳后生自己的气，以得到首领的赏金）。"不料妻子发现后，到集市买了肉馅塞入空螺蛳，煮好送至田间，丈夫吃得美滋滋的，于是心想：这么好的妻子，何必为得一点赏金而生不和？回到家就把银子还给了首领。不久，首领把他们请进宫中，辅佐首领。然后，首领又把常争吵的小两口叫进宫中言道："如你俩能七日内不争不吵，将得到我的这些赏金，否则要送还。"小两口拿着银子才归家，便打算着买这买那，意见不统一，还互相挖苦，最后争吵不断，吵遍寨头村尾，不仅银子没拿到，两人还撕破脸嘴。首领担心破坏了勐规寨纪，便把他们赶出勐巴拉纳西。后来傣族就有此谚语。佚名讲述，刀保矩搜集。收入《傣族谚语故事》，傣文版，32开，6页，约1800字，云南民族出版社1993年版。

（快永胜）

富人鸿运至，富上加富名远扬

傣族谚语故事。流传于云南省德宏傣族景颇族自治州傣族地区。讲述的是：一位非常富有的首领，欲体验穷的滋味，于是去占卜师那里占卜如何找到穷。占卜师言："想穷也穷不了，因命已决定，只会富上加富。"首领不信，穿上平民装去寻穷。去到一个勐，恰好那个勐的首领驾崩，寻找穷的首领被迎进宫坐上了王位。不久他又离开王宫去寻穷，去到山间拾得野猪丢下的玉石，他又拿玉石分别换回了自己会劈柴的斧子、想吃什么会有什么的锅等。后来傣家就有了"富人鸿运至，富上加富名远扬"的谚语。佚名讲述，刀保矩搜集。收入《傣族谚语故事》，傣文版，32开，4页，约1200字，云南民族出版社1993年版。

（快永胜）

富裕时想得到，贫穷时想抛弃

傣族谚语故事。流传于云南省西双版纳傣族自治州。讲述的是：有一个在官宦人家为媳的大富人家千金，因夫家家道没落，不能忍受贫穷就回了娘家。回到娘家的妇人很快就有了外遇，并决定与丈夫离婚。在回家离婚的路上，她相继遇上了一只大老虎和七个强盗，老虎和七个强盗分别想吃掉她和杀她，在她的苦苦哀求下，老虎和七个强盗答应了她的请求，决定不杀她。三天后，妇人离婚回来，与情人成婚。从此以后，民间中就有了"富裕时想得到，贫穷时想抛弃"的谚语。岩塔讲述，依旺的翻译整理。16开，3页，546字，稿存西双版纳傣族自治州民族研究所。

（依旺的）

首领偷瓜死，法律源于己

傣族谚语故事。流传于云南省德宏傣族景颇族自治州傣族地区。讲述的是：勐体亚纳迪国泰民安，人民安居乐业，臣民夜不闭户、路不拾遗。这得益于首领制定并公告的法律：遇偷盗者，不管何人盗何物，现场被打死无罪。一日，首领召集大臣及仆人进山狩猎，命众人分别守好出口，若猎物往哪处跑掉，拿守之人问罪。不料，恰有猎物往首领守候的出口逃掉，首领紧追不舍未果。两大臣放心不下紧追其后。首领累得口干舌燥，遇一处黄瓜地就摘食。瓜的主人悄悄溜至后面，一棒打死了偷瓜的人（首领）。等两大臣追上，瓜的主人得知自己打死的偷瓜人是首领，连连求饶。大臣说："有法必依，国家制定的法律对任何人一律平等，你不但无罪，对维护法律之尊严还有贡献，应把你封官才更合情合理。"后来就有了"首领偷瓜死，法律源于己"的谚语。佚名讲述，刀保矩搜集。收入《傣族谚语故事》，傣文版，32开，4页，约1190字，云南民族出版社1993年版。

（快永胜）

钢小克硬铁，利斧破铁木；人小不可欺，常常命搭上

傣族谚语故事。流传于云南省德宏傣族景颇族自治州傣族地区。讲述的是：从前有一只小麻雀在田中啄食，一只老鹰飞过头顶，小麻雀怒道："你老鹰这么自大傲慢，竟敢飞过我头顶！"老鹰轻蔑地答道："小小麻雀还敢与我较劲，是想活还是想死？"双方谁也不示弱。接着，老鹰俯下欲啄它，灵敏的小麻雀迅速躲入一小裂缝中，老鹰追来啄

它，不料大嘴夹在缝中无法挣脱，最后老鹰死了。后来就有了"钢小克硬铁，利斧破铁木"的谚语。可供研究傣族生活哲学参考。佚名讲述，刀保矩搜集。收入《傣族谚语故事》，傣文版，32开，2页，约600字，云南民族出版社1993年版。

（快永胜）

火将燃沙滩，公象将下崽

傣族谚语故事。流传于云南省德宏傣族景颇族自治州傣族地区。讲述的是：勐巴拉纳西首领想在全勐范围内寻找人才，命其臣相赶着公象群到江边洗浴，此时有一寡妇也带一头小象仔来洗浴。回宫时，首领便下令把小象一同赶回，并硬说是首领自己的公象下的儿。寡妇走上四方求助，最后有一位脸一半红一半黑的小伙子愿相助。首领命差使去叫小伙子入宫，三次都被推辞；一推说是火将燃沙滩，自己要去灭火；二推说我的公象将下崽横冲直撞，自己要去磨刀，将杀死公象后分给众人吃；三推说一棵有一百枝杈的大青树将倒，自己要忙于破竹子去支撑。不得已首领下死令，把小伙子抬进宫，与首领对簿公堂，几番理论，小伙子解释了推说的缘由，首领认输，寡妇拿回小象，并与小伙子成了一家。首领看到小伙子聪明，将其迎进宫，并让他当了将军。佚名讲述，刀保距搜集、整理。收入《傣族谚语故事》，傣文版，32开，10页，约2800字，云南民族出版社1993年版。

（快永胜）

互尊互敬受人夸，目空一切被人嗤

傣族谚语故事。流传于云南省德宏傣族景颇族自治州傣族地区。讲述的是：在漫无边际的原始森林里，长尾巴鸟是百鸟之王，待女儿长大，男大当婚，女大当嫁时，父母想为公主完婚。若谁能被公主看中，配对成双，他将成为鸟国的东床驸马。百鸟闻讯，纷纷前来应选，美丽的孔雀当然成为首选，首领夫妇也基本赞同。但孔雀自认为自己的美丽赛过众鸟，就口出狂言："自己的美丽将赢得首领公主的芳心，东床驸马的角色非自己莫属！"首领的女儿心想：孔雀固然美丽无比，但还没有成婿竟敢出此狂言，倘若真的完婚成驸马后，那必将为所欲为，目空一切了。公主就把孔雀赶离现场。孔雀应选驸马不成还被公主当众嗤笑后，自知无脸见人，只有离别原处，去往大家看不到的地方去生活了。后来傣家人就总结出一句谚语："互尊互敬受人夸，目空一切被人嗤。"佚名讲述，刀保矩搜集。收入《傣族谚语故事》，傣文版，32开，2页，约600字，云南民族出版社1993年版。

（快永胜）

哄鬼入罐

傣族成语故事。流传于云南省德宏傣族景颇族自治州盈江县傣族地区。讲述的是：一个山鬼无恶不作，百姓深受其害。一次，一个佛爷来化缘，山鬼要吃佛爷，佛爷便念咒语把山鬼变小后装入土罐内，罐口用写上咒语的纸封上，然后将土罐丢入大江里。在下游割草的一个人看到江里有东西漂来，甚是好奇，便打开来看。结果，山鬼出来后变大并准备吃割草人。割草人急中生智，哄骗山鬼再变小钻入土罐内让他看，山鬼照办后，割草人立即封上罐口，让山鬼无法出来。所以，傣族就有了"哄鬼入罐"的成语。佚名讲述，刀保矩记录，冯霄译。16开，1页，729字，稿存德宏傣族景颇族自治州文联《勇罕》编辑部。

（冯霄）

虎王、牛王为什么被狐狸吃掉

傣族谚语故事。流传于云南省西双版纳傣族自治州。讲述的是：老虎和黄牛各自占山为王，为吃到老虎和黄牛，狐狸分别跑到东西两座山上，挑拨虎王和牛王双方争斗。不明真相的虎王和牛王中计，打得两败俱伤，最后都成为狐狸的食物。后来傣家总结出一句谚语："虎王、牛王被狐狸战胜，是它们听信了狐狸的谗言！"佚名讲述，朱德普搜集、整理。收入《西双版纳傣族民间故事集成》，32开，2页，1500余字，云南人民出版社1993年版。

（李传宁）

黄鳝借蛇的银子，受苦受罪的是青蛙

傣族谚语故事。流传于云南省德宏傣族景颇族自治州傣族地区。讲述的是：黄鳝与蛇是好朋友，而青蛙与蛇又是朋友，可乌鸦又拜黄鳝为干爹。新春佳节，乌鸦带着喜鹊来给黄鳝干爹拜年，由于黄鳝家境清寒，无上佳饭食招待，便向青蛙说情，让它去蛇那里借些银子。黄鳝在家里招呼客人，并托青蛙把蛇也请来，大伙聚一聚。青蛙向蛇借来了银子，蛇因脱不开身没有一同前来。过了很久，不见还银子，蛇向黄鳝索要，三番五次未果，于是怒上心头，欲咬黄鳝，黄鳝钻入小洞，蛇便去追问青蛙。青蛙说："我只是帮黄鳝，为何要我来还？"蛇一怒之下把青蛙吃了，这也便是蛇至今一见青蛙就咬的原因。后来就有了"黄鳝借蛇的银子，受苦受罪的是青蛙"的谚语。可供研究傣族伦理道德参考。佚名讲述，刀保矩搜集。收入《傣族谚语故事》，傣文版，32开，2页，约600字，云南民族出版社1993年版。

（快永胜）

好老庚害老庚，负心的老庚没良心

傣族谚语故事。流传于云南省西双版纳傣族自治州。讲述的是：有两个好老庚（同龄人），一个懒惰，风流成性；另一个勤劳善良、本分。见老庚娶了个很漂亮的老婆，懒老庚非常妒忌，决心弄散他俩。趁女主人不在的时候，懒老庚就编了谎话骗老庚说他漂亮的妻子是一个专门掏别人肠子的琵琶鬼；趁老庚不在的时候，懒老庚又来到老庚家，对老庚的妻子说她丈夫屁股上长了一条尾巴。本来恩爱的勤快老庚夫妇由于各自都听信了懒惰老庚说的话，彼此产生误会，最后终于导致婚姻破裂。从此就有了"好老庚害老庚，负心的老庚没良心"这句谚语。可供研究傣族生活习俗、道德理念参考。岩旺讲述，岩庄香翻译、整理。16开，6页，1073字，稿存西双版纳傣族自治州民族研究所。

（依旺的）

擢水要见底，真假明事理

傣族谚语故事。流传于云南省德宏傣族景颇族自治州傣族地区。讲述的是：有四青年到勐达嘎索（傣族民间故事中的技术之国）学本领三年，可他们投拜的师傅什么也没教授他们。于是，他们想告别师傅返回故乡，临别前师傅只教予他们四句话："做事彻底，收获得惊喜；擢水要见沙，真假明事理。"并再三告诫四青年务必牢记此四句话。他们翻山越岭，途中遇一大水塘，商议道：把水擢干拿鱼吃。于是四人齐心协力擢水，擢到一半，四边现出四颗银子。接着擢干又现一大个金子和很多鱼。他们满载而归，都成了富户。佚名讲述，刀保矩搜集。收入《傣族谚语故事》，傣文版，32开，2页，约600字，云南民族出版社1993年版。

（快永胜）

救动物有福，救人得祸

傣族谚语故事。流传于云南省西双版纳傣族自治州。讲述的是：有一个猎人在一个深坑里救出了猴子、蛇、老虎和银匠，动物和银匠答应，若猎人有什么困难，有求必报。猎人找到猴子、蛇和老虎，得到了金银财宝，当找到银匠时，银匠却到首领那里诬告猎人是抢劫公主财宝的人。就在猎人要被处决时，猴子、蛇和老虎赶到救了猎人并咬死了银匠。最后，还帮助猎人娶到首领的女儿，做驸马。从此，就有了"救动物有福，救人得祸"的谚语。康朗嘎讲述，陆云东翻译。16开，4页，1032字，稿存西双版纳傣族自治州民族研究所。

（刀金平）

砍刺蓬来围菠萝蜜树

傣族谚语故事。流传于云南省德宏傣族景颇族自治州。讲述的是：专横惯了的土司，本想让手下人砍些刺蓬来围菠萝蜜树脚，以防有人上去偷摘菠萝蜜，但无意中说成砍菠萝蜜树来围刺蓬，手下人提醒是不是说错了，土司明知错了，但又只好坚持说："我说的话还会有错吗？"于是，手下人不得不遵从。由此在民间就有了"土司说菠萝蜜围刺，谁问都要挨骂"的谚语。佚名讲述，冯霄记译。16开，2页，约400字，稿存德宏傣族景颇族自治州文联。

（冯霄）

砍芭蕉不要砍到心，骂人不能骂到宗族根

傣族谚语故事。流传于云南省德宏傣族景颇族自治州傣族地区。讲述的是：一家富翁，妻子天长日久不生育，富翁为财宝的继承发愁。一日，他俩去赶集，买回一小孩，宠爱有加。男孩长至青年，与富翁妻子有暧昧关系，不久生得一男孩。富翁让两兄弟（实是父子）出门做生意，但弟弟非常懒，于是"哥哥"无意中骂道："干你妈的，你怎么这么懒？"待返回家后，"弟弟"把原话告诉了富翁，富翁责怪当哥的怎么用此语言骂其弟。后引起争议，争辩不休，于是到勐中的一位大官处论理，大官听原委后哈哈大笑道："锅不歪，蒸子怎会偏？猪不发怒，狗怎么会还牙？"于是富翁也明白了事情的来龙去脉，害羞得无地自容，最后拿出很多财宝分发给知情的众人，望能堵住他们的嘴。后来就有了此谚语。佚名讲述，刀保距搜集、整理。收入《傣族谚语故事》，傣文版，32开，4页，约1100字，云南民族出版社1993年版。

（快永胜）

绿豆雀和象

傣族谚语故事。流传于云南省西双版纳傣族自治州。讲述的是：一群正找水喝的大象，不顾绿豆雀的求告，踩碎了绿豆雀的家和它们正孵的蛋。绿豆雀找到啄木鸟和点水雀，一起去找大象报仇。啄木鸟啄瞎了大象的眼睛，点水雀在石崖下不停地鸣叫，大象听到点水雀的叫声，以为是有水的地方，大象寻着点水雀的声音摔下了石崖。后来傣家人总结出一句谚语："绿豆雀能战胜大象，是依靠朋友的友谊和团结的力量。"朱德普搜集、整理。收入《西双版纳傣族民间故事集成》，32开，2页，1200字，云南人民出版社1993年版。

（李传宁）

麻坦果将掉鸟又去碰，月光将暗又被乌云遮

傣族谚语故事。流传于云南省德宏傣族景颇族自治州傣族地区。讲述的是：寡妇的小儿子日夜啼哭不止，原来欲得麻坦果。其母背着他到果树下，恰巧一鸟儿飞来啄果子，果子掉下正中小儿子的头而亡。寡妇追鸟到林间，林中有一开荒种地的人，他也恨鸟，因他的包饭天天被鸟偷食，于是下扣把鸟捕获。寡妇与种地人发生争执，谁都想得到此鸟。最后找到首领，首领判定：种地主人得鸟，寡妇的小儿子由栽麻坦果树的人偿还。僧侣告诉说，佛寺旁此果树本为首领来赕佛后所栽。首领无奈，只得备了很多金银给寡妇，寡妇不想得财，只想要回自己的儿子。首领无法，只有迎娶了寡妇，不久便生了一子，此官司才了结。后来就有了上述谚语。佚名讲述，刀保距搜集、整理。收入《傣族谚语故事》，傣文版，32开，3页，约800字，云南民族出版社1993年版。

（快永胜）

摸一切切不能摸虎须

傣族谚语故事。流传于云南省西双版纳傣族自治州。讲述的是：有三个老庚，一个是官家公子，一个是富家公子，一个是农夫的儿子。他们三个一起去看相，看相的说富家公子将来会有金碗银碗盛饭吃，说官家公子到二十岁将死于老虎，又说农夫的儿子八字不好，说不定还得去讨饭过日子。后来，农夫的儿子跟着父母辛勤劳作，牛羊

满圈粮满仓。而富家公子则穷困潦倒，病死在无花果树下。那官家公子，到了二十岁时因好奇去摸死老虎须，被虎须划伤不治而死。从此，就有了"摸一切切不能摸虎须"的谚语。刀新华讲述，依旺的翻译、整理。16 开，4 页，896 字，稿存西双版纳傣族自治州民族研究所。

（依艳坎）

男人十八般武艺，敌不过巾帼

傣族谚语故事。流传于云南省德宏傣族景颇族自治州傣族地区。讲述的是：三青年一起出门经商，获利颇丰。归途中在一个勐的公房过夜，其中一人起贼心盗藏了两位朋友的金银。天亮醒来不见金银，三人便互相猜疑、争吵，后找到首领处评理。首领命大臣限七天内了结此案。大臣受命，也知案情难决，整日忧虑重重，女儿知情后，决定助父亲一力。她至三位小伙子处，探问来龙去脉，两位丢失金银的小伙子闷闷不乐，寡言寡语，盗者则闪烁其词，还对姑娘的美貌动了心，几番言语欲取获芳心。姑娘便说："我早与有情郎定了情，欲如此，请阿哥跟我去与情郎断绝。"返回途中，姑娘获知了丢失金银的缘由，案情真相大白。后来就有了"男人十八般武艺，敌不过巾帼"的谚语。佚名讲述，刀保矩搜集。收入《傣族谚语故事》，傣文版，32 开，9 页，约 2700 字，云南民族出版社 1993 年版。

（快永胜）

年轻像棍，年长如桩

傣族谚语故事。流传于云南省德宏傣族景颇族自治州傣族地区。讲述的是：公狮子由于身高体壮，做了大王。他觉得老动物没用处，便逐个咬死了，只有一只老兔躲于树洞内幸免于难。一次，公狮子张着大嘴睡着了，一条蛇便钻入它腹内，年轻的动物一个也想不出好办法来，还是老兔子用老鼠将蛇引了出来。此后，它才认识到，老的和年轻的各有各的用处。后来傣族就有了"年轻像棍，年长如桩"的谚语。佚名讲述，金光亮记录。刊于傣文杂志《勇罕》，傣文版，16 开，3 页，1140 字，1989 年 3—4 期。

（冯霄）

朋友胜过亲儿

傣族谚语故事。流传于云南省西双版纳傣族自治州。讲述的是：一个农夫的儿子被勐沾巴的首领招为驸马，一晃六年不见儿子音讯。思念心切的父亲到勐沾巴找到了儿子，可儿子不相认，还把父亲赶出门。饥寒交迫的父亲找到老庚（朋友）家，好久没有相见的老庚却意外地对他好。见老庚这样待己，回想儿子的态度，不禁泪流满面感慨万分。从此，就有了"朋友胜过亲儿"的谚语。岩香腊讲述，刀金平翻译。16 开，2 页，504 字，稿存西双版纳傣族自治州民族研究所。

（刀金平）

穷人没福运是命运安排，穷上加穷上苍相助也无法

傣族谚语故事。流传于云南省德宏傣族景颇族自治州傣族地区。讲述的是：居于城中贫穷的父子俩，不久父亡，其灵魂上天成了神。此后，儿子的生计雪上加霜，靠乞讨度日。成了神的父亲在上苍担心在人间的儿子的生计，于是，俯视人间得知儿子生活的艰辛，倍加心酸，决定助儿子摆脱贫困。他用飞棍投向人间，如若飞棍标中山间、树林，便会成金子。父亲接连投下三支，不料一支飞棍标中车轮胎，一支标中一堆狗屎，另一支标中一只黑狗。他心想：儿子的命真是命中注定了。后来就有了"穷人没福运是命运的安排，穷上加穷上苍相助也无法"的谚语。佚名讲述，刀保矩搜集。收入《傣族谚语故事》，傣文版，32 开，2 页，约 1200 字，云南民族出版社 1993 年版。

（快永胜）

穷时想寻死，富时想长寿

傣族谚语故事。流传于云南省德宏傣族景颇族自

治州傣族地区。讲述的是：有一个穷苦的小伙子，穷得只有一把短刀、一根绳子、一张破毯子，就连仅有的一件破衣服还被黄牛拖走。在一次砍柴路上他遇到了一只水獭，便想用烟把水獭熏死。没想到水獭受不住烟味，从洞里窜出来跳进了水里，还裹走了他的破毯子，甚至连他扔出去镖水獭的短刀也找不见踪影。他绝望至极，用仅剩的绳子上吊想结束生命。正巧被召玛兰娜（专管人类阳寿、收人魂魄的神差）瞧见，送给穷小伙子红、黄两粒灵丹，让他拿去替人治病。于是，穷小伙子的日子越过越好。此时他又害怕老死，怕召玛兰娜来抓他，就让人打造了一只大铁柜子，装上透气管，自己钻到里面，让人抬去放进南究江躲藏。他的阳寿期满时，召玛兰娜带着几个徒弟来找穷小伙子，弄得满身大汗，就到南究江里洗澡，无意中撞到了铁柜子，才收走了他的魂魄。于是傣族就有了上述谚语。佚名讲述，三保搜录。收入《傣族民间故事》第四辑，傣文版，32开，4页，约1600字，云南民族出版社1986年版。

（杨荣芳）

轻信谣言，好友同日亡

傣族谚语故事。流传于云南省德宏傣族景颇族自治州傣族地区。讲述的是：茫茫的森林中，为王的狮子统领着五百只狐狸。一富商的黄牛队途经森林时，领头的那头黄牛因长途跋涉而累倒。富商弃之，后有天神助黄牛而复生，并与狮子成了要好的朋友。于是，狮子分给黄牛统领二百五十只狐狸。天长日久，黄牛统领的狐狸渐生阴谋，于是狐狸在狮子与黄牛之间制造隔阂，意在让两者相斗，两败俱伤后好好美餐一顿。不久，狮子与黄牛竟轻信了狐狸的花言巧语，互斗双亡，狐狸以为可以美美地饱餐了，便猛扑向黄牛和狮子，结果被黄牛角刺死。于是便有了"轻信谣言，好友同日亡"的谚语。佚名讲述，刀保矩搜集。收入《傣族谚语故事》，傣文版，32开，11页，约3300字，云南民族出版社1993年版。

（快永胜）

轻信人言必上当

傣族谚语故事。流传于云南省德宏傣族景颇族自治州傣族地区。讲述的是：两位占卜师共同喂养一只小狗。小狗长大后说："你两老千辛万苦把我养大，我得报答恩情才是，我见过有个地方埋有很多金子，你俩去把它挖来吧！"但还没等他俩去挖，狗去把人家小娃娃的手镯叼来给他俩，为此，他俩吃了官司，损了不少财，于是把狗赶出家门。狗被赶出家门后又遇一占卜师，骗得饭吃后，狗又把发现金子的地方告诉了他。于是三人到埋金子处挖，挖了半天不见金子，便相互猜疑，争执不休，争吵到首领处，首领听其原委后说："听信人言是要上当的。"佚名讲述，刀保矩搜集、整理。收入《傣族谚语故事》，傣文版，32开，3页，约840字，云南民族出版社1993年版。

（快永胜）

惹是生非之言害人不成反害己

傣族谚语故事。流传于云南省德宏傣族景颇族自治州傣族地区。讲述的是：勐松塔纳国城边的一寨子以制陶为生，不远处的另一寨则以染洗色料见长。制陶寨的寨老见不得染洗寨富过本寨，便跑到首领那里谗言："王宫的象群全为白色，何不让染洗寨把一些大象染洗成黑象？"首领纳言命染洗寨为之，聪明的染洗寨人对首领说："本寨的染锅太小，先得叫制陶寨的人制一口大锅，好让我们把首领的大象染洗成黑色。"于是首领又命制陶寨人制作大锅。做来的几口就是容不得大象，即便容得下又因大象太重而踩破。几经周折，制陶寨人无法忍受，贫困致极，大多数人落荒而逃，远走他乡了。后来就有了"惹是生非之言害人不成反害己"的谚语。佚名讲述，刀保矩搜集。收入《傣族谚语故事》，傣文版，32开，3页，约900字，云南民族出版社1993年版。

（快永胜）

忍九次能坐金床

傣族谚语故事。流传于云南省西双版纳傣族自治州。讲述的是：有一个父亲，临死前一再叮嘱他四个儿子，他死时一定要把他抬到第九级山峰上去埋，说忍九次能坐金床。父亲死后，儿子们照父亲的话做了。四天后，父亲的灵魂变成一位老人来老四家试探，他让四儿媳为自己捶背，还用话故意挑逗。老四很生气，很想把老人一刀砍了，但想起父亲"忍九次能坐金床"的告诫，最终忍了九次，没有和老人计较。第二天，老人睡过的床变成了金床。从此就有了"忍九次能坐金床"的谚语。岩旺讲述，依艳坎翻译、整理。16开，6页，983字，稿存西双版纳傣族自治州民族研究所。

（刀金平）

十贝在对岸，五贝在手中

傣族谚语故事。流传于云南省西双版纳傣族自治州。讲述的是：一个卖锅的商人挑着锅去赶集，因河水上涨无法过河，便在河边做起生意来。商人一口锅卖十贝，一位老奶奶给五贝一口，她要买两口。这时，河对岸有人喊给他十贝一口。商人心动了就挑着锅要趟过河，到河中心，一不小心滑倒在水里，锅被急流冲走了。从此傣族就有了"十贝在对岸，五贝在手中"的谚语。刀新华讲述，依旺的翻译、整理。16开，4页，783字，稿存西双版纳傣族自治州民族研究所。

（依艳坎）

死也得死，不死也得死

傣族谚语故事。流传于云南省西双版纳傣族自治州。讲述的是：两个贼偷了首领的两匹马，首领就派人去叫"波摩"（卦师）来占卦。肚中无才的"波摩"回到家唉声叹气，连叹"呆也艾宰，呆也艾火（傣语音译，即死也得死，不死也得死），哪里的马不去偷，偏偏去偷首领的马，这一次必死无疑了。"恰巧偷马的两个贼一个叫艾宰，一个叫艾火，此时他俩正在窗外偷听"波摩"如何说，当他俩隐隐约约听到"波摩"好像在念自己的名字时，吓得回去把偷来的马放了。从此就有了"呆也艾宰，呆也艾火"的谚语。刀新华讲述，依旺的翻译、整理。16开，6页，1043字，稿存西双版纳傣族自治州民族研究所。

（依艳坎）

谁能忍则好，谁勤洗则白

傣族谚语故事。流传于云南省西双版纳傣族自治州。讲述的是：从前有一个小伙子去看相，星相家告诉他，他要死于螃蟹，小伙子怎么也不相信自己会死在小小的螃蟹身上。从此，他非常恨螃蟹。一天，他到田里割谷子，见了螃蟹就用镰刀没命的地乱砍乱打。结果，镰刀挂在脚脖上，一刀割断了自己的脚脖子上的胫骨。从此就有了"谁能忍则好，谁勤洗则白"的谚语。刀新华讲述，岩庄香翻译整理。16开，5页，725字，稿存西双版纳傣族自治州民族研究所。

（依艳坎）

兔子当大王，只用猫打三次呵欠的工夫

傣族谚语故事。流传于云南省西双版纳傣族自治州。讲述的是：有只兔子一觉醒来，忽然觉得天旋地转、晕头转向。它以为天要塌、地要崩，急得大嚷大叫，其他动物也惊得四处逃窜。当森林之王狮子要惩罚它时，兔子却预言，狮子三天以后将会被另一个森林之王杀死。狮子不信，兔子就把狮子带到海边，指着海水里狮子的倒影对狮子说，那就是想要杀死您的敌人。狮子不知是计，扑进水里溺死了。从此兔子以"森林之王"的身份自居，连老虎见它也退避三分。因此，民间就流传着"兔子当大王，只用猫打三次呵欠的工夫"这句谚语。岩旺讲述，岩庄香翻译、整理。16开，6页，1120字，稿存西双版纳傣族自治州民族研究所。

（依旺的）

万物皆如此，得寸会进尺

傣族谚语故事。流传于云南省德宏傣族景颇族自治州傣族地区。讲述的是：一日，湄堤纳国的首领和大臣到宫中花园散心，面前有一只变色龙频频向他们点头，首领不解，大臣言："这是首领的神威使然，连小动物都来敬拜，非常善解人意啊！"于是，首领命两人精心护养它，并给变色龙挂上一小金铃，自然地变色龙也开始变得自大起来。不久，首领又进花园，变色龙跃上一棵木桩，毫无恭敬之意，还神气地敲击小金铃。首领心想：这是人们给予变色龙的抬举过高的缘故。接着命人把金铃拿掉，也不让人护养了。后来就有了"万物皆如此，得寸会进尺"的谚语。佚名讲述，刀保矩搜集。收入《傣族谚语故事》，傣文版，32开，2页，约580字，云南民族出版社1993年版。

（快永胜）

五个指头想遮二十个洞

傣族谚语故事。流传于云南省德宏傣族景颇族自治州傣族地区。讲述的是：一日，首领路遇一位看似非常忙碌的中年男人，不解地问道："你为何这样忙碌？"男人说："五个指头想遮二十个洞白搭啊！"首领问："此话何解？"男人说："一是要填大海；二是洞口要堵；三是旧债要还；四是新债要开始；五是人的欲望要满足。"也就是说："一是各种苛捐杂税多如牛毛；二是自己的肚子须天天吃喝；三是须赡养老母亲；四是须供养和操心子女之事；五是须以宽宏的胸怀善待自己的妻子，妇人之心多变啊！"首领听罢，觉得此人善思考，能应变各种事情，于是召入宫中，册封为宰相。后来就有了"五个指头想遮二十个洞"的谚语。佚名讲述，刀保矩搜集。收入《傣族谚语故事》，傣文版，32开，3页，约1200字，云南民族出版社1993年版。

（快永胜）

一忍则身安，九忍能为王

傣族谚语故事。流传于云南省西双版纳傣族自治州。讲述的是：有一个干活回来的男人见妻子没有做饭，还给一个化缘的小和尚捶背按摩，气愤之下就去睡了。半夜醒来，还见妻子给小和尚揉身，他拔出了刀真想一刀把他们砍死，但他忍住了。直到第九次，他正拔出刀要去砍死他们时，却发现小和尚躺着，怎么叫小和尚也没反应。妻子就去掀开被子，被子里全是大堆黄灿灿的金子。没过多久首领死了，勐里的人们推举他做了首领。岩旺讲述，岩庄香翻译、整理。16开，5页，784字，稿存西双版纳傣族自治州民族研究所。

（玉腊）

羊和狐狸做朋友

傣族谚语故事。流传于云南省德宏傣族景颇族自治州傣族地区。讲述的是：一天，羊看见狐狸满脸愁容地坐在大石头上叹气，便上前问怎么回事，狐狸告诉羊说："人类看见我就用木棍赶打，弄得我浑身是伤，差点去了阴间，所以才在这里休息。"又反问羊道："你敢去象群里抢草吃吗？"羊告诉狐狸说敢去，狐狸又装出很可怜的样子企图博得羊的同情。羊看见狐狸很可怜，让狐狸与它交朋友，以后由它来照顾狐狸，保证狐狸顿顿有肉吃，如果狐狸吃不到肉的话，可以把羊吃掉，狐狸爽快地答应了。过了不久，狐狸吃不到肉，就对羊说，羊很无奈，不想违背诺言，只好让狐狸吃掉自己。从此，人们便有了"养狗反被狗咬"的谚语。瑞庄讲述，刀干相搜集。16开，3页，约600字，稿存德宏傣族景颇族自治州民语委。

（杨荣芳）

鱼笼丢失找原处

傣族谚语故事。流传于云南德宏傣族景颇族自治州傣族地区。讲述的是：一个比较懒的老伙子，见人们到河中下鱼笼得很多鱼，于是他也像别人一样编鱼笼。由于编的时候戏言的人们很多，他编得七歪八扭，编好后拿到一棵野果树上挂起，并祈求天神保佑。夜里龙王的女儿变成金鱼顺狂涨的江水戏游,不料钻进了老伙子的鱼笼,待一天老伙子来拾时,得一条金鱼,他兴奋无比,这时金鱼道:"千求万求放我一条生路,我是龙王的女儿,我可以给你很多金银。"伙子放了金鱼,并得了很多财宝。消息传开后,有一小伙子偷了老伙子的鱼笼,但一无所获。老伙子寻遍村寨各户都没有找到鱼笼,后来寨中长老告诉他:鱼笼丢失找原处。于是到他原来下鱼笼的地方找到了鱼笼。佚名讲述,刀保矩搜集、整理。收入《傣语谚语故事》,傣文版,32开,4页,约1000字,云南民族出版社1993年版。

(快永胜)

沾骨的肉好吃,孙儿胜过子女

傣族谚语故事。流传于云南省西双版纳傣族自治州。讲述的是:有一个被三个儿子及儿媳抛弃的农夫。一天,寨子里赕佛,老人到三个儿子家吃饭,却被三个儿媳赶出家门。弟弟的女儿刚巧遇见,就把大伯接回自家,好饭好菜招待了老人。老人感慨万分,逢人就讲"沾骨的肉好吃,孙儿胜过子女"。从此,这句谚语就流传了下来。岩香巴讲述,刀金平翻译。16开,2页,410字,稿存西双版纳傣族自治州民族研究所。

(刀金平)

七、爱情故事

岩那郎

傣族爱情故事。流传于文山壮族苗族自治州马关县傣族聚居区。讲述的是：有一个小伙子，因为爹妈都过世得很早，天天都要下河捞鱼和上山劳作，长年累月皮肤和脸都被太阳晒得乌黑，所以人们叫他岩那郎。后来，有一个美丽的傣族姑娘看上了他，通过他的努力，学做生意，在召王贺弄的帮助下，岩那郎回到家乡，经过艰辛的努力，重建起了一个百姓拥护的勐，当了召勐。白光仙讲述，董品尧记录。收入《文山州傣族民间故事集》，16开，2页，1825字，云南人民出版社2016年1月版。

（张元波）

凤凰姑娘

傣族爱情故事。流传于文山壮族苗族自治州麻栗坡县傣族聚居区。讲述的是：从前有个小伙子叫伊拉，专门靠砍柴卖柴谋生，还没娶媳妇。一天清晨，伊拉提着刀来到小箐沟砍柴，见一条如龙似蛇的金项链在路边闪闪发光，知道是过路人遗失的，就弯腰拾起，原地站着，等待失主。有个老大妈和老大爷相继走来叫伊拉把金项链卖了，可买房、买衣、买裙讨媳妇，不必再砍柴卖了。伊拉说："别人的东西，尽管贵重，我决不能要。"后来来了个姑娘，伊拉见她生得像天仙，羞涩地问："妹妹，这是你丢失的吗？"姑娘看也不看金项链，说："是。"见姑娘对答如流，符合金项链的特征，就要把金项链给姑娘。姑娘不要，原来姑娘是伊拉在此地捡着拿到家里精心养殖的凤凰变成的。伊拉对姑娘说："你到这里丢下金项链，又变成大妈大爷，来考验我的吗？""不。是来向你……求爱的。你爱……我吗？"伊拉笑而不答，牵着凤凰姑娘，且歌且舞，就回家了。黄天贵讲述，刘德荣记录。收入《文山州傣族民间故事集》，16开，3页，885字，云南人民出版社2016年1月版。

（张元波）

古棕树的传说

傣族爱情故事。流传于文山壮族苗族自治州马关县傣族聚居区。讲述的是：有个美丽的村子西边，有一棵千年古榕树，枝叶茂盛。村子里有个聪明伶俐的小姑娘，名叫依换，与本村的一个小伙子相恋相爱。后来千年古榕树变成树精设法赶走了依换的丈夫，悄悄与依换谈起了恋爱，被婆婆发现，终于结束了这不该有的恋情。董再芳讲述，董品林记录。收入《文山州傣族民间故事集》，16开，3页，1553字，云南人民出版社2016年1月版。

（张元波）

贡玛与玛尼

傣族爱情故事。流传于云南保山傣族地区。讲述的是：勐巴拉纳西的首领年过半百，才得一子名叫贡玛。贡玛18岁那年，登基继位，成为扬名四方的英俊首领。也就在18岁的那年，情窦初开的贡玛，离开家乡，去寻找自己梦中情人。他走过很多国家，终于在一个偏远的小国里找到了梦中情人玛尼。玛尼对这位突然到来的国王也是一见钟情，怎奈玛尼的父王舍不得女儿远嫁，百般阻挠。为了打消贡玛的念头，玛尼的父王给贡玛进行了三次试探。最终，年轻果敢的贡玛，征服了玛尼的父王，带上美丽的玛尼回到了家乡勐巴拉纳西。张楠采录。收入《民族古籍翻译丛书——保山傣族民间故事第一辑》，32开，6页，4200字，保山市傣学研究会编，云南民族出版社2012年10月出版。

（依旺的）

孤儿阿帕

傣族爱情故事。流传于文山壮族苗族自治州马关县傣族聚居区。讲述的是：很久以前，有一个美丽的寨子叫曼弄，住着一对年轻的夫妻，生下一个乖巧的女儿叫阿帕。在阿帕四岁时，她的妈妈生病死了，父亲娶了后妈，生了一个女儿取名阿桑。阿帕常常遭到后妈的虐待，特别是她的父亲死后，更加虐待阿帕。阿帕的妈妈常常托梦给她，成功化解了后妈的虐待。有一年，曼弄举行了一个很隆重的堆纵节，四面八方的人都来参加。阿帕按照她妈妈托梦给她的方法，通过精心打扮来到堆纵场上，个个卜哨卜冒都找她唱歌跳舞丢绣球。她的美貌被王子看上了，他们唱了七天七夜的歌，跳了七天七夜的舞，谈了七天七夜的心，最后他们相爱了。没多久，王子就把阿帕接进王宫做妃子。从此，阿帕就过上了幸福美满的生活。王替喜讲述，王明尧记录。收入《文山州傣族民间故事集》，16开，2页，2017字，云南人民出版社2016年1月版。

（张元波）

虎女

傣族爱情故事。流传于文山壮族苗族自治州马关县傣族聚居区。讲述的是：很久以前，山脚下有户姓董的人家，两位老人生有两个儿子，大的取名岩弄，小的取名依罗。岩弄长大后跟本村邓月姑娘结婚，婚后一年便生下一女孩，孩子聪明伶俐，逗人喜爱，岩弄家小两口和爹妈都非常高兴。依罗本已到了结婚年龄，但还没有结婚，爹妈正在为依罗物色对象，可是选择了几个都不合适。一年，董家在田坝边的半山腰开挖得一块好地，种上的苞谷长得很好，丰收在望。可惜野猪、老熊、猴子等经常来糟蹋庄稼。兄弟俩就轮流来守护庄稼。弟弟依罗在守护庄稼的时候，遇到了老虎变成的姑娘。姑娘不但人长得十分漂亮，而且非常勤劳，什么活都能干，又懂礼节，很会尊老爱幼，所以到庄稼收完之后，爹妈就择定良辰吉日为老二依罗办了婚事。后来夫妻俩生下了一个儿子。当岩弄夫妇知道老二与虎女结婚后，出于担心和恐惧，揭穿了虎女的本来面目。虎女把嫂子咬死逃回了森林。当岩弄依罗弟兄二人和爹听到消息赶回家时，事情已经无可挽回。他们没有互相责备。此后默默地过起了日子。王替喜讲述，高天培记录。收入《文山州傣族民间故事集》，16开，2页，1978字，云南人民出版社2016年1月版。

（张元波）

金鹿记

傣族爱情故事。流传于文山壮族苗族自治州文山市傣族聚居区。讲述的是：古时候，有个勐桑纳国。首领善良贤明，人民富足，安居乐业。宫中仅有一个王子，叫帕拉，出征能打仗，尊老爱幼，威名远扬。他二十岁时，尚未成亲。一年夏天，帕拉去邻寨串门，尚未进寨，见凤尾竹下，横躺着一只金鹿，浑身发抖，口吐白沫。他二话不说，背起金鹿回宫医治，亲自为它喂药，为它洗澡，百般服侍。金鹿痊愈，原来非金鹿而是邻国公主，叫依香。帕拉知道后，笑着走近依香，手拉着手，去大殿向首领提亲。过了几天，帕拉与依香乘船回国，在葫芦丝和象脚鼓欢快的声音中成亲了。成亲时，勐桑纳国一片欢腾。刀文天、白凤云讲述，刘德荣记录。收入《文山州傣族民间故事集》，16开，3页，1444字，云南人民出版社2016年1月版。

（张元波）

龙卜冒

傣族爱情故事。流传于文山壮族苗族自治州马关县傣族聚居区。讲述的是：很早以前，有个老波岩，每天放水到田里，没回家时田里的水都是满满的，第二天去丘田都干枯枯的，一连数日都是这样。老波岩感到很奇怪，从田头到田尾，顺着每一丘的田埂仔细查看，发现每丘的田埂都有小洞。白天堵晚上又漏，再往后更是堵田头，田尾又漏，老波岩忙得筋疲力尽。有一天，正当老波岩坐在田埂上闷闷不乐发愁时，突然有条小龙爬到他面前，要求他把女儿嫁给他，就保证田不漏水。老大依月和老二依玉都不愿意嫁给小龙。老三依冉为了父亲不再那么辛苦就嫁给了小龙。有一天，依冉到娘家，姐姐依月见妹妹一身珠光宝气感到十分眼红，探得妹夫要来接依冉的时间后，就将妹妹藏起来，装成依冉的模样跟着小龙去。可是她一"扑通"掉进海里，就再也没起来了。黄天琼讲述，白家祥记录。收入《文山州傣族民间故事集》，16开，2页，1388字，云南人民出版社2016年1月版。

（张元波）

龙女的传说

傣族爱情故事。流传于文山壮族苗族自治州马关县傣族聚居区。讲述的是：很久以前，有两个盛装的卜少走进了马关县大栗树乡倮洒村，她们美丽善良，能歌善舞，与倮洒村的卜崽们夜夜唱歌到半夜才回家。卜崽们非常喜欢那姐妹俩，想打听她们到底住在哪个村寨。有一天，卜崽们送两个小卜少回家，这时上方突然出现一道连接天际的彩虹，卜崽们被这一壮观景致所惊呆，当他们从诧异中回过神来的时候，两位卜少已不知去向！正在这百思不解的时候，两个拴线的卜崽低头各理一根白线向路坎下跑去，线的另一端已深入路坎下的龙潭水中了。这时大家才恍然大悟，原来美丽的卜少姐妹是龙女！从此以后，再也没人见到过她们。陶董氏讲述，陶恩灿记录。收入《文山州傣族民间故事集》，16开，2页，1955字，云南人民出版社2016年1月版。

（张元波）

朗娥与桑洛

傣族爱情故事。流传于文山壮族苗族自治州文山市、马关县傣族聚居区。讲述的是：勐景东官家的儿子名叫桑洛，跟随朋友到勐耿去买宝石，和当地最朵里（漂亮）的姑娘娥并相遇相爱。桑洛买到如意的宝石后，玩了几天要返回勐景东，就向娥并姑娘表示回家就请母亲托人来说亲，娥并表示永远等待桑洛。但桑洛母亲嫌弃娥并是平民百姓的女儿，和桑洛门不当户不对，反对这桩婚事。怀有身孕的娥并在女友陪伴下来到勐景东找桑洛，遇到桑洛母亲种种迫害和羞辱，含悲返回，途中小产，到家后不幸死去。桑洛捕鱼和赶街归来，得知娥并已被母亲赶走，便骑马追赶。当桑洛赶到娥并家见娥并已死，悲痛至极："让我与她一起去死吧……"说完便拔刀自刎，以身殉情。白董氏、刀陶氏、董陶氏、白开达、白占选、杨文凤讲述，董品尧记录。收入《文山州傣族民间故事集》，16开，18页，6264字，云南人民出版社2016年1月版。

（张元波）

南松与曼妮

傣族爱情故事。流传于文山壮族苗族自治州麻栗坡县傣族聚居区。讲述的是：古时候，在离交趾不远的坝子中有个大寨子全是傣家人居住，寨中有个卜冒叫南松，爹妈被交趾人杀害后，天天练刀练箭，立志报仇，保卫寨子。有一天南松上山打猎，遇到了一卜少曼妮。原来曼妮的爹妈被交趾人进寨抢劫，爹妈战死后被老虎收养长大。曼妮虎妈生病，南松设法救活了虎妈。南松与曼妮日久生情，结为夫妻。后来，交趾人入侵，南松与曼妮在虎妈的帮助下，率领众人打退了交趾人抢掠。此后，交趾人再也不敢入侵了。梅朝元讲述，刘德荣记录。收入《文山州傣族民间故事集》，16开，4页，2049字，云南人民出版社2016年1月版。

（张元波）

南朵传奇

傣族爱情故事。流传于文山壮族苗族自治州麻栗坡县傣族聚居区。讲述的是：有个孤儿，叫南朵，天天为财主放牛，都二十岁了，尚未成亲。南朵的竹楼，房檐挂着蜂桶，千万只蜜蜂，从早到晚飞出飞进从不间断。有年春天，南朵吆牛到杨柳河去放，太阳当顶时，见个姑娘在河中洗澡。她游了一阵，穿好筒裙，见了南朵，笑着说："南朵呀，我俩躲个猫猫行吗？"南朵说："行！"姑娘格格笑着，说："我是蝴蝶变的姑娘。我要变成一朵花，藏在百花丛中，你来找。找到了，我做你妻子；找不到，我做你妹妹。"后来，南朵在蜜蜂的帮助下顺利找到了姑娘，并结为夫妻。梅朝元讲述，刘德荣记录。收入《文山州傣族民间故事集》，16开，2页，1040字，云南人民出版社2016年1月版。

（张元波）

南尼与金凤

傣族爱情故事。流传于文山壮族苗族自治州麻栗坡县傣族聚居区。讲述的是：有个孤儿叫南尼，从小帮财主家放牛种地，心地善良，很受众人喜爱。一天夜晚，南尼梦见有七个卜少，在河湾洗澡。其中一女，美如天仙，还多情地对南尼喊了几声，看了几眼，就沉入水底，不见了。其余卜少也同时消失，无影无踪。这分明是梦，但南尼却信以为真，背着行李，去寻找梦中的卜少。穿过了无数个村寨，历尽艰险，终于找到了梦中的金凤，拜天地成了夫妻，幸福地生活在一起。白凤云讲述，刘德荣记录。收入《文山州傣族民间故事集》，16开，3页，1573字，云南人民出版社2016年1月版。

（张元波）

娜窝婚努

傣族民间爱情故事，流传于云南省金平县境内藤条江一带傣族村寨。讲述的是：娜窝是公主，婚努是才子，他们从小青梅竹马，两小无猜。娜窝勤劳贤惠、心地善良，心灵手巧，能歌善舞。婚努聪明勇敢，有才有谋，英俊潇洒，深得娜窝的欢心，有情人终成眷属。结为夫妻后，两人相亲相爱，相互支持，成就家业。成为傣族夫妻生活的楷模，傣族子孙后代效仿之。王明君讲述，刀明春整理。尚未出版发行。

（刀明春）

三兄弟

傣族爱情故事。流传于文山壮族苗族自治州马关县傣族聚居区。讲述的是：古时候，有一个傣家小伙子，以种水稻为生。一年春天，他把田犁耙好后，又把田水灌满。见天色已晚，就回家了。可是第二天早上去看，田水干了。原来是七个仙女从天上降落到河里洗澡，嫌河里的水深不够，就顺手抠放了他家的田水。后来在田鼠的帮助下，他娶了最小的一个仙女为妻，生下了三个儿子。后来，三个儿子救了全村人的命，他们被公推为召勐龙（大寨主）、召勐双（二寨主）、召勐三（三寨主）。从此，三兄弟带领着人们，过着幸福美满的生活。白朝英讲述，董品尧记录。收入《文山州傣族民间故事集》，16开，4页，3818字，云南人民出版社2016年1月版。

（张元波）

瞎眼王子

傣族爱情故事。流传于云南保山傣族地区。讲述的是：一个名叫勐巴拉纳西的地方，那里的首领有两个爱妃，大王妃的儿子叫索答，小王妃的儿子叫爹娃。爹娃生性骄横，心狠手辣；索答儒雅善良，勤学好问。有一天，爹娃和索答在一起去海底龙王那里找回宝石的途中，狠心的爹娃戳瞎了自己哥哥索答的双眼，一人拿着宝石回宫殿邀功。可怜的索答，被一对给勐贺罕首领看守花园的夫妇救起。多才多艺的索答，天天在勐贺罕首领的花园里弹琴，虽然双眼已瞎，却能凭借记忆弹奏出优美的曲子。勐贺罕的公主因为琴声深深爱上了索答。她们的爱情，虽然历经坎坷，最终却有情人终成眷属。而狠心的爹娃，也受到了应有的惩罚。岳明书口述，郗宝兰翻译，杨国强记录。收入《民族古籍翻译丛书——保山傣族民间故事第一辑》，32开，4页，3024字，保山市傣学研究会编，云南民族出版社2012年10月出版。

（依旺的）

乌龟求婚记

傣族爱情故事。流传于文山壮族苗族自治州马关县傣族聚居区。讲述的是：古时候，有一位名叫依转的傣族少女在寺庙里侍佛，有一天她在打扫卫生的时候突然扫到一颗珠子，姑娘由于好奇不小心将它吞进肚子里，后来不知不觉地怀了孕。不久，少女生下了孩子，但不像人，像个龟，依转心里十分难过。后来，乌龟儿子设法讨了官家女儿为妻。婚事虽成，新娘对这样的丈夫不满意，她天天外出唱歌求乐，也天天有一美貌少年陪她放歌抒情。这样地分享乐趣已是好久了。一天，媒婆贴耳对新娘说："这一少男不是他人，就是你的丈夫，不信你看，马屁股有你手沾猪食料时摸的手印，搁猪料桶的桶印（白马即当时的门口大白石）。"于是，新娘心生妙计，待机将其龟壳扔进火里烧了。从此，龟儿再也找不到外壳，成不了龟。从这以后，人间多了一对美丽幸福的伴侣。黄勤芬讲述，黄天德记录。收入《文山州傣族民间故事集》，16开，2页，879字，云南人民出版社2016年1月版。

（张元波）

兄妹奇缘

傣族爱情故事。流传于文山壮族苗族自治州麻栗坡县傣族聚居区。讲述的是：有双龙凤胎，哥叫依力，妹叫依丽，父母双亡后，都十八岁了，哥未娶，妹未嫁。两兄妹都极为勤劳，依力渔猎，无获不归。依丽编织，精致美观。为此，生活富足。为了能让哥哥娶亲，依丽女扮男装通过首领的三大测试后向首领的女儿伊娜求亲，她自己也恰好看上了伊娜的王子哥哥。而依丽的哥哥依力为了让妹妹嫁个好人家，也通过招亲来到了王宫。首领听了他们的述说，哈哈笑了一阵，大声说："天赐良缘，龙凤呈祥，好事成双！王子与依丽，伊娜与依力，今晚就举行仪式，结成金玉良缘。"当晚，明月高照，笑声如云。梅朝元讲述，刘德荣记录。收入《文山州傣族民间故事集》，16开，3页，1758字，云南人民出版社2016年1月版。

（张元波）

八、亲情故事

变牛教子

傣族亲情故事。流传于文山壮族苗族自治州文山市傣族聚居区。讲述的是：有户人家，只有母子两人。母亲特别疼爱儿子，儿子却不孝顺母亲。起初，儿子鸡蛋里找骨头，嫌母亲洗的衣服不干净，炒的菜没香味，养的猪不肥，栽的秧不壮，对母亲满腹怨恨。后来，嫌母亲又老又丑，又脏又臭，做的少，吃的多，对母亲臭骂不止。再后来，儿子越来越凶，动不动拳打脚踢，使母亲浑身青一块，紫一块，体无完肤。后来，母亲变成一头母牛，教会儿子各种生活的技巧和孝顺的道理，最后儿子终于改恶从善，重新做人。黄天琼讲述，刘德荣记录。收入《文山州傣族民间故事集》，16开，2页，856字，云南人民出版社2016年1月版。

（张元波）

弟弟找哥哥

傣族亲情故事。流传于文山壮族苗族自治州马关县傣族聚居区。讲述的是：很早以前，有哥弟俩因父母死得早，哥哥依岩带着咪涛留下的一面镜子，弟弟依尼带着波涛留下的一把弩箭，各自外出谋生。依尼到了一个村庄，叫千家寨。在千家寨姐妹的帮助下，拥戴他当了召。依尼自己当了召并没忘记哥哥依岩，他带着弩箭找哥哥，历尽千难万险，依尼终于把哥哥依岩接到千家寨当了首领。张世富讲述，白家祥记录。收入《文山州傣族民间故事集》，16开，2页，1213字，云南人民出版社2016年1月版。

（张元波）

首领教子

傣族亲情故事。流传于文山壮族苗族自治州文山市傣族聚居区。讲述的是：有个首领，年近六十，为培养后代，就将年轻的王子扶上首领宝座。小首领登基，认为人老无用，只能吃，不能做，下令：凡年迈力衰者，斩。老首领听后大声说："儿呀，老人阅历广，见识多，经验丰富，能斩吗？每人都是父母身上掉下的肉，你也不例外，能斩吗？每人都是父母一泡屎、一泡尿、一口奶、一口饭，抚养长大，能斩吗？再说，人人都会老，今天儿杀父，明天你儿杀你，行吗？"小首领啪地下跪，悔恨之泪，嘀嘀嗒嗒而流。当日，斩杀老人之令就取消了。黄天琼讲述，刘德荣记录。收入《文山州傣族民间故事集》，16开，2页，1013字，云南人民出版社2016年1月版。

（张元波）

虎爸爸

傣族亲情故事。流传于文山壮族苗族自治州马关县傣族聚居区。讲述的是：很早以前，有一位名叫依转的少妇天天专心地管理其棉花地。一天，天气酷热，她口干舌燥，想喝水。正巧被一只老虎听到，依转看到是老虎送水来，就急忙逃跑。急跑中流了产，生下的女婴，名依玉被老虎带去耐心喂养。孩子好不容易长到了十七八岁。被一少男看中了。为了追求该少女，少男常来，不得不使少女担心，生怕父亲伤害少男。一天，为了安全，少女再三述说："我爹真的会吃生人肉，如果哥哥你能扳倒三道铁门、七道铜窗的话，我们的亲事就能保证实现……"少男及时办到少女提出的条件，并结成了幸福的家庭。不多久，虎父回来了，但进不了家，也找不到女儿。为了要见到孩子，它用嘴啃咬栏杆，直到牙齿全断了，虎父伤心地哭道："我的宝贝，爹出去这么久，实在太想你了，你伸出手来给爹亲一亲。"虎父舔着舔着就去世了。这时，依玉才感到千不该万不该瞒着父亲自己的婚事，但已经后悔莫及了。黄勤芬讲述，黄天德记录。收入《文山州傣族民间故事集》，16开，2页，597字，云南人民出版社2016年1月版。

（张元波）

救母记

傣族亲情故事。流传于文山壮族苗族自治州文山市傣族聚居区。讲述的是：一日，猎人归，不见了妈妈，又见门前有老变婆的脚印，就丢下猎物，抬刀持枪，顺着脚印，去救妈妈。在野猪、黑熊、金虎的帮助下，终于从老变婆口里救出了妈妈。黄天琼讲述，刘德荣记录。收入《文山州傣族民间故事集》，16开，2页，713字，云南人民出版社2016年1月版。

（张元波）

孝母记

傣族亲情故事。流传于文山壮族苗族自治州麻栗坡县傣族聚居区。讲述的是：有个母亲，夫死时，长女六岁，次女三岁。为抚育女儿，不再出嫁，耕织养家。不知吃了多少苦，两个女儿已长大成人，如花似玉，貌如天仙。在母亲的开导下，两个女儿都出嫁啦。过后不久，长女嫁富，次女嫁穷，都离开了妈，各奔前程。长女出嫁后，对待母亲不孝顺，次女比较孝顺。在王母娘娘的教导下，长女认识了自己的错误，与妹妹一起孝顺母亲。刘德荣记录。收入《文山州傣族民间故事集》，16开，2页，1231字，云南人民出版社2016年1月版。

（张元波）

玉金哭父

傣族亲情故事。流传于文山壮族苗族自治州麻栗坡县傣族聚居区。讲述的是：有间竹楼，住着个孤儿，名叫玉金。因玉金身系独子，母亲过于宠爱，不事耕耘，也不料理家务，游手好闲，养成好吃懒做、贪图享受、行骗和盗窃的恶习。父母归世后，都三十岁了，尚未娶媳。后来，在义父的帮助下，学会了各种生活技能，并娶上了媳妇。父亲见了，心满意足，笑归九泉。刘德荣记录。收入《文山州傣族民间故事集》，16开，2页，641字，云南人民出版社2016年1月版。

（张元波）

找妈妈

傣族亲情故事。流传于文山壮族苗族自治州文山市傣族聚居区。讲述的是：古时，有个遗腹子，名叫南禾。南禾不是凡人，落地就长大，下田能种稻，上山能打猎，持箭能杀敌，对老更孝顺。有一天，南禾打猎回家，不见了妈妈，问隔壁邻舍，说天空射下几道金光，眨眼间，她妈骑着一只金鹿，腾云驾雾，向西而去，失踪了。南禾听了，手持大刀，向西天走去，历尽艰辛，终于找到了妈妈，并且还邂逅了一位美丽的姑娘，结为夫妻。黄天琼讲述，刘德荣记录。收入《文山州傣族民间故事集》，16开，3页，1181字，云南人民出版社2016年1月版。

（张元波）

九、动物故事

艾货罗康的故事

傣族动物故事。流传于云南省西双版纳傣族自治州。讲述的是：一只麂子在一棵油瓜树下捡吃掉落的油瓜，忽然听到树上树下传来猫头鹰"节谷、节谷"和蝉"围住、围住"，以及秧鸡"抢夺、抢夺"的叫声，它害怕得拔腿就跑。结果，它踩到冬瓜，冬瓜滚下坡碰到芝麻树，芝麻籽飞进野鸡的眼睛，鸡乱飞踩到蚂蚁窝，蚂蚁受惊咬了松鼠，松鼠因为疼痛而去咬油瓜藤，油瓜落下来把睡在油瓜树下的艾货罗康（山神）打醒了。艾货罗康问明前因后果后，非常生气。为惩罚它们，艾货罗康就把猫头鹰的舌头割去一半，把蝉的肠子全部掏干，把秧鸡的肠子剪掉一段，把麂子的尾巴宰掉一节。从此，猫头鹰的舌头只有一小节，蝉没了肠子，秧鸡的屁股上有了红点，麂子的尾巴才那么短。岩宰阁讲述，岩温真翻译、整理。16开，8页，1427字，稿存西双版纳傣族自治州民族研究所。

（依旺的）

岩坎的故事

傣族动物故事。流传于云南省新平彝族傣族自治县漠沙坝。"岩坎"即懒人。讲述的是：很早时，新平漠沙坝一傣家寨子里有一对勤劳善良的夫妻，丈夫五十多岁妻子才生得一子。老两口因晚年得子，十分疼爱，从小就娇生惯养，使他好吃懒做，长大了一样活都不会干，整天躺在床上等吃喝。老两口被气死了。村里人气愤地把岩坎抬到骂勒树下，他饿了就叫唤，恰好风吹，树上的骂勒果落入他的口中。他整天躺着不动，变得越来越小，最后变成小虫虫钻进骂勒果里去，吃饱了睡，睡醒了吃，一直活到今天。傣家人恨这种小虫，叫它岩坎军骂勒（懒虫吃骂勒果）。杨富民讲述，杨正周记录，陈振中整理。收入《乡泉集》第二集，32开，4页，2500字，云南民族出版社1985年版。

（郭玉萍）

鹌鹑胜秃头鹫

傣族动物故事。流传于云南省德宏傣族景颇族自治州傣族地区。讲述的是：一天，一只秃头鹫在空中飞着，它看到鹌鹑正在地上享受着阳光。秃头鹫扇动翅膀向鹌鹑俯冲下去，鹌鹑见秃头鹫向自己飞来，想躲开已经来不及，便灵机一动对秃头鹫说："偷袭别人，不算有什么本事！如果我有准备不一定会输给你。"秃头鹫见小小的鹌鹑鸟没把自己放在眼里，就同意再跟它比试比试到底谁的本领强。秃头鹫扇动翅膀冲向高空，而聪明的鹌鹑鸟就趁势钻进土地的裂缝中，秃头鹫怎么都抓不到鹌鹑鸟。秃头鹫见鹌鹑鸟不断地取笑自己，心中大怒，便又从高空猛冲下来，一不小心，撞到了较硬的土地摔死了，鹌鹑鸟逃过了一劫。佚名讲述，桀相搜集、整理。收入《傣族故事》，傣文版，32开，2页，约620字，德宏民族出版社1985年版。

（线永明）

岩咚定依咚曼

傣族动物故事。流传于云南普洱景谷县傣族地区。讲述的是：很久以前，一只老虎潜到一户人家的牛圈里，想伺机偷吃活牛。这户人家有个小孩，一到天黑就哭个不停，无论他的父母怎么吓唬，他都哭个不停。这时，牛圈里又钻进来两个鬼鬼祟祟的人影，看来也是来偷牛的。突然，正在哭叫的小孩听到父母说："不要再哭了，岩咚定依咚曼来了。"小孩立刻就收声不哭了。躲在一边的老虎就纳闷了，心想：看来这两个叫做岩咚定依咚曼的家伙本事不小。为了安全起见，它干脆不声不响地悄悄混杂在牛群中等待时机。恰巧在这个时候，两个小偷开始下手了。一个小偷告诉另一个小偷说："哪条肥就拴哪条。"他俩摸来摸去摸到老虎的背，以为这条就是肥牛了。于是，三下五除二很快把老虎拴好，一前一后牵着老虎悄悄溜出寨子。他俩走了好长一段山路，来到林深没人的地方。走在后面的小偷看清楚他俩拴的竟然是只大老虎，惊出一身冷汗，哆哆嗦嗦地对前面的小偷说："朋友，你先走一步，我方便一会就来。"走在前面的小偷边走边等，也不回头看看，只是不耐烦地说："朋友啊，你是去屙铁屎了，怎么还不快跟上来？"老虎听这个人方便居然会屙出铁屎来，那是何等的厉害，心生恐惧，就乖乖地任其摆布走了一个早上的山路。小偷估计主人不会追来了，就停下脚步，把绳子拴在一棵鸡嗦果树下，回头一看竟然是一只大虎，连忙爬到树上，吓得差点尿裤裆。太阳出来了，老虎把山上所有的动物召集到它身旁。老虎命令熊上树去抓人，被树上的人用长刀劈中了老熊的鼻子，老熊痛得掉下树来。从此，老熊走路也总是用手护住自己的鼻子。老虎又命令猴子上去，树上的人用小便尿猴子的头，尿液刺激到了猴子的眼睛。所以，如今猴子的眼睛还总是眨个不停。树上的人也很着急，心想这样下去，只有等死。情急之下，他把衣裳脱下，像撒渔网那样撒向老虎，老虎懵了，以为树上这个人使出了什么要命的绝招，便不要命地扯断绳子跑了。所以，现在的鸡嗦果树总是弯弯曲曲的。收入《景谷傣族民间故事》（汉傣双文），32开，2页，1037字，景谷傣族彝族自治县傣族文化协会编，2014年3月发行。

（依旺的）

白鹭和猎人

傣族动物故事。流传于云南保山傣族地区。讲述的是：白鹭的羽毛其实并不是白色的，而是花色的，就是一种小花鸟而已。有一天，一位猎人在森林里打猎，看见一只老鹰正在追啄小花鸟，猎人拉开弓箭把老鹰射下来，救了小花鸟一命。从此，小花鸟就跟猎人在一起生活，形影不离。有一天，猎人在与妖魔搏斗的过程中受重伤了，他叫小花鸟到一个遥远的地方找疗伤的药。小花鸟把药找来了，可是由于伤势过重，猎人还是死了。悲痛中的小花鸟，一边啼叫一边把猎人的白包头披在自己身上，没想到，猎人的白包头，变成了它身上白色的羽毛，而挂在它脖子上的药材，也变成了金黄色的绒毛附在胸前。小花鸟啼叫三声之后，就飞上猎人身边的大树，从此，一直住在树尖上。向老七讲述，刀保宁、杨忠实记录整理。收入《民族古籍翻译丛书——保山傣族民间故事第一辑》，32开，2页，1012字，保山市傣学研究会编，云南民族出版社2012年10月出版。

（依旺的）

白象

傣族动物故事。流传于云南省景谷傣族彝族自治县及元江哈尼族彝族傣族自治县傣族地区。讲述的是：古时，猎人鲁摆领着儿子鲁生到森林里打猎，看见一头又白又大的动物跃进了一个大坑洞里。父子俩不知是什么东西，很奇怪，跑到坑边观看。儿子鲁生不小心跌进坑洞，恰巧骑在那大动物身上。寨里人闻讯赶来，有的说打死它，有的说那是象，不会伤害人，人也不要伤害它。大伙挖开一道口子，把象从坑洞里救出来，象十分感激。从此，大象便来到猎人家里，帮猎人驮柴、运送木料、运送粮食。猎人也十分关爱大象。头人知道后，叫猎人把大象送到他家。头人得到大象后，把它关在石房里。正当头人设宴庆贺自己获得财富之时，象突然闯开石房冲出来，一脚将头人踩死，并将头人的家踏得稀烂，然后回到了猎人家。佚名讲述，岩峰、王松、刀保尧采录整理。收入《傣族文学史》，32开，2页，1200字，云南民族出版社1995年版。

（阿南）

白麂子的故事

傣族动物故事。流传于云南省西双版纳傣族自治州。讲述的是：有一只非常懒的小白麂子，它骗老虎把自己背到山顶后逃跑了。逃命路上它遇到野猪，被野猪藏在一个土坑里。追上来的老虎见了野猪就问是否见到白麂子，因话不投机虎与野猪厮杀起来，最后野猪杀死了老虎。白麂子用竹筒装了满满一筒的老虎血，准备拿去给自己染色。半路，它听到牛群奔跑、鸟儿扑翅声，以为老虎复活追来了，一急被树桩绊倒，虎血泼了它一身，除了额头还有一点白色，全身都被血染成红色。从此，森林里再也看不到雪白的麂子了。岩宰约讲述，岩旺记录。16开，6页，982字，稿存西双版纳傣族自治州民族研究所。

（依艳坎）

白头翁

傣族动物故事。流传于云南省西双版纳傣族自治州。讲述的是：白头翁原来是很美丽的一种鸟，因耍小聪明变成现在的样子。有一年，天干旱，鸟类为活命，分头找水源，准备挖沟引水。白头翁欲坐享其成，用石灰把自己的头染白装扮成老年人，以逃避劳动。庆祝引水成功时，大家欢歌起舞，痛饮、洗澡，十分畅快。唯独白头翁远远躲在一边，不敢喝水，也不敢洗澡，怕头上的石灰被洗去，露出原形遭耻笑。久而久之，成了现在的样子。佚名讲述，岩喊搜集、翻译。收入《西双版纳傣族民间故事集成》，32开，2页，500余字，云南人民出版社1993年版。

（李传宁）

白头翁与百灵鸟

傣族动物故事。流传于云南省元阳县。讲述的是：白头翁和百灵鸟是好朋友。百灵鸟的母亲得了怪病，吃了许多药都没用。精通百药的白鹭鸶告诉她俩首领院子里的银杏树上千年不落的银杏是灵丹妙药。白头翁让百灵鸟照看妈妈，自己飞去摘银杏，但她被首领的卫士捉住拷打，等她逃出飞回家时，百灵鸟的妈妈已死了。白头翁头戴孝叫百灵鸟杀一头猪给妈妈送丧。打那以后，她就天天叫"杀个猪杀个猪！"她头上的白带就是戴孝时留下的。百灵鸟被白头翁的舍己救人的高尚品德感染，永远为她唱着赞歌。佚名讲述，杨保青搜集、整理。收入《绮丽的山花——元阳县民间文学作品集》（一），32开，2页，1500字，元阳县民族事务委员会1984年编印。

（郭玉萍）

布谷鸟的讲述

傣族动物故事。流传于云南省德宏傣族景颇族自治州傣族地区。讲述的是：一富翁的大小老婆分别生了一位女儿，大老婆染病而亡不久，小老婆欲害死大老婆的女儿。一日，她让两姐妹上山种黄豆，偷偷让其姐拿已炒熟的去，并叮嘱道："你俩去种豆，谁的豆先发芽谁就先回家。"姐妹俩行至半路，无意中随便嚼吃了几粒，得知姐姐的黄豆又香又甜，不知情的姐姐把自己的黄豆种与妹妹调换。不久姐姐种下的先发芽，就先回了家。而妹妹的始终未见发芽，由于长久的劳累与守候，妹妹死于地里，变成了叫声为"过鸣！过鸣"（傣语：姐妹、朋友之意）的鸟（布谷鸟）。佚名讲述，李岩过哏搜集、整理，快永胜译。16开，3页，约600字，稿存德宏傣族景颇族自治州民语委。

（快永胜）

背柴虫

傣族动物故事。流传于云南省西双版纳傣族自治州。讲述的是：一个十八岁的小伙子，因他过分懒惰，谁都不愿和他住一个山洞。冬天，懒小伙子缩在山洞里冷得直发抖，只好爬起来去偷别人的干柴来取暖。众人就采取办法防范他。懒小伙子最后冻死在山洞里，变成背柴虫。此虫待在树叶上，白天不吃不动只睡觉，晚上钻出来偷吃嫩叶或果子。佚名讲述。岩温扁记译。收入《西双版纳傣族民间故事集成》，32开，2页，1200余字，云南人民出版社1993年版。

（李传宁）

斑鸠和秧鸡的故事

傣族动物故事。流传于云南省西双版纳傣族自治州。讲述的是：自从有了鸟类，帕雅英（天神）就给斑鸠安排在平坝生活，而让秧鸡生活在山上。那秧鸡在山上遇到干旱天每天都下山寻找食物，走到半路肚子又饿了，它们很羡慕斑鸠。于是，它们就去求斑鸠换地方。斑鸠被赞美得动了心，便和秧鸡换了住地。斑鸠搬到山上以后，每天从很远的地方飞往平坝，时间长了，它非常后悔，不停地叫"拼搭咕！哆拼吐！"（傣语音译：气死我！苦了我！）。秧鸡却叫"咕呼！咕炼！"（傣语音译：我智慧！我聪明！）刀新华讲述，岩庄香翻译整理。16开，6页，986字，稿存西双版纳傣族自治州民族研究所。

（依艳坎）

蝙蝠为什么天黑才出来

傣族动物故事。流传于云南省新平彝族傣族自治县。讲述的是：蝙蝠是一种会钻洞又会飞的动物，它的样子非常难看。有一天，它想跟鸟交朋友，鸟看它长得很丑并且鬼头鬼脑的就叫它去和老鼠交朋友。老鼠仔细打量它后说你有翅膀去跟鸟交友好了。蝙蝠找了许多鸟，它们都看不起它，它很惭愧。有一天老牛见它后讥笑它丑，把牙齿都笑掉了。从此蝙蝠发誓白天再也不出来。佚名讲述，王丽芬搜集，李志刚整理。收入《乡泉集》第二集，32开，1页，600字，云南民族出版社1985年版。

（郭玉萍）

蝙蝠的故事（一）

傣族动物故事。流传于云南省德宏傣族景颇族自治州傣族地区。讲述的是：从前不知太阳王子生了谁的气，躲入厚厚的黑云里，人间黑暗又寒冷，这可急坏了众多动物。于是虎王和鸡公主决定召集众动物商讨对策，让太阳王子能走出黑云，照亮人间。不久，所有的动物都来齐了，只差蝙蝠未到。虎王和鸡公主让松鼠去叫。蝙蝠说："我是飞的，你是爬的，你管不着我。"无奈，又让八哥去叫。蝙蝠说："我是爬行的，虽你我都有翅膀，但花纹不同，我不服你调派。"蝙蝠未到，接着又分别叫鹦鹉、乌鸦、老鼠去叫，蝙蝠还是以各种理由推辞。最后，在没有蝙蝠来参加的情况下，众动物一起去请求太阳王子走出黑云，世间万物重见光明，并决定让蝙蝠永不得见太阳。所以至今蝙蝠昼歇夜忙。佚名讲述，曼相屯搜集、整理。收入《傣族民间故事》第五辑，傣文版，32开，3页，1200字，云南民族出版社1987年版。

（快永胜）

蝙蝠的故事（二）

傣族动物故事。流传于云南省西双版纳傣族自治州。讲述的是：很久以前，地上的走兽和天空飞翔的鸟类发生了战争。胆小怕事的蝙蝠躲在一旁袖手旁观，想等待时机投靠胜的一方。战争结束，鸟类战败，它就投靠了兽类。没过多久，兽类和鸟类又发生了一次战争。见兽类势弱，它又去投靠了鸟类。兽类和鸟类见蝙蝠游离不定，奸诈狡猾，纷纷斥责。蝙蝠因为害羞，白天再也不敢出来觅食，直到现在。岩塔讲述，陆云东翻译。16开，5页，733字，稿存西双版纳傣族自治州民族研究所。

（依旺的）

蝙蝠和夜鹰

傣族动物故事。流传于云南省西双版纳傣族自治州。讲述的是：古时候，天神把太阳蒙住了，天底下一片漆黑，动植物都无法生存。蛤蟆王率领动物们搬运泥土堆成山,准备上天攻打天神。各种动物积极响应,累死累活地搬运泥土,只有夜鹰和蝙蝠不参加。后来打败了天神,重见阳光。夜鹰和蝙蝠因没参加攻打,欲分享胜利的果实,就被动物们赶走,并禁止夜鹰和蝙蝠在白天出来活动。佚名讲述,岩喊搜集、翻译。收入《西双版纳傣族民间故事集成》,32开,1页,200余字,云南人民出版社1993年版。

(李传宁)

报恩的大黑牛

傣族动物故事。流传于云南保山傣族地区。讲述的是:有一位名叫南达摩勐的人,养了一头大黑牛。他平时对大黑牛很不错,所以大黑牛决定报恩。有一次,大黑牛给主人出了个主意,请主人带着它去跟100头水牛比赛拉沙。到了沙场,南达摩勐大声对黑牛说:"大黑牛哎,你就快快拉吧,别死站着不动。"大黑牛听主人这么一说,很是伤心,就输了这场比赛。回到家,黑牛见主人因为输钱而懊恼,觉得过意不去,又叫主人再把它拉出去比赛。这次,南达摩勐对大黑牛说:"走吧,走吧,我心爱的牛哎,肥壮的牛,油亮闪光的毛,怎样才能赢得对方,你就想办法吧。"主人的这一番话,使大黑牛充满信心。它抬起脚就跑,在激烈的比赛中,主人那温柔的声音在耳边回响。大黑牛顶着烈日坚持到最后,终于战胜了100头水牛。南达摩勐不仅赢回之前输掉的银子,还赢回来2000两白银。万德美搜集、整理。收入《民族古籍翻译丛书——保山傣族民间故事第一辑》,32开,2页,690字,保山市傣学研究会编,云南民族出版社2012年10月出版。

(依旺的)

长臂猿为什么不下地

傣族动物故事。流传于云南省德宏傣族景颇族自治州傣族地区。讲述的是:首领讨了多个老婆后,嫌弃王后,把王后撵出宫不说,还不准走在他的土地上。王后一气之下,穿上黑色的衣裙出走,等她走到山林时就变成了长臂猿,至今长臂猿从不下地。佚名讲述,刀承兴记录,冯霄译。刊于傣文杂志《勇罕》,16开,1页,399字,1989年3期。

(冯霄)

长颈鹿的由来

傣族动物故事。流传于云南省西双版纳傣族自治州。讲述的是:以前的长颈鹿还是像一般的马鹿一样,脚颈都不长。一天,一条马鹿被狐狸所骗,掉进了一个泥潭里。树上的一只翠鸟见了,就去找来鹿群,鹿群也没有办法救它。猴子见了就去找来野藤,编好绳套后跳上马鹿的背,把绳子套在马鹿的脖子上叫大象使劲拉。谁知马鹿的双脚陷在泥地里,很难拉出。最后虽然把马鹿拉出来了,可它的脚和脖子都被拉长了。从此,就有了长颈鹿。岩香腊讲述,玉腊翻译。16开,5页,863字,稿存西双版纳傣族自治州民族研究所。

(刀金平)

长颈鹿和山羊

傣族动物故事。流传于云南省西双版纳傣族自治州。讲述的是:一条长颈鹿和一只山羊是一对好朋友。一天,它们去觅食时,路过一条河,长颈鹿轻松地过了河,而山羊险些被河水冲走。它们又路过一个花园,山羊从低矮的小门钻进去吃草去了,而长颈鹿被阻在外面。因而,它们为高和矮谁好争吵起来,并请白兔裁决。白兔引用俗话"过河须试两边深,划船用力两边使"的道理告诉它们,不能只见到自己的好处,要看到双方的长处。康朗约讲述,玉腊翻译。16开,3页,546字,稿存西双版纳傣族自治州民族研究所。

(刀金平)

苍蝇和它的蛇朋友

傣族动物故事。流传于云南省西双版纳傣族自治

州。讲述的是：绿头苍蝇为吃到一条老麻蛇，与麻蛇称兄道弟，结为好友。苍蝇告诉麻蛇，在乱石山上的枯藤蓬上有食物，让麻蛇爬上去吃。麻蛇不知是计，从枯藤上爬到半截，枯藤断了，麻蛇摔在乱石堆上。受震动的乱石砸在麻蛇身上，埋住蛇的半截身子。苍蝇假装关心，一边舔食麻蛇的血，一边在麻蛇的伤口上产下无数的苍蝇卵。那些卵变成小蛆，咬食着麻蛇的肉，麻蛇的伤口越来越大，最后死在乱石堆中。山上的动物知道这事后，谁也不敢再与苍蝇交朋友。康朗叫讲述，艾杨搜集、翻译。收入《西双版纳傣族民间故事集成》，32开，3页，1300余字，云南人民出版社1993年版。

（李传宁）

苍蝇的叹息

傣族动物故事。流传于云南保山傣族地区，讲述的是：一群苍蝇闻到蜂蜜的味道，就纷纷朝蜂箱飞去，看见蜜汁从蜂箱溢出来，沾满整片草地，就扑上去使劲吸吮。过了很长时间，吃饱喝足的苍蝇很疲倦，想飞到别的地方去歇息，可一双脚被粘在蜂蜜里出不来。它们越挣扎，却陷得越深。临死的苍蝇突然醒悟，望着蜜汁它深深叹息："我们遭此灭顶之灾，是因为贪图享乐所致。"才德美搜集、整理。收入《民族古籍翻译丛书——保山傣族民间故事第一辑》，32开，1页，176字，保山市傣学研究会编，云南民族出版社2012年10月出版。

（依旺的）

臭鸟

傣族动物故事。流传于云南省西双版纳傣族自治州。讲述的是：山里的一个夜叉，夜里来到寨子旁觅食时，不小心把装在竹筒里已腥臭的胎盘洒了一身。这时恰好有一个猎人路过，夜叉害怕就爬上树躲起来。见猎人蹲在树下观察，便忙施展变身术，变成一个夜叉和一只怪鸟慌忙飞逃。猎人见到夜叉，一枪射死了夜叉，只有怪鸟得以逃脱。从此，怪鸟再也无法变回妖身，带着一身臭味，变成了现在的臭鸟。岩糯讲述，岩旺记录，岩庄香翻译。16开，5页，968字，稿存西双版纳傣族自治州民族研究所。

（刀金平）

蝉为什么没有肠子

傣族动物故事。流传于云南省德宏傣族景颇族自治州傣族地区。讲述的是：很久以前，一只蝉在一棵楂子果树的绿叶丛中躲凉，是时有一只猴子来摘吃果子。忽然蝉鸣叫起来，猴子被吓得从树上掉落，正掉到在树下乘凉的麂子的头上，麂子吓得横冲直撞，绊到了冬瓜藤，冬瓜藤又碰到酥子，酥粒子粉飞入大象的眼睛，大象忍痛赶到水边欲洗眼睛，一不小心踩到小蝌蚪，小蝌蚪的肠子被挤出。随后，小蝌蚪不依不饶，把案情告到树神那里，树神追根溯源，最后判定：是蝉先惹的事，小蝌蚪的肠子由蝉赔。蝉无奈地把自己的肠子掏出给了蝌蚪。从此蝉声虽响，但肚里无肠子。吾吞讲述，快永胜搜集、整理、翻译。16开，12页，约1790字，稿存德宏傣族景颇族自治州民语委。

（快永胜）

聪明的青蛙

傣族动物故事。流传于云南省西双版纳傣族自治州傣族地区。讲述的是：有只饥饿的老虎走到河边，碰上一只青蛙，嫌肉少了一点，但也可解馋，便张口要把青蛙吞进肚里。机灵青蛙急忙说道："虎大王，你要吃了我不要紧，只是有个模样很像你的家伙说，它早就想吃掉你，只是没有机会。"老虎听了想：自己是山中大王，竟然有想吃掉自己的家伙，不禁大怒，便问青蛙这家伙在哪里。青蛙把老虎领到大河桥上，指着桥下说："喏，像你的那家伙就在下面！"老虎往下一看，果然水里有个跟它自己一模一样的家伙。老虎对着那家伙张牙舞爪,那家伙也正对着老虎张牙舞爪。老虎越看越愤怒,跃起朝河里扑去,结果,淹死在水里了。佚名讲述,岩峰、王松、刀保尧采录整理。收入《傣族文学史》,32开,1页,400字,云南民族出版社1995年版。

(阿南)

聪明的乌鸦

傣族动物故事。流传于云南省西双版纳傣族自治州。讲述的是:有一只乌鸦救了一只掉进深坑里的狐狸,狐狸却恩将仇报,扑住乌鸦就要吃掉。乌鸦用计甩脱狐狸后,去村子里叼了一只小鸡,引得人们来追赶。把村民们引到树下狐狸藏的地方后,乌鸦把小鸡放在地上就飞走了。村民们包围上来,见有一只狐狸,便团团围住把它打死了。康郎约讲述,陆云东翻译、整理。16开,4页,548字,稿存西双版纳傣族自治州民族研究所。

(刀金平)

聪明的小蛤蟆

傣族动物故事。流传于云南省西双版纳傣族自治州。讲述的是:一只小蛤蟆为救母亲,与老虎进行赛跑。比赛开始,小蛤蟆趁老虎不注意跳到老虎身上,咬住老虎的尾巴,被老虎驮着翻过三座大山。老虎回头看不见小蛤蟆,以为自己赢定时,小蛤蟆趁机跳到老虎的前面赢得胜利,并吓唬老虎说:"我是一只专吃老虎的神蛤蟆。"老虎看小蛤蟆嘴里塞满虎毛,吓得跪地求饶。小蛤蟆警告老虎一番后,让老虎驮着它回到母蛤蟆身边。狐狸见老虎逃命的样子,问清缘由后,笑老虎被骗。狐狸说:"如果你不信,你实在害怕,你我就把尾巴拴在一起走去看看吧。"小蛤蟆见狐狸和老虎走来,就对狐狸说:"我的好朋友,昨天你刚答应给我送食物,今天你真的送来了,现在我正饿得慌呢。"老虎吓得拼命就跑。因尾巴拴在一起,最后一起失足掉进深谷摔死了。佚名讲述,玉柳搜集翻译。收入《西双版纳傣族民间故事集成》,32开,4页,2000余字,云南人民出版社1993年版。

(李传宁)

聪明的兔子

傣族动物故事。流传于云南保山傣族地区。讲述的是:有一只聪明的兔子和一只骄傲自大的水獭是好朋友。有一次,水獭因为钻进渔夫的渔笼里偷吃鱼而撑着了,动弹不得。眼看着渔夫就要来收鱼笼了,水獭急得向小兔子求救。小兔子告诉水獭一个妙计。最后,小兔子不仅自己逃脱了渔夫的抓捕,也救了命悬一线的水獭。万德美搜集、整理。收入《民族古籍翻译丛书——保山傣族民间故事第一辑》,32开,2页,1152字,保山市傣学研究会编,云南民族出版社2012年10月出版。

(依旺的)

大象与老鼠

傣族动物故事。流传于云南保山傣族地区。讲述的是:有一次,一条河流发生大洪水,住在河岸的一只老鼠急忙逃窜。它在绝望之中遇到一头大象,并请求大象救命。当时,大象心想:"这个时候,谁都想活命。我身材高大,必须把它们救出去,说不定有一天,我也有需要它们的时候。"想到这里,大象就带着老鼠逃离洪水。不久,大象不幸被猎人围捕,它在困境中呼唤小老鼠。老鼠听到了,召集四面八方的鼠族,成功拯救了大象。万德美搜集、整理。收入《民族古籍翻译丛书-保山傣族民间故事第一辑》,32开,3页,1225字,保山市傣学研究会编,云南民族出版社2012年10月出版。

(依旺的)

大象

傣族动物故事。流传于云南元江县傣族聚居区。讲述的是:古时候元江傣族地区一个名叫鲁摆儿的忠厚农民,从不识象、要猎象,到被象救子、爱象驯象、与象和谐相处的传奇过程和通人性的大象认主、护主的感人故事。元江东峨傣族白永昌讲述，白玉龙搜集、整理。收入《中国民间故事丛书·云南玉溪·元江卷》动植物故事，218页，知识产权出版社2015年版。

（白云）

大象的故事

傣族动物故事。流传于文山壮族苗族自治州马关县傣族聚居区。讲述的是：有一只蛮横不讲理的野象，踩坏了小土豆雀下的蛋。在乌鸦大哥的帮助下，它们邀约大绿头苍蝇、田鸡等动物，引诱大象到岩石边，天神从它屁股后边踢了一脚，那野象掉进万丈深谷摔死了。大象欺小，遭到了报应。董再芳讲述，董品尧记录。收入《文山州傣族民间故事集》，16开，303页，云南人民出版社2016年1月版。

（张元波）

大象与小猫

傣族动物故事。流传于云南省德宏傣族景颇族自治州傣族地区。讲述的是：从前大象和小猫做朋友，大象歧视小猫身体不如它的腿粗，没有可能斗得过其他动物。小猫对大象说："你别看我小，也许我对你会有帮助的。"过了几天，大象在大青树下纳凉，一只小老鼠从树丛里钻出来趴在大象身上，大象站立起来卷着鼻子猛烈地抖动身子，老鼠滑掉在地，大象想用脚踩死它，可是老鼠又从大象尾巴爬上来。就这样，老鼠和大象逗来逗去，大象气急败坏想置老鼠于死地。突然老鼠钻进了大象鼻子，傲慢的大象不知道怎么办，小猫跳出来从大象鼻子把老鼠抓出来吃了。大象感到羞愧难言，感动得流出了眼泪。佚名讲述，依团搜集、整理，朱光灿翻译。刊于《傣族民间故事》（第六辑），傣文版，32开，3页，约700字，云南民族出版社1992年版。

（朱光灿）

大鹌鹑和老虎

傣族动物故事。流传于云南普洱景谷县傣族地区。讲述的是：很久以前，有一只年轻的母老虎到佛祖那里求子，它拜求佛祖说，想一年能产九窝，一窝能产九子。看看这件事也无什么大碍，佛祖很爽快就答应了。这只老虎在回来的路上，生怕因路程远而忘记佛祖告诉它的生儿育女的口诀，它就一边走一边背："一年下九窝，一窝产九儿。"一路上背个不停，一直往回走。就在同一时间，有一个名叫麻哈母夏览纳听的高僧，他是佛祖得意弟子中的一个。他也在拜佛祖，老虎求子一事，他在一旁听得清清楚楚。他想，老虎所求一旦如愿，将来老虎多了，肯定会吃掉人类，天下必定大乱。他心想："我一定要施计让它忘掉，以绝后患。"麻哈母夏览纳听施法变成了一只大鹌鹑，在老虎必经之路等候着，远远地看到老虎过来，就使劲拍打翅膀，顿时，路上的灰尘被拍得漫天飞舞，把太阳给遮住了。老虎从未遇见过这么大的风沙，眼睛被灰尘给迷住了，顿时慌了手脚，它把一路来背诵的口诀忘了，糊里糊涂中，七拼八凑背成了"九年下一窝，一窝产一只"。这母老虎回到了虎寨，向同伴们传达的就是"九年下一窝，一窝产一只"。所以，直到如今，老虎的数量都没有超过其他动物的数量。收入《景谷傣族民间故事》（汉傣双文），32开，2页，483字，景谷傣族彝族自治县傣族文化协会编，2014年3月发行。

（依旺的）

点水雀的讲述

傣族动物故事。流传于云南省西双版纳傣族自治州。讲述的是：天庭里的一只小雀，飞到散发出香气的地球，独自在海边点水作乐，忘了回家。当小雀想要回去时，已经不能高飞。看到周围的神仙和小鸟都很快乐地生活着，忧伤的小雀又高兴地飞向大海，整天点水作乐，人们便叫它点水雀。收入《西双版纳傣族民间故事集成》，32开，2页，620余字，云南人民出版社1993年版。

（李传宁）

点水雀和水鸡

傣族动物故事。流传于云南省德宏傣族景颇族自治州傣族地区。讲述的是：很早以前，点水雀住在水中，水鸡住在坡上，点水雀觉得水中不好住，太阳、月亮都看不见，就跟水鸡换地方住。住了十多天，点水雀又觉得坡上的太阳太辣，没有水里舒服，因此，它又恳求水鸡换回来，可是水鸡不愿意再换了，水鸡叫道："得了得了，不必再换了！"点水雀呢，直到现在还没有找到舒适的地方，飞来飞去地叫道："懊悔得很，懊悔得很！"佚名讲述，云南省民族民间文学德宏调查队整理。收入《德宏傣族民间故事》，32开，1页，275字，德宏民族出版社1993年版。

（喊凤）

点水雀的胸前为什么有个黑点

傣族动物故事。流传于云南省德宏傣族景颇族自治州傣族地区。讲述的是：点水雀原本是天神身边的雀，它听说世间的陆地无限广大，但它从天上看下来好像只是漂在水上的一小块水沫子。它心里想：轻轻一脚就能把它踏入水里。临下来时，天神拿一个中心有黑色坠子的饰物给它戴于脖子上，以便与世间的鸟区别开来。到了世间后，任凭它怎么踏、怎么踩，大地纹丝不动，它就无脸回天上去了。至今，不论站在哪里，它总是一闪一闪的，那是它想把大地踏沉。天神给它戴上的饰物，就变成它胸前上的黑点了。佚名讲述，冯成贵记录，冯霄译。刊于傣文杂志《勇罕》，16开，1页，323字，1990年1—2期。

（冯霄）

旦巴大堤嘎

傣族动物故事。流传于云南省孟连傣族拉祜族佤族自治县。讲述的是：在勐巴拉纳西的地方，旁门左道盛行。有一个叫巴罗黑的先生，精通咒术。他常在僻静的石洞里读一本叫《巴塔卷宰压》的咒符。一天，他自言自语说这本书很灵验，学会其中咒符，办事都能成功，想当帝王君主也轻而易举。不料，这话被跟随他的叫旦巴大堤嘎的狗听到了。从此，这狗就天天躲在暗处跟主人诵诀练功。有一天，狗对主人说："你所学的秘诀我也会了，我要到山林中称王。"狗进林中一念秘诀，无数走兽飞禽就拥来顶礼膜拜，服从它的意志。旦巴大堤嘎当了兽中之王，但还想做人类君主，就组织军队向勐巴拉纳西进攻。最后，狗被大象踩死，众野兽死伤累累。人们把野兽的肉拿来吃，吃不完的晾干后再吃，从此，傣族人学会了腌咸肉干巴。波叶坦讲述，徐永安记录。收入《孟连傣族拉祜族佤族自治县民间文学集成·傣族卷》（一），32开，3页，2000字，孟连傣族拉祜族佤族自治县文化局、民族事务委员会1987年编印。

（郭玉萍）

打捞雀的来历

傣族动物故事。流传于文山壮族苗族自治州马关县傣族聚居区。讲述的是：有一家父子两人，过年吃饭时，父亲专门找不带骨头的鸡肉和鱼肉给儿子吃，他自己专门吃鱼头、啃鸡骨头。儿子以为父亲吃的是最好的，不好的才拿给自己吃，于是产生了怨恨之心，想伺机除掉父亲。有一天，父亲带儿子去打渔，他趁父亲不注意就用大木棒狠打父亲，并把父亲推下河里淹死。回家后，儿子煎鱼吃。他首先吃鱼头，啃来啃去不好吃，才明白父亲是疼爱自己，十分后悔，呼天喊地发疯似的到河边去找父亲。儿子天天在河里打捞，眼泪哭干了，声音叫哑了，最后死在河边，变成一只小雀，还每天在河边打捞。因此，人们就叫这种鸟为打捞雀。张有昌讲述，唐武记录。收入《文山州傣族民间故事集》，16开，318页，云南人民出版社2016年1月版。

（张元波）

多乐鸟的故事

傣族动物故事。流传于云南省西双版纳傣族自治

州。讲述的是：很久以前，有一对穷夫妻去山上开垦山地，每天妻子都下山去帮别人做工，挣点米和食物。一天，妻子去帮一家人舂米，回家时天色已晚了。等在山上的丈夫饿得发慌，不由猜忌、气愤起来。见妻子回来，拎起猎枪就朝妻子开射。看见散乱在地上的一箩食物和死去的妻子时，他后悔莫及，拔出刀朝自己的脖子割去。夫妻俩死后变成了多乐鸟。现在我们常听到雄多乐鸟叫"汤窝—汤窝"（即：以为妻子是牛），而雌多乐鸟却叫"哟哟—哟哟"（无能—无能）。岩宰勇讲述，依艳坎翻译、整理。16开，6页，983字，稿存西双版纳傣族自治州民族研究所。

（刀金平）

毒心哥哥

傣族动物故事。流传于云南省新平彝族傣族自治县漠沙坝。讲述的是：很久以前，新平漠沙坝傣族聚居的村寨里有一家兄妹两人，父母很早就去世了，他俩相依为命。两兄妹省吃俭用积了一些钱，妹妹托人给哥哥找了个媳妇。开始嫂嫂对妹妹还不错，可后来就逼着丈夫虐待妹妹。哥哥迫于妻子的淫威，就常常打骂妹妹，还不给她吃饭。寒冬的一天，妹妹住在阴暗潮湿的柴房里，又冷又饿，天不亮就冻死了。妹妹死后变成一只绿羽小鸟飞进山林。每到晚上就飞到寨子上空，骂她的哥嫂："毒心哥哥，毒心嫂嫂！"声音婉转凄凉。直到现在，人们还能听到这种鸟的叫声。李发鸿讲述，杨学成搜集、整理。收入《玉溪地区民间文学资料选》第二集，32开，2页，1400字，玉溪地区群众艺术馆1984年编印。

（郭玉萍）

断尾的狐狸

傣族动物故事。流传于云南省西双版纳傣族自治州。讲述的是：一只狐狸去偷吃寨子里的鸡鸭时，被铁夹子夹断了尾巴。它不好意思拖着断尾见同伴，便美化自己说没有尾巴跑得快，容易躲藏，蛊惑狐群把尾巴剪掉。一只聪明的狐狸识穿了它的诡计，告诉大家它的尾巴被剪断，是因为去偷东西所致，它想说服我们剪掉尾巴，目的是好让人们误把我们当成它杀了。狐狸们听后，气愤地把它赶走了。刀文学讲述，依艳坎翻译、整理。16开，6页，1023字，稿存西双版纳傣族自治州民族研究所。

（刀金平）

恩将仇报

傣族动物故事。流传于云南省西双版纳傣族自治州。讲述的是：有个农夫用牛驮柴从山林回来，救了一条在一个干涸湖里奄奄一息的鳄鱼。鳄鱼恢复体力后便要吃农夫，说农夫打搅它睡觉。农夫不服，就带着鳄鱼去找人来评理。他们先后找了渔夫、乌龟、鳖，可渔夫、乌龟、鳖都因自己利益或怕死，都说鳄鱼该吃农夫。他们遇到苦行僧，苦行僧就让农夫用牛把鳄鱼驮回原来的地方，把鳄鱼放回湖里后，苦行僧拉起农夫走了，鳄鱼被活活地渴死在干湖里。刀曙明讲述，陆云东翻译、整理。16开，5页，859字，稿存西双版纳傣族自治州民族研究所。

（玉腊）

鳄鱼的死

傣族动物故事。流传于云南省景谷傣族彝族自治县傣族地区。讲述的是：有个鳄鱼住在大池塘，因天旱水干了，鳄鱼渴得要死。有个老人从池塘边走过，鳄鱼哀求老人将它带到江里去。老人说他倒是愿意帮忙，只是背不动鳄鱼。鳄鱼叫老人找一根藤子拴住它，把它拖到江里。老人照样做了。鳄鱼进了江，转头就咬住老人的脚。老人说："你为什么咬我？"鳄鱼说："你为什么拴我，我要吃掉你。"老人说："是你叫我拴着你到这里来的呀！"于是两个就请别人来评断。先请老鹰、黄牛评断，但它们俩怕以后来喝水时鳄鱼报复，就都急忙溜走了。不久，来了一只山羊，请它评断。

山羊说:"把鳄鱼拖上岸来,我听清楚了,才好判断。"于是,老人把鳄鱼拖上岸。山羊对老人说:"你是这样拖它来的吗?那你照样把它拖回去吧。"鳄鱼就这样活活干死了。岩峰讲述,卢自发、朱宜初搜集整理。收入《傣族民间故事选》,32开,1页,700字,上海文艺出版社1985年版。

(阿南)

凤凰

傣族动物故事。流传于云南省德宏傣族景颇族自治州傣族地区。讲述的是:从前有对夫妇,恩爱非常,同劳动,从不斗嘴吵架。本来生活过得好好的,可是天不作美,连续干旱两年,草木不生,家畜饿死,他俩只得往深山老林处逃生。每天饿了采野果挖薯根吃,好不容易走到有清澈泉水的山洼里,以为可以安居一段时间,可丈夫喝足水后,突然对妻子说:"我要走了,你多保重,别牵挂我!"说完变成一只鸟腾空而去。妻子十分悲伤,双手合十祷告。忽然,自己也变成一只金色美丽的凤凰鸟。她每天劳动唱歌,唱歌劳动,百鸟都飞来与它做伴,静听它动听的歌声。猎人听到它的悦耳歌声,都没张弓射箭,并告诉人们要保护这美丽的凤凰鸟。佚名讲述,曼相吞搜集、整理,龚肃政译。载于《傣族民间故事》第三辑,傣文版,32开,6页,约1200字,云南民族出版社1984年版。

(俊孟)

个子大好还是个子小好

傣族动物故事。流传于云南省西双版纳傣族自治州。讲述的是:一头大象和一只猴子为了个子大好还是个子小好而争论不休。于是,它们就请猫头鹰来评判,猫头鹰让它们去河对岸采芒果来才将答案告诉它们。渡河时,大象帮了猴子的忙。到了岸边果树下,猴子爬上芒果树,大象才拿到芒果。回到对岸,猫头鹰拿着芒果对它们说,如果少了对方,你们能渡过河摘到芒果吗?猴子和大象顿时醒悟,个大有个大的好处,个小有个小的好处。刀文学讲述,依艳坎翻译整理。16开,6页,1105字,稿存西双版纳傣族自治州民族研究所。

(刀金平)

公鸡为什么天不亮就叫

傣族动物故事。流传于云南省西双版纳傣族自治州傣族地区。讲述的是:公鸡原先长着一对美丽的角,后被漠沙老龙王看见。龙王就请蜈蚣作证,借了公鸡的角去天宫赴宴,被封为水中之王。老龙这下子神气起来,不再与公鸡见面,不还角了。公鸡无法下水去要,一想起它的那对美丽的角就睡不着觉,早早醒就大喊"龙哥哥,还我角!"但老龙不还角,公鸡非常恨作证的蜈蚣。从此,公鸡一见就去啄它。佚名讲述、记录。收入《中国讲述故事大辞典》,16开,1页,300字,中国文联出版公司1992年版。

(阿南)

光身鸟

傣族动物故事。流传于云南省西双版纳傣族自治州傣族地区。讲述的是:有一只巨大的鸟,但身上却没有一根羽毛,光秃秃的,十分难看。每当冬天来临,它又冷又饿又孤单。百鸟们见它如此模样,很可怜它。由诺嘎兰托鸟提议,大伙各捐献一根羽毛给它。于是,百鸟便拔下自己的羽毛送给它。大鸟有了上百种羽毛,五光十色,极为美丽,连孔雀、锦鸡也感到逊色。大鸟因此盛气凌人,不可一世。百鸟们生气了,诺嘎兰托鸟更是内疚,它与众鸟商议后再度去请大鸟来,说百鸟给它换新羽毛。当大鸟到来时,百鸟各自取回自己的羽毛后全都飞走了。于是,大鸟又恢复了浑身光秃秃的原样。它又冷又害羞,只好躲在草丛里,不好意思再见人了。佚名讲述,尼宛搜集、整理。收入《傣族民间故事》,32开,2页,1200字,上海文艺出版社1985年版。

(阿南)

狗为什么愿意跟人在一起

傣族动物故事。流传于云南省德宏傣族景颇族自治州傣族地区。讲述的是：从前有条狗，它想找一个有本事、靠得住的朋友一起生活。一天，狼问它要去哪里，狗就把自己的想法告诉了狼，狼便让狗跟它一起去。到了晚上狗听到响动就"汪汪"地叫，狼让它别叫，说是如果熊听到了会来抓它们的，因为狼怕熊。狗认为熊有本事，就又去找熊……最后狗找别人，狗听到响动，就又"汪汪"地叫起来，人就对它说："太好了，狗朋友，有了你，我们可以安心地睡觉了！"狗觉得人的本事最大，于是就一直跟着人一起生活了。佚名讲述，云南民族民间文学德宏总调查队搜集、整理、翻译。收入《德宏傣族民间故事》，32开，1页，511字，德宏民族出版社1993年版。

（喊凤）

狗为何只有一条尾巴

傣族动物故事。流传于文山壮族苗族自治州马关县傣族聚居区。讲述的是：有一男子汉去整田，捉到很多青蛙，高高兴兴带回家交与妻子烘烤，心想，今晚定有一顿美餐了。傍晚，这个汉子进了家，一看，只见只有几只在那里，立即问道："我带回那么多青蛙，为什么才有这几只，你吃掉一些了吗？"妻子没有说出被猫吃的部分，答道："没有嘛，我只吃了粘在夹子上的一点点。"这个男子误认为狠毒的老婆一个人就吃了八串，这还得了吗？于是将妻子打死了丢进洞里。几天后，女儿思念无辜死去的母亲，寻踪而去。跟着前去的是一条九尾巴狗。狗到洞旁转来转去，"汪汪"叫个不停。女儿心想，可怜的母亲一定在这个洞里。于是，她进洞察看，一心想把母亲拉出洞外。这时，好心的九尾狗伸下去一条尾巴让她拉，第一条尾巴被拉断了，再伸第二、三、四、五、六、七、八条尾巴，也被拉断了，这时，姑娘说道：你也怪可怜的，而今你只剩一条尾巴了，该留下让你扫扫蚊子了。不多时，有一个老波涛用一根竹竿放进洞里，过一会儿，女孩顺着竹竿下去，将母亲背着爬出了洞口。所以，现在的狗只有一条尾巴。黄芙仙、黄勤芬讲述，黄天德记录。收入《文山州傣族民间故事集》，16开，1页，455字，云南人民出版社2016年1月版。

（张元波）

狗为何见猫就咬

傣族动物故事。流传于文山壮族苗族自治州马关县傣族聚居区。讲述的是：有个名叫老部定的老两口，结婚多年无子，他们收养了一只孔雀。孔雀长大后飞走了，留给了老两口一个宝珠。老两口想要什么，宝珠就给什么。有一天趁老两口外出劳动之机，被河对岸的一个小偷盗走了老部定的宝珠。在猫和狗的帮助下，找回了宝珠。老两口为了酬谢有功之臣，盛情款待了两位。猫善于表功，对拿回宝珠夸夸其谈，全部功劳归为己有。狗对猫的言行很不顺心，过去就给猫一巴掌，两个互相撕咬起来。所以直到如今，猫和狗在一起和睦相处的很少。张福柱讲述，白家祥记录。收入《文山州傣族民间故事集》，16开，2页，1004字，云南人民出版社2016年1月版。

（张元波）

狗为人看家护院的由来

傣族动物故事。流传于云南普洱景谷县傣族地区。讲述的是：远古时候，一位召勐派了一个大臣去天上找老天爷取人的生死年龄。这个大臣到了天上找到了管人间年龄的老天爷要年龄。老天爷见人间的大臣来迟了好几天，就问："人间的大臣啊，你们人间到底忙些什么，怎么来得这么晚，天下的万物生灵们都已来过，年龄长一点的都被他们拿去了。现在剩下的只有二十岁的年龄，你要不要呢？"大臣问老天爷："尊敬的老天爷，长一点的年龄都有几岁的，是谁拿去的？"老天爷想了想说："我想起来了，长到六十岁的是狗，他早早就来拿走了。"老天爷一边说话一边就要拿二十岁年龄给人间大臣。大臣急了，连忙下跪请求老天爷帮个忙，说道："老天爷啊，天下的人们生活得非常苦，你看看，人们要生儿育女，还要养老人，还要做很多很多活计，还要赕佛等。如果年龄才有二十岁，那么娃娃还没有长大，父母就该死掉了。这样一来，叫我们人间的人如何过日子啊？二十个年头太少啰，求求你老人家想想办法给换一个长一点的年龄吧。"老天爷听了觉得有道理，就把狗叫来，并对狗说："你跟人调换一下年龄。"狗答应，但是它提出一个条件，就是只要人类给它们吃饱饭。老天爷答应了，并交代给狗帮人类看护院子。据说，从此狗就帮人类看护院子至今了。收入《景谷傣族民间故事》，汉傣双文版，32开，2页，706字，景谷傣族彝族自治县傣族文化协会编，2014年3月发行。

（依旺的）

咕噜鸟

傣族动物故事。流传于云南省德宏傣族景颇族自治州傣族地区。讲述的是：咕噜鸟全身没有毛，冷得一天到晚"咕噜、咕噜"地叫。百鸟可怜它，每人拔给它一根毛。咕噜鸟觉得自己比谁都漂亮，就对百鸟说："现在我比你们谁都漂亮，我要做你们的王子了！"百鸟见它这么骄傲，就都拔回了自己的那根毛。从此，咕噜鸟全身又没有毛了，仍旧冷得一天到晚"咕噜、咕噜"地直叫。佚名讲述，云南民族民间文学德宏调查队整理。收入《云南民族民间故事选》，32开，1页，300字，云南民族出版社1981年版。

（阿南）

锅货鸟

傣族动物故事。流传于云南省德宏傣族景颇族自治州傣族地区。讲述的是：所有傣家姑娘都爱织布，也会织布，谁不会织布就会被耻笑，唯有叫玉娥的姑娘学织布时总是三心二意，不但织不好，还把弄乱的线团到处藏起来，经常让她妈生气。她死后就变成了鸟，传说现在经常听到的叫声为"锅货、锅货"（怕织布）的鸟就是她变的。至今连玉娥这个名字谁也不敢取了。佚名讲述，屯亮记录，冯霄译。16开，2页，630字，稿存德宏傣族景颇族自治州文联《勇罕》编辑部。

（冯霄）

锅武鸟

傣族动物故事。流传于云南省德宏傣族景颇族自治州傣族地区。讲述的是：狠毒的继母将炒熟的豆种交给不是自己亲生的儿子，把生豆种交给自己亲生的儿子，让他俩到很远的山地里去点播，并交代说谁的豆先长出来谁就先回家。但在点播过程中，弟弟见哥哥边点边吃，便提出与哥哥交换。结果哥哥点播下的是生豆种，不几天就长出来了，也就先回家。而弟弟的永远不会长出来，他只有一直等着，后来饿死后变成了现在叫声为"锅武、锅武"的鸟（"锅武"傣语为哥哥）。佚名讲述，团那记录，冯霄译。16开，2页，779字，稿存德宏傣族景颇族自治州文联《勇罕》编辑部。

（冯霄）

鸽子的脚为什么会红

傣族动物故事。流传于云南省新平彝族傣族自治县。讲述的是：很久以前，在一片茂密的森林里住着一群快乐的动物。一天，森林里起大火，动物们都吓得乱跑，只有一只鸽子说大家不要跑，一同救火，我们还要在森林里过日子。老虎和狐狸都讥笑它，说它身子小如何能扑灭大火。鸽子飞到附近的河里，把自己全身弄湿，又飞到大火的上空把水抖下来。它这样飞来飞去不知抖了多少次，火还是没有熄灭，但它的行动让大家感动，大家齐心来救火，火熄灭了，小鸽子的脚却被烧红了。从此，鸽子的脚都是红的。佚名讲述，龚兆萍搜集，李志刚整理。收入《乡泉集》第二集，32开，1页，600字，云南民族出版社1985年版。

（郭玉萍）

给老虎送祝米

傣族动物故事。流传于云南保山傣族地区。讲述的是：有一对好朋友，一个凶一个傻。有一天，他俩一起去串姑娘，正好看到两位姑娘在纺线，一个睡着纺，一个坐着纺。当时，凶朋友就想，连睡着都能纺线，说明很能干。于是，他娶了睡着纺线的，傻朋友娶了坐着纺线的。可是，当他们分别把两位姑娘娶回家后，睡着纺线的，天天给丈夫孩子睡棕榈、盖蓑衣；坐着纺线的，天天给丈夫孩子盖柔软的棉被。看着傻朋友那么有福气，凶朋友羡慕嫉妒恨，并有了霸占傻朋友妻子的念头。于是，他计从中来，把傻朋友骗到老虎洞里，试图让老虎把傻朋友给吃了，结果，这个善良的傻子，不仅没有被老虎吃掉，老虎还送给他很多金银财宝，让他回家过上更加富足的生活。凶朋友看到傻朋友不仅没有死，还变得更富有，便扮成傻朋友的样子，去到老虎窝想要得到更多的金银财宝，结果，不仅没有拿到金银财宝，他自己还被老虎吃了。万德美搜集、整理。收入《民族古籍翻译丛书——保山傣族民间故事第一辑》，32开，3页，1488字，保山市傣学研究会编，云南民族出版社2012年10月出版。

（依旺的）

孤独的孔雀

傣族动物故事。流传于云南保山傣族地区。讲述的是：有一个百鸟国度，由鸳鸯夫妇做王，她们有一个美丽的女儿鸳鸯公主。转眼，到了鸳鸯公主招亲的年纪，森林中的鸟族们，个个欲欲跃试。可是，娇羞的鸳鸯公主，当时看上了英俊潇洒的孔雀，她把自己最纯洁的爱，献给了气度不凡的孔雀少年。孔雀少年因此洋洋得意，它摆出一副高傲的模样，对着百鸟们说："我是百鸟国的佼佼者，哪个也比不上我英俊漂亮，我要当鸳鸯首领的女婿，还要坐上宝座当大王。"看见孔雀如此高傲的模样，鸟族们纷纷飞离走远。鸳鸯公主见状，为自己选中孔雀而羞愧。她轻轻来到孔雀身边，生气地吐了一口唾沫，说道："孔雀，你外表虽然艳丽，但你内心却很肮脏，我俩还没有成亲进入洞房，你就这样骄傲狂妄，将来若是真的做了我的丈夫，当了鸳鸯国的大王，那么你更会目空一切……请你离开这里，回到你居住的地方，否则我会狠下心来，让饿老鹰来把你驱赶。"骄傲自大的孔雀，如遇一场瓢泼大雨，羞愧得无处躲藏，它不敢再看鸳鸯公主一眼，也不好意思与伙伴告别，便飞向了很远的地方，去饱受失群的孤独。南唤翻译。收入《民族古籍翻译丛书——保山傣族民间故事第一辑》，32开，2页，720字，保山市傣学研究会编，云南民族出版社2012年10月出版。

（依旺的）

花言巧语似利箭

傣族动物故事。流传于云南省德宏傣族景颇族自治州傣族地区。讲述的是：很久以前，有对狗相亲相爱，一天，已经怀孕在身的母狗，行动很不方便，公狗叫母狗在家休息，母狗怎么也不愿意守家，要跟公狗一起外出，公狗无奈只好同意母狗一同外出捕食。走到半路，母狗感到肚中疼痛，公狗只好把母狗带到洞中把小狗仔生下，母狗产下五六条小狗。公狗为了保护小狗，日夜守护在洞口。第二天公狗见老虎向洞口走来，公狗急忙入洞给母狗说了几句。老虎来到洞口，听到洞中有小狗哭啼声，公狗故意大声说："怎么了，孩子们哭成这样？"母狗道："我怎么哄都不行，孩子们闹着要吃老虎的心肝、脑髓。"老虎听到后，心里非常害怕，悄悄地逃走了。猴子见老虎垂头丧气，心想：过去才有两条狗，就闹得它不得安宁。猴子想借老虎威把狗都灭了，就对老虎说："亏你还是一只老虎，连两条狗你都怕，以后你怎么面对动物们？"把老虎说得抬不起头来。老虎就与猴子决定一起去灭狗，他俩把尾巴拴在一起，缓缓向洞口走去。公狗见老虎与猴子一起前来，对猴说道："猴子，说好你给我带两只老虎来，怎么只带一只来?"老虎以为自己上了猴子的当,便落荒而逃,把猴子的尾巴都拉断了。佚名讲述,刀承信搜集、整理。收入《傣族故事》,傣文版,32开,3页,约500字,德宏民族出版社1987年版。

(线永明)

灰鹤和青蛙

傣族动物故事。流传于云南省西双版纳傣族自治州。讲述的是:一对灰鹤见水塘渐渐干枯了,决定迁走,它们就把想法告诉了好友青蛙。青蛙请求灰鹤带它一起走,灰鹤很为难,青蛙想了想,找来一根棍子让灰鹤衔两边,自己衔中间,一起向天空飞去。途经一个村寨时,人们见状不约而同称赞灰鹤聪明。青蛙听了,心想办法是我想起来的,怎么人们只夸灰鹤,不夸自己,心里非常恼怒。它们又经过一个村子,见人们也同样夸奖灰鹤,青蛙忍不住要向人们解释是自己想出来的办法。当它张开嘴巴时,便从天上掉了下来。康郎约讲述,陆云东翻译、整理。16开,5页,862字,稿存西双版纳傣族自治州民族研究所。

(刀金平)

红蚂蚁和蜂蜜

傣族动物故事。流传于云南省西双版纳傣族自治州傣族地区。讲述的是:一群红蚂蚁总是很羡慕蜂蜜的香甜,就搬到了蜜蜂窝底下的岩石缝里居住,等待蜂蜜滴落下来。一天,一只蝙蝠从这里飞过,它劝红蚂蚁们趁早搬家,在这里住久了不会有好处。但红蚂蚁毫不理睬,继续期盼着蜂蜜赶快滴下来。春去夏来,天气变热,蜂房里的蜂蜜受热融化,终于滴了下来,顺着岩石缝渗进去,贪婪的红蚂蚁尝到甜头,越吃胃口越大,竟然成群地爬到岩石上面的一摊蜂蜜上,最后被牢牢地粘住再也动弹不了。因此,傣族常用"红蚂蚁死于蜂蜜"的谚语来提醒人们,不要陷在甜言蜜语里不能自拔。佚名讲述,岩温扁搜集、整理。收入《西双版纳傣族民间故事集成》,32开,2页,750字,云南人民出版社1993年版。

(龙江莉)

好吃的食物为什么苍蝇先得吃

傣族动物故事。流传于云南省德宏傣族景颇族自治州傣族地区。讲述的是:一个大怪物飞上天将太阳遮住了,没有阳光的世间,作物不会生长,人类及动物濒临灭绝。天神曾派兵去射杀,但无济于事,还是苍蝇飞去在它眼睛里产卵,使它眼睛溃烂生蛆后才掉下来。人们为感谢苍蝇,所以,至今凡有什么好吃的食物,苍蝇就得先吃了。们守功讲述,岩掌记录,冯霄译。刊于傣文杂志《勇罕》,16开,2页,432字,1993年1—4期。

(冯霄)

虎王牛王为什么被狐狸吃掉

傣族动物故事。流传于云南省德宏傣族景颇族自治州傣族地区。讲述的是:古时候,虎王在西山,牛王在东山。一天,狐狸肚子正饿着,它看见西山头的虎旗,东山头的牛旗,便起了坏主意:要是能吃到牛王和虎王的肉,该有多好啊!于是就装出一副关心的模样对虎王说,它刚从牛王山经过时,听见牛王骂虎王无能,要把虎王撵出东山。狐狸又跑到牛王那里挑拨。虎王和牛王便跑到坡脚打斗起来,狐狸在树蓬里乐开了怀,不一会儿,两个大王都死了。佚名讲述,云南省民族民间文学德宏调查队整理、翻译。收入《德宏傣族民间故事》,32开,2页,775字,德宏民族出版社1993年版。

(喊凤)

虎皮斑纹的来历

傣族动物故事。流传于云南省西双版纳傣族自治州。讲述的是:老虎有一身纯净而光亮的毛色,一次外出觅食见了一只小青蛙便欺负。青蛙非常生气,决定以用火烧对方的方式和老虎比比本领。青蛙钻进草丛、钻进地洞避免了火烧后,青蛙告诉老虎，它因躲在草丛里才没有被火烧死。轮到青蛙点火了，在草堆里躲藏的老虎被烧焦了皮，跳到泥塘里打滚才把火扑灭。火是扑灭了，可虎皮被火烧成了斑斑纹纹，直到现在。岩旺讲述，依艳坎搜集。16开，6页，1023字，稿存西双版纳傣族自治州民族研究所。

（依艳坎）

虎蚌相争

傣族动物故事。流传于云南省德宏傣族景颇族自治州傣族地区。讲述的是：一只老虎仗着自己力气大，想称王称霸。一天，它到深箐里喝水，看见一只蚌鼓作一团，体态丑陋，便鄙视地对蚌吼道：" 喂！你这丑东西，还敢来与大爷一起喝水？"石蚌冷笑说："你来我这里喝水，我不说你就已经给你面子了，你还骂人。"老虎说："这是大爷我乘凉喝水的地方。"石蚌发火说："你好不要脸，别以为你多了不起，咱们比武吧！"老虎："你也敢跟我比武？脚掌大的武士，比什么？"石蚌："比跳沟，谁跳得过箐沟，就算谁胜！"老虎说它先跳，石蚌趁老虎弹跳时往后蹲腿的当儿，抱住老虎的尾巴，也跟着老虎到了对岸，而且摔得比老虎还远。老虎说该石蚌了，石蚌在老虎背后应道，说它早就到了，还说比老虎跳得远。老虎二话不说，灰溜溜地钻进森林里去了。佚名讲述，云南省民族民间文学德宏调查队整理、翻译。收入《德宏傣族民间故事》，32开，2页，705字，德宏民族出版社1993年版。

（喊凤）

猴子的屁股为什么是红的

傣族动物故事。流传于云南省新平彝族傣族自治县。讲述的是：以前猴子的屁股和它的身子颜色一样，可它以为自己能爬高上梯很厉害，就骄傲，还经常欺负那些不会爬树的动物。一天，一只老山羊在树底下吃草，它就把在树上吃剩的果皮、果核扔到羊的头上，羊非常气愤又没办法只好走开。又有一天，山羊问猴子能不能打一回秋千给它看，猴子得意地爬上树尖抓住一根树枝在空中甩来甩去。结果那树枝耐不住，几下就断了，猴子从高高的树上摔下来，屁股正好落在一个尖石头上，跌得红彤彤的。从此，猴子的屁股都是红的。佚名讲述，白永金搜集，李志刚整理。收入《乡泉集》第二集，32开，1页，600字，云南民族出版社1985年版。

（郭玉萍）

猴子屁股为何有红的疤印

傣族动物故事。流传于文山市、马关县傣族聚居区。讲述的是：很久以前，猴子和人都相差不多，能听懂人说话，有的会学说人话，会与人交往成亲。山脚下竹林里住着一家人，家中父母已过世，只剩三个十七八岁的姑娘，她们既懂事又特别勤快，家里粮食多得吃不完。有一天，猴子悄悄背走了早起的大姐。三年后，他们生了一个一半像人，一半像猴的娃儿。离家三年，大姐也确实想家中姊妹了，有一天趁着公猴外出，她背着娃儿就跑了回来。公猴回来后，找不见大姐和娃儿，就天天早上来到这家人家门外边，坐在一块大青石板上叫着："还我的娃儿，还我的娃儿……"时间长了，很是让人心烦。三姊妹就想了一个办法，把大青石板抬回来，烧得烫烫的直冒青烟，然后抬出门外放好。那天公猴像往常一样又来嚷着要娃儿时，刚一坐到石板上，"扑哧"一声，屁股毛被烫掉，皮肉被烙得通红。从此，公猴不敢再来，猴子子孙的屁股至今都是通红的疤印。董白氏讲述，董品尧记录。收入《文山州傣族民间故事集》，16开，2页，689字，云南人民出版社2016年1月版。

（张元波）

猴子的报应

傣族动物故事。流传于云南省西双版纳傣族自治州。讲述的是：一只猴子向一位孤寡老婆婆索要玉米，遭老人拒绝后，恼羞成怒的猴子扬言晚上要对老人报复。一位过路的商人得知情况后给了老人一挂鞭炮，并教给惩治猴子的办法。晚上，猴子窜到火塘边去找玉米时，埋在火灰里的鞭炮被火炭点燃，猴子被溅了一身火灰。之后，猴子找水洗脸时被螃蟹钳住了手，又踩在楼梯上的吹火筒而跌下楼梯，楼梯脚的一箩火灰又扣在它的头上。结果，猴子死在老婆婆家门口。岩香腊讲述，岩旺记录。16开，6页，1072字，稿存西双版纳傣族自治州民族研究所。

（刀金平）

猴子与蜥蜴的故事

傣族动物故事。流传于云南省西双版纳傣族自治州。讲述的是：一条想吃猴肉的大蜥蜴，见猴子过河去河心岛觅食，它就趴在猴子过往必经的石头上张着嘴等着。猴子返回的时候，觉得河中石头有异，便朝石头喊了几声。大蜥蜴以为猴子每天都与石头对话，便答话说自己是蜥蜴。聪明的猴子见蜥蜴闭着眼张开嘴等着吃它，就趁机跳过去踩在蜥蜴的头上跳到了岸上。康郎药讲述，岩庄香翻译、整理。16开，6页，853字，稿存西双版纳傣族自治州民族研究所。

（刀金平）

猴子为什么是烂屁股

傣族动物故事。流传于云南省德宏傣族景颇族自治州傣族地区。讲述的是：从前猴子高傲自大，经常欺负其他动物和果树，它曾伤害酸粑树的幼果，让酸粑树伤心得泪流不止。它又去欺负老松树时，老松树只说了他几句，它便疯狂地扳断松树的枝杈。当他一屁股骑到松树脖子上时，松浆便把它的屁股紧紧粘住。因此，猴子屁股就变成现在那个样子。佚名讲述，杨世鸾记录，冯霄译。刊于傣文杂志《勇罕》，16开，3页，1045字，1989年1—2期。

（冯霄）

猴子与月亮

傣族动物故事。流传于云南省西双版纳傣族自治州。讲述的是：月亮与猴子曾是亲姐弟。父亲天神让他们各背一百个绿果和一百个红果，撒向大地，并嘱咐他俩饿时只能吃绿果，不能吃红果，否则会遭到惩罚。猴子不顾月亮的劝阻，捡吃红果，于是，猴子全身长满了毛，也长出了一根尾巴。猴子不好意思再回去见天神，就留在大地，躲进深山老林。月亮回到天上，也不敢见父亲，只好等到天黑，去寻找大地上的猴子弟弟。猴子也出来找天上的月亮，每看到水中的月影时，它就会拼命去捞水中的月亮。佚名讲述，西娜搜集、整理。收入《西双版纳傣族民间故事集成》，32开，2页，1000余字，云南人民出版社1993年版。

（李传宁）

猴子、织袋鸟和萤火虫

傣族动物故事。流传于云南省西双版纳傣族自治州。讲述的是：猴子、织袋鸟和萤火虫同住一棵木棉树上，织袋鸟和萤火虫忙碌于编织自己的窝，小猴却只知道跳来跳去地玩耍。下雨时，织袋鸟和萤火虫都有巢避雨，猴子却被大雨淋湿。雨过天晴，织袋鸟劝告猴子像人一样好好筑窝盖房，可免受风雨侵袭。猴子怪织袋鸟多事，气愤地毁坏了织袋鸟的窝。织袋鸟请萤火虫为它评理，萤火虫对它说："我们不能天真地去劝告别人，有四种人是不会听任何人的劝告的。一种是权势比自己大的人；一种是蛮横无理的人；一种是凶恶残暴的强盗；一种是达官贵人。这四种人，我们不能用慈善之心去劝说，若去劝说必然会给自己带来难以预测的灾难。"佚名讲述，刀素珍搜集、翻译。收入《西双版纳傣族民间故事集成》，32开，2页，700余字，云南人民出版社1993年版。

（李传宁）

猴子与山麻雀

傣族动物故事。流传于云南省孟连傣族拉祜族佤族自治县。讲述的是：猴子到一岩洞躲雨，山麻雀见猴子被雨湿透的模样就"哧哧"笑起来。猴子听到声音抬头一看，原来山雀住在漂亮精致的窝里，心里十分不服。猴子便爬到岩石顶上，一爪把山麻雀的窝撕裂了，山麻雀刚生的两个蛋也滚落地上摔碎了，山麻雀就同野蜂结成朋友。猴子再去撕山麻雀窝时，野峰便飞出来帮忙，用蜂刺蜇猴子，猴子再也不敢去撕山雀的窝了。直到现在，有山雀的地方，就有野蜂的窝巢。波朗王、波混讲述，刘辉豪、杨作茂采集记录，林祥翻译。收入《孟连傣族拉祜族佤族自治县民间文学集成·傣族卷》（一），32开，1页，500字，孟连傣族拉祜族佤族自治县文化局、民族事务委员会1987年编印。

（郭玉萍）

猴子与织窝鸟

傣族动物故事。流传于云南省西双版纳傣族自治州傣族地区。讲述的是：有个猴子和一窝织窝鸟同住在一棵树上，织窝鸟在下雨的时候，躲在窝里，对小鸟们说："那个小猴子又懒又笨，连个窝都不会做，只好在外面淋雨。"猴子听了很气愤，等织窝鸟飞出去的时候，就把鸟窝捣毁了。织窝鸟回来后，找不到窝，找不到小鸟，心里很悲伤。它只好重新织了个窝。不料，又被猴子捣毁了。织窝鸟又织了几次窝，都被猴子捣毁了。织窝鸟没办法，就去请黄蜂帮助。黄蜂说："你搬来我这里住吧！"织窝鸟就搬在黄蜂窝边织窝，猴子一来，黄蜂就去蜇它。从此，有织窝鸟做窝的地方，就有黄蜂，猴子再也不敢来侵犯织窝鸟了。岩峰讲述，卢自发、朱宜初搜集整理。收入《傣族民间故事选》，32开，1页，500字，上海文艺出版社1985年版。

（阿南）

猴子和鳄鱼

傣族动物故事。流传于临沧市耿马傣族地区。讲述的是：在茂密的森林中一个湖里，有一头凶恶的鳄鱼。它抬头看到湖岸上的树林中，一只顽皮的猴子在树枝上纵来纵去，摘食着树上的果实。鳄鱼心想，人们都说动物中猴子最聪明，很不服气，想捉弄一下猴子。鳄鱼游到岸边，对猴子说："猴子啊，岸上的果子已经快吃完了，你看那湖中小岛的果实已熟透了，你想不想去摘来吃啊？"猴子抬头一望，只见湖中小岛林木葱郁，枝头硕果累累。经不住诱惑，猴子顿时嘴馋不已，但自己不会游泳，无法到达湖对岸，心中着急。鳄鱼假惺惺说道："你若想吃，我可以驮你过去。"听到这话，猴子不假思索，跳到鳄鱼背上。鳄鱼驮着猴子迅速游向湖中。游到湖水深处，鳄鱼现出凶恶的嘴脸，欲张开大口咬猴子要吃它的心，机灵的猴子连忙骗鳄鱼说自己的心留在湖边的树枝上了，让鳄鱼快驮自己游向岸边去取。鳄鱼信以为真，又把猴子驮上岸。猴子哈哈大笑，嘲笑鳄鱼蠢笨无比，鳄鱼方知上当，从此再也不敢小瞧猴子了。康朗安明讲述，南桂香整理。收入《耿马民族民间故事》（耿马民族文化丛书），16开，2页，800字，云南民族出版社2016年版。

（南桂香）

猴子和猎人

傣族动物故事。流传于云南保山傣族地区。讲述的是：一个猎人带着一只猴子在山里打猎。天黑的时候，猎人和猴子趴在树梢上睡觉。就在猎人睡着的时候，一只老虎来到树下，老虎对着树上的猴子说："聪明的大猴王啊，你就把树上的那个人推下来给我吧。世上小耳朵的人最狠毒，你还守护他干什么？"猴子听了就说："老虎啊，他是我的好朋友，我不能让你吃掉他。"老虎听了，就摇摇头走了。到了半夜，老虎又来了。这时，换猴子睡觉，猎人守夜。老虎对着猎人说："猎人啊，传闻说在森林里的动物们，就是猴子最狠毒，快把它从树上推下来给我吃吧。"猎人听了二话没说，就把猴子推下来给老虎。猴子惊醒，明白了一切。它在临死前对老虎笑着说道:"真好笑,你老虎这么笨,笑你只抓到我的头和脖子,所以你抓住我也不怕,因为你抓不到我的心,因为我们猴子的心不像其他动物的。"猴子的这一番话,狠狠地讥讽了猎人。万德美搜集、整理。收入《民族古籍翻译丛书——保山傣族民间故事第一辑》,32开,2页,529字,保山市傣学研究会编,云南民族出版社2012年10月出版。

(依旺的)

狐狸学狮子

傣族动物故事。流传于云南省德宏傣族景颇族自治州傣族地区。讲述的是:自从狐狸做狮子的仆人后,狮子有什么好吃的狐狸也得沾光,狮子还得意地说:"想吃哪种动物的肉,只要你说,我马上就能给你捉来。"狐狸看到狮子的本领,开始很羡慕,时间长了,它以为自己的本领也高了,也学着狮子的口气说话。但当他向一头大象进攻时,被大象逮住并用脚把它的肠子踩了出来。依稳讲述,依伦记录。16开,2页,816字,稿存德宏傣族景颇族自治州《勇罕》编辑部。

(冯霄)

蛤蚧叫雨

傣族动物故事。流传于云南省西双版纳傣族自治州。讲述的是:佛祖转世为白鼠创建功德时,为动物们的首领。几次劳动,它都发觉老鼠、蝙蝠、蛤蚧没有参加。白鼠气愤之下,就判罚蝙蝠不能住在房屋里,老鼠不能过马路,蛤蚧不能喝水井里的水。从那以后,蝙蝠只能在石洞里歇脚;老鼠只能在夜间行动;蛤蚧从不喝井里的水,只能靠雨水或者露水解渴。旱季时,蛤蚧因为盼望下雨,就会"哆罗!哆罗!"(傣语"下雨!下雨")地叫,一直叫到今天。岩旺讲述,岩庄香翻译、整理。16开,4页,658字,稿存西双版纳傣族自治州民族研究所。

(依旺的)

蝴蝶与蜜蜂

傣族动物故事。流传于云南省西双版纳傣族自治州傣族地区。讲述的是:蝴蝶和蜜蜂是好朋友,早晨一同出工做活,傍晚各自回家,每天都是这样。但人却只赞美蜜蜂,不赞美蝴蝶。为此,蝴蝶气愤不平,忌妒蜜蜂与它争论起来。蜜蜂直截了当地告诉蝴蝶道:"这是因为你的劳动只是为了你自己的吃喝玩乐,对人没有贡献,而我的劳动不是为了自己,是为了满足人们的需要。"蝴蝶听了很惭愧,但它始终没学会酿蜜。佚名讲述,岩峰、王松、刀保尧采录整理。收入《傣族文学史》,32开,1页,400字,云南民族出版社1995年版。

(阿南)

九尾水獭

傣族动物故事。流传于云南保山傣族地区。讲述的是:远古时候,水獭是有九条尾巴的。有一天,一位首领不知道什么原因,被一阵大风吹到矮人国里去了。矮人国百姓们对这个高大巨人的到来非常友好,每天送他10笋筐的饭食,可是,由于首领个子比较大,在矮人国里怎么都吃不饱。矮人国实在太小,就连首领解个大便都能把它们国家的水沟堵死。首领思乡心切,只盼望着赶紧离开矮人国回到人间。于是,首领在水沟里遇到一条有九条尾巴的水獭,并恳请水獭助他回到人间。水獭答应了,还告诉首领,请他紧紧抓住自己的九条尾巴,如果听到自己放屁的声音,请首领千万不能笑,不然,他的尾巴会断掉。首领虽然答应了,可水獭每带着他跳跃一次,就会放一声响屁。首领没忍住笑,结果,弄得水獭断掉了八条尾巴。最后,在仅剩一条尾巴的时候,首领终于不敢再笑了,他才得以回到自己的国家。从此,水獭就只留一条尾巴在江河里自由自在的生活了。万德美搜集、整理。收入《民族古籍翻译丛书——保山傣族民间故事第一辑》,32开,2页,1248字,保山市傣学研究会编,云南民族出版社

2012年10月出版。

（依旺的）

鸡的传说

傣族动物故事。流传于文山壮族苗族自治州麻栗坡县傣族聚居区。讲述的是：古时候，人间只有一窝鸡，两只大的，八只小的，住在一棵又高又大的树上。一天，一个猎人来到树下，见那窝鸡非常漂亮，叫声悠扬动听，就放下弓箭。摘了些树枝顶在头上，悄悄向树梢爬去。快爬到鸡窝时，他像猫一般轻轻地逼近，一把抓住了那两只大鸡。那两只大鸡被猎人捉住，咯咯咯咯大叫。其余的鸡见势头不妙，两只叽叽叫着飞入竹林内，两只呱呱叫着飞入秧苗中，两只吱吱叫着飞到树林里，两只咯咯叫着钻进草丛中。从此，鸡不再住在树上。飞入竹林内的变成竹鸡；飞入秧苗中的变成秧鸡；飞入树林间的变成箐鸡；钻进草丛里的变成野鸡；被捉住的那两只鸡，猎人舍不得杀吃，就编个竹笼养起来，慢慢地变成了家鸡。因家鸡原先是住在树上的，直到现在，还喜欢跳到木架上啼叫、歇气、过夜呢！王开福讲述，刘德荣记录。收入《文山州傣族民间故事集》，16开，1页，318字，云南人民出版社2016年1月版。

（张元波）

鸡告状

傣族动物故事。流传于云南省勐腊县傣族地区。讲述的是：老虎经常捕食鸡，鸡群们苦不堪言，四处告状。它们先找到了熊，熊开始还答应帮它们去教训老虎，可一遇到老虎，老虎马上笑嘻嘻地拿出鸡毛垫子送给熊，熊一见有好处便不再帮鸡出气，转身回去了。后来，鸡群们又去找狼，但老虎又用同样的办法贿赂了狼，狼得了便宜也走了。最后，鸡群找猎狗，猎狗不接受老虎的贿赂，严词斥责了老虎。从那以后，老虎迫于猎狗的厉害便不敢再捕杀鸡了。佚名讲述，玉康搜集、翻译。收入《西双版纳傣族民间故事集成》，32开，2页，1000字，云南人民出版社1993年版。

（龙江莉）

鸡和鸭

傣族动物故事。流传于云南省建水县。讲述的是：远古时，鸡和鸭是一模一样的弟兄俩。一天它俩出去找东西吃，到了一水塘边，弟弟叫哥哥去捉水中的小动物吃，可哥哥不敢下水，弟弟就下水拿来小动物，哥哥不爱吃还说些风凉话讽刺弟弟，弟弟被气死了。弟弟的阴魂到了阎王爷那里，阎王爷查实弟弟是存好心找吃食而被哥哥气死的，就让弟弟重新复活，变成扁嘴鸭子，专吃水中小动物，并能浮在水面上不会被水淹死。后来哥哥去偷人的粮食被人打死，阎王查实哥哥生性懒惰，良心不好，便让它变成鸡，只会在粪草里扒吃。白永康讲述，易荣辉搜集。收入《云南民间文学集成·建水故事卷》，32开，1页，600字，云南省建水县文化局、民族事务委员会1989年编印。

（郭玉萍）

鸡、鸭、鸽子学飞行

傣族动物故事。流传于云南省西双版纳傣族自治州。讲述的是：鸡、鸭、鸽子以前都不会飞行，它们看见小燕子在天上自由地飞翔，便决定学飞行。它们才学了几天，都自以为会飞，提出进行飞行比赛，并以一个篱笆的高度为标准。鸭先飞，一头撞在篱笆中间滚落下来，碰扁了嘴，砸扁了脚，鸭忍痛发誓再也不学飞行，然后骂骂咧咧地摇晃着走了。鸽子飞过了篱笆，头部碰在地上，嘴被砸出了血，鲜血染红了双脚，它暗下决心继续努力学飞行。鸡飞到篱笆上，自豪地站在篱笆上拍着翅膀唱道："我会飞了，我会飞了！"从此，鸡只会站在篱笆上拍着翅膀夸耀自己。咪涛列讲述，依鸾搜集、翻译。收入《西双版纳傣族民间故事集成》，32开，2页，1000余字，云南人民出版社1993年版。

（李传宁）

金鹦鹉与召贺罕

傣族动物故事。流传于云南普洱景谷县傣族地区。讲述的是：有一只长着金色羽毛的鹦鹉妈妈，辛勤地养育着自己的孩子，它的孩子跟它一样，拥有着金色的羽毛。有一天，鹦鹉妈妈在给孩子觅食的过程中，被恶人刺伤了双眼，什么也看不见了。这时，小金鹦鹉刚刚学会飞了，它担起了供养母亲的重任，到处飞行寻找食物来养活母亲。有一次，小金鹦鹉在给妈妈觅食的过程中被一个农夫抓到了，小金鹦鹉对着向农夫哀求，请放它回家照顾妈妈。听到小金鹦鹉开口讲话，农夫更加兴奋了，就把小金鹦鹉拿到集市上卖给了两个官员。两位官员见状，也非常高兴，就高价买下小金鹦鹉，密谋着把小金鹦鹉拿去送给召贺罕，然后乘机把召贺罕杀了，好让自己坐上召贺罕的王位。他们说的话，小金鹦鹉都记住了。到了第二天，那两位居心叵测的官员把小金鹦鹉献给了召贺罕。小金鹦鹉来到宫里两三天了，就是不说话，召贺罕认为自己被那两位官人骗了，就下令把那两个贪心的官员拉出去杀了。这时，小金鹦鹉突然开口讲话了："尊敬的召贺罕，请您放了我吧！我母亲是个瞎子，哪里都不能去，她在等我给她带去食物呢。求求您开恩，给我们母子一条生路吧。"召贺罕听到小金鹦鹉真的会讲人话，就后悔地大哭起来："天啊，我杀错人了，怎么办呀！"小金鹦鹉告诉召贺罕："尊敬的召贺罕呀，您没有杀错人，您老人家当机立断杀了那两个人是对的。"小金鹦鹉把它听到两人打算如何密谋杀害召贺罕的事情告诉了召贺罕。召贺罕非常感激这只小金鹦鹉，就爽快地把它放了。过了几个时辰，小金鹦鹉又飞回来了，它向召贺罕哭诉着母亲惨死的情形。它说："我母亲为了求生，独自飞出家去觅食，结果撞在一口枯井里死了，请召贺帮帮忙吧！"召贺罕很同情小金鹦鹉，差人把小金鹦鹉的母亲从枯井里捞了出来，并且按照傣家最高的礼节埋葬。从此，召贺罕告诫天下人，要团结，要爱护一切动物，要互敬互爱，孝敬父母，全勐才能和谐，子孙后代才能安居乐业。收入《景谷傣族民间故事》，汉傣双文版，32开，2页，1245字，景谷傣族彝族自治县傣族文化协会编，2014年3月发行。

（依旺的）

麂子的颜色为什么是血红的

傣族动物故事。流传于云南省德宏傣族景颇族自治州梁河县傣族地区。讲述的是：最初麂子是白色的，它与老虎交朋友，麂子去帮老虎做活时，老虎用肉招待。老虎来帮麂子时，麂子只有山果和青草，老虎便大怒，准备吃掉麂子，老熊实在看不下去了便把老虎咬伤，虎血喷在麂子身上，麂子就成了血红色的了。佚名讲述，雷逢荣记录，冯霄译。刊于傣文杂志《勇罕》，16开，2页，825字，1983年3—4期。

（冯霄）

紧要关头才说话

傣族动物故事。流传于云南省德宏傣族景颇族自治州傣族地区。讲述的是：有一对人面鸟身的奇鸟生活在深山里，它们终日在池塘边唱歌跳舞、嬉戏玩耍，很是快活。雄鸟叫林纳拉，雌鸟叫静娜莉。猎人把它们抓去敬献给首领。但是这对鸟儿到了王宫后却一动不动，没有声响，终日耷拉着脑袋。首领听不到它们的歌声也看不到它们的舞姿，很是生气，决定拿去杀掉凉拌着吃。此时神鸟却说话了，首领怪罪说它们不敬重首领，神鸟却说："尊敬的首领啊，不是我们不敬重您，而是我们怕我们唱的歌和跳的舞大部分人不欢迎呀，俗话说得好："甜言蜜语，到了必要的时候才开口说。"它们告诉首领现在才是开口的时候，首领听后觉得有理，就把神鸟放回了山林。从此这对神鸟又幸福、快乐地生活在池塘边，它们的歌声越来越动听。佚名讲述，三保收录。收入《傣族民间故事》第四辑，傣文版，32开，4页，约1600字，云南民族出版社1986年版。

（杨荣芳）

老虎脸

傣族动物故事。流传于云南省德宏傣族景颇族自治州。讲述的是：在动物还会说话的时候，老虎和白兔是好朋友。有一天老虎从山中寻食路见白兔坐着打瞌睡，老虎问白兔在做什么，白兔手指树脚一大团黑黑的东西，说是在守老祖宗的大铓（马蜂窝）。老虎问是否敲得响，白兔说响得很，但只能用头去撞才会响。老虎用头使劲去撞了一下，结果被成群的马蜂叮满了头和脸，老虎的头和脸就变得又泡又肿了。刀丫应和讲述，岳小保记译。16开，1页，约300字，稿存德宏傣族景颇族自治州民语委。

（岳小保）

老虎与水牛打赌

傣族动物故事。流传于云南省德宏傣族景颇族自治州傣族地区。讲述的是：水牛正在卖力地为人拉犁，老虎说："要是我呀，一定连人带犁拖着跑，让人无法。"于是，水牛便与老虎打赌，还说谁赢了谁为王。当老虎去拉犁时，怎么也拉不动，却被人打得叫爹喊娘。水牛在一旁笑得前仰，上牙齿磕在石头上磕掉了，所以至今水牛没有上牙。水牛赌赢了，就成了王，所以至今老虎不敢吃水牛。佚名讲述，刀安全记录，冯宵译。刊于傣文杂志《勇罕》，16开，2页，1040字，1984年3—4期。

（冯宵）

老虎和小兔

傣族动物故事。流传于云南省孟连傣族拉祜族佤族自治县。讲述的是：大森林里，一只凶猛的老虎出窝觅食，遇到一只小白兔。白兔勇敢地把老虎带到了表面长满茅草的深坑，使其跌入坑底。一只猴子把老虎救上坑，白兔又机智地让老虎坐在有刺猬硬刺的大象屎上。最后，白兔指着黄蜂筑的蜂窝告诉老虎说是一面镶金的大芒锣，让它把脸贴到上面去敲，结果老虎被黄蜂叮得像个锣锅。直到现在老虎的脸还是肿的。波叶嫩讲述，召罕嫩翻译、记录。收入《孟连傣族拉祜族佤族自治县民间文学集成·傣族卷》（一），32开，3页，2000字，孟连傣族拉祜族佤族自治县文化局、民族事务委员会1987年编印。

（郭玉萍）

老虎和猫

傣族动物故事。流传于普洱景谷傣族地区。讲述的是：老虎和猫是好朋友，它们经常在一起玩。有一次，才一起玩了一会儿，猫就急忙说要回去给主人守晒着的粑粑了，说是怕老鼠来偷吃。老虎听到有粑粑，没有吃过，就叫猫去拿来给它吃。猫很为难，回家之后就没有出来跟老虎玩了。想吃粑粑的老虎每天在猫主人家的高墙外转来转去。过了一会儿，猫把这件事情给忘记了，又跑出来找老虎玩。老虎看见猫，气急败坏，直接扑过去想要拍死猫。猫急忙跳到树上，并且挑逗老虎叫它也跳上来。恼羞成怒的老虎跟着跳到树枝上。怎奈，老虎太重，不小心从树上摔了下来，把自己本来尖尖的头摔扁了，变成现在这种扁扁的。从此，猫和老虎成了冤家，老虎一见到猫就抓，抓到了也不吃，而是把猫放在它的屁股下用力坐，直到猫死了才罢休。民乐镇白象村众老人口述，收入《景谷傣族民间故事》，汉傣双文版，1页，560字，2014年3月版，景谷傣族彝族自治县傣族文化协会编。

（依旺的）

老虎为什么吃黄牛

傣族动物故事。流传于云南省红河县傣族聚居区。讲述的是：从前，水牛、黄牛和老虎结为兄弟。一天，老虎下山找水牛玩，看见水牛被人穿了牛鼻子在犁田。水牛告诉老虎人很有本事。老虎不服气，要跟人比高低。结果老虎被农夫捆绑后用木棍打，它疼得直打滚。水牛见状笑得从高田埂上掉下，上牙全磕掉了，从此水牛就没上牙。农夫又点燃捆老虎的绳索，老虎按黄牛教的办法跑，结果被烧得疼痛难忍，就对黄牛怀恨在心。后来老虎用水牛教它的办法滚到泥潭才灭了身上的火，但全身烧出了斑纹。老虎感谢水牛的救命之恩，可一直记恨黄牛，见到黄牛就要把它咬死才罢休。佚名讲述，张寒搜集、整理。收入《红河县民族民间故事》，32开，3页，2000字，云南民族出版社1990年版。

(郭玉萍)

老虎为什不吃水牛

傣族动物故事。流传于普洱景谷县傣族地区。讲述的是：有一天，老虎跑到寨子里咬猪，被人群追赶。人们为了消灭这只害人的老虎，就放火烧山。大火烧了七天七夜，老虎赶紧往山下窜，遇到老水牛。老水牛也恨透了老虎，决定这次好好捉弄一下它。于是，老水牛叫老虎赶紧躲到干树枝下面去。老虎信以为真，哪里有干树干就往哪里去，结果，被烧得更严重。情急之中，老虎又窜下来问水牛该怎么办？老水牛叫它赶紧跳进泥塘里。老虎听了跳进泥塘里，它身上的火苗熄灭，从此，老虎身上就留下了现在的斑，并对老水牛感激不尽。有一天，老虎又下山，看见正在犁田的水牛被主人鞭打，有点可怜，就叫水牛快跑。水牛这时心生一计，换成让老虎代它去犁田。愚蠢的老虎，在人的皮鞭下疼得嗷嗷直叫，水牛在一旁，笑掉大牙。据说从此，水牛就没有了大牙。民乐镇白象村众老人口述，收入《景谷傣族民间故事》(汉傣双文)，1页，560字，2014年3月版，景谷傣族彝族自治县傣族文化协会编。

(依旺的)

老虎与老鼠斗象

傣族动物故事。流传于云南省德宏傣族景颇族自治州傣族地区。讲述的是：虎王的山林突然被五百头大象闯入，踩踏树木花草，吃光了树木。虎王气得暴跳如雷，大声咒骂大象，但大象却不怕它。一只白虎给虎王提出了一个办法，即请老鼠帮忙，让老鼠钻进象鼻里，大象痛痒不得，自然会离开。白虎带着五百条鲤鱼、五百筐食物和五百箩花生为礼物，去请鼠王帮助，鼠王爽快地答应后，带着鼠族来助阵。老鼠趁夜偷偷钻进大象鼻孔，痛得大象跪地求饶，从此不敢再踏进虎王的森林半步。佚名讲述，坦劳相收录。傣文版，收入《百花园》第六册，32开，9页，约2300字，云南民族出版社1995年版。

(杨荣芳)

老虎知牛恩

傣族动物故事。流传于云南省德宏傣族景颇族自治州傣族地区。讲述的是：一次，老虎被火烧，它只知道跑，却无法把火熄灭。它见到马就问："马朋友啊，我被火烧着了怎么办？"马答说："顺风跑吧。"老虎顺风跑，火势照样越来越猛。又见到黄牛，问："黄牛朋友啊，我被火烧着了，怎么办？"黄牛说："逆风跑吧。"于是老虎逆风跑，火势更大。碰到水牛正在泥塘里打滚，老虎问："水牛朋友啊，我被大火烧着了，怎么办，救我一下吧。"水牛说："下来和我一起打滚吧。"老虎照办，火即熄。只是虎皮留下一点点疤痕，即虎纹。从此老虎见到水牛就不吃，因为水牛救了它的命。波放罕讲述，岳小保记译。16开，2页，约500字，稿存德宏傣族景颇族自治州民语委。

(岳小保)

老虎做梦得吃牛肉

傣族动物故事。流传于云南省德宏傣族景颇族自治州傣族地区。讲述的是：很久以前人兽语言相通。有一天，老虎梦见得吃牛肉，并把这事告诉了人类首领，首领说："太有福分了，既然梦见你就吃吧。"老虎听后非常欣喜，可害苦了黄牛，黄牛整日愁眉不展。兔子得知缘由后，告诉黄牛尽管放心，它会尽力帮忙。到了首领与老虎商订的日子，兔子骑在黄牛背上径直走向王宫，一见人类的首领，兔子说道："尊贵的首领，昨夜我梦见自己将成为首领的驸马，今天是来迎娶公主的。"首领怒道："小兔子你不知天高地厚，把自己的梦当真，真是无理！"兔子言："难道老虎梦见吃牛肉就能当真？"首领无奈："梦中之事不能当真。"黄牛才得救了。佚名讲述，线永明译。16开，3页，约580字，稿存德宏傣族景颇族自治州民语委。

（线永明）

老虎和啄木鸟

傣族动物故事。流传于云南省西双版纳傣族自治州。讲述的是：一只老虎被马鹿骨头卡住咽喉，疼痛难忍，啄木鸟把嘴伸进虎口拔出了骨头。从此，老虎和啄木鸟结下友情，老虎捕到什么食物都要请啄木鸟来吃。佚名讲述，刀素珍搜集翻译。收入《西双版纳傣族民间故事集成》，32开，1页，500余字，云南人民出版社1993年版。

（李传宁）

老虎向猫学艺

傣族动物故事。流传于云南省西双版纳傣族自治州。讲述的是：原来老虎没什么本领，只会在石头堆里捉青蛙，又憨又笨，经常挨饿，常捡猫吃剩的鼠肉。于是，老虎求猫教它捕捉的本领。猫提出收虎为徒的两个条件：一是虎必须驮着猫走遍森林，告诉所有动物，老虎的本领是猫教的；二是虎学会本领后不许欺负小动物。虎学会猫的本领后，开始怀恨于猫，欲置猫于死地。老虎扑向猫，已有防备的猫跃到树上，老虎才知道，猫并没有把爬树的本领教给它，但为时已晚。佚名讲述，西娜搜集、翻译。收入《西双版纳傣族民间故事集成》，32开，3页，1500余字，云南人民出版社1993年版。

（李传宁）

老虎打水一场空

傣族动物故事。流传于云南普洱景谷县傣族地区。讲述的是：有一只老虎和一个名叫岩半巴腊难那的人是好朋友。一天，老虎饿极了，就进寨子里找到岩半巴腊难那，叫岩半巴腊难那去偷只猪来给它吃。岩半巴腊难那答应了，并对他说："好啊，可是你得小声一点，怕隔墙有耳。这个事一定要等到半夜别人都睡了，我俩才能去。现在你哪里也不要去，就在我家等着得了。"到了深夜，他俩偷得一只大肥猪。出了寨子，岩半巴腊难那用刀砍了一根有刺的棠梨树来做抬杆，把自己抬的那头削得光光滑滑，另一端就没管它。他俩一起抬着猪往山上走，老虎被棠梨树刺戳得怪叫，岩半巴腊难那警告老虎说："你可不能乱吼乱叫，你一喊一叫，那猪肉就会变成慢灯果树皮，到时可就不好吃了。"老虎被刺戳得钻心地疼，哪里顾得上听人说话。到了山上没人看得见的地方，岩半巴腊难用大树叶做成一个漏兜，叫老虎去不远处打水来，他自己开始杀猪了。老虎不知道这是岩半巴腊难故意的，老老实实去打水，它把漏兜装满水，走到半路发现水漏光了，又回去打水，就这样，老虎一上午都在反复打水。而这边杀猪的人，趁着老虎傻乎乎地忙活时，把杀好的猪肉全部拿到另外一个地方藏了起来，然后砍来慢灯果树皮悠然自得地烤着。老虎十分懊恼地跑回来．一见岩半巴腊难那就说："这水咋这么难打，这个兜怎么也兜不住水。"岩半巴腊难那故作好意地安慰老虎说："算了吧，反正猪我都给你烧好了，你就快吃吧。"老虎整个上午被打水的事折腾得要死，听说可以吃肉，高兴极了，抓起一块就咬，可怎么也吃不出猪肉的味道，就问："这猪肉今天怎么这么难吃，怎么回事？"岩半巴腊难那反过来把老虎臭骂了一顿，说："都怪你呀，抬猪来的路上，我让你别大喊大叫，可你就是不听，这下好了，猪肉都变味了。你就凑合着吃吧，我已经吃过了。"自觉理亏的老虎半信半疑地继续吃着树皮。等它醒悟过来后，俩好朋友也就成了仇人。从此，老虎一见到人就非常憎恨，连话都说不出来，只是会哼哼。周正付口述。收入《景谷傣族民间故事》，汉傣双文版，32开，2页，890字，景谷傣族彝族自治县傣族文化协会编，2014年3月发行。

(依旺的)

老黄牛和大老虎

傣族动物故事。流传于云南省西双版纳傣族自治州。讲述的是：一头善良的老黄牛和一只恶毒的大老虎，它俩为结束流浪生活，一起到勐巴拉纳西，向一个老妇人学会了制土锅的技术，而且工艺比老妇人的还好。每到街天，老妇人就挑着黄牛和老虎做的土锅去卖。召勐赶摆时，看中了牛、虎的手艺，非常高兴，任命黄牛和老虎为勐巴拉纳西的左、右臂大臣。黄牛当了大臣后深得人们的赞扬；老虎看到黄牛的威信越来越高，决心要除掉黄牛。老虎经常到召勐那里告状，召勐听信谗言，几次与老虎一起设计想除掉老黄牛。老黄牛在蚂蚁大王、鸽子王、野猪王的帮助下，战胜了召勐的各种刁难。最后，召勐和老虎被亿万只鸽子和蚂蚁包围住，活活被吓死了。佚名讲述，刀永平搜集，罗俊新整理。收入《西双版纳傣族民间故事集成》，32开，5页，3000余字，云南人民出版社1993年版。

(李传宁)

老虎和兔弟

傣族动物故事。流传于云南省西双版纳傣族地区。讲述的是：老虎和兔子是好朋友，但相处的日子长了，老虎就常欺负小兔，兔子总想寻找机会教训它。一天，兔子看见一条大蛇盘在路边，就走过去在大蛇旁边蹲下来，对它表露出尊敬的神色。老虎见了莫名其妙。兔子指着大蛇告诉老虎："它是我父亲。"老虎想把兔子支走，想美美地饱餐一顿。不想大蛇睡醒了，早有提防。当老虎扑向它时，它紧紧缠住老虎的身子。后来老虎想起猫曾教过它一个脱身之计才脱了身。从此它脖子上留下一道道被蛇缠过的花纹。这乐得兔子大笑起来，把上嘴皮笑裂了。从此，兔子的上嘴唇是豁的。老虎追上了兔子。兔子见一棵芒果树枝上挂着一个蜂窝，就坐在芒果树下。它指着蜂窝对老虎说："那是我妹妹玩的铓锣"。老虎抓起一根竹竿使劲敲那蜂窝，一群牛角蜂飞出来，把它围住，没头没脑地乱蜇。兔子又把老虎诱进一个坑里，让它躺在干草堆上，一把火把老虎烧着了。老虎在逃命中碰上一条黄牛，黄牛故意叫老虎往山上跑。山上风大，老虎身上的火越烧越凶，它只好往山下跑，碰上马鹿。马鹿叫老虎逆着风跑。老虎逆风奔跑，风助火威，越烧越旺。老虎碰上水牛，水牛叫它跳进水里去，它身上的火才熄灭了。从此以后，老虎变得花花斑斑的了。黄牛、马鹿使老虎吃了亏，老虎一见它们，就要扑上去咬。为了感谢水牛，老虎永远不吃水牛。这以后，兔子就搬了家，而且筑了三个窝，时常提防着老虎。佚名讲述，云南大学中文系一九五六级学生搜集，张福三、冉红整理。收入《傣族民间故事选》，32开，5页，3500字，上海文艺出版社1985年版。

(阿南)

老虎和螺蛳、青蛙

傣族动物故事。流传于云南省西双版纳傣族自治州傣族地区。讲述的是：有只老虎，作威作福，独霸一方。山林里的小野兽，经常受到它欺凌，弄得东躲西藏，不得安宁。老虎觉得山野味吃腻了，想要换换口味。一天，老虎来到池塘边，看见水面浮起不少螺蛳，就说："碰见了你们，正好，我要吃掉你们。"螺蛳说："你要吃我们，怕不那么容易吧。"于是，双方决定比一比。螺蛳就把伙伴集中起来，认真安排了一番。比赛开始，老虎沿着池塘拼命跑，螺蛳往水里钻。老虎气喘吁吁跑到终点，自以为领先，螺蛳已在终点，露出水面："虎大哥，你落后了！"老虎不服气，又一连比了三次，它都落后了，心想：吃不了螺蛳，可不能让它吃了自己。它灰溜溜地逃跑了。路上，老虎碰见一只青蛙，威吓青蛙道："我跑饿了，我要吃你！"青蛙提出比赛过河，比赢的吃比输的。

老虎不把青蛙放在眼里，同意比赛。比赛时，青蛙让老虎先跳河，它咬住老虎尾巴，老虎一跳河，把青蛙甩到了前面。一连三次，老虎都比输了。它耍赖，提出比赛吃东西。老虎去吃野猪，青蛙吃木耳。老虎问青蛙吃什么，青蛙说吃象的耳朵。老虎被吓出一身冷汗，想：老象我还不敢惹它呢。但又不甘心，再比吃一次。老虎吃了野牛，青蛙吃皮梢果籽。老虎问青蛙："你吃的是什么东西？"青蛙说："老虎的眼睛。"老虎还来不及想想，青蛙接着说："我要吃你的眼睛了！"吓得老虎不要命地逃跑了。刀正祥讲述，曹爱贤记录，杨秉礼整理。收入《傣族民间故事选》，32开，2页，1400字，上海文艺出版社1985年版。

（阿南）

老虎与召腊西

傣族动物故事。流传于普洱景谷县傣族地区。讲述的是：有一只老虎，在山里称王称霸，专吃其他动物。有一天，忍无可忍的猴子们，设了一个陷阱，使得这只老虎被毒蛇给咬死了。当时，恰好有一位在山里修行的召腊西看见，召腊西心生善念，不忍心就这么看着老虎被毒蛇咬死，就拿了药把老虎救活了。可是，这只忘恩负义的老虎，醒来之后不仅不知道感恩，还要吃掉召腊西。正在紧急关头，一只曾经被召腊西救过的小兔子挺身而出，救了召腊西。那只老虎，又在次被毒蛇给咬死了。收入《景谷傣族民间故事》，汉傣双文版，2页，1100字，2014年3月版，景谷傣族彝族自治县傣族文化协会编。

（依旺的）

老虎、叭拉西和兔王

傣族动物故事。流传于云南省西双版纳傣族自治州傣族地区。讲述的是：一只老虎在土堆上睡觉时被一条蛇咬死了。一个叭拉西看见，便念口功，救活老虎。老虎反怪叭拉西把它整死，要吃叭拉西。叭拉西不服，于是去告状，他先后告到黄牛王、狗王、猴王、大雕、底瓦拉（神）处，都说老虎应该吃叭拉西。叭拉西仍不服，最后告到兔王那里。兔王带着叭拉西、老虎来到发生事故的原地，叫老虎和叭拉西重演一遍给它看。老虎重新被蛇咬死了。兔王说："这种忘恩负义的东西，不能再救它了。"佚名讲述、记录。收入《中国讲述故事辞典》，16开，1页，300字，中国文联出版公司1992年版。

（阿南）

老雕为什么爱吃臭肉

傣族动物故事。流传于云南省德宏傣族景颇族自治州梁河县傣族地区。讲述的是：老雕拿到一块肉，他决定送人，想以此来结交朋友，它想太阳光芒四射，在世上无以能比，便去送给太阳，可太阳说乌云能把我遮住，它又去送给乌云，乌云说大风能把我吹散，大风说我吹不倒田埂，田埂说黄牛可以把我拱倒，黄牛说老虎能吃掉我。于是，老雕便把肉送给老虎，可是肉已发臭，老虎生气地把肉甩出来，老雕感到可惜，便把肉吃了。它以为所有的肉就是这种味道，所以至今老雕爱吃发臭的肉食。佚名讲述，晚太宝记录，冯霄译。刊于傣文杂志《勇罕》，16开，1页，442字，1983年3—4期。

（冯霄）

鹿的本事

傣族动物故事。流传于云南省德宏傣族景颇族自治州傣族地区。讲述的是：很久以前，动物们相互都不认识。一天，老虎见鹿身上的花纹特别漂亮便前去问鹿，鹿骗虎说它身上的花纹是吃了许多老虎留下的。虎听后大惊，没想到林中还有比自己更凶猛的动物，老虎每天都愁眉不展。狐狸见了之后便前去打探，老虎向狐狸倒出了缘由。老虎见狐狸不信自己的话，便要狐狸与自己一同前去并把它俩的尾巴拴在一起。鹿见老虎带着狐狸向自己走来，便对狐狸说："谢谢你狐狸先生把老虎给我送来。"老虎一听以为狐狸与鹿是串通好的，便拼命地逃跑把狐狸给拖死了。佚名讲述，刀干相搜集、整理。16开，3页，约600字，稿存德宏傣族景颇族自治州民语委。

（线永明）

落水的蚂蚁

傣族动物故事。流传于云南省西双版纳傣族自治州。讲述的是：有一只身小体弱的蚂蚁被急流冲走，一只小鸟见了把它救到了岸边。小蚂蚁得救了，一直想找机会报答它的救命恩人。有一天，小蚂蚁在一棵树下觅食，一个猎人也来到那棵树下。突然，蚂蚁看见救它的那只小鸟也飞到这棵树上觅食，猎人看见了小鸟，还举起了枪。小蚂蚁看见自己的救命恩人将要变成猎人的猎物，不顾一切钻到猎人腋下狠狠咬了一口。猎人痛得松开了枪，枪落到地上。小鸟得救了，而小蚂蚁却被猎人捏死了。康朗尖讲述，岩庄香翻译、整理。16开，6页，878字，稿存西双版纳傣族自治州民族研究所。

（玉腊）

驴、蟋蟀和蝼蛄的故事

傣族动物故事。流传于云南省西双版纳傣族自治州。讲述的是：一头驴在山脚下吃草，觉得蟋蟀和蝼蛄的叫声非常动听，也想让自己的叫声那样悦耳，就问蟋蟀和蝼蛄是吃了什么东西才使得声音如此动听？蟋蟀和蝼蛄告诉驴，它们不吃草，只喝露水，所以声音才动听。驴为了使自己的声音变得动听，它不再吃草，忍受着饥饿，学着蟋蟀和蝼蛄，每天只喝露水，慢慢地变得骨瘦如柴，最后死去。刀文学讲述，依艳坎翻译、整理。16开，5页，892字，稿存西双版纳傣族自治州民族研究所。

（刀金平）

猎人和母猴的故事

傣族动物故事。流传于云南省西双版纳傣族自治州。讲述的是：有位猎人上山打猎时遇到老虎，被一只母猴拉上树救了他，并把他带回它住的山洞。而猎人趁母猴出去为他寻找食物时，却把在洞里玩耍的两只幼猴打死后提着跑了。路上猎人又遇上老虎，被老虎当做了美餐。刀曙明讲述，陆云东翻译、整理。16开，5页，873字，稿存西双版纳傣族自治州民族研究所。

（玉腊）

癞蛤蟆和老虎

傣族动物故事。流传于云南省西双版纳傣族自治州。讲述的是：一个山洞里住着一只老虎和一只癞蛤蟆，听说癞蛤蟆和狮子赛跑时，还赢了狮子，老虎非常不解，就提出和癞蛤蟆比比赛跑，癞蛤蟆同意了。就在老虎翘起尾巴起跑的刹那，癞蛤蟆一个猛跳抓住了老虎的尾巴。当老虎跑过三座山得意洋洋时，只见癞蛤蟆满嘴是血站在自己面前。原来老虎停下时，癞蛤蟆被甩了出去，嘴巴碰在石头上。此时，老虎不得不认输，把癞蛤蟆背回山洞。刀新华讲述，岩庄香翻译、整理。16开，6页，1028字，稿存西双版纳傣族自治州民族研究所。

（依艳坎）

鹭讲鸟与小兔

傣族动物故事。流传于云南省德宏傣族景颇族自治州。讲述的是：鹭讲鸟和小兔住在一起，一天它俩为了争窝吵起来，谁也不让谁，便去找老虎帮忙调解。老虎说他老了，眼睛看不清，耳朵也聋了，让它俩靠近一点讲。于是，它俩离老虎越靠越近，最后，老虎伸出前爪，一下就把它俩抓住，一起吃掉了。佚名讲述，赵洪顺搜集、整理、翻译。收入《德宏傣族民间故事》，32开，1页，150字，德宏民族出版社1993年版。

（喊凤）

鹭丝与小鱼

傣族动物故事。流传于云南省孟连傣族拉祜族佤族自治县。讲述的是：鹭丝走到一个水塘边，发现里面有许多小鱼，就骗小鱼说帮小鱼搬到更好的大河里。小鱼却被鹭丝用嘴夹去喂它自己窝里的小儿。后鹭丝再次来到水塘，还剩一只螃蟹在里面。它又用同样的办法带着螃蟹飞回了自己的窝。螃蟹看到小鱼骨头知道自己上当受骗了，就气愤地张开自己犀利的大铁钳，夹住鹭丝的脖子把它夹死了。从此，鹭丝再也不敢吃螃蟹了。波朗玉讲述，林祥翻译，刘辉豪记录。收入《孟连傣族拉祜族佤族自治县民间文学集成·傣族卷》（一），32开，1页，700字，孟连傣族拉祜族佤族自治县文化局、民族事务委员会1987年编印。

（郭玉萍）

鹭鸶帮鱼搬家

傣族动物故事。流传于云南省西双版纳傣族自治州。讲述的是：一只鹭鸶见森林里的荷花湖中有很多的鱼，便骗鱼儿说湖水要干，它乐意帮鱼儿重新找个家。鹭鸶把鱼儿一个个叼走后，歇在树上把它们吃了。日子一长，湖里的鱼都被它吃尽了，只剩下一只螃蟹。它又重施旧计，想把螃蟹吃了。不料被聪明的螃蟹用双钳夹断了脖子。岩塔讲述，陆云东翻译整理。16开，7页，1354字，稿存西双版纳傣族自治州民族研究所。

（刀金平）

鹭鸶的脖子为什么是弯的

傣族动物故事。流传于云南省德宏傣族景颇族自治州傣族地区。讲述的是：从前有一只鹭鸶想吃小鱼，就去骗小鱼说它们的池塘太小了，山那边有一个很大很深的湖，问小鱼是否愿意去，小鱼们慢慢地被鹭鸶骗走了。可是鹭鸶并没有把鱼儿们带到湖里去，而是把它们衔到树林里一个个吃掉。最后，池塘里只剩下一只螃蟹，鹭鸶又用同样的方法引诱螃蟹。螃蟹早已看出它的诡计，于是假装答应了，但提出条件说不能让鹭鸶用嘴衔着它，要骑在鹭鸶的脖子上一起走。上路后，螃蟹就张开两个大夹子把鹭鸶的脖子紧紧夹住，所以鹭鸶的脖子一直弯到今天。佚名讲述，云南省民族民间文学德宏调查队整理、翻译。收入《德宏傣族民间故事》，32开，3页，122字，德宏民族出版社1993年版。

（喊凤）

露苦鸟为何没尾巴

傣族动物故事。流传于云南省德宏傣族景颇族自治州。讲述的是：在很久以前，田野里的庄稼青黄不接，生活在田野里的露苦鸟没了吃的。一天，露苦鸟们聚在一起，其中一只鸟说："我们去请老鼠帮我们去偷富人家的粮食。"它的提议得到了众鸟们的赞同，它们去求老鼠帮忙，但遭到了老鼠的拒绝。后来老鼠在万般无奈的情况下便同意去偷了一袋米，露苦鸟扛着米走到半路时，突然听到咕咕的鸟叫声，露苦鸟做贼心虚，米袋不慎掉了下来压断了它的尾巴，从此以后露苦鸟就没尾巴了。相软讲述，刀干相搜集、整理。16开，3页，约500字，稿存德宏傣族景颇族自治州民语委。

（线永明）

懒惰的猫头鹰

傣族动物故事。流传于云南省西双版纳傣族自治州。讲述的是：猫头鹰原来的生活习惯也同其他动物一样，白天活动，晚上睡觉。一个夏天，猫头鹰首领宣布："世界本来就是美丽温暖的，我们何必辛苦搭窝建房？摧毁所有的窝巢，自由翱翔吧。"此后，猫头鹰只知晒太阳睡觉。严冬来临，猫头鹰站在寒夜里的树枝上，睁着双眼，无法入眠，悔不该当初毁坏窝巢，决心第二天就动手建造新房。到了第二天，阳光普照大地，懒惰的猫头鹰又忘记了头天的寒冷。到了晚上，又同样受到寒夜的煎熬。日复一日，猫头鹰的窝巢始终没建成，形成今天昼伏夜出的生活习惯。刀永平搜集，罗俊新整理。收入《西双版纳傣族民间故事集成》，32开，2页，600余字，云南人民出版社1993年版。

（李传宁）

马和鹿

傣族动物故事,流传于云南省玉溪市新平彝族傣族自治县傣族聚居区。讲述的是:很早以前马和鹿是很要好的朋友,它俩为争谁是森林中跑得最快的动物,在鹦鹉裁判的监督下比奔跑,结果鹿赢了。马心眼小怕鹦鹉传自己比赛输了,于是决心弄死鹿好让自己成为跑得最快的动物,马找来猎人去打鹿,猎人给马套上辔口骑着马射死了鹿。马很高兴随即让猎人解下辔口放它回森林,猎人不同意并让马以后都驮着他打猎,以此方式感谢猎人帮杀死鹿。马害死了自己的好朋友鹿,自己也没能回森林,害人害己,所以至今傣家人都不喜欢马或不愿养马。杨文和讲述,杨永安、信中1984年采录于漠沙丙棵。收入《中国民间故事丛书·云南玉溪·新平卷》16开,2页,知识产权出版社2015年版。

(刀庆喜)

马鹿的感叹

傣族动物故事。流传于云南省德宏傣族景颇族自治州傣族地区。讲述的是:马鹿站在池塘边喝水,看到映在水里的自己,它感到有枝有权的大角最威武,最让自己不满意的是又细又长的腿脚。一天,一只老虎追来,腿脚倒是飞快,但大角却被刺蓬缠住而成为老虎的美餐。临死时它感叹说:"自己感到最好看的却让自己葬送了性命,如果凭腿脚绝对逃得脱。"佚名讲述,三保搜集。刊于傣文杂志《勇罕》,16开,1页,728字,1987年1—2期。

(冯霄)

母鸡与大象

傣族动物故事。流传于云南省德宏傣族景颇族自治州傣族地区。讲述的是:从前有一只雌鸡在丛草中孵小鸡。一天,来了一头大象,横冲直撞地把快要孵出的小鸡蛋全部踩了个稀巴烂,母鸡伤心地哭了。乌鸦听见哭声便飞来问怎么回事,母鸡把事情经过告诉乌鸦,并发誓要报仇,乌鸦说它愿意帮忙。后来,苍蝇、青蛙、乌鸦在一起商量了一个报仇的办法:乌鸦去啄大象的眼睛,苍蝇去叮大象的眼睛。后来大象想喝水,却看不见,忽然听见青蛙的叫声,大象高兴极了,心想青蛙叫的地方一定有水,就顺着声音往前走。青蛙把大象引到悬崖边上,声音叫得更响,大象渴得很厉害,就急匆匆地往前闯,突然"轰隆"一声掉到悬崖下去了。佚名讲述,胡本常、孟成信记译。收入《德宏傣族民间故事》,32开,2页,625字,德宏民族出版社1993年版。

(喊凤)

麻鸡斗大象

傣族动物故事。流传于云南普洱江城整董傣族聚居区。讲述的是:春天到了,该麻鸡下蛋了。一只雌麻鸡催促丈夫赶快衔草搭窝,但懒惰的雄麻鸡不理妻子的催促,只顾自己睡懒觉,情急之中的雌麻鸡,只能把蛋下在大象踩出的脚印里。一天,大象路过,雌麻鸡拦住大象,给大象诉说完自己的无奈之后,请大象原谅。可是,大象不顾雌麻鸡的请求,一脚踩在脚印上,把雌麻鸡刚刚下的鸡蛋都踩碎了。雌母鸡悲伤加愤怒,找到癞蛤蟆、苍蝇和乌鸦帮忙报复。听了麻鸡的哭诉,癞蛤蟆、苍蝇和乌鸦都很同情,就决定一起帮它。于是,乌鸦看到大象,就飞下来啄大象的眼皮;苍蝇飞到大象的眼皮上产卵,孵化出蝇蛆,吸食大象的眼肉,弄瞎大象的眼睛;癞蛤蟆学青蛙叫,引得大象以为有水往山上跑,哪知一脚踩空,滚下山坡死了。麻鸡终于解了心头之恨,乌鸦、苍蝇和癞蛤蟆异口同声地说:"这就是以大欺小的下场"。波岩罕讲述,白镇刚翻译,王福景搜集、整理。收入《江城哈尼族彝族自治县民族民间故事集第二辑》,1页,494字,2009年9月出版,中共江城县委宣传部、江城县文学艺术界联合会、江城县民族宗教事务局编。

(依旺的)

麻蛇和青蛙

傣族动物故事。流传于云南省西双版纳傣族自治州傣族地区。讲述的是：一群青蛙在水潭里"呱呱"唱歌，住在山上的麻蛇听了直流口水，它爬到水潭附近，看见这里聚集了千百只青蛙，便欲想个办法骗得青蛙们的信任，慢慢把它们吃掉。麻蛇走近青蛙，夸奖它们的歌声如何动听，自己想跟它们做邻居。不谙世事的小青蛙听了这番甜言蜜语便想接受麻蛇做它们的邻居，但被老青蛙阻止了。过了几天，老青蛙生病没出来，小青蛙们被麻蛇的甜言蜜语迷惑住了，收下它为邻居。开始麻蛇还彬彬有礼，但后来就慢慢偷吃了许多青蛙。老青蛙知道后，带着小青蛙们躲在草丛里，让它们看到了麻蛇吞食青蛙的真实面目，它教育孩子们以后不要再被表面现象所迷惑。佚名讲述，艾杨搜集、整理。32开，3页，1270字，收入《西双版纳傣族民间故事集成》，云南人民出版社1993年版。

（龙江莉）

蒙眼虫是什么变来的

傣族动物故事。流传于云南省德宏傣族景颇族自治州盈江县傣族地区。讲述的是：从前有一个人，平时总是粗暴地对待自己的母亲，使母亲胆战心惊地过日子。一天，他犁田时，看见一群小乌鸦捉到虫子后先送给老乌鸦吃。看看乌鸦，想想自己，他感到万分内疚。当远远看到母亲送饭时，他决定一改以往之恶习，便急匆匆准备走过去接一程。但母亲却以为自己送饭来迟，儿子等得不耐烦了才向自己冲过来，就从桥上跌入水中变成了蒙眼虫。没有母亲的他，只好用泥巴塑了母亲的像后供于家里。佚名讲述，思燕章记录，冯霄译。刊于傣文杂志《勇罕》，16开，2页，858字，1985年1—2期。

（冯霄）

猫为什么专捉老鼠

傣族动物故事。流传于云南省玉溪市新平彝族傣族自治县傣族聚居区。讲述的是：以前傣家人不会算日子，天神想到用十二属相算日子并教会傣族。天神为给动物属相排序叫老鼠去召集包括它在内的十二种动物来。老鼠喊了猪鸡牛羊马等动物后故意不通知猫，因为猫曾经和老鼠抢吃干黄鳝被猫抓了一身伤。天神看老鼠尽心尽力很快找齐了动物，于是安排老鼠为十二属相中的第一属相，猫不服气找天神理论时才得知是老鼠从中使坏，从此便对老鼠恨之入骨，一见就捉。杨正周、辛平1984年采录于漠沙关圣。收入《中国民间故事丛书·云南玉溪·新平卷》，16开，1页，知识产权出版社2015年版。

（刀庆喜）

猫头鹰盖新房

傣族动物故事。流传于云南省西双版纳傣族自治州傣族地区。讲述的是：百鸟都有自己的窝，只有猫头鹰没有。每当下雨的时候，猫头鹰冻得很可怜，百鸟们都劝它盖间新房。猫头鹰也发誓要造一个漂亮的窝。可是，雨停之后，它又忘了自己的誓言，不动手盖房。百鸟劝它不能这样过日子，它也说："是呀，是呀！"每当傍晚，见百鸟归窝时，它下决心第二天一定要盖新房子。但到了天亮，它又忘了盖房。这样，猫头鹰每天晚上都下决心，到了白天又忘了。多少个明天过去了，它始终没有盖成房子。佚名讲述，岩蜂、王松、刀保尧采录整理。收入《傣族文学史》，32开，1页，350字，云南民族出版社1995年版。

（阿南）

猫头鹰为什么嘴弯

傣族动物故事。流传于云南省西双版纳傣族自治州。讲述的是：已有七个月零七天没有下雨的森林突然下起雨来。雨停了，猫头鹰从树洞里出来捡果子吃，不料惊动了蝉。蝉的鸣叫声吓了鸡一跳，鸡吓得飞在酸蚂蚁窝上；蚂蚁乱了套，在抱着泡果的猴子身上乱咬；猴子被咬，怀中掉落的泡果正好砸在树下的大象身上；受惊的大象慌乱中踩了蝌蚪，把蝌蚪的肚子踩爆了。蝌蚪就去兽王那里告状，兽王把麂子、猫头鹰、蝉、鸡、酸蚂蚁、猴子、大象一一叫来，追究罪魁祸首。兽王查清了情况后，就抽打猫头鹰的嘴，结果把猫头鹰的嘴打弯了，到现在它的嘴也是弯的。康郎约讲述，陆云东翻译、整理。16开，6页，1157字，稿存西双版纳傣族自治州民族研究所。

（刀金平）

猫的嗓子内为什么会响

傣族动物故事。流传于云南省德宏傣族景颇族自治州傣族地区。讲述的是：世间遭鼠灾，天神派猫来帮人类捉老鼠，本来猫已将五只鼠王捉住了，它的四只足分别抓住一只老鼠，嘴里还咬住一只。但多嘴的人类向猫问这问那，猫不得不张口回答。结果，嘴里咬住的那只给逃脱了。逃脱的鼠王不断繁殖，人们向天神请求让猫继续留下来捉鼠。因此，至今猫嗓子内总是嘀嘀咕咕地响，那是它在埋怨人类。佚名讲述，项二团记录，冯霄译。刊于傣文杂志《勇罕》，16开，3页，1121字，1995年1—2期。

（冯霄）

猫和老鼠（一）

傣族动物故事。流传于云南省德宏傣族景颇族自治州傣族地区。讲述的是：远古时期，人间有五只从天上下凡的大老鼠作恶多端，专吃谷子。天神就派神猫来收拾老鼠，收拾完后方能回宫。老猫前后四脚每只脚抓住一只老鼠，牙齿咬住一只，共五只老鼠都抓到了。但是天神还是没有叫猫回天上，神猫就发牢骚："我把五只老鼠都抓到了，怎么还没有叫我回天上。"猫一讲话，被咬住的老鼠就逃跑了，所以现在所有老鼠的脖子后面都有一个小洞，据说那是神猫咬的牙齿印。猫睡觉时哼出"呼噜"的声音，那是它在对天神有意见而发出的怨恨声。波放喊口述，岳小保记译。16开，3页，约550字，稿存德宏傣族景颇族自治州民语委。

（岳小保）

猫和老鼠（二）

傣族动物故事。流传于云南省德宏傣族景颇族自治州盈江县傣族地区。讲述的是：古时候猫和老鼠是一对好朋友。有一次它俩要数星星，谁数不完谁就是输方，谁数得清谁就是赢方，而且赢方要吃掉输方的肉。协议定好，猫说让老鼠从天黑开始数到鸡叫时，猫又从鸡叫时数到天亮。天黑了，老鼠坐下来就数，眼花了，又从头数，但越数星星却越来越多，鸡叫了，还数不清。鸡叫后轮到猫数星星，猫坐下来一颗一颗地数，数着数着天慢慢亮了星星也数完了。它俩兑现诺言，从此猫就开始吃老鼠至今。刀丫应和讲述，岳小保记译。16开，2页，约500字，稿存德宏傣族景颇族自治州民语委。

（岳小保）

猫从何处来到人间

傣族动物故事。流传于云南省德宏傣族景颇族自治州傣族地区。讲述的是：很久以前，人间老鼠为患，偷吃各种东西。人们想了许多办法都无济于事，人们无奈只有求神帮忙，天神见人间有难就叫猫到人间捉鼠。猫到了人间后到处捉鼠，最后只剩下三只老鼠。猫口里咬着两只，另一只用脚踩着。此时有人来问猫，捉完老鼠了没有，猫开口回答，两只老鼠乘机逃走了。猫最后怎么都没能捉到两只鼠，天神见猫没能完成灭鼠任务，叫猫留在人间继续捉鼠，就这样猫被留在了人间。佚名讲述，刀干相搜集、整理，线永明译。16开，3页，约500字，稿存德宏傣族景颇族自治州民语委。

（线永明）

猫儿上当

傣族动物故事。流传于云南省德宏傣族景颇族自治州傣族地区。讲述的是：猫在谷仓旁捉到一只大老鼠，刚要吃时，大老鼠对它说人家都是先洗脸后吃东西，而猫为什么不遵守祖传的规矩。猫觉得有道理，就抬起手来洗脸，老鼠趁机逃跑了。又有一次，猫抓到一只小老鼠，准备吃时，小老鼠掉着眼泪对它说，它的身子太小了不够猫吃，让猫放它走，猫说自己已经饿了很长时间了，现在一定得吃。老鼠又十分可怜地求猫行行好，放了它这一回，回去它叫它爸爸妈妈来供猫充饥。猫听了小老鼠的话，一心想吃大老鼠，就把小老鼠放走了，它老老实实地等了半天，不见一只老鼠出来，它才醒悟，知道自己上当了。佚名讲述，杨应新翻译、整理。收入《德宏傣族民间故事》，32开，2页，550字，德宏民族出版社1993年版。

（喊凤）

猫和狗的故事

傣族动物故事。流传于云南省西双版纳傣族自治州。讲述的是：一个叫尖塔戈满的穷人捡到一条死蛇，他准备拿回去喂他养的狗和猫。此时，一只老鹰飞过来，并用一颗宝石与尖塔戈满交换死蛇。宝石为尖塔戈满变出很多的财物，他把财物分给村里的穷人。帕雅召勐听说后，用计骗走了尖塔戈满的宝石。机灵的小猫和小狗找到一只母老鼠，以小老鼠的性命相要挟，要母老鼠帮忙把宝石找回来，母老鼠打洞钻进了王宫，从帕雅召勐那里偷出宝石交给猫和狗。过河时，狗张嘴吠秧鸡，宝石就掉进了河里。猫就去威胁鱼鹰，要鱼鹰把宝石从河里捞出来。由于猫找宝石有功，深得主人厚爱，常有鱼有肉吃。狗有错，被主人撵到楼下，吃剩饭，喝残汤。从此猫居功自傲，见狗就唬；狗恨猫爱告小状，见猫就追赶，两种动物成为冤家。康朗叫讲述，杨胜能搜集、翻译。收入《西双版纳傣族民间故事集成》，32开，6页，2500余字，云南人民出版社1993年版。

（李传宁）

猫藏粪便

傣族动物故事。流传于云南省西双版纳傣族自治州。讲述的是：很久以前，猫和老鼠是好朋友。一天，它告诉老鼠，它要到很远的森林去吃斋念佛，每逢月初月圆，可以找它听经祈福。到了月初或十五，老鼠们都相约着去听猫讲经。可每次老鼠回家，猫就把落后的老鼠吃掉，怕老鼠发现，还到火塘边用爪子挖个小坑，把粪便解在小坑里，再用火灰埋起来。久而久之，猫藏粪便便成了习惯。岩宰约讲述，岩旺记录、整理。16开，5页，680字，稿存西双版纳傣族自治州民族研究所。

（依艳坎）

猫和鹰的故事

傣族动物故事。流传于云南省西双版纳傣族自治州。讲述的是：猫额白色印记的来历。讲述乌鸦、白鹭和猫一起去湖边玩耍，它们捕到一条鱼，让猫在岸边守着。湖边树上的鹰见猫在打盹儿，就偷了鱼准备喂自己的孩子。猫发现后追到树上，鹰答应送还，可猫不要。鹰相继找到了天神、树神、牛神、皮绳神、鼠神和天神之王首领英评理，可推来推去，还是推回到猫那里。鹰无奈之下只得把自己头上的金冠取下来给猫。猫把金冠戴在自己的头上，从此以后，猫的额头上就留下了一个戴金冠的白色印记。岩旺讲述，岩香记录。16开，7页，1327字，稿存西双版纳傣族自治州民族研究所。

（依艳坎）

麻雀与老鹰

傣族动物故事。流传于云南保山傣族地区。讲述的是：一天，麻雀和老鹰发生争执。老鹰被麻雀惹恼了，追着麻雀到处啄，它仗着自己比麻雀高大，就紧追不放。这时，麻雀灵机一动，闪身躲进石缝里。被气愤冲昏头脑的老鹰，一头撞在石头上死了。麻雀斗鹰的故事，在森林里流传着一句警语："弱者行善必有一得，强者好恶必有一失。"万德美搜集、整理。收入《民族古籍翻译丛书——保山傣族民间故事第一辑》，32开，1页，552字，保山市傣学研究会编，云南民族出版社

2012年10月出版。

（依旺的）

牛为何没有上牙

傣族动物故事。流传于文山壮族苗族自治州马关县傣族聚居区。讲述的是：古时候，牛同其他动物一样，都有满口的牙齿。牛和老虎像人一样，也会开口说话。牛和老虎关系融洽，结拜为老庚。一天，天气格外晴朗，个子瘦小的主人牵着牛到山坡上犁地。这块耕地很大很大，看不到边。主人犁了好一阵子，还没有犁完一半。天上骄阳似火，人和牛累得气喘吁吁，大汗淋漓。这时，一只老虎清闲地走到地边嘲讽道："牛老庚，你太憨了，人那样矮小，你不反抗，还听他的话，帮他卖苦力。要不要我帮忙，把他吃了解馋算啦！"牛说："虎老庚，你想的天真！你不知道人小主意大呀。"老虎不相信，还是想等机会把人吃掉。人和牛又继续犁了好一阵，这时，老虎得意扬扬地对人说："你怕我，那就先用绳子将我捆起来吧。"人捆好老虎，让它坐在犁铧尖上，并骗老虎又来人了。等老虎回头看的时候，人双手操起犁杆，狠狠地向老虎砸去，骂道："看到底哪个吃哪个！"老虎被打得眼冒金星，连连告饶。牛在旁边笑得合不拢嘴，笑得跌倒在地上，恰巧它张开的嘴巴磕在一块石头上，磕掉了上牙。从此，牛的嘴里就再也长不出上牙齿来了。董陶氏讲述，董品尧记录。收入《文山州傣族民间故事集》，16开，2页，431页，云南人民出版社2016年1月版。

（张元波）

牛脖子下为何有一条白印

傣族动物故事。流传于文山壮族苗族自治州马关县傣族聚居区。讲述的是：很古的时候，玉皇大帝在花园里赏花突然听到人间叽叽喳喳的说话声，便派刘大臣到人间了解民情。当刘大臣到人间后，看到人间百姓的劳动方式都是刀耕火种，还是过着原始生活，就返回天庭，将了解到的情况向玉皇大帝做了一一汇报。玉皇大帝说："既然天下百姓粮食不够吃，那么，再麻烦你走一趟，传达朕的口谕：天下人规定三天吃一餐。"刘大臣来的途中不小心，绊着一个石头跌倒了，等他爬起来后，把玉皇大帝交代的话全给忘了，怎么想也想不起来。到底是三天吃一餐，还是一天吃三餐？他想了半天对天下人间百姓说："玉皇大帝说了，天下百姓劳作太辛苦，规定一天吃三餐。"宣布完毕，回到天庭，向玉皇大帝复旨。玉皇大帝听了，气得吹胡子、瞪眼睛，说："朕也不说你什么了，只好把你变成牛贬到人间为百姓耕田种地去。你到人间去，朕没有什么礼物送你，送给你一条白毛巾，劳动累了用来擦擦汗。"从那以后，人间的水牛，脖子下端都有白白的一条类似的白毛巾的花纹。也从那以后，人间每天都吃三餐。张有昌讲述，柏开祥记录。收入《文山州傣族民间故事集》，16开，1页，413字，云南人民出版社2016年1月版。

（张元波）

鸟叼茅草建房

傣族动物故事。流传于云南省西双版纳傣族自治州。讲述的是：布桑该和雅桑该创造人类后，人类就想建造房屋以遮风挡雨，但是缺茅草，无法盖顶。听说海洋对岸有茅草，人类就去请求众鸟帮忙，说谁能找来茅草，就让谁和人一起住。众鸟纷纷行动，可大多数鸟都掉进海里淹死了，惟有燕子和瓦雀，它们一个叼着草根，一个叼着草尾，回到了人居住的地方。从此，燕子和瓦雀一直与人类做伴，一起生活在同一房屋中。岩香巴讲述，陆云东翻译、整理。16开，5页，759字，稿存西双版纳傣族自治州民族研究所。

（刀金平）

诺帅战胜大象

傣族动物故事。流传于临沧市耿马傣族地区。讲述的是：很久以前，在河滩边的芦苇丛中，有一只诺帅鸟儿在孵蛋,看到一个五百头大象群向自己奔来。诺帅哀求领头的大象,请它绕道而行不要践踏自己的鸟蛋。为首的大象对诺帅鸟的哀求不屑一顾还傲慢嘲笑,残忍践踏鸟蛋。面对残毁的家园诺帅悲声痛哭。对天发誓,定报仇雪恨。森林里的动物们都同情诺帅鸟的遭遇,都愿相助诺帅鸟复仇。约好了诺巧、苍蝇和青蛙,诺帅便寻找时机开始实施它的复仇计划。先是诺巧鸟把那头象王眼睛啄得血肉模糊,接着成群的苍蝇"嗡嗡"地飞来,在大象伤口上下蛋。几天后大象的伤口化脓生蛆,眼睛也瞎了,四处乱窜,一只青蛙呱呱地叫。饥渴的大象顺着蛙声爬上山坡,爬到山顶,一脚踩空重重地摔下山崖。诺帅飞到大象身上,在大象身上撒尿拉屎,说道:"看你还敢不敢再以大欺小,为所欲为!"根据这则民间故事,傣家人有了"诺帅别长"的谚语,它寓喻一个道理:"大勿欺小,只要齐心团结,弱小也能战胜强大,团结就是力量。"康朗安明讲述,南桂香整理。收入《耿马民族民间故事》(耿马民族文化丛书),16开,2页,800字,云南民族出版社2016年版。

(南桂香)

帕雅召勐和猩猩

傣族动物故事。流传于云南省西双版纳傣族自治州。讲述的是:一个帕雅召勐把一只猩猩驯养成一个会听人话,懂人意,对首领百依百顺的样子。召勐把猩猩封为侍卫武将,带在身边,形影不离。全勐臣民十分震惊,纷纷进谏召勐,召勐依然一意孤行。一天,召勐到花园游玩,躺在大石上休息前,吩咐猩猩说:如果你发现有什么东西挨近我的身边,你就拔刀将它砍死。猩猩一刻不停地守在召勐的身边,突然看见一只苍蝇趴在召勐的脸上,猩猩不假思索地拔出战刀,向绿头苍蝇砍去。苍蝇和召勐的脑袋,都被砍成了两半。佚名讲述,刀永平搜集,罗俊新整理。收入《西双版纳傣族民间故事集成》,32开,2页,1000余字,云南人民出版社1993年版。

(李传宁)

盼啰鸟

傣族动物故事。流传于文山壮族苗族自治州文山市、马关县傣族聚居区。讲述的是:从前有户人家,住着哥哥依召和嫂子依腊、妹妹依转、依秀三兄妹。嫂子依腊虽然生得漂亮,但是口是心非,良心不好,老是疑心有人要害她。为此,借故撵走了丈夫和大妹子依转。一年到头,嫂子留给依秀的只是冰凉的清汤,日子真是难熬。有一天,依秀在山上做活时,顺手扯了一片木叶含在口中,吹起了自己生活中的苦歌:"盼啰,盼啰,毕锦毕留朵,洛锦洛留南……"(啊呀,姐姐吃了留好菜,嫂嫂吃剩留给汤。)木叶声传到树林中,有一只八哥学会了,于是每天在村中传唱。很快,全村人都知道嫂子狠心这个事。嫂子依腊气得打死八哥。八哥被打死后,依秀过于伤心生了病,不几天,年纪轻轻的她,也在苦难中死去。依秀死后,她的头发变成了六六三十六只"盼啰鸟",飞在森林中和村头寨尾,成天唱着"盼啰"那悲伤的苦歌。那阴毒的依腊听见后,无脸见人,在一个阴沉沉的日子里,羞愧地跳河死去。董白氏讲述,董品尧记录。收入《文山州傣族民间故事集》,16开,1页,413字,云南人民出版社2016年1月版。

(张元波)

抛弃首领的狗

傣族动物故事。流传于云南省西双版纳傣族自治州。讲述的是:首领养了一只凶猛、忠诚的狗,它深受首领的喜爱。一天,首领带着狗到河里洗澡,河面上漂来了一个牛头骨、一个狗头骨和一个猫头骨。狗在河滩上听到了他们的对话:它们三个生前都是王宫贵族的宠物,年轻时深受主人的宠爱与呵护。年老力衰后,都遭到残杀和遗弃。首领的狗听了它们的对话,如梦惊醒,怕自己的命运也会落得和他们一样的下场,便抛下河里洗澡的首领，跑向森林。岩香囡翻译，蒙金春整理。收入《西双版纳傣族民间故事集成》，32开，3页，1400余字，云南人民出版社1993年版。

（李传宁）

青蛙与公鸡

傣族动物故事。流传于云南省西双版纳傣族自治州傣族地区。讲述的是：青蛙哇哇哇地叫了一夜，自以为有功，很骄傲，就去质问公鸡："你为什么天要亮了才叫？"公鸡回答："因为这时候叫才对人有用。"青蛙不服，继续追问："难道我叫了一夜，对人一点也没有用，你才叫了几声，就对人有用？"公鸡理直气壮地回答道："是呀，你一夜叫个不停，影响人们的睡眠，令人烦恼。我虽然每天只在天要亮时才叫几声，人知道天快亮了，该起床了做活了。"青蛙明白了一个道理：叫声的价值不在于多与少，而在于是否对人有用。但青蛙仍不改旧习，整夜哇哇哇地叫个不停。佚名讲述，岩峰、王松、刀保尧采录整理。收入《傣族文学史》，32开，1页，400字，云南民族出版社1995年版。

（阿南）

青蛙与狮子

傣族动物故事。流传于云南省德宏傣族景颇族自治州傣族地区。讲述的是：从前在森林里住着一只狂妄自大的狮子，一天，它来到一个美丽的荷花塘边喝水，一只青蛙对它说那塘水是青蛙家的，要喝水应该向青蛙说一声。狮子很生气，说它喝一口水不要青蛙管。青蛙又说它们是邻居，要互相尊敬，不能随便欺负对方。狮子说要大叫一声把青蛙的耳朵叫聋，青蛙气愤地说那就试一试谁强，于是狮子火冒三丈地大吼了一声，以为会把青蛙震昏过去，还得意地问青蛙的耳朵是否还能听见，青蛙就告诉它能听见，让狮子再吼一遍，它耳朵还没有聋呢。原来，小青蛙躲在水里，狮子一吼，它就钻进水里。最后狮子的嗓子都吼哑

了，只好夹着尾巴逃跑了。佚名讲述，孟成信、思宁搜集整理。收入《德宏傣族民间故事》，32开，2页，775字，德宏民族出版社1993年版。

（喊凤）

欺骗别人反而害了自己

傣族动物故事。流传于云南省德宏傣族景颇族自治州傣族地区。讲述的是：有一对狗追杀一只麂子，途中母狗临产，便钻进老虎的洞穴产崽。老虎回来后，听见狗的叫声，害怕得逃出洞去。正好被猴子看到了，猴子也害怕狗，便对老虎说狗会代替老虎称霸，建议老虎和它一起去洞里把狗群赶走。老虎担心猴子骗它，会临阵脱逃，提议把它俩的尾巴拴在一起。忽然，公狗从半路跳出来，它俩吓得屁滚尿流，赶快逃跑。老虎跑得过快，就把猴子的尾巴给拉断了。所以直到现在，人们还可看到有一类猴子没有尾巴。佚名讲述，刀承新搜录。收入《傣族民间故事》第四辑，傣文版，32开，3页，约1200字，云南民族出版社1986年版。

（杨荣芳）

骑虎

傣族动物故事。流传于云南省德宏傣族景颇族自治州傣族地区。讲述的是：有对老夫妻住在一间破草屋里。一天夜里，一只老虎准备去偷吃老两口的牛，老虎经过房间时，无意间听到老两口说就怕"狠崩"（房子破了的意思）。老虎想我乃是动物之王，他们都不怕我！难道世上还有什么东西比我更厉害的？老虎便躲进牛圈里想探个明白。深夜，有个盗马贼想到马圈里偷匹马，没想到他牵出一只老虎，看也没看骑上虎背，老虎一路飞跑。待天蒙蒙亮，盗贼才看清自己所骑的是一只老虎，他便找了机会，爬到树上。半路上猴子见老虎精神恍惚，便上前探问，老虎向猴子说明了一切。猴子也没听说过什么"狠崩"的动物，便约老虎前去看个明白。老虎与猴子相互捆着尾巴

往前探个究竟。猴子见了一个影子在树上爬来，那人吓得尿往下流，没想到尿流进了猴子的双眼，猴子用手去揉眼，老虎见猴子揉双眼以为是遇到"狠崩"，拉起猴子便跑，跑了一段路之后，老虎转过身来看看猴子，猴子已经被拖死了。佚名讲述，线过摆搜集、整理。收入《傣族故事》，傣文版，32开，3页，约400字，德宏民族出版社1987年版。

（线永明）

人说话的起源

傣族动物故事。流传于云南省建水县南庄镇小龙潭。讲述的是：远古时候，人和其他动物一样只会乱吼乱叫，玉皇大帝觉得世间很混乱，想分出一种动物会通语言。玉皇大帝摆了一碗清水、一碗泥浆水。一碗吃了其中会说话。玉皇大帝传旨世间所有动物都去喝水。人走到路上，遇着青蛙在路上跳。人便背着青蛙去。青蛙受感动就告诉人说吃了玉皇大帝摆的泥浆水会说话。人背着青蛙到了天宫，其他动物都喝了清水走了，只剩泥浆水。人叫青蛙喝，青蛙叫人喝。人喝了泥浆水，便会说话了。人为报答青蛙，就不捕杀青蛙。青蛙为了报答人的恩德，便帮人捕吃庄稼上的害虫。白永康讲述，易荣辉搜集。收入《云南民间文学集成·建水故事卷》，32开，1页，600字，建水县文化局、民族事务委员会1989年编印。

（郭玉萍）

十二生肖共入人间

傣族动物故事。流传于云南省德宏傣族景颇族自治州傣族地区。讲述的是：十二只动物在人间受苦修行五百年期满后，玉皇大帝召见雷叠山山神，询问众动物在人间的表现。雷叠山山神告诉玉皇大帝说众动物在人间行善施德，做了许多好事，与人类结下了不解之缘，形影不离，他还请求玉皇大帝恩准它们继续留在人间。玉皇大帝采纳了山神的意见，十二只动物每只专做一个属相，作为人类生肖、生辰、年龄的依据，专管人间年龄老少，与人类紧密相连，从此人类就有了用十二只动物作为出生属相的纪年方法。佚名讲述，坦劳相收录，杨荣芳译。收入《百花园》第六册，傣文版，32开，2页，375字，云南民族出版社1995年版。

（杨荣芳）

少女奇遇

傣族动物故事。流传于文山壮族苗族自治州马关县傣族聚居区。讲述的是：从前有个依月，非常重视棉花的栽培，她天天都到地里去拔草。哪知棉地较宽，怎么也拔不完。于是，少女朝四面八方呼唤："天啊！哪个能帮我除完杂草，我就嫁给他了……"突然出现一个粗大的大毛虫，把地里的杂草啃干净了。少女不能嫁给毛虫，自己又许了诺言……正在苦思冥想，拿不出主意时，巧遇一个捕鱼人。依月将情况向捕鱼者陈述后，捕鱼者说："那好，我马上编个竹笼，毛虫来了，就让它进入笼子，先在笼子底部拴个石头，你先爬上水边的大树上，让它看到你水里的倒影，它一定下水去找你……"不多时，毛虫真的匆匆而来，问捕鱼者见到少女没有，捕鱼者指向水里说，她在水里等着你，你坐进笼子里下去一定能见到她。说着，毛虫急急忙忙钻进笼子里下了水，就这样，毛虫被水淹死了。黄天成、黄勤芬讲述，黄天德记录。收入《文山州傣族民间故事集》，16开，1页，516字，云南人民出版社2016年1月版。

（张元波）

水牛和黄牛

傣族动物故事。流传于云南省玉溪市新平彝族傣族自治县漠沙镇。讲述的是：以前水牛和黄牛一起把衣服脱了放在岸上在河中洗澡，在阳光照耀下水牛的黄衣裳金光闪闪，黄牛很喜欢就上岸偷偷穿走水牛的黄衣裳，水牛只好穿了黄牛的衣裳。黄牛穿的黄衣裳太小脖子总露在外面，而水牛穿了黄牛衣裳在冬天冷得发抖，天神看着可怜给了它一块白手巾。所以现在水牛的脖子上总有一块长长的白痕，黄牛穿的衣裳太大，现在脖子上总吊着一块黄布一样的年拉皮。后来水牛变得爱洗澡，总想着黄牛来洗澡会还黄衣裳，至今水牛洗完澡就叫几声"奥嘛奥嘛（傣语音，意为：拿来拿来）"。陈振中、杨正周 1985 年采录于漠沙南碱。收入《中国民间故事丛书·云南玉溪·新平卷》，16 开，1 页，知识产权出版社 2015 年版。

（刀庆喜）

水牛误传佛祖真言

傣族动物故事。流传于云南省德宏傣族景颇族自治州傣族地区。讲述的是：古时佛祖令水牛下人间助人种田，并让它来传佛祖真言："凡人三天吃一顿饭，三天做一次活。"水牛一路走来又渴又累，走一段路喝一次水吃一次草。到人间后把佛祖真言记颠倒了，传给人说："让凡人一天吃三顿饭，活路天天做。"佛祖知道它误传了真言，就派一个神仙把它的嘴锁起来，永世不准说话。现在水牛的下巴有一处小白点，那是锁水牛嘴巴的锁。刀丫应和讲述，岳小保记译。16 开，2 页，约 500 字，稿存德宏傣族景颇族自治州民语委。

（岳小保）

水牛对巴编鱼的报复

傣族动物故事。流传于云南省德宏傣族景颇族自治州傣族地区。讲述的是：一群水牛在河边吃草时说："论个头、论力气我们都比人大，为什么还得听他们使唤？何不连人带犁拖着跑了。""只怕他们给我们穿鼻子。"一条水牛说。水里的巴编鱼便将此秘密告诉了人，人就给牛穿了鼻使唤。至今，水牛一到水里就又撒尿又屙屎，那是它们对巴编鱼的报复。巴编鱼也长不大了，永远只有瓜子那么大。佚名讲述，项二团记录，冯霄译。刊于傣文杂志《勇罕》，16 开，1 页，624 字，1987 年 3—4 期。

（冯霄）

水牛犁田的故事

傣族动物故事。流传于云南省德宏傣族景颇族自治州傣族地区。讲述的是：掌握生死大权的天神把大地分为四大洲五大洋后，又创造了万物。之后又将每年分为三季（冬季、雨季、热季）、十二个月。当时人们生活困难，天神想，如能每三天进食一餐，日子就会好过。天神就派水牛到人间传话，因牛到半路贪洗澡忘了原话，说成一天吃三餐。说完回到天宫复命，结果天神知道牛传错话，就责令牛下凡去为人们耕地种谷。等全人类都吃饱了，才准牛回来，所以牛就为人类耕田犁地至今。佚名讲述，岩瑞吞搜集、整理，龚肃政译。载于《傣族民间故事》第二辑，傣文版，32 开，2 页，约 800 字，云南民族出版社 1983 年版。

（俊孟）

水牛为什么仇恨芭蕉树

傣族动物故事。流传于云南省红河县傣族聚居区。讲述的是：很久以前，傣族人让水牛犁田并不懂得穿牛鼻子，只用绳拴牛的后脚，水牛很不听人的使唤。这情景让田边一丛芭蕉树叶上的青蛙看在眼里，它就教人穿牛鼻。这样以后，牛只得乖乖听人使唤犁田了。水牛认为这个方法肯定是芭蕉树教给人的，就仇恨芭蕉树。从此，不管在什么地方，只要水牛一见芭蕉树，就气冲冲地用牛角去顶，用身子去撞，非把芭蕉树撞倒才解他的心头之恨。佚名讲述，张寒搜集、整理。收入《红河县民族民间故事》，32 开，1 页，700 字，云南民族出版社 1990 年版。

（郭玉萍）

水牛不能抬头望天、蚕怕打雷

傣族动物故事。流传于云南省德宏傣族景颇族自治州傣族地区。讲述的是：从前的水牛和蚕都是生活在天上，因它俩冒犯了天神才下到凡间来生活。至今水牛不能抬头望天，遇到打雷时，蚕往往会死，那是天神对它俩的惩罚。因它俩下凡间时，是蚕背着水牛下来的。所以至今，每只蚕身上都有四个斑点，那就是水牛踩的脚印。佚名讲述，明小旺记录，冯霄译。16开，4页，2052字，稿存德宏傣族景颇族自治州文联《勇罕》编辑部。

（冯霄）

水田与犁铧

傣族动物故事。流传于云南省西双版纳傣族自治州傣族地区。讲述的是：放田水的季节到了，水田很得意，因为水田里映着青山、竹楼、鲜花。可是，不久农夫便开始犁田了，犁铧翻起一层层泥土，水搅混，使水田映不出青山、竹楼和鲜花，水田非常生气，责怪犁铧破坏了它安静的生活和美景的享受。犁铧直言道："你原先的生活，虽然很美，但只是虚幻的倒影，我打破了你的虚幻，是为了让你有一个果实累累的秋天。"水田听后，很敬佩犁铧，成为犁铧最好的朋友。佚名讲述，岩峰、王松、刀保尧采录整理。收入《傣族文学史》，32开，1页，400字，云南民族出版社1995年版。

（阿南）

水蚂蟥、蚂蟥和蚊子从哪里来

傣族动物故事。流传于云南省德宏傣族景颇族自治州傣族地区。讲述的是：从前有个无恶不作、吸食人民血汗的大昏官，规定傣寨每天轮流送一头猪给他，他只吃猪肝，弄得勐中人民怨声载道。最后官逼民反，大昏官被四牛分尸，其肉被割成块当靶心，人们竞相打靶解恨，于是肉溅四方，溅入水的变成了水蚂蟥，地上的变蚂蟥，树上的变为蚊子。佚名讲述，所宝搜集、整理。收入《傣族民间故事》第五辑，傣文版，32开，2页，800字，云南民族出版社1987年版。

（快永胜）

水獭和小兔

傣族动物故事。流传于云南省德宏傣族景颇族自治州。讲述的是：水獭提出要跟小兔做朋友，小兔说："好是好，可我的本领不多，只有一种。"水獭说："别愁，我的本领有七种哩！"一天，它俩去捉鱼，水獭不小心陷进刺笼里，忙叫喊让小兔来救它。小兔见渔夫来了，就让水獭装死，渔夫把装死的水獭倒在地上，小兔又叫水獭赶快逃跑。后来，水獭问小兔道："朋友，我有七种本领，一种都用不上，而你只有一种本领，反而用上了，还用得那么巧妙，这是为何？"小兔告诉水獭说："因为你的本领是死的，我的本领是活的。"佚名讲述，孟成信搜集、整理、翻译。收入《德宏傣族民间故事》，32开，3页，1610字，德宏民族出版社1993年版。

（喊凤）

虱子和臭虫

傣族动物故事。流传于云南省西双版纳傣族自治州。讲述的是：一只虱子常年生活在首领的垫子缝隙里，经常趁首领睡觉时出来吸食首领的血。一个臭虫看到虱子活得很舒服，请求跟虱子一起生活，与虱子成为好朋友，虱子同意了。晚上，臭虫趁机爬起来叮咬首领，熟睡的首领被咬醒后，叫家人寻找臭虫，臭虫很快逃走，首领就抓到了虱子，把虱子处死了。可供研究傣族生活哲学参考。佚名讲述，岩罕搜集、整理。收入《西双版纳傣族民间故事集成》，32开，2页，900余字，云南人民出版社1993年版。

（李传宁）

双角犀鸟

傣族动物故事。流传于云南省西双版纳傣族自治州。讲述的是：西双版纳的森林里，住着一对恩爱的夫妻。丈夫叫岩歌，是有名的猎手；妻子叫玉坎，是村寨里出名的美人。岩歌经常不放心美貌的妻子独自在家，他每次出去狩猎时，总是把楼梯抽掉，把门窗封好。玉坎天天坐在火塘边绣花等着岩歌回来。一次，岩歌出去狩猎时，追逐一只受伤的金鹿,在森林里迷失了方向。当他回到家中,妻子躺在黑色的帷帐中已经饿死。岩歌失去了妻子,自己也没勇气活下去,他撕破了黑色的帷帐和白色的包头,把妻子的尸首和自己裹在一起,化为灰烬。天神让他俩变成了一对双角犀鸟,羽毛仍和他俩死时裹尸的黑白布颜色一样。至今,每当雌鸟产卵孵育时,雄鸟就把雌鸟孵卵的树洞封起来,只留个小孔,以便让雄鸟喂食。雄鸟看见雌鸟时总是大叫"苏玛!苏玛!"(原谅我!原谅我!)以示悔罪。它们总是双飞双栖,形影不离,如果一只死了,另一只不久也将死撑。傣族又称此鸟为钟情鸟。波岩温讲述,陈贵培翻译。收入《西双版纳傣族民间故事集成》,32开,5页,3000余字,云南人民出版社1993年版。

(李传宁)

双嘴鸟

傣族动物故事。流传于云南省德宏傣族景颇族自治州傣族地区。讲述的是:在森林里有一只双嘴鸟,它经常用一个嘴巴吃瓜果,因此,另一个嘴巴生气了,十分嫉妒那个吃瓜果的嘴巴,说那边的嘴巴只顾自己吃东西而不分给它吃。啄瓜果吃的那个嘴巴说没有什么关系,谁吃都一样,同样是为了使它们俩解除饥渴、增添力量,让它们生存下去。可是,那个嘴巴仍然不通情达理,一心想对另外那个嘴巴报复,它乘另外那个嘴巴不注意时,偷偷地啄吃了一棵有毒的草,双嘴鸟就中毒死了。从此,森林中再也见不到双嘴鸟了。佚名讲述,云南省民族民间文学德宏调查队整理、翻译。收入《德宏傣族民间故事》,32开,1页,约200字,德宏民族出版社1993年版。

(喊凤)

守夜的狗

傣族动物故事。流传于云南省德宏傣族景颇族自治州傣族地区。讲述的是:一个月圆之夜,在人间受戒的狗望着月宫里金榕树下的玉兔发牢骚说,它俩是一同被贬下凡间受戒的,为何兔子却比它早回天庭?一头牛走过来告诉狗说,如果它想早日修得圆满回天庭的话,让它去替黄阁村的村民守夜,因为那里经常遭到狼的袭击。狗听后便来到黄阁村的一座土地庙里把守村门,先后替村民赶跑了两个小偷和来偷羊的狼,村民们都很感激它,纷纷送给它好吃的食物。狗在黄阁村守了三年,穷人们的日子越过越好。为了纪念狗的恩情,村民们在那里建盖了庙宇,每月十五便准备香火、礼品前去拜谢。佚名讲述,坦劳相收录。收入《百花园》第六册,傣文版,32开,8页,2235字,云南民族出版社1995年版。

(杨荣芳)

屎壳郎虫

傣族动物故事。流传于云南省德宏傣族景颇族自治州傣族地区。讲述的是:屎壳郎虫最先是天神昆西迦的左右手,凡间才开始有人类时,昆西迦让屎壳郎下凡传旨说三天吃一顿饭。但屎壳郎来到半路睡了一觉,把昆西迦的话给忘了,便稀里糊涂对人说:"昆西迦让你们一天吃三顿饭。"此后,人们一年到头不得不为填饱肚子而忙个不停,而且吃了就得屙屎,把环境弄脏了。因此,现在的屎壳郎一旦哪里有屎,它便马上从地下拱出土来掩埋。人们说,那是昆西迦在惩罚它。佚名讲述,冯霄记译。16开,2页,约600字,稿存德宏傣族景颇族自治州文联。

(冯霄)

屎壳郎的来历

傣族动物故事。流传于文山壮族苗族自治州马关县傣族聚居区。讲述的是:有一个寡妇养着两个儿子,大的叫依桑,小的叫依晒,寡妇含辛茹苦,把两个儿子养大了,她也累瞎了双眼。小儿子依晒勤劳,犁田耙地、打鱼盖房,样样在行,才成年就到外村入赘安了家,娶了个漂亮的妻子名叫依岳。依桑就大不相同,又懒又馋,六亲不认,四处行骗做坏事，良心像锅底一样黑，全勐的人都恨透了他，叫他"桑法帕"（雷打的依桑）。有一天，他转到了兄弟依晒家，见着只有瞎子母亲一人，又要作孽。突然，天空中乌云翻滚，雷声隆隆作响，第一个炸雷把他的黑心劈成两半，第二个炸雷又把他劈了，跪在瞎子老娘的面前死了！臭名昭著的桑法帕死后，天神处罚他，把他变成屎壳螂，让他永世都在屎堆里闷着。白开达、白占选讲述，董品尧记录。收入《文山州傣族民间故事集》，16开，5页，4485字，云南人民出版社2016年1月版。

（张元波）

蛇和小鼠

傣族动物故事。流传于云南省德宏傣族景颇族自治州傣族地区。讲述的是：蛇被一个玩蛇的人捉住关进了笼子里，后来玩蛇人捉到一只小鼠，就丢进去喂它。小鼠求蛇放过它，说它可以把笼子咬破把蛇救出去。蛇答应了，小鼠又说笼口太高，让蛇用头把它顶到笼口。小鼠咬了半天，蛇的脖子都仰酸了，就问小鼠什么时候才可以好，小鼠说快了。没想到小鼠把笼口咬开后就逃跑了，蛇受骗上了当。佚名讲述，云南省民族民间文学德宏调查队整理、翻译。收入《德宏傣族民间故事》，32开，2页，675字，德宏民族出版社1993年版。

（喊凤）

蛇和小臭鼠

傣族动物故事。流传于云南省西双版纳傣族自治州傣族地区。讲述的是：一条大黑蛇被一个玩蛇人捉住，关进笼子里。它烦躁地在笼子里窜来窜去，总无法钻出去。过了不一会，玩蛇人捉到一只小臭鼠，丢进笼子里喂蛇。大黑蛇想：这倒是道好菜，先吃了再说吧，便扬起头向小臭鼠扑去。小臭鼠情急智生，对大黑蛇说："蛇大爷，我们都是患难之中呀，我这小小的身子，你吃进去也解不了饥饿。而且我死了，你也逃不出去啦！倒不如你别吃我，让我把笼子咬开，我们一起逃走吧！"大黑蛇想：这倒是个好办法，反正逃出了，它也逃不过我的手掌，出了笼子再吃也不迟。于是，它叫小臭鼠咬笼子口，便照小臭鼠的吩咐，高高地扬起头，将小臭鼠凑到笼子口。正当大黑蛇不耐烦地骂小臭鼠咬得太慢时，笼子口咬开了，小臭鼠吱溜一下就窜出了笼子，逃跑了。大黑蛇马上窜出笼子，去追小臭鼠。小臭鼠见大黑蛇追来，就近往一个小螃蟹洞里钻了进去。大黑蛇吃鼠心切，也狠狠地往螃蟹洞冲去，可是洞太小，头钻进去了，身子却卡在外面，进出两难。这时，玩蛇人发现了，又把大黑蛇捉了回去。小臭鼠在洞里冷笑道："哼，狠心的家伙。看你落得这个下场！"佚名讲述，尼宛搜集、整理。收入《傣族民间故事选》，32开，2页，1200字，上海文艺出版社1985年版。

（阿南）

蛇闹阎王殿

傣族动物故事。流传于云南省德宏傣族景颇族自治州傣族地区。讲述的是：竹节蛇为了避寒，挖了很深的洞穴防寒，所有蛇族都跑来避寒，洞口一直延伸到阎王府门口，正巧碰到一个前来报道的满脸是血的女鬼。阎王见她蓬头垢面，又从地里钻出来，问她为何不从大门进来。女鬼说她看见蛇洞，以为是通往大殿的道路。阎王听说之后，决定派兵八百于晚上十二点去蛇洞抓蛇来犒劳饥肠辘辘的鬼兵们。竹节蛇听到后急忙回去召集众蛇备战，请来了野鸡和老鼠帮忙。它让野鸡在阎王兵到来之时鸣叫三遍，鬼兵听到鸡叫声，以为是天快亮了慌乱逃跑，趁此机会，老鼠爬到它们身上啃吃尸骨。经过大家齐心合作，消灭了来攻打它们的鬼兵鬼将，从此，蛇、鼠、鸡便成了好朋友。佚名讲述，坦劳相收录，杨荣芳译。收入《百花园》第六册，傣文版，32开，11页，3300字，云南民族出版社1995年版。

（杨荣芳）

狮子与老鼠

傣族动物故事。流传于云南省德宏傣族景颇族自治州傣族地区。讲述的是：狮子历来不把小动物们放在眼里，稍不顺眼，它就又咬又撵，还经常埋怨天神创造出小动物有什么用。一棵大树原来是小老鼠最先居住，但狮子想来树下休息，硬把小老鼠撵开，还说任何动物不许在它之上。后来，它被人设置的扣子扣住了，无可奈何的它，不得不向其他动物求救，最终还是小老鼠把绳子咬断让它得以逃生。佚名讲述，郭玉萍记录。刊于傣文杂志《勇罕》，16开，1页，304字，1991年3—4期。

（冯霄）

狮子与夜莺

傣族动物故事。流传于云南省西双版纳傣族自治州傣族地区。讲述的是：鸟兽比武，森林之王狮子站在草地中央，大声叫喊谁敢与它比武。这时夜莺从树上飞下来，要与狮子比武。狮子满不在乎地问道："小东西，你有什么本领跟我比赛？"夜莺反问："大王，你又有什么本领呢？"狮子说："只要我大吼一声，鸟兽们都会被吓跑。"说着，它大声："啊唷、啊唷"地吼了两声，野兽都被它吓跑了。夜莺不以为然地对狮子说："你的吼声只能吓唬同类，这本领不算高强。"狮子想不到小小夜莺竟不怕它，便反问夜莺："那么，你又有什么本领呢？"夜莺说："我的声音虽小，却很动听，能把所有的鸟兽都叫拢来。"果然，夜莺动听的歌声，把鸟兽都叫拢来了。狮子不认为这是本领，不服输。过了几天，狮子掉进猎人的陷阱，它大声地呼吼，希望鸟兽来救它。谁知，鸟兽听到它的吼声，都逃得远远的，谁也不来救它。此时，狮子失望地想到自己：只有吓唬同类的声音，却没有招引同类的本事。因此，山大王做了猎人的俘虏。佚名讲述，岩峰、王松、刀保尧采录整理。收入《傣族文学史》，32开，1页，600字，云南民族出版社1995年版。

（阿南）

狮子、狐狸和黄牛

傣族动物故事。流传于云南省德宏傣族景颇族自治州傣族地区。讲述的是：从前森林里有头威武的雄狮，它是百兽之王。一天，它看见黄牛在吃青草，就过去跟黄牛说话，问黄牛从哪里来，黄牛告诉说它是牛王。于是两个越谈越投机，便成了好朋友。狐狸看见雄狮对黄牛那么好，心里不是滋味，便从中作梗，对雄狮说黄牛对你那么好，是否知道黄牛背地里盘算着要剥吃它的皮。狮子以为黄牛真要谋害它，就朝黄牛脖子咬了一口，黄牛被狮子的突然举动吓呆了，只好立即自卫，便用角朝狮子的肚子顶去。狮子和黄牛就这样打起来了，不一会儿，狮子就把黄牛的脖子咬断了，狮子也因肚子被黄牛捅开而死，它们就这样上了狐狸的当，断送了性命。佚名讲述，罕孟、水滴整理。收入《德宏傣族民间故事》，32开，2页，约800字，德宏民族出版社1993年版。

（喊凤）

狮子和蚊子的故事

傣族动物故事。流传于云南省德宏傣族景颇族自治州傣族地区。讲述的是：有一天狮子在大树下睡觉，一只蚊子飞来飞去，影响狮子。狮子就大骂："你再飞来飞去，我把你吃掉呢。"蚊子说："狮兄啊，你别得意，你想吃我没那么容易，你连我的影子都摸不着。"狮子大笑："像你这样，我一喘气都能把你吹走。"蚊子："狮兄啊，我俩比赛怎么样？"狮子说："比就比，如果一方被打死，不能算犯法。"它俩就打起来了，打了一天，谁也没打着谁，反而狮子把自己抓得一身伤。从此，它俩就成了好朋友。佚名讲述，刀干相搜集。16开，3页，约700字，稿存德宏傣族景颇族自治州民语委。

（喊凤）

碎米鸟打败大野象

傣族动物故事。流传于云南保山傣族地区。讲述的是：有一只野象，常年居住在一片大森林里，森林边有一条小河，野象经常到小河边喝水。有一天，一只碎米鸟急着要下蛋，看见大象的脚印刚好可以做窝，它就在那里急忙把蛋下了。过了几天，大象又来了，它像往常一样，顺着自己的脚印一步一步走来。眼看就要踩到自己的蛋了，碎米鸟百般哀求。可是，高傲的大象，无视碎米鸟的哀求，一脚踩过去，把蛋全部踩碎之后，大摇大摆走开了。碎米鸟在悲痛中又哭又骂，引来其他动物们的同情。乌鸦帮它啄伤了大象的眼睛，绿苍蝇奔走相告，田鸡把大象引进一个山谷里，大象就掉进山谷摔死了。万德美搜集、整理。收入《民族古籍翻译丛书——保山傣族民间故事第一辑》，32开，2页，960字，保山市傣学研究会编，云南民族出版社2012年10月出版。

（依旺的）

天猪娶妻

傣族动物故事。流传于云南省德宏傣族景颇族自治州傣族地区。讲述的是：猪在人间受戒时，常常变成一位英俊的小伙子去镇上游逛，吃喝玩乐，很是散漫。他看中了镇上一位刘财主家的二小姐，就托人去求亲。同在人间受苦的鼠、牛、虎知道猪要娶人间女子为妻，为了不让人们的后代带有动物的血统，不让人间女子受苦难，它们就变成一户人家的模样来参加婚宴，制止天猪的行为。它们每人给天猪各敬九杯酒，最后天猪现出了原形，才拯救了人间的女子。佚名讲述，坦劳相收录。收入《百花园》第六册，傣文版，32开，19页，5550字，云南民族出版社1995年版。

（杨荣芳）

兔子三瓣嘴的由来

傣族动物故事。流传于云南省德宏傣族景颇族自治州傣族地区。讲述的是：嫦娥赏花之时看见守金榕树的石玉兔可怜，就施咒让石玉兔于每月的初一、十五晚上变回原形出去游玩。一个月圆之夜，玉兔游玩时看到鹿、猫头鹰、狼、青蛙在下棋，就压宝猜天棋正反两面的图案，结果输掉了身上仅有的十颗金豆子。因猫头鹰作裁判，狼用一块肉去贿赂猫头鹰，以均分财物为条件让猫头鹰以眼睛上翻和下翻暗示它。第二次比赛时玉兔偷来嫦娥的一只金手镯也输了，后来它又去偷埋在嫦娥花树下的护花宝石，同样输给了狼。花儿因为没有了宝石而枯死了，嫦娥让土地神掐指卜算，算到是玉兔偷走了宝石。嫦娥对石玉兔念了三遍咒语后，玉兔变回原形，嫦娥用剑在它的嘴唇上划下三条线以作记号，三百年后才解除惩罚。因而现在兔子的嘴唇是裂为三瓣的。佚名讲述，坦劳相收录，杨荣芳译。收入《百花园》第六册，傣文版，32开，14页，约4200字，云南民族出版社1995年版。

（杨荣芳）

兔子的尾巴为什么是秃的

傣族动物故事。流传于云南省德宏傣族景颇族自治州傣族地区。讲述的是：几只兔子想过河去吃青草，便想出了一个鬼主意，佯装与螃蟹比谁的数量多。当螃蟹全部聚拢来时，由于数量多，便形成了一条高埂状，几只兔子趁机踏着"高埂"过到对岸。当螃蟹知道上当后，便追着兔子夹它们的尾巴，因而，至今兔子的尾巴都是秃的。佚名讲述，金云帕记录，冯霄译。刊于傣文杂志《勇罕》，16开，3页，900字，1993年1—4期。

（冯霄）

兔惊众兽逃

傣族动物故事。流传于云南省西双版纳傣族自治州。讲述的是：一只兔子看见大风刮下很多干树叶，误认为是天要塌下来，吓得连忙逃跑。一路上，猴子、野猪、老虎、大象及河里的小鱼，听说天要塌下来，都与受惊的兔子一起向前狂奔乱跑。逃亡的队伍和声势越来越壮大，惊动了密林中的猫头鹰，猫头鹰拦住逃亡的队伍问清了缘由，忍不住哈哈大笑，并告诉它们："那是树上的干叶子被风吹落下来，天永远不会塌下来，你们是一场虚惊。以后凡事都要动脑子想一想，问个究竟，千万别偏听偏信，把假的当成真的。"动物们听后知道自己上当受骗，想责备兔子，又觉得没道理，只好暗暗埋怨自己，各自回家。佚名讲述，岩温扁搜集、整理。收入《西双版纳傣族民间故事集成》，32开，3页，1800余字，云南人民出版社1993年版。

（李传宁）

兔子和黄牛

傣族动物故事。流传于云南省西双版纳傣族自治州。讲述的是：黄牛和老虎结交做了朋友，为此，黄牛的好朋友兔子离它而去。没多久老虎就现了原形，说是梦见吃黄牛了，所以要吃黄牛。黄牛不服，它俩决定去找首领说理。就在首领判老虎该吃黄牛时，兔子跳落在首领面前，以梦不能为据为理由和首领据理力争，救了黄牛。康朗约讲述，刀金平翻译、整理。16开，7页，1253字，稿存西双版纳傣族自治州民族研究所。

（玉腊）

土狗的故事

傣族动物故事。流传于云南省德宏傣族景颇族自治州。讲述的是：从前有一户人家有一个孩子，父母离婚后，父亲讨来一个晚妈，这个晚妈带来一个孩子，父亲经常外出，多数时间只有他们母子三人在家。有一天吃饭时，其母就把俩孩子分开，她把若干竹签放在饭里叫她丈夫的孩子吃，结果孩子被签卡脖致死，孩子死后变成了土狗。所以现在土狗的脖子里面有一小细竹签。波放喊讲述，岳小保记译。16开，2页，约500字，稿存德宏傣族景颇族自治州民语委。

（岳小保）

贪心狗

傣族动物故事。流传于云南省德宏傣族景颇族自治州傣族地区。讲述的是：从前有一只狗，又懒又馋，非常贪心。一次它叼着一块肉跑到一座桥上，看见河里也有一只狗，同样也叼着一块肉，而且那块肉好像比自己叼的这块还要大，它对河里的狗产生了嫉妒心，很想把那块大一点的肉夺过来，便朝河里的那只狗猛扑过去，只听得"扑通"一声，那贪心的狗扎进河里，它嘴里的肉也不见了。佚名讲述，云南省民族民间文学德宏调查队整理、翻译。收入《德宏傣族民间故事》，32开，2页，325字，德宏民族出版社1993年版。

（喊凤）

替母死

傣族动物故事。流传于云南省西双版纳傣族自治州。讲述的是：有一头带着幼仔在山上吃草的母黄牛遇上了一只大老虎，母黄牛哀求老虎让它去告别在树荫下睡觉的儿子后再吃它，老虎同意了母黄牛的请求。孝顺的小黄牛得知母亲的遭遇后，找到老虎并请求："我母亲生我养我不容易，要吃就吃我吧！"老虎被小黄牛感动了，忍着饥饿放了它们母子俩。岩香讲述，岩庄香翻译、整理。16开，5页，692字，稿存西双版纳傣族自治州民族研究所。

（玉腊）

铁翎甲智胜大象

傣族动物故事。流传于云南省西双版纳傣族自治州。讲述的是：大象和铁翎甲比赛喝水，说好谁喝得最多，谁就当森林之王。它们来到海边时，海水正涨潮，铁翎甲就让大象先喝。大象越喝，涨潮的海水越多，大象只好上岸休息，让铁翎甲去喝。铁翎甲爬到海边时，海水开始落潮，大象见铁翎甲把海水喝得越来越少，只好悄悄溜走了。佚名讲述，玉康搜集、整理。收入《西双版纳傣族民间故事集成》，32开，2页，1000余字，云南人民出版社1993年版。

（李传宁）

棠扇和棕蓑衣

傣族动物故事。流传于云南保山傣族地区。讲述的是：有两个小偷，一个头戴棠扇，一个身披蓑衣。一天夜里，这两个小偷去一户人家里偷牛，错把当时混在牛圈里准备偷吃牛的老虎当肥牛拉走了。天快亮的时候，棠扇先发现他们赶的不是牛而是老虎，就先跑走了；蓑衣回头看见自己牵的不是牛而是老虎，吓得他哆哆嗦嗦地把虎拴在一棵麻榴树下，然后赶紧爬到树上躲起来。披蓑衣的这个小偷，跟黑熊、小兔们智斗一番之后，因为他身上的蓑衣，把黑熊、小兔都吓跑了。就连被拴在树下的老虎，听到小兔的叫声，也吓得挣断了脖子上的套绳，把麻榴树拉歪了，从此麻榴树就歪着树干到今天。万德美搜集、整理。收入《民族古籍翻译丛书——保山傣族民间故事第一辑》，32开，3页，2160字，保山市傣学研究会编，云南民族出版社2012年10月出版。

（依旺的）

螳螂与粪便

傣族动物故事。流传于云南保山傣族地区。讲述的是：很久以前，天神昆西迦派金牛下凡来教人们三天吃一顿饭，用金碗银碗盛饭夹菜。金牛在出门的时候碰到螳螂，被螳螂忽悠，它自己留在天宫，然后由螳螂下凡教人们吃饭和盛饭夹菜。贪玩的螳螂到达凡间后，把金牛交代的话搞忘记了，它告诉人们说："从此，你们要每天吃三顿饭，用土碗竹筷盛饭夹菜。"人们听了螳螂的话，就开始每天吃三顿饭，用土碗竹筷盛饭夹菜。不久，昆西迦化身成为一位老人到人间视察，看到人间到处是粪便，还看见人们用土碗竹筷盛饭夹菜，非常生气，返回天宫责问金牛，金牛又去问螳螂。螳螂把自己的原话再说一遍，气得昆西迦把它和金牛撵下天宫，从此，螳螂就负责每天清理人间的粪便，不分白天黑夜把粪便埋进土里，金牛变成了黄牛或者水牛，负责每天帮人类干活。向有得讲述，刀保宁、杨忠实记录整理。收入《民族古籍翻译丛书——保山傣族民间故事第一辑》，32开，2页，806字，保山市傣学研究会编，云南民族出版社2012年10月出版。

（依旺的）

五彩雀

傣族动物故事。流传于云南省新平彝族傣族自治县。讲述的是：很久以前，在哀牢山的古林里，有一种全身红红绿绿的鸟，它有一个像孔雀一样的长尾巴，因它漂亮，大家都叫它五彩雀。五彩雀的叫声很好听，画眉、百灵都比不上它，可它又懒又馋。一晚，森林中失火，百鸟都忙去救火，可它怕救火太累太脏，就独自钻进一个树洞去躲起来。林中的火越来越大，烧到了五彩雀的树洞口，它的长尾巴和花羽毛都被烧掉了，天亮后，大火被百鸟扑灭了。鸟儿们一边梳理羽毛一边唱歌。可是五彩雀没有了漂亮的尾巴和衣裳，全身变成黑的了，声音也因被火烟熏而又沙又哑了。佚名讲述，杨永安搜集、记录，白辛整理。收入《乡泉集》第二集，32开，2页，1500字，云南民族出版社1985年版。

（郭玉萍）

乌龟的讲述

傣族动物故事。流传于云南省德宏傣族景颇族自治州傣族地区。讲述的是：乌龟从前是在陆地上生活，一天，一个农夫在河岸上捉到一只大乌龟，便想把它杀吃了，可又不知怎样杀死乌龟，想了想就说要把乌龟扔到河里淹死。乌龟听到后，心里暗自高兴，又怕农夫变卦，故意求农夫不要把它扔进水里淹死。农夫一听更乐了，立即就把乌龟扔进水里，乌龟一下水，连忙高兴地游走了。农夫一家在岸上等了好半天，都没有见乌龟漂出来，才知道受了骗。乌龟死里逃生后，告诫它的子孙后代，在陆地上生活太危险，还是在水里生活保险。从此，乌龟就生活在水里了。徐金讲述，李鸿伦记译。收入《德宏傣族民间故事》，32开，2页，575字，德宏民族出版社1993年版。

（喊凤）

乌龟壳上为什么会有裂纹

傣族动物故事。流传于云南省德宏傣族景颇族自治州傣族地区。讲述的是：有一只乌龟想上天去近近地观察月亮和星星。有一只灰天鹅飞过来，乌龟说："你能不能把我带到天上去看月亮和星星？"天鹅说："好啊，你骑在我的背上，我带你去看。"天鹅飞到高空问乌龟："你看见地上的东西了吗？"乌龟说看得见，只是远离了地面。天鹅又往更高处飞，又问是否还看得见地面，乌龟说看不见了。天鹅高兴地哈哈大笑后在空中翻跟头把乌龟抛下来。原来天鹅是一个妖怪变的，它早就想将乌龟置于死地。乌龟掉到地上，龟壳四分五裂。一位师傅看见乌龟可怜，就把砸碎的乌龟壳粘起来，乌龟壳上裂纹就是这样来的。佚名讲述，曼相吞搜集、整理，朱光灿翻译。刊于《傣族民间故事》第六辑，傣文版，32开，3页，约750字，云南民族出版社1992年版。

（朱光灿）

乌龟和金鹿的故事

傣族动物故事。流传于云南省西双版纳傣族自治州。讲述的是：一只小金鹿在乌龟的指导下学会游泳，相互成为好朋友。一天，小金鹿去河边找乌龟时，正看见一个猎人捉住了乌龟，装进筒帕里。小金鹿连叫几声，把猎人的注意力吸引到自己身上。猎人把装有乌龟的筒帕挂在树上，去追小金鹿。小金鹿把猎人引进森林之后，悄悄绕回岸边救出乌龟。乌龟见金鹿冒着危险，救了自己的性命，心里十分感动，就把这事告诉了它的亲戚和好友，从此大家都把金鹿当做好朋友。康朗庄讲述，杨胜能搜集、整理。收入《西双版纳傣族民间故事集成》，32开，3页，1300余字，云南人民出版社1993年版。

（李传宁）

乌鸦赖账

傣族动物故事。流传于云南省德宏傣族景颇族自治州傣族地区。讲述的是：一只乌鸦好吃懒做，专偷人家的东西。一天它看见带着礼物去访友的一只落小（鸟名），就假装痛得很厉害的样子，向落小诉起苦来。落小看见它可怜，就把糖送给它，还把随身带着的五两银子也给了它。乌鸦见后又假惺惺地说让落小把好行到底，再借点钱给它治病。落小信以为真，就写了个字条给乌鸦带去找它父亲拿，它父亲就给了乌鸦半个银圆。几年过去了，总听不到乌鸦的消息，也找不到它。从此，落小一见乌鸦就追着喊："奥马外别！奥马外别！（快拿来！快拿来！）"乌鸦也耍赖地叫道："哈荒！哈荒！（五两！五两！）"这么一来，所有的鸟都知道乌鸦是懒汉、小偷和骗子了。佚名讲述，腾开伦搜集、整理。收入《德宏傣族民间故事》，32开，3页，1175字，德宏民族出版社1993年版。

（喊凤）

乌鸦告状

傣族动物故事。流传于云南省景谷傣族彝族自治县。讲述的是：在威远江畔的一个寨子里，有一座大缅寺，有棵缅树叶茂根深，常有各种鸟栖歇搭窝。一只老乌鸦也住在这缅树上。有一天威远江边到处是干死的鱼。老乌鸦吃饱后还叼回了一堆，它把鱼藏在了缅寺的院墙头上。后被一只猫偷吃了，乌鸦知道后十分气愤，就去找到太阳神、云神、风神、蚁堆神、牛神、绳神、鼠神，但都求告无门，乌鸦气得"乌哇、乌哇"地大叫，借以发泄自己对世事的不平，直到现在，乌鸦都是这样叫的。米岩云讲述，周建明搜集，徐昱整理。收入《云南民间文学集成·景谷民间故事》（一），32开，4页，2500字，景谷傣族彝族自治县民间文学集成领导小组编辑室1989年编印。

（郭玉萍）

乌鸦与拖白链鸟

傣族动物故事。流传于云南省德宏傣族景颇族自治州傣族地区。讲述的是：乌鸦去偷鸡蛋时，被鸡主人用泥巴做的弹弓子弹射进它的屁股内，乌鸦请洛归鸟想办法，洛归鸟对它不感兴趣，便说："翘起屁股晒太阳吧。"结果，泥巴子弹越晒越硬。乌鸦又去求助拖白链鸟，并说以三箩谷子作为酬谢。拖白链鸟让它把屁股泡于水里。果真，泥巴化了。这时乌鸦说："是我自己将泥巴泡化的。"就没给酬谢。于是，至今拖白链鸟一见乌鸦就追逐攻击。佚名讲述，屯棉记录。刊于傣文杂志《勇罕》，16开，1页，546字，1987年3—4期。

（冯霄）

乌鸦与孔雀（一）

傣族动物故事。流传于云南省德宏傣族景颇族自治州傣族地区。讲述的是：很久以前，各种鸟类聚在一起，鸟儿们纷纷说在森林中谁最美。首先乌鸦和孔雀比。各方面比起来，孔雀是最美的，但乌鸦不甘示弱，说自己是最美的，乌鸦在和鸟们争论时，一只孔雀飞到林中，在阳光照耀下全身羽毛闪闪发光，鸟们纷纷飞到孔雀周围观看这只美丽的鸟，谁也不想与乌鸦理论，乌鸦非常害羞再也不敢面对鸟们。佚名讲述，刀干相搜集、整理，线永明译。16开，5页，约840字，稿存德宏傣族景颇族自治州民语委。

（线永明）

乌鸦与孔雀（二）

傣族动物故事。流传于云南省西双版纳傣族自治州。讲述的是：一只乌鸦跟着一群孔雀去寻找食物，但都被猎人的竹夹子夹住了脚。一只聪明的孔雀想出了一个办法并告诉孔雀姐妹们说："等到猎人来取夹子时，大家都装死躺下，直到猎人把它们脚上的夹子一个个全都打开才能动弹。否则，被猎人识破，就不能一起活着飞回去了"。它们刚商量完，猎人就来了。猎人看到躺在地上动也不会动的孔雀，就把所有孔雀脚上的竹夹子打开后说："这群鸟真胆小，怎么全都吓死了。要是还有一些活着的话就好了，我还可以拿回去饲养。"黑乌鸦听了，满以为可以到人家里享清福，不必东奔西跑去找食，就发出"呱呱"的叫声，表示自己还活着。猎人发现是一只乌鸦，便把它的脖子给扭断，而孔雀却都飞走了。佚名讲述，刀清英翻译、整理。收入《西双版纳傣族民间故事集成》，32开，2页，700余字，云南人民出版社1993年版。

（李传宁）

乌鸦、猫头鹰和啄木鸟

傣族动物故事。流传于云南省德宏傣族景颇族自治州傣族地区。讲述的是：从前有只猫头鹰是个瞌睡虫，一天，一个打鸟的小孩用一颗泥蛋打在睡得正香的猫头鹰身上，它怎么抖也抖不掉，就痛苦地哼着。乌鸦听到后，就过来问是怎么回事，猫头鹰就问它是否有治伤的药，如果能治好它，它会记住乌鸦的恩情的。于是乌鸦就去请啄木鸟来给它看病，啄木鸟说要让猫头鹰付钱，并让猫头鹰接连洗澡三天，第四天后再给它敷药。可是猫头鹰伤好了后，只字不提药钱，还说不是啄木鸟医好它的病，而是自己洗澡治好的。啄木鸟很生气，每天都去找它要钱，猫头鹰却借故躲起来。后来它不好意思见乌鸦，又怕啄木鸟向它要钱，于是白天不敢再出来了，到了晚上才悄悄地出来找食吃。佚名讲述，刀怀惊搜集、整理。收入《德宏傣族民间故事》，32开，2页，525字，德宏民族出版社1993年版。

（喊凤）

乌鸦和狐狸的故事

傣族动物故事。流传于云南省西双版纳傣族自治州。讲述的是：一只公乌鸦被狐狸骗吃了肥肉后出去溜达，见那只狐狸又在用骗自己的方法在骗一只嘴里衔着肥肉的母乌鸦，它不但不去提醒自己的同伴，还想去抢夺掉下来的肥肉。就在它低飞去抢夺掉下来的肥肉时，却被狐狸抓住，连同肥肉成了狐狸的美餐。岩旺讲述，依艳坎翻译、整理。16开，5页，683字，稿存西双版纳傣族自治州民族研究所。

（刀金平）

乌鸦和翠鸟

傣族动物故事。流传于云南省西双版纳傣族自治州。讲述的是：江边住着一只乌鸦和一只翠鸟，个大体壮的乌鸦非常看不起小个子翠鸟。一天，乌鸦硬逼着翠鸟跟它比赛飞过江不可，两个商定谁把石子衔回对岸就算谁赢。飞到江心，乌鸦见翠鸟落后了，扭头骄傲地朝翠鸟大声喊道："翠鸟，我赢了！"不料它嘴上衔着的石子掉进了江中。翠鸟没有说话，坚持飞到了对岸。康郎药讲述，岩庄香翻译、整理。16开，6页，914字，稿存西双版纳傣族自治州民族研究所。

（刀金平）

乌鸦和渔夫

傣族动物故事。流传于云南省西双版纳傣族自治州。讲述的是：一只乌鸦和一个渔夫约定，如果乌鸦帮助渔夫当上首领，渔夫每月要杀一头牛给乌鸦吃，让乌鸦过上好日子。乌鸦把渔夫驮到一个刚刚死了首领的勐（国家）里，乌鸦趁看守熟睡时，把首领的尸体叼走，让渔夫睡进了棺材。第二天，渔夫从棺材里出来告诉人们，他到了天堂，天神不让他死，让他还是回来当首领。在乌鸦的帮助下，渔夫当上首领。渔夫当上首领后，整天寻欢作乐，早忘记了对乌鸦的承诺。乌鸦几次飞进王宫找他，都被渔夫气势汹汹地赶了出来。乌鸦又飞进王宫对渔夫说："为祝贺你当上首领，我找到一颗宝石，我用嘴叼不了它，没办法拿来献给你，你就和我一起去拿吧。"渔夫听后，让乌鸦带他去拿。乌鸦把渔夫驮在背上，又飞回了原来的地方，把渔夫狠狠地摔到河边的地上，并对渔夫说："还是当你的渔夫吧。"渔夫后悔莫及。岩香囡翻译，蒙金春整理。收入《西双版纳傣族民间故事集成》，32开，4页，2000余字，云南人民出版社1993年版。

（李传宁）

乌鸦和人的故事

傣族动物故事。流传于云南省西双版纳傣族自治州。讲述的是：有个给富人家放牛的孤儿，放牛时见一只乌鸦不断地在头上盘旋，就把自己带的饭团送给了乌鸦。乌鸦为了报恩，决定助孤儿成为邻国的首领，但它有个要求，如果孤儿当上首领，必须每天要杀一头猪给它吃。孤儿当上首领后，就忘了跟乌鸦之间的约定。乌鸦很生气，就把孤儿骗到大海上空，把他扔进海里淹死了。岩宰阁讲述，岩温真翻译、整理。16开，5页，700字，稿存西双版纳傣族自治州民族研究所。

（依旺的）

为何蝙蝠到了夜间才出来觅食

傣族动物故事。流传于云南省德宏傣族景颇族自治州傣族地区。讲述的是：很久以前蝙蝠好吃懒做，专爱打别人的小报告。一天凤凰召集所有动物前来集会，对蝙蝠的所作所为提出批评，并帮助它改正错误。蝙蝠知道后感到非常害羞，白天它无脸见动物们，只有到了晚上蝙蝠才出来觅食。帅哏讲述，刀干相记录、搜集，线永明译。16开，3页，约600字，稿存德宏傣族景颇族自治州民语委。

（线永明）

为什么蝙蝠只有夜晚才出来

傣族动物故事。流传于云南省德宏傣族景颇族自治州傣族地区。讲述的是：蝙蝠总爱背后说别人坏话。在乌鸦面前，说乌鸦如何好、如何漂亮，说别的鸟如何丑陋；在别的鸟面前又说它们都好、都漂亮，只有乌鸦丑陋。当大家知道了蝙蝠的言行后，谁也不理它。因而，只有趁夜晚大家休息睡觉时才敢出来。天亮后，当大家出来时，它又躲藏起来了。佚名讲述，雷三保记录，冯霄译。刊于傣文杂志《勇罕》，16开，1页，728字，1986年3—4期。

（冯霄）

为什么树蚂蚁生活在树上

傣族动物故事。流传于云南省德宏傣族景颇族自治州傣族地区。讲述的是：树蚂蚁和地蚂蚁最初为亲戚，树蚂蚁认为自己个头大，就看不起地蚂蚁，并经常围攻它们，后来，地蚂蚁充分利用自己数量大的优势向树蚂蚁进行报复。此后，两种蚂蚁势不两立，天神只好判定让树蚂蚁永远在树上生活。克波乐红讲述，岳小保记录，冯霄译。刊于傣文杂志《勇罕》，16开，2页，1170字，1988年1—2期。

（冯霄）

为什么水牛的嘴巴是圆的

傣族动物故事。流传于普洱景谷县傣族地区。讲述的是：在人类建勐伊始，没有谷物供人食用，那时的牛，嘴巴都是尖的。眼看着人类在饥荒中难以生存，当时的一个召勐就派了一头老牛上天去找诸神取谷种。这头老牛飞到天上以后，把来意向诸神说了。诸神给了它一袋谷种和一袋草种，并且交代它种植方法。可是，这头健忘的老牛，回到地上以后，把种植谷物和青草的方法搞反了，造成大地野草蔓延谷物不生。召勐不知道怎么回事儿，又派老牛上天去问诸神。诸神知道情况后非常生气，一脚把老牛踢回地上，重重摔地老牛嘴巴先着地，摔掉了门牙，也把本来尖尖的嘴巴摔圆了。收入《景谷傣族民间故事》，汉傣双文版，2页，1012字，景谷傣族彝族自治县傣族文化协会编，2014年3月版。

（依旺的）

为什么老虎不住山沟深处

傣族动物故事。流传于普洱景谷县傣族地区。讲述的是：老虎在山林里称王称霸，欺负弱小。有一天，老虎口渴了，就跑到山沟里找水喝。当时，它看见有只青蛙在水沟的石头上呱呱叫，觉得很讨厌，想吃了它。青蛙就对老虎说："老虎啊老虎，是你这个不要脸的东西来抢我们的水喝……"老虎听了大发雷霆，再次对青蛙破口大骂。这时，青蛙对老虎提出了比赛跳过水沟的挑衅。老虎答应了。就在老虎纵身跳过水沟的那一刻，青蛙悄悄抓住老虎的尾巴一起跳了过去，还跳到了老虎的前面。老虎看见了，羞愧难当。从此，老虎再也不敢到深山的水沟吹牛了，见到青蛙它也躲得远远的。收入《景谷傣族民间故事》，汉傣双文版，2页，675字，景谷傣族彝族自治县傣族文化协会编，2014年3月版。

（依旺的）

蜗牛和小蜜蜂

傣族动物故事。流传于云南省景洪市傣族地区。讲述的是：一只常年栖息在一棵花树上的蜗牛，十分羡慕蜜蜂长了一对美丽的翅膀，可以飞到它们想去的地方。蜜蜂也鼓励蜗居在硬壳里的蜗牛出去走走，只要有坚定的意志，慢一点也能去到很多地方，知道天下的许多事情。但蜗牛尽管有梦想，却害怕风雨和劳累，最终没能走出一步，只能年复一年地过着单调、安稳的日子。佚名讲述，西娜搜集、翻译。收入《西双版纳傣族民间故事集成》，32开，2页，940字，云南人民出版社1993年版。

（龙江莉）

小老鼠与梅花鹿

傣族动物故事。流传于云南省德宏傣族景颇族自治州傣族地区。讲述的是：从前有一只小鼠被猎人放着的夹子夹住了腿，就求水牛来帮忙，可是牛看见它这么小的动物，觉得救了也是白救，因为以后帮不了自己什么忙，就摆摆角走了。这时又来了一只梅花鹿，小鼠又求救，于是鹿救了小鼠。一天，梅花鹿被猎人放着的大网网住，恰巧小鼠串门回来路过那里，见鹿在网里挣扎，定睛一看，原来是救过自己的梅花鹿，便用嘴咬断绳子，救出了梅花鹿。梅花鹿很感激它，并说："鼠弟弟呀，我原先以为只有大的能帮小的，现在看来，小的也能帮大的呀！"佚名讲述，云南省民族民间文学德宏调查队整理、翻译。收入《德宏傣族民间故事》，32开，2页，775字，德宏民族出版社1993年版。

（喊凤）

小老鼠和马鹿

傣族动物故事。流传于云南省景洪市傣族地区。讲述的是：老鼠在山上觅食时被猎人支下的暗箭射伤，它向路过的野牛、老熊和大象求救，请求它们救助自己，将来一定报答。但野牛、老熊和大象都觉得自己很强大，怎么可能有用得着小小老鼠帮忙的时候，便都不理睬老鼠。这时，马鹿走了过来，它为老鼠拔掉毒箭，找来草药，救了老鼠一命。不久后的一天夜里，马鹿不幸被猎人支下的扣子扣住了，正痛苦地挣扎着，老鼠正好经过，它立即用自己锋利的牙齿咬断套住马鹿的绳索，解救了马鹿。森林里的许多动物都闻风赶来，其中有野牛、老熊和大象，马鹿向它们讲述了整个事件的过程，并表示，森林里的动物们不论强弱，都应互相帮助。野牛、老熊和大象听了十分羞愧。波艾罗讲述，岩诺、岩宰采录。收入《中国民间故事集成·云南卷》下，16开，2页，1100字，中国ISBN中心2003年版。

（龙江莉）

小山羊过河

傣族动物故事。流传于云南省西双版纳傣族自治州景洪县。讲述的是：一只小山羊想过河去看看，但不知水的深浅。它问水牛，水牛说不深；正准备过河时，小松鼠急忙告诉它，那是一条死路。小山羊跑回去问母亲，母亲告诉它："想知道水的深浅，只有自己去试一试才知道。"佚名讲述，岩喊搜集、翻译。收入《西双版纳傣族民间故事集成》，32开，1页，500余字，云南人民出版社1993年版。

（李传宁）

小喜鹊的故事

傣族动物故事。流传于云南省西双版纳傣族自治州。讲述的是：一只小喜鹊，她觉得自己是世上本事最大的鸟。她长大离窝后，在树上做好一个窝，就飞回去向她的妈妈报功。她刚走不久，一阵大风折断喜鹊做窝的小树。喜鹊回来看见，以为是被她的窝给压断的。从此，她再也不把树木放在眼里，专门在树上屙屎，并在孔雀的面前夸耀自己的本事。孔雀告诉她实情后，她与风较量，被风吹得晕头转向，她只好向风认输。此后，喜鹊怕风，也改掉傲气，认真观风察雨，发现风多的年份雨少，风少的年份雨多。风多之年，喜鹊把窝做在低处借树挡风；风少之年，她把窝做得高些，好在枝头乘凉。反映傣族根据动物物象来观测气象的自然常识。可供研究傣族天文气象知识参考。康朗庄讲述，杨胜能搜集、整理。收入《西双版纳傣族民间故事集成》，32开，4页，2000余字，云南人民出版社1993年版。

（李传宁）

象的眼泪

傣族动物故事。流传于云南省西双版纳傣族自治州。讲述的是：生活在御花园里的一头大象，见跟它相伴多年的一条狗被人买去。为此，它不吃不喝，整天哀叫、掉眼泪，最后倒地不起。首领非常着急，派人查找病因，可找不出什么毛病。一个象奴告诉首领，也许它在思念那条狗。首领颁布法令，让买狗的人拿狗来归还。大象见狗朋友回到自己身边，便立时站了起来，没有几天，它又恢复了昔日的威武。康朗约讲述，陆云东翻译、整理。16开，2页，644字，稿存西双版纳傣族自治州民族研究所。

（刀金平）

象和绿豆雀

傣族动物故事。流传于云南省西双版纳傣族自治州傣族地区。讲述的是：有一对绿豆雀在草坝上的草棚里做家。大象横行霸道，毁坏了绿豆雀的家。啄木鸟、点水雀一起去为绿豆雀报仇。啄木鸟不停地去啄大象的鼻子和眼睛四周，直到啄破流血，眼烂。大象眼睛看不见，想找水喝，点水雀在它前边叫了起来，大象认为前面有水，鼻子一伸却碰在石头上。鼻子越疼，大象越想喝水。点水雀又在前面叫，大象连忙走去，"砰呼"一声，从石岩上跌下去了。佚名讲述，记录。收入《云南民族民间故事选》，32开，2页，1100字，云南人民出版社1981年版。

（阿南）

虾巴虫的来历

傣族动物故事。流传于文山壮族苗族自治州马关县傣族地区。讲述的是：很早以前，有哥弟俩，大的叫依岩，小的叫依定，哥俩从五岁起开始玩陀螺。长大了什么也不做，成天好吃懒做。有一年，父母去山上种庄稼。兄弟俩吃完了家里的粮食，只好去森林里找野果充饥。待地里的庄稼成熟，父母回到家不见两兄弟。妈妈顺着田埂上山去找，她边走边喊："依岩、依定我的儿呀，快回来吧，妈妈已经煮好了饭菜，你们快来吃啊。"哥俩在山上听到妈妈的喊声，回答说："你们的庄稼熟了自己收，山上的野果熟了我们自己吃，我们不回来了。"而且越走越远，妈妈伤心之下，一头栽进田里，变成了现在的虾巴虫，两个儿子也变成了猴子。白开达、白占选讲述，白家祥记录。收入《文山州傣族民间故事集》，16开，328页，云南人民出版社2016年1月版。

（张元波）

些喉鸟的来历

傣族动物故事。流传于云南省西双版纳傣族自治州。讲述的是：古时候，有个割草人，在湖边割草时遇见龙王，他要求龙王赐给他好处。龙王叫他选取龙尾或龙头宝珠。他获得龙尾宝珠后，便丢弃割草的工具，当上了首领。他还不满足，又去取龙王头上的宝珠，想到天堂享福，就带领臣民、兵丁来到湖边，把烧红的石头丢进湖里，滚烫的湖水逼得龙王探头查看。龙王见是割草人带人来丢烧红的石头，并得知他的想法，便叫他先还了尾上的宝珠。割草人一还宝珠，龙王一下游到水底，转眼间，大臣、臣民、兵丁都不见了。割草人依旧是衣衫破烂的割草人，他只得四处寻找丢弃的割草工具，想割草度日，却一无所获。这样，割草人饿死了，变成一只鸟，总是"些喉、些喉"地叫着，意思是说：镰刀丢了，没有找着。佚名讲述、记录。收入《中国讲述故事大辞典》，16开，1页，3500字，中国文联出版公司1992年版。

（阿南）

犀鸟钟情的由来

傣族动物故事。流传于云南省西双版纳傣族自治州。讲述的是：从前有一对夫妻，猎人岩哥带着妻子玉罕在大森林边建了一幢竹楼，以狩猎为生。一次，岩哥出门狩猎，为了不让怀孕的妻子受到意外伤害，他为妻子准备了三天的饭菜和饮水，然后钉死门窗，拆掉楼梯。岩哥进山狩猎后，为了追射一只金鹿迷失了路，第八天才赶回到家。当他回到家后，妻子已断了气。岩哥悲痛不已，抱着妻子的尸体，点燃了竹楼。岩哥和玉罕的灵魂，变成一对长着角质大嘴的鸟儿，从烈焰中腾空而起，飞向山林。由此，傣家人把这种鸟叫为"诺哥罕"，即岩哥玉罕变成的鸟。佚名讲述，杨胜能记录、整理。收入《西双版纳风情讲述趣话》，32开，3页，1500余字，云南大学出版社2001年版。

（朱继英）

熊与树神

傣族动物故事。流传于云南省德宏傣族景颇族自治州傣族地区。讲述的是：一只大熊来到一棵大树下乘凉，这棵树是本片森林的神树的神圣之地。自然产生的大风吹断了一支树杈，掉落时砸到熊身上。熊便认为是树有意对自己过不去。不久，有一伙人进山选材，要做牛车，熊领着这伙人把树砍倒，并告诉人们，这就是最好的材料了。于是，树神只有移住他处。一天，树神告诉砍树做车的人们："车的坐垫用熊皮做最好。"不多久，人们带上狩猎的工具，猎杀了老熊并剥了皮。过夏纳讲述，快永胜记译。32开，3页，约1800字，稿存德宏傣族景颇族自治州民语委。

（快永胜）

一场同归于尽的搏斗

傣族动物故事。流传于云南省孟连傣族拉祜族佤族自治县。讲述的是：有个猎人上山打猎，遇到一只老虎。他抓住一根从大树高枝上垂挂下来的藤子往上爬，老虎就守在下面。一只猴子看见猎人在半空晃来荡去，狼狈不堪，又见老虎口角流涎，饿得发慌，忍不住笑了起来。老虎和人都求猴子帮助，猴子权衡了一下还是帮人爬上了大树。老虎就蹲在树脚下。树洞里有只狐狸，出来寻食。它为迎合老虎，便为它出了个妙策，可老虎太饿还是把狐狸吃了。老虎故意显出饱胀的样子离开大树。猎人见老虎吃饱走了，就想等天亮后返回家。但他又想不能空手回家见妻子儿女，就把在树上熟睡的猴子杀了。正当他庆幸自己平安和有所收获后下树时，老虎就从树丛里跳了出来把他扑倒，紧紧咬住他的脖子。然而，猎人的刀也戳进老虎的肚子，不一会老虎也死在猎人旁边。康朗香贡、莫菲采集，康朗香贡翻译，莫菲记录。收入《孟连傣族拉祜族佤族自治县民间文学集成·傣族卷》（一），32开，4页，2500字，孟连傣族拉祜族佤族自治县文化局、民族事务委员会1987年编印。

（郭玉萍）

义象

傣族动物故事。流传于云南省景谷傣族彝族自治县及元江哈尼族彝族傣族自治县傣族地区。讲述的是：远古时候，有一头大象，温顺善良，勇敢正直。有一次，在与外族人的战斗中，大象负了伤，首领十分关心，亲自给它包药治伤，大象十分感激。又在一次战斗中，首领不幸中箭负伤，从象背上跌下来，大象俯身让首领爬到自己身上，将他送回安全的村寨治伤。从此，大象与首领产生了深厚的感情。但不久，首领心变了，到处寻欢作乐，欺侮良家妇女。大象大怒，冲向首领，用象牙将他戳死。人们更加热爱大象，称它为义象。佚名讲述，岩峰、王松、刀保尧采录整理。收入《傣族文学史》，32开，1页，700字，云南民族出版社1995年版。

（阿南）

羊、兔子和猴子做朋友

傣族动物故事。流传于云南省德宏傣族景颇族自治州傣族地区。讲述的是：从前，羊和兔子是非常要好的朋友。一日，羊跌下悬岩腿被折断，足智多谋的兔子也不慎碰着野猫尿而眼瞎了。有一心怀不轨的猴子知此情要求来和他俩做朋友，尽管羊有所犹豫，在兔子的说服下还是认了这个朋友。不久，猴子生歹意，叫来老虎，想好好美餐一顿。老虎不太相信天下会有这等好事，就把自己的尾巴和猴子的尾巴捆在一起，以示真心诚意，有福同享。待他们至羊和兔子旁时，智慧的兔子言道："猴子朋友啊，我们不是早已商定，今天要做一次大摆，要请很多亲戚朋友参加，叫你带一只非常大的动物来才够大家分享，你怎么才带一只小小老虎来，怎么够吃呢？"老虎闻此言，吓得掉头就拼命跑，结果，由于两支尾巴拴在一起，猴子的脑袋开花，老虎累得半死不活。龚义贤讲述，孟成信记录、整理。收入《傣族民间故事》第五辑，傣文版，32开，5页，2000字，云南民族出版社1987年版。

（快永胜）

鱼、螃蟹和白鹤

傣族动物故事。流传于云南省西双版纳傣族自治

州傣族地区。讲述的是：在绿树丛中有一塘湖水，里面栖息着鱼和螃蟹。但塘子里的水一天比一天少，大鱼、小鱼都很焦急。一只白鹤飞来装着同情的样子，表示愿意把鱼一条一条地衔到另一个大水塘里去。白鹤先把大鱼衔着，飞向前边的大塘子，大鱼果然看见了一个碧波荡漾、清澈见底的大水塘。白鹤又将大鱼衔回来。小鱼见了都相信了。这样，白鹤就天天来衔鱼，全都填进了它的肚子。最后只有螃蟹了，它很怀疑鱼儿的遭遇，要求用两只大夹钳抱住白鹤的脖子，白鹤同意了，当白鹤把螃蟹带到树杈上要吃时，螃蟹死死夹住白鹤的脖子，要它把自己送回水塘。白鹤被夹得动弹不得，只得把螃蟹带回水塘，螃蟹使劲一夹，把白鹤的脖子夹断了，为鱼儿们报了仇。佚名讲述，云南大学中文系民族民间文学调查队搜集，杨秉礼整理。收入《傣族民间故事选》，32开，2页，1000字，上海文艺出版社1985年版。

（阿南）

萤火虫劝世

傣族动物故事。流传于云南省西双版纳傣族自治州。讲述的是：一次狂风大雨过后，从巢里出来的织布鸟见猴子湿淋淋一身歇在树上，好心地劝猴子做个窝以挡风雨。猴子不领情，还把织布鸟的巢给毁了。织布鸟就把这事告诉了萤火虫，萤火虫给它讲了一个首领养猴，王后却被猴子杀死的故事。同时告诫织布鸟，弯曲的牛角煮后还会伸直，而愚昧的人不会改变秉性。交友不能与愚昧之人相交，否则只会害了自己，就如同你劝告猴子一般。岩香腊讲述，岩旺记录。16开，7页，1045字，稿存西双版纳傣族自治州民族研究所。

（刀金平）

依秀么拿

傣族动物故事。流传于云南省西双版纳傣族自治州。讲述的是：一个妇女刚生下一儿一女，就成了寡妇。她不忍心看着自己的孩子在身边受冻挨饿，横下心来把两个孩子丢弃在森林里的一棵大树下。谷子熟时，她包着新米饭去那棵树下寻找自己的孩子，两个孩子已经变成了两个小猴子，他们谢绝了母亲的心意，回到森林。悔恨的母亲用手蒙着脸边走边哭，过独木桥时，掉进河里淹死了。不久，河中出现一种双手蒙着脸的小动物，叫"依秀么拿"。人们说那是后悔的母亲变的，她永远都不愿把捂着脸的手放下来。佚名讲述，岩温扁搜集、整理。收入《西双版纳傣族民间故事集成》，32开，2页，800余字，云南人民出版社1993年版。

（李传宁）

依月鸟的来历

傣族动物故事。流传于文山壮族苗族自治州马关县傣族地区。讲述的是：在很久以前，有家老波涛和老牙涛，生得两个大姑娘，老大取名叫依月，老二叫依玉。依玉生得比依月漂亮，聪明伶俐，心地善良，来提亲的人不计其数。她的姐姐依月呢，生得也不丑，但她心眼坏，好吃懒做，年过二十了，还没有人向她提亲。因此，依月很嫉妒自己的妹妹依玉。老波涛和老牙涛相继离世后，依月把自己打扮成新娘，装成妹妹依玉，接亲的人就把她接走了。拜堂以后，新郎要进洞房时，才发现新娘不是依玉，气得新郎差点昏死过去，叫人把依月装进麻袋丢到河里去了。依月死后，新郎又派人把依玉接回来，过上了幸福美满的生活。依月死后变成一只小黑雀，白天黑夜地在森林里悲惨地叫着："冷水冷的，冷水冷的。"人们把这种雀叫依月鸟。董万珍、陶国珍讲述，董秀祥记录。收入《文山州傣族民间故事集》，16开，2页，1636字，云南人民出版社2016年1月版。

（张元波）

野猪为什么有用松香抹于身上的习性

傣族动物故事。流传于云南省德宏傣族景颇族自治州傣族地区。讲述的是：野猪经常被豺狼围攻袭击,尽管松树让自己的果子掉下来,砸在豺狼头上,但一批批的小野猪还是被豺狼吃掉了。后来,松树就让野猪把自己树上流出来的松香抹于全身,这样就成为一种有效的防御外衣。因此,至今野猪就有用松香抹于身上的习性了。佚名讲述,庄享岩记录,冯霄译。刊于傣文杂志《勇罕》,16开,2页,912字,1996年1—2期。

(冯霄)

野物身上的颜色

傣族动物故事。流传于云南省金平苗族瑶族傣族自治县。讲述的是:古代的人们都兴放火烧山,主要是为种地和攃山。有一年烧山,老虎、鹿子、猴子被大火烧得往山上跑。鹿子腿脚灵活,一纵两丈远,但也被烧得全身焦黄,从此大家就叫他黄鹿。猴子灵巧,爬到一棵树上,总算脱身,但尾巴被烧掉了,屁股也被燎成红屁股。老虎身上被火烧着,想钻洞又怕闷死,想跳崖又怕摔死。在山脚的水牛看见老虎就叫它快滚下山,把身上的火压熄。老虎滚到山脚,水牛又叫它快进水。老虎出水后身上就有了斑斑点点,条条伤痕。老虎感激水牛的救命之恩,送给水牛一条白布,这就是水牛脖子上那圈白毛的来历。王华兵、李有明讲述,龙基记录。收入《云南民间文学集成·金平故事卷》,32开,1页,900字,金平苗族瑶族傣族自治县文联1988年编印。

(郭玉萍)

鸭与鸡孵蛋

傣族动物故事。流传于云南省德宏傣族景颇族自治州傣族地区。讲述的是:母鸭和母鸡请孔雀教它俩孵蛋。金孔雀答应了,并说学孵蛋必须照它说的话去做,否则就孵不出来。金孔雀先教它们做窝,然后把蛋放在窝里,说:"孵蛋要记住两件事,第一,要专心闭目孵蛋二十五天至三十天;第二,不要离开窝去玩很长时间。"母鸭孵了五六天就腰酸腿痛,忘了金孔雀说的话,出去玩了一整天。金孔雀来察看时不见鸭子在窝里孵蛋,便问鸡,鸡说鸭已出去了。金孔雀把鸭子叫回来说要像鸡一样老老实实孵蛋,才会孵出小鸭来。金孔雀刚走,鸭子又伸出脖子东张西望,看见有一塘清水池,小鱼儿游来游去,心里痒痒的,无法忍受就又出去玩,忘了回来孵蛋。母鸡孵了三十天,孵出十几只小鸡。但由于鸭子不专心孵蛋,一心想玩,就未学会孵蛋。从此鸭子的蛋让母鸡帮助孵化。佚名讲述,三帕搜集、整理。刊于《傣族民间故事》第六辑,傣文版,32开,5页,约1100字,云南民族出版社1992年版。

(朱光灿)

鹦鹉的故事

傣族动物故事。流传于云南省新平彝族傣族自治县。讲述的是:哀牢山林中的小鹦鹉的妈妈死了,它照着坝子里的傣家人为妈妈办丧事。它请燕子帮忙邀客,燕子就飞到各方喊:"快点去!"所以现在它都这样叫。鹦鹉请黑头公来抬妈妈的棺材,可那天黑头公泻肚没力气,直到今天黑头公的屁股还是红的。鹦鹉又去叫绿翠雀帮忙抬,它抬不动,便"错啦!错啦!"地叫了一辈子。鹦鹉又去请白头翁来抬,它回答"好!好!我来!"也叫到今天。出殡时,鹦鹉还送它一根白包头,它传给儿孙戴在头上。小鹦鹉请来白鹤老姐为妈妈送丧,并仿照傣家人"死者为大"的规矩去送丧,白鹤送丧后就没有脱下白孝服。小山雀也披麻戴孝来送丧,直到今天还穿着麻布衣裳。小鹦鹉还学傣家人"闹丧不闹喜",人死后要让姑娘们穿上新衣绕棺跳丧的习俗,让孔雀来绕棺跳丧。孔雀穿上最好的衣裳来跳,百鸟都夸它的衣裳好看,舞也跳得好。从此,它就不愿脱下那套衣裳,欢乐的时候,总是把跳丧的舞献给大家。佚名讲述,刀正邦搜集、记录,辛平整理。收入《乡泉集》第二辑,32开,4页,2200字,云南民族出版社1985年版。

(郭玉萍)

秧鸡与鹧鸪

傣族动物故事。流传于云南普洱景谷县傣族地区。讲述的是：秧鸡的祖辈们都住在山上，深山老林里条件自然是没有坝子里好。秧鸡渴望搬下山来住，可是没有适当的机会。茫茫大深山迎来了雨季，山花烂漫、野果成熟，在这段时节，大山里什么好吃的野果都有。这天，秧鸡到山上摘了一大堆好吃的野果，然后飞下山来，在田坝里找到了好朋友鹧鸪，请它到山上做客。鹧鸪到山上看见这么多好吃的，十分高兴。鹧鸪一边吃一边叫道，"好吃！好吃！"它对秧鸡说："哎，朋友呀，山上有这么多好吃好玩的，可惜我没有这份福气啊！"秧鸡听鹧鸪这么一说，可乐坏了，自己煞费苦心等的就是这句话呀。秧鸡装出十分同情的样子，说："哎，朋友啊朋友，你不用愁，我们都是朋友嘛，既然你喜欢山上，看在老朋友的面上我们两家可以对换，你搬上山来住，我搬到山下去住，这有何难，都是朋友嘛。"鹧鸪听了，感动得差点掉下眼泪，话都说不出来了。就这样，秧鸡带着家人来到坝子安家落户，而鹧鸪也把家安到了山上。到了寒冬腊月，山上只有呼呼的冷风，什么吃的都没有，鹧鸪后悔极了，整天跳来跳去，叫着"斤嘎嘎、斤嘎嘎"。这时再也没人理会它，只有它满山哀叫。住到了坝子里的秧鸡，一年四季都有好吃的小虫和人们收割落下的粮食，日子过得可丰足了。每当听到山上鹧鸪叫"斤嘎嘎"时，它也给鹧鸪回个话"咕胡咕拉，咕胡咕拉"（意思是说，秧鸡比鹧鸪聪明）。收入《景谷傣族民间故事》，汉傣双文版，32开，2页，590字，景谷傣族彝族自治县傣族文化协会编，2014年3月发行。

（依旺的）

要知父母恩

傣族动物故事。流传于云南保山傣族地区。讲述的是：有一只绿鹦鹉，天天飞到田里吃稻谷。吃完稻谷之后，它不像其他鸟类一样，自己吃完就立即飞走，而是还在嘴里衔上几根稻谷，飞回自己的鸟窝喂养自己年迈的父母。这事被田的主人知道，他下套抓住这只鹦鹉，生气地问道："红嘴巴的绿鹦鹉哎，你吃完了我的稻谷还要带走，这是为什么呢？"鹦鹉急忙解释道："好心的人哎，我不是贪心才叼走金黄色的稻谷。常言道，养儿养女也是为了靠儿女，父母从小把我们喂养大，时刻保护我们直到翅膀硬。现在父母老了，就由我们喂养。所以，我们每天飞来把稻谷衔回去，就是因为家里有双亲等着我送吃的。"鹦鹉说着，泪眼婆娑，恳求稻田的主人放它回去。稻田的主人很受感动，不仅放了鹦鹉，还给了它更多的稻谷。万德美搜集、整理。收入《民族古籍翻译丛书——保山傣族民间故事第一辑》，32开，3页，660字，保山市傣学研究会编，云南民族出版社2012年10月出版。

（依旺的）

竹鼠的眼睛为什么总是笑眯眯的

傣族动物故事。流传于云南省孟连傣族拉祜族佤族自治县。讲述的是：很早的时候，一个傣族村寨的一对夫妇婚后十多年生下一个有四张嘴五个鼻子的儿子，取名叫"艾细苏哈朗"。因他嘴多不停地要吃东西，家里的食物吃光了，他就偷别家的吃。父母养不起他，寨子里的人个个恨他，父母只好叫他自己出去生活了。他来到山林，靠挖山茅野菜和捕捉鸟兽过日子。不多久，他在的那片山林的鸟兽被他吃光了，于是众鸟兽就联合起来把他杀了。猴子把他的肉一块块割下来分给大家吃。竹鼠因口渴到河边喝水，返回来时大家已把肉吃光了。猴子灵机一动，就把谁也不吃的有臭味的肠肚和尿泡给它吃，还说是特意留给它的。竹鼠认为这是朋友们对自己的关心和照顾，喜欢得合不拢嘴，眼睛笑眯眯的。从此，竹鼠总是这样子。佚名讲述，康朗香贡采集、翻译，莫菲记录。收入《孟连傣族拉祜族佤族自治县民间文学集成·傣族卷》（一），32开，3页，2000字，孟连傣族拉祜族佤族自治县文化局、民族事务委员会 1987 年编印。

（郭玉萍）

竹鼠为何都是眯眼睛

傣族动物故事。流传于文山壮族苗族自治州马关县傣族地区。讲述的是：有个名叫依包的小孩到山上放牛，不小心掉到了矮人国。后来，矮人国女王给了他两片指甲、一两头发，依包把指甲做成巴乌，头发做成彩带，坐在地上优雅地吹起来。许多鸟都飞到他掉下的洞口听，不多时满洞口都是鸟。有的鸟嫌听得不过瘾，就一只拉一只一直连到小人国。依包说："你们这么爱听我吹的巴乌，就把我拉出去，还有好多的曲子吹给你们听呢。"小鸟们真的把他拉出了深洞。有一只喜鹊提出要巴乌，依包说："我才有一只巴乌，你们这么多人，又都是我的好朋友，叫我给谁呢？能否这样，你们准备好，我喊一、二、三丢出去，谁抢得谁要。"大家都答应说要得。他把巴乌一丢，被一只竹鼠抢到，竹鼠高兴得笑眯了眼。所以，竹鼠的眼睛至今都是眯着的。董白氏讲述，白家祥记录。收入《文山州傣族民间故事集》，16 开，2 页，784 字，云南人民出版社 2016 年 1 月版。

（张元波）

知了的由来

傣族动物故事。流传于云南省景谷傣族彝族自治县。讲述的是：古时大地上没有知了。在金勐坝蛮罕河边的寨子里，住着一户穷人，家里只有多病的母亲和独生女儿叶娥。叶娥叠得一手好石子，每天与寨子中的小伙伴叠石子后换来一两坨饭团回家给卧病的妈妈吃。有一天妈妈病更重了，浑身发烫想喝水。月娥去挑水的路上，小伙伴又叫她叠石子，还说有糯米饭。月娥叠完石子赢了糯米饭到寨头挑了水回到家时，妈妈已经死了。她悲痛地叫着"咩儿，难！咩儿，难！"（妈，水！妈，水！）她叫着叫着声音叫哑了，肚子叫空了，眼睛叫瞎了。她死后变成了知了。她以为树就是她妈妈的身躯，到河边汲点水又飞到树干上，把汲的水放到树皮上，又不停地叫。所以，傣族人生活的地方知了特别多。唐王氏讲述，唐雪英整理。收入《云南民间文学集成·景谷民间故事》（一），32 开，2 页，1300 字，景谷傣族彝族自治县民间文学集成领导小组编辑室 1989 年编印。

（郭玉萍）

张子芳的讲述

傣族动物故事。流传于云南省普洱哈尼族彝族自治县思普区一带。讲述的是：很早以前，水湾寨的土司多嘎想娶依娜做小妾，就请来媒人说亲。可是依娜与小伙子张子芳相爱至深，依娜的父母请来乡亲们，瞒着多嘎土司举行了婚礼。消息传出，多嘎土司假意来道贺，并告诉依娜父母说张子芳的父母在世时就欠了他的债，叫张子芳外出做生意还债。婚后三个月张子芳去做生意，三个月后张子芳未归，多嘎土司来催债，要抓依娜去抵债。依娜悄悄逃出家门，到处流浪去找张子芳。其实张子芳早已被多嘎杀害。土司派人去搜捕依娜，她只好白天躲在深山，晚上出来打听张子芳的下落。后来，她的举动引起人们怀疑，讹传她是山妖鬼怪的化身。依娜伤心地狂呼"张子芳、张子芳"跑进森林，声嘶力竭倒在一棵麻栗树下死去。她死后变成一只翠绿色的大蝴蝶，每到夜间就不停息地飞翔，并发出"张——子芳！"的叫声。人们对它非常忌讳，据说听到"张子芳"叫声的人会掉魂，得赶快"叫魂"。佚名讲述，权英搜集、整理。收入《云南民间文学集成普洱县资料卷·普洱民间文学集成》（二），32 开，4 页，3000 字，普洱哈尼族彝族自治县文化广播电视局、民族事务委员会 1989 年编印。

（郭玉萍）

张子芳鸟

傣族动物故事。流传于云南省金平苗族瑶族傣族自治县勐拉坝。讲述的是：在金水河畔的孔雀寨里，有一对夫妻结婚多年才生得一女，取名叫莫南。莫南长到十六岁时，寨里的山官卡冈三天请来二十七个媒人做媒。但莫南爱的是寨子里诚实、淳朴的小伙子张子芳。莫南和张子芳在乡亲们的祝福声中举行了热闹的婚礼。山官知道后气得像疯狗，心生毒计，说张子芳的爹妈在世时欠了他的债，一定要让张子芳外出做生意还债。张子芳只得告别爱妻外出做生意。卡冈山官就三天两头来纠缠莫南。莫南只好离开家乡去寻找子芳哥。后来他才知道，张子芳已被卡冈派人谋害了。莫南在途中喊着张子芳的名字倒下，忽然间，她身上长出一对美丽的翅膀，变成了一只漂亮的小鸟，凄凉忧伤地叫着："张——子芳"，便飞到森林里去了。佚名讲述，梁兴凯搜集。收入《云南民间文学集成·金平故事卷》，32开，3页，2610字，云南省金平苗族瑶族傣族自治县文联1988年编印。

（郭玉萍）

蜘蛛的故事

傣族动物故事。流传于云南省西双版纳傣族自治州。讲述的是：很久以前蜘蛛长着一对翅膀，还有一条细长的尾巴和尖尖的嘴。一次，动物之王狮子召集长有四只脚和两条腿的动物来商议国事，小鸟去通知蜘蛛，蜘蛛偷懒就说自己是老鼠，老鼠去叫蜘蛛，它又说自己是鸟，还飞上天空玩耍去了。狮子非常气愤，派大臣把蜘蛛抓来，砍了蜘蛛的翅膀、尾巴和尖嘴，并罚它今后只能靠屁股织丝生活。从此，蜘蛛只能靠屁股在树枝、房梁上繁忙织网逃生。康朗尖讲述，岩旺记录整理。16开，5页，674字，稿存西双版纳傣族自治州民族研究所。

（依艳坎）

鹧鸪和秧鸡

傣族动物故事。流传于云南省德宏傣族景颇族自治州傣族地区。讲述的是：鹧鸪住在有泥塘和青草坪的坝子里，日子过得很好；秧鸡住在又干燥又炎热的半山坡上，日子过得很艰苦，一心想换个地方住。一天，它下山来找水吃，恰好坝子里下大雨，短脚鹧鸪正望着天发愁。鹧鸪见秧鸡就对它说："秧鸡大哥呀！你有一对美丽的长脚，若能住在我这里就好了！"秧鸡听了不高兴，却装出一副正经的样子说："鹧鸪老弟呀！你那对花脚才好看呢。就是整天在泥塘里沾牛屎马粪，实在太可惜了！要是你住到我那里就好了。"就这样，它们两厢情愿，互相换了住地。后来，山坡上天气一天比一天热起来，水也一天比一天少了，想喝一口水也找不到。这时鹧鸪才感到难受和懊悔。所以，一到夏天和秋天，它总是伤心地叫喊："炳脏嗒嗒（好伤心呀）！炳脏嗒嗒！"秧鸡应声回答："拙呀！拙呀！"使得鹧鸪有苦说不出。佚名讲述，俸朝臣搜集、整理。收入《傣族民间故事选》，32开，1页，600字，上海文艺出版社1985年版。

（阿南）

鹬鸪和大海

傣族动物故事。流传于云南省西双版纳傣族自治州傣族地区。讲述的是：一对鹬鸪夫妇常年生活在海边的沙滩上，每年春天母鹬鸪都在沙滩上下蛋孵育后代。这年春天，母鹬鸪在沙滩上下了三个蛋，大海见小小的鹬鸪竟然敢在它的大沙滩上做窝下蛋，就暴跳起来。它掀起一个大浪，把鹬鸪蛋卷到海底去了。公鹬鸪知道后就飞到树上去找鹰王告状，鹰王又去找鸟神王帮助解决，鸟神王把这事告诉了水神王，水神王听了很生气，就吩咐螺蛳潜到海底去把大海卷去的鹬鸪蛋捞出来还给鹬鸪夫妇。佚名讲述，刀素珍搜集、翻译。收入《西双版纳傣族民间故事集成》，32开，2页，620字，云南人民出版社1993年版。

（龙江莉）

十、植物故事

茶花姑娘

傣族植物故事。流传于云南省德宏傣族景颇族自治州傣族地区。讲述的是：很久以前，糯与艾尚是夫妻俩，妻子美丽动人，而丈夫也有爱心。一天，这里的首领听说糯美丽动人，便想占为己有，就派人把俩人叫到宫中洗衣、打柴，趁艾尚上山打柴之机，首领强奸了糯。糯受辱后上山找到了自己心爱的丈夫，把一切事情经过说完后，趁丈夫不注意，一头撞石死去，艾尚含泪把妻子埋了。艾尚进宫想为妻子报仇，才到宫门，就被打得半死。他只有回家继续打柴。每天艾尚都要上山拜祭妻子，一天，艾尚见妻子的坟上长出一棵开着小黄花的树来，好看极了，他觉得口渴，顺手把开着小黄花的嫩芽放入口中，便睡着了。在梦中他的妻子告诉他，这棵树叫茶树，嫩叶能帮助人们解渴。从此人们就知道了茶的作用。而艾尚也以卖茶为生，成了一位富人。佚名讲述，岳小保搜集。收入《傣族故事》，傣文版，32开，6页，约1000字，德宏民族出版社1987年出版。

（线永明）

草果的传说

傣族植物故事。流传于文山壮族苗族自治州马关县傣族聚居区。讲述的是：沙坪村有个刀大爹，为人善良、办事周到，人人尊重他，都听他的话，似乎他就是这个寨子的寨主。有一年，刀大爹家杀年猪，全村的人都到刀大爹家来玩，吃杀年猪饭。傍晚时突然来了一位少女，少女原来是草果仙姑。少女在刀大爹家吃饭后留下了一坨草果。大伙把这一坨草果晒干后，拿到树林里去栽好。到了秋天，家家的草果都丰收了，不但有吃的，还有很多卖的，从此，沙坪村的人们富起来了。这就是草果的传说。高天培讲述，白家祥记录。收入《文山州傣族民间故事集》，16开，2页，1527字，云南人民出版社2016年1月版。

（张元波）

大青树和芦苇

傣族植物故事。流传于云南省西双版纳傣族自治州傣族地区。讲述的是：池塘里的芦苇始终没有大青树高，大青树根本不把芦苇放在眼里。有一夜，狂风大作，吹断了大青树的许多枝条，滚进池塘里，看见芦苇安然无事，大为奇怪，问芦苇根由。芦苇富有意味地说："太高太大，容易招风，骄傲硬顶，哪有不断的道理呢？"大青树枝条也才知道大有大的弱点。佚名讲述、记录，傅光宇撰写。收入《中国讲述故事大辞典》，16开，1页，300字，中国文联出版公司1992年版。

（阿南）

大青树

傣族植物故事。流传于云南省西双版纳傣族自治州傣族地区。讲述的是：有个石头妖魔，十分羡慕傣家村寨有清清的泉水，肥沃的土地。它就堵住水源，将水喝干。傣家住地变成了干坝子。于是，人们决心赶走石妖魔。可是石妖魔本领高强，会发出震天动地的巨响，并发出一束束火焰，烧焦了树木，烧死了不少人。有两个叫刀龙、刀罕的少年，学习征服石妖魔的本领，他们知道了石妖魔最害怕刺条的秘密。为了坝子的水源，村寨的丰收，两个少年就把刺条抱到妖魔的眼前，顷刻间，燃起熊熊大火，一声巨响，妖魔惨叫一声化为灰烬。两个少年献出了生命。不久，在他们躺下的地方，长出一棵大青树，枝叶繁茂，终年长青。树下淌出一大股清泉，淙淙流进田野，使得五谷丰登。据说，大青树是少年的血肉变成的，所以不会衰老。佚名讲述，岩峰、王松、刀保尧采录整理。收入《傣族文学史》，32开，1页，700字，云南民族出版社1995年版。

（阿南）

大糯米变小米的由来

傣族植物故事。流传于文山壮族苗族自治州马关县傣族地区。讲述的是：很早的时候，有一个万家人、数月都走不完的平原大坝，洪水把所有的粮泡臭了，傣人只得打鱼为生，天天吃鱼也不能生存。有个德高望重的老佛爷带着人们的期盼，骑上金孔雀上天恳求玉帝给谷种。人们的祈祷感动了玉帝，向人间撒下了谷种，那时的谷秆有数丈高盆一样粗，谷颗比鹅蛋还大，不用费多大的工夫，就可收到很多的粮食。于是无知的小孩把白花花的大米当玩具任意地抛撒，大人也用谷子打架，任意让牛踩马踏。玉帝知道后大发雷霆，下令吸风神将粮食收回天仓，下冰雹把那些糟蹋粮食的人打死。那时人们才知道是得罪了玉帝，再次祈求给予粮种。但是，这次给的粮种只是细细的小米。张世富讲述，白家祥记录。收入《文山州傣族民间故事集》，16开，1页，268字，云南人民出版社2016年1月版。

（张元波）

谷子的粒为什么那么小

傣族植物故事。流传于云南省德宏傣族景颇族自治州。讲述的是：很早以前，谷子的粒很大，一棵谷苗就像树一样高，一粒谷子就有木瓜那么大，一人吃一粒就足够了。后来，有一个皇后，她吃东西总是挑肥拣瘦，嫌饭粒太大嚼得牙巴骨发痛，就叫厨师把米粒舂碎了再煮。于是米粒就发火说："好吧，你们爱吃碎米就让你们吃吧。"从此，谷粒就变小了，谷子树也变成了细苗苗。佚名讲述，赵洪顺搜集、整理、翻译。收入《德宏傣族民间故事》，32开，1页，175字，德宏民族出版社1993年版。

（喊凤）

谷子和稗子

傣族植物故事。流传于云南省德宏州傣族景颇族自治州傣族地区。讲述的是：古时，当人们还不会栽种食谷米时，管生死大权的天神怕人们无辜饿死，就命天狗把谷种送到人间。人们吃粮食后精神焕发，就年年做庆祝谷子的活动。稗子看到非常嫉妒，就去讨好首领，首领和大臣也分不清是谷是稗，就同意稗子在田里成长。可稗子到田里与谷子争地盘，谷子说："你能养活那么多人的生命吗？"稗子理亏，只好偷偷地长在谷丛中。佚名讲述，岩瑞吞搜集、整理，龚肃政译。傣文版，载于《傣族民间故事》第二辑，32开，1页，约450字，云南民族出版社1983年版。

（俊孟）

含羞草

傣族植物故事。流传于云南省德宏傣族景颇族自治州傣族地区。讲述的是：有个砍柴的小伙子在荷花池里饮水时，遇到一位名叫"香荷花"的姑娘，两人相爱并结了婚。小伙子每次打猎时只要带着一朵荷花，老虎见了会磕头，老熊见了荷花也会装死，所以，每次他都是满载而归。森林里有一只狐狸精，对小伙子垂涎已久，但缘于他戴着的小荷花护体，没能得逞。小伙子鬼迷心窍，不听香荷花妻子的忠告，最后被狐狸精吃掉。香荷花很伤心，把丈夫的尸骨掩埋了，后来从坟头上长出一株开粉红花的小草，当人们碰到小草时，小草的叶子就会闭拢，默默地垂下头。讲述那就是小伙子的眼睛，因为他生前未听妻子的话，死后羞于见人。人们就把这种草叫做"含羞草"。佚名讲述，刀怀京搜集、整理、翻译。收入《德宏傣族民间故事》，32开，4页，2324字，德宏民族出版社1993年版。

（杨荣芳）

鸡冠花的由来

傣族植物故事。流传于云南省西双版纳傣族自治州。讲述的是：有两兄弟，哥哥岩敖是个鳏夫，弟弟叫岩温已成家。一天上山砍柴时，弟媳妇和哥哥岩敖发生了越轨行为，就被一只大蜈蚣咬死在树丛里。死去的岩温媳妇变成了蜈蚣精，见岩温上山砍柴就变成少女来勾引，岩温把少女带回家时，却被家养的大公鸡啄死，不幸大公鸡也受了重伤死去。在岩温埋公鸡的地方，不久长出了一种花柄像蜈蚣、花朵像公鸡冠的奇异的花，人们就把那花叫鸡冠花。岩旺讲述，岩庄香翻译。16开，4页，860字，稿存西双版纳傣族自治州民族研究所。

（依旺的）

蕨蕨和鱼

傣族植物故事。流传于云南省孟连傣族拉祜族佤族自治县。讲述的是：蕨蕨（蕨类植物）和鱼原来都生长在水里，是一对好朋友。傣家人常把它俩配在一起作汤。有一天它俩为了说明谁的用处更大就吵嘴闹翻了，蕨蕨搬到了岸边。但是傣家人还是用它俩做汤。后来他俩才知道，只有合作，才可能对人们有更大的用处。它们和好了，但是蕨蕨离开水时间太长已不能回去了，只有鱼常常到岸边来看蕨蕨了。杨国辉搜集、整理。收入《孟连傣族拉祜族佤族自治县民间文学集成·傣族卷》（一），32开，2页，1000字，孟连傣族拉祜族佤族自治县文化局、民族事务委员会1987年编印。

（郭玉萍）

葵花的传说

傣族植物故事。流传于文山壮族苗族自治州马关县傣族聚居区。讲述的是：灰土寨有母女俩，专打草席为生。女儿素珍，年方十八，风姿妩媚。富贵之子求婚，拒之门外，一个也不同意。素珍平时，极爱赏花。一日，素珍去席草寨，见菜园中开着大朵小朵的葵花，黄金般灿烂，非常喜爱。之后，素珍在后院里，就播下了葵花种子。葵花发芽时，母女俩均患上病，咳嗽不止，还以为是种葵花的缘故。准备把葵花拔出丢掉。恰在此时，席草寨常栽葵花那家的独生子金葵出现了，金葵说不是因为葵花的缘故，而是"你俩多年打草席，天阴天冷都不停，积劳成疾，才患上病的。"并用葵花治好了母女俩的病。之后，素珍与金葵成了亲。所以，直到今天葵花在傣族地区仍然种植。白凤云讲述，刘德荣记录。收入《文山州傣族民间故事集》，16开，3页，1041字，云南人民出版社2016年1月版。

（张元波）

龙舌兰

傣族植物故事。流传于云南省德宏傣族景颇族自治州傣族地区。讲述的是：从前有一只乌鸦叫龙到另一个海里生活，结果路过一山上时，乌鸦飞走了，龙困山间。一赶牛人救了龙并送到海边，但龙不知恩欲吃赶牛人，此时有一只兔子巧施计谋，救了赶牛人。龙对小白兔的做法耿耿于怀，不多日，兔到海边吃水，被龙卷去，欲吃时，兔咬断龙舌并叼着龙舌逃离龙口，它把龙舌放在山上，叫猫去吃龙舌，待猫至，龙舌已钻入土中，只见长成一片叶子，人们便叫它龙舌兰。佚名讲述，刀保顺搜集、整理。16开，2页，约300字，稿存德宏傣族景颇族自治州民语委。

（快永胜）

龙竹为什么低头

傣族植物故事。流传于云南省德宏傣族景颇族自治州傣族地区。讲述的是：龙竹自以为长得高、长得帅，经常排挤生长在它之下的小花，让小花们搬到别的地方去。不甘示弱的小花们联合起来与龙竹比赛谁开的花最漂亮,结果,龙竹赛输了,并受到小花们排挤,龙竹不得不向下弯腰,人们说,那是它自知理亏后才低下头的。佚名讲述,李布旺洼记录,冯霄译。刊于傣文杂志《勇罕》,16开,3页,1349字,1998年1—2期。

(冯霄)

缅桃树为什么蜕皮脱壳

傣族植物故事。流传于云南省德宏傣族景颇族自治州傣族地区。讲述的是:每到缅桃果挂满枝头的时候,不论动物植物还是人类都得去朝拜"崃咩毕"山,唯有缅桃树因子女太多去不了。于是,鬼王便用鞭子把它抽打得遍体鳞伤、蜕皮脱壳。因此,至今缅桃树皮就成了这个样子。麻雀最认真,到山上后,它还理了发洗了澡去朝拜,至今,每到那个时节,每只麻雀的头顶都是光的。佚名讲述,冯霄记译。傣文版,16开,2页,867字,稿存德宏傣族景颇族自治州文联《勇罕》编辑部。

(冯霄)

玛朗的来历

傣族植物故事。流传于云南省德宏傣族景颇族自治州傣族地区。讲述的是:勐干拉密首领有四个儿女,前三个已成家立业。最小的女儿名叫安罕,长得非常漂亮。有五个国家的王子来提亲,首领不知道要许给谁,就让那些王子来比试谁的本领大。首领出了四个题:一题,跨越五米宽的水沟;二题,爬竹竿一千米;三题,比弓箭;最后一题,爬高楼。突然天昏地暗,大鹏鸟把公主叼走了,他们拿弓箭射,却射不着。最后剩下她的一件衣服,只得把衣服当公主拿去埋了。从那以后,公主坟边长出一棵树来,结的果又香又甜,大家认为那是公主变的,就取名叫"玛朗"(菠萝蜜)。雷恩讲述,刀干相搜集,喊凤译。16开,4页,374字,稿存德宏傣族景颇族自治州民语委。

(喊凤)

箆牌的由来

傣族植物故事。流传于文山壮族苗族自治州文山市、马关县傣族聚居区。讲述的是:召那和召麻尼嘎是一对好朋友,召那在地上开地种田,召麻尼嘎在天上饲养仙马。召那夫妻从谷魂奶奶那里得到粮食种子,把它撒在地里。长出来的秧苗被召麻尼嘎饲养的仙马糟蹋后,召那朝天射箭请来召麻尼嘎,告诉了他仙马糟蹋庄稼的事。召麻尼嘎听后心中过意不去,请召那在秧苗和青草之间打上记号以示区别。召那用竹篾编了一个箆牌插在田边和地角。召麻尼嘎把箆牌带到天上交给了放马人,告诫人们决不能让仙马到插着牌的田地吃草。此后召那的庄稼长得很好,傣族便有了田间插牌的习俗。后来,箆牌逐渐演变成用于驱邪避鬼的法器。张寿喜讲述,白家祥记录。收入《文山州傣族民间故事集》,16开,1页,244字,云南人民出版社2016年1月版。

(张元波)

三色花

傣族植物故事。流传于云南省西双版纳傣族自治州傣族地区。讲述的是:很久以前,坝子里有个年轻的姑娘,生得很漂亮,小伙子们向她求婚,为此她很骄傲,认为自己很了不起。早晨,她看见一个小伙子,披着彩霞,牵着水牛,在田野上耕耘,觉得小伙很勤劳,便走去与小伙谈起情来,并答应做小伙子的妻子。中午,天气很热,她看见一个小伙子坐在荫凉处编竹篮,凉爽舒服,她又与小伙子谈情说爱,答应嫁给小伙子。晚上,她看见一个挑棉花的小伙子,觉得棉花可织布,便爱上了小伙子,走过去与小伙谈情,表示要做他的终身伴侣。几天之后,当三个小伙子不约而同地前来向她求婚时,发现她是个变心快的姑娘,谁也不愿娶她做妻子。后来,这个姑娘孤独而死。她死后变成了三色花(一种热带植物,早晨开紫红花,中午淡红,晚上素白),一天会变三种颜色。佚名讲述,岩峰、王松、刀保尧采录整理。收入《傣族文学史》，32 开，1 页，700 字，云南民族出版社 1995 年版。

(阿南)

无叶藤

傣族植物故事。流传于云南省西双版纳傣族自治州傣族地区。讲述的是：森林里有一对年迈的老夫妻，有三个儿女。大女儿长大后建立自己的小家庭，每天早出晚归，长年累月干活，生活富裕，死后变成一棵高大的栗树，枝繁叶茂，四季常青，结满累累果实。二姑娘也勤劳，会栽秧割谷，会纺线织布，安家在河边，每天夜晚，在月光下纺线，她死后灵魂变成竹子，守在河边，由于她很勤劳，她变成的竹子用处也很多。老三是儿子，他很懒惰，长大后，仍然只会吃，不会做，什么活也不会干，因而讨不着老婆，没有自己的小家庭，依靠父母生活。父母去世后，他失去了依靠，不久也死去了。死后，他变成了无叶藤，仍然从小到大都缠在父母（古树）的身上，一旦古树干枯，它也就随着干枯。这是一则富有哲理、寓意的植物故事。佚名讲述，岩峰、王松、刀保尧采录整理。32 开，1 页，700 字，云南民族出版社 1995 年版。

(阿南)

为何栽一样只得收一样

傣族植物故事。流传于文山壮族苗族自治州马关县傣族地区。讲述的是：人之初，肚子饿得发慌时就啃吃泥巴，掏蚂蚁、掏蜜蜂来吃，逼得蚂蚁和蜜蜂不满，去天上找玉皇大帝告状。玉皇大帝想，人没有吃的确实活不了，得给人栽一种"顶谷（顶尖是谷子）、腰苞（腰间是苞谷）、底芋头（棵子底脚是芋头）的庄稼。栽一样就得三样"。分工叫老虎、大象和青牛三个下凡传旨，因为天上离人间要走三百年才走得到，就一个负责一个传达站（一个站要走一百年）。因为青牛记不清就传错了圣旨。到人间干脆就说玉帝叫栽一种"瘪谷、腰苞、无芋头，栽一样得一样"。所以直到今天，人间的苞谷棵子，顶上是瘪谷、中间是苞谷，棵子底脚没有芋头。栽一样只得收一样了。董再芳讲述，董品尧记录。收入《文山州傣族民间故事集》，16 开，1 页，742 字，云南人民出版社 2016 年 1 月版。

(张元波)

血莲

傣族植物故事。流传于云南省西双版纳傣族自治州傣族地区。讲述的是：勐角坝子发生瘟疫，死了很多人，余生逃离家园，勐角坝子一片荒凉。老傣医也染上病，临终前，他对孙女依南讲，在遥远的勐扎国有一种莲花，可驱散邪气，依南安葬了爷爷后，便踏上了寻找莲花的旅程。路上她救了一头被树藤缠住的小象。小象很感激，驮着依南往前赶路。历尽千辛万苦，依南和小象终于来到了勐扎国，见到了莲花和守护莲花的老人。老人听了依南的诉说后，很感动，但告诉她："它是我们用鲜血和生命换来的，若要得此莲花，也要付出鲜血和生命。"依南毫不犹豫地说："只要能赶去病魔，营救亲人，我愿意献出自己的鲜血和生命。"护莲老人被感动了，他把一颗莲籽丢进依南嘴里。依南含着莲籽，乘上小象，立即返回家乡。因路途遥远，当依南回到勐角坝子时，莲籽吸取她的鲜血，在她的心窝里生根发芽。小象驮着依南姑娘跳进一个池塘里。于是，池塘里盛开出朵朵驱邪的莲花。故事歌颂了为民献身的依南姑娘。佚名讲述，岩峰、王松、刀保尧采录整理。收入《傣族文学》，32 开，2 页，1200 字，云南民族出版社 1995 年版。

(阿南)

荨麻为什么不烫狗

傣族植物故事。流传于云南省景谷傣族彝族自治县。讲述的是：古时有个傣族独家寨。这户人家的丈夫出远门去了，妻子拿娜罕和三个女儿在家种田种地。拿娜罕每天到山脚下栽秧，回家时叫门后女儿才开门。山对面住着一个妖怪。妖怪想吃三个姑娘就注意拿娜罕每天种田后回家的规律和她叫门的习惯。有一天妖怪发现拿娜罕要回娘家，就变成一个老奶奶假装和她同路。她们走到一个山箐喝水时，妖怪就把拿娜罕掐死了，又换上拿娜罕的衣服去叫三个姑娘的门。夜里妖怪就把老二老三吃掉了。老大听见妖怪吃妹妹的声音就假装要屙尿逃出了家，后被妖怪找到。老大躲到树上机智地用竹竿把妖怪戳死了。妖怪的血流到哪里哪里就长出密密麻麻的荨麻。后来来了一条狗在荨麻上打滚，滚出一条路来，狗又背起老大走出了荨麻地。从那以后，荨麻就不敢烫狗了。唐王氏讲述，唐雪英记录整理。收入《云南民间文学集成·景谷民间故事》（一），32开，4页，2500字，景谷傣族彝族自治县民间文学集成领导小组编辑室1989年编印。

（郭玉萍）

烟草

傣族植物故事。流传于云南省德宏傣族景颇族自治州。讲述的是：有兄弟俩经常上山，哥哥在山上砍柴，弟弟在山下割茅草。哥哥毁坏了蛇的家园，一条小蛇便窜进他嘴里并钻到腹内，在疼痛难忍之时，他听到大蛇对小蛇说："千万不能让他吃着他身旁的叶子。"他便把身旁的叶子嚼了咽下去，果真小蛇窜出口里不一会儿就死了。弟弟在山下喝山泉时，被水蚂蟥钻入肚里，一只小鸟教他吃下一种叶子就可治水蚂蟥。原来，弟兄俩吃下的都是同一种植物的叶子，此后，人们知道了这种植物叶的功效后便开始栽培，这就是今天的烟草。佚名讲述，腾茂芳记录，冯霄译。刊于傣文杂志《勇罕》，16开，2页，754字，1985年1—2期。

（冯霄）

找黄连

傣族植物故事。流传于绿春县傣族聚居区。讲述的是：绿春县黄连山的黄连特别有灵性，人吃了可以死而复生。很久以前，绿春县骑马坝的傣族人组成了一个七人队伍到黄连山上找黄连。找黄连有严格要求，所有人不能说脏话，不能伤及周围的草木，否则会伤及山神和草木精灵。他们一行七人找了几天几夜都没有找到，其中年纪比较大的一个人怕影响大家找黄连，于是，他就背着自己的东西先行回去了，其他人继续找黄连，当老人走到半路时，想起来前一天做饭时烧的火没有熄灭，于是，他就返回灭火，在支锅石的下面发现一株黄连，便背回家把它卖掉，得到了好多钱，过上了富裕生活，其他六人都没有找到黄连。白孙稳讲述，谭琪做整理。收入绿春县文学艺术界联合会编《绿春县民间故事选》，32开，2页，1600字，云南出版集团公司云南人民出版社2016年12月版。

（李克忠）

十一、药物故事

不要忘了橄榄果

傣族药物故事。流传于云南省西双版纳傣族自治州。讲述的是：勐别的帕雅召勐讨了十个老婆，每个老婆生下一个王子。王宫里的十个长工也各有一个孩子。水果丰收的季节，帕雅召勐宁肯让水果烂在树上，也不愿给长工和他们的儿子吃。长工们就上山采摘橄榄来用盐水浸泡后慢慢吃。当全勐的人大多都传染上一种怪病时，帕雅召勐的十个儿子也得了这种病，听说这病会传染，帕雅召勐故意叫长工的儿子来伺候他的儿子。长工的儿子照顾了很长时间，什么病也没染上。正当帕雅召勐奇怪的时候，一个摩雅（医生）发现了他们经常吃的橄榄果具有退热、消肿、预防伤风感冒的功效。温源凯搜集、整理。收入《西双版纳傣族民间故事集成》，32开，2页，1300余字，云南人民出版社1993年版。

（李传宁）

鼻里的蚂蟥出来了

傣族药物故事。流传于云南省西双版纳傣族自治州傣族地区。讲述的是：有个赶马卖盐的汉族老张，趴在箐沟喝水，不小心，一条蚂蟥钻进了他的鼻孔。从此，他鼻腔奇痒难忍，流血不止，人也一天天消瘦下去。为把鼻腔里的蚂蟥拿出来，老张花了很多钱，想了不少办法，但越弄越糟，面孔更恐怖了。绝望的老张跑到河边准备自杀，一位老波涛拉住了他，问其原因，老张把自己的痛苦告诉了他。老波涛告诉老张，傣家人天天和蚂蟥打交道，自有治蚂蟥的方法。老波涛领着老张走进森林，从一棵大树上取出树浆，倒在老张的鼻孔里，没多久，蚂蟥果真从老张鼻孔里掉了出来。从此，这种傣族称为麻拉，汉族称为人面果树，能驱蚂蟥的中药才传到了汉族地区。佚名讲述，温源凯、艾温扁、吴军翻译整理。收入《西双版纳傣族药物故事》，32开，2页，1200字，云南人民出版社1984年版。

（梁红）

蝙蝠干巴治好了喘咳病

傣族药物故事。流传于云南省西双版纳傣族自治州。讲述的是：景迈有两兄弟，自父母去世后，两家还同住一个竹楼。一次兄弟俩上山伐木时，弟弟为救哥哥被树砸死，弟媳成了寡妇，生活变得困难起来，哥哥有时去帮助弟媳，还被嫂子责骂。后来两家的儿子都得了痨病，大嫂家有钱请摩雅、吃补药，弟媳没钱治病，只好把飞进屋里的蝙蝠抓来杀了，用火烘烤后给儿子吃，却治好了儿子的病。弟媳又帮助嫂子，把蝙蝠晒成干巴给孩子吃，治好了大哥家的孩子。经过多方验证，原来蝙蝠是一味止咳平喘、利水通淋、治疟疾和结核的良药。佚名讲述，温源凯搜集、整理。收入《西双版纳傣族民间故事集成》，32开，4页，2500余字，云南人民出版社1993年版。

（李传宁）

编成藤帽的药

傣族药物故事。流传于云南省西双版纳傣族自治州傣族地区。讲述的是：有个猎人从烈日下向森林走去，正走得满头大汗，突然遭遇了倾盆大雨，没多会儿，便清鼻涕直流，全身也疼痛起来。到了下午，发起了高烧，浑身无力的他只好躺在路边休息。这时，有两个汉族，头戴有香味的藤编"帽"，赶着驮盐的马正好路过，看见他便把他扶起，然后从自己戴的藤子帽上扯下一些藤茎、叶和根，让猎人生嚼服下，之后用马驮他回家，到家不一会儿，猎人的烧便退了。猎人用上等的紫米招待了赶马人。这时猎人才仔细看了赶马人的藤编帽，发现这种藤子是傣族地区常见的"叫哈荒"（意即满山香），赶马人告诉他，上山时用它编帽子戴，时时闻着这股香气，可预防感冒，其根和藤生嚼或熬水喝，可治疗风寒引起的头痛发烧、全身酸疼、咽喉干疼及红肿等。从此，傣家人便用叫哈荒预防和治疗感冒。佚名讲述，温源凯、艾温扁、吴军翻译整理。收入《西双版纳傣族药物故事》，32开，2页，1100字，云南人民出版社1984年版。

（梁红）

霸王鞭治便秘的发现

傣族药物故事。流传于云南省西双版纳傣族自治州傣族地区。讲述的是：曼景宽有个头人经常便秘后来，吃了一位老波涛给的两粒豌豆大的药丸，不久，大便就通了。原来，老波涛很小就失去父母，和哥哥生活，可狠毒的嫂嫂逼着哥哥和他分了家。老波涛只分得一头快下崽儿的母猪，没多久，母猪就下了15个小猪，他把猪崽卖了，购物买粮。老波涛靠这头母猪日子日渐好过起来。眼红的嫂嫂趁他不在家，在猪食里下药，小猪吃食后肚子鼓胀，不久就死了几头。夜里，不甘心的嫂嫂又砍来一些克楞（霸王鞭）丢在猪槽里，想让刺戳死剩余的小猪。第二天，老波涛发现猪槽里有一些白色浆液，猪已嚼吃了一些霸王鞭，随之发现猪通便了，肚子也瘪了。老波涛心想，可能是霸王鞭浆液的作用，便进行试验，证实霸王鞭是通便好药。同时，也发现这药毒性大，每次只能吃豌豆大的两粒，多了会致命。从此，霸王鞭浆液可治便秘的知识就传开了。佚名讲述，温源凯、艾温扁、吴军翻译整理。收入《西双版纳傣族药物故事》，32开，4页，2200字，云南人民出版社1984年版。

（梁红）

从夜飞的蝙蝠得到的启发

傣族药物故事。流传于云南省西双版纳傣族自治州傣族地区。讲述的是：有一年，曼兴寨有很多人得了奇怪的鸡蒙眼病，每到鸡睡觉的时候，就什么也看不见。求诊的病人越来越多，龚麻腊别急得团团转。于是他想到勐召马（兽医）们都会夜间起来喂马，可能知道这方面的药物知识，便去求教。勐召马告诉他，猫头鹰、猫和老鼠都是夜间活动，最好向它们请教。勐召马的话，让龚麻腊别心中一亮，他先后拿猫头鹰、猫和老鼠做药给病人吃，可效果不佳。一天傍晚，龚麻腊别发现有无数只黑色的鸟在灰暗的天空中飞翔，他用竹竿追打，可怎么也打不着，便跟踪到石岩洞，发现洞里吊满了蝙蝠，他费了很大劲，抓了几只带回寨子做给病人吃，结果，不几天，这些人的病好了。消息传出，求医的人越来越多，山洞里的蝙蝠都被捉光了，龚麻腊别只有拿它的粪便来做药，经试用，效果相同。后来发现，蝙蝠还可以治疗久咳不止的疾病。从此，傣族就用蝙蝠治疗鸡蒙眼和久咳病。佚名讲述，温源凯、艾温扁、吴军翻译整理。收入《西双版纳傣族药物故事》，32开，2页，1000字，云南人民出版社1984年版。

（梁红）

大风吹下来的树叶

傣族药物故事。流传于云南省西双版纳傣族自治州。讲述的是：景迈有个美丽的姑娘叫依香，说亲的人踏破门槛，依香一直没找到一个合心的人。后来，依香患上麻风病，被头人撵出寨子。寨子里有一个叫岩补洛的小伙子，一直深爱着依香。依香几次自杀，都被跟随而来的岩补洛救下，后来两人结为夫妻。依香身上经常流黄水，岩补洛就把风吹落的树叶揉碎捂在依香的疮口上，反复几次后就治好了依香姑娘的病。岩补洛认为这是一阵风吹来的药，把它取名为大风（枫）子。因为药是岩补洛发现的，又取名为麻补洛。佚名讲述。收入《西双版纳傣族民间故事集成》，32开，3页，1500余字，云南人民出版社1993年版。

（李传宁）

大毒药狗闹花的故事
傣族药物故事。流传于云南省西双版纳傣族自治州傣族地区。讲述的是：很久以前，勐巴拉纳西地方出现一条蟒蛇，身粗两抱，身长二十庹，嘴巴张开像井口。不仅吸食牛羊猪鸡，而且还吞食村人。为拯救父老乡亲，许多年轻力壮的人去与蟒蛇交战，但一个个有去无回。于是，有位老波涛提出找剧毒药来毒死蛇精。有个小伙子带上心爱的猎狗，跋山涉水，到处寻找剧毒药，在森林里尝遍百草，品遍千果。一天，他突然看见一棵开黄花的树下死了很多苍蝇、蝴蝶等昆虫，便高兴得跳了起来。为了试验这种植物的毒性，他摘了几片叶子和花瓣给自己的爱犬吃，眨眼工夫，猎狗发出一声声惨叫，疯狂地在草地上翻滚，不一会儿，猎犬死了。伤心的小伙子葬了爱犬，拿着找来的毒药回家，杀了一头猪，把毒药放在猪肚子里抬到蟒蛇藏身的森林边，不久，蟒蛇出来吞食了毒猪肚，随即，发出"咝咝"的声音，其扭动的身躯压倒了大树和成片的竹子，之后便断了气。小伙子为民除了害，为了记住自己的爱犬，小伙子把这种毒药叫做狗闹花，又名断肠草。佚名讲述，温源凯、艾温扁、吴军翻译整理。收入《西双版纳傣族药物故事》，32开，3页，2000字，云南人民出版社1984年版。

（梁红）

二十头牛换一捆草
傣族药物故事。流传于云南省西双版纳傣族自治州。讲述的是：勐罕坝一对以养牛为生的恩爱夫妻，澜沧江涨水时，丈夫下水救人受伤，妻子护理丈夫时因在水里泡了一天一夜而得了严重的妇科病。一个远道而来的医生声称，只要他肯出高价，一个月内能把其妻子的病治好。为治好妻子的病，丈夫趁妻子熟睡时，用二十头牛换了一捆草药。妻子天天按时煎药吃，不久病愈，并得一子。消息传开后，坝子里不少人来找他们看病。夫妻俩拿着仅剩的一点草药终于找到了此药生长的地方，并治好了很多病人，因此药来之不易，便得名扁少火（比二十头牛还贵的药）。佚名讲述，温源凯搜集、整理。收入《西双版纳傣族民间故事集成》，32开，3页，1200余字，云南人民出版社1993年版。

（李传宁）

房顶上掉下来的药
傣族药物故事。流传于云南省西双版纳傣族自治州。讲述的是：曼贺寨一个有名的吝啬鬼，人称西梯，他连续赶走了三个老婆，成了一个老光棍。后来西梯久病不愈，一个医术高明的医生对他说："你的病没法治了，你想吃什么就买什么吃吧。"西梯病情日益严重，他整天端着酒碗发呆。忽然，一只蜈蚣从屋顶上掉下来掉进他的酒碗里，他绝望地端起酒碗，连蜈蚣一起吞下去，躺在床上等死，结果病情反而有所转机。于是他把房前屋后的蜈蚣都捉来泡酒喝。西梯病愈，买了很多东西分别去看望他的三个老婆和孩子，并把蜈蚣可以治病的知识告诉了人们。佚名讲述，温源凯搜集、整理。收入《西双版纳傣族民间故事集成》，32开，3页，1800余字，云南人民出版社1993年版。

（李传宁）

甘蔗皮做药的发现
傣族药物故事。流传于云南省西双版纳傣族自治州傣族地区。讲述的是：古时候，傣族地区甘蔗很少，且是野生的，长得又细又小，只有土司头人和富人才吃得起。景迈地方有个寡妇带着13岁的儿子靠给土司干活度日，由于长年劳累，食不果腹，出现乏力头晕的病症。一天，干完活回家的寡妇昏倒了，醒来后向儿子提出，临死前要吃从来没有吃过的甘蔗。儿子顺着流沙河寻找，终于找到了两棵黑皮甘蔗，扛着往家走的途中，不断有老波涛和老咪涛（傣族对老年妇女的尊称）要甘蔗吃，心地善良的儿子一节节砍下来，削了皮送给他们，等想起母亲时，身边只剩削下来的一堆甘蔗皮和芽（甘蔗尖），他只好把它们拿回家熬水给母亲喝。第二天，母亲竟然头不再昏，也有了些力气。儿子又到山上找黑甘蔗来削皮和芽熬给母亲喝，母亲的病就这样好了。人们便把野外的甘蔗引来家种，经过施肥浇水，甘蔗长得又粗又长。对此，各勐的摩雅进行了验证，发现甘蔗皮配上其他药物，疗效更好。佚名讲述，温源凯、艾温扁、吴军翻译整理。收入《西双版纳傣族药物故事》，32开，3页，2000字，云南人民出版社1984年版。

（梁红）

甘草和鱼相克的讲述

傣族药物故事。流传于云南省西双版纳傣族自治州傣族地区。讲述的是：从前勐巴地方有个叫玉甩的美丽女人，在父母包办下，嫁给了自己不喜欢的男人。天长日久，玉甩便萌生了杀夫的念头。一天，玉甩去找摩雅（傣族医生），说丈夫又老又丑，耽误了自己的青春，要摩雅给自己毒药，以毒死丈夫。吃惊的摩雅便给了她甘草炖猪肉的补养方子。玉甩跑遍了街子，不见有猪肉卖，便买鱼代替猪肉。玉甩的丈夫吃了甘草炖鱼以后，果真死了。蛇蝎心肠的玉甩，反诬摩雅害死了自己的丈夫，摩雅被关进了监狱。在狱中，摩雅细细思量，觉得甘草炖猪肉是自家三代行医检验过的一味补药，不可能毒死人，从而断定甘草和鱼相克。在乡亲们的帮助下，被释放出狱的摩雅，就把甘草炖鱼会致人死亡的知识写进了傣族医书，让人们谨记。佚名讲述，温源凯、艾温扁、吴军翻译整理。收入《西双版纳傣族药物故事》，32开，3页，2000字，云南人民出版社1984年版。

（梁红）

寡妇发现的杀虫药

傣族药物故事。流传于云南省西双版纳傣族自治州。讲述的是：曼真寨中年寡妇依腊的儿子下河捕鱼时，脚被竹刺刺伤，因伤口感染而死去。依腊几次寻死，都被心爱的小黄狗救下。头人帕雅龙告欲对依腊非礼，被小黄狗咬伤。头人用刀刺伤了小黄狗，小黄狗的伤口溃烂生蛆。依腊每天带小狗下地干活，小黄狗伤口痒时，就在地边的辣蓼草上打滚。等依腊去叫小黄狗回家时，只见小狗伤口里的蛆掉出来不少，流出的脓水也少了。几天之后，小黄狗的伤口痊愈。经过多方验证，依腊发现辣蓼草具有杀蛆止痒、治烂疮、治痢疾腹泻、跌打肿痛、风湿关节痛等功效。后来依腊成了一个大摩雅。佚名讲述，温源凯搜集、整理。收入《西双版纳傣族民间故事集成》，32开，3页，1700余字，云南人民出版社1993年版。

（李传宁）

寡妇发现的排石药

傣族药物故事。流传于云南省西双版纳傣族自治州傣族地区。讲述的是：从前有个寡妇领着七岁的儿子靠割草编草排卖度日。不久儿子得了和父亲一样的病，肚子胀疼，小便解不出来，医治无效而死。根据儿子临死时的要求，寡妇请求傣医划开儿子的肚子查病因，结果从儿子腹中取出一颗雀蛋大的石头，悲伤的寡妇把这颗石头作为对丈夫和孩子怀念之物装进了随身背的花包（青年男女恋爱时的信物）。一天，寡妇到山上割茅草编草排，由于天热，茅草戳背，她便从路边割了一把让背部感觉清凉的野艾垫在脊背上。晚上，她用野艾垫着睡觉凉快。夜里，她梦见丈夫要她用野艾烧掉害死自己和儿子的石头。第二天，她打开花包，发现石头变小了许多，于是，她试验着用野艾包裹石头，没几天，石头果真化了。这消息引起一位傣医的注意，于是，他试着煎野艾给不通小便的病人吃，发现这些病人的小便慢慢的通了。后来，傣医又在牙敏中配上石菖蒲、鸡失藤、拔毒散等，使这付药排石效果更佳。从此，得小便结石的病人有了药治。佚名讲述，温源凯、艾温扁、吴军翻译整理。收入《西双版纳傣族药物故事》，32开，2页，1200字，云南人民出版社1984年版。

（梁红）

龚麻腊别学医的故事

傣族药物故事。流传于云南省西双版纳傣族自治州傣族地区。讲述的是：龚麻腊别8岁时被父母送到缅寺当小和尚。在他15岁那年，家乡遭受洪灾，庄稼颗粒无收，因到河边捕鱼土司要收捕鱼钱，人们只好到山上找菌子吃。有一天，龚麻腊别的父亲捡回一小箩菌子，菌子煮熟后，母亲把菌子盛给丈夫和孩子们吃，到了晚上，全家人腹痛呕吐，母亲慌忙砍来芭蕉树煮水给家人解毒，但仍没能救活家人。从此龚麻腊别就还俗去寻找解毒之药。他从猎人那里得知野猪爱吃菌子，便跟踪野猪，发现野猪中毒后到沟边吃文尚海（竹叶兰）来解毒，于是龚麻腊别把竹叶兰拿回家，并用家猪做实验，证实这种植物确实能解毒，从此，傣族吃菌子中毒就用竹叶兰解毒。龚麻腊别也因此走上了行医道路。佚名讲述，温源凯、艾温扁、吴军翻译整理。收入《西双版纳傣族药物故事》，32开，5页，2980字，云南人民出版社1984年版。

（梁红）

赶马人献的药草

傣族药物故事。流传于云南省西双版纳傣族自治州傣族地区。讲述的是：很久以前有个汉族人从内地赶着三匹马驮盐到景迈来卖，不料碰上马疫流行，没几天，马全死了。想到主人家不会饶了自己，气急之下，便跳澜沧江自杀。一位傣族老波涛把他救回家，并让妻子和女儿烧红糖葱姜水给他喝，然后又给他盖上大被子驱寒。第二天，恢复了体力的赶马人仍决意寻死，善良的老波涛得知他的情况后，劝解他的同时，把自家的三匹马送给他赶回去还主人。傣家人的帮助深深地感动了赶马人，于是，他把祖传的用于止痛、止血之药教授给他们，并告诉他们药名叫七叶莲，希望老波涛一家人今后靠卖药维持生活。之后，老波涛用七叶莲治疗刀枪伤及创口伤，内服用于治疗腹痛、头痛、全身疼以及跌打伤、风湿关节痛等，都获得很好的效果，于是取傣语名为"当遢"。据说，两年以后，赶马人又回到老波涛家，和他的女儿结婚生子，一家人过着幸福的生活。佚名讲述，温源凯、艾温扁、吴军翻译整理。收入《西双版纳傣族药物故事》，32开，2页，1100字，云南人民出版社1984年版。

（梁红）

割草老人发现的治瘊子药

傣族药物故事。流传于云南省西双版纳傣族自治州傣族地区。讲述的是：有个猎人为治好妻子脸上的瘊子，决定出门寻访良药。他跋山涉水，不知过了多少时日。一天，途中他帮助了一位为割草而跌伤的老人，从老人那里得到了治疗瘊子的药。原来，老人年轻时候是土司的家奴，因在土司家专门从事杀猪鸡、剔黄鳝之职而使他手上长满了瘊子，被土司撵出家门。为糊口，他只得割马草卖来度日。一天傍晚，他割到一种有浆的草，草浆沾在手上。第二天，发现手上的瘊子竟然掉了一些，于是，便跑去头晚割草的地方找，发现这是平时不起眼的雅秀欢草，便又割了一些回来，春来敷在手背上，几次之后，手上的瘊子全消了。老人把这种药送给长瘊子的人用，治好了他们的瘊子。猎人回家后，找来雅秀欢草春烂敷在妻子脸上，不久，妻子的脸又恢复了美丽迷人的光彩。从此，雅秀欢草能治瘊子的知识，在傣族民间流传了下来。佚名讲述，温源凯、艾温扁、吴军翻译整理。收入《西双版纳傣族药物故事》，32开，

4页，2500字，云南人民出版社1984年版。

（梁红）

化食的槟榔

傣族药物故事。流传于云南省西双版纳傣族自治州傣族地区。讲述的是：勐龙有对夫妻，四十岁时惊喜地生了一对双胞胎儿子。在夫妇的精心养育下，兄弟俩健康成长，团结友爱。随着时间的推移，两兄弟都成家立业，由于两个媳妇各怀私心，总是把老人苦攒下的财产往自己窝里扒。两兄弟也从开始的抢着做家务，争着服侍老人，发展为相互闹矛盾。于是只好分家。这一折腾，老夫妇俩被气病了，整天没精打采，不思饮食。一天，老人在槟榔树下编竹笙，口干舌燥之际，一串金黄色的槟榔被风吹掉下来，他便顺手摘了一颗放到嘴里嚼了起来，感觉稍有涩味外，口中甘甜清凉。到了晚上，感觉梗在心口的东西消失了，便把这事告诉了老伴。结果，两人一起嚼了几天槟榔，病症全消。后来，许多有此症状的人都找上门来，他们便把槟榔制成散剂和丸药，供病人服用。佚名讲述，温源凯、艾温扁、吴军翻译整理。收入《西双版纳傣族药物故事》，32开，3页，1300字，云南人民出版社1984年版。

（梁红）

黄牛胆里的"石头"

傣族药物故事。流传于云南省西双版纳傣族自治州傣族地区。讲述的是：从前有个寡妇孤身带着三岁的儿子靠一头黄牛盘田种地、驮柴运粮生活。不久，黄牛日渐消瘦，无法干活，寡妇请兽医来医治也没能留住黄牛。寡妇一心想查清到底是什么原因致使黄牛不治而亡，在邻居的帮助下她亲自参与剥皮、剔肉晒干巴，并把部分肉与牛骨、肠子熬成汤锅请寨里的人吃。一个切肝的人突然发现牛胆囊里有一块如鸽蛋大的石头，大叫了起来，大家对石头长在肉里惊讶万分，伤心的寡妇把这块害死自己生活依靠的"石头"用红布包起，放在枕头下，表示对丈夫及黄牛的怀念。不久灾难接踵而来，孩子得了大热病，高烧不退，说胡话，医治无果。一天，昏迷中的孩子把枕头下的石头抓来含在嘴里，等母亲发现时石头已化了一半，第二天，孩子的烧竟然退去。消息传开后，几个为孩子看过病的傣医每人分走一小块"石头"。用于治疗其他发烧病人，果然退烧效果极佳，这石头就是不易获取的珍贵药材牛黄。佚名讲述，温源凯、艾温扁、吴军翻译整理。收入《西双版纳傣族药物故事》，32开，3页，2000字，云南人民出版社1984年版。

（梁红）

哈努

傣族药物故事。流传于云南省西双版纳傣族自治州的傣族地区。讲述的是：基诺山官杀害一猎人，并夺了其妻，遗孤三岁女儿为傣族猎人艾香罕收养，取名叫哈努。哈努长大后，又被基诺山官得知，便串通傣族头人，将艾香罕关进大牢，限定哈努必须在一个月内回到基诺山。哈努的傣族养母为此极度悲伤而得了一种腹胀如鼓的怪病，多方求治无效。哈努做了个梦，梦见自己死后变成一棵药草，养母摘吃后病就好了。她把梦见的事告诉了养母，并在期限将满前一天跳了河。当人们发现她尸体时，河水枯干了，变成一片沙地，人们就地安葬了她。不久，从沙地上生长出一大片生姜一样的草，开白边红蕊的花，结香辣的小红果。她养母去摘吃小红果，果真她的病就好了。为了纪念哈努，人们把砂仁这味药，也叫做哈努。佚名讲述、记录，收入《中国讲述故事大辞典》，16开，1页，350字，中国文联出版公司1992年版。

（阿南）

哈努姑娘的遭遇

傣族药物故事。流传于云南省西双版纳傣族自治州傣族地区。讲述的是：基诺山曼雅寨的美丽姑娘莎资与猎人沙布鲁相爱成亲之后，为躲避山官来抢莎资，迁至森林里生活。不久他们生下一个女儿。女儿3岁时，山官的爪牙发现了沙布鲁一家的居所，就打死了沙布鲁，抢走了莎资，丢下了奄奄一息的哈努。傣族猎人艾香罕把孩子救回家，精心喂养，起名哈努。十多年后，傣寨里有个漂亮基诺姑娘的消息传到了山官的耳里，山官用鹿茸买通了傣寨的头人，把艾香罕关进大牢，并逼迫哈努一个月内回基诺山做自己的小老婆。艾香罕被抓走后，哈努的傣族母亲悲伤过度，不思饮食，腹胀如鼓而疼痛难忍。哈努到处寻医问药，仍不见效。一夜，哈努梦见自己变成一棵草药治好了母亲的病，便把梦中的情形告诉了母亲，表示甘愿成为梦中的草药。哈努不愿回基诺山，就跑进森林跳进河中死了，人们把她埋在河边的沙土中，不久，沙土上长出一片结着小红果的植物，傣族母亲摘吃了小红果后，病情痊愈。后来，人们便用这种植物治疗胃疼、积食气胀等病。为纪念知恩图报的基诺族姑娘，人们把这种药称为哈努（傣语：砂仁）。佚名讲述，温源凯、艾温扁、吴军翻译整理。收入《西双版纳傣族药物故事》，32开，3页，2000字，云南人民出版社1984年版。

（梁红）

虎骨治风湿是怎样发现的

傣族药物故事。流传于云南省西双版纳傣族自治州。讲述的是：一个叫艾帅的猎人，得了严重的风湿病，久治不愈。一天雨夜，他的妻子依香下楼去关猪圈时，被老虎咬死。艾帅与乡亲们一起打死老虎，用虎肉做好饭菜献给依香，把吃不完的虎肉晒成干巴，给依香的儿子天天下饭吃，以报杀母之仇。为解心头之恨，艾帅把老虎的骨头都泡在酒中，并时不时倒虎骨酒喝，不知不觉中治好了艾帅的风湿病。经过名医龚麻腊别的多方验证，证明虎骨具有治风湿病的功效。佚名讲述，温源凯搜集、整理。收入《西双版纳傣族民间故事集成》，32开，3页，1600余字，云南人民出版社1993年版。

（李传宁）

划破象皮，不见伤疤

傣族药物故事。流传于云南省西双版纳傣族自治州傣族地区。讲述的是：远古的时候，森林中生活着许多野象，由于它们是成群的庞然大物，无人敢碰。后来，有个勇敢的小伙子挖陷阱捉住一头野象，把它训练成能为人们驮运木料等重物的运输工具，小伙子也成了帕雅召勐（土司）的第一个象奴。有一天，大象野性发作，用鼻子把小伙子卷起甩出好远，小伙子生气地用腰刀刺大象，制服了它。奇怪的是象皮上的一道道伤口夜里很快愈合。小伙子通过观察发现，象皮有止血、收口、生肌的作用，于是，找来象皮磨成粉末为人们疗伤。从此，用象皮医治创伤的方法在傣族民间流传。佚名讲述，温源凯、艾温扁、吴军翻译整理。收入《西双版纳傣族药物故事》，32开，2页，900字，云南人民出版社1984年版。

（梁红）

饥不择食尝出的良药

傣族药物故事。流传于云南省西双版纳傣族自治州傣族地区。讲述的是：有一年，勐根一带遭遇罕见的干旱，庄稼枯死，河水断流。贫困之下，有些人得了面黄肌瘦、乏力呕吐、全身浮肿、能吃不能动的懒黄肿病（肝炎的一种）。头人害怕自家人被传染，就派人把这些生病的人赶出了寨子。这些生病的男女老少在一个低洼的地方住下，找野菜充饥。没多久，认识的野菜都采光了，因疾病和饥饿，有的老人和小孩相继死去。有个叫艾糯的年轻人，认为"饿死不如乱吃"！便采了一种叶子像马蹄、铺地长的植物煮吃，吃饱后，躺着等死，可人们围拢看他时，他正呼呼大睡，于是大家纷纷采来充饥。几天后，大家彼此发现脸不黄了，身子有了力气。于是，大家把这种到处生长的野菜采了挑回寨子。这时，寨子里的头人也染上了黄肿病，好心的穷人给了他一些野菜，头人拿回家煮吃，没几天，他的病就好了。一味治疗黄肿病的良药就这样被发现。为了记住第一个尝它的人，人们把药名叫做帕糯，汉名为马蹄金。佚名讲述，温源凯、艾温扁、吴军翻译整理。收入《西双版纳傣族药物故事》，32开，3页，1400字，云南人民出版社1984年版。

（梁红）

箭毒木的发现

傣族药物故事。流传于云南省西双版纳傣族自治州。讲述的是：住在森林边的一个孤老头，他在果园里一棵高大的树下休息时，突然窜出一只老熊来袭击他，吓得他连忙爬到树上，老熊也跟着爬了上来。老人急忙用力折下一根树枝刺伤了老熊，老熊惨叫一声掉到地上不动了。直到几个猎人来看到死熊，老人才下到地上。猎人向老人请教打死老熊的办法，老人把详细经过告诉了他们。一个有经验的猎人判断是有毒的树枝毒死了老熊。就用箭蘸这种树的树浆去狩猎，被射中的动物，无论伤势轻重，跳三跳就死去。人们给这种毒树取名为"光三水"（三跳死，即箭毒木，又名见血封喉）。不久，此毒物被用于勐与勐的战争中。佚名讲述，温源凯搜集、整理。收入《西双版纳傣族民间故事集成》，32开，3页，1400余字，云南人民出版社1993年版。

（李传宁）

箭毒木的讲述

傣族药物故事。流传于云南省西双版纳傣族自治州。讲述的是：有一个傣家村寨被山洪冲毁，青年猎人波洪沙带领村人来到森林茂密的平山坡重新建寨。但安居不久，从森林里窜出七十七只猛虎冲来寨子咬死人畜，人心惶惶。波洪沙带着人们手提长刀，张弓搭箭追杀猛虎。追杀了两天，人们杀死七十四只猛虎，但也被猛虎咬伤咬死了很多人。为了杀死剩余的那三只猛虎，波洪沙炮制了一瓶毒酒。一次追杀猛虎时，波洪沙被猛虎扑倒在地，他立即喝下毒酒，老虎一咬他就中毒而死。于是，波洪沙叫人们用箭尖沾上自己身上的毒血去射杀猛虎，终于把最后那只老虎射死了。波洪沙仰望天空，身子屹立不倒，变成了一棵大树，人们从此用这种树汁来浸泡箭尖去射杀猛虎，并把这种树叫做箭毒木。佚名讲述，陈贵培翻译，王寿春整理。收入《傣族民间故事选》，32开，2页，1400字，上海文艺出版社1985年版。

（阿南）

可以做凳子的胃病药

傣族药物故事。流传于云南省西双版纳傣族自治州傣族地区。讲述的是：西双版纳的森林里居住着两兄弟，他们从小失去父母，靠狩猎为生。由于没娶妻室，经常饱一顿，饥一顿，时间一长，兄弟双双都得了胃病，时常吐酸水，心口辣疼。一天，他们出门打猎，途中，由于饥渴，弟弟的胃剧烈疼痛起来，只好坐在路边石墩大的薄蘑根（山乌龟）上，手里的刀不经意间砍在薄蘑根上，水分从根里流了出来，饥渴难耐的弟弟砍了一块富含水分的薄蘑根嚼吃起来。回到家后，哥哥的胃如刀绞疼，而弟弟却安然无恙，弟弟想：自己胃不疼，一定是薄蘑根的作用，便跑进山把薄蘑根切了一块拿回家给哥哥吃，没多久，哥哥就安然入睡。几天后，兄弟俩把那棵薄蘑根挖了抬回家，埋在院子里，什么时候胃疼了，就切一片吃，他们的胃病就这样治好了。后来，经摩雅试验，薄蘑根能治胃病就被记入傣族药典里。佚名讲述，温源凯、艾温扁、吴军翻译整理。收入《西双版纳傣族药物故事》，32开，4页，2500字，云南人民出版社1984年版。

（梁红）

苦冬瓜和苦弟弟

傣族药物故事。流传于云南省西双版纳傣族自治州傣族地区。讲述的是：有两兄弟，父母早逝，虽穷，却相亲相爱，他们省吃俭用，日子还算过得去。哥哥成年娶妻后，嫂嫂从开始的关心弟弟，发展成指桑骂槐。为不使哥哥为难，正在发烧咳嗽咯血的弟弟提出了分家，嫂嫂抢先要了竹楼及冬瓜地里结出的果子又甜又松软的大冬瓜树，将果子又硬又苦涩的小冬瓜树留给了生病的弟弟。弟弟搬到了冬瓜地边的窝棚住下，整天吃苦涩冬瓜，却把病吃好了。在弟弟忙着开荒种山谷，伐木盖新房的时候，村里许多人得了与弟弟相同的病，哥嫂也病倒了。弟弟背着唯一的礼物苦涩冬瓜前去看望他们，哥嫂吃了冬瓜后，病痛全消。后来，傣医们经过反复试用，证明苦冬瓜不仅能治感冒发烧、喉炎、咳嗽咯血及胸腹胀痛，还能治疗虚劳心悸、月经不调及产后流血等症。傣医还用它和其他四种药配为傣家名药"雅叫哈顿"，即五棵宝药。佚名讲述，温源凯、艾温扁、吴军翻译整理。收入《西双版纳傣族药物故事》，32开，3页，1500字，云南人民出版社1984年版。

（梁红）

两勐战争与止血药

傣族药物故事。流传于云南省西双版纳傣族自治州傣族地区。讲述的是：勐遮和景真两勐经常发生争夺土地和大象的战争，许多战士受伤流血，无药止血而死。景真王得知老猎人埋帕坡家有祖传的止血良药，便把其儿子招来做宫廷医生，并将其献出的止血宝药制成药粉锁在药房，钥匙由首领亲自掌管。景真王自从有了宝药，侵略野心膨胀，出动庞大的象队向勐遮进攻，占领了勐遮的许多土地，夺走大批珍宝和大象。为了弄到止血药，勐遮王派出密使前往景真，结果全被杀害。为拯救国家，勐遮王子自告奋勇，扮成画师，潜入景真宫殿，并与美丽善良的景真公主相互倾心，两人私下拴了红线（傣族婚俗：订婚）。在公主的帮助下王子弄到了止血药，勐遮王连连取得了保卫战的胜利，遏制了景真王的锐气。后来，两勐修好。王子与公主也成了家，保密了数十年的止血药埋帕坡就在傣族民间传开了。佚名讲述，温源凯、艾温扁、吴军翻译整理。收入《西双版纳傣族药物故事》，32开，3页，2000字，云南人民出版社1984年版。

（梁红）

鹿茸的故事

傣族药物故事。流传于云南省西双版纳傣族自治州。讲述的是：傣族三兄弟上山打猎，听到响声，老三看见是长嫩角的马鹿，打死了马鹿；老二躲在后面，看到鹿死了，冲过去朝死鹿肚子开了一枪；老大也把枪口对准死鹿的大腿开了一枪。分鹿时，老大、老二要求按打中的部位来分肉，老三因打中头部而只分到了鹿头。按寨规，打到野味要分给大家尝。老三只好把鹿头连鹿角一起放到锅里煮，熬了一锅骨头汤，给每个乡亲都端去一碗。大家喝了汤后发现身体变得健康结实。经反复验证多次，就发现嫩鹿角有滋补的功效。佚名讲述，温源凯搜集、整理。收入《西双版纳傣族民间故事集成》，32开，3页，1300余字，云南人民出版社1993年版。

（李传宁）

楼前屋后的良药

傣族药物故事。流传于云南省西双版纳傣族自治州傣族地区。讲述的是：勐燕土司直到五十岁，讨了第二十个老婆才生得一个儿子。这儿子让他爱之如命，惜之如宝，人参鹿茸、山珍海味让他吃，可越吃越瘦。这一年夏季，孩子不知何故，整夜哭闹，土司派人请来波摩（巫师），波摩进门就装神弄鬼，说土司的儿子是鬼缠身，要送鬼。于是，土司杀猪宰鸡，出钱给波摩，可到晚上，孩子仍哭闹，而且还咳嗽不止。土司又请波摩来折腾一番，仍不见效。这样反复几次，孩子的病更严重了。这天，龚麻腊别正好路过此地，土司请他到家里为儿子看病，龚麻腊别用竹片撬开孩子的嘴，仔细看舌苔和喉咙，又认真切脉，然后告诉土司吃娜溜（臭灵丹）就可治好孩子的病，他走到土司家院子里，摘了几片臭灵丹叶，用开水泡给孩子喝，当晚，孩子便安静了下来。龚麻腊别告诉他，臭灵丹是治小儿燥热啼哭的好药。从那以后，在勐燕坝子，摩雅受人尊敬，波摩被人嘲笑。佚名讲述，温源凯、艾温扁、吴军翻译整理。收入《西双版纳傣族药物故事》，32开，3页，1300字，云南人民出版社1984年版。

（梁红）

懒惰女人与痢疾药

傣族药物故事。流传于云南省西双版纳傣族自治州傣族地区。讲述的是：曼朵寨有个懒惰的女人玉尖，每天早睡晚起，懒得家里的用具又脏又乱，上午吃的饭碗，被猫狗舔了，下午又继续用。一天，丈夫吃了头天的剩菜剩饭，到了傍晚就腹痛腹泻。半夜，肚痛腹泻厉害起来，开始拉鼻涕便，就叫妻子去请摩雅，可玉尖直到太阳高挂才出门。她走出寨子，来到一棵开白花、叶子呈椭圆形的大树下，想起了懒注意，她拿出小刀，剥了一些树皮，拿回家熬水给丈夫喝。不料，丈夫才喝了两次，症状就减轻了许多。第二天，丈夫拿了些紫米和干巴去感谢摩雅，才知道玉尖根本没有去找摩雅，便返回去审问妻子，并拿起柴块要打玉尖，摩雅赶来制止了他。于是，玉尖说了事情的经过。他们一同找到了那棵大树，摩雅看了发现这是傣族地方常见的树木，只是人们不知道它的作用罢了。后来，这种叫埋母（鼻涕树）的树，在傣族地方广泛使用于治疗痢疾，并被摩雅写进了傣族医典中。佚名讲述，温源凯、艾温扁、吴军翻译整理。收入《西双版纳傣族药物故事》，32开，3页，1900字，云南人民出版社1984年版。

（梁红）

南瓜子和槟榔

傣族药物故事。流传于云南省西双版纳傣族自治州。讲述的是：龚麻腊别家养的猪，开始时放养，整天吃人粪，没多久就变瘦了。他父亲杀了一头，看到肚子里全都是虫子，他父亲把猪关起来圈养，把吃剩的南瓜瓤和瓜子扔进圈喂猪，风又将槟榔树上的槟榔吹落下来，被猪吃光。第二天，猪圈里到处是虫子。经过人体反复验证，证实了南瓜和槟榔具有打虫的功效。佚名讲述，温源凯搜集、整理。收入《西双版纳傣族民间故事集成》，32开，4页，2000余字，云南人民出版社1993年版。

（李传宁）

能治风湿的芋头

傣族药物故事。流传于云南省西双版纳傣族自治州。讲述的是：曼景龙有个叫依嫩的姑娘，召播看她年轻美貌，欲娶为妾，依嫩父母不答应，召播带人到依嫩家抢亲，当场气死了依嫩的母亲。依嫩咬伤召播逃到森林。几天后父亲找到依嫩，父女俩在森林里搭草棚居住下来，靠野菜野果充饥。依嫩的父亲患有严重的风湿性心脏病。依嫩到箐沟边找野菜时，看到一个与芋头相似的植物，拿回去煮汤给父亲喝。第二天，依嫩父亲身上的病痛减轻。因其形状像芋头，又有点香味，取名为弯荒（香芋）。经过多方验证，弯荒具有治风湿病、心脏病的功效。佚名讲述，温源凯搜集、整理。收入《西双版纳傣族民间故事集成》，32开，3页，1500余字，云南人民出版社1993年版。

（李传宁）

帕播良治痢疾的发现

傣族药物故事。流传于云南省西双版纳傣族自治州。讲述的是：曼朵寨的头人找了一个十岁的小孤儿当家奴。"瘴气"刚过，小家奴染上痢疾，头人和妻子把他抬到草棚里等死。饿了两天的小家奴爬到草棚边吃了一种野菜，治好了痢疾病。小家奴回到头人家时，只剩下头人妻子和第五个儿子外，其余都已病死。头人妻子见小家奴还活着，问他吃了什么药，小家奴告诉她吃了一种野菜。头人的妻子说："也许这是治痢疾的药。"这话提醒了小家奴，他采了很多野菜送到每一个竹楼上，治好了全寨人的病。小家奴从此当起了摩雅（医生），并给此药取名为帕播良（马齿苋菜）。佚名讲述，温源凯搜集、整理。收入《西双版纳傣族民间故事集成》，32开，4页，2000余字，云南人民出版社1993年版。

（李传宁）

骗人的药治好了内伤

傣族药物故事。流传于云南省西双版纳傣族自治州傣族地区。讲述的是：有年秋天，帕雅龙告为抢在雨水之前把黄灿灿的谷子收割完毕，宣布：凡来帮他割谷子的人，不仅供酒肉，还负责医病治伤。有的穷人就来他家帮工。有一天，疲惫的帮工们刚从田里回来，帕雅龙告就逼着一个小伙子帮他爬到又高又细的椰树上摘椰子，小伙子刚爬了一半就不慎摔了下来，跌伤了腰、腿，帕雅龙告想溜走，惹怒了帮工们，他们要帕雅龙告给小伙子治伤，否则，就不给他割谷子。帕雅龙告心软了，假惺惺地答应了。晚上，帕雅龙告夫妇商量出了一个欺骗人的诡计，他们把自己小儿子刚撒的尿接在有酒的葫芦里，然后拿去给小伙子喝，小伙子喝了娃娃尿掺的酒没几天，伤却好了。帕雅龙告用娃娃尿当药骗人的事传了出来，大家非常气愤。而龚麻腊别知道以后，认为这不是巧合，而是医学上的一个发现。他把这味药反复试验，证明了娃娃尿的确可治疗跌打损伤。佚名讲述，温源凯、艾温扁、吴军翻译整理。收入《西双版纳傣族药物故事》，32开，3页，1000字，云南人民出版社1984年版。

（梁红）

七叶一枝花

傣族药物故事。流传于云南省西双版纳傣族自治州。讲述的是：勐昆土司很残暴，在打猎时被猎人射死。新土司更为残暴，为了除掉那些最有本事的猎人，他以给妹妹治病为选婿为名，叫猎人们到长满竹子、刺丛和毒蛇大蟒遍地的乱石山上寻找起死回生仙草。许多猎人上山都有去无回。最年轻的猎人艾勇上山，一走进竹丛就被毒蛇咬伤了脚，他咬紧牙关往山下爬，无意中抓住一把不知名的柔弱、湿润的小草，拔起一嚼，细嫩的根苦凉苦凉，吐出敷在蛇咬伤处，清凉舒服。他仔细一看，这草有七片叶子，排成一轮，开着小花，像一把伞。小草治好年轻猎人的蛇伤，于是他拔了一捆带回去，治好了土司妹妹的无名肿毒。从此，傣家人就用这种七叶一枝花来止血、消炎、解毒了。佚名讲述、记录。收入《中国讲述故事大辞典》，16开，1页，350字，中国文联出版公司1992年版。

（阿南）

乞丐与狗咬药

傣族药物故事。流传于云南省西双版纳傣族自治州。讲述的是：曼介有三个乞丐兄弟，从小就失去父母。他们乞讨时经常被狗咬伤。他们每次被狗咬伤后，第二天，兄弟三人又像没事似地去讨饭。这事引起一个摩雅（医生）的注意和好奇，他连续几天跟踪三兄弟，偷看到他们用竹笆上刮下的柴烟灰加点红糖，放在碗里舂细后，敷在被狗咬的伤口上，治好了伤。摩雅学着他们的方法，治好许多被狗咬伤的人。后来，摩雅用治狗伤赚来的财物，资助三兄弟各自学了一门手艺，结束了三兄弟的乞丐生活。佚名讲述，温源凯搜集、整理。收入《西双版纳傣族民间故事集成》，32开，3页，2000余字，云南人民出版社1993年版。

（李传宁）

奇怪的烟叶

傣族药物故事。流传于云南省西双版纳傣族自治州傣族地区。讲述的是：曼沙头人帕雅龙告是个善于用欺骗和说假话剥削百姓的人，所以，远近寨子的百姓都不愿意给他帮工。有一年，到了栽秧季节，帮工们都跑到其他寨子，坐卧不安的帕雅龙告在老婆的指使下，想出了包三餐饭、抬高工钱外，每人每天还给10根西利筒（傣族人用笋叶卷成的一种粗烟）的点子，让管家到各村寨招揽帮工。果真,有几个爱抽烟的帮工找上门来了,开始几天帮工们除领到零花钱外,还得到粗烟抽。后几天,帮工们发觉帕雅龙告给的烟有股怪味,也没太在意,倒是帮工中有几个正患牙疼的人感到牙不痛了,吃饭也香了。其中有个烟瘾大的人实在受不了这股怪味,剥开烟丝看才发现帕雅龙告给他们抽的烟丝是干丝瓜叶,帮工们丢下工具,回家了。几个牙疼的人回家后,牙又疼了起来,于是,想起了在帕雅龙告家抽的丝瓜叶,便找来试用,两三天后,牙果然不疼了。傣医们得知这件事后,对丝瓜叶进行试用,发现将其捣成汁涂患处,还可以治疗腮腺炎和蜈蚣咬伤及顽癣(神经性皮炎);把它研细后拌进菜油,还可治疗烫伤。佚名讲述,温源凯、艾温扁、吴军翻译整理。收入《西双版纳傣族药物故事》,32开,3页,2000字,云南人民出版社1984年版。

(梁红)

三家苦——三丫苦

傣族药物故事。流传于云南省西双版纳傣族自治州。讲述的是:一对傣族老夫妻得"瘴气"病先后病倒,三个儿子请来医生时,父母已经死去。医生手里拿着一棵小树说:"都怪我来晚了,这种'瘴气'病,只要吃了这棵药就不会有生命危险了。"三兄弟请求医生把这棵药留下并种在竹楼周围。父母死后,三兄弟相互嫉妒,彼此伤害,最后三兄弟都变穷了,只得靠卖医生给的那种草药来维持生活。当瘴气又来时,寨子里的人吃了三兄弟的药后平安地度过了危险,大家都来感谢三兄弟,此时,三兄弟才明白了团结的重要。为让儿孙们记住这惨痛的教训,三兄弟给那种草药取名为三家苦,后传去传来变成了三丫苦。佚名讲述,温源凯搜集、整理。收入《西双版纳傣族民间故事集成》,32开,3页,1500余字,云南人民出版社1993年版。

(李传宁)

三十二条根的药草

傣族药物故事。流传于云南省西双版纳傣族自治州傣族地区。讲述的是:从小失去双亲的艾香罕,靠为狠毒的帕雅龙告砍柴、捞鱼度日,每天他都要做很多活,才能得到一团糯米饭和一小包酸鱼。由于长年风吹雨淋,他经常会发冷发烧,头疼头昏,鼻子堵塞不通气,后来发展到鼻子流又黄又浓有臭味的鼻涕,由于没有力气再干活,帕雅龙告便派人把他送到森林里,让他自寻生路。由于身体虚弱,他昏倒了,两个路过的汉族赶马人把他驮出森林,在草地上架火煮饭时,在路边拔了几根草药熬给他喝,之后,艾香罕感觉自己的病好了许多。被感动的艾香罕决定当帮工来回报他们,但被赶马人婉言拒绝了。后来,艾香罕用这种开紫色花的草药治好了许多乡亲的病,名声远传,他根据汉族大哥所说,这种草药有三十二条根,于是取名雅三西双哈,意即三十二条根的草药。佚名讲述,温源凯、艾温扁、吴军翻译整理。收入《西双版纳傣族药物故事》,32开,3页,2000字,云南人民出版社1984年版。

(梁红)

受伤黄麂找的止血药

傣族药物故事。流传于云南省西双版纳傣族自治州。讲述的是:一个叫埋帕坡的猎人打猎时,看到一只受伤的麂子躺倒在一棵树下,用身子不停地在树叶上揉擦,揉碎的叶子敷在流血的伤口上,不久伤口的血被止住。埋帕坡用此树叶子磨成细粉,敷在人的伤口上,马上止住了血。从此,埋帕坡钻研医学,治好了不少疑难杂症,成为坝子上的摩雅龙(大医生)。他治好了一个女人的妇科病,此女嫁给他并生下一子。埋帕坡死后,子承父业,因医术高明当上宫廷医生。为纪念发现止血药的埋帕坡老人,把止血药命名为埋帕坡。佚名讲述,温源凯搜集、整理。收入《西双版纳傣族民间故事集成》,32开,3页,1400余字,云南人民出版社1993年版。

(李传宁)

蛇胆治风湿的发现

傣族药物故事。流传于云南省西双版纳傣族自治州。讲述的是：曼龙宰有个叫艾桑的人，以捕蛇卖钱为生。他每次杀蛇都把那苦口的蛇胆丢掉。听说蛇肉可以治风湿病，一个患风湿病的老人挂着竹棍来找艾桑要点蛇肉治病，艾桑见老人拿不出钱来，抓了几个没人要的苦胆打发老人。老人回到家闭着眼睛吞了一个蛇胆，老人的病痛有所好转。他又接着用酒泡苦胆喝，结果发现效果很好。不久，人们又发现蛇骨泡酒治风湿病更好。温源凯搜集、整理。收入《西双版纳傣族民间故事集成》，32开，2页，1200余字，云南人民出版社1993年版。

（李传宁）

睡蒿子治好了摆子

傣族药物故事。流传于云南省西双版纳傣族自治州傣族地区。讲述从前有一年收割季节，满坝的谷子黄得快脱落了，帕雅龙告雇了许多短工为他收割谷子。条件是：管吃住，但不管医伤治病，因为这个季节病多，特别是打摆子的病多。有个短工叫艾甩，在帕雅龙告家才干了7天就染上了摆子，被帕雅龙告撵出家门。发着高烧的他歪歪斜斜走进了一块长满蒿子的地里，浑身无力地躺在这些蒿子上，由于干渴，他顺手揪了一把嫩叶嚼了起来。当晚，回到自家竹楼后，感觉舒服了许多。于是，第二天，叫妻子拔了一大箩蒿子来垫在床上，并用其根熬水喝。没几天，他的摆子病就没再发。他把这个意外的发现告诉了乡亲们，许多打摆子的人照他说的做，结果，病都好了。后来，艾甩成了治疗摆子病的有名摩雅。佚名讲述，温源凯、艾温扁、吴军翻译整理。收入《西双版纳傣族药物故事》，32开，2页，1400字，云南人民出版社1984年版。

（梁红）

烫鸡水治好了漆癞

傣族药物故事。流传于云南省西双版纳傣族自治州傣族地区。讲述的是：从前有个叫艾洛的青年，从小没了双亲，被帕雅龙告逼迫当家奴，每天从早到晚砍柴、抬木料。有一天去砍柴时，不小心砍到漆树，到晚上便全身起红点，奇痒难忍，越抓越痒，并开始流黄水。整个脸又红又肿，皮肤也出现了许多流黄水的红疹子。吃了摩雅的药也不见好转。这天，睁不开眼的艾洛摸索着去厨房找饭吃，突然，一盆热乎乎的烫鸡褪毛的水迎面泼来，艾洛全身湿透，随之听到帕雅龙告老婆的叫骂声。艾洛含悲忍辱回到工棚。当夜，艾洛全身没再痒，睡了个好觉。第二天，艾洛发现自己脸上的肿消了，小红疹子不见了，脱开衣服一看，全身的漆癞都好了，于是想到了烫鸡水。后来，摩雅找了几个皮肤病人验证，证明烫鸡水确实可治疗漆癞和其他皮肤过敏病，并发现烫白鸡水效果更好。不久，摩雅把艾洛赎了出来，让他当了自己的徒弟。艾洛后来成了有名的摩雅。佚名讲述，温源凯、艾温扁、吴军翻译整理。收入《西双版纳傣族药物故事》，32开，3页，1600字，云南人民出版社1984年版。

（梁红）

藤子上结的"辣子"

傣族药物故事。流传于云南省西双版纳傣族自治州傣族地区。讲述的是：勐巴拉的玉香一家三口，和睦愉快，勐里的乡亲们无不羡慕。这家人有个共同嗜好，就是爱吃辣子，不管吃什么，都要放辣子才觉得可口。有一年，整个寨子的辣秧都得了病，不管怎么侍弄，所有辣子都枯黄而死。没有辣子，玉香一家人，鱼肉拌饭也难以下咽。丈夫决定到其他地方寻找辣子。不久，传来消息说丈夫被人杀害了。从此，玉香以泪拌饭，时间一久，便得了肚子冷疼的毛病，加之没有辣子，吃不下饭，病情越来越严重，人变得又黄又瘦。儿子决定找回辣子来提起母亲的胃口。后来，在一个守地老波涛的指点下，他摘回一种叫玛匹内（小辣椒）的小果子。玉香天天拿它当辣子吃，没多久，她肚子冷疼的毛病竟然好了。从此，寨子里种上了玛匹内，大家不仅把它当药，还用它当佐料。后来，摩雅经过试验，发现玛匹内有温中散寒、理气止痛的作用，可治疗胃腹胀痛、虚寒痼冷、反胃厌食等疾病。佚名讲述，温源凯、艾温扁、吴军翻译整理。收入《西双版纳傣族药物故事》，32开，3页，2000字，云南人民出版社1984年版。

（梁红）

小媳妇与含羞草

傣族药物故事。流传于云南省西双版纳傣族自治州。讲述的是：勐巴拉一个叫依庄的小媳妇，晚上经常失眠，白天神情恍惚，结婚多年不会生育，受到家人和社会的歧视。依庄去投河自杀的路上，受到路边小草的启示和感悟，放弃了轻生。当天晚上，依香在睡梦中听到小草对她说："把我拿去当药吃吧，吃了病就会好了。"依庄把那种小草拿来煮着喝，治好失眠症。一年后，生了一个胖儿子。经过摩雅（医生）的多次验证，证明含羞草具有治疗失眠症和退烧的功效。佚名讲述，温源凯搜集、整理。收入《西双版纳傣族民间故事集成》，32开，3页，1500余字，云南人民出版社1993年版。

（李传宁）

像水牛角一样的藤钩

傣族药物故事。流传于云南省西双版纳傣族自治州傣族地区。讲述的是：勐巴拉有一对夫妇，四十岁得子，爱如珍宝，取名艾香。艾香八岁时，跟着父亲学使牛，一天，父亲耕田后休息，累了半天的水牛也躺下来歇气，艾香拿茅草搔牛耳，戳牛鼻，被激怒的水牛猛然起身用角顶他，使其当场昏迷。父亲看到宝贝儿子被牛撞伤，气得发狂，抽出长刀，砍下了牛头。艾香经摩雅抢救，保住了性命，但内伤严重，高烧昏迷，夫妇俩心急如焚。牛被砍死后，其头被埋在离竹楼不远的地方。一天，迷糊中的艾香提及"水牛头药"，有些迷信的夫妇俩便到埋牛头的地方去找药，发现埋牛头的地方长有几根长藤，藤叶柄处有一对像牛角一样的钩刺，如无数牛角挂在藤上，他们把藤子连根挖回，将根和藤子熬水给艾香喝，嫩叶舂烂包创口。次日，发现孩子的烧已退，伤口也已消肿，几次之后，艾香的伤病痊愈。消息传开，各寨摩雅都来求教，发现这种藤子在傣族地方到处都有，于是，把这种藤子取名怀兔王，意即水牛角，用来消炎消肿。佚名讲述，温源凯、艾温扁、吴军翻译整理。收入《西双版纳傣族药物故事》，32开，2页，1100字，云南人民出版社1984年版。

（梁红）

贤惠媳妇是怎样害死了婆婆

傣族药物故事。流传于云南省西双版纳傣族自治州傣族地区。讲述的是：有个贤惠美丽的媳妇，因丈夫经常为首领赶大象到内地运东西，常年在外，她和婆婆相依为命度日。有一年，天干地旱，村里许多人嗓子红肿，发热咳嗽、咯血，婆媳俩也病倒了。媳妇挣扎着每天捞鱼虾烧给婆婆吃，自己则找野菜吃。不久，可吃的野菜都找不着了，她只好拔箐沟里一种有鱼腥味植物的白色根茎充饥。吃烧鱼的婆婆病情越来越重，不久便去世了，吃鱼腥味植物的媳妇病却好了。媳妇就被帕雅龙告污蔑害死婆婆，而关进牢里。她的丈夫远出归来，了解到了事情的因果，便找来妻子吃的鱼腥植物送给那些正在生病的人吃，没几天，这些人的病全好了。从此就发现这种草能治病，傣语叫帕啥短（鱼腥菜）。佚名讲述，温源凯、艾温扁、吴军翻译整理。收入《西双版纳傣族药物故事》，32开，3页，2000字，云南人民出版社1984年版。

（梁红）

洗衣果治好了怪病

傣族药物故事。流传于云南省西双版纳傣族自治州傣族地区。讲述的是：景迈地方有个叫艾帕的男人，结婚没几年就产生了喜新厌旧的思想，因妻子贤惠勤劳，他找不到合适的借口离婚。可不甘寂寞的他，还是领回来一个年轻女人，此后，艾帕对妻子的态度更坏了。这年，景迈一带疾病流行，艾帕的妻子也染上了怪病，觉得尿急，却解不出多少，解小便还伴有疼痛。妻子生病后，艾帕干脆和那个女人串寨子去了。一天，生病的妻子口干舌燥，爬上竹楼找水喝，没有发现水，只看见凉台上放着一盆准备洗衣用的麻尚（又名洗衣果）水，走投无路之下，她抬起麻尚水喝了下去。喝下不久，她感觉小便不急了，肚子也不拉了。此后，她又拣回许多麻尚果熬水喝，结果，病症全消除。一天，有人告诉她，其丈夫得了和她一样的病，被那个女人抛弃了。妻子把丈夫接回家，用麻尚果治好了他的病，羞愧的丈夫从此回心转意，对妻子疼爱备至。麻尚果及枝叶能治病的知识就在傣族地方传开，但麻尚果有微毒，不能吃多。佚名讲述，温源凯、艾温扁、吴军翻译整理。收入《西双版纳傣族药物故事》，32开，3页，1800字，云南人民出版社1984年版。

（梁红）

熏蒸疗法是谁发明的

傣族药物故事。流传于云南省西双版纳傣族自治州傣族地区。讲述的是：景迈的首领拥有许多土地和骏马，其骏马日行千里，夜行八百，每年他都可向其他勐出售骏马获利。他的马之所以膘肥体壮，是因他有一个非常能干的养马人，养马人除了要割草喂马外，还要采药防治马的各种疾病。他经常采嘿多吗（鸡失藤）医治马的肚胀厌食之症，由于嘿多吗臭如狗屎，他熬药的小草棚如同百狗放屁，臭气熏天。有天，养马人正在熬嘿多吗，有个老人满含痛苦来求他为自己医治头痛欲裂的疾病，养马人只略知治马之术，不敢接诊，此时，老人因头疼难忍，躺在了他的竹笆床上。第二天，睁开睡眼的养马人莫名其妙地迎来了老人的千恩万谢。养马人能治多年顽疾的消息传到了王宫，于是，正患头疼病的公主被卫队护拥着找养马人诊治，才走进草棚，公主就被熏得呕吐起来，经这一熏，公主的病症马上缓解。公主走后，养马人思前想后，终于发现嘿多吗释放的臭气可治疗疼痛顽症。此后，养马人把熏蒸疗法推广到傣族地区。佚名讲述，温源凯、艾温扁、吴军翻译整理。收入《西双版纳傣族药物故事》，32开，3页，2000字，云南人民出版社1984年版。

（梁红）

一个失传了的治疟处方

傣族药物故事。流传于云南省西双版纳傣族自治州傣族地区。讲述的是：古时候傣族的女摩雅（傣医）很多，她们治疗疟疾很有办法。那时，勐龙地方瘴气肆虐。首领听信摩古拉（大巫师）"瘴气是神的旨意"的邪说，不以防范，任其滋蔓，使许多生命被吞噬。然而，其辖地曼雅寨，因有女摩雅依香腊，瘴气无法滋长。每年，当瘴气袭来时，依香腊就会从山上采回好多草药，熬给大家喝，得了疟疾而发烧、发抖的人喝了，都会退烧，安静地睡觉。这样一来，人们都纷纷投向依香腊所在的地方，相信摩古拉的人越来越少。恼羞成怒的摩古拉向首领进谗言，污蔑依香腊和寨里人谋反，首领听信谗言，让摩古拉带兵去杀谋反者。就这样，许多人被射杀，依香腊也受了重伤，临终前，依香腊指着一棵开小白花的小草告诉人们："那就是治疟疾的药，前面还有几棵，要一起用，效果才好！"然而，她没来得及告诉大家其他几棵药就断了气。后来，瘴气又疯狂流行，人们拿依香腊指给的那味药熬水喝，果真有效果，但已不及依香腊的药效。人们把保存下来的这棵药叫雅林砖，意即摆子药。佚名讲述，温源凯、艾温扁、吴军翻译整理。收入《西双版纳傣族药物故事》，32开，4页，2300字，云南人民出版社1984年版。

（梁红）

一个奇特的药名

傣族药物故事。流传于云南省西双版纳傣族自治州傣族地区。讲述的是：一青年人去砍竹子，在汗流浃背、饥渴难忍的情况下，青年摘吃野果，又喝了牛滚过的塘子水，不久便腹痛难忍。正好一队汉族马帮路过，便向马帮求救，赶马人叫人取来罗锅，烧上水，然后从路边拔出几棵开小白花的小草，放在罗锅里煮给他喝，汤药喝下不久，青年的肚子不疼了，赶马人走时告诉他药名叫胜红蓟。后来，青年把这种药种在自家的院子里，用它治好了许多患同样病的人。得知消息的摩雅上门求教，之后，把这种药的药用效果及药理写进了傣族医书里，并尊重青年的意见，把这种药取名为雅贺，意为汉族的药。佚名讲述，温源凯、艾温扁、吴军翻译整理。收入《西双版纳傣族药物故事》，32开，2页，1200字，云南人民出版社1984年版。

（梁红）

一种治烧伤的药

傣族药物故事。流传于云南省西双版纳傣族自治州傣族地区。讲述的是：从小失去双亲的爱尼（哈尼族）小伙佐俄被帕雅戈（爱尼山官）逼着去开荒，他砍倒一片树，开出了一大块荒地，于是，想把树和茅草烧光后点种山谷。不料刮起一阵怪风，火势迅速朝四周蔓延，来不及躲避的佐俄被火烧伤。两个傣族猎人正好路过，把他救出火海，看着疼痛呻吟要水喝的爱尼兄弟，两个不懂医的傣族猎人急中生智，从身边爬满树枝的藤子上采下些叶子，挤汁给他喝，并把叶子搓揉出泡沫敷在他焦灼的伤口上，不一会儿，佐俄感到皮肤清凉，疼痛减轻。于是两个猎人不断地往佐俄烧伤的地方换新鲜的叶子，等疼痛稍有缓解，便把他背回家继续治疗。没几天，佐俄的伤就好了。后来，摩雅得知这一情况，背着蜂蜜来找猎人，原来，这种叫"雅奔波"，过去用于治疗风湿麻木的药，还可用于治疗烧伤。佚名讲述，温源凯、艾温扁、吴军翻译整理。收入《西双版纳傣族药物故事》，32开，3页，1400字，云南人民出版社

1984年版。

（梁红）

一种止痢疾野菜的发现

傣族药物故事。流传于云南省西双版纳傣族自治州傣族地区。讲述的是：有个小男孩，双亲死于瘴气，被曼朵寨小头人的老婆骗去当了小家奴。每天，天不亮小男孩就起床做很多家务，但吃的只是笋子下饭，晚上还要趴在地上让头人的孩子们当马骑，不久，小男孩就脸色蜡黄，瘦得皮包骨。那年，痢疾又爆发，寨子里连续死人，可怜的小男孩也染上了痢疾，全身无力，头人家视他为废物，便把他弄到菜地边的草棚里，让他等死。第二天，小男孩感到腹中饥饿，就在草棚边采一种叶如牙齿、茎为紫色的野菜煮了充饥。慢慢的，小男孩肚子不疼了，痢疾也好了。后来，他把这种药采给寨子里得痢疾的病人吃，治好了他们的病。于是，他当起了摩雅，专门治疗痢疾，并给这味痢疾药取名帕播良。从此，帕播良成了傣家人专治痢疾、肠炎的一味好药。佚名讲述，温源凯、艾温扁、吴军翻译整理。收入《西双版纳傣族药物故事》，32开，3页，2100字，云南人民出版社1984年版。

（梁红）

一把木渣治好了胃病

傣族药物故事。流传于云南省西双版纳傣族自治州傣族地区。讲述的是：傣族医药始祖龚麻腊别年轻时由于医技不高，经验不足，曾在医治一位患气胀腹痛病人时，从土司的养马人那里得知一种开小白花的树皮和果子可以治疗腹中痞块，便找来煮给病人吃，结果病人服下不多会儿，就上吐下泻，不到半天就断了气。龚麻腊别伤心至极，决心不再当摩雅（医生）。为记住这次教训，便把这种树移栽到自己的竹楼旁，取名麻项，即巴豆。龚麻腊别弃医当了木匠。一天，有个病人专程来求他医治自己经常会又冷又疼的腹痛病，缠

着龚麻腊别不肯走，正在做木活的龚麻腊别，不忍心拒绝病人便随手抓了一把木渣给他，想给他点精神安慰，并交代每次只能熬一小把。几天后，病人拿着蜂蜜和紫米来感谢他治好了自己多年没治好的病。龚麻腊别从这一病例发现樟树可以治胃病。佚名讲述，温源凯、艾温扁、吴军翻译整理。收入《西双版纳傣族药物故事》，32开，3页，1800字，云南人民出版社1984年版。

（梁红）

一个治哮喘偏方的发现

傣族药物故事。流传于云南省西双版纳傣族自治州傣族地区。讲述的是：有个贫穷的老波涛得了很难治的哮喘病，虚弱到不能砍柴、捞鱼，就连在竹楼下舂米，也会气喘吁吁。因为自己生病，十岁的儿子艾崽无法去当和尚念书，小小年纪就担负起耕田种地及照顾父亲的重任。不久，艾崽也患上了和父亲同样的病，骨瘦如柴，无法劳动。房顶的草排烂了，竹楼的竹笆坏了，也没有能力换，竹楼下积了许多雨水，被猪拱成了臭水塘，苍蝇蚊子滋生，从而引来许多癞蛤蟆来觅食。村邻同情艾崽父子，送他们几只母鸡谋生，他们精心喂养母鸡，靠卖鸡蛋换米度日。一日，一只大癞蛤蟆把他们舍不得吃的鸡蛋吞了一个，他们烧死癞蛤蟆取鸡蛋，但取出来的鸡蛋已被烧熟，父子俩便分食了熟蛋。不料，当天晚上他们没有再喘，舒舒服服睡了一夜，甚感奇怪的两父子又尝试着把鸡蛋塞在癞蛤蟆肚里，用火灰烧食，结果治好了病。从此，傣族就用癞蛤蟆烧鸡蛋来治哮喘病。佚名讲述，温源凯、艾温扁、吴军翻译整理。收入《西双版纳傣族药物故事》，32开，3页，2000字，云南人民出版社1984年版。

（梁红）

亚呼噜的故事

傣族药物故事。流传于云南省西双版纳傣族自治州傣族地区。讲述的是：头人帕雅龙告的儿子帕雅龙告内想获得摩雅（傣医）一样的威望，受老百姓的尊重，便要父亲叫摩雅教自己医术。开始，摩雅讲的都是煎煮类药的药用知识。第四天，摩雅拔来一根亚呼噜（锡生藤）向帕雅龙告内介绍："这叫鼠耳朵草，是专门治生疮红肿的，但是……"没等摩雅说完，心中想着去串姑娘的帕雅龙告内答道："行了，你走吧，讲去讲来还是老一套，熬水吃。"一溜烟跑了。没过几天，帕雅龙告的肩上生大疮，红肿疼痛，便叫儿子去请摩雅，帕雅龙告内自认为掌握了医道，便采来一大把亚呼噜煎给父亲服，药刚下肚，帕雅龙告便瘫软如泥，除能听，能看，能说话外，手脚无法动弹。便派人把摩雅绑来问话，摩雅告诉他："亚呼噜只能外用，不能内服，是你自己的儿子不认真学习，一知半解造成的。"帕雅龙告急得眼泪淌，求摩雅救命，摩雅说："你的病，明天药性一过就好了。"第二天，帕雅龙告带着儿子来找摩雅虚心求教，摩雅告诫道："傣家的药有很多，用法不相同，作用就不同！"从此，亚呼噜药就广泛被使用。佚名讲述，温源凯、艾温扁、吴军翻译整理。收入《西双版纳傣族药物故事》，32开，4页，2200字，云南人民出版社1984年版。

（梁红）

越吃越饿的果子

傣族药物故事。流传于云南省西双版纳傣族自治州傣族地区。讲述的是：有一年，澜沧江发大水，曼沙寨全被淹没，人们被围困在一座小山上，没有粮食，只有找野果野菜充饥。没有几天，野菜及野果都被吃光了。有棵树结满了果子，但大家都不认识其性质，所以，都不敢摘吃。有几位老人为使大家不挨饿，决定冒死尝试，结果他们吃了果子后，不仅不充饥，反而更饿了，还口水直流。见此情景，有几个吃了大油瓜，胸口堵塞的人，吃了几个这种果子，积食顿消。这件事被摩雅（傣医）记在心上，洪水退后，摩雅把这种树的果子及其树皮、树根拿了很多回家，用它来给人们治疗膈食、腹胀等病，极有效果。摩雅便把这种果子取名"喝麻亚毫"，意即饿饭果，用于治疗积食。佚名讲述，温源凯、艾温扁、吴军翻译整理。收入《西双版纳傣族药物故事》，32开，2页，900字，云南人民出版社1984年版。

（梁红）

鸭掌树

傣族药物故事。流传于云南省西双版纳傣族自治州傣族地区。讲述的是：傣族名医龚麻腊别携徒弟外出传授医药知识时被大雨所阻，寄宿在一户人家，这家主人十分热情地接待了他们。夜里，主人家孩子不断咳嗽的声音吵醒了龚麻腊别和徒弟，问明情况后，龚麻腊别带领徒弟和主人一起连夜进山去找药。孩子吃了几次他们找的药后病就好了。龚麻腊别告诉村民们，这种药能治哮喘、气管炎等肺上的疾病，让他们挖一些来种在寨子里。寨里的人为感谢神医，决定杀猪宰牛宴请他，但龚麻腊别知道后就和徒弟悄悄离开了。人们不知道这种药叫什么名字，但见它的叶子像鸭脚掌，就取名"鸭掌树"。佚名讲述，温源凯搜集、整理。收入《西双版纳傣族民间故事集成》，32开，3页，1100字，云南人民出版社1993年版。

（龙江莉）

雅叫哈顿的讲述

傣族药物故事。流传于云南省西双版纳傣族自治州。讲述的是：勐遮与景真交战时，身患重病的景真孤女依京被五个猎人发现背回了家。他们分别找来了芭闷烘、几拢乃（小天冬）、麻景哈布（马连安）、咪火蛙（箭根薯）、纳罕（羊耳菊）治好了依京的病。依京病好后跟着五个猎人学习医术，把猎人原来给她治病的五种草药制成药丸，为人们解除病痛。为纪念五位猎人的高尚品德，姑娘把这丸药方叫做"雅叫哈顿"（五棵宝药）。佚名讲述，温源凯搜集、整理。收入《西双版纳傣族民间故事集成》，32开，2页，1200余字，云南人民出版社1993年版。

（李传宁）

雅兰草的来历

傣族药物故事。流传于云南省西双版纳傣族自治州。讲述的是：汉族姑娘兰妹，父母因"瘴气"病死后，从小被一对傣族老人收养。到了婚嫁的年龄，求亲的人踏破了门槛，兰妹只看中了拿着纺车来提亲的农民艾香罕。帕雅龙告的儿子也看上了兰妹，扬言禁止别人再向兰妹提亲。兰妹患上牛皮癣，帕雅龙告以兰妹是"琵琶鬼"为由，将其撵出寨子。兰妹绝望的时候，艾香罕与兰妹拴线结婚。一天，兰妹的脸很痒，她扑在草地上哭泣，一种小草的花流出的白浆沾满了她的脸，为她止痒去屑，治好了兰妹的病。人们就把这种草药叫做雅兰草。佚名讲述，温源凯搜集、整理。收入《西双版纳傣族民间故事集成》，32开，3页，1500余字，云南人民出版社1993年版。

（李传宁）

真葛根与假葛根

傣族药物故事。流传于云南省西双版纳傣族自治州傣族地区。讲述的是：爱尼山寨有个懒汉，有一天，他见一群妇女背葛根去卖，换回很多好东西，就动了心。第二天，他扛锄背箩上了山，走了半天，一条葛根也没挖着，因他不知道葛根的藤和叶是什么样的。休息时，发现身边有一种叶像鸡毛的藤叶植物，他拔起来看其根与葛根一样，于是，拔了一大背箩，朝山下走。有几个帕雅龙告的帮工，因长年泡在水里，得了风湿病，要去找摩雅龙看病，看见懒汉背着"葛根"，每人吃了几片，感觉嘴麻，这时，卖葛根的妇女正好路过，发现他们吃的是假葛根，妇女们就告诉他们吃了假葛根会中毒。几个帮工要捆懒汉去见山官，但又听说山官和帕雅龙告一样坏，只好放了他，并跟着他到爱尼山寨等待结果。第二天，几个人不但没死，风湿红肿疼痛的症状也消了，腿脚也有力了。几个帮工又拿了许多假葛根回傣寨,送给得风湿和跌打损伤的人吃,效果极好。这事让摩雅知道了,他看了假葛根后方知这种植物是火罕郎,傣族地方也有,只是不知道它的药用效果。从此,傣族用火罕郎治风湿、跌打损伤等。佚名讲述,温源凯、艾温扁、吴军翻译整理。收入《西双版纳傣族药物故事》,32开,3页,2000字,云南人民出版社1984年版。

(梁红)

找我,做药

傣族药物故事。流传于云南省西双版纳傣族自治州。讲述的是:勐景真公主得了痨病,首领在全勐悬赏:谁治好了公主的病,不论贫富贵贱,就将公主嫁给谁。宫中的一个男仆,偶然听到大青树洞中传来"找我—做药"的声音。男仆把它捉去交给厨师炖汤给公主喝,治好了公主的病。首领反悔不愿把公主嫁给男仆,派人把男仆撵出了王宫。公主因思念男仆,病情复发严重。首领急忙派人找回了男仆,男仆带回了一大包蛤蚧治好了公主的病,与公主拴线结婚。佚名讲述,温源凯搜集、整理。收入《西双版纳傣族民间故事集成》,32开,4页,2000余字,云南人民出版社1993年版。

(李传宁)

接骨药是怎么发现的

傣族药物故事。流传于云南省西双版纳傣族自治州。讲述的是:一个靠捉青蛙卖钱为生的老人,为防抓获的青蛙跑掉,他把青蛙的后腿都扭断放进鱼篓,顺手又抓了一把树叶盖上,然后喝了酒就睡觉。第二天,老人发现青蛙的腿都已经长好。老人连续试了几天,青蛙的腿都长好了。老人又用其他动物和人进行试验,发现那树叶是一种很好的接骨药。捉青蛙的老人就改行当了接骨摩雅(医生),给那草药取名为"雅多路"。佚名讲述,温源凯搜集、整理。收入《西双版纳傣族民间故事集成》,32开,2页,1000余字,云南人民出版社1993年版。

(李传宁)

猪苦胆和熊胆

傣族药物故事。流传于云南省西双版纳傣族自治州傣族地区。讲述的是:龚麻腊别从小就爱提问及思考,有天家中杀了三头猪待客,见父亲把三份猪肝挂在凉台的竹竿上,准备下午再炒,便问父亲为何不把肝上的苦胆割掉?父亲告诉他割了苦胆,肝容易坏。龚麻腊别为实验苦胆是否真有保护肝的作用,便用刀割掉其中两叶肝的苦胆。到了晚上,果真被割掉苦胆的肝散发出了臭味,另一个肝却新鲜如常。这件事给龚麻腊别很大的启发,于是,他挨家挨户把别人扔掉的猪苦胆捡回来,加工成细粉,包成小包,送给有肝病的人服。结果,这些人的脸色由黄变红,也想吃肉和饭了。后来,龚麻腊别又尝试着用苦胆医治嗓子疼、咳嗽,腰疼所致的小便赤黄,以及脓疮、眼红、牙痛、高烧昏迷等病症。结果,效果极佳。佚名讲述,温源凯、艾温扁、吴军翻译整理。收入《西双版纳傣族药物故事》,32开,2页,900字,云南人民出版社1984年版。

(梁红)

十二、笑话故事

岩三宰求亲

傣族笑话故事。流传于西双版纳傣族自治州。讲述的是:有一男子名叫岩三宰,有一天他去勐宋沙游玩,遇到一摆渡人,专门渡人过河。摆渡人厌倦了这个事情,遇到岩三宰就收他,并将这个事情让给他做。到了赶集的那天,有一对母女想渡船去城里赶集,岩三宰看到她女儿就喜欢上了。当船划到河中,他就丢了船桨,让船顺流而下。顺流一久,就到了一处岸边靠岸。下船后,岩三宰就对那母亲说,我想娶你的女儿。母亲就说,我们才见面,三言七句话都还没有说,怎么能?岩三宰就想办法。要用餐时,他搬来两个圆石,准备把锅支在上面,可怎么也支不稳,那母女就笑着说,要三个啊!两个怎么支得稳。而后他用木条夹着鸡蛋。那母亲就问,你这是要干嘛呢?岩三宰就说,我准备烤鸡蛋。那母亲就笑着说,鸡蛋哪有烤的,都是煮或者炒。岩三宰故意把没有煮熟的饭端上来吃,母女吃了一口,说,饭都没有煮熟拿来吃,这要怎么吃。岩三宰则说,现在我们可已经相互说过三言七句了,您应该同意我娶你女儿了吧!母亲笑着点点头。岩罕应搜集、整理。收入《西双版纳报》,傣文版,1991年7月17日第四版,1页,470字。

(岩罕丙)

避蚊物

傣族笑话故事。流传于西双版纳傣族自治州。讲述的是:有一人很信咒语,有一天上街见到有人卖避邪之物,就去问,这是避什么的?卖家答说,这是防蚊的。他中意就买了,回家后挂在门口。可蚊子还是像往常一样飞进来,过两天他生气地去找卖家,卖家对他说,你要挂在蚊帐里才有用!收入《西双版纳报》,傣文版,2001年9月13日第四版,1页,243字。

(岩罕丙)

波玉苏射麂子

傣族笑话故事。流传于西双版纳傣族自治州。讲述的是:从出生起,波玉香就没有拿过枪,他见到人家打到麂子马鹿,就想,打猎真是件好事情,有肉吃还可以卖。一天,波玉苏就拿了岳父的枪去打猎。见到一只麂子,他就抬起枪打,还被他打中了,麂子滚两下就死了。他高兴地背起麂子就回来了。路过村头的时候,他的烟筒掉了,咣当发出声响,他以为有人和他打招呼,答:我得了麂子。快到家时,妻子在阳台见到丈夫,就说,他爹,你还真得了麂子。他答:是我,是我得麂子。进家门时,脚碰到门发出声音,以为村民来看,说:是我,我得麂子。把麂子放下后,岳父岳母过来,问,你是用什么打的麂子。他才恍然想起,哎呀!枪忘记在刚刚打麂子的地方了。波翁几搜集、整理。收入《西双版纳报》,傣文版,1990年7月18日第四版,1页,376字。

(岩罕丙)

吃糯米粑粑

傣族笑话故事。流传于西双版纳傣族自治州。讲述的是:有一男子,傣历新年来时去赶摆集市,走着走着肚子饿得不行,就买了一包糯米粑粑"豪咯嗦"来吃,吃完一包以后感觉还是很饿,再去买一包来吃，一连吃了二十七包才停下。而后他有点懊恼地自言自语道，我不是一次吃一包就好了，一次吃二十七包，不早就饱了。岩那搜集、整理。收入《西双版纳报》，傣文版，1991年12月28日第四版，1页，117字。

（岩罕丙）

对瓶喝酒

傣族笑话故事。流传于西双版纳傣族自治州。讲述的是：一个酒鬼，有一次他到城里玩，遇到了他的朋友吝啬鬼，酒鬼不客气地说，我们一起去你家玩嘛！现在我口干舌燥的，要是你家中有酒有茶的，我喝上一瓶就好了。他朋友吝啬鬼就说，我家离得太远了，你会走好久的。酒鬼说，没关系，最多也就二三十里嘛。吝啬鬼故意说，我家太小了，不好意思带你去。酒鬼说，没事，只要我能坐下张嘴就可以了。吝啬鬼无奈地说，我家里没碗喝酒，咋办呀！酒鬼说，你说啥呢，我们又不是认识一两天了，没碗就直接对着瓶口喝了。岩糯搜集、整理。收入《西双版纳报》，傣文版，2005年10月5日第四版，1页，318字。

（岩罕丙）

独脚鬼和主人

傣族笑话故事。流传于云南普洱景谷县傣族地区。讲述的是：在远古的时候，人和鬼混居在一块，关系处得好的，鬼会帮人做很多预想不到的事，如果关系处得不好，那将是万事不通、哭笑不得。有老两口，因为娃娃太多，所以生活过得比较穷困。那时，听别人说，如果在家里供养独脚鬼，就能吃穿不愁，只等享受富贵。于是，两老去请一尊独脚鬼来家里供养。但是两三年过去了，这家人的生活没有富起来，同样是吃了上顿没下顿。这事老两口不敢对外人说，更不敢在独脚鬼面前说。一天晚上，家人们都入睡了，老两口在被窝里交谈道："他爹呀，要怎么办呢，明天早上就没有下锅的米了。"这话让家里的独脚鬼听见了，就马上出发，背着一只装满大米的口袋回来，好像有些吃力地爬竹梯。独脚鬼的举动被老汉看见了，连忙起身去帮独脚鬼扶住米袋上了竹梯，然后又悄悄地回到床上睡了。可是，老汉哪里知道，鬼做事情跟人是反着的，他这么去帮忙，反倒惹得独脚鬼很生气，不仅把那袋米拿走了，还连夜搬了很多石头丢进主人的田里，然后回到家里等着看主人的笑话。第二天一大早，老汉去犁田，看见田里满是石头，心里也明白了。他在田边转悠了一上午，回到家一进门就笑呵呵的，还很神秘地跟老太婆说："咪淘哎，等着吧，今年我家的粮食不知要好成什么样。也不知是哪个日脓包把石头放在我们家的田里，你想想，一个石头三两油，这么多的石头放在田里，肯定是要大丰收了。"老太婆以为自己老公疯了说些胡话，刚要开口骂他。老汉捏捏老太婆的胳膊，挤挤眼，然后继续说："哎哟，幸好没有将牛尿马粪丢进去哟，否则就太糟糕了，又臭又脏，根本无法长出谷子来。"到了晚上，独脚鬼非常懊恼地跑到主人田里，把石头一个不漏地搬走了，还自以为是地弄来许多牛尿马粪丢在田里。他想，老子把你家田地弄脏了，看田里还长不长谷子，然后满意地回家了。这一年，老两口家粮食终于迎来了大丰收。收入《景谷傣族民间故事》，汉傣双文版，32开，2页，946字，景谷傣族彝族自治县傣族文化协会编，2014年3月发行。

（依旺的）

耳聋与胆小鬼

傣族笑话故事，流传于西双版纳傣族自治州。讲述的是：从前，有两个朋友，一个耳聋，一个胆小。有一天，耳聋悄悄地对胆小说，今天我们去偷耳背老人家的鸡，老人耳朵不好听不到，你不用怕。胆小说：偷不得吧？我害怕。耳聋说：他们家的两夫妻，没事，我看了，没在家，只有老人在。胆小就问：我们拿什么去装？耳聋就说：你问母鸡啊！母鸡有啊，想拿哪只就拿。胆小就说：你这聋的，答非所问，我和你去。晚上，他们两人就悄悄摸摸到了鸡笼旁边东张西望，他们也很小心没有发出声响。胆小拉着耳聋衣袖说，别出声。耳聋以为胆小让他拿鸡，就问，拿脖子绿的那只？胆小就说你别出声。耳聋就说：什么？拿脖子竖着的那只？太黑看不清，你撵过来嘛。胆小怕主人家听到，就大声吼耳聋：主人家会听到的。耳聋就说：哎呀！拿这只肚子大的，怕屎多吧！胆小怕主人家知道，就退到暗处，却不小心踩到耙子头，耙子把就翻起来打到他额头。胆小以为是撞到主人家了，就慌忙跑掉，还喊不是我一人。耳聋见到胆小跑了，以为是他拿到鸡跑了，他也跟着跑。两人跑远以后问鸡呢？原来什么都没拿到。玉罕旺搜集，岩罕丙翻译、整理。收入《西双版纳报》，傣文版，2002年7月9日第四版，1页，521字。

（岩罕丙）

富翁的心思

傣族笑话故事。流传于西双版纳傣族自治州，讲述的是：有一穷苦的男子，在地里种了两三腾南瓜，结得很多很好看。其中，他发现有一个很大，有装米的箩筐那么大。男子就把南瓜摘下来，拿去献给王，王也赏了他一个南瓜。有一个富翁听到这个事情以后，心想，要是我把马献给王，应该会赏金银珠宝。于是富翁就挑选了一只比较健壮的马，拿去献给王。王推测到富翁的心思，就把苦男子献来的大南瓜赏给了富翁。富翁只能拿着南瓜回家。康龙搜集、整理。收入《西双版纳报》，傣文版，1991年6月22日第四版，1页，264字。

（岩罕丙）

饭下地板

傣族笑话故事。流传于西双版纳傣族自治州，讲述的是：有一男子，天黑就拿着枪到林子里打猎，而每每都空手而归。一天，他打到一只麂子，带回家后杀了清洗好，做了剁生，炒了内脏以及好吃的部分，每样做了一碗，做好放着，拿了一根腊去卜算。去到卜算者那里后他说，卜者，你帮我算一下今天我吃饭下什么菜呢？卜者就说，你今天吃，饭蘸地板板眼。他听了以后偷乐，我菜都做好放着了，怎么会吃饭蘸木板。回到家后，他找了一根绳子，一边绑饭桌，一边绑自己的脚，想看饭桌怎么跑。当它打好饭，倒好酒，正准备吃时，有一条狗跑进来叼没有丢的生肉，他想起来拿棍子打狗，忘记自己脚上绑着绳子，一拉就把饭桌拉倒，肉啊，菜啊，都打翻到地板上，只能拿饭下地板上的菜了。萨里诺搜集，岩罕丙翻译、整理。收入《西双版纳报》，傣文版，1999年6月12日第四版，1页，420字。

（岩罕丙）

过桥

傣族笑话故事。流传于西双版纳傣族自治州。讲述的是：有一老妇人，腿脚不好，她一只脚长一只脚短，走路晃荡。一天，她要去河对面看望亲戚朋友。走到河边，见到河上就用两块板子搭着，而且还不平衡，一块高，一块低。老妇人就走上去，却发现刚刚好，长点的脚踩在低的那块，短的脚踩在高的那块，如同平地，走得很顺畅。她想，没有哪里的桥有这里的桥好了，刚刚合适。顺利过河，走亲访友。天渐渐黑了，她也要回去了，亲朋们就和她说，河上面搭了座新桥，挺好走的。老妇人就说，我还是走原路回去，没有哪里的桥比那里合适。于是她原路返回。回来走上桥后发现不对，怎么和原来不一样，她抬头看看，说道，是原来的路没错啊！怎么和去的时候不同了？岩那搜集、整理。收入《西双版纳报》傣文版，1990年8月1日第四版，1页，337字。

（岩罕丙）

好贤妻

傣族笑话故事。流传于西双版纳傣族自治州。讲述的是：有两个朋友，一个住村头，一个在村尾。村头的有肉吃的时候总会叫村尾的朋友一起来吃。村尾的到村头的家吃饭聊天，看到村头家的媳妇能说会道，口吐莲花，对来做客的朋友说话得体，有礼。一天，村尾的就说，我的媳妇也是这样，很有礼数，想让你去家里坐一坐。村头的说，哪天有时间了去。村尾的说，别哪天了，就今天，我让我媳妇杀鸡，我们好好聊个天。村头的盛情难却就跟村尾的到了他家。村尾的媳妇听到丈夫带客人了，慌忙躲进了内室。村尾的带着村头的上楼看到没人，就说，他们应该去地里了，你先坐一下，我去叫他们。然后村尾的招呼村头的坐在火塘边，然后就下楼去了。其实村尾的不是去地里叫人，而是去别人家借米去了。那时村尾的妻子听到有人下来，以为客人走了，出来看到火塘边有个人，想是自己丈夫，她就拿起饭锅罩在那人头上，说，家里没米也还带人回来，我不找米来就没米吃，别人只知道我们恩爱，可人家有的我们都没有。这时，被饭锅罩着的村头的说话了：妹子啊！有啥就吃啥了，朋友间也不是想吃什么大鱼大肉，有点茶水也可以的。她听后吓得又跑回了内室。没多久，丈夫回来了，没见人，就问，村头老庚呢？妻子答，等不了就回去了。收入《西双版纳报》，傣文版，1987年11月14日第四版，1页，617字。

（岩罕丙）

滑头狡辩

傣族笑话故事。流传于西双版纳傣族自治州。讲述的是：有一个滑头的人偷溜进人家果园，偷摘人家水果，并装得袋子里满满的。正当要离开时碰上了急忙赶来的果园主人，园主问，你干嘛偷进来？滑头的人答道，这两三天风大，是风把我刮到这里来的。园主又问，那你干嘛摘我的果子？他答道，风把我吹得飘来晃去，我就随手抓，抓到什么就是什么，否则都不知会吹到哪里了！园主又说，可你为何把果子都放袋子里？他回答，准备收了拿去拜访你呢！岩罕丙搜集、翻译、整理。收入《西双版纳报》傣文版，2001年9月18日第四版，1页，300字。

（岩罕丙）

喝面瓜汤

傣族笑话故事。流传于西双版纳傣族自治州。讲述的是：有一富翁雇用了一些人，每到饭点供饭时，就只煮一锅面瓜汤，那些受雇者就问富翁，你家怎么那么爱吃面瓜汤啊？富翁说，喝面瓜汤明目，眼睛有神。有一天，富翁让一男子去扫地，男子却一直站在窗边，富翁吼道，你站那里干嘛？男子答说，富翁你快来看，城里有人跳舞。富翁说城离那么远，你怎么看到。男子就说，就是因为每天每顿都只喝面瓜汤，眼神好啊！萨里诺搜集、整理。收入《西双版纳报》傣文版，2000年11月7日第四版，1页，205字。

（岩罕丙）

裤子去哪儿了

傣族笑话故事。流传于西双版纳傣族自治州。讲述的是：有一晚，有一贼入室偷东西，正巧女主人醒来，她悄悄细声对丈夫说，他爹，有贼进家来偷东西了。丈夫听了，故意放声说，我们家穷的，什么钱财也没有，要吃的也只有米柜里的米了。贼听到后想，只有米那我就拿米。他就去敲米柜，可他不知拿什么装米。此时女主人就对丈夫说，你听，好像贼去偷米柜了。丈夫就说，就当去偷米，拿什么装，米柜那么重，谁扛得动。女主人就说，谁像你一样笨，人家不会脱了裤子用裤子装嘛？贼听到以后就脱下了裤子，然后去找绳子拴裤脚。当贼去找绳子的时候，女主人就悄悄把贼的裤子放远藏起来。贼回来以后就找不到裤子。女主就对丈夫说，我们家进贼了。丈夫就答说，哪里有贼？什么都没有嘛！此时，贼就大声说道，谁说没贼，我的裤子去哪里了？岩说搜集、整理。收入《西双版纳报》傣文版，2002年5月28日第四版，1页，370字。

（岩罕丙）

刻船捞手镯

傣族笑话故事。流传于西双版纳傣族自治州,讲述的是:有一男子划船渡江,船到江中的时候,男子想歇下手,此时他不小心手镯脱手掉入江中。他却不慌不忙地掏出匕首,在船上手镯掉的地方砍了两道痕。有人问他,做记号干嘛?男子答到,不急,手镯是从这里掉下去的,等到了岸边,我从这个记号下去捞就可以了。刀勇明搜集、整理。收入《西双版纳报》傣文版,1991年6月8日第四版,1页,149字。

(岩罕丙)

砍香蕉树

傣族笑话故事。流传于西双版纳傣族自治州。讲述的是:有一对老夫妻在香蕉园里,有一天,老妇人看到有一棵香蕉已经熟了,就回来对丈夫说,老头,有棵香蕉熟了,太靠近水边了,砍了吧!她丈夫应了声。老人就拿着刀去了。有好多棵香蕉树长在一起,老人也没有仔细看,看到离水边最近的一棵就砍倒了。树倒进水里,他就下水去拿香蕉,可是摸了半天,没香蕉。老人把裤子脱了再捞,还是没有。于是老人就提着裤子回来了。老妇人见丈夫回来问,香蕉呢?老人答,奇怪了,砍倒在水里后就不见了。老妇人不信,自己去捞,摸了半天也不见。老妇人抬头看香蕉树林,大声喊道,老头,你砍错香蕉树了,熟的那棵还在呢!岩糯腊搜集、整理。收入《西双版纳报》傣文版,1990年4月25日第四版,1页,341字。

(岩罕丙)

老人守护果园

傣族笑话故事。流传于西双版纳傣族自治州。讲述的是:有一老者,一生种植了一个果园,他也渐渐老去,担心他儿子们不会好好帮他打理果园。有一天,老人就把儿女们都叫到跟前,对他们说,我的所有财产和积蓄都留给你们了,就在这个果园里。没过多久,老人就去世了。老人去世后,他的儿女们聚在一起,说,父亲把金银财宝都放在果园,我们去挖出来吧!然后他们各自带着工具锄头到果园里挖。挖完整个果园却什么都没看见,把土都挖松了,到了雨季,树上结满了果子。波香约搜集、整理。收于《西双版纳报》傣文版,1991年10月19日第四版,1页,274字。

(岩罕丙)

两个吝啬鬼

傣族笑话故事。流传于西双版纳傣族自治州。讲述的是:有两个吝啬鬼,远近闻名,因他们两人太吝啬了,以至于连朋友都没有。有一天,大吝啬鬼对小吝啬鬼说,兄弟!人家都知道我们两人吝啬,即使知道我们爱凑热闹,也从不请我们吃饭,我想丰盛地摆上一大桌,然后只请你来。到了请客的时间,小吝啬鬼到了大吝啬鬼家,大吝啬鬼见了问,你来干嘛呢?小吝啬鬼说,我听说你们寨子的米线很好吃,从出生以来都没有吃过,好想吃一次。大吝啬鬼就带着他去卖米线处,问老板,米线好不好吃?老板说,好吃,其他地方都没有这里好吃,比凉粉都好吃。大吝啬鬼就说,凉粉比米线便宜,我要去买凉粉。他们两人去卖凉粉处,大吝啬鬼问,这凉粉是不是比其他家的还好吃?是不是滑得如同抹了油?卖凉粉的说,说真的,这凉粉倒没有滑得如抹油,但是……大吝啬鬼接着说,这个不是最好吃的凉粉,那我走了。波香约搜集、整理。收入《西双版纳报》傣文版,1988年12月7日第四版,1页,380字。

(岩罕丙)

两兄弟和老虎

傣族笑话故事。流传于云南普洱景谷县傣族地区。讲述的是:有一对老农夫妇养着很多牛。一天夜里,村子里的老岩、老依两兄弟和一只老虎同时到他家里来偷牛。在这三个贼准备同时偷牛的时候,老岩、老依两兄弟错把老虎当牛给绑了,老虎错把两个人当成可怕的"漏"了。于是,大半夜的，这三个贼一条牛都没有偷着，老虎灰溜溜地跑回山里，老岩和老依也吓得只得跑回自己家了。收入《景谷傣族民间故事》，汉傣双文版，32开，2页，1223字，景谷傣族彝族自治县傣族文化协会编，2014年3月发行。

（依旺的）

买火柴

傣族笑话故事。流传于西双版纳傣族自治州。讲述的是：有一富人差仆人去帮他买一盒火柴，去前，他吩咐仆人说，买的时候记得试一下，要是有一根划不着火就不要买。而后仆人去买火柴，回到家递给富人。富人拿火柴出来划，却一根也划不着火，生气地骂仆人，我不是说过要是划不着火就不要买。仆人答道，我也是遵照你说的，在那里每根都试着划，都划着火了我才买回来的。岩那搜集、整理。收入《西双版纳报》傣文版，1991年4月24日第四版，1页，223字。

（岩罕丙）

买马

傣族笑话故事。流传于西双版纳傣族自治州。讲述的是：一天，父亲拿钱给儿子，对他说，儿啊，稻谷日渐熟了，你去买匹马来，准备驮粮食。儿子拿了钱就出门买马了。到了第二天，他牵了一头母牛回来。他把牛拴在柱子上，就上楼和父亲说，父亲，马我买回来了，就拴在楼下。父亲听到后，高兴地下楼去看，父亲东看西看也没见马，只见牛。喊到，马在哪儿呢？儿子答，就拴在柱子上啊！父亲怒火骂道，笨蛋，牛和马都分不清嘛？牛有角，马没有角。儿子应道，把牛角锯掉不就是马了。收入《西双版纳报》傣文版，1989年8月12日第四版，1页，220字。

（岩罕丙）

买酒

傣族笑话故事。流传于西双版纳傣族自治州。讲述的是：有一富人，吝啬得无人能及。有一回，富人差仆人去买一斤酒，却不给他钱，就只提溜一个空酒瓶。仆人很疑惑，问道，东家，买酒的钱都没给，要我怎么买酒呢？富人生气地骂道，有钱去买酒谁不会，没有一分钱却能买回酒来，那才是真的厉害。仆人听了郁闷地拿上空瓶出门买酒了。出门没多久，仆人就回来把空瓶递给富人，说，东家啊！酒我已经买回来了，喝吧。富人拿起酒瓶倒酒，发现是空的，骂道，你怎么欺骗我，酒都没有，让我喝空气吗？你个蠢货。仆人也气愤地说，瓶里有酒谁不会喝啊！要是用空瓶能喝出酒来，那才是真的厉害。富人恼怒得不知说什么好……岩那搜集、整理。收入《西双版纳报》傣文版，1991年10月23日第四版，1页，328字。

（岩罕丙）

卖药

傣族笑话故事。流传于西双版纳傣族自治州。讲述的是：有一天，有一瘸子商贩在街上的路口卖药，他吆喝到，来买好药了，来买好药了，我的药可以治百病千病。有一女子就过来问道，都能治些什么病呢？商贩就说，什么病都能治。女子问道，身体酸疼、女人病都能治？商贩说能治。女人又接着问，那手变形、瘸子可以治吗？卖药人说可以治。此时旁边围观的人也多起来，其中一个就说道，都能治，为啥不用药先治好你的瘸脚呢！商贩哑口无言。岩那搜集、整理。收于《西双版纳报》傣文版，1991年3月13日第四版，1页，254字。

（岩罕丙）

模仿

傣族笑话故事。流传于西双版纳傣族自治州。讲述的是：有一对父子，准备出门去林子里打猎，出门前，父亲对儿子说，进入林子以后，你要跟着我，学我，不要东张西望，不要到处瞎闯。说完，两人收拾好装备，一人拿着一把枪出门了。两人到了林子深处，悄悄地前行，寻找着猎物。突然有一只小虫飞进了父亲的眼睛里，父亲停下来，放下枪，用手揉眼，然后对着儿子把眼扒开，想让儿子帮忙把小虫弄出来。却看到儿子也扒开眼睛。父亲生气地扇了儿子两巴掌，儿子也反手扇了父亲两巴掌。父亲怒道，你个笨蛋，干嘛学我。儿子也用手捂着一边脸说，出门前，不是你说，要好好看着你，学你吗……收入《西双版纳报》傣文版，1987年10月7日第四版，1页，329字。

（岩罕丙）

请客

傣族笑话故事。流传于西双版纳傣族自治州。讲述的是：岩香家爹出门做生意已有两年，现回到家中五六天，他为感谢那些他不在家期间，到家里帮忙的四位亲朋，特意做了一桌丰盛的饭菜，邀请他们来做客。可过了饭点，才来了三个人，他就在那里嘟囔道：该来的没来。来的三人中有一人听到，全身一颤，心想，要是主人家那么说，我就不该先来。于是他起身走了。岩香家爹见到有亲朋走了，心中郁闷，道，该走的不走。剩下的两人其中一人听到，心想，该走的不走，那我还等着干嘛。想罢，起身走了。妻子见走了两人，看不下去，对丈夫说，他爹，你真不会说话，你看都走了两位亲朋了。丈夫急忙说，我不是说他们两个。留下的最后一人听了，心想，主人家说不是他们两人，原来说的是我，那我就走了。第三个人也生气地走了。波香约搜集、整理。收于《西双版纳报》傣文版，1996年12月7日第四版，1页，410字。

（岩罕丙）

生娃

傣族笑话故事。流传于西双版纳傣族自治州。讲述的是：有一单亲妈妈，有一女儿名叫玉溜。玉溜长成大姑娘了，母亲想为她找个亲，找个成熟有文化的人来做姑爷。那些幼稚混子，母亲都不让接触。村里有一男子叫岩典，当了六个月和尚还俗了，他与玉溜两人心生好感，交往一段时间后找人来提亲，玉溜的母亲知道他当过和尚，也算有些知识，就同意了。结婚十一个月以后，玉溜孕满要生产了。她肚子疼得上气不接下气，很痛苦。母亲就去拜寨神家神，望保佑，别让女人那么受苦。她见到姑爷岩典忙出忙进的，就说，姑爷，你也是寺庙里学习过知识的，就没有什么办法吗？他答道：你去找一块红布和两根蜡条。他披着红布，头上顶着两根蜡条，跪在妻子玉溜面前装模作样做鬼脸。玉溜见了忍不住笑起来，一笑就通了气，孩子也顺利生了下来。母亲就说，真是聪明的人啊！因达翁搜集、整理。收入《西双版纳报》傣文版，1990年12月15日第四版，1页，505字。

（岩罕丙）

射麂子

傣族笑话故事。流传于西双版纳傣族自治州。讲述的是：从前有一位猎人，扛着枪到林子里溜，他走到一处山地时见到一只麂子在山地中间吃草。他怕太远打不到，走近一蚂蚁堆又没有地方躲着瞄准，怕抬头就被麂子见到跑了。没办法，他就用手把枪顶在膝盖上，然后朝麂子的头扣动扳机，一声"砰"响，麂子被枪射死了。岩光搜集、整理。收入《西双版纳报》傣文版，2000年7月27日第四版，1页，174字。

（岩罕丙）

傻姑爷

傣族民间故事。流传于文山壮族苗族自治州马关县傣族地区。讲述的是：在远古的时候，女人比男人聪明，家里的事全靠女人做主，男人要受女人管束。有一对夫妻，丈夫比较笨，妻子却很聪明。有一年，丈人家要给老岳父做六十大寿。于是，妻子对丈夫说："明天是父亲大人的六十岁生日，你还不赶快把你的狗头剃干净？"丈夫听后，急忙烧锅热水，把家里的那条狗捆得结结实实的。一切停当，就打来热水往狗头上浇，拿起剃头刀要给狗剃头。狗被热水一烫，痛得"汪汪"叫。狗的叫声惊动了妻子，她出门一看，见丈夫正要给狗剃头，气得跺脚，大声吼道："住手！我说的是剃你的头，不是剃狗的头。"丈夫恍然大悟，急忙把狗放了，请人来帮自己剃头。妻子还交代，让丈夫去祝寿时，要穿"滑爽"的衣服，带一份厚重的礼品去孝敬老人。结果，丈夫准备了一套用光滑的芭蕉叶缝的衣服，和一盘又厚又重的石磨，送到老丈人家去。妻子见丈夫如此，又气，又好笑。她说让丈夫穿"滑爽"点，指的是要干净得体，而不是"光滑"的意思；厚重礼品指的是鸡、鸭、鱼、肉、酒、米、衣、鞋等比较值钱的东西，而不是重量沉的东西。第二天，夫妻俩双双前往。途中，见一只老鹰从眼前飞过。丈夫问，这是什么东西？妻子告诉他，这是老鹰。再往前走的时候，见几只山羊在吃草。丈夫又问是什么？妻子回答，这是山羊。过了一会儿，又见一对白鹭鸶在河里戏水。丈夫问这又是何物？妻子耐着性子把鹭鸶的名称告诉丈夫。傻丈夫怕把妻子的话忘记了，就一路走一路背诵。等到了岳父家，只见家里张灯结彩，宾客满屋，门前还挂着祝寿的红锦旗，热闹极啦！岳父母见到女婿、女儿回来祝寿，感到十分高兴，并让自己女婿、女儿陪同用餐。席间，亲朋好友们请姑爷一定要说几句祝寿的话。傻姑爷一高兴，就把路上的所见串联着说了起来："一个鹰来一个羊，堂屋点灯亮堂堂。"这两句刚出口就博得大家一片喝彩。傻子见状，得意地往下说："门上挂着红兜布（把祝寿的红锦旗说成了妇女的红兜布），一对鹭鸶坐正堂（喻指岳父、岳母）。大丑小丑凑热闹（指客人），一双奴才拜堂来（指自己和妻子）。"岳父、岳母听罢，气得瞪大了双眼，亲友们更是哭笑不得。黄勤芬讲述，白家祥记录。收入《文山州傣族民间故事集》，16开，2页，742字，云南人民出版社2016年1月版。

（张元波）

算卦

傣族笑话故事。流传于西双版纳傣族自治州。讲述的是：有一农民，很信鬼神之说，做什么事情之前都要去占卜，算好今天是宜是忌才会去做。有一天，他的房子倒了，土埋了他半个身子，他没法出去就在那里大喊救命。他儿子听到了，过来对他说，父亲，请忍耐一天，我去算一下今天是否宜挖土。收入《西双版纳报》傣文版，2001年9月13日第四版，1页，243字。

（岩罕丙）

四个朋友

傣族笑话故事。流传于西双版纳傣族自治州。讲述的是：有四个朋友同在一个村长大。一个是眼花，随时有东西在眼前晃随时用手赶，一个是鼻涕虫，整天鼻涕流着用手揩，一个是蓬松头，随时用手挠头，一个是大脚，随时用手捏脚。一天四人在一起说，到了搜集草排的时候，要去割一些茅草来留着。于是第二天四人就各自带着午饭去割草。到了中午吃饭的时候四人就聚在一起，四人吃饭大家都忍着不做其他动作。终于大脚忍不住说，刚刚在水边看到一条大鱼和我脚一样大。用脚比划着就顺手捏脚。眼花就说，我不听不听，顺手就揉了眼。蓬松头接着说，我刚刚还看到一头马鹿钻进草丛里。用手比划着鹿角顺手就抓了头。鼻涕虫跟上说，要是有枪，我一枪打了。比划着抬手打枪的样子，顺手就用手袖擦了鼻涕。萨里诺搜集、整理。收入《西双版纳报》傣文版，1999年10月9日第四版，1页，498字。

（岩罕丙）

四个聋子

傣族笑话故事。流传于西双版纳傣族自治州。讲述的是：从前有一个村子里有四个聋子，一个管牛，一个摘果子，一个是仆人，一个是头人。一天，管牛的发现牛不见了，就到处找，正巧遇到摘果子的，管牛的就问，有没有见到我的牛。摘果子的就说，这边的果子不多，要到那边去。管牛的以为他说牛在那边，就顺着他指的方向去找。无独有偶，还真在，管牛的找到后先抄近路回家，就到菜园里和仆人说想借道，仆人以为管牛的说他偷牛，就摇头说不是他。管牛的不服气地说，你这菜园还没有犁，却不让我借过。然后管牛的拉着仆人去找头人。到头人家后两人比手画脚地各说各理，头人由于早上和媳妇吵架，一直在那里摇头，说，去吧，我媳妇的事情没法说，是我不让她回来的。没法，管牛的和仆人只能各回各家了。康哈搜集、整理。收入《西双版纳报》傣文版，2000年3月21日第四版，1页，410字。

（岩罕丙）

头巾换鞋

傣族笑话故事。流传于西双版纳傣族自治州。讲述的是：有一个卖鞋的挑着鞋到一处老人家里休息，这家老人儿女都不在一起住，就他们老两口。那时，老妇人见到卖鞋的挑的鞋都比较好看，心里喜欢，就问，卖鞋的，我喜欢你卖的鞋子，可是我没有钱，能不能用头巾换。卖鞋的听到老妇人想要鞋，就答到，可以可以。接着问，要怎么换呢？妇人答，我用一条头巾换一双鞋。卖鞋的同意了。此时妇人就问丈夫，我们是换大一点的，还是小一点的。丈夫说，我们头巾那么大，自然换大一点的。于是妇人就换了大一点的鞋。而后，她穿起那双鞋，脚才有鞋的一半，如同三岁小孩穿大人的鞋子。波香约搜集、整理。收于《西双版纳报》傣文版，1988年5月7日第四版，1页，254字。

（岩罕丙）

我放去吃草了

傣族笑话故事。流传于西双版纳傣族自治州。讲述的是：有一男子，家庭富有，衣食无忧。有一天，姐夫来找到他，说，小舅啊！姐夫家那边生活状况比较困难，想求你要头驴去做种，过两天姐夫拿钱来给你。他却说，姐夫，驴我放出来吃草了，你明天来吧。第二天清早，他怕姐夫来拿驴，天没亮就把驴放出去吃草了。然后吩咐儿子说，要是你姑夫来就请他到楼上坐，要是问你父亲去哪里了，你就说去朋友家打牌还没有回来；问你母亲去哪里了，就说去赶街了；问我们家驴去哪里了，说放到山上吃草了。对儿子说完后，带着媳妇就出门了。没多久，姐夫就来了，见到只有侄儿在，就问，你妈妈去哪里了？他答，妈妈去朋友家打牌还没有回来。又问，那你家的驴去哪里呢？他答，去赶街去了。接着又问，那你爸去哪里了？他答，被我放到山上去吃草了。姐夫听了又气又好笑。无奈，只能空手而回了。玉香搜集、整理。收入《西双版纳报》傣文版，1987年12月26日第四版，1页，370字。

（岩罕丙）

弯管枪救了自己的命

傣族笑话故事。流传于云南普洱景谷县傣族地区。讲述的是：天下很不太平，强盗横行，住在坝子里的傣族百姓，经常被从山上下来的强盗们抢夺财物。有一次，强盗又到寨子来抢东西了，人们奔走相告，寨子里一位勇敢的大汉，灭掉明子火，提起长刀跳了出去与强盗们打斗。这时，一伙强盗已经进到自家的院子里，他迎上去与强盗厮打了起来。刀枪碰撞、金星四溅，为了让家人能跑远一些，他使尽全力抵抗着，无奈自己势单力薄，几个强盗把亮晃晃的长刀和铜炮枪对准了他。情急之下，他翻过围墙躲进堆放稻草的地里。强盗们越过围墙穷追不舍，大汉急得没命地绕着几个大稻草堆奔跑，后面追赶的强盗傻乎乎地也跟着他转稻草堆子，转了这堆转那堆。大汉跑得晕头转向，心想：看来这次是死定了，况且我还砍了强盗头目一刀，他们肯定不会放过我了。于是，一边跑口中一边"不陀、不陀"地念起佛经来。突然间，他急中生智，大声叫喊他的大儿子："岩哎岩，你父亲死活也就这回了，不要管我了，赶快拿出弯管枪朝这里打过来……"那些追赶他的强盗懂一点点傣语，听到这话就想：他家有弯管枪，那么子弹肯定也会转弯飞过来要我们的命，算了吧，逃命要紧。于是，吹了声口哨，强盗们就跑得无影无踪了。这个大汉呢，以为强盗还在后面追杀他，拼命地转了一整夜，直到天亮了，大家看见他跑得脸色发绿，脚在颤抖，站立不稳，非常可笑。他的老婆过来搀扶他时，他对老婆说："娃他妈，我还活着耶？"若得在场的人们哈哈大笑。收入《景谷傣族民间故事》，汉傣双文版，32开，2页，905字，景谷傣族彝族自治县傣族文化协会编，2014年3月发行。

（依旺的）

一根筋

傣族笑话故事。流传于西双版纳傣族自治州。讲述的是：有一男子，人家给他取名"岩巴溜"。有一天，妻子让他去买把伞，他就问，现在家里的伞谁用，新买的伞谁用，如果妻子不说明白，他就不去。妻子说，原来家里的旧伞你用，新买的伞我用。说完，男子就出门去买伞了。买伞回来的路上下起了雨，他就拿着伞往后跑，路人见问他，为啥有伞不用。他说，这是妻子的伞，我的伞在家。回到家全身湿透，感冒了。妻子就说，你怎么不打这把新伞呢？他答道，你都不对我上心，要是你早说打新伞，我就早打了。收入《西双版纳报》傣文版，1989年1月14日第四版，1页，279字。

（岩罕丙）

用镰刀射鹿

傣族笑话故事。流传于西双版纳傣族自治州。讲述的是：从前有一农夫，带着镰刀出门去割茅草。他去茅草丛时，见到有一只鹿睡在茅草丛中间，农夫心中懊悔没有带枪出来，回家拿枪怕鹿跑了，丢镰刀又怕不中，想了想就把镰刀丢向睡着的鹿，镰刀不偏不倚地插在鹿的屁股里。鹿疼得跳起来，在茅草丛中乱蹦。镰刀的把手裹着茅草，茅草越来越多，鹿挣扎不掉，不久就累死了。农夫带着鹿肉回去了。岩光搜集、整理。收入《西双版纳报》傣文报，2000年5月18日第四版，1页，230字。

（岩罕丙）

伊安藏盐

傣族民间故事。流传于文山壮族苗族自治州马关县傣族聚居区。讲述的是：有一天，伊安背着背篮到街上买了十斤盐巴，背回到半路，在叫茭瓜塘的地点休息。茭瓜塘中水清见底，水草绿茵茵的，只见几只青蛙在水中游泳。伊安这时忽然想起：糟了油壶落在街上卖盐巴的店里，为了不被别人看见，他赶快把装着盐巴的背篮藏在长满水草的水塘里，然后跑回街上，去提油壶。当他提着油壶来到茭瓜塘，发现藏在水草塘里的背篮，空荡荡地漂在水面上，不知道盐巴到哪里去了。于是，他跑回家中拿来盆子，一口气把塘子里的水舀干，左找右找还是不见自己的盐巴，却见一只青蛙蹲在那里抹着嘴巴。伊安骂道："怪不得，是你偷吃了我的盐巴！"于是找来一根绳子，把青蛙捆住，用树枝拼命抽打那只不幸的青蛙。白开达讲述，董品尧记录。收入《文山州傣族民间故事集》，16开，1页，281字，云南人民出版社2016年1月版。

（张元波）

掩耳盗铃

傣族笑话故事。流传于西双版纳傣族自治州。讲述的是：有一男子看到别人家的门口挂着一个铃铛，颜色好看，很是喜欢。他知道这个铃铛手一碰就会叮玲叮玲地响。他寻思，铃声只是耳朵能听到，要是先捂上耳朵，人家不就听不到了。然后他就用手捂住双耳，准备去盗铃，还没有等伸手，铃铛就响了，这样就被人家撞见了。刀勇明搜集、整理。收于《西双版纳报》傣文版，1999年3月13日第四版，1页，153字。

（岩罕丙）

占便宜

傣族笑话故事。流传于西双版纳傣族自治州。讲述的是：有一女子，每次都想白吃别人的，一天，她去集市看到一个卖猪肉的，她就跑去用手捏肉，翻来翻去，捏来捏去，直到她的双手都沾满了猪油，然后对卖猪肉的说，你家猪肉不好。就走掉了。回到家，她赶忙把手洗到水缸里，然后对她丈夫说，这下我们有一年猪油吃了。她丈夫就生气地说，如果你去咱们家的水井里洗，我们这一辈子都有猪肉吃了。收于《西双版纳报》傣文版，1999年6月2日第四版，1页，196字。

（岩罕丙）

治驼背

傣族笑话故事。流传于西双版纳傣族自治州。讲述的是：有一名医生，他说可以治疗驼背，能让背直起来。有一个驼背听到了这个消息，就来找他医治。那个医生检查了以后，拿出两块木板，一块平放在地上，让驼背平躺上去，然后把另一块木板压在胸前，用绳子绑起来固定，就这样绑了一下午。然后解开绳子拿掉木板，背真的直了，可驼背的胸骨已断，心脏也停跳了。岩那搜集、整理。收入《西双版纳报》傣文版，1991年12月25日第四版，1页，210字。

（岩罕丙）

嘴大说大话

傣族笑话故事。流传于西双版纳傣族自治州。讲述的是：有三个爱说大话的人，有一天，三个人赶集回来，到一棵树下乘凉，其中一人就说道，我见到一口大锅，很大，百人吃三天饭都吃不完。第二个接着说，我见到一个大瓢，那瓢舀起的水，可以装那两个锅。第三人说，我见过一个葫芦，锅也装不下，那瓢也兜不下。那时，有一农夫在旁边除草，听了就想笑，然后大声说：我见过一人嘴很大，上嘴唇到天，下嘴唇到地。那三人就问，那么那人的脸该有多大啊？农夫说，那人没有脸，只有嘴，说着大话。岩糯搜集、整理。收入《西双版纳报》傣文版，2005年10月26日第四版，1页，320字。

（岩罕丙）

召法弄和他的奴仆

傣族笑话故事。流传于云南普洱景谷县傣族地区。讲述的是：很久以前，勐卧有一位召法弄，背上长了一个特大的肿瘤，活像背着一个大土锅，肿瘤发作时，疼得召法弄忍不住大哭大叫。那些年，人们只会用一些草药之类的小单方，下人们谁也想不出什么好主意来减轻召法弄的疼痛，只能轮流来帮他吹一吹，让他感觉好一点而已。无论白天还是晚上，都得有人帮他吹，还要轻轻地，不能使劲吹。所有的男女奴仆侍候他都轮流好几遍，大家都累坏了。一天晚上，轮到一个比较诚实的男仆来吹那个大肿瘤了。吹到半夜，这个男仆困得不行，忍不住打起瞌睡来，可召法弄很疼，就用烟锅头轻轻地点点他，被弄醒后没吹几下他又睡过去了。召法弄继续点了点他，这个疲惫的男仆一下子火冒三丈，他对准召法弄的肿瘤猛击了一拳，当时疼得召法弄死去活来，并大叫让人把值夜的这位奴仆绑起来。这位奴仆听到后，赶紧逃跑了。过了一段时间，召法弄觉得背上的肿瘤好了很多，想想前面疼得要命，短短几天的时间居然就好起来了，兴许是被那一拳给打好的吧。于是，召法弄又差人去把那个奴仆找回来，并重重赏了他。收入《景谷傣族民间故事》，汉傣双文版，32开，2页，658字，景谷傣族彝族自治县傣族文化协会编，2014年3月发行。

（依旺的）

十三、善恶有报故事类

不孝女的报应

傣族民间故事。流传于文山壮族苗族自治州马关县傣族聚居区。讲述的是：有一个老爷爷，十分疼爱自己的儿子、孙子，但是到老的时候，腰摔断了，体弱多病，每到吃饭的时候鼻涕口水不停地淌，他的儿媳妇看见了，骂他像猪狗一样又脏又讨人嫌，还总是骂老人："老不死的！"只要丈夫不在家，她就搬弄是非，甚至不给老人吃饭。但是老人的孙子十分喜爱爷爷。有一天，狠心的媳妇唆使丈夫骗老人到山上表示要活埋老爷爷，被孙子发现，成功劝说放弃了。他俩又赶着牛车返回家。只见坏女人边大骂、边顺手将在门边地上的弯刀捡起，劈头就朝牛车上的老人砍了过来。只听一声霹雳，坏女人被劈为两截，变为全勐最臭的臭屁虫。董陶氏讲述，董品尧记录。收入《文山州傣族民间故事集》，16开，2页，1136字，云南人民出版社2016年1月版。

（张元波）

恶有恶报

傣族民间故事。流传于文山壮族苗族自治州马关县傣族聚居区。讲述的是：很早以前，老咪涛有两个儿子，大的叫依岩，小的叫依尼，都先后成了家，有了孙子孙女，按理说是该享清福的时候了。但随着老咪涛越来越老，别说做事，就连平常的生活都难以自理。这时，两个儿子开始商量老人的供养问题了，最后两兄弟商定让老人一家待一年。轮着依尼养的那年，由于遭受洪灾，收成不好，粮食只够吃半年，吃饭也由原来的三餐变为两餐，到后边的几个月，一天都吃不上一餐饱饭，这样下去，连咪涛的命都难保了。唯一的办法只有和哥哥商量，让咪涛去和他们住上一段时间，到收粮时接回来住。可怎么说依岩就是不答应，依尼只好含泪回家，天天找野菜充饥。望着咪涛被饿得面黄肌瘦，小两口只有暗地流泪。好心的二媳妇依月还回娘家拉鸡来杀给咪涛吃，而他们还是只吃野菜度日。有一天，依尼杀了一只鸡，想留一半过几天再做给母亲吃，没料到被猫叼了掉进尿桶里了。依尼急得几乎要哭了，忙把掉进尿桶的鸡肉捞出来，洗了一遍又一遍，煮给咪涛吃。次日，依尼到地里做活，突然天上乌云滚滚，雷声大作，下起了瓢泼大雨。他躲到地边的一棵大树下避雨。一阵阵大风把大树吹得东倒西歪，最后把大树连根刮翻。接着雨也停了，天也晴了。依尼仔细一看，树坑下一片白花花的银子。他脱下身上的烂衣服，把银子包着回家。此后，全家精打细算，过上了如意的生活。依岩见弟弟的生活一天比一天好，甚至还超过了他的生活水平，就开始眼红起来，问弟弟怎么有这么大的变化，依尼把整个过程如实告诉依岩。依岩假惺惺地叫人把咪涛抬到他家，并去杀鸡给他妈吃，故意把半只鸡肉丢进尿桶里，又捞出来煮给他妈吃。之后，还没等他到地里劳动，天上一声巨响，就被雷劈死在路上。黄勤芬讲述，白家祥记录。收入《文山州傣族民间故事集》，16开，2页，672字云南人民出版社，2016年1月版。

（张元波）

金葫芦

傣族民间故事。流传于文山壮族苗族自治州马关县傣族地区。讲述的是：在一个村子里有一对姓柏的老夫妻，老来得子给孩子取名柏大和柏二。柏大与同村女孩结为夫妻。待父母双亡后，两兄弟分了家。柏大夫妻只分给了柏二一间牛圈和一粒苞谷种子，十分刻薄。后来在乌鸦的带领下，柏二到一个山洞拿到了一个金葫芦，金葫芦显灵让柏二一下子就变成大富翁。柏大照着弟弟的方法，同样也拿到了金葫芦。可惜，金葫芦没有给柏大金银珠宝，反而让他的鼻子变得像大象的一样长。只好求助弟弟，用金葫芦的威力，把他的鼻子缩回去。最后用力过猛缩成一个空洞，不见鼻子伸出来。柏大只好像医生戴口罩一样用白布把鼻子遮住过日子。良心坏的人，自会遭到恶报的。高天培讲述，董品尧记录。收入《文山州傣族民间故事集》，16开，3页，2571字，云南人民出版社2016年1月版。

（张元波）

两个老庚

傣族民间故事。流传于文山壮族苗族自治州马关县傣族地区。讲述的是：很早以前，有两老庚赶马做生意，一个叫依召，一个叫依定。头一两年他俩的关系一直都很好，生意也顺风顺水。后来，依召认为自己做生意的时间比别人早，理应发大财，由于生意理念不同就与依定渐生嫌隙，各自分开了。依定踏踏实实地做生意，生意越做越好，引起了依召的嫉妒。依召设计陷害依定，让好友依定多次滚到了山崖下，摔伤了手脚。有一次，依召也不小心摔到了山崖下，被众多的豺狼虎豹一拥而上当作大肥猪给吃了，依召连骨头都没剩一根，真是恶有恶报。张世富讲述，白家祥记录。收入《文山州傣族民间故事集》，16开，3页，2675字，云南人民出版社2016年1月版。

（张元波）

两哥弟

傣族民间故事。流传于文山壮族苗族自治州马关县傣族地区。讲述的是：很早以前，有哥弟俩，大的叫岩弄，小的叫依罗。岩弄从小狡猾，斤斤计较，其父母在世时对他的言行深感头痛。后来分家，贪心的大哥将全部财产划为己有，弟弟只分得几只小鸡。头几天，那些小鸡白天老鹰叼，晚上野猫又来拖，剩下的两只小鸡是他的唯一财产。有一次，他抓到一只来偷鸡的大花野猫，依罗不仅没杀野猫，反而还为野猫医治伤口。后来，在野猫的帮助下，依罗过上了幸福的生活。岩弄想借用弟弟的野猫发财，结果发财梦破灭，把野猫打死了。有一天，岩弄拉着猪提着鸡到野猫坟上献，还假惺惺地哭了半天。哪知，刮起了大风下起了大雨，接着，掉下碗口大的冰雹，把岩弄活活砸死，变成一堆烂泥巴。张世富讲述，白家祥记录。收入《文山州傣族民间故事集》，16开，2页，1978字，云南人民出版社2016年1月版。

（张元波）

男人讨奶吃石头开口笑

傣族民间故事。流传于文山壮族苗族自治州麻栗坡县傣族地区。讲述的是：一家两弟兄，他们都先后安了家。哥哥嫂嫂十分吝啬。有一年，弟弟向嫂嫂家借一碗肉去祭献祖宗，被不懂事的小孩吃了两片肉，待还回去时被嫂嫂看出来遭到白眼。于是兄弟家夫妻俩发奋努力，在长满茅草的山坡上，发现一个一间房子般大的石头，张着口，口里有无数的银元宝。二人只捡了两三个，扛着茅草就回了家。这样，他们有了元宝，再加上勤俭操持，没多少工夫，生活远远超过了哥哥嫂嫂家。他们得元宝的事，很快就被哥哥知道了。于是，哥哥也假惺惺地装作割茅草，到了大石头那里一看，石头嘴里真的有很多银元宝。可是他太贪心，拿了好多还不罢手，"叭！"的一声响，石头嘴巴闭拢了，正好把他的手给紧咬住，出不来了。于是，他的妻子从此每天为丈夫送饭。有一天，丈夫说"我与你夫妻一场，想不到落到这个地步。这样吧，让我喝你的奶一口，以后你也别管我了!"听丈夫这样说,这女人果然解开衣扣,俯下身,把奶头放进丈夫嘴里。石头见这情景,忍不住哈哈大笑。石头一笑,丈夫被夹住的手也扯出来了。鲍正团讲述,周正贵记录。收入《文山州傣族民间故事集》,16开,2页,1045字,云南人民出版社2016年1月版。

（张元波）

女孩杀魔

傣族民间故事。流传于文山壮族苗族自治州麻栗坡县傣族地区。讲述的是：有一天,清风习习,阳光明媚,一女孩顺风逐蝶,到万丈清潭旁,见不远处草坪花开,就来采花簪发。树丛中,女魔见女孩又白又嫩,欣喜若狂,到她身边,笑着说："小女孩呀,我要吃你的肉,你知道吗？"女孩见了妖魔,毫无畏惧,眨眼动眉,回看清潭一眼,娇声娇气,说："你刚才的歌舞,十分丑陋！与我相比,天上地下！"于是女魔就与女孩比起跳舞的技术。小女孩面朝万丈清潭,唱一句,走两步,唱两句,走四步。歌声悠扬,在山间回荡。女魔见了,如痴如醉,且歌且舞。舞到万丈潭边,趁女魔得意忘形,毫无戒备之时,蜜蜂蛰魔,蝴蝶助女,将女魔推入万丈清潭。女魔落水,沉入水底,死了。女孩笑了,引领蝴蝶、蜜蜂,在红花绿草间,同歌同舞,欢快无比。刘德荣记录。收入《文山州傣族民间故事集》,16开,2页,585字,云南人民出版社2016年1月版。

（张元波）

行善的伊门

傣族民间故事。流传于文山壮族苗族自治州马关县傣族地区。讲述的是：召勐有两个儿子,大儿子叫伊门,小儿子叫伊包。伊包从小骄横,作恶多端,讨人咒骂；伊门经常劝说弟弟应做一个善良的人,让大家喜欢的人。后来,伊门得到一个金宝盒,想要什么金宝盒就吐出什么。伊包见了十分喜欢,设计残害自己亲哥哥并得到了金宝盒。

哥哥得到神仙救助活了过来,事情传到父王那里,父王要把伊包丢到大河里喂鱼。伊门听了以后,赶快求父王放了弟弟。伊包看到哥哥这样宽宏大量,痛悔自己所做的坏事,把宝石拿出来交给哥哥,求父王宽恕。父王说："以后跟你哥多学点,多行善,洗心革面,做一个真正的好人。"董再芳讲述,董品尧记录。收入《文山州傣族民间故事集》,16开,4页,2558字,云南人民出版社2016年1月版。

（张元波）

伊郎与伊木

傣族民间故事。流传于文山壮族苗族自治州马关县傣族地区。讲述的是：从前有两个人认朋友,会要点小聪明的那个,人们叫他伊郎；对人诚实的那个,人们叫他伊木。两个朋友都相约在锦库节时去串小卜少,遇到合适的人,他俩都相继结婚成立了家庭。伊木家日子过得十分幸福,伊郎就设计陷害。有一天,伊木挑着四腿黄牛肉去赶集遇到了远房的老虎亲戚,老虎亲戚让他拿回了好多金银财宝回家,从此生活富裕。老虎送金子的消息,很快地传进伊郎的耳朵里。他照着伊木说的方法,到寨子旁边捡回了四小腿生了蛆的瘟猪肉装成伊木给老虎送去。被老虎识破不是伊木后,刚要逃走,虎丈夫猛扑过去,将他撕得粉碎。祸害朋友祸害弟兄心怀鬼胎的人,终归害了自己。陶白氏讲述,董品尧记录。收入《文山州傣族民间故事集》,16开,3页,2463字,云南人民出版社2016年1月版。

（张元波）

依月和依玉

傣族民间故事。流传于文山壮族苗族自治州文山市马关县傣族聚居区。讲述的是：很久以前,有家人的前娘后母各生了一个姑娘。大姑娘名依月,其亲娘被后娘行骗用断肠草毒死,无亲娘的依月在苦水中泡大。到十七八岁时,长得楚楚动人。

她生性温顺，心地善良，为人厚道，任劳任怨，常帮鳏寡孤独的老人挑水和缝补衣服。民间的刺绣，裁缝工艺，她学得门门精通，样样在行。后妈所生的姑娘年纪比依月稍小，取名依玉。依玉生得也标致，但学得和她妈一样，好吃懒做，心黑恶毒，总想算计别人，常做伤天害理之事。娘俩在家中总是借故刁难和苛刻依月。后来依玉设计陷害依月，事情败露，知道自己罪不容诛，慌忙跳水死去，结束了她罪恶的一生。白董氏、杨文凤讲述，董品尧记录。收入《文山州傣族民间故事集》，16开，5页，4693字，云南人民出版社2016年1月版。

（张元波）

十四、鬼怪故事

岩盼斩女妖

傣族民间故事。流传于文山壮族苗族自治州马关县傣族地区。讲述的是：在傣族的一个勐冬里，有一个穷小伙子，人们都叫他岩盼。岩盼从小就练就了一身的武艺。后来他利用自身的武艺上山斩除蛇妖，为乡亲们除害，恢复傣乡的平安，并与美丽的傣族姑娘囡罕阿妹结为夫妻，人们祝福岩盼与囡罕终于喜结良缘。白刀氏讲述，董品尧记录。收入《文山州傣族民间故事集》，16开，3页，3180字，云南人民出版社2016年1月版。

(张元波)

斗鬼记

傣族民间故事。流传于文山壮族苗族自治州马关县傣族地区。讲述的是：有个名叫依门的人，生得很壮实，他可以把石碓窝提起来像转陀螺一样地玩耍，老虎见他会发抖，雄狮见他远远躲开。依门的同村有个叫依宝的人，生得面黄肌瘦，四肢无力，生性胆小懦弱，遇事百依百顺。有一天，依门扛起一把斧子走到一座山上去砍柴，碰到山鬼威胁。依门毫不畏惧，大战山鬼，山鬼被打得遍体鳞伤，趴在地上，只得求饶。过了几天，依宝又来到依门来过的这座山上割草，山鬼旧病复发，又来骚扰依宝。依宝被吓破了胆，回到家乖乖地准备了丰盛的菜饭，长年累月地祭祀那可恶的山鬼，不敢有丝毫的懈怠。鬼怕恶人，鬼欺弱人，此话不假！董再芳讲述，董品尧记录。收入《文山州傣族民间故事集》，16开，1页，844字，云南人民出版社2016年1月版。

(张元波)

两姊妹

傣族民间故事。流传于文山壮族苗族自治州文山市马关县傣族地区。讲述的是：有姊妹俩长大以后，命运各不相同，大姐伊囡嫁在了穷人家，四十多岁就成了可怜的寡妇，一个妇人领着三个会吃不会做活计的娃娃，一年到头吃了上顿无下顿，生活十分困苦。为了度日，经常要东家借粮，西家借盐，这样来充饥为生。妹妹伊唤命运好，嫁到富人家，钱粮充足，吃不愁穿不完。为了生活，伊囡经常到妹妹家借粮、借钱度日，并经常遭到妹妹的白眼。后来，姐姐得到神灵（一条大蛇，大蛇会吐出好多金子）的救助，日子慢慢好了起来。坏心眼的妹妹决定用姐姐说的办法去山上背金子，被蛇缠住身子，咬死了。刀白氏讲述，董品尧记录。收入《文山州傣族民间故事集》，16开，4页，2262字，云南人民出版社2016年1月版。

(张元波)

十五、断案故事

到底是谁的金烟锅头

傣族断案故事。流传于普洱景谷县傣族地区。讲述的是：有两位富翁，本来是很好的朋友，可是，有一个嫉妒心比较强，由此而引发了矛盾。有一天，两人结伴出去游玩，一位富翁的金烟锅头落在树荫底下了，被嫉妒心强的那位富翁捡到。嫉妒心强的这位富翁不仅没把金烟锅头还给自己的好朋友，还想占为己有，并不知羞耻地大摇大摆抽起来。金烟锅头的真正主人很生气，叫来召勐评理。召勐当场就叫嫉妒心强的那位用金烟锅头装烟和抽烟，由于东西本来就不是他自己的，所以，他装起烟来笨手笨脚，抽烟的时候也咳个不停。召勐见状，当场就把金烟锅头判给它原来的主人了。而嫉妒心强的这位富翁，羞得无地自容，只能灰溜溜地跑了。收入《景谷傣族民间故事》，汉傣双文版，2页，966字，景谷傣族彝族自治县傣族文化协会编，2014年3月版。

（依旺的）

两个卜嘎

傣族断案故事。流传于普洱景谷县傣族地区。讲述的是：有两位卜嘎（商人）是好朋友，人们叫他们大卜嘎和小卜嘎。小卜嘎诚实厚道，大卜嘎贪财狡猾。有一次，小卜嘎要出去做生意，把自己的金银财宝寄存在大卜嘎家。可当他做生意回来后，大卜嘎还给他的是一袋木炭，金银财宝被大卜嘎私吞了。两人为这事闹到召勐那里，请召勐为自己主持公道。召勐就说："……你小卜嘎心术不正，所以你的金子银子才会变成木炭；他大卜嘎如果心术不正，小儿子会变成猴子。你还是回去吧，不要再去为这点事情争吵了。"小卜嘎听出召勐话中有话，什么都不说就回家了。过了几天，小卜嘎像没事儿一样到大卜嘎家，并把大卜嘎家的小儿子带到自己家里玩。天黑的时候，大卜嘎向小卜嘎问要自己的儿子，小卜嘎抱着一只猴子还给大卜嘎，并说那就是他的儿子。大卜嘎信以为真，以为那只猴子真的就是自己的儿子，就急忙把自己偷拿的金银财宝还给了小卜嘎。收入《景谷傣族民间故事》，汉傣双文版，3页，767字，景谷傣族彝族自治县傣族文化协会编，2014年3月版。

（依旺的）

谁是房子的主人

傣族断案故事。流传于云南省西双版纳傣族自治州傣族地区。讲述的是：有个人出门去做生意，请一个朋友来帮他看家。几个月后，他回到家里的时候，那个朋友叫他出去，说这个家是他自己的。两人争执不下，就告到召勐那里。召勐说，谁能说出这房子的特点，就是谁的。那房子的原主人说："我盖房时，有一半柱子是用梅花芳树（这种树的中心是红色的）做的。"召勐派人去一查，果然不错，就将房子还给原主人。佚名讲述，岩糯叫、刀国昌翻译，朱宜初整理。收入《傣族民间故事选》，32开，300字，上海文艺出版社1985年版。

（阿南）

先割下你的舌头

傣族断案故事。流传于云南省西双版纳傣族自治州。讲述的是：有个人去放马，马跑了，捉不到，他叫戛莫尼涓帮他去追。戛莫尼涓追马时，伤了马的脚。那人就要戛莫尼涓赔马。戛莫尼涓说："是你叫我帮你去追的呀。"为此，两人争执起来，于是到了召勐八西煞母克那里。八西煞母克对那个人说："你要人家赔马也可以，不过你得先割下你的舌头。"佚名讲述，岩糯叶、刀国昌翻译，朱宜初整理。收入《傣族民间故事选》，32开，1页，250字，上海文艺出版社1985年版，

（阿南）

召玛贺断案（一）

傣族断案故事。流传于云南普洱景谷县傣族地区。讲述的是：有个名叫咪罕朗的寡妇，无儿无女，她很想有个孩子来养老。一天，她看见一个少妇抱着一个可爱的孩子从她面前走过，便动起了歪脑子。她走过去从少妇的怀中把小孩子抢了过来，无论孩子怎么哭都紧紧抱住不放，少妇回过神来抢孩子，咪罕朗却死皮赖脸地说这是她的孩子。两个妇人争来吵去，拉拉扯扯闹个不休。来看热闹的人越来越多，听她俩说是在争抢孩子，在场的人都给弄糊涂了：天下还有这样的怪事，在场的谁也没法帮她俩。一些好心的人就建议她俩去找召玛贺评理。召玛贺听了两人各自的陈述，就接过孩子对真假母亲说："你们两个各站一边，我叫到你们，再过来抱孩子"。咪罕朗站在东边，孩子的母亲站在了西边。一会儿，召玛贺说可以来抱孩子了。两人几乎同时跑过来抢孩子，只见咪罕朗不管三七二十一，活像拉一截木头一样使劲地拉住孩子，而孩子的真正母亲怕弄疼了孩子，便放开了手，坐在地上伤心地哭起来。这时，召玛贺就对众人说："这个孩子的母亲就是坐在地上大哭的妇人。"然后转身对咪罕朗说："咪罕朗哎，你心术不正，连狗都不如。这件事如果由官人来断，肯定把你送入牢房。你赶快回去吧，歪门邪道的事不要做，牢记佛祖的教诲，行善积德，多做善事。"这边母子团聚了，少妇抱着孩子跪拜感激召玛贺，人们十分敬佩召玛贺的断案方法，赞不绝口。收入《景谷傣族民间故事》，汉傣双文版，32开，2页，711字，景谷傣族彝族自治县傣族文化协会编，2014年3月发行。

（依旺的）

召玛贺断案（二）

傣族断案故事。流传于云南省德宏傣族景颇族自治州的傣族地区。讲述的是：一个过路的人，傍晚时，到一户人家借宿，那家人膝下无儿无女。两老打量了一下来人，心想他肯定带了不少银两，于是就让他住下了。第二天，天刚亮，过路人准备出门，发现银两不见了，就问主人家。老两口一口咬定：没拿过银两。过路人说："昨晚我睡下的时候，银两明明还在，除了你俩还能有谁拿。"老两口始终不承认。过路人没办法，就找到召玛贺。召玛贺问明了情况后对他们说："你们双方分别抬衙门前的大鼓绕寨子三圈后放回原位，明天早上你二老先来抬。"次日老两口抬着大鼓，一前一后地走着，觉得越走越累，鼓也越来越沉，绕了两圈后累得气也喘不过来，于是就互相埋怨对方，夫对妻说："我已经说过不能拿，你非要拿，你瞧现在受罪了。"妻子："谁知道会是这样。"老两口步伐蹒跚，埋怨不断，绕完了三圈，已累得气喘吁吁。第二天，召玛贺召集双方，讯问了抬鼓的经过，就说："钱就是你两口子偷了，在你俩抬鼓的时候你们已经招供了。"老两口无话可说，只好拿出钱还给过路人。佚名讲述，孟尊贤搜集、整理、翻译。收入《德宏傣族民间故事》，32开，2页，约700字，德宏民族出版社1993年版。

（金小所）

召玛贺断金锁链纠纷案

傣族断案故事。流传于云南普洱景谷县傣族地区。讲述的是：一天，一位富翁家的儿媳妇戴着一条

很漂亮的金项链去逛街，被她的一个好朋友看见。这位好朋友是个贪心之人，看见富翁儿媳妇的项链很漂亮，就起了坏心眼儿。她走到富翁儿媳妇的跟前，故作寒暄。在富翁儿媳妇没有防备之时，把那条金项链扯下来戴在自己的脖子上，并在大街上嚷嚷说金项链是自己的。两人为此而闹到召玛贺那里，希望找召玛贺给自己评理。召玛贺听了事情的经过，让那个少妇把金项链取下来，看了又看，又凑近闻了闻，发现这个金项链上有一种特殊的香味。他问抢金项链的那个少妇说："你是拿什么东西来包这个金项链的，怎么会这么香啊？"那少妇答道："尊敬的召玛贺，在下是用千种草千种花熬制成了香水，每晚不间断地浸泡到天亮，所以就有了这个香味……"这时，召玛贺不耐烦地打断了她的话："好了，我已经知道了，你就不用再说了。"说完，他问富翁的儿媳妇："你说这是你的，那香味是怎么来的？"富翁的儿媳妇说："这个金项链是我婆婆送我的，她老人家从香樟木盒子里拿出来亲手给我戴上的。"召玛贺听完她的讲述，把寨子里的长老们都叫来，请大家闻闻这个金项链到底是什么香味。长老们把金项链闻来闻去，大家一致说："只闻到了香樟木的味道，其他什么味也没有。"这时，那个抢金项链的少妇脸发红，心发慌，捂着脸飞快地溜了。召玛贺把金项链还给了它真正的主人。收入《景谷傣族民间故事》，汉傣双文版，32开，2页，912字，景谷傣族彝族自治县傣族文化协会编，2014年3月发行。

（依旺的）

条目汉语音序索引

A

条目	页码
阿哥阿妹不分离	239
阿哥阿妹要成婚	235
阿哥爱阿妹	240
阿哥不见情人来	244
阿哥不像官家人	236
阿哥不小气	241
阿哥的金芒果熟了	241
阿哥的媳妇	243
阿哥的心比太阳热着呢	239
阿哥的心意	242
阿哥等不到天黑哟想来串妹家	243
阿哥等不得天黑	238
阿哥跟在妹后头	244
阿哥会情人	245
阿哥家中想要个缝衣人	235
阿哥讲真话	237
阿哥来串寨子	242
阿哥慢慢来教我	242
阿哥没有落脚处	242
阿哥身边的阿妹	239
阿哥深林中砍牛千筋	235
阿哥生来就命苦	236
阿哥送妹红丝线	238
阿哥抬脚难进门	235
阿哥嫌妹生得丑	240
阿哥想逗妹来笑	243
阿哥想妹就来串	245
阿哥想妹如同上酒瘾	238
阿哥想要妹的花手帕	238
阿哥想要早成家	239
阿哥心想阿妹	243
阿哥永远在你身边	242
阿哥走路心想妹	244
阿罕启发傣	123
阿雷汗罕	144
阿雷汗罕	324
阿銮的由来	17
阿銮弓关	407
阿銮和楠凤唤	408
阿銮吉达贡玛	407
阿銮麦戛	407
阿銮莫协罕	143
阿銮南波	408
阿銮尚堂	408
阿妹不要哄阿哥	236
阿妹不要嫌妈多说	235
阿妹不要嫌妈多说话	241
阿妹出嫁不要怕羞	185
阿妹的歌声甜	238
阿妹的话说出来像甜蜜	237
阿妹的情人	239
阿妹的心事	244
阿妹的心思变得快	262
阿妹的心思好比母鸡要下蛋	237
阿妹的心像鸭心思	237
阿妹好看又好瞧	236
阿妹既然有情人莫再引阿哥	293

阿妹来敬酒	241
阿妹来做哥情人	244
阿妹莫要走小路	243
阿妹呢悄悄话哟装进烟盒中	238
阿妹让哥猜不透	240
阿妹送哥信情物	240
阿妹像棵墙头草	237
阿妹像一只小花鸡一样睡得早	240
阿妹要出嫁	185
阿妹要做个好媳妇	236
阿妹已有心上人	185
阿妹哟，为何不到我的身旁	242
阿妹有爱就要说出来	236
阿妹在远处	243
阿妹找到好情人	239
阿暖和他的弓箭	143
阿尚哈利阿銮	406
阿推卡葛挖	24
阿姨们的祝词	199
哎木混	436
哀悼词	166
哀悼情人的歌	245
哀腊哀双卯	478
艾都嘎达	436
艾杠嘎驱鬼	84
艾怀挎	320
艾货罗康的故事	525
艾济和依也	319
艾腊	319
艾鲁西	475
艾冒雷阿銮	406
艾柁西哈	436
艾哇和"婻少"	475
艾哇与"婻少"的父亲	475
艾亚扎和朗萨娅	319
艾再盼当召勐	476
爱吃肉的将官	323

爱打猎的首领	391
爱的碑文	246
爱的诺言	245
爱害龙	323
爱慕的情话	245
爱情歌	246
爱情之树不要让风吹断	245
爱挑唆的人自己倒霉	439
爱占卜的沙铁	439
鹌鹑胜秃头鹫	525

B

巴阿伦的传说	3
巴底嘎布达欲与佛祖打赌	391
巴塔麻嘎捧尚罗	141
叭阿拉武开辟西双版纳	23
叭鲁	18
拔刺词	208
拔刺歌	209
霸王鞭治便秘的发现	588
白傣的来历	23
白虎阿銮	144
白麂子的故事	527
白莲之歌	246
白鹭和猎人	526
白马鬼	84
白水牛	324
白头翁	527
白头翁的故事	25
白头翁与百灵鸟	527
白兔姑娘	324
白象	526
白象塔与白象的传说	77
白象舞的传说	85
白鹦鹉阿銮	409
"摆汉勐"的由来	85

拜佛	479	变扎贡帕	4
拜老庚	209	别把妹丢在大雾里	247
拜年祝词	200	别离歌	208
拜新年	199	别人宴请回敬祝词	208
班利达的烂锄头	391	丙野山名的由来	45
斑鸠的启示	442	并蒂莲的传说	25
斑鸠和秧鸡的故事	528	并亚罕塔阿銮	409
斑鸠叫半坡	247	波古	441
邦冷寨	45	波洪沙树	25
棒亥哏的来历	45	波玛	325
包头和木屐	478	波陶雅勐	114
宝棍	441	波玉苏射麂子	606
宝角牛修炼宝角的石洞	25	播种歌	226
宝马和宝衣的故事	478	薄薄的纸张寄托浓浓的思念	247
宝珠不见了	479	卜冒歌	274
保山卧佛寺的传说	26	卜少的心（一）	273
报恩的大黑牛	529	卜少的心（二）	273
贝叶信	113	不爱的男人	208
背柴虫	527	不会编箩的女婿	440
被偷的黄牛	479	不会说话与会听话的人	440
逼嫁调	314	不听大哥言，吃亏在眼前	508
鼻里的蚂蟥出来了	587	不听父母劝说的老四儿子	84
比叶和侬二	325	不孝女的报应	617
毕娜欺哝傲	442	不要管别人吹冷风	246
悲朗岛吹给知音听	113	不要忘了橄榄果	587
避蚊物	606	不正经的和尚	439
边达瓦滴阿銮	409	布谷鸟的讲述	527
编成藤帽的药	587	布谷鸟在林中叫唤	246
蝙蝠的故事（一）	528	布憨咪（一）	440
蝙蝠的故事（二）	528	布憨咪（二）	440
蝙蝠干巴治好了喘咳病	587	布康豪	18
蝙蝠和夜鹰	528	布桑嘎西、雅桑嘎赛	141
蝙蝠为什么天黑才出来	528	布桑戛西与雅桑戛赛	3
扁米的传说	26	布施和受戒哪个重要	391
卞宫达阿銮	408	布养夫妇和女儿	441
变牛教子	523	布召法和布召岭	3

C

猜虫歌	305
猜调	305
采茶歌	226
采花调	249
采蜜	249
彩虹（一）	325
彩虹（二）	326
菜味能闻得走吗	443
残疾人两兄弟	326
惨遭恶报的首领	368
苍蝇的叹息	530
苍蝇和它的蛇朋友	529
苍蝇追逐不义之财	480
草果的传说	581
插花	250
茶花姑娘	581
拆旧屋建新房——建瓦房祝贺词	204
拆散了的爱情	282
"馋"姑爷和"小气"岳母	445
馋的不是我而是你	481
蝉为什么没有肠子	530
忏悔词	203
长臂猿为什么不下地	529
长颈鹿的由来	529
长颈鹿和山羊	529
尝新米先给狗吃的传说	85
唱歌驱魔贺新房	85
唱给远嫁的姑娘	249
称棉花	480
趁着鸟兽未醒的时候	249
吃菌歌	209
吃糯米粑粑	606
吃螃蟹脚	480
吃酸角	248
池塘里的宝石	480
赤脚大仙的传说	27
充饥歌	209
臭发姑娘	325
臭鸟	530
出船经	200
出嫁调（一）	186
出嫁调（二）	186
出嫁歌	185
出猎歌	166
出门学本领的四个小伙伴	443
出七个太阳	480
出洼之夜	247
出远门对妻儿嘱咐词	209
初恋歌	249
除虫调（一）	166
除虫调（二）	166
除妖记	40
处理小偷	443
处女调	248
触摸到什么拿什么	481
穿尖勾绣花鞋避邪的来历	86
穿牛鼻子歌	226
穿衣调	210
传递过葫芦信的南木河	27
船形鞋的来历	86
串姑娘歌（一）	248
串姑娘歌（二）	248
串寨调	210
串寨歌	248
吹雀蛋	309
"春欢"花园的由来	46
春节贺新郎新娘祝词	205
春节致衙门贺词	200
从来没有听说过的话	442
从深箐里淌下的沟水	247
从小哥就爱上你	247

条目	页码	条目	页码
从夜飞的蝙蝠得到的启发	588	打青苗的由来	87
聪明才智与聪慧计谋	443	打水歌	210
聪明的放牛娃	443	打跳之歌	227
聪明的猴王	392	打鱼歌	227
聪明的喃妃妲撒丽	444	大鹌鹑和老虎	532
聪明的女儿	482	大白牛女儿的故事	327
聪明的青蛙	530	大地的由来	4
聪明的首领比不上云游四海的生意人	508	大冬瓜	327
聪明的兔子	531	大毒药狗闹花的故事	589
聪明的乌鸦	531	大风吹下来的树叶	588
聪明的小阿哥	250	大河边瀑布与金象的传说	26
聪明的小蛤蟆	531	大火烧天	18
聪明的岩摩纳	444	大火烧天	210
聪明的依月	482	大老婆与小老婆	327
聪明的召勐	444	大力士扁帕	46
聪明的朱腊波提	481	大力士犁地	4
聪明人的故事	445	大囡与二囡	482
聪明商人班利	444	大糯米变小米的由来	582
搓火草线调	226	大青树	581
		大青树和芦苇	581

D

条目	页码	条目	页码
		大树情	250
		大树作证	482
达和坡的传说	47	大巫师看卦	327
达烘楠海	328	大象	531
达那共佐阿銮	410	大象报恩	326
达掌	28	大象的故事	532
答谢歌	167	大象与老鼠	531
打苍蝇	483	大象与小猫	532
打柴阿銮	410	傣家滴水的由来	91
打柴的穷小伙子成为驸马爷	328	傣家堆沙泼水节的由来	120
打捞雀的来历	533	傣家儿女赶花街	252
打僚的由来	86	傣家男人喜好文身的由来	90
打猎歌	226	傣家人放高升	91
打洛"竜山"的传说	27	傣历年的传说	90
打洛传说	47	傣涨情歌八首	252
打洛祭祀勐神的传说	86	傣族坝子的来历	135
打洛南兰河的由来	47	傣族不打红鸟不砍红椿树的来历	89

词条	页码	词条	页码
傣族尝新节的来历	89	第一本俄刹经	392
傣族吃新米不洗碗的由来	89	点水雀的讲述	532
傣族的来历	21	点水雀的胸前为什么有个黑点	533
傣族斗笠	89	点水雀和水鸡	533
傣族姑娘镶金牙的来历	91	吊脚楼的来历	28
傣族叫魂的来历	92	掉进深水塘无人救	251
傣族叫魂拴红线的由来	88	迭密芒建	392
傣族男子为什么要文身	90	订婚拴线祝词	186
傣族青年纳格里的讲述	329	丢包	87
傣族为什么有倒背手的习惯	91	丢包场上的情歌	251
傣族文身的由来	91	丢个石头试水深	482
带饭包回娘家的来历	87	东那、芒费寨名的由来	47
戴红帽子	329	东那佛寺高僧周二长老	127
戴孝帕的来历	93	东永寨名的由来	47
丹秀	328	洞景佛塔的传说	78
担心调	251	洞苏洞列佛塔的来历	77
担心脚步听不到	251	都得鞠躬	483
旦巴大堤嘎	533	都嘎达姑娘赕佛	392
荡秋千（一）	305	都嘎达与首领	329
荡秋千（二）	305	斗鬼记	621
荡秋千（三）	305	斗鸡	328
荡秋千（四）	306	斗楼梯歌	166
刀比斧快，孙子胜过儿子	508	斗殴歌	210
刀代的宝剑	123	毒心哥哥	534
到底是谁的金烟锅头	622	独脚鬼和主人	607
登登	88	断案	483
等待钟情的凤凰	251	断尾的狐狸	534
等贺城镇的混等王	127	堆沙节	88
等桑海	87	堆沙节和泼水节	88
滴水成歌	92	堆沙塔节贺词	167
滴水词	168	对瓶喝酒	607
滴水歌	168	对山歌（一）	250
滴水习俗的由来	92	对山歌（二）	250
滴水祝词（一）	168	对私人"摆"的祝词	200
滴水祝词（二）	168	对新郎新娘祝词	186
地球的传说	4	对远嫁姑娘的送别歌	251
弟弟找哥哥	523	多嘎达兄弟	445

多哈巴任那阿銮	410
多乐鸟的故事	533
多走访了解民情	127
朵哈阿銮	410
朵哈苏玛纳阿銮	409

E

娥并与桑洛	144
恶并不可怕只怕犟脾气	446
恶鬼欲害心善人	392
恶有恶报	617
鳄鱼的死	534
恩爱夫妻众人夸，歪心两口挨人骂	508
恩将仇报	534
儿女情	252
儿媳的职责	446
儿子与儿媳	363
耳聋与胆小鬼	607
二十头牛换一捆草	589
二十五千朵花	446

F

法占弟阿銮	411
凡事多思考	446
饭下地板	608
饭甑阿銮	412
房顶上掉下来的药	589
房形头帕的来历	93
纺棉花歌	227
纺线调	227
纺线调	228
纺线歌	211
纺线歌	254
放鞭炮习俗的由来	94
放高升	201

放高升的故事	93
放高升调	201
放孔明灯歌	200
放牧	306
放生	394
放生得福	394
放鸭娃的故事	330
飞天阿銮的故事	411
分鹿头	483
分钱不公的寡妇	446
分手歌分离得相逢	253
丰水歌（庚南莱）	227
风吹云散不见妹	253
风神雨神	393
风俗情诗	253
凤凰	535
凤凰短歌	254
凤凰姑娘	518
凤凰花还没开	254
凤凰花开赶花街	254
凤凰情诗（一）	253
凤凰情诗（二）	253
凤凰情诗（三）	254
凤尾竹公主	330
俸改的故事	330
佛离开果占壁	393
佛陀点孽根	393
佛为什么不说话	393
佛祖弟子误吃斋饭	393
佛祖做过饭的勐阿坝子	48
夫妻坟堆	48
夫妻俩	447
夫妻树的故事	94
夫妻温泉传说	28
夫石与妻石	28
伏魔阿銮	411
扶山调	197

腐木冲舟	484
父母恩情歌	210
父母思子歌	211
父亲生孩子	484
父亲与儿子	484
复山修坟祈祷词	169
副歌（gem fan 男唱的问调）	254
富贵不相忘	447
富人长两双眼	447
富人鸿运至，富上加富名远扬	509
富庶小调	255
富翁的心思	608
富翁夫妇转世成蛇	394
富翁下地狱，猪牛上天堂	394
富翁选媳当家	447
富翁指财路	447
富裕时想得到，贫穷时想抛弃	509

G

《嘎拉蚌》	395
该撒秧	306
改过的巴力奶	394
盖房唱歌	95
干树桩姑娘	331
甘草和鱼相克的讲述	590
甘哈邦莫万	211
甘蔗和蜂蜜哪样好吃	485
甘蔗皮做药的发现	589
赶摆的歌	260
赶花街	95
赶麻雀歌	306
赶马人献的药草	591
赶鸭要赶到池塘边	261
敢捧	169
敢塔古里	334
橄榄的故事	450

钢小克硬铁，利斧破铁木；人小不可欺，常常命搭上	509
高脚竹楼的由来	135
告别歌	255
告别家乡歌	212
告别诗	255
哥不嫌弃	257
哥哥啊你为何那样胆小	259
哥哥啊你一定要回来	259
哥哥龙	95
哥哥盼着拴线的时辰	259
哥哥心里没有一点分枝分岔	259
哥哥心中只有苦与涩	260
哥妹不分开	257
哥妹撮合成一对	257
哥妹分离人分心不分	258
哥妹分离如同隔张纸	258
哥妹今生难成对	255
哥妹两家只隔一堵墙	258
哥妹是一家人	257
哥妹同饮一江水	256
哥妹要分手	258
哥妹一起过情人桥	257
哥是短尾的鹌鹑	259
哥想妹来望寨子	256
哥想上门当姑爷	256
哥想与妹吃香蕉	256
哥要走就慢慢走	258
哥有定情物要给阿妹	258
哥有相好的人	256
哥在家中想妹来	256
鸽子的脚为什么会红	537
割草老人发现的治瘊子药	591
割谷歌	228
蛤蚧叫雨	543
个子大好还是个子小好	535
各类菜	306

各种水果	306	姑爷和老丈人	449
给老虎送祝米	538	姑爷下神	449
给小孩拴魂歌	169	孤独的孔雀	538
哏吧	260	孤儿阿帕	519
耕牛歌	228	孤儿的牛	334
耿马地名的传说	46	古沙纳利树神帮朋友挽救家园	331
耿马三尖山的传说	28	古棕树的传说	518
弓和弦永远不分离	255	谷魂	10
公湖、母湖	485	谷魂奶奶	10
公鸡歌	306	谷神布岑塔	10
公鸡为什么天不亮就叫	535	谷子的粒为什么那么小	582
公鸡寨和母鸡寨	48	谷子的由来	11
公朗村的芒洋和芒玉寨名的由来	49	谷子和稗子	582
公朗村芒朵寨名的由来	49	顾京宛	15
公牛生儿的故事	484	寡妇的白水牛	334
公牛下崽	485	寡妇发现的排石药	590
公主山	49	寡妇发现的杀虫药	590
公主山	49	拐走姑娘之歉词	212
功德重于山	331	关累传说	50
龚麻腊别学医	124	关门歌	211
龚麻腊别学医的故事	591	关门节不串姑娘的由来	94
贡彼拉阿銮	412	官栋相阿銮	412
贡麻与玛尼	145	光身鸟	535
贡玛与玛尼	518	广恩的传说	48
贡纳堤娃降临人间	5	广呼夕	29
狗变首领，首领变狗（一）	333	广兰喊的传说	48
狗变首领，首领变狗（二）	333	鬼的由来	334
狗王劝诫首领	395	鬼借酒罐	333
狗为何见猫就咬	536	鬼哭坪的由来	50
狗为何只有一条尾巴	536	鬼妈妈	307
狗为人看家护院的由来	536	滚转佛塔的来历	78
狗为什么愿意跟人在一起	536	锅货鸟	537
咕噜鸟	537	锅武鸟	537
姑娘，你忘不了我	260	国师考验守戒	449
姑娘成人礼祝福歌	169	果那瓦阿銮	412
姑娘生来爱捡螺蛳	260	过河歌	211
姑娘哟！祝你们幸福美满	260	过河求安词	201

过拉第阿銮	413
过年泼水的传说	94
过年杀猪的来历	95
过桥	448
过桥	608

H

哈努	592
哈努姑娘的遭遇	592
海罕	451
海螺山（汇获发）	30
害人反而害己	451
憨儿子	452
憨人有憨福	338
含哈的故事	335
含线调	228
含羞草	582
喊宝贝	264
喊定喊别	264
喊人魂调	170
汉、傣、景颇族是三弟兄	19
旱傣的来历	128
豪勇罕	13
好卜少人人夸	261
好吃的食物为什么苍蝇先得吃	539
好老庚害老庚，负心的老庚没良心	511
好贤妻	608
好像路人不认识	261
好心姐姐	414
号伦麦阿銮	413
喝酒、嚼槟榔规矩的由来	97
喝面瓜汤	609
何时才能相见	263
和亲母一样亲的继母	451
和尚与尼姑	396
河东芒巴领寨名的由来	50

河东芒那迁（芒缅）的由来	50
河水倒流的坝子	50
荷花池搬家	487
荷花姑娘	336
贺嘎相阿銮	414
贺年歌	201
贺派白象塔的来历	78
贺相过首领	20
贺新房词（一）	183
贺新房词（二）	183
贺新房调	183
贺新房短歌	184
贺新房拴线词	183
贺新房之歌	184
贺新年	201
贺信寨与户闷寨名的来历	51
贺扎嘎	337
黑翅膀的小鸟	307
黑老二变白老二	136
狠毒的首领	396
狠心的首领	336
哄鬼入罐	510
红宝石	145
红翅膀的小鸟	307
红河的传说	29
红河水倒流	261
红蚂蚁和蜂蜜	539
红尾鲤鱼的故事	336
洪水泛滥	10
洪水泛滥	212
洪水漫天	141
猴王的大鼓	337
猴王国获宝	337
猴子、织袋鸟和萤火虫	541
猴子的报应	540
猴子的屁股为什么是红的	540
猴子和鳄鱼	542

条目	页码	条目	页码
猴子和猎人	542	花香在于根	486
猴子屁股为何有红的疤印	540	花言巧语似利箭	538
猴子为什么是烂屁股	541	花腰傣的"花街"	97
猴子与山麻雀	541	花腰傣斗笠的传说	97
猴子与蜥蜴的故事	541	滑头狡辩	609
猴子与月亮	541	化食的槟榔	592
猴子与织窝鸟	542	划船经	201
厚道的阿銮	413	划龙船的传说	96
狐狸学狮子	543	划破象皮，不见伤疤	593
湖泊变成的勐遮坝子	51	欢乐歌	212
葫芦丝古歌	263	还魂草	335
葫芦小三弦的来历	114	还是做凡人好	450
葫芦信	146	换去换来老本都丢尽了	451
葫芦枕头	452	患难朋友	451
糊涂父亲的报应	452	皇帝与罕云	337
蝴蝶与蜜蜂	543	黄瓜花般的和尚哥哥	263
虎爸爸	523	黄国顺计败四圈官	124
虎蚌相争	540	黄国顺晋见岑毓英	124
虎骨治风湿是怎样发现的	593	黄牛胆里的"石头"	592
虎女	519	黄雀落在树枝上	264
虎皮斑纹的来历	539	黄瑞玉单身探虎穴	124
虎王、牛王为什么被狐狸吃掉	510	黄鳝借蛇的银子，受苦受罪的是青蛙	511
虎王牛王为什么被狐狸吃掉	539	灰鹤和青蛙	539
虎形洼	51	回家吧伙伴们	228
虎咬人	212	回门调	187
虎应在牢里，人应在外面	336	会唱歌的猫和会吹"必"的人	335
互尊互敬受人夸，目空一切被人嗤	510	会飞的谷子	11
花蝉阿銮	413	会说好话鬼也会来帮忙	335
花儿情歌	262	会忘记的药	450
花公鸡叫	262	毁灭森林，宫殿倒塌	487
花棍舞的来历	96	婚礼词	188
花卉情诗——萨你之歌	262	婚礼歌（一）	188
花街节的由来	96	婚礼歌（二）	188
花街节里对山歌	262	婚礼拴线祝词	187
花蛇王	145	婚礼祝词	187
花手帕	263	婚礼祝福歌	187
花筒裙的来历	135	婚礼祝酒词	188

婚誓	263	祭谷神词	173
婚宴赕佛祝词	188	祭鬼词	171
婚宴祝词	187	祭画神多兰嘎	100
混散造天造地	5	祭幻化王神祭词	174
混社与混沃	338	祭家神词	173
攉水要见底，真假明事理	511	祭猎神	172
火的由来	114	祭龙的由来	99
火将燃沙滩，公象将下崽	510	祭竜节	99
火雀飞来歇高枝	261	祭驴子	99
火烧山	307	祭勐神祝词	173
火塘祷告词	169	祭情	265
		祭神调	173

J

		祭水歌	172
		祭祀地方神辞	174
饥不择食尝出的良药	593	祭太阳歌	171
机智阿銮	414	祭太阳神的来历	99
鸡、鸭、鸽子学飞行	544	祭亡人滴水词	172
鸡的传说	544	祭献月亮歌	172
鸡告状	544	祭月亮神	172
鸡冠花的由来	583	祭寨神勐神	173
鸡和鸭	544	祭祖调	172
鸡换鸭	488	祭祖宗祷告词	174
吉打	340	家庭祝贺词	202
吉利词	189	戛川的本领	486
吉祥日子幸福日子	184	嫁别歌（一）	190
即即糯把甲　甲甲糯把即	346	嫁别歌（二）	190
嫉妒的南快河	32	嫁女之歌	190
麂子的颜色为什么是血红的	545	尖达巴佐	147
麂子歌	215	尖石头的来历	30
麂子上树	346	捡芒果	307
季节歌（一）	213	见死不救非朋友	452
季节歌（二）	213	建勐建寨传说	128
季节歌（三）	213	箭毒木的发现	594
既然要分手	264	箭毒木的讲述	594
继母	453	江东大芒费寨脚，住户叫"芒别"的由来	53
祭拜水田念辞	174	江东新寨，傣语叫"芒杭"之说	53
祭谷魂调	172	讲卫生	307

搅乱奘房的寡妇	453	金罐子	341
叫动物魂	171	金龟佛塔的传说	79
叫儿歌	213	金和尚阿銮	417
叫谷魂	98	金葫芦	343
叫谷魂（一）	170	金葫芦	617
叫谷魂（二）	170	金葫芦生万物	5
叫谷魂（三）	170	金虎、银蛇、宝猴	340
叫谷魂词	171	金花香	264
叫谷魂的来历	97	金黄牛阿銮	415
叫谷魂的由来	115	金鸡的故事	452
叫黑姑娘魂	170	金孔雀	147
叫魂词	171	金孔雀傣族	342
叫鸡魂	171	金孔雀的故事	115
叫牛马魂调	171	金苦果阿銮	416
叫人歌	213	金鹿记	519
接儿媳歌	190	金鹿塘的传说	52
接骨药是怎么发现的	605	金鹿舞的传说	98
接新娘歌	190	金螺姑娘	148
接子歌	202	金螺蛳的故事（一）	344
结拜朋友歌	214	金螺蛳的故事（二）	344
结婚酒歌	189	金马鹿	31
结婚拴线词	188	金莫宪姑娘	396
结婚拴线的来历	98	金纳丽	148
结婚祝词	189	金牛记	345
姐等贺的混等王	21	金桥	343
姐姐和妹妹	345	金青蛙阿銮	415
姐妹找水	345	金色的铓锣	115
姐闷掌	52	金沙江二十九个望娘滩的传说	31
姐木塔的来历	79	金狮塔	79
解谜	488	金石榴沙铁	341
解脱（《洛戛皮结》）	396	金饰花姑娘	341
借谷种	488	金笋银笋	343
借眼珠	488	金藤条的故事	52
金不换	487	金头发阿銮	416
金钉花公主	342	金乌龟	148
金发阿銮	417	金乌龟	344
金罐银罐在田地里	453	金项链	345

金象的儿子	342	警世经书	215
金熊王	343	敬供歌	175
金牙齿阿銮	417	敬贵客	214
金牙齿阿銮	418	敬酒歌	214
金牙象	147	敬酒歌	214
金崖阿銮	418	九颗宝石	147
金岩羊阿銮	415	九颗宝石	340
金眼黄牛的故事	415	九颗珍珠	146
金野猫	343	九颗珍珠	338
金银洞	341	九隆王	19
金银花阿銮	416	九弄斗蛟龙	338
金鹦鹉与召贺罕	545	九曲宝石	487
金鱼阿銮	416	九十万妖魔	339
紧要关头才说话	545	九尾狗	339
锦库节的传说	100	九尾水獭	543
进新居祝贺词	184	九亿湖	51
京比迈	202	九肘长的扁箩	339
经商不如种田	453	酒的来历	397
精明的商人	454	酒宴调	189
景戈白塔的来历	80	酒醉歌	214
景谷民乐白象寨名的由来	54	旧城龙塘的传说	30
景谷县城于南漳气河，傣语叫"南安"之说	52	旧时的求亲词	189
景洪——黎明之城	54	救动物有福，救人得祸	511
景洪曼听的故事	53	救母记	524
景坎佛塔的传说（一）	79	就阿夏大医师	125
景坎佛塔的传说（二）	80	蕨蕨和鱼	583
景讷祭祀勐神的传说	100		
景糯曼该却	54	**K**	
景糯曼纳扁	54		
景糯曼浓恒	53	卡星	197
景亚丽与南达纳	149	开财门调	215
景真八角亭传说	80	开天辟地	6
景真典故	53	开秧门	228
景真湖——孔雀公主戏水的金湖	31	砍芭蕉不要砍到心，骂人不能骂到宗族根	512
景真祭勐神的故事	100	砍柴调	229
景真曼恩的传说	54	砍柴歌	229
景真曼撩的传说	53	砍刺蓬来围波萝蜜树	512

砍香蕉树	610
砍竹节巴碗	474
扛柴的传说	101
可惜迟了	265
可以做凳子的胃病药	594
刻船捞手镯	610
孔雀姑娘	32
孔雀和梅来哈	101
孔雀舞的传说	101
口含玉的姑娘	346
哭哀歌	215
哭夫调	265
哭嫁歌（一）	192
哭嫁歌（二）	192
哭娘调	198
哭丧调（一）	198
哭丧调（二）	198
哭丧调（三）	198
哭死马	489
苦冬瓜和苦弟弟	594
苦命的阿妹	192
苦命调	314
苦命汉	314
苦行僧救王子和三个动物的故事	346
苦行僧舍身救幼虎	397
裤子去哪儿了	609
葵花的传说	583

L

拉扁寨的由来	56
拉木歌	229
拉鱼塘	490
腊人最早开辟耿马的传说	129
蜡千油万供奉僧侣	102
来生变成一只燕子	266
来生缘	266

崃冒腊山的故事	34
崃门的传说	56
癞蛤蟆和老虎	551
兰嘎西贺	149
兰嘎西贺	347
兰嘎西货	347
拦门歌	191
蓝石阿銮	419
澜沧江上的龙桥	355
懒惰的猫头鹰	552
懒惰女人与痢疾药	596
懒汉说懒话的后果	457
懒小伙与金芒果	351
懒岩三智娶富家女	490
朗巴罕	352
朗宝换仙女	351
朗娥与桑洛	520
朗欢三养	353
朗京布	353
朗坎罕	353
朗来恩和朗章嘎	352
朗伦与金野猫	150
朗麻晃秀（绿桃子姑娘）	419
朗美暖	351
朗朋萨瓦迪	397
朗腿罕	151
朗珍与岩文达	457
劳克銮阿銮	419
劳作歌	229
老雕为什么爱吃臭肉	550
老和尚打岩哇	489
老虎、叭拉西和兔王	550
老虎抱蛋	308
老虎打水一场空	548
老虎和螺蛳、青蛙	549
老虎和猫	546
老虎和青蛙	489

词条	页码	词条	页码
老虎和兔弟	549	良马阿銮	418
老虎和小兔	546	梁河进新房词	184
老虎和啄木鸟	548	两弟兄分水牛	349
老虎脸	546	两对夫妻	455
老虎为什不吃水牛	547	两朵云彩	265
老虎为什么吃黄牛	546	两哥弟	618
老虎向猫学艺	548	两个"奸诈"的商人	455
老虎与老鼠斗象	547	两个卜嘎	622
老虎与水牛打赌	546	两个老庚	618
老虎与召腊西	550	两个老庚互相教种田	455
老虎知牛恩	547	两个老庚抢生意	349
老虎做梦得吃牛肉	547	两个吝啬鬼	610
老黄牛和大老虎	549	两个朋友去看相	455
老猎人的女婿	454	两个人一念之差谁能得"佛"	456
老竜郭大爷	125	两个商人	455
老人守护果园	610	两个王子	128
老人与虎	348	两个丈夫	349
老人祝词	202	两勐战争与止血药	595
老人祝词	215	两女嫁蛇	349
老书传奇	454	两匹白马	34
老鼠会吃犁铧吗	454	两坛金子的来历	350
老佟坡的来历	33	两兄弟	350
老鹰吹笛的故事	348	两兄弟分家	128
老鹰叼小鸡	307	两兄弟分家	136
老渔夫	349	两兄弟和老虎	610
垒石歌	229	两兄妹与长尾巴狗	348
厘俸	165	两姊妹	621
厘俸	350	晾线调	229
离别歌	266	列秀的来历	116
离别歌	266	猎人变富翁	351
离别歌	267	猎人的尴尬	398
离开宝座	490	猎人的花枝	102
离娘调	191	猎人和母猴的故事	551
离三次婚的女人成为王妃	456	吝啬的富人	397
礼敬歌	265	吝啬夫妇	457
礼物	489	吝啬富翁	397
力气大的小伙子	101	吝啬鬼	350

条目	页码	条目	页码
灵验宝贝	456	螺蛳姑娘（一）	354
令达玛阿銮	418	螺蛳姑娘（二）	355
"留头发的和尚"和老虎	456	螺蛳姑娘（三）	355
六月新年来到了	202	洛金花情诗	266
龙	102	洛双花，请听我唱歌	266
龙卜冒	520	落山的太阳	267
龙池的来历	33	落水的蚂蚁	551
龙洞的传说	32	落寨歌	215
龙哈传说	55		
龙罕	55		
龙女的传说	520		

M

条目	页码
龙女石	33
龙桑与南娥	150
龙舌兰	583
龙塘地名寨名的由来	55
龙竹为什么低头	583
龙走水干蜂搬家	33
陇川江和南宛河的故事	34
楼前屋后的良药	595
露苦鸟为何没尾巴	552
陆坤	55
鹿的本事	550
鹿茸的故事	595
潞江坝情歌	267
鹭讲鸟与小兔	551
鹭丝与小鱼	551
鹭鸶啊鹭鸶	308
鹭鸶帮鱼搬家	552
鹭鸶的脖子为什么是弯的	552
驴、蟋蟀和蝼蛄的故事	551
绿宝石的传说	102
绿翠鸟的歌	352
绿豆雀和象	512
绿叶诗	267
銮列銮短	141
螺蛳公主	354
螺蛳姑娘	151

条目	页码
麻达杜利阿銮	421
麻风乞讨歌（一）	216
麻风乞讨歌（二）	216
麻风乞讨歌（三）	216
麻鸡斗大象	553
麻雀救谷种	11
麻雀与老鹰	556
麻蛇和青蛙	554
麻坦果将掉鸟又去碰，月光将暗又被乌云遮	512
麻喔羞	422
马和鹿	553
马利占杀龙	356
马鹿的感叹	553
马鹿是谁打死的	490
马鹿舞的来历	116
马闷寨名的由来	57
马送来宝石的阿銮	420
马寨的传说	57
玛哈都阿銮	421
玛哈腊造天造地	6
玛哈瓦阿銮	421
玛朗的来历	584
埋龙山趣事得名	60
埋怨歌	314
买花线	268

641

买火柴	611	芒康渡口大叠水	35
买酒	611	芒拉寨名的由来	58
买马	611	芒冷寨名的由来	58
卖菜的大龄姑娘	398	芒连晒多坝朗的由来	59
卖东京叶的阿銮	420	芒冒寨名的由来	59
卖药	611	芒判养寨名之说（原址在景谷凤岗盐矿山脚，现已无人在此居住了）	59
满月拴线词	203		
满月拴线祝词	203	芒市坝断头山的传说	35
曼邦	67	芒旺寨的由来	57
曼边村的传说	66	芒旭寨名之说"芒就"	60
曼德勒肯轰	359	芒宗埠	356
曼栋村的传说	65	芒族寨名的由来	57
曼飞龙的传说	67	蟒蛇山的传说	68
曼贺廊村的传说	66	猫藏粪便	556
曼景兰传说	67	猫从何处来到人间	555
曼垒、曼真与真罕的传说	67	猫的嗓子内为什么会响	555
曼垒塔与芒果树的故事	82	猫儿上当	555
曼里传说	66	猫和狗的故事	556
曼领传说	67	猫和老鼠（一）	555
曼鲁、曼垒和曼真	68	猫和老鼠（二）	555
曼罗列的传说	66	猫和鹰的故事	556
曼埋奔村的传说	66	猫哭夜	271
曼弄登的传说	66	猫头鹰盖新房	554
曼暖叫传说	66	猫头鹰为什么嘴弯	554
曼糯兰祭祀寨神传说	103	猫为什么专捉老鼠	554
曼听传说	65	没牙的鬼	19
曼燕巨石	35	梅光德的传说	126
曼养	68	美丽的姑娘	268
漫洋湖和者夏湖的由来	36	美女翁玛旦娣	398
漫漾湖的传说	36	妹啊别嫌哥丑	269
芒罢德寨名的由来	58	妹从这里路过	269
芒等恩与晒银石之说	57	妹的歌声不清脆	269
芒果姑娘	355	妹的歌声真好听	271
芒果栽在水沟边	268	妹的心	269
芒孩寨名的由来	59	妹的眼泪	270
芒回寨名的由来	60	妹家寨子好大哟	270
芒卡寨名之说	58	妹妹像只金鹭	270

妹是湖里一朵花	270	勐先傣族向南迁徙的传说	24
妹是天上的月亮	268	勐醒"庄董"塔的由来	81
妹是一只花蝴蝶	269	勐牙迫	61
妹想哥想得发烧	270	勐养铓锣	117
妹想哥有四个时辰	269	勐遮曼阁公主石	29
妹想跟着阿哥走四方	270	勐遮曼果	61
妹在竹林中睡去	268	勐遮曼浆的由来	62
勐阿坝的传说	63	勐遮曼帕纳章恼的由来	62
勐巴拉纳西	357	蒙面情歌的来历	117
勐巴拉纳西首领的最小的儿子	357	蒙面情歌二首	271
勐班"椿木梁"的传说	130	蒙眼虫是什么变来的	554
勐板千男沟	61	孟定傣族始祖的传说	130
勐板塔的来由	81	迷惑人的谜	491
勐海水中佛塔的传说	81	蜜蜂	118
勐海与岩海的掌故	64	棉花的来历	136
勐罕传说	64	缅桂花	151
勐罕的传说	62	缅桂花姑娘	357
勐罕景先塔的传说	81	缅桃树为什么蜕皮脱壳	584
勐户弄塔的来历	81	缅西呼哈达	358
勐换的传说	61	咩达吧拉迷	357
勐混	65	篾牌的由来	584
勐混曼少塔的传说	81	民乐划归景东的传说	129
勐宽的由来	63	民利村"芒就"寨名的由来	56
勐腊与佛祖泼茶的传说	63	民利村芒东那寨名的由来	56
勐两的传说	62	民族是怎样分开的	129
勐两祖先的来历	21	明将邓子龙平三尖山之战	130
勐龙曼燕的黑狗水坝	61	明萨帝绨死	358
勐龙——做事过分之地	63	摸一切切不能摸虎须	512
勐仑传说	64	模仿	611
勐伦曼卓的由来	62	磨刀	491
勐麻寨名的由来	65	魔王学佛经	398
勐卯的来历	151	茉莉花开更好看	268
勐乃仙人洞来历	29	莫罕板花姑娘	357
勐提纳洼驾国	458	莫喊爽姑娘	458
勐通寨名起源	65	莫景罕阿銮	420
勐宛	64	莫菊些	125
勐窝村寨名的由来	63	莫菊些	356

词条	页码	词条	页码
莫亮喜花阿銮	420	南朵传奇	521
莫陆同护佛寺的由来	35	南娥洛桑	153
莫牙寨名的由来	60	南娥洛桑（召桑婻娥）	272
墨齿的传说	103	南瓜子和槟榔	596
墨斗的故事	136	南乖凤	153
母鸡与大象	553	南景村芒中、芒玉晃的由来	68
母亲割颈自尽的阿銮	420	南兰章	71
拇指神童	422	南垒河的传说	37
木罕智斗恶魔	103	南慕木苹	152
"木鱼"的传说	34	南尼彩	359
沐浴日的由来	103	南尼与金凤	521
牧马阿銮	421	南糯山的由来	71
牧人	358	南松与曼妮	520
穆里佐达连阿銮	422	南天湖的传说	37
		南屯通	22
N		南窝妮	153
		南养江与怒江	37
哪端是根	492	难道孔雀不愿落在哥身旁	273
哪个要小娃快来拿	308	难忘歌	273
哪一端是桥头	492	难夕河	22
内心像干黄卷曲的草片	271	喃开发（一）	359
那家坟的传说	36	喃开发（二）	359
那棉鸭头白塔的来历	82	楠波冠	154
那年那月	272	楠嘎罕	360
纳龙雅孩	69	楠妙	154
纳勇水沟的传说	69	婻金波	360
娜布里嫁给了亮光瞎子"冒再"	458	婻三飘	37
娜莫勒和"召法弄"	131	婻细袜里	131
娜窝婚努	521	闹分伙	216
娜秀罕的故事	360	闹火塘	203
男女规劝歌	216	能射飞鸽的弓箭	492
男人生小孩	136	能识鸟兽语言的首领	361
男人十八般武艺，敌不过巾帼	513	能治风湿的芋头	596
男人讨奶吃石头开口笑	618	尼姑和琴的来历	19
南凹河和南达洲	71	尼罕	152
南布罕	359	你可愿献出喷香的蜜糖	272
南多佛塔来历	82	你也是属于我的	458

你这朵粉黄色的花啊	272		
年老还能修得福来做媒	271		
年轻棒	458		
年轻像棍，年长如桩	513		
撵鬼词（一）	175		
撵鬼词（二）	175		
撵山歌	230		
鸟叼茅草建房	557		
鸟姑娘	13		
鸟羽兽皮衣	361		
柠檬姑娘	361		
牛脖子下为何有一条白印	557		
牛肠该挂在谁的脖子上	492		
牛尿洗脸	491		
牛头山和土林	36		
牛为何没有上牙	557		
农夫的报应	398		
农妇救兄	458		
农具歌	230		
农历四月栽秧时节主人悄悄吃饭的由来	104		
"弄布徐"地名的由来	70		
弄晃和弄反	70		
弄龙	70		
弄相	69		
弄香额	69		
弄养祭寨神祷告词	175		
怒江和瑞丽江的传说	38		
女儿成婚祝福词	191		
女儿怨	252		
女孩杀魔	619		
女人歌	216		
虐待父母的报应	399		
诺帅战胜大象	557		
糯叫塔的来历	83		
糯拖雀吃花	273		

P

"帕罢"的传说	131
帕播良治痢疾的发现	596
帕罕	154
帕压贡玛	361
帕雅桑木底	142
帕雅召勐毒死自己	493
帕雅召勐和猩猩	558
怕拿村的由来	71
怕雨才戴笋叶帽	459
攀枝花调	308
盘巴歌	217
盘巴与雀女	155
盼	274
盼歌（庚贡）	274
盼啰鸟	558
盼日子歌（庚嗯嘤）	274
螃蟹夹指 冷水松钳	493
抛开烦恼径直往前不回头	274
抛弃首领的狗	558
跑烂鞋子来相亲	275
赔"二两"银误为赔两沟银的传说	132
配偶歌	217
朋友胜过亲儿	513
朋友与同胞弟兄	460
披着塔扇和蓑衣的盗贼	459
枇杷果	308
骗人的药治好了内伤	597
骗人精岩跳	437
平原和大海怎样变成的	38
坡地紫米不如田里紫米	308
泼水节	122
泼水节的传说（一）	120
泼水节的传说（二）	120
泼水节的传说（三）	121

泼水节的传说（四） …………… 121
泼水节的由来 …………… 122
破篾歌 …………… 230
菩萨脚印 …………… 38
菩萨说话 …………… 362

Q

七个兄弟 …………… 460
七女石的来历 …………… 39
七日祭祝词 …………… 175
七头七尾象 …………… 155
七箱银子与七仓谷子 …………… 460
七叶一枝花 …………… 597
栖霞热水塘的传说 …………… 74
欺骗别人反而害了自己 …………… 559
奇怪 …………… 399
奇怪的芒果（一） …………… 493
奇怪的芒果（二） …………… 493
奇怪的烟叶 …………… 597
祈求歌 …………… 176
骑虎 …………… 559
骑马者被狗咬伤 …………… 494
乞丐与狗咬药 …………… 597
起火歌 …………… 218
起死回生"药" …………… 462
起死回生的圣法 …………… 493
千瓣莲花 …………… 159
千瓣莲花 …………… 362
迁徙歌 …………… 217
荨麻为什么不烫狗 …………… 585
欠缺思考的首领 …………… 460
乔迁新房词 …………… 185
巧手下面水田绿 …………… 230
勤快人与懒汉 …………… 462
勤劳歌 …………… 230
勤学好儿童 …………… 311

青龙的传说 …………… 39
青蛙吃月亮与青蛙吃太阳 …………… 104
青蛙恋月亮 …………… 15
青蛙与公鸡 …………… 559
青蛙与狮子 …………… 559
轻信人言必上当 …………… 514
轻信谣言，好友同日亡 …………… 514
清清的南目安江 …………… 276
清早起来想阿妹 …………… 276
情调 …………… 277
情歌 …………… 277
情歌对唱 …………… 277
情歌对唱（一） …………… 276
情歌对唱（二） …………… 277
情歌寻情妹 …………… 276
情人箐 …………… 104
情丝 …………… 277
情系心爱的姑娘 …………… 278
请哥哥去找别的姑娘 …………… 276
请客 …………… 612
请客调 …………… 218
请客歌 …………… 203
请求词 …………… 176
穷人的故事 …………… 461
穷人家的孩子和小财主 …………… 461
穷人家无炊米 …………… 276
穷人没福运是命运安排，穷上加穷上苍相助
　也无法 …………… 513
穷人与富家子弟 …………… 363
穷时想寻死，富时想长寿 …………… 513
穷小伙子成为大臣 …………… 460
穷小伙子与富小伙子一起上山砍柴 …………… 363
求爱歌（一） …………… 275
求爱歌（二） …………… 275
求爱歌（三） …………… 275
求婚 …………… 275
求婚调 …………… 192

求婚歌	275
求亲歌（一）	192
求亲歌（二）	193
求亲歌（三）	193
驱鬼歌（一）	176
驱鬼歌（二）	176
取火记	137
娶两妻的猎人	363
劝诫经（布算朗）	207
劝说夫妻和睦	217
劝说寡妇改嫁	217
雀姑娘	13
雀谷鼠谷	11
雀屎谷	218

R

染红饭的来历	105
惹是生非之言害人不成反害己	514
热水塘	39
人毒没有伴	462
人类果	6
人模狗心的妇人的故事	399
人生劝教词	218
人说话的起源	560
人兴死的传说	105
人腰长出牛里肉	494
人与庙神	462
忍九次能坐金床	515
扔下阿哥做单身	278
日食和月食的传说	15
日食和月食的由来	105
日月歌	218
如妹妹允许	278
瑞丽江里为什么没有石头	40
若温奇遇	363

S

撒秧歌	231
萨哈亚阿銮	425
萨妮之歌	283
萨帕亚阿銮	424
赛场上看打陀螺不要动心思	284
赛经	498
赛龙舟的传说	105
三锭银子阿銮	423
三个波戈	463
三个孤儿	106
三个滑稽人	463
三个李子换大象	462
三个朋友	463
三个王子	364
三个王子选亲	365
三家苦——三丫苦	598
三颗金蛋	423
三七的传说	40
三色花	584
三十二条根的药草	598
三时香	156
三时香公主	365
三条鱼两个人	494
三尾螺	157
三弦的来历	106
三弦调	278
三弦情	278
三兄弟	521
三兄弟出世	494
三牙象	156
三月间的天气咋个兴那么冷	279
三支丝线	366
三只鹦哥	156
散蒙沙、散蒙细两兄弟	368

647

桑吉沙阿銮 …… 425	射麂子 …… 612
桑刊比迈（一）…… 16	射弄法 …… 132
桑刊比迈（二）…… 17	射太阳的故事 …… 6
桑勘节的由来 …… 107	身揣米饭粑粑的富人 …… 495
扫佛寺也得"佛" …… 401	神鹿 …… 369
扫墓祝福词 …… 178	神鸟传音 …… 41
僧人渡猎人 …… 401	神牛姑娘 …… 14
杀猪歌 …… 309	神奇的宝石 …… 369
沙达念阿銮 …… 424	神奇的牛角号 …… 369
沙拉甩 …… 178	升和尚拴线词 …… 204
沙里 …… 157	生怕人家嫌弃 …… 280
沙塔达拉吾图尖 …… 400	生娃 …… 612
"沙替"赔烂铁锅 …… 464	胜过猛兽的金钱 …… 465
沙子当做金，官家迷了心 …… 495	圣水的故事 …… 106
傻姑爷 …… 612	失恋歌 …… 280
山歌对唱 …… 279	失落的玉石 …… 280
山官卖自己 …… 495	失落的玉石 …… 280
山麻雀阿銮（一）…… 423	师父择婿 …… 465
山麻雀阿銮（二）…… 423	虱子和臭虫 …… 562
山上找火草之歌 …… 230	施肥 …… 498
山神树 …… 106	狮子、狐狸和黄牛 …… 565
山钥匙 …… 464	狮子和蚊子的故事 …… 565
扇子调 …… 220	狮子与老鼠 …… 565
尚瓦细阿銮 …… 424	狮子与夜莺 …… 565
烧白柴 …… 107	十贝在对岸，五贝在手中 …… 515
烧白柴的传说 …… 107	十波罗蜜的由来 …… 399
烧白柴节的由来 …… 123	十二个妻子的眼珠 …… 364
少女的歌 …… 279	十二个仙女 …… 364
少女奇遇 …… 560	十二马 …… 219
少月姑娘 …… 366	十二生肖共入人间 …… 560
蛇胆治风湿的发现 …… 599	十二位王妃的眼珠 …… 155
蛇和小臭鼠 …… 564	十二弦琴 …… 365
蛇和小鼠 …… 564	十二月的歌 …… 219
蛇闹阎王殿 …… 564	十二月风歌 …… 219
蛇吞美女 …… 368	十二月歌 …… 309
舍得歌 …… 282	十二月花歌 …… 219
舍利弗巧计教化母亲 …… 400	十二月盘歌 …… 220

十二月水歌	220
十月歌	309
石板村，傣语叫"芒染"的由来	72
石虎山	41
石榴花开	280
拾柴女	401
屎壳郎虫	563
屎壳郎的来历	563
侍奉双目失明老母的阿銮	401
誓言歌	284
收割调	231
守夜的狗	563
守蔗园	309
首领的毒酒	485
首领的儿子	331
首领的儿子学艺	332
首领的光头	448
首领的两个儿子	332
首领的梦	486
首领的诺言	95
首领的钱包	449
首领和喜鹊的故事	332
首领教子	523
首领考本领	395
首领口含杨梅	395
首领请人吹牛	485
首领赊金盒	395
首领偷瓜死，法律源于己	509
首领想得到"奇怪"这种东西	333
首领与穷人	448
首领责备羚羊	449
首领作表率	448
受伤黄麂找的止血药	598
瘦牛	425
书信捎去思念之情	281
数12调情歌（庚吧按埂）	283
数星星	498

数属相歌（庚按嘌）	221
拴牛魂	179
拴小魂歌	178
双角犀鸟	562
双手粗糙的女婿	465
双头凤凰鸟	366
双嘴鸟	563
爽少爽冒	283
谁比谁厉害	309
谁的妻子	497
谁都比不上妹妹漂亮	283
谁该让谁	496
谁和小娃来相亲	309
谁来安慰我	310
谁能忍则好，谁勤洗则白	515
谁能找到天堂牧场	367
谁是房子的主人	622
谁是金子的主人	497
谁是生母	496
谁是偷牛人	496
水蚂蟥、蚂蟥和蚊子从哪里来	562
水牛不能抬头望天、蚕怕打雷	561
水牛对巴编鱼的报复	561
水牛和黄牛	560
水牛犁田的故事	561
水牛屎阿銮	422
水牛为什么仇恨芭蕉树	561
水牛误传佛祖真言	561
水獭和小兔	562
水田与犁铧	562
水味甘美的南览河	72
水向沙告别	279
水蛭坟	41
水中月歌（庚文物南）	279
水着火	495
睡蒿子治好了摆子	599
睡觉歌	221

说谎的工具	496	送亲调	193
说亲歌	194	送亲调	193
丝线穿曲玻管	497	送情郎	281
思念	282	送情郎	281
思念	282	送水歌	220
思念出门的情哥	282	送戏神	178
思念调	282	送葬调	199
思弄法	22	送祝米词	177
死人报恩	367	送祝米调	220
死亡不等时	400	苏湖传说	72
死也得死，不死也得死	515	苏戒亚阿銮	424
死于私欲	400	诉苦调	314
死在家里	496	素情花公主	401
四个船商和四只猫脚的故事	464	嗦（蚊帐）的来历	137
四个聋子	613	酸多依摘来给阿妹尝	284
四个朋友	613	酸角树	284
四根金子和四颗玉石	464	酸鱼罐	369
四头龙	366	酸鱼罐	497
四王修佛经	399	算卦	613
松帕敏和嘎西娜	157	算卦先生信狗话	370
宋葩冕	426	碎米鸟打败大野象	565
诵洗寨子经	178	笋叶阿銮	425
送别歌	198	锁娜	41
送别歌	220		
送别情人	281		
送父母入天堂经	198	**T**	
送姑娘歌	194	塔冈南镇河妖的传说	83
送瓜得马、送马得瓜	465	塔静王子与朗帕焕公主	132
送鬼词（一）	176	塔龙布兰传说	83
送鬼词（二）	177	塔路盏朵阿銮	426
送鬼词（三）	177	塔糯庄龙传说	83
送鬼归来的拴线词	182	塔武相娥芒雅锡	402
送魂词	177	抬木头歌（一）	231
送魂调	177	抬木头歌（二）	231
送妹琴	281	太阳、月亮、五星	7
送女婿上门歌	194	太阳出没歌	315
送聘礼歌	194	太阳出没歌	315

条目	页码	条目	页码
太阳的传说	7	天干歌（庚发灵）	221
太阳公主	370	天狗吃月亮	107
太阳和月亮	137	天龙解救苍生	42
太阳和月亮	15	天上为什么有彩虹	17
太阳是公鸡叫出来的	7	天神宝剑	370
贪财的姑娘	466	天神英叭	142
贪财老者	465	天下数阿哥最悲伤	284
贪婪的老夫妇	371	天猪娶妻	566
贪婪的老头死于白银堆	371	天桌的由来	42
贪婪的酿酒人	372	田鸡救难	108
贪婪的人	372	田螺阿銮	426
贪心	371	挑花调	231
贪心的哥哥	372	挑花歌	285
贪心狗	567	挑前挑后不要挑错人	286
贪心婆	371	挑人不要挑寨	286
昙花开啦	310	挑选将领	466
弹得好听妹欢心	286	挑盐和骑马	499
檀香树	426	跳歌词	204
赕春节神祝词	167	跳老虎头	42
赕佛词	167	跳威风	204
赕佛延寿祝词	167	铁翎甲智胜大象	567
棠扇和棕蓑衣	568	听见阿哥的牛铃声响	285
螳螂与粪便	568	听说妹要来	285
烫鸡水治好了漆癞	599	听着笑声就知道是谁来	285
掏雀窝	286	同打一把伞	285
逃遁的"康豪"	12	同居一树荫，共享树下乐	499
陶氏迁徙歌	315	铜街的来历	72
讨酒歌	204	痛苦的期盼	286
套线圈调	232	偷婚的由来	73
腾冲云峰山舍身崖的传说	43	偷来之物，不会爱惜	499
藤子上结的"辣子"	599	偷米反得金子	373
替母死	567	偷情人	286
天边放牛想阿妹	284	偷一千罚一万	466
天赐的良缘	284	头杯敬家歌	222
天地本来是兄弟	8	头巾换鞋	614
天地打架	8	徒弟更名	466
天地的来历	7	土狗的故事	567

土司即位贺词	179
土司问亲词	179
土陶歌	231
兔惊众兽逃	566
兔子当大王，只用猫打三次呵欠的工夫	515
兔子的尾巴为什么是秃的	566
兔子和黄牛	567
兔子三瓣嘴的由来	566
退车马调	193
蜕皮草	372
蜕皮人藏身的池塘——暖朗	73
驼背老人	373

W

挖到金子的小伙子	375
挖井歌	232
洼低旦首领	467
弯根发芽竹笋长	289
弯根歇在田埂脚	290
弯管枪救了自己的命	614
玩黄花牛	310
宛达那阿銮	428
宛纳帕丽	159
宛信阿銮	428
万年青树根连根	287
万年青树上的月亮	287
万物皆如此，得寸会进尺	516
万相边勐	157
王后城的来源	73
王后诬陷大臣	467
王子、公主与白马	373
王子和猫姑娘	427
王子杀人，杀之无罪	499
忘情果	288
旺芒嘎那阿銮	428
为何蝙蝠到了夜间才出来觅食	571
为何不早来	287

为何凤凰不飞出	287
为何栽一样只得收一样	585
为失去的爱情而悲伤	287
为什么蝙蝠只有夜晚才出来	571
为什么傣家"波陶"的包头特别大	117
为什么老虎不住山沟深处	572
为什么树蚂蚁生活在树上	572
为什么水牛的嘴巴是圆的	572
为什么水牛角有凹凸不平的痕迹	137
为什么听见麂子的叫声就不出门串姑娘	109
为亡人滴水祝词	179
惟鲁塔射太阳	8
温帮与玛尾	374
文宫山石狮的传说	43
文身的传说（二）	109
文身的来历	109
文身的由来（一）	108
文身绣脚的典故	109
闻着肉香味，下光饭味道好	500
问答歌	222
翁帕罕	375
窝巴节的传说（一）	122
窝巴节的传说（二）	122
蜗牛和小蜜蜂	572
我的手帕你别丢	288
我爹到我外婆家坐月子	467
我放去吃草了	614
我俩的小日子	222
我俩尽情爱	289
我那美丽的姑娘啊	288
我配不上做他的新娘	288
我在梦里笑	288
我在梦里笑	289
我只盼望赶摆这一天	288
乌龟的讲述	568
乌龟和金鹿的故事	569
乌龟壳上为什么会有裂纹	569
乌龟求婚记	522

条目	页码
乌龟人	374
乌莱	158
乌沙麻罗	158
乌鸦、猫头鹰和啄木鸟	570
乌鸦告状	569
乌鸦和翠鸟	571
乌鸦和狐狸的故事	570
乌鸦和人的故事	571
乌鸦和渔夫	571
乌鸦和猪	467
乌鸦赖账	569
乌鸦与孔雀（一）	570
乌鸦与孔雀（二）	570
乌鸦与拖白链鸟	569
乌云会散去，明丽灿烂的日子会出现	287
巫师的故事	110
屋檐下的花雀	289
无辜的狗	467
无奈的兽王	402
无限的思念	287
无叶藤	585
无衣领的传说	108
吾必奎与九围大树	133
蜈蚣歌	222
五百只红猴	374
五百只金孔雀	428
五彩雀	568
五叉果枝的阿銮	427
五个猎人	402
五个指头想遮二十个洞	516
"五戒"的故事	402
五友争妻	374
勿吸食鸦片	222

X

条目	页码
西拉克达	403
西里娥乍	376
西双朗	376
希拉寨的传说	74
犀鸟钟情的由来	574
稀奇古怪	380
蟋蟀歌	224
席草寨的来历	74
洗房柱歌	223
洗火草调	232
洗脚	501
洗线调	232
洗衣果治好了怪病	600
洗澡歌	310
戏剧开演仪式祝愿歌	223
系长围腰的来历	98
细哈瓦阿銮	430
细拉炳扎凹阿銮	431
细纳娃嘎公主与帝沙娃纳神仙	431
细腿阿銮	430
细维季的故事	469
虾巴虫的来历	574
瞎眼山沟	74
瞎眼王子	521
瞎子两兄弟	368
下白雨	223
下凡滇池城调（庚档龙窝猛且）	290
下河摸鱼的猫	500
下雨歌	223
仙芒果	159
仙女米哈娜	379
仙人脚印	44
仙人石	43
先割下你的舌头	623
贤惠媳妇是怎样害死了婆婆	600
线秀	160
羡慕歌	293
献花词	205

653

献花歌	199	象王之子	377
献衣冠的来历	111	象牙公主	377
献灶君的来历	111	象牙姑娘（一）	377
相爱在心里	292	象牙姑娘（二）	377
相爱在心中	293	象牙塔奇缘	367
相逢在野外	293	象牙做篱笆的故事	468
相会调	293	像水牛角一样的藤钩	600
相络阿銮	430	小斑鸠	310
相勐	165	小卜少瞧上小卜冒女	303
相约	292	小卜哨的人材好	302
相壮阿銮	430	小卜哨瞧上小卜冒	290
香发公主	160	小淀花开	291
香发姑娘	379	小伙子的歌	291
香发姑娘	403	小鸡躲在酸角树下	290
香荷花姑娘	378	小鸡星	375
香荷花与三牙象	378	小老鼠和马鹿	573
香米阿銮	429	小老鼠与梅花鹿	572
香香屁	501	小猎人开辟易武	73
（香盐井村）"芒卧弄"寨名的由来	74	小木匠	375
想把艳丽芳香的花移到园中来	294	小鸟吃百花	310
想跟妹相会	294	小雀调	290
想妹想得好辛苦	294	小雀找饭	310
想妹想得要发疯	294	小绒鸡	310
想让他人死则已死	404	小山羊过河	573
向父母忏悔	205	小团坡的故事	43
向哥要朵花	292	小媳妇与含羞草	600
向家产恕罪	110	小喜鹊的故事	573
向鼠王找谷种	12	小鱼吃沙子	500
向仙女乞讨乳汁	500	小贼偷大贼	500
向亚细阿銮	429	孝敬父母歌	223
向已故长辈忏悔词	205	孝母记	524
项罕阿銮	429	些喉鸟的来历	574
象的女儿	14	些纳麻西嘎	469
象的眼泪	573	谢酒歌	195
象粪换断剑	468	谢酒歌	224
象和绿豆雀	573	心爱的男人	291
象脚鼓的传说	110	心爱姑娘嫁别人	292
象脚鼓的来历	117	心上的花	291

条目	页码
心系娇妻的阿銮	428
心想星星摘不着	291
心中的爱慕之情尽在歌声中	292
心中就像布满了蜘蛛网	291
新春祈求词	205
新婚祝福词	195
新居歌	224
新郎新娘祝福词	195
新米为什么要让狗先尝	111
新民村"丙于"和"丙来"寨名的由来	75
新年宴席歌	205
新娘哭嫁歌	195
星山	44
星星伴月亮	311
行善的伊门	619
行凶作恶，被杀活该	501
兄妹合婚	9
兄妹奇缘	522
兄妹造人烟	9
雄鸡医治太阳的故事	9
熊与树神	574
秀披秀滚	160
绣出花儿哥心间	293
绣花披巾	378
绣三满	431
虚假的来历	403
许配歌	195
选拔大臣	501
选女婿	468
血莲	585
熏蒸疗法是谁发明的	601
驯服醉象	403
询问命运的穷小伙子	378

Y

条目	页码
鸭仙	382
鸭与鸡孵蛋	577
鸭掌树	604
哑乖	20
雅拐	383
雅叫哈顿的讲述	604
雅兰草的来历	604
雅吾娜出家为尼	404
亚呼噜的故事	603
亚写吃鳄鱼肉	404
烟草	586
岩阿妥与公主	321
岩咚定依咚曼	525
岩都嘎达当上首领	322
岩敢达做驸马	322
岩杠冒巧娶媳妇	477
岩寒	438
岩罕竜	126
岩叫铁	436
岩杰贺和岩都玛	320
岩坎的故事	525
岩拉浪与娜伦罕	323
岩朗勒	134
岩那郎	518
岩楠郎	406
岩念达	437
岩盼斩女妖	621
岩三宰求亲	606
岩挑	437
岩哇和老和尚	438
岩哇与"卜嘎"	476
岩哇与"召勐"	477
岩温的小鸟	321
岩温朵成为"召勐"的故事	321
岩香与雪郎	321
岩宰栋的奇遇	322
岩宰栋开荒	322
岩宰多的福德	322

条目	页码	条目	页码
岩宰朵和鲤鱼姑娘	320	一技之长	469
岩再盼和"召勐"的儿子	438	一句好话暖人心	112
岩章片	476	一颗宝石有三个主人	404
筵席歌	196	一颗萝卜大的谷子	12
掩耳盗铃	615	一起嚼槟榔	294
宴席上的歌	298	一切靠自己	380
燕子歌	312	一忍则身安，九忍能为王	516
秧鸡与鹧鸪	578	一只会唱歌的猫	381
秧箩的传说	112	一种止痢疾野菜的发现	602
秧箩饭的起源	112	一种治烧伤的药	602
羊、兔子和猴子做朋友	575	伊安藏盐	615
羊和狐狸做朋友	516	伊郎与伊木	619
阳雀落在水塘边	296	依靠竹子会断	296
药在自己嘴里	503	依腊灰	206
要编竹箩并不难	297	依婻猫	471
要唱就唱爱情歌	297	依所和俄罗鸟	381
要会说好听的话	471	依秀么拿	576
要说要笑趁年轻	297	依月斗妖婆	503
要优待女儿（唱给婆家之歌）	191	依月和依玉	382
要找到贤妻需靠自己	133	依月和依玉	619
要知父母恩	578	依月鸟的来历	576
椰子姑娘	431	依月选婿	503
野蜂是谁的	503	疑情情歌	298
野鸡蛋姑娘	382	义象	575
野物身上的颜色	577	易武传说	76
野猪为什么有用松香抹于身上的习性	576	益智芒迁寨名的由来	76
叶相过姑娘	381	益智芒昔峨寨名的由来	76
一把木渣治好了胃病	602	益智乡的芒托寨名之说	76
一场同归于尽的搏斗	575	意想不到之事	383
一个奇特的药名	601	银山脚溶洞	45
一个穷汉和两个富翁	380	引路经（一）	180
一个缺口的钵头	469	引路经（二）	180
一个失传了的治疟处方	601	隐身草	471
一个治哮喘偏方的发现	603	英叭开天辟地	142
一根废针	380	英叭神创世	9
一根筋	615	婴儿满月叫魂词	180
一伙强盗	469	婴儿满月拴线词	206

条目	页码
鹦鹉阿銮	432
鹦鹉啊,请替我传书	299
鹦鹉传情	299
鹦鹉的故事	577
鹦鹉衔谷的故事	383
迎客调	224
迎亲调	194
迎神词	180
盈江婚礼祝福调	196
盈江旧时结婚祝词	196
萤火虫劝世	576
永远不分开	295
永远不分离	295
用草灰搓绳	502
用李子换大象	502
用镰刀射鹿	615
由螟蚴的由来	138
游龙宫	503
游天边	311
游戏儿歌	312
友谊歌	206
有情人难相爱	296
有头无身的贡玛拉	382
有些病为什么不能治	138
有心不怕别人撺	296
有缘来相逢	296
又哭又笑	502
鱼、螃蟹和白鹤	575
鱼笼丢失找原处	516
鱼塘里的水和鱼	297
渔夫捕"大鱼"	470
渔网的村寨	470
愚蠢的王后	470
愚蠢女人下毒记	470
雨点落地成啥样	297
语言口袋和曲子口袋	118
玉金哭父	524
玉相渡口的由来	76
欲害人却害己	379
元谋	75
缘分	404
怨歌	297
愿爱情像天柱山一样坚定永久	299
愿我们相爱不分离	299
愿做扶花的绿叶	298
愿做扶花的绿叶	298
约卜少	295
约会调	296
约会调	296
月儿下	311
月牟佐与冒弄养	161
月亮和太阳	9
月亮和星星	311
月亮明在别人的心中	294
月亮升起才见面	295
月亮与星星打架	502
月琴的来历	44
月食的传说	111
月食的传说	16
月下恋情调	295
岳父和女婿	470
越吃越饿的果子	603
允晃	75
允景洪的典故	75
允燕塔来历	83

Z

条目	页码
栽甘蔗歌(一)	233
栽甘蔗歌(二)	233
栽树歌	182
栽秧调	234
栽秧歌	233
栽秧之歌	233

657

载哥的葫芦丝	303	章凤	77
赞卜少歌	302	"章哈"列诺嘎兰托	119
赞高升	206	章哈的始祖	119
赞美歌	302	章哈的祖先	119
赞散雅	389	章相	163
赞筒帕	302	章相	388
赞筒帕	302	章英与南葛花	164
赞小伙子	303	长红冠子的牛	504
葬后求安词	199	长毛的刀	479
糟蹋粮食，孔雀与小鸟同罪	507	招魂词（一）	181
早就等着你来跟	300	招魂词（二）	181
早盼太阳快落山	294	招魂词（三）	181
灶神的由来	113	招魂歌	181
造房歌	142	招女儿魂	181
怎样才能说	312	找宝石	506
扎底然阿銮求发	434	找黄连	586
扎黎洼阿銮	434	找妈妈	524
扎纳苏阿銮	434	找情人	301
摘果歌	234	找我，做药	605
摘月亮	506	召板应阿銮	433
寨子里的姑娘等你来娶	303	召波拉	385
寨子里的小阿妹	303	召播拉	385
沾骨的肉好吃，孙儿胜过子女	517	召补纳拿戛	113
粘巴西顿	163	召迪固满去经商	387
粘巴细顿	388	召法弄和他的奴仆	616
粘知了	313	召法弄磨罕	23
占便宜	616	召罕航法战胜闷西多	133
占卜师	472	召贺洛	387
占达丽公主	432	召烘帕罕	385
占达利阿銮	432	召洪罕与南拜芳	384
占达利答阿銮	432	召口花	383
占帝嘎谢罕阿銮	433	召玛贺断案（一）	623
张世芳的故事	127	召玛贺断案（二）	623
张英	126	召玛贺断金锁链纠纷案	623
张子芳的讲述	579	召玛贺罕良阿銮	433
张子芳鸟	579	召玛贺解谜	504
章壁	77	召玛贺识别母马和小马	505

召玛贺用兵	505	止血词	224
召勐卧与召勐景东	133	只劳动一次就能永远享用的事	505
召勐想吃天女奶	505	只因福分浅薄难够着	300
召三达	386	制止小儿夜哭歌	182
召桑嫡娥	299	治驼背	616
召沙替和唉再盼	504	致青年男孙款待祝词	225
召树屯	161	致新郎新娘吉利词	197
召树屯和兰吾罗娜	384	智败龙飞	134
召宋发列	386	智斗财主	506
召苏塔舍身为佛铺路	405	智胜猛虎	507
召苏瓦	161	忠实的兔子和狗	473
召维哈阿銮	433	忠实的西纳	473
召温邦	162	种瓜秧	312
召五区的来历	126	种瓜秧	312
召伍定与孟定地名的传说	24	种金子	390
召西纳	162	种田歌	233
召细塔选妻	472	众僧劝导养毒蛇的僧人	473
召相勐	384	重新挑情人	249
召象勐	387	珠子哪里去了	506
召宇托纳	386	猪苦胆和熊胆	605
诏三路与南亚斑	388	竹必的故事	118
照经书钓鱼要饿肚皮	507	竹编调	232
遮放"维善"榕树	45	竹笛的来历	119
鹧鸪和大海	580	竹林恋歌	300
鹧鸪和秧鸡	580	竹林情	300
真诚相爱	301	竹鼠的眼睛为什么总是笑眯眯的	578
真葛根与假葛根	604	竹鼠为何都是眯眼睛	579
真心相爱	301	主（枝）题歌（庚埂）	300
镇妖塔传说	84	柱子里的姑娘	434
正确办案	504	祝儿女歌	225
知了的由来	579	祝福儿女新婚	197
织布调	232	祝福歌	196
织布歌	232	祝客调	225
织布机最懂妹的心	301	祝寿歌	206
织线调	233	抓鱼情	300
栀子花公主	473	坠落在龙宫中的木柱	112
蜘蛛的故事	580	捉黄鳝	312

捉青蛙 …… 312	祖如巴东玛阿銮 …… 435
捉鱼 …… 301	嘴大说大话 …… 616
姊妹奇遇 …… 389	佐底派的富翁 …… 405
自作自受（一） …… 472	坐旱田调 …… 301
自作自受（二） …… 472	做梦也想你 …… 302
走马划界的传说 …… 134	做人要忠诚 …… 389
走勐乃 …… 162	做贼心虚 …… 507

后 记

　　《中国少数民族古籍总目提要》是在国家民族事务委员会直接指导下，由国家民委全国少数民族古籍整理研究室组织实施的民族文化建设项目。在云南，这项工作则在中共云南省委、省政府关怀下，在省财政的大力支持和省民族宗教委员会的直接领导下，由云南省少数民族古籍整理出版规划办公室具体运作。历时三年，《中国少数民族古籍总目提要·傣族卷》（讲唱类）终于完成。

　　国家民族事务委员会下达上述任务后，云南省成立了《中国少数民族古籍总目提要》云南编纂委员会，制定了编写实施方案。2015年3月，在云南省编纂委员会领导下成立了《傣族卷》编辑委员会，并与省编纂委员会签订了编写责任合同，《傣族卷》编写工作进入全面实施阶段。2015年4月，《傣族卷》编辑委员会向各个方言区广泛征集口传、书籍类古籍条目。在各地州、市、县傣学研究会及相关部门的大力支持下，截至2017年底，共计征集到口传、书籍类条目5000余条和图片300余幅。2018年1月，《傣族卷》编辑委员会开始对搜集到的条目和图片进行初步遴选，逐步进行修改、增删和完善，终于在2018年8月完成一审、二审和专家审定，并于2018年9月装订成册上交国家民委全国少数民族古籍整理研究室。

　　《傣族卷》（讲唱类）之所以能够顺利完成，得益于国家民委全国少数民族古籍整理研究室领导、云南省民族宗教委领导和西双版纳傣族自治州、德宏傣族景颇族自治州、楚雄州民宗委、文山州马关县傣学研究会、孟连县傣学研究会、景谷县傣学研究会、保山市傣学研究会、元江县傣学研究会、耿马县傣学研究会、红河县傣学研究会和云南省傣学研究会的大力支持，同时，也与云南省少数民族古籍整理出版规划办公室的精心组织密不可分。在此，对以上单位及机构给予深深的谢意！

《中国少数民族古籍总目提要》云南省编纂委员会
《中国少数民族古籍总目提要·傣族卷》编辑委员会
2018年9月10日

图书在版编目（CIP）数据

中国少数民族古籍总目提要. 傣族卷：讲唱类 / 国家民族事务委员会全国少数民族古籍整理研究室编. — 北京：民族出版社，2019.11
ISBN 978-7-105-15892-8

Ⅰ.①中… Ⅱ.①国… Ⅲ.①少数民族—古籍—内容提要—中国②傣族—古籍—内容提要—中国 Ⅳ.① Z838

中国版本图书馆 CIP 数据核字（2019）第 251437 号

中国少数民族古籍总目提要·傣族卷：讲唱类

策划编辑：	李有明　罗焰
责任编辑：	于玉莲
封面设计：	胡建斌
版式设计：	吾要
出版发行：	民族出版社
地　　址：	北京市和平里北街 14 号
邮　　编：	100013
电　　话：	010-64271909（汉文编辑一室）
	010-64224782（发行部）
网　　址：	http://www.mzpub.com
印　　刷：	北京盛通印刷股份有限公司
经　　销：	各地新华书店
版　　次：	2019 年 12 月第 1 版　2019 年 12 月北京第 1 次印刷
开　　本：	850 毫米 ×1194 毫米　1/16
字　　数：	1600 千字
彩　　插：	56 面
印　　张：	50
定　　价：	368.00 元（全二卷）
书　　号：	ISBN 978-7-105-15892-8/Z·1554（汉 246）

该书若有印装质量问题，请与本社发行部联系退换